THE BEHAVIORAL FOUNDATIONS OF PUBLIC POLICY

行動政策学
ハンドブック

応用行動科学による公共政策のデザイン

| 編著 |
エルダー・シャフィール

| 監訳 |
白岩祐子
荒川歩

福村出版

THE BEHAVIORAL FOUNDATIONS OF PUBLIC POLICY
edited by Eldar Shafir
Copyright © 2013 by Princeton University Press
Japanese translation published by arrangement with Princeton University Press
through The English Agency (Japan) Ltd.
All rights reserved. No part of this book may be reproduced or transmitted in any form or
by any means, electronic or mechanical, including photocopying, recording or
by any information storage and retrieval system, without permission in writing from the Publisher.

監訳者まえがき

近年わが国でも，エビデンス・ベースド・ポリシー・メイキング（EBPM），つまり，実証的に裏づけられた根拠にもとづいて政策を立案していこう，という機運が高まりつつある。EBPMではまず，目指すべき状態（たとえば教育格差の改善）を測定可能な指標に落とし込んだうえ，特定の政策的介入（たとえば高等教育の無償化）を行った場合（実験群）と行っていない場合（統制群）とを比較して，指標に改善が見られるか，波及的な効果としてどのようなものが生じているかが検証される。考えうる他の政策よりも費用対効果が大きく，また予期せぬ副作用は生じていないか，それらは許容範囲であるかを確認してはじめて，その政策は実施に値する根拠を備えていると結論づけることができるだろう。このような方法を用いる機運が高まったのは，現在のように社会が複雑化してくると，たとえ熟慮の末であったとしても，策定者が頭の中で考えただけの政策では，狙った効果がほとんど得られなかったり，思わぬ深刻な副作用が生じてしまったりという事態が起こりうるからである。膨大な費用と労力，時間をかけて実施するからには，それに見合うだけの効果が伴わなければならない。

EBPMに今のところ最も関与している社会科学者は経済学者である。そこでの関心が経済格差や経済成長率などにのみ向けられている限り，EBPMは経済学の領域と言い切って問題ないだろう。しかし政策は多くの場合，人間の「心」と「行動」に関わってくる。人間は必ずしも，経済学が仮定してきたような規範的な存在ではない。老後のために貯金をするべきと分かっていても，それをなかなか実行できないのが人間である。人間は，正しい情報と十分な時間を与えられたからといって，常に合理的な判断に至るわけではないし，文脈上のささいな特徴によって意思決定が引っ張られる存在でもある。心理学は長らく，こうした非規範的で非合理的な人間像を明らかにすることに注力してきた。このような側面をもつ人間と相互作用する以上，政策や制度は，人間に対する現実的な理解にもとづいて策定される必要がある。そうでなければ，政策は現実離れした実効性のないものになってしまうだろう。

経済学の中でも，従来の経済学の規範的理論と実際の人間行動との間にみられる「ずれ」は関心を集めており，規範的理論からは予測できない独特の行動パターンを考慮した経済学は，「行動経済学」として発展してきた。行動経済学はその理論的裏づけの多くを社会心理学と認知心理学の知見に負っている。本書はそれらの内容を，偏見・差別，協力，投票，紛争解決，虐殺，司法における目撃者識別，錯誤懸念，貯蓄，雇用法，貧困と意思決定，食生活，教育，災害への備え，デフォルトを活かした意思決定，選択肢の設計など，政策に関連するテーマごとに，第一線級の心理学者と隣接領域の社会科学者が論じた各章から構成されている。「ナッジ（Nudges）」を提唱した著名な行動経済学者であり，2017年にノーベル経済学賞を受賞したリチャード・セイラー氏も執筆陣に名を連ねている。

本書は主として，①公共政策の各プロセスに実

証科学の手法と心理学の知見を取り入れたいと考えている行政機関の職員，②社会問題や政策に関心をもち，そうした領域に心理学の理論や方法を応用したいと考えている心理学者のために執筆された行動科学のハンドブックである。議論は各章で完結しているため，どの章から読みはじめても支障はない。EBPMの機運とナッジへの社会的関心が高まりつつあるこのタイミングで本訳書を刊行することが，現実的な人間観に基礎をおいた政策に興味を持つ多くの読者に届く機会となることを願っている。

なお，原書が刊行されたアメリカと日本とでは，前提となる社会制度の設計思想や運用，国民の意識に大きな隔たりが散見される。アメリカの政策的論議において心理学，行動科学がどのような役割を果たしているのかをそのまま伝えることを重視し，翻訳は原書に忠実に行うこととした。

たとえば，「10章 罰，応報，一般抑止の行動学的な問題」では，司法機関による検挙率の低さと国民による法の軽視が議論の前提とされているが，いずれも日本の事情とは合致していない。また筆者らは死刑制度への否定的態度を明らかにしているが，制度をめぐる世論が州によっては拮抗するアメリカと，制度への肯定的態度が一貫して優勢である日本とでは，社会的文脈はやはり大きく異なっていると言わざるをえない。それに，アメリカでは死刑制度への賛否が割れるといっても，少なくない被疑者が逮捕前の段階で射殺されている。日本ではそうしたケースは皆無である。同様に，費用便益分析の効用を解説した「13章 錯誤懸念の問題に対し，費用便益分析は解決策となりうるか？」では，人間の生命を金銭的価値に換算する試みが紹介されている。この試みの進取性は否定すべくもないが，その前提をなす「人間の生命への価値づけ」がいったい何を意味しており，これが長い時間をかけて社会に何をもたらすのか，私たちはまだほとんど理解していないことを忘れてはならないだろう。また，同13章や「22章 正しいことを進んで行う」では，原子力発電が内包しているリスクは小さいことが前提とされ，おそらく執筆時期の関係から，2011年3月に発生した東日本大震災に起因する福島原子力発電所事故については触れられていない。この事故が及ぼした影響の大きさに照らせば，上記の前提を日本で共有することはもはや難しいだろう。さらに，「24章 デフォルトにもとづく判断」は，臓器の提供や移植の件数が増えることをポジティブな事柄と捉えているが，脳死を死と認定し，その段階で臓器を摘出することに対しては，医学・倫理学的な観点から，国内外で強い反対意見が提起されていることも補足しておかねばならないだろう。こうした国・文化の違い，執筆・刊行時期のタイムラグ，異なる価値観なども含め，各章で紹介される政策をどのように適用しうるか，読者の興味関心と日本の現状に引きつけて読んでいただけたら幸いである。

なお，原書で言及されているアメリカ国内の社会現象や事件などについても，原則としてそのまま翻訳し，その上で読者の理解を助けるための訳註を欄外に記している。また，本文中の引用は読みやすさを優先して第二著者までを表記することとした。さらに，経済学的に高度な内容については訳者の一人である経済学者の校閲を受け，必要に応じて欄外に概説を付してもらった。引用文献に記載されたウェブのリンク情報は，原書の通りに記載している。

本書の題名（邦訳）についても触れておきたい。本原書 *Behavioral Foundations of Public Policy* に序文を寄せたダニエル・カーネマン氏（プロスペクト理論などを提唱した著名な心理学者。2002年ノーベル経済学賞を受賞）は，行動経済学という用語がその実態を適切に反映していないとして，新たに

「応用行動科学」という名称を提起している。監訳者らも同様の理由から邦題に行動経済学の名を冠することを避け，またカーネマン氏のいう応用行動科学の知見にもとづいた政策立案・効果検証という慣習が日本に根づいてほしい，との願いを込めて，「行動政策学」という訳語を新たにあてることとした。

　最後に，本書を刊行するにあたりご尽力いただいた訳者のみなさまと，さまざまにお力添えくださった福村出版，同社編集者である榎本統太氏に，この場を借りて厚く御礼申し上げる。

　　　　　2019年春　監訳者（白岩祐子・荒川歩）

序文

DANIEL KAHNEMAN

　プリンストン大学のウッドロー・ウィルソン・スクールに教会は置かれていないが，学問領域なら常に存在していた。もともとは経済学と政治学（他所では政治科学として知られている）という2つの科目が設置されていたが，1999年，心理学が3番目の科目として正式に導入され，公共政策修士号を目指すすべての学生は心理学の必修授業という脅威に向き合うこととなった。著者らはいくつかの困難な問いに答えを見出ださなければならなくなった。つまり，行政機関のキャリア職に就こうとしている学生に，心理学は何を提供するべきなのか。学生が受けているトレーニングには何が足りないのか。著者らは学生のトレーニングにおけるどんなバイアスを修正するべきなのか。

　バイアスについての問いはもっとも答えやすいものであった。この学校の修士課程に在籍する学生が受講していたのは，行為者に対する従来の想定（人間は常に合理的であり，自己利益に駆り立てられ，分かりやすいインセンティブに動機づけられるという想定）を前提とした一連の経済学の講座群であった。心理学者の目から見れば，おおざっぱな近似という前提でも，こうした命題はおよそ想定できないものであった。経済学のこうした理論的前提と心理学との緊張関係によって著者らの講座はごく自然にこの点へ焦点を当てることとなった。著者らの設計した講座は，判断ミス，異質な選択，フレーミング効果の力，そして社会的集団やそこでの立場が持つ力の強さとこれに対する普遍的関心を強調するものとなった。著者らは学生に，合理的な行為者モデルという想定は，多くの市場で結果を予測するのに適切ではあっても，多くの状況で個人が実際にどうふるまうかを予測するのには不適切であることを知ってもらいたいと願っていた。著者らが射程とした政策に関わる諸状況は純粋に経済学的な領域を超えて広がり，投票行動や交渉から，健康行動，労働関係，教育そして法といった主題にまで及ぶこととなった。

　ではなぜ今，心理学と政策の講座，あるいはその主題に関する本の序文の中で，経済学に焦点を当てる必要があるのだろうか。好むと好まざるとにかかわらず，経済学は政策策定者から，政策と関連しており有用だと一般的にみなされている唯一の社会科学だからである。その寡占状況を踏まえると，経済学者はこの領域の門衛であるといえ，その分析と結論は，健康管理や教育といった（経済学が何らかの相対的優位性を持っていないように見える）分野であっても大きな比重を占めているからである。権限は経済学に対して明らかに不均衡に割り当てられており，このことが現状における経済学の高い地位に寄与している。つまり，経済学者のみが答える資格を持っている重要な政策上の問いがあり，彼らは他の社会科学データのほとんどを評価することができる。とりわけ，経済学者は他の多数の社会科学者よりも多くの統計ツールを自由に使いこなすことができる。さらに重要なのは，彼らが政策における普遍的な言語（つまりお金）に堪能であることだ。そして最後に，経済学が持つ手堅い客観性に対する評判のおかげで，社会科学の柔軟な実践者（「ソーシャルワーカー」だとしてあっさり退けられたと著者は聞いている）

に比べ，経済学は大きな信頼性という利点を獲得している。

著者らは，プリンストンにおける当学校の学生たちを未来の政策策定者とみなしていた。彼らは社会政策におけるすべての分野への経済学的アプローチに触れることになる。そこで著者らが意図したことは，合理的な行為者モデルという従来の想定に基づいた政策にひそむ危険性について，彼らに敏感になってもらうことであった。著者らはまた，より現実に即した心理学的想定に依拠する経済科学を発展させようという試みに，少数ではあるが増えつつあるタイプの経済学者（つまり行動経済学者）が関わっていることを学生たちに教えた。行動経済学はその当時，経済に対する従来とは異なるアプローチとして明確に定義されており，政策に対する特段の応用は企図されていなかった。

そうした情勢は，新世紀はじめの10年間で劇的な変化を見せた。行動経済学者の取り組みは世界全体に向けられ，行動経済学と応用社会心理学の境界線は薄れ，政策に関心を持つ心理学者には新しい一連の問題と機会が提供されることとなった。2001年，Richard ThalerとShlomo Benartziは，いまやよく知られているSave More Tomorrow（明日はもっと貯蓄しよう）というメソッドによって，被用者が自分の給与から貯蓄する意思を強めることに成功したと報告した。彼らは貯蓄を心理的に妨げている3つの要因を特定した。損失回避，双曲割引，そして現状維持バイアスである。明日はもっと貯蓄しようメソッドは，こうした障害を避け，より多く貯蓄するよう被用者を導く提案であった。同年，Bridget MadrianとDennis Sheaは，デフォルト（初期の設定）を変更するだけという非常に簡単な手続きで，貯蓄プランへの加入を増やすことができるという論文を発表した。それから10年後の現在，貯蓄プランへの自動加入と貯蓄額の自動増額（明日はもっと貯蓄しようメソッドの一般的な形式である）は，世界中の多くの人々の生活と貯蓄に関する決定に影響を与えている。

社会心理学者はこれらの方略のいずれについても，行動上の変化を誘発するための古典的なレヴィン派の提案を活用した輝かしい再発明だとみなすだろう（この提案は「推進力」を高めるより「抵抗力」を減らすことを求めるものである）。レヴィン派のアプローチに従うには，「なぜ人々は私が望んでいるようにふるまわないのか？」を問うことから始まる。この質問によって抵抗力がリストアップされ，ついで変化を志す行為者はこれに働きかけて減らしたり取り除いたりする。こうした考え方は，読者が実際に経験してみれば明らかに正しいと分かるが，直感とはまったく反したものである。他者の行動を変化させるために私たちが用いる従来のツールは，議論，約束，脅威である。他者に正しいことをさせるために手助けする，これより簡単な方法を探すのは自然なことではない。ThalerとBenartziは，被用者が将来的にもっと高い貯蓄率を設定する抵抗の少ない手続きを開発したが，その手続きとは，昇給があった時点で貯蓄率も自動的に増えるというものであった。これとは対照的に，貯蓄をやめるには意図的な決定とそれなりの努力とが求められる。

続く論文やその世界的なベストセラーである『実践 行動経済学——健康，富，幸福への聡明な選択』（原書名はNudge）の中でThalerとCass Sunsteinは，「リバタリアン的パターナリズム」と名づけた1つの政策アプローチを描写した。その中心的な考え方は，個人が行う選択を構造化する際，個人にとって最善の利益（たとえば退職後のための貯蓄）を考慮した社会制度を設計することは正当化できる，というものである。ここでの目標は，意思決定者が賢明な選択を行うことを容易かつ自然にする一方で，本人が望み通りに選択する完全な

自由を保障するということである。これらはみな，政策に対する行動経済学のアプローチの宣言として読み取ることができる。ここで前提となっているのは，合理的な行為者モデルは非現実的であり，多くの決定は物事をきちんと考慮せずになされており，自由を減じることなく愚かな決定を減じる「選択肢の構造」を作り出すことが適切だという考え方である。

著者らはこれまでも，政策策定において経済学の役割が重大な結果をもたらすことを承知してきた。合理的な行為者モデルが全盛であった頃には，合理性を心理学的事実だと仮定したうえで政策が策定されることも珍しくなかった。たとえば，犯罪者を合理的な行為者と仮定すれば，捕まって罰せられるという期待不効用によって彼らを抑止することができる，という考え方につながる。捕まる確率と罰の重さは，このモデルでは同じように重みづけられるが，実際にはそうではない。実証的研究が示唆しているのは，罰の実現可能性（捕まる確率）を高めることが，罰を重くするよりはるかに抑止効果を持つということであった。また，別の場面で合理的な行為者モデルが意味しているのは，行為者が愚かな選択をしないように保護する必要はない，ということである。つまり，合理的な行為者が自由に行った選択は完全に尊重される必要がある。経済学者を除いたほとんどの人が驚くことに，なされた選択がもし悲惨なものであっても（選択の結果，有害物質の中毒になったり，惨めな退職後の生活を送ることになったりしても），その選択は多くの場合，完全に尊重されることになる。心理学者は人間を合理的だとみなすよう訓練されていないため，上記のようなモデルには魅力を感じないばかりか，奇怪なものとすらみなすだろう。しかし心理学者はまた，パターナリズムが自由主義という理想に及ぼすリスクについても認識している。前出の『実践 行動経済学』はこのようなジレンマから抜け出す方法を示してみせた。本人の自由を何ら損なうことなく，賢明で社会的に望ましい選択へと人々を向かわせうる簡単な手続きを。

『実践 行動経済学』は，人間がもし完全に合理的な消費者であったなら意味を持たなかったであろう行政の方針に光を当てるため，心理学を拠り所とした。消費者は企業による搾取的行為からの保護を必要としており，そうした保護を提供するために設計された多くの法律が存在することを誰もが知っている。しかし，『実践 行動経済学』の著者らは，怠惰で合理性に限界のある消費者の心理的な制約に企業がつけこむ多くのやり方をあらわにした。この本は，幾人かの他の研究者の手による書籍とともに，（実際の契約を分かりにくい表現でごまかしたり，ひどく小さい文字で印刷して読みにくくしたりといった）違法ではないが搾取的な企業の行為を，簡単な規制を通してどのように制限できるかを明らかにした。

『実践 行動経済学』の出版はすぐに重要な出来事として認識された。Sunsteinはオバマ大統領の下で情報規制問題局の局長（「規制の皇帝」とも呼ばれる）に就任し，Thalerはイギリスのデーヴィッド・キャメロン首相率いる連立政権が設置した行動学的洞察チーム（「Nudge Unit」としても知られている）の顧問となった。人々にとって最善の利益をもたらす決定を手助けし，市場の搾取から人々を守るための政策を策定するという目標を掲げて，世界中にナッジ・ユニットが出現している。こうした試みの成功は，一般的には応用行動科学の成果，とくに応用社会心理学と応用認知心理学の主たる成果の1つとみなすことができる。

『実践 行動経済学』の2人の著者は経済学者と法学者であったため（2人はそれぞれ行動経済学，行動法と経済学の知的なリーダーである），残念なことに，彼らが生み出したアイデアだけでなく，彼

らが依拠した認知心理学と社会心理学の貢献の多くは「行動経済学」と呼ばれることとなった。[2] 社会心理学と認知心理学の多くの応用が行動経済学と呼ばれるようになり，中身は変わっていないのにその通称が変わっていることに数多（あまた）の心理学者は気づいた。本書における各章の著者の多くは行動経済学者として誤って報道の中で紹介されるだろう。なぜなら，彼らがしていることは，（『実践 行動経済学』とそれに類する著作が依拠する）社会心理学・認知心理学の基本的な理論のいくつかを発展させ，その中心的な知見の一部を整理することだからである。こうした事態は，『実践 行動経済学』の著者を含む多くの研究者が望み，意図して得られた結果ではない。Richard Thalerはこれまで行動経済学を，経済学における従来とは異なる1つのアプローチとして狭義に定義するよう主張してきた。彼ならば，「ナッジ（nudges）」が行動科学の応用として説明されるのを好むだろう。

ラベルは重要な問題であり，応用行動科学を行動経済学と誤ってラベルづけすることは重大な結果につながる。中にはポジティブな影響もあるだろう。たとえば，行動経済学というラベルは経済学の威信をまとっているため，心理学者は行動経済学者とみなされ，政策やビジネスの世界で一定の信頼を得ることになる。しかしネガティブな側面もある。政策に対する心理学の重要な貢献にも関わらず，その事実は認識されない。若い心理学者は，修飾語の「行動学」を接頭語として用いてはいても，自分のことを経済学者とはみなしていないため，政策に関する研究からは距離をおくだろう。これらはきわめて現実的な懸念事項である。心理学という分野は，もっとも重要なその知見の応用に必要となる信用を得ていない。自らの専門性にもっと誇りを持つべき心理学の学生たちは，自分たちの専門分野が社会に果たす貢献について疑念を持ち続けている。これは残念なことである。

実際，なすべきことはたくさんある。ナッジは，より大きな幸福を生み出す政策設計において，心理学の知見を活用する効果的な一手法である。しかし政策問題の中には，設計上のささいな違いというよりは，その根本的な前提を疑問視するなど，より大きな再考が必要となるものもある。目撃証人の記憶，雇用者の差別回避能力，あるいは貧困層の予算上の課題については，行動学研究はいくつかの基本的な概念を再考し，現行政策の基礎的な前提に疑問を呈したくなるような可能性を色濃く示している。言い換えれば，これらの主題においては単なるナッジ以上のことが求められているのである。

著者は本書が，世界中の政策策定において行動科学者がより大きな役割を果たすという正しい方向へ，私たちが舵を切ることを手助けしてくれるよう願っている。主に心理学者が執筆した本書の各章は，心理学がどれだけ政策に貢献しなければならないかということを示している。読者がこれらから引き出すべき重要な結論とは，現代の心理学は人間の本質と人間の状態の両方における重要な側面について意見の一致をみている，ということである。近年，行動の規定因として（したがって人々をとりまく環境ないし人々の行動を修正するために提起される政策介入のターゲットとして），認知的・情動的要因が果たす役割についての見方が収束しつつある。行動の社会的・文化的な動因が果たす役割についても認識が深まりつつある（多くの社会科学者は，心理学は文化やアイデンティティの問題に十分適応していないとなお不満を述べるだろうけれども）。状況，文脈，プライミング，そして再構成が持つ大きな影響力を認識することがこれらの共通基盤である。いまや私たちはみなレヴィン派であり，政策の文脈においても行動経済学者はやはりレヴィン派なのである。

政策領域における心理学と経済学の関係は，プ

リンストン大学のウッドロー・ウィルソン・スクールにおいて心理学が基幹科目の1つとなったときの中心的な問題であった。当時とはまったく異なるが，この問題はなおジレンマとして残っている。両分野が完全に異質だからという理由ではなく，むしろ非常に密接に関係しているからである。両分野の関心と手法が重なる範囲は15年前よりずっと大きくなっている。事実，それぞれの分野の研究者が似たような手法を用いて似たような問題を検討している例は複数見られる。幸福研究はそうした領域の1つであろう。不平等と貧困の研究もそうかもしれない。もっと多くの共通テーマが出てくるだろう。我々が共有している活動には共通のラベルが必要である。「行動経済学」はいいラベルとはいえない。心理学者は経済学者ではなく，そして市場について考える訓練を受けていないからである。「社会心理学」もやはりふさわしくない。レヴィン派の実践に携わる経済学者，弁護士，そして医師に，上記と同じ問題をもたらすからである。記述的に正確なラベルは，「応用行動科学」である。応用行動科学者と呼ばれることを著者は誇りに思うだろう。そして本書のほとんどの筆者がこのクラブのメンバーに数えられることを喜ぶものと著者は信じている。本書は，応用行動科学が政策に貢献する可能性を示した詳細な見取り図なのである。

記述している記録について述べている。ここで取り上げたこの問題に著者が気づいたのはまことに遅く，ほぼ手遅れであった。

原註

1. 「著者ら」というのは，著者本人，Eldar Shafir，Rob McCoun を指している。Rob McCoun は 2 人を手助けするためカリフォルニア大学バークレー校の公共政策大学院から来てくれた。
2. 本文に挙げた著名な出版物だけではない。ナッジ（nudges）を「行動経済学の主要な成果」と

謝辞

　本書は，研究者と実務家，支援してくれた機関，献身的なスタッフ，研究資金提供者，そして，この企画に価値を見出だし，ここに至るまで長年にわたり，この企画が政策思考を改善する手助けとなるよう願ってきた思想のリーダーたちの共同作業の成果である。Eric Wannerとラッセル・セージ財団は，政策の行動学的研究に対しての早期からの，そして一貫した支援者であり，初期段階における本プロジェクトにも支援している。Michael Rothschildは学部長として，ウッドロー・ウィルソン・スクールの教育と研究に行動学的要素を最初に導入し，それを継いだ学部長たち，Anne-Marie Slaughter，Nolan McCartyとChristina Paxsonが，その後も継続的に支援し続けた。プリンストン大学の心理学科とラングフェルド基金，そして学科長Deborah Prenticeは，多大な支援と援助を与えてくれた。

　多くの著者がチェック作業を手伝ってくれたが，それに加えて，この本の論文をより良いものにするために，Bob Cialdini，Frank Dobbin，Shane Frederick，Tom Gilovich，Richard Leo，Anastasia Mann，Danny Oppenheimer，Betsy Levy Paluck，Donald Redelmeier，Dan Simon，Marian Wrobelら多くの人が手伝ってくれた。Alexandra Cristea，Izzy Gainsburg，Maia Jachimowicz，Lily Jampol，Marion Kowalewski，David Mackenzie，Ani Momjian，Amy Ricci，Jeremy Spiegel，Abby Sussmaら多くの助手や学生が，この長期にわたるプロジェクトの各段階で事務作業を手伝ってくれた。プリンストン大学出版局のSeth Ditchikがこのプロジェクトの発想に与えてくれた影響は計りしれない。そして，Janie Chan，Beth Clevenger，Gail Schmittとともに本書を美しく仕上げてくれた。

contents

監訳者まえがき　　*iii*
序文　　Daniel Kahneman　　*vi*
謝辞　　*xi*
はじめに　　Eldar Shafir　　*1*

第1部　偏見と差別

1章　潜在的偏見の本質——個人のポリシーと公的な政策への示唆　　*16*
　　Curtis D. Hardin, Mahzarin R. Banaji

2章　人種間の交流におけるバイアス——社会政策への示唆　　*39*
　　J. Nicole Shelton, Jennifer A. Richeson, John F. Dovidio

3章　吟味されにくい差別に対する政策的含意
　　——雇用におけるジェンダー・バイアスの事例研究　　*65*
　　Susan T. Fiske, Linda H. Krieger

第2部　社会的相互作用

4章　協力の心理——政策に対する意義　　*98*
　　Tom Tyler

5章　なぜ人は投票するのかを再考する
　　——ダイナミックな社会的表現としての投票　　*118*
　　Todd Rogers, Craig R. Fox, Alan S. Gerber

6章　意見対立と紛争解決に関する展望
　　——実験室研究と実社会から見えてくるもの　　*141*
　　Lee Ross

7章　精神的麻痺と大虐殺　　*166*
　　Paul Slovic, David Zionts, Andrew K. Woods, Ryan Goodman, Derek Jinks

第3部　司法制度

8章　目撃者識別と司法制度　　*190*
　　Nancy K. Steblay, Elizabeth F. Loftus

9章　誤った有罪判決　　*213*
　　Phoebe Ellsworth, Sam Gross

10 章　罰，応報，一般抑止の行動学的な問題　　*240*
　　　　John M. Darley, Adam L. Alter

第 4 部　バイアスと能力

11 章　バイアスの指摘と否定，そうした出来事から示唆される政策　　*258*
　　　　Emily Pronin, Kathleen Schmidt

12 章　能力の問題――選択肢の告知義務と限界　　*287*
　　　　Baruch Fischhoff, Sara L. Eggers

13 章　錯誤懸念の問題に対し，費用便益分析は解決策となりうるか？　　*308*
　　　　Cass R. Sunstein

第 5 部　行動経済学と財政

14 章　選択肢の構築と退職後のための貯蓄プラン　　*326*
　　　　Shlomo Benartzi, Ehud Peleg, Richard H. Thaler

15 章　雇用法の行動経済分析　　*353*
　　　　Christine Jolls

16 章　貧困の文脈における政策と意思決定　　*378*
　　　　Sendhil Mullainathan, Eldar Shafir

第 6 部　行動変容

17 章　行動変容の心理的テコ入れ　　*404*
　　　　Dale T. Miller, Deborah A. Prentice

18 章　無自覚な食事を健康的な食事に変える　　*418*
　　　　Brian Wansink

19 章　教育的介入への社会心理学的アプローチ　　*444*
　　　　Julio Garcia, Geoffrey L. Cohen

第 7 部　意志決定の改善

20 章　理解を超えて――判断補助は人々の意思決定の質を向上させるのか　　*470*
　　　　Peter Ubel

xiii

21 章　判断ミスを利用した行動支援　　*483*
　　　George Loewenstein, Leslie John, Kevin G. Volpp

22 章　正しいことを進んで行う──行動意思決定研究の洞察を用いて，環境に関するよりよい意思決定を行うために　　*509*
　　　Elke U. Weber

23 章　意思決定バイアスを克服する──大規模災害による損失の低減にむけて　　*534*
　　　Howard Kunreuther, Robert Meyer, Erwann Michel-Kerjan

第 8 部　意志決定の文脈

24 章　デフォルトに基づく判断　　*558*
　　　Eric J. Johnson, Daniel G. Goldstein

25 章　選択肢の設計　　*574*
　　　Richard H. Thaler, Cass R. Sunstein, John P. Balz

26 章　行動学を踏まえた規制　　*592*
　　　Michael S. Barr, Sendhil Mullainathan, Eldar Shafir

第 9 部　各分野からの論評

27 章　心理学と経済政策　　*628*
　　　William J. Congdon

28 章　医療政策に応用される行動学的意思決定科学　　*644*
　　　Donald A. Redelmeier

29 章　監視者は誰が監視するのか──政策策定者自身のバイアスを取り除く　　*653*
　　　Paul Brest

30 章　パターナリズム，操作，自由，そして善　　*672*
　　　Judith Lichtenberg

執筆者一覧　　*680*
索引　　*683*

はじめに

ELDAR SHAFIR

もし辞典を開いて，**政策，公共政策，社会政策**という項目を読んだとしたら，あなたは以下のような説明を見つけることになるだろう。「個人，集団，あるいは政府が，人間の幸福につながると考えられる生活環境を作り出し，維持し，あるいは変化させるために行う規制方法，法，原理，資金供給の優先順位，ガイドラインおよび介入の体系」。こうした規制方法，法，原理や介入はほとんどの場合，望ましい社会を形成し，人間の幸福につながる結果を引き起こす行動を促進することを意図している。そのため，政策がうまくいくためには，それが人間行動への十分な理解にもとづいている必要がある。何が人々を，先延ばしにするのではなく行動するよう動機づけ，そのインセンティブになるのか？　法に従わせ，何が従わせないものとなるのか？　何が理解させ，何が誤解させるものとなるのか？　何がその人の意図通りに行為させ，何が意図した通りに行為することをできなくするのか？　何が配慮をさせ，何が配慮をさせないのか？　何が注意を払わせ，何が注意を妨害するのか？　人々は，自分たちの決定や選択可能な選択肢をどのように知覚するのか？　他者がしていることについて人はどのように考えるのか？　これらすべては，政策の設計と実施を成功に導くために解決されるべき問題である。

政策に対して行動学的前提を置くことを重視する立場から見れば，人間行動が政策領域で果たす役割を理解しようとこれまでなされた試みの少なさは驚くほどである（これは社会科学全般についても当てはまるが）。これは，今では私たちが理解しているように，人間行動についての私たちの直観では人々の実際の行動をほとんど予測できないということを考慮すると，特に驚くべきことである。そして単なる心理的直観にもとづく政策は成功裏に終わることが少なく，有害だと示されることすらある。経済学者のジョン・モーリス・クラークがほぼ1世紀前に指摘していたように，もし政策策定者が真剣に心理学の習得に取り組まないのであれば，「だからといってその人物は心理学を避けて通れない。それどころか自前の心理学を作らざるをえず，それは悪しきものになるだろう」（*Journal of Political Economy*, 1918）。

悪しき心理学の影響は，さまざまな形で表れる。たとえばインセンティブの素人理解では，人々に社会的に望ましい行為をさせるためには，何も払わないより少額でも払うことが，そうした行為の回数増加につながるだろうし，支払うことの影響はそれにとどまると予測されるだろう。しかし実際には，インセンティブによって，良き市民であり続けてきたという「心的」利益の喪失（金銭的報酬によって大幅に低減される）が，その行為の減少を引き起こす場合がある。他方，同時ラインナップ（被疑者たちを同時に観察する）と継時ラインナップ（一度に1人ずつ被疑者を観察する）は，規範的に考えれば違いがないように見えるかもしれない。しかし，現在私たちは，前者の方が後者よりも誤識別をひきおこしやすいことを知っている。同様に，従業員を退職後のための貯蓄口座にオプトインで

---

i ［訳者註］手続きをしない限り加入されない。

加入させるのではなく，オプトアウト[ii]で加入させるというのは，取るに足らない細かなことであるように見える。予測可能な理由とほんのわずかなコストでもって，後者が前者より多くの幸せな退職者を生み出すことを除いては。

　政策を考えるうえで心理学的前提が不十分であることにひそむ危険性についてクラークが警告したあとでさえ，政策に対する心理学の役割が注意深く検討されるまでには長い年数が費やされた。重要なターニングポイントは，1970年代に認知心理学者と社会心理学者が，個々の意思決定についての経済学的前提を，行動学の観点から批判し始めたことである。これは，経済学の専門家が抵抗をしつつも，徐々に行動学的批判を受け入れることによって強められ，日常生活における選択と判断の研究に，行動学的知見を応用しようとする研究の増加をもたらした。70年代の批判からほぼ半世紀経った今日，行動学的観点は，経済学，ビジネス，法，政策，社会科学一般における多くの大学院課程においてますます尊重され，人々の関心を得るようになっている。そして，行動学的観点の要素を政策の判断に取り込む最善の方法を探索するという，きわめて自然な地点に私たちは到達したのである。

　行動学的観点は，行為者としての人間についてこれまでとは異なる見方を提供する。規範的な分析が問題にしない意思決定のさまざまな側面（たとえば，同じ情報が提示されるにしても選択肢がどう示されるか）が，行動学的に非常に強い影響力を持つことが示されており，逆に，規範的にはきわめて重要だとされること（ある介入が千羽の鳥を助けるか1万羽の鳥を助けるか）が直観的に無視されることがある。もっとも一般的なレベルで，2つの深い知見が，政策策定者の活動と潜在的かつ大きな関連性を有していることが明らかになってきている。それは文脈が影響するということと，その人の中で再構成が行われるということである。

　人間の行動はきわめて状況依存的である。現代心理学研究の主要な知見の1つが，状況の力の強さに関するものであるが，同時に，個人の意図や特性が持つ力に比べて，こうした文脈が持つ力を人が過小評価する頑健な傾向を持っていることも示されている。たとえば，Milgram（1974）の古典的研究では，明らかに弱い状況要因でも一般市民の行動（たとえば何の罪もない他者に対して電気ショックと信じているものを与えるような）を引き起こしうることが明らかにされた。これは素朴な内観によっては推測できない事態である。同様に，DarleyとBatson（1973）は，善きサマリア人のたとえの説教をしにいく途中の神学生が，単に時間に遅れているという理由で，見たところ怪我をしてうずくまり苦しんでいる人のわきを素通りしようとすることを示した。これらの事例では，わずかな文脈的な特徴が，個人が普段公言している意図や深く根づいている信念を圧倒していることが見て取れる。このようなわずかな文脈的特徴が，これまで受けてきた教育やパーソナリティ，意図を圧倒してしまうことから，政策策定者自身気づいていないが，政策策定者はこの影響力を利用することが可能であり，それは時に意図せず誤用されているが，もし行動学的知見があれば，うまく利用できるものである。

　第二の知見は，一般的には認知科学の基礎である，心理的生活における「再構成」の役割に関するものである。人は，客観的経験に反応するのではない。刺激は，心的に構築され，解釈され，理解（誤解）される。この指摘は大げさに言っているように見えるが，実際に細かなことでも大きな影響をもたらすものである。行動は，世界の実際

---

ii ［訳者註］手続きをしない限り自動加入される。

の状態に向けられているのではなく，その状態の心的表象に向けてなされるのであり，これらの表象は，現実の状態と一対一で対応しているわけではない。実際，私たちが構築する表象は，実際の環境を忠実に再現するべく構成されているわけでさえないかもしれない。たとえば私たちの視覚経験は，生の視覚入力をもとにした複雑な処理の産物であり（たとえば，窓をある位置から見たときそれは実際には台形である），「実際にそこにある」もの（完全な長方形の窓）を表象するために私たちは文脈的手がかりを用いている。これらの文脈的手がかりが誤導するときは常に，私たちは誤った表象を作り上げる（これは錯覚と呼ばれる）。態度や情動の解釈の仕方は，再構成の問題と似ている。そして，結局のところ，判断や選好といった多くのものに関する私たちの表象も同様である。私たちは，目の後ろにある1500グラムの機械（いわゆる脳）において表象された選択肢の中で，そしてその機械の乗り物（身体）の中で決定することしかできない。これらの表象は，少なくともある程度はそれ自体固有の実体を持つ心的処理の結果である。

政策決定者にとって，これらすべては最重要事項である。政策がうまくいくかどうかは人の行動に依存している。そして，行動はとりうる選択肢の内容のみに基づいて決定されるのではなく，人々が知っていること，知覚していること，理解していること，関心を向けていること，そして望んでいることによっても決定される。そのため，よく練られた介入であっても，対象となる人々による再構成のされ方次第で失敗する場合がある。成功と失敗の違いはときに，複雑に考えお金をかけ利用可能な選択肢を自分なりに整理したかどうかではなく，結局のところその選択肢の提示の仕方と再構成における比較的小さな，規範的には取るに足らない変化によって決まることもある。

約15年前，著者らは，プリンストン大学の心理学部と研究者のためのウッドロー・ウィルソン国際センターの間で，「政策心理学」の公式の共同トレーニングプログラムをスタートさせた。この企ては当時新しく，この実施がどのような結果をもたらすかはまったく予測できなかった。行動学的分析がおおいに寄与しうるより重要な政策的問いとはどんなものか？ 誤った行動学的前提に基づく政策がとくに見出されるのはどこか？ それらの中でさほど重要でないものは何か，それは実際どのようなものなのか？ どのような研究が可能であり，どのようにその結果を伝えることができるのか？ 研究結果を伝えることで何か変化がもたらされるのか？ アイデアが勢いを持つときたいていそうであるように，筆者らは孤独ではなかった。多くの有能で領域を超えた研究者のグループが似たテーマに関心を持ち，行動学と政策学が持つ含意についてますます多くの研究を始めていた。

本書は，こうした重要な仕事におけるもっとも印象的な成果の一部を紹介したものであり，この領域の多くの主導的な研究者によって整理・要約されたものである。ここで紹介されているさまざまな主題は，人間行動の研究を実世界に応用することに関心を持つ学生にとって魅力的なものであろう。本書の各章は，行動学の訓練を受けた経験がない，しかしそれなりに素養のある読者に向けて書かれている。行動学的研究から政策の設計と実施に至るまでの実験結果と概念の応用（「行動学的政策」と呼ばれる）は，刺激的であり，研究の新しい領域を急速に広げるものである。本書は，社会・国内・国際問題に関心を持つ学生だけではなく，政策策定者，実務家，国家公務員，ビジネスリーダー，法・倫理・健康の専門家が新しい光を放つ観点を手にすることができるよう意図されている。人間行動に対してより大きな知見を得るこ

とは，今も残る難問を理解するうえでも，新しいアイデアや効果的な解決策を生成するうえでも間違いなく有益であるという点で，本書の各著者は一致している。

　本書の各章はきわめて学際的であり，したがって分類するのが困難である。しかし，本書で提示された非常に多くの素材は，読者の課題を軽減するために，最小限の部に分けて構成されている。各章は，大きなテーマによって分けられているが，互いにそれぞれ独立しており，どこからでも読むことができる。ある章で触れられた素材がとりわけ相互補完的なときには，他の章が参照されることもある。各章の目的は，行動科学研究が，具体的な政策領域においてよい政策の策定と実施にどのような影響を与えるかについて概観することである。筆者らの最終的な願いは，行動学的前提が政策の設計と実施において果たすべき根本的な役割を，読者が理解することである。

各章について

　前半の章は，私たちが社会・政治生活を過ごす中で起こる行動学的問題に焦点を当てている。それらの章は，さまざまな政策に関わる問題を記述している。そこには直観的な社会的判断や「自動的」な社会的知覚といった人の性質から，アイデンティティ，正義，公正の問題や社会的所属の評価までを含んでおり，また職場での差別から，大量虐殺について無感覚になっていくことまでの問題を含んでいる。

　これらの章に共通するのは，常識的な直観と同じく，規範的前提も実証的知見と一致しないということである。その結果として，政策の設計と実施の検討についてさまざまな示唆がもたらされた。たとえば私たちは，人々の行動は，本人の信念をおおむね反映していると考えがちであり，人々の選択は，典型的には，具体的な，価値を最大化する結果を目指すものと考えがちである。そのため，偏見を持っていない人であれば偏見に染まった判断を下したりしないし，もし選挙にいくことが実際的な影響を持ちそうにないのなら，私たちはわざわざ選挙に行ったりしないだろうと想定する。同様に，根深いバイアスが解決を困難にすることを直観的に知っている交渉人は，それを克服しようとするだろうし，意図しない差別的行いが自分たちの仕事に害をもたらすことを知っている経営者は，そのような差別を避けることを学ぶものと私たちは考えるだろう。

　これらの予想とは対照的に，以下の章で示すのは，人々が実質的ではないことを多く配慮していること，彼らは，社会的知覚において根深いバイアスをもっているにもかかわらず，より良い判断を妨害するそれらのバイアスや動機を，内観によって意識化することができないということである。その結果，人々は，自分たちの信念とその行為の間のずれを理解することができず，長期的にそれらを解決するのではなく，結局は，長期的に政治的社会的な問題を悪化させることになる。

第1部　偏見と差別

　潜在的な偏見に関する最初の章（1章）で，Curtis HardinとMahzarin Banajiは，偏見と差別に対する私たちの見方は，時代遅れの考え方に基づいていることを，重要な政治的示唆とともに示す。著者らによると，偏見とステレオタイプは無知と憎しみから生まれるものではないため，個人の心根や考え方を変えることで解決できるものではなく，私たちの社会的な環境における認知的な顕現性の構造から起こるものであり，個人的な憎悪や敵意，気づきさえも要しないのである。それどころか偏見とは，多くの善意の人においてさえ，しばしば「潜在的」なもの，すなわち，気づかれず，意図され

ず，したがって制御できないものである。しかし同時に，著者らによると，こうした潜在的な偏見は，社会的環境をよりよく変化させることによって減少させうるという証拠があるという。

社会的な環境は，異人種間の相互作用における集団間バイアスを扱ったNicole Shelton, Jennifer RichesonとJohn Dovidioの章でも重視される（2章）。この章の目標は，（特に顕在的な人種差別的態度を示していないときに）人種バイアスが異人種間相互作用時の感情，認知，行動にどのように影響しうるかを明らかにすることである。この問いは，大学寮の部屋をシェアする場面や，白人の医師と人種的マイノリティに属する患者間の医療場面での相互作用といったさまざまな場面において検討された。こうした相互作用から明らかになった中心的なことは，バイアスは，あからさまではない方法で表出されるということである（たとえば，寮でのルームメイトとの関係性の抑制，医療場面での効果的な相互作用の減少，就職面接でのラポール水準の低さなど）。これらのケースのすべてにおいて，あからさまな明白な差別行為はほぼ見られなかった。その代わり，現代の集団間バイアスが持つ，複雑であからさまではない性質が，集団間の相互作用に広範に影響力を持っており，それはしばしば，他の人種的民族的集団のメンバーに対しては，自集団のメンバーに対するのとは異なる結果をもたらした。これらのバイアスは，あからさまな差別を想定して設計された従来の政策では十分対応できないものである。Sheltonらは，人種的多様性の恩恵を最大化するために政策策定者が使用できる一般的な実務と介入についてのレビューでこの章を終えている。

ジェンダー・バイアスの章で，Susan FiskeとLinda Kriegerは，特に雇用の場面で表面化するような，吟味されることのないジェンダー差別の法的問題について検討している（3章）。彼女らは，差別を禁ずる法や政策の領域において多くの論争の背景となっている，合理的な行為者という前提を覆そうとする最近の行動科学，神経科学研究をレビューしている。FiskeとKriegerによると，意思決定者は，雇用機会均等を意識的には支持していたとしても，つねに最適な雇用決定ができるわけではない。なぜなら，大っぴらではなくまた吟味を経ない形のジェンダー・バイアスが，判断に関わる情報の正確な知覚を妨げ，その情報を雇用決定のために適切に使うことを妨げるからである。管理職は機会均等を公言するだろうが，それにもかかわらず，吟味されずに残る偏見はこの管理職の選択をゆがめるのである。FiskeとKriegerは，吟味されず，大っぴらではないバイアスによっておこる職場での差別を低減するために組織が取りうる対策を検討している。彼女らはまた，雇用機会均等政策に関わる情報開示を義務づけることを含めた政策案も提起している。彼女らの提案は，差別的な意思決定の具体例を特定しなくても，労働市場から差別を締め出すうえで役に立つかもしれない。

第2部　社会的相互作用

協力の心理学の章で，Tom Tylerは，インセンティブと罰が問題であるのに，従来の規範的アプローチは，物質的な利得と損失を強調しすぎていると論じている（4章）。Tylerは，実験室研究とフィールド研究を分析し，社会的状況で強力な影響力を発揮する，いくつかの種類の社会的動機づけを描き出している（態度，価値，個人的アイデンティティ，手続き的公正，動機に基づいた信頼）。Tylerは，協力的行動を動機づけているものの問題に焦点を当て，政策策定者は，人間の性質について理解すること，そして集団や組織の中で人間の行動を形成する社会的動機づけの重要性を理解することで多くを得られると提案している。

これと関連して，Todd Rogers, Craig Fox と Alan Gerber は，人々が投票する理由について従来とは異なる考え方を提案している（5章）。自己利益に基づいて投票するという従来の見方では，ある一人の投票が結果を左右する可能性の小ささを考慮したとき，投票行動を説明することができないため，著者らは投票を「ダイナミックな社会的表出」とする見方を提案する。この見方によると，投票は，時間の経過とともに拡大していく出来事のダイナミックな集積の結果である。つまりそれは本来社会的行為であり，究極的にはその人のアイデンティティの表出である。Rogers, Fox と Gerber は，特に効果的な投票推進運動についての最近の実験的なフィールド研究を記述し，それによって，一連の行動研究（社会心理学・認知心理学と行動経済学を含む）を始めて，なぜ人は投票に行くのかという問いや過去の投票行動と体系的に結びつけている。

意見対立についての章で，Lee Ross は，いくつかの認知的・動機的過程を考察したうえで，政治的な意見対立においてそうした過程が敵意と不信感を増加させるのに果たしている役割について検討し，さらにそうした過程がどのように紛争解決を阻害するかについて論じている（6章）。特に，彼は，相手側からなされた提案に対する反射的逆評価と，**素朴実在論**が果たす役割，さらに一方の側が（自分たちは）物事を客観的に明確に見ているという確信を持つ傾向について検討している。そして，そうした確信が他の合理的で正直な人々もその見方を共有しなければならないという期待を作り出す場合に，意見対立に憎しみをもたらす傾向があると考えた（この見方は，運転についてのコメディアン，ジョージ・カーリンの観察によってうまくとらえられている。──「自分より遅いやつらは皆マヌケで，自分より速いやつらは皆狂っている。そう思わないか？」）。前述の分析で示されたように，Ross は，意見一致の妨害を乗り越えるために取りうる複数の戦略について，行動学に基づいて検討している。

最後に，精神的麻痺の章で，Paul Slovic, David Zionts, Andrew Woods, Ryan Goodman と Derek Jinks は，人々は，繰り返し，大虐殺やその他の大規模な残虐行為になぜ反応しないのか，その理由を問うている（7章）。彼らが論じているように，それは，人々が，自分の仲間である人間に苦痛を与えることにインセンティブを持っているからではないし，近所に住んでいる同じ肌の色の特定可能な被害者にしか関心がないためでもない。それより，彼らは，本来感じるべき**感情**を感じることの難しさ，論理的分析を行為に導くポジティブ感情とネガティブ感情を感じることの難しさが，根本的な問題として横たわっていると指摘する。道徳的直観は，大量殺戮の統計値そのものよりも，イメージしやすい個々のストーリーに対して反応するのであり，統計値は，本来感じるべき感情を喚起して適切な行為を動機づけることができないのである。大量殺戮が現実のことだと知っているときでさえ，そのリアリティを私たちは「感じ」ない。この章の著者らは，行動学に基づいて，大量殺戮を「現実だと感じさせる」方法をいくつか検討している。その方法とは，直観的反応だけに頼って結論に導かないようにする方法であり，精神的麻痺の影響を受けにくい，組織的，法的，政治的反応へと直観を置き換え，私たちの道徳的な義務についてのより合理的な分析に基づいて判断するというものである。

第3部　司法制度

合理的な行為者モデルは，ほとんどの法律の世界でこれまで重要なものであった。同時に，一般市民が証人や陪審員，同僚，雇用主，被用者その他になるときには，何が法の対象になるかという

問題の大部分は，通常の人々の日常的な理解，衝動，直観，判断，信頼感，情動的反応に依存することになる。司法制度は，規則と手続きをどう構築するかに大きく依存しているため，人間の能力，悪しき傾向，限界について細かく理解することによって，これらの司法制度をどのように改善するかを検討する余地は大いにある。

目撃証人による識別と司法制度についての章で，NancySteblayとElizabeth Loftusは，目撃証人の記憶の問題（目撃証言の記憶の誤りが，主にDNA鑑定に基づく多くの再審無罪事件で浮き彫りになってきた）に焦点を当てている（8章）。彼女らは，科学的検討に基づいた目撃証人の記憶に関する主な知見をレビューし，目撃証人が重要な役割を果たす事件に関する司法制度を改善方法について検討している。彼女らは，目撃証人の証言の背景にある主な記憶原理について要約しており，その中には，記憶されている体験というものが，単なる記憶現象ではなく，たとえば他者からのわずかな非意図的な言語的・非言語的コミュニケーションのような社会的行為の影響をも受けるという事実も含まれている。明らかにされたのは，自信を持って証言されているにもかかわらず，実際には記憶が汚染され，歪められている可能性があるということであり，これは，目撃証人の証言の真正性に依存し，目撃証人による識別によって多くの人が刑事被告人になっている現在の司法制度に大きく関わる問題である。SteblayとLoftusは，目撃証言問題に関連する現在進行中の研究や，行動科学者と司法分野の研究者の共同によって進められている司法政策の改革の状況，記憶研究を政策に応用するうえでの障害についても紹介している。

「誤った有罪判決」の章では，Phoebe EllsworthとSam Grossが，冤罪率の高さとその解決の難しさに対する分析を拡張し，目撃証人による犯人識別の背後にある，さまざまな心理的，社会的，組織的要因について検討を行っている（9章）。彼女らははじめに，冤罪を検出することの本質的な困難さに焦点を当て，私たちが知りうる唯一の機会（そこに誤りがありえるにせよ）が再審無罪であるとしている。有罪判決を受けた刑事被告人が，事後的に無罪を証明できる（典型的には殺人などの最も深刻な事件で，十分な注目を引き，十分なリソースがある人に限られる）というのはまれな事例である。EllsworthとGrossは，対審制度下で刑事捜査と判決のありように影響する社会的文脈および制度的文脈について検討している。彼女らは，確証バイアスや目撃証人による誤識別，虚偽自白，法科学的分析の一部における不正やエラー，収監されている情報提供者などの証人による偽証，警察や検察による手続き違反，能力に欠ける刑事弁護人による弁護活動を含めた，問題ある行動学的現象をもたらす過程の悪しき傾向について分析している。EllsworthとGrossは，社会科学者や法学者による関連研究を紹介し，将来的な政策改善の余地について検討している。

悪い行為に対する行動的反応についての章でJohn DarleyとAdam Alterは，罰や，応報，抑止に対する法規則とコミュニティ感情の潜在的なギャップの性質とその結果について検討している（10章）。彼らははじめに，悪い行為に対する人々の知覚とその行為にふさわしいと思われる罰についての研究をレビューし，人々は，道徳的な怒りの情動が規定する反応によって動かされ，その罰の決定は，加害者にちょうど見合うと直観的に信じるものに大幅に依拠している，と結論づけた。彼らは，犯罪や刑罰，抑止の取り扱いに対する従来のアプローチについて検討し，人間の認知と行動について私たちが知っていることを考慮すると，これらのアプローチは大部分が効果的ではないと論じた。たとえば，アメリカの刑罰制度は，刑期の長さが主な焦点になっているが，刑期の長さというのは，犯

罪抑止方法としては，たとえば目につく監視システムと比べて，一般的に効果的とは言えない。DarleyとAlterは，正義に対する市民の直観的知覚が，公正と感じられる刑罰の重さに影響しており，これらの道徳的な感覚と矛盾する司法規則は，法に対する市民の尊重を失わせるということを述べつつ，これと関連する政策的示唆について検討している。

第4部　バイアスと能力

　政策と密接に関係するのは，どのような環境下で，人々は一貫してバイアスを示したり，判断に重要な要因を適切に考慮することに失敗したりしやすいかという問題である。別の環境では，人々は，なすべき課題を十分に達成できるかもしれない。この状況による違いは，人々が素晴らしく鋭い判断ができない状態のことをバイアスのある状態と捉えるならば，人々がバイアスの発生を予測するのが困難であるために拡大する。政策を施行しても，規範的な観点では大した差がないはずのところでしばしば差が生まれ，差があるべきところでときおり差を作り出すことができないことがある。この部の章の前提は，バイアスなどの行動学的限界について適切に予期をし，気づくことが効果的な政策の手助けとなるということである。

　バイアスがあるという指摘とそれに対する否定の章では，Emily ProninとKathleen Schmidtが，自分たちの判断は相対的にバイアスの影響はないが，他の人の判断はバイアスに影響されているという人々の知覚が，政策に与える広大な影響について検討している（11章）。他者のバイアスについては大げさに言いたてるのに自分自身のバイアスには気づかない傾向は，社会的対立や，交渉の失敗，そして，汚職や差別といったさまざまな問題を引き起こす可能性がある。ProninとSchmidtは，この「バイアスの盲点」の中心にある行動学的背景についいて検討し，気づきを高めること，教育すること，心理学的に見て機能すると考えられる開示要請などによる解決可能性を，これらの解決策の心理学的な基盤や効果を高める方法について強調しながら検討している。

　「能力の問題――選択肢の告知義務と限界」の章において，Baruch FischhoffとSara Eggersは，規制と政策の広い領域に関する人々の能力の前提（たいてい明示されない）について論じている（12章）。たとえば，製品開示義務は，製品に関連する情報を収集し理解する人々の能力についての信念を反映し，生前遺言についての政策は，その状態になった場合どうなるかについての私たちの能力についての想定を反映している。著者らが言うには，能力が過小評価されたときには，市民が自分自身で意思決定を行う自由は不必要に制限させられ，逆に，能力が過大視されたときには，市民は必要な保護を求めても拒否されるかもしれない。この章では，アメリカの政策を前提にしてリスク（薬品，病原菌，汚染など）に関する意思決定を行うのに必要な個人の能力を評価し，そして可能であれば増大させる一般的なアプローチを提供する試みを検討している。

　錯誤懸念と費用便益分析についての章において，Cass Sunsteinは，錯誤懸念（リスクに対する人々の誤知覚傾向）の問題に対抗する方法として費用便益分析の支援を論じている（13章）。費用便益分析は，伝統的な経済学的な見地において非効率を抑止する方法として用いられるものであり，Sunsteinは，認知心理学と社会心理学の知見（利用可能性と目立ちやすさ，情報カスケードと評判カスケード，強い情動反応，動機づけられた推論，そして因果誤帰属などを含む。これらはすべて，人々をほんのわずかなリスクでも恐怖におののかせ，深刻なリスクを無視させることにつながりうるものである）にもとづいて，この方法を論じている。

Sunsteinによると，このような錯誤懸念は，利己的な個人の集団と通常の政治的ダイナミクスの力を通して，公共政策において重要な影響を及ぼす。公共資源の誤った配分が，錯誤懸念とそれに関連する問題に起因して起こったとき，費用便益分析は，規制を望ましい形で機能させるために行動学的な傾向に基づいて障害を克服する方法であり，より優先順位の高いことを確実に実施する1つの修正方法として機能しうる。

第5部　行動経済学と財政

経済と財政についての行動学的研究は，古典的な選択理論における人々の選好についての従来の前提とは異なる前提を用いて，経済や財政への行動学の応用可能性を体系的に探索してきた。とりわけ人々は，最終的な資産額の多寡ではなく，現状からどれだけ変わると感じられるかに焦点を当てる。人々が価値を割引く傾向は状況依存的であり，損失回避，すなわち，失うことへの恐怖は，同じ量を得ることの喜びよりも大きいことが示されている。公正さや惰性のような実体のないものが大きな影響を与え，決定は，その瞬間に顕在化した特徴にもとづいて，時には客観的に見て長期的な犠牲を伴って，しばしば「ローカル」になされる。わずかな，規範的には重要ではない変化が，政策が成功するか否かの差を生み出すことがあるため，これらすべては，政策設計の大きな困難となる。

退職後のための貯蓄プランについてのこの種の分析は，Shlomo Benartzi, Ehud Peleg と Richard Thalerによってなされており，ここで彼らは，被用者によってなされる退職後のための貯蓄における選択の研究に行動学的原理を応用している（14章）。決定における惰性や名目的損失回避，将来における価値の割引といった概念を整理し，昇給と貯蓄額増額との同期の効果を検討することで，彼らは，退職後のためのプランの構築において一見ささいなことが投資の決定と貯蓄率に劇的な影響をもたらしうることを示した。さらに一般的に見ても，ここで描かれた判断の構築に対する知見は，人々のより良い意思決定を援助する可能性を持つと彼らは指摘している。このテーマは，本書の後の方で，ThalerがBalzやSunsteinと執筆した章（25章）で再び論じられる。

行動経済学の分析を雇用法に応用することで，Christine Jollsは，雇用者－被用者関係に関わる法的要件と規則（賃金支払い，年金から最低賃金，健康保険加入義務，休暇，雇用差別禁止法に至るまで）に利用できる行動学的分析の知見について検討している（15章）。Jollsが論じるには，雇用法の効果は，雇用場面での人々の行動に大きく影響する。それは，意思力の限界，自己利益の限界，合理的判断の限界を考慮することで描き出すことができる。その結果，直観的判断におけるエラーについて理解することで，雇用者差別を禁止する法律に対する示唆が与えられ，また，今とは異なる規則を採用することで，意思力に限界のある個人が退職後のためにより効果的に多く貯蓄するようになることが証明されている。さらに「公正さのダイナミック」（すなわち，被用者が受け入れる最低賃金以上の額を雇用者が支払うことで，そうしない場合に比べて被用者はよく働くことによってそれに応答しようとすること）は，最低賃金に関する規制に大きな示唆を与えてくれる。雇用関係は，生涯において最も重要な関係の1つであり，これを，行動経済学的視点から検討することでより大きな利益を得られるだろうとJollsは結んでいる。

貧困状態における意思決定と政策の章において，Sendhil Mullainathanと Eldar Shafirは，貧困者の意思決定を理解するために行動学に基づく枠組みを提案する（16章）。社会心理学と認知心理学の知見を用いた判断と意思決定についての実証的見地から，貧困時の行動がどのように説明されうるか，同

じ行動であっても人々が貧困状態にあるときにはどのような異なった結果をもたらすかを彼らは問うている。そして彼らは，最近の研究から，貧困は，家計の悩みの種であることに加えて，人間の精神に貧困固有の問題を作り出すものとみなせると結論づけている。MullainathanとShafirによると，貧困それ自体が固有の心理的反応を作り出す。この反応は絶え間なく，常に警戒するよう機能しているため，気がそらされたり，計算違いをしたり，資源が枯渇したりということが起きうるのである。そのため，政策への新しいアプローチとして彼らは，安定性を作り出すこと，経済的な心配のない生活が送れるようになるために必要な財政的心的安定性を人々に与えることに焦点を当てた政策の策定を提案している。

第6部　行動変容

意思決定場面のわずかな変化は，規範的に考えたのでは予想もつかない大きな影響を，一連の選択行為に与えることがある。そして，これは，意図と行為の間のよく知られた関係について重要な示唆を与える。意思決定場面で障害（恥だと感じたり忘れたりすることなどが挙げられるだろう）に直面すると，人々は，その行為をするという強い意図があったときでさえも，その行為をしそこねる場合がある。逆に，そこでの文脈がある行為を促進するよう設計されているとき，これらの行動は，決断がそれほど強くないときでも遂行されるだろう。文脈的手がかりや介入，インセンティブ，意思決定補助，時にはほんのわずかな視野の絞り込みが，選択肢に対するその他の選好が明確で強い場面においてさえも，実質的な影響をもたらす。この影響は当然ながら，行動学の示唆を踏まえて望ましい効果を得ようと政策を構築・実施しようとする際には，政策策定者に困難をもたらすものである。また，機能していない政策から機能する政策へ変容させるためには，おそらくもっと特別な意味を持つ（そして受け入れ可能な）変化が必要であり，その変化は，人々が問題をどのように再構成するかや，その再構成が人々をどう導くかという知見を踏まえる必要があろう。

行動変容のための心理学的手立てについての章で，Dale MillerとDeborah Prenticeは，人々が自分自身の長期的利益や希望に沿う方向に自らの行動を変容させることを，政策策定者が手助けする場面に焦点を当てている（17章）。MillerとPrenticeは，とくに，行動変容を作り出すプロセスと心理的構成物について強調し，人々を望ましい行動に向かわせ，望ましくない行動から遠ざけるさまざまな介入の可能性について分析している。とくに彼らは，経済的，心理的インセンティブが関わってくる方法を記述し，経済的な税と助成金が直観に反する効果をもたらす様子を描いている。彼らは，行動を変化させるための努力を，現状に基づいた動機のダイナミズムと，それらを変化させるために使いうるテコ入れについての注意深い分析に基づいて，どのように始めるのがよいのか概観している。

「無自覚な食事を健康的な食事に変える」の章の中でBrian Wansinkは，食品摂取に影響するさまざまな環境要因の背後にある基本的なプロセスのいくつかについて検討している（18章）。パッケージの大きさ，皿の形，照明，社会化，目に入りやすさ，多様性，大きさ，そして食品への接近可能性は，食品摂取の量に影響する環境要因のごく一部であり，多くの場所で蔓延している肥満問題に影響していると考えられている。摂取量のこうした動因を理解することは，栄養教育と消費者の幸福に直接的な示唆を与えるが，教育と意識の向上は解決策にはなりにくい。なぜなら，Wansinkが論じるように，その効果は，私たちが意識していない知覚のレベルで起こっているからである。その

代わりとして，彼は，個人の生活において具体的に健康に関する変化を引き起こすために，学界・関連産業・政府が用いることのできるいくつかの行動学に基づく原則をリストアップしている。

「教育的介入に対する社会心理学的アプローチ」において，Julio Garcia と Geoffrey Cohen は，成績の伸び悩み，とくにアメリカの学校における成績の人種間ギャップについて検討している（19章）。特に，「アイデンティティ脅威」の存在に焦点を当てた心理的介入を記述し，これを体系的に応用したとき，成績のギャップを狭めることができたとしている。これらの分析で枢要な点は，教室を，態度，行動や成績につながる環境を作り出す構造的・心理的なさまざまな要因が相互作用する緊張体系として捉えるところにある。成績を高める要因の影響を強め，成績を抑制する要因の影響を弱めることで，介入は，生徒の心理学的環境を変えることができる。この分析に基づき，Garcia と Cohen は，重要な心理的過程を対象にした時宜を得た介入は，成績にきわめて大きな影響を与えることができると結論づけている。彼らはさまざまなテーマ・レベルにおいて，彼らのアプローチに沿った社会政策についての示唆を与えてくれる。

第7部　意思決定の改善

一貫した諸傾向（未来に対する行き過ぎた割引を引き起こす不適切な重みづけから，将来の感情を推察することの無能力に至るまで）はすべて，判断を行う際，適切な判断の形成を妨害する可能性がある。さらに，心的リソースと注意の限界は，多くの人の，金銭的な計画を立て，貯蓄をし，自然災害に対して備える能力や，長期的かつ集団的な観点を阻害する要因を大きく左右する。重要なものとして繰り返し現れてくるのは，人の能力だけではない（印象的ではあるかもしれないが）。直観，注意，理解が，成功可能性に関わりうるという事実がある。以下の各章は，それぞれ，また全体として，人々がよりよい決定に到達できるように政策策定者が手助けしうる，行動学に基づく方法について検討している。

単なる理解という問題を超えて，Peter Ubel は，人々の「選好に沿った意思決定」を改善するための医療における判断補助の使用を検討している（20章）。そこでは，意思決定者が，自分自身で正しい選択をすることが困難な意思決定の場面がとりあげられている。とくに，ここで想定されていることは，その患者自身の目標や選好に沿った意思決定を手助けする中立的な立場の人である。Ubel が言うには，これまでもしあなたが意思決定補助の専門家に対してすべての情報と選択の自由を与えることができたのなら，その人は対立を減らし，より満足し，真の選好を反映した判断をすることができると考えられてきた。しかし，選択肢を理解していても悪い決定をすることがあるという事実と，よい判断をしても人々に根深い対立を残す可能性があることに基づいて Ubel が提案するのは，意思決定の助言者は，理解を深め，対立を抑制する以上のことをなす必要があるということである。この目的に向けて，Ubel は，これまでに設計されてきた判断補助が人々の選好に沿った意思決定を手助けすることができるかどうかを検討する方法として，いくつかの基準の良い点と悪い点を検討している。

「判断ミスを利用した行動支援」で，George Loewenstein, Leslie John と Kevin Volpp は，意思決定におけるさまざまな一貫したエラーを特定し，これらのエラーを人々の利益のために利用する政策的解決を産出するためには，行動学の研究者が適任であると論じた（21章）。彼らは，一般的にエラーだと考えられている多くの意思決定現象（現状維持・デフォルトバイアス，損失回避，過剰な楽観主義，非線形的な確率の重みづけなど）が，貯

蓄やダイエットや服薬遵守や慈善団体への寄付といった目的達成を助けるのに利用可能であることを示している。彼らは，このようなエラーが地球温暖化といった，より広い社会問題の解決にも利用可能ではないかと考えている。Loewensteinらによると，消費者の誤りにつけ込む経済主体は多く存在する。消費者に，消費者自身のことを任せておくのではなく，私たちは，これら日常的につけ込まれている同じエラーを，人々をより良い状態に変えるのに役立てるために用いるべきである。

環境に関してよりよい意思決定を行うために行動学的意思決定研究の知見を検討した章において，Elke Weberは，環境政策の決定において判断する際の論理を概観することから始めている（22章）。そうした理論には，典型的には，社会的，経済的次元，公正さあるいは衡平さの考慮，そして将来とのトレードオフに関する不確かさが含まれており，予見，忍耐，説得が必要とされる。きれいな空気，飲用水，種の多様性といった環境財は共有資源なので，より長期的で協力的な解決策が望ましい場面で，目先の利益を追求する行動を予防するためには，合理的な分析が重要である。社会的認知や行動学的決定の研究による知見にもとづき，Weberは，注意や記憶，情報処理における人の能力の限界についての知見とともに，非意識的で社会的な推論，そして決定過程への知見が，環境政策をより促進させる設計の手助けになると論じている。彼女が主張するには，行動学にもとづいた研究によると，環境を持続可能にする行動を促進するような意思決定の状況を作り出すことができれば，人々に集団としてその長期的利益を増大する行動をとるよう説得することができる。

天災による被害を減少させるために意思決定バイアスを克服することに関する章で，Howard Kunreuther, Robert MeyerとErwann Michel-Kerjanは，最近の傾向として自然災害による被害が拡大する傾向にあることを記述している（23章）。この原因を彼らは，経済的要因と行動学的要因の交互作用に帰属している。このことの背景には，災害に対する適切な備えなしに，被害を受けやすい状態に資産をおく状態が増えていること，確率は低いが大きな影響をもたらすリスクに対する準備不足傾向，災害への備えに対して長期的に投資することから得られる利益の過小評価がある。この結果として，リスクテイクの負のスパイラルが拡大し，高リスク地域において経済発展をしても，その発展を守るための技術に対する投資が，経済発展率のペースに追いつかない。Kunreuther, MeyerとMichel-Kerjanは，このようなミスマッチが生じる行動学的動因のいくつかを検討し，これらを考慮に入れることが，将来の自然災害における減災の助けとなる仕組み（費用対効果の高い減災手段への投資を促すための自宅の改築ローンとセットになった長期保険契約など）の開発に役立つ可能性について検討している。

第8部　意思決定の文脈

最後の3章は，文脈を設計する際のいくつかの重要な要素について検討している。その重要な要素とは，デフォルト，より一般的には選択肢の構築，そして行動学に基づく規制である（24章）。これらは，改正された政策を実施する際に助けとなるものである。デフォルトによる意思決定の章で，Eric JohnsonとDaniel Goldsteinは，さまざまな政策領域におけるデフォルトの力を描いたうえで，この効果の背後にある心理的メカニズムの一部を検討している。保険や臓器提供の決定から年金，インターネットのプライバシー設定に至るまで，何もしないことをデフォルトとする従来の方法を変えることは，人々に積極的な意思決定をさせようと設計された経済的インセンティブや教育の拡充，あるいは説得キャンペーンに比べても非常に効果

的なものとなりうる。それぞれの種類のデフォルトはコストとベネフィットを持つことを理解し，倫理性と効果性について考慮したうえで，JohnsonとGoldsteinは，政策策定者がデフォルトを理解することの重要性を論じるとともに，各種のデフォルトの形式（強制選択，集団デフォルト，ランダムデフォルト，スマートデフォルトすなわち個人に合わせたデフォルト）が有効に働く場面について検討している。

　選択肢の構築の章で，Richard Thaler, Cass SunsteinとJohn Balzは，（私たち同様に行動学的特性を信じるのであれば）意識的であれ無意識的であれさまざまな外的影響を意思決定の際に受け，かつ環境のなかに埋め込まれた状態にある意思決定者について検討している（25章）。決定環境を形成している者（この場合政策策定者）は，「選択肢の構築者」である。Thaler, SunsteinとBalzは，デフォルトを作る，エラーを予測する，マッピングを理解する，フィードバックを与える，複雑な選択肢を構造化する，インセンティブを作るといった，選択肢の構築を可能にするツールのいくつかを分析している。彼らの目標は，誰かに何らかの意図された結果を押し付けることをしなくても（すなわち自由主義的パターナリズムという哲学のもとで），選択肢の構築が人々をより良い選択肢（多くの場合，彼ら自身によって判断される）にそっと突く（nudge）うえでいかに有用であるかを示すことである。

　最後に，行動学に基づく規制を探求して，Michael Barr, Sendhil MullainathanとEldar Shafirは，行動経済学の知見に基づく規制枠組みを提案し，また，これをもとに，個々の心理を持った個人と，個々の市場文脈の中でこれらの心理に反応する企業の間の均衡な相互作用（古典的モデルのように，合理的な選択と市場競争との相互作用を想定するのではなくて）を生み出す産業構造を提案する（26章）。

Barr, MullainathaとShafirの提案によると，この実り豊かな心理学の導入は，競争による影響を複雑にする。企業は消費者がどのように反応するかに基づいて競争し，競争の結果は，消費者の幸福の増大には常にはつながらないかもしれないことを意味している。そうなれば規制は，この均衡の機能不全を解決することに向けられなければならない。たとえば，ある文脈ではその市場に参加する者が皆，人間の共通の弱点を克服しようとしている一方で（たとえば貯蓄不足），他の文脈では市場に参加する者がこれらを悪用しようとしているかもしれない（たとえば借入超過）。Barrらは，具体的な応用について論じ，特に，行動に基づいて規制を分析することで，特定の政策のコストと利益に対する政策策定者の理解が深まることを指摘している。

第9部　各分野からの論評

　本書は，4つの学問領域（哲学，経済学，医学，法学）の研究者からの論評で締めくくられる。彼らの研究の主たる領域は，行動学の領域とは離れているが，彼らはみな，行動学的応用に長く関心を持ち続けており，本書で取り上げられた問題について特に，それぞれの学問領域の思考法と結びつけるように責任を持ってコメントしている。William Congdonは，行動学的観点は，経済政策に対して有効な情報を提供しうると考えている（27章）。Donald Redelmeierは，いかにすれば行動学的知見が健康管理政策に貢献しうるかを検討している（28章）。Paul Brestは，政策策定者や国会議員のバイアスを取り除く可能性に主に焦点を当てている（29章）。Judith Lichtenbergは，パターナリズムや大衆操作，そして行動学にどの程度依拠した政策策定が，人々にとって好ましいのかという問題に哲学的な検討の目を向けている（30章）。

　以下に続く章では，50人を超える研究者が，過

去30〜40年にわたって行われてきた，私たちの人に対する理解の仕方を変えてきた一連の豊かな研究について論じている。彼らはこれら研究知見がもたらす示唆について検討し，行為者としての人についての新しい見方，新しい理解が，政策をよりよく設計・実施するのを手助けするようなさまざまな方策を提案するだろう。著者らは，読者が，政策の行動学的基礎の説明を読み，生産的で啓蒙的だと感じるとともに，これらを将来の人間の幸福を高める新しい政策を作るために用いて活用してくれることを希望している。

第1部
偏見と差別
PREJUDICE AND DISCRIMINATION

1章　潜在的偏見の本質——個人のポリシーと公的な政策への示唆

CURTIS D. HARDIN
MAHZARIN R. BANAJI

およそ50年前，アメリカのアーカンソー州において，9人の黒人学生が家族や友人，武装した軍の警護の助けを借りて社会的な試みを開始した。ブラウン対教育委員会裁判の判決の後，リトルロック・セントラル高校で人種差別を撤廃しようとした試み[i]が成功したことは，アメリカ史上もっとも重大な出来事の1つであり，その歴史的な重要性や政策に与えた影響の意義については疑う余地がない。それにもかかわらず，多くの人が指摘しているように，21世紀の初めになっても，生活や教育の場においてあからさまな人種差別が事実上存続しており，その深刻さは場合によっては増している（たとえば，Orfield, 2001）。人種差別撤廃に関するこうしたアメリカの社会的試みは，人の本質や文化への理解を踏まえたものでなければ，いくら志は気高くても，政策はその大志を実現できない可能性があるということを思い起こさせる。言い換えれば，科学的証拠にもとづかなければ政策は成功しない。科学的証拠は，問題の本質やどのような結果が起こりうるかを明らかにし，社会的変革をどのようにイメージするのが一番よいのかを明確にしてくれる。科学に基礎を置く政策の重要さを示す一例として，Robert Putnamの研究では，民族の多様性が実際に社会不信を増大させうるという受け入れがたい結果を示している。コミュニティにおける民族的多様性が増すほど，隣人への不信感が増大し，同じ民族性をもつ隣人に対してさえ不信感が増大するのである（Putnam, 2007）。社会的優位性と集団間関係のダイナミクスを明確に理解しなくとも多様性は成功するだろうというような素朴な楽観主義は，上記のような新事実によって異議を申し立てられるだろう（たとえば，本書の2章）。したがって，たとえ善意の政策であっても，人々が実際にどのように考え，行動するかに関してよく考慮した上でなければ，よい結果をもたらす可能性は低いのである。そして不幸にも，実際，よい結果を得られることはこれまで少なかった。なぜならば，政策策定者は社会問題の指針としての科学の重要性を十分に尊重していないし，アカデミックな科学者自身も得られた科学的証拠が政策へ示唆を持っているとは想像しようとしないからである。

本章では，ステレオタイプ化と偏見の話題を取り上げるが，科学が実証してきた範囲に厳格に限定することとする。しかしながら，本書の目的に基づき，ある程度明らかになっている点や，さほど明らかになっていないと思われる点についても，政策の諸問題に影響する限り詳述することとした。そして，著者らは自らに次のような論点を課すこととした。ここ数十年で人の本質や社会的関係に関する理解を変えた広範に応用可能な知識とは何なのか？　こうした新しい視点は，これまで続いてきた前提とはどのように異なるのか？　こうした発見を踏まえて，集団間関係に関わる政策はどのように進めていくべきなのか？　そして，通常の「公的」な意味での政策も考慮する一方で，人

---

i　[訳者註] 黒人と白人の学生を分離した教育機関は憲法違反であるというブラウン対教育委員会での判決を受けて，リトルロック・セントラル高校では，黒人学生と白人学生の融合教育を行おうとした。

の心の制約と柔軟性について人々に知らしめることで立ち現れてくる「個人のポリシー」について述べることができるのだろうか？

著者らが強調したいのは，偏見や差別に関する個人のポリシーや公的な政策についての議論は，偏見の本質に関する時代遅れの考え方にもとづくことがあまりにも多すぎるということである。大部分の政策が，いまだに何世代も前のような偏見に対する理解を前提としている。つまり，社会的集団とその成員に対する否定的な態度は，人々の無知に根ざしており，敵意や憎悪に動機づけられた個人がいるから続いているのだと考えられている。こうした古い見解にもとづけば，善良な人は他人のことをよく考えて行動するだろうから，偏見に対処するには，個人の気持ちや心を変えることが最善だということになる。しかし，近年の研究では，偏見に対するこうした古い見方は不完全であり，危険ですらあるということが示されている。こうした古い考え方に固執すると，効果がないどころか事態を悪化させるような政策を選択することにつながるだろう。こうした考えに固執するのは，喫煙やがんに関する証拠を無視することと同じようなものだろう。

偏見に対する科学的な理解はどのように変化してきたのだろうか？　手短に言うと，社会的判断や行動における偏見やステレオタイプ化の働きには，個人的な憎悪や敵意は必要なく，そして自覚さえも不要だということが現在分かっている。実のところ，偏見は「潜在的」なものであることが多い。「潜在的」とは，気づかないうちに，非意図的に生じ，統制不可能であることを意味している。これはもっとも善良な人々においてさえ例外ではない（レビューとして Dovidio & Gaertner, 2004 参照）。さらに，潜在的偏見が発見された当初は，それは避けられないものであるという思い込みをもたらした（たとえば Bargh, 1999; Devine, 1989; Dovidio et al., 1997）。しかし，潜在的偏見は，それを取り除こうという個人の努力にしぶとく抵抗し続けるものの，社会的環境の敏感な変化を通じて，特定の社会的状況においては偏見を低減できるし，さらには肯定的なイメージに好転させることさえできるということが研究によって示されている（たとえば Lowery et al., 2001; Rudman et al., 2001）。要するに，悪意のある「腐ったリンゴ」が社会政策にもたらす実際の問題に加えて，人々の日常的な思考や行動といったありふれた働きにおいても偏見が存続し増強するということを研究は示している。実際，腐ったリンゴの存在を過度に強調すると，偏見は多くの人の問題ではなく少数の人の問題であると仮定することになるため，政策を考慮する際には弊害をもたらす可能性がある（Banaji et al., 2003）。

過去30年間にわたって発展してきたこうした偏見に対する新しい理解は，偏見の問題に生産的に対処するにはどうすればよいかという公的な議論を変化させることになる，と著者らは信じている。したがって，この章では，偏見の本質に関する現代の理解を劇的に変えた研究をレビューする。とくに，(a) 潜在的偏見の存在，(b) 潜在的偏見の遍在性とその影響，(c) 潜在的偏見の働きに影響する原則，および (d) 心の性質と可能性を正しく認識することによって示唆される個人のポリシーや公的な政策の変化を示す研究に焦点を当てていく。そうすることで，潜在的偏見は社会的判断や行動に憂慮すべき結果を招くが，偏見を再概念化することである程度解決策が見えてくるかもしれないと著者らは考えている。つまり，偏見を悪意のある個人の性質として考えるのではなく，認知の構造や社会的学習，社会的関係といった既知のメカニズムの特性として考えていく。

1.1 潜在的偏見の本質

偏見が非意図的に，非意識的に，また避けがたく働くという発見は，心理学や社会学，経済学，そして政治学における複数の関連し合った学問的発展から生まれた。政治的にもっとも顕著な出来事は，20世紀後半にアメリカ人の中で「顕在的」な人種差別主義的態度を（意識的には）支持したくないという気持ちが増加したにもかかわらず，社会的，経済的，および医療に関する人種差別がなお存続していたことであった（たとえばBobo, 2001; Dovidio, 2001; Sniderman & Carmines, 1997）。顕在的な集団間態度と集団間差別との乖離はこれまでまったく見られなかったわけではないが（たとえばAllport, 1958; La Pierre, 1934），これ以降，政治的態度を非明示的に測定することへの関心が高まっていった。これによって，態度の表明の際に社会的望ましさの影響を巧みに回避したり（たとえばCrosby et al., 1980; Fazio et al., 1995; Word et al., 1974），アメリカにおいて偏見の心が，より形を変えて象徴的なものへ，あるいは細心の注意を払ってより敵意的でない形態へと転じていった可能性が論じられるようになった（たとえばDovidio & Gaertner, 2004; Jackman, 1994; Scars & Henry, 2005）。同様に重要なこととして，心理学の情報処理パラダイムにおける発展が，新しい方法論および理論的な一貫性を持つ潜在的認知研究（自動的・潜在的偏見を含む）をもたらした（たとえばBanaji & Greenwald, 1994; Bargh, 1999; Greenwald & Banaji, 1995）。最後に，潜在的偏見に対する社会心理学の関心は，意識的な熟慮の外で生じる情報処理の多様性や，洗練性，豊かさに関する脳科学全般のより広い学際的な見解と共鳴した。このことは，偏見だけがその多くを潜在的な過程に負っているわけではないということを示している（たとえばFrench & Cleeremans, 2002）。

1.1.1 潜在的偏見の発見

何十年にもおよぶ数百の研究や，世界中の何千人もの実験参加者，そしてさまざまな研究方法論によって，潜在的偏見が発見され，その重要性や，遍在性，そして「顕在的」すなわち意識的な背景とは異なるものであるということがいまやしっかりと証明されてきた。潜在的偏見は，認知心理学と社会心理学の情報処理に関する考え方が結びついて生まれた2つの基礎的な実験パラダイムによって最初に発見された。そのうち1つは，実験的操作によって潜在的に顕現化された概念の効果を示すもので，もう1つは，潜在的な意味連合の存在および関係性を示すものである。

認知的に顕現的な概念が社会的判断に及ぼす影響は，いまや古典となった実験で最初に示された。その研究では，社会的ターゲットに対する評価が，直近に提示された判断に関連する情報の影響を潜在的に受けることが示された（Higgins et al., 1977; Srull & Wyer, 1979）。この研究によって示された潜在的認知の重要性は長年にわたって学際的な合意を得てきたが，ステレオタイプ化への適用はPatricia Devineの象徴的な論文（1989）によってなされた。これによって，ステレオタイプ化と偏見一般に対する社会心理学的理解におけるパラダイムシフトが始まった。[1]

この重要な実験で参加者は，「ドナルド」という名前の仮想の人物を評価した。参加者はその前に，アメリカで共有されているアフリカ系アメリカ人に対するステレオタイプに関連する単語を閾下で[ii]提示された。その際，提示した単語に占めるステレオタイプ関連語の比率が高い場合には，比率が低い場合よりも，上記の人物をより敵対的だと評価した。この知見が目を引いたのは，ステレオタイプそのものが非意図的に働き，意識せずに社会

---

ii ［訳者註］何が書いてあるか認識できないくらい短い時間。

的判断に影響を及ぼすということが示唆されたためである。また，参加者が顕在的な人種差別的態度を保持しているかどうかにかかわらず，潜在的なステレオタイプ化は同じくらい生じていたため，その知見は人々を動揺させた。

この基本的なパラダイムはその後も数多くの実験で使用され，民族や人種（たとえば Dovidio et al., 1997），ジェンダー（たとえば Rudman & Borgida, 1995），年齢（たとえば Levy, 1996）などを含むさまざまな社会的判断において，偏見とステレオタイプ化の潜在的な働きが確認された。潜在的なジェンダーステレオタイプが存在することを示す例として，女性ステレオタイプが提示された後には，（男性ではなく）女性ターゲットをより依存的だと判断し，男性ステレオタイプを提示された後では（女性ではなく）男性ターゲットをより攻撃的だと判断したという実験がある（Banaji et al., 1993）。こうしたステレオタイプの顕現化の効果は，顕在的偏見の程度にかかわらず，女性参加者と男性参加者で同程度に大きいものであった。要するに，顕在的な意図やステレオタイプ化を行う人の社会的カテゴリー（つまり参加者の性別）にかかわらず，ステレオタイプについての単なる情報が社会的判断に影響を及ぼしうるということをこうした従来の研究は示唆している。

認知的に顕現化したステレオタイプが社会的判断に潜在的な影響を及ぼすことを示す研究は，ステレオタイプと偏見が認知的連合のネットワークとして機能していることを証明する第二のパラダイムの研究によって補完されてきた。ターゲットとなるある概念的な手がかりを与えられたときにもっともたやすく心に浮かぶ内容を定量化することによって心的構造は明らかにされる，というフロイトの発見のように，その考えはいまや古典となった実験で最初にとらえられた。その実験で示されたのは，意味的に関連した「プライム」単語が事前に短時間提示されると，意味的に無関連な語が提示された場合に比べて，「ターゲット」単語に関する判断が速くなるということであった（たとえば Meyer & Schvaneveldt, 1971; Neely, 1976, 1977）。こうした意味の関連性は現在，自由連想課題で特定された内容と高く相関することが知られている（レビューとして Ratcliff & McKoon, 1994 参照）。いくつかの手続きのバリエーションにおいて，さまざまな社会的信念と態度が意味連合や評価連合として機能しているということが豊富な研究によって示されており，その中にはプライム単語が人に見えないほどの速さで提示される場合も含まれる（レビューとして Fazio, 2001; Greenwald & Banaji, 1995参照）。たとえば，ターゲットの女性代名詞に関する単純な判断は，男性関連語（紳士，医者など）が提示された場合よりも，女性に関連するプライム語（婦人，看護師など）が閾上もしくは閾下で短時間提示された後により速くなった。そして男性代名詞についての判断は，女性語より男性語のプライムの後に速くなった（Banaji & Hardin, 1996; Blair & Banaji, 1996）。同様に，白人の顔よりも，黒人の顔が提示された後では，否定的な黒人ステレオタイプに関連する単語についての判断が速くなった（たとえば Dovidio et al., 1986; Dovidio et al., 1997; Wittenbrink et al., 1997）。こうした結果は，社会集団とその集団に関して共有されているステレオタイプとの関連性を捉える際に，信念やステレオタイプの自動性を実証するために用いられてきた。また社会的集団と共有されている評価との関連を捉える際，態度や選好の自動性を実証するために使われてきた。

こうした従来の研究が示唆しているのは，共有された偏見やステレオタイプ化は，さまざまな次元の既存の社会的関係によって規定されたあらゆる種類の人々の間で働くという遍在性である。ここに含まれるのは，民族や人種（たとえば Nosek et al., 2002a），ジェンダー（たとえば Banaji & Hardin, 1996），性的指向（たとえば Dasgupta & Rivera, 2008），体型（たとえば Bessenoff & Sherman, 2000），高齢者（Perdue & Gunman, 1990），そして思春期（Gross & Hardin, 2007）などである。この種の潜在的偏見は文化を超えて子どもの初期に発達し（たとえば Baron & Banaji, 2006; Dunham et al., 2006, 2007），非合理的な思考と関連する特定の脳構造と関わっているようだ（たとえば Cunningham et al., 2004b; Lieberman, 2000; Phelps et al., 2000）。

1.1.2　潜在的偏見の特徴

　潜在的偏見の過程やその影響および性質の特定は，複数の分野や研究方法論，および特定の社会的カテゴリーに関する研究において進展し続けているが，その基本的特徴は，現在以下の通り確立されてきている。潜在的偏見は，（a）非意図的で無自覚的に働いており，（b）顕在的偏見とは実証的に区別されており，（c）結果として生じる社会的判断や行動を独自に予測するものである。潜在的偏見の働きに関するすべての主張の根底には，ステレオタイプと偏見の潜在的な働きは頑健で，確実に測定されているという事実があり，このことは数百の公刊された実験で示されている（たとえば Banaji, 2001; Greenwald & Banaji, 1995）。加えて，潜在的偏見は社会的影響を受けやすいことが研究で示されており，このことは政策を検討するうえで重要な知見である。ただし，潜在的偏見のすばやい働きを個人の意思によって制御することは，不可能ではないにしても困難である。

　潜在的偏見のもっとも重要な特徴は，ふつうの日常における情報処理の過程のどこでも，しばしば無自覚に働くということ，そして個人的な敵意がない場合でも，また個人が偏見を避けようと意図的に試みている場合でも働くということである（レビューとして Devine, 2005, Dovidio & Gaertner,

2004 参照）。このプロセスを証拠づけるものとして，ステレオタイプを顕現化させる操作によって（それが閾下でさえ），社会的判断と行動がステレオタイプに一致した方向で影響を受けることを示す実験がある。こうしたタイプの実験では一般的に，参加者は公平で偏らないようにしようと努力しており，さらに，参加者は実験の中で，評価に使用されたステレオタイプが直前に提示されたことには気づいていない。単語や画像を非常に短時間，閾下で提示することでステレオタイプの顕現化を操作する実験は，とくに強くこのことを示している（レビューとして Bargh, 1999; Devine & Monteith, 1999 参照）。興味深いことに，この種の潜在的偏見は，参加者の個人的特性（社会的カテゴリーなど）にかかわらず，また顕在的態度や潜在的態度の個人差にかかわらず働くようである。このことから，共有されたステレオタイプを知っている人は誰でも，それが認知的に顕現化しており直近の判断と関連しているときには，ステレオタイプを使用する可能性が高いということが示唆されるのである（たとえば Hardin & Rothman, 1997; Higgins, 1996）。

　偏見が潜在的に働くという補足的証拠は，自動的認知連合の測定を用いた研究に由来しており，それらは連続意味プライミングパラダイム（Blair & Banaji, 1996 など）[iii]，閾下連続プライミングパラダイム（Fazio et al., 1995 など），驚愕反射テスト（たとえば Amodio et al., 2003）[iv]，ストループ課題のような行動干渉パラダイム（たとえば Bargh & Pratto, 1986, Richeson & Trawalter, 2005）[v]，潜在連合テス

---

iii　［訳者註］事前に提示された文字刺激が，その後に提示される文字刺激（ターゲット）の語彙判断を促進させるかを調べることで，両者の意味的関連性の有無を調べる課題。

iv　［訳者註］目の周囲に電極を取りつけ，ターゲットに対する感情を測定する方法。否定的感情はまばたきを増加させることが知られている。

v　［訳者註］たとえば，青いインクで「赤」と書いてある場合に，単語の意味は無視してインクの色を答えさせるような課題。これによって，実行機能の働きを測定する。

ト（IAT; たとえば Greenwald et al., 1998）[vi]などを含んでいる。これらの測定法を使用した数百の実験において，人は自分が潜在的偏見を持っていることに気付いておらず，知らされてはじめて驚くということが示されている。

　潜在的偏見の第二の主たる特徴は，個人が意図的に調整したり，制御したり，偽ったりすることが困難だということである（レビューとして Devine & Monteith, 1999, Dovidio et al., 2002; Greenwald et al., 2009a 参照）。ステレオタイプの顕現性を閾下で非意識的に操作することで潜在的偏見を示したDevine（1989）のような実験は，個人による意識化と統制を排除するよう設計されている。こうすることで，潜在的なステレオタイプ化を生起させるうえで，形式上，ステレオタイプ化された情報を直接意識する必要はないということを示している。社会はさまざまな人種や階級，ジェンダーで構成されており，そうした社会における日常生活の騒がしさの中で，私たちはステレオタイプ的情報に触れることになる。ステレオタイプ的情報を意識的に提示することでステレオタイプの顕現化を操作した同様の実験が示唆しているのは，こうした日常的なステレオタイプ的情報にただ触れることで，その後すぐに潜在的ステレオタイプ化が生じうるということである（たとえば Rudman & Borgida, 1995）。さらに，連合の強さを測定することで調べられた潜在的偏見の程度を，個人が統制したり偽ったりすることができるのかどうかを検討した研究では，ゲイに対する態度であっても（たとえば Banse et al., 2001），民族集団に対する態度であっても（たとえば Kim, 2003），ジェンダーに対する態度であっても（たとえば Blair & Banaji,

1996），偽ることは非常に難しい，もしくは不可能であることが示されている（たとえば Bielby, 2000）。

　潜在的偏見の働きを統制しようとする個人の努力とは無関係に，潜在的偏見の影響を意識的に修正することはほとんど不可能であることが研究によって示されている（レビューとして Wegener & Petty, 1997 参照）。意識的に修正するには，（a）潜在的偏見が働いていると知っていて，（b）それを統制するための動機づけと認知容量の両方があり，（c）必要とされる修正の程度と方向性に関する正確な知識がある，といった条件すべてがそろわなければならない。そしてそれはほとんど不可能な条件だと言えるだろう（たとえば Bargh, 1999; Fazio & Towles-chwen, 1999）。たとえば，顕在的偏見の個人差は白人の黒人に対する表面的な友好性を予測するが，白人の非言語的行動を予測するのは潜在的偏見の個人差である。なお白人の非言語的行動は，今度は白人に対する黒人の態度を予測する指標となる（たとえば Dovidio et al., 2002）。

　潜在的偏見の第三の重要な特徴として，顕在的偏見とは異なるということが実証されている。その中には，脳の活性化する領域も異なるという知見が含まれている（Cunningham et al., 2004b）。顕在的態度は，偏見の潜在的な働き（たとえば Devine, 1989; Fazio & Olson, 2003）や潜在的偏見の連合（たとえば Gross & Hardin, 2007）と相関しないこともしばしばある。実際，潜在的態度と顕在的態度の相関は，研究によって大きく異なっている（たとえば Hofmann et al., 2005; Nosek, 2005）。潜在的態度と顕在的態度はどんな条件下で，なぜ乖離するのかという問題がここで立ち現れることとなった。人種とジェンダーに基づく顕在的偏見は，平等と正義に関する規範としばしば対立するため，潜在・顕在態度の乖離が頻繁に起こる領域である。反対に，顕在的態度と社会的規範が対立しない領域で

---

vi ［訳者註］たとえば，人種判断（白人／黒人）と評価判断（良い／悪い）のように，対になる2種類のカテゴリーと2種類の属性を用いて，単語や刺激の分類課題を行う。連合が強い概念同士は同じカテゴリーに分類しやすく，反応速度が速いと考えられる。

は，潜在・顕在態度はしばしば相関する（たとえばGawronski, 2002; Greenwald et al., 2009a）。たとえば，潜在的偏見は扁桃体の活性化と相関しており（Cunningham et al., 2004b; Phelps et al., 2000），顕在的偏見は前頭前皮質の活性化とより強い相関がある（Cunningham et al., 2004a; Amodio et al., 2004 も参照）。そしてもっとも重要なことは，潜在的偏見は顕在的偏見よりも関連する態度や行動を独自に予測しており，社会的判断や行動においてそれぞれ異なった部分と関連しているようである。すなわち，潜在的態度は非意識的になされる学習や操作，およびその影響と比較的関連しているが，顕在的態度は意図的に統制可能な行動や態度と関連している（たとえばOlson & Fazio, 2003; Spalding & Hardin, 1999）。

潜在的偏見が持つ特有の予測的妥当性は，政策選択に対する示唆を評価するうえで重要であるため，ここからは政策的への示唆といった文脈における潜在的偏見の知見を詳細に議論していく。

1.2 潜在的偏見の影響と社会的統制

もし潜在的偏見が社会的判断や行動を予測しないものであったなら，その実用的な重要性はほとんどないだろう。とくに経済や労働，法律，政策における示唆への関心の高まりを考えるとなおさらである（たとえばAyres, 2001, Banaji & Bhaskar, 2000; Banaji & Dasgupta, 1998; Cluinh, 2004; Greenwald & Krieger, 2006; Jost et al., 2009, Kang & Banaji, 2006; Tetlock & Mitchell, 2009）。しかし，健康や仕事への満足度，投票行動，社会的相互作用などのさまざまな領域において，潜在的偏見が重要な特性を持つことが研究から示されている。こうした科学的証拠について，私たちはまず，潜在的偏見の発見につながった2つのパラダイムを中心に議論していく。その1つは，認知的に顕現化したステレオタイプと偏見の潜在的影響に関するものであり，もう1つは，社会的集団とその成員が持つと想定される特性の潜在的連合の予測因子としての有用性についてである。

1.2.1 認知的にアクセス可能なステレオタイプと偏見の潜在的影響

おそらく潜在的偏見のもっとも困った点は，認知的に顕現化したステレオタイプと偏見が自覚なしに働く一方で，社会的判断と行動に質的な変化を生み出すということである。参加者に一連の社会的状況の画像を提示し，ターゲットが武装していたらなるべく速く正確に「撃つ」よう指示し，ターゲットが武装していなければ「撃たない」ように指示した実験を20数回行ったところ，その実験結果は一貫していた。すなわち，参加者は，銃を持った白人より銃を持った黒人をより速く正確に撃ち，銃を持たない黒人より銃を持たない白人をより速く正確に撃たずにいられた（たとえばCorrell et al., 2002; Correll et al., 2006）。この結果は白人参加者でも黒人参加者でも同様に得られ，プロの警察官でさえ同様の結果であった（Correll et al., 2007, Plant & Peruche, 2005; Plant et al., 2005）。参加者は武器か工具かを区別するよう教示された同様の実験パラダイムにおいて，白人の顔よりも黒人の顔を見た後のほうがよりすばやく正確に武器だと同定し，黒人の顔よりも白人の顔を見た後のほうが素早く正確に工具だと同定した（Payne, 2001）。その後の実験によって，参加者は時間制限がある場合には，黒人の顔を見た後に工具を武器と間違えて同定し，白人の顔を見た後には武器を工具と間違える傾向にあることが明らかになった（Govorun & Payne, 2006; Payne et al., 2005も参照）。やはりプロの警察官でも同様の結果となった（Eberhardt et al., 2004）。

警察官は一貫して白人容疑者よりも非白人容疑者に対して（より致命的であろうと致命的でなかろうと）より強い力を行使しているという幅広い知見を前提とすると、こうした実験結果は警察官にとって重要な意味を持っている（たとえばレビューとしてU.S. Department of Justice, 2001; Geller, 1982参照）。実際、ロサンジェルスの警察官は、黒人に関する共有されたステレオタイプ関連語を閾下で提示されたとき、ステレオタイプに関連しない語を提示されたときよりも、万引きや暴行で告訴されている少年をより否定的に判断し、その行為は罪になるとより多く判断した（Graham & Lowery, 2004）。

　共有されたステレオタイプを潜在的に使用することは、人種問題に限らず、年齢バイアスやジェンダー・バイアスの場合にも見られる。たとえば、（71歳の高齢者ではなく）17歳の少年が警察官に対して示した行動は、参加者が閾下で思春期にまつわるステレオタイプ関連語を提示された後には、思春期に無関連の単語を提示された場合より反抗的であると判断された。この効果は思春期に対する顕在的態度の個人差とは無関連であった（Gross & Hardin, 2007）。また、マスメディアでよく見られるステレオタイプ（ビキニを着たモデルを配したビールの広告など）を扱ったある有力な実験では、性差別的なテレビ広告を見た後、性差別的でないテレビ広告を見た場合と比べて、男性参加者は（a）求職者の女性をより無能で知性に欠けると評価し、（b）その女性をより性的に魅力的で受け入れてくれそうだと評価し、（c）その女性をより口説こうとし、（d）より雇用に値すると評価した（Rudman & Borgida, 1995）。ここでも、（こうしたタイプの実験でよくあることだが）性差別的広告を提示された影響は、顕在的な性差別主義的信念や態度の個人差によって調整はされなかった。

　潜在的偏見やステレオタイプは、他人に対する判断だけでなく自己に関する判断や行動、とくに知的能力に関する判断や行動にも影響を及ぼす。たとえば、アジア系アメリカ人の女性は自分の民族性（アジア系）を意識した場合には、言語能力より数学が優れていると考えるが、ジェンダー（女性）を意識したときには数学よりも言語能力で優れていると考える（たとえばSinclair et al., 2006）。より印象的なのは、同じような操作がステレオタイプに関連した知的能力に対して潜在的に影響を及ぼすという知見である。民族性が顕著なときには、（白人ではなく）黒人の大学院進学適性試験（GRE）の成績が低下した（Steele & Aronson, 1995）。また、ジェンダーが顕現化したときには、（男性ではなく）女性において大学院進学適性試験の成績が低下したり（Spencer et al., 1999）、同じ課題であっても言語課題と伝えた場合より、論理課題と伝えた場合に成績が低下した（Cheung & Hardin, 2010）。この結果は両ステレオタイプと一致するものであった。同様に、年齢が顕現化すると、（若者ではなく）高齢者の記憶課題の成績が低下し（たとえば、Levy, 1996）、経済的地位が顕現化した場合には、社会経済的背景が（高い学生ではなく）低い学生の知的課題の成績が悪かった（たとえばCroizet & Claire, 1998; Harrison et al., 2006）。さらに、性別と民族的ステレオタイプの交互作用により、ラテン系女性の数学・空間的な課題成績はとくに悪化した（たとえばGonzales et al., 2002）。このような成績の違いは、機能的磁気共鳴画像（fMRI）のデータによっても明らかである。たとえば、否定的なステレオタイプが顕現化したとき、女性は心的回転課題の成績が低下するだけでなく、こうした成績低下は感情や潜在的偏見に関連する脳領域の活性化と相関していたのである（Wraga et al., 2007）。

　自己に対する潜在的偏見の影響は、本章で議論してきた知見と一致しており、潜在的偏見一般で

原則的に見られる働きと同じである。ステレオタイプは両刃の剣であり，時にはパフォーマンスを向上させることがある。たとえば，アジア系アメリカ人の女性は，ジェンダーよりも民族性が顕現化したときに算数や数学の試験の成績がよかった（たとえば，Shih et al., 1999）。肯定的であれ否定的であれ，潜在的なステレオタイプ脅威の影響は，発達の早期に生じ，小学校と中学校を通してその強度は増していくようである（たとえばAmbady et al., 2001）。最後に，こうした影響は，関連するステレオタイプがあからさまなときよりも，意識されにくい形で顕現化したときにより生じやすいことが明らかになっており（Shih et al., 2002），本章で述べてきたように，日常の社会的認知や行動において潜在的偏見は知らず知らずのうちに働いているのである。

1.2.2　認知的連合としての潜在的偏見

共有されたステレオタイプと偏見は，社会的判断と行動に潜在的な影響を及ぼすことが確認されているだけでなく，潜在的態度を測定する方法がこれまでいくつか開発されてきた（レビューとしてOlson & Fazio, 2003; Wittenbrink & Schwartz, 2007参照）。多くの研究によれば，潜在的態度は長期的に安定し，内的に一貫したものであり，政治的態度や投票行動，学業成績の得点，消費者の選好，社会的評価，雇用決定，言語的・非言語的な親和性といった判断や行動を確実に予測する（レビューとしてFazio & Olson, 2003; Nosek, 1995; Perugini, 2005参照）。近年のメタ分析（Greenwald et al., 2009a）によると，潜在的態度と顕在的態度は概して無相関であるが，平均的に見て，顕在的態度よりも潜在的態度のほうが，行動の基準となるような測度とより相関しており，通常，社会的配慮が必要な行動ととくに強く相関している。要するに，ステレオタイプ化や偏見が懸念される場面では，顕在的態度より潜在的態度のほうが概して行動を予測しているということである。

顕在的測度は社会的に配慮される基準によって予測的妥当性が大幅に低下するが，潜在的測度の予測的妥当性はほとんど低下しない。たとえば，RudmanとAshmore（2007）が報告している研究では，白人の黒人に対する顕在的態度・偏見の予測力に加えて，潜在的偏見は民族性に対する中傷や排斥，言葉や物理的な暴力といった（自己報告による）敵意的な行動を独自に予測していた。研究2では，ユダヤ人，アジア人，黒人に対する白人の潜在的偏見は，こうした人種の人たちが代表を務める学内組織への資金援助を打ち切ることへの選好を予測しており，ここでも再びその予測力は顕在的態度・偏見を上回るものであった。とくに集団間関係のような場合，顕在的態度が予測しない場合であっても，潜在的偏見は偏見に関連する判断を予測することができる（レビューとしてGreenwald et al., 2009a）。たとえば，顕在的偏見とは異なり，白人の潜在的人種偏見は，（白人ではなく）黒人の顔から怒りを知覚する速さを予測していた（Hugenberg & Bodenhausen, 2003）。

潜在的偏見の個人差は，態度や判断だけでなく行動まで予測できるが，とくに行動を予測できる点は重要である。ある研究では，白人が黒人と相互作用するとき，白人の潜在的態度は非言語的な友好性や戸惑いを予測し（Dovidio et al., 1997, 2002），黒人が相互作用の相手である白人をどのくらい肯定的に思うかもさらに予測していた（Dovidio et al., 2002; Fazio et al., 1995; Sekaquaptewa et al., 2003）。またたとえば，とくに一般的な教育や学校現場に示唆を与える研究として，RichesonとShelton（2005）の研究では，対面の相互作用場面における潜在的偏見の個人差は，白人の知覚者よりも黒人の知覚者により見抜かれやすく，とりわけ白人同士で相互作用するよりも白人が黒人と

相互作用するときに見抜かれやすかった（Perugini et al., 2007; Ziegert & Hanges, 2005 も参照）。

　潜在的態度は他者に対する社会的判断や行動に影響するだけでなく，自分自身の行動や自己評価に関しても重要な予測因子となる。たとえば，（顕在ではなく）潜在的自尊心は自己脅威的な状況での不安行動を予測する。一方，脅威のない状況ではこれを予測しない（Spalding & Hardin, 1999; Asendorpf et al., 2002; Egloff & Schmukle, 2002 も参照）。ロマンスと騎士道精神を潜在的に関連させている女性[vii]は，経済的・教育的達成に対する関心が低い（Rudman & Heppen, 2003）。また女性と数学という概念の間に潜在的連合がないことは，女性の学業成績達成テスト（SAT）の低得点を予測する（Nosek et al., 2002b）。さらには，驚くほどたくさんのアフリカ系アメリカ人が，黒人よりも白人への潜在的選好を示している（たとえば，Nosek et al., 2002a）。アフリカ系アメリカ人における黒人への潜在的偏見のばらつきは，知性が求められる課題において，黒人よりも白人パートナーと一緒に取り組みたいという選好の表明を予測しており，その効果は顕在的態度による効果とは独立したものであった（Ashburn-Nardo et al., 2003）。一般的には外集団よりも内集団に好意を抱くものであるが，目の前の課題に関連した潜在的なステレオタイプは，この傾向にも勝るのかもしれない。

　これまで取り上げてきた潜在的偏見の予測的妥当性に関する研究の大部分は，実験室環境において学生の参加者サンプルを対象に行われてきたものである。しかし，潜在的偏見が日常的な課題において（ことの大きさにかかわらず）問題になるのかどうか，当然ながら疑問に思う人もいるだろう。潜在的偏見が問題になりうると信じる理由のひとつとして，以下に挙げるような研究がある。これらの研究が示しているのは，大学生と同様に，正規の学校教育を終えた人々においても，潜在的態度は重要な側面での行動や判断を予測しており，さらにはまぎれもない実社会におけるさまざまな側面での憂慮すべき判断や行動も予測しているということである。たとえば，潜在的態度が予測するものとして，自殺企図（Glashouwer et al., 2010; Nock & Banaji, 2007; Nock et al., 2010），恐怖症やパニック障害の深刻度と治療効果（たとえば Teachman et al., 2008; Teachman et al., 2007; Teachman & Woody, 2003），避妊具の使用（Marsh et al., 2001），喫煙状態（Swanson et al., 2001），アルコールの消費（Weirs et al., 2002），ヨーグルトや飲料，ファストフード店のような消費財に対する消費者の選好（Maison et al., 2004）などが挙げられる。さらに，潜在的な恋愛的魅力[viii]の低下は，その後の交際関係の破綻を予測する（Lee et al., 2010）。

　このように，日常生活の諸問題に関する潜在的態度の予測的妥当性を示す文献がますます増えてきているのに加えて，潜在的偏見が実験室の外での行動を予測することも示されつつある。たとえば，スウェーデン人の採用担当者がアラブ人よりもスウェーデン人を潜在的に好む傾向は，面接におけるスウェーデン人への選好を予測する（Rooth, 2010）。全体として，求職者がスウェーデン人の場合，同じくらい適任のアラブ人に比べて3倍以上も多く面接に呼ばれたのである。

　潜在的偏見が投票行動を予測することもいくつかの研究によって示されており，バラク・オバマがアメリカで大統領に選出された史上初のアフリカ系アメリカ人となった歴史的な2008年の選挙に関する知見もある。たとえば，選挙1週間前の時点で，黒人への潜在的偏見の高さは，オバマではなく白人であるジョン・マケインに投票する意図

---

vii ［訳者註］すなわちロマンティック幻想を持っている女性。

viii ［訳者註］交際相手への潜在的な評価。

を予測しており，この効果は自己報告による個人の特性（保守主義傾向）とは独立したものであった（Greenwald et al., 2009b）。もう1つの研究では，参加者がオバマよりもマケインをアメリカと潜在的に連合させている程度が，マケインに投票する意図を予測することが明らかになった（Devos & Ma, 2010）。

　潜在的偏見は，選挙前の投票意図だけでなく，選挙後に報告された投票行動も予測する。有権者が潜在的偏見を示すほど，バラク・オバマに投票したという報告は大幅に少なくなり，医療制度改革[ix]に対してより否定的な態度を示した（Knowles et al., 2010）。また，選挙の約1年後に行われた追跡研究でも，潜在的偏見は依然としてオバマに対する否定的な態度の重要な予測因子であった。さらに，医療制度改革がオバマによって行われたときには，潜在的偏見は同改革への否定的な態度を予測したが，同じ改革がビル・クリントンによって行われた場合にはそうした結果は得られなかった。同様の知見はイタリアの有権者の研究でも得られている（たとえば, Arcuri et al., 2008; Galdi et al., 2008; Roccato & Zogmaister, 2010）。

　潜在的偏見が現実世界において働くことを示す他の社会的領域として，医療行為が挙げられる。ここでよく取り上げられるのは，民族性によって施される治療が異なるという問題である。13年にもわたって重度の痛みを訴えている15万人以上の患者に対する救急治療室の処置を検討した最近の研究によると，白人は黒人やヒスパニックよりも強力なオピオイド鎮痛薬を投与されていた。こうした格差は，白人が過剰に治療されているというよりも，むしろ少数派が不十分な治療を受けていることを示唆している（Pletcher et al., 2008）。急性心筋梗塞への高額な治療など，心疾患の治療についてもこうした人種間格差が実証されている（たとえば Petersen et al., 2002；レビューとしては，Kressin & Petersen, 2001参照）。

　こうしたことが起こる原因の少なくとも1つは，治療する医師の潜在的偏見の個人差にある可能性が，新たな証拠によって示唆されている。ある研究では，白人と黒人に対する顕在的・潜在的態度の両方を測定し，実験的な操作として人種のみを変えた架空の患者にどのような治療法を推奨するかを検討した。救急治療室の医師を参加者としてこの実験を行ったところ，白人患者への顕在的選好は示されず，患者が治療に対して協力的かどうかという認知も，患者が白人か黒人かで差はみられなかった。それにもかかわらず，潜在的には黒人患者よりも白人患者に対して強い選好が示され，白人よりも黒人と非協調性とを結びつける強い連合がみられた[x]。ここで重要なことは，顕在的態度は救急治療の推奨を予測しなかったが，潜在的態度は予測したということである。つまり，潜在的偏見が強くなるほど白人を治療する可能性が増し，同じ症状を示す黒人を治療する可能性は低下することが予測された（Green et al., 2007）。このことを拡張すると，当然のことながら，医師の潜在的人種バイアスは，アフリカ系アメリカ人の患者が医師に対して感じる満足度に対して負の影響を持つことが予測される（Penner et al., 2010）。

　潜在的態度が反規範的行動の強力かつ独自の予測因子であるという実験室の知見と同様のことが，薬物やアルコール関連の看護をする看護師においてもみられた。すなわち，看護師が注射薬物の使用者に対して示す否定的な潜在的態度は，関連する顕在的態度の予測力以上に，薬物やアルコール関連の看護からの退職意図の表明を予測していた（von Hippel et al., 2008）[2]。この結果は，潜在的に非

---

ix　[訳者註] オバマが公約に掲げた。

x　[訳者註] 人種と協調性との潜在的連合を測定したところ。

規範的な判断がなされる際に潜在的測度が独自の予測力を持つという，実験室で示された知見を裏づけるものである（Greenwald et al., 2009a）。言い換えれば，医療モデルでは薬物やアルコールの乱用を，治療が必要な本人にとっては仕方のない病気だとみなしており，そうした乱用者は同情に値する存在だとみなしている。それにもかかわらず，こうした離職率が高いことで知られる医療業界の一部においては，治療が難しく，また暴言などの行動を示す人々と日々接する経験によって，反規範的な乱用者へのあからさまに否定的な態度が作り出されてしまうのかもしれない。さらに，よく知られているストレスと転職意図の関係を媒介するのは，（顕在的偏見ではなく）潜在的偏見である（von Hippel et al., 2008）。

以上のように，潜在的態度の実社会への適用可能性を実証する研究は増え続けている。よって，判断と行動に対する潜在的偏見の予測的妥当性は実験室に限られる，という見解を盾にとることはもはや信用できないものとなっている（Jost et al., 2009 も参照）。

1.2.3 潜在的偏見の社会的統制

潜在的偏見が確実に補足・測定され，それが必然的に生じ，どこでも見られ，統制しようとしても不可能だとすると，政策による解決策としてはいったい何が期待できるのだろうか？ 潜在的偏見に関する知見は，偏見の本質に関する時代遅れの考え方に基づいて政策を策定することに異議を申し立てるが，それに加えて，最近の研究では，潜在的偏見が社会心理学や認知心理学の基本原則に即した予見可能な形で作用することが示されている。自分自身や自分に類似した他者，そして内集団に対する一般的な選好と同じく，潜在的偏見は，社会的アイデンティティや集団のカテゴリー化，集団の地位といったものを反映することによって，安定した社会的関係や組織を映し出している（たとえば Bosson et al., 2000; Greenwald et al., 1998; Spalding & Hardin, 1999）。さらに潜在的偏見は，(a) 相対的な集団間地位（たとえば Rudman et al., 2002），(b) 最小集団のカテゴリー化（Ashburn-Nardo et al., 2001），(c) 偏見関連情報の顕現性における持続的および一時的な変化（たとえば Dasgupta & Greenwald, 2001），(d) 友好的な集団間接触（たとえば Tam et al., 2006）といった社会的ダイナミクスに反応することが明らかになっている。また，潜在的偏見は学習理論の原則と一致して，条件づけ次第で増減するし（たとえば Bargh, 1996; Fazio 2001, 2003; Fazio & Olson, 2003; Hardin & Rothman, 1997），一般的に認知的一貫性の原則にも従うことが示されている（たとえば Greenwald et al., 2009a）。

潜在的偏見が社会的ダイナミクスを反映することを明確に示すものとして，潜在的偏見が長期にわたり持続する社会的組織の特徴をきわめて正確に捉えているという事実を挙げることができ，そこには，集団の勢力差や社会的地位，そしてそれに付随するステレオタイプが含まれる。たとえば，内集団への選好は潜在的偏見においてよく見られる特徴であるが（たとえば Greenwald et al., 1998），同じくらい重要なことは，その選好が社会的地位を反映しているということである。アメリカにおける高地位集団の成員は低地位集団よりも潜在的な集団びいきをより示すし，加えて，富裕層や，白人層，やせている人，キリスト教徒といったような相対的地位の高い場合にも同様に集団びいきを示す（たとえば Nosek et al., 2002a; Rudman et al., 2002）。潜在・顕在いずれの次元でも内集団への選好は一般的なことであるが，同時に，ごく稀に外集団が好まれることもあり（たとえば，Jost & Banaji, 1994），これはまた相対的な集団地位と密接に整合している。たとえば，低地位集団の成員は，

顕在的には強い内集団びいきを示すものの，内集団の地位が低い場合には，優勢な外集団を潜在的に好む傾向がみられた（Jost et al., 2002; Rudman, et al., 2002）。

以上のように，潜在的偏見は安定した社会的・組織的階層を反映しているだけでなく，社会的組織が変化すると潜在的偏見が対応して変化することも明らかになっている。この知見は政策に有望な示唆をもたらすだろう。友好的な集団間接触は潜在的偏見と顕在的偏見の双方を低減させることが示されている（たとえば Henry & Hardin, 2006; Turner et al., 2007）。ある例では，ゲイやレズビアンの人々と長期にわたって接触した，あるいはゲイに肯定的なメディアに接触していると報告した人々の場合，ゲイとレズビアンに対する潜在的偏見が低いということが示された（Cheung et al., 2011; Dasgupta & Rivera, 2008）。同様に，高齢者と友好的な関係があると報告した大学生ほど，高齢者への潜在的偏見は低かった（Tam et al., 2006）。さらに別の例では，イギリスにおいて，イギリス人の子どもと南アジアの子どもの間で集団を超えた友好関係が報告された場合には，潜在的偏見が低いことが確認されている。さらに，自分自身は外集団と友好関係になくても，外集団と友好関係を築いている友人がいると報告した子どもにおいても，潜在的偏見は低減したのである（Turner et al., 2007）。この研究が示した因果モデルによると，得られた結果は，潜在的偏見が集団間の友情パターンに影響を及ぼすというよりは，集団間の友情が潜在的偏見に影響を及ぼすという結果とより整合しており（Tam et al., 2006; Turner et al., 2007），これは実験的に裏づけられた結論だといえるだろう。たとえば，大学の新入生（白人）がルームメイトとして（白人学生ではなく）黒人学生を無作為に割り当てられた場合，最初の1学期のうちに潜在的偏見はより減少した。

友好的な集団間接触はたいてい潜在的な集団間偏見を低減させるが，集団間接触が常に100％肯定的な結果をもたらすとは限らない，ということが最近の知見で明らかになっている。たとえば，成人との親交が深いと報告した若者ほど，思春期に対する潜在的偏見が大きかった[xi]（Gross & Hardin, 2007）。また，社会階層の比較的安定した側面が問題を複雑にすることを示唆する証拠もある。シカゴの黒人と白人，およびレバノンのキリスト教徒とイスラム教徒を対象とした研究では，外集団に友人がいると参加者が報告するほど，潜在的集団間偏見が低いことが示された（Henry & Hardin, 2006）。ただしこの研究では，高地位集団の成員が低地位集団に対して抱く潜在的偏見よりも，低地位集団の成員が高地位集団に対して抱く潜在的偏見のほうがより減少することを示している。すなわち，この研究では，外集団との友人関係の効果が社会階層における参加者の立場によって調整されていた。具体的には，外集団との友人関係は，キリスト教徒よりもイスラム教徒に対する潜在的偏見，ないし白人よりも黒人に対する潜在的偏見の減少を予測していたのである。

潜在的偏見は発達過程においても社会的ダイナミクスの影響を受けることが示されている（たとえば Baron & Banaji, 2006; Rutland et al., 2005）。また，こうした潜在的偏見の発達は，対人間の同一視や間主観性[xii]といった対人間ダイナミクスと密接な関係にある可能性が高い（たとえば Hardin & Conley, 2001; Hardin & Higgins, 1996）。たとえば，アメリカ在住の韓国系学生と日本系学生において，（言語的流暢性によって示されるように）自らの民族的伝統とのつながりが強いほど，潜在的な集団間偏見も強くなっていた（Greenwald et al., 1998）。

---

xi ［訳者註］「反抗的で，危なっかしく，気まぐれ」というイメージ。
xii ［訳者註］2人以上の間で主観が共有されていること。

また，父親よりも母親によって育てられたと報告する人ほど，女性に対してより肯定的な潜在的態度を示した（Rudman & Goodwin, 2004）。加えて，白人の子どもたち（4，5年生）における潜在的人種偏見は，両親の顕在的偏見と相関していたが，それは子どもが自分と両親を同一視している場合だけであった（Sinclair et al., 2005a）。さらに母親の潜在的偏見は，3歳から6歳の子どもたちが示した人種的選好を予測していた（Castelli et al., 2009）。

潜在的偏見の長期的な社会的決定因を実証してきた研究者は，社会組織や文化の中で広範かつ長期的な変化が生じる可能性がどれくらいあるかという見込みに応じて励まされたり意気消沈したりしているだろう。しかし，そうした変化は実際に起こるということを覚えておくことは重要だ。もし，社会的な大転換（たとえば女性の参政権や第二次世界大戦中の労働人口への女性の大量参入，市民権運動，20世紀に起きた都市部から郊外への白人の移動）を反映できるほど昔に潜在測度が存在していたならば，潜在的偏見のどのような変化が明らかになっただろうか？

以上のように，潜在的偏見が文化的規模で変化するためには，社会組織や慣習における文化的規模の変化が必要になると考えられる。しかし，潜在的偏見が社会心理学の原則に従っていることを踏まえれば，別の方法も考えられ，部分的にではあるがよりスピーディに進歩する機会を提供してくれるかもしれない。潜在的偏見は，その場の状況や対人ダイナミクスにおいて求められているものに影響されやすいことが明らかになっており，これはより一般的には人の行動とまったく同じといえる（Ross & Nisbett, 1991など）。たとえば，白人の実験参加者は，白人の実験者がいる場合よりも，黒人の実験者がいた場合により低い潜在的偏見を示した（Lowery et al., 2001; Richeson & Ambady, 2003）。しかし興味深いことに，Loweryら（2001）によれば，こうした自動的な社会的調整効果は，アジア系アメリカ人参加者においては起こらなかった。アジア系アメリカ人の場合，実験者が偏見を避けるよう明言した場合にだけ潜在的偏見は減少したのである。この結果は，偏見を避けるべきだという規範は一部の人には暗黙のうちに働くかもしれないが，偏見を解く鍵としての規範の潜在的な役割をまだ認識していない人には，詳しい解説が必要となることを示唆している。

また，共有的リアリティ理論（shared reality theory; たとえばHardin & Conley, 2001）で示唆されているように，対人関係における潜在的偏見の制御は，偏見について特定の価値観を持っていると思われる他者と仲良くなりたい，という動機づけに起因する部分があるということも明らかになっている。たとえば，何も書いていないTシャツを着ている実験者がいる場合より，反人種差別的なメッセージが書いてあるTシャツを着用している実験者がいると，参加者の潜在的偏見は低減したが，この効果はその実験者が好ましい人物であった場合にだけ現れた（Sinclair et al., 2005b）。実験者が好ましい人物でなかった場合，実験者が平等主義的に見えるほうが（つまり反人種差別的メッセージを記したTシャツを着ている方が）かえって潜在的偏見は強まっていた。加えて，こうした実験で見られた社会的調整は，参加者が実験者に対して抱く好意度によって媒介されていた。この結果は，他の社会的認知の次元と同様に，対人間のダイナミクスが潜在的偏見を調整する役割を担っているという証拠を示している（Hardin & Conley, 2001; Hardin & Higgins, 1996）。

これらの調査結果から，公的な政策および個人のポリシーに関していえば，平等主義的価値観に関する公的な立場は両刃の剣で，しかも鋭いものであるといえるだろう。つまり，好感度も地位も高い人が平等主義に賛同した場合には潜在的偏見

を低減することができるが，好ましくない，あるいは取るに足らない地位の人たちが支持する場合には逆効果になるかもしれない。この知見から，職場の性差別や人種差別の低減に役立つ「感受性訓練」[xiii]の一般的形式が，たとえその目標が称賛に値するものであっても対人間のダイナミクスによって妨げられうるメカニズムが示唆される。

潜在的偏見を低減するための特定の介入法の有用性を示すものとして，Rudmanら（2001）は，好ましい黒人の教授がダイバーシティ教育を行うことが潜在的偏見を低減することを明らかにした。これは，教授への好意を通して，他のアフリカ系アメリカ人との友好性が増加し，黒人への恐怖感が低減したために生じた結果であった。同様に，ゲイに対して肯定的なロールモデルについて考えると，ゲイやレズビアンとの接触頻度が少ない人々の潜在的偏見は，接触頻度が多い人と同じくらいのレベルにまで低減し，ゲイの人々に対する肯定的な態度（ゲイとレズビアンの同性結婚への合法化）への支持を増加させた（Dasgupta & Rivera, 2008）。

ただし，注意すべき点として，特定の集団と長期的に接触していない場合には，その集団成員が存在するときに，より強い潜在的偏見を引き起こす可能性がある。ある例では，男性実験者がたまたま「ガールフレンド」について話したときよりも，「ボーイフレンド」について話したときに，ゲイの友人をまったく持たないと報告した人はゲイに対する潜在的偏見をより強く示した。同様に，レズビアンの友達がいないと報告した女性は，実験者がゲイやレズビアンの組織から来たと称した場合に，より強いレズビアンへの潜在的バイアスを示した（Cheung et al., 2011）。この研究は，社会的影響が潜在的偏見に与える即時的な効果を示す研究を補完するものである。社会規範が持つ即時的な効果と同じくらい強力なものとして，潜在的偏見はつまるところ人によってまったく異なった形で表出されることが示されており，これは長期的な社会的関係を持つ他者（家族や友人など）がどのような態度を保持しているかということに依存する。それは時に見えにくい，あるいは矛盾した形で現れることがあり，多くは社会的認知の他の次元に依存している（たとえばHardin & Higgins, 1996）。

潜在的偏見が社会的影響を受けやすいという研究知見は，情報処理の原則とほぼ一致している（レビューとしてBlair, 2002参照）。潜在的人種偏見が低減するのは，(a)黒人で賞賛されるような具体的人物を提示されたとき（たとえばDasgupta & Greenwald, 2001; De Houwer, 2001参照），(b)黒人が，見慣れない街角にいるのではなく，なごやかなバーベキューをしている画像を見た後（Wittenbrink et al., 2001），(c)多文化的な教育の長所を考えた後（Richeson & Nussbaum, 2004）などである。反対に，暴力的なラップ音楽に接した後には潜在的人種偏見が増加する（Rudman & Lee, 2002）。また，直近に女性リーダーの画像を見た人（Dasgupta & Asgari, 2004）や，パワフルな女性を想像した人（Blair et al., 2001）では，潜在的なジェンダーステレオタイプ化が低減した。これらの研究から，直前に単純な画像や文章に触れることは潜在的偏見の程度に影響しうるということが示された。そのプロセスは，社会的認知におけるほぼすべての情報処理理論の根底にある，いわば「共通語」（Higgins, 1996）である構成概念アクセス可能性理論（construct accessibility theory; たとえばBargh, 1996）とほぼ一貫するものであった。

以上をまとめると，潜在的偏見の社会的統制に関する研究結果は，平等主義な社会が平等主義な

[xiii] ［訳者註］小集団で自分の行動や気持ちを共有し，対人関係の感受性を高める訓練法。

心を持つ人を生み出すというマルクス主義者の格言や，個人の立派な行動はそれを促進する状況によってこそ引き出されるというスキナー学派の格言とほぼ一致している。実際，偏見の本質（潜在的偏見と顕在的偏見のときに悩ましい関係も含む）に対する理解の転換をもたらした方法論的・理論的発展は，Skinnerの言う科学的発展と人間の本質に対する理解との関係についての，より一般的な議論とも一致している。

> 公的な出来事と私的な出来事との間を区別する線は固定したものではない。その境界線は，私的な出来事を公的な出来事にする方法が発見される度に移動する。……したがって，私的ということに関する問題は技術的な進歩によって究極的に解決されるであろう。
> ——B・F・スキナー『科学と人間行動』(1953)[xiv]

1.3 結び

政策によって偏見という問題を解決するためには，偏見の本質について科学的観点からアプローチするのが最良である，と述べるのはあながちこじつけではないだろう。ここ数十年の研究によって，潜在的に（つまり非意識的に，非意図的に，不可避的に）働く偏見の油断のならない能力や，個人の認知と社会的関係の接合における潜在的偏見の過程や，その影響，統制が明らかになってきた。人の本質に関するストーリーは，20世紀半ばにアメリカの社会心理学で行われた，一見善良な人がどのように大量虐殺に参加しうるのかを理解しようとするSherif，Lewin，Aschやその他の研究者の試みを端緒として以来続いており，「悪の凡庸さ」というハンナ・アーレントの印象的な言葉でも捉えられている。偏見の本質に対する理解の変容はこうしたストーリーを一周して，再び元の問いに立ち戻っているようだ。

実際，偏見の本質を知るうえでもっとも重要なことは，偏見は人の行動や認知にいつでも存在しているということである。偏見は意識的な気づきや即時的な個人の統制から逃れるように背後に隠れているが，日常生活ではしばしば重大な影響をもたらす。偏見の問題を，少数の人間による非規範的な敵対的行動のせいだと考え続けていると，政策策定者は科学に根ざした解決方略から目を背けることになる。そして，個人的な憎悪や敵意がなくても社会的判断や行動に及ぼす偏見の影響は，その危険性にもかかわらず却下されたり無視されたりしてしまう。個人的ポリシーや公的な政策を形成するにあたって，これらの問題にどのように取り組むことが最善なのかということにはまだ疑問が残っている。この疑問は今まさに，その内容にふさわしい実証的な関心を向けられ始めたばかりである。

どのような政策を検討し始めるにしろ，偏見は誰の中にでもあるという考えにとどまるのではなく，偏見の本質に関する事実を取り入れる必要がある。すなわち，偏見やステレオタイプは社会的合意に根ざしており，たまたまできあがったものではない，という点を私たちは考慮しなければならない。特定の社会下では，（ある者を抑圧し，ある者には特権を与えるような）好き嫌いや信念は，劣位にいる者を体系的に虐げ，一方で支配層の優越性をさらに強めるようなパターンで生じる。偏見やステレオタイプの影響がそれほど体系的でなかったなら，これらの影響が互いに打ち消し合うせいで，政策による介入はさほど必要とされなかっただろう。しかし，たとえばアメリカにおける白

---

xiv スキナー，B. F.（著）河合伊六ほか（訳）(2003)『科学と人間行動』二瓶社，p. 335。

人やアジア人の80％以上が反黒人バイアスを示し，アメリカ人の90％以上が反老人バイアスを示すのであれば，私たちは政策の必要性を心にとどめておかねばならない。偏見や差別が潜在的な形で存在することを前提とした政策は，変革のためのより前向きな手段となるだろう。なぜなら，このことは人間性や社会的文脈に関する真実に根ざしているからである。

　さらに，個人の達成と実力に基づいて人の善し悪しが決まるような実力主義社会では，潜在的偏見に関する研究はとくに厄介な問題を提起する。著者らが概観してきた研究では，人の行動は社会的競争や個人の「もがき」によって，本人や周囲の人の知らないうちに形成されていることを示唆していた。このことはさらに，潜在的偏見の問題がとりわけ，個人の能力主義に基づいて賞賛し，評価し，組織化される社会に潜んでいる可能性があることを示している。実際，能力主義を信じることはスティグマ化された集団成員にとって特別な問題をもたらすことが明らかになっている（Jost & Burgess, 2000; Jost & Thompson, 2000など）。たとえば，香港で働くフィリピン人の家庭内労働者が自らの集団アイデンティティを顕現化されたとき，彼女たちは自分の仕事の金銭的価値をより低く評価した（これはアメリカの女性と同じ結果であった）。しかし，この傾向が見られたのは，能力主義と関連するシステム正当化の態度を彼女たちが有している場合だけであった（Cheung & Hardin, 2010）。こうした偏見の効果は大小さまざまであるが，状況や社会的役割を通じて体系的に組織化され，それがどんなに小さなバイアスであったとしても，人々を大きく分裂させるような行為を通じて徐々に表れてくる可能性がある。

　ステレオタイプと偏見が行動に及ぼす影響を実証する研究は，政策策定者の関心をもっとも注意を要するタイプの行動に向けさせることになる。偏見を少数の困った人だけの問題と位置づけ，そうした見解に沿って問題解決策を設計することは的外れだというのが著者らの主張である。潜在的偏見を発見したことで得られた核心的な示唆とは，意識するかしないかにかかわらず誰でも偏見的になりうるし，望むかどうかにかかわらずステレオタイプ化をしてしまうということである。したがって，偏見とステレオタイプ化の潜在的な働きとその遍在性を前提とすると，腐ったリンゴを特定することに集中するのではなく，個人を超えて，偏見やステレオタイプ化を引き起こす可能性のある諸条件を特定することに重点を置くべきだと著者らは考えている。一度それを特定したならば，平等主義的かつ健全な個別化を促進しうる条件を特定することに私たちは集中しなければならない。どんな状況が潜在的な平等主義的態度を引き出すのだろうか？　平等主義的な価値観を持っている（あるいは持っていると思われる）力強く好ましい人であふれる社会的状況は，その周辺にいる同じ態度を持つ人を潜在的に引き寄せる。このことは，行動と心の科学で明らかにされてきた原則，潜在的偏見に関する研究で裏づけられてきた原則とも合致する。

原註

　Sanden Averett, Rick Cheung, John Jost, Michael Magee, Eldar Shafirに感謝します。また，本章の草稿に思慮深いコメントを下さった2名の匿名のレビュアーにも感謝の意を示します。

1. これ以降，用語の使用については社会心理学の用語体系の慣例に従う。態度という包括的な用語には，態度が向けられる対象についての評価（偏見），信念（ステレオタイプ），行動（差別）

が含まれる。潜在・顕在という用語は、（大部分が意識的で熟慮的に働く心的機能のモードと，非意識的で自動的に働くモードとを区別するために広く用いられている）ヒューリスティックな二分法を捉えるために使用される。したがって，潜在的態度とは態度が向けられる対象と性格特性との間の自動的な連合の強さをさし，潜在的偏見とは社会的集団と肯定的・否定的属性との間の自動的な連合の強さをいい，潜在的ステレオタイプ化とは社会的集団と（肯定的・否定的評価の点で異なる）性格特性との間の自動的な連合の強さをさす。

2. 転職の意図は，実際の自発的な転職のもっとも強い予測因子として知られている（van Breukelen et al., 2004）。

引用文献

Allport, G. W. (1958). *The nature of prejudice*. New York: Doubleday.
Ambady, N., Shih, M., Kim, A., and Pittinsky, T. L. (2001). Stereotype susceptibility in children: Effects of identity activation on quantitative performance. *Psychological Science, 12*, 385-390.
Amodio, D. M., Harmon-Jones, E., and Devine, P. G. (2003). Individual differences in the activation and control of affective race bias as assessed by startle eye-blink response and self-report. *Journal of Personality and Social Psychology, 84*, 738-753.
Amodio, D. M., Harmon-Jones, E., Devine, P. G., Curtin, J. J., Hartley, S. L., and Covert, A. E. (2004). Neural signals for the detection of unintentional race bias. *Psychological Science, 15*, 88-93.
Arcuri, L, Castelli, L, Galdi, S., Zozmaister, C., and Ama-dori, A. (2008). Predicting the vote: Implicit attitudes as predictors of the future behavior of the decided and undecided voters. *Political Psychology, 29*, 369-387.
Asendorpf, J. B., Banse, R., and Mucke, D. (2002). Double dissociation between implicit and explicit personal-ityself-concept: The case of shy behavior. *Journal of Personality and Social Psychology, 83*, 380-393.
Ashburn-Nardo, L., Knowles, M. L., and Monteith, M. J. (2003). Black Americans' implicit racial associations and their implications for intergroup judgment. *Social Cognition, 21*, 61-87.
Ashburn-Nardo, L., Voils, C. I., and Monteith, M. J. (2001). Implicit associations as the seeds of inter-group bias: How easily do they take root? *Journal of Personality and Social Psychology, 81*, 789-799.
Ayres, I. (2001). *Pervasive prejudice? Unconventional evidence of race and gender discrimination*. Chicago: University of Chicago Press.
Banaji, M. R. (2001). Implicit attitudes can be measured. In H. I. Roediger and J. S. Nairne (Eds.), *The nature of remembering: Essays in honor of Robert G. Crowder* (pp. 117-150). Washington, DC: American Psychological Association.
Banaji, M. R, Bazerman, M., and Chugh, D. (2003, December). How (un)ethical are you? *Harvard Business Review*, pp. 56-64.
Banaji, M. R., and Bhaskar, R. (2000). Implicit stereotypes and memory: The bounded rationality of social beliefs. In D. L Schacter and E. Scarry (Eds.), *Memory, brain, and belief* (pp. 139-175). Cambridge, MA: Harvard University Press.
Banaji, M. R., and Dasgupta, N. (1998). The consciousness of social beliefs: A program of research on stereotyping and prejudice. In V. Y. Yzerbyt, G. Lories, and B. Dardenne (Eds.), *Metacognition: Cognitive and social dimensions* (pp. 157-170). Thousand Oaks, CA: Sage.
Banaji, M. R., and Greenwald, A. G. (1994). Implicit stereotyping and prejudice. In M. P. Zanna and J. M. Olson (Eds.), *The psychology of prejudice: The Ontario Symposium* (Vol. 7, pp. 55-76). Hillsdale, NJ: Lawrence Erlbaum.
Banaji, M. R., and Hardin, C. D. (1996). Automatic gender stereotyping. *Psychological Science, 7*, 136-141.
Banaji, M. R., Hardin, C., and Rothman, A. J. (1993). Implicit stereotyping in person judgment. *Journal of Personality and Social Psychology, 65*, 272-281.
Banse, R., Seise, J., and Zerbes, N. (2001). Implicit attitudes towards homosexuality: Reliability, validity, and controllability of the IAT. *Zeitschnftfur Experimentelle Psychologie, 48*, 145-160.
Bargh, J. A. (1996). Principles of automaticity. In E. T. Higgins and A. Kruglanski (Eds.), *Social psychology: Handbook of basic principles* (pp. 169-183). New York: Guilford.
Bargh, J. A. (1999). The cognitive monster: The case against the controllability of automatic stereotype effects. In S. Chaiken and Y. Trope (Eds.), Dual-process theories in social psychology (pp. 361-382). New York: Guilford.
Bargh, J. A., and Pratto, F. (1986). Individual construct accessibility and perceptual selection. *Journal of Experimental Social Psychology, 49*, 1129-1146.
Baron, A. S., and Banaji, M. R. (2006). The development of implicit attitudes: Evidence of race evaluations from ages 6, 10 and adulthood. *Psychological Science, 17*, 53-58.
Bessenoff, G. R., and Sherman, J. W. (2000). Automatic and controlled components of prejudice toward fat people: Evaluation versus stereotype activation. Social Cognition, 18, 329-353.
Bielby, W. T. (2000). Minimizing workplace gender and racial bias. *Contemporary Sociology, 29*, 120-129.
Blair, I. V. (2002). The malleability of automatic stereotyping and prejudice. *Journal of Personality and Social Psychology Review, 6*, 242-261.
Blair, I. V., and Banaji, M. R. (1996). Automatic and controlled processes in stereotype priming. *Journal of Personality and Social Psychology, 70*, 1142-1163.
Blair, I. V., Ma, J. E., and Lenton, A. P. (2001). Imagining stereotypes away: The moderation of implicit stereotypes through mental imagery. *Journal of Personality and Social Psychology, 81*(5), 828-841. doi:10.1037/0022-3514.81.5.828
Bobo, L. (2001). Racial attitudes and relations at the close of the twentieth century. In N. Smelser, W. J. Wilson, and F. Mitchell (Eds.), *America becoming: Racial trends and their consequences* (pp. 262-299). Washington, DC: National Academy Press.
Bosson, J. K., Swann, W. and Pennebaker, J. W. (2000). Stalking the perfect measure of self-esteem: The blind men and the elephant revisited? *Journal of Personality and Social Psychology, 79*, 631-643.
Castelli, L., Zogmaister, C., and Tomelleri, S. (2009). The transmission

of racial attitudes within the family. *Developmental Psychology, 45,* 586-591.

Cheung, R. M., Fingerhut, A., Johnson, A., Noel, S., Drus, M., and Hardin, C. D. (2011). *Religiosity, heterosexuality, and antigay prejudice: Shared norms in everyday social tuning.* Unpublished manuscript, Department of Psychology, Brooklyn College, CUNY.

Cheung, R. M., and Hardin, C. D. (2010). Costs and benefits of political ideology: The case of economic self-stereotyping and stereotype threat. *Journal of Experimental Social Psychology, 46*(5), 761-766. doi:10.1016/j.jesp.2010.03.012

Chugh, D. (2004). Societal and managerial implications of implicit social cognition: Why milliseconds matter. *Social Justice Research, 17,* 203-222.

Correll, J., Park, B., Judd, C. M., and Wittenbrink, B. (2002). The police officer's dilemma: Using ethnicity to disambiguate potentially threatening individuals. *Journal of Personality and Social Psychology, 83,* 1314-1329.

Correll, J., Park, B., Judd, C. M., Wittenbrink, B., Sadler, M. S., and Keesee, T. (2007). Across the thin blue line: Police officers and racial bias in the decision to shoot. *Journal of Personality and Social Psychology, 92,* 1006-1023.

Correll, J., Urland, G. L., and Ito, T. A. (2006). Event-related potentials and the decision to shoot: The role of threat perception and cognitive control. *Journal of Experimental Social Psychology, 42,* 120-128.

Croizet, J., and Claire, T. (1998). Extending the concept of stereotype threat to social class: The intellectual underperformance of students from low socioeconomic backgrounds. *Personality and Social Psychology Bulletin, 24,* 588-594.

Crosby, F., Bromley, S., and Saxe, L. (1980). Recent unobtrusive studies of Black and White discrimination and prejudice: A literature review. *Psychological Bulletin, 87,* 546-563.

Cunningham, W. A., Johnson, M. K., Raye, C. L., Gatenby, J. C., Gore, J. C., and Banaji, M. R. (2004). Separable neural components in the processing of black and white faces. *Psychological Science, 15*(12), 806-813. doi:10.1111/j.0956-7976.2004.00760.x

Cunningham, W. A., Nezlek, J. B., and Banaji, M. R. (2004). Implicit and explicit ethnocentrism: Revisiting the ideologies of prejudice. *Personality and Social Psychology Bulletin, 30*(10), 1332 -1346. doi:10.1177/0146167204264654

Darley, J. M., and Gross, P. H. (1983). A hypothesis-confirming bias in labeling effects. *Journal of Personality and Social Psychology, 44,* 20-23.

Dasgupta, N., and Asgari, S. (2004). Seeing is believing: Exposure to counterstereotypic women leaders and its effect on automatic gender stereotyping. *Journal of Experimental Social Psychology, 40,* 642-658.

Dasgupta, N., and Greenwald, A. G. (2001). On the malleability of automatic attitudes: Combating automatic prejudice with images of admired and disliked individuals. *Journal of Personality and Social Psychology, 81,* 800-814.

Dasgupta, N., and Rivera, L. M. (2008). When social context matters: The influence of long-term contact and short-term exposure to admired outgroup members on implicit attitudes and behavioral intentions. *Social Cognition, 26,* 54-66.

De Houwer, J. (2001). A structure and process analysis of the IAT. *Journal of Experimental Social Psychology, 37,* 443-451.

Devine, P. G. (1989). Stereotypes and prejudice: Their automatic and controlled components. *Journal of Personality and Social Psychology, 56,* 5-18.

Devine, P. G. (2005). Prejudice with and without compunction: Allport's inner conflict revisited. In J. F. Dovidio, P. Glick, and L. A. Rudman (Eds.), *On the nature of prejudice: Fifty years after Allport* (pp. 327- 342). Oxford: Blackwell.

Devine, P. G., and Monteith, M. J. (1999). Automaticity and control in stereotyping. In S. Chaiken and Y. Trope (Eds.), *Dual-process models and themes in social and cognitive psychology* (pp. 339-360). New York: Guilford Press.

Devos, T., and Ma, D. S. (2010). *How 'American" is Barack Obama? The role of national identity in a historic bid for the Whitt House.* Unpublished manuscript, Department of Psychology, University of Chicago.

Dovidio, J. F. (2001). On the nature of contemporary prejudice: The third wave, *Journal of Social Issues, 57,* 829-849.

Dovidio, J. F., Evans, N. and Tyler, R. B. (1986). Racial stereotypes: The contents of their cognitive representations. *Journal of Experimental Social Psychology, 22,* 22-37.

Dovidio, J. F., and Gaertner, S. L. (2004). Aversive racism. In M. P. Zanna (Ed.), *Advances in experimental social psychology* (Vol. 36, pp. 1-51). San Diego, CA: Academic Press.

Dovidio, J. F., Kawakami, K, and Gaertner, S. L. (2002). Implicit and explicit prejudice and interracial interaction. *Journal of Personality and Social Psychology, 82,* 62-68.

Dovidio, J. F., Kawakami, K, Johnson, C., Johnson, B., and Howard, A. (1997). On the nature of prejudice: Automatic and controlled processes. *Journal of Experimental Social Psychology, 33,* 510-540.

Duncan, B. L. (1976). Differential social perception and attribution of intergroup violence: Testing the lower limits of stereotyping of blacks. *Journal of Personality and Social Psychology, 34,* 590-598.

Dunham, Y., Baron, A. S., and Banaji, M. R. (2006). From American city to Japanese village: A cross-cultural investigation of implicit race attitudes. *Child Development, 77,* 1268-1281.

Dunham, Y., Baron, A. S., and Banaji, M. R. (2007). Children and social groups: A developmental analysis of implicit consistency among Hispanic-Americans. *Self and Identity, 6,* 238-255.

Duraisingam, V., Pidd, K, Roche, A. M., and O'Connor, J. (2006). *Stress, satisfaction and retention among alcohol and other drug workers in Australia.* Adelaide, Australia: National Centre for Education and Training on Addiction.

Eberhardt, J. L., Goff, P. A., Purdie, V. J., and Davies, P. G. (2004). Seeing black: Race, crime, and visual processing. *Journal of Personality and Social Psychology, 87,* 876-893.

Egloff, B., and Schmukle, S. C. (2002). Predictive validity of an Implicit Association Test for assessing anxiety. *Journal of Personality and Social Psychology, 83,* 1441-1455.

Fazio, R. H. (2001). On the automatic activation of associated evaluations: An overview. *Cognition and Emotion, 15,* 115-141.

Fazio, R. H. (2003). Variability in the likelihood of automatic attitude activation: Data reanalysis and commentary on Bargh, Chaiken, Govender and Pratto (1992). *Journal of Personality and Social Psychology, 64,* 753-758.

Fazio, R. H., Jackson, J. R., Dunton, B. C., and Williams, C. J. (1995). Variability in automatic activation as an unobtrusive measure of racial attitudes: A bona fide pipeline? *Journal of Personality and Social Psychology, 69,* 1013-1027.

Fazio, R. H., and Olson, M. A. (2003). Implicit measures in social cognition research: Their meaning and uses. *Annual Review of Psychology, 54,* 297-327.

Fazio, R. H., Sanbonmatsu, D. M., Powell, M. C., and Kardes, F. R.(1986). On the automatic activation of attitudes. *Journal of*

Personality and Social Psychology, 50, 229-238.

Fazio, R. H., and Towles-Schwen, T. (1999). The MODE model of attitude-behavior processes. In S. Chaiken and Y. Trope (Eds.), *Dual process theories in social psychology* (pp. 97-116). New York: Guilford.

French, R. M., and Cleeremans, A. (2002). *Implicit learning and consciousness: An empirical, philosophical, and computational consensus in the making*. Hove, UK Psychology Press.

Galdi, S., Arcuri, L., and Gawronski, B. (2008). Automatic mental associations predict future choices of undecided decision-makers. *Science, 321*, 1100-1102.

Gallon, S. L., Gabriel, R. M., and Knudsen, J.R.W. (2003). The toughest job you'll ever love: A Pacific Northwest treatment workforce survey. *Journal of Substance Abuse Treatment, 24*, 183-196.

Gawronski, B. (2002). What does the implicit association test measure? A test of the convergent and discriminant validity of prejudice-related IATs. *Experimental Psychology, 49*, 171-180.

Geller, W. A. (1982). Deadly force: What we know. *Journal of Police Science and Administration, 10*, 151-177.

Glashouwer, K A., de Jong, P. J., Penninx, B.W.J.H., Kerkhof, A.J.F.M., van Dyck, R., and Ormel, J. (2010). Do automatic self-associations relate to suicidal ideation? *Journal of Psychopathology and Behavioral Assessment, 32*, 428-437. doi:10.1007/s10862-009-9156-y

Gonzales, P. M., Blanton, H., and Williams, K. J. (2002). The effects of stereotype threat and double-minority status on the test performance of Latino women. *Personality and Social Psychology Bulletin, 28*, 659-670.

Govan, C. L., and Williams, K. D. (2004). Changing the affective valence of stimulus items influences the IAT by re-defining the category labels. *Journal of Personality and Social Psychology, 40*, 357-365.

Govorun, O., and Payne, B. K. (2006). Ego depletion and prejudice: Separating automatic and controlled components. *Social Cognition, 24*, 111-136.

Graham, S., and Lowery, B. S. (2004). Priming unconscious racial stereotypes about adolescent offenders. *Law and Human Behavior, 28*, 483-504.

Green, A. R., Carney, D. R., Pallin, D. J., Ngo, L. H., Raymond, K L, Iezzoni, L. I., and Banaji, M. R. (2007). Implicit bias among physicians and its prediction of thrombolysis decisions for black and white patients. *Journal of General Internal Medicine, 22*, 1231-1238.

Greenwald, A. G., and Banaji, M. R. (1995). Implicit social cognition: Attitudes, self-esteem, and stereotypes. *Psychological Review, 102*, 4-27.

Greenwald, A. G., and Krieger, L. H. (2006). Implicit bias: Scientific foundations. *California Law Review, 94*, 945-967.

Greenwald, A. G., McGhee, D. E., and Schwartz, J.L.K. (1998). Measuring individual differences in implicit cognition: The Implicit Association Test. *Journal of Personality and Social Psychology, 74*, 1464-1480.

Greenwald, A. G., Pochlman, T. A., Uhlmann, E. L., and Banaji, M. R. (2009). Understanding and using the implicit association test: III. Meta-analysis of predictive validity. *Journal of Personality and Social Psychology, 97*, 17-41.

Greenwald, A. G., Smith, C. T., Sriram, N., Bar-Aran, Y., and Nosek, B. A. (2009). Implicit race attitudes predicted vote in the 2008 U.S. presidential election. *Analyses of Social Issues and Public Policy, 9*(1), 241-253. doi:10.1111/j.1530-2415.2009.01195.x

Gross, E, F., and Hardin, C. D. (2007). Implicit and explicit stereotyping of adolescents. *Social Justice Research, 20*, 140-160.

Han, H. A., Olson, M. A., and Fazio, R. H. (2006). The influence of experimentally created extrapersonal associations on the Implicit Association Test. *Journal of Experimental Social Psychology, 42*, 259-272.

Hardin, C. D., and Conley, T. D. (2001). A relational approach to cognition: Shared experience and relationship affirmation in social cognition. In G. B. Moskowitz (Ed.), *Cognitive social psychology: The Princeton Symposium on the Legacy and Future of Social Cognition* (pp. 3-17). Mahwah, NJ: Erlbaum.

Hardin, C. D., and Higgins, E. T. (1996). Shared reality: How social verification makes the subjective objective. In E. T. Higgins and R. M. Sorrentino (Eds.), *Handbook of motivation and cognition: The interpersonal context* (Vol. 3, pp. 28-84). New York: Guilford.

Hardin, C. D., and Rothman, A. J. (1997). Rendering accessible information relevant: The applicability of everyday life. In it S. Wyer (Ed.), *The automaticity of everyday life: Advances in social cognition* (Vol. 10, pp. 143-156). Mahwah, NJ: Erlbaum.

Harrison, L A., Stevens, C. M., Monty, A. N., and Coakley, C. A. (2006). The consequences of stereotype threat on the academic performance of white and non-white lower income college students. *Social Psychology of Education, 9*, 341-357.

Henry, P. J., and Hardin, C. D. (2006). The contact hypothesis revisited: Status bias in the reduction of implicit prejudice in the United States and Lebanon. *Psychological Science, 17*, 862-868.

Higgins, E. T. (1996). Knowledge activation: Accessibility, applicability, and salience. In E. T. Higgins and A. W. Kruglanski (Eds.), *Social psychology: Handbook of basic principles* (pp. 133-168). New York: Guilford.

Higgins, E. T., Rholes, W. S., and Jones, C. R. (1977). Category accessibility and impression formation. *Journal of Experimental Social Psychology, 13*, 141-154.

Hofmann, W., Gawronski, B., Gschwendner, T., Le, H., and Schmitt, M. (2005). A meta-analysis on the correlation between the Implicit Association Test and explicit self-report measures. *Personality and Social Psychology Bulletin, 31*, 1369-1385.

Hugenberg, K, and Bodenhausen, G. V. (2003). Facing prejudice: Implicit prejudice and the perception of facial threat. *Psychological Science, 14*, 640-643.

Jackman, M. (1994). *The velvet glove: Paternalism and conflict in gender, class, and race relations*. Berkeley, CA: University of California Press.

Jost, J. T., and Banaji, M. R. (1994). The role of stereotyping in system-justification and the production of false consciousness. *British Journal of Social Psychology, 33*(1), 1-27. doi:10.1111/j.2044-8309.1994.tb01008.x

Jost, J. T., Banaji, M. R., and Nosek, B. A. (2004). A decade of system justification theory: Accumulated evidence of conscious and unconscious bolstering of the status quo. *Political Psychology, 25*, 881-919.

Jost, J. T., and Burgess, D. (2000). Attitudinal ambivalence and the conflict between group and system justification motives in low status groups. *Personality and Social Psychology Bulletin, 26*, 293-305.

Jost, J. T., Pelham, B. W., and Carvallo, M. R. (2002). Non-conscious forms of system justification: Implicit and behavioral preferences for higher status groups. *Journal of Experimental Social Psychology, 38*(6), 586-602. doi:10.1016/50022-1031(02)00505-X

Jost, J. T., Rudman, L A., Blair, I. V., Carney, D. R., Dasgupta, N., Glaser, J., and Hardin, C. D. (2009). The existence of implicit prejudice is beyond scientific doubt: A refutation of ideological and methodological objections and executive summary of ten studies no manager should ignore. *Research in Organizational Behavior, 29*, 39-69.

Jost, J. T., and Thompson, E. P. (2000). Group-based dominance and opposition to equality as independent predictors of self-esteem, ethnocentrism, and social policy attitudes among African Americans and European Americans. *Journal of Experimental Social Psychology, 36*, 209-232.

Kang, J. and Banaji, M. R. (2006). Fair measures: A behavioral realist revision of "affirmative action." *California Law Review, 94*, 1063-1118.

Keifer, A. K, and Sekaquaptewa, D. (2007). Implicit stereotypes and women's math performance: How implicit gender-math stereotypes influence women's susceptibility to stereotype threat. *Journal of Experimental Social Psychology, 43*, 825-832.

Kim, D-Y. (2003). Voluntary controllability of the Implicit Association Test (IAT). *Social Psychology Quarterly, 66*, 83-96.

Knowles, E. D., Lowery, B. S., and Schaumberg, R. L. (2010). Racial prejudice predicts opposition to Obama and his health care reform plan. *Journal of Experimental Social Psychology, 46*(2), 420-423. doi:10.1016/j.jesp.2009.10.011

Kressin, N. R., and Petersen, L. A. (2001). Racial differences in the use of invasive cardiovascular procedures: Review of the literature and prescription for future research. *Annual Review of Internal Medicine, 135*, 352-366.

Lambert, A. J., Payne, B. K., Ramsey, S., and Shaffer, L. M. (2005). On the predictive validity of implicit attitude measures: The moderating effect of perceived group variability. *Journal of Experimental Social Psychology, 41*, 114-128.

La Pierre, R. (1934). Attitude vs action. *Social Forces, 13*, 230-237.

Lee, S., Rogge, R. D., and Reis, H. T. (2010). Assessing the seeds of relationship decay. *Psychological Science, 21*(6), 857-864. doi:10.1177/0956797610371342

Levy, B. (1996). Improving memory in old age through implicit self-stereotyping. *Journal of Personality and Social Psychology, 71*, 1092-1107.

Lieberman, M. D. (2000). Intuition: A social cognitive neuroscience approach. *Psychological Bulletin, 126*, 109-137.

Livingston, R. W. (2002). The role of perceived negativity in the moderation of African Americans' implicit and explicit racial attitudes. *Journal of Experimental Social Psychology, 38*, 405-413.

Lowery, B. S., Hardin, C. D., and Sinclair, S. (2001). Social influence effects on automatic racial prejudice. *Journal of Personality and Social Psychology, 81*, 842-855.

Maison, D., Greenwald, A. G., and Bruin, R. H. (2004). Predictive validity of the Implicit Association Test in studies of brands, consumer attitudes, and behavior. *Journal of Consumer Psychology, 14*, 405-415.

Marsh, K. L., Johnson, B. L, and Scott-Sheldon, L. A. (2001). Heart versus reason in condom use: Implicit versus explicit attitudinal predictors of sexual behavior. *Zeitschrift fur Experimentelk Psychologie, 48*, 161-175.

McConnell, A. R., and Liebold, J. M. (2002). Relations between the Implicit Association Test, explicit racial attitudes, and discriminatory behavior. *Journal of Experimental Social Psychology, 37*, 435-442.

Meyer, D. E., and Schvaneveldt, R. W. (1971). Facilitation in recognizing pairs of words: Evidence of a dependence between retrieval operations. *Journal of Experimental Psychology, 90*, 227-234.

Mitchell, J. A., Nosek, B. A., and Banaji, M. R. (2003). Contextual variations in implicit evaluation. *Journal of Experimental Psychology: General, 132*, 455-469.

Neely, J. H. (1976). Semantic priming and retrieval from lexical memory: Evidence for facilitatory and inhibitory processes. *Memory and Cognition, 4*, 648-654.

Neely, J. H. (1977). Semantic priming and retrieval from lexical memory: Roles of inhibitionless spreading activation and limited-capacity attention. *Journal of Experimental Psychology: General, 106*, 225-254.

Nock, M. K., and Banaji, M. R. (2007). Prediction of suicide ideation and attempts among adolescents using a brief performance-based test. *Journal of Consulting and Clinical Psychology, 75*, 707-715.

Nock, M. K, Park, J. M., Finn, C. T., Deiberto, T. L., Dour, H. J., and Banaji, M. R. (2010). Measuring the suicidal mind. *Psychological Science, 21*(4), 511-517. doi:10.1177/0956797610364762

Nosck, B. A. (2005). Moderators of the relationship between implicit and explicit evaluation. *Journal of Experimental Psychology: General, 134*, 565-584.

Nosek, B. A., Banaji, M. R., and Greenwald, A. G. (2002a). Harvesting implicit group attitudes and beliefs from a demonstration website. *Group Dynamics, 6*, 101-115.

Nosek, B. A., Banaji, M. R., and Greenwald, A. G. (2002b). Math=male, me=female, therefore math≠me. *Journal of Personality and Social Psychology, 83*, 44-59.

Nosek, M. A. (1995). Sexual abuse of women with physical disabilities. In T. N. Monga (Ed.), *Physical medicine and rehabilitation state of the art reviews: Sexuality and disability* (pp. 487-502). Philadelphia: Hanley Belfus.

Olson, M. A., and Fazio, R. H. (2001). Implicit attitude formation through classical conditioning. *Psychological Science, 12*, 413-417.

Olson, M. A., and Fazio, R. H. (2002). Implicit acquisition and manifestation of classically conditioned attitudes. *Social Cognition, 20*, 89-104.

Olson, M. A., and Fazio, R. H. (2003). Relations between implicit measures of prejudice: What are we measuring? *Psychological Science, 14*, 636-639.

Olson, M. A., and Fazio, R. H. (2004). Reducing the influence of extrapersonal associations on the Implicit Association Test: Personalizing the IAT. *Journal of Personality and Social Psychology, 86*, 653-667.

Olson, M. A., and Fazio, R. H. (2006). Reducing automatically activated racial prejudice through implicit evaluative conditioning. *Personality and Social Psychology Bulletin, 32*, 421-433.

Orfield, G. (2001). *Schools more separate: Consequences of a decade of resegregation.* Cambridge, MA: Harvard University.

Payne, B. K. (2001). Prejudice and perception: The role of automatic and controlled processes in misperceiving a weapon. *Journal of Personality and Social Psychology, 81*, 181-192.

Payne, B. K., Shimizu, Y., and Jacoby, L. L. (2005). Mental control and visual illusions: Toward explaining race-biased weapon identifications. *Journal of Experimental Social Psychology, 41*, 36-47.

Penner, L. A., Dovidio, J. F., West, T. V., Gaertner, S. L., Albrecht, T. L., Dailey, R. K., and Markova, T. (2010). Aversive racism and medical interactions with Black patients: A field study. *Journal of Experimental Social Psychology, 46*(2), 436-440. doi:10.1016/j.jesp.2009 .11.004

Perdue, C. W., and Guttman, M. B. (1990). Evidence for the automaticity of ageism. *Journal of Experimental Social Psychology,*

26, 199-216.
Perugini, M. (2005). Predictive models of implicit and explicit attitudes. *British Journal of Social Psychology, 44*, 29-45.
Perugini, M. O'Gorman, R., and Prestwich, A. (2007). An ontological test of the IAT: Self-activation can increase predictive validity. *Experimental Psychology, 54*, 134-147.
Petersen, L. A., Wright, S. M., Peterson, E. D., and Daley, J. (2002). Impact of race on cardiac care and outcomes in veterans with acute myocardial infarction. *Medical Care, 40*, 186-196.
Phelps, E. A., O'Conner, K. J., Cunningham, W. A., Funayama, E. S., Gatenby, J. C., Gore, J. C., and Banaji, M. R. (2000). Performance on indirect measures of race evaluation predicts amygdala activation. *Journal of Cognitive Neuroscience, 12*, 1-10.
Plant, E. A., and Peruche, B. M. (2005). The consequences of race for police officers' responses to criminal suspects. *Psychological Science, 16*, 180-183.
Plant, E. A., Peruche, B. M., and Butz, D. A. (2005). Eliminating automatic racial bias: Making race non-diagnostic for responses to criminal suspects. *Journal of Experimental Social Psychology, 41*, 141-156.
Pletcher M. J., Kertesz, S. G., Kohn, M. A., and Gonzales, R. (2008). Trends in opioid prescribing by race/ethnicity for patients seeking care in US emergency departments. *Journal of the American Medical Association, 299*, 70-78.
Putnam, R. D. (2007). E Pluribus Unum: Diversity and community in the twenty-first century, The 2006 Johan Skytte Prize Lecture. *Scandinavian Political Studies, 30*, 137-174.
Ranganath, K A., Smith, C. T., and Nosck, B. A. (2008). Distinguishing automatic and controlled components of attitudes from direct and indirect measurement. *Journal of Experimental Social Psychology, 44*(2), 386-396.
Ratcliff, R., and McKoon, G. (1988). A retrieval theory of priming in memory. *Psychological Review, 95*, 385-408.
Ratcliff, R., and McKoon, G. (1994). Retrieving information from memory: Spreading activation theories versus compound cut theories. *Psychological Review, 101*, 177-184.
Richeson, J. A., and Ambady, N. (2003). Effects of situational power on automatic racial prejudice. *Journal of Experimental Social Psychology, 39*, 177-183.
Richeson, J. A., and Nussbaum, R. J. (2004). The impact of multiculturalism versus color-blindness on racial bias. *Journal of Experimental Social Psychology, 40*(3), 417-423. doi:10.1016/j.jesp.2003.09.002
Richeson, J. A., and Shelton, J. N. (2005). Thin slices of racial bias. *Journal of Nonverbal Behavior, 29*, 75-86.
Richeson, J. A., and Trawalter, S. (2005). Why do interracial interactions impair executive function? A resource depletion account. *Journal of Personality and Social Psychology, 88*, 934-947.
Roccato, M., and Zogmaister, C. (2010). Predicting the vote through implicit and explicit attitudes: A field research. *Political Psychology, 31*, 249-274.
Rooth, D-O. (2010). Automatic associations and discrimination in hiring: Real world evidence. *Labour Economics, 17*(3), 523-534.
Ross, L., and Nisbett, R. E. (1991). *The person and the situation: Perspectives of social psychology.* New York: McGraw-Hill.
Rudman, L. A., and Ashmore, R. D. (2007). Discrimination and the Implicit Association Test. *Group Processes and Intergroup Relations, 10*, 359-372.
Rudman, L. A., Ashmore, R. D., and Gary, M. L (2001). `Unlearning' automatic biases: The malleability of implicit stereotypes and prejudice. *Journal of Personality and Social Psychology, 81*, 856-868.
Rudman, L. A., and Borgida, E. (1995). The afterglow of construct accessibility: The behavioral consequences of priming men to view women as sexual objects. *Journal of Experimental Social Psychology, 31*, 493-517.
Rudman, L. A., Feinberg, J. M., and Fairchild, K. (2002). Minority members' implicit attitudes: Ingroup bias as a function of ingroup status. *Social Cognition, 20*, 294-320.
Rudman, L. A., and Glick, P. (2001). Prescriptive gender stereotypes and backlash toward agentic women. *Journal of Social Issues, 57*, 743-762.
Rudman, L. A. and Goodwin, S. A. (2004). Gender differences in automatic ingroup bias: Why do women like women more than men like men? *Journal of Personality and Social Psychology, 87*, 494-509.
Rudman, L. A., and Heppen, J. (2003). Implicit romantic fantasies and women's interest in personal power: A glass slipper effect? *Personality and Social Psychology Bulletin, 29*, 1357-1370.
Rudman, L. A., and Lee, M. R. (2002). Implicit and explicit consequences of exposure to violent and misogynous rap music. *Group Processes and Intergroup Relations, 5*, 133-150.
Rutland, A., Cameron, L, Bennett, L, and Ferrell, J. (2005). Interracial contact and racial constancy: A multisite study of racial intergroup bias in 3-5 year old Anglo-British children. *Journal of Applied Developmental Psychology, 26*(6), 699-713. doi:10.1016/j.appdev.2005.08.005
Sagar, H. A., and Schofield, J. W. (1980). Racial and behavioral cues in black and white children's perceptions of ambiguously aggressive acts. *Journal of Personality and Social Psychology, 39*, 590-598.
Sears, D. O., and Henry, P. J. (2005). Over thirty years later: A contemporary look at symbolic racism. In M. Zanna (Ed.), *Advances in experimental social psychology* (Vol. 37, pp. 95-150). San Diego, CA: Academic Press.
Sekaquaptewa, D., Espinoza, P., Thompson, M., Vargas, P., and von Hippel, W. (2003). Stereotypic explanatory bias: Implicit stereotyping as a predictor of discrimination. *Journal of Experimental Social Psychology, 39*(1), 75-82. doi:10.1016/S0022-1031(02)00512-7
Sherman, S. J., Presson, C. J., Chassin, L., Rose, J. S., and Koch, K. (2002). Implicit and explicit attitudes toward cigarette smoking: The effects of context and motivation. *Journal of Social and Clinical Psychology, 22*, 13-39.
Shih, M., Ambady, N., Richeson, J. A., Fujita, K., and Gray, H. (2002). Stereotype performance boosts: The impact of self-relevance and the manner of stereotype activation. *Journal of Personality and Social Psychology, 83*, 638-647.
Shih, M., Pittinsky, T. L, and Ambady, N. (1999). Stereotype susceptibility: Identity salience and shifts in quantitative performance. *Psychological Science, 10*, 81-84.
Shook, N. J., and Fazio, IL H. (2007). *The effect of inter-racial versus same-race roommate relationships on attitudes.* Poster presented at the Annual Conference for the Society for Psychology and Social Psychology, Memphis, TN.
Sinclair, S., Hardin, C. D., and Lowery, B. S. (2006). Self-stereotyping in the context of multiple social identities. *Journal of Personality and Social Psychology, 90*, 529-542.
Sinclair, S., Lowery, B. S., and Dunn, E. (2005). The relationship between parental racial attitudes and children's implicit prejudice. *Journal of Experimental Social Psychology, 14*, 283-289.
Sinclair, S., Lowery, B. S., Hardin, C. D., and Colangelo, A. (2005). Social tuning of automatic racial attitudes: The role of affiliative

motivation. *Journal of Personality and Social Psychology, 89,* 583-592.

Skinner, B. F. (1953). *Science and human behavior.* New York: Macmillan.

Sniderman, P. M., and Carmines, E. G. (1997). *Reaching beyond race.* Cambridge, MA: Harvard University Press.

Spalding, L. R., and Hardin, C. D. (1999). Unconscious unease and self-handicapping: Behavioral consequences of individual differences in implicit and explicit self-esteem. *Psychological Science, 10,* 535-539.

Spencer, S. J., Steele, C. M., and Quinn, D. M. (1999). Stereotype threat and women's math performance. *Journal of Experimental Social Psychology, 35,* 4-28.

Srull, T. K., and Wyer, R. S. (1979). The role of category accessibility in the interpretation of information about persons: Some determinants and implications. *Journal of Personality and Social Psychology, 38,* 841-856.

Steele, C. M., and Aronson, J. (1995). Stereotype threat and the intellectual test performance of African Americans. *Journal of Personality and Social Psychology, 69,* 797-811.

Steffens, M. C. (2004). Is the Implicit Association Test immune to faking? *Experimental Psychology, 51,* 165-179,

Swanson, J. E., Rudman, L. A., and Greenwald, A. G. (2001). Using the Implicit Association Test to investigate attitude-behavior consistency for stigmatized behavior. *Cognition and Emotion, 15,* 207-230.

Sylvestre, D. L., Litwin, A. H., Clements, B. J., and Gourevitch, M. N. (2005). The impact of barriers to hepatitis C virus treatment in recovering heroin users maintained on methadone. *Journal of Substance Abuse Treatment, 29,* 159-165.

Tam, T., Hewstone, M., Cairns, E., Tausch, N., Maio, G., and Kenworthy, J. B. (2007). The impact of inter-group emotions on forgiveness in Northern Ireland. *Group Processes and Intergroup Relations, 10,* 119-135.

Tam, T., Hewstone, M., Harwood, J., Voci, A., and Kenworthy, J. (2006). Intergroup contact and grandparent-grandchild communication: The effects of self-disclosure on implicit and explicit biases against older people. *Group Processes and Intergroup Relations, 9,* 413-430.

Teachman, B. A., Marker, C. D., and Smith-Janik, S. B. (2008). Automatic associations and panic disorder: Trajectories of change over the course of treatment. *Journal of Consulting and Clinical Psychology, 76*(6), 988-1002.

Teachman, B. A., Smith-Janik, S. B., and Saporito, J. (2007). Information processing biases and panic disorder: Relationships among cognitive and symptom measures. *Behaviour Research and Therapy, 45,* 1791-1811.

Teachman, B. A., and Woody, S. R. (2003). Automatic processing in spider phobia: Implicit fear associations over the course of treatment. *Journal of Abnormal Psychology, 112,* 100-109.

Tetlock, P. E., and Mitchell, G. (2009). Implicit bias and accountability systems: What must organizations do to prevent discrimination? *Research in Organizational Behavior, 29,* 3-38.

Turner, R. N., Hewstone, M., and Voci, A. (2007). Reducing explicit and implicit outgroup prejudice via direct and extended contact: The mediating role of self-disclosure and intergroup anxiety. *Journal of Personality and Social Psychology, 93*(3), 369-388. doi:10.1037/0022-3514.93.3.369

U. S. Department of Justice. (2001). *Policing and homicide, 1976-98: Justifiable homicide by police, police officers murdered by felons* (NCJ 180987). Washington, DC: Bureau of Justice Statistics.

van Breukelen, W., van der List, R., and Steensma, H. (2004). Voluntary employee turnover: Combining variables from the "traditional" turnover literature with the theory of planned behavior. *Journal of Organizational Behavior, 25,* 893-914.

von Hippel, W., Brener, L., and von Hippel, C. (2008). Implicit prejudice toward injecting drug users predicts intentions to change jobs among drug and alcohol nurses. *Psychological Science, 19,* 7-11.

Wegener, D. T., and Petty, R. E. (1997). The flexible correction model: The role of naive theories of bias in bias correction. In M. P. Zanna (Ed.), *Advances in experimental social psychology* (Vol. 29, pp. 141-208). San Diego, CA: Academic Press.

Weirs, R. W., Woerden, N. V., Smulders, F. T., and de Jong P. T. (2002). Implicit and explicit alcohol-related cognitions in heavy and light drinkers. *Journal of Abnormal Psychology, 111,* 648-658.

Wittenbrink, B., Judd, C. M., and Park, B. (1997). Evidence for racial prejudice at the implicit level and its relationship to questionnaire measures. *Journal of Personality and Social Psychology, 72,* 262-274.

Wittenbrink, B., Judd, C. M., and Park, B. (2001). Spontaneous prejudice in context: Variability in automatically activated attitudes. *Journal of Personality and Social Psychology, 81*(5), 815-827. doi:10.1037/0022-3514.81.5.815

Wittenbrink, B., and Schwarz, N. (Eds.) (2007). *Implicit measures of attitudes.* New York: Guilford.

Word, C. O., Zanna, M. P., and Cooper, J. (1974). The nonverbal mediation of self-fulfilling prophecies in interracial interaction. *Journal of Experimental Social Psychology, 10,* 109-120.

Wraga, M., Heft, M., Jacobs, E., and Sullivan, K. (2007). Neural basis of stereotype-induced shifts in women's mental rotation performance. *Social Cognitive and Affective Neuroscience, 2,* 12-19.

Ziegert, J. C., and Hanges, P. J. (2005). Employment discriminarion: The role of implicit attitudes, motivation, and a climate for racial bias. *Journal of Applied Psychology, 90,* 553 -562.

2章　人種間の交流におけるバイアス——社会政策への示唆

J. NICOLE SHELTON
JENNIFER A. RICHESON
JOHN F. DOVIDIO

　1954年のブラウン対教育委員会裁判で下された判決[i]と1964年の公民権法の制定は、アメリカにおける人種関係をとりまく状況を変化させた歴史的な政策決定であった。こうした政策の実行前には、民族的少数派と白人はお互いにほとんど接したことがなかった。それは、民族的少数派は、白人と同じ学校に通う、同じ職場で働く、同じ地域に住む、さらにはバスの同じ座席区域に座ることやレストランの同じ一角で食事をするなど、白人と同じ場所にいることが許されていなかったからである。民族的少数派と白人との間の接触が起きれば、それはしばしば極度の敵意、恐れ、そして不安を伴った悲惨なものとなった。分離と差別に対する1954年と1964年の政策決定は、自らとは異なる人種の人たちと接触する機会を人々に与えたことに疑いはない。加えて、こうした政策決定は、民族的少数派に対する社会規範を改善するための道を開いた。それは、特定の人種に関する否定的な信念を公然と表明したり、少数派の人々に対して差別的な方法でふるまったりすることは受け入れられないというものであった。社会規範におけるこうした変化は、最終的に個人の私的な態度や行動を改善した。実際、過去五十数年かで、人種的な平等と統合に対する白人の支持は大幅に増加した。

　連邦政府の法律や各州組織の政策は、あからさまなバイアスを減らすという点で発展してきており、それらは比較的効果があるが（本書1章3節）、日々の人種間の交流においてしばしば見られる、知覚困難なバイアスを減らすための法律や政策を策定することはより困難となっている。たとえば、日々の交流においてアフリカ系アメリカ人に否定的な非言語行動を見せることを白人に禁止する法律を作ることはできない。けれども、知覚困難な否定的行動やシグナルは、アフリカ系アメリカ人の熱意や業績に悪影響を与えることがある（Purdie-Vaughns et al., 2008; Salvatore & Shelton, 2007）。また、平等主義的な社会規範に個人を従わせる労力は、敵意を呼び起こし、問題を悪化させるという意図せざる結果を生む可能性がある（Plant & Devine, 2001）。あからさまなバイアスとともに、知覚困難なバイアスも問題をもたらすと考えると、両方のタイプのバイアスがどのように日々の人種間の交流に影響を与え、政策がどのように人種間の交流の質を改善するのを助けて、最終的に人種間バイアスを減らすのかを理解することが重要である。

　この章で著者らは、3つのコンテクストを通して、どのように、そしてなぜ人種バイアスが体系的に人種間の日常の交流に影響するのかを検討する。そのコンテクストとは、(a) 大学キャンパスにおける住居空間、(b) 医療場面における医療従事者と患者の関係、そして、(c) 職場における雇い主と被用者の関係である。著者らは、具体的にこうしたコンテクストに焦点を当てる。というのも、1954年と1964年の歴史的に重要な政策決定は、こうした3つの場面での、人種の分離を超えた接

---

[i] ［訳者註］黒人と白人の学生を分離した教育機関は憲法違反であるとの内容。

触に個人が関わる機会のための扉を開いたからである。さらに，こうしたコンテクストを選んだのは，ほとんどの人が日々の生活のどこかで遭遇する場所だからである。もちろん，大学における住居空間を対象にはするが，全員が大学に通うというわけではないことは理解している。しかしながら，アメリカにおいて教育制度の政策が，人種間の接触のための空間を作ることに重要な役割を担っていると考えると，こうした場所における接触のダイナミクスを探索するのは重要なことだといえる。さらに，接触仮説にもっとも影響を与えた研究のいくつかは，住居空間について検討されたものであり，接触は人種態度の改善に関連があることを明らかにしている（たとえばDeutsch & Collins, 1951; Wilner et al., 1955）。さらに，大学キャンパスにおけるルームメイトとの関係を検討することは，学生の学業成績を改善させるための方法について示唆を与えてくれるだろう（人種間の学業成績の乖離に関する政策に言及している本書19章参照のこと）。

教育水準に関係なく，アメリカ人の多数は，何らかの形で医療従事者と接しているし，人生におけるどこかの時点で仕事を得ることになるだろう。こうしたコンテクストにおける人種バイアスの存在は，人生の成功という結果を妨げる可能性を持つ。たとえば，医療従事者の人種バイアスは，健康状態における人種格差を生み出すものとして位置づけられてきた（Dovidio et al., 2008）。アメリカ医学研究所による2003年の不平等な医療についての報告によると，こうしたバイアスがもし存在するなら，医療専門家が遵守するべき高度な倫理基準を損なうと考えられている（Smedley et al., 2003）[1]。人種バイアスが，すべての個人を平等に扱うという誓いを立てた善意ある人々の行動をいかに歪めるかを明らかにすることは，人種バイアスの陰湿性を強調することになる。人種バイアスが健康管理における人種格差にいつ，どのように影響するかを理解することは，民族的少数派の平均寿命の改善に資する政策に光を与えることになるかもしれない。

最後に，著者らは職場に焦点を当てるが，それは，職場におけるあからさまな人種バイアスに対する明示的な連邦法や罰則はあるものの，多くの組織レベルの実務において，知覚困難なバイアスが影響力を持ち，問題をもたらし続けるからである。これは，勤め先で日々，白人と民族的少数派が互いに交流するさまに徐々に影響してくる。まとめると，これら3つのコンテクストは，人種間接触が生じる一般的な経路であり，白人と民族的少数派の人生経験の質を向上させるためにこれまで政策や規則が発効されてきた，あるいは制定されることが可能であったコンテクストなのである。

この章は3つの節に分かれている。はじめに，著者らは現代の人種間バイアス，特にアメリカにおける人種に関連した研究を概観する。2つ目に，人種に関する態度と人種間の接触の際における相互作用の過程について議論を行う。そして3つ目に，こうした過程が先述した3つのコンテクストにもたらす示唆を検討し，これらのコンテクストにおいて政策がいかに人種間の出会いの場における個人の経験を形成するか，さらにそうした個人の経験を把握することがどのようにして政策決定に関するアイディアをもたらしうるか，について特に注意を払う。私たちは，特定の場面で白人と民族的少数派が接触している際，人種バイアスが両者にとって異なる効果を持ちうる（ある場合には正反対の効果を持ちうる）という事実に特別に注意を向ける。両者が異なる経験をするという事実は政策に対して大きな挑戦を突きつける。つまり政策は，1つの集団における生活の改善が，もう1つの集団の生活に害をもたらさないよう策定されなければならないということである。要するに著者

らが検討するのは，政策決定が人種間接触の心理をいかにして形作り，そして人種間接触の心理はいかにして調和した人種関係を導く政策を形作るかということである。著者らは，3つの場面を通して人種間接触を記述することで広い範囲をカバーするため，これから概観すべき研究は数多く尽きることがない。したがって著者らは，最も注目されている問題を強調する古典的論文や現代の論文をいくつか取り上げる。加えて，私たちは，黒人と白人の関係というコンテクストにおけるアメリカの人種関係に主に焦点を当てる。黒人と白人の関係は，歴史的に，アメリカにおける人種関係を明確にする社会政策の発展の中心となってきた。最終的に著者らが提供するのは，複数の場面を通して多様性の利益を最大化するために政策策定者が参照する，人種間接触の研究に基づいた日常的な実践の統合である。

2.1 集団間バイアス

多くの文化において，また多くの文化を超えて広がりを見せている，間違いなく普遍的な現象である集団間バイアス（Sidanius & Pratto, 1999）は，偏見やステレオタイプ化と関連する過程から生まれたものである。偏見はある集団への一般的な否定的評価を反映している一方，ステレオタイプ化はある集団に対する固有の特性の連想を反映している。偏見やステレオタイプはしばしば差別を生む。差別とは，ある集団に対して他の集団には与えない利益を与えるといった行動などの集団に基づく不公正な差異化である。おそらく集団間バイアスは広く広まった現象である。なぜなら通常われわれが行っている情報処理は，集団間の偏見を抱かせるような複雑な環境で人々が生きていくことを許容するからである。たとえば，自発的に，そ

して最小限の労力と意識でもって人々を意味のあるカテゴリーに分類する能力は，効果的に機能するために不可欠である人間の知覚の普遍的な側面である（Bodenhausen et al., 2007）。社会的知覚における自己の重要性を考えると，社会的カテゴリーは，自己（内集団）と他の集団（外集団）を含む集団の間の，もしくは「私たちの」と「彼らの」との間の基本的な区別に関わっている（Turner et al., 1987）。異なる集団の成員性の認識は，集団間バイアスを一貫して生み出すように，社会的知覚，感情，認知，そして行動を形作る（Gaertner & Dovidio, 2000）。しかしながら，いつ，そしてどのようにバイアスが顕在化するかは，文化規範，個人の動機づけ，集団間の歴史的関係，そして即時的な環境に左右される（Crandall & Eshleman, 2003）。平等主義に高く価値を置いた社会において，平等を促進するための法律が成立する限りにおいて，集団間バイアスは，あからさまというよりは，しばしば知覚困難な偏見の形をとる。

平等主義の理想と，人種バイアスを促進する心理的な力の矛盾は，人種バイアスの知覚困難な形態での発達を導く重要な要因として捉えられている。否定的な文化ステレオタイプの承認と同様に，人種バイアスの伝統的な形態は，嫌悪と敵意の明らかな表明として表れるが，人種バイアスの現代の形態はより複雑なダイナミクスを含み，典型的には，より知覚困難なバイアスの表現を含んでいる。こうした傾向は，**回避的人種差別**（Dovidio & Gaertner, 2004）の枠組みの研究において明らかである。これらの研究が示しているのは，平等主義的な価値と偏見のない態度を表明するほとんどの白人が，バイアスを促進するカテゴリー化の基本的な原理の力によって，アフリカ系アメリカ人について無意識的で否定的な感情や信念を抱いていることである。こうした無意識的な感情や信念は，一般的な文化経験（たとえば，ステレオタイプを

促進するメディア接触）や基本的な心理過程（たとえば，自集団メンバーへのひいき）を通して発展する。結果として，潜在的な態度の測定（たとえば，潜在連合テスト；本書1章を参照）は，ほとんどの白人アメリカ人は自己報告において自分には偏見などないと述べているけれども，白人アメリカ人の多くは無意識の人種バイアスを有していることを明らかにしている。

　顕在的な態度と潜在的な態度の違いや両者の一般的な乖離は，回避的人種差別を特徴づけ，差別がどのように行われるかについての重要な示唆を持っている。顕在的な態度と潜在的な態度は，それぞれ異なった方法で行動に影響する（Fazio, 1990；本書1章）。顕在的な態度は意図的で熟慮された反応を形作り，人々はその反応がもたらす利益と不利益を比較するための動機づけや機会を有している。潜在的な態度は，監視・制御することがより難しい反応や，あるいは人々が態度の指標として考えない反応，つまり制御しようとしない反応に影響を及ぼす。たとえば，白人の顕在的な人種態度はアフリカ系アメリカ人に対する特性評価を予測する傾向にある一方で，白人の潜在的な人種態度は彼らが交流時にアフリカ系アメリカ人に微笑みかける回数を予測する傾向にある。一般的に，回避的人種差別主義者は自分自身を人種差別主義者と知覚していないが，潜在的に否定的な人種態度を持っている。彼らは人種が唯一の説明として使われることが明らかなときには，アフリカ系アメリカ人を否定的に扱うようなあからさまな人種バイアスを見せない傾向にある。しかしながら，回避的人種差別主義者は，アフリカ系アメリカ人を回避したり，否定的な非言語行動を用いるといったより知覚困難な形態のバイアスを示し，その傾向はより構造化されていない状況，つまり適切な行動のための規範があいまいで，自らの行動を人種とは無関係の要因で説明することができる場面で特に見られる。

　顕在的な態度は言語行動を予測し，潜在的な態度は非言語行動を予測するように，異なる種類の態度は異なる行動を予測する。一方で，交流において双方のタイプの人種態度が行動を予測する程度は，自らの反応を制御しようという人々の動機づけに依存する。人々が比較的動機づけられておらず，自らの反応を制御するための認知資源が欠けているときに，顕在的・潜在的態度はともに行動をもっとも予測する傾向にある。こうした場合，人々の人種態度がより否定的になるにつれて，行動や判断もより否定的なものとなる。たとえば，白人アメリカ人が偏見に満ちた反応を制御する動機づけが低いとき，その潜在的人種態度はより否定的になり，典型的なアフリカ系アメリカ人の男性生徒への評価はより否定的になり（Dunton & Fazio, 1997），第一印象課題の間に，白人アメリカ人が，白人対象者と比べてアフリカ系アメリカ人対象者に抱く印象はより否定的なものとなり（Olson & Fazio, 2004），アフリカ系アメリカ人との接触を予期することをより不快に感じる（Towles-Schwen & Fazio, 2003）。しかしながら，白人系アメリカ人が自らの反応を制御するように動機づけられているとき，たとえ彼らの潜在的な態度が否定的なものであった場合でも，彼らはアフリカ系アメリカ人についてより肯定的に判断する。

2.2　人種間接触

　集団間バイアスの心理的複雑性を分析することで，人種間接触のダイナミクスを理解するための価値ある見解を得ることができる。歴史的に見れば，適切に構造化された集団間接触は，偏見を低減するための主な心理的改善法といえる。Allport（1954）は，外集団のメンバーとの単純なもしくは表面的な接触は，必ずしも集団間バイアスを減ら

すものではなく，代わりにステレオタイプや初期の疑念を強化する可能性があると指摘した。彼は，正しい状況下で外集団メンバーと接触することは，集団間の態度を改善すると主張した。その状況下とは，（a）その接触状況において集団のメンバーの人々の地位が平等である，（b）集団のメンバーが共通の目標を持っている，（c）集団のメンバー間の相互依存や協力が高い水準にある，（d）接触が権威や習慣や法律によって推奨・支持されている，というものである。

集団間接触の研究は，ブラウン対教育委員会裁判で1954年に最高裁判所が下した学校における分離の禁止の決定において大きな役割を担っていた。白人とアフリカ系アメリカ人の関係に言及した心理学的報告において，研究者は以下のことを主張した。「分離は，二つの集団間のコミュニケーションと交流を妨害する。こうした壁は，お互いの疑念，不信，そして敵意を増加させる傾向がある」（ブラウン対教育委員会裁判，Martinによる引用，1998, p.145）。ブラウン対教育委員会裁判で下された判決は，アメリカの教育システムにおいてAllport（1954）が提示した条件を実行するための道を開くこととなった。その頃から，広範囲に及ぶ研究の数々は，いかにして集団間接触が集団間バイアスを減らすための手段になりうるかという点について行われてきた。515の研究に対するメタ分析は，集団間接触は対象集団の種類にかかわらず，集団間バイアスの低さと関連があることを明らかにした（たとえば，人種や民族集団，異性愛者と男性の同性愛者および女性の同性愛者，お年寄りと若年成人，障害者と健常者）（Pettigrew & Tropp, 2006）。

長い年月にわたって蓄積されてきた，接触仮説を支える広く印象的な知見がある一方で，最近の研究は，重要な調整要因も特定してきた。それは多数派と少数派の集団メンバーとで，集団間接触での反応が異なるということである。具体的には，より好ましい集団間態度と接触との関係は，白人よりも民族的少数派を対象とするときに弱いのである（Tropp & Pettigrew, 2005）。実際，いくつかの研究は，白人に対してより多くの接触を持ったアフリカ系アメリカ人は，白人に対してより否定的な態度を持つ傾向にあり，その多くは白人によるアフリカ系アメリカ人へのバイアスの高さを知覚したことによることを示してきた（Livingston, 2002）。こうした相違点を考えると，1つの集団に対して効果を持つ解決策は，他の集団には効果が少ない可能性があり，この点を考慮することが，政策立案策定者にとって不可欠であると言える。よって，白人と人種的少数派における異なった反応の原因を理解することは，社会政策の発展に多大な示唆を与えると考えられる。

接触仮説についての研究の多くは，接触が起きる状況に焦点を当てている（たとえば，参加者の平等な地位）。これに加えて，現代の集団間バイアスの複雑性が交流の際にいかにして感情，認知，そして行動の結果に影響を与えうるかを理解することが重要であると著者らは提案する。先述したように，人種態度における顕在と潜在の差異は，いかにして白人と少数派が人種間交流の際に異なる経験をし得るかということを表している。たとえば，Dovidioら（2002）は，より否定的な人種態度を持っているとあからさまに報告した白人は，白人に比べてアフリカ系アメリカ人に対して言語的により非友好的な方法でふるまうことを示した。しかしながら，人種に関する白人の潜在的態度は，制御し難いがために彼らの非言語行動がいかにバイアスの影響を受けているかを予測した。言いかえると，白人は，肯定的な言語行動と否定的な非言語行動で構成された入り混じったメッセージをアフリカ系アメリカ人のパートナーに送る傾向にあった。しかしながら興味深いことに，アフリカ系アメリカ人は，白人パートナーの否定的な非言語行

動から白人パートナーの友情についての印象を形成し，結果としてアフリカ系アメリカ人は，白人パートナーに好ましくない印象を持つようになっていた。

さらに，人種間交流の際に白人が用いる二重のメッセージは，交流中に，少数派の経験に有害な効果を及ぼしうる。たとえば，SalvatoreとShelton（2007）は，採用場面において，あからさまな人種バイアスに比べ知覚困難なバイアスに晒された後は，アフリカ系アメリカ人はより認知的に疲労していることを見出だした。同様に，Dovidio（2001）は，アフリカ系アメリカ人とあからさまな人種差別主義者にカテゴリー化された白人の組み合わせよりも，アフリカ系アメリカ人と回避的人種差別主義者の白人の組み合わせのほうが，課題解決のための時間がより長くかかったことを見出だした。おそらく，回避的人種差別主義者によって表された二重のメッセージと知覚困難な人種バイアスは，あからさまな人種差別主義者の白人が表す率直な否定的行動よりも，交流中に課題解決する有効性を妨げたのである。

この章の残りの節において，著者らは，異なる3つのコンテクストにおいて，人種バイアスについての知見が，人種の境界を超えた個人間の交流を改善する政策策定に役立つことを見ていく。最初に，人種バイアスを人々に気づかせた研究（Monteith & Mark, 2005）や，共通の内集団アイデンティティ・モデル（Gaertner & Dovidio, 2000）から派生した政策の提案に焦点を当てる。

2.3　コンテクストにおける人種バイアス

前の節では，著者らは現代の人種態度の複雑な性質を記述し，いかにしてその態度が，人種間交流において異なる印象や反応をもたらすかを明らかにした。前節では，比較的簡素で典型的かつ社会志向的な状況において起きうる潜在的な問題を説明したが，この節では，人々の生活に重要な影響を与える場面での長期接触の過程についての示唆を検証する。

2.3.1　教育コンテクストにおける住居生活

教育機会が奪われることを禁ずる法的措置によって，白人と民族的少数派は同じ大学に通うことがいまでは可能である。実際，人種差別を是正する手段としての差別是正措置制度の実施は，白人の多い大学における民族的少数派の増加に貢献し，教育の文脈において異なる人種集団の間で起こる接触のための扉を開いた。にもかかわらず，多くの場合において，大学は，特に社会的場面において機能的に分離されたままである。白人と民族的少数派の学生はお互いに接触することをたびたび避けるが，それはときに人種バイアスや集団間不安のせいであり（Plant & Devine, 2003），あるいは外集団は自分たちと接触したくないだろうと彼らが推測するからである（Shelton & Richeson, 2005）。しかしながら，外集団のメンバーとの単なる接触ではなく，真の交流が起こる場所は，大学キャンパスにおける住居空間である。

大学キャンパスにおける住居は，集団間接触の経験を研究し，日々の人間関係を形作るために政策がどのように重要な役割を果たしうるかを検討するうえで，豊富で生きた実験室を提供する。偏見を減らすための集団間接触の理想的な要因としてAllport（1954）が提示したもっとも重要な条件は，大学の住居空間において自然に出会うことであった。具体的には，学生は平等な地位にいるということで，彼らは大学環境では仲間同士であった。彼らは自分たちの生活環境を好ましく快適なものにするという共通の目標を一般的に持っており，それは，お互いのより大きな利益のために協

働することに対して意欲を持ちやすいということを意味している。さらに，彼らは相互依存関係にあり，彼らの行動はお互いに影響しあうことになる。最後に，大学の管理者や政策策定者は人種や民族の境界線を越えた交流を奨励する傾向にあり，ほとんどの大学は人種分離を避けるため，人種を用いルームメイトを割り当てることを違反とする方針を打ち出している。しかし，住居空間についての大学のこうした政策は，学生間の人種的調和を促進するのだろうか，それとも妨げるのだろうか？　実際，生活環境を多様化しようという大学の試みにもかかわらず，学生はしばしばキャンパスの寮や他の社会空間において自らを分離する傾向にある（Sidanius et al., 2004）。それから，こうした大学の方針は，外集団のメンバーときわめて親密に接触している自己を見出だしている大部分の学生にとって，社会的にそして個人的に，どんな結果をもたらすのだろうか？

　大学キャンパスにおける多様な生活環境に短期的コストと長期的利益があること，そしてコストと利益は住人の人種に依存することが，心理学の研究によって示唆されている。人種間交流は同じ人種同士の交流よりも，よりストレスフルであり，認知的な労力を要するという基礎的な研究がある（レビューとして Hebl & Dovidio, 2005; Richeson & Shelton, 2007 を参照のこと）。この知見と一貫して，人種が違うルームメイトのペアは，人種が同じルームメイトのペアよりも，張りつめた非調和的交流を持つリスクがより高くなる。たとえば，ランダムに割り当てられたルームメイトの中で，黒人と白人のルームメイトのペアは，同じ人種のルームメイトペアよりも，生活環境に満足していない傾向にあることが明らかになっている（Phelps et al., 1996, 1998）。同じく，ルームメイトがアフリカ系アメリカ人となるようにランダムに割り当てられた白人の新入生は，ルームメイトが白人の場合に比べ，ルームメイトと過ごす時間がより少なく，共に活動することが少なく，そして両者の社会的ネットワークが重なることは少なくなっていた（Shook & Fazio, 2008; Towles-Schwen & Fazio, 2006）。さらに，同じ人種のルームメイトを持つときよりも，異なる人種に属するルームメイトをランダムに割り当てられたとき，白人と民族的少数派（アフリカ系アメリカ人やラテン系）は共により不安を感じ，より確証を抱けなくなり（つまり，彼らは彼ら自身ではないと感じ），よりルームメイトを好まなくなり，別のルームメイトを持っていたらと望むようになり，次年度にまた同じルームメイトと生活することを望まなくなる（Shelton et al., 2005; Trail et al., 2009; West et al., 2009）。

　さらに，白人のルームメイトを持つことは，時間が経過するほど民族的少数派にとって悪い結果をもたらしうる。Trail ら（2009）は学期の始まりが近い15日間，異なる人種のルームメイトのペアと同じ人種のルームメイトのペアに日記を書かせて追跡調査した。これによって，Trail らは両群ともルームメイトが日々経験する感情や関係性の知覚が，時とともに変化するかどうかを評価することができた。しかし実際変化があったのは，民族的少数派においてのみであった。異なる人種のルームメイトのペアにおいて，民族的少数派の学生の日々の経験は15日間で悪くなっていた。たとえば，白人のルームメイトを持つ民族的少数派は，白人ルームメイトよりも肯定的な気分を経験することが少なくなり，彼らの肯定的な気分は研究の経過の中で消えていった。同じく，白人のルームメイトを持つ民族的少数派は，自分のルームメイトを，他のルームメイトのペアに比べて，自分に対してより肯定的ではなくふるまっていると知覚し，こうした知覚は徐々に悪化していった。興味深いことに，はじめから民族的少数派をルームメイトとする民族的少数派の場合においては，気分や知覚

は徐々に良くなっていった。たとえば，民族的少数派が同じ民族のルームメイトといる時に彼らの肯定的なムードは時間とともに増えていったのである。まとめると，こうした知見は，異なる人種のルームメイトと暮らす学生は，同じ人種のルームメイトがいる学生よりもしばしばより否定的な経験をすることになることを明らかにしている。より複雑なことに，民族的少数派にとってこうした否定的な経験のいくつかは時間とともに悪くなる。望ましい（先述の通り，大学のルームメイトに備わっているもの）条件でたびたび接触することは人種関係を改善させるというこれまでの考えにとって，こうした知見はきわめて落胆させるものと言える。

　人種間のルームメイト関係のダイナミクスにおいても，顕在的・潜在的な人種バイアスは重要な役割を担うことを研究は示している。たとえば，SheltonとRicheson（2005）は，民族的少数派の学生に対し，白人か他の民族的少数派のルームメイトをランダムに割り当てたうえ，ルームメイトとの交流の質と量について，3週間にわたり日記をつけ続けることを求めた。すると，ルームメイトが白人である民族的少数派において，彼らの白人に対する顕在的人種態度がより否定的になるにつれて，彼らはルームメイトとの接触を避ける傾向にあることが分かった。さらに，時間が経つにつれて，こうした民族的少数派の学生は，白人のルームメイトと接触することをますます望まなくなっていった。加えて，白人のルームメイトと暮らす民族的少数派において，彼らが否定的な人種態度を持てば持つほど，彼らはルームメイトとの親密性を感じなくなっていった。さらに，こうした関係性の欠如は，この研究が行われた3週間で悪化していった。さらに，白人のルームメイトと暮らす民族的少数派の間で，彼らがより否定的な人種態度を持てば持つほど，彼らのルームメイトとの交流に関連した，より肯定的ではなく，より否定的な感情を彼らは経験することとなった。民族的少数派のルームメイトといる民族的少数派の間で，人種態度は彼らのルームメイトとの経験と関連しなかった。同様に，Towles-SchwenとFazio（2006）は，潜在的人種態度は，異なる人種のルームメイトとの経験と関連していることを示した。具体的には，白人の潜在的人種態度が，ルームメイトとの関係の持続期間やその関係性に対する白人の満足度をどのくらい予測するかを検証した。白人の潜在的人種態度は関係性の持続期間を予測し，彼らがより否定的な態度を持つほど，黒人ルームメイトとの関係性は年度末になるにつれて希薄になっていった。このように，顕在指標と潜在指標によって測定された民族的少数派と白人の人種態度は，人種間のルームメイトとの関係性の質に影響を与えたのである。

　政策策定者がもし，外集団のメンバーと生活することで学生が得る日々の経験をもとに決定を下すなら，彼らは分離を法整備するべきだと判断するであろう。しかしながら，異なる人種もしくは異なる民族のルームメイトにとって否定的な経験が必然的結果ではないことをその後の研究は示している。社会的カテゴリー化は，アメリカにおける人種の境界線に沿って一般的に起こり，ルームメイトとの関係性を損ないうる集団間バイアスの基盤を形作る可能性があるが，人々は社会的カテゴリー化の以外の形を利用することができる。たとえば，GaertnerとDovidio（2000）は，異なる集団メンバーにおいて唯一見られる共通の内集団アイデンティティ（たとえば，同じ大学の学生）を分かち合っていると人々が感じているとき，彼らは外集団（たとえば，人種もしくは民族）に対してより肯定的な姿勢を持つことを見出だした。こうした立場と共通して，Westら（2009）は，学生が，キャンパスにおいて異なった人種や民族集団のメンバー

が共通の大学アイデンティティを分かち合っていると強く信じているとき，異なる人種のルームメイトたちは一緒にいる最初の1カ月間で友好の感情を維持しており，その月の最後には，同じ人種や民族のルームメイトたちよりも，より強い友情を持っていることを見出だした。こうした効果は，白人と人種・民族的少数派の学生に同じように起こった。つまり，ある状況下では，人種間を超えたルームメイトの関係性は，同じ人種のルームメイトの関係性よりも肯定的なものとなる可能性がある。

政策決定の際には，ルームメイト自身への直接的な影響に加えて，大学キャンパスにおける多様化した生活環境の，より広範囲で長期的な利益もまた考慮される必要がある。入り混じった人種のルームメイトとの関係性は，徐々に集団間の関係を改善するという頑健な証拠を心理学研究は提供している。ShookとFazio（2008）は，学期の最初の2週間と，最後の2週間で，潜在的な人種バイアスの指標や**黒人への集団間不安尺度**を白人の新入生に課した。すると，黒人のルームメイトをランダムに割り当てられた白人は，白人のルームメイトを割り当てられた白人に比べて，潜在的な人種態度はより肯定的になり，集団間不安は時間とともに低減したという結果が示された。さらに，今まで行われてきたこの問題に対する最も印象的な縦断的研究の1つは，Van Laarら（2005）が大学のルームメイト環境と，アジア系，黒人，ラテン系，そして白人の4つの集団の人種間態度との因果関係を検討したものである。五波ⁱⁱの4年にわたるパネル調査を用いて，彼らは，大学の最初の年にランダムに割り当てられた学生と，そして後年になって外集団や内集団のルームメイトと生活することを自発的に選んだ学生における，人種態度の変化を検討した。すると，外集団のルームメイトを持つようにランダムに割り当てられることが，学生全員の人種態度の改善をもたらすことが明らかになった。要するにこの結果は，白人と民族的少数派双方にとって，学期中に外集団のメンバーと生活することは，人種態度における改善と関連しているという強い証拠である。

Van Laarら（2005）のデータ・セットにおける利点の1つは，人種態度の変化について，回答者の民族性とルームメイトの民族性の両方が与える影響を検討できるようになっていることにある。そのため上記したように，研究者は，外集団のルームメイトと内集団のルームメイトを持つことがもたらす一般的な効果を検討できただけでなく，学生の人種が人種態度に異なった効果を持つかどうかも検討することができた。こうした知見は，主にアジア系ルームメイトと住んだ回答者に，異なる効果が起きたことを明らかにしている。つまり，集団間接触仮説とは対照的に，もし回答者が白人であれば特に，アジア系アメリカ人のルームメイトと一緒に住んだら，より遅い時期に，より否定的な人種態度を持ったのである。特に，アジア系ルームメイトと生活することは，黒人やラテン系への肯定的な感情の減少と関連しており，集団間不安と象徴的人種差別の増加につながっていた。こうした傾向は，学生が，大学の最初の年にアジア系と生活することをランダムに割り当てられたかどうか，また大学2年と3年の間にアジア系の学生と住むことを自発的に選んだかどうかにかかわらず，見られたのである。研究者は，仲間の社会化とアジア系学生が持つより大きな偏見的態度の組み合わせによって，こうした不幸な結果が起きたことを指摘した。つまり，このサンプルにおけるアジア系の学生は，他の3つの民族集団よりもさまざまな指標において著しく高い偏見的信念を持っていたのである。ペアの社会化研究が，人々は自

ⅱ ［訳者註］全部で5回行われるということ。

らの態度と行動を相手に一致するように変えることを明らかにしており，このことを踏まえると，この実験の参加者は自らの態度を，偏見を持ったアジア系ルームメイトの信念に合うように変えていった可能性がある。こうしたデータは，人が接する相手の民族性は，住居生活についての政策をデザインするために不可欠であることを表している。

　大学生における，人種的に多様な生活環境がもたらす短期のコスト（すなわち否定的な日々の交流）と長期の利益（すなわち人種態度の改善）を考えると，どのような制度的な政策が行われるべきなのだろうか？　こうしたコストと利益に対処するために大学が発展させた1つの解決策は，民族的少数派が（他の集団と同様に）まとめて一緒に住むことを可能にする住居区域や寮を作ることであった。しかしながら，こうした解決策は短期のコストを解決するであろうが（たとえば，より好ましいルームメイトと過ごす経験），長期の利益（たとえば，人種的寛容性）を妨げることは明らかであろう。私たちの知る限り，こうした生活環境がもたらす結果についての体系的な検討はこれまで行われていない。しかしながら，こうした問題に関する研究は，時間とともに生じる効果を検討していくであろう。たとえば，白人が圧倒的に多いキャンパスにいる少数派は，少数派の住人の割合が多い住居区域に住むことを好むだろうし，いくつかの点で利益を得るだろう。しかし，彼らは個人で大学へ引っ越してきた後，彼らが経験する集団間接触の量や種類を増やすような，別の形態のキャンパス住居を模索するかもしれない。

　政策の観点からすると，こうした区域に分けられた生活環境の結果として浮かび上がる1つの疑問は，特定の人種集団のための住居エリアを設けることは，大多数の大学の反差別政策に反するかどうかということである。おそらく，2006年のマサチューセッツ大学アマースト校においてこうした住居が差別的であるととらえたことにより，少数派のための人種を意識した他のプログラムと併せて，住居区域のようなものは段階的に廃止されていったのである（Associated Press, 2006）。マサチューセッツ大学アマースト校における学生業務やキャンパスライフを管轄する副総長は以下のように述べた。「大学に通う学生は異なる意見やアイディアに晒される必要がある。私たちの住居空間において分離された小さな場所を持つことになれば，私たちは，彼らが自らを閉じ込めることをさせ，そして彼らは大事な経験を失うことになるだろう」（Associated Press, 2006）。国中の大学と同じようにマサチューセッツ大学アマースト校は，寮の区域やフロアが民族的少数派だけのものにならないよう，代わりに，特定の文化を学ぶことに興味を持つあらゆる個人のためのものとなるよう，方針を変えたのである。たとえば，白人学生は黒人の寮の区域に住むことを許され，黒人学生はアジア系の寮の区域に住むことを許されたのである。こうした「プログラム」の寮に住むことを選んだ学生は，多様性に対してもともとオープンであることを考えると，学生同士の交流は，人種に関係なく，より心地よいものとなり，学習の助けになると言えるだろう。それゆえ，集団間バイアスの改善が起こるかどうかは明らかではない。

　多様な大学住居における生活環境と関連した短期的な問題や長期的な利益の間に，重要な潜在的緊張があると考えると，政策に関連して以下のような疑問が湧いてくる。それは，寮における日々の生活において学生が感じる必要がある快適さの水準と，多様化された生活環境の教育的で民主的な利益の両方に取り組む方針を，大学組織がどのようにデザインし，実行するか，ということである。そのようなあらゆる方針は，同じ人種や民族のルームメイトの場合に起こる関係性を超えて，異なる人種のルームメイトとの関係性に固有な問題

があることを認識すべきだ，と著者らは提案する。著者らは，社会関係における社会的カテゴリー化の基本的な重要性に根ざした2つの方法論を認識している。最初のほうで説明したように，人々を単に人種集団としてカテゴリー化することは，外集団への否定的な感情を生み，内集団びいきを強化させる可能性がある。よって，政策や介入は，異なる人種・民族集団に属するルームメイトがお互いをカテゴリー化する方法を変えることに焦点を与えるだろう。具体的には，政策と介入の1つの焦点は，**脱カテゴリー化**を促進することであり，それはつまり，さまざまな人々の唯一無二の資質を強調し，自己開示を通して個人的な交流を促進することによって，社会的知覚における自身の人種集団の成員性への依存を減らすことなのである。たとえば，ルームメイトになる2人が一緒に暮らし始める**前**にお互い知り合いになり，友人となるための機会を作るように，政策の取り組みはデザインされ得るのだ。

共通の娯楽活動において返報的な自己開示をしたり協働したりすることは，友情と親密性を増やす方法であるということを研究は示している（Reis & Shaver, 1988）。Aronら（1977）は「素早い友人」パラダイムを開発した。このパラダイムは，ペアを組んだ個人が，しだいに個人的な度合いを増していく一連の質問に答え，関係性を構築する課題（たとえば，ゲームをする）にも一緒に取り組むというものであった。この素早い友人課題に関わったペアは，単なる軽いおしゃべりをしたペアよりも，際立って互いをより親しく感じ，より結びつきが強くなったと感じている。近年，この課題は，人種偏見を減らし，外集団メンバー間の親密性を作るために使われている。たとえば，このパラダイムは，警察官と黒人のコミュニティメンバーの間の信用や称賛を構築することにおいて成功した（Aron et al., 2007）。さらに，Page-Gouldら（2008）は，異なる人種，あるいは同じ人種をペアにして見知らぬ相手に素早い友人課題を課し，3日間でその課題に適応させた。この課題に参加した後，参加者は，彼らが始めた人種間交流の数と，交流の間に彼らが経験した葛藤の量を評価するために，10日間連続で日記をつけた。その結果，外集団のパートナーにどのくらい親密さを感じたかという個人の感情は，素早い友人課題によって統計的に有意に増加し，自己報告と生理指標（コルチゾール）によって測定された，個人が経験したストレスが最終的に低減したことが示された。さらに，素早い友人の操作は一般的に，個人の人種間交流の量と質に影響を与え，それは特に，こうした交流がもっともストレスであった個人において見られた。具体的には，強い偏見を有していた白人が人種を超えた友人を持った場合，追跡した10日間で，より人種間の交流を開始した。さらに，この研究者たちは人種を理由に白人は自分たちを拒否するであろう，と信じる傾向にある民族的少数派に注目した。その結果，彼らは，素早い友人パラダイムを通して人種を超えた友人を作ったとき，同じ人種の友人を作ったときと比べて，追跡した10日間において人種間交流における葛藤をより見せなかった。こうした研究に基づいて私たちは，素早い友人パラダイムが，すべてのルームメイトにおいて，特に人種の異なるルームメイトのペアにおいて，初年度のオリエンテーション期に実行されることを推奨したい。

他の方法論は再カテゴリー化を強めることであり，これはつまり，分断された人種集団アイデンティティへの焦点を，顕現化している共通の集団アイデンティティに置き換えることである。「共通内集団アイデンティティ・モデル」（Gaertner & Dovidio, 2000）によると，異なる集団のメンバーが，互いを「私たちの」対「彼らの」と知覚するのではなく，彼ら自身を上位のある1つの集団に再カ

テゴリー化するとき，以前は外集団メンバーであった人々への態度と行動はより肯定的なものとなる。こうした場合，もし白人と民族的少数派が，白人と黒人としてではなく，同じ大学の学生（たとえば，プリンストンの学生）として共通の集団成員性に焦点を当てたならば，彼らの日々の交流のダイナミクスはより肯定的なものとなるだろう。私たちが最初に述べたとおり，Westら（2009）は，異なった人種・民族集団に属するルームメイトが，集団の境界線を越えた共通の大学アイデンティティに対する強い感覚を持つとき，彼らはキャンパスにおいてすぐに高い水準の友情を成立させ，維持させることを発見した。共通の集団アイデンティティは，既存の共有された成員性（たとえば，同じ大学もしくは寮であること）を繰り返し強調する活動や，協力的な活動（たとえば，初年度のオリエンテーション期に多くの目標を達成するためにルームメイトと協力すること）を通して達成される。さらに，いったん共通のアイデンティティが成立すると，ルームメイトたちは肯定的な関係性のための行動基盤を作ることができ，最終的には時間とともに個人的交流を生みだす，返報的行動（たとえば，互いの手助けや開示）に関わるようになるだろう。このように，ルームメイトとの関係が発展するにつれて，再カテゴリー化と脱カテゴリー化は補完的な方法で作用する。加えて，他の集団のメンバーとの友情は，集団間接触の最も影響力を及ぼす形式の1つであるため，ルームメイトとのこうした肯定的な関係性は，より広く集団間態度を改善することで次々に起こり得るのだ（Pettigrew, 1997）。

この章における私たちの基本的な前提は，複雑でしばしば知覚困難な性質を持つ現代の集団間バイアスは，集団間の交流に広く影響力を持ち，最終的に異なる人種と民族集団のメンバーの成果に影響力を持つことができる，ということである。集団間のルームメイトの関係性の研究は，持続的で社会的に親しい集団間接触の状況における集団間の関係の脆さを示している。次の節では，同じこのような集団間バイアスは，課題志向的な接触，つまり医療での出会いにおいてどのように不都合な影響をもたらし得るのかを検証する。

2.3.2　医療場面

人生のある時点において，人々は病気になるだろうし，医療機関を訪れる必要性に直面する。1964年の公民権法や1965年のメディケアおよびメディケイド立法より以前は，民族的少数派は白人と同じ医療機関を訪れない傾向にあった。こうした制限が取り除かれてからしばらくして，今日では民族的少数派は白人が多い機関で治療を受け，白人の医師とやりとりしている。しかしながら，民族的少数派は白人と同じ質の医療をいつも受けられるというわけではなく，白人と同じように医師との満足のいくやりとりを得られるわけではない。たとえば，議論を巻き起こしたある研究（Schulman et al., 1999; Rathore et al., 2000 も参照のこと）では，医師が，胸の痛みを訴える患者の役割を演じている男女両方の白人と黒人の俳優のビデオテープを見た[2]。医師は，白人患者よりもアフリカ系アメリカ人の患者にさらなる検査を勧めない傾向にあり，これは特にアフリカ系アメリカ人の女性患者に対して見られた。

多くのアフリカ系アメリカ人は，こうした治療の格差に気づいており，よって彼らは白人よりも，医療分野が自らの人種に対して偏見を抱いているという信念を持つ傾向にある（Boulware et al., 2003）。さらに，アフリカ系アメリカ人とラテン系アメリカ人がこうした信念を支持するほど，彼らは自分たちと同じ人種の医師をより好む傾向にある（Chen et al., 2005）。加えて，アフリカ系アメリカ人の患者で，かつて日々の生活の中で差別を

経験した人ほど，アフリカ系ではないアメリカ人の医師の勧めに従わない傾向にある（Penner et al., 2009b）。患者の信念や好み（それ自体偏っている可能性がある）の違いというわけでもなく，医師は実際の患者に対し，患者の人種によって異なる方法でやりとりし，治療することがあるのだろうか？　この節では，白人の医師と民族的少数派の患者との医療におけるやりとりが，人種バイアスによってどのように阻害され，医療や健康状態における人種格差に影響するかということに焦点を当てる。

　医療場面におけるやりとりは，集団間の調和のある出会いを発展させるための理想的な要因としてAllport（1954）が考えた主要な条件のうち1つ以外のすべてを満たしている。1つの欠けた条件とは，このコンテクストでは医療従事者と患者の地位は同じではなく，医療従事者，とくに医師は患者より高い地位を有していることである。しかしながら，Allportの他の3つの条件は一般的に満たされている。医療従事者と患者は，患者をより健康にするという共通の目標を持っており，それは彼らが共に働くことに意欲があるということを意味している。さらに，彼らは相互依存の関係にある。それはつまり，医療従事者の行為は患者に直接的な影響を与え，また，医療従事者のアドバイスに従うという患者の決定は医療従事者の成功確率に影響を与えるということである。そして最後に，アメリカ医師会と連邦政府は人種の境を越える医療のやりとりを支え，促進し，民族的少数派が多い共同体において治療に従事する白人の医師にしばしば財源を提供しているのである。よって，4つの主要な条件のうちの3つは，集団間交流がうまくいく条件を満たしている。しかし，白人の医療従事者と民族的少数派との交流は質の高いものなのか，それとも集団間バイアスによる悪影響に彼らも悩まされているのだろうか？　より大切なこととして，政策はこうした交流をさらに成功させるために機能し，最終的に白人とアフリカ系アメリカ人の治療格差を減らすのだろうか？

　以前に述べたように，人種バイアスは徐々により知覚困難なものとなってきたが，それは部分的には社会規範と法律における変化のせいといえる。こうしたことは，適切な行動についての規範があいまいで不確かなとき，民族的少数派に対する白人の行動を見たときに（他の白人に対する行動に比べて）明らかとなる（Dovidio & Gaertner, 2004）。こうした例において，白人は民族的少数派に対して偏見を抱く傾向にあるが，人種以外の要因で自らの行動を正当化させる傾向にある。たとえば，標準的な手続きがあいまいで医療の不確実性が高い水準にある場合，すなわちこうした傾向は医療領域において顕著なものとなる。このような場合，時間的制約や資源の制限がもたらす認知的要求の下，医療従事者は，自身の裁量に意思決定をゆだねる（Smedley et al., 2003）。実際，医療従事者のバイアスがもっとも影響を及ぼすのが，まさにこうした状況であるということを証拠が示唆している（レビューとしてPenner et al., 2007を参照のこと）。

　患者とのやりとりのときに，医療従事者によって示される言語と非言語行動においても，知覚困難な人種バイアスが生じていることは明らかである。一般に，医療従事者は，白人に比べて民族的少数派の患者に対してより否定的で，支援的ではない行動を示す。たとえば，医師は，白人よりもアフリカ系アメリカ人の患者に対して，患者中心ではなく，より言語的に支配的で，そしてより低いレベルの肯定的な感情を示す（Johnson et al., 2004）。加えて，アフリカ系アメリカ人の患者が医師に情報を求めるとき，白人の患者に比べて，彼らは割合的により少ない情報しか受け取ることができない（Gordon, et al., 2006）。あらゆる人種間の医療場面でのやりとり（アフリカ系アメリカ人の

医師と白人の患者でさえ）の質は，同じ人種内での医療場面でのやりとりに比べてより悪いが，医師が白人で患者が民族的少数派の場合，交流におけるこうした行動の違いは最も顕著となる（Ferguson & Candib, 2002; Saha et al., 1999）。複数の行動観察者が医療における人種間の交流をそれぞれ分類・計数したところ，人種間の医療上のやりとりは（同人種の医療上のやりとりに比べて）より時間が短く，より話すのが遅く，患者の感情はより肯定的ではないという特徴が見出だされた。これらの結果に影響し得るほかの変数（年齢や健康状態など）を統制した後でも結果は変わらなかった（Cooper et al., 2003）。さらに，白人に比べてアフリカ系アメリカ人の患者に白人の医師は十分な医療情報を提供せず，また医療の意思決定に参加することを推奨しない傾向にある（Cooper-Patrick et al., 1999）。白人と民族少数派への行動の違いは，医療従事者になったばかりの人々においても顕著であった。たとえば，白人の医学生と研修医は，白人の患者に比べて，ヒスパニック系の患者とのラポールが統計的に有意に少なく（Hooper et al., 1982; Shapiro & Saltzer, 1981），彼らに対する発話において肯定的な表現は少なかったのである（Sleath et al., 2000）。以上をまとめると，これまでに蓄積された証拠が示しているのは，民族的少数派の患者は，医療交流においてより否定的な治療を受けることになり，それは特に白人の医療従事者との間に見られるということである（レビューとしてDovidio et al., 2008; Penner et al., 2007; van Ryan & Fu, 2003 を参照のこと）。

白人医療従事者の行動上の差異，つまり民族的少数派とやりとりしているときと白人患者とやりとりしているときとの差は必ず負の効果をもたらす。上記の否定的なコミュニケーションのパターンの多くは，患者が約束を守らないこと，患者の低い満足度や健康状態と関連している（Stewart, 1995）。たとえば，医師が優位に立ち患者に情報を与えないとき，患者は治療の選択肢を明確に理解することができず，その選択肢に従わなくなる（Hall et al., 1988）。そのため，医療のコンテクストにおける人種間のやりとりにおいてこうした問題に対処するためには介入と政策が必要となる。

ここまで記述してきた研究は，患者の人種に基づいた行動上の差異ゆえに，医療場面のやりとりには人種バイアスが存在していることを示唆している。制限はあるが，その後の研究が提供しているのは，医療従事者の人種信念が彼らの患者への行動に影響を与えるという直接的な証拠である。たとえば，主に白人の医療従事者を対象とした研究では，医師は，アフリカ系アメリカ人の患者のことを，より教育を受けておらず，知的ではなく，薬物依存者で，肉体的に活動的な生活を望んでおらず，より医師の忠告を守っていないと評価した（van Ryn & Burke, 2000; van Ryn et al., 2006）。こうした信念を支持することは，ひるがえって，医師による医療上の推奨に影響した。具体的には，患者の教育や身体活動の水準に対する医師の知覚は，白人患者よりもアフリカ系アメリカ人の患者にバイパス手術を勧めないことの原因となっていた（van Ryn et al., 2006）。類似の研究で，Greenら（2007）は，白人医療従事者の潜在的な人種態度は，少数派の患者への行動を予測することを発見した。

健康における人種格差を取り除くというアメリカ保健福祉省の目標と一致して，アメリカ医学研究所のような医療機関は，医療コンテクストにおける人種バイアスを減らすための方法を推奨する様々な政策提言を進めてきた（Betancourt & Maina, 2004）。著者らは，ここで3つの政策を推奨する。1つ目の推奨は，医師と患者の関係を，公的資金を投入した健康保険において強化する政策を策定することである（Smedley et al., 2003）。先に説明したように，偏見的にならないよう高く動機づけら

れている人々が，もし時間とそうするだけの認知資源を持っているならば，彼らは潜在的なバイアスの知覚困難な効果でさえも制御することができることを心理学的証拠が示している。こうした知見が政策にもたらす直接的な含意は，医療上のやりとりを妨げる医師のバイアスをもたらす心理的かつ物質的な資源の制約を減らすために，主治医ごとに患者負担を制限する指針が作られ，行使されるべきだということだ。同様に，アメリカ医学研究所によると，スムーズなやりとりを促進するために患者訪問のための時間を割り当てること（必要であれば，より多くの回数，より多くの時間が割り当てられる）が政策には求められている。

アメリカ医学研究所による2つ目の推奨は，異文化教育をすべての医療専門家の訓練に組み込むことである。実際，医学教育連絡委員会とアメリカ卒後医学教育認定評議会は，異文化カリキュラムが医療教育に組み込まれることを強く推奨している。こうした実践は推奨されるものの，常に満たされているわけではない（Betancourt, 2006; Welch, 1998）。こうした文化適性訓練において，医学生は健康についての信念や健康に関連する行動に対する社会文化的影響についての説明を意識するようになる。さらに，彼らはいかにして我々が通常行っているカテゴリー化の過程からバイアスが生まれ，医療上の決定に影響し得るのかを教えられた。実際，文化的感受性の訓練によって，医療従事者による集団間の寛容性や他人への開放性は向上することが明らかになっている（Culhane-Pera et al., 1997）。さらに，異文化教育訓練を受けた医療従事者は，異なる人種の患者から彼らに伝えられた言語と非言語の手がかりへの解釈において改善を示した（Majumdar, 1999）。さらに，医学生に対して，知覚された差別ないし無神経な行動の経験を単に演じさせるだけで，彼らの文化的感受性は改善したのである（Johnson, 1992）。

しかしながら，不幸なことに，既存の異文化訓練プログラムの多くにみられる限界の1つは，プログラムの多くが，医療上のやりとりにおける実際の行動における訓練の有効性に焦点を当てるのではなく，集団間態度における参加者の変化に焦点が当てられていることである。医療従事者の態度の変化はたしかに本質的な問題であるが，こうした変化が行動における改善につながるかどうかを評価することも重要である。とはいえ，異文化訓練は患者に対する医療従事者の行動を改善するという間接的な証拠が存在する。具体的に，Majumdarら（2004）は，異文化訓練を受けた医療従事者から治療を受けた患者は，このような訓練を受けていない医療従事者から治療を受けた患者よりも，全体的により回復したと報告した。

最後に，アメリカ医学研究所委員会は，民族的少数派，特にアフリカ系アメリカ人の医療専門家をさらに訓練することを推奨している。2001年に医科大学を卒業した学生のうち，民族的少数派の占める割合はわずか10%であった。したがって，医療専門家における人種の多様性を確保するために，医科大学の入学や研修医の募集において差別是正措置を強化することが緊急に求められている。このことは少数派の患者が自分と同じ人種の人と医療上のやりとりを持つ確率を高める。加えて，民族的少数派に対する白人医師の人種態度は，人種という点だけ彼らと異なる他の内集団メンバー（医師）とやりとりすることで変化するだろう。

アメリカ医学研究所による推薦に加えて，健康格差を減らす方法として，医療従事者と患者のやりとりのダイナミクスを改善することに具体的に焦点を当てたいくつかの政策提言を紹介する。Pennerら（2007）と同じく，著者らが推奨する1つの実践は，政策策定者がケアの連続性を強調することである。これは，1人の患者が長期間にわたり同一の医療従事者，あるいは医療従事者の小集

団と交流することを意味している。異人種集団のメンバーと定期的に交流することは，その集団に対する不安やステレオタイプ化を減らすという点を考えると（Pettigrew & Tropp, 2006），白人の医療従事者は同じ民族少数派に属する同じ患者と一緒にいることを徐々に快適であると感じるようになり，そのことがより個人化（脱カテゴリー化）された方法で患者を知覚することにつながり，患者に対する優れたケアを提供するうえで問題となる非意図的なバイアスが生じる機会を減らすことになる。さらに，民族的少数派の患者と繰り返し接触することは，医療従事者が患者についての個人的な情報をより知ることを促し，ラポールや共感を増やす見込みにつながる。さらに，患者は自分を担当する医療従事者のことをより信用するようになる。つまりアフリカ系アメリカ人患者の信用は，それ相応の理由がある場合においてのみ，低くなる傾向があるということだ（Halbert et al., 2006）。終身雇用のスタッフの数が限られているウォークイン診療所のような，患者が同じ医療従事者と接することを保証するのが難しい状況でも，医療のケアにおける連続性を提供することと同じく，心理的つながりの感覚を強調し得る患者と医療従事者の「チーム」を作り出すことはしばしば可能である。

　患者が定期的に同じ医療従事者と接触するときであっても，医師と患者のチームという知覚を生み出すことで，共通の内集団アイデンティティモデルで素描された原理を通して，異人種である医師と患者の医療上での対面場面におけるバイアスを減らし，やりとりの質を改善することができる（Gaertner & Dovidio, 2000）。つまり，医療従事者を1つの集団のメンバーとみなし，患者を別の集団（助けを必要とする人々）のメンバーとみなすのではなく，医療従事者に彼ら自身と彼らの患者を同じチームのメンバーとみなすことを推進すること

がここでの目標なのである。このアプローチは，医療従事者と患者は医療上の最良の決定をするために一緒に取り組む協力者なのだという感覚を強めることができる。

　著者らが推奨するもう1つの実践は，多様性訓練ワークショップの一部として，医療従事者に安全な空間を提供することである。この目的は，患者とやりとりするときの人種バイアスの可能性に気づかせることである。平等主義的な価値が強いために人々はしばしば，自分たちがバイアスを持っていることと，自分たちの行動は人種バイアスを反映し得ることを否定する。これはおそらく，人々が偏見のあからさまな形態に焦点を当てる傾向にあるためである。現代のアメリカ社会においては，医療従事者と患者のやりとり（Epstein, 2005）を含めて，やりとりのときにあからさまな人種バイアスを表現することは一般的ではない。実際，ほとんどの医療従事者は医療決定において患者の人種がいかなる役割も果たしていないと主張するが（Lurie et al., 2005），バイアスは明らかに実際に起きていることなのである（Dovidio et al., 2008）。偏見の少ない人が，人種的に外集団のメンバーに対する自らの個人的な信念と実際の行動との相違に気づいているとき，彼らは罪悪感をおぼえ，将来における行動を変えるよう動機づけられる（Monteith & Mark, 2005）。もし医療従事者が，自分とは異なる人種の患者に対する自らの行動がバイアスを持っていると気づいているとき，彼らはこうした行動を変えるよう試みるであろうし，訓練を積めばそれが可能になることを研究は示している（Dovidio et al., 2000; Kawakami et al., 2000）。他の集団に対する知識が増えることは，集団間の関係を改善するうえで限定的な効果しか持たないということを明らかにした研究がある（Pettigrew & Tropp, 2008）。こうした研究に基づいてBurgessら（2007）が提案したのは，医学生のためのプログラ

ムとして，現代の集団間バイアスの複雑な性質に対する気づきを増やすだけではなく，医療上のやりとりにおける彼らの潜在的バイアスすら制御させる技術（たとえば，患者との関係性構築や感情調整）を学生に指導し，訓練することであった。

本節では，集団間バイアスが医療体験を規定し，（しばしば当事者が意識・意図しないうちに）医療，そして最終的には健康における人種格差をもたらしうるさまざまなパターンを指摘してきた。次の節では，これとはまったく異なるコンテクスト，つまり職場におけるこうした過程について説明する。

2.3.3　職場コンテクスト

アメリカ労働省は，標準的な従業員は2007年の1年間で約1900時間を仕事に費やしていると推定している。これは人が起きている時間の3分の1に相当する。職場における民族的少数派の人数は，連邦法の制定以後増え続けてきた。具体的には，1964年の公民権法の第7編は，マイノリティの雇用に対する差別を禁じただけでなく，マイノリティの雇用に向けたアクションを奨励した。以上のことを踏まえると，上記した労働時間の多くで人種の境界を越えた交流が行われている傾向にある。Allport（1954）が集団間の調和のある交流を促進する要因と仮定した条件については，1つを除く他のすべてが職場においてしばしば整っている。アメリカにおける職業の人種差別を考えると，異なる人種ではあるが同じ地位にある集団の人々が職場で交流するケースはたしかにあるけれども（Forman, 2003），白人はより高い地位を持つ一方で，民族的少数派はより低い地位にある場合がよくある（つまり白人の上司とアフリカ系アメリカ人の部下という関係）。しかしながら，これ以外の条件はしばしば満たされている。

連邦法は人種的な平等を促進しているにもかかわらず，人種的な格差や差別は，組織における典型的な日々の交流だけではなく，求人から昇進にわたるキャリア全体においていまだに根強く残っているという幅広い証拠がある（Brief et al., 2005；性差別に関わる政策問題については本書3章を参照のこと）。職場において人は人種的内集団のメンバーと交流することを好み，それは大学キャンパスにおける住居空間にいる学生や，医療空間における医療従事者と患者について紹介した内容と同様である（William & O'Reilly, 1998）。このことは，指導者と指導を受ける側の関係に加えて，様々なビジネス上の課題を一緒に取り組んでいる同僚についても当てはまる。たとえば，白人の管理職は，白人の部下に比べて，民族的少数派の部下と指導関係を形作らない傾向にある（Thomas, 1993）。こうした格差は，きわめて不幸なものである。というのも，指導関係は昇進やキャリアの可動性にとって重要な資源であるからだ。会社でより高い地位にいる民族的少数派はそう多くはないことを考えると，上位キャリアに移動するうえで必要な指導を，民族的少数派は受けにくいということが言えるだろう。このようにして企業における人種とリーダーシップの役割に関係した地位の現状は強化されることになる。

職場では一般的に内集団メンバーと働くことが好まれることに加えて，労働者は外集団のメンバーへのバイアスを持つ傾向にある。たとえ，その外集団メンバーが，技術など重要な能力において同等であるときでさえも。たとえば，研究者が研究協力者を採用への応募者としてフィールドに送りこむ「監査研究」からは，能力と面接スキルにおいて同等であるアフリカ系アメリカ人と白人の応募者に対する処遇は異なることが明らかになっている（たとえばPager & Western, 2006）。具体的に，アフリカ系アメリカ人の応募者は，白人応募者よりも面接を受けることができず，最終的に採用されない傾向にあった。それだけでなく，民族的少

数派の応募者が白人の応募者と同じように面接を受けたときでさえ，仕事について質問される中で彼らが経験したことは，白人の経験よりもしばしば，より肯定的なものではなかった。それは特に面接する側にとって彼らの民族性が目立ったときであった。この説明のために，Barronら（2011）は，白人と民族的少数派の研究協力者を採用への応募者を装って送りこんだ。応募者を装った協力者たちは異なる店に入り，応募条件について店長に尋ねた。こうした過程で，協力者たちは自らの民族性に言及した帽子（たとえば，黒人学生連合やアジア系アメリカ人学生連合）か，民族性についての情報がない帽子（たとえば，お米の学生連合）をかぶっていた。なお彼ら自身は自分がかぶっている帽子のメッセージを知らない状態にあった。管理職と交流した後，協力者は自分が経験したことを評定し，これとは別の行動観察者がその交流の質を評定した。応募用紙を記入することを許可したり，さらなる検討のために店長が電話をかけたりするなど雇用に関わる公的な行動において，店長は民族的少数派の応募者に対する偏見を持っていなかったことが示された。しかしながら，交流時の店長の行動にはもっと分かりにくい形でバイアスが表れていた。店長は，帽子によって人種が顕現化していた民族的少数派の応募者と交流するとき，同条件の白人よりも時間を費やさず，少ない言葉しか使わなかった。要するに，こうした知見が明らかにしているのは，民族的少数派の応募者が雇用過程の最初の段階から，交流中に異なった扱いを受けており，このことは一企業に職を求めるという彼らの願望を損なうものだということである。

さらに，もし民族的少数派が面接まで進めたとしても，面接の最中にバイアスが作用するため，彼らは良い面接を受けることができず，最終的に採用もされにくいのである。先述のように，人種バイアスは，より構造化されていない状況で，また個人の決定を正当化するために人種以外の説明を用いうるときに最も起きる傾向にある（Brief et al., 2000; Elvira & Zatzick, 2002; Huffcut & Roth, 1998）。このことは，職場では，インタビューがより構造化されていないとき，採用面接時のアジア系アメリカ人やヒスパニック系応募者に対する評価は，白人応募者より好ましいものではなくなることを意味している（Huffcut & Roth, 1998）。たとえば，DovidioとGaertner（2000）は，模擬的に再現された雇用状況において，応募者の能力が明らかに低いか高いとき，白人は，白人の応募者に比べてアフリカ系アメリカ人の応募者に偏見を持っていなかったことを明らかにした。しかしながら，応募者の質が標準的であるようなあいまいな状況において，白人は自らの決定を人種以外の要因（すなわち，技術の欠如）に基づいて正当化することができるため，アフリカ系アメリカ人の候補者に対して偏った態度を示したのである。さらに，Son Hingら（2008）は，標準的なレベルの候補者を雇う際に示される人種バイアスは，人々の潜在的な人種バイアスによって予測できることを明らかにした。このように雇用者は，自分たちのバイアスがいかに少数派の候補者に対する知覚を形成し，最終的に彼らの雇用機会を制限しているかに気づいていないのである。

さらに，人種バイアスは交流の間，しばしば非言語行動を通して**漏洩**し，面接の成功を妨げることがある。Wordら（1974）は，このことを，同じように行動できるよう訓練した白人とアフリカ系アメリカ人に，何も知らない白人の面接官による面接を受けさせることで明らかにした。白人面接官は，インタビューを受けるアフリカ系アメリカ人に対して，同条件の白人より友好的ではない非言語行動を示した。具体的には，白人面接官は，アフリカ系アメリカ人と交流している間，白人より

物理的に距離を置き，あまり質問せず，そして視線を合わせる回数が少なかった。2つ目の研究では，Wordら（1974）は，白人面接官（サクラ）を訓練して，何も知らずに面接を受ける白人に対して友好的な，あるいは非友好的な非言語行動を示せるようにした。結果は，非友好的な非言語行動を示された白人の被面接者は，友好的な非言語行動を示された被面接者に比べて面接中のパフォーマンスが悪いということを明らかにした。このように，アフリカ系アメリカ人の被面接者が受けた友好的ではない扱いとほぼ同じ扱いを受けた白人の被面接者は，面接中のパフォーマンスが悪かった。以上をまとめると，こうした知見は，構造化されていない，あるいは構造化されたインタビュー中の非言語行動における違いが，民族的少数派のキャリアアップに悪影響を及ぼし得るということを示している。

白人雇用者の個人的バイアスは，応募者や従業員と交流しているときの雇用者の行動に影響するのみならず，職場に固有のバイアスは雇用者の行動に影響し，最終的には民族的少数派の仕事上の成功に対して影響を及ぼす。さらに，白人の非言語行動に対する民族的少数派の感受性は，職場における彼らの業績に不利益をもたらすだろう。こうした2つの問題は，職場における民族間交流での行動の模倣に関する最近の研究から示されている（Sanchez-Burks et al., 2007）。**行動の模倣**とは，人々が自らの行動のタイミングや内容を知らずして変化させる過程であり，彼らは相手の行動を真似するようになる（たとえばChartrand & Bargh, 1999）。人々は，自分を真似しない人よりも真似する人といることをより快適に感じて，好きになる傾向があり，さらに彼らは一緒にいて快適だと感じ，好きな人を真似する傾向にある（Chartrand & Bargh, 1999; Lakin & Chartrand, 2003）。人々は自分が行動の模倣に関わっていることにしばしば気

づかない。そして，彼らの相手が自分を真似していると気づいたとき，そのことに気づいていないときより，この相手に対してラポールを見せなくなるのである（Chartrand et al., 2005）。

アメリカの職場では，個人間の関係や感情よりもやるべき課題により注意がいくため，白人アメリカ人は部下の文化的な背景によらず，部下と交流するとき行動の模倣に関わらない傾向があるとSanchez-Burksら（2007）は指摘している。文化的伝統ゆえに，ラテン系の人は白人に比べて，行動の模倣のような関係性の手がかりにより敏感である（Sanchez-Burks et al., 2009）。結果として，行動の模倣に関わらない白人の管理職とラテン系の部下との交流は，同じ白人の管理職と白人の部下との交流よりも肯定的なものではなくなるだろう。この予測を検証するために，Sanchez-Burksら（2007）は，アメリカの『フォーチュン500』[iii]に挙げられている企業に勤めている白人とラテン系の標準的な水準の社員を，本部オフィスの特別室での偽の面接に参加させた。参加者は，白人面接官による面接──意識されにくい方法で参加者の行動を真似る，あるいは真似ない場合のいずれかに割り当てられた。行動を模倣することで，白人ではなくラテン系の人の不安の量が減少した。さらに，行動を模倣することで，専門家によるラテン系の人の行為への評価と同じく，本人の自己報告による行為評価が改善したが，白人の社員ではこうしたことは起こらなかった。したがって，微細な非言語行動（もしくはその欠如）や特にこうした行動への注意（もしくはこうした行動の欠如への注意）は，職場における白人より民族的少数派の評価に大きな影響を持つ可能性があるといえる。こうしたことは非常に不幸なことである。というのも，職場において民族的少数派はしばしば部下の地位にあり，こ

---

iii ［訳者註］フォーチュン誌が年1回発行するリスト。

うした知見は，彼らの白人上司との交流がぎこちなくまとまりのないものとなり，そのことが仕事における彼らの達成を妨げうることを示唆しているからである。

　多様な職場は，社員の個人的・集団的評価を向上させるとともに，創造性も促進する可能性を持っていることを考慮すると（Ely & Thomas, 2001），集団間の調和のある交流への障害物を取り除くようにデザインされた政策は，一企業の成功にとって重要である。いくつかの企業が取り組んでいる1つの政策は，社員の集団間関係を改善するための方法としての多様性訓練である。多くの種類の多様性訓練プログラムがあるが，それらは集団間バイアスを低減し，集団間の交流を改善するといった究極的な目標においていつも成功しているわけではない。ArthurとDoverspike（2005）は，こうしたプログラムが効果的であるために必要とされるもっとも重要な要素をまとめた。具体的には，(a) 訓練はステレオタイプを避けるのではなくステレオタイプをなくすことを強調するものでなければならず，(b) 特定の段階では，社員の肯定的な人種態度を肯定的な行動へと変える方法を彼らに示すことが必要であり，(c) 訓練のために利用可能な時間が十分用意されている必要があり，(d) その訓練は経営陣の是認を受けていなければならず，しかしそれは，社員が政治的に正しくふるまうために用意されたものであってはならない。

　こうした要素に加えて著者らが推奨するのは，多様な背景を持つ社員の間の共通の内集団アイデンティティを強化することに，多様性訓練プログラムの焦点を当てることである。つまり社員は，異なる人種集団の個人としてではなく，もっとも効率的な方法で最良の結果を生み出すために共に働く上位集団（すなわち企業Xの社員）として自分たちのことをみなすよう後押しされる。実際，白人が彼ら自身をアフリカ系アメリカ人のチームメイトとして知覚するよう促されると，アフリカ系アメリカ人と同じ課題に取り組むだけの個人として自身を知覚する場合よりも，自分のパートナーをより肯定的に評価した（Nier et al., 2001）。さらに，多様な他の銀行との併合を経験した銀行の幹部は，共通の集団アイデンティティが作られたとき，さまざまな銀行の執行部員に対してより好ましい態度を持っていた（Dovidio & Gaertner, 2004において引用されているBachman, 1993）。まとめると，多様な背景を持つ社員に共通するアイデンティティを強化する多様性訓練プログラムは，こうした社員間の交流のダイナミクスを改善するだろう。

2.4　結び──集団間ダイナミクスと政策：共通のテーマ

　本章では集団間態度の複雑な性質を記述してきた。その中には，あからさまな差別というよりも知覚困難なバイアスがかかった形でしばしば現れる無意識の偏見が含まれていた。さらに著者らが素描したのは，人種間の交流における特定の課題であった。すなわち，白人とアフリカ系アメリカ人の異なった視点や期待が，ミスコミュニケーション，誤解，そしてしばしば視点の相違を生み出し，これらが集団間の不信感を強めるということである。大学キャンパスの住居空間，医療機関，そして職場という3つのコンテクストにおいて人々は，異人種より同人種の交流を通して肯定的な経験をし，それを好み，内集団のメンバーをひいきするような決定を下し，そして内集団のメンバーに対してより肯定的にふるまうことも著者らは示してきた。しかし，こうした否定的な決定や行動の現れ方は，いつもあからさまなわけではなく，またいつも起きるわけではない。状況が構造化されておらず，そのため人種が原因であるのかどうかが

より曖昧なときに起きるのである。私たちは，人種間バイアスに対処するために各場面で用いられる政策についても議論した。政策と介入は明らかに，特定のコンテクストにおける具体的な問題に合わせて策定される必要がある。大学のルームメイトと医療従事者と患者の交流，そして雇用者の採用決定にとっての集団間バイアスの影響は，著しく異なっている。それにもかかわらず，バイアスのダイナミクスはこうした状況を越えて共通するテーマを有しており，したがって，さまざまな結果を改善するための政策や介入に対して類似の課題を有している。

こうした異なった状況にみられる共通の特徴の1つは，バイアスが知覚困難な方法で行われるということである。つまり，ルームメイト同士のより複雑で潜在的に張りつめた関係，医師と患者の間のより短く効果的ではない交流，そして採用面接でのより低い水準の親密性としてこれらは現れる。こうした状況において，あからさまな差別として捉えられる露骨な行為などはめったに見られない。したがって，差別のあからさまな形態に対応して設計されてきた従来の政策（今日でもなお重要であるが）では，私たちが議論してきたそれぞれの領域の社会問題に影響するであろうバイアスの形態に対処するのに十分ではない。現代における政策上の課題は，集団間の関係性が同人種あるいは同民族集団の関係と同じように肯定的で生産的なものとなり得るよう，そのための方法を促進することにあるのかもしれない。

集団間関係を改善するために政策策定者が用いていた共通する2つの実践がある。それは本章で私たちが検討してきた3つのコンテクストにも当てはまる。1つ目は，集団間接触が生じる機会を確実に作り出すために，それに向けた措置がとられてきたことは明白だということである。このことは，こうした場面において民族的少数派の数が増加することを意味するだけではなく，多様な集団のメンバーが実際にお互いに交流することを確実にすることを意味している。たとえば，ほとんどの大学は，住居空間で人種にもとづいて同集団の学生をまとめることをしてはいけない，という明確な規則を有している。しかしながら，これらの大学はまた，こうした同じ空間に集まる人々を多様化させるために人種が用いられるべきだという暗黙の規則をまた有している。同様に，多くの医療管理者は以下のことを強く推薦している。それは，より多くの民族的少数派の医科大学への入学を許可するだけではなく，民族的少数派が多くいる地域にある病院に勤めるといった，多様な人たちと交流するための訓練に，すべての学生が関わることを医科大学が奨励することである。そして多くの企業やビジネスは，個人に外集団のメンバーと交流することを要求し，彼らの仕事チームが多様であるように計らうと同時に，民族的少数派の従業員の数を増やすことを試みている。Allport (1954)が述べるように，単なる接触では十分ではない。よって，政策策定者は多様な集団への扉を開くという最初の段階を超えて次に進んでいく必要がある。

多様な背景を持つ人々の数を単に増やすことを超える2つ目の段階として，政策策定者が集団間の出会いを改善するために用いてきた実践は，多文化訓練教育プログラムである。このプログラムは，他の文化についての知識と，多様な社会における受け入れを強化するものである。その内容は住居空間に特化したものではないが，多くの大学が学生の新入生オリエンテーションの一部として，多様性についてのセッションに参加することを彼らに求めている。同様にアメリカ医学研究所は，異文化教育を医療訓練の必修科目とすることを推奨している。実際，いくつかの医科大学はこの忠告に従い，多様性訓練クラスを必修としているが，他

の学校はこのクラスを選択科目としてのみカリキュラムに含めている。そして多くの企業や組織も，おそらく経済的な見返りを期待して，従業員に多様性訓練ワークショップを提供している。

多様性訓練という段階は，コミュニティにおける民族的少数派の数を単に増やすことを超えたものであるが，多文化訓練の効果を扱った研究の結果は，いずれにしても一貫していないことに留意することが重要である。こうした研究の多くは，この種の訓練は顕在的人種態度を変化させるのにはよいが，無意識的なバイアスが引き起こす潜在的人種態度や非言語行動を変化させるうえではそれほど効果的ではない可能性を示唆している。本章を通して私たちは，政策策定者がこうした多様性訓練プログラムを発展させるうえで，もっとも有用だと私たちが信じている社会心理学研究の知見に焦点を当ててきた。たとえば，私たちが強調したのは，多様性訓練ワークショップの参加者が集団間バイアスを自ら有している可能性に気づくことの重要性である。加えて私たちが推奨したのは，人種集団が隔てられていることに焦点を当てるかわりに，異なる集団の間で共通のアイデンティティを生み出すことであった。こうしたことは人種間の調和のある交流を促進し，これによって人種バイアスを減らすことが示されてきた。よって，こうした実践を含む政策の取り組みは，アメリカ社会における人種関係を変化させるうえできわめて有用である可能性がある。

結論として，著者らは，文脈によらず政策と介入を導くための3つの基本的な原則を明らかにした。著者らが推奨するすべてのことの基盤を形作るための最初の原則は，集団の境界線を越えた共通の結びつきやアイデンティティを認識するときでさえ，多様性は認識されるべきであるということだ。つまり，白人とアフリカ系アメリカ人の知覚と行為に見られる人種差別がもたらす効果は，決定因としての人種を無視する政策（たとえば，肌の色で人種差別をしない政策）を通してでは対処されないということである。実際，人種の多様性に関する多文化視点は，偏見のない社会という視点よりも，人種バイアスと関連しないことを研究は示している（Richeson & Nussbaum, 2004; Wolsko et al., 2006）。さらに，Plautと同僚は，多文化イデオロギーを支持する白人の同僚と同じ部署で働く人種的少数派のほうが，肌の色で人種差別をしない社会を支持する白人と一緒の部署で働く人種的少数派よりも，より所属部署に対して献身的であることを見出だした（Plaut et al., 2009）。言いかえると，多文化主義の支持は，少数派の従業員の帰属意識や献身とより関連していた。肌の色で人種差別をしないことは予期しない否定的な結果をもたらすかもしれないが，集団メンバーに対する認識は，生物的な概念としての人種を強化するべきではなく，ただ現在のアメリカ社会における社会的現実として人種を捉えることが必要なのである。

著者らの推奨するすべてのことの基盤となる2番目の共通の原則は，政策と介入を効果的なものとするために，政策策定者は，今日の複雑でしばしば知覚困難な性質を持った集団間バイアスを考慮しなければならない，ということである。人種間交流に関する研究を概観する際に述べたように，白人と黒人はしばしば人種間接触状況に対して異なる解釈と反応を示すため，介入は異なる集団のメンバーのニーズに応じて変化させる必要がある。集団間関係とそれによる結果は異なる集団のメンバーによって形作られるため，政策策定者はこうした異なる視点を理解し，集団のメンバーの共通の目的と同じく，それぞれ固有のニーズにも配慮する必要がある。

そして最後に，介入の最終的な目標を達成することを鑑み，政策において長期と短期の効果をともに考慮する必要のあることが3つ目の原則であ

る。たとえば，大学の住居に関する研究は，同じ人種のルームメイト同士の関係よりも，異なる人種のルームメイト同士の関係性のほうがしばしばより張り詰めたものになることを明らかにした。それにもかかわらず，異なる人種のルームメイトを持つことは，キャンパスにおけるより肯定的な集団間態度と関係性を，時間をかけて生み出すことができる。他のコンテクストでは，人種的・民族的に多様な集団は，人種的・民族的に同一の集団よりも社会的緊張をより多く経験するが（Putnam, 2007），同時に，多様な集団は多様な思考を要する複雑な問題を解くのにより適しており（Antonio et al., 2004），さらに問題の分析に関係する広範囲の情報に注意を向けることにより適している（Sommers, 2006）。調和の即時達成を目的とした政策は，それ以外の目的，すなわち，多様性がもたらすより長期的でより望ましい利益の達成を排除することにつながりうる。

原註

1. 人種隔離における集団間バイアスが健康状態に及ぼす影響を検討するために設置された委員会は，「医療の専門家の人種差別やバイアスないし偏見が，（類似の苦情や苦情歴，および徴候を有している医療現場において，この検証を目的として異なる人種ないし民族集団出身の「検査者」がいた監査研究から入手できる限りでは）少数派の患者に対する医療の質に影響するという直接的な証拠は見当たらない」とした（Smedley et al., 2003, p. 176）。しかしながら委員会は，医療従事者側のバイアス，ステレオタイプ，そして偏見は無視できないことを認識していた。
2. データセットを再分析した研究者たちは，Schulmanらの知見は誤りであると指摘した（たとえば，Schwartz et al., 1999）。

引用文献

Allport, G. W. (1954). *The nature of prejudice*. Reading, MA: Addison-Wesley.

Antonio, A. L., Chang, M. J., Hakuta, K., Kinny, D. A., Levin, S., and Milem, J. F. (2004). Effects of racial diversity on complex thinking in college students. *Psychological Science, 15*, 507-510.

Aron, A., Eberhardt, J. L., Davies, K., Wright, S. C., and Bergsicker, H. B. (2007). *A social psychological inter-petition to improve community relations with police: Initial results*. Manuscript in progress.

Aron, A., Melinat, E., Aron, E. N. Vallone, R. D. and Bator, E. (1997). The experimental generation of interpersonal closeness: A procedure and some preliminary findings. *Personality and Social Psychology Bulletin, 23*, 363-377.

Arthur, W., Jr., and Doverspike, D. (2005). Achieving diversity and reducing discrimination in the workplace through human resource management practices: Implications of research and theory for staffing, training, and rewarding performance. In R. L. Dipboye and A. Colella (Eds.), *Discrimination at work* (pp. 305-328). Mahwah, NJ: Lawrence Erlbaum.

Associated Press. (2006, March 12). Officials seek to limit self-segregated dorms at UMass-Amherst. *Boston.com News*. Retrieved from http://www.boston.com/news/education/higher/articles/2006/03/12/officials_seek_to_limit_self segregated_dorms_at_umass_amherst

Barron, L G., Hebl, M., and King, E. B. (2011). Effects of manifest ethnic identification on employment discrimination. *Cultural Diversity and Ethnic Minority Psychology, 17*(1), 23-30.

Betancourt, J. R. (2006). Cultural competence and medical education: Many names, many perspectives, one goal. *Academic Medicine, 81*, 499-501.

Betancourt, J., and Maina, A. (2004). The Institute of Medicine report "Unequal Treatment": Implications for academic health centers. *Mount Sinai Journal of Medicine, 71*(5), 314-321.

Bobo, L. (2001). Racial attitudes and relations at the close of the twentieth century. In N. J. Smelser, W. J. Wilson, and F. M. Mitchell (Eds.), *Racial trends and their consequences* (Vol. 1, pp. 264-307). Washington, DC: National Academy Press.

Bodenhausen, G. V., Todd, A. R., and Becker, A. P. (2007). Categorizing the social world: Affect, motivation, and self-regulation. In B. H. Ross and A. B. Markman (Eds.), *The psychology of learning and motivation* (Vol. 47, pp. 123-155). Amsterdam: Elsevier.

Boulware, L. E., Cooper, L A., Ratner, L. E., LaVeist, T. A., and Powe, N. R. (2003). *Race and trust in the health care system*. Public Health Reports, *118*, 358-365.

Brief, A. P., Butz, R. M., and Deitch, E. A. (2005). Organizations as reflections of their environments: The case of race composition. In R. L. Dipboye and A. Colella (Eds.), *Discrimination at work: The psychological and organizational biases* (pp. 119-148). Mahwah, NJ: Lawrence Erlbaum.

Brief, A. P., Dietz, J., Cohen, R. R., Pugh, S. D., and Vaslow, J. B. (2000). Just doing business: Modem racism and obedience to authority as explanation for employment discrimination.

Organizational Behavior and Human Decision Processes, 81, 72-97.

Burgess, D., van Ryn, M., Dovidio, J. F., and Saha, S. (2007). Reducing racial bias among health care providers: Lessons from social cognitive psychology. *Journal of General Internal Medicine, 22,* 882-887.

Chartrand, T. L., and Bargh, J. (1999). The chameleon effect: The perception-behavior link and social interaction. *Journal of Personality and Social Psychology, 76,* 893-910.

Chartrand, T. L., Maddux, W., and Lakin, J. (2005). Beyond the perception behavior link: The ubiquitous utility and motivational moderators of nonconscious mimicry. In R. Hassim, J. Uleman, and J. Bargh (Eds.), *The new unconscious* (pp. 334-361). New York: Ox- ford University Press.

Chen, F. M., Fryer, G. E., Phillips, R. L, Wilson, E., and Patham, D. E. (2005). Patients' beliefs about racism, preferences for physician race, and satisfaction with care. A*nnals of Family Medicine, 3,*138-143.

Cooper, L. A., Roter, D. L, Johnson, R. L, Ford, D. E., Steinwachs, D. M., and Powe, N. R. (2003). Patient-centered communication, ratings of care, and concordance of patient and physician race. *Annals of Internal Medicine, 139,* 907-915.

Cooper-Patrick, L., Gallo, J. J., Gonzales, J. J., Vu, H. T., Powe, N. R., Nelson, C., and Ford, D. E. (1999). Race, gender, and partnership in the patient-physician relationship. *Journal of the American Medical Association, 282,* 583-589.

Crandall, C. S., and Eshleman, A. (2003). A justification-suppression of the expression and experience of prejudice. *Psychological Bulletin, 129,* 414-446.

Culhane-Pera, K. A., Reif, C., Egli, E., Baker, N. J., and Kassekert, R. (1997). A curriculum for multicultural education in family medicine. *Family Medicine, 29,* 719-723.

Deutsch, M., and Collins, M. E. (1951). *Interracial housing; A psychological evaluation of a social experiment.* Minneapolis, MN: University of Minnesota Press.

Dovidio, J. F. (2001). On the nature of contemporary prejudice: The third wave. *Journal of Social Issues, 57,* 829-849.

Dovidio, J. F., and Gaertner, S. L. (2000). Aversive racism and selection decisions: 1989 and 1999. *Psychological Science, 11,* 319-323.

Dovidio, J. F., and Gaertner, S. L. (2004). Aversive racism. In M. Zanna (Ed.), *Advances in experimental social psychology* (Vol. 36, pp. 1-52). San Diego, CA: Elsevier Academic Press.

Dovidio, J. F., Kawakami, K., and Beach, K. (2001). Implicit and explicit attitudes: Examination of the relationship between measures of intergroup bias. In R. Brown and S. L. Gaertner (Eds.), *Blackwell handbook of social psychology*: Intergroup relations (Vol. 4, pp. 175-197). Oxford, UK: Blackwell.

Dovidio, J. F., Kawakami, K, and Gaertner, S. L. (2000). Reducing contemporary prejudice: Combating explicit and implicit bias at the individual and intergroup level. In S. Oskamp (Ed.), *Reducing prejudice and discrimination* (pp. 137-163). Mahwah, NJ: Lawrence Erlbaum.

Dovidio, J. F., Kawakami, K, and Gaertner, S. L. (2002). Implicit and explicit prejudice and interracial interaction. *Journal of Personality and Social Psychology, 82,* 62-68.

Dovidio, J. F., Penner, L. A., Albrecth, T. L., Norton, W. E., Gaertner, S. L., and Shelton, J. N. (2008). Disparities and distrust: The implications of psychological processes for understanding racial disparities in health and health care. *Social Science and Medicine, 67,* 478-486.

Dunton, B. C., and Fazio, R. H. (1997). An individual difference measure of motivation to control prejudiced reactions. *Personality and Social Psychology Bulletin, 23,* 316-326.

Elvira, M. M., and Zatzick, C. D. (2002). Who's displaced first? The role of race in layoff decisions. *Industrial Relations, 41,* 69-85.

Ely, R, and Thomas, D. (2001). Cultural diversity at work: The effects of diversity perspectives on work group processes and outcomes. *Administrative Science Quarterly, 46,* 229-274.

Epstein, R. A. (2005). Disparities and discrimination in health care coverage: A critique of the Institute of Medicine study. *Perspectives in Biology and Medicine, 48,* S26-S41.

Fazio, R. H. (1990). A practical guide to the use of response latency in social psychological research. In C. Hendrick and M. Clark (Eds.), *Research methods in personality and social psychology* (pp. 74-97). Thousand Oaks, CA: Sage Publications.

Ferguson, W. J., and Candib, L. M. (2002). Culture, language, and the doctor-patient relationship. *Family Medicine, 34,* 353-361.

Forman, T. A. (2003). The social psychological costs of racial segmentation in the workplace: A study of African Americans' well-being. *Journal of Health and Social Behavior, 44,* 332-352.

Gaertner, J. F. and Dovidio, S. L. (1986). Prejudice, discrimination, and racism: Historical trends and contemporary approaches. In S. Gaertner and J. Dovidio (Eds.), *Prejudice, discrimination, and racism* (pp. 1-34). San Diego, CA: Academic Press.

Gaertner, J. F. and Dovidio, S. L. (2000). Reducing intergroup bias: The common ingroup identity model. *Reducing intergroup bias: The common ingroup identity model.* New York: Psychology Press.

Gordon, H. S., Street, R.. L., Sharf, B. F., and Soucheck, J. (2006). Racial differences in doctors' information-giving and patients' participation. *Cancer, 107,* 1313-1320.

Green, A. R., Carney, D. R., Pallin, D. J., Ngo, L. H., Raymond, K. L., Iezzoni, L. I., and Banaji, M. R. (2007). The presence of implicit bias in physicians and its predictions of thrombolysis decisions for Black and White patients. *Journal of General Internal Medicine, 22,* 1231-1238.

Halbert, C. H., Armstrong, K., Gandy, O. H., and Shaker, L. (2006). Racial differences in trust in health care providers. *Archives of Internal Medicine, 166,* 896-901.

Hall, J. A., Roter, D. L., and Katz, N. R. (1988). Meta-analysis of correlates of provider behavior in medical encounters. *Medical Care, 26,* 657-675.

Hebl, M. R., and Dovidio, J. F. (2005). Promoting the "social" in the examination of social stigmas. *Personality and Social Psychology Review, 9,* 156-182.

Hebl, M. R., and King, E. (2007). *Reducing interpersonal discrimination.* Paper presented at the Small Group Meeting: Social Stigma and Social Disadvantage. Leiden University, the Netherlands.

Hooper, E. M., Comstock, L. M., Goodwin, J. M., and Goodwin, J. S. (1982). Patient characteristics that influence physician behavior. *Medical Care, 20,* 630-638.

Huffcut, A. I., and Roth, P. L. (1998). Racial group differences in employment interview evaluations. *Journal of Applied Psychology, 83,* 179-189.

Ickes, W. (1984). Compositions in Black and White: Determinants of interaction in interracial dyads. *Journal of Personality and Social Psychology, 47,* 330-341.

Johnson, R. L., Roter, D. L., Powe, N. R., and Cooper, L. A. (2004). Patient race/ethnicity and quality of patient-physician communication during medical visits. *American Journal of Public Health, 94,* 2084-2090.

Johnston, M. A. (1992). A model program to address insensitive behaviors toward medical students. *Academic Medicine, 67,*236-

237.

Kawakami, K., Dovidio, J. F., Moll, J., Hermsen, S., and Russin, A. (2000). Just say no (to stereotyping): Effect of training in the negation of stereotypic associations on stereotype activation. *Journal of Personality and Social Psychology, 78,* 871-888.

Lakin, J. L., and Chartrand, T. L. (2003). Using nonconscious behavioral mimicry to create affiliation and rapport. *Psychological Science, 14,* 334-340.

Livingston, R. W. (2002). The role of perceived negativity in the moderation of African Americans' implicit and explicit racial attitudes. Journal of Experimental *Social Psychology, 38*(4), 405-413. doi:10.1016/S0022-1031(02)00002-1

Lurie, N., Fremont, A., Jain, A. K., Taylor, S. L., McLaughlin, R., Peterson, E., et al. (2005). Racial and ethnic disparities in care: The perspectives of cardiologists. *Circulation,* 111, 1264-1269.

Majumdar, B., Keystone, J. S., and Cuttress, L. A., (1999). Cultural sensitivity training among foreign medical graduates. *Medical Education, 33,*177-184.

Majumdar, B., Browne, G., Roberts, J., and Carpio, B. (2004). Effects of cultural sensitivity training on health care provider attitudes and patient outcomes. *Journal of Nursing Scholarship, 36,* 161-166.

Martin, W. E. (1998). *Brown v. Board of Education: A brief history with documents.* New York: Bedford, St. Martin's Press.

Monteith, M. J., and Mark, A. Y. (2005). Changing one's prejudiced ways: Awareness, affect, and self-regulation. *European Review of Social Psychology, 16,* 113-154.

Nier, J. A., Gaertner, S. L., Dovidio, J. F., Banker, B. S., and Ward, C. M. (2001). Changing interracial evaluations and behavior: The effects of common group identity. *Group Processes and Intergroup Relations, 4,* 299-316.

Olson, M. A., and Fazio, R. H. (2004). Trait inferences as a function of automatically activated racial attitudes and motivation to control prejudiced reactions. *Basic and Applied Social Psychology, 26,* 1-11.

Page-Gould, E., Mendoza-Denton, R., and Tropp, L. R. (2008). With a little help from my cross-group friend: Reducing anxiety in intergroup contexts through cross-group friendship. *Journal of Personality and Social Psychology, 95,* 1080-1094.

Pager, D., and Western, B. (2006). *Race At work: Realities of race and criminal record in the New York City job market.* Report prepared for the 50th Anniversary of the New York City Commission on Human Rights.

Penner, L. A., Albrecht, T. L., Coleman, D. K., and Norton, W. E. (2007). Interpersonal perspectives on Black-White health disparities: Social policy implications. *Social Issues and Policy Review, 1,* 63-98.

Penner, L. A., Dailey, R. K., Markova, T., Porcelli, J. H., Dovidio, J. F., and Gaertner, S. L. (2009a, February). *Using the common ingroup identity model to increase trust and commonality in racially discordant medical interactions.* Poster presented at the Annual Meeting of the Society for Personality and Social Psychology, Tampa, FL.

Penner, L. A., Dovidio, J. F., Edmondson, D., Dailey, R.. K., Markova, T., Albrecht, T. L., and Gaertner, S. L. (2009b). The experience of discrimination and Black-White health disparities in medical care. *Journal of Black Psychology, 35*(2), 180-203.

Pettigrew, T. F. (1997). Generalized intergroup contact effects on prejudice. *Personality and Social Psychology Bulletin, 23,* 173-185.

Pettigrew, T., and Tropp, L. (2006). A meta-analytic test of intergroup contact theory. *Journal of Personality and Social Psychology, 90,* 751-783.

Pettigrew, T., and Tropp, L. (2008). How does intergroup contact reduce prejudice? Meta-analytic tests of three mediators. *European Journal of Social Psychology, 38,* 922-934.

Phelps, R. E., Altschul, D. B., Wisenbaker, J. M., Day, J. F., Cooper, D., and Potter, C. G. (1998). Roommate satisfaction and ethnic identity in mixed-race and White university roommate dyads. *Journal of College Student Development, 39,* 194-203.

Phelps, R. E., Potter, C. G., Slavich, R., Day, J. F. and Polovin, L. B. (1996).Roommate satisfaction and ethnic pride in same-race and mixed-race university roommate pairs. *Journal of College Student Development, 37,* 377-388.

Plant, E. A., and Devine, P. G. (2001). Responses to other-imposed pro-Black pressure: Acceptance or backlash? *Journal of Experimental Social Psychology, 37,*486-501.

Plant, E. A., and Devine, P. G. (2003). The antecedents and implications of interracial anxiety. *Personality and Social Psychology Bulletin, 29,* 790-801.

Plaut, V. C., Thomas, K. M., and Goren, M. J. (2009). Is multiculturalism or color blindness better for minorities? *Psychological Science, 20*(4), 444-446. doi:10.1111/j.1467-9280.2009.02318.x

Purdie-Vaughns, V., Steele, C. M., Davies, P. G., Ditlmann, R., and Crosby, J. K (2008). Social identity contingencies: How diversity cues signal threat and safety for African Americans in mainstream institutions. *Journal of Personality and Social Psychology, 94,* 615-630.

Putnam, R.. D. (2007). E Pluribus Unum: Diversity and community in the twenty-first century, The 2006 Johan Skytte Prize Lecture. *Scandinavian Political Studies, 30,* 137-174.

Rathore, S. S., Lenert, L A., Weinfurt, K. P., Tinoco, A., Taleghani, C. K, Harless, W, and Schulman, K. A. (2000). The effects of patient sex and race on medical students' ratings of quality of life. *American Journal of Medicine, 108,* 561-566.

Reis, H. T., and Shaver, P. (1988). Intimacy as an interpersonal process. In S. Duck (Ed.), *Handbook of personal relationships* (Vol. 24, pp. 367-389). New York: John Wiley and Sons.

Richeson, J. A., and Nussbaum, R. J. (2004). The impact of multiculturalism versus color-blindness on racial bias. *Journal of Experimental Social Psychology, 40,* 417-423.

Richeson, J. A., and Shelton, J. N. (2007). Negotiating interracial interactions: Costs, consequences, and possibilities. Current Directions in *Psychological Science, 16,* 316-320.

Saha, S., Komaromy, M., Koepsell, T. D., and Bindman, A. B. (1999). Patient-physician racial concordance and the perceived quality and use of health care. *Archives of Internal Medicine, 159,* 997-1004.

Salvatore, J., and Shelton, J. N. (2007). Cognitive costs to exposure to racial prejudice. *Psychological Science,* 18, 810-815.

Sanchez-Burks, J., Bartel, C. A., and Blount, S. (2009). Performance in intercultural interactions at work: Cross-cultural differences in response to behavioral mirroring. *Journal of Applied Psychology, 94*(1), 216-223. doi:10.1037/a0012829

Sanchez-Burks, J., Blount, S., and Bartel, C. A. (2007). Fluidity and performance in intercultural workplace interactions: The role of behavioral mirroring and relational attunement. Working Paper No. 1039. University of Michigan.

Schulman, K. A., Berlin, J. A., Hatless, W., Kerner, J. F., Sistrunk, S., Gersh, B. J., et al. (1999). The effect of race and sex on physicians' recommendations for cardiac catheterization. *New England Journal of Medicine, 340,* 618-626.

Schwartz, L. M., Woloshin, S., and Welch, H. G. (1999). Misunderstandings about the effects of race and sex on physicians'

Shapiro, J., and Saltzer, E. (1981). Cross-cultural aspects of physician-patient communication patterns. *Urban Health*, *10*, 10-15.

Shelton, J. N., and Richeson, J. A. (2005). Intergroup contact and pluralistic ignorance. *Journal of Personality and Social Psychology*, *88*, 91-107.

Shelton, J. N., and Richeson, J. A. (2006). Ethnic minorities' racial attitudes and contact experiences with White people. *Cultural Diversity and Ethnic Minority Psychology*, *12*, 149-164.

Shelton, J. N., Richeson, J. A., and Salvatore, J. (2005). Expecting to be the target of prejudice: Implications for interethnic interactions. *Personality and Social Psychology Bulletin*, *31*(9), 1189-1202. doi:10.1177/0146167205274894

Shook, N. J., and Fazio, R. H. (2008). Roommate relation-ships: A comparison of interracial and same-race living situations. *Group Processes and Intergroup Relations*, *11*, 425-437.

Sidanius, J., Henry, P. J., Pratto, F., and Levin, S. (2004). Arab attributions for the attack on America: The case of Lebanese sub-elites. *Journal of Cross-Cultural Psychology*, *34*, 403-415.

Sidanius, J., and Pratto, F. (1999). *Social dominance: An intergroup theory of social hierarchy and oppression*. New York: Cambridge University Press.

Sidanius, J., Van Laar, C., Levin, S., and Sinclair, S. (2004). Ethnic enclaves and the dynamics of social identity on the college campus: The good, the bad, and the ugly. *Journal of Personality and Social Psychology*, *87*, 96-110.

Sleath, B., Rubin, R. H., and Arrey-Wastavino, A. (2000). Physician expression of empathy and positiveness to Hispanic and non-Hispanic white patients during medical encounters. *Family Medicine*, *32*, 91-96.

Smedley, B. D., Stith, A. Y., and Nelson, A. R. (Eds.) (2003). *Unequal treatment: Confronting racial and ethnic disparities in health care*. Washington, DC: National Academies Press.

Sommers, S. R. (2006). On racial diversity and group decision making: Identifying multiple effects of racial composition on jury deliberations. *Journal of Personality and Social Psychology*, *90*, 597-612.

Son Hing, L. S., Chung-Yan, G., Hamilton, L., and Zanna, M. (2008). A two-dimensional model that employs explicit and implicit attitudes to characterize prejudice. *Journal of Personality and Social Psychology*, *94*, 971-987.

Stewart, M. A. (1995). Effective physician-patient communication and health outcomes: A review. *Canadian Medical Association Journal*, *152*, 1423-1433.

Thomas, D. A. (1993). Racial dynamics in cross-race developmental relationships. *Administrative Science Quarterly*, *38*, 169-194.

Towles-Schwen, T., and Fazio, R. H. (2003). Choosing social situations: The relation between automatically-activated racial attitudes and anticipated comfort interacting with African Americans. *Personality and Social Psychology Bulletin*, *29*, 170-182.

Towles-Schwen, T., and Fazio, R. H. (2006). Automatically activated racial attitudes as predictors of the success of interracial roommate relationships. *Journal of Experimental Social Psychology*, *42*, 698-705.

Trail, T., Shelton, J. N., and West, T. (2009). Interracial roommate relationships: Negotiating daily interactions. *Personality and Social Psychology Bulletin*, *35*(6), 671-684.

Tropp, L. R., and Pettigrew, T. F. (2005). Relationships between intergroup contact and prejudice among minority and majority status groups. *Psychological Science*, *16*(12), 951-957. doi:10.1111/j.1467-9280.2005.01643.x

Turner, J. C., Hogg, M. A., Oakes, P. J., Reicher, S. D., and Wetherell, M. S. (1987). *Rediscovering the social group: A self-categorization theory*. Cambridge, MA: Basil Blackwell.

Van Laar, C., Levin, S., Sinclair, S., and Sidanius, J. (2005) The effect of university roommate contact on ethnic attitudes and behavior. *Journal of Experimental Social Psychology*, *41*, 329-345.

van Ryn, M., Burgess, D., Malat, J., and Griffin, J. (2006). Physicians' perception of patients' social and behavioral characteristics and race disparities in treatment recommendations for men with coronary artery disease. *American Journal of Public Health*, *96*, 351-357.

van Ryn, M., and Burke, J. (2000). The effect of patient race and socio-economic status on physicians' perceptions of patients. *Social Science and Medicine*, *50*, 813-828.

van Ryn, M., and Fu, S. S. (2003). Paved with good intentions: Do public health and human service providers contribute to racial/ethnic disparities in health? *American Journal of Public Health*, *93*, 248-255.

Welch, M. (1998). Required curricula in diversity and cross-cultural medicine: The time is now. *Journal of the American Medical Women's Association*, *53*, 121-123.

West, T. V., Pearson, A. R., Dovidio, J. F., Shelton, J. N., and Trail, T. E. (2009). *The power of one: Strength of common identity predicts intergroup roommate friendship*. Manuscript submitted for publication.

West, T. V., Shelton, J. N., and Trail, T. E. (2009). Relational anxiety in interracial interactions. *Psychological Science*, *20*(3), 289 -292. doi:10.1111/j.1467-9280.2009.02289.x

Williams, K. Y., and O'Reilly, C. A. (1998). Demography and diversity in organizations: A review of 40 years of research. In B. Staw and R. Sutton (Eds.) *Research in Organizational Behavior*, *20*, 77-140. Greenwich, CT: JAI Press.

Wilner, D. M., Walldey, R. P., and Cook, S. W. (1955). *Human relations in interracial housing*. Minneapolis, MN: University of Minnesota Press.

Wolsko, C., Park, B., and Judd, C. M. (2006). Considering the tower of Babel: Correlates of assimilation and multiculturalism among ethnic minority and majority groups in the United States. *Social Justice Research*, *19*, 277-306.

Word, C.O., Zanna, M. P., and Cooper, J. (1974). The nonverbal mediation of self-fulfilling prophecies in interracial interaction. *Journal of Experimental Social Psychology*, *10*, 109-120.

3章　吟味されにくい差別に対する政策的含意──雇用におけるジェンダー・バイアスの事例研究

SUSAN T. FISKE

LINDA H. KRIEGER

　1964年の公民権法の第7編が議会を通過して40年以上経つが，同法や同じような法律がアメリカの労働市場における差別の低減に有効な手段であるのかについては，いまだに経済学者と法学者が議論しているところである。新古典主義の経済学の原理と視点の中には，そのような規制はすべて効果がないだけでなく逆効果でさえあり，市場の力を用いる手段こそがより効果的に差別を撲滅しうるという主張がある（Cooter, 1994; Epstein, 1995; Posner, 1987, 1989）。この見方とは逆に，市場の力だけでは，労働市場からすべての形式の差別を取り除くことはできないため，この課題には少なくともいくつかの法規制による介入が必要不可欠だという主張もある（Donohue, 1986, 1987, 1989; Sunstein, 1991）。

　性差別に関する法および政策についての多くの議論の裏側には，合理的行為者という前提がある。著者らは，新しい行動学研究や神経科学研究を用いたり，性差別現象を事例研究として用いたりすることで，合理的行為者が前提となっていることに異議を唱える仕事を積み重ねている（Charny & Gulati, 1998; Kang, 2005; Krieger, 1995, 1998; Krieger & Fiske, 2006）。雇用の意思決定者（ここでは**経営者や管理職**と置き換えられる）は，いつも合理的に行動できるとは限らない。なぜなら，機会均等という規範を意識的に支持していたとしても，後に説明するような巧妙で，吟味されにくい形式のジェンダー・バイアスがあることで，意思決定に関わる情報を正確に知覚すること，あるいはその情報を雇用の意思決定に適切に用いることが妨げられるかもしれないからである。つまり，経営者や管理職の人たちは機会均等を支持する考えをはっきりと表明しているかもしれないが，それにもかかわらず，吟味されにくい偏見が彼／彼女らの決定を狂わせるかもしれない。さらに，雇用の意思決定を行うとき，多くの場合において，経営者や管理職の人たちの行動を促すインセンティブのほうが，従来行われてきたことの効用を最大化するよりも上回る（McAdams, 1995）。従来行われてきたことが，理論的には雇用の意思決定から差別を締め出すように機能すると考えられるとしてもである。

3.1　現代的な巧妙なバイアス

　Blau ら（2006）による書籍 *The Declining Significance of Gender?*（『ジェンダーの重要性は失われつつあるのか？』）では，ジェンダー差別に対しての楽観的な筋書きと悲観的な筋書きの対比が行われている。楽観的な筋書きに関しては，いまある進歩はさらなる進歩を導くこと，平等主義の価値観が広まること，反差別の法律の制定が効果的であること，諸組織がますます女性に友好的になること，経済の成長部門において女性が大きな比率を占めていること，が指摘されている。過去一世紀の間に，女

---

i　［訳者註］Title VII of the Civil Rights Act of 1964。人種，皮膚の色，宗教，性，出身国などに基づくいかなる雇用に関する差別も違法であることを規定した法律。セクション701〜718から成る。

性は実に大きな歩みを進めてきた。職業の世界（著者らのここでの主題）に焦点を当てると，2006年にはアメリカの労働力の46％を女性が占めていた（U.S. Bureau of Labor Statistics, 2006）。そして，年間2万5000～3万5000ドルの収入がある人々における男女の割合は，半分ずつであった（Sailer et al., 2002）。上層階級の女性にとって，教育，所得，名誉ある職業，より平等な結婚，育児はさらに身近なものとなっている（Massey, 2007）。規範は劇的に変わりつつあり，それとともに男性と女性への期待は変わってきている。女性がフルタイムで働くほど，女性はより主体的に見られる（Dickman & Eagly, 2000）。なぜなら，ジェンダーステレオタイプはそれぞれの社会的役割に就く男女の分布に影響を与えるからである（Eagly & Steffen, 1984; Hoffman & Hurst, 1990）。この見方で考えると，時代が変わればステレオタイプは変わり，結果として差別も変わっていくだろう。

しかし，悲観的見方も少なくとも同じくらい説得的である（Blau et al., 2006; Rudman & Glick, 2008）。大衆向けのメディアは，仕事から身を引いた女性についての逸話を語る（Belkin, 2003, 2005; Faludi, 1991; Story, 2005）。その他の悲観的な説明では，女性が男性中心的な仕事へと移っているなかで，男性が女性中心的な仕事へ流れ込むというその逆の移動はあまりないことが伝えられている。このことは，平等が行き詰まっていることを示している。女性は職業的に差別されており，職業におけるジェンダー差をなくすためには，男性と女性の半数が仕事を変えなくてはいけないだろう（Massey, 2007）。職業における男女の不均等な分布は，ジェンダーによる収入差の約4分の3を説明する。さらに，女性はますます家庭の外で仕事をするようになっているけれども，それらの時間は男性の家事への関与によって完全には相殺されていない。そして，機会均等を形式的に守ることは，男女が機会を平等に生かせるということを必ずしも保証しない。

たしかに，前段落で述べた諸事実は悲観的見方を裏付けている。男女は同程度の割合で雇用されているけれども，それぞれの職業キャリアへ進む以前では，大卒女性の初任給は男性のそれより低い（約8割）（American Association of University Women［AAUW］, 2007）。そして，彼ら／彼女らが職業キャリアの階段を上るほど，男女の給与格差はさらに大きくなる。大学卒業後10年経ったときの女性の給与は，男性のそれの69％である。労働時間と職業，親になっているかどうか，に加えて他に関連する要因を統制して計算をしても，もともとの差の4分の1が残っていることを見て取ることができる。全般的に見れば，女性の給与は男性の給与の約80％であり（Leonhardt, 2006），高地位にある職では給与の差はさらに拡がる。経営者や管理職に就いている3万人の人たちの間では，より高地位になるにつれて，昇給と昇格は男性に有利になっていた（Lyness & Judiesch, 1999）。年収100万ドル以上の層では，男女の比率が13対1であった（Sailer et al., 2002）。『フォーチュン500』に名を連ねる企業においては，女性はCEO（最高経営責任者）のたった1％，部長級ではたった5％であった（Catalyst, 2002）。男女の収入差は，調査対象となった産業の70％において広がり続けている（U. S. General Accounting Office, 2001）。女性は，経営層と高地位の職において存在が小さく（Reskin & Ross, 1992），たとえその層にたどりついたとしても，その所得は同層の男性に比べると少ない（Babcock & Laschever, 2003; Reskin & Padavic, 2002; Roose & Gatta, 1999）。地位が高くなるにつれて，男女の収入差は大きくなる（Massey, 2007）。私たちは，ジェンダー格差のどの程度が，ジェンダー・バイアスによってもたらされているのか知らない。なぜなら，給与や昇進におけるジェンダー差についての

調査は関連する要因を統計的に統制しているけれども，これらは相関のデータだからである。この方法を用いて，アメリカ大学女性協会（AAUW, 2007）は，収入差の4分の1が差別によるものであると見積もっている。

さらに，外的要因を統制した実験的状況においてもジェンダー・バイアスが起こるという因果関係を示す根拠もある。たとえば，Goldberg（1968）のパラダイム[ii]として知られている技術を用いた場合には，男性と女性が同じエッセイや履歴書を示したとき，あるいは同じ台本に従って面接を行ったときであっても，男性の応募者が女性の応募者よりも好まれることが示されている（Eagly & Karau, 2002）。雇用についての監査研究（公募された職に同等の候補者が応募するフィールド実験）のレビューでは，人口統計に関する結果と同様の結論が得られた（Riach & Rich, 2002）。より高地位の職については，男性中心的な領域がそうであるように，いつも女性が差別されていた。女性中心的領域においても男性が差別されていたが，これらの職については女性のほうが得られる収入がより低く，その地位（得られる名声や評判）も低かった。

自己報告に基づく研究でもこの結果は支持されている。成人の労働者については，女性では22%の白人女性が差別を受けたと報告しているが，男性においては差別を受けたと報告したのは白人男性のたったの3%であった（Gallup Organization, 2005）。ジェンダー差別は，雇用に関する差別のなかで最も多く報告されている形式のものであり（インタビュー参加者における26%が報告），人種と民族による差別を上回っている。そして，ジェンダー差別の中でも，昇進（33%）と給与（29%）がその多くを占める。要するに，ジェンダー差別はまだ終わっていないのである。

男女間の不平等が継続していることに対して，私たちはどのような説明をすることができるだろうか。答えは，継続的に存在するバイアスの巧妙さにあるかもしれない。これについて，楽観論者と悲観論者の両方が議論をしている。女性にとって物事は良い方向に向かっているけれども，新たに認識された形式の巧妙なバイアスの特徴が明らかになりつつある。このことはジェンダー・バイアスが頑健に持続する理由を説明するうえで役立つ。偏見の表明をめぐる諸規範は，人種に対しては確実に，そしてジェンダーに対しても少なからず変わってきている。たとえば，40年近く前に作成された性差別尺度（Spence & Helmreich, 1972）は事実上，今は使えないものとなっている。なぜなら，最もあからさまな偏見を持った考えを支持する人はほとんどいないからである（Glick & Fiske, 1996）。あからさまな性差別は，公の場面での受動喫煙と同じくらい，めずらしいものとなっている。

人々があからさまな偏見を示さなくなってきたように，偏見の表明に対する諸規範が変わるにつれて，巧妙な形式の偏見を測定する技術がより洗練されてきた。そしてそれは心理学者に，あまり吟味されない形式のジェンダー・バイアスがいかに持続するかを示すことにつながった。ここでは，著者らはジェンダー・バイアスがどのようなものであるかを示し，次に一般に理解されているよりも自動的で，曖昧で，両面価値的であることを示す。これらの過程はすべて，他の保護されてきたカテゴリー，特に人種に関する偏見やバイアスにも同様に当てはまる（後に述べるようにいくつか異なる部分はある）。本節は，これらの過程にわたる動機づけられたコントロールについての考察で締めくくる。

巧妙な形式のバイアスは，重要な問題である。そ

---

ii ［訳者註］女性は男性と比して不利益を被っているかを検討する研究手法。たとえば，書き手の性別以外は同一の情報を持った文章が実験参加者に渡され，評価される。結果は本文に記述の通りである。

れは主として，組織での雇用と昇進は，より簡単にステレオタイプ的推論の犠牲になりやすいという，経営者や管理職の人たちの主観的な判断に依拠しているからである（Heilman & Haynes, 2008）。たとえ諸組織が形式的基準を用いていたとしても，ステレオタイプは一見して客観的な基準にも影響を及ぼしうる，ということが分かるだろう。吟味されにくいバイアスはすべて，後で示すような体系的な介入がなければ，いとも簡単に職場の判断を損なう。

3.1.1 自動的なステレオタイプ化

　経営者や管理職の人たちは，ジェンダーに左右されずにはいられない。ジェンダーは，すべての出会いの瞬間からの諸反応を形づくる。神経系の根拠に基づく研究結果によれば，人々はほんの一瞬のうちに他者のジェンダーを同定する（たとえば，Ito & Urland, 2003）。そして，その次の一瞬でジェンダーに関連した連合が引き出される。これらの自動的な，しばしば無意識の連合は，ステレオタイプを含む認知的信念や，情動的偏見を含む感情的反応，差別を含む行動上の傾向をもたらす。相対的に自動的なバイアスは，後で見るように，同じジェンダー内のカテゴリーの混同，接近可能なジェンダー・バイアスのプライミング，ジェンダーに関連した潜在的な連合，そして，認知的負荷下におけるジェンダーカテゴリーの適用という結果をもたらす（レビューについては，Fiske & Taylor, 2008; Fazio & Olson, 2003を参照）。

a. カテゴリーの混同

　人々は，いちはやくそれぞれの相手のジェンダーを同定した後，そのカテゴリーを，その人々を分類し，それに続く情報に札（タグ）をつけることに用いる。結果として，人々は同じカテゴリーに入る他の人々を混同しがちであり，どの女性（あるいは，どの黒人女性，どの年配の女性）が提案をしてくれたかを忘れる。誰が何を言ったかを回答する実験では，自発的記憶の誤りは，異なるカテゴリーの人々同士よりも，同じカテゴリーの人々を混同させることのほうが多い（Taylor et al., 1978）。少なくとも20の研究が，人種や年齢，性志向，態度，魅力，肌の色合い，関係の種類と同様に，同じジェンダーカテゴリーにおける混同を示してきた（たとえば，Maddox & Chase, 2004; Maddox & Gray, 2002; レビューについては，Fiske, 1998, pp. 371-372; Klauer & Wegener, 1998）。これらの記憶の誤りは，明白な意図や努力，コントロールなしに起こり，比較的自動的に起こるものである。

　これらの混同は無害というわけではなく，ジェンダーに基づくステレオタイプ化を助長する（Taylor et al., 1978）。つまり，行動にジェンダーの札をつけられた場合には，その行動に対する解釈は，いずれのジェンダーの札をつけられたかによって変わる。女性として札をつけられたときには，温かい行動は母親らしいものとされ，男性として札をつけられたときには，社交に長けた人だと認識される。男性として札をつけられた場合には，積極的な行動は，主張的だと捉えられるかもしれないが，女性として札をつけられた場合には，意地の悪いものと捉えられるかもしれない。これらのステレオタイプ的な解釈とカテゴリーに制約された連合は，表面化することなく作用する。カテゴリーの混同はそれ自体，あまりに意識的なことかもしれないが，それは巧妙である。第一に，その理由は人々が典型的に，女性は女性，男性は男性としていっしょくたに考えていることに自覚的でないからである。

　第二に，カテゴリーに基づいた混同の巧妙な害は，特に男性中心の職場で起こる。もし経営者や管理職の人たちが女性たちを見分けるのに失敗したとき，それは，彼女らが置き換え可能であり，識

別する価値がない個々人だというメッセージを送ることになる。もし男性が置き換え可能と見えるなら，それは単に，彼らが文脈的にデフォルトの集団であることを伝えるだけである[iii]。1つのジェンダーの割合が増加すると，全体としてその集団は，そのジェンダーに従ってステレオタイプの型にはめられる（Taylor et al., 1978）（この場合は，男性性に当てはめられる）。女性中心の職場の高地位者に比べて，平均的な男性中心の職場の高地位者がある女性を他の女性と混同することは，彼女たちが自分たちのことをより良い将来展望を持つ存在だと見なすことを揺るがすことになる。しかし，その過程は巧妙であるため，同定することはある意味で難しい。

第三に，人々は，自分たちが行う解釈にカテゴリーが影響していることに自覚的ではない。カテゴリーの混同とその結果として起こるステレオタイプは，働く女性に不利益を与える。なぜなら，デフォルトとしての女性は親切な人ではあるが有能ではなく，それゆえ特に高い地位での雇用には不適格な人というステレオタイプの型にはめられるからである。そして，その専門家としての女性のサブタイプは，有能ではあるが冷たい人，というステレオタイプの型にはまったものであり（Glick et al., 1997），第一著者が関連する差別の事例において検討しているように，それは昇進には有利に作用しない（Fiske et al., 1991; Hopkins v. Price Waterhouse, 1985）。カテゴリーの混同が男性を男性的という型にはめる原因となった場合でさえ，男性に向けられたステレオタイプは，経営者や管理職のような高地位の仕事にぴったりと適合するものである（Heilman, 1983）。そのため，ジェンダーについてのステレオタイプは，同等の位置にいる男性の昇進に対してよりも，女性のそれに大きな損害をもたらす。カテゴリーの混同と，そこに内在しているカテゴリーによって分類する考え方の過程は，巧妙であるが，仕事において害をもたらす自動的なバイアスを映し出している。

b. 接近可能性

もう1つの形式の自動的バイアスは，人々がプライミングされたときに起こる。プライミングとは，ある事物に接することによって，その事物と連合する事物の記憶への接近可能性が高まる現象であり[iv]，先立って接していた事物をプライムと呼ぶ。プライムそのものが心に入り込むのが意識的であるか無意識的であるかにかかわらず，このプライミングの過程は自覚なく起こる。そのためこの過程は，ジェンダー・バイアスが気づかぬうちに作用する別の道筋であり，その過程ではステレオタイプ的な役割がプライミングされる。たとえば，女性的な言葉遣いは，職場において女性の不利益になるような，彼女らの特性についてのステレオタイプ的な解釈をプライミングしうる。上述の通り，ステレオタイプ的に女性的な属性は，出世への将来展望がある仕事において不利益なものとみなされる。

プライミング効果は，特定のジェンダーと職業との連合の接近可能性を通して起こる（McConnell & Fazio, 1996）。つまり，よく議長（congressman）やビジネスマン（businessman）につけられる接尾辞の –man は，その仕事に最も適切なジェンダーを導き出す推論に影響する。中立的とされる接尾辞の –person は，実際には，女性ステレオタイプへの接近可能性を高める。男性性あるいは女性性という属性への接近可能性の高まりは，部分的には，職業の肩書きについている接尾辞（知事を示

---

iii ［訳者註］つまり男性であれば皆その職場の仕事を担える。

iv ［訳者註］言い換えれば，連合する事物の記憶が想起されやすくなる。

す州知事（governor）と女性知事（governess）を考えてみてほしい）によく接することを通して起こる。プライミングされた属性は対象者についての知覚に影響する。その際，対象者のジェンダーが女性であった場合には，繰り返しになるが，それは高地位にいる女性に不利益になるように作用するプライムをつくりだす。

　初期の接近可能性研究の1つは，この過程がいかに認知的に原始的でありうるかを示している。人々が「私たち」の1人としてある人をカテゴリーに当てはめたとき，人々は「彼ら／彼女ら」の1人としてその人を当てはめたときよりもポジティブな特性をよりはやく自動的に認識した（Perdue et al., 1990）。語彙判断課題（文字列が単語であるか無意味語であるかをすばやく判断する）に取り組んだ人々は，「彼ら／彼女ら」で実施したときよりも「私たち」で実施したときのほうがよりはやくポジティブな単語を同定した。これは，適合反応のプライミングと呼ばれるものであり［(we = good（私たち = 優れた）; they = less good（彼ら／彼女ら = 劣る）］，自動的連合についての多くの研究で見られるものである（Fiske & Taylor, 2008を参照）。職場が男性中心的である限りにおいては，マイノリティとしてそこに入る女性は，「私たち」は，というよりは「彼女ら」は「劣る」という反応を引き出すであろう。

　概してプライミングの研究は，女性に関連した言葉がプライムとして機能しており，その際に活性化される連合がジェンダーに関する偏見を反映していることを示してきた。たとえば，プライムの対象との関係を自覚しているかどうか，そしてジェンダーについてどのような顕在的な信念を持っているかどうかにかかわらず，ジェンダー関連語（医師，看護師など）は，それと関連した女性／男性代名詞の識別をはやめる（Banaji & Hardin, 1996）。同様の効果は，ジェンダーステレオタイプのある職業，男女の写真，あるいは男性ないし女性を対象とした物（たとえば野球のミットとオーブン用のミトン）との関係でさえ見られる（Lemm et al., 2005）。そういうわけでプライミングは，関連する刺激を男性あるいは女性として識別する速度だけでなく，ステレオタイプ的な解釈にも影響する。つまり，ステレオタイプ的に女性のものとされる行動のプライミング（たとえば，1人では出歩かない）は，男性が同じ行動をとったときよりも，その行動をとった女性をより依存的だと実験参加者に評価させる（Banaji et al., 1993）。日常でよく見られるような典型的な文脈がプライムとして提示されたとしても，それは機会均等を提供するものではなく，利用可能なステレオタイプ的刺激に結びつけられる。

　少し違う面を見てみると，性別に関わる暗示的な広告によってプライミングされた男性は，その後の語彙判断課題において，統制群の人たちと比べて性差別的な言葉によりはやく反応し，性差別的でない言葉により遅く反応した（Rudman & Borgida, 1995）。その課題の後に実施された女性応募者への面接の場面では，性別に関わるプライミングをされた男性は，より性差別的な質問を行い，その応募者の外見をよく思い出し，その女性応募者の仕事の資質についてはあまり多くを書きとめず，有能性を低く，友好性を高く評価した。性的いやがらせの可能性の個人差を測る尺度において得点が高かった男性たちに対して，性に関するプライミングをした場合，実際にその女性応募者を事業所の管理職として雇用することを推奨する傾向が高かった。しかし，雇用を決めた理由は，応募者本人によるその面接者に対する評価に見てとれるかもしれない。割り当てられた実験条件や，面接者の性的いやがらせの可能性についての個人差得点は伝えられていなかったにもかかわらず，その女性たちはプライミングされた面接者を，まず

彼女たちの身体に注意を向け，性差別主義であり，性的に動機づけられた者だと判断していた。第三者によって独立に行われた判断（実験条件や面接者の個人差等は伝えられていなかった）でも同様に，より性的かつ支配的で，かなり近い場所に座ってくる者として，プライミングされた男性は判断されていた。その面接試験の文脈によって，この実験パラダイムは，性的に挑発的なものを飾るような男性中心の職場での雇用選抜と特に関連づけられる。

c. 潜在連合テスト

プライミングは，その後に続く過程に注目するものであり，この過程においてプライムは，関連する刺激に対する解釈への接近可能性を高める。認知的連合に関する多くの方法では，1つの概念を先に提示することを前提とせずに，対を成す概念を同時に提示する方法をしばしば用いる。潜在連合テスト（IAT）は，さまざまな社会的あるいは政治的にデリケートな連合を測定するために広く用いられている（Greenwald et al., 2002; Greenwald et al., 1998）。

IATは広く知られており，偏見に焦点を当てるがゆえに議論を引き起こしてきた。IATを用いた研究は，相当な収束的妥当性を示している（言い換えれば，他の巧妙な測定方法の結果と関連がある）（Cunningham et al., 2001）。IATはまた，予測的妥当性を示す（言い換えれば，行動指標の結果と関連している）（Greenwald et al., 2009）。ほとんどの人たちは，ジェンダー，人種，年齢，地域，国籍などの共通の社会的カテゴリーに基づいて，本質的に自動的な内集団びいきを示す（Rudman et al., 1999）。そしてごく小さな自由参加の集団に基づいたものでさえ，その内集団びいきが示される（Ashburn-Nardo et al., 2001）。IATは好みと尊敬を識別することができる。純粋な好みに加えて，ある研究ではIAT，プライミング，そしてもっと顕在的な態度の測定を用いて，女性の権威者に対する態度を検討した（Rudman & Kilianski, 2000）。このIATにおいて参加者は，連続して提示される一連の単語を，概念一致条件（男性と関連のある高い権威を示す単語 vs 女性と関連のある低い権威を示す単語）あるいは概念不一致条件（前者と逆）のどちらかに従って分けた。参加者は，それぞれの単語を見て，2つのコンピューターキーのうち1つを押すことによってそれらの単語を分類した。概念一致条件における一対の単語への反応は，不一致条件における一対の単語の反応よりはやく，このことは両概念の心的連合が近いことを示している。この研究においては，IATによって測定された女性の権威者に対する潜在的な態度とジェンダー信念とは相関しており，プライミングによる方法の結果とも相関していた。そして，顕在的態度の結果も相関しており，このことは，記憶されている意識的な平等主義のイデオロギーと，より意識されない自動的なステレオタイプ的連合が同時に存在することを示した。

他の集団に関しても，潜在的態度の測定結果は相関し，非言語行動（そのすべてが吟味されにくい反応）の結果とも相関する。偏見はデリケートな主題であるため，潜在的態度が顕在的な態度と相関することは少ない。顕在的な態度は相関しあい，言語的（コントロール可能な）行動とも相関する（Dovidio et al., 2002; Greenwald et al., 2009; Hofmann et al., 2005）。関連する技法では，間接プライミングという方法が，人種間の相互作用，外集団メンバーのエッセイに対する評価，外集団メンバーへの情動的反応，そして他の関連する態度にみられる非言語行動を予測する（Fazio & Olson, 2003）。

潜在的測定は人々が認めたくないであろう連合を明らかにするかもしれない。ジェンダーに関す

る例としては，主体的（権威的）な女性たちは，女性は上品であるべきという規範的ステレオタイプを破る存在とみなされ，結果としてそのことへの反発が引き起こされることを示唆した研究結果がある（Rudman & Glick, 1999）。この規範は，主体性か共同性か，という人々の潜在的な水準での（顕在的ではなく）ステレオタイプの対比を反映している（Rudman & Glick, 2001）。これらの潜在的連合は，たとえば，権力を持った女性の会計管理者はより女性的にふるまうことを要求されるなど，結果的に対人関係スキルの問題として現に存在している（Fiske et al., 1991; Hopkins v. Price Waterhouse, 1985）。一方，職業に関する例として，人々は潜在的に男性と科学，女性と一般教養や家族とを連合させている（Nosek et al., 2002b）。

　IATは，あくまで相対的にではあるが，自動的な過程に注目している。そこでは人々は，言葉や画像が対にされていることに気づいており，かつステレオタイプ的に連合した組み合わせの方が，ステレオタイプに反する組み合わせよりもはやくなるということさえ気づいているかもしれない。たしかに，このことはIATを，教訓を与えてくれる1つの有益な装置にする。しかし，反応をはやく，あるいは遅くする過程に人々は自覚的ではない。IATは，相対的に自動的なだけであり，その自動性は文脈によって変わるものでもあるのである。つまり，知覚者たちは，人種やジェンダーが送っているさまざまな連合を手掛かりにして，ある人物の人種やジェンダーにさらに注目するかもしれないのである（Mitchell et al., 2003）。そうでなければ，知覚者たちは労力を割いて，ステレオタイプに反するイメージを形成するかもしれない（Blair et al., 2001）。知覚者たちは，もし反ステレオタイプの意図を持ち，かつ十分な時間と動機づけを持っている場合には，自動的なステレオタイプの影響をコントロールすることができる（Blair & Banaji, 1996）。一方で，このコントロールの試みは，ときには裏目に出ることもある（Frantz et al., 2004）。

　上述の通り一般的には，先行研究のメタ分析によると，IATは顕在的な測定の結果とある程度相関している（Hofmann et al., 2005）。顕在的な自己報告がより自発的であり測定が概念的にほぼ同じであるときに，相関は大きくなる。またすでに述べたように，潜在的測定は，非言語行動，すなわち自分自身でも十分監視できていないが，その人自身も表現や行動を抑えようとしているものと相関する。総合すると，IATは人々が顕在的には報告をためらうような態度を測定するのに特に有効であるのかもしれない。

　他のデリケートな主題に対しても，潜在的測定に普遍性があることは明らかである。ジェンダーについての自動的バイアスが明らかにされてきたように，人種に関しても自動性バイアスが同定されてきた。そして，人種バイアスの研究は，IATに先立つ種々の方法によって自動的な形式のバイアスを同定した最初の研究であった。白人は，黒人を最初にプライミングされたときよりも白人を最初にプライミングされたときに，ポジティブな特性（たとえば「賢い」）をはやく同定する（Dovidio et al., 1986; Gaertner & McLaughlin, 1983; Perdue et al., 1990）。自動的にポジティブとなる内集団連合は何度も確認されており（Kawakami & Dovidio, 2001），人種間の相互作用における非言語行動を予測する（Dovidio et al., 2002）（顕在的な態度は，顕在的な言語行動を予測する）。人々は，特定の外集団に対しては広範囲にわたる訓練によってステレオタイプ的な連合をコントロールすることができる一方で，その訓練の効果は他の集団へは一般化されない（Kawakami et al., 2000）。こうした現象の多くが外集団のネガティブな面をあげつらうよりも，内集団のポジティブな面を強調する効果が大きいことに留意したい。

さらにIATは，どの集団においても，人々が簡単には認識することができないバイアスを持っていることを示す。巧妙なバイアスは面接試験の実験における重要な問題であり，たとえば，人種と結びついた吟味されにくい非言語行動は，社会的距離をつくり出し，面接参加者のパフォーマンスの評価に悪影響を及ぼし，結果としてその面接参加者は，自分は面接者から歓迎されていないと知覚することになる（Word et al., 1974）。カテゴリーにおける混同，プライミングされた接近可能性とともに，潜在的連合は相対的に自動的なバイアスの一種に位置づけられる。

d. カテゴリー活性化

　人々は，ある人の名前を口に出すよりも，その人のジェンダーをはやく口にできることに気づいている（Cloutier et al., 2005; Macrae et al., 2005）。これは比較的自動的な過程であるけれども，カテゴリー活性化は，複数の他のカテゴリーに関連した手がかり（たとえば，ジェンダーと年齢など）への注意に先行する。しかしながら，人々はそのとき最も関連のあるカテゴリー（Quinn & Macrae, 2005），あるいは最も接近可能性のあるカテゴリーだけを活性化させる（Castelli et al., 2004）。

　1つのカテゴリーを活性化させるとき，ステレオタイプに一致した意味はより少ない認知的容量によって処理することができるため，人々はそれを最も簡単に処理する。しかし，ステレオタイプに一致しない情報は，特に偏見を持つ人々を困惑させる。そうした人々は，不一致のつじつまを合わせようとして，ステレオタイプに不一致な情報に特に注意を向ける（Sherman et al., 2004; Sherman et al., 1998, 2005）。ステレオタイプが当てはめられる初期の段階では，人々はステレオタイプと一致した印象を優先させ，次につじつまの合わない情報に取り組む。つまり，人々は，理解するのに認知的労力を要するそのつじつまの合わない情報を後で思い出す。しかし，人々はそれを何らかの形式でつじつまを合わせたり同化させたりしてきたために，つじつまの合わない部分があってもそれが人々のステレオタイプを弱めることはないだろう。

e. 自動的ステレオタイプ化の要約

　巧妙なステレオタイプ化の最初の行程，つまりその自動性は，ある事柄をカテゴリーに当てはめるというごく普通のカテゴリー化と，すばやい連合過程に基づいている。人々は，ジェンダーに基づいて簡単にラベルを他者に付し，女性を他の女性，男性を他の男性と混同し，結果としてバイアスがかかる。職場の地位がジェンダーと関連しているため，これは多くの場合女性を不利な立場に置く。人々の無意図的なバイアスがかかった連合は，ステレオタイプに関わる認知的作業において生じ，ステレオタイプ的な連合と偏見を促進する。これらの比較的自動的な過程は，認知的負荷や動機づけの強さによって変わり，多くの場合は効率的な処理とステレオタイプの維持に貢献することになる。女性についてのステレオタイプは，職場において彼女たちの不利に働く。人種バイアスあるいはその他のバイアスといった自動的なバイアスも，同様に機能する。この方法で測定されたステレオタイプとさまざまな評価が「実際の」態度であるか否かよりも，これらの最初の比較的自動的な指標が，結果としてその後の態度や行動と相関しているという観察のほうが重要である。

　職場においては，そこで優位な集団が強力な地位を保持すればするほど，その人たちが示す自動的バイアスは，その下位にいる人たちのそれに比べるとより重要なものとなる。さらに，権力を持った人々はいくつかの理由で特に自動的ステレオタイプ化をしがちである（Fiske, 2010b）。権力は行動

の抑制を解除し，人々に，自分自身のことをあまり監視せず，より自動的に動くように仕向ける。下位の人たちは権力保持者を必要とするのに対して，権力保持者は下位の人たちをそれほど必要としないため，権力保持者たちの正しくあろうとする動機づけは低い。他の人々をステレオタイプで捉えることは，その人たちを個別化するよりも簡単であり，権力保持者にとっては，容易に認識できるネガティブな結果がより少ない。

3.1.2 曖昧なステレオタイプ化

巧妙なステレオタイプ化は検出することが難しい。その理由は，それがすばやく起こるだけでなく，不安定で変化しやすいからである。何事も解釈次第である。人々は，明らかにステレオタイプに合致する，あるいは明らかにステレオタイプに合致しない情報については，見たままに自動的に処理する。人々はまた，バイアスを確証しようとして曖昧な情報を解釈する。このことを例証する実験がある。その実験では，参加者は性的暴行に関連する単語（たとえば，**性的暴行／rape**，**攻撃的／aggressive**，**悲鳴／scream** といった言葉）を潜在的に（言い換えれば無意識下で）プライミングされた。参加者たちはその後，ある男性と女性の間の攻撃的な性的交流についての曖昧な文章を読んだ。その文章では，この性的交流の責任がどちらにあるともいえない書き方がされていた（Murray et al., 2005）。その後，性的暴行をプライミングされた人たちは，プライミングされなかった人たちと比べると，文章中の女性をよりネガティブに判断した。しかしそれは，その人たちが一般的に，世界は公正な場所（つまり，人々は，その人が得るに値するものを得るという場所）であると信じている場合のみであった。参加者たちはその出来事に対する責任を自発的に帰属し，性的暴行に関わるプライミングによっておそらく，公正世界信念を持つ人たちは，その曖昧な出来事の責任を文章中の女性にいっそう帰属するようになった。公正世界信念を持たない人たちは，その逆の反応を示し，その女性を相対的にポジティブに評価した。これはおそらく，女性に責任を帰属しなかったからであろう。こうした細々としたことは，職場における性的いやがらせに対する責任知覚の解釈にかなり当てはまるかもしれないが，この例におけるより大きな問題は，ほとんどの行動というものは曖昧であり，そしてその行動の解釈は，それに接する人たちの信念体系と文脈的プライミングに左右されやすいということである。曖昧な行動の解釈に及ぶそうした影響は巧妙で，吟味されにくい。

人々は，曖昧な情報の内容だけでなく，その因果関係の意味も解釈する。この現象は，雇用上の評価にも明らかに当てはまるものである。つまり，男性たちが従来の男性的な課題で成功したとき，それは彼らに本来備わっている能力や価値を反映したものとみなされる。しかし，女性が同様の（男性的な）課題を達成したとき，それは，偶然や状況に起因するものと見なされる（Deaux & Emswiller, 1974; Swim & Sanna, 1996）。従来の女性的課題に対しては，その逆が起こる。一般的には内集団―外集団関係に当てはまるこの現象は，根本的な帰属の誤り（Pettigrew, 1979）と呼ばれるものであり，その影響は人種間の帰属にも見られる（Hewstone, 1990）。近年の研究結果がこのパターンを確認しており，このパターンがステレオタイプに関連する確証的帰属にのみ当てはまることを示している（Glick et al., 準備中）。

曖昧な情報の解釈は，いつもあからさまな形で女性を不利な立場に置くわけではない。「判断基準の変移」のため，ある女性が（1人の女性として）よいパフォーマンスをするとき，賞賛を得るかもしれない。男性が（1人の男性としてよくやったと）同程度の賞賛を得るためには，もっとよいパ

フォーマンスをしなければいけないだろう。なぜなら，伝統的に男性の領域において，男性の基準はより高くなっているからである。しかし，人は賞賛のみでは生きていくことができない。つまり，十分でない資源を配分する場合に，男女が競争するとき，前述のようなステレオタイプは男性を利するバイアスをもたらす（Biernat & Vescio, 2002）。判断基準の変移は，（「賢さ」を評価するといった）男性的課題における質的判断については女性の有利に働くが，（ある組織において誰が最も賢いかを順位付けするような）同様の課題領域についての量的判断においては，女性の不利に働く。判断基準の変移は，スポーツ（Biernat & Vescio, 2002）から軍隊での昇進まで（Biernat et al., 1998），さまざまな諸文脈において見られる。

これらの潜在的過程は，与えられた情報の曖昧さに乗じて生起する。そのため，バイアスそのものの影響は巧妙であり，検出することが難しい。人々は，バイアスがかかった解釈を他者だけでなく自分自身からも隠す。たとえば，仕事上の応募者を評価するとき，人々はどのような結果を望むかによって，応募者の資質について異なる重み付けをする。建設の仕事において男性と女性を評価する男性は，男性に対してより教育を重視し，ある女性の教育レベルが高いものでなかった場合にはそれを全体的に重視するが，もし女性がより教育を受けていた場合には，今度は経験をより重視するように基準を変移させる。評価者が1つの判断で評価したものは，その後それに続く判断にも持ち越される。同様に，（性差別的な意見を拒絶し）偏見を示さないという道徳的な資質を証明してきた人々も，結果的にステレオタイプや偏見に満ちた判断を自由に行うことができる（建設の仕事に男性を雇う）（Monin & Miller, 2001）。

a. 曖昧なステレオタイプ化の要約

カテゴリーに基づく多くの認知バイアスの曖昧さははっきりとしている。人々は，曖昧な情報をその人たちが持つバイアスに適合するように，意識下と無意識下の両方において解釈を行う。男性と女性の行動に対して人々が行う因果関係の帰属は，人々のバイアスを強める。男性的課題における，女性に設定された低い基準（「女性にしてはいい」）のせいで，最終候補者選考や賞賛を割り振りするときには，質的判断は実は女性に有利に働くかもしれない。しかし，（たとえば，順位づけや雇用のような）十分でない資源を分配するときには，女性に有利に働かないかもしれない。人々は，自他ともに対して差別的判断を正当化し，バイアスを曖昧にする。

3.1.3　両面価値的バイアス

巧妙なバイアスはまた，両面価値性の陰に隠れる[v]。より明示的になっていく自動性とは異なり，コントロールされたバイアスは，逆に見えなくなる。そして，両面価値性は新しいものではなく，曖昧性，つまり人々が持っている自他に対しての好ましくないバイアスを隠蔽，あるいは正当化するために用いられるものとも異なる。バイアスは，嫌いかどうかの方向で働くこともあれば，尊敬できないかどうかの方向で働くこともある。伝統的に下位に置かれてきた役割（専業主婦，秘書）にある女性はしばしば好かれるが尊敬されない。その一方で，伝統的でない役割に生きる女性はしばしば尊敬されるが，よく思われない（キャリアウーマン，フェミニスト）（Eckes, 2002; Glick et al., 1997）。両面価値的性差別（Glick & Fiske, 1996, 2001）では，次に示す2つの要因が同定されている。まず1つ目に，敵意的性差別である。それは

---

v ［訳者註］従来の女性像に合致しようとしまいと，好意と尊敬いずれかの方向において偏見や差別は起こりうるが，それは見えづらいという意味。

すなわち，伝統的でない役割を追求し，尊敬を得ているが親愛の情を放棄している女性に対しての敵意である。2つ目に，主観的に慈悲的な性差別である。それは，所定のジェンダー役割にとどまり，保護を得ているが尊敬されることをあきらめた女性に対して向けられているものである。昔から続いているこの両面価値性のパターンは文化を超えて持続している（Glick et al., 2000）。

個人レベルでは，両面価値的な性差別は，女性を雇用することについてのさまざまな差別的判断（Masser & Abrams, 2004; Uhlmann & Cohen, 2005）や，仕事上での性的いやがらせと関わっている（O'Connor et al., 2004; Russell & Trigg, 2004）。慈悲的性差別は，伝統的な役割（専業主婦）にある女性に対する好ましい評価を予測するが，敵意的性差別は，伝統的でない役割（キャリアウーマン）にある女性に対する好ましくない評価を予測する（Glick et al., 1997）。

集団間知覚の基盤としての両面性の普遍性は，両方向の反応がほとんどのバイアスに備わっていることを示す。1つの例として，白人のリベラルな人たちが，黒人の人たちは差別のような外的困難があって不利な状況にあると見るか，価値観や動機づけのような内的困難によって不利な状況にいると見るかによって，人種間のことについて前向きに反応するか批判的に反応するかが変わる，ということに人種の両面価値性を見ることができる。

a. 巧妙なジェンダー・バイアスと
　他の集団バイアスについてのコメントの要約

近年の研究が示すように，巧妙な形式のバイアスは，一般の人たちが予想するよりも，自動的で，曖昧で，両面価値的である。ジェンダーについてはここで示してきた事例研究の通りであるが，人種についても，いくらか異なるパターンはあるけれども，本質的に類似した効果が示されている。た とえば，個々人の潜在的な人種差別は，性差別に対するそれよりも嫌悪的である（Czopp & Monteith, 2003）。そのため，どちらかといえば，人種差別の自動性は，性差別よりも内面の葛藤をより隠している。ジェンダーのバイアスをあらわにすることは，ある部分では，人種のバイアスをあらわにすることよりも表向きの問題になることは少ない。なぜなら，ジェンダーははっきりと，男性の社会的優位性と男女の親密な相互依存性とを同時に実現するからである（Glick & Fiske, 2001）。人種はその歴史において際立ったものであり，地域の隔離や社会格差を引き起こし続けているとともに，強制的な移住と奴隷制度を引き起こしたものでもある（Fiske & Taylor, 2008, chap. 12）。年齢や障害，宗教などに基づいたバイアスは，それぞれ独自の特徴を持っているが，（自動的で，曖昧で，両面価値的な）吟味されにくいバイアスの基本的本質は，おそらくほとんどの集団の事例において見られるものである。

3.2　巧妙な形式のバイアスを
　　　コントロールすることへの挑戦

よく知られたあからさまな形のものは置いておくとして，現代型のジェンダー・バイアスは，自動的で，曖昧で，両面価値的なものとして現れる。それを知らせる信号は比較的無意識かつ無意図的で，不透明ではっきりとしない。それゆえ，それらの信号に知覚者たちが気づき，またバイアスの対象者がそれらを読み取ることは難しい。しかしながら，そうした信号は先述の通り，雇用の場面に恐ろしいほどの影響を持っている。巧妙なジェンダー・バイアスをコントロールすることは可能だろうか，あるいは少なくとも，それらのバイアスから生じる差別的な意思決定をコントロールす

ることは可能だろうか。そして，どのような組織内部の改革や，規制改革上のイニシアティブ，公私の実施，市場と市場に似たメカニズムの活用を含む介入が，この政策目標を達成するために最適，あるいは少なくとも好ましいのだろうか。

3.2.1 巧妙なバイアス
——動機づけられたコントロールの失敗

もしさまざまなバイアスがしばしば巧妙であるのならば，人々はどのようにそれらを防ぐことができるだろうか。動機をもってバイアスをコントロールすることの最大の障壁は，バイアスの自動性であると考えられる。しかし，もしバイアスをただ比較的自動的なものと見なすことができるのであれば，人々は，コントロールへの十分な動機づけとそれを実行する能力，訓練，情報をもって，そうしたバイアスを防ぐことができるにちがいない（Blair & Banaji, 1996; Kawakami et al., 2000; Kawaltatid et al., 2005; Macrae et al., 1997）。

実際に，自動的バイアスを弱めるさまざまな動機的戦略が登場している。具体的には，視点取得（Galinsky & Moskowitz, 2000），罪悪感（Son, Hing et al., 2002），自己焦点（Dijksterhuis & van Knippenberg, 2000; Macrae et al., 1998）そして親和動機（Sinclair et al., 2005）がある。コントロールすることへの動機づけとそれを実行する能力を持っていることが，人々を集団として見ずに個々に着目することを促進する（レビューについては，Fiske et al., 1999）。実験場面のような特定の状況においては，動機づけられたコントロールは自動的なステレオタイプさえ無効にすることができる。おそらく，経営者や管理職の人たちは視点取得や罪悪感などによって，より個々に注目した決定をするよう動機づけられうる。

自己コントロールを頼みにするということは，人々がバイアスに気づいていることを前提とする。しかし意思決定者は，ジェンダー（あるいは他の保護されたカテゴリー）がいつ自身の反応に影響を及ぼすかを必ずしも知ることはできない。ほぼ間違いなく，ほとんどの知覚者は自分自身のバイアスに気づかないよう動機づけられるだろう。自分自身をバイアスがかかった者として見ることは，客観的で，公正な心を持つという自己イメージを危機に追いやる。ほとんどの人々は，他の人々よりも自分はバイアスがかかった見方を持っていないと考える（Pronin et al., 2002）。しかし，ほとんどの人が平均以上であるということはありえない。あらゆる研究結果は，人々が日常のバイアスに対して無知であることを示している。具体的にいうと，人々はバイアスをコントロールすることに失敗しているというよりはむしろ，バイアスを持っていることに気づいていないのである（Amodio, 2008）。そういうわけで，私たちは知覚者が自分自身をちゃんと監視することを当てにすることはできない。次に見るように，それを促すには構造化された組織的過程が必要となる。

3.2.2 巧妙なバイアスのさらなる問題——
対象となる人に見られる差別を認識する力の不足と，異議申し立てすることへの抵抗感

皮肉にも，バイアスの対象者さえ，差別を向けられたときにはその最良の判断者とはいえないかもしれない。第一に，人々はもう一方の統制群ではない[vi]。人々は，もし自分が他のジェンダーであったなら，という視点で自分たちがどのように扱われているかをめったに見ない。法律用語でいう，もし女性で「なかりせば」というものである。人々はたいてい，同様の状況にいる他のジェンダー，つまり「自分と同じ立場にいる男性」の処

---

vi ［訳者註］自分自身が差別的な処遇を受けているかを知るために参考にできる情報を，個人が十分に持てるわけではない。

遇に完全には気づくことができない。いずれにせよ，人々はジェンダー以外の点でも常に異なっている。そのため，個別に適合した統制群となりうる相手を見つけることは難しい。要するに，差別の対象となる人はたいてい，いつ自分たちが差別を受けているかを知ることができない。なぜなら，（差別的にしろ非差別的にしろ）なぜ特定の意思決定がなされたのか，その理由を解明することの難しさがあるからである。

差別を受けているかどうかが分からないというこのジレンマは，さまざまな処遇のパターンが互いに矛盾し，目立たず，そしてそれゆえに複雑であるときに増幅される。また問題となるのは，**通常の衡平原則には違反しないような場面である**（Rune et al., 1994）。通常の衡平原則は，関連する事柄についてある人の入力変数（たとえば資格など）が高いところに位置するときに，それに関連する結果変数（たとえば，給与，階級など）がもう1人の人よりも低い位置にあると，違反することになる。入力変数と出力変数の相違の**度合い**は，通常の衡平原則には関わらない。そういうわけで，ある人は，同じ土俵にいる他者に比べて，実績に見合った報いを受けられず，不適切な報酬を受け取っているかもしれない。

差別が，ある特定の集団成員に対する好みや寛大さとして，ささいで，一見重要でない形で現れるときに，それを差別であると識別することは難しい。一般の人々が差別について考えるとき，公正さについてのいくつかの標準的な測定基準にしたがって，不利に扱われている集団成員に**対する差別を考える**。しかし，差別は下位集団の成員がその公正さについての標準的な測定基準に沿って中立に扱われるときに起こる一方で，特権を持つ集団の成員は中立的ルールが求めるものよりもより寛大に有利に扱われる（Brewer, 1996）。こうした巧妙な形式の優位性が時間とともに増大すると

き，それらは検出するのが難しい（Krieger, 1998）。

処遇の相違が明らかであるときでさえ，差別の被害者だと認めることは好まれない。人々は，批判者が想像するほどに「ジェンダーを切り札として使う」ことを容易に行わない。差別の対象者は，ネガティブな結果を偏見に帰属したがらないのである。なぜなら社会的，個人的なコストがかかるためである。社会的には，ネガティブな結果を差別に帰属する人々は，不平を言う人，トラブルメーカーとしてのラベルを貼りつけられるリスクを冒すことになる（Kaiser & Miller, 2001, 2003; Swim & Hyers, 1999）。特に，より偏見を持って見られている人であればなおさらである（Czopp & Monteith, 2003）。いったん偏見の問題として取り上げると，そのやりとりを取り消すことはできなくなる。人々は，職場や社会など場面を問わず，自分たちの集団に所属したいと思っており，差別の申し立てはその所属性を弱める。それゆえに，所属することの必要性の優先順位が高い人々は物事を差別に帰属しない傾向にある（Carvallo & Pelham, 2006）。差別に帰属することはまた，対象者の個人的な自己コントロール感を弱める。ネガティブな結果を差別のせいにすることは，自尊心を和らげうるけれども，ポジティブな結果を（全力を尽くしてポジティブな）差別のせいにすることは，自尊心を弱めうる。なぜなら，その成功を自分の手柄として認めることができないからである（Crocker et al., 1991）。恒常的に差別のせいにすることは，自尊心を傷つける（Major, Testa, & Blysma, 1991）。そして，自分個人の経験をまん延する差別の一事例として知覚することは，気持ちの落ち込みをもたらすことになる（Schmit et al., 2003）。

もちろん，知覚された差別が現実を反映していることもあり，その対象者にとってそれは困難な状況である。人々が差別を切り札として切ることによって帰属の曖昧さをどの程度解消するかは，人

と状況によって変わる。個人の努力とプロテスタントの倫理を支持する低い地位の集団成員（女性を含む）は，ネガティブな結果を差別に帰属しない傾向にある（Major et al., 2002）。その一方で，同様の信念を持つ高地位の集団成員（男性を含む）は，ネガティブな結果を自分たちに対する差別に帰属しがちである。女性は男性より，差別に帰属しない傾向にあるかもしれない。おそらくそれは，女性の地位が正当なものとされにくく，それゆえに挫折や失望が身近であるからであろう。差別に帰属することは，適格性と功績への期待と相互に関わっている。要約すると，個人的な統制群の不在，個々の裏付けの複雑性，内集団に対する寛大さ，因果関係の曖昧さ，そしてジェンダー・バイアスへ帰属することのネガティブな影響を含めて，差別の対象となる人たちは，差別を同定する上での数々の障壁に直面する。

3.2.3 個別の差別的取り扱いに関する訴訟の判決の非有効性と非効率性

本章の第二著者が以前の研究において広く記述してきたように（Krieger 1995, 1998），1人の原告が意図的な差別をする雇用者を訴えるといった，個別の差別的取り扱いに関する訴訟は，労働市場における巧妙な形式の差別に取り組むにはきわめて弱い政策的手段である。いま述べた通り，1つの訴訟をもとにして差別を同定することは難しい。どの個別の性差別の訴訟においても，原告のジェンダーの他に，たくさんのもっともらしい理由によって雇用者の行動は説明されるかもしれない。差別的な動機と差別的でない動機の因果的役割を区別することは，ほとんどの訴訟において難しく，コストもかかり，そして第一種の過誤（先述の通り，同定しすぎること）と第二種の過誤（同定しなさすぎること）の両方の危険を冒すことになる（Krieger, 1995, 1998; Wax, 1999）。

巧妙なバイアスを暴露し改善することはまさにこの訴訟が求めていることであるが，どうして人々は，その巧妙なバイアスから影響を受けることなしに，この帰属の課題（対象となる出来事や行動を何に帰属するかという課題）に取り組むことを，事実認定者に求めるのだろうか。これが可能だという結論は，この訴訟の事実認定者における潜在的バイアスの水準が，雇用における意思決定者とは異なると信じているときにのみ妥当である。この立ち位置を正当化する明白な根拠はない。それゆえに，個別の差別的取り扱いに関する訴訟の結果は，少なくとも重要な部分において，その不平申し立てを生み出したバイアスとまさに同様のバイアスの犠牲を生み出すことにしかならないと想定される。

雇用機会均等（EEO）政策を実施する上で，個別の差別的取り扱いに関する訴訟は非有効的，非効率的であるにもかかわらず，現在これは，課題を達成するために用いられる重要な政策手段である。集団訴訟と差別是正措置（任意のものと義務として課されたものと両方）が，1970年代には雇用機会均等政策の分野においては主流であったが，レーガン政権と最初のブッシュ政権のときにはそれらの影響は突然，そして急激に減少した（Kalev & Dobbin, 2006; Krieger, 2007）。1991年までに，連邦雇用差別訴訟，雇用の集団訴訟，そして昇進差別訴訟はほとんど完全に法の分野から見られなくなったと，経済学者のJohn DonohueとPeter Siegelmanは報告している。これらは，個別の差別的取り扱いに関する訴訟にとってかわられた（Donohue & Siegelman, 1991）。

3.2.4 個別的解決の問題の要約

巧妙なバイアスは，主に3つの理由から，個人的になされる解決に反抗する。第一に，意思決定者は典型的に，巧妙な（それゆえに吟味されにく

い）バイアスに気づかない。もしバイアスに人々が気づく場合であっても，動機づけられたコントロールが，目の前にある他の課題を危険にさらす心的な過負荷と，ステレオタイプのリバウンドをもたらす。第二に，バイアスの対象者自身が，自分たちを不利な立場に置く巧妙なバイアスを認識していないかもしれない。なぜならその人たちは，比較のための個人的な統制群を持っていないからである。巧妙なバイアスの影響は，個別の水準で検出することは難しい。そして，ネガティブな雇用結果をもたらす原因となりうる事情は，本来的に曖昧である。また対象者は，自己と他者へのネガティブな影響があるのを恐れて，自分自身を差別の被害者として見ること，あるいは見られることに抵抗する。第三に，蓄積されてきた証拠は，いまや反差別政策において好まれる手段となった個別の差別的取り扱いに関する申し立てが，特別効果的であるわけではないことを示している。

3.3 現代のバイアスの形式と現代の政策手段

ここからは，効果のありうる政策的処方に注意を向けようと思う。差別的取り扱いに関する訴訟の判決が，巧妙な形式のジェンダー・バイアスによって引き起こされる差別の度合いを弱めることに非効率かつ非効果的な手段であるのなら，何がその代替手段となりうるだろうか。著者らは，ここで2つの政策案を考察する。1つ目に，吟味されにくい巧妙なバイアスがコントロールされずに用いられることで引き起こされる差別を減らすために，組織によって取り組むことのできる自発的な対策である。2つ目に，金融市場の規制において今用いられているのと同じく（たとえば，1970年代の連邦契約遵守プログラム局［OFCCP］によっ

て管理されたプログラム），強制的で公的な雇用機会均等コンプライアンスの開示要件を追加することで，雇用機会均等コンプライアンス制度を更新・拡大して実施することである。まだ検証はされていないが，これらの解決策は既存の研究から続いてきたものであり，新しい研究の方向性を指し示している。それらが機能するのかどうか，するとしたらいつ，どのように機能するかについては実証的な問題が残るけれども，これらは検討するに値するものである。

3.3.1 組織の取り組み

現在の研究によれば，組織は成員を監視し動機づけることによって，そして情報と構造化された意思決定手段を提供することによって，吟味されにくいバイアスを軽減するいくつかの解決策を実施することができる。

a. 監視すること

個々人は自分自身に対する差別に気づく最もよい立ち位置にいるわけではない。なぜなら，そうした人々は先述の通り，同様の状況に置かれた他者との完全な比較を含めて，それをするのに必要な視点を持っているわけではないからである。また，複数の事例に接する中で見えてくる大局的な視点は，個別の事例からでは見えてこないパターンを明らかにする。働いている男女，専業主婦に関する調査では，女性は客観的には差別の対象であるけれども，当の女性たちは，集団全体としてのみ差別を認識しており，自分の個別の事例においては差別を認識していなかった（Crosby, 1984）。女性は，女性一般に対する差別を認めた場合でも，自身を責め，自身に対する差別を認めることには不快感を示した。組織はおそらく，個人よりも監視するのによい位置にいる。いま述べた研究をフォローアップしたある研究では，全体として差別の

パターンを知覚することは容易だが，事例ごとに情報が現れるようだと知覚できないことが示されており，このことは，組織レベルの監視が必要であることをさらに明らかにしている（Crosby et al., 1986）。

連邦雇用機会均等法が求めているように，組織は雇用機会均等委員会（EEOC）に報告するため，労働者構成，昇進，給与におけるジェンダーに関する全体的な情報を少なくとも定期的に収集している。人事部は，不均衡を監視することができるし，またそうすべきであり，そして往々にしてすでに行っているだろうと期待するのは無理なことではない。しかし，本章の第二著者が詳細を示したように（Krieger, 2007），その監視の取り組みの範囲と質は，1970年代後半以来大きく低下している。そして政府機関は，雇用者が明らかにしたジェンダーの不均衡について，雇用者に何らかの責任をめったに負わせたりしない。この議題にはまた後ほど触れる。

b. 動機づけ

従来の合理的行為者のモデルは，人々が主に自己利益によって動機づけられることを仮定している。しかし，これらのモデルは，行動学的根拠や神経経済学的根拠の影響によって崩れようとしている（たとえば，本書4章，15章，22章，25章）。問題となっている動機の議論を展開するために，著者らはここで，差別を弱めることに関するさまざまな動機に触れる。これらの動機は社会的進化的枠組みにもとづいている（Fiske, 2010a）。この枠組みはまた，心理科学において最も頻繁に，そして顕著に確認されてきた動機の研究史でも一致する（Fiske, 2007）。

c. 所属動機を活用する

人々は，他者との社会的結びつきをつくるよう動機づけられている。たしかに他者は，最も強力な進化的ニッチである。つまり，人々は孤独においてよりも，社会的関係において常によりよい成功を収めてきた。社会的孤立からもたらされる免疫学的リスク，心臓血管のリスクは，喫煙と同様，年齢をコントロールした上でも死亡率の脅威の1つとなっている（Fiske, 2010a, chap. 1）。先に述べた通り，偏見における分散の大部分は，内集団を好むことに起因している（たとえば，自分自身のジェンダーに対する寛大さなど）。内集団バイアスは，ジェンダーであっても，人種，年齢，あるいは他の際立ったアイデンティティであっても，不可避的に外集団に不利益をもたらす。人々は，自分と似ていると知覚する他者といることをとても快適に感じる。そのため，放っておけば，組織は自発的に同質性のある環境をつくりだす（Gruenfeld & Ticdens, 2010）。所属動機は結果として，それぞれの現状を維持しやすくなるのである。

所属動機は一方で，知覚された集団の範囲を変えることによって，雇用の差別を乗り越えるうえで利用することができる（Estlund, 2000）。たとえば，自分にとって重要な内集団がジェンダーの境界をまたいでいる（つまり，ジェンダーによって内集団と外集団が分かれていない）と人々が考えるのであれば，その人たちはジェンダーに基づく差別をしないであろう。部署ごとのアイデンティティや企業全体としてのアイデンティティは，共通の内集団アイデンティティを育成しうる（Gaertner & Dovidio, 2005）。境界を越える社会的カテゴリー化（言い換えれば，ジェンダーを横断する職業）はまた，差別を低減する（Brewer, 2000）。

どのように組織がこれを行いうるか，いくつかの例を考えてみたい。

- 組織のアイデンティティや使命における多様性に言及する（たとえば，多様なジェンダーと多文化の顧客を集めるには，多様なジェンダーと

多文化の労働者が求められる）
- 組織において，人口統計学的なカテゴリーを横断する実用的なアイデンティティを強調する（たとえば，チームなど）
- 組織において従業員の多様化に成功してきた歴史を発展させる

d. 理解動機を利用する

集団において生き残り成功するために，人々は集団が定めた理解と同じ理解を持とうとする。人は，集団によって作り出された現実の中以外では社会的に活動することができない。同じ集団成員間での情報的影響（知覚された事実）と規範的影響（合意）は同一であり，それが社会的に共有された理解が意味していることなのである（Turner, 1991）。つまり，人々は現実を正確に理解するために集団を信じる。それゆえ，集団が真と定義することは，それが自集団のことであっても他集団のことであっても，広く普及することになる。

ジェンダー性差別に応用すると，社会的に共有された理解は，ジェンダーステレオタイプや偏見，特定の仕事への男女の適合性，差別是正措置の意味と普及，差別の可能性，そして多様性が組織の利益となるかどうか，についての共有された信念とつながっている。ジェンダーについてのローカルな集団規範は，その社会的真実を決定づける（Prentice & Miller, 2006）。

さらにいえば，人々は効率のよい理解を求め，そして最もシンプルで適切な答えが広く行き渡ることになるだろう。人々は認知的節約家なのである（この過程については，Fiske & Taylor, 2008を参照）。結果として，先述の通り，特に認知的に過負荷がかかったときには，人々はしばしばステレオタイプを用いる。人々は，ステレオタイプを乗り越えようと動機づけられうるけれども，その動機がない場合にはわざわざその労をとらない。しかし，はやく理解する以上に正確に理解したいという動機があれば，ステレオタイプを乗り越えることができる（たとえば，Fiske et al., 1999）。

人々はまた，基準が不明瞭であるときにステレオタイプを用いる。そのため，社会的に共有され，実証的に確認された測定可能な基準があれば主観性を弱めることができる。意思決定者が自動的に動いているとき，当人は巧妙なバイアスに気づかない。しかし，人々に反対意見を考察するよう勧めることは，意思決定の際にいつも用いる考え方とは別の考え方をするようにその人たちを向かわせうる（Lord et al., 1984）。

共有された理解を求める動機を，組織はどのように利用することができるかを考えてみたい。
- もしすべての規範がローカルなものであれば，従来のジェンダーステレオタイプはこの状況には適用されないことを伝える
- 意思決定者に，評価的判断をするときには，いかに公正さや客観性，非差別を意識したとしても，巧妙な形式のバイアスによって影響を受けるだろうということを教育する
- 可能であれば，意思決定者の認知的多忙さの度合いを減らす
- 明確で客観的な評価基準を作成し，その基準に関する情報を評価者に提供する
- 第一印象に基づいて実際に行動する前に，あるいはその印象を正当化しようとする前に，意思決定者に「反対意見の考察」をするよう推奨する

e. コントロール動機を利用する

正確に理解したいという動機には，自分自身の結果をコントロールしたいということが含まれる。人々は，自身の行動とその結果とのつながりを有効にコントロールしようとする。この点に関して，心理学者（特に強化理論者たち）と経済学者たち

は合意する。もしある管理職の昇進が，過小評価されている集団を雇用し昇進させる能力にもとづくのであれば，管理職はそうするための方法を見つけるだろう。

管理職が潜在的バイアスに起因する差別の度合いを減らすのを支援するために，組織は積極的な一歩を踏み出すことができる。バイアスの低減に関する既存研究の多くは社会的認知の**二重過程モデル**（Chaiken & Trope, 1999）に準拠している。他者を理解するうえで，人々は2つの情報処理システムを用いる。1つ目は，「低い（認知）負荷」のシステムであり，自動的で，はやく，無意識であり，求められる認知資源がより少ないものである。2つ目は，「高い（認知）負荷」のシステムであり，それは，努力を要し，意識的で，コントロールされた，資源集中的な特徴を持つ。

社会心理学者は，ステレオタイプ化が自動的かつコントロールされた構成要素を含んでいる点で一致している。もしある人が，ある社会集団を低く評価することに関する態度やステレオタイプの存在を知りながら，それを意識的に使わない判断をした場合，そうした態度とステレオタイプはただ消えるわけではない。実際に，そうした態度やステレオタイプは，潜在連合テスト（IAT）のような手法によって測定されうる（Dasgupta 2004; Nosek et al., 2002a）。このことは，バイアスの顕在的な測定でステレオタイプが低いとされる人たちの多くや，あるいは，その人自身がネガティブなステレオタイプの付された集団の成員であっても当てはまる。そのような状況で，そうした古い潜在的態度と連合は，新しいもの，つまり意識的に保持された信念や関与と併存し続ける。潜在的態度は低い負荷のシステムとして機能し，意識的信念は高い負荷のシステムとして機能する。実際に，潜在と顕在を区別する根拠となるような神経学的基盤が，機能的磁気共鳴画像法（fMRI）といった手法を通して現れている（Lieberman et al., 2002）。

先述の通り，認知社会心理学のなかで一致している見解は，ステレオタイプの活性化が起きるとき，それは自動的だということである。しかし，最近注目されている見解は，ステレオタイプの活性化が**必ずしも**ステレオタイプ的表出を導くわけではなく，ステレオタイプの活性化それ自体が，環境要因に影響されうることである。ステレオタイプのような社会的期待が活性化し，スキーマに一致した印象を生成する場合でさえ，意識的で高負荷な思考を適用することで，最初の印象を無効にすることができる（Monteith & Voils, 2001）。しかし，これが起こるためには特定の条件が必要である（Bargh, 1999; Wilson & Brekke, 1994）。知覚者は，最初の印象が偏っているかもしれないという可能性に気づき，そのバイアスを是正しようと**動機づけられている**必要がある。是正が起こるために，知覚者はまた，時間と注意も割かなければならない。すべてのコントロールされたプロセスと同じく，高負荷の是正には認知的資源が必要になる。そして最終的に，最初に抱いた偏った印象を是正するために知覚者は，意味のある熟慮に必要な情報と分析的手法を持っていることが求められる。

これらの要因の有無が，雇用の決定に存在しているジェンダー・バイアスのコントロールの度合いにどのように影響するかを考えてみてほしい。雇用の決定をする人々が，潜在的な候補者を評価する際単純に"ジェンダーを無視"するよう言われる場合，もし彼ら／彼女らが自分にジェンダー・バイアスがあることを信じず，同時に女性の雇用と昇進に関する目標についての公的で有効な強制的システムがなければ，ジェンダーについて潜在的にバイアスがかかった評価の意識的な訂正は起きにくい。そのような状況下で，管理職の人たちは，潜在的なジェンダーステレオタイプと態度が自分自身の判断をねじ曲げうる可能性に気づきに

くい。そして，そのような人たちは，意識的な訂正に取り組む動機をほとんど持たないだろう。

雇用と昇進の文脈において，少なくとも高地位の仕事に関しては，最終選考に残った候補者を系統的に評価するための十分な時間を用いて，かなり熟慮のうえで最終的な意思決定が行われることがしばしばである。しかし，従業員のパフォーマンスに対して管理職の人たちが日々形成する印象では，このような傾向は見られないかもしれない。管理職の人たちは，往々にして極端な時間的制約と高認知負荷の条件のもとで働いている。これらの状況下で，ステレオタイプに影響されてできた印象の訂正は，めったに起こらない（Bargh, 1999; Gilbert et al., 1988）。

バイアスの影響を受けた印象を訂正するためには，意思決定者が決定に関連する情報を十分に持つことと，構造化された意思決定プロセスにアクセスできることが必要である。適用できる評価基準を慎重に説明し，目的と評価基準に関連する情報を意思決定者に伝え，意思決定者に提供された情報が基準とどのように関係するかを書きとめてもらうことが，評価におけるステレオタイプのバイアス効果を減らすことに役立つ（Nieva & Gutek, 1980）。上述した通り，システム全体におよぶ，結果の広範なパターンを明らかにする情報を提供することは，意思決定者たちが個別のデータからはおそらく認識されないであろうバイアスを同定するのを助けうる（Crosby et al., 1986）。

潜在的なステレオタイプ的期待は最初の印象形成を自発的にねじ曲げるが，そのバイアスは少なくとも，一定の条件下ではコントロールすることができる。こうした訂正を組織ができる限り起こしやすくしたいならば，以下の戦略を実施すべきである。

・コントロールを動機づける組織文化を育てる。そのために，潜在的バイアスによって影響を受けた印象や最初の判断を，意思決定者が自身で同定し，訂正すること（つまりコントロールすること）を動機づけるためのインセンティブを構造化する

・意思決定を系統的に監視することで，訂正されていない大規模なバイアスの存在を暗示するパターンを発見し，それが取り上げられるようにする

人々のコントロール欲求は，単なる報酬と罰を超えるものである。人々は，**エフェクタンス動機**という名で呼ばれてきたように，自分自身を掌握していることに本質的な満足を感じる（White, 1959）。もし多様性を増やすことが組織の目標となるのであれば，それによって何が起こるかを見出だし，そのやり方でうまくいきさえすれば，これに基づいて特定の遂行基準を必ずしも固定せずとも，本質的にそのこと自体が報酬になるだろう。

f. 自己高揚動機を利用する

他の文化の人々もそうだと思うが，とりわけアメリカ人は自己を価値づけることを動機づけられている。アメリカ人は自分の中のポジティブな面を見るようバイアスがかかっている。そして，アメリカ人は他の人々が自分たちを見ているよりも，自分自身を他の人々よりもよい人として見ようとする（Kwan et al., 2004; Taylor & Brown, 1988）。

自尊心への脅威は，結果的に防衛的行動を引き起こす。集団間の場面では，報復はしばしば弱い集団に罪をかぶせる形で起こる（Fein & Spencer, 1997）。人々が他者を差別するとき，気分は一時的によくなる（Rubin & Hewstone, 1998）。したがって，その反対のことが行われるべきである。つまり，脅威を消し，安定と安心を増やしていくことで，異なる他者同士がよりうまくやりとりすることが導かれる。

これをどのように適用しうるか考えてみよう。

- 潜在的バイアスを恥ずべきものではないと考えることで，自分自身でバイアスがないかを吟味し，意識的に訂正する場合の脅威を小さくすること

g. 信頼動機を利用する

人々は概して社会的信頼に動機づけられている。人々は，他者，少なくとも内集団の他者がもたらすポジティブな結果を期待する。この楽観主義が意味することは，人々はネガティブな情報に注意を向けるにもかかわらず，基本的にはポジティビティ・バイアスを持っているということである。その基盤となる信頼は，関係が続くことが予期される人々，つまり内集団の他者との間でのみ作動する。この信頼動機を最大限利用するためには，過小評価された集団成員を含むべく内集団を拡大する必要がある。そして，所属動機を利用する際のすべての推奨事項はこれに当てはまる。

加えて，他者を信頼しようとする動機を組織がどのように利用しうるかを考察してみたい。

- 楽観的，ポジティブな見方を強調する。たとえば，個人的責任のようなネガティブな結果を避けるよりも，より大きな内集団としての組織にとってポジティブな結果を奨励することのほうがよりうまく機能するだろう
- 他集団への単なる寛容ではなく，集団を超えることに対する熱意を強調する

h. 組織の取り組み――要約と警告

著者らは，吟味されにくい，巧妙なバイアスに起因して職場で起こる差別の度合いを減らすために，組織で実施可能な数々の取り組みを記述してきた。しかし，著者らは，1つの警告をもってこの議論を終わらせよう。この種の取り組みにおいて何が機能し，何が機能しないかについて重要な問いを明らかにしている研究はほとんどない。動機づけと認知の社会心理学的法則を利用しようとしている研究に対して，著者らは1つの議題を提案したい。

このテーマの最も重要な今日の仕事は，Kalevら（2006）による研究である。1971年から2002年の708の民間企業の労働者を記述した連邦雇用機会均等データベース（EEO-1 database）を，企業による雇用機会均等の実践に関して書いたものと統合した研究である。Kalevらは，雇用機会均等委員会（EEOC）や，連邦ガラスの天井委員会，人的資源管理学会のような政府機関が紹介している最善の実践の多くは，研究対象となった組織における人種あるいはジェンダーの多様性にたいした影響を与えなかったことを示した。問題だったのは説明責任である。このことと一致して，経営において女性やマイノリティが代表者だという水準を最も強く予測する要因は，(1) 先述の通り，1970年代における規制実施の活気あふれる時期において，連邦契約遵守プログラム局によるコンプライアンス審査に会社がさらされていたかどうか，そして (2) マイノリティと女性の昇進に向けた内部の説明責任のシステムが打ち立てられてきたかどうか，であった（Kalev & Dobbin, 2006; Kalev et al., 2006）。上記の結果は，組織の方針レベルから研究の議題が必要であることを示している。

3.3.2 規制実施政策と情報開示 ――説明責任の力を利用する

Kalevらの研究はとても重要である。なぜならこれは，政策策定者が，職場におけるバイアスの発現を減らすと考えてきた介入の多く（すなわち，多様性の訓練，差別といやがらせに対する指針など）が，実際にはほとんど効果を持たないことを示したからである。明らかに，最重要なのは，採用や昇進の結果に対する説明責任である。たとえば結

果に対する説明責任を雇用者に持たせるには，（いま，あるいはこれからの）従業員，規制者，権利の請負人は，雇用者による雇用機会均等の遂行についての情報を必要としている。

この情報は，現在では，ほとんど利用できない状態であるといっていい。ここでは，この問題の本質と範囲を記述したあと，雇用者たちの雇用機会均等コンプライアンスの記録についての公的な開示を求める規制の取り組みが，多くの重要な方法によって市民権を実行する効果を増やすだろうと論じる。

a. 組織の雇用機会均等コンプライアンスと
　秘密のベール

2005年，雇用機会均等委員会は2万3000件以上の雇用における性差別の訴えを受けた。これらのうち約5700件が，訴えを起こしている側への賠償を含む自主的な和解を通して解決された。1700よりわずかに下回る数のものが，雇用機会均等委員会による差別の正式な行政的認定に至る結果となった（U.S. EEOC, 2006）。

しかし，公民権法第7編のセクション706（b）に基づき，雇用機会均等委員会は，提訴あるいは差別が正式に認定された雇用機関，労働組合，雇用者を同定することにつながるいかなる公的な情報を作成することも禁止されている。そのような情報を公開した雇用機会均等委員会の従業員は，最大1年以下の期間収監されうる連邦法上の犯罪になる。

この同じ守秘義務が，雇用機会均等の他の重要なコンプライアンス情報を覆い隠すことになる。たとえば，公民権法第7編のセクション709（c）にもとづき，100人以上の従業員を持つすべての民間企業の公民権法第7編の雇用者と，50人以上の従業員を持ち連邦と契約するすべての請負業者は，9職種のそれぞれにおいて雇用されている女性とマイノリティの人たちの割合を示したEEO-1の報告書を毎年提出しなければならない。複数の事業所の雇用者は，50人以上の従業員を雇用している事業所について，それぞれ別々の報告書を提出する必要がある。これらの報告書は，どの雇用者によってマイノリティや女性が未活用であるかといったパターンを容易に特定できる集積データを生み出す。しかし，EEO-1の報告書からの情報は，公民権法第7編のセクション709（e）にもとづき，どの会社でジェンダー，人種，国籍などが未活用であるかといったパターンを特定できる形では，公に情報開示されないだろう。

同様の開示制限が，労働省の連邦契約遵守プログラム局の部門によって管理されている雇用機会均等コンプライアンス制度にも大きな影響を与えている。50人以上の従業員を持ち，連邦政府との5万ドルを超える契約を行っているどの取引業者も，毎年，連邦契約遵守プログラム局に雇用機会均等コンプライアンスの報告書を提出しなければならない。これらの報告書は，EEO-1によって提供されるものよりもはるかに広範で多量の情報を含み，これから勤務見込みの従業員と現在の従業員，雇用機会均等の啓発グループ，州の雇用機会均等委員会コンプライアンス機関，そして雇用機会均等委員会は，これらの報告書から企業の雇用機会均等の遂行状態を評価することができる。

しかし，連邦契約遵守プログラム局は現在，契約雇用者から得られた差別是正措置プラン，コンプライアンス審査に関する提案，毎年の機会均等調査の情報を開示することを拒んでいる。現在これらの資料は，連邦の情報の自由に関する法律（OFCCP, 2000）に基づく開示対象からは免れている，という立場にある。いま連邦契約遵守プログラム局と雇用機会均等委員会は，互いに情報を共有することさえしていない（Krieger, 2007）。

雇用者はまた，差別に関する訴訟において通常

浮上することになる雇用機会均等のコンプライアンスに関連した情報が，公的領域に漏れ出ないようにする方法を見出だそうとしている。多くの法律関係の評論家が意見を述べてきたように，アメリカの民事訴訟における秘密保持は，もはや例外ではなくルールとなっている（Brenowitz, 2004; Dore, 2004）。この秘密保持は，多くの具体的な手段，たとえば，訴訟を起こす場合には事前に必ず仲裁手続きを行うことが雇用条件として課されることや，和解合意における守秘義務についての規定，民事の開示手続に関連した保護命令などを通して達成される。

多くの雇用者がいま，裁判制度を通すよりも，私的な仲裁を通して，性差別の訴えを含む雇用紛争を解決することへの同意を，雇用条件として応募者に求めている。陪審裁判を受ける権利を従業員から奪うことに加えて，このように仲裁を経る義務に関する協定は，雇用者に，性差別の訴えの存在と解決を世間の目から隠すことを許すものである。この目的のために，多くの紛争前の仲裁義務は，従業員に，仲裁の最中とその後の結論の両方において守秘義務を維持するよう約束することを求める。

第二に，いまやほとんど例外なく，差別の個別の訴訟が和解に至るとき，実際に提訴される前であれ，提訴されて判決が下される前であれ，その和解の条件を開示しないことが従業員（原告）に和解の条件として課せられる。95％以上の民事訴訟が，公判前に和解に至ることを考えると（Gross & Syverud, 1996），和解における習慣的な守秘義務合意の影響は，誇張などではないと言える。ときどき耳目を集める陪審員がはじきだした高額な賠償金，あるいは政府合意の判決以外には，世間は事実上，性差別訴訟の和解の内容と件数や，そのような回復がなされた組織を特定する情報にはアクセスすることができない。

最後に，耳目を集める集団訴訟を含め，民事訴訟の過程で裁判官によって出される秘密保持命令は，雇用機会均等法のコンプライアンス違反を明らかにする重要な根拠を世間の目から隠すために，雇用者によってますます多く用いられている。連邦契約遵守プログラム局のコンプライアンスの報告書においてもそうであるように，定型化した性差別訴訟の中心部分は，女性従業員がいま就いている職場での役職と，その仕事と同等の限定された労働市場において同じ役職に就く可能性とを比較する活用分析である。差別を証明するために，集団訴訟の原告はしばしば，この活用分析を雇用者に対する他の差別の嫌疑や事実認定，あるいは意思決定者側のジェンダー・バイアスを反映した記録や発言によって補完する。

性差別の原告がその事実を証明するための情報は，一般的に，開示手続と呼ばれる訴訟の過程で雇用者から得ることができる。その開示手続の過程を通して，雇用者は，原告の法律家（最終的には法廷）が，その雇用者が全体として女性を男性よりも不利に扱っていたかどうか，もしそうであるなら，その処遇の違いはある程度ジェンダー・バイアスに起因するものでありえたかどうかを審査することができるように，統計その他の情報を提供することが法的に求められる。情報開示を禁止する具体的な裁判所の命令がなければ，ひとたびこの性差別に対する情報を雇用者が提供した時点で，その情報は一般社会や各種啓発団体，他の不当に扱われた個々人とその代理人に共有される。

しかし，性差別その他の民事事件の被告は，広範にわたる守秘義務命令による恩恵をさらに得ている。具体的には，その民事事件の開示手続過程で得た雇用機会均等のコンプライアンス関連情報を原告が開示することを禁止するという，裁判所からの守秘義務命令である。最も強固な形式のものでいえば，これらの守秘義務命令は，開示手続

において得られた情報（これを開示すると法廷に対する侮辱罪として罰せられうる違反となる）だけでなく，その証言，申立，証拠書類，法廷速記録その他の訴訟に関連する文書を開示しない約束，さらに，しばしば守秘秘密に関する和解合意によって，この訴訟のあとにそれらの資料を雇用者に返還することを，命ずることができる。

これらの3つの手段（雇用の条件として守秘義務条項を含めた強制仲裁を行うことに関する合意，和解合意の守秘義務条項，そして開示手続において得られた雇用機会均等のコンプライアンスに関わる情報の開示を禁止する守秘義務命令の発令）は事実上，雇用者ごとに体系的に集積された雇用機会均等のコンプライアンスのデータに一般社会が注目しないように，雇用機会均等委員会と連邦契約遵守プログラム局の守秘義務条項と併用される。労働市場における女性一人ひとりも，その女性たちの利益を増進する啓発団体も，雇用者が女性を男性よりも体系的に不利に扱っているかどうかを知る方法を持たないのである。

a. 雇用機会均等コンプライアンス政策における非効率の源としての情報の非対称性

雇用者と組合の雇用機会均等のコンプライアンス記録が公的情報として全体的に不足しているという現状は，深刻な規制の失敗を生みだす。その失敗は，透明性の拡大を命じる規制によって軽減されうる。個々の会社は，それぞれの職位と職種ごとに，社会一般ではどのくらいの割合で女性たちが雇用されているかを知っており，自分たちがその比率に応じて女性たちを活用しているかどうかを知っている（あるいは少なくとも，それを知る力を持つ）。雇用者たちはまた，他の関連する非差別的独立変数の影響を取り除いたあとでも，ジェンダーが給与の水準を予測する有意な要因として残っていることを知っている（あるいはそれが有意な要因であるかどうかを見極めることができる）。雇用者たちはさらに，自分たちが多くの雇用機会均等のコンプライアンスの申し立て，訴え，訴訟をこれまで受けてきたか，あるいは特定の運用が，組織において女性が昇進することの障害として作用してしまっているかどうかを知っているだろう（あるいは容易に見極めることができる）。

しかし，特定の企業における新規雇用あるいは継続的雇用を期待している女性も，雇用や給与，昇進において差別を受けているかもしれないと考えている女性，法的啓発団体，あるいは政府のコンプライアンスに関わる機関でさえ，この類の情報に接することはない。これは，相互に関連する2つの問題を生みだす。1つ目は，これから従業員になる人たち（いわば，雇用機会の「買い手」）が直面する問題であり，もう1つは，規制をする人たちと「権利の請負人」，すなわち性差別の予防，あるいは和解や他の法的努力を通して，その事実があったときにその損害を軽減することに努める法的啓発団体が直面する問題である。

1つ目の問題である，買い手のジレンマを考えたい。この章で先に述べた通り，集積データとは反対に，個々の事例から差別を同定することはたいへん難しい。雇用者と組合に特有の雇用機会均等コンプライアンスデータの公的利用可能性のなさは，労働市場における女性たちが，どの雇用者たちがおおよそ彼女たちに差別をしがちであるか知ることを事実上不可能にする。議論を単純化するために，市場の力が労働市場から差別をいくらか取り除くことができたと仮定したとしても，そのような力は，平等な雇用機会の「売り手」（雇用者たち）と買い手（組織で昇進を望むこれからの，ないし現在の従業員）の間の劇的な情報の非対称性に直面して機能することは不可能である。

情報の非対称性はまた，差別の「最終段階」において雇用機会均等実現の問題を引き起こす。権

利の請負人が有効な雇用機会均等のコンプライアンス情報に接することが十分にできないため，法的啓発団体や個々の申立人は，訴訟が申し立てられ，重要な開示手続が完了するまで，差別の訴訟において自分たちに有利な側面の情報に接することができない。そういうわけで，公的に利用可能な雇用機会均等のコンプライアンス情報が個々の労働者によって最適に利用されている，と私たちが考えていないとしても，こうした情報の非対称性は雇用機会均等の実現を実質的にはより非効果的で非効率的なものとする。

雇用者が実際のコンプライアンス記録を秘密のベールの陰に隠す一方で，雇用者たちが自分たちは機会均等を支持していると主張できることを考えると，Cass Sunstein（2006）によって描かれた類の「規範カスケード（滝のような流れ）」は，差別の生起頻度を押し下げる有効な抑止力となる。性差別に関わる雇用者は，どの企業が性差別的かを特定できる情報が公的に利用不可能であるとき，多くの負担を被ることはない。この新たな理由にもとづいて，著者らは，強制的な情報開示を，雇用者が巧妙なバイアスの潮引きを乗り越え，そして女性を経営や他の高地位職に推し進めるために積極的に行動するように後押しする法的禁止と組み合わせることができると提案する。

要約すると，著者らは，ジェンダー・バイアスの巧妙な形式を適切に考慮するために，雇用機会均等政策は，ある特定の訴訟において差別が起きていたかどうかという個々の事実が起きた後の紛争を頼りにするのをやめ，説明責任の力をより体系的に利用する政策アプローチにさらに重きを置くべきだと提案する。これを行うためには，現在証券市場を規制するために用いられているものと似た，強制的に情報開示を求めるシステムをもって，現在利用可能な雇用機会均等政策の実施ツールを補完することが求められる。このような政策的処方は，情報経済学から引き出された基本的かついまだに論争中のアイデアに，たしかに大きく基づいている。つまり，情報が非対称性であることと同定と解消が，市場をより効率的にする方法として利用されているのである（Stiglitz, 2000）。

しかし，著者らの情報経済学からの洞察の利用には，工夫が加えられている。情報の非対称性とシグナリング，スクリーニング[vii]の役割についての従来の経済分析は，一様に将来の従業員候補は，売り手として，雇用者に対して，自分たちがどのような働きをしうるかを雇用者に伝達（シグナリング）しなければいけない存在であり，雇用者は買い手でありスクリーニングする者として機能する存在である，と位置づけている。（Cooter, 1994; Spence, 1973; Stiglitz, 2002）。しかし，著者らはここでは，労働市場におけるジェンダー・バイアスの巧妙な形を適切に考慮するために，シグナリングとスクリーニングの役割の概念を覆さなければならないと提案する。雇用者が必要とするどんな情報を従業員が持っているのかをただ尋ねるのではなく，雇用差別の経済分析は，現在あるいは今後の従業員が自分自身のキャリア選択について，合理的で，効用を最大化できる決定をするために必要な雇用者の雇用機会均等実績についての情報を尋ねなければいけない。たとえば，以下のようなものがそうした情報にあたる。

・それぞれの職種において，同等の仕事に就いている女性の割合と実際に雇用している女性の割合を比較する活用分析
・それぞれの職種に対して，同等の仕事に就いている人たちの統計がどのように編集されたかについての説明と，同等の仕事につく可能性があ

---

vii［訳者註］情報の非対称性がある場合に，それぞれの立場で不利益を被らないようにする方法として，シグナリング（情報を持っている立場の人たちが情報を提供すること）とスクリーニング（情報を持っていない人たちが情報を持っている人から情報を得ること）がある。

る人たちとその職種の構成が適切であるかについて，事情に通じた妥当な評価者による詳細な説明
- それぞれの職種と地位ごとに，昇進あるいは次の地位へと歩みを進めた女性と男性の相対的な採用の割合と確率を示す統計
- それぞれの給与等級に対する，昇進の各段階にある特定の職種における男性従業員と女性従業員の平均賃金あるいは給与の差を示す統計
- 同等の仕事をしている女性（採用群の女性）の割合よりも少ない割合の女性が雇用されている職種に対して，女性の活用あるいは昇進へ向けた現在の障壁の分析，および少しでもそれがあれば，それらを取り除くための雇用者，組合，雇用機関の計画
- 雇用機会均等委員会，連邦契約遵守プログラム局，あるいは他の雇用機会均等実施機関（州あるいは連邦）のいずれかの機関に届け出された性差別の訴えの数を機関ごとに開示する統計と，それぞれの訴えの内容（つまり，昇進，給与，いやがらせ，解雇など）およびその訴えは解決されたかどうか，もし解決されたのであれば，どのように解決されたかを指し示すもの

3.3.3 現代政策ツールの要約

著者らは，雇用の意思決定における巧妙なジェンダー・バイアスの発現を減らすために組織が取り組めることの概略を示してきた。そして，雇用機会均等法と規制を実現するために連邦政府の働きかけを徹底的に変化させることを提案した。そうすることで著者らは，労働市場の大部分から性差別を締め出すために，市場の力がどのように動員されうるかという問いに立ち戻ってきた。この点では，アメリカの証券市場の規制を特徴付けているものと同様の，包括的な情報開示義務付け制度の制定を提言した。

3.4 結論

著者らが示してきたように，巧妙で現代的な形式のバイアスは自動的であり，曖昧であり，両面価値的である。これは，特定の雇用の意思決定に対するバイアスの影響を同定するのを特に難しく，そしてコストがかかるものにする。女性，マイノリティ，そして，他の保護されている集団の人々に対して雇用機会の均等を制限するうえで，もし潜在的なバイアスが顕在的なバイアスよりも相対的に大きな役割を担っていくと，社会は雇用機会均等コンプライアンス政策への系統的で構造的な働きかけにますます引きつけられ，私たちにとって最も重要な政策ツールである個別の判決からは遠ざかるであろう。

原註

1. 著者らは，個別の差別的取り扱いに関する訴訟を起こすための活動における私的な権利の排斥を提案してはいない。しかし，第二著者は他の文脈において，潜在的ステレオタイプの無意図的な適用に起因する差別を含むケースでは，補償的損害賠償および懲罰的損害賠償ではなく，衡平法上の救済手段のみ，優勢な原告が利用できることを主張してきた（Krieger, 1995）。

引用文献

Akerlof, G. A. (1970). The market for "lemons:" Quality uncertainty and the market mechanism. *Quarterly Journal of Economics, 84,* 488-500.

Alexander, M. G., Brewer, M. B., and Hermann, R. K. (1999). Images and affect: A functional analysis of out-group stereotypes. *Journal of Personality and Social Psychology, 77,* 78-93.

American Association of University Women (2007). *Behind the pay gap.* Washington, DC: AAUW Educational Foundation.

Amodio, D. M. (2008). The social neuroscience of inter-group relations. *European Review of Social Psychology, 19*, 1-54.

Ashburn-Nardo, L., Voils, C. I., and Monteith, M. J. (2001). Implicit associations as the seeds of inter-group bias: How easily do they take root? *Journal of Personality and Social Psychology, 81*, 789-799.

Babcock, L., and Laschever, S. (2003). *Women don't ask: Negotiation and the gender divide.* Princeton, NJ: Princeton University Press.

Bagenstos, S. R. (2006). The structural turn and the limits of antidiscrimination law. *California Law Review, 94*, 1-47.

Banaji, M. R., and Hardin, C. D. (1996). Automatic stereotyping. *Psychological Science, 7*, 136-141.

Banaji, M. R., Hardin, C., and Rothman, A. J. (1993). Implicit stereotyping in person judgment. *Journal of Personality and Social Psychology, 65*, 272-281.

Bargh, J. A. (1999). The cognitive monster: The case against the controllability of automatic stereotype effects. In S. Chaiken and Y. Trope (Eds.), *Dual-process theories in social psychology* (pp. 361-382). New York: Guilford.

Bargh, J. A., Raymond, P., Pryor, J. B., and Strack, F. (1995). Attractiveness of the underling: An automatic power-sex association and its consequences for sexual harassment and aggression. *Journal of Personality and Social Psychology, 68*, 768-781.

Belkin, L. (2003, October 26). The opt-out revolution. *New York Times Magazine*, pp. 42-46.

Belkin, L. (2005, October 9). In-house nepotism: Hiring the husband. *New York Times Job Market*, Section 10, p. 1.

Berdahl, J. L. (2007). Harassment based on sex: Protecting social status in the context of gender hierarchy. *Academy of Management Review, 32*, 641-658.

Biernat, M., Crandall, C. S., Young, L. V., Kobrynowicz, D., and Halpin, S. M. (1998). All that you can be: Stereotyping of self and others in a military context. *Journal of Personality and Social Psychology, 75*, 301-317.

Biernat, M., and Fuegen, K. (2001). Shifting standards and the evaluation of competence: Complexity in gender-based judgment and decision making. *Journal of Social Issues, 57*,707-724.

Biernat, M., and Kobrynowicz, D. (1997). Gender- and race-based standards of competence: Lower minimum standards but higher ability standards for devalued groups. *Journal of Personality and Social Psychology, 72*, 544-557.

Biernat, M., and Vescio, T. K. (2002). She swings, she hits, she's great, she's benched: Implications of gender- based shifting standards for judgment and behavior. *Personality and Social Psychology Bulletin, 28*, 66-77.

Blair, I. V., and Banaji, M. R. (1996). Automatic and controlled processes in stereotype priming. *Journal of Personality and Social Psychology, 70*, 1142-1163.

Blair, I. V., Ma, J. E., and Lenton, A. P. (2001). Imagining stereotypes away: The moderation of implicit stereotypes through mental imagery. *Journal of Personality and Social Psychology, 81*, 828-841.

Blau, F. D., Brinton, M. C., and Grusky, D. (Eds.) (2006). *The declining significance of gender?* New York: Russell Sage Foundation.

Bodenhausen, G. A., and Lichtenstein, M. (1987). Social stereotypes and information-processing strategies: The impact of task complexity. *Journal of Personality and Social Psychology, 52*, 871-880.

Bodenhausen, G. A., and Wyer, R. S. (1985). Effects of stereotypes in decision making and information-processing strategies. *Journal of Personality and Social Psychology, 48*, 267-282.

Brenowitz, S. (2004). Deadly secrecy: The erosion of public information under private justice. *Ohio State Journal on Dispute Resolution, 19*, 679-708.

Brewer, M. B. (1996). In-group favoritism: the subtle side of intergroup discrimination. In D. M. Messick and A. E. Tenbrunsel (Eds.), *Codes of conduct: Behavioral research and business ethics* (pp. 160-71). New York: Russell Sage Foundation.

Brewer, M. B. (2000). Reducing prejudice through cross-categorization: Effects of multiple social identities. In S. Oskamp (Ed.), *Reducing prejudice and discrimination* (pp. 165-184). Mahwah, NJ: Erlbaum.

Carvallo, M., and Pelham, B. W. (2006). When fiends becomes friends: The need to belong and perceptions of personal and group discrimination. *Journal of Personality and Social Psychology, 90*, 94-108.

Castelli, L., Macrae, C. N., Zogmaister, C., and Arcuri, L. (2004). A tale of two primes: Contextual limits on stereotype activation. Social Cognition, 22, 233-247.

Catalyst (2002). 2002 Catalyst census of women corporate officers and top earners in the Fortune 500. Retrieved from http://www.catalyst.org/file/87/2002%20catalyst%20census%20%20women%20corporate%20 officers%20and%20top%20 earners%20of%20the%20fortune%20500.pdf

Chaiken, S., and Trope, Y. (Eds.). (1999). Dual-process theories in social psychology. New York: Guilford.

Charny, D. and Gulati, G. M. (1998). Efficiency wages, tournaments, and discrimination: A theory of employment discrimination law for "high level" jobs. *Harvard Civil Rights-Civil Liberties Law Review, 33*, 57-105.

Clausell, E., and Fiske, S. T. (2005). When do the parts add up to the whole? Ambivalent stereotype content for gay male subgroups. *Social Cognition, 23*, 157-176.

Cloutier, J., Mason, M. F., and Macrae, C. N. (2005). The perceptual determinants of person construal: Reopening the social-cognitive toolbox. *Journal of Personality and Social Psychology, 88*, 885-894.

Cooter, R. (1994). Market affirmative action. *San Diego Law Review, 31*, 133-168.

Crocker, J., and Major, B. (1989). Social stigma and self-esteem: The self-protective properties of stigma. *Psychological Review, 96*, 608-630.

Crocker, J., Voelkl, K., Testa, M., and Major, B. (1991). Social stigma: The affective consequences of attributional ambiguity. *Journal of Personality and Social Psychology, 60*, 218-228.

Crosby, F. (1984). The denial of personal discrimination. *American Behavioral Scientist, 27*, 371-386.

Crosby, F., Clayton, S., Alksnis, O., and Hemker, K. (1986). Cognitive biases in the perception of discrimination: The importance of format. *Sex Roles, 14*, 637-646.

Cuddy, A.J.C., Fiske, S. T., and Glick, P. (2007). The BIAS map: Behaviors from intergroup affect and stereotypes. *Journal of Personality and Social Psychology, 92*, 631-648.

Cuddy, A.J.C., Fiske, S. T., Kwan, V.S.Y., Glick, P., Demoulin, S., Leyens, J-Ph., et al. (2009). Is the stereotype content model culture-bound? A cross-cultural comparison reveals systematic similarities and differences. *British Journal of Social Psychology, 48*, 1-33.

Cunningham, W. A., Preacher, K. J., and Banaji, M. R. (2001). Implicit attitude measures: Consistency, stability, and convergent validity. *Psychological Science, 17*, 163-170.

Czopp, A. M., and Monteith, M. J. (2003). Confronting prejudice (literally): Reactions to confrontations of racial and gender bias. *Personality and Social Psychology Bulletin, 29*, 532-544.

Dasgupta, N. (2004). Implicit ingroup favoritism, out-group favoritism, and their behavioral manifestations. *Social Justice Research, 17*, 143-169.

Deaux, K., and Emswiller, E. (1974). Explanations of successful performance on sex-linked tasks: What is skill for the male is luck for the female. J*ournal of Personality and Social Psychology, 29*, 80-85.

Dickman, A. B., and Eagly, A. H. (2000). Stereotypes as dynamic constructs: Women and men of the past, present, and future. *Personality and Social Psychology Bulletin, 26*, 1171-1188.

Dijksterhuis, A., and van Knippenberg, A. (2000). Behavioral indecision: Effects of self-focus on automatic behavior. *Social Cognition, 18*, 55-74.

Donohue, J. J., III. (1986). Is Title VII efficient? *University of Pennsylvania Law Review, 134*, 1411-1431.

Donohue, J. J., III. (1987). Further thoughts on employment discrimination legislation: A reply to Judge Posner. *University of Pennsylvania Law Review, 136*, 523-551.

Donohue, J. J., III. (1989). Prohibiting sex discrimination in the work-place: An economic perspective. *University of Chicago Law Review, 56*,1337-1368.

Donohue, J. J., III, and Siegelman, P. (1991). The changing nature of employment discrimination litigation. *Stanford Law Review, 43*, 983-1030.

Dore, L. K (2004). Settlement, secrecy, and judicial discretion: South Carolina's new rules governing the sealing of settlements. *South Carolina Law Review, 55*, 791-827.

Dovidio, J. F., Evans, N., and Tyler, R. B. (1986). Racial stereotypes: The contents of their cognitive represen-tations. *Journal of Experimental Social Psychology, 22*, 22-37.

Dovidio, J. F., Kawakami, K, and Gaertner, S. L. (2002). Implicit and explicit prejudice and interracial interaction. *Journal of Personality and Social Psychology, 82*, 62-68.

Dunning, D., and Sherman, D. A. (1997). Stereotypes and tacit inference. *Journal of Personality and Social Psychology, 73*, 459-471.

Eagly, A. H., and Karau, S. J. (2002). Role congruity theory of prejudice toward female leaders. *Psychological Review, 109*, 573-598.

Eagly, A. H., and Steffen, V. J. (1984). Gender stereotypes stem from the distribution of women and men into social roles. *Journal of Personality and Social Psychology, 46*, 735-754.

Eckes, T. (2002). Paternalistic and envious gender stereotypes: Testing predictions from the stereotype content model. *Sex Roles, 47*, 99-114.

Epstein, R. A. (1995). *Forbidden grounds: The case against employment discrimination laws*. Cambridge, MA: Harvard University Press.

Estlund, C. L. (2000). Working together: The workplace, civil society, and the law. *Georgetown Law Journal.*, 89, 1-96.

Faludi, S. (1991). *The undeclared war against American women*. New York: Crown.

Fazio, R. H., and Olson, M. A. (2003). Implicit measures in social cognition research: Their meaning and use. *Annual Review of Psychology, 54*, 297-327.

Fein, S., and Spencer, S. J. (1997). Prejudice as self-image maintenance: Affirming the self through derogating others. *Journal of Personality and Social Psychology, 73*,31-44.

Fiske, S. T. (1998). Stereotyping, prejudice, and discrimination. In D. T. Gilbert, S. T. Fiske, and G. Lindzey (Eds.), *Handbook of social psychology* (4th ed., Vol. 2, pp. 357-411). New York: McGraw-Hill.

Fiske, S. T. (2007). Core social motivations, a historical perspective: Views from the couch, consciousness, classroom, computers, and collectives. In W. Gardner and J. Shah (Eds.), *Handbook of motivation science* (pp. 3-22). New York: Guilford.

Fiske, S. T. (2010a). *Social beings: A core motives approach to social psychology*. New York: Wiley.

Fiske, S. T. (2010b). Stratification. In S. T. Fiske, D. T, Gilbert, and G. Lindzey (Eds.) *Handbook of social psychology* (5th ed., pp. 941-982). New York: Wiley.

Fiske, S. T., Bergsieker, H., Russell, A. M., and Williams, L. (2009). Images of Black Americans: Then, "them" and now, "Obama!" *DuBois Review: Social Science Research on Race*, 6, 83-101.

Fiske, S. T., Bersoff, D. N., Borgida, E, Deaux, K., and Heilman, M. E. (1991). Social science research on trial: The use of sex stereotyping research in Price Waterhouse v. Hopkins. *American Psychologist, 46*, 1049-1060.

Fiske, S. T., Cuddy, A.J.C., and Glick, P. (2007). Universal dimensions of social perception: Warmth and competence. *Trends in Cognitive Science*, 11, 77-83.

Fiske, S. T., Lin, M. H., and Neuberg, S. L. (1999). The continuum model: Ten years later. In S. Chaiken and Y. Trope (Eds.) *Dual process theories in social psychology* (pp. 231-254). New York: Guilford.

Fiske, S. T., and Taylor, S. E. (2008). *Social cognition: From brains to culture*. New York: McGraw-Hill.

Frantz, C. M., Cuddy, A.J.C., Burnett, M., Ray, H., and Hart, A. (2004). A threat in the computer: The race implicit association test as a stereotype threat experi-ence. *Personality and Social Psychology Bulletin*, 30, 1611-1624.

Gaertner, S. L., and Dovidio, J. F. (2005). Understanding and addressing contemporary racism: From aversive racism to the common ingroup identity model. *Journal of Social Issues*, 61, 615-639.

Gaertner, S. L., and McLaughlin, J. P. (1983). Racial stereotypes: Associations and ascriptions of positive and negative characteristics. *Social Psychology Quarterly, 46*, 23-30.

Gaertner, S. L., Scdikides, C., and Graetz, K. (1999). In starch of self-definition: Motivational primacy of the individual self,, motivational primacy of the collective self, or contextual primacy? *Journal of Personality and Social Psychology, 76*, 5-18.

Galinsky, A. D., and Moskowitz, G. B. (2000). Perspectivetaking: Decreasing stereotype expression, stereotype accessibility, and in-group favoritism. *Journal of Personality and Social Psychology, 78*, 708-724.

Gallup Organization (2005). *Employee discrimination in the workplace*. Washington, DC: Gallup. Retrieved from http://media.gallup.com/government/PDF/Gallup_Discrimination_Report_Final.pdf

Gilbert, D. T., Pelham, B. W., and Krull, D. S. (1988). On cognitive busyness: When person perceivers meet persons perceived. *Journal of Personality and Social Psychology, 54*,733-740.

Glick, P., Diebold, J., Bailey-Werner, B., and Zhu, L. (1997). The two faces of Adam: Ambivalent sexism and polarized attitudes toward women. *Personality and Social Psychology Bulletin, 23*, 1323-1334.

Glick, P., and Fiske, S. T. (1996). The Ambivalent Sexism Inventory: Differentiating hostile and benevolent sexism. *Journal of Personality and Social Psychology, 70*, 491-512.

Glick, P., and Fiske, S. T. (2001). Ambivalent sexism. In M. P. Zanna (Ed.), *Advances in experimental social psychology* (Vol. 33, pp. 115-188). San Diego, CA: Academic Press.

Glick, P., Fiske, S. T., Mladinic, A., Saiz, J. L, Abrams, D., Masser, B., et al. (2000). Beyond prejudice as simple antipathy: Hostile and benevolent sexism across cultures. *Journal of Personality and Social Psychology, 79*, 763-775.

Glick, P., Thomas, M., Vescio, T., and Fiske, S. T. (In preparation). *The stereotype-confirming attributional bias*. Manuscript in preparation.

Goldberg, P. (1968). Are women prejudiced against women? *Transaction, 5*, 28-30.

Greenwald, A. G., Banaji, M. R., Rudman, L A., Farnham, S. D., Nosek, B. A., and Mellott, D. S. (2002). A unified theory of implicit attitudes, stereotypes, self-esteem, and self-concept. *Psychological Review, 109*, 3-25.

Greenwald, A. G., McGhee, D. E., and Schwartz, J.L.K (1998). Measuring individual differences in implicit cognition: The implicit association test. *Journal of Personality and Social Psychology Bulletin, 74*, 1464-1480.

Greenwald, A. G., Poehlman, T. A., Uhlmann, E. L., and Banaji, M. R. (2009). Understanding and using the Implicit Association Test: III. Meta-analysis of predictive validity. *Journal of Personality and Social Psychology, 97*, 17-41.

Gruenfeld, D. H., and Tiedens, L. Z. (2010). On the social psychology of organizing. In S. T. Fiske, D. T. Gilbert, and G. Lindzey (Eds.), *Handbook of social psychology* (5th ed., pp. 1252-1287). New York: Wiley.

Gross, S. R., and Syverud, K. D. (1996). Don't try: Civil jury verdicts in a system geared to settlement. *UCLA Law Review, 4*, 1-64.

Heilman, M. E. (1983). Sex bias in work settings: The Lack of Fit Model. *Research in Organizational Behavior, 5*, 269-298.

Heilman, M. E., and Haynes, M. C. (2008). Subjectivity in the appraisal process: A facilitator of gender bias in work settings. In E. Borgida and S. T. Fiske (Eds.), *Psychological science in the courtroom: Beyond common sense* (pp. 127-156). London: Blackwell.

Hewstone, M. (1990). The "ultimate attribution error": A review of the literature on intergroup causal attribution. *European Journal of Social Psychology, 20*, 311-335.

Hoffman, C., and Hurst, N. (1990). Gender stereotypes: Perception or rationalization? *Journal of Personality and Social Psychology, 58*, 197-208.

Hofmann, W., Gawronski, B., Gschwendner, T., Le, H., and Schmitt, M. (2005). A meta-analysis on the correlation between the implicit association test and explicit self-report measures. *Personality and Social Psychology Bulletin, 31*, 1369-1385.

Hopkins v. Price Waterhouse, 618 F. Supp. 1109 (D.D.C. 1985); appeal: 825 F.2d 458 (D.C. Cir. 1987); Supreme Court review: 109 S. Ct. 1775 (1989); remand: No. 84-3040, slip op. (D.D.C. May 14,1990).

Ito, T. A., and Urland, G. R. (2003). Race and gender on the brain: Electrocortical measures of attention to the race and gender of multiply categorizable individuals. *Journal of Personality and Social Psychology, 85*, 616-626.

Kaiser, C. R., and Miller, C. T. (2001). Stop complaining! The social costs of making attributions to discrimination. *Personality and Social Psychology Bulletin, 27*, 254-263.

Kaiser, C. R., and Miller, C. T. (2003). Derogating the victim: The interpersonal consequences of blaming events on discrimination. *Group Processes and Intergroup Relations, 6*, 227-237.

Kalev, A. and Dobbin, F. (2006). Enforcement of civil rights law in private workplaces: The effects of compliance reviews and lawsuits over time. *Law and Social Inquiry, 31*, 855-903.

Kalev, A., Kelly, E. and Dobbin, F. (2006). Best practices or best guesses? Assessing the efficacy of corporate affirmative action and diversity policies. *American Sociological Review, 71*, 589-617.

Kang, J. (2005). Trojan horses of race. *Harvard Law Review, 118*, 1489-1593.

Katz, I., and Hass, R. G. (1988). Racial ambivalence and American value conflict: Correlational and priming studies of dual cognitive structures. *Journal of Personality and Social Psychology, 55*, 893-905.

Katz, I., Wackenhut, J., and Hass, R. G. (1986). Racial ambivalence, value duality, and behavior. In J. F. Dovidio and S. L. Gaertner (Eds.), *Prejudice, discrimination, and racism* (pp. 35-59). San Diego, CA: Academic Press.

Kawakami, K., and Dovidio, J. F. (2001). The reliability of implicit stereotyping. *Personality and Social Psychology Bulletin, 27*, 212-225.

Kawakami, K., Dovidio, J. F., Moll, J., Hermsen, S., and Russin, A. (2000). Just say no (to stereotyping): Effects of training in the negation of stereotypic associations on stereotype activation. *Journal of Personality and Social Psychology, 78*, 871-888.

Kawakami, K., Dovidio, J. F., and van Kamp, S. (2005). Kicking the habit: Effects of nonstereotypic association training and correction processes on hiring decisions. *Journal of Experimental Social Psychology, 41*, 68-75.

Klauer, K. C., and Wegener, I. (1998). Unraveling social categorization in the "Who said what?" paradigm. *Journal of Personality and Social Psychology, 75*,1155-1178.

Krieger, L. H. (1995). The content of our categories: A cognitive bias approach to discrimination and equal employment opportunity. *Stanford Law Review, 47*, 1161-1247.

Krieger, L. H. (1998). Civil rights perestroika: Intergroup relations after affirmative action. *California Law Review, 86*, 1251-1333.

Krieger, L. H. (2007). The watched variable improves: On eliminating sex discrimination in employment. In F. Crosby, M. Stockdale, and S. A. Ropp (Eds.), *Sex discrimination in the workplace* (pp. 295-331). Malden: Blackwell.

Krieger, L. H. and Fiske, S. T. (2006). Behavioral realism in employment discrimination law: Implicit bias and disparate treatment. *University of California Law Review, 94*, 997-1062.

Kunda, Z., and Sherman-Williams, B. (1993). Stereotypes and the construal of individuating information. *Personality and Social Psychology Bulletin, 19*, 90-99.

Kwan, V.S.Y., John, 0. P., Kenny, D. A., Bond, M. H., and Robins, R. W. (2004). Reconceptualizing individual differences in self-enhancement bias: An interpersonal approach. *Psychological Review, 111*, 94-110.

Lemm, K. M., Dabady, M., and Banaji, M. R. (2005). Gender picture priming: It works with denotative and connotative primes. *Social Cognition, 23*, 218-241.

Leonhardt, D. (December 24, 2006). Gender pay gap, once narrowing, is stuck in place. *New York Times*. Retrieved from http://www.nytimes.com/2006/12/24/business/24gap.html

Lieberman, M. D., Gaunt, R., Gilbert, D. T., and Trope, Y. (2002). Reflection and reflexion: A social cognitive neuroscience approach to attributional inference. In M. Zanna (Ed.), *Advances in experimental social psychology* (Vol. 34, pp. 199-249). San Diego, CA: Academic Press.

Lord, C. G., Lepper, M. R., and Preston, E. (1984). Considering the opposite: A corrective strategy for social judgment. *Journal of Personality and Social Psychology, 47*, 1231-1243.

Lyneas, K. S., and Judiesch, M. K. (1999) Are women more likely to be hired or promoted into management positions? *Journal of Vocational Behavior, 54*, 158-173.

Macrae, C. N., Bodenhausen, G. V., and Milne, A. B. (1998). Saying no to unwanted thoughts: Self-focus and the regulation of mental life. *Journal of Personality and Social Psychology*, *74*, 578-589.

Macrae, C. N., Bodenhausen, G. V., Milne, A. B., and Ford, R. L. (1997). On regulation of recollection: The intentional forgetting of stereotypical memories. *Journal of Personality and Social Psychology*, *72*, 709-719.

Macrae, C. N., Bodenhausen, G. V., Milne, A. B., and Jetten, J. (1994). Out of mind but back in sight: Stereotypes on the rebound. *Journal of Personality and Social Psychology*, *67*, 808-817.

Macrae, C. N., Hewstone, M., and Griffiths, R. J. (1993). Processing load and memory for stereotype-based information. *European Journal of Social Psychology*, *23*, 77-87.

Macrae, C. N., Milne, A. B., and Bodenhausen, G. V. (1994). Stereotypes as energy saving devices: A peek inside the cognitive toolbox. *Journal of Personality and Social Psychology*, *66*, 37-47.

Macrae, C. N., Quinn, K A., Mason, M. F., and Quadflieg, S. (2005). Understanding others: The face and person construal. *Journal of Personality and Social Psychology*, *89*, 686-695.

Maddox, K. B., and Chase, S. G. (2004). Manipulating subcategory salience: Exploring the link between skin tone and social perception of Blacks. *European Journal of Social Psychology*, *34*, 533-546.

Maddox, K. B., and Gray, S. A. (2002). Cognitive representations of Black Americans: Reexploring the role of skin tone. *Personality and Social Psychology Bulletin*, *28*, 250-259.

Major, B., Gramzow, R. H., McCoy, S. K., Levin, S., Schmader, T., and Sidanius, J. (2002). Perceiving personal discrimination: The role of group status and legitimizing ideology. Journal of Personality and Social Psychology, *82*, 269-282.

Major, B., Quinton, W. J., and McCoy, S. K. (2002). Antecedents and consequences of attributions to discrimination: Theoretical and empirical advances. In M. P. Zanna (Ed.), *Advances in experimental social psychology* (Vol. 34, pp. 251-330). San Diego, CA: Academic Press.

Major, B., Testa, M., and Blysma, W. H. (1991). Responses to upward and downward social comparisons: The impact of esteem-relevance and perceived control. In J. Suls and T. A. Wills (Eds.), *Social comparison: Contemporary theory and research* (pp. 237-260). Hillsdale, NJ: Eribaum.

Masser, B. M., and Abrams, D. (2004). Reinforcing the glass ceiling: The consequences of hostile sexism for female managerial candidates. *Sex Roles*, 51, 609-615.

Massey, D. S. (2007). *Categorically unequal: The American stratification system*. New York: Russell Sage Foundation.

McAdams, R. H. (1995). Cooperation and conflict: The economics of group status production and race discrimination. *Harvard Law Review*, *108*, 1003-1084.

McConnell, A. R., and Fazio, R. H. (1996). Women as men and people: Effects of gender-marked language. *Personality and Social Psychology Bulletin*, *22*, 1004-1013.

McKenzie-Mohr, D., and Zanna, M. P. (1990). Treating women as sexual objects: Look to the (gender schematic) male who has viewed pornography. *Personality and Social Psychology Bulletin*, *16*, 296-308.

Mitchell, J. P., Nosek, B. A., and Banaji, M. R. (2003). Contextual variations in implicit evaluation. *Journal of Experimental Psychology: General.*, *132*, 455-469.

Monin, B., and Miller, D. T. (2001). Moral credentials and the expression of prejudice. *Journal of Personality and Social Psychology*, *81*, 33-43.

Monteith, M. J., Sherman, J. W., and Devine, P. G. (1998). Suppression as a stereotype control strategy. Personality and *Social Psychology Review*, *2*, 63-82.

Monteith, M. J., Spicer, C. V., and Tooman, G. D. (1998). Consequences of stereotype suppression: Stereotypes on AND not on the rebound. *Journal of Experimental Social Psychology*, *34*, 355-377.

Monteith, M. J. and Voils, C. I. (2001). Exerting control over prejudiced responses. In G. B. Moskowitz (Ed.), *Cognitive social psychology: The Princeton symposium on the legacy and future of social cognition*. Mahwah, NJ: Eribaum.

Murray, J. D., Spadafore, J. A., and McIntosh, W. D. (2005). Belief in a just world and social perception. *Journal of Social Psychology*, *145*, 35-47.

Neilsen, L. B. and Nelson, R. L. (2005). Rights realized?: An empirical analysis of employment discrimination litigation as a claiming system. *Wisconsin Law Review*, 663-711.

Nicva, V. F. and Gutek, B. A. (1980). Sex effects on evaluation, *Academy of Management Review*, *5*, 267-276.

Norton, M. I., Vandello, J. A., and Darley, J. M. (2004). Casuistry and social category bias. *Journal of Personality and Social Psychology*, *87*, 817-831.

Nosek, B. A., Banaji, M. R., and Greenwald, A. G. (2002a). Harvesting implicit group attitudes and beliefs from a demonstration website. *Group Dynamics: Theory, Research, and Practice*, *6*, 101-115.

Nosek, B. A., Banaji, M. R., and Greenwald, A. G. (2002b). (2002b). Math = male, me = female, therefore math ≠ me. *Journal of Personality and Social Psychology*, *83*, 44-59.

O'Connor, M., Gutek, B. A., Stockdale, M., Geer, T. M., and Melancon, R. (2004). Explaining sexual harass-ment judgments: Looking beyond gender of the rater. *Law and Human Behavior*, *28*, 69-95.

Office of Federal Contract Compliance Programs (OFCCP), Equal Employment Opportunity, U. S. Dept. of Labor, Compliance Evaluations 41 C.F.R. 60-1.20, 60-2.18(d) (2000).

Perdue, C. W, Dovidio, J. F., Gurtman, M. B., and Tyler, R. B. (1990). Us and them: Social categorization and the process of intergroup bias. *Journal of Personality and Social Psychology*, *59*, 475-486.

Pettigrew, T. F. (1979). The ultimate attribution error: Extending Allport's cognitive analysis of prejudice. *Personality and Social Psychology Bulletin*, *5*, 461-476.

Phalet, K., and Poppe, E. (1997). Competence and morality dimensions of national and ethnic stereotypes: A study in six eastern-Europe countries. *European Journal of Social Psychology*, *27*, 703-723.

Pinel, E. C. (1999). Stigma consciousness: The psychological legacy of social stereotypes. *Journal of Personality and Social Psychology*, *76*, 114-128.

Pinel, E. C. (2002). Stigma consciousness in intergroup contexts: The power of conviction. *Journal of Experimental Social Psychology*, *76*, 114-128.

Plant, E. A., Kling, K. C., and Smith, G. L. (2004). The influence of gender and social role on the interpretation of facial expressions. *Sex Roles*, *51*, 187-196.

Prentice, D. A., and Miller, D. T. (2006). Essentializing differences between women and men. *Psychological Science*, *17*, 129-135.

Posner, R. A. (1989). An economic analysis of sex discrimination laws. *University of Chicago Law Review*, *56*, 1311-1335.

Posner, R. A.(1987). The efficiency and efficacy of Title VII. *University of Pennsylvania Law Review*, *136*, 513-522.

Pronin, E, Lin, D. Y., and Ross, L. (2002). The bias blind spot: Perceptions of bias in self versus others. *Personality and Social Psychology Bulletin, 28*, 369-381.

Quinn, K. A., and Macrae, C. N. (2005). Categorizing others: The dynamics of person construal. *Journal of Personality and Social Psychology, 88*, 467-479.

Reskin, I., and Padavic, B. (2002). *Women and men at work* (2nd ed.). Thousand Oaks, CA: Pine Forge Press.

Reskin, I., and Ross, C. E. (1992). Jobs, authority, and earnings among managers: The continuing significance of sex. *Work and Occupation, 19*, 342-365.

Riach, P. A., and Rich, J. (2002). Field experiments of discrimination in the market place. *Economic Journal., 112*, F480-F518.

Richeson, J. A., Baird, A. A., Gordon, H. L., Heatherton, T. F., Wyland, C. L, Trawalter, S., and Shelton, J. N. (2003). An fMRI investigation of the impact of interracial contact on executive function. *Nature Neuroscience, 6*, 1323-1328.

Richeson, J. A., and Shelton, J. N. (2003). When prejudice does not pay: Effects of interracial contact on executive function. *Psychological Science, 14*, 287-290.

Richeson, J. A., Trawalter, S., and Shelton, J. N. (2005). African American's implicit racial attitudes and the depletion of executive function after interracial inter-actions. *Social Cognition, 23*, 336-352.

Roose, P. A., and Gatta, M. L. (1999). The gender gap in earnings: Trends, explanations, and prospects. In G. Powell, (Ed.), *Handbook of gender and work* (pp. 95-123). Thousand Oaks, CA: Sage.

Rubin, M., and Hewstone, M. (1998). Social identity theory's self-esteem hypothesis: A review and some suggestions for clarification. *Personality and Social Psychology Review, 2*, 40-62.

Rudman, L. A., and Borgida, E. (1995). The afterglow of construct accessibility: The behavioral consequences of priming men to view women as sexual objects. *Journal of Experimental Social Psychology, 31*, 493-517.

Rudman, L. A., and Glick, P. (1999). Feminized management and backlash toward agentic women: The hidden costs to women of a kinder, gentler image of middle-managers. *Journal of Personality and Social Psychology, 77*, 1004-1010.

Rudman, L. A., and Glick, P. (2001). Prescriptive gender stereotypes and back-lash toward agentic women. *Journal of Social Issues, 57*, 743-762.

Rudman, L. A., and Glick, P. (2008). *Social psychology of gender: How power and intimacy shape gender relations*. New York: Guilford Press.

Rudman, L. A., and Goodwin, S.A. (2004). Gender differences in automatic in-group bias: Why do women like women more than men like men? *Journal of Personality and Social Psychology, 87*, 494-509.

Rudman, L. A., Greenwald, A. G., and McGhee, D. E. (2001). Implicit self-concept and evaluative implicit gender stereotypes: Self and ingroup share desirable traits. *Personality and Social Psychology Bulletin, 27*, 1164-1178.

Rudman, L. A., Greenwald, A .G., Mellott, D. S., and Schwartz, J.L.K. (1999). Measuring the automatic components of prejudice: Flexibility and generality of the Implicit Association Test. *Social Cognition, 17*, 437-465.

Rudman, L. A., and Kilianski, S. E. (2000). Implicit and explicit attitudes toward female authority. *Personality and Social Psychology Bulletin, 26*, 1315-1328.

Russell, B. L., and Trigg, K. Y. (2004). Tolerance of sexual harassment: An examination of gender differences, ambivalent sexism, social dominance, and gender roles. *Sex Roles, 50*, 565-573.

Rutte, C. G., Dickmann, K. A., Polzer, J. T., Crosby, F. J., and Messick, D. M. (1994). Organization of infor-mation and the detection of gender discrimination. *Psychological Science, 5*, 226-231.

Sailer, P., Yau, E., and Rehula, V. (2002). Income by gender and age from information returns. *Statistics of Income Bulletin, 21*, 83-102.

Santuzzi, A. M., and Ruscher, J. B. (2002). Stigma salience and paranoid social cognition: Understanding vari-ability in metaperceptions among individuals with recently-acquired stigma. *Social Cognition, 20*, 171-198.

Schmitt, M. T., Branscombe, N. R., and Postmes, T. (2003). Women's emotional responses to the pervasiveness of gender discrimination. *European Journal of Social Psychology, 33*, 297-312.

Shelton, J. N. (2003). Interpersonal concerns in social encounters between majority and minority group members. *Group Processes and Intergroup Relations, 6*, 171-185.

Shelton, J. N., and Richeson, J. A. (2006). Interracial interactions: A relational approach. In M. P. Zanna (Ed.), *Advances in experimental social psychology* (Vol. 38, pp. 121-181). San Diego, CA: Academic Press.

Sherman, J. W., Conrey, F. R, and Groom, C. J. (2004). Encoding flexibility revisited: Evidence for enhanced encoding of stereotype-inconsistent information under cognitive load. *Social Cognition, 22*, 214-232.

Sherman, J. W., Klein, S. B., Laskey, A., and Wyer, N. A. (1998). Intergroup bias in group judgment processes: The role of behavioral memories. *Journal of Experimental Social Psychology, 34*, 51-65.

Sherman, J. W., Lee, A. Y., Bessncoff, G. R., and Frost, L. A. (1998). Stereotype efficiency reconsidered: Encoding flexibility under cognitive load. *Journal of Personality and Social Psychology, 75*, 589-606.

Sherman, J. W., Stroessner, S. J., Conrey, F. R., and Azam, O. A. (2005). Prejudice and stereotype maintenance processes: Attention, attribution, and individuation. *Journal of Personality and Social Psychology, 89*, 607-622.

Sinclair, S., Lowery, B. S., Hardin, C. D., and Colangelo, A. (2005). Social tuning of automatic racial attitudes: The role of affiliative motivation. *Journal of Personality and Social Psychology, 89*, 583-592.

Son Hing, L. S., Li, W., and Zanna, M. P. (2002). Inducing hypocrisy to reduce prejudicial responses among aversive racists. *Journal of Experimental Social Psychology, 38*, 71-78.

Spence, J. T., and Helmreich, R. L. (1972). The Attitudes toward Women Scale: An objective instrument to measure attitudes toward the rights and roles of women in contemporary society. *JSAS Catalog of Selected Documents in Psychology, 2*, 66-67.

Spence, M. (1973). Job market signaling. *Quarterly Journal of Economics, 87*, 355-374.

Stangor, C., and Thompson, E. P. (2002). Needs for cognitive economy and self-enhancement as unique predictors of intergroup attitudes. *European Journal of Social Psychology, 32*, 563-575.

Stiglitz, J. E. (2000). The contribution of the economics of information to twentieth century economics. *Quarterly Journal of Economics, 115*, 1441-1478.

Stiglitz, J. E.(2002). Information and the change in the paradigm in economics. *Quarterly Journal of Economics, 92*, 460-501.

Story, L. (2005, September 20). Many women at elite colleges set career path to motherhood, *New York Times*, p. 41.

Sunstein, C. R. (1991). Why markets don't stop discrimination. *Social*

Philosophy and Policy, 8, 22-37.

Sunstein, C. R. (2006). A new progressivism. *Stanford Law and Policy Review, 17,* 197-232.

Swim, J. K., and Hyers, L. L. (1999). Excuse me—What did you just say?!: Women's public and private responses to sexist remarks. *Journal of Experimental Social Psychology, 35,*68-88.

Swim, J. K., and Sanna, L. J. (1996). He's skilled, she's lucky: A meta-analysis of observers' attributions for women's and men's successes and failures. *Personality and Social Psychology Bulletin, 22,* 507-519.

Taylor, S. E., and Brown, J. D. (1988). Illusion and well-being: A social psychological perspective on mental health. *Psychological Bulletin, 103,* 193-210.

Taylor, S. E., Fiske, S. T., Etcoff, N. L., and Ruderman, A. (1978). Categorical bases of person memory and stereotyping. *Journal of Personality and Social Psychology, 36,* 778-793.

Turner, J. C. (1991). *Social influence.* Pacific Grove, CA: Brooks/Cole Publishing.

Uhlmann, E. L., and Cohen, G. L. (2005). Constructed criteria: Redefining merit to justify discrimination. *Psychological Science, 16,* 474-480.

U.S. Bureau of Labor Statistics. (2006). *2006 annual averages: Household data.* Retrieved from http://www.bls.gov/cps/cps_aa2006.htm

U.S. Equal Employment Opportunity Commission (EEOC). (2006). *Sex-based charges FY 1997-FY 2011.* Retrieved from http://www.ceoc.gov/eeoc/statistics/enforcement/sex.cfm

U.S. General Accounting Office. (2001). *Women in management: Analysis of selected data from the current population survey* (GAO-02-156). Retrieved from http://www.gao.gov/new.items/d02156.pdf

van Knippenberg, A., Dijksterhuis, A., and Vermueulen, D. (1999). Judgment and memory of a criminal act: The effects of stereotypes and cognitive load. *European Journal of Social Psychology, 29,* 191-201.

Wax, A. L. (1999). Discrimination as accident. *Indiana Law Journal., 74,* 1129-1231.

Wegner, D. M. (1994). Ironic processes of mental control. *Psychological Review, 101,* 34-52.

White, R. W. (1959). Motivation reconsidered: The concepts of competence. *Psychological Review, 66,* 297-333.

Wilson, T. D., and Brekke, N. (1994). Mental contamination and mental correction: Unwanted influences on judgments and evaluations, *Psychological Bulletin, 116,* 117-142.

Wojciszke, B. (1997). Parallels between competence- versus morality-related traits and individualistic versus collectivistic values. *European Journal of Social Psychology, 27,* 245-256.

Word, C. O., Zanna, M. P., and Cooper, J. (1974). The nonverbal mediation of self-fulfilling prophecies in interracial interaction. *Journal of Experimental Social Psychology, 10,* 109-120.

Wyer, N. A., Sherman, J. W., and Stroessner, S. J. (2000). The roles of motivation and ability in controlling the consequences of stereotype suppression. *Personality and Social Psychology Bulletin, 26,* 13-25.

第2部
社会的相互作用
SOCIAL INTERACTIONS

4章　協力の心理──政策に対する意義

TOM TYLER

集団状況内において人々が協力に向けてどのように動機づけられるのかを理解することが重要であるとの認識は，社会科学全般に存在してきた（Tyler, 2013）。この点は，その状況が小集団であれ，組織，コミュニティ，さらには社会であっても同じである。経営研究は，会社の成功のために成員が積極的に働くことによって職場が諸々の恩恵を被ることを示している。法の領域における研究は，犯罪や社会の反秩序的な問題は，地域住民の積極的な関与なくしては解決が難しいことを示している。政治学者は，活発なコミュニティを作るためにも，強い社会を作るためにも，市民の関与が重要であることを認識している。さらに，政策に関わる人々は，たとえば，利害関係者による政策策定グループ内などにおいて，政策形成過程における協力の持つ価値を確認してきた。たとえば，長期的な環境問題解決にむけての試みは，核廃棄物の廃棄場所の問題に始まり世界的温暖化の防止に至るまで，さまざまな個人や集団からの協力をいかに取り付けるかという点に焦点を当ててきた（本書22章）。

4.1　協力

集団であれ，組織であれ，社会であれ，成員に協力を求める1つの明確な方法は，それぞれのルールを守らせることである。この考え方は，規制領域において非常に支配的であり，法令遵守が規制当局の有効性のリトマス試験紙と見なされている。

協力の2つ目の重要な局面は，目的を達成するために集団で働く場合である。この局面は，生産性，すなわち必要とされる資源を生産することによって集団を助ける行動を含んでいる。

協力行動の2つの機能間のこの差異は，集団を助ける行為の遂行を通じて集団の目的を順行的に推し進める機能（生産性）と，集団の目的の達成を阻害する行動を制限する機能（規制）とを区別する。このことが示唆するのは，集団内の人々は，積極的に，先を見越した形で集団を助けることによっても，また，集団を害する事をなすのを控えることによっても，いずれによっても集団と協力しうるということである。仕事をなす従業員は，自分の仕事をよく行うことによっても，事務用品を盗まないことによっても，自分たちの会社を助けることができる。

4.2　物的自己利益を超えて

すでに述べたように，心理学者は，行動を活性化させ方向付ける目標の問題である動機づけと，社会の性質に関する人々の判断とを区別する。これら2つの判断は，行動を起こさなくてはならないときにいかに計画を立て選択するか，および，どのように行動するか，すなわち，いかなる決断あるいは選択をすべきかを人々に告げる。目標とは行動を動機づけるもの，すなわち，人々が価値を見出し，得ることを欲する最終的な状態をさす。

認知，あるいは，判断，判断形成[i]の問題は，望む目的を最も効率的に達成するにはいかになすべきか，という点について人々がなさなくてはならない諸判断を含む。そういった問題は，人々がいったん目標を持った後には，その目標を最もよく達成しうるためには，いつどのように行動すべきかという判断をいかになすべきかを明らかにする。動機づけは，人々がどんな目標を成し遂げたいと望んでいるかという問題を解き明かす。人々の目標，すなわち，人々が得ようと求めるものを知ることは，何が彼らの行動を動機づけているのかを理解するのに役立つ。人々が求めている目標を知らなければ，その人々の行為の意図を理解することはできないあ。もちろん，人々は，求める目標の達成を不可能にするような間違いを犯すかもしれない。そうだとしても，彼らの行動は，彼らの目的によって導かれているのである。

認知と動機づけの区別の簡単な例は，行為の道具的分析の中に見出だされる。道具的モデルの中で，人々を活性化させる目標は，物的な報酬を最大化し，自分に対する処罰のような自らの物的なコストを最小化しようとする欲求である。そうするために，人々は，種々の行為類型に結びついていると思われる利益と損失を見積もる。世界の性質に関するこれらの判断は，報酬を最大化し処罰を最小化するという目標の遂行にあたり，個々の行動に関与する程度を規定する。

法や経営や政治，政策の領域においては，人間の動機づけに関するほとんどの議論は心理学と経済学の領域からもたらされている。人々が自らの物的効用を最大化することを欲するという前提は，心理学と経済学における最近の多くの理論や研究の基礎にある。そこでの主張は，人々はこの欲求によって動機づけられるが，自らの個人的な効用の最大化を求める際には，ヒューリスティックを満たし用いることで彼らの計算を単純化する。さらに，自らの効用の最大化に向けて動機づけられる間に，人々の情報処理には限界があり，それが人々に間違いをもたらし，バイアスがかかった行動をもたらす。別の言葉で言えば，人々は自らの利益を最善の形で計算しようとするであろうが，それを十分に行う能力を欠いているのである。そのため，人々は，物的自己利益を最大化しようという欲求からの行動に出るが，時間や情報，さらには認知能力の限界によって，不完全な形でしかそれができないのである。

4.3 心理学と経済学の接続

過去数十年にわたり，経済学と心理学の結びつきには，きわめて大きな進展があった。経済学者は心理学者の研究や洞察を引用し，急成長しつつある行動経済学の分野の一部では自分たち自身の実証研究を行ったりもしている。本章の目的は，諸々の社会状況において重要な意味を持つ動機づけに関する研究領域の広がりの持つ価値を示すことによって，心理学と経済学とをさらに結びつけることである。

過去数十年にわたり経済学者が引用してきた1つの心理学研究の領域は，判断および意思決定の領域である。TverskyとKahneman (1974, 1981; Kahneman et al., 1982; Kahneman & Tversky, 2000 も参照) といった心理学者の業績によって特徴づけられるこの領域は，意思決定の際に個人の物的な利益を追求することを欲する人々が個々の判断を形成する上での認知の誤りやバイアスに焦点を当

---

i ［訳者註］Decision making の訳語として，他章では「意思決定」という言葉を当てているが，本章では，意思といった個人の内心の問題だけではなく，他者や他のものに対する評価や，たとえば判決など，個人の意思とは別に基準に当てはめ下される判断も含められるため「判断形成」という用語を用いる。

ている（Brocas & Carrillo, 2003; Dawes, 1988; Hastie & Dawes, 2001; Hogarth, 1980; Nisbett & Ross, 1980; Pious, 1993; Thaler, 1991）。

判断や意思決定に関するそれらの文献は，動機づけの問題に主として焦点を当てているわけではなく，むしろ認知の問題に主として焦点を当てている。それらが求めているのは，意思を形成するために人々が世界に関する主観的な知識をどのように用いるのかを理解することである。そこでは，行為の鍵となる動機の1つは，物的な利益を最大化し物的な損失を最小化する欲求であることが前提となっている。しかし，社会心理学からの1つの重要なメッセージは，認知と動機づけの両者が重要であるというものである。それらは，協力といった行動を形作るために併行して機能する（Higgins & Kruglanski, 2001 参照）。結局，意思決定に関するこの分析は，行為の動機づけとなりうるものに関する1つの拡大された分析と結びつけられることで恩恵を得ることができるのである。

動機づけという観点に関して，著者は，経済学者が一般に人々は個人的な自己利益，すなわち，物的な得失の観点から定義づけられる自己利益を最大化するように動機づけられているという前提のうえで活動してきたと述べた。明らかに，ほとんどの心理学者も経済学者も，人々は物的な得失よりも広い範囲の動機づけによって突き動かされ得ることを認めているが，それら他の動機づけは，ここでの研究では主要な焦点が当てられないままであった。同様に，法や経営や政治，政策において有力な人間の動機づけモデルは一般に，インセンティブや制裁の役割を検討する以上には広い視点をとってはこなかった（Green & Shapiro, 1994; Pfeffer, 1994）。

インセンティブと制裁が動機づけ研究を支配してきた一方で（Goodin, 1996），より広い視点の必要性に関する示唆も存在し続けてきた。そういった幅広い人間の動機づけを明らかにすることによって，この作業は，この領域で活躍する近時の行動経済学の業績（とりわけ Akerlof, 2006; Falk & Kosfeld, 2004; Fehr & Falk, 2002; Fehr & Gachter, 2002; Fehr & Rockenbach, 2003; Frey 1997; Frey & Stutzer, 2002; Stutzer & Lalive, 2004）に結びついていく。それは，法，経営，政治，政策の研究に関わる者が，制度的状況において行動を形成し得るより広い範囲の動機づけを考慮することで得られる潜在的な利益を主張することによって実現している。

これらの研究の多くは実験的であったし，社会的な動機づけに関する事柄を実証することに焦点を置いてきた。しかし，そういった方法は，現実の世界という環境の中で，道具的動機づけと社会的動機づけの相対的な影響力を評価するにあたっては理想的なものとはいえない。というのは，実験における特定因子の影響力の強さは，現実の世界という環境での影響力を必ずしも反映していないからである。むしろ，実験における影響力の強さは実験操作の強さに結びついている。本章でこれから議論する研究は，社会的状況における道具的因子と社会的因子の相対的な影響力だけでなく，現実世界における実際の存在範囲を明らかにする調査群である。本章でこれから指摘するのは，これらの研究手法が社会的動機づけが社会的な状況において単に重要であるだけではなく，行動に対する強い影響力を有していることをより効果的に証明するということである。

4.4 自発的な協力のための新しい枠組み

本章の目的は，私たちには社会的状況における人々の行動を規定する多様な因子のよりよい理解が必要である，との提言をなすことである。とり

わけ，ここでは，社会的動機づけとはどのようなものであり，それがどのように行動に影響するかに関するよりよい理解を示す必要がある。そのために，本章では，いくつかの研究に関する1つの視点に立った分析を示し，それを通して，社会的状況の中における人間の動機づけを理解するためのより広範な枠組みへと進んでいくことにする。その枠組みは，コストや利益に関する関心を含み，さらには，経済学者によって（物的利益以外の）名声と定義づけられるような問題に関する関心も含んでいる。

従来の経済分析において枠づけられるように，これらの問題は，道具的であり，さまざまなあり得る行動の結果として予想される物的な利益や損失に関する関心に結びつけられてきた。ここでレビューする諸研究は，物的利益の追求や物的損失の回避を超えた自発的な協力という，さらなる局面を説明するのに有益な社会的メカニズムを示唆している。これらの社会的メカニズムは，社会的状況におかれたときに人々が実際にある行為を行うように導く物的な利益や損失以外の目的や理由を提供する。

この分析において，著者は，協力に関わる諸問題に対処する社会心理学上のメカニズムのいくつかの類型を特定し，コミュニティや組織といった状況におけるそれらの重要性を検証する。この検証は，社会的状況における社会的動機づけの価値が最も示されうるのは，協力にその社会的動機づけが影響を及ぼすことを示すことによってなされるという前提に立っている。中核となる主張は，明らかに人々は自己利益によって動機づけられ，物的な報酬を最大にして物的な剥奪を最小限にすることを欲するが，人々の行為を規定する他の豊富な社会的な動機づけも存在するというものである。この社会的動機づけは，道具的な計算とは異なる，重要な影響を行動に及ぼすが，これまで物的な利益や損失が得てきたような注目を受けてはこなかった。社会的動機づけが重要であるという主張は，集団や組織やコミュニティのデザインの問題に重要な示唆を有する。その最も主要な示唆は，従来のインセンティブと制裁モデルの範囲内に収まるもの以外に，好ましい行動を促進するために利用されうる，より広い範囲の動機づけが存在するという点である。

4.5 道具モデル

動機づけに関する議論は，道具モデルに従来焦点を当ててきた。そこでは，人々は物的な資源を交換するために相互作用に参加する，との主張がなされている。すなわち，行動は，望ましい行動に対してインセンティブの提供と，好ましくない行動に対する脅威としての制裁，あるいはその両者によって動機づけられる，とされている。こういったモデルは多数存在する。1つは，合理的選択アプローチであり，そこでは，人はインセンティブと制裁によって動機づけられるものと見なされる（このアプローチによる広範な対処に関しては，本書10章を参照のこと）。このアプローチのより複雑な形態は，1つの集団において自らの地位を得るために投資される資源に基礎をおくが，その集団内の地位は，長期的な視点での利益の確保に結びついている。道具的アプローチの3番目の類型は，人々が自らの仕事から得る資源への依存性に焦点を当てる。4番目のモデルは，正義の道具的モデルからなる。そこでは，他者との関わりの際に長期的な視点での結果を最大限にする分配的正義原則がテーマとなる。最後に，道具的信頼が存在する。そこでは，他者が取るであろう行動に対する期待がテーマとなる。

4.6 社会的動機づけ

これと対照的な動機づけの類型の1つは社会的動機づけである。この節では5つの類型の社会的動機づけの重要性を特定し，計測し，示す。それらの動機づけとは，態度，価値，アイデンティティ，手続き的公正，さらには動機に基づく信頼である。これらの社会的な動機づけを概観する際に，共通した目標となるのは，協力を動機づけるために，単に物的自己利益のみを用いる立場を乗り越えることの利点を示すことである。

4.6.1 態度：関与から生じる／本質的な動機づけ

態度は，一部は信念であり一部は感情であるが，人々を好ましい考えや積極的な感情を有する物や行動や出来事に関しては向かわせ，その位置づけが否定的なものに関しては回避するといった形で個人的に満たされる行動に専念するよう動機づける内的な傾性である（Brief, 1998）。態度は人々が従事したい行為を反映し，それに対し，価値は人々が従事すべきと感じる行為を反映する。態度および価値の両者は，環境に直接結びついた利益や損失の影響とは区別される形で行為を規定する長期的な傾性である。態度という概念は社会心理学の中では長い歴史を有する（McGuire, 1969）。態度研究のそのような長い歴史や広がりを考えるならば，予想されるように，態度の定義や研究のされ方には多くのヴァリエーションが存在する。ここでは，態度は1つの集団や活動に対し賛成あるいは反対する一般的な傾性，長期にわたり獲得され状況にかかわらず示される傾性として考えられることになろう。

4.6.2 社会的価値

第二の文献群は，社会的価値に関するものである。価値観は，人々の義務や他者への責任の感覚に影響を及ぼす。義務に基づく判断の1つの例は，一連の規則や権威の正当性の評価である。正当性は，共同体においても（Tyler, 2006b; Tyler & Huo, 2002）職場においても（Tyler, 2005; Tyler & Blader, 2005; Tyler et al, 2007）規則に従った行動の予測要因として示されてきた。義務は，しばしば規則に従うこととの関連において検討されてきたが，人々は仕事を十分にこなし，会社に忠実であろうという義務の感覚によっても動機づけられ得る。

義務の第二の形態は，人々の自らの道徳的価値観に対する義務の感覚である。すなわち，自らが正しいと思うことをするという欲求に対する義務の感覚である。多くの心理学上の文献が，道徳的に何が正しく何が誤っているかということに関する自らの価値観に一致した形で行動するという動機づけは，人間にとっての重要な動機づけの1つであると主張する（本書10章; Tyler & Darley, 2000参照）。

4.6.3 アイデンティティ

道具的動機づけと社会的動機づけが比較されるもう1つの領域は，人々と組織との一般的関係性である。社会心理学は，何が人々を集団，組織，さらにはコミュニティに結びつけるのかという疑問を長きにわたり問い続けてきた。この疑問には，好ましいアイデンティティ，さらにはポジティブな自己感覚を生み出し維持しようとする人々の欲求に言及することによって答えることができる。アイデンティティと結合した理論は，組織は人々に少なくとも部分的にはその組織から導き出されるアイデンティティを提供するという社会的な機能を果たしていると主張する（Tyler & Blader, 2000）。この主張は，集団に基づく社会的アイデンティティあるいは情緒的な同一化に基づいてなされうる。情緒的な同一化とは，その人のアイデンティティを

形成している特徴を持った人と結びつくことである。

集団が人のアイデンティティを定義し評価する際の1つの役割を提供し，それによって人の自己感覚を規定するという主張は，社会的アイデンティティモデル（Hogg & Abrams, 1988）の中核となる提案である。アイデンティティをもとにした説明をなす2つ目の文献群は，情緒的同一化に関するものである。ケルマンの説得と態度変容に関する先駆的な業績（Kelman, 1958, 1961）以来，他者との情緒的結びつきはアイデンティティに重要な情報を提供することが認められてきた（Kelman, 2006; Kelman & Hamilton, 1989）。

4.6.4 手続き的公正

さらに加えての社会的動機づけは，公正に関する文献から導き出すことができる（Tyler, 2000）。公正には鍵となる2つの形態がある。すなわち，分配的公正と手続き的公正である。分配的公正は結果の公正をさすのに対し，手続き的公正は，それによって結果が分配され，判断が下される手続きの公正さを示す[1]。公正に関する文献は，人々の手続き的公正に関する判断はその性質が関係的（すなわち，社会的）で，他者との社会的な結合に結びついていると主張する（Tyler, 1994, 2000; Tyler et al, 1996）。それゆえ，協力に対する手続き的公正の影響力は，社会的動機づけの力の1つの例である。

4.6.5 動機づけに基づく信頼

最後に，信頼に関する文献が，人々は自らが信頼する他者により進んで協力しようとすることを示唆している（Kramer, 1999; Kramer & Tyler, 1996; Tyler & Huo, 2002）。信頼の1つの形態である動機に基づく信頼は，他者の性格に関する推論と結びついている。信頼のこの形態はまた，他者との関係性に結びついており，それは1つの社会的動機でもある[2]。

4.7 何が動機づけを社会的動機づけにするのか？

本章では，道具的な動機づけとの区別をなすために，態度，価値観，アイデンティティ，手続き的公正，動機に基づく信頼を新たな社会的動機づけとして特徴づける。すでに述べたように，道具的な動機づけは，物的資源を獲得し，物的な損失を回避しようとする人々の欲求を映し出している。心理学者によって主張されるように，社会的動機はその人間の内面に由来する動機づけである点において異なる。

道具的動機づけと社会的動機づけを区別する方法は4つある。1つは，それぞれの領域において人々が示す関心の内容によるものである。道具的関心は，物的な利益の将来性と物的な損失の可能性に目を向ける。そのような得失は，報酬の観点での利益とコスト，あるいは罰という観点の損失を含む。それに対し，社会的な動機づけは，非物的な性質の得失に結びついている。そういった得失は，倫理的な価値や道徳的な価値に対する個人的なアイデンティティや一貫性といった問題と結びつく。

第二に，社会的動機づけの指標は，物的な得失という指標とは実証的に区別される。たとえば，社会的公正に関する研究の中では，人々は有利な結果を得ることと公正に扱われることとを区別することが見出されてきた（Tyler et al., 1996）。それゆえ，公正に関する判断は，結果の好ましさとは区別される。この区別は，分配的公正に関する研究において明確にされている。その中の文献の一つでは，結果の公正さはその有利さとは区別され

ている（Walster et al, 1978）。その点は，手続き的公正の文献においてはより鮮明である。そこでは，分配判断がなされる手続の公正さに焦点が当てられている（Lind & Tyler, 1988）。たとえば，もし人々は単純に好ましい結果を公正と見なすのであれば，社会的動機づけは物的な判断と区別されないことになろう。しかし，そうではないのである。

　第三に，社会的動機づけは協力行為に対して顕著な影響力を有する。ここにおいても，公正に関する文献は，人々が権威者から示された結果を進んで受け入れる程度は，まず第一に，その結果の好ましさに結びついていることを見出だしている。しかし，それに加えて，人々は自らが公正と見なし公正に到達されたと見なす結果をそれ以上に進んで受け入れる。それゆえ，判断結果の公正さは，結果の好ましさによっては説明され得ない結果の受容行動に独自の影響力を有しているのである。同様に，手続き的公正は，受容行動に明確な影響力を有している。

　第四に，社会的動機づけは，状況や時間を通じての一貫した行動を生み出す。たとえば，ある人々が規則に従う義務を感じた場合，その人々の行動は，状況が得失という観点では異なっていたとしても，一貫して高いレベルの協力性を示すに違いない。さらに言えば，その人たちは，同じ状況においては時間的要素にかかわらず一貫した行動を示すはずである。このことは，状況要因が行動に影響していないことを意味するのではなく，そこには状況要因とは結びつかない行動の一貫性を見出だすことが可能である。

　このより広い範囲に及ぶ動機づけの枠組みの価値を最もよく理解する方法は，社会的に重要な行動の1つの特定の類型との関係でそれを考えてみることであり，そのため，ここでは協力行動の動機づけに注目することになるのである。協力は集団にとって価値の高いものであり，協力の確保は心理学と経済学のいずれをも含む種々の社会科学研究の注目の対象であり続けている（レビューとしてTyler, 2013を参照）。それゆえ，いかに人々を協力に向けて動機づけるかという問題は，政策の中で中核的な関心事である。

4.8　なぜ動機づけという戦略が重要なのか？

　人々を動機づける要因に関する議論というものは，抽象的なもののようにも見えうるが，その質問に対する答え方は政策上重要な示唆を持つ。規制の領域を考えてみてほしい。アメリカは，近時，捕まったものを処罰するための膨大な投獄システムと組み合わせ，規則違反者は検挙され処罰される高度のリスクを生み出すための法的権威を作り出すことで，犯罪を減らそうというコストのかかる戦略に取り組んでいる。実際，アメリカ社会は，投獄者人口比率で世界のトップで，財源からの巨大な出費が生じている。しかし，このコストのかかる戦略には，それが機能すること，あるいは，それが考えうる最善の戦略であることを説得力を持って示す証拠はほとんど存在しない。つまり，警察戦略から量刑実務，さらには矯正や更正モデルにわたる広い範囲で，社会政策は，動機づけの部分で何が機能するのかということに関する基礎的仮説と結びついているのである。そして，以下に示すように，現状の動機づけモデルはかなりひどく的を外していることを示唆する多くの証拠が存在するのである（Tyler & Rankin, 2012）。

　規制はモデルの誤った説明の最も顕著な例であるが，人々がインセンティブを与えられることも，制裁が与えられることもあるという点では，職場においてさえも，それらが，とりわけ作業が創造的あるいは革新的な問題解決行動を含む場合には，

報酬や罰が作業効率を上げるうえで特に有効な動機要因であることは見出だされていない。インセンティブは定型業務に最もよく働くが，アメリカの労働環境は，ますます創造性と革新性を要求するホワイトカラー的なものになっている。そのため，かなりの広い範囲の職場において，規制と同じような動機モデルの誤った説明が生じている。このことは幅広い政策的示唆を示している。たとえば，企業のスキャンダルに対する対応は，正直さや高潔さの価値を高めることに焦点を当てるよりも，インセンティブを変えることに焦点を当ててきた。この道具的なメカニズムに訴える直感的な政策はビジネス界においては広範に広がっているように思われるが，それはせいぜい言って過度の単純化であり，悪く言えば見当違いである。もし焦点が社会的動機づけにシフトするならば，我々は，価値観やアイデンティティを強調する強い組織文化を構築することに関心を有することになろう。別な言葉で言えば，規制と同様，多くの政策問題に対する人々の態度は人々の持つ動機づけモデルによって規定されているが，そのモデルはしばしば実証された事実というよりも仮説に強く基づいているのである。

4.9 動機づけ戦略の実証的比較

4.9.1 規制の設定

協力の先行要因としてここで最初に考察するのは，権威者がその所属メンバーに援助を求めるようなコミュニティの状況設定である。この研究において，関係する権威は警察であり，求められる援助は次の2つのタイプの自発的協力である。その2つとは，犯罪に対応する警察の取り組みに対する支援と，共同体の社会秩序の維持のために警察と進んで一緒に活動することである。この状況設定を規制に関わるものとして扱う理由は，それが犯罪行為に対する法的規制の実現に向けての取り組みに焦点を当てているからである。しかし，ここでの関心は，単なる法令遵守以上のところにある。それは，犯罪と戦うために地域住民から自発的な積極的協力を得るところにある。

a. 計画

ここで取り上げる研究は，ニューヨーク住民が異なる2つの時点で電話インタビューを受けるパネルスタディであった（詳しくは，Sunshine & Tyler, 2003; Tyler & Fagan, 2008参照のこと）。1回目のサンプルは，ニューヨーク市の1653人の住人であった。サンプルとなった人々は，ニューヨーク市の電話帳から層化後にランダム抽出されたが，ヒスパニックとアフリカ系アメリカ人の割合を高くするために非白人の住人が過剰抽出される形となっていた。最初のインタビューから約1年して，1回目の調査の全応答者に対し再度の接触とインタビューが試みられた。最初のインタビューを受けた人のうち830人に対し再インタビューが成功した。これらのインタビューを受けた人々と最初のサンプルとなった人々との比較は，民族，ジェンダー，年齢，収入，学歴の点で有意な差がないことを示していた。サンプリングと質問票の詳細に関してはTyler（2013）で参照可能である。

b. 協力

本研究の検討対象である協力行為は，警察を助ける自発的な取り組みを内容とするものであった。それは，回答者に当該状況が発生した場合，犯罪を報告するために進んで架電するか，警察が犯罪の被疑者を発見するのを助けるか，危険なあるいは疑わしい行動について報告するか，警察を助けるためのボランティア活動に関わる時間，自警団の一員としてパトロールに参加するか，犯罪につ

いての議論をする地域のミーティングに進んで参加するか，などを尋ねることによって評価された。

c. 社会的動機づけ

5つの社会的動機づけが計測された。すなわち，法に対する態度，価値観（すなわち，警察や法の正当性や，法と道徳的な価値との一致度），警察との同一化，警察の行動の手続き的公正さ（判断形成の全体的な質および処遇の質），そして，動機に基づく信頼である。

d. 分析

道具的判断および社会的判断は，相関していることが見出だされた（$r = 0.26$）。警察が道具的に見て効率的だと信じるコミュニティの成員は，警察に協力するより大きな社会的動機づけをも示していた。

協力をなす際の道具的な要因と社会的要因の影響力を計測するために，構造方程式モデリングが用いられた。この分析は，第一段階のサンプルに対する分析とパネルサンプルに対する分析をそれぞれ含んでいた。コミュニティという状況と人種の多様性から，この分析には人口統計的変数が含められた[3]。

第一次の回答者に対する横断分析の結果は表4.1に示されているが，それは，道具的要因と社会的要因の両者が協力を規定する際に重要な役割を果たしていることを示唆している。社会的動機づけ（beta = 0.25, $p < .001$），人口統計的要因（beta = 0.23, $p < .001$）および道具的な動機づけ（beta = 0.17, $p < .001$）の強い影響力が存在した。興味深いことに，パネル分析において先行する1回目の協力行為を統制した場合，社会的動機づけのみが独立した影響力を示した（beta = 0.11, $p < .01$）。このパネル分析の結果は，社会的動機づけはより厳密なパネル調査計画においても重要さを維持するが，道具的

表4.1 共同体環境における動機づけ

	自発的な協力	
	1回目	2回目
1回目の要因		
人口統計的要因	0.23***	0.06
道具的動機づけ	0.17***	0.03
社会的動機づけ	0.25***	0.11**
協力	---	0.74***
調整された説明分散	14%	58%
	1,653	830

な動機づけの影響力はなくなることを示唆している。

e. 政策上の示唆

この研究の結果は，人々には一般に進んで警察に協力しようとする高いレベルの意思があることを明らかにしている。たとえば，パネルサンプルにおける犯罪を見かけたときに警察に報告をしようという意思の平均値は，1（まったくしようと思わない）から4（非常にしようと思う）の尺度上の3.57であった。他方，コミュニティの人々と一緒に活動しようという意思は，同じ尺度上で2.79であった（Tyler & Fagan, 2008参照）。別な言葉で言えば，一般に警察に対する協力意思は存在するが，多数派のコミュニティにおいても少数派のコミュニティにおいても，それは犯罪と社会秩序を管理しようという努力の上に成り立ちうるようなものであった。

問題は，この潜在的な協力をどのように動かすかということである。アメリカ科学アカデミーの報告書の1つは，警察がここ数十年の間に客観的に任務形態を改善し，犯罪率が減少した反面，警察に対する市民の信頼や信用はとくに少数派の共同体内ではさほど改善されていないというパラドクスを指摘している（Skogan & Frydl, 2004）。その報告は，信頼を生み出したり失わせたりする社会

的動機づけに着目することを推奨し，社会的動機づけに注意を払うことは信頼や市民の協力姿勢を高めるであろうと主張した。この主張は，多くの警察活動に関する研究によって支持されている（概観をなすものとして，Tyler, 2013を参照のこと）。

4.9.2 労働環境における協力形成要因

ここで考察する2つ目の状況は利益追求環境にある従業員に関わる。ここで，鍵となる問題は組織内の協力である。

a. 労働環境における協力

協力の4つの形態が区別された。すなわち，役割内行動，つまり自分の特定された仕事を行うこと，役割外行動，つまり要求されたこと以上に集団を助ける仕事に関わること，自主的な遵法行動，つまり規則に忠実であること，そして規則に従うことが区別された。

b. 道具的動機づけ

5つの道具的動機づけが計測された。

環境によって生じる差。この形態の道具的動機づけは，2つの方法で計測された。1つ目として，回答者は職場における良い／悪い行動とインセンティブ／制裁の結びつきの強さ，すなわち，良い仕事には報酬が与えられ，規則違反には制裁がなされる可能性について質問された。2つ目は，インセンティブ／制裁が良い／悪い行動に結びつく程度について尋ねられた。最後に，これら2つの判断の交互作用が測定された。

投資。企業から得られる利益に関する長期的な視点での可能性と，企業の政策の好ましさとの関係が計測された。

従属性。人々は，仕事に向き合う姿勢が道具的か，すなわち，お金のためにだけ働くのか，さらには，自分たちの仕事が経済的理由で必要なのかについて尋ねられた。

分配的公正。分配的公正は2つのレベル，すなわち，組織レベルと個人レベルで計測された。これらの判断は，従業員が自らの企業内で報酬や機会が公正に分配されている程度を反映している。

道具的な信頼。打算的な信頼性が計測された。打算的な信頼性とは，もし自分が他者を信頼した場合にはその人間が信頼に値するようにふるまう可能性に関する回答者の評価である。

c. 社会的な動機づけ

5つの社会的動機づけが考慮された。

態度。態度の3つの側面が考慮された。企業への態度，自分の仕事への態度，仕事に関連した情動／感情である。

価値観。義務の感覚は4つの形で計測された。職場の規則の正当性，良い成果を出すことが義務として課されていると感じる程度，回答者が現在の労働組織に留まるべきと感じる程度，さらには，会社のポリシーと従業員の道徳観との一致度である。

アイデンティティの指標。この分析は，Tylerの概念（Tyler & Blader, 2000; Tyler & Smith, 1999）および尊重，自尊心，アイデンティティの観点から操作的に定義されたアイデンティティを利用している。自尊心の場合，計測では集団の地位に結びついた自尊心に着目した（Tyler & Blader, 2000）。それに対し，尊重は組織内の地位を指している。さらに，同一化は，従業員が企業に自己の感覚を重ね合わせる程度をさしている。加えて，Kelman（1958）によって概念化された情緒的同一化が計測された。

手続き的公正。手続き的公正は，4つの方法で計測された。企業の一般的な手続き的公正，企業で個人的に経験した手続き的公正，判断形成や対人処遇に関する上司の手続き的公正，さらに，判断形成や対人処遇に関する企業レベルでの手続き

的公正である。

動機に基づく信頼と協力。この分析においては，3つの指標が動機に基づく信頼を計測するために用いられた。これらの指標は，組織の権威の動機づけに対する信頼，経営に関する全般的な信頼，さらに自分の上司に対する信頼である。

d. 分析

道具的動機づけと社会的動機づけは相互に結びついていたことから，協力するためにはそれぞれの動機づけが同時に独立した寄与をなしている点を検討することが重要である。共分散構造分析の枠組みの中で回帰分析がなされた。この方法は，5つの道具的なクラスタと5つの社会的なクラスタを，道具的と社会的という2つの潜在因子として読み込むことを可能にした。そして，これらの因子が協力を予測するものとして使われた。協力は，協力に関する4つの指標を反映した1つの基礎となる因子，あるいは潜在因子であった。共同体に関するサンプルと同様に，この分析は，はじめに第一次の回答者に実施され，そしてその後にパネルとなった回答者に実施された。第二次の分析において第二次の協力を説明する際には第一次の協力が統制された。これらの分析の結果は，表4.2に示されている。

1回目に対する分析において，推定された影響力は，社会的動機づけに関してはbeta = 0.62，$p < .001$で，道具的な動機づけに関しては，beta = 0.04，$p < .001$であった。要求された協力と自主的な協力とを区別した場合，自主的な協力が検証された場合に社会的な動機づけの影響がより強くなることが見出された。パネルデータの分析は，社会的な動機づけが依然として重要であることを示したが，道具的動機づけは，相対的には重要ではなくなることを示した。

表4.2　共同体環境における動機づけ

1回目の協力（4430人）			
	合計	要求あり	自主的
1回目の要因			
道具的：1回目	.04***	0.11***	0.16***
社会的：1回目	.62***	0.53***	0.75***
修正されたR平方	38%	29%	59%

2回目の協力（2680人）			
	合計	要求あり	自主的
1回目の要因			
道具的：1回目	0.01	0.03	-.01
社会的：1回目	.11***	0.11***	0.23***
協力：1回目	.76***	0.65***	0.69***
修正されたR平方	59%	45%	53%

e. 政策への示唆

これらの知見は，道具的動機づけのみに焦点を当てるよりも社会的動機づけと道具的動機づけの両方を考慮することによって，協力をより効果的に説明しうることを示唆している。社会的動機づけは，横断的な分析であってもパネル分析であっても，常に影響力が見出された。つまり，社会的動機づけは協力を形作る主要な要因である。

平均すれば，要求された形での協力のスコアは6.19であったのに対し，自主的協力の平均は4.78（1から7の尺度上で）であった。この差は遂行に関してさらに大きかった。役割内の遂行の平均は6.46，役割外の遂行は5.46で，差が1.00であった。規則遵守に関しては，要求された形で協力と自主的協力の間のレベル差は0.45であった。全般的に見て，これらの平均は，回答者が一般的に高いレベルで協力をなしていることを示している。予想されたように，自主的な形の協力は，要求された形での協力よりも一般的ではなかった。別な言葉で言えば，コミュニティの住民と警察の場合と同様に，自主的協力という点を見た場合であっても，従業員は経営者に対してかなりの程度進んで協力

しようという意思を示していた。そして，その意思は，職場の手続きの公正さや経営者に対する信頼性など社会的要因によって高められていた。

4.10 結びと示唆

本章では，組織内の人々の行動のミクロレベルの説明に焦点を当てた。すでに述べたように，そういったアプローチは，集団内の人々の行動がそれら集団の実行可能性を規定するという考えを前提にしている。集団内の人々の考え，感情そして行動が集団の実行可能性や機能性に結びついているという指摘は，法研究（Tyler, 2006b），経営研究（Allen & Rush, 1998; Freund & Epstein, 1984; Katz et al., 1985; Koys, 2001; Pfeffer, 1994; Podsakoff et al, 1997; Shore et al., 1995），さらに政策や政府研究（Culpepper, 2003; Harrison & Huntington, 2000）の領域で幅広く支持されている。それぞれの領域で，集団の構成員の信念，感情そして行動が集団の機能性に影響を及ぼすことが示されてきた。

組織を設計することの目的は，効果的で効率的な集団や組織やコミュニティを作り出すことであり，構成員を満足させることである。それらの目的が達成されない場合，そこから導かれる1つの明らかな示唆は，その集団の構成が変えられるべきであるという点である。集団，組織，コミュニティの構成がその中の人々の行動を規定し，それを通じて集団に影響を及ぼすというこの前提は，社会心理学の中核的な前提である。その社会心理学は，組み込まれた制度の性質に対する反応としての人間行動を観察もするし，集団の実行可能性はその中の人々の行動に結びついていることを示唆してもいる。

こういった主張の1つの帰結は，組織の設計が人間の動機づけの現実と一致していない場合，そ

の組織は目的の達成が難しいということである（Ferraro et al., 2005）。（本書22章において）Weberが主張するように，社会についての考え方，すなわち，人々の心理についての想定は，協力を効率よく成し遂げることに対し，さまざまな形で妨げとなる。その妨げの中には，合理的に利己的であろうとする能力を阻害するような，道具的動機づけによる選択に対する不十分な捉え方も含まれるし，協力に対する社会的動機づけの影響力を最小限のものにするような，責任や義務や道徳的価値といった問題を無視することも含まれる。

Tyler（2007）は，法制度はそこで前提としている人間の動機づけモデルが規則への服従を現実に規定している主要な要因を取り込んでいないがゆえに，人々が規則を遵守するように効率的に動機づけすることを困難にしている，と指摘する。研究によれば，人々の規則に関わる行動は，正当な権威に従い，道徳原則に従う責任や義務の感覚によって最も強く影響を受けることが示唆されている（Tyler, 2006b; Tyler & Blader, 2005; Tyler et al., 2007）。しかし，法制度は，行動は処罰に対する道具的リスク計算によって規定されるという前提の上に設計されている。その結果，この場合の法制度と動機づけのモデルには組織としての根本的な不整合があり，それが制度を本来の姿より不十分，不効率なものにしている。

同様に，労働組織の経営管理の場合も，職場で求められる行動に向けて動機づけるために，インセンティブと制裁を利用することが強調される。諸研究は，インセンティブと制裁の組み合わせが，制裁にのみ視点をおく場合よりも行動のよい動機づけになる点は示唆するものの（Podsakoff et al., 2005; Tyler & Blader, 2000），道具的な変数が協力を規定する能力は依然として限られることを示唆している。ここでも，命令と統制によるアプローチは，制度設計と人間の動機づけとの間の不整合を

4章 協力の心理——政策に対する意義　　109

示している。この不整合は，道具的なモデルが協力に影響を及ぼす諸要因を予測できないことから生じているのではなく，道具的な観点にのみ焦点を当てることでは不十分であることから生じているのである。

本章は，集団や組織やコミュニティにおける権威に対し，その権威が管理する集団の構成員をいかにうまく望む行為へと動機づけるかに関する一つの視点を示している。権威を行使することは潜在的には多くの作業を含みうる。そして，ここでの議論はそのすべてを扱っているわけではない。むしろ，ここでの焦点は，多くの集団状況に共通する1つの関心に当てられている。すなわち，集団や組織やコミュニティの中にいる人々の協力行動の形成という点である。本章は，集団，組織，コミュニティ内の人々の動機づけを規定する諸要因を主題としてきた。

ここで，インセンティブと制裁が協力を規定しうるし，実際にもしばしば規定しているという道具的モデルの指摘に異を唱えているのではない。そういった効果は，普遍的ではないにせよ，広く見出されている。むしろ，ここで主張しているのは，道具的アプローチのみに排他的に焦点を合わせるのは最善ではないという点である。なぜなら，社会的動機づけこそが協力行動をもたらす最も強い要因だからである。したがって，道具的動機づけに主としてあるいはそれのみに依拠する組織は人間の動機づけとの間で不整合を来しているし，最善の形でデザインされているものとはいえない。

道具的なモデルは，権威者がインセンティブと制裁を配置するのに必要な手段を得ることができ，維持することができる限りにおいては，権威者の側に支配権があるという利点を有する。それゆえ，少なくとも集団内にいる時間が心地良いものである間は，それらは動機づけ上「確かなもの」である。おそらく，権威者を道具的アプローチに最も強く引きつけるのはこの支配という要素であろう。そして，資源に対する支配権を有することが組織上の中心的な要素となる。というのは，権威者が道具的なアプローチをとる場合，従業員が自らの必要や関心に対応してではなく，権威者がなしていることに対応する形で自分たちの行動を形作っていくことになり，権威者が注目の的になるからである。道具的なアプローチは権威者の共感を呼ぶことから，協力を動機づけようとして権威者によってとられるであろうアプローチの1つは，コミュニティや組織の構成員を動機づけるための能力を最大限にするために，道具的なアプローチの有効性を確立することである。

しかし，協力に対する動機づけを高めるために本章で著者がとったアプローチは，道具的なアプローチを強めるものではなく，むしろ，従業員を動機づけるものに関する概念を広げることである。動機づけに関する全体的な枠組みの中に社会的動機づけを含めることで，人々がなぜ協力するのかに関する説明能力がかなり高まった。それが組織設計に与える示唆は，社会的動機づけを促進することにつながるように組織の状況を作り出すことに焦点を当てる必要があるという点である。

ここで取りまとめた主張は，人々が自分たちの目的を達成するために用いる戦略とその目的の性質（すなわち人々が価値があると思っている最終的な状態）とを効用の機能という観点で，区別することを基礎としている。判断および判断形成に関する諸文献が最近の数十年の間に明らかにしたことは，個人の思考過程を明らかにすること（そして効用に対する期待という局面を明らかにすること）によって得られるものがたくさん存在するという点であった。本章は，効用モデルの第二の側面を展開すること，すなわち，人々が何に価値を感じるか，つまり，社会状況の中で人を動機づける目的に関する幅の広い解釈を作り出すことで，

同様の利益が得られることを示唆する。人々は、支払いや昇級の機会といった物的なインセンティブで動機づけられ、規則違反に対する制裁といった損失を回避しようとする一方で、より幅広い観点、すなわち、ここで構成され名づけられた社会的動機づけという観点で動機づけられるのである。それらの社会的動機づけは、態度、価値観、情動、アイデンティティ、手続き的公正、動機にもとづく信頼を含んでいる。

4.10.1 組織構成に対する示唆

実証的な分析は、道具的な動機づけと社会的な動機づけは関連してはいるが、それぞれが協力に対して独自に影響を及ぼしていることを明らかにした。それゆえ、いずれも他方の単なる反映物ではない。また、それぞれの形態の動機づけは異なる概念上の特徴を有し、その帰結として、組織設計の観点からは交換可能なものではないということがいえる。

道具的なアプローチは、動機づけに関する信頼できるアプローチを提供するという利点を有するがゆえに、広範に使われている。権威者は自らの権威の行使の対象となる人々のことを理解したいと思う必要はない。権威者はインセンティブと制裁のシステムを配置することができ、それらがたいていは権威者の欲する方向の行動を生み出すであろう。

インセンティブと制裁の使用に関する考察は、一貫してこのような動機づけのアプローチにおけるいくつかの限界を指摘する。すでに指摘したものの1つは、その影響力が弱いというものである。かりにそのアプローチが機能したとしても、それは行動に対し弱い効果しか持たない。

2つ目として、仮にインセンティブと制裁が成功しているとしても、それを使う者は、組織の資源を継続的に配備する必要がある。報酬によって仕事を動機づけられた従業員は、他の要因によってひとりでに動機づけられるようになることはない。反対に、彼らの労働に対する内的な動機づけは、遂行に対する報酬を強調することで切り崩される。それゆえ、組織は、遂行を維持するために常に資源を配備しなくてはならないし、時間が経過し、他の理由で仕事することが減少するに従い、その配備を徐々に増加させなくてはならなくなるであろう。

資源流失の問題は、とりわけ規制を直撃する。好ましくない行為を防ぐために、組織は、警察や警備員など、信頼できる監視力を展開する必要がある。さらに、摘発の可能性が行動の主要な決定因であることから、人々が好ましくない行為のゆえに捕まり罰せられるリスクを合理的なレベルまで高めるために、そういった部隊には十分な規模と質が必要である。規則違反の防止は実行可能性という点では重要であるが、それが組織に直接的に価値を加えるものではない。さらに言えば、そういった部隊は集団の権威にとってしばしば統制が利かないものとなる。

世界貿易センタービルへの9.11攻撃は、アメリカ国内の防衛や警察に対して広範な資源の再配置を余儀なくしたが、それは同時に、権威者が健康保険制度の改革や赤字削減等、社会により大きな利益をもたらすような形での資源の配分を望んだであろうというときでもあった。そのため、規制のために配置された資源は、有効性を促進するために最適な形では配備できず、安全保障上の脅威に対処すべく事後的に緊急なものに限って配置された。コミュニティは、コミュニティ内で、刑務所を建て警備員を雇えば経済的な利益を得ることができようが、規則違反を防ぎ処罰するために金を使うというのは集団の資源の使い方として最善ではない。より大きな規模の軍隊や警察を持つことは必要かもしれないが、それはコストがかかり、

時間とともに，組織から資源を枯渇させる。同様に，窃盗や他の規則違反を想定して従業員を監視するために組織を動かす資源を費やすことは，これら組織にとっての大きな問題に対抗するためには必要ではあるが，資源の好ましい使い方ではない。

道具的アプローチのさらなる問題は，それが一番必要なときに一番機能しない点である。いかなる集団であれ，困難で困窮する時期がある。企業は市場占有率が減少し，再組織化や再構成が必要になるかもしれない。コミュニティは，干ばつや洪水に見舞われ，存続を維持するためには構成員に犠牲を強いる必要が生じるかもしれない。まさにそういったときこそ，集団の存続のためには集団構成員の協力が必要不可欠である。しかし，皮肉なことに，それは，道具的なアプローチでは協力が最も得られそうにないときなのである。

Brann & Foddy（1988）の研究が良い例である。彼らの研究において，共同体の構成員は，共同資源（沼の魚）が急激に減少し絶滅するかもしれないことを告げられた。自己利益に動機づけられたものは，この情報に対し，その沼から捕る魚の数を増やすことで対応した。社会的に動機づけられたものは，より少ない魚しか捕らなかった。この研究は，いかに道具的動機づけが，集団の危機に際し，自己利益を危うくしても集団のために犠牲になるのではなく，むしろ人々をしばしば集団と対立する方向に導きうるかを示している。集団の視点から見れば，集団の生存能力は，その中に主に自己利益に動機づけられた人間がいる場合には，より不安定なものとなる。

Tyler（2006a）は，正当性に関する文献をレビューし，ここでの議論が示唆するように，指導者が正当性を有し，それゆえ構成員に犠牲を求める基礎を有する集団が，困難な時期により生き延びることを見出だした。それらの指導者は，犠牲に対する見返りや規則違反者を罰するための資源に不足したときに，社会的動機づけに訴えることができた。つまり，困難なときに協力を動機づけるためには，指導者は，もう1つのアプローチを使わなくてはならないのである。

社会的動機づけは，概念上，道具的動機づけとは区別される。その帰結として，社会的動機づけは道具的動機づけとは異なる強さと弱さを有する。その顕著な強さは，すでに述べたように，社会的動機づけの場合には，必要とする行動のためにインセンティブを提供する能力や，信頼性のある制裁システムを作り出し維持することのできる能力を，組織の権威者は要求しない点である。いつの時も，集団は，長期的な視点に立った集団の目的に向け利用できる資源をより多く有しているという恩恵をこうむるのである。もし集団の日々の行為が自己規制的動機づけによって形成されていたならば，集団はより多くの裁量的な資源を有することになる。

そして，本章での知見が明らかにしたように，社会的動機づけは，道具的動機づけ以上に，協力行動の変化をもたらす上で強力でありその可能性が高いという理由で重要である。それゆえ，社会的な動機づけは，インセンティブと制裁以上に強力でもありかつ廉価でもある。もちろん，このことは，社会的な動機づけがいかなる状況においてもすぐにかつ自動的に使えることを意味しない。

社会的な動機づけの1つの弱点は，すべての社会的状況において迅速に活性化させることができるわけではない点である。百万ドルの資金を持ったCEOは，一晩で行動を求める方向に動機づけるインセンティブシステムを作ることができる。また，市は地域住民の直面する脅威の状況を改善するために警察の巡回領域を変更することができる。そういった柔軟性が道具的なシステムの主要な長所である。社会的動機づけは，組織の文化が形成

されるのと同じように，時間をかけて生成されなくてはならない。したがって，社会的な動機づけに基礎をおく組織を作るためには長期的な戦略が必要となる。

簡単に言えば，犠牲が必要な時に人々の忠誠心や愛国心に呼びかけることを可能にするためには，忠誠心や愛国心が集団や組織や社会の構成員の間に広く行き渡っていることが必要なのである。そのことは，そういった価値観を植え付け維持するための長期的な戦略が必要であることを意味する。ここで概略した研究からの知見は，そのような戦略の1つの要素が，権威者の動機への信頼に結びつくような判断形成を行い，かつそれを手続き的に公正に見える形で行うよう権威者が努める必要があることを示唆する。

社会的な動機づけに基づく戦略は，社会的な階層の頂点にある者から支配権を奪うという短所もある。集団が自発的な協力に頼る場合，その指導者は集団内の人々の態度や価値観に注目する必要がある。たとえば，指導者は人々が興奮を覚えるような仕事を生み出さなくてはならない。さらには，指導者は従業員の道徳的価値観に一致した政策を追求しなくてはならない。社会的な動機づけのこういった側面は，指導者の行為に制約をもたらす。

有効性の有無にかかわらず，従業員や構成員の関心に注目するよりも，自分たちが注目の的になる戦略を当然指導者たちが好むのは自然なことである。しかし，ビジネス組織内では，消費者に対する注目は広く制度化された価値である。同様に，民主的な過程に内在する考え方は，コミュニティの中では，政策はそのコミュニティの構成員の価値観を反映させなくてはならないというものである。それゆえ，指導者や集団の構成員，さらには消費者など外部のクライエントといったすべての重要な「利害関係者」を入れて協議する形で政策を発展させ，それを運用したときにこそ組織が利益を享受する，という指摘は何ら過激なものではない。

手続き的公正や動機に基づく信頼の諸側面は，集団の構成員の態度や価値観と一致した政策や運用を行う必要性を直接的に物語っている。すべてのレベルの参加型の判断形成や話し合い（たとえば，発言の機会）は，それによって人々の見解が示される仕組みである。そして，信頼の重要な要素の1つは，権威者は判断形成の前に人々の見解を求め考慮するという信念である。進め方が公正に見える手続きや信頼できると判断される権威者は，より高度な経営のために従業員に対しエネルギーを投入するよう促すことができる。そして，当然，中立性（規則をすべての人に一貫して適用し事実に基づく中立的な判断をなす）および処遇の質（人やその権利に対する尊重，すなわち，礼節と尊厳をもった処遇）もまた手続き的公正の重要な要素であるが（公正や信頼の構成要素に関する詳細に関しては，Tyler, 2007を参照），それは同時に，権威者や制度に信頼を生じさせる手続きでもある。

皮肉と言えるが，こういった制約がしばしば集団に対し付加的な価値をもたらすこともあり得る。企業の過剰時代は，高い地位の管理職の無制約な権限が企業利益に資する形では終わらないことを明らかにした。それゆえ，組織内の他者に対して説明を要求することはその集団に価値ある利益をもたらし，指導者が無思慮な行為に及んでしまう傾向を抑制することになろう。ちょうど，「チェック・アンド・バランス」がアメリカにおける統治の主要な好ましい設計要素の1つとしてしばしば支持されるのと同じように，政策や運用に関して利害関係者間におけるバランスを考慮することは，過剰に向かうすべての傾向を制限するという利益を有する。

4.10.2 アイデンティティを築き，態度や価値観を創造する

社会的動機づけは，協力に対する将来の研究の方向性を示唆する意味で，理論的な観点でも重要である。すでに概説した知見は，より効果的な制裁のシステムやインセンティブに基づく戦略の革新によって，協力がどのように動機づけられるかを明らかにしたことに加え，ここでの動機づけモデルの中に他の動機づけを組み込むことで利点が生じるであろうことを指摘する。その過程は，どの社会的動機づけが協力を規定するのかということへの理解に焦点を導く。

ここでの分析では，同一化が協力の主要な先行因として登場してきた。人々は同一化をどのように構築するのか。前述の知見は，人々が権威者との関係において手続き的公正を経験するような組織，さらに，人々が信頼できる制度に同一化を生じさせることを示唆している。従業員の組織における経験のこれら2つの側面は，自らのアイデンティティと集団とのアイデンティティとを結びつける判断にとって中心的なものである。

この主張を態度や価値観にも広げることができるであろうか。職場に関する研究の結果は，その答えがイエスであることを示唆している。組織の手続き的公正は，態度の好ましさ（$r = 0.55$），さらには，価値判断の好ましさ（$r = 0.62$）に結びついていた。同様に，経営者の動機づけに対する従業員の信頼の程度は，態度の好ましさ（$r = 0.53$），さらには，価値判断の好ましさ（$r = 0.59$）に結びついていた。別の言葉で言えば，人々が公正に運営される社会状況下で働き，その動機づけを信頼しうる権威者によって運営・管理される場合，その組織や仕事への人々の関わりはより強くなり，人々は権威者に対しより義務を感じるのである。

もちろん，これらの知見は組織の設計の問題についてのみ語っているものと見る必然性はない。これらは従業員の採用にも意味を持つ。可能な範囲で，集団に対してすでに好意的な態度や価値観やアイデンティティを有している集団構成員を勧誘し，雇うよう求めることは重要な意味を持つ。集団の雰囲気が協力を形成することは明らかであるが，それが唯一の潜在的な関連要素ではない。

4.10.3 レヴィン派における協力

本章で述べたように，協力はレヴィン（Gold, 1999）によって始まった動機研究の流れの中で概念化され，その研究によって触発されたグループ・ダイナミクス研究センターの中心的関心事であった。レヴィンの古典的な研究では，関心の対象は集団の行動であった。集団の課題の達成度や集団内の他者への攻撃性など，多くの種類の行動が研究された。それらの研究の中では，指導者たちは，独裁的なリーダーシップや民主的なリーダーシップを含めた種々の形の動機づけ類型を用いて，集団の行動を促進あるいは抑制しようとした。レヴィン自身の関心は，集団の課題達成の問題のほか，攻撃性やスケープゴートの問題にあり，多くの研究は大人の行動に集中していた。グループ・ダイナミクス研究センターの課題の1つの重要な論点として受け継がれた集団の課題遂行に対する関心は，レヴィンとその弟子たちの業績によって触発されたものである。

ここでの分析は，場理論モデルをいろいろな形で用いて組み立てられている。第一に，人々の行為に関するここでの分析は，従業員の行動を2つの要素の反映と見ている。その2つとは，外的（道具的）動機づけと内的（社会的）動機づけである。第二に，中心的な問題点はこれらの動機づけの組み合わせにある。最後に，ここでの分析は，自主的行動と自主的ではない行動を区別している。すなわち行動が観察され，行動をなす者が自分の行為によってインセンティブや制裁がもたらされる

ことを意識している状況で，行う行動と行わない行動を区別している。

4.11　要約

本章では，人々が集団や組織や社会の一員である場合に追求する目的に関するこれまでの概念を広げることの価値を論じた。自分を直接に取り巻く環境下で報酬や制裁のリスクによって形成されるような，物的な資源を得ようという動機づけを超えて，人々は社会的な観点によっても動機づけられる。ここで概説した諸成果は，そのような社会的な動機づけは，集団の権威者や集団の規則や政策への協力に対して強い影響力を有することを示している。それらは，自主的な協力のためのとりわけ強い動機となる。広範囲にわたる自主的協力のための取り付けは集団にとって利益となる。その意味で，社会的な動機づけを発展させ維持する方法を理解することは，組織設計を考える上で1つの重要な要素であると言える。

原註

1. 2つの主張が，公正が社会的動機づけであるという指摘を成り立たせる。1つは，手続き的公正が明確に関係的であるという点である。Tyler（1994）は，手続き的公正は「関係的動機づけ」によって独自に形作られるものであると主張し，手続き的公正と分配的公正を区別した。この関係性の観点は，判断形成の質に関する関心と対人処遇の質に関する関心を含んでいる。
関係的動機づけについてのもともとの議論は信頼を含むものであった。ここでの分析においては，権威者の動機に対する信頼は信頼に関する章で別に取り扱われる。この問題に関する対応は，常に同じではなかった。TylerとBlader（2000）は，判断形成と対人処遇の2要因をつくるために彼らの対人処遇の指標の中に信頼の指標を含めた。他方，権威者との個人的な経験についての分析において，Tyler & Huo（2002）は，一般的な手続き的公正の判断と信頼の評価の両者を判断形成の公正さと対人処遇の公正さの判断として区別して扱った。ここでの分析は，信頼を手続き的公正とは別の問題として扱うTyler & Huo（2002）の先例に従ったものである。
2. もちろん，信頼は手続き的公正から完全に区別されるわけではない（DeCremer & Tyler, 2007参照）。
3. 先行研究は，特定の人種の場合，警察への協力に関しては人口学的要因に結びついた大きな差異が存在したことを示している。

引用文献

Akerlof, G. A. (2007). The missing motivation in macroeconomics. *American Economic Review, 97*, 5-36.

Allen, T. D., and Rush, M. C. (1998). The effects of organizational citizenship behavior on performance judgments. *Journal of Applied Psychology, 83*, 247-260.

Brann, P., and Foddy, M. (1988). Trust and consumption of a deteriorating common resource. *Journal of Conflict Resolution, 31*, 615-630.

Brief, A. P. (1998). *Attitudes in and around organizations*. Thousand Oaks, CA: Sage.

Brocas, I., and Carrillo, J. D. (2003). *The psychology of economic decisions*. Oxford: Oxford University Press.

Culpepper, P. D. (2003). *Creating cooperation: How states develop human capital in Europe*. Ithaca: Cornell University Press.

Dahl, R. A. (2006). *On political equality*. New Haven: Yale.

Dawes, R. M. (1988). *Rational choice in an uncertain world*. San Diego: Harcourt Brace Jovanovich.

De Cremer, D., and Tyler, T. R. (2007). The effects of trust and procedural justice on cooperation. *Journal of Applied Psychology, 92*, 639-649.

Falk, F., and Kosfeld, M. (2004). *Distrust: The hidden cost of control*. IZA Discussion paper 1203. Institute for the Study of Labor (IZA). Bonn, Germany.

Falk, F., and Kosfeld, M. (2006). The hidden costs of control. *American Economic Review, 96*(5), 1611-1630.

Fehr, E., and Falk, A. (2002). A psychological foundation of incentives.

European Economic Review, *46*, 687-724.
Fehr, E., and Fischbacher, U. (2004). Social norms and human cooperation. *Trends in Cognitive Sciences*, *8*, 185-190.
Fehr, E., and Gachter, S. (2002). *Do incentive contracts undermine voluntary cooperation?* TZA Working paper 1424-0459.
Fehr, E., and Rockenbach, B. (2003). Detrimental effects of sanctions on human altruism. *Nature*, *422*, 137-140.
Ferraro, F., Pfeffer, J., and Sutton, R. I. (2004). Economics language and assumptions: How theories can become self-fulfilling. *Academy of Management Review*, *30*, 8-24.
Freund, W. C., and Epstein, E. (1984). *People and productivity*. Homewood, IL: Dow Jones/Irwin.
Frey, B. S. (1997). *Not just for the money: An economic theory of personal motivation*. Cheltenham, UK: Edward Elgar.
Frey, B. S., Benz, M., and Stutzer, A. (2004). Introducing procedural utility: Not only what, but also how matters. *Journal of Institutional and Theoretical Economics*, *160*, 377-401.
Frey, B. S., and Osterloh, M. (2002). *Successful management by motivation: Balancing intrinsic and extrinsic incentives*. Berlin: Springer.
Frey, B. S., and Stutzer, A. (2002). *Happiness and economics: How the economy and institutions affect human well-being*. Princeton: Princeton University Press.
Gachter, S., and Fehr, E. (1999). Collective action as a social exchange. *Journal of Economic Behavior and Organization*, *39*, 341-369.
Gold, M. (1999). *The complete social scientist: A Kurt Lewin reader*. Washington, DC: APA.
Goodin, R. E. (1996). *The theory of institutional design*. Cambridge: Cambridge University Press.
Green, D. P., and Shapiro, 1. (1994). Pathologies of rational choice theory. New Haven: Yale.
Harrison, L. E., and Huntington, S. P. (2000). *Culture matters: How values shape human progress*. New York: Basic Books.
Hastie, R., and Dawes, R. M. (2001). *Rational choice in an uncertain world*. Thousand Oaks, CA: Sage.
Higgins, E. T., and Kruglanski, A. W. (2001). Motivational science: The nature and functions of wanting. In E. T. Higgins and A. W. Kruglanski (Eds.), *Motivational science: Social and personality perspectives* (pp. 1-20). New York: Psychology Press.
Hogarth, R. (1980). *Judgment and choice*. New. York: Wiley.
Hogg, M. A., and Abrams, D. (1988). *Social identifications*. New York: Routledge.
Kahneman, D., Slovic, P., and Tversky, A. (1982). *Judgment under uncertainty: Heuristics and biases*. Cambridge: Cambridge University Press.
Kahneman, D., and Tversky, A. (2000). *Choices, values, and frames*. Cambridge: Cambridge University Press.
Katz, H. C., Kochan, T. A., and Weber, M. R. (1985). Assessing the effects of industrial relations systems and efforts to improve the quality of working life on organizational effectiveness. *Academy of Management Journal*, *28*, 519-531.
Kelman, H. C. (1958). Compliance, identification, and internalization: Three processes of attitude change. *Journal of Conflict Resolution*, *2*, 51-60.
Kelman, H. C. (1961). Processes of opinion change. *Public Opinion Quarterly*, *25*, 57-78.
Kelman, H. C. (2006). Interests, relationships, identities: Three central issues for individuals and groups in negotiating their social environment. *Annual Review of Psychology*, *57*, 1-26.
Kelman, H. C., and Hamilton, V. L. (1989). *Crimes of obedience*. New Haven: Yale.

Koys, D. J. (2001). The effects of employee satisfaction, organizational citizenship behavior, and turnover on organizational effectiveness: A unit-level, longitudinal study. *Personnel Psychology*, *54*, 101-114.
Kramer, R. M. (1999). Trust and distrust in organizations. *Annual Review of Psychology*, *50*, 569-598.
Kramer, R. M., and Tyler, T. R. (1996). *Trust in organizations*. Thousand Oaks: Sage.
Lind, E. A., and Tyler, T. R. (1988). *The social psychology of procedural justice*. New York: Plenum.
McGuire, W. J. (1969). The nature of attitudes and attitude change. In G. Lindzey and E. Aronson (Eds.), *Handbook of social psychology* (2nd ed., Vol. 3, pp. 136-314). Reading, MA: Addison-Wesley.
Nisbett, R, and Ross, L. (1980). *Human inference: Strategies and shortcomings of social judgment*. Englewood Cliffs, NJ: Prentice-Hall.
Pfeffer, J. (1994). *Competitive advantage through people*. Cambridge, MA: Harvard.
Plous, S. (1993). *The psychology of judgment and decision making*. New York: McGraw-Hill.
Podsakoff, P. M., Aheame, M., and MacKenzie, S. B. (1997). Organizational citizenship behavior and the quantity and quality of work group performance. *Journal of Applied Psychology*, *82*, 262-270.
Podsakoff, P. M., Bommer, W. H., Podsakoff, N. P., and MacKenzie, S. B. (2005). Relationships between leader reward and punishment behavior and subordinate attitudes, perceptions, and behaviors. *Organizational Behavior and Human Decision Processes*, *98*, 113-142.
Shore, L. F., Barksdale, K, and Shore, T. H. (1995). Managerial perceptions of employee commitment to the organization. *Academy of Management Journal*, *38*, 1593-1615.
Skogan, W., and Frydl, K. (2004). *Fairness and effectiveness in policing: The evidence*. Washington, DC: National Research Council of the National Academy.
Stutzer, A., and Lalive, R. (2004). The role of social work norms in job searching and subjective well-being. *Journal of the European Economic Association*, *2*(4), 696-719. doi:10.1162/1542476041423331
Sunshine, J., and Tyler, T. R (2003). The role of procedural justice and legitimacy in shaping public support for policing. *Law and Society Review*, *37*(3), 555-589.
Thaler, R H. (1991). *Quasi-rational economics*. New York: Russell Sage Foundation.
Tversky, A., and Kahneman, D. (1974). Judgment under uncertainty: Heuristics and biases. *Science*, *185*, 1124-1131.
Tversky, A., and Kahneman, D. (1981). The framing of decisions and the psychology of choice. *Science*, *211*, 453-458.
Tyler, T. R. (1994). Psychological models of the justice motive. *Journal of Personality and Social Psychology*, *67*, 850-863.
Tyler, T. R. (2000). Social justice. *International Journal of Psychology*, *35*, 117-125.
Tyler, T. R. (2006a). Legitimacy and legitimation. *Annual Review of Psychology*, *57*, 375-400.
Tyler, T. R. (2006b). *Why people obey the law*. Princeton: Princeton University Press.
Tyler, T. R. (2007). *Psychology and the design of legal institutions*. Nijmegen, the Netherlands: Wolf Legal Publishers.
Tyler, T. R. (2009). Legitimacy and criminal justice: The benefits of self-regulation. *Ohio State Journal of Criminal Justice*, *7*(1), 307-359.
Tyler, T. R. (2013). *Why people cooperate*. Princeton: Princeton

University Press.
Tyler, T. R., and Blader, S. L. (2000). *Cooperation in groups*. Philadelphia: Psychology Press.
Tyler, T. R., and Blader, S. L. (2005). Can businesses effectively regulate employee conduct?: The antecedents of rule following in work settings. *Academy of Management Journal, 48*, 1143-1158.
Tyler, T. R., Boeckmann, R J., Smith, H. J., and Huo, Y. J. (1996). *Social justice in a diverse society*. Boulder: Westview.
Tyler, T. R., Callahan, P., and Frost, J. (2007). Armed, and dangerous(?): Can self-regulatory approaches shape rule adherence among agents of social control. *Law and Society Review, 41*, 457-492.
Tyler, T. R., and Darley, J. (2000). Building a law-abiding society: Taking public views about morality and the legitimacy of legal authorities into account when formulating substantive law. *Hofstra Law Review, 28*, 707-739.
Tyler, T. R., Degoey, P., and Smith, H. (1996). Understanding why the justice of group procedures matters: A test of the psychological dynamics of the group-value model. *Journal of Personality and Social Psychology, 70*, 913-930.
Tyler, T. R. and Fagan, J. (2008). Legitimacy and cooperation: Why do people help the police fight crime in their communities? *Ohio State Journal of Criminal Law, 6*, 231-275.
Tyler, T. R, and Huo, Y. J. (2002). *Trust in the law*. New York: Russell-Sage.
Tyler, T. R, and Lind, E. A. (1992). A relational model of authority in groups. In M. Zanna (Ed.), *Advances in experimental social psychology* (Vol. 25, pp. 115-191). San Diego, CA: Academic Press.
Tyler, T. R. and Rankin, L. (2011). Public attitudes and punitive policies. In J. Dvoskin, J. L. Skeem, R. W. Novaco, and K. S. Douglas (Eds.), *Using social science to reduce violent offending*. Oxford: Oxford University Press. (pp. 103-124.)
Tyler, T. R. and Rankin, L. (2012). The mystique of instrumentalism. In J. Hanson (Ed.), *Ideology, psychology and law*. Oxford: Oxford University Press. (pp.537-573.)
Tyler, T. R., and Smith, H. J. (1999). Sources of the social self. In T. R. Tyler, R. Kramer, and 0. John (Eds.), *The psychology of the social self* (pp. 223-264). Hillsdale, N.J.: Erlbaum.
Walster, E., Walster, G. W., and Berscheid, E. (1978). *Equity*. Boston: Allyn and Bacon.

5章　なぜ人は投票するのかを再考する──ダイナミックな社会的表現としての投票

TODD ROGERS
CRAIG R. FOX
ALAN S. GERBER

　政治学や経済学において，投票行動とは伝統的に，利己的な個人によって下される一見合理的な決定とみなされている。こうした合理的なモデルでは，市民は票を投じるために経験しなければならないと予想される困難と，自身の投票が選挙結果を改善しうる可能性をはかりにかけていると考えられている。もちろん，こうしたモデルには問題がある。なぜなら決定票を投じる可能性はたいてい絶望的なほど低いからだ。典型的な州または連邦選挙では，決定票を投じる可能性よりも，投票場に向かう道の途中で車にひかれる可能性の方が高い。従来のモデルは明らかに，市民はなぜ，してどういった状況下で投票しようとするのかについてすべてを説明しきれてはいない。

　本章で著者らは，なぜ人々は投票するのかを理解するための新しい枠組みを展開していく。著者らは投票行動を，一瞬でなされる自己本位な決定だと概念化する代わりに，票を投じるまさにその瞬間の前後の出来事にも影響される，自己表現的な社会的行動だと概念化する。このような概念化にはいくつかの利点がある。第一に，従来の投票行動のモデルにはなじみにくい既存の行動学的研究を説明する助けになる。第二に，最近になって発見されたばかりの（人々の投票蓋然性に影響しうる）いくつかの未解明な要因を特定するのに役立つ。これらの要因は，以前は投票行動に関係がないと思われてきた分野（主に，社会心理学・認知心理学，そして行動経済学）における行動学的

---

i ［訳者註］その一票で結果が決まること。

研究から得られたものである。

　著者らが行った概念化は，投票行動に対する従来の説明と比較をしたときにもっともそのよさを発揮する。先に述べたように，投票行動に関する従来の説明では有権者のことを，投票行動をとることで生じると予想される主観的な利益とコストをはかりにかけた上で票を投じるか否かを見極める，一見合理的な行為者として捉えている。こうした説明には一般的に2つの利益が想定されている。1つ目は，ある選挙の結果に対して自分の投じた票が持っていると期待する影響力である。この「手段的」利益とは，有権者が支持している候補者が選挙を制した際に得られる効用と，対抗馬が制した際に得られる効用の差に等しく，主観的に評価された投票蓋然性が掛け合わされている（Dowens, 1957; Tullock, 1968）。しかしこの手段的利益という考え方では，なぜ数百万人が，接戦ではないと当然知っているはずの選挙であっても投票するのかについて説明できない。このことから，投票行動による「消費的」利益というもう1つの利益が提起されることになる（Blais, 2000）。この「消費的」利益には，投票という市民の権利を果たした喜びや（Riker & Ordeshook, 1968），結果に大きな違いをもたらしたかもしれない投票を自分がしなかったことで生じうる不快感を避けること（Fiorina, 1974）も含んでいる。この投票行動に関する消費的利益の源は体系的に分析されてきたわけではない。以下に続く**ダイナミックな社会的表現**としての投票行動という説明は，いくつかの点でこの消費的利益に関する詳細な分析を示すもの

と理解することができる。しかし，著者らがこれから記述する説明のすべてがこの消費的利益にきっちり分類されるわけではないし，消費的利益におけるすべての潜在的な構成要素が著者らの説明の中に組み入れられるわけではない。

まず，投票促進運動（GOTV）における接触方法の違いが投票率に与える影響を検討した，最近のフィールド実験研究について概観するところから始めたい。この研究に関する大まかな結論は，接触方法がより個人的なものになるほど効果的であるということだ。なぜ人々は投票するのか，ということに関する従来のモデルでは，この点が事実なのかどうか，そしてなぜ起こるのかということについてほとんど言及していない。このような不備が，投票行動を基本的には社会的行動として概念化しようとする動機を著者らにもたらした。次いで，著者らが示す枠組みを支える2つの行動観察をあわせて紹介する。1つは，投票行動はその前後の行動に影響されるということ，もう1つは，投票行動がアイデンティティの表現であるということである。

著者らはこの章を通して，投票促進運動に関する研究を引用し，なぜ人々が投票するのかに関する考察への実証的な裏づけとする。こうした研究は，行動に関する不確かな前提に基づいた単なる理論モデルではなく，実際の行動観察に基づく行動モデルを発展させることを可能にしてくれる。いくつかのケースにおいて，投票促進運動に関する既存の研究は，著者らのモデルの一部が実際に投票蓋然性に対して因果的な影響を与えていることを裏づけている。また別のケースでは，投票促進運動に関する既存の研究が存在しない領域について，著者らの仮説を検証するための投票促進運動に関する新しいフィールド実験を提案する。投票促進運動に関する研究は，理論的な理由からだけでなく，実務的な意味でも重要である。というのも，選挙の投票率を（コスト効率よく）向上させるための有益で処方的な洞察を得ることができるからである。投票促進運動の効率性を向上させることによる経済的利益は絶大である。なぜならば，連邦選挙がめぐってくるたびに1千万ドルもそうした活動に費やされているからである。さらに重要なことには，投票促進運動の有効性を向上させることで，選挙に参加する市民の数が増えるという社会的な目標を達成することができる[1]。

本章は以下のような構成になっている。1節の「投票を促進するための接触方法——個人的であるほど効果的」では，接触方法の違いによる影響を検討した最近のフィールド実験を概観する。この実験は，著者らが選挙行動を基本的には社会的行動だと概念化したきっかけの1つとなっている。次いで，人々はなぜ投票するのかということに関する著者らの枠組みの重要な3つの要素についてそれぞれ議論していく。2節の「ダイナミック——投票行動は決定前後の出来事に影響される」では，投票行動は実際に票を投じる前後の出来事に影響を受ける，という考え方を支持する研究について説明する。3節の「社会——投票行動は親和欲求や所属欲求に影響される」では，投票行動が基本的には社会的行動であると解釈することで得られる示唆について議論する。4節の「アイデンティティ——アイデンティティ表現としての投票行動」では，投票行動を個人的・社会的なアイデンティティの表現として捉えることで得られる潜在的な影響について検討する。次に4つの節を通して，なぜ人々は投票するのかについての著者らの概念化を検証し，拡張していくために期待される今後の研究の方向性について議論する。最後にまとめとして，議論を簡単に振り返るとともに，今後この興味深いトピックについてなされるべき研究や理論の構築について，著者らの希望するところを述べて締めくくりとする。本章を通して著者らは議

論の対象を，参加を抑制するのではなく促進する方法と，虚偽のメッセージを使わずに投票を促進しうる戦略とに慎重に限定する。

5.1 投票を促進するための接触方法
　　──個人的であるほど効果的

　市民の投票蓋然性に影響を及ぼす要因を検討したフィールド実験研究は，ここ10年間で激増した。そのきっかけになったのは，1998年にコネティカット州ニューヘブンの選挙において，投票を推進するためのさまざまな接触方法の影響を比較した重要な研究であった（Gerber & Green, 2000a）。この研究では，接触方法に加えて市民に伝える内容も変化させていた。GerberとGreenが検討したメッセージ内容の違いは統計的に有意な投票率の違いをもたらさなかったが，コミュニケーション方法は大きな違いをもたらすことが確認された。これにより，この分野における後続の研究の大半が，投票をメッセージ内容の違いではなく，接触方法の違いによる影響に着目することとなった。それゆえ，有権者を投票に向かわせるもっとも効率的なメッセージ戦略を究明することに関しては，最近までほとんど進歩が見られなかった。実際，GreenとGerberは，有権者の動員に関する実験をレビューした展望論文の中で，選挙を促進するメッセージ内容はあまり重要ではないようだと指摘している（Green & Gerber, 2004, p.36)[2]。

　ある選挙日までの期間，選挙活動家とその代理人は市民の投票を促すためにさまざまなコミュニケーション方法を用いた。これらの方法は多岐にわたり，対面での投票依頼といったとても個人的なものから，電話で録音メッセージを流す（「ロボ電話」）といったまるで人間味のないものにまで及んだ。すでに述べたように，この分野の研究では

一般的に，接触方法が個人的なものであるほど，接触した市民に大きな影響を与えることが分かっている（Green & Gerber, 2004, 2008）。実際，20世紀後半に有権者の投票率が低下したことについてGerberとGreen（2000a）は，個人的ではない接触方法が増えたことでおおむね説明できるだろうと述べている。

5.1.1 対面による個人的な接触

　当然ながら，投票を促進するためのコミュニケーション方法が異なれば，接触する世帯あたりのコストも異なってくる。たとえば，戸別訪問での対面による個人への接触は，フォンバンク[ii]を通した個人への接触よりも一般的にコストがかかり，多くの人手を要する。そして，フォンバンクによる個人への接触は，ダイレクトメール[3]による個人への接触よりもコストがかかり，多くの人手を必要とする。とはいえ，接触した有権者あたりの投票率がもっとも高くなる方法は，個人的な方法，つまり対面方法なのである。最初の実験的な研究では，1998年における中間選挙の特に大きな争点のない選挙区において，ライブ電話や郵便での呼びかけによる動員効果が1％以下であったのに対し，支持政党に無関係な対面接触の効果は5〜8％にのぼることが明らかになった（Gerber & Green, 2000a）。30を超える後続の実験は，個人的な対面接触はそれ以外の方法に比べて効果がある，という最初の結果を圧倒的に支持するものであった。戸別訪問が持つ相対的な有効性は，地方選挙（Arceneaux, 2005; Green et al., 2003; Michelson, 2003, 2005; Nickerson, 2005）や連邦選挙（Arceneaux & Nickerson, 2006; Middleton & Green, 2008; Murray & Matland, 2005; Nickerson et al., 2006）でも再現され

---

ii ［訳者註］選挙中，在宅でできる電話を使った投票促進運動の一種。専用のサイトに登録すると，電話をする相手が割り当てられる。

ている。さらに上記の結果は，より若年の市民（Nickerson, 2006c; Nickerson et al., 2006)，ラテン系アメリカ人（Michelson, 2003; Murray & Matland, 2005)，アフリカ系アメリカ人（Arceneaux, 2005）など複数の集団においても再現されてきた。

投票依頼活動の有効性に着目した研究は，重要度が高く競争の激しい選挙でも（Bennion, 2005)，また特に激しい競争がない重要度が低い選挙でも（Arceneaux, 2005）行われてきた。MiddletonとGreen（2008）は特に重要な選挙，つまり2004年の大統領選における激戦州で，MoveOn.orgという政党支援組織が実施した戸別訪問活動について検討した。ユニークなことに，有権者を動員するためのMoveOn.orgの活動は，近所の社会的ネットワークに溶け込んでいる地元のボランティアに頼っている。地元のよく知っている人による対面式の戸別訪問は，住民にとって見知らぬ人である典型的なボランティアと比較して，特に個人的な方法で接触することを可能にする。印象的なことに，この個人的な形式での戸別訪問が行われた選挙区では，選挙後，この選挙区と同様の特徴を持つと思われる，戸別訪問をしていない別の選挙区と比べて，投票率が9%も高くなっていた。非常に重要度の高い選挙であり，それゆえもともとの投票率が高水準にあったことを考慮すると，この効果は特に大きいものだといえる。

5.1.2 電話による個人的な接触

電話で投票を促進するメッセージを伝えることの効果について，これまで数十に及ぶ実験が行われてきた。共通するいくつかの知見が得られており，そのすべてが，投票促進戦略は個人的なものであるほど効果が大きい，という大まかな結論に即したものであった。まず，もっとも有効な電話の仕方は，ゆっくりと「くだけた」話し方をするというものであった。このことは，流暢にゆっく

り話すよう訓練されたプロのフォンバンクを対象にした研究や（Nickerson, 2007)，訓練を受け，優秀な監督者がついているボランティアを対象にした研究（Nickerson, 2006d）で明らかになっている。早口の電話でもある程度の効果が見られるとはいえ（推定値に諸説あるが，こうした早口による電話は投票率を1%程度向上させるようである），ゆっくりと話す電話に比べると有効ではない傾向がある。このことは，プロのフォンバンクを対象とした研究や（McNulty, 2005; Nickerson, 2007)，ボランティアを対象にした研究（Nickerson et al., 2006）から明らかになっている。さらに，はじめて電話したとき投票の意思を示した人にあらためて電話をかけるという方法が，電話を用いた方法の中で最も有効であるという予備的な結果も明らかになっている（Michelson et al., 2009)。著者らはこの戦略が最も「個人的」な電話の技法であると考えている。なぜならば，このやり方は以前の電話でのやりとりを参照しているからである。「ダイナミックな投票」の節で考察するように，この戦術は**自己予言とコミットメント**という行動学上の知見を活用したものといえる。

5.1.3 一方通行のコミュニケーションという非個人的な接触

最も非個人的で効果も乏しいコミュニケーション方法とは，一方的なやりとりである。第一に，投票を促すダイレクトメールを各世帯に送った場合，投票率はわずかではあるが向上するという結果が一貫して得られている（Green & Gerber, 2008)。しかし「アイデンティティ」の節で見るように，最近の研究では，ダイレクトメールの中身をより個人的なものにすると（たとえば，市民に本人や隣人の投票履歴を示す），効果はずっと大きくなりうることが明らかになっている（Gerber et al., 2008)。第二に，投票を促すちらしを訪問員が各世帯に配

布した場合，投票率に対して小さいが促進効果をもたらした（Gerber & Green, 2000b; Nickerson et al., 2006）。この効果は特に無党派層の有権者において見られた（Gerber & Green, 2000b）。第三に，あらかじめ録音した音声を各世帯に電話で流す，いわゆる「ロボ電話」は投票率に対して重要な効果をもたらさなかった（Green & Gerber, 2008）。最後に，電子メールによるメッセージは，政党支援組織から送られたものであっても（Stollwerk, 2006），無党派組織から送られたものであっても（Nickerson, 2006a）効果のないことが明らかになっている。これらのことから分かるように，こうした非個人的な接触方法は，投票率の向上に対して無視できるほど小さな効果しかもたらさない。

5.1.4 より個人的なコミュニケーションが持つ影響についての解釈

接触方法が個人的であるほど投票率の向上に効果を持つのはなぜなのだろうか？ 従来の合理的な投票行動のモデルが示唆しているのは以下のような答えである。第一に，接触方法がより個人的なものだと，市民がその情報に気づく可能性は高くなるため，影響力は強くなるのかもしれない（たとえば，ちらしのメッセージは，戸口で直接伝えられたメッセージより忘れやすい）。第二に，より個人的かつ双方向の形態で伝えられたメッセージの方が，市民は注意して耳を傾けるだろう（たとえば，玄関口で話をされる方が，郵便でメッセージを送られる場合よりも熱心に集中して聴いてくれる）。

注意を引きつけることが個人的なコミュニケーションの影響力を強める一因であることに疑いはないが，著者らは，この強い影響力は個人的なやりとりが持つ社会的特性によって強化されたものであると考える。注意による説明では，たとえば，電話によるもっとも効率的な方法さえ，対面の戸別訪問が持つ半分程度の効果しか持たない理由をうまく説明できていない。明らかに，対面でのやりとりにおける何らかの要素が，対象者に依頼をより受け入れやすくさせているのである（Reams & Ray, 1993）。当然ながら，電話越しよりも対面でのやりとりの方が社会的交流はより密になる。社会的交流は，人々の共感と受容への基本的欲求を呼び起こしやすい。そして共感と受容への欲求はいずれも，社会的に望ましい行動をとろうという動機を引き出す傾向がある（Baumeister & Leary, 1995）。さらに，より個人的なコミュニケーション方法は，対象者と伝達者における社会的な類似点の発見を促し，そのことが対象者の受諾率を高めていることが明らかになっている（Burger et al., 2004）。そして最後に，より個人的なコミュニケーション方法は，未来の行動に関するコミットメントをより強制力のあるものとする機会を対象者に与えるだろう。事実，未来の行動（たとえば投票）への公的なコミットメントを人々に求めると，後にその行動をとる可能性は高くなることが確認されており（たとえば，Sherman, 1980），そうしたコミットメントはより公的になされるほど効果も大きくなることが分かっている（Deutsch & Gerard, 1955）。

5.1.5 投票を促進するための接触方法——まとめとこれから

GerberとGreenが最初に行ったニューヘブンの実験とそれに続く多くの実験は，コミュニケーション方法の有効性測定法を発展させ，人々を投票へと動機づける要因についての洞察を帰納的に蓄積させてきた。これからの研究は，テレビやラジオの広告（驚くべきことに，これらに関する研究はこれまでほとんど行われていない），そして交通量の多い道路で人々に選挙を思い出させる看板を立てる慣習など，他の接触方法が投票率の向上に効

果をもちうるのかを検討していくべきだろう。投票を促進するための接触方法の中には，インターネットでのバナー広告や，フェイスブックやツイッターといったソーシャルネットワーキングサービス，そして携帯メールなどデジタル技術の台頭も含まれている。こうした接触方法の一部については予備的な研究がすでに始まっており（テレビはGerber et al., 2006; Green & Vavreck, 2006; ラジオはPanagopoulos & Green, 2006; インターネットはIyengar, 2002; 携帯メールは Dale & Strauss, 2007），こうした媒体の有効性に対する理解をより明確なものにしていくことは，この先何年にもわたって重要な価値を持つだろう。市民の投票蓋然性に影響を及ぼす，次なる重要な要因は，選挙権の有無である。選挙権には，個人レベルの選挙人名簿への登録状況（当然ながら，いま現在選挙人名簿に登録されていない投票者は，この次の選挙でも投票する可能性は低い）と州レベルの登録規則（たとえば，どれほど複雑な過程が必要か），そして州レベルで投票権を得るための必要条件が関わってくる。これらすべてが，さらなる研究を期待されている分野であり，もっとも優れた取り組みや選挙権についての法律，そしてもっとも根本的なこととして，なぜ人々は投票するのかということに関する著者らの理解を深めてくれるだろう。最後に，郵送，もしくは自ら出向いて行う期日前投票が広く一般的になってきていることには触れておいたほうがいいだろう。期日前投票を市民に強く促す方法や，期日前投票が全体の投票率に及ぼす影響について理解を深めることには大きな価値がある。たとえば，2008年のアメリカ大統領選では，全体の投票のうち24.3%が期限前に行われたものであった。この点に着目した最初の調査は，期日前投票の促進が投票率を向上させることを示唆しているものの（Mann, 2009），多くの疑問は未解決のまま残されている。

これまで述べてきたように，従来の説明は投票行動について，静的かつ自己本位的で，一見合理的な決定として捉えてきた。こうしたモデルを，接触方法が個人的であるほど市民の投票を促すのに有効であるという実験結果に適合させるのは無理がある。有権者を動員させるコミュニケーション方法の影響力に関する知見と適合する投票行動モデルの作成を目指して，投票行動についての従来の説明に，特定のメッセージが持つ影響力についての新しい研究成果に加えて，以下のような3点の修正を加えることを著者らは提案する。第一に，投票行動は流れる時間のある一時点で起こる単なる静的な出来事ではなく，むしろ，最初の投票意思の成立から投票行動へ，そしてある人が投票したか否かに関する事後の知識へというように，時とともに広がっていく行動のダイナミックな集合だということを指摘したい。第二に，投票行動は完全なる利己的な行動ではなく本来社会的な行動である。社会的な行動は，手段的利益や消費的利益を生みだすだけではなく，より大きな集団と連携したい，所属したいという基本的な欲求を満たすものである。第三に，投票行動はただの決定ではなく，その人のアイデンティティの表現でもある。投票行動をダイナミックな社会的表現として理解することによって，投票行動に影響しうる要因は以下のような3つの重要な要素に拡張される。次の節では順次，これら各要素について検討していく。

5.2　ダイナミック——投票行動は決定前後の出来事に影響される

　投票行動を静的な決定ではなく，むしろ時間の経過とともに展開していく行動の集積とみなすことは，投票しようと決めた瞬間の前後に起きた出

来事が，当人が本当にその意思を貫いて投票するかどうかに影響しうることを示唆している。この節では，投票意思を決める直前の出来事に関係する2つの領域の行動学的研究について議論する。次いで3つ目の領域について検討するが，ここでの主題は投票意思を決めた直後の出来事と関係している。

5.2.1 投票を決定する前
── 自己予言とコミットメント

社会的に望ましい行動の実行率を高める手段の一つは，未来にその行動をとるかどうか人々に予言させることである。自分をよく見せるために，もしくは希望的観測から，あるいはその両方が原因で，人は一般的に肯定的な回答をするよう偏っているものである。さらに多数の研究から分かっているのは，人は自分がある行動をとると予言すると，後にその行動をとる可能性が高くなることである。これは他の論文では「予測エラーの自己消去」（Sherman, 1980），「自己予言効果」（Greenwald et al., 1987），また「単純測定効果」（Morwitz et al., 1993）と呼ばれる行動傾向である。ある有名な研究で（Sherman, 1980），参加者は電話でさまざまな話題に関する質問に答えるよう求められた。半分の参加者に対しては，アメリカがん協会で3時間のボランティアを頼まれたらどうするかを尋ね，そのうち48％がボランティアをするだろうと回答した。残り半分の参加者はこうした予言につながるような質問をされなかった。3日後，前に電話をかけた人とは別のボランティアがすべての参加者の家を訪ね，アメリカがん協会でボランティアしないかと尋ねた。自己予言をしなかった参加者のうちボランティアを引き受けたのはわずか4％であったのに対し，ボランティアすると自己予言していた参加者のなんと31％が承諾した。このように，参加者はボランティアに参加する可能性を肯定的に予言したが，公的に肯定的な予言をするという行動は，そうしなかった場合と比べて，実際にボランティアする可能性をかなり高めるのである。

自己予言の行動に対する効果を調整するいくつかの要因が明らかになっている。第一に，自己予言がある行動をとるという願望や意思をはっきり示すコミットメントに変わったとき，その効果はより大きいものとなる。コミットメントを引き出すことは，自己予言に社会的な拘束力のある要素を加え，自己予言を実行できなかった時の社会的コストを高める（Schlenker et al., 1994）。自分へのコミットメントは，たとえ明確な説明責任がないとしても守られる可能性が高くなる（展望論文としてCialdini, 2003）。これは，自分の信念や予期に沿った行動をとりたいという基本的な欲求を，コミットメントが活性化させるからである（Bem, 1972; Festinger, 1964）。第二に，自己予言／コミットメントの効果はより公的な方法でなされた場合さらに強くなる傾向がある。たとえば，ある研究では公的な決議が3人の陪審員の話し合いを膠着させる可能性を高めることを発見した（Kerr & MacCoun, 1985）。第三に，自己予言／コミットメントの効果は，本人にそれらが本心から自発的になされたものとみなされるほど強くなり，収賄や強制の結果だとみなされると弱くなる，もしくは消えてしまう。たとえば，ある有名な研究では，本当はつまらない作業を他の生徒には面白かったと伝えるよう依頼された参加者のうち，その対価として1ドルしか支払われなかった場合，20ドルという高額の対価が支払われた場合と比べて，つまらなかった作業を本当に楽しかったと答える割合が多くなった（Festinger & Carlsmith, 1959）。

自己予言／コミットメントの効果は明らかに投

---

iii ［訳者註］匿名投票ではなく挙手による意見の表明。

票促進運動の文脈にも応用することができる。つまり，市民に投票の意思をはっきり述べるよう求めることで，実際に投票する可能性を高めることができるはずである。事実，行動に対する自己予言効果を検討したもっとも初期の研究の1つは投票に関するものであった。この研究によると，少数の大学生に1984年のアメリカ総選挙で投票する意向があるかを尋ね，さらに投票理由のうち最も重要なものを言葉にしてもらうと，23％以上も実際の投票蓋然性が高まったという（Greenwald et al., 1987）。この実験計画の問題点は，自己予言のみを独立して操作したのではなく，投票がなぜ重要なのかということについての質問を含んでいたことである。実験条件でこうした2つの質問が併用されたことを考慮すると，このうち自己予言が投票率を高めたと結論づけることはできない。そこでGreenwaldと研究仲間は，元の研究結果の再現を試みると同時に，自己予言の効果を切り離すための追跡研究を行った（Greenwald et al., 1988）。追跡実験では元の研究に匹敵するほどの自己予言効果が得られたものの，その効果は，これまで常に投票してきた人やまったく投票していない人と比べた場合に，ときどき投票をしている人においてのみ見出だされた。他にも，自分はなぜ投票すべきだと思うのか，という質問にも効果のあることが分かったが，こちらもときどき投票している人に限定される効果であった。

これらの研究結果を最近の投票促進運動の文脈に置き換えるにあたって，いくつか留意すべきことがある。オリジナルの研究は20年以上前に電話を介して行われたが，その当時はまだ電話が投票を促す手段としてそこまで普及していなかった。最近の選挙活動では，投票を促進するコミュニケーション方法として電話の利用が増えてきており，1980年代に行われたこの研究に比べて，一度だけの電話による効果は小さくなっているのではないかと推測される。2000年のアメリカ大統領予備選挙で行われた最近の研究は（Smith et al., 2003），1160人の市民に接触し，4つの条件のうちいずれか1つに市民を割り当てるというものであった。その4条件とは，統制条件，自己予言のみの条件，投票理由のみの条件，自己予言と投票理由を組み合わせた条件であった。すべての条件はGreenwaldと共同研究者が行った手順に則っていた。Greenwaldらの研究では操作の大きな効果が報告されたのに対して，この研究では，自己予言や投票理由を聞き出す効果はとても小さく，統計的にも有意差はなかったことが報告されている。このようにSmithと研究仲間は，Greenwaldら（1988）が追跡研究で示唆した効果，つまり，常に投票してきた人やまったくしてこなかった人と比べた場合，ときどき投票している人に見られた効果を再現することができなかった。

Smithら（2003）は，Greenwaldと共同研究者（1987, 1988）の研究で得られた効果量を現代の投票促進運動で再現することは困難であると示唆している。しかし，Smithらの研究は，自己予言が投票促進運動の文脈において有用でありうることを完全に反証したわけではない。めったに投票したことのない人と，ときどき投票に行く人を合わせた予備分析の結果からは，自己予言の操作（自己予言したすべての参加者を含める）は投票率を3.2％向上させることが分かっている。後述するように，この2つのサブグループは，他の行動介入でももっとも影響を受けやすい存在のようである（5.3.2「付和雷同——記述的な社会規範」参照）。2008年のペンシルバニアでの大統領予備選挙について行われた最近の研究で（参加者は287228人），投票促進運動の一環として自己予言を聞き出す電話をかけたところ，このような操作のなかった統制条件と比べて2.0％投票率が向上するという，わずかではあるが統計的に有意な効果が確認されて

いる（Nickerson & Rogers, 2010）。

　これからの研究は，自己予言やコミットメントを引き出す新たな方法を検討することが期待され，それはまた，根底にあるメカニズムへの理解を深める上でも貢献するだろう。たとえば，投票するという公約や申し出を，戸別訪問活動や集会に組み込むことができる。ソーシャルネットワーク技術の登場は，ある選挙で投票するというコミットメントを互いに交わす新しい機会を市民に与えてくれる。こうしたツールはコミットメントを公的なものにする後押しをし，ある選挙にその後の説明責任がついて回ることをも可能にする（5.2.3「選挙後に何が起こるかについての考察——社会的重圧とアカウンタビリティ」参照）。このテーマに関する研究はまた，投票行動という分野における行動現象との関連を証明するのに加えて，基礎的な行動科学の進歩にもつながる可能性がある。たとえば，何度もコミットメントや自己予言の影響力が行使されると（いくつかの選挙戦で繰り返されるなど）効果は変化するのだろうかといった疑問に，本テーマの研究は応答しうるものである。いくつかの選挙戦を通して何度も自己予言を求められるとき，市民の投票蓋然性の見積もりはより正確になっていくのか，それとも肯定的な偏りがなくなっていくのだろうか，という問いもまた未解決の問題である。

5.2.2　投票することを決めた後——実行意図

　公的な自己予言やコミットメントは，発言した人がそれを守る可能性を高めることが分かってきたが，行動学的研究ではこうした傾向を高めるのにより効果的な方法を明らかにしている。それは，固有のif-then行動計画，もしくは実行意図を本人に作らせることである。こうすることで，ある行動を実行に移すことを覚えておくという認知的コストが低減する（Gollwitzer, 1999; Gollwitzer & Sheeran, 2006）。これまでの研究では，どのように，いつ，どこで，自ら意図した行動を実行するかについての計画をはっきり述べると，その計画をより守る傾向のあることが分かっている。この現象は2つの重大な要素の認知的な結びつきによって生じている。第一に，意図を実行に移す際に重要な状況を予測することにより（たとえば，自分の投票場所を見つける），意図を実行に移す決定的な状況（たとえば，選挙登録をする）を迎えた瞬間に，自動的にこの状況を認識できる可能性が高くなる。第二に，ある状況下でどのようにふるまうかを予測することにより（たとえば，来週火曜日の朝，会社に行く途中で），自動的にその方法に沿ってふるまう可能性が高くなる。実行意図は，意図に関係する状況と意図に関係する行動とを結びつける。こうして両者が結び付けられることで，「もし状況がYなら，Xのようにふるまおう」と考えることができる（Gollwitzer et al., 2005; Gollwitzer & Sheeran, 2006）。

　実行意図の形成は何十もの繰り返しの行動に影響することが示されてきた。たとえば，ビタミン剤を飲むこと（Sheeran & Orbell, 1999）ないしエクササイズに影響を及ぼす（Lippke & Ziegelmann, 2002; Milne et al., 2002），などである。投票行動に関係する要素として，実行意図は，期間内に実行しなければならない一回性の行動をやり遂げる可能性を高めることも明らかになっている。ある研究で，学生は翌日に設けられた8時間の期限内に，ティーチング・アシスタントのところまで課題図書を取りにくるよう求められた（Dholakia & Bagozzi, 2003, 研究1）。このうち半分の参加者は，課題図書は授業で必須のものではなく，付加的なものだと伝えられたが，いつ，どこで，どのようにしてティーチング・アシスタントのいる部屋へ取りにいくか，そしてそれにどの程度時間をかけるかについて詳細な実行意図を作るよう指示された。残

り半分の参加者は，課題図書が授業の中で非常に重要だと伝えられたが，実行意図を作る指示はされなかった。結果は操作の劇的な効果を示すものであった。つまり，実行意図形成条件の学生の多く（72%）が8時間の期限内に課題図書を取りにきた一方，課題図書の重要性のみ伝えられた学生のうち，決められた期限内に取りにきたのは少数派（43%）であった。

　実行意図に関する研究を投票促進運動の文脈で言い換えると，第一に投票への目的意図を市民から引き出すことを含意しているだろう。目的意図とは自己予言のことであり，それゆえもし目的意図の効果が生じたならば，それは前述の自己予言効果を活用したものであることに留意されたい。第二に，実行意図の形成を投票促進運動の文脈で言い換えると，投票への目的意図をどうやって遂げるかについて市民に詳しく述べるよう促すことを意味するだろう。いつ投票するのか？ 投票場所までどうやって行くのか？ 投票場所に行く前はどこにいるのか？ 特に投票促進運動における効果的な実行意図の形成を促進する1つの要素は，最近の選挙運動で広く使われている電話での投票促進運動に組み込むことができるということである。2008年の大統領予備選挙中にアメリカ・ペンシルバニア州で実施された最近の実験では（参加者は287228人），電話での投票促進運動によって実行意図を聞き出すことで，何の操作も受けていない統制条件と比べて投票率が4.1%向上したことが分かっている。この操作による効果は，同様に自己予言のみを引き出した電話に比べて2倍以上であった（Nickerson & Rogers, 2010）。さらなる検証が必要であるとはいえ，これらは最初の有望な知見である。

5.2.3　選挙後に何が起こるかについての考察 ——社会的重圧とアカウンタビリティ

　投票行動を静的な決定ではなく，ダイナミックな行動だと概念化することが示唆しているのは，投票すると決定した後に起こる出来事，さらに投票後の出来事が投票蓋然性に影響を及ぼしうるということである。特に，投票したかどうかについて公的なアカウンタビリティを担うことで，投票する傾向は高まる可能性がある。アカウンタビリティという感覚は，判断や決定をしたり，何らかの行動をとった後で，そうした行動を他者に対して正当化するよう求められるだろうと人々に信じさせることでもたらされうる（Lerner & Tetlock, 1999を参照）。人々は自身の行動が公になると知るだけで，他者が自分に期待している通りに行動するようになることが，複数の研究から明らかになってきている（Posner & Rasmusen, 1999; Rind & Benjamin, 1994）。アカウンタビリティはこれまで，社会的に価値のある行動をとるよう圧力をかける公的な運動で活用されてきた。たとえば，イタリアでは一頃，投票しなかった人の名前を町役場の壁に貼りだして晒し者にしていた（Lijphart, 1997: 9pの注記番号18）。

　最近のフィールド実験において，Gerberら（2008）はダイレクトメールのメッセージを用いてアカウンタビリティを操作し，その有効性を検討した。第一グループの世帯は投票を促す文章が添えられたダイレクトメールを受け取った。第二グループの世帯も同様のダイレクトメールを受け取ったが，研究者が公的記録を使って，その世帯の住民が実際に投票したかどうかを調べる予定であるという情報が添えられていた。この条件では，第三者（この場合，匿名の研究者）から投票行動が観察されていることの効果が検証されたわけである。第三グループの世帯は，その世帯の住人の投票履歴の提示に関するメッセージが記載された，同様のダイレクトメールを受け取った。このダイレクトメールには，来る選挙後にその世帯の住人のうち誰が投票し誰が投票しなかったのかを示す通知を追っ

て送付することが書かれていた。この条件は，家族の他のメンバーに投票行動が知られることの効果を検討するものであった。最後に，第四グループの世帯は，その世帯の住人に加えて近隣住民の投票履歴の提示に関するメッセージが記載された，同様のダイレクトメールを受け取った。このダイレクトメールには，近隣住民も同様のダイレクトメールを受け取っていること，この郵便物の受取人本人とその近隣住民には，選挙後に近所の人々のうち誰が投票し誰が投票しなかったのかを示す通知が追って送付されることが書かれていた。この条件は，他の家族だけでなく近隣住民の誰かからも投票行動が知られることの効果を調べるものであった。要するにこの研究が検証したのは，1通のダイレクトメールによって引き起こされるさまざまな程度のアカウンタビリティが市民の投票行動にもたらす効果であった。

その結果，社会的アカウンタビリティの操作は投票率に劇的な効果を持つことが示された。詳しく述べていくと，もっとも高水準な社会的アカウンタビリティ（近隣の人々が含まれる）を引き出す条件は，投票を促す標準的なメッセージを送った条件に比べて6.3%も投票率が向上するというめざましい結果をもたらした。この研究が示したのは，本来的に非個人的で効果を持たない方法（ダイレクトメール）であっても，高度に個人化された文章を送ることで，投票率に強い効果を持ちうるということである。この結果を文脈に照らして考えてみると，標準的な郵便物は投票率に対して約0〜2％の影響力があるということになる（Green & Gerber, 2008）。

5.3　社会──投票行動は親和欲求や所属欲求に影響される

投票行動をダイナミックな社会的表現とみなす概念化モデルの第二の要素は，それが基本的に社会的行動であるということだ。人々は，他者と一緒にいたいという気持ちの維持と他者との協力を強く動機づけられている（Baumeister & Leary, 1995）。こうした要求が満たされない場合，健康（KiecoltGlaser et al., 1984; Lynch, 1979）や幸福感（Lyubomirsky et al., 2005; Myers, 1992）に影響を及ぼすこともありうる。投票行動によってこうした社会的欲求を部分的にではあっても満たすことができるという洞察は，投票を促進するいくつかの戦略を生みだすことを可能にするだろう。投票したかどうかについての社会的なアカウンタビリティを操作することの有効性については，すでに述べたとおりである。社会的要求を満たすことで投票率を向上させうる他の戦略を2, 3例挙げてみると，投票場所へ集団で行くことを促進する（たとえばバディーシステム），投票後にパーティーを開催する，友達と投票について会話することを奨励する，などがある。この節では，人々は他者に関心を持ち，適切な行動に対する社会的期待と一致するようにふるまう傾向があるという洞察から導かれた，投票促進戦略に関するいくつかの行動学的研究を説明していく。

5.3.1　内集団成員に配慮する──他者のための投票行動

社会的アイデンティティ理論では，人々が自発的に自分と他者をグループ分けすることを仮定している。人々は，たとえその集団が偶然形成されたものであったり，その場限りのものであったとしても，その集団の成員であることから自尊心を得ている（Tajfel, 1982）。ひとたび内集団を自分と

同一視すると，人は内集団の成員を助けるためにコストを負担しようとする。たとえば，独裁者ゲームの中で，参加者が所属する集団の成員にお金を分配する意欲について検討した研究がある（Forsythe et al., 1994）。独裁者ゲームとは戦略的なやり取りのことであり，ゲームの参加者（「支配者」）は一定金額を与えられ，それを自身と他の参加者に分配するよう求められる。支配者にとってはこのお金を総取りすることが合理的な解であるにもかかわらず，支配者役の人が見知らぬ他者に分配する比率の平均はおよそ10%から52%であることが分かっている（Camerer, 2003）。興味深いことに，人々は自分と異なる政党アイデンティティを持つ匿名の参加者に比べて，同じ政党のアイデンティティを共有する匿名の参加者により多く分配することを，FowlerとKam (2007)（Edlin et al., 2007; Fowler & Kam, 2006; Jankowski, 2002も参照）は発見した。[iv]

なぜ人は投票するのかという問いに他者の幸福という観点を組み入れることで，投票率を向上させるためのいくつかの示唆を得ることができる。特に，自分以外の大切な市民（たとえば近隣の人々，友人，家族）に利するような争点の重要性を強調したメッセージは，市民に投票の動機づけを与える可能性がある。このアプローチは分かりきったことのように思われるが，投票促進メッセージの中ではこれまで体系的に用いられたことがなく，統制のとれたフィールド実験の中で検討されたこともない。

5.3.2 付和雷同——記述的な社会規範

基本的な所属欲求ゆえに，人は他者への期待と一致するような方法でふるまうようになる。この期待は記述的な社会規範と呼ばれている。Cialdiniと共同研究者は，人々が記述的な社会規範に従う傾向にあり，それは特にどういった行動が適切であるかを確信できないときに生じやすいことを明らかにした（Cialdini, 2003; Cialdini et al., 1990; Reno et al., 1993）。記述的な社会規範が，他者がそうふるまうべきだと人に期待しているやり方（すなわち，一般的な命令規範）にそむく場合でさえ，記述的な社会規範に従う人々の動機づけは強いということに留意する必要がある。この研究が示唆しているのは，実際にとられている行動が共同体にとって望ましくないものであった場合，記述的な社会規範を説得力のある協力依頼に組み込むことは逆効果，つまり行動が道理に反する効果をもたらしうるということである（Cialdini et al., 2006）。もし記述的な社会規範が望ましくない行動を反映したものである場合（たとえば「公園は実際ゴミだらけである」），たとえ社会規範を望ましい行動と対比させても（たとえば「ですからゴミを捨てないで下さい」），記述的な社会規範を強調することになり，協力依頼の有効性は損なわれる可能性がある（Cialdini et al., 2006; Cialdini et al., 1990, 実験1）。このようなことがなぜ起こるかというと，「ゴミを捨てるべきではない」という忠告に加えて，「たくさんの人がゴミを捨てている」というメッセージも含めてしまっているからである。記述的な社会規範が現実世界のさまざまな状況の行動にもたらす大きな効果は，いくつかの研究から明らかになってきている。ここでいうさまざまな状況の行動とは，ポイ捨て（Cialdini et al., 1990），リサイクル（Cialdini, 2003），大学構内での酒盛り（Mattern & Neighbors, 2004），窃盗行為（Cialdini et al., 2006），そしてホテルでのタオルの再使用（Goldstein et al., 2008）などを指している。

政治的運動の多くは記述的な社会規範を活用しているが，時に有害な方法で用いられることもある。たとえば2004年のアメリカ大統領選前の最終

---

iv ［訳者註］たとえば民主党の支持者は民主党を支持する相手により多く分配した。

日，ジョン・ケリー候補はミルウォーキーの女性の一団に向かって演説した際，「2000年には約3800万人の女性が投票しなかった」ことに言及した。このようなアプローチを政治の専門家が当たり前のように用いるのは，彼らが記述的な社会規範の力に無自覚なせいだと著者らは推測している。投票促進運動の専門家だと自認する人を対象に行われた調査の結果は，この推測を裏づけるものであった。というのも，「若者の投票率は相対的に低く，なお減少している」ことを強調したメッセージの方が，「若者の投票率は比較的高く，そして（あるいは）なお高まっている」ことを強調したメッセージより，投票促進効果は大きいと信じる人が43％もいたことをこの研究は報告しているからである（Rogers, 2005）。

　投票率の高さを強調する方が投票率の低さを強調するより動機づける力があることは，社会心理学の研究によって示唆されている。しかし，これが投票行動の文脈には当てはまらないのではないかと疑うだけの理由がある。とりわけ，投票率が高い選挙であるほど一人ひとりの票が結果に及ぼす効果は少なくなる（Downs, 1957）。たとえ有権者が，候補者や争点を勝たせることだけでなく得票差にも関心を抱いているとしても（たとえば，候補者や争点に対する支持者の負託は大きくなる；Light, 1999 参照），投票率の低い選挙で投じられた票が持つ政治的な重要度は，投票率が高い選挙で投じられた票より高いものとなるだろう。

　GerberとRogers（2009）による最近の研究では，ニュージャージー州とカリフォルニア州の州知事選の期間，州全体で2つのフィールド実験が行われ，記述的な社会規範の影響力が検討された。各実験の構造は同一であり，選挙前の3日間，参加者は投票を促進する専門のフォンバンクから投票に行くよう電話で強く促された。参加者の半数は，過去20年におよぶ実際の投票率を織り込んだメッセージを聞かされた（来る選挙での投票率向上を強調した条件）。具体的には，「（カリフォルニアあるいはニュージャージーの）前回選挙ではX百万人の市民が投票した」というメッセージを聞かされた。残りの参加者は，過去20年におよぶ実際の投票率を別の形で織り込んだメッセージを聞かされた（来る選挙での投票率低下を強調した条件）。具体的には，「（カリフォルニアあるいはニュージャージーの）前回選挙ではX百万人の市民が投票に行かなかった」というメッセージを聞かされた。メッセージの最後に参加者は，来る選挙での投票に対する動機づけの強さを回答した。いずれの研究でも，投票率の低下見込みを強調した条件に比べて，投票率の向上見込みを強調した条件で，投票への動機づけは統計的に有意に高くなっていた。たとえばニュージャージーでは，投票率の低下予想を聞かされた条件では選挙に行くことを「おおいに確信している」と答えた割合は71％であったのに対し，投票率の向上予想を聞かされた条件では77％にのぼった。この研究はさらに，ときどき投票に行く人もしくはめったに投票に行かない人は投票率の情報に強く影響されるが，いつも投票に行く人はそうした情報に影響されないことを見出だした。

5.4　アイデンティティ──アイデンティティ表現としての投票行動

　投票行動をダイナミックな社会表現と捉える著者らのモデルにおける最後の要素は，市民はアイデンティティを示す行動として投票行動から何らかの価値を得ているということである。自分があるタイプの人間だと表現するために，人は長い距離を行くこともいとわないし高いコストも払おうとする。たとえばブランド品は，購入者自身のア

イデンティティの拡張とみなされる傾向のあることが消費者研究から明らかになっている（Belk, 1988; Fournier, 1998）。同様に，人々はもっとも強く同一視している内集団のふるまい方と一致してふるまうよう動機づけられており，そうすることによって自尊心を高めていることが社会的アイデンティティの研究から明らかになっている（Tajfel, 1982）。人々はまた，自分が思い描くとおりに他者から見てもらえるよう努めている（Swann & Read, 1981）。さらに人々は，自分の行動が信条に反するときに不協和を感じる。つまり，自分のふるまいを意見と一致させることで，人は不協和という不快な状況を回避することができる（Festinger, 1964）。以上の理由から，どの候補者あるいは政党に投票するのかということや投票行動それ自体は，自分自身や他者に対して重要なシグナルを送るという機能を果たしているのかもしれない。

投票行動を自己表現行動とみなすことにより，投票率を向上させる少なくとも3つのアプローチが示唆されることになる。第一に，投票の意味を市民がどう解釈するか，そのあり方に影響を及ぼすことができる。票を投じるということは，「私はこの選挙結果に関心がある」から，「家族の未来と，彼らの良い手本となることに関心がある」，そして「社会に対して，また市民としての自らの義務を果たすことに関心がある」まで，あらゆる意義の枠にはめることができる。有権者がより強く価値づけている意義を強調するようなメッセージは，投票を促進する上でより効果を持つはずである。

投票行動の表現価値を高める第二の方法は，内集団の他の成員から観察できるくらいに市民の投票行動の可視化を進めることである。「ダイナミック：投票行動は決定前後の出来事に影響される」で取り上げた例，つまり来る選挙後に市民の投票履歴が公表されるという脅威によって投票率が向上することを見出だした研究を思い出してほしい（Gerber et al., 2008）。上記の節で著者らが強調したのは，投票しなかったことが公になることの恥ずかしさが持つ動機づけの力であった。この介入が持つ動機づけの力は，部分的には，投票したことが公的に認知されることへの誇りから得られるのではないか，とも著者らは考えている。投票行動に対するこうした誇りは，他のいくつかの方法でももたらすことが可能である。たとえば投票をした人に「投票しました！」と書いてあるステッカーを配ったり，公的な場所に投票履歴を張り出したりすることができるだろう。

投票によって市民が得る表現的価値を変化させる第三の方法は，投票行動が望ましいアイデンティティの表現となるように働きかけることである。このアプローチに焦点を当てるため，ここから先では自己認知の仕方を変えて人々の行動に影響する3つの戦略を扱った研究を概観する。その後，各々の戦略を投票促進運動の文脈でどのように活用できるかについて検討する。

5.4.1 「投票者のアイデンティティ」に働きかける──段階的要請

対象者のアイデンティティに働きかけて行動に影響を与えることがよく知られている戦略とは，いわゆる段階的要請法である。この戦略は，はじめに比較的小さな依頼をすることで，その後に関連するより大きな依頼に応じてもらう可能性を高めることができる。たとえばある有名な研究では，「安全運転を」とラフに書いてある看板を各家庭が前庭の芝生に設置することを承諾する可能性を高めるためにこの方法が用いられた（Freedman & Fraser, 1966）。半数の家庭では知らない人がやって来て，看板を設置して良いかといきなり尋ねられた。この場合の承諾率はわずかに17%であった。残りの半数では，やはり知らない人が2週間前にやって来て，「安全運転しましょう」と書かれた3

インチ（1インチは約2.54センチメートル）の小さな看板を窓か車に取り付けてもらえないかと尋ねられていた。ほぼすべての人がこの最初の小さな頼みごとを引き受けた。この小さな頼みごとに応じた人に対してさらに，ラフに書かれた大きな看板を庭に設置してほしいと別の人が依頼した場合，承諾率は76％にのぼった。こうした驚くべき効果が生じたのは，最初に3インチの看板の取りつけを承諾した参加者が，その後2週間で自分のことを「安全運転を気にかけるタイプの人間」とみなすようになったためである。つまり，後続のより大きな依頼（大きな看板を庭に設置するなど）に応じる可能性が高くなったのは，対象者の自己知覚を変えた結果によるものだと言い換えることもできる。

　段階的要請法がある行動の生起可能性を高めるためにはいくつかの条件がそろわなければならない（Burger, 1999）。第一に，最初の小さな行動は外発的な報酬に動機づけられたものではなく，自身の選択によるものだとみなされる必要がある（Festinger & Carlsmith, 1959）。第二に，最初の小さな行動を思いだす頻度が多いほど，その行動は自己知覚により影響を与える（Hansen & Robinson, 1980）。しかし同時に，最初の依頼が大きすぎると，それに承諾したことで「自分はもう十分やった」とみなしてしまう危険性がある（Cann et al., 1975; Snyder & Cunningham, 1975）。特に，最初の依頼の直後，同じ人から次の依頼をされた場合にその危険性は高くなる（Chartrand et al., 1999）。第三に，最初の依頼が承諾される確率は高くなければならない。小さな行動を承諾することで後のより大きな行動も承諾しやすくなるのと同様に，最初の依頼を断れば，後のより大きな行動も断りやすくなるのだ[4]。

　この段階的要請法を活用して選挙日前，市民に投票行動に関する小さな頼みごとをすることで，投票を促進する戦略とすることができる。小さな頼みごととは，シャツに飾りピンを付けてもらう，車のバンパーにステッカーを貼ってもらう，短時間もしくは小額を選挙運動に提供してもらうことなどである。これまでのところ，投票促進運動の文脈で段階的要請法の効果を検討した研究はほぼ存在しない。しかしながら，最初の依頼が後の投票行動に影響することを明らかにした唯一の研究がある。その研究は，臨時の地方選挙で投票をしなかった市民を対象に行われ，戸別訪問によって投票を促されていた市民は，戸別訪問を受けなかった市民より多く，約60％の人が翌年に行われた次の選挙で投票したことを明らかにした（Gerber et al., 2003）。

5.4.2　予言の自己成就としての投票行動　　　　　──アイデンティティのラベリング

　アイデンティティのラベリングは，望ましい行動と関連のある現実または理想の自己像の一側面を明確にすることにつながる。これは集団アイデンティティ（アメリカ市民など）であったり，より個人的な自己カテゴリー化（アメリカを大切に思っているタイプの人など）であったりする（Turner et al., 1987）。ある研究では，5年生の生徒を対象に，ゴミのない教室の成員であるという社会的アイデンティティを作り出し，これを強調することによる効果が検討された。研究者はこのアイデンティティを8日間に及ぶ講習を通じて強化した。たとえば講習の5日目には，「私たちはアンデルセン先生のゴミ意識クラス」と書かれた標識を教室に設置した。こうした社会的アイデンティティの強調によって，統制条件の教室と比べて生徒がゴミ箱にゴミを捨てる確率は3倍以上になった（Miller et al., 1975）。この操作は，他の生徒たちを対象に，同様の8日間にわたるポイ捨てを禁止するだけの講習を行った条件と比べても2倍の効果を持ってい

た。

　アイデンティティのラベリング戦略は，さまざまな方法で投票促進運動の文脈に組み込むことができる。その1つは，（おそらく個人がすでに備えている）投票を促すようなアイデンティティを強化し，これを顕現化することである。たとえば，アメリカ人，親，祖父あるいは祖母，環境保護論者，軍人など，対象者のアイデンティティを強調するようなメッセージを展開することができるだろう。この方法は，投票という向社会的行動をもっともよく引き出すような既存のアイデンティティを選択的に教化するというものである。

　その他にも，まだ存在はしていないかもしれないが説得力のあるアイデンティティを引き出すという方法がある。先行研究で用いられてきた一般的な方法は，表向きは，調査票に記されたいくつかの性格特性にどの程度当てはまるかを参加者に記入してもらうというものである。記入後，実験者は参加者の回答から得たように見せかけたラベルを用いて（偽の）フィードバックを行う。1978年に行われた研究はこの方法を用いて，アイデンティティのラベリングが有権者の動員にどの程度の影響力を持つのかを明らかにした（Tybout & Yalch, 1980）。実験者は，次週行われる選挙に関する調査票（所要時間15分程度）に記入するよう参加者に求めた。その後，実験者は結果を手にとり，回答が何を示唆しているかを参加者に伝えた。実際には，参加者は2つの条件のうちいずれかに無作為に割り当てられていた。第一条件に割り当てられた参加者は「投票する可能性が平均以上の市民」とラベリングされ，第二条件に割り当てられた参加者は「投票する可能性が平均並みの市民」とラベリングされた。参加者には各ラベルと一致した評価シートも配られた。こうしたアイデンティティ・ラベルは投票率に重大な影響をもたらした。具体的には，「平均並み」とラベリングされた参加者の75%が投票したのに対し，「平均以上」とラベリングされた参加者は87%が投票したのである。

　この研究は，投票促進運動の文脈でアイデンティティのラベリングが持つ潜在的な影響力についての洞察を提供するものである。しかしいくつかの理由からその解釈には注意が必要である。第一に，この研究はサンプルサイズが小さく（162人），結果はいまだ再現されていない。第二に，20年以上前の研究であるため，最近の政治環境においては同様の実験計画に対する参加者の反応は異なるかもしれない。第三に，両条件を足し合わせて算出した平均投票率は非常に高いものであり（81%），参加者がはじめから投票に意欲的な人々であったことが示されている。このことはつまり，「平均以上」というラベルが受け手にとって信用できるものであったことを意味している。こうした「平均以上」というラベルは，めったに，もしくはまったく投票しない人々に伝えた場合には信用されにくいだろう。アイデンティティを効果的にラベリングするためには，受け手にとってそれが信用に足るものでなくてはならない（Allen, 1982; Tybout & Yalch, 1980）。

　この研究で用いられたアイデンティティのラベリング方法には倫理的にも疑わしい点がある。この実験は，偽りの，あるいは誤解を与えるようなフィードバックを参加者に伝えることで成立しているからである。しかし，このテクニックはさまざまな方法で倫理的に用いることもできるだろう。もっともシンプルな方法は，対象者である市民に対し，あなたは自分の投票権に価値をおくタイプの人だとただ断言することである。投票率向上のためにアイデンティティのラベリングをどう使うことが最良なのかについて検討することは，今後の研究における前途有望な方向性である。そこで始めに問われるのは，どういった接触方法を用いればアイデンティティのラベリングが影響力を持

ちうるのか，というものであろう。接触方法には，ダイレクトメール，テレビ，ラジオ，広告掲示板，演説，そしてすべての有権者への直接的な接触（戸別訪問や集会など）がある。より個人的なやりとりを含む接触方法をとれば，もっとも強いアイデンティティのラベリング効果が得られるものと推測される。その一方で，郵便物やTVでの鮮明なメッセージが同様に高い効果を持つこともありうる。

5.4.3　自身の投票行動を見つめる
　　　　　——視覚的観点

　人々の自己知覚のあり方に影響を与えて行動を変化させるための第三の戦略は，視覚化テクニックを用いることである。この戦略は，ある有名な研究，すなわち同一の行動について行為者と観察者が異なる説明をする傾向にあることを示した研究に基づいて説明することができる。観察者は目撃した行動（ある人が小石につまずく，など）をその人生来の性質（不器用な人だ，など）に帰属させる傾向があるのに対し，行為者は同じ行動を状況要因（その道は歩きにくかった，など）に帰属させる傾向がある（Gilbert & Malone, 1995; Jones & Nisbett, 1971）。より最近の研究では，自身の過去の行動を観察者の視点から想起させた場合，当事者の視点から思い出させた場合と比べて，その行動を自分の生来の性質に帰属する傾向が増えることが見出されている（Libby et al., 2005）。

　視覚的な観点が投票行動にどう影響しうるのかを検討した最近の研究では，オハイオ州の大学生が，1分間投票ブースに入って自分が票を投じる様子を思い浮かべるよう求められた。視覚化を用いたこの研究は2004年のアメリカ大統領選前夜に行われた。参加者のあるグループは第三者の視点から，残りのグループは当事者の視点から自身をイメージするよう指示された。選挙の3週間後，参加者は自分が実際に投票したかどうかを報告した。当事者の視点から自身を視覚化するよう指示されたグループのうち，投票したと回答した参加者がわずか72％であったのに対し，第三者の視点から思い浮かべるよう指示された参加者は90％が投票したと回答した。さらに，自己報告による投票率の分散は，自分は投票に行くタイプの人間だと参加者が報告した程度によって媒介されており，この媒介効果は統計的にも有意なものとなっていた。この研究はサンプルサイズが小さく（90人），さらに測定されたのが実際の投票行動ではなく自己報告によるものであったとはいえ，ここで用いられた戦略は追跡研究を行うだけの価値を有している。これまでに紹介した，投票行動をアイデンティティの表現としてラベルづけする2つの戦略と同じく，この戦略もまた投票率を向上させる強力な潜在的手段であることが示唆されている。

5.5　まとめと結び

　この章で著者らは，投票行動を静的，利己的，そして一見して合理的な決定とみなす従来の説明に対する1つの異議として，有権者を動員するための活動は，それを伝える手段が個人的なものであるほど効果的であることを概観してきた。その上で，投票行動をダイナミックな社会的表現とみなす代替案を提示した。この再概念化における各側面を明らかにするため，投票促進運動の論文ではこれまで引用されてこなかった行動学的研究を参照した。著者らが議論してきた3つの側面（ダイナミック，社会，アイデンティティの表現）は，ある程度重複したカテゴリーであることに留意する必要がある。たとえば，先に引用した社会的アカウンタビリティを用いた介入方法は，3つの側面すべてに関わっている。第一に，人々は，選挙結

果そのものとは関係のない，投票するという決定をしてからずっと先の成り行きを考慮するからこそ社会的アカウンタビリティは機能している（つまりダイナミック）。第二に，人々が近隣の人からどう見られているかを気にするからこそ社会的アカウンタビリティは機能している（つまり社会的）。第三に，人々が自分のことをよい市民だとみなしたいからこそ社会的アカウンタビリティは機能しているのである（つまりアイデンティティの表現）。

もちろん，従来のモデルも拡張してこうした要因に適合させることは可能だろう。たとえば，実行意図をはっきり述べることが投票行動にもたらす肯定的な影響は，投票行動にかかる認知的コストの削減としてモデル化することができるかもしれない。同様に，票を投じることで親和欲求を満たすことは，投票行動の消費的利益としてモデル化することができるだろう。しかし著者らの提唱する新しい概念モデルが持つ強みは，これ自身も理論を生成していくことにあると主張しておきたい。つまりこのモデルは，投票行動を静的で利己的な決定とみなす従来のモデルからは必然的に生まれてこないような新しい変数，つまり行動（しばしば投票行動そのもの）に影響することが実証的に確認されてきた新しい変数群を明らかにするものである。

本章で及べた行動介入に対して，すべての市民が同じように反応するわけではないという事実もまた強調しておかなければならない。あるタイプの影響を他の人よりも受けやすい人というのは当然ながら存在する。近年，投票促進運動の専門家は，消費の習慣や人口統計的な特徴をもとに，特定の人に対して特定の争点を強調する「小さく的を絞った」メッセージを仕立てることが効果的であることを明らかにしている。(Fournier et al., 2006; Gertner, 2004)。同様に，ある種の行動に関する協力依頼の有効性は，観察できる人口統計的な変数から予測できるのではないかと著者らは考えている。たとえば，先に議論したようにGerberとRogers（2009）は，めったに投票しない人とときどき投票する人は予測された投票率の高低に強い影響を受けるが，いつも投票する人はどちらの方向にも影響を受けないことを明らかにしている。この結果が示唆しているのは，記述的な社会規範を含む投票促進運動は，ときどき投票に行く，もしくはあまり投票しないと予想される有権者をターゲットとするべきだということである。同様に，後の選挙行動に対する自己予言の効果に着目した研究（Smith et al., 2003）が示唆しているのは，上記と同じような属性を持つ市民がもっとも自己予言とコミットメントの効果に影響されやすいということである[5]。

小さく的を絞った投票促進運動の有効性を証明しうる別の心理学的特徴としては，個人のセルフモニタリング傾向を挙げることができる（Gangestad & Snyder, 2000; Snyder, 1974）。高いセルフモニタリング傾向を持つ人ほど，特に自分が他者からどのように見られているかを気にする。この特徴は，ある状況下でのふるまいが他者に知られると分かったとき，どの程度ふるまいを変えるかということと正の相関関係にあることが示されている（Lerner & Tetlock, 1999; Snyder, 1974）。高いセルフモニタリング傾向を持つ人は，他者に自分の行動が知られると分かったとき，その人が信じる「そうするべきふるまい」に従う傾向がある。Gerberら（2008）が報告した説明責任による介入は，セルフモニタリング傾向が強い市民には特に有効である一方，セルフモニタリング傾向が弱い市民には比較的効果が薄いことは想像に難くない。こうした予測について今後さらなる検討が行われていくだろう。

この章では，なぜ人々は投票するのかを説明する3つの要素を投票促進戦略に組み込むための方法をいくつか探索してきた。この3つの要素を，関

表5.1 ダイナミックな社会的行動としての投票行動が意味すること

影響	行動研究	推奨される投票促進運動の戦略
ダイナミック——投票行動は決定前後の出来事に影響される	自己予言とコミットメント 実行意図 社会的圧力とアカウンタビリティ	投票する意思を表明させる（特に公的な約束） いつ，どこで，どのように投票するか尋ねる 投票履歴を公にする
社会——投票行動は親和欲求と所属欲求に影響される	社会的アイデンティティ 記述的な社会規範	大切な人（内集団成員）の利益を強調する 投票率の向上予想を強調する
表現——アイデンティティの表現としての投票行動	自己知覚と社会的アイデンティティ 認知的不協和 対応バイアス	投票を促すような（社会的）アイデンティティをラベリングするか目立たせる 段階的要請：小さな一歩を促す 第三者の視点から投票している自分を想像するよう促す

連する行動学的研究分野と各分野の研究から得られた主要な戦略という観点から表5.1にまとめた。この研究は実用性の面でも理論的な面でも価値があると著者らは信じている。実際問題として，著者らが引用した行動原理のほとんどは，実務家や政策策定者にはまだ広く知られていない。最近のもっとも優れた実践はこれらの原理のいくつかを利用しているものの，投票促進戦略におけるイノベーションはこうした洞察によって体系的に導かれているわけではない。科学的な裏づけを持つ一連の行動原理を，有権者を動員する専門家にわずかでも提供することで，より効果的な投票促進方法を考案する一助になればと著者らは願っている。同時に，投票率の向上に関心を持っている政策策定者が，こうした枠組みに有用さを見出してくれることを願っている。たとえば政策策定者は，投票する人としない人の名前を定期的に公表したり，選挙の時期が近づいたら投票計画を促進するような他の公的な事業を実施したり，あるいは選挙前に市民に郵送する投票の手引に社会規範に関する情報を含めたりすることができるだろう。個人的な接触方法はそれほど個人的ではない方法よりコストがかかる反面，メッセージを効果的なものにすることが効果の薄いメッセージと一般的に同程度のコストで済むことは注目に値する。つまり，先述した行動原理のいくつかを投票促進運動の中で活用することにより，コストを抑えて高い効果を得ることができるかもしれない。

理論的には，本章で議論した行動原理を投票促進運動の文脈で検証することにより，民主的な選挙に参加しようという市民の決定において，それぞれの変数が果たす役割への理解を深めることができるだろう。なぜ人々は投票するのかということに対する理解を深めるだけでなく，これらの行動原理を投票促進運動の文脈で検証することは，行動現象の調整・媒介変数を知る機会と，こうした現象がどのように相互作用しているのかについての洞察も提供することができる。一例を挙げると，記述的な社会規範によって大きく影響される集団がある一方で，影響を受けていないように見える集団がいるというGerberとRogers（2009）の発見は，新しい実用的な洞察だけでなく，記述的な社会規範の研究に対しても新しい理論的洞察を与え，この後に続くべき理論的研究の方向性を示唆するものといえる。

有権者の動員をめぐるコミュニケーションは政治的なコミュニケーションの一類型である。他には，政策コミュニケーション，選挙活動による説

得，候補者の討論，そして資金集めのためのコミュニケーションなどがある。この章で検討した行動学的洞察はおそらく，ここでは扱っていない他の分野に加えて上記のような分野にも適用することができる。なぜ人々は投票するのかということに関するこれらの研究は，行動学的研究とフィールド実験の潜在的な相乗効果を例証するものである。個人の行動についてのモデルが現実的なものであるほど，有権者に対してより効果的に影響を及ぼすような新しいアプローチを生み出すことができるだろう。さらに，こうした行動原理を体系的に検証するフィールド研究は，人間行動に関する理論モデルの質を高める新しい洞察を生み出すこともできるだろう。以上の理由から，政治的なコミュニケーションと政治の専門家によるもっとも有効な実践に関する研究の中で，行動上のアプローチは今後ますます重要な役割を担っていくものと著者らは予見している。

原註

1. 有権者の投票率を向上させることが社会的に望ましい目標である理由はいくつかある。第一に，当選した人には，未来の選挙で投票してくれそうな人の関心事を代弁する動機づけがあるため，投票率を最大化することは，政府に説明責任を課し，敏感に反応すべき支持者を増やす結果をもたらすからである。第二に，投票するとき，人々は自身をより市民らしいことに従事しているとみなす傾向があり，それゆえ他の市民活動にも同様に従事する可能性が高まるかもしれないためである（Finkel, 1985; Gerber et al., 2003）。第三に，投票率が高いと選ばれた体制に対する正当性の知覚が高まり，それによって体制が施行した法律の正当性に対する知覚も高まるからである。加えて，ある選挙の投票率を向上させることは，習慣的な投票行動を促進する。つまり，現在の選挙で投票行動を引き出すことは，今後の継続的な投票行動の可能性を高めるのである（Gerber et al., 2003）。投票率を向上させることが社会的に望まれていると著者らが認識する限り，投票促進運動の成功は，短期のみならず中期的にも有益な結果をもたらすことを意味している。

2. 際立ったメッセージによるコミュニケーションが大きな効果を持つことを実証した最近の研究（「ダイナミック」，「社会」そして「アイデンティティ」の節を参照）を踏まえると，この結論はその後のレビュー論文でいくぶん表現が穏やかになり，「ささいな違い」はほとんど効果を持たないと述べられている（Green & Gerber, 2008, p. 70）.

3. 正味の投票あたりのコストを推定するためには，接触あたりのコストの推定をする必要がある。こうした推定の結果は多岐にわたっているものの，新しい1票を得るためにどの程度コストがかかるのかという問いに対する普遍的な答えは得られていない。この話題についてのより詳しい情報は，GreenとGerber（2008）を参照されたい。

4. とはいうものの，最初に大きな依頼をして拒絶され，その後すぐにより小さな第二の依頼をすると，この2番目の依頼に応じてもらえる可能性は高くなる。これは，対象者が依頼者の譲歩に報いざるをえないと感じるからであろう（たとえば，Cialdini et al., 1975）。

5. この結果は，14の戸別訪問実験を対象とした最近のメタ分析の結果と一致している。このメタ分析は，有権者を動員する活動が，ある選挙で投票するかどうかのはざまにあることを示すような過去の選挙履歴を持つ市民に特に影響することを明らかにしている。つまり，そのような

市民にはある選挙でそれなりの投票蓋然性があるということである（Arceneaux & Nickerson, 2009）。

引用文献

Allen, C. T. (1982). Self-perception based strategies for stimulating energy conservation. *Journal of Consumer Research*, 8 (4), 381-390.

Arceneaux, K. (2005). Using cluster randomized field experiments to study voting behavior. The science of voter mobilization. *Annals of the American Academy of Political and Social Science*, 601, 169-179.

Arceneaux, K., and Nickerson, D. W. (2006). *Even if you have nothing nice to say, go ahead and say it. Two field experiments testing negative campaign tactics.* Paper presented at the 2005 meeting of the American Political Science Association, September 1-4, Washington, DC.

Arceneaux, K., and Nickerson, D. W. (2009). Who is mobilized to vote? A re-analysis of eleven field experiments. *American Journal of Political Science*, 53 (1), 1-16.

Baumeister, R. F., and Leary, M. R. (1995). The need to belong: Desire for interpersonal attachments as a fundamental human motivation. *Psychological Bulletin*, 117 (3), 497-529.

Belk, R. W. (1988). Property, persons, and extended sense of self. In L F. Alwitt (Ed.), *Proceedings of the Division of Consumer Psychology, American Psychological Association 1987 Annual Convention* (pp. 28-33). Washington, DC. : American Psychological Association.

Bem, D. J. (1972). Self-perception theory. *Advances in experimental Social Psychology*, 6, 1-62.

Bennion, E. A. (2005). Caught in the ground wars: Mobilizing voters during a competitive congressional campaign. *Annals of the American Academy of Political and Social Science*, 601, 123-141.

Blais, A. 2000. *To vote or not to vote: The merits and limits of rational choice theory*. Pittsburgh, PA: University of Pittsburgh Press.

Burger, J. M. (1999). The foot-in-the-door compliance procedure: A multiple-process analysis and review. *Personality and Social Psychology Review*, 3 (4), 303-325.

Burger, J. M., Messian, N., Patel, S., del Prado, A., and Anderson, C. (2004). What a coincidence! The effects of incidental similarity on compliance. *Personality and Social Psychology Bulletin*, 30 (1), 35-43.

Camerer, C. F., (2003). *Behavioral game theory: Experiments in strategic interaction*. Princeton, NJ: Princeton University Press; New York: Russell Sage Foundation.

Cann, A., Sherman, S. J., and Elkes, R. (1975). Effects of initial request size and timing of a second request on compliance: The foot in the door and the door in the face. *Journal of Personality and Social Psychology*, 32 (5), 774-782.

Chartrand, T., Pinckert, S., and Burger, J. M. (1999). When manipulation backfires: The effects of time delay and requester on foot-in-the-door technique. *Journal of Applied Social Psychology*, 29 (1), 211-221.

Cialdini, R. B. (2003). Crafting normative messages to protect the environment. *Current Directions in Psychological Science*, 12 (4), 105-109.

Cialdini, R., Demaine, L. J., Sagarin, B. J., Barrett, D. W., Rhoads, K. and Winters, P. L. (2006). Activating and aligning social norms for persuasive impact. *Social Influence*, 1, 3-15.

Cialdini, R. B., Reno, R. R., and Kallgren, C. A. (1990). A focus theory of normative conduct—Recycling the concept of norms to reduce littering in public places. *Journal of Personality and Social Psychology*, 58 (6), 1015-1026.

Cialdini, R. B., Vincent, J. E., Lewis, S. K., Caralan, J., Wheeler, D., and Draby, B. L. (1975). Reciprocal concessions procedure for inducing compliance: The door-in-the-face technique. *Journal of Personality and Social Psychology*, 31, 206-215.

Coate, S., and Conlin, M. (2004). A group rule-utilitarian approach to voter turnout: Theory and evidence. *American Economic Review*, 94 (5), 1476-1504.

Dale, A., and Strauss, A. (2007). *Text messaging as a youth mobilization tool: An experiment with a post-treatment survey.* Paper presented at the annual meeting of the Midwest Political Science Association, Chicago, IL.

Deutsch, M., and Gerard, H. B. (1955). A study of normative and informational social influences upon individual judgment. *Journal of Abnormal Psychology*, 51 (3), 629-636.

Dholakia, U. M., and Bagozzi, R. P. (2003). As time goes by: How goal and implementation intentions influence enactment of short-fuse behaviors. *Journal of Applied Social Psychology*, 33,889-922.

Downs, A. (1957). *An economic theory of democracy*. New York: Harper and Row.

Edlin, A., Gelman, A., and Kaplan, N. (2007). Voting as a rational choice: Why and how people vote to improve the well-being of others. *Rationality and Society*, 19, 293-314.

Feddersen, T., and Sandroni, A. (2006). A theory of participation in elections. *American Economic Review*, 96 (4), 1271-1282.

Festinger, L. (1964). *Conflict, decision, and dissonance*. Stanford, CA: Stanford University Press.

Festinger, L., and Carlsmith, J. M. (1959). The cognitive consequences of forced compliance. *Journal of Abnormal and Social Psychology*, 58, 203-210.

Finkel, S. E. (1985). Reciprocal effects of participation and political efficacy: A panel analysis. *American Journal of Political Science*, 29 (4), 891-913.

Fiorina, M. P. (1974). The paradox of not voting: A decision theoretic analysis. *American Political Science Review*, 68 (2), 525-536.

Fournier, R., Sosnik, D. B., and Dowd, M. (2006). *Applebee's America: How successful political, business, and religious leaders connect with the new American community*. New York: Simon and Shuster.

Fournier, S. (1998). Consumers and their brands: Developing relationship theory in consumer research. *Journal of Consumer Research*, 24 (4), 343-373.

Forsythe, R, Horowitz, J. L., Savin, N. E., and Sefton, M. (1994). Fairness in simple bargaining experiments. *Games and Economic Behavior*, 6, 347-69.

Fowler, J. H., and Kam, C. D. (2006). Patience as a political virtue: Delayed gratification and turnout. *Political Behavior*, 28 (2), 113-128.

Fowler, J. H., and Kam, C. D. (2007). Beyond the self: Social identity, altruism, and political participation. *Journal of Politics*, 69 (3), 813.

Franklin, D. P., and Grier, E. E. (1997). Effects of motor voter legislation. *American Politics Quarterly*, 25 (1), 104.

Freedman, J. L., and Fraser, S. C. (1966). Compliance without pressure—Foot-in-the-door technique. *Journal of Personality and Social Psychology*, 4 (2), 195-202.

Gangestad, S. W., and Snyder, M. (2000). Self-monitoring: Appraisal and reappraisal. *Psychological Bulletin, 126* (4), 530-555.

Gerber, A. S., Gimpel J. G., Green, D. P., and Shaw D. R. (2006). *The influence of television and radio advertising on candidate evaluations: Results from a large scale randomized experiment.* Paper presented at the Standard University Methods of Analysis Program in the Social Sciences, Palo Alto, CA.

Gerber, A. S., and Green, D. P. (2000a). The effects of canvassing, telephone calls, and direct mail on voter turnout: A field experiment. *American Political Science Review, 94* (3), 653-663.

Gerber, A. S., and Green, D. P. (2000b). The effect of a nonpartisan get-out-the-vote drive: An experimental study of leafleting. *Journal of Politics, 62*, 846-857.

Gerber, A. S., and Green, D. P. (2001). Do phone calls increase voter turnout? *Public Opinion Quarterly, 65* (1), 75-85.

Gerber, A. S., and Green, D. P. (2005). Correction to Gerber and Green (2000), Replication of disputed findings, and reply to Imai (2005). *American Political Science Review, 99* (2), 301-313.

Gerber, A. S., Green D. P., and Larimer C. W. (2008). Social pressure and voter turnout: Evidence from a large-scale field experiment. *American Political Science Review, 102*, 33-48.

Gerber, A. S., Green, D. P., and Shachar, R. (2003). Voting may be habit-forming: Evidence from a randomized field experiment. *American Journal of Political Science, 47* (3), 540.

Gerber, A. S., and Rogers, T. (2009). Descriptive social norms and motivation to vote: Everybody's voting and so should you. *Journal of Politics, 71* (1), 1-14.

Gertner, J. (2004, February 15). The very, very personal is the political. *New York Times Magazine*, Section 6, p. 43-43. Retrieved from http://www.nytimes.com/2004/02/15/magazine/15VOTERS.html?pagewanted_all

Gilbert, D. T., and Malone, P. S. (1995). The correspondence bias. *Psychological Bulletin, 117*, 21-38.

Goldstein, N. J., Cialdini, R. B., and Griskevicius, V. (2008). A room with a viewpoint: Using norms to motivate environmental conservation hotels. *Journal of Consumer Research, 35*, 472-481.

Gollwitzer, P. M. (1999). Implementation intentions: Strong effects of simple plans. *American Psychologist, 54*, 493-503.

Gollwitzer, P. M., Bayer, U., and McCulloch, K. (2005). The control of the unwanted. In R. Hassin, J. Uleman, and J. A. Bargh (Eds.), *The new unconscious* (pp. 485-515). Oxford: Oxford University Press.

Gollwitzer, P. M., and Sheeran, P. (2006). Implementation intentions and goal achievement: A meta-analysis of effects and processes. In M. Zanna (Ed.), *Advances in experimental social psychology* (Vol. 38, pp. 69-119). San Diego, CA: Academic Press.

Green, D. P. and Gerber, A. S. (2004). *Get out the vote!* Washington, DC: Brookings Institution Press.

Green, D. P. and Gerber, A. S. (2008). *Get out the vote!* (Rev. ed.). Washington, DC: Brookings Institution Press.

Green, D. P., Gerber, A. S., and Nickerson, D. W. (2003). Getting out the vote in local elections: Results from six door-to-door canvassing experiments. *Journal of Politics, 65* (4), 1083-1096.

Green, D. P., and Vavreck, L. (2006). *Assessing the turnout effects of Rock the Vote's 2004 television commercials: A randomized field experiment.* Paper presented at the Annual Meeting of the Midwest Political Science Association, Chicago, IL.

Greenwald, A. G., Carnot, C. G., Beach, R., and Young, B. (1987). Increasing voting-behavior by asking people if they expect to vote. *Journal of Applied Psychology, 72* (2), 315-318.

Greenwald, A. G., Klinger, M. R, Vande Kamp, M. E., and Kerr, K. L (1988). *The self-prophecy effect: Increasing voter turnout by vanity-assisted consciousness raising.* Unpublished manuscript, University of Washington, Seattle.

Hansen, R. A., and Robinson, L. M. (1980). Testing the effectiveness of alternative foot-in-the-door manipulations. *Journal of Marketing Research, 17* (3), 359-364.

Iyengar, S. (2002). *Experimental designs for political communication research: From shopping malls to the Internet.* Unpublished manuscript, Stanford University.

Jankowski, R. (2002). Buying a lottery ticket to help the poor: Altruism versus self-interest in the decision to vote. *Rationality and Society, 14* (1), 55-77.

Jones, E. E., and Nisbett, R. E. (1971). The actor and the observer: Divergent perceptions of the causes of behavior. In E. E. Jones, D. E. Kanouse, H. H. Kelley, R. E. Nisbett, S. Valins, and B. Weiner (Eds.), *Attribution: Perceiving the causes of behavior* (pp. 79-94). New York: General Learning Press.

Kerr, N. L., and MacCoun, R. J. (1985). The effects of jury size and polling method on the process and product of jury deliberation. *Journal of Personality and Social Psychology, 8*, 319-323.

Kiecolt-Glaser, J. K, Garner, W, Speicher, C., Penn, G. M., Holliday, J., and Glaser, R. (1984). Psychosocial modifiers of immunocompetence in medical students. *Psychosomatic Medicine, 46*, 7-14.

Lerner, J. S., and Tetlock, P. E. (1999). Accounting for the effects of accountability. *Psychological Bulletin, 125*, 255-275.

Libby, L. K., Eibach, R. P., and Gilovich, T. (2005). Here's looking at me: The effect of memory perspective on assessments of personal change. *Journal of Personality and Social Psychology, 88* (1), 50.

Light, P. C. (1999). *The true size of government.* Washington, DC: The Brookings Institution Press.

Lijphart, A. (1997). Unequal participation: Democracy's unresolved dilemma. Presidential address, American Political Science Association, 1996. *American Political Science Review, 91* (1), 1-13.

Lippke, S., and Ziegelmann, J. P. (2002). *Self-regulation and exercise: a study on stages of change and successful ageing.* Unpublished manuscript, Free University of Berlin, Germany.

Lynch, J. J. (1979). *The broken heart: The medical consequences of loneliness.* New York: Basic Books.

Lyubomirsky, S., Sheldon, K. M., and Schkade, D. (2005). Pursuing happiness: The architecture of sustainable change. *Review of General Psychology, 9* (2), 111-131.

Mann, C. B. (2009). *Resolving the mobilization conundrum of message and personal contact: Voter registration, vote by mail, and election day voting field experiments.* Unpublished manuscript, Yale University.

Mattern, J. D. and Neighbors, C. (2004). Social norms campaigns: Examining the relationship between changes in perceived norms and changes in drinking levels. *Journal of Studies on Alcohol, 65*, 489-493.

McNulty, J. E. (2005). Phone-based GOTV-What's on the line? Field experiments with varied partisan components, 2002-2003. *Annals of the American Academy of Political and Social Science, 601*, 41-65.

Michelson, M. R. (2003). Getting out the Latino vote: How door-to-door canvassing influences voter turnout in rural central California. *Political Behavior, 25* (3), 247-263.

Michelson, M. R. (2005). Meeting the challenge of Latino voter mobilization. *Annals of the American Academy of Political and Social Science, 601*, 85-101.

Michelson, M. R., McConnell, M. A., and Bedolla, L. G. (2009). *Heeding the call: The effect of targeted phone-banks on voter turnout.*

Manuscript submitted for publication.

Middleton, J. A., and Green, D. P. (2008). Do community based voter mobilization campaigns work even in battleground states? Evaluating the effectiveness of MoveOn's 2004 outreach campaign. *Quarterly Journal of Political Science, 3*, 63-82.

Miller, R. L., Brickman, P., and Bolen, D. (1975). Attribution versus persuasion as a means for modifying behavior. *Journal of Personality and Social Psychology, 31* (3), 430-441.

Milne, S., Orbell, S., and Sheeran, P. (2002). Combining motivational and volitional interventions to promote exercise participation: Protection motivation theory and implementation intentions. *British Journal of Health Psychology, 7* (2), 163.

Morwitz, V. G., Johnson, E., and Schmittlein, D. (1993). Does measuring intent change behavior? *Journal of Consumer Research, 20* (1), 46-61.

Murray, G. K., and Matland, R. E. (2005). *Increasing voter turnout in the Hispanic community: A field experiment on the effects of canvassing, leafleting, telephone calls, and direct mail*. Paper presented at the Midwest Political Science Association 63rd Annual National Conference.

Myers, D. (1992). *The pursuit of happiness*. New York: Morrow.

Nickerson, D. W. (2005). Scalable protocols offer efficient design for field experiments. *Political Analysis, 13* (3), 233-252.

Nickerson, D. W. (2006a). *Demobilized by e-mobilization: Evidence from thirteen field experiments*. Unpublished Manuscript. Department of Political Science, University of Notre Dame.

Nickerson, D. W. (2006b). *Forget me not? The importance of timing in voter mobilization*. Paper presented at the annual meeting of the American Political Science Association, Philadelphia, PA.

Nickerson, D. W. (2006c). Hunting the elusive young voter. *Journal of Political Marketing, 5* (3), 47-69.

Nickerson, D. W. (2006d). Volunteer phone calls can increase turnout. *American Politics Research, 34* (3), 271-292.

Nickerson, D. W. (2007). Quality is job one: Professional and volunteer voter mobilization calls. *American Journal of Political Science, 51* (2), 269-282.

Nickerson, D. W., Friedrichs, R. D., and King, D. C. (2006). Partisan mobilization campaigns in the field: Results from a statewide turnout experiment in Michigan. *Political Research Quarterly, 59* (1), 85-97.

Nickerson, D. W., and Rogers, T. (2010). Do you have a voting plan? *Psychological Science, 21* (2), 194-199. doi:10.1177/0956797609359326

Panagopoulos, C., and Green, D. P. (2006), *The impact of radio advertisements on voter turnout and electoral competition*. Paper presented at the Annual Meeting of the Midwest Political Science Association, Chicago, IL.

Posner, R. A., and Rasmusen, E. B. (1999). Creating and enforcing norms, with special reference to sanctions. *International Review of Law and Economics, 19* (3), 369-382.

Reams, M. A., and Ray, B. H. (1993). The effects of 3 prompting methods on recycling participation rates—A field study. *Journal of Environmental Systems, 22* (4), 371-379.

Reno, R. R., Cialdini, R. B., and Kallgren, C. A. (1993). The transsituational influence of social norms. *Journal of Personality and Social Psychology, 64* (1), 104.

Riker, W. H., and Ordeshook, P. C. (1968). Theory of calculus of voting. *American Political Science Review, 62* (1), 25-42.

Rind, B., and Benjamin, D. (1994). Effects of public image concerns and self-image on compliance. *Journal of Social Psychology, 134*, 19-25.

Rogers, T. (2005). [Experts in voter mobilization lack strong intuition on effectiveness of descriptive social norms.] Unpublished data.

Schlenker, B. R., Dlugolecki, D. W., and Doherty, K. (1994). The impact of self-presentations on self-appraisals and behavior—The power of public commitment. *Personality and Social Psychology Bulletin, 20*(1), 20-33.

Sheeran, P., and Orbell, S. (1999). Implementation intentions and repeated behaviour: Enhancing the predictive validity of the theory of planned behaviour. *European Journal of Social Psychology, 29*, 349-369.

Sherman, S. J. (1980). On the self-erasing nature of errors of prediction. *Journal of Personality and Social Psychology, 39*, 211-221.

Smith, J. K., Gerber, A. S., and Orlich, A. (2003). Self-prophecy effects and voter turnout: An experimental replication. *Political Psychology, 24* (3), 593-604.

Snyder, M. (1974). Self-monitoring of expressive behavior. *Journal of Personality and Social Psychology, 30* (4), 526-537.

Snyder, M., and Cunningham, M. R. (1975). To comply or not comply: Testing the self-perception explanation of the foot-in-the-door phenomenon. *Journal of Personality and Social Psychology, 31*, 64-67.

Stollwerk, A. F. (2006). *Does e-mail affect voter turnout? An experimental study of the New York City 2005 election*. Unpublished manuscript, Institution for Social and Policy Studies, Yale University.

Swann, W. B., Jr., and Read, S. J. (1981). Self-verification processes: How we sustain our self-conceptions. *Journal of Experimental Social Psychology, 17*, 351-372.

Tajfel, H. (1982). *Social identity and intergroup behavior*. Cambridge: Cambridge University Press.

Tullock, G. (1968). *Towards a mathematics of politics*. Ann Arbor, MI: University of Michigan Press.

Turner, J. C., Hogg, M. A., Oakes, P. J., Reicher, S. D., and Wetherell, M. (1987). *Rediscovering the social group: A self-categorization theory*. Oxford: Basil Blackwell.

Tybout, A. M., and Yalch, R. F. (1980). The effect of experience—A matter of salience. *Journal of Consumer Research, 6* (4), 406-413.

6章　意見対立と紛争解決に関する展望──実験室研究と実社会から見えてくるもの

LEE ROSS

　一般に政策とは，意見が対立する陣営同士が，議論と交渉を重ねた末に生まれるものである。議論と交渉は，敵愾心を激化させることもあれば，和らげることもある。本章では，政策対立に敵意や不信をもたらす心理過程や，敵対者間のコンフリクト解消を妨げる感情について探究する。ただし，その他にもさまざまな要素が，対立の解消を阻む障害として影響力を持つ（Mnookin & Ross, 1995）。騙し合いや強硬姿勢，その他の権謀術数は，円滑な合意達成を阻害することが多く，政治的配慮や代理人（エージェント）問題なども状況悪化に一役買う。しかし，本章でこれから詳しく検討するのは，**心理的な過程やバイアスによって生じる障害**である。

　本章では初めに，主観的解釈の傾向によって，個人や集団のものの見方や，政策の選好，現状変化への動機づけがいかに異なるかについて，簡単に検討する。その上で，本章の1つ目のパートは，「**素朴実在論**」と呼ばれる認識的立場に主眼を置く（Ross & Ward, 1995, 1996；また Griffin & Ross, 1991；Ichheiser, 1949, 1970などの過去の研究も参照）。素朴実在論とは，自分は争点や出来事を客観視しており，本質的にありのままの状態で見て，理解しているという信念を指す。このような信念のもとでは，合理性を備える他者は自分と同じ認識に至るべきと感じられ，その結果，自らと異なる**認識**をする人間は**不合理**と見なされる。具体的には，「あちら側」に属する人間は，自己奉仕バイアスなどさまざまな判断の歪みを露呈している（そして自分と認識を同じくする人間は比較的まぬがれている）と感じられるようになる。そのような形で，素朴実在論的な信念は，論争の場に強い敵意をもたらしうるのである。

　知覚や判断における自他の違いについての素朴な信念は，生産的な議論や交渉を，より困難にする。それに加えて，社会心理学者や意思決定研究者にとっては馴染み深い，諸々の認知的・動機的プロセスも，円滑な議論や交渉の障害となる。それらの障害（特に相手側からの提案への**反射的逆評価**）については，本章の2つ目のパートで検討する。

　本章の最終パートでは，合意を阻む障害を**乗り越える**ための方略や戦術について扱う。学術誌で報告される類（たぐい）の理論や研究についてレビューするとともに，この機会に，著者自身や，スタンフォード大学国際紛争交渉センター（SCICN）の同僚たちが，「実社会」の体験から得た洞察についても検討する。それら実体験は，北アイルランドや中東でのセカンドトラック外交[i]やコミュニティ間対話，そして他の「治安プロセス（public peace process）」（Kelman, 2001；Saunders, 1999）への取り組みの中で得られたものであり，本章でレビューする理論や研究の重要性を浮き彫りにするとともに，さらなる研究への指針としての役割を果たしてきた。

---

i　［訳者註］民間・議員レベルの外交。

6.1 見解の相違とバイアスの知覚

　紛争は，今後の行動の方針について，立場による見解の食い違いがあるときに生じる。そのような意見対立は，利害，価値観，優先事項や期待の違いを反映する。ただし，対立がすべて紛争に発展するわけではない。また，紛争によって，その苛烈さ，解決の困難さ，伴うコストの程度に違いがある。意見対立がいかにして敵意につながるかを理解するためには，次の点を意識する必要がある。対立する陣営同士は，単に自らの利害を計算し，利益獲得につながる方略を採用するだけではない。人々は，お互いの言動を観察し，解釈する。次に起こるべきことと起こるであろうことを予測するし，見聞きすることや予期することには感情的に反応するのである。

　意見対立の仕組みの解明に向けて，社会心理学が長きにわたり果たしてきた理論的貢献の1つが，主観的解釈の重要性を指摘したことである。その昔，Solomon Asch（1952）は，人々の判断の差異が，個人の価値観や好みの違いを必ずしも反映せず，むしろ「判断の対象」をどう知覚し，どう理解するかを反映するという可能性を提起した。また，Jerome Bruner（1957）は，心理学における認知革命の幕開けに貢献した論文の中で，人々が「与えられた情報を超えた」理解を行うことを記している。人々は，文脈や内容の詳細を補完し，出来事同士の関連性を推論し，既存ないし新規のスクリプトやスキーマを当てはめることで，出来事に整合性や意味を持たせようとするのである（Nisbett & Ross, 1980やFiske & Taylor, 1984, 2008を参照）。

　かねてより，成功を収めた政治家は，政策論争の鍵を握るのが，争点に対する人々の解釈をいかに掌握できるかであることを認識してきた。大恐慌の最中，フランクリン・ルーズベルトと，彼のニューディール政策の補佐官たちは，新しく打ち出した所得の世代間移転の仕組み（今でいう社会保障制度）が，反対派から無謀で危険な福祉政策と批判され，社会主義というレッテルさえ貼られかねないと想定した。そこで，労働者の収入から一部徴収することで新制度を賄うというその計画は，あたかも個人預金や年金の一種であるかのごとく提示された。老後の糧となる安定的な貯蓄，そして予期せぬ災難に見舞われたときに収入を維持してくれる保障制度，というイメージが前面に出された。当然ながら，政策の第一世代の受給者は，負担額をはるかに上回る額を受け取れるという点や，後続の世代が，よりわずかな見返りのために今より多くの負担を強いられるかもしれない点などは，明示されなかった。そして言うまでもなく，安定的な貯蓄となる個人預金など初めから存在せず，実際には，何か起こったときに経済的に補償するという政府の約束のみがあった。

　その後の数年間で，社会保障制度に関する議論は熱を帯びていった。反対派は，支払いが相対的に少ない老後世代を，現役世代が下支えするというピラミッド型の構図を非難し，お金を振り込むよう説得できる新規の「カモ」が足りなくなった途端に制度は崩壊する運命にあると訴える。また，ニューディールの提唱者や，保守的な反対派などと比べ，より客観的な見方として，社会保障制度とは，ほぼすべての先進国で認められている社会契約上の役割を果たすため，連邦政府が，稼ぎのある現役世代に課税し，代わりに定年退職者や障害を持つ労働者（そして本人の死後は扶養家族）への給付を提供することにすぎないという捉え方もできる。政府自体が財政破綻しない限り，制度が「崩壊」する危険性は低いだろう（ただし，社会保障の支払金を含むあらゆる政府支出が，全体の歳入額と長期的に見て釣り合いがとれなければいけない）。

　解釈を誘導することで特定の公共政策への賛意

ないし反意を引き起こそうとする政治的闘争は、常に生じている。メディアをコントロールする立場にある者の見方や利害に応じて、我々が耳にする表現は、「違法な密入国者」か「不法就労者」、「テロリスト」か「反政府分子」、「民主主義の構築」か「味方部隊を内戦の只中に送り込む」のどちらにもなりうる。ジョージ・オーウェルが『1984』で警鐘を鳴らしたように、言語とメディアを掌握できる者は、人々が政策や出来事の理解に用いるスキーマ（知識）を支配し、ひいては政治的態度や政治行動を支配する力を手にするといえる。

今から30年前、認知・社会心理学の研究者は、特定のスキーマや知識体系の顕性性を高めることが、人々の行動選択に影響することを示した（Gilovich, 1981；Higgins, et al., 1977）。今日では、当時よりはるかに洗練されて説得力を帯びた形で、「プライミング効果」が社会的・政治的選好に与える影響や、顕在的行動に及ぼす影響について、多くの研究機関から実証例が提出されている。たとえば、Bryanら（2009）は、学生がリベラルと保守のどちらの政策を支持するかは、事前のプライミング課題として、自らがスタンフォード大学に入学できた理由を答える際に、「運と周りの手助け」か「努力と賢明な判断」のどちらについて考えるよう促されたかで操作できることを示した。

ここで、歴代の社会心理学者が主観論者の旗印を掲げるために提出した実証的研究をレビューして本題から逸れることもできる。しかし、ここでは次の2つの要点を述べるにとどめよう。1つ目の点は明白であり、主観的解釈の違いは**重要**で、人々の日々の社会的なふるまいに多大な影響を与えるということだ。2つ目の、それほど明白でない点として、そのような影響が他者への推論や予測に入り込む余地があることを、人々は**十分に認めない**という特徴がある。たとえば、対立する人々が紛争に関連する事実や歴史的経緯を目にするとき、どちらの側も、既有の見解をさらに支持する根拠を見つけることになるだろう。その結果、論争への関与が増せば増すほど、どちらの側も、感情や信念が極化することとなり、問題となる「事実」に関する相手側の説明を聞くたびにネガティブに反応するようになる。

Lordら（1979）は、そのような**バイアスがかかった同化**の影響を探求した。実験では、死刑制度への賛成派と反対派の人々に、2種類の調査方法（具体的には、死刑制度の導入州とそれに隣接する非導入州の殺人発生率を比較した場合と、死刑制度を導入ないし廃止する法整備の前後での殺人発生率を比較した場合）が互いに異なる研究結果を導いたという情報を与えて、反応を検討した。それぞれの調査方法で肯定的な結果と否定的な結果が同数になるよう、均衡のとれた実験デザインが組まれていた。それにもかかわらず、制度への賛成派と反対派の双方が、自らの立場を支持する結果を無批判に受け入れるとともに、反対の立場を支持する研究には明らかな欠陥があると指摘した。そして、予測通り、自らの立場に支持的な結果への同化を通じて、もともとの認識をより極化させたのである。

Lordらの実験の参加者は、実験内で報告された研究結果に対して、死刑制度論争で逆の立場を支持する人間であればどのように評価するだろうかという点は尋ねられなかった。もしそうであったら、その判断は厳しいものとなったであろうことは想像に難くない。事実の解釈についてだけでなく、事実そのものの真偽も争われているときは、同様の同化バイアスが働いた上で、よりネガティブな帰属判断がなされると想定できる。双方の側が、反対側の（中でも、自分の側が歴史的事実や他の証拠の「客観的」な読み取りに基づいていると主張する）人間を、不誠実ないし妄信的と断ずるであろう。このような形で紛争の最中に生じる同化

バイアスや，その他の敵意的帰属に関する筋書きは，次の素朴実在論の議論を通して理解することができる。

6.1.1 素朴実在論者が持つ確信

　一般人か熟練の政策策定者かにかかわらず，政治的議題や政治活動を担う者と向き合う際，人々は，外在する対象物や出来事に関する自身の**知覚**と，その対象物や出来事の「本当の」性質とが，一対一の対応関係にあると確信して行動する傾向がある。素朴実在論者としての基本的な確信は，一人称的に表現すると，次のようになる。私は，物事や出来事を客観的実在のままに見ている。そして，そのような認知をもとに立ち上がる，私の基礎的な知覚と態度，選好，感情，優先づけは，（「トップダウン」でなく）手元の情報や証拠に対する，客観的でバイアスのない，本質的に「ありのまま」の，「ボトムアップ」の理解を反映するのだと。

　このような確信のもとでは，もし他の社会的知覚者が道理をわきまえており，私と同じ情報にアクセスでき，かつ私のように思慮深く柔軟な情報処理をするのであれば，通常は，私と同様の見え方となるだろうし，そう見える**べき**であろうということになる。また，ものの見え方のみならず，その知覚にもとづく意見，判断，選好，感じ方なども，私と共有すべきだということになる。そのような**フォールス・コンセンサス効果**については，多くの実証知見が存在する（Marks & Miller, 1987；Rossら, 1977）。すなわち，個人の選択を表明する場合や，独自の見解を持つ人は，それが多数派の選択や見解だと感じやすく，逆の選択や見解に比べると個人的な特性を明らかにするものではないと見なしやすい。さらに，Gilovich（1990）が一連の巧みな研究で示したのは，その効果の**度合い**が，実験参加者が判断する対象に，異なる説明や「解釈」の余地がどれだけあるかによって決まるという点である。

　さらに，素朴実在論的な確信のもとでは，私が物事をありのままに見ているのだとすれば，ある個人や集団が自分と見解を異にするとき，それは**彼らの**欠陥を反映しているに違いない，ということになる。より具体的にいえば，彼らが誤った見解に至る過程のどこかで欠陥があるのだろう。もしかしたら，彼らは客観的な証拠から合理的な結論を導くことができない，あるいはそうしたくないのかもしれない。そうであれば，彼らの意見は無視しても差し支えないし，むしろ無視すべきだということになる。もう1つの可能性として，彼らは「本当の事実」にまだ触れていないか，「本当の問題」に意識が向いていないのかもしれない。この場合，仮に彼らに理性と柔軟性が備わっているならば，本当の事実や適切な視座を与えることで，視界が開け，こちらに同意するようになるだろう。そのような考え方を念頭に置くと，次の新聞記事は参考になる。記事は，ジョージ・W・ブッシュ大統領が，元閣僚や，外交政策を専門とする錚々たる顔ぶれと会合を持った場面を綴ったものである：

　　大統領は，駐イラクアメリカ軍の最高司令官ジョージ・ケイシーと，バグダッドのアメリカ大使ザルメイ・ハリルザドとともに，前政権の外交政策のトップ十数人を前にして，イラク問題に関する詳細な説明を行った。集まった面々は，民主党員と共和党員がほぼ半々であった（コリン・パウエルやマデレーン・オルブライト，ジョージ・シュルツ，ロバート・マクナマラ，ジェイムズ・ベイカー，メルビン・レアード，ウィリアム・ペリー，ローレンス・イーグルバーガー，ウィリアム・コーエン，ハロルド・ブラウンらが並んだ）……ホワイト・ハウス側としては，その場の有力

者達（多くがイラク問題で反ブッシュを公然と唱えた者）が，大統領が掲げる「勝利への並行戦略（dual-track strategy for victory）」の説明に納得し，それを公に発信してくれることを期待していた（*USA Today*，2006年1月5日）。

記事の内容が正しいとすれば，大統領は，自らの策略と戦略の正しさが幾度となく矢面に立っているにもかかわらず，その策略や戦略の基となる知覚や分析が間違っている可能性には思い至っていないことになる。それどころか，彼の狙いは，国政に精通したベテラン政治家たちが，自分と同じように「正しく」状況を理解し，計画に賛同して，批判への対処に手を貸してくれるということであった。これまでの研究で，相談役（アドバイザー）がときにもたらす負の効果や，とりわけ**集団思考**の弊害として，意思決定者が，知覚や判断の多様性のメリットを消してしまったり，隠れた危険やリスクがありそうだという雰囲気が集団の中に漂っていても，それを蔑ろにしてしまったりする傾向について，膨大な知見が存在する（Janis, 1972, Janis & Mann, 1977）。ただし，対話の機会を，他者からの影響を受け入れて自らが学ぶ機会と捉えるのではなく，他者への影響力を行使する機会と見なしてしまう傾向は，決して自信過剰なリーダー特有のものではない。スタンフォード大学国際紛争交渉センターでの著者らの経験によると，対立する二者間の合意点を探ることを目指す対話グループや他の民間ベースの活動の場にやってくる穏健派の人々は，善意のもとで，相手方の見解を注意深く聞こうと意識的に努めながらも，物事が「本当は」どうであるかを相手に説明する良い機会であるとも考えている。そこには，相手側から参加する人々も誠意を持って臨んでいるはずで，説得を通じて考えを改めさせることができるだろうという望みや期待が存在する。だが，往々にしてその望みは現実とならず，その結果起こるリスクとして，相手方がそもそも誠意を持たずに参加したか，あるいはいつまでも妄信的であり続けるのだという認識を強めて人々は帰路につくこととなる。

また，相手側が，議論を進める意志と能力を持っており，適切な情報も保有していると仮定して，それでもなお自分と同じ見解に至ることができないなら，第三の説明は，**彼らが**（自分や自分への賛同者と違い）**客観性を欠く**ということである。ここでの想定は，**彼らの判断や彼らが支持する立場が，自己利益や，悪性のイデオロギー，他のバイアス源により歪められている**（そして，幸い自身はそのような影響を免れている）というものだ。意見対立へのそのような説明こそが，筆者らが携わってきたこれまでの研究で，もっとも精力的に取り組んできた対象である。その一部を以下に紹介しよう。

他者が不正確なものの見方をしているとか，さらには一貫したバイアスがみられるといった認知があっても，それが相手への敵意に直結するわけではない。それどころか，そのような認知を素朴実在論者が持つ場合は，相手との合理的かつオープンな対話を通じて情報と説得的議論が自由に交わされれば，合意に到達できる（か，少なくとも見解の不一致を著しく減らせる）という見通しを立てるかもしれない。しかし，その楽観的観測は，往々にして短命に終わることとなる。対話への参加は，さまざまな面でポジティブな経験をもたらすものの，多くの場合，どちらの側も相手側が試みる啓発になびくことはない。その結果，相手側の人間について，互いに次のような結論に至る。特に相手側が議題への関心や知的能力を欠いていないことが明らかである場合には，自己利益や自己防衛，間違ったイデオロギーや他の認知的・感情的バイアスなどの影響により，事実や証拠から結論を導く能力が阻害されているのだろうと。

実際に，個人的ないし集合的な自己利益にまつわる帰属判断は，観察や分析を重ねることで強化される傾向にある。通常，人々の信念や支持政策と，その政策の支持者にとっての個人的・集合的な利益とは，**現に**相関する。そのため，素朴実在論者は，相手側による政策への支持と，自己利益との関連性にたやすく気づくことができる。ただし，彼らが見落としがちなのは，同じような相関関係が，彼ら自身の考え方と自己利益との間にも存在するという点である。

自他へのバイアス帰属判断に関する研究のレビューに入る前に，素朴実在論者がいうところの純然たる客観性という点について，1つ補足しておきたい。集団アイデンティティや，成長期の体験，自己利益の原則を共有する人々は，自身の考え方がそのようなアイデンティティ源の影響を受け，それに「特徴づけられる」ことに自覚的である。しかし，人々は，**自分たちに固有の内集団アイデンティティは洞察**や適切な感情の基盤になるとする一方で，**他者**（特に異なる考えを持つ他者）にとっての内集団アイデンティティは，啓発ではなく**バイアスの源泉**だとみなす傾向がある。この現象は，コーネル大学で実施されたシンプルな実験で示されている（Ehrlinger et al., 2005）。実験は，利害対立のある集団を題材として，白人と非白人の学生に差別是正措置への態度を尋ねたり，大学代表チームと学内チームの選手に大学の体育設備の使い方への態度を尋ねたりしている。各群の参加者は，自集団と相手集団のそれぞれの地位が，ものの見方を「明瞭化する」か「歪ませる」かどちらの性質を持つか尋ねられた。結果は予測を支持するもので，自らが属する集団のアイデンティティは，一貫して啓発と洞察に寄与すると見なされる一方で，相手側の集団アイデンティティは，一貫して自己利益的な歪みをもたらすと見なされていた。

6.1.2 バイアスがかかった知覚と「相手」側のバイアスの知覚

Emily Proninは同僚の研究者たち（著者を含む）とともに，人々が，自らと異なる考えを持つ者にバイアスを帰属する傾向について調べた。一連の研究は，アメリカ人の間で考えが分かれる政治的題材への判断に対して，人々がバイアスや客観性を知覚する過程を扱っており，本書11章で詳述されている。その中心的な発見とは，人々が，さまざまなバイアス（たとえば，楽観的観測や，データ解釈時の自己奉仕バイアスなど，誤った判断と紛争の悪化につながる諸々の心理的失敗）の影響を，自分は他の人よりも受けにくいと考えるという点である。さらに，他者が自分よりもそれらのバイアスにかかりやすいと見なす傾向は，自分と「彼ら」の見解が乖離すると知覚される程度の線形関数となる（Pronin et al., 2004）。

より以前の，いわゆる第三者効果を扱う関連研究も，マスメディアを通しての説得的コミュニケーションや「プロパガンダ」に触れた人々が，自分たちよりも他者のほうが強い影響を受けるだろうと考えることを報告している（Davison, 1983；関連してPaul et al., 2000）。そのような予期，およびそれが喚起する恐怖感は，マスメディアの規制や，言論の自由を制限する施策への支持に人々を駆り立てる。言うまでもなく，特定のメッセージやプロパガンダ，デマ情報を純然たる真実として受け取る人はそのような恐怖感を表さないが，逆に他者がその「光明」を目にせず，ふさわしい行動をとらないことを懸念することとなる。

6.1.3 敵意的メディア（および調停者）効果

素朴実在論は，敵対する相手に対するネガティブな帰属判断をもたらすだけでなく，相手側の主張の相対的な良い点について第三者があえて意見を述べた際にも，その発言者へのネガティブな帰

属を生じさせる。その代表例が，アメリカの政治的左派と右派のどちらからも常に発せられる，メディア・バイアスの主張である。いずれの側も，相手側のほうが，放送波や主要各紙の社説面への過度な権限を持っていると主張するし，どちらも相手側の同様の主張は皮肉的で不誠実だと考える。そのような非難の応酬は，政治的な動機づけによるかもしれない。しかし，素朴実在論もその一端を担っている。すなわち，社会制度論争で対立する立場同士は，メディアが実際に相手側に**バイアスがかかっており**，メディアは相手側の主張をそのまま繰り返すのみで，自分たちの主張を公平に扱うことはないと素直に信じるのである。問題を白か黒かで捉える人々にとって，公平な報道への取り組み（白黒両面を強調する報道やグレーにぼかして伝える報道）は，すべて相手側に偏向したもののように映ることとなる。

素朴実在論に基づくこの予想は，Valloneら（1985）の研究で検証された。実験では，アラブ・イスラエル紛争に関する感情のこもった立場の違いに依拠し，親イスラエル派と親アラブ派，そして「中立派」の学生に，南レバノンの2カ所のパレスチナ人難民キャンプが襲撃され市民が虐殺された事件を伝えるテレビの報道映像を呈示した。「中立派」の参加者の中でも，事情に詳しく知識豊富な者は，映像を，イスラエル側の責任や共謀関係の面について偏向が少ないと評価した。対して，特定の立場をとる人々は，より容赦なく回答した。すべての評定項目において，親イスラエル派と親アラブ派の視聴者のどちらも，メディアが相手側を優遇し，自身の側を不公平に扱っており，番組は，制作者のイデオロギーと自己利益を反映した偏向報道になっていると強く表明した（ちなみに，有能な調停者は，この点の危険性を認識し，それを避けるべく行動する。具体的に，個別の歴史描写の正確性や，主張の妥当性，とりわけ何が公平・公正な合意に当たるかという点について，自らの個人的な見解は示さない。代わりに，意見の一致点を見出だし，互いにとって「効率的」な譲歩を取りつけることを目指すよう交渉をフレームする。この点については，本章の後のパートで詳しく議論する）。

また，この実験では，それぞれの立場の人々が，ある意味では異なる番組を「目にした」ことを示す結果も得られている（これは，大学フットボールの試合中のラフプレーについて，視聴者がどちらの大学の者かによって異なる見解が示されるという，HastorfとCantrilによる1954年の有名な報告にも通ずる結果である）。イスラエルに親和的な参加者は，映像中の具体的事実や論点の多くが，イスラエル寄りのものに比べて反イスラエル的なもので占められていたと報告した。一方，イスラエルを敵視する参加者は，その逆を報告した。さらに，どちらの側も，映像が中立的な視聴者の目に触れた場合には，自らに敵意的で，相手側に好意的な方向へと態度が揺れるだろうと考えていた。

6.1.4 誤った極性化

先述したように，紛争，誤解，誤帰属が生じる一因は，個人や集団が，問題や出来事に異なる解釈を当てはめ，実質的には異なる判断対象について反応してしまったということを自覚できない点にある。一方で，素朴実在論には，対立する相手との隔たりを，**過大**に推定させてしまう効果もある。他者が自分と考えや視点を共有できていないことが明らかになると（特に，「啓発」されるべき情報や議論が示されているにもかかわらず，彼らが間違った考え方に固執しているとき），相手にバイアスと偏狭さが帰属される。素朴実在論者は，問題や出来事に対する自らの「ボトムアップ」の解釈は，客観的現実の豊かさ，複雑さ，曖昧さ，さらには矛盾を反映するものだと感じる一方で，自

分とは異なる考え方を表明し，それに固執する他者による解釈は「トップダウン」の，イデオロギーや自己利益の産物のように感じるのである。そのため，相手側の考え方は，自らの考えよりも極端で，イデオロギーに沿っており，繊細なニュアンスや両面性とは無縁だろうと見なされる（ただし，このような捉え方は，自分の側の人々に対してもある程度適用される）。端的に，議論の両端に位置する人々と，さらには「真ん中」にいて，両端から出てくる意見の良し悪しに目を向ける大多数の人々は，総じて政治的な極性化を過大に見積もり，意見の一致を見出だすことに過度に悲観的になる傾向がある。

　この現象に関する実証は，Robinsonら（1995）が行った一組の研究で得られている。その実験では，異なる立場をとる人々の解釈が，実際に食い違う程度と，その差についての人々の見積もりとを比べている。実験の1つでは，妊娠中絶の権利に関する議論を題材に，中絶賛成派と反対派の意見を取り上げた（たとえば，妊娠中絶でどのようなケースや認識が一般的・非一般的と見なされやすいか，規制を強化することで生じるメリット・デメリットはなにか，など）。2つ目の実験では，人種問題が絡むハワード・ビーチ事件（黒人の少年が白人の集団に追われ，逃げる最中に車にはねられ死亡した事例）の中の個々の出来事について，リベラル派と保守派の解釈を取り上げた（たとえば，事件の発端となった諍いを引き起こしたのは誰で，悪化させたのは誰か，当事者それぞれがどのような意図・動機を持っていたか，など）。

　予測通り，どの立場をとるかに応じて人々の解釈が異なることが，さまざまな項目で示された。そのうえで，ほぼすべてで，その差異についての過大推定が認められた。より具体的に，人々は，各論点について他者が示す推論や解釈が，その個人のイデオロギーと一貫するだろうと，過大に見積もっていた（この傾向は相手側を評価するときに強く認められたが，自分と同じ立場の人に対しても，ある程度生じていた）。さらに，どちらの実験の参加者も，自分の意見は，相手側の人間に比べてイデオロギーの影響を受けてはいないと感じていた。また，特筆すべき点として，ある立場をとる人の考え方の極端さとイデオロギー一致性を過大推定する傾向は，特定の立場を支持しない中立の回答者においても同様に認められた。すなわち，特定の立場をとる，とらないにかかわらず，人々は，立場の違いに伴う「解釈のギャップ」を顕著に過大視し，その意味で，考え方・信念・価値観などで，立場が違えども共有されうる部分については過小視したのだと言える。

　また，それらの誤知覚や過大推定が，素朴実在論の影響を超えて生み出される原因について，学生へのインフォーマルな聞き取りから示唆が得られている。学生らは，自らの政治的信念がたとえ曖昧であっても，それを他人に明かすことはほとんどないと話していた。その曖昧さが，同じイデオロギーを持つ者に知られれば，信念の強さを疑われるかもしれず，対立するイデオロギーの者に知られると，付け入る隙を与えたり曲解されたりする恐れがあるためだ。さらに，学生の多くは，論争に巻き込まれることやステレオタイプ視されることを避けるため，意見が割れがちな政治的議論には近寄らないと報告した。それはすなわち，お互いの考え方の複雑さ（と各人が持つ曖昧さ）に気づく機会をも，放棄してしまっていることを意味する。互いの考えや視点を，率直かつ継続的に，そして共感的に共有するということこそ，素朴実在論と，それに基づく誤った帰属判断への明確な対抗手段であるが，それを学生らが遂行することは稀であった。皮肉にも，自他の気分を害することを避けるためにとる行動が，政治スペクトラム上の自身の特殊な立ち位置（現実主義的なリベラ

ルや，思いやりある保守といった自己ラベリング）は，実は他の多くの学生も共有しているのだということへの気づきを，かえって妨げるのである。

6.1.5 基本的価値観や黄金律に関する見かけ上の差異と真の差異

強い感情を喚起する問題が絡むような政治論争に参加すると，人は，自分自身がとても重視する価値に対して，他人がそこまでの関心なくふるまっているように感じがちである。誤った極性化に関するここまでの議論が示唆する通り，そのような捉え方には根拠がないことが多い。すなわち，考えが拮抗する者同士は互いに，相手側の立ち位置は，自分がとる立場の価値観や原理を否定するものであると推論する（ないし，あまり深く考えずそのように暗黙裡に仮定する）。そのため，国民皆保険制度や，人工妊娠中絶の規制，死刑制度や特定の差別是正措置などへの賛成や反意を唱える人々の多くは，対立する立場の人間は，慈悲の心や生命への尊重の念，公平性への配慮，個人的責任の履行といった普遍的な価値観を失っているのだろうという（往々にして間違った）推論を行う。彼らが見落としやすいのは，自分と異なるイデオロギーへの支持をもたらすのは，根本的な価値観や選好の違いではなく，事実認識や解釈の違いであり，さらには，議題に関する認識・政治的立場・価値観の間のつながりについての認知の違いにあるということだ。

したがって，死刑制度の反対派と賛成派は，殺人の原因，量刑の公平さ，刑執行による抑止効果などについて，何が正しいかの認識が異なる。同様に，人工妊娠中絶の規制強化についての反対派と賛成派は，妊娠中絶を選択する女性をとりまく事情や，道徳的な算定について，異なる仮定を置く。仮定や解釈に関するそのような違いが，政策対立や立場の正当化の直接的原因であるかはともかくとして，相互的な誤帰属の土壌にはなる。どちらの側も，自身の立場こそ理にかなっていて倫理的だと見なし，反対の立場を**道徳面ないし倫理面**，さらには**実利面**でも欠陥があると考える。

すでに述べた通り，相手側が，自己利益や偏ったイデオロギーに従い，一般的な価値観には無配慮に行動したという信念のもとでは，人は，**他者の考え方や解釈，推論，政治的立場**などが，その人物のイデオロギーや個人的・集団的利害と不気味なほど一致すると感じずにはいられない。また，自らの考えには伴う留保的な側面や曖昧さを，相手側の人間は見せようとしていないように感じられる（さらには，自分と同じ側の他者にもそのように感じられる）。人々が，やはり思い至らないのは，そのような一致が，**自身の推論，選好，信念**でも同様に認められるという点である。さらに，（相手側と自分側のどちらも）他者の考え方が，自分と同様に曖昧さや複雑さをはらむものでありながら，信頼できる人間以外にはそのことを打ち明けづらいという事実にも，人々は気づかない。そのため，相手側の人間が，公平性，正義，自己決定，生命の尊重，被害者への慈悲など種々の普遍的な価値観に言及して，己の立場を主張するとき，素朴実在論者は，それを皮肉か，はたまた見当違いと受け取ってしまう。素朴実在論者からすると，倫理観と普遍的価値を共有する者が，**本来の状況を偏見なく**（つまり素朴実在論者がそうするように）理解するならば，人が辿り着きうる立場はただ1つであり，それは図らずも素朴実在論者がとっている立場ということになる。いうなれば，相手への「慈愛ある」帰属が欠如するのだといえよう。

先述の通り，社会的な知覚者は，人によって優先事項や選好が異なるばかりか，視点や知覚にも違いがあることを理解し，ひいては，社会行動や事象について自らが持っている解釈が，周りの人々には共有されていないかもしれないということに

思い当たる。そのような，主観的反応の多様性に関する洞察は，より正確な社会的予測や推論を行ううえで，間違いなく有益である。しかしながら，先に議論したように，賢明な社会的知覚者は，他者が示す不適切ないし規範逸脱的ともとれる想定外の反応については，当該の解釈の違いの**症候**だと（少なくとも一時的に）扱うべきであり，その人物のネガティブな個人特性（さらには，個人的価値観の欠陥や特異性）についての，慈愛なき推論につなげることは避けるべきである。端的にいって，外界に対して他者も自分と同じように反応するのだという素朴な確信が（無配慮に，ではなく注意深く選択的に）採用されれば，他者が支持する価値観への未熟で誤った理解を予防するのに役立つだろう。

イギリスの哲学者トマス・ホッブズは，他者の主観的反応に関する次のような処方的な仮定を示している：

> 一人の人間の思考や情動が他の人間の思考や情動といかに似通うかを鑑みると，自分自身に意識を向け，自らがどのような行動や原理のもとで思考し，意見し，理由づけ，望み，怯えるなどするかに考えを巡らせる者は，同様の状況での他のすべての人々の思考や情動を読み取り，知ることが可能となる。
> （Leakey & Lewin, 1992による引用）

他者が自身と同じ基本的価値観や選好を共有しているという仮定は，さまざまな推論・予測の誤りから守ってくれるが，その一方で，不要なパターナリズムや改宗活動にもつながりかねない。人にしてほしいことを人に対してなせ，といういわゆる黄金律（Golden Rule）は，キリスト教はもとより，世界中のほぼすべてのメジャーな宗教に基本的な要素として組み込まれている。一方，イギリスの劇作家ジョージ・バーナード・ショーによる格言は，次の通りである——**人にしてほしいことを人に対してするな。趣味が違うかもしれない**。仮に趣味の違いはなかったとしても，他者とあなたとは原理原則や優先事項が大きく異なるかもしれない。いろいろな宗教で採用されている，黄金律のやや控えめな（そしてショーもお墨付きを与えたかもしれない）バージョンは，人にしてほしく**ないことを人に対してするな**，というものである。

同様に，コメディアンのジョージ・カーリンは，鋭い心理的考察を提出する。カーリンは観客に問いかけた。「自分より遅いやつらは皆ノロマで，自分より速いやつらは皆狂人だと思わないか？」高速道路のドライバーに引っ掛けたこの考察を初めて耳にすると，我々はクスクス笑った後，はたと気づく。たしかに，自分よりスピードを出しているドライバーは無謀だと思うし，遅いドライバーは慎重過ぎるか，脇見運転をしていると感じられる。同じようなネガティブな帰属判断は，政治の文脈で，互いの発言や行動に反応するときにも生じる。その傾向は，どの政治的問題に注意とリソースを割くべきかというテーマや，とりわけ，どれだけ迅速に対応すべきか，あるいはどれだけ対応にお金を費やすべきかというテーマのときに顕著となる。

いずれにせよ，他者に関して，ひとまずは，次のような一連の仮定を置くことが妥当な処方となるだろう。他者は，自分と同様，友達や家族を大切にするし，自分と同様，正義が果たされるべきと（ときに情けをかけることもあれ）信じている。また，自分の身近な者であれ，敵対する者であれ，公平で倫理的なふるまいには不可欠といえる他のさまざまな価値を（個々の価値の重みづけは違うかもしれないが），同じく共有している。さらに，他者が示す反応が，不合理であったり，不道徳に見えたり，単に奇妙に感じられたりしても，この

慈愛ある仮定を放棄するべきではない。少なくとも，他者のその反応が，自らと完全に異なる価値観のもとで生じたのか，判断対象（および対象と各種の価値との関連性）に関する解釈が異なるために生じたのかは考慮すべきで，もし後者であれば，上記の仮定は維持されるべきである。

6.2 紛争解決と効果的な合意を阻む障害

交渉過程やその結果は，数多の意思決定の産物である。それには特に，相手側を交渉のテーブルに招くべきか（ないし相手側の誘いに応じるべきか）という決断や，交渉前・交渉中・交渉後の各段階で何を発言し，どう行動すべきかの決定が含まれる。これらの意思決定は，ある程度において，現在と未来の利害についての合理的計算，ないし既存の関係性やこれまでの歴史的経緯を踏まえた計算を反映する。しかし，それらの計算や，時に計算通りに事が運ばないことには，認知的・動機的・社会的なプロセスが介在しており，この点は多くの社会科学領域（たとえば心理学・政治学・経済学）のコンテンポラリーな理論や研究で，検討の対象となっている。

もちろん，時には異なる陣営同士の利害が真正面からぶつかり，それぞれの最低限のニーズや要求も折り合わず，状況が何かしら変わるか，あるいは一方が相手に要求を呑ませるかしない限りは，膠着が避けられないという事態も起こる。しかし，たとえ第三者や，さらには集団内の代表者や多数派が，利害の一致点を認識し，当事者全員にとって現状を維持するよりも有益な合意をイメージできたとしても，交渉が進行しない，ないし失敗に終わる場合がある。なぜそのような失敗が生じるのか，あるいは，なぜ人々は対立を続けることのコストや不確実性に耐えてまで，その状態を維持してしまうのか。それを理解するためには，客観的な利害についての分析のみでは足りない。また，合意を妨げる要因として，戦術的・戦略的な失敗，政治的制約，拒否権を行使できる代理人や支配層や派閥にとっての利害などにだけ目を向けることも十分とはいえない（各種の戦略的，構造的，非心理学的なバイアスに関する検討については，Ross & Stillinger, 1991を参照；関連してMnookin & Ross, 1995）。検討が必要なのは，各陣営が，紛争や相手についてどのように感じており，紛争自体の，そしてその解消の失敗の非や責任をどう認識しているかという点，そして交渉過程そのものに関する認知や評価についてである。

その点を考えるにあたっては，ここまで展開してきた，解釈のバイアスや素朴実在論に関する議論が出発点となる。自己中心性や素朴実在論は，その性質から，誤帰属や不信感，（合意点など見つからないという）根拠なき悲観を育むだけでなく，交渉成立や紛争解決を阻む障害を作り出す。それらの障害のうち，誤った極性化と，それに伴う共通基盤の過小視が，結果として，相手側には合理的で話の分かる交渉相手など存在しないのではという懐疑を生むことについては，すでに議論した通りである。しかし，交渉に当たる人々や，和平を成そうという志を持つ人々の努力を損なう心理的障壁は，他にも存在する。そのいくつかについて，いくぶん細かく検討しよう。

6.2.1 認知的不協和と合理化

もっともよく知られ，広範に研究されてきた心理的バイアスの1つは，認知的一貫性を求め，保とうとする動機づけと関連する。人は，行動や価値，感情ないし信念における**不協和**を避け，減らそうとする（Festinger, 1957）。しかし翻って考えるに，不協和を減らそうと採用される信念や優先づけは，葛藤の解消を妨げる障害ともなりかねない。

闘争を続けるためにそれまで自他に適用してきた正当化や合理化（たとえば，相手は悪魔の化身だ，彼らは信頼できない，神や歴史は我々とともにある，正義は力を生むゆえ我々は相手よりも固い意志を持っている，争いに殉じた人々との誓いを破るわけにはいかない，などの言説）の存在は，停戦し，交渉のテーブル上に並ぶ条件を呑むことへの心理的・社会的なコストを増大させる。特に，長きにわたる争いで，双方の立場が多くのコストを払ってきた場合や，紛争解消のチャンスが以前もあったが，何らかの理由で退けられた過去がある場合，不協和低減プロセスがもたらす影響は大きくなる。

対立の膠着が長期化し，コストが膨らみ続ける中で，不協和低減プロセスの存在は，見通しをさらに暗くするかもしれないが，1つだけ前向きな要素がある。次の，交渉の効率化と成功を阻む厄介な障害に関する話題に進む前に，その点に触れておきたい。不協和低減のプロセスは，ひとたび合意が成立**した後**には，いくらか建設的な役割を担いうる。とりわけ，合意が自由意思のもとで成立した場合や，努力や犠牲の末に成立した場合，あるいは合意の正当性を公の場で説明しなければならなかった場合には，その効果が顕著となる（Aronson, 1969；Brehm & Cohen, 1962）。合意を主導した者も，それに従う者も，合意のポジティブな側面や期待以上の効用を探して強調しようとし，反対にネガティブな影響は少なく抑えたり，目を背けようとしたりする。このようなプロセスが，印象深い形で現れたのは，1972年に，リチャード・ニクソンが突如として中国との想定外の和解を成立させたときである。そして，中東をはじめ各国の紛争地域でも，合意が成立したあかつきには同様のプロセスが働くのではないかと，著者らはいくばくかの期待を抱いている。

6.2.2　公平・平等・正義の追求

交渉に当たる各陣営は，自分より相手に価値があるものを譲り渡し，相手より自分に価値があるものを得るという交換過程を通じて，自分たちの状況の改善を目指す。しかし，長期的な紛争の文脈では，それぞれの陣営の要求は，単なる現状改善に留まらなくなる。彼らは，**公平**や，さらには真の**正義**を獲得する資格があると感じ，それらを要求に含める（Adams, 1965; Homans, 1961を参照；関連してWalster et al., 1973）。各陣営は，自分たちの主張の強みや正当性にふさわしい形での損得分配を合意に求める（Bazerman et al., 1995を参照）。そして，そのような要求は，実際に交渉に当たる人間にとって難関となる。特に，各陣営が過去の経緯について異なる見解を示しており，したがって公平な合意の捉え方が異なるとき，交渉はより難しいものとなる。そのうえ，そのような見解や要求の不一致は，各陣営が素朴実在論のプリズムを通して見たとき，さらなる悲観や不信を生むのである。

紛争のどちらの側も，これまで尊厳を持って事に当たってきたのは**自分たち**のほうで，罪を犯すのではなく被ってきたのは**自分たち**で，当然の権利の枠内でしか要求していないのも**自分たち**だと感じる。普段は彼らも，家庭やコミュニティの中で生じる日常的な不公平は，調和と良好な人間関係を守るために受け入れつつ生活しているはずだが，そのことなど忘れてしまう。さらに，どちらの側も，最終的な合意案の中では**自分たちの利害**の方が，より保護されるべきだと捉える傾向がある。たとえば，相手側につけ込まれる隙がないよう，曖昧な言語表現は避けるべきと考える（と同時に，未来の予期せぬ展開に対応できる余地を残すため，自分の側の条件を非現実的なほどガチガチに固めるのも得策でない，と考える）。また，未来に関する展望も，立場によって大きな隔たりが

あるだろう（たとえば，時間の経過とともに勢力を増すのはどちらかという点や，どちらの言質がより信頼でき，額面通りに受け取ってよいかという点について）。

第三者の**調停者**は，ひときわ困難な課題に直面するかもしれない。警察官が人種差別的な暴行に及んだという申し立てがあり，市長の号令のもとで「中立的」な立場の調査委員会が立ち上がったとして，その委員会は，どちらの側の人々の信頼も得にくいだろう。憤慨するマイノリティ・コミュニティの人々は，委員会の構成員の多くが中産層の白人で占められ，警察にひどい扱いを受けた経験などなく，「自分たちのような人間」よりも白人警官の言うことを真に受ける人ばかりではないかと懸念する。一方，窮地に立たされている警察サイドは懐疑的になり，委員会の構成員が，自分たちの抱える問題やフラストレーションを理解しない市民や，有権者をなだめようと目論む雇われ政治家ばかりではないかと心配する。それらの認識のもとでは，当該の審査委員会を許容することは，相手側への大きな譲歩だと自陣から受け取られるだろう。そして，どちらの側も，委員会を立ち上げるという提案の中身や公平性についての相手側の評価を耳にした結果，敵意や不信感が増幅することとなる。

同様のプロセスが働くことで，双方の陣営のニーズや権利に応えようとするいかなる提案も，そのバランス面をめぐって強い反発を引き起こすことになる。さらに，対立の当事者は，お互いが見せる冷静な対応についても誤帰属する傾向にあり，結果として敵意と不信感が募ることとなる。たとえば，相手側が公の場で気遣いや遺憾を表明すると，その行動には裏があると感じ，第三者からの共感を得ることで後の展開を有利に進めるための「戦略的」行動にすぎないと評価しがちである。そして，自陣営のとった対応が相手側からそのような悪意ある評価を受けていることを知ると，当然ながら，怒りと疑念が渦巻くことになる。

コストがかさむ膠着状態，誤帰属判断，増幅し続ける敵意といった，著者らの考察によって予測される現象の数々を実証するために，実験室実験は必ずしも要らない。民族対立と集団間紛争に関する際限なきメディア報道は，十分過ぎるほどの証拠を提供してくれる。その一方で，ノースウエスタン大学とスタンフォード大学の学生を対象に行われた一組の実験（Diekmann et al., 1997）は，人々の公平への関心と自己利益的な解釈バイアスとの関係について，より緻密で，希望の持てる結果を示している。（仮想的な）資源分配の交渉を題材としたその実験の結果は，自己利益によるバイアスを，公平性の規範によって打ち消すことが可能だと示唆している。とりわけ，平等性を促す規範の効果が認められたが，それは，いずれの側の人間もまだ優位な権利や待遇を享受したり，「授与」されたりしていない場合に限られた。つまり，自らが優遇される前には，大多数の人間が不平等な処遇に否定的であり，差をつけることを望まない。しかし，はじめから不平等が存在するときには，優位な立場の人間は，不均等な扱いを正当化しようとするし，実際に正当化できるのである。

Diekmannらの知見は，合意達成を潜在的に阻害する現象である**損失回避**と一定の関連がみられる。その点については，次の節で詳しく取り上げるが，損失回避とは，KahnemanとTversky（1979, 1984）が**プロスペクト理論**の中で論じている概念である。同理論によれば，将来の損失の見通しがもたらす不快感は，同程度の利益が見込まれる際の満足感よりも強いものとなる。その結果，人々は，利益の獲得に向けた動機づけに比べて，客観的には同量の損失を避けることに強く動機づけられる。このような観点からDiekmannらの研究を踏まえると，次のような点を付け加えることができる。実

験参加者に，同じ資源分配課題で**他の参加者**がどのように反応すると思うか尋ねたところ，過度に冷ややかで慈愛を欠く予測が見られた。彼らは，他の資源分配者や評定者が示す自己利益的なバイアスの程度を，大きく過剰推定していた。このような仮想的な交渉課題で得られた結果と，それを現実のシビアな交渉場面に関する予測に当てはめることとの間には，大きな飛躍がある。しかし，（どちらか一方の側を利するような「現場で生み出される事実」が存在しない）公平な見地から交渉に当たる人間が，双方ともが受け入れられる合意の難しさを**過大推定**しうるという点は，暗い見通しに満ちた議論の中で一筋の光となるだろう。

6.2.3　反射的逆評価・損失回避・取引への抵抗感

　合意の達成を阻害するとしてここまで議論してきた動機的・認知的バイアスに加えて，既存の研究は，交渉過程そのもののダイナミクスがもたらす障害についても明らかにしている。個別の包括案や妥協案への評価は，それらが交渉のテーブルに（特に相手側により）載せられた結果，**変わる**ことがある。そのような反射的逆評価に関する実証知見は，実験室とフィールドの両方で得られている。具体的には，実在ないし仮想の紛争解決事例の中で出された提案を，参加者がどう評価するかが検討されてきた（Ross & Ward, 1995）。

　研究から，3つの知見が得られている。まず，驚くような結果ではないかもしれないが，相互の歩み寄りに向けた譲歩案が，相手側から提案された場合は，同じ提案が自陣からなされた場合に比べて，否定的な内容評価が起こる。この点について，Maozら（2002）は説得力のある実証結果を提出している。実験では，アラブ系イスラエル人とユダヤ人の参加者が，オスロ合意後の交渉の席で双方から出された実際の提案を評価したが，その際に，提案の作成者の情報が操作された。予測どおり，与えられた作成者の情報が，その提案の相対的な好ましさを左右していた。すなわち，イスラエル側の提案をパレスチナ側によるものと，その逆にパレスチナ側の提案をイスラエル側によるものと知覚したとき，イスラエル人の参加者は，実際は自分たちの側の提案であるのに，相手側の提案より好ましくないと評定していた。

　反射的逆評価の存在を示す，残り2つの，あまり自明でない発見は，次のような研究で得られた（Ross, 1995；関連してRoss & Ward, 1995）。実験参加者は，スタンフォード大学の学生であり，彼らは当時のアパルトヘイト体制下の南アフリカで事業を行う企業に対する大学側からの投資を，すべて即座に引き上げてほしいと求めていた。現実の交渉が進む中，学生たちは，より穏便な案への評価を求められた。まず，検討段階の案（アパルトヘイト体制を直接に支持している企業から部分的・選択的に投資を撤収する案と，もっと後の時点で方針を転換していない企業から完全撤収する案）について評価し，後に，大学が最終的に採用した案（部分的撤収案）について評価した。予測の通り，参加者は，検討されていた2案のうち，採用されそうだと伝えられた案のほうを，もう一方の案よりも好ましく評価した。そして大学が実際に計画を実行に移したときに採用された案は，単に2つの選択肢の1つだったときよりも，肯定的評価が低下した。反対に，以前は不人気だった案（南アフリカでの事業からの撤退を表明する企業に投資を増やすというもの）は，大学の最終決定前よりも肯定的に評価されていた。

　後者の知見は，自分の手元にあるものや，簡単に手に入るものを，手に入りにくいものや差し控えられたものよりも低く評価するという，人間の一般的な性質を反映しているかもしれない（Brehm, 1966；Wicklund, 1974）。その傾向は，自由に行動

し続けたいという欲求に基づくものである。一方で，**損失回避**の現象も一役買っているかもしれない。交渉案が，互いの譲歩を取り交わすことを目指したものであるならば，それを受け入れることで見込まれるメリットよりも，損失のほうが目立ち，重くみられるかもしれない。たとえ利益が見込まれる（ないし確実視される）提案であっても，その引き換えにネガティブな変化やリスクの増大が生じうる場合には，ことさらの警戒心を持って扱われることが多い。たとえば，地域コミュニティの住民は，生活圏内から厄介な施設やリスク要因を取り除くために必要な額を支払うことには前向きだが，金銭的補償を受け取る代わりに厄介事やリスクを自ら引き受けようとは思わない。それは，いわゆるNIMBY（not-in-my-backyard）ⁱⁱと呼ばれる現象に如実に表れている。地域コミュニティが，有害廃棄物処理施設や更生訓練施設の新設など，地域環境への望ましくない変化を受け入れるにあたり，既存の同種の施設をなくすために支払おうと考える金額の何倍もの額を要求するということは，頻繁に起こる。

その現象は，簡単な思考実験を通じて，読者にも実感してもらうことができる。次の3つの質問にどう答えるか考えてみてほしい。あなたは，自分が運転する車のブレーキの安全性を10%**向上させる**ためであれば，（製造元や運転の安全性の研究者などに）いくら支払ってもよいと思うか？ また，あなたは，自分の車のブレーキの安全性を10%**下げさせてほしい**という（同じく製造元や研究者からの）依頼に応じるためには，いくら要求するだろうか？ 最後に，あなたの車のブレーキは，他の車に比べてどれだけ安全であり，また，優秀な技術者の手による整備や，新機能の搭載で今より

どれだけ安全性を上げられると感じるか？ 典型的なドライバーは，最初の2つの質問に次のように答えるだろう。(1) そこそこの，それほど大き過ぎない金額（100から1000ドルの間）。(2) とても大きな額（少なくとも数千ドル）か，多くの場合，いくら金を積まれても無理だという回答。そして，皮肉にも，3つ目の問いに対して，多くの人は「けっこう安全だとは思うけど，他人のブレーキと比べてどうとか，お金をかけてどれぐらい安全性が増すかは，正直分からない」と答えるだろう。

反射的逆評価には，他のメカニズムも関わっているかもしれない。譲歩が提案されると，それを受けた側は，相手側は合意に至ることに必死なのだと見なす可能性がある。すると，自分たちのこれまでの交渉姿勢は手ぬるすぎたのではないか，もっと有利な条件を引き出せるのではないか，そして，譲歩をもっと安く勝ち取れるのではないかという考えに至る。また，社会的なプロセスの関与もあるかもしれない。紛争を望んでいたり，合意によって不利益が生じたりするため合意に異を唱える人々は，仮提案された譲歩案や，さらには一方の側からの譲歩の申し出を，些末で，形ばかりで，不誠実なものとはねのけるだろう。しかし反射的逆評価の原因が何であれ，それが，交渉を行き詰まらせ，互いの敵対心と不信感が増幅する負のサイクルに寄与することは明らかだろう。提出される譲歩案が，双方の客観的な利害を度外視して不当に低く評価されるだけでなく，どちらの側も，相手側の交渉方法やレトリックを，良くて戦略的操作と捉えるし，最悪の場合，不誠実で皮肉的で，紛争を終わらせるという真摯な思いではなく悪意に突き動かされたものと解釈してしまう傾向がある。

著者の経験上，熟練の調停者は，反射的逆評価の現象についてよく知っている（ただし，その偏

ⁱⁱ ［訳者註］「自分の家の裏庭以外で」という意味で，必要だが好ましくない施設に，自分の生活圏に直接関わらない限りにおいて賛成するという考え方。

在性や，それをもたらす心理的メカニズム，あるいはそれに対する自身の脆弱性については気づいていないかもしれないが）。どのような紛争の調停者であれ，まさしく反射的逆評価の発生を抑えることが，重要な役割の1つとなる。特定の提案や譲歩案の出自を曖昧にするとともに，当事者が肯定的（で正確）な帰属判断をするよう導くことで，個人的・政治的に受容できる落としどころを見つける手助けをするのである。その意味で，有能な調停者であれば，当事者に，自身の優先事項と利害関係について明確化するよう求め，特に，譲歩する項目のうちで相手側よりも自分たちが価値を置いているもの（またその逆）を明示するよう求めるかもしれない。その結果，調停者は，当事者が優先するポイントを押さえたうえで，譲歩の取り交わしを提案することができ，さらには，そのポイントの発言者が自分自身であるという帰属判断を各陣営に促すことができる。

6.3 集団間対話と紛争解決への示唆

集団間の対話は，なぜ往々にして，参加者の不満を募らせてしまうのか。そして，交渉場面で，現状から脱却することが双方の側に有益だと客観的には明らかなのに，なぜ予想に反し，交渉が決裂してしまうことがあるのか。これらの点に関する理解は，交渉過程での障害やバイアス，ないしそれらを増幅する心理プロセスに関する研究を通して得られる。また，それらの研究は，最大限の誠実さと合意に向けた熱意のもとで行われる交渉過程でさえ，なにゆえに当事者の敵意や不信を和らげるどころか増大させてしまいかねないのかについても，理解を助けてくれる。だが，それだけではない。既存の研究は，相互不理解を低減させ，交渉の成功につながるようなテクニックの検討と開発にも貢献しうるのである。

このテーマに関する包括的な議論は無理だが，本章の残りのページを割いて，調停者やファシリテーターや，他の非当事者が活用できる具体的な手法を概観する。またそれは，分断された社会で生きる見識ある市民にとっても，ある程度有用なものとなろう。ここでは，本章で取り上げたバイアスや障害への対抗手段を示唆する実験やフィールド研究の結果を中心に検討するが，それに加えて，著者がスタンフォード大学国際紛争交渉センターの同僚たちと北アイルランドや中東で行った取り組みに基づく話もする。その取り組みは，市民同士の実りある対話を促し，セカンドトラック外交を推し進めるというものであり，その中で授かった，実社会での体験を通じて得たいくつかの教訓を交えて議論する。

6.3.1 誤った極性化に対抗し，合意点を探そうとする試み

第三者は，当事者同士の信頼関係の構築を助けたり，意見が衝突する領域から一致が認められる領域に議題が移るよう促したりすることで，交渉におおいに貢献しうる。その役割が特に重要性を帯びるのが，長期の敵対関係にある集団間ないし個人間の紛争を調停する場合である。そのようなケースでは，対立する者同士がとりあえず交流を持ち続けられるよう，間を取り持つ役目のみを第三者が担っていたとしても，明白な価値がある。個人的な交流を単に重ねるだけでも，ステレオタイプを乗り越え，お互い同じような不安や望みを持つことに思い至ることができるためである（Doob & Foltz, 1973；Kelman, 1995, 1997, 2001）。最終的な目標は，当事者に，率直でオープンな対話を持ってもらうことにある。それは，両者が単なる自己防衛に走ろうとせず，お互いの事実認識を確認し，価値観の複雑さについて話し合う場であるべきだ。

そのような対話が，結果的に合意にはつながらなかったとしても，少なくとも，相互の偏見（融通が利かず，無分別，不合理，イデオロギーに支配され，譲歩など念頭にない）に疑問を投じる機会にはなる。また，対話を通して，当事者が自分たちの一貫性に欠け不確実な面や，一枚岩ではない面に気付き，疑問を唱えたり新規の考え方を受け入れたりしやすくなる。そのことを示すように，対立集団の内部にいる穏健派は（Jacobson, 1981），第三者がするのと同様に（Rubin, 1980），レトリックや一方的な主張を越えて，人々の中の隠れた利害意識や想定，懸念などについての議論を引き出すという，重要な役回りを担う（関連して，Fisher et al., 1991とRubin et al., 1994も参照）。

とりわけ歓迎すべき展開として，マルチトラック外交（Diamond & McDonald, 1991）と公共平和プロセス（Saunders, 1999）の発展があげられる。和平構築や紛争解決のイニシアチブ（先導的な取り組み）を非政府機関が担うというものであり，平和センターや学術機関，シンクタンクなどはもとより，医師やソーシャルワーカー，教師といった専門家組織を代表する人々や，さらには関心がある個人の集まりなども携わっている。たとえば，ガザとジェリコの地域に関して，イスラエルとパレスチナの間で1993年に交わされた劇的な合意があるが，そこに至るまでの道は，まさしくそのようなイニシアチブによって切り開かれた（Rouhana & Kelman, 1994）。スタンフォード大学国際紛争交渉センターが，中東と北アイルランドで行ったイニシアチブ活動では，参加者が交わした対話が，過去の侵害行為に関する言い争いから始まり，次第に，自らを交渉の席に向かわせた個人的経緯の話へと移っていくのを，著者らは目の当たりにした。また，現状の紛争に関する非難の応酬から，孫の代のために築きたい社会や未来のビジョンの話へと変わっていった。そして，それに伴い，参加者たちが個人的な信頼やラポールを築く様子がみられた。

このような非公式の非政府イニシアチブには，当事者間の友好的な関係が育まれるという他にも，より目立ちにくいメリットがいくつか認められた。まず，参加者が公の立場で活動する外交官ではないため，率直な意見を自発的に述べることを恐れず，戦略上の有利不利を無視して，斬新で先進的な案を自由に探求することができる。2点目に，会合がインフォーマルであり，メディアに睨まれることなく，時間的プレッシャーも比較的弱いので，参加者は，散歩や食事に（さらに著者の参加した会合では皿洗いさえ）ともに興じながら，家族や個人的体験について歓談し，打ち解けることができる。これは，将来にわたる交流や共同のイニシアチブに向け，互いへの敬意や友好関係を築くことに貢献する。そして3点目の，おそらく最重要の点として，参加者は，自分たちが重視する面と，逆に柔軟に対応できる面について，かけがえのない情報を交換し，譲歩が期待できそうな領域について共通理解を深めることができる。相手側の調停者や和平交渉人の見方に触れることで，参加者は，相手側の要求のうち，人々の根深い感情を反映する側面がどれで，逆に交渉と譲歩の取り交わしの可能性を秘めているのはどの部分であるかについて，認識を明確にすることができる。そして，そこで獲得される認識は，民間外交官たちが帰郷し，影響力がある仲間やニュースメディアにその経験や感想を伝えることで，さらに広く流布されることとなる。

6.3.2 フレーミングと解釈

フレーミングは，交渉の障害を乗り越えるための重要な道具となりうる。損失回避とリアクタンスが原因で，現状変化案に否定的に応じる人々は，何も行動をとらないこと自体も意思決定の一種だ

と理解すべきで，それが，後にコストやリスクの大幅な増大を招きかねないことを自覚する必要がある。調停者は，行動をとらないことのリスクやコストに着目することはもとより，交渉に当たる人々が，譲歩を敗北とみなさないよう心がける必要がある。1つのアプローチとして，交渉で相手に明け渡すものを，交渉のためのチップや通貨と捉え，（普段お金などの通貨を使うように）さらなる価値を置くものとたやすく交換できる対象とみなすよう，当事者に働きかけることが有効かもしれない。

さらに重要な点として，第三者は，交渉プロセスそのものへの当事者のフレームに（場合によっては再フレームするよう）働きかけて，種々の心理的障害を乗り越える手助けをすることができる。例として，どちらの側も正当な怒りを長い間持ち続けてきた紛争で，解消への取り組みを，正義のためであるとか，主張の強さや正しさに応じて各々の望みを叶えるための取り組みとフレームするのではなく，問題解決に関する演習課題とフレームすることができる。すなわち，直接の交渉に当たる者の仕事とは，各陣営の個別の必要性や優先づけに沿って効率的な取引や相互利益に適う譲歩の機会を探り，その機会を有効利用することだと明確にフレームするのである（Raiffa, 1982；Rubin et al., 1994）。いずれにせよ，交渉人の仕事は，次のような目的のもとにフレームされるべきである。すなわち，両陣営が，政治的駆け引きや，過去の間違いへの非難といったものから前進し，未来志向的となり，より賢明な自己利益・集団利益を追求するよう促す，というものである。

実験室研究でのゲーム理論的な実証と，実社会での交渉結果との間の飛躍は大きいが，フレーミングの影響力を示す実験を1つ紹介しよう。数多くの研究がある囚人のジレンマゲームにおいて，プレーヤーの反応がささいな意味フレーミングの効果を強く受けるというものである（Liberman et al., 2004）。スタンフォード大学とイスラエルの大学で実施されたこの研究の，フレーミング操作はとてもシンプルである。ゲーム課題の趣旨説明時と，利得マトリクスの説明時の両時点で，実験者は，当該ゲームのことを，**ウォールストリート・ゲーム**（イスラエル語ではBursa Game）か，**共同体ゲーム**（イスラエル語ではKommuna Game）のどちらかの名前で呼んだ。すると，この単純な操作は驚異的な効果をもたらした。

ウォールストリート・ゲーム（およびBursaゲーム）の初回ラウンドでは，参加者の約3分の1が協力を選択したのに対し，共同体ゲームでは，参加者の3分の2以上が，初回ラウンドで協力行動をとった。さらに，そのような違いは，各ゲームの第2ラウンド以降にも継続してみられた。ゲームに付されたラベルは，参加者のプレーの仕方と，さらには相手プレーヤーの出方についての期待を大きく左右したが，興味深いことに，参加者が日常的に協調的な人間か競争的な人間かという情報は，わずかな予測的妥当性しかなかった。参加者が住む寮のアドバイザーにゲームの内容を詳しく伝え，参加者の行動の予想を募ったが，その中でもっとも協力的・非協力的だろうと評価された参加者の間に，実際のゲームでの反応の違いはまったくみられなかったのである。同じようなことは交渉人でも起こり，単純な教示内容や，交渉の文脈の微妙な特徴の影響を受ける（Kay & Ross, 2003）ことは十分ありうるだろう。その結果，自分の仕事を，競争的な課題ではなく相互利益を目指す協調的取り組みとして捉え，相手側の交渉人も同じ考えだろうという想定を持つことが，交渉成功への展望を開くかもしれない。

6.3.3　帰属判断との付き合い方

反射的逆評価が合意達成に及ぼす妨害を乗り越

えるには，反射的逆評価において帰属判断が担う役割を理解することが鍵となるかもしれない。逆評価は，少なくとも部分的には，人々が互いの行動に因果的説明を見出だそうとする基本的な傾向を基盤とする（Heider, 1958; Jones & Davis, 1965; Kelley, 1967, 1973）。相手側からの提案を受け取る側は，特に敵意と交渉失敗で塗り重ねられた対立の歴史が存在する場合には，提案の中身とタイミングに説明を与えようとする。たとえば，一方的な譲歩や，相互譲歩の申し出を受けた側には，次のような疑念が浮かぶ。「なぜ敵はこの譲歩案やこの交換条件を，このタイミングで提案してきているのだろうか？」納得いく答えが見つからず，提案の受け手が見出だす説明は，往々にして合意にマイナスの影響をもたらすものとなる。たとえば，提示された譲歩案は見かけより実体がないのかもしれないとか，譲歩の対象はこちら側が思っていたよりも重要で価値があるものだったのだろうとか，最悪の場合には，相手側は取引を守る意志がなく，欲しいものが手に入った途端に契約を反故にするに違いないと考えるかもしれない。

それらの帰属問題の解消（とともに，交渉に当たる当事者間の不協和のある程度の低減）を助けるため，第三者の調停者は，提案を受けた側に対して，その案が生まれるに至った政治情勢や政治的制約について教示したり，それを発案者側から示すよう働きかけたりすることができる。また，人々の帰属傾向を念頭に置くと，和解への外からの圧力（たとえば，期限の設定や，利害の絡む第三者団体からの補償の申し出）が公然と存在することも有益だといえる。それは，願ってもない提案や呼び水的な譲歩案を打診された側にとって，敵側が急に手のひらを返したことへの**説明**を与えてくれる。本来であれば提示された譲歩案や取引内容について**否定的**な再評価が求められるところ，その余地をなくすのである。さらに，和解への期限などの各種圧力は，交渉に当たる当事者にとって，**自らの柔軟な姿勢に対しても好ましい帰属判断**（意思の弱さだとか騙されやすさでなく，良識があるから）を導くとともに，自分たちが代表する支持層の人々や，対峙しなければならない反対派への，面目の立つ説明を与えてくれる。

ここまでは，調停者やファシリテーターをはじめ，第三者的立場の人々が，交渉場面での帰属判断の問題にいかに対処できるかという役割に焦点を当てたが，当事者自らが，帰属の問題への対応を図ることもできる。具体的には，自分たちが出す提案を，そのとき受けている何らかの圧力や制約と関連づけるよう心掛けたり，より効果的なアプローチとして，それは相手側の求めや望みに応じたものだと強調したりすることができる。このような可能性について，Wardら（2008）の最近の研究が示している。この実験で参加者は，実験協力者（サクラ）を相手に，与えられたテーマ（薬物関連の法改正に対して大学がどのような提言をすべきか）に関する交渉を行った。交渉の終盤で，サクラは妥協案を提示した（大麻は合法にするが，より強力な薬物に対しては厳罰化するとともに，試行期間の最中に薬物使用が減らず増加した場合の罰則強化を視野に入れた案）。

実験の主要な結果は，サクラが自案を提出するときに，「あなたの議論や提案を受け，用意していた案をやめてこの新しい案を出すことにした」と発言した場合は，「これは交渉のために事前に用意してきた案だ」と伝えた場合に比べ，参加者から肯定的に評価され，提案も受け入れられやすいというものであった。言い換えると，提案内容が同じであっても，それが立ち位置を変えて出された案だと明示され，受け手側が示していた優先事項に沿って作り直されたものだと知らされることで，よりポジティブに受け取られたということだ。しかし，留意すべきなのは，現在進行形の紛争では，

そのような点が明示的に伝わることは稀ということである。少なくとも公のアピールの場では，いずれの陣営も，それまで維持してきた立ち位置を堅持しているということを自らの支持層に向けて保証しようとする。

6.3.4 交渉への期待と信念

消耗戦がさらに長期化するという明らかなコストがあってもなお，紛争解決への取り組みが失敗に終わるのはなぜか。あるいは逆に，取り組みが，意見の一致を見つけることが難しそうな状況でも成功することがあるのはなぜか。これらに関する十分な検討を行うには，期待が果たす役割を多少なりとも考慮する必要がある。特に，対立する人々が，それまでの経緯から，紛争解決を達成できる，達成しなければならない，達成するのだという期待と確信を持っている（また相手側にも同様の期待と確信があると信じる）ならば，著者の経験上，合意はほぼ確実に達成できるといえる。対して，高潔な意図や強い動機づけがありながらも，それまでの失敗の歴史から，合意への突破口があるかについて強い疑念を抱きながら交渉に当たるならば（むしろ**それゆえに**）合意達成の見込みは低いものとなる。

双方の陣営が，紛争解決の絶対的な必要性と**必然性**を認めるならば，成功の見込みは大きく上昇する。失敗を避けたいという，強力な動機づけが共有されるという理由だけではない。それに加えて，帰属判断の影響について本章で論じてきた内容が示唆するように，人々は，やむなき譲歩への満足な説明ができるし，相手側のあからさまな譲歩にも納得のいく帰属が可能となる（たとえば，「いくつかの重要な点で妥協したが，それは，なんとしても合意しなければ**ならなかった**ためで，この点は**相手も同じだった**」）。実際の事例の中には，本章で指摘した障害がいくつも絡む難しい交渉であったにもかかわらず，双方の陣営が交渉の成功を必然と捉え，自己成就予言的に成功に至ったものがあり，多分に示唆的である（具体例のいくつかについては Ross & Stillinger, 1991 を参照）。それらには，稀にしか起こらない例外的な出来事（教皇の選出など）もあれば，定期的に起こる，ある意味で平常の出来事（連邦予算や国家予算の成立など）にまつわる交渉事例も含まれる。

どちらのタイプの事例でも，見解の衝突や相違は複雑に入り組み，相対する各派の利害を客観的に分析すると，過半数の支持を得る答えなど存在しないように感じられる（いわんや教皇選出に必要な3分の2の得票など望むべくもないと）。しかし，そのような場面では，歴史や慣習に則ったタイムリーな決議が必至となり，見込まれた期間内での決議が保証されるようである。決議に当たっては，交渉が長引けばさらに有利な取引の機会が訪れると見込む人々に，大幅な譲歩を強いることになり，必然的に彼らの不満も招くことになる。だが，交渉の当事者は，次の単純な声明によって合意を（自分と他者のどちらに対しても）正当化する：「教皇を選ばなければ**ならなかった**」，「予算を成立させなければ**ならなかった**」。

交渉に関する信念や期待についての議論は，重要な点を含意する。厄介な障害があり，失敗するかもしれないという思いが頭をもたげるとき，その失敗が現実になる可能性は高いといえる。一方，失敗など考えられないという場合にのみ，本章で取り上げたさまざまな認知上の障害に，綻びが生じ始めるのである。そのようにポジティブで自己成就的な期待を作り上げる魔法はないが，一組の実験結果は，交渉に際して人々にポジティブな期待を形成することの潜在的な有効性を示している（Liberman et al., 2009）。実験の1つでは，アメリカの大学生が，大学の予算を学部学生向けの活動と大学院生向けの活動に配分するという，日常的な

題材で交渉に取り組んだ。もう1つの実験では，兵役経験があるイスラエルの若者が，より政治的にセンシティブな問題が絡む資源配分課題（ヨルダン川西岸地区のユダヤ人とパレスチナ人を隔てる柵や壁の建設費用への予算配分）に臨んだ。

どちらの実験にも，あらかじめ決められた台本に沿って行動するサクラが登場した。アメリカの実験では，サクラは，大学院生の意見を代表するよう仕込まれた年長の学生であり，イスラエルの実験のサクラは，パレスチナ人の立場を代表するアラブ系の人物であった。両実験とも，交渉はいくつかの段階に分かれ，まずサクラが冒頭に提案を示し，それに実験参加者が対案を提示し，時間が差し迫る中でサクラが最終提案を出すという流れであった。参加者は，出された案についての評定と，受諾するか拒否するかの判断を求められた（拒否をした場合，資金は一定期間後の別の機会まで凍結されるものと伝えられた）。実験操作は，シンプルであった。半数の参加者は，交渉の始めに，以前に交渉に臨んだすべてのペア（アメリカの実験）か「ほぼすべて」のペア（イスラエルの実験）が，合意に至ったと告げられた。残りの半数にそのような教示は与えられず，単に合意を目指して頑張るよう伝えられた。なお，参加者は，このロールプレイ課題の仮想性については認識したが，所属する集団の利害を代表する立場にあるということで真剣に交渉に当たり，特にイスラエルでの参加者はとりわけ熱意を持って取り組んでいた。

事前予測の通り，実験操作は参加者に如実に効果を及ぼした。過去の交渉者たちが総じて成功したという情報は，サクラの初期提案への対案をより温和なものに，そして最終提案への評価もより肯定的にした。そして，最終案に対し，アメリカの実験では満場一致の受諾が見られ，イスラエルの実験でもほぼ満場の受諾が導かれた。対照的に，まったく同じ内容の提案が，両実験の，合意に向けてただ頑張るよう促された参加者の多数から拒否された。さらに，ポジティブ期待条件で合意に至った参加者は，いやいやそのように決断していたわけではなく，統制条件の中で合意に至った参加者に比べても，交渉過程や交渉相手のことを肯定的に評価していた。

これとまったく同じ操作を実社会で再現することは，当然ながら，多くの場合で不可能といえる。だが，交渉への真摯な取り組みがもたらす成果について，人々の中で楽観的な信念を形成するために，第三者や当事者自身にできることは多い。1つの可能性として，本題の交渉に入るに先立ち，賛否が割れにくく両者にメリットをもたらすテーマについての交渉を，何回か積んでおくことはできる。もう1つのアプローチは，既存の期待に反する言葉や行動を駆使することで，状況は変わったのだと，過去にみられた強硬姿勢は交渉の場にはもう存在しないのだということを示していくことだ。たとえば，イスラエルとエジプトの和平を求め，1977年にエルサレムを電撃訪問し，イスラエルの国会で演説を行ったサダト大統領のように，である。

6.3.5 教育——背後にある心理プロセスを理解することの重要性

紛争の解消に向けた現実的な措置について考えを巡らせると，教育や洞察が果たす役割には期待が持てる。端的な仮説は，本章で概説した各種の心理的プロセス（特に，バイアスがかかった解釈と反射的逆評価が，和平を目指す譲歩・妥協案への冷淡な反応をもたらす過程）について自覚することが，その影響を未然に防いだり弱めたりすることにつながるというものだ。

社会的・心理的プロセスが，自らにとって有益な和解交渉をいかに阻害するかを「デブリーフィング」されることで，紛争当事者は，自己査定の

ためのツール，そして自らがつながりを持つ人々を教育するために有効なツールを手にするともいえよう（Ross et al., 1975）。上記のプロセスに関する洞察を持つことは，第三者の調停者にとっても，自らの役割の明確化につながるし，敵対しあう当事者が陥りがちな失敗から抜け出すことを助ける上でも有益となる。最後に，もっとも一般的な点として，紛争解決を阻む障害についての教育や洞察は，当該の障害を当事者が避けたり乗り越えたりするための紛争解決戦略ないし戦術を，善意ある人々が考案する際に有用となる。

6.4　経験が理論・応用に与える示唆 ——実社会からの4つの教訓

　対話とマルチトラックの活動に関わった自身の体験や，スタンフォード大学国際紛争交渉センターの同僚たちの経験は，社会心理学がこれまで苦労の末に獲得し，（関心を示す者に向けて）発信してきた基本的な知見を補強するものであった。そこで得られた教訓には，次のようなものが含まれる（Ross et al., 2009）。たとえば，状況の力の一般的な性質と，とりわけ集団規範と集団圧力の影響，あるいは，人々が状況をどう解釈するかが重要であり，自己の行動とその結果や，他者から向けられる行動にどのような意味を与えるかを検討する必要があるということ，また，人々が自らの合理性や自己価値を保つために，どこまで行動しうるのか，などである。一方で，著者の経験は，他のもっと個別的な影響因に気づかせてくれることもあった。それぞれのケースについて，ここでは得られた教訓を簡潔に述べることとして，読者に有用と思われる場合にのみ，その経緯と意味などについても軽く触れておこうと思う。

　お互いが容認可能な未来への展望（およびコミットメント）を共有することの重要性……それがなければ，リーダーや代理人間の交渉や，セカンドトラック外交でさえも，失敗に終わる運命にあり，不信が緩和どころか増大することとなる。著者らが幾度となく見出だしたのは，意見の一致を求めて対話グループに集まる当事者は，自分たちが何を必要として何を求めるか，なぜその資格があり，代わりに何を提供する用意があるかを述べるために訪れるということだ。しかし，往々にして彼らが提示しそびれるのは，相手側にとって，いかに現状よりも状態が改善するかというイメージを含む未来像である。著者らは参加者に対して，相手側の将来の生活について思い描くビジョンが，相手側が想像し，懸念する合意後の状態よりも，どの点で良いと思うのか尋ねるようにしてきた。もし彼らが，そのような共有された未来像を提示できないならば，会合を持つ意味はないと考える。その状態で顔を合わせても，相手側への疑念を裏づけ，いっそう強固にして終わるにすぎないためである。

　（特に妨害者や内政的な要求に対処するときの）関係性と信頼の重要性。紛争のどちら側の集団においても，集団内の多数派の状態を良くする取り決めは，ほとんどの場合，一部の人々や利害関係者にとっての改悪を意味することとなる。非常に激しい敵意をはらむ紛争の場合は，それらの個人や利害関係者は，通常の政治対話の範疇を超え，暴力や脅迫などあらゆる手段に頼ることで自らの反意を示し，合意の締結を阻止しようとする。安定的な合意のためには，そのような「妨害者」にどう対処するかについても意見を一致させておく必要がある。まして，紛争のどちらの側も，相手側で妨害行為が発生しており，迅速な対抗措置が取られていないからといって，相手側の誠意に疑念を持つべきではない。同時に，その妨害で相手側が思いとどまることのないよう求めるべきである

し，内政的な要求によって妨害者への厳格な措置が難しい場合もあることを心に留めておく必要がある。

本人に理解する「余裕」がない事柄について，説得しようとすることの無益さ．不協和理論（より広くいえば精神力動的な理論）が含意することのうち，あまり詳しく議論されていない要素の1つが，ものごとの道理や倫理的原則に訴えかけることの限界についてである。損失脅威や合意へのコストが大きすぎるとき，人は，頑なな姿勢を貫くことの理由を探すか，さもなくば正当化しようとする。この場合のコストは，自分の人生が無駄な徒労に費やされてしまった，あるいは代償としてきた血と金が結実せずに終わるといった事実と向き合うことを含む。それに加えて，より単純に，合意成立後に自分を待っている人生や地位が受け入れられないということもある。あるプロテスタント系武装組織のリーダーが，牢から出所した後，武力の放棄を念頭に，相手陣営との交渉に真剣に臨んだ場面をよく覚えている。しかし，どういうわけか，交渉の場に並んだどの条件にも彼は満足できず，相手側のいかなる約束も信頼に足るものと映らなかった。最終的に，彼が「話し合いは止めて，取引をまとめよう！」と言うには至らなかった。カリスマ性はあるが学を持たないその男性を観察していると，その瞬間は交渉の場に席を持つ，尊敬を集めるリーダーだが，合意が成立し，通常の平和な社会が訪れたあかつきには，彼はビール輸送のドライバーにでもなれれば良いほうなのではないかと考えずにはおれなかった。容認できる未来という問題は，個人（特に拒否権の保有者）と集団や社会全体のいずれにも関わってくるのである。

過激派から和平交渉人への転換には，目がくらむような「まばゆい光」など必要ない。時にそれは「51％対49％」の差でしかない．一方の陣営の中の穏健派が，相手陣営の交渉相手を探すときによく口にするのは，あのリーダーとは取引が成立するはずがない，あるいは相手側にネルソン・マンデラのような人物が現れないだろうかということだ。その場合，傾性主義や根本的帰属の誤りの罪深さについて口やかましくレクチャーすることはせず，著者らは次の点を指摘するようにしている。マンデラが和平を達成できたのは，彼が，他の誰も為しえない譲歩をしたからではない。そうではなく，白人系南アフリカ人が**自分たちは絶対にしないと言っていた**譲歩をしてもよいと思えるリーダーに，マンデラがなったからである（彼は，大部分で，許容できる立場のある未来を相手に提示することでそれを達成した）。

また著者らは，北アイルランドのロイヤリスト[iii]で元爆弾テロ犯のデイビッド・アービンが，スタンフォード大学での講演時に行った受け答えを紹介することにしている。誰しもが抱く疑問として，彼はいったいどのような認識や心境の変化があり，過激派の爆弾犯から，平和的な紛争解決への確固たる意志を持つメインストリームの政治家に転向したのか，と質問された。アービンは，その違いは自分にとって「51％対49％」の問題でしかなかったと答えた。それは，性格の変化などではなく，一種の「転換点」に関わる変化であり，暴力の無益さとコストがわずかに目立つようになり，同時に，通常の政治活動を通して，許容できる合意が達成できるかもしれないという見通しがわずかに明るくなったのだという。そして彼は，爆弾テロという戦術を採る決断に51％の確信しかないときでも，自分は100％爆弾犯であったし，平和的手段による改革に51％のみ確信がある今の自分は，100％政治家であり平和活動家であるという印象的な言葉を続けた。この話の教訓は明らかだ。状況が大切

---

iii ［訳者註］英国連合維持主義者。

であるのは当然として，少しずつでも何かを良くしようと変えていくことには意味がある。相手方との会談がうまくいったり，相手側が容認可能な生活につながるほんのわずかな譲歩であったり，人間味を加えるたった一言であったりが，平和と紛争を分ける転換点になるかもしれないのである。

原註

本章の内容は，全米科学財団の助成金 No. 0447110を受けて行われた研究をもとにしている。本章で述べられている意見，研究結果や考察，提案はすべて筆者ら独自のものであり，必ずしも全米科学財団の見解を反映するものではない。

引用文献

Adams, J. S. (1965). Inequality in social exchange. In L. Berkowitz (Ed.), *Advancer in social psychology* (Vol. 2, pp. 267-299). New York: Academic Press.

Aronson, E. (1969). A theory of cognitive dissonance. In L. Berkowitz (Ed.), *Advances in experimental social psychology* (Vol. 4, pp. 1-34). New York: Academic Press.

Asch, S. E. (1952). *Social psychology*. New York: Prentice-Hall.

Bazerman, M. H., White, S. B., and Loewenstein, G. F. (1995). Perceptions of fairness in interpersonal and individual choice situations. *Current Directions in Psychological Science*, 4, 39-43.

Brehm, J. W. (1966). *A theory of psychological reactance*. Oxford, UK: Academic Press.

Brehm, J. W., and Cohen, A. R. (1962). *Explorations in cognitive dissonance*. New York: John Wiley and Sons.

Bruner, J. S. (1957). Going beyond the information given. In H. Gruber, K. R. Hammond, and R. Jesser (Eds.), *Contemporary approaches to cognition* (pp. 41-69). Cambridge, MA: Harvard University Press.

Bryan, C. J., Dweck, C. S., Ross, L., Kay, A. C, and Mislaysky, N. (2009). Ideology as mindset: Effects of personally-relevant priming on political assessments. *Journal of Social Experimental Psychology*, 45, 890-895.

Cohen, S. P., Kelman, H. C., Miller, F. D., and Smith, B. L. (1977). Evolving intergroup techniques for conflict resolution: An Israeli-Palestinian pilot workshop. *Journal of Social Issues*, 33(1), 165-189.

Davison, W. P. (1983). The third-person effect in communication. *Public Opinion Quarterly*, 47(1), 1-15.

Diamond, L., and McDonald, J. (1991). *Multi-track diplomacy: A systems guide and analysis*. Iowa Peace Institute Occasional Paper 3. Iowa Peace Institute, Iowa.

Diekmann, K., Samuels, S., Ross, L., and Bazerman, M. (1997). Self-interest and fairness of resource allocation: Allocators versus recipients. *Journal of Personality and Social Psychology*, 72, 1061-1074.

Doob, L., and Foltz, W. J. (1973). The Belfast Workshop: An application of group techniques to a destructive conflict. *Journal of Conflict Resolution*, 17(3), 489-512.

Ehrlinger, J., Gilovich, T., and Ross, L. (2005). Peering into the bias blindspot: People's assessments of bias in themselves and others. *Personality and Social Psychology Bulletin*, 31, 680-692.

Festinger, L. (1957). *A theory of cognitive dissonance*. Stanford, CA: Stanford University Press.

Fisher, R. Ury, W., and Patton, B. (1991). *Getting to yes: Negotiating agreement without giving in* (2nd ed). Boston: Houghton Mifflin Harcourt.

Fiske, S. T., and Taylor, S. E. (1984). *Social cognition*. New York: Random House.

Fiske, S. T., and Taylor, S. E. (2008). *Social cognition: From brains to culture*. Boston, MA: McGraw-Hill.

Gilovich, T. (1981). Seeing the past in the present: The effect of associations to familiar events on judgments and decisions. *Journal of Personality and Social Psychology*, 40, 797-808.

Gilovich, T. (1990). Differential construal and the false consensus effect. *Journal of Personality and Social Psychology*, 59(4), 623-634.

Griffin, D. W., and Ross, L. (1991). Subjective construal, social inference and human misunderstanding. In M. P. Zanna (Ed.). *Advances in experimental social psychology* (Vol. 21, pp. 319-359). New York: Academic Press.

Hastorf, A., and Cantril, H. (1954). They saw a game: A case study. *Journal of Abnormal and Social Psychology*, 49, 129-134.

Heider, F. (1958). *The psychology of interpersonal relations*. New York: Wiley.

Higgins, E. T., Rholes, W. S., and Jones, C. R. (1977). Category accessibility and impression formation. *Journal of Experimental Social Psychology*, 13, 141-154.

Homans, G. (1961). *Social behaviour: Its elementary forms*. London: Roudedge and Kegan Paul.

Ichheiser, G. (1949). Misunderstandings in human relations: A study in false social perception. *American Journal of Sociology* (Supplement), 55, 1-70.

Ichheiser, G. (1970). *Appearances and realities*. San Francisco: Jossey-Bass.

Jacobson, D. (1981). Intraparty dissensus and interparty conflict resolution: A laboratory experiment in the context of the middle east conflict. *Journal of Conflict Resolution*, 25, 471-494.

Janis, I. L. (1972). *Victims of groupthink*. Boston, MA: Houghton Mifflin.

Janis, I. L, and Mann, L (1977). *Decision making: A psychological analysis of conflict, choice, and commitment*. New York: Free Press.

Jones, E. E., and Davis, K. E. (1965). From acts to dispositions: The attribution process in social psychology. In L. Berkowitz (Ed.), *Advances in experimental social psychology* (Vol. 2, pp. 219-266). New York: Academic Press.

Kahneman, D., and Tversky, A. (1979). Prospect theory: An analysis of decisions under risk. *Econometrica*, 47, 313-327.

Kahneman, D., and Tversky, A. (1984). Choices, values, and frames. *American Psychologist*, 39, 341-350.

Kay, A. C., and L. Ross (2003). The perceptual push: The interplay of implicit cues and explicit situational construals in the Prisoner's Dilemma. *Journal of Experimental Social Psychology, 39*, 634-643.

Kelley, H. H. (1967). Attribution theory in social psychology. In D. Levine (Ed.), *Nebraska symposium on motivation* (Vol. 15, pp. 192-241). Lincoln, NE: University of Nebraska.

Kelley, H. H. (1973). The process of causal attribution. *American Psychologist, 28*, 107-128.

Kelman, H. C. (1995). Contributions of an unofficial conflict resolution effort to the Israeli-Palestinian breakthrough. *Negotiation Journal, 11*, 19-27.

Kelman, H. C. (1997). Group processes in the resolution of international conflicts: Experiences from the Israeli-Palestinian case. *American Psychologist, 52*, 212-220.

Kelman, H. C. (2001). The role of national identity in conflict resolution: Experiences from Israeli-Palestinian problem-solving workshops. In R. D. Ashmore, L. Jussim, and D. Wilder (Eds.), *Social identity, intergroup conflict, and conflict reduction* (pp. 187-212). Oxford: Oxford University Press.

Leakey, R., and Lewin, R. (1992). *Origins reconsidered*. London: Little, Brown and Co.

Liberman, V., Anderson, N., and Ross, L. (2009). *Achieving difficult agreements: Effects of positive versus neutral expectations on negotiation processes and outcomes*. Manuscript submitted for publication.

Liberman, V., Samuels, S., and Ross, L. (2004). The name of the game: Predictive of reputations vs. situational labels in determining Prisoner's Dilemma game moves power. *Personality and Social Psychology Bulletin, 30*, 1175-1185.

Lord, C. G., Ross, L., and Lepper, M. R. (1979). Biased assimilation and attitude polarization: The effects of prior theories on subsequently considered evidence. *Journal of Personality and Social Psychology, 37*, 2098-2109.

Maoz, I., Ward, A., Katz, M., and Ross, L (2002). Reactive devaluation of an "Israeli" vs. a "Palestinian" peace proposal. *Journal of Conflict Resolution, 46*, 515-546.

Marks, G., and Miller, N. (1987). Ten years of research on the false-consensus effect: An empirical and theoretical review. *Psychological Bulletin, 102*(1), 72-90.

Mnookin, L., and Ross, L. (1995) Strategic, psychological, and institutional barriers: An introduction. In K. Arrow, R. Mnookin, L. Ross, A. Tversky, and R. Wilson (Eds.), *Barriers to conflict resolution*. New York: Norton.

Nisbett, R. E., and Ross, L. (1980). *Human inference: Strategies and shortcomings of social judgment*. Englewood Cliffs, NJ: Prentice-Hall.

Paul, B., Sahven, M. B., and Dupagne, M. (2000). The third-person effect: A meta-analysis of the perceptual hypothesis. *Mass Communication and Society, 3*(1), 57-85.

Pronin, E., Gilovich, T., and Ross, L. (2004). Objectivity in the eye of the beholder: Divergent perceptions of bias in self versus others. *Psychological Review, 111*, 781-799.

Raiffa, H. (1982). *The art and science of negotiation*. Cambridge, MA: Harvard University Press.

Robinson, R., Keltner, D., Ward, A., and Ross, L. (1995). Actual versus assumed differences in construal: "Naive realism" in intergroup perception and conflict. *Journal of Personality and Social Psychology, 68*, 404417.

Ross, L. (1977). The intuitive psychologist and his shortcomings: Distortions in the attribution process. In L. Berkowitz (Ed.), *Advances in experimental social psychology* (Vol. 10, pp. 173-240). New York: Academic Press.

Ross, L. (1995). The reactive devaluation barrier to dispute resolution. In K. Arrow, R. Mnookin, L. Ross, A. Tversky, and R. Wilson (Eds.), *Barriers to conflict resolution*. New York: Norton.

Ross, L., Greene, D., and House, P. (1977). The false consensus effect: An egocentric bias in social perception and attribution processes. *Journal of Experimental Social Psychology, 13*, 279-301.

Ross, L., Lepper, M. R., and Hubbard, M. (1975). Perseverance in self-perception and social perception: Biased attributional processes in the debriefing paradigm. *Journal of Personality and Social Psychology, 32*, 880-892.

Ross, L, Lepper, M. R., and Ward, A. (2009). A history of social psychology: Insights, contributions, and challenges. In S. Fiske and D. Gilbert (Eds.), *Handbook of social psychology* (4th ed., Vol. 1). New York: Random House.

Ross, L., and Nisbett, R. E. (1991). *The person and the situation: Perspectives of social psychology*. New York: McGraw-Hill.

Ross, L., and Stillinger, C. (1991). Barriers to conflict resolution. *Negotiation Journal, 7*, 389-404.

Ross, L., and Ward, A. (1995). Psychological barriers to dispute resolution. In M. Zanna (Ed.), *Advances in experimental social psychology* (Vol. 27, pp. 255-304). San Diego, CA: Academic Press.

Ross, L., and Ward, A. (1996). Naive realism in everyday life: Implications for social conflict and misunderstanding. In E. S. Reed, E. Turiel, and T. Brown (Eds.), *Values and knowledge* (pp. 103-135). Hillsdale, NJ: Erlbaum.

Rouhana, N. N., and Kelman, H. C. (1994). Promoting joint thinking in international conflicts: An Israeli-Palestinian continuing workshop. *Journal of Social Issues, 50*, 157-178.

Rubin, J. Z. (1980). Experimental research on third-party intervention in conflict: Toward some generalizations. *Psychological Bulletin, 87*(2), 379-391. doi:10.1037/0033-2909.87.2.379

Rubin, J. Z., Pruitt, D. G., and Kim, S. H. (1994). *Social conflict: Escalation, stalemate, and settlement* (2nd ed) New York: McGraw-Hill.

Saunders, H. S. (1999). *A public peace process: Sustained dialogue to transform racial and ethnic conflicts*. New York: St. Martin's Press.

Vallone, R. P., Ross, L., and Lepper, M. R. (1985). The hostile media phenomenon: Biased perception and perceptions of media bias in coverage of the Beirut massacre. *Journal of Personality and Social Psychology, 49*, 577-585.

Walster, W. E., Bersheid, E., and Walster, G. W. (1973). New directions in equity research. *Journal of Personality and Social Psychology, 25*, 151-176.

Ward, A., Disston, L. G., Brenner, L., and Ross, L (2008). Acknowledging the other side in negotiation. *Negotiation Journal, 24*, 269-285.

Wicklund, R. (1974). *Freedom and reactance*. Potomac, MD: John Wiley and Sons.

7章　精神的麻痺と大虐殺

PAUL SLOVIC, DAVID ZIONTS
ANDREW K. WOODS, RYAN GOODMAN
DEREK JINKS

> 残酷な表現や大規模殺人の実行手段は十分に発展した。技術の発展はもう止められないところまできた。だとしたら，人の心理に目を向けるしかないだろう。（Jonathan Glover, *Humanity*, 2001, p.144）

　20世紀は記録に残っている歴史上，最も血に染まった時代だとよくいわれる。戦争に加えて，人権侵害が蔓延し，たくさんの死がもたらされた時代である。歴史上のこれらの暴虐において注目されるべきは，もしかしたら犯行の残酷さではなく，それを見過ごした無行動な人たちであろう。なぜ一般の人々や政府は集団虐殺や他の大規模な人権侵害に対応できなかったのだろうか。

　この問いに対する単純な回答など存在しない。苦しむ他者を支援するために多大な労力をかける人がいることからも分かるように，人は，同じ人間である他者の痛みに鈍感なわけではない。たとえば東南アジアで2004年12月に起きた津波に対して西洋諸国が行った支援などを鑑みると，被害者が誰であるか知っていることや，似たような肌の色をした隣人であることが重要なわけではなさそうである。政治的指導者だけを非難することもまた，解決にはつながらない。ジョージ・W・ブッシュ大統領はダルフールでの数十何万の人々の大量殺人に対して無反応だったが，前任者のビル・クリントン大統領もルワンダでの集団虐殺を静観し，フランクリン・D・ルーズベルト大統領はホロコーストを阻止するまでに相当の時間がかかった。アメリカにおける無行動の例は，他の国でも広く繰り返されてきた。国家のリーダーが大規模な謀殺を無視した背景には，それらのリーダーと同様に無行動を善しとした無数の市民が存在したのである。

　すべての大規模な謀殺には個別の背景があり，介入には，社会的，経済的，軍事的，政治的に固有の障害がある。だからこそ，地政学，国内政治，または個々のリーダーシップの失敗が，個別のケースにおける重要な要因なのであろう。しかしながら，権力者や国家，一般社会が無関心を働いてきたこれらの虐殺の繰り返しは，私たち人間の根本的な欠陥を指摘しているのではないだろうか。意図に欠陥があるのではなく，欠陥は私たちの心のつくりそのものにあり，これを特定することで修正が可能になるかもしれない。

　すべてでないにしても，多くの大規模侵害の事例を見過ごしてきた根本的な仕組みの1つには，私たちの判断や決心，行動を導くための合理的な分析を伴う，快不快の**感情**を体験するための能力が関わっている。これまでの研究では，大規模な人権侵害や集団虐殺の統計値は，その規模にかかわらず，大虐殺が意味するものを伝達することに失敗している。数字は情動や感情を代弁しないため，行動を動機づけることもないのだ。ダルフールでの集団虐殺は，現実に起きたことであるが，我々はその現実性を「感じる」わけではないというわけだ。以下に，集団虐殺を「真に感じさせる」ことで，適切な介入を動機づける方法を検討する。しかし最終的には，大虐殺に関しては，直感的な感情だけに頼ってはいけないことを指摘する。大規

模な人権侵害を阻止するためには，それに加えて，道徳的義務についての筋の通った分析を基本とした，制度的で法的，また政治的な反応を生成し，実行しなければならないのである。

7.1 心理学からの教訓

1994年のこと，当時ルワンダの国連平和維持部隊を指揮していたRoméo Antonius Dallaireは，警戒していた予想通りの虐殺が展開されようとしているところを，無力に眺めるしかなかった。彼は10年後にこの非人道的な惨事を振り返り，「人間が起こした悲劇を研究し，大虐殺についての理解を深めてほしい。何が起こったのかを明らかにしない限り，今後同様のことが起こらないという保証ができないだろう」と研究者に訴えた（Dallaire, 2005, p. 548）。

心理学者，経済学者，そして行動決定理論と呼ばれる学際的分野の研究者たちは，大虐殺に対する反応の鈍さの蔓延について，その一部を説明しはじめている。

7.1.1 感情，注意，情報，意味

大規模な謀殺や大虐殺を無視する原因となる人の根本的な心理メカニズムを解明する試みでは，意思決定や行動にとって情動や感情が重要であることを説明する理論的枠組みが採用されている。おそらく，最も基本的な感情は，（自覚がなくても）何かの善悪を感知する情動であるといえる。快不快の感情は，瞬間的で自動的に起こるものだ。たとえば**喜び**や**憎しみ**といった単語に付随する感情を感知する素早さを考えてほしい。心理学分野で蓄積された先行研究は，情動が情報に意味を付与し，行動の動機となることを指摘している（Barrett & Salovey, 2002; Clark & Fiske, 1982; Forgas, 2000;

Le Doux, 1996; Mowrer, 1960; Tom-kins, 1962, 1963; Zajonc, 1980）。情報は，情動なしには無意味であり，判断や意思決定に使われることはない。

情動は，思考の「二重過程理論」において重要な役割を担う。Epstein（1994）が指摘したように，「人が二つの異なる方法で現実を捉えることについては，日常生活において十分な証拠がある。1つは直感的，自動的，自然的，非言語的，ナラティヴ的，また経験的などと呼ばれ，もう1つは，分析的，熟慮的，言語的，論理的などと呼ばれる」(p.710)。

StanovichとWest（2002）は，これら2つの思考回路を，**システム1**および**システム2**と名づけた。システム1の特徴の1つは，経験システムであれ直感システムであれ，情動を基礎としているところである。多くの意思決定の場面において分析（システム2）は当然重要であるが，複雑で予測不可能，また時に危険に満ちた環境においては，情動や感情に依拠した行動は，概して素早く簡単で，効率が良いと言える。これまで多くの理論が，情動は行動を動機づける直接的で基本的な役割を担うことを指摘している。

経験にもとづくシステムにおける情動の役割の根本には，快および不快感情が付与されるイメージの重要性がある。このシステムでのイメージは，視覚イメージが当然重要なだけでなく，単語，音，匂い，記憶，想像の産物をも含む。

Kahneman（2003）は，システム2の機能の1つとして，システム1で生成された直感的印象の質をモニターする機能を指摘している。KahnemanとFrederick（2002）によると，このモニター機能は多くの場合どちらかというと曖昧であり，不正確なものを含む多くの直感的な判断が行動として表出される。この点は，後に議論される重要な意義を含んでいる。

快不快の情動に加えて，たとえば共感，同情，慈

悲心，悲しみなどのより繊細な感情が他者への援助行動を促進するために欠かせないことが明らかになっている（Coke, et al, 1978; Dickert & Slovic, 2009; Eisenberg & Miller, 1987）。Batson（1990）いわく，「その人のために"感じる"ことができたとき，その人による援助の確率は高くなるということが，研究分野での一致した結論である」（p.339）。

Haidt（2001, 2007; Van Berkum et al., 2009 も参照）による，道徳的直感（システム1と同種）が道徳判断に先行するという指摘は，心理学における特に重要な知見であろう。具体的には，

> 道徳的直感とは，意識的に探索し，証拠の比重を考えたり，結論を推測したりといった段階を経ることなしに瞬時に生起する道徳的判断の意識のことで，感情価（善悪，好き嫌いなど）を含む。そのため，道徳的直感はすなわち……美的判断と同種であるといえる。人は，社会的現象を見聞きし，瞬時に受け入れられるか否かを感じるのだ。（p.818）

言い換えれば，必要があって直感を訂正するためや，批判を行うために判断を用いようとする努力をしない限り，道徳判断は道徳的直感に付随する感情によって支配される。道徳的直感が多くの場合洗練されておらず，不正確であるというわけではない。人の視覚のように，ほとんどの場合近道を使うことで十分事足りるのだが，たまにおおいに方向を見失ってしまうことがある（Kahneman, 2003）。実際に，特定の状況下では錯視の影響を受ける知覚のように，私たちの道徳的直感はおおいに間違っているかもしれない。以下の節において，集団虐殺や大規模な大虐殺に直面した私たちの直感がいかに機能不全に陥るのかを説明したい。このような不具合を鑑みると，妥当な分析を促進したり，行為を起こさなければならないと**感じる**能力の欠如を克服するようにデザインされた法や制度を構築する必要性が指摘されよう。

7.2　感情，分析，および人命の価値

どのように人命救助の価値判断を行うべきだろうか。システム2の答えは，これに答えるための補助線として，基礎的な原理や根本的な価値に目を向けるだろう。たとえば，国連世界人権宣言典第1条には，「すべての人間は，生まれながらにして自由であり，かつ，尊厳と権利について平等である」と書かれている。このことから，すべての人に同等の価値があると結論づけることができる。もしそうだとしたら，図7.1の線形関数に示すように，N人の命を救うことの価値は，1つの命をN回救うことと同じ価値である。

一方で集団虐殺のように，多くの命を一度に失うことは，集団やコミュニティの社会機構や存続に対する脅威となりうるため，より深刻であってしかるべきだともいえる（図7.2）。政府が自国の国民の命を他より重視する義務があるかについては議論の余地があるかもしれないが，人命をできるだけ等価に扱うようにすることに関しては，異論はないだろう。

人は実際にどのようにして人命の価値を査定するのだろうか。先行研究は2つの記述的モデルを支持する証拠を提出し，情動と直感に結びついたシステム1による思考は，人命救助の価値について，図7.1および図7.2に示すような規範的モデルから，おおいに異なっていることを示した。これらの記述的モデルが実証した反応は，人が大勢の命の損失に関して鈍感であることを説明するもので，大虐殺に関する無関心に一致している。

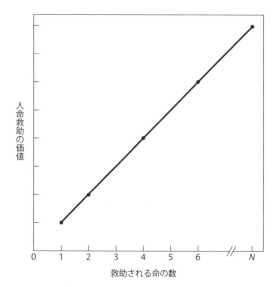

図7.1　人命に対する価値評価を示した規範的モデル。すべての人命が同等の価値であると仮定する

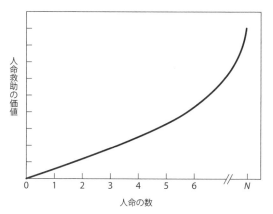

図7.2　別の規範的モデル。多すぎる損失は集団や社会の存在を脅かす

7.2.1　精神物理学的モデル

　情動は，長い進化の過程において，人の生き残りを可能にしてきた優れたメカニズムである。確率理論，科学的リスク評価，損得勘定などの洗練された分析手段が発達する以前は，経験に基づく感覚を頼りに，茂みに隠れた動物に近づいても大丈夫か，泉の濁った水を飲んでも大丈夫か，などの判断を下していた。端的に言えば，システム1の思考は個人や小規模家族や地域のグループを，今の目に見える直接的な脅威から守るために発達し

たといえる。しかしながら，このような感情システムは，離れた場所の大規模な謀殺に反応できるようには進化していない。その結果，システム1を用いた思考は，システム2の熟考が仮に作動したら非難されることになるようなやり方で，大規模な大虐殺に反応を示すだろう。

　人間の行動の根本的な性質については，もちろん科学者以外も認識している。アメリカの作家Annie Dillard（1999）は，中国の人権について読者の理解を助けようと努める際，情動機能の限界について巧妙に示した。「11億9850万人の人々が中国で暮らしている。この意味を**感じたい**なら，単純にこう考えてみたらよい。自分が大事にしている唯一性や重要性，複雑さ，愛などを，11億9850万倍してみたら，ほら，なんてことはない」。（p. 47，強調は著者により追加）

　もちろん「なんてことはない」というのはディラードの冗談だということにすぐに気づくだろう。私たちは，彼女が言うように，11億9850万人分の人権を**感じる**ことができないことを知っている。私たちの脳回路では能力不足だ。ノーベル物理学賞受賞者のセント・ジェルジ・アルベルト氏も，核戦争によって起こりうる帰結を想像する難しさを同様に指摘し，「苦しんでいる1人の人間を前にすると，私は深く心が動かされ，命の危険を顧みず助けるだろう。でも私は，自分が住む大都市が粉々にされ，1億人が犠牲になるということについては，感情を交えずに話す。私は，一人の苦しみを1億倍して想像することができないのだ。」

　私たちの情動反応およびそれによって引き起こされる人命援助行動に価値を付与する仕組みは，知覚や認知対象（たとえば光，音，重さ，お金など）の多くにおいて，その基本的な刺激強度が強まるほど敏感さは弱まるという「精神物理学的機能」と類似している。

　鈍感さの背景にある心理的原理は何であろうか。

E.H.Weber（1834）とGustav Fechner（1860/1912）が環境の変化を知覚する方法を記述した根本的な精神物理学的原理を発見したのが，19世紀のことだ。彼らによると，物理的刺激の変化を検出する私たちの能力は，その刺激の強度が増加するほど減少するという。今日ウェーバーの法則と言われるこの現象は，丁度可知差異にあたる刺激の変化を引き起こすには，ある一定の割合が加えられる必要があることを示している。したがって，知覚された変化は相対的なものであるといえる。刺激が小さいものであれば，小さな変化であっても気づかれる。大きな刺激に対しては，気づかれるためには多くを加えなければならない。この感覚の非線形な増加を，Fechnerは対数法則として説明した。S.S.Stevens（1975）によって蓄積された多くの実証的知見によると，感覚強度（ψ）は，刺激の強度ϕのべき関数

$$\psi = k\phi^\beta$$

によって説明でき，音量や明るさ，さらには貨幣価値などの現象を測定する場合は，βは1よりも小さい値となる（Galanter, 1962）。たとえば，明るさの知覚に関する研究に見られるように，指数が0.5であれば，実際の明度が4倍になっても，2倍の明るさとして判断されることを意味する。

驚くべきことに，数字が表象される方法も精神物理学的関数に従うかもしれない。Dehaene（1997）は，参加者に9と8ではどちらが大きい？　2と1では？　といった簡単な質問をする実験を行った。実験では，すべての実験参加者が正解するわけだが，9を8より大きいと答えるのにかかった時間は，2を1より大きいと答えるのにかかった時間よりも長かった。このような実験から，Dehaeneは「我々の脳内の表象は，1と2の間，2と4の間，4と8の間に均等なスペースが割り当てられた対数の計算尺とよく似ている。ゆえに，8と9の差は1と2の差よりも小さく感じられ，分別されにくい」と結

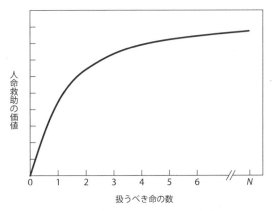

図7.3　人名の救助が実際にどのように価値づけられるかを説明する精神物理学的モデル

論した。

私たちの認知および知覚システムは，微細な変化を認識できるかわりに，大きな変化に鈍感になるようできているようだ。精神物理学的研究が示すように，物理的刺激強度が定量ずつ増加しても，反応はどんどん小さくなっていく。この原理を人命の価値評価に当てはめると，犠牲になる人の数が増えるほどその損失に価値を感じることができなくなるという**精神物理学的麻痺**が生じる（図7.3）。図7.3の関数によると，1人の命の価値は，はじめに唯一救われた命であった場合に最も高く，援助対象となる命の数が増えるほど，徐々に減少する。したがって多大な脅威が事象の背景にある場合は，1人の命を救うことの心理的重要性は低下する。私たちは，87名と88名の命の違いを「感じる」ことも，違いを評価することもできないのだろう。

KahnemanとTversky（1979）は，敏感さが減退するこのような精神物理学的原理について，不確定な状況における意思決定を説明する**プロスペクト理論**に取り込んだ。プロスペクト理論の最も重要な要素は，実際の損得を主観的価値と関連づける価値関数である。これを応用すると，人命に関する価値関数は，一定数の命を救うことの主観的価値が，被害の規模が小さい場合に大きい場合よ

りも高くなることを意味する。

　Fetherstonhaughら（1997）は，命の価値に対する敏感さが減少する可能性，つまり**精神物理学的麻痺**について，さまざまな社会状況における人命救助の例を使って示した。実験では，架空の補助金助成団体が，医学研究所が何人の命を救う約束をしたら1千万ドルの補助金を受給してよいと思うかを判断させた。3分の2近くの参加者が，多くの人数が危機に瀕しているときには助成金を受給するのに必要な最低救命者数を引き上げた。具体的には，1万5千人がリスクにある時には中央値で9千人を救うことが必要とされたのに対し，29万人が危機に瀕している場合には，中央値で10万人を救うことを必要とした。つまり，回答者は小規模な集団における9千人の命を救うほうが，大規模な集団の10倍多い数の命を救うことよりも，より重要だと答えたのだ。

　精神物理学的麻痺や比例推理効果に関わる似たような証拠は，人命救助の介入に関する他の研究でもみられる（Baron, 1997; Bartels & Burnett, 2006, Fetherstonhaugh et al., 1997; Friedrich et al., 1999; Jenni & Loewenstein, 1997; Ubel, Baron et al., 2001）。たとえば，Fetherstonhaughら（1997）は，4500人のルワンダ難民の命が救える救援物資を送るかどうかの判断では，救済を必要とする母数が増えるほど，被験者は援助したくなくなることを発見した。また，Friedrichら（1999）は，新車のアンチロック・ブレーキ義務化について，それによって助かるかもしれない人の総数（年間のブレーキによる死者）が増えるほど，もっと多くの命が救えるなら賛成すると回答する傾向があることを指摘した。

　これら多岐にわたる人命救助に関わる研究が示すのは，実際に介入するかどうかの判断において，

---

i　［訳者註］つまり後者の場合，リスクは約20倍にもなっているにもかかわらず救える割合は10倍強にとどまることになる。

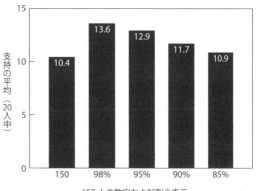

図7.4　空港の保安検査は150人の命を救うと宣伝するより，150人の何割を救うと宣伝するほうが，高い賛同を得られる

注）棒グラフは新規機材の導入をどのくらい支持しますか，という問いに対する回答の平均値を表す。回答は0（まったく支持しない）から20（非常に支持する）までの間で行われた。（データはSlovicら"The Affect Heuristic,", Thomas Gilovic, Dale Griffin, and Daniel Kahneman編 *Heuristics and Biases: The Psychology of Intuitive Judgment*, 23章 p.408，表23.4。Copyright 2002, Cambridge University Press。許可を得て改変）

救える命の**割合**は，救える命の**数**よりも影響力を持つということである。Fetherstonhaughらの知見を見てみると，100人のうち80%を救えると言うほうが，それとは別の機会として，1000人中20%を救えると言うよりも，協力が得やすい。このことは情動による説明（システム1）と一致しており，救える命の数は少しも情動を喚起しないが，その割合はより強い情動を喚起する。80%は明らかに「良い」，そして20%は「不十分」なのである。

　Slovicら（2004）は，割合が数よりも感情を喚起しやすいことを踏まえ，空港の保安検査が生命の危機にある150人のうち98%の命を救う場合に，単に150人を救うとした場合よりも，支持されるだろうと予測し，それを大学生を対象とした参加者間要因の実験で証明した。150人の命を救うのは全般的に良いことであるため，評価が難しい一方で，何かの98%というのは，パーセントの上限に近いので，明らかに良いことであるため，支持の判断においてより重視された。したがって，95%，

90%，85%と助けられる割合が減っていくにつれ，この保安検査に対する支持は減少したが，これらそれぞれの割合条件では，少なくとも「150人を救える」という条件よりも，平均的に高い支持が得られた（図7.4）。

精神物理学的麻痺に関する本研究は，図7.1や7.2が示すような規範的モデルでは説明できない人命救助を動機づけるために必要な感情を示すため，非常に重要である。図7.3が示すような非線形なモデルについては，大きな災害で被害が大きくなってもそれが無視されてしまう現象と一致する。しかしながら，このモデルもまた，初期の喪失に関する反応感度は喪失が大きくなるに従い減少するが，それでもなお感度は継続することを意味するため，大量虐殺の無関心についての完璧な説明であるとはいえない。大量虐殺に対する無関心をより適切に説明する2番目の記述的モデルについては，以下に示す。

7.3　数字と無感覚——印象と感情

心理学的理論やデータは，人の行動についての鋭い観察者が従来知っていた事柄を裏づけるものである。人の命を数値化することは，命の大切さを必ずしも伝えるものではない。これらの数値はたいていただの統計で，感情のない「涙のすっかり乾いた人間」であるため，行動を引き起こさないのだ（Slovic & Slavic, 2004）。

どのようにすれば，合理的な行動を起こすために必要な感情を感じさせることができるのだろうか。そのための試みでは一般的に，数値の背後にあるイメージを強調する。たとえば，年間3万8千人の命が銃によって奪われることについてアメリカ連邦議会に対策を求める集会では，国会議事堂の前に3万8千足の靴を展示した（Associated Press,

図7.5　アメリカ対イラク戦争の死者を表象する旗
("Affect, MoralIntuition, and Risk," Slovic, Paul, and Daniel Västfjäll, *Psychological Inquiry*, 21(4), 1.10.2010. Taylor & Francis Ltd.の許諾を得て転載)

1994）。テネシー州の中学生は，ホロコーストの深刻さを理解しようと，追悼の象徴物として600万の紙クリップを集めた（Schroeder & Schroeder-Hildebrand, 2004）。オレゴン大学のキャンパスではアメリカのイラク戦争における何千もの死者を象徴するため，芝生に旗が「植えられた」（図7.5）。

慈悲心を引き起こすうえで，顔と名前を持った特定可能な被害者にかなうものはない。心理学実験はこのことを明確に示しているが，われわれは皆，個人的な経験や命を救う英雄的な努力についてのメディア情報を通して，このことを知っている。古井戸に落ちてしまった18カ月のジェシカ・マクルーアちゃんを救出する数日間に渡る救助隊の様子を，世界が固唾を呑んで見守った。セーブ・ザ・チルドレンなどの慈善団体は，大がかりな援助を求めずに名前のある1人の子どもを支援するよう求めるほうが，寄付が集まりやすいことを従来から認識している。

何百万ものユダヤ人の命を奪ったホロコーストに共謀したアドルフ・アイヒマンであっても，1961年イスラエルでの裁判中に何百時間にも及んだ被害者の息子からの尋問の後，自分の被害者の1人に情緒的なつながりを示したという。尋問を担当したアヴナー・レス大佐が，彼の父親がアイヒマンの本部司令によってアウシュビッツ収容所に送

られたことを告げると，アイヒマンは「酷いことだ，大佐！ それはあんまりじゃないか」と叫んだという（von Lang, 1983, p. ix）。

しかし介入を確実に動機づけるために直面すべき対象は，人間でなくてもよい。太平洋の漂流タンカー船に乗り合わせた犬の救出は，これまでで最もと言っていいほどお金がかかる救出となった（Vedantam, 2010）。これを知ったコラムニストの Nicholas Kristof（2007）は，200万人のスーダン人が家を失ったことよりも，ペールメールと名づけられた1羽の鷹のマンハッタンの巣が撤去させられたことに憤っていた人たちのことを皮肉に言及した。彼によると，アメリカの大衆やリーダーたちをダルフールの集団虐殺に対する行動へと駆り立てられるのは，大きな目をした垂れ耳のかわいそうな子犬かもしれず，「もしブッシュ大統領や世界の大衆が数十万もの仲間の人間に対する虐殺に心を動かされないのであれば，最後の望みとしては，哀れな子犬に心を動かされる可能性についてである」。

7.4 慈悲心の崩壊

近年，執拗で，勇敢かつ徹底的な報道によってもたらされた，東南アジア，アメリカ湾岸，またハイチにおける自然災害の鮮明なイメージや被災者個人のストーリーは，世界中に慈悲心や人道支援の輪を溢れさせた。もしかしたら，集団虐殺の被害者を詳細かつ個人的にメディアが取り上げることには，大規模な謀殺や集団虐殺の防止への介入を動機づける一縷(いちる)の望みが隠されているのかもしれない。

事実，その通りなのかもしれない。研究によると，人は，個人が特定できるような対象のほうが，特定できない場合，あるいはただの数値としての

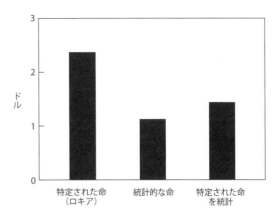

図7.6 平均寄付金額（Small et al., 2007より抜粋）

被害者に対してよりも援助しようと思いやすい（Jenni & Loewen-stein, 1997, Kogut & Rimy, 2005a; Schelling, 1968; Small & Loewenstein, 2003, 2005）。しかし，参加者が自分の報酬を最大5ドルまでセーブ・ザ・チルドレンに寄付できるよう設定した Small ら（2007）の心理学実験は，その結論に注意を促す。ある実験条件では，参加者は特定可能なロキアというアフリカ人の7歳の女の子を飢えから救うために寄付をするかを判断した。その条件の参加者は，数百万人の飢餓に苦しむアフリカの子どもを支援するために同じ団体に寄付するかを選択した他の条件の参加者よりも，2倍以上も多く寄付すると答えた（図7.6）。3番目の条件では，ロキアに寄付するか選択する際，同時に2番目の条件と同じように，規模の大きい統計（何百万人もの人が支援を必要としているという情報）が呈示された。残念ながら，このような情報がロキアの話と同時に提示された結果，ロキアへの支援金は統計的に有意に**減少した**。統計的数値の呈示が，ロキアへの注目を下げ，寄付を動機づけるために必要な感情的つながりの構築を妨げたと考えられる。

または，一個人の寄付では助けることができない何百万という数に気づかされたことが，負の情動を誘発し，反応を抑制したのかもしれない。

Smallら（2007）によるその後の研究は，感情の重要さを示す追加的な証拠を提供するものであった。寄付するかを選択する直前に，参加者は「**赤ん坊**という言葉（あるいは似たような言葉）を聞いたときに感じる気持ちを記述してください」と誘導されるか，単純な算数の問題を解くよう求められた。分析的思考を誘導された条件（計算）では，特定可能な被害者（ロキア）に対する寄付金が，感情を誘導された条件よりも少なかった。しかし，どちらの誘導条件においても，被害者の数が統計的に表現された場合の判断には差がなく，統計的な数値に対して感情を抱くことの難しさがあらためて示された。

Annie Dillardは「途方もない数は心を緩慢にさせる」という新聞の見出しを読んだ。彼女は，世界が莫大な死に無関心でいる事実を受け入れるのに苦悩していた。「1年間で200万人以上の子どもが下痢によって亡くなり，80万人が麻疹によって亡くなる。驚くでしょうか。スターリンは1年間で700万人ものウクライナ人を飢えさせ，ポル・ポトは100万人のカンボジア人を殺害した」。彼女は，「慈悲心の疲労」と評し，「私はどの数字で他者の存在がぼやけはじめるのだろう」（Dillard, 1999, pp. 130-131）と述べている。

Dillardの問いに対する答えは，行動学的実験によって明らかになりつつある。HamiltonとSherman（1996）の研究やSusskindら（1996）の研究によると，一個人は，一集団と違い，心理的にまとまった実体として認識される。それゆえ，個人については，集団についての情報よりも，深い処理がなされ，強い印象が残る。KogutとRitov（2005a, 2005b）は同様に，特定された単一被害者について考えたときのほうが，たとえ特定されていたとして一集団の被害者について考えるよりも苦痛を感じ，慈悲深くなりやすいことを明らかにした。

より具体的には，KogutとRitovはある1人の病

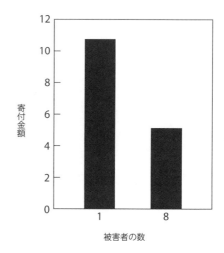

図7.7　個人および集団への寄付金額の平均（Kogut & Ritov, 2005bより）

気の子どもが必要としている，あるいは8人の病気の子どもの集団が必要としている，高価な救命処置のために寄付するよう実験参加者に依頼した。どちらの条件においても，対象の子ども1名あるいは8名の命を救うために必要な合計金額は同じであった。この実験での全寄付金額は，実際にガン治療が必要な子どもに贈られた。さらに，実験参加者は，病気の子ども（あるいは子どもたち）に対する自分たちの悲嘆感情（心配，懸念，悲しさ）を評定した。

寄付金の平均値を図7.7に示す。個人に対する寄付金は，集団全体に対する寄付金よりもずっと多かった。悲嘆を感じる程度の評定についても，個人に対する寄付の意思を聞いた条件がより高かった。KogutとRitovによると，おそらく被害者によって喚起されたこのような強い感情が，集団よりも個人に対する寄付が多いという現象をもたらしたと結論づけた。

Västfjällら（2010）は，KogutとRitovの発見した効果について，飢餓に苦しむ子どもが2名になっても再現されるのかを検討した。Smallら（2007）の手続きを踏襲し，あるグループのスウェーデン人の学生を対象に，他の実験で得た報酬を，Small

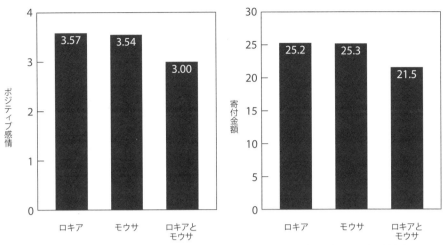

図7.8 感情も寄付金も N=2 で減少する！ 感情の平均値（左）および寄付金額の平均（右）（Västfjäll et al., 2010 より）

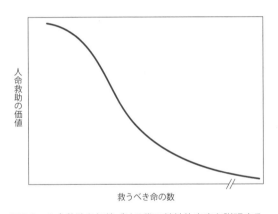

図7.9 人命救助を価値づける際の精神的麻痺を説明する図 ── 慈悲心の崩壊 ──

らの研究によってすでにその窮状が説明されている少女，ロキアを助けるためにセーブ・ザ・チルドレンに寄付する機会を与えた。別のグループには，同じようにアフリカで食糧支援を必要とするモウサという7歳の男の子を助けるために，セーブ・ザ・チルドレンに寄付する機会を与えた。3番目の条件では，ロキアとモウサの写真と説明を見せ，寄付金はロキアとモウサ両方に行くと教示した。寄付は現実のもので，セーブ・ザ・チルドレンに贈られた。実験参加者は，寄付についての感情を1（ネガティブ）から5（ポジティブ）によって評価した。2人両方に対する寄付意思を尋ねた3番目の条件において，ポジティブな評定の程度が最も低かった（図7.8）。個人の子どもに対する寄付を聞いた条件では，感情と寄付金額について，非常に強い相関がみられた（ロキア $r = .52$，モウサ $r = .52$）。しかしながら，この相関は，3番目の条件ではより弱かった（$r = .19$）。

精神物理学モデルによって説明される人命救助の判断が不快なものであるように，前段落で示した研究もまた，より厄介な心理的傾向を示している。私たちの感情を感じる能力には上限がある。人命救助の評価が注意やイメージに高められた感情に左右されるのであれば，図7.9の関数のようになるはずで，感情や情動は $N=1$ のときに最大で $N=2$ 以降は低下，N がある程度増加するとただの「統計値」にしかならない。言い換えると，慈悲心の疲労を懸念した Dillard への答えとしては，「不鮮明化」は2人から始まるといえる。Lifton（1967）は一方で，たとえば原爆投下後の悲惨な状況下にあった広島で救助隊の活動を可能にしたような感情の「電源オフ」を，**精神的麻痺**と名づけたが，図7.9は決して都合が良いとはいえない麻痺状態を説明している。むしろ，このような状態は結果的に無力感や無行動を引き起こすことからも，大規模な

7章 精神的麻痺と大虐殺 175

謀殺や集団虐殺に対する反応に繰り返し認められる現象と一致する。

7.5 道徳的直感の失敗

　思慮深い熟慮には，労力が必要である。幸いにも，進化の過程において私たちの認知や知覚のメカニズムは洗練され，「深く考える」ことについて必要最小限で日常生活が効率的に送られている。このようなメカニズムをシステム1と呼んできた。

　リスクへの対応を例にとって考えてみよう。確率理論やリスク評価，決定解析を発見するもっと以前から人は，直感，洞察，野生の感など，経験に基づくことで，ある動物に近づいても大丈夫か，そこの水は飲んでも安全か，などを判断してきた。人々の生活がより複雑化し，環境を制御することがより可能になった現在，経験に基づく反応の合理性を高めるためにシステム2と呼ばれる分析的な思考が発達した。水の見た目や味がどうであるかという問題の域を超えて，今では私たちは安全な飲料水かどうかを弁別するために毒物学や分析化学の知見を参照する（Slovic et al., 2004）。今でも感覚に頼ることができ，そのほうが簡単なのだが。

　リスクと同様，道徳問題も，直感に頼るほうが自然で簡単である。「それがどれだけ悪いことなのだろうか」については，どのくらい悪いと感じるだろうか？と置き換えればよい。法的システムがそうしようとしているように，根拠や論理的分析を使って，善悪の判断をすることもできるだろう。しかし，必要があって直感を訂正するためや，批判を行うために判断を用いようとする努力をしない限り，道徳的直感は道徳的判断に先行する（Haidt, 2001, 2007）。

　残念ながら，人の命や広範囲の環境を脅かす集団虐殺や災害を面前にすると，道徳的直感は当てにならない。システム1の影響力によって，鮮烈な刺激体験（たとえばイラクのアブグレイブ収容所での虐待を捉えた写真を見ることによる道徳的な怒りの経験）をすると，道徳的直感の負の側面が影響する。直感は信用できないのである。被害者が多い場合は，たとえ2のように小さい数字であっても，それらに対する注意や感情の喚起や維持が難しくなる。道徳的直感のみに判断をゆだねると，人を対象とし，なおかつ身近で簡単に想像できるセンセーショナルな物語を好むようになるだろう。実際的な数字と比べた割合のように，たとえ間違えていても強力な感情を生み出すイメージに邪魔される。他者を思いやる私たちの大きな能力はまた，より差し迫った自己利益によって覆されてしまう。Batsonら（1983）によると，他者に対する慈悲は「利己的な関心ごとによって簡単につぶされてしまう儚い花だ」（p.718）という。集団虐殺や大規模な災難に直面するとき，私たちは道徳的直感だけに頼っていては正しい行動を起こすことができない。

　Peter Singer（2007）やPeter Unger（1996）などの哲学者は，道徳的直感の非信頼性に関して心理学とはまったく違った方法で同じような結論を導いた。Ungerは50の独創的な思考実験を読ませ，直感的反応による道徳的問題を克服するために深く考えるよう促した。これらの直感は，彼に言わせると，思慮深い思考から来る我々の真の「価値観」とは一致しない。「特定の事象に対する素人の直感的な道徳的反応は，我々の価値観からは遥かに遠いところから来るものであり，したがってその価値観を反映しないばかりか，多くの場合逆の方向を示すこともある」（p.11）。

　Greene（2008）は，心理学，神経科学，また哲学のデータを参照し，直感の問題について，これらの直感を形成した道徳とは無関係な進化的要因

という概念を用いて説明しようとした。したがって私たちは，小さな池に溺れている子どもを放っておくことを問題視するが，外国の飢餓に苦しむ何百万もの子どもの存在を無視することは苦にならない。前者は私たちの感情のボタンを押すが，後者はそうではない。これは，私たちが小規模の集団で生活をする中で，他者のニーズや違反行為に対応する，素早く感情的な直感的反応を進化させてきたためだ。遠くの知らない人と関わる経験がほとんど，またはまったくなかったのである。

7.6　国際法および政策に対する示唆

　安定的で効果的な介入によって集団虐殺や同類の深刻な虐待を防ぐうえで，多くの重大な阻害要因が存在することに疑いはない。国際社会は，目に見える政治的，物質的，事業実施上の障害に加え，ここで説明したような心理的制約を乗り越えなければいけない。実際に，著者らが説明した認知の限界は，物資的および事業実施上の明らかな制約を乗り越えるための世界の大衆の感傷を動かすことを難しくしている。問題は，どのように国際法律や制度がこれらの認知的限界を考慮した改革を行うのか，あるいはしようとしているのかである。このセクションでは，大虐殺を防ぐ法律や政策に関する本研究の示唆を徹底的に議論する。

　これまで本研究の集団虐殺に対する示唆を強調してきたが，多くの心理学的知見は，明らかに大勢の被害者を生み出す暴力一般に適用できる。対象は集団虐殺に限るものではない。それらの研究知見は，独裁的な拘束の蔓延や食料の権利の侵害などの人権侵害に対する人々の反応に示唆を与えるものである。ゆえに，政策策定者や施政者にとって有用な教訓は，人権分野全般に関わる。

　以下に示す提案のうちのいくつか，特に武力行使の体制変化に関するものは，大掛かりであり，政治的な実行可能性に疑問を感じさせる。しかし同時に，実行可能性を高める要因もいくつか存在する。第一に，有権者の精神的麻痺を同定し，低減する試みは，制度改革の政治的な機会をもたらす。候補者の中に精神的麻痺が存在し，集団残虐に反対する行動への選好を覆い隠しているのなら，その実体を暴くことは強固な政治的な意思を生み出すかもしれない。第二に，もし改革が政治的な利益から逸脱するものでなく，認知的限界を解決するものであれば，政治家たち自身もこれらの改革をより支持したくなるだろう。心理学的研究は，合理的な計算や判断の失敗が，人為的に人命を軽視してしまう原因となることを指摘している。実際に，ある状況下においては，暴力行為が広範囲で組織的であるほど，それに対する反応は減少する。改革の必要性の根本は，**認知的欠陥が全体的な価値や利益に資するときでさえ，集団人権侵害を阻止する気を起こしにくくする**という理解の上にあるべきだ。

　道徳的直感の欠陥と向き合うことは，大虐殺の防止や人権全般を発展させる新たな法的規制の実施に寄与するだろう。もっとも，私たちの注意力は脱線しがちで，感情は自己満足におさまりがちなため，法や制度こそが，集団人権侵害と闘うための強硬手段を追求するよう私たちを導いてくれるのだろう。したがって著者らは，この領域において国際的な意思決定を改善するためのいくつかの制度的仕組みを提案する。以下に議論するのは，次の4点である。（1）精神的麻痺の影響から制度を隔離するための方法，（2）精神的麻痺を促進する制度的特徴を排除あるいは制限するための方法，（3）システム2の熟慮を直接的に促進するための方法，そして（4）システム1をシステム2の過程に変容させるための方法である。

7.6.1　精神的麻痺の影響から制度を隔離する

方法の1つは，意思決定の過程を，これまでに指摘した心理的に不都合な影響から隔離することである。たとえば政策策定者は，精神的麻痺の影響を受けにくい制度を設計したり，活動する人に心理的影響があってもなお制度が機能するような設計をすることができるだろう。

a. デフォルトのルールおよび事前制約装置の付与

国際的な体制は，大量虐殺や他の類似する人権侵害に対応する事前の施行戦略を立てておくことができる。いくつかの選択肢を考えてみよう。国連安全保障理事会は，ことによると事後に無効化されるかもしれないが，ある程度の被害をもたらした時点で武力行使を許可する権限を事前に与えることができる。他の可能性としては，虐殺のレベルが一定を超えると武力による抑止を行うよう全加盟国に対して安全保障理事会が事前に（認可というより）命令するというものがある。あるいは加盟国は，集団虐殺が自国の領地内で起こった場合に，他国や国連平和維持軍の介入を事前に許可する条約を締結しておくことができる。

同様に心理学は，他国の大虐殺を阻止するための他国への介入は，加盟国の**権利**ではなく**義務**とされるべき，という新たに発生した方針ともいうべき保護責任を支持するための強力な根拠を提供する（Wheeler, 2005）。保護責任の新しい点は，安全保障会議がその行為を承認した場合には，加盟国には介入に関する資格ではなく，積極的な義務が付与されるという点にある。心理学的知見は，法的責任という形で国家に重圧を与えることについて，独自で特殊な根拠を提供する。介入に賛同しているということがデフォルトになるべきである（少なくとも安全保障会議が武力行使を適切だと決定する時点においては）。

その他の事前制約の策略によって，一般的な人権に関する精神的麻痺の影響から制度を隔離することもできる。武力行使の体制とは別に，多国間組織によって加盟国への経済的制裁を事前に承認しておくことができる。国家は国内においてそのような制裁を始動させる制度，あるいは人道的な被害を受けた際に自動的に外国からの支援を増やすような制度を発令しておくことができる（そしておそらく多くの国民の支持を得ておく必要がある）。国家は集団人権侵害が起こった際に国連特別報告者に自国を訪れてもらうような取り決めを事前にしておくことができる。これらすべての場合において，多数の人や国，また被害対象国は，事前制約措置なしでは死や略奪が増加した後の状況に対応できないだろう。

軍事的であれ経済的であれ，現在進行中の紛争に介入すべきか否か，またどのように介入すべきかという問題は，集団虐殺への反応を議論する場で扱われやすい議題であり，いつ介入すべきかについてシンプルな指針を提供する点が，精神的麻痺の優れた特徴の1つである。たとえば10人以上が死亡した場合に人命の価値が劇的に下がるとしよう。10人が死亡した時点で，事前に権限が与えられた国連の調査が自動的に発動する（以下に示すような新たな報告手続きを経て）。100名が死亡した時点で，調査機関は，明確な権限を直ちに得ることになる。より主観的な基準では精神的麻痺の危険性を高めることから，これらの融通の利かない規定は理にかなっている。このようなシステムが導入できるのであれば，外交的な議論を口実に，集団虐殺の発生した国が国際社会の介入機会を引き伸ばす可能性を制限できる。

b. 早い警告の強調および予防措置

別の方法としては，精神的麻痺が起こる以前に行動を実行することである。予防が介入よりも効果的で，低コストで，より簡単であるという事実

とは別に（Hamburg, 2008），事後の反応への戦略として差し迫った難局によって引き起こされる精神的麻痺に打ち勝つ方法を考えなければいけない。この示唆は，大規模な虐殺（たとえば国内紛争や軍事クーデターが起こりそうな場面）あるいは人道的介入が「予期される」ような場面において，より強固な国際的監視や介入を許可させるさまざまな法律や政策の導入を推奨するものだ（Richter & Stanton, 出版年記載なし）。すなわち，近年コンゴの鉱物をめぐる争いに適用されたアメリカ法のように，一般的で予防的な情報開示を構築することで，人権侵害の資金源となってしまうような不正取引を締め出すことを推奨する。もしこの予防的方法が将来的に暴力を抑止したり，暴力の連鎖を断ち切ると期待できるものであるならば，刑事裁判に対してより優れた経済的，政治的支援が必要性であることを訴えるものでもある。予防と対処方法は相互排他的である必要はない。犠牲者が少ないうちに早期通達システムを発動させることは容易であるが，その始動については，調査委員会が，現状のリスク状態と将来的な被害の可能性と，状況が暗転した場合の精神的麻痺のリスクを評価することにとどめておくべきだ。すなわち，早期通告システムは，予防と準備（ここでは無感覚への心構え）の両側面を強調することができる。

c. 精神的麻痺を起こりにくくする制度や行為者の支援

心理学的研究もまた，人道的権利や武力行使の体制の中で，権限移譲の仕組みを支援する意義について十分な証拠を提供している。渦中の地区あるいは現地周辺の人々は，大虐殺の重大さを理解するうえで，システム1の限界を克服する傾向が強い。したがって，国際法は地域の機構（たとえば，西アフリカ諸国経済共同体，アフリカ連合）に対して，国連安全保障理事会の介入以前に，あるいはそれなしに，集団虐殺を阻止するための武力行使についての自由裁量を与えることができる。ここでの目的は，完全な国際的後ろ盾がなくても，現地の人々に介入の機会を与えることで，一方向的な歯止めとなる体制を構築することである。このシステムは，地域の人々に国際的な組織の介入を防ぐ権限を付与するといったような逆方向には働かない。

地域の人々に，武力を伴わない強制措置の仕組みに関して政府を超えて，権限を与えることもできる。このような強制的な解決方法の例としては，特に悲惨な人権状況について国を非難する公的解決，国を監視する特別報告者の設置，政府間の連携からの当該国の追放，経済制裁の執行などが挙げられる。このような手段について，加盟国の多数決あるいは，関連する地域の圧倒的多数決，などの投票の基準をつくることで，仕組みを整えることができるだろう。たとえば，ジンバブエに対する制裁を執行するために必要な了承は，（1）国際機構に加盟する国の過半数，（2）仮に全体の賛成が過半数に届かなくても，4分の3のアフリカ諸国の賛同が得られる場合，の2通りが考えられる。繰り返しになるが，これらの方法は，一方向的な歯止めとして機能するに他ならない。このような設計の原理というものは重要である。なぜなら，逆にその近隣の人たちをそのような強制的行為から守ろうとする他の政治的理由，心理的理由があるかもしれないからである。

外側からの監視や独立した国際的な視察は，国際体制の重要な要素である。先述の議論によると，外部の評価者は，より精神的麻痺の影響を受けやすいかもしれない。現地の人々に調査の権限を付与することで対処しようとしても，麻痺の問題を解決するどころか，もし国際組織ほどの公平中立な分析ができなかったとしたら，中立性の問題を生じさせてしまう。その解決策の1つは，地域機

構や，現地と外国双方によって構成される組織のような仲裁に頼ることである。他の方法としては，精神的麻痺について認識し，そのリスクを乗り越えるための方法をできる限り訓練することだろう。どのような形で問題が提示されようとも，制度的限界について精査する際には，（まだあまり知られていないが）精神的麻痺による影響についても考慮するべきだ。

7.6.2 精神的麻痺を助長する制度的特徴の除去および制限

a. 人権報告の方法と内容の変更

本章で紹介した研究は，情報はより良い変化をもたらすという前提に挑戦することで，人権擁護の戦略的柱の一部に疑義を投げかけるものである。大規模で組織的な暴力を示すデータを含む証拠書類は，多くの場合意識を高めるのに役立つ。国際的な機構による大規模な人権侵害に関する証拠の蓄積は，たいていの場合，傷つけられた個人に関するナラティヴや情報ではなく，暴力の広がりに焦点化したものである。ストーリーよりも統計が主流である。このことを示す例として，1万件の目撃された事件をデータベースに集約したが，さまざまな種類の虐待をほとんどその割合でしか示さなかった，Darfur Atrocities Documentation Project（Totten, 2006）が挙げられる。

国際法の手続きは，問題を増幅させる。第一に，国連人権理事委員会に提出する報告書には厳しいページ制限が設けられていることを考えてみよう。これらのページ制限は，非政府団体だけでなく，国連人権理事会の職員にも課されるものだ。その結果，報告書の作成者は，大量の情報を凝縮して提示する必要があり，個人の人生を掘り下げて説明することができない。このような圧力の下では，統計値が情報を効率的に伝える手段として重宝されることもある。第二に，公式な場面では，情報を映像メディアによって提示する機会が限りなく少ない。第三に，主要な国際法フォーラムでは，違法性に関する数的な閾値が，顕在的ないし潜在的に存在し（国連人権理事会1503手続），提唱者は大きな数字で事案を表現することにインセンティブを持っている。これらの問題を修正するための方法は容易に想像がつく。手続きや実施の基準を緩めることや，情報開示の方法を多様化するための例外を認めることである。

b. 人権指標の再考

グローバル・ガバナンスにおいて，数値化された指標の使用が広く推奨されている（たとえば，世界銀行による良いガバナンスの指標 Davis et al, 2010を参照）。本章で示した心理学的研究は，数値的な人権指標の生成，収集および伝達が，深刻かつ不条理な効果をもたらすことを示唆している。これらの過程における当事者たちは，人権侵害に対して鈍感になり，このことは特に政府や地方政府の重要なポジションの関係者間においてみられる。これらの効果は，指標を破棄したり制限したりする十分な根拠にならないかもしれないが，指標の効用に関する議論が活発であることからも，そのリスクは十分に吟味されるべきだ。

それでもなお，指標は精神的麻痺の監視や反応にとって，非常に有益である。第一に，指標は麻痺を引き起こす可能性を追跡するための有用な機能を備えている。数字が大きくなるほどリスクも大きいはずだ。第二に，指標の使用を禁じなくとも，指標が麻痺を引き起こす可能性を考慮することはできる。より重要なこととして，私たちはデータの収集と最終的に提示される形が異なることについて気をつけなければいけない。データ収集とデータ報告は，異なる機関によって行われることがあり，データ収集者は，麻痺の影響を防がなければならないと同時に，当該大残虐行為を十分に

表すストーリーを見出だす訓練を受けるべきだ。

c. 人権に関する法の実質的要素についての再考

集団虐殺についての実定法にしても，集団虐殺は一個人に対する被害ではなく，集合的あるいは集団の被害として概念化されることから，問題であると指摘されよう。そのような法的定義のせいで，紛争の説明をめぐる議論は，集団を基準とした被害に偏りすぎている。この点については，ホロコーストの生還者であるアーベル・ヘルツベルフによる「600万人のユダヤ人が殺害されたのではない。1件の殺人が600万回行われたのだ」（U. S. Holocaust Memorial Museum, 2005）という指摘が参考になるだろう。

人道に反する犯罪の定義も同様の懸念をもたらす。非人道的犯罪は一般的に，一般市民に対する「広く組織的」な攻撃であると定義され，犯罪の要素は個々の事案ではなく集合的な数値によって強調されることがある。ルワンダ国際戦法が定めた人道的犯罪の独自の定義では，攻撃対象が「国家，政治，民族，人種，または宗教による集団」であるという独自の基準を含んでいる。この定義（国際犯罪裁判において変更された）は，集団を単位として集団虐殺を認識することについての懸念と関連する。

7.6.3 システム1を起動させることでシステム2を支援する

システム1には前述のような限界があるが，我々はそれを利用し，少なくともシステム2の労力を発揮できるようにしなければならない。このような試みにおいては，人は個人，特に個人の顔や名前が明らかなときにその対象に目を向けやすいという前述の知見を十分に利用すべきである。

a. 感情的想像

本章のデータはあまりにも皮肉である。人権を守る体制は，客観的事実を強調する努力をすることで，一個人のレベルで共感してくれる人とつながる能力を失うリスクがある。補足しておくと，著者らは現状の報告過程を大々的に棄却することや，極端に感情的なストーリーだけを使うようにと提唱しているわけではない。精神的麻痺に打ち勝つことの最終的なゴールは，直面する惨劇の大きさにより適切に対応できるような介入方法を整備することである。しかし，人権報告においてさまざまな方法が許容される未来に向けて，まだまだ十分な余地がありそうだ。

さまざまなメディア媒体の利用可能性が増すことは，本件への一助となるかもしれない。人権侵害を描写する直感的な内容の投稿は，以前は麻痺の現象によって表出されにくくなっていた閲覧者の反応を生起させるかもしれない。2010年4月には，ウィキリークスのウェブサイト上に，イラクの一般市民に無差別に銃を撃つアメリカ人兵士のビデオが投稿され，メディアおよび政治に騒動をもたらした。多くのニュース報道は，従来から無差別的な行為の問題性について指摘していたが，オンライン上に投稿されたビデオほど注目されるものではなかった。同様の現象は，アブグレイブ収容所の虐待スキャンダルについても言える。アメリカ軍によるイラク統治期間中ずっと，より暴力的でより蔓延した行為を示唆する地味な報告があったにもかかわらず，囚人虐待を捉えた当該の写真ほど反響をもたらしたものはなかった。

よって1つの可能性は，人権報告を，たとえばハリケーン・カトリーナ，東南アジアの津波，そしてハイチの地震でみられたように，非常に感情的なイメージで満たすことである。このことは，メディアに対して，罪無き人々に対する殺戮を積極的かつ鮮明に報告するプレッシャーを課すもので

ある。経験的システムを活性化する他の方法としては，被害を受けた地域にいる人々を，私たちの住む地域や家庭に呼び，彼ら自身からストーリーを拝聴することである。

ここまで，数値に焦点を置いた暴力の報告における欠点を議論してきた。残虐行為の規模を記録することは当然必要であるが，個人のストーリーを無視することは，麻痺への布石であることは明らかだ。人権活動家は，システム1思考を活性化するために侵害の記録と報告の方法を見直す必要がある。場合によっては，被害者個人の窮状を説明した詳細なナラティヴや映像による個人的な物語の導入を，抽象的な侵害の規模の説明よりも，強調するべきである。すなわち，物語は統計を超越するのである。

同時に，反応の妥当性を調整するための尺度や系統性は，どのような人権問題についても必要であり続けるだろう。したがって，人権報告書は尺度やシステムレベルの効果の記述をなくすべきではない。人権擁護に心理学的研究を適用する際の主な課題は，侵害の記録や報告書に，いつどれくらいの「統計」を含み，いつどれくらいの「物語」を用いればいいのかという点である。人権活動家によって公開される報告や公表される情報には，人目を惹く視覚的展示による表現（たとえば図7.5）および被害者や残虐行為の写真が含まれるべきである。

実際に，人権活動を将来的に成功させるには，大規模な事例を記録するスキルや方法の適用に長けているだけでなく，被害者個人の人生についてのナラティヴをまとめ，再提示するスキルを持った活動者を訓練することが必要である。『9/11委員会レポート』（同時多発テロに関する調査委員会, 2004）は，強力なナラティヴとなった政策報告の良い例であり，専門のライターにより書かれたことと，主要な出版社から刊行されたということで，世間の購買を促進した。政策報告にしては珍しいことに，その本は2004年のベストセラーとなり，全国本大賞の最終選考にも残った。

最後に，Paul Farmer（2005）は，遠くで苦しむ人々の運命を熟考できない私たちの「想像の失敗」は，図像やナラティヴ，第一人称の証言の力によって克服できると雄弁に記述している。彼は，このような記録方法は，個人の抽象的な葛藤を表現し，そのような経験をしたことがないであろう人々に，人権被害が「事実」であることを気づかせる手助けになると断定した。しかし彼は同時に，この情報の限界についても認識している。「人は傷つくことに慣れてしまうにつれ，特定のイメージがもたらす痛みにも慣れることができる」（p.82）というSusan Sontag（2003）を引用している。Farmerによると，証言や写真によって喚起される情動はその一つで，「それらを効果的で永続的に，基本的人権を推進する包括的な運動に関連付けること……というのはまったく別問題である」（p.185）。すなわち，彼曰く，「深刻な社会的病理に対処するには，深い分析が必要である」（p.185）。

大虐殺のイメージの使用についてZelizer（1998）が指摘するさらなる警告は，たとえば難民キャンプの飢える子どものイメージを繰り返し利用することは，ホロコーストの不気味な写真のように，新鮮さや緊急性を台無しにし，私たちの反応を鈍らせる。Just（2008）は同様に，ダルフールに関する大量の優れた本や映画を概観し，そこにありありと描かれている恐怖は嫌悪感をもたらすことを観察した。しかし，

> ダルフールについて膨大な知識をもつことにより，さまざまな情報に大差がないように思えてしまい，衝撃を受けにくくなるという効果を持つ……繰り返しは道徳的想像力を麻痺させる……このことを認めることは心苦しい

が，ダルフールの情報を消費すればするほど，個々の新しい情報が与える効果は低減するようだ……無関心と同じ意味を持つのは無視だけではない。時には，知識も同じように，心や意志を鈍らせる。(p. 41)

他の深刻な問題の1つに，イメージ，ナラティヴ，物語による情報伝達の流通効果がある。感情的つながりを感じやすい種類の人物や生活習慣は，人種，性的指向，性別，階級，などのカテゴリーの影響を無意識的に受けているかもしれない。特に，文化的に認知されにくい集団の情報は，より馴染みがあって文化的に近い集団の「説得力のある」ストーリーの陰に隠れてしまうことに注意しなければいけない。ダルフールの事例とアメリカの報道を例に考えてみよう。アメリカのテレビ放映を監視するTyndall Reportによると，2004年の夜の情報番組において，ABCニュースがダルフールの集団虐殺に割いた時間は合計18分，NBCはたったの5分，CBSに至っては3分であった。マーサ・スチュワートの放映時間のほうが長かったし，アルバで行方不明になったアメリカ人の少女，ナタリー・ホロウェイについても同様であった。

b. 被害者のエンパワメント

別の側面として，被害者への権限付与が考えられる。システム2のプロセスが構造的に欠けている場合，被害者は国際司法に訴えることや，国際政治団体の議題に問題として位置づけられること，あるいは，審議プロセスの中でプレゼンテーションするなど，さまざまな制度的反応を発動するためにエンパワーされる必要があるかもしれない。国連高等人権会議などの人権団体は，個々に被害者と関わり，前述した提案をして援助をしたり，さまざまな団体で彼らの組織の声明を発表したりすることができる。理論上は，このような方法は，意思決定者をシステム1の偏った感情的反応に向かわせるリスクを伴うため，特定の意思決定フォーラムでは不適切となる。体制を設計する側の人間は，単純には機能しないシステム2のメカニズムを駆り立てる介入を可能にする条件について，考えなければいけない。

7.6.4 システム2の熟慮を直接的に促進する

システム1の道徳的直感が歪んでいても，人の認知は理性的で熟慮的なシステム2の思考をあてにすることができる。感情や情動が足を引っ張る場合，介入可能性の損得を天秤にかける熟慮的な過程を呼び起こすことで，行動を起こすことができる。端的にいえば，制度の設計において，大規模な人権侵害に対処する場合は，システム2を直接的に用いるための方法に焦点を当てるべきである。

虐殺に対する私たちの反応を媒介するうえでの心理学の役割は，補完的な対症療法を約束するものかもしれない。この役割は皮肉なことに，実際には一見して微々たるものにすぎず，大量殺戮を撲滅するための国際的な法的体制に対して，「少ないからこそ豊かな」アプローチであるといえる。国際法または国内法は，**行動を義務づける**ことだけに焦点を当てるのではなく，精神的麻痺を乗り越えるために，集団虐殺に対する反応について**熟慮し論理的に考える**ためのシステム2による認知を実行することも求めるべきだ。熟考の義務は，作為と同時に，不作為（たとえば，虐殺に対して適切な行動を起こせないこと）についても適用される必要がある。心理学的知見によると，判断の理由付けというこの単純な行動は，介入の妨げとなる認知的障害を乗り越える一助になるかもしれない。

法制度は現実に，政策策定者や一般市民に対して熟考を促進することができるのだろうか。法律

は多くの場合，熟考の過程ではなく行為について言及したものが多いが，政策策定者はこれまで，最適な結果をもたらすために，法や制度の多くの分野で，単に意思決定過程の結果を統制することだけではなく，意思決定の過程そのものを調整する可能性を探ってきた。主な例として，多くの国では，環境への有害な影響をもたらす可能性のある行為を行う前に，環境への影響に関する報告を義務づける法規制がある。この手続き的義務は，多くの場合，自覚的な熟慮を強いるメカニズムである。環境に被害を与える可能性のある行為主体を排除するわけではない。単純に，それらの影響が熟考される必要があるのだ。このような法律が持つ環境的影響への効果が議論されていることからも，環境推進派は，最終的な政治的判断が保障されなくても，このような裁判上の必須条件が設けられるように真剣に働きかけてきた。

より広く適用可能なアメリカ行政法の例は，規制するか否かの判断を行う際の，費用便益分析の義務付けであろう。費用便益分析は，従来規制撤廃をもたらすためのものとされてきたが，近年の行政では，分析は有益な規制を推進する可能性が指摘されている（Hahn & Sunstein, 2002）。規制撤廃にとどまらずこの政策が導入されれば，幸福を増進する有効な法的措置を政府が見逃さないように保証する，熟慮を強いる規則として見ることができるかもしれない。熟慮を強いる装置について，立法問題に関する他の例を考えてみよう。国境なき医師団（2006）の有名な事件では，南アフリカ憲法裁判所において，憲法の条文に一般公聴会や討論会を義務づけることで，合法的に参加型の民主主義を導入した。この裁判は，憲法のあるべき姿に関して他国にも示唆を与えるものであった。これらすべての例は，議論の的となる政治的判断やマニフェストを熟考するうえでの懸念を示唆するものであり，より良質な熟考は，最終的な判断そのものを命令しなくても，より良い判断を導くという期待を与えてくれるものである。

これらの例は，集団虐殺撲滅のために熟慮を強いるアプローチを追求する努力について，介入の途中で認知的な障害を乗り越えるために設計された補完的な法的ツールにみられるように，先例はすでにあることを示している。さらに，この方法は熟慮だけを必要としているため，国家として義務を引き受けやすいかもしれない。国際的には，集団殺害罪条約の追加的な協約として，大量虐殺に対して，各国にさまざまな介入方法の負担や便益の可能性について分析した，具体的な行動計画の提出を義務づけることができる。

各国には，コストや便益についての最新の分析を基に，行動を起こせなかったことについての説明を定期的に義務づけることができる。条約ではさらに，それらの分析結果を国際社会や国内聴衆に分かりやすく目に見える形で提示することを義務付けることができる。報告義務においては，高等意思決定レベル（例：安全構築への参加の義務）およびより大衆レベル（例：情報の流布や聴衆向けの公聴会の義務）の両側面からの具体的な関わりを義務付けることができる。さらに，国連安全保障理事会は，集団虐殺に関する委員会を立ち上げ，加盟国からの情報を収集し，加盟国の報告が時期に見合っていて，遅延のないように監視することができる。このような委員会は，大量破壊兵器の拡散を監視し，各国の不拡散への努力を調整するために決議された国連安全保障理事会議決1540と類似している。最後に，国家レベルでは，議員や行政官は，介入や非介入のコストや効用について評価する公聴会や報告書を義務化することができる。熟考を手続き的に義務化することは，それほど面倒ではないが，集団虐殺に対する有意義で実質的な反応をもたらす可能性を秘めている。

7.7 まとめ

　本章では，行動学的研究や一般的な観察の結果を紹介し，集団虐殺や大規模な人権侵害に対抗する正しい行動を導くためには，道徳的直感のみに頼ることはできないことを指摘した。この分析は，道徳的議論や国際法に真っ向から対処する責任を負わせるものである。このことは，集団虐殺に関する協定に盛り込まれていたはずであったが，これまで成果を出しているとは言えない。今こそ，本章で示したような心理的欠陥を再分析し，個人の命について高い価値を感じるのと同じように，集団虐殺や他の大規模な危害に対しても高い感度で反応できるような，法的制度的メカニズムを構築しなければならない。

　この賭けは大きい。精神的麻痺を乗り越えることに失敗すると，次の世紀においても集団虐殺や罪のない人々に対する大規模な侵害を目撃するという罪を負うことになろう。

原註

　本章の一部は，*Judgment and Decision Making*（2007，2，79-95）において，"If I Look at the Mass I Shall Never Act: Psychic Numbing and Genocide"という題目で発表されたものである。ウィリアム＆フローラ・ヒューレット財団，および本章で取り扱った研究に対して支援し応援してくださったPaul Brest代表に対して，謝意を述べたい。加えて，本章は全米科学財団の助成金 SES-0649509 と SES-1024808による支援を受けた。多くの建設的な批判や有用な助言を頂戴し，知的および事務的な支援を受けた。その一部として，Ellen Peters 氏および Daniel Västfjäll 氏には特にお世話になった。最後に，本章の完成は Dan Ariely 氏および Cass Sunstein 氏の提言や助言のおかげである。著者の1人である David Zionts は現在アメリカ合衆国国務省の特別顧問として勤務している。本章の視点は，彼自身のものであり，必ずしもアメリカ合衆国政府や国務省のものを反映するものではない。

引用文献

Associated Press. (1994, September 21). 38,000 shoes stand for loss in lethal year. *Register-Guard* (Eugene, OR), pp. 6A.

Baron, J. (1997). Confusion of relative and absolute risk in valuation. *Journal of Risk and Uncertainty*, 14, 301-309.

Barrett, L. F., and Salovey, P. (Eds.) (2002). *The wisdom in feeling*. New York: Guildford.

Bartels, D. M., and Burnett, R. C. (2006). *Proportion dominance and mental representation: Construal of resources affects sensitivity to relative risk reduction*. Unpublished manuscript. Northwestern University, Evanston, IL.

Batson, C. D. (1990). How social an animal? The human capacity for caring. *American Psychologist*, 45, 336-346.

Batson, C. D., O'Quin, K., Fultz, J., Vanderplas, M., and Ism, A. (1983). Self-reported distress and empathy and egoistic versus altruistic motivation for helping. *Journal of Personality and Social Psychology*, 45, 706-718.

Clark, M. S., and Fiske, S. T. (Eds.) (1982). *Affect and cognition*. Hillsdale, NJ: Erlbaum.

Coke, J. S., Batson, C. D., and McDavis, K. (1978). Empathic mediation of helping: A two-stage model. *Journal of Personality and Social Psychology*, 36, 752-766.

Dallaire, R. (2005). *Shake hands with the devil: The failure of humanity in Rwanda*. New York: Carrol and Graf.

Davis, K. E., Kingsbury, B., and Merry, S. E. (2010). *Indicators as a technology of global governance* (Report No. 2010/2). Retrieved from Institute for International Law and Justice website: http://www.iilj.org/publications/2010-2.Davis-Kingsbury-Merry.asp

Dehaene, S. (1997). *The number sense: How the mind creates mathematics*. New York: Oxford University Press.

Dickert, S., and Slovic, P. (2009). Attentional mechanisms in the generation of sympathy. *Judgment and Decision Making*, 4, 297-306.

Dillard, A. (1999). *For the time being*. New York: Alfred A. Knopf.

Doctors for Life International v. Speaker of the National Assembly and Others, 12 BCLR 1399 (2006).

Eisenberg, N., and Miller, P. (1987). Empathy and prosocial behavior. *Psychological Bulletin*, 101, 91-119.

Epstein, S. (1994). Integration of the cognitive and the psychodynamic unconscious. *American Psychologist*, 49(8), 709-724.

Farmer, P. (2005, March). Never again? Reflections on human values and human rights. *The Tanner Lectures on Human Values*. Salt Lake City: University of Utah. Retrieved from http://tannerlectures.utah.edu/lectures/documents/Farmer_2006.pdf

Fechner, G. T. (1912). Elements of psychophysics. *Classics in the history of psychology*. Retrieved from http://psychclassics.yorku.ca/

Fechner/ (Original work published 1860)

Fetherstonhaugh, D., Slovic, P., Johnson, S. M., and Friedrich, J. (1997). Insensitivity to the value of human life: A study of psychophysical numbing. *Journal of Risk and Uncertainty, 14*(3), 283-300.

Forgas, J. P. (Ed.) (2000). *Feeling and thinking: The role of affect in social cognition.* Cambridge: Cambridge University Press.

Friedrich, J., Barnes, P., Chapin, K., Dawson, I., Garst, V., and Kerr, D. (1999). Psychophysical numbing: When lives are valued less as the lives at risk increase. *Journal of Consumer Psychology, 8,* 277-299.

Galanter, E. (1962). The direct measurement of utility and subjective probability. *American Journal of Psychology, 75,* 208-220.

Glover, J. (2001). *Humanity: A moral history of the twentieth century.* New Haven, CT: Yale University Press.

Greene, J. D. (2008). The secret joke of Kant's soul. In W. Sinnott-Armstrong (Ed.), *The neuroscience of morality: Emotion, brain disorders, and development* (Vol. 3, pp. 35-79). Cambridge, MA: MIT Press.

Hahn, R., and Sunstein, C. (2002). A new executive order for improving federal regulation? Deeper and wider cost-benefit analysis. *University of Pennsylvania Law Review, 150,* 1489-1552.

Haidt, J. (2001). The emotional dog and its rational tail: A social intuitionist approach to moral judgment. *Psychological Review, 108*(4), 814-834.

Haidt, J. (2007). The new synthesis in moral psychology. *Science, 316,* 998-1002.

Hamburg, D. A. (2008). *Preventing genocide: Practical steps toward early detection and effective action.* Boulder, CO: Paradigm.

Hamilton, D. L, and Sherman, S. J. (1996). Perceiving persons and groups. *Psychological Review, 103*(2), 336-355.

Jenni, K. E., and Loewenstein, G. (1997). Explaining the "identifiable victim effect." *Journal of Risk and Uncertainty, 14,* 235-257.

Just, R. (2008, August 27). The truth will not set you free: Everything we know about Darfur, and everything we're not doing about it. *New Republic,* pp. 36-47.

Kahneman, D. (2003). A perspective on judgment and choice: Mapping bounded rationality. *American Psychologist, 58,* 697-720.

Kahneman, D., and Frederick, S. (2002). Representative-ness revisited: Attribute substitution in intuitive judgment. In T. Gilovich, D. Griffin, and D. Kahneman (Eds.), *Heuristics and biases* (pp. 49-81). Cambridge: Cambridge University Press.

Kahneman, D., and Tversky, A. (1979). Prospect theory: An analysis of decision under risk. *Econometrica, 47,* 263-291.

Kogut, T., and Ritov, I. (2005a). The "identified victim" effect: An identified group, or just a single individual? *Journal of Behavioral Decision Making, 18,* 157-167.

Kogut, T., and Ritov, I. (2005b). The singularity of identified victims in separate and joint evaluations. *Organizational Behavior and Human Decision Processes, 97,* 106-116.

Kristof, N. D. (2007, May 10). Save the Darfur puppy. *New York Times.* Retrieved from http://select.nytimes.com/2007/05/10/opinion/10kristof.html

Le Doux, J. (1996). *The emotional brain.* New York: Simon and Schuster.

Lifton, R. J. (1967). *Death in life: Survivors of Hiroshima.* New York: Random House.

Loewenstein, G., Weber, E. U., Hsee, C. K, and Welch, E. S. (2001). Risk as feelings. *Psychological Bulletin, 127,* 267-286.

Mowrer, O. H. (1960). *Learning theory and behavior.* New York: John Wiley and Sons.

National Commission on Terrorist Attacks Upon the United States. (2004). *The 9/11 Commission Report.* Retrieved from http://www.9-11commission.gov/

Richter, E., and Stanton, G. (n.d.). *The precautionary principle: A brief for the Genocide Prevention Task Force.* Retrieved from http://www.genocidewatch.org/resources/bydrgregorystanton.html

Schelling, T. C. (1968). The life you save may be your own. In S. B. Chase, Jr. (Ed.), *Problems in public expenditure analysis* (pp. 127-176). Washington, DC: Brookings Institution.

Schroeder, P., and Schroeder-Hildebrand, D. (2004). *Six million paper clips: The making of a children's holocaust museum.* Minneapolis: Kar-Ben Publishing.

Singer, P. (2007, March). *Should we trust our moral intuitions? Project Syndicate.* Retrieved from http://www.utilitarian.net/singer/by/200703--.htm

Slovic, P., Finucane, M. L, Peters, E., and MacGregor, D. G. (2002). The affect heuristic. In T. Gilovich, D. Griffin, and D. Kahneman (Eds.), *Heuristics and biases: The psychology of intuitive judgment* (pp. 397-420). New York: Cambridge University Press.

Slovic, P., Finucane, M. L, Peters, E., and MacGregor, D. G. (2004). Risk as analysis and risk as feelings: Some thoughts about affect, reason, risk, and rationality. *Risk Analysis, 24,* 1-12.

Slovic, S., and Slovic, P. (2004). Numbers and nerves: Toward an affective apprehension of environmental risk. *Whole Terrain, 13,* 14-18.

Small, D. A., and Loewenstein, G. (2003). Helping a victim or helping the victim: Altruism and identifiability. *Journal of Risk and Uncertainty, 26,* 5-16.

Small, D. A., and Loewenstein, G. (2005). The devil you know: The effects of identifiability on punishment. *Journal of Behavioral Decision Making, 18,* 311-318.

Small, D. A., Loewenstein, G., and Slovic, P. (2007). Sympathy and callousness: The impact of deliberative thought on donations to identifiable and statistical victims. *Organizational Behavior and Human Decision Processes, 102,* 143-153.

Sontag, S. (2003). *Regarding the pain of others.* New York: Farrar, Straus and Giroux.

Stanovich, K. E., and West, R. F. (2000). Individual differences in reasoning: Implications for the rationality debate? *Behavioral and Brain Sciences, 23,* 645-726.

Stevens, S. S. (1975). *Psychophysics.* New York: Wiley.

Susskind, J., Maurer, K., Thakkar, V., Hamilton, D. L. and Sherman, J. W. (1999). Perceiving individuals and groups: Expectancies, dispositional inferences, and causal attributions. *Journal of Personality and Social Psychology, 76*(2), 181-191.

Tomkins, S. S. (1962). *Affect, imagery, and consciousness: Vol. 1. The positive affects.* New York: Springer.

Tomkins, S. S. (1963). *Affect, imagery, and consciousness: Vol. 2. The negative affects.* New York: Springer.

Totten, S. (Ed.). (2006). *Genocide in Darfur: Investigating the atrocities in the Sudan.* New York: Routledge.

Ubel, P. A., Baron, J., and Asch, D. A. (2001). Preference for equity as a framing effect. *Medical Decision Making, 21,* 180-189.

Unger, P. (1996). *Living high and letting die: Our illusion of innocence.* New York: Oxford University Press.

U. S. Holocaust Memorial Museum. (2005). *Life after the Holocaust: Thomas Buergenthal-Personal history.* Retrieved from http://www.ushmm.org/wlc/en/media_oi.php?ModuleId-10007192

Van Berkum, J.J.A., Holleman, B., Nieuwland, M., Otten, M., and Murre, J. (2009). Right or wrong? The brain's fast response to morally objectionable statements. *Psychological Science, 20,* 1092-1099. doi:10.1111/j.1467-9280.2009.02411.x

Västfjäll, D., Peters, E., and Movie, P. (2010). *Compassion fatigue: Donations And affect are greatestfisr a single child in need.* Manuscript in preparation.

Vedantam, S. (2010). *The hidden brain: How our unconscious minds elect presidents, control markets, wage wars, and save our lives.* New York: Spiegel and Grau.

von Lang, J. (Ed.). (1983). *Eichmann interrogated: Transcripts from the archives of the Israeli police.* New York: Farrar, Straus and Giroux.

Weber, E. H. (1834). *De pulsu, resorptione, auditu et tactu.* Leipzig: Koehler.

Wheeler, N. J. (2005). A victory for common humanity? The responsibility to protect and the 2005 World Summit. *Journal of International Law and Interna-tional Relations, 2,* 95-105.

Zajonc, R. B. (1980). Feeling and thinking: Preferences need no inferences. *American Psychologist, 35,* 151-175.

Zelizer, B. (1998). *Remembering to forget: Holocaust memory through the camera's eye.* Chicago: University of Chicago Press.

第3部

司法制度

THE JUSTICE SYSTEM

8章　目撃者識別と司法制度

NANCY K. STEBLAY
ELIZABETH F. LOFTUS

2007年，レイプの罪で有罪判決を受けていたアンソニー・カポッチーの無罪が証明された。不当な有罪判決を受けた人たちの無実を証明するイノセンスプロジェクトは，その年19人の人たちの無罪を証明した。カポッチーはそのうちの一人であった。1987年の裁判で，レイプ被害者はニューヨーク州バッファローに住む男性（カポッチー）が犯人であると明確に識別した[i]。彼は2件のレイプ事件で有罪とされ，20年間を刑務所で過ごした。有罪判決が下された後，1985年当時に被害者から収集され，病院で保管されていた証拠のDNA鑑定を行ったところ，真犯人が明らかとなった。カポッチーが有罪とされた事件の真犯人は，現在殺人の罪に問われている男であった。イノセンスプロジェクトのウェブサイトによると，カポッチーのケースと同様に，200件以上の事件において，不当な有罪判決がDNAの証拠によって覆されている（http://www.innocenceproject.org）。

カポッチーのような200人を超える人たちは，どのように不当な有罪判決を受けたのだろうか。誤逮捕や誤判は，さまざまな誤りによって引き起こされる。誤りを犯すリスク要因のパターンを明らかにすることができなければ，司法制度はおそらく誤逮捕や誤判を解決することはできないだろう。そして，司法制度の不完全性を理由に，誤判は避けることのできない落とし穴であると判断されるかもしれない。しかし，誤判を受けた後に無罪となった人たちには，明白なパターンが示されている。DNA鑑定により無罪が証明されたケースの少なくとも75%に，目撃者の誤記憶が関連していると推定されるのである。それは，法医学的証拠の誤り，情報提供者による悪質な証言，虚偽自白，その他の原因と比べても非常に割合が高い（Garrett, 2008; Wells et al., 2006）。したがって，目撃者識別が重要な役割となるたびに，私たちは目撃記憶の研究，および司法制度を改善するための教訓を学ぶことができる。

目撃記憶に関する研究は，心理学と司法制度の協働としてもっとも成功した例の1つとして挙げられる（Doyle, 2005）。長年にわたり科学的論文に貢献している研究者の一人は「目撃証言の科学的研究の時代が来た」と近ごろ表明した（Sporer, 2006, p. i）。本章では，目撃記憶に関する膨大な研究内容とその研究の特性，科学と司法領域の研究者たちの協働によって進められた法政策の改正，そして記憶研究が公共政策に応用され続けることに向けての挑戦について述べる。

8.1　目撃記憶の原理

心理科学者は100年以上にわたって，人の一般的な記憶の研究を重ねてきた。記憶の研究者は，目撃者の経験というとりわけ司法制度に関連する記憶過程の理解に対して，幅広い理論と経験的な基礎を構築した。心理学における目撃記憶という特定の関心は100年におよぶ。Hugo Münsterberg (1908)の文献は，心理学という新しい科学とすで

---

i ［訳者註］目撃者による犯人の識別。

に確立されている法という学問の間に，興味深い接点があることを早くも注目している（Doyle, 2005）。そしてこの35年間，目撃者に関する実験的研究や，裁判事例および政策に関する記憶科学の生産的な応用が行われている。これらの活動は，記憶の機能に関する新しい知識を確立して広めるだけでなく，専門家および一般の人たちが持つ記憶に関する多くの誤った神話を修正し，政策を検討するうえでの科学的心理学の役割を示すために必要な働きに光を当てている。現在では，弁護士，判事，陪審員，法律制定者，警察，メディア，政策策定者などが目撃者研究に関心を示している。

目撃証言の正確性は，記憶の原理にある5つの要因——**記憶の消失**，**記憶の構築**，**誤情報効果**，**社会的影響**，**確信の膨張**から初歩的な理解を得ることができる。**記憶の消失**，とりわけ忘却の過程は，おそらくもっとも容易に捉えることができる概念であろう。なぜなら，私たちは皆，時間とともに過去の出来事の鮮明さが失われていくことを認識しているからである。どちらかといえば，人や出来事を**覚えよう**とする記憶の過程のほうが複雑であり，一般的には理解されにくい。記憶の研究者にとっては当然である知識が一般的には受け入れられない場合があり，両者の間には埋めがたいギャップが存在する。現在の研究では，記憶はそのままの状態で保存されておらず，簡単に復元できるものではないこと，むしろ，記憶過程はより複雑で繊細な解釈が必要であると示していることを，研究者たちは認識している。記憶過程の最初の段階で，経験された出来事は不完全に符号化される。その後，侵入してきた元の記憶にないものが正しい記憶と混ざり合い，**記憶の構築過程**を通じて想起される。個人の信念や願望，想像などが正しくない記憶を刺激する。そして外部からの情報が誤った想起を悪化させるのである。

記憶の中で欠けている部分は容易に無意識的に埋められ，実際の記憶以外の情報が「記憶の経験」を確信（**誤情報効果**と称される）させることを，過去30年の研究は明らかにしている（Loftus, 2005）。さらに驚くことは，エピソード記憶全体が，実際の経験がなくても想像だけで構築されることである。人々は，幼少期に長時間ショッピングモールで迷子になったこと，窓を割ってけがをしたこと，動物に襲われたことなど，実際に起こったらとても嫌な経験が，実際に自分に起こったかのように信じさせられてきた（例として Mazzoni, 2007を参照）。数千の実験に関わった数万人の実験参加者が，記憶にはそのような悲惨な規則性があり，その効果は大きいという証拠を示している。脳には，入念な学習と効果的な社会的相互作用を可能にし，人間のアイデンティティの本質であるその人固有の個人史を保持する能力がある。しかし，その優れた能力を持つ脳は，誤記憶と誤りに対してきわめて脆弱なのである。記憶研究を先導するDaniel Schacterは，記憶の「もろい能力」(1996, 2001) と適切に言及している。

目撃者の経験は単なる記憶の現象だけではなく，社会的な力も反映すると科学者たちは認識している。社会心理学者および認知心理学者は，記憶は他者による非常にささいで非意図的な，言語的および非言語的コミュニケーションによって大きく影響されることを立証している。**規範社会的影響**の過程は，与えられた状況での適切な，または形式的な行動に関する期待を，人から人へ伝達する（司法の文脈の例として，目撃者が警察のラインナップで選択するときにプレッシャーを感じることや，患者がセラピーで想像力を用いることに同意することなど）。さらに，**情報社会的影響**は，受ける側に対して一見役立つ知識（たとえば，被疑

---

ii ［訳者註］複数の人物の中から，目撃した犯人を確認する方法。写真を使う場合（写真面割り）や，実際の人物で実施する場合（ライブラインナップ）がある。

者がこのラインナップにいる，催眠は記憶の回復を助ける）を提供し，その後の認識，行動，信念に影響を及ぼす（Deutsch & Gerard, 1955）。社会的影響の原理に関する理解は，効果的な司法面接テクニックの修正に明らかに反映されている（たとえば Geiselman et al., 1985, 1986）。現在，目撃者の識別において具体的に推奨されていることに，「分からない」という明白な返答の選択肢が目撃者に用意されていること，そして「あなたの見た犯人は，このラインナップにいる**かもしれないし，いないかもしれない**」ということを目撃者に知らせる注意の教示を与えることが含まれている（Steblay, 1997）。この教示はおそらく，目撃者に対する規範的および社会的影響に変化をもたらすことにより，誤認を著しく減少させることが示されている。

社会的影響を通して信念が非意図的に転移する対人期待効果は，人間の相互作用のあらゆる場面で起こる（Harris & Rosenthal, 1985; Rosenthal, 2002; Rosenthal & Rubin, 1978）。学術コミュニティを例とするなら，研究者が持つ期待は，研究結果の真実性に対する脅威として認識される。よく知られている対策法として，実験者および実験参加者の両方が，参加者に割り当てられた実験条件を知らずに実験を行う二重盲検法がある。二重盲検法を使った研究は，医薬品試験では必須である。どの参加者が偽薬でなく本物の薬を投与されているかを実験者が知っていることで，実験者は不注意に通常とは違うふるまいをしてしまう可能性があることが知られている。同様に記憶の研究者たちは，取調べでの取調官の知識が，質問の方向性と内容を汚染しないような，適切な方法で取調べを実施することを推奨している（たとえば Bruck & Ceci, 1997; Geiselman et al., 1985）。また，二重盲検法ラインナップの実施も非常に注目されており，後述することとする。

目撃者の**確信**に大きな影響を与える要因として，内部事情に詳しく信頼のおける権力者によって呈示される事後情報がある。目撃者が警察でのラインナップの選択について確認的なフィードバックを受けた場合（「見事です，あなたは被疑者を識別しました」），フィードバックを受けなかった場合と比べると，たとえその選択が間違っていたとしても，目撃者は自分の識別により強い確信を示し，識別は簡単であったと報告するだろう。言い換えれば，確信自体が非常に影響を受けやすいものだということである。たとえ平静であっても，自分が識別した選択について「確認」を受けた目撃者は，犯人に大きな注意を払った，犯人をよく見たと主張し，事件そのものの主観的な構成要素として歪んだ記憶を報告するであろう（Douglass & Steblay, 2006; Wells & Bradfield, 1998; Wright & Skagerberg, 2007）。この目撃者による証言は，おそらく裁判において非常に信用できるものとされる。なぜなら，目撃者自身がこの話は事実であると真に受け入れているからである。捜査官および陪審員は，時には不正確な目撃者の確信の影響を強く受けることが示されている（Bradfield & Wells, 2000; Brewer & Burke, 2002; Wells et al., 1979）。確信と正確性に相関はあるが，その関係性は簡単に損なわれるのである。

ここまでをまとめると，目撃記憶に関わる5つの要因である，記憶の消失，記憶の構築，誤情報効果，社会的影響，確信の膨張は，記憶を汚染し歪める一方で，確信を強める可能性があることを明らかにしている。これらは，目撃者の正確さを信用して依存し，目撃者の識別に基づいて，毎年7万5千人以上を刑事被告人とする司法制度と深い関わりがある（National Science Foundation, 1997）。出来事に関する目撃記憶の応用は司法政策と関連があるが，ここからは顔に関する目撃記憶と警察でのラインナップに関する改革の実例に注目していきたい。

8.2 ラインナップ改革の発展における主要な出来事

8.2.1 法的環境

目撃者識別は，刑事犯罪を証明するための説得力のある証拠である。しかし裁判所は，目撃者が警察でのラインナップで間違った記憶を思い出し，有罪となる誤りの証拠を裁判で呈示する可能性を認識している。アメリカ最高裁判所は1960年代に，誤認と誤判から被告人を守るための保護策の制定を始めた。たとえば，アメリカ対ウェイド（1967）において裁判所は，アメリカ合衆国憲法修正第6条の「弁護人の援助を受ける権利」が，人物ラインナップの手続きを含む，公判前手続きの重要な段階で適用されることを制定した。裁判所は「目撃者識別の不安定性」および「公平な裁判を深刻にさらには重大に損なう可能性がある，数えきれない危険性と要因」を認識した。そして，アメリカ最高裁判所はスノーバル対デノ（1967）において過度に示唆的なラインナップが，修復不可能な誤認に導くようであれば，それは適正手続きに違反すると判じた。したがって，被告人は証言を取り囲む「状況全体」次第では，証言を止めさせることができるようになった（p. 302）。シモンズ対アメリカ（1968）において裁判所は，ラインナップの適正手続き違反の可能性は，個々のケースの事実に基づいて調べられなければならないと判じた。もし「手続きが許容範囲を超える非常に示唆的なものであり，取り返しがつかないような誤認の可能性がきわめて高くなる」のであれば，ラインナップは裁判から取り除かれることになるだろう（p. 384）。

8.2.2 法廷での証言

心理科学者たちは何年もの間，刑事および民事裁判において目撃証言を評価する陪審員や裁判官を助けるために，専門家として情報を提供してきた。事件に関する目撃証言や，被疑者の識別の正確性に影響を及ぼすさまざまな要因に関する丁寧な説明は，事実を見つけようとする人たちにとって役立つであろう。法廷に心理学的証言を持ち込むことを試みた弁護士の成功の度合いは，提出された証言の根底にある科学の力を測る裁判官，心理学的証言が証拠となる基準に見合っているかの認識，また，とりわけ，情報を受ける陪審員の必要性によって異なる。検察官は一般的に目撃者という主題に関する専門家証言の受け入れに対して，4つの主要な弁論を用いるとWellsら（2006）は報告している。第一は，目撃者に関する現在の研究は不十分である，という弁論だが，これは専門家証言を除外するための基礎としての説得力がない。第二は，専門家証言は目撃者の信頼性を解読するという，陪審員の役割を侵害すること。第三は，研究結果は単なる常識の問題であること。そして，第四は，専門家証言は立証というより，むしろ害を与えるものであり，陪審員の注意の行き過ぎを生む，という弁論である。ほとんどの裁判管轄において，裁判官は目撃者識別の信頼性に関する専門家証言を排除するために，自分自身の裁量権を行使し続けている。そして多くの場合，科学的知見は平均的な陪審員が「すでに知っている内容」を超えないものであるとしている（目撃者研究の現在の判例法の概要は，Schmechel et al., 2006を参照）。どのようなケースにおいても，目撃者という主題に関する陪審員の教育の必要性や，専門家証言が陪審員の誤解を適切に是正する程度を測ることは，難しいかもしれない。しかし目撃の専門家，裁判官，および潜在的な陪審員候補を対象とした実験室実験と調査の両方で，一般的に陪審員と裁判官は常識的な直観に頼っているため，目撃者の記憶の過程を理解せず，目撃者を非常に信頼する傾向にあることを示唆している。むしろ，専門家

証言のない目撃証拠のほうが，本来の立証価値を上回るようである（Kassin et al., 2001; Schmechel et al., 2006; Wise & Safer, 2003）。WellsとHasel（2008）は，現在の警察と裁判所の運用自体が，司法制度が目撃者識別の正確性に影響を及ぼす心理過程の一般知識を備えていない証拠である，という説得的な弁論をしている。たとえば，非盲検法ラインナップの実施や汚染変数（ニュースで被疑者を見るなど）が，どのようにラインナップ判断に影響を及ぼすかを，目撃者が回顧的に評価する能力について司法制度が抱いている継続的な信頼は，警察や裁判所では目撃記憶の問題がまったく明らかにされていないことを表している。

8.2.3 システム変数と推定変数

法廷での専門家証言とそれを支える科学は，目撃者の記憶過程に洞察を与え，ある特定の状況での，典型的な証言に関して起こりうる結果の，確率的な原則を呈示する。しかし，特定の目撃者の経験が該当するか否かの事後判断は難しく，これは目撃の研究文献を法廷で使用することに関する固有の問題である（Doyle, 2005）。このような状況への少なくとも部分的な対応として，Wells（1978）は，理論的および実務的な手段として有用なものにするために，目撃記憶に関する考慮すべき要因の枠組みを概説した。Wellsの考案したシステム変数と推定変数という洞察に富んだモデルは，研究の方向性を体系的な変化の可能性に向けることに役立った。それは，人の知覚，記憶，および社会的影響の原理が，誤記憶の原因となることを示すだけでなく，目撃者の誤りを排除するための予防手段を示唆するという事実を強調している。

8.2.4 DNA鑑定による釈放

前述のとおり，1990年代に導入されたDNA司法鑑定の新しい技術と，1992年に発足されたイノセンスプロジェクトは，これまでに誤って有罪とされた200人以上の人たちを釈放する手助けをしている（Innocence Project, 2006, 2007, 2008）。後に釈放された人たちを，起訴へと方向づけてしまった捜査官，弁護士，証言者たちは，善意の意図を持った法的手続きでさえも最悪の結果を招いてしまうことを，激しい後悔の念を持って理解する。誤判は，無実の人たちやその周りの人たちの人生を恐ろしく脅かすだけでなく，真犯人を新たな犯罪に向けて野放しにする。誤判は，司法制度に対する公的な信頼と，市民の安心感をむしばむ可能性もある。1990年代の中盤まで，警察と法曹界は過去の不当な判決について，不安を感じながら眺めざるを得ない状況であった。

8.2.5 アメリカ国立司法省研究所のガイドライン

目撃者研究，DNA鑑定による釈放，法的訴訟，マスコミ報道が10年前に重なったことで，警察，法律専門家，目撃者研究の研究者による協同が進むことになった。司法長官ジャネット・リノによって招集されたグループは，『目撃証拠——実践のためのガイドライン』（以後「ガイド」）を作成し，それはアメリカ国立司法省研究所によって1999年に出版された（Technical Working Group for Eyewitness Accuracy, 1999，さらにアメリカ国立司法協会は，『目撃証拠——実践のための教官用マニュアル』という訓練マニュアルを2003年に出版した）。心理科学研究は，目撃者の報告が信頼できない場合がよくあること，また，警察の非意図的な誘導が目撃者のラインナップの選択に影響を及ぼすことを示してきたが，ガイドは，これらの問題を改善するための生産的なステップであり，効果的に目撃証拠を収集するための，科学的基盤にもとづく推奨を提供している。ガイドでは，警察のラインナップについて，明快なアドバイスを提供している。た

とえば，ラインナップへのバイアスがない教示を目撃者に与えること（「被疑者はこのラインナップにいるかもしれないし，いないかもしれない」），ラインナップは公正に作成されること（たとえば，フォイル[iii]が犯人の人相書きに合っていることや，被疑者をラインナップで目立つようにしないこと），そして警察官は所定の方法で結果を記録することなどがある。ガイドは，継時ラインナップ形式[iv]，二重盲検法の実施，コンピューターを使ったラインナップの実施という，3つの発展中の改善策を警察に推奨したわけではなく，むしろ警鐘を鳴らす意図でこれらを呈示した。それ以来研究者は，より質の高い目撃証拠を確保するための方法として，二重盲検法継時ラインナップの使用を支持する，確固とした実験室の結果を示している（Steblay & Dysart, 2008; Steblay et al., 2001）。そして近年，少数の警察署において，コンピューターを使った写真ラインナップが実施されている。

8.3 ラインナップ実施要綱の改正

8.3.1 比較判断と絶対判断

標準的な警察のラインナップでは，目撃者にラインナップメンバー全員（たとえば，6人）を同時に呈示する。この同時形式では，目撃者は，誰が記憶の中にある犯人にもっともよく似ているかを判断するために，**比較判断過程**を通って，メンバーを互いに比較する傾向にある（Wells, 1984）。もし目撃者が，犯人の鮮明な記憶を符号化して記憶することができ，さらに，その人物がラインナップにいる（**犯人のいる配列**）ならば，肯定的な正しい識別の可能性は上がる。しかし，懸念される

ことは，実際には被疑者が犯人ではない場合に，犯人がラインナップにいないことを，目撃者が認識できるかである。DNAにより無罪が証明された多くのケースにおいて，実際の犯人はラインナップに配列されておらず，まさしくこの問題を呈していた。それは，目撃者が**犯人のいないラインナップ**を，正しく否定する能力に欠けている，という問題を明確に呈している（Innocence Project, 2006）。統制された実験の結果から，警察が知らずに無実の被疑者をラインナップに含めた場合には，不幸な結末を招くことが予測される。目撃者は，以前見た犯人が写真の中にいるかどうかを注意深く評価するのではなく，むしろ，どの写真が選択されるべきかということにとらわれる可能性がある。別の考え方をすれば，目撃者は「ほかの写真と比較したら，5番が一番似ている」と比較判断をするということである。

犯人がラインナップにいない場合の比較判断の影響は，Wells（1993）によって説明的に示された。実験参加者は疑似犯罪場面を目撃した後，2種類あるラインナップのうちの1つを呈示された。6人のラインナップに犯人がいた場合，54%が犯人を選んだ。参加者全員がバイアスのない警告的な教示（「犯人はラインナップにいるかもしれないし，いないかもしれない」）が与えられると，21%がラインナップから誰も選ばなかった。ここで重要な疑問がわき上がる。新たな実験参加者の別のグループが，犯人の含まれていない同じラインナップを見た場合はどうなのか。もし犯人がいる場合に，参加者の54%がその人物を正しく認識していたのであれば，この54%は，ラインナップを退けた21%に加わるはずであり，その結果，75%が「無選択」となるはずである。しかし，実際にはまったく違っていた。わずか32%が「無選択」として，犯人のいないラインナップを正確に退けた。残りの68%はラインナップから人物を選択し，そのほとんど

---
iii ［訳者註］被疑者ではない人物。
iv ［訳者註］ラインナップメンバーを順次に呈示する形式。

が，犯人にこの中で一番よく似ている無実の被疑者を選んでしまった。犯人のいないラインナップであっても，その中にいる1人は他の人たちよりも，記憶の人物と比較的に合致していると思うことによって，目撃者の注意が向けられ，誤った識別のリスクを高めてしまうようである。

8.3.2 二重盲検法継時ラインナップ

　近年，研究者たちは，ラインナップの実施に関して，二重盲検法と継時的な写真呈示形式を警察に推奨している（Wells et al., 2000）。メタ分析のレビューでは，継時的な写真呈示について信頼できる実験結果が示されている（Steblay & Dysar, 2008; Steblay et al., 2001）。すべての写真が同時に呈示される場合，いずれかの写真がラインナップから選択される可能性がより高くなる。いずれかの写真を選択する傾向が強いということは，犯人がラインナップにいる場合には，比較判断をすることによって正確な識別を上げることにつながるだろう。しかし，犯人がラインナップにいない場合には，それは誤った識別のリスクを上げることになる。蓄積された最近のデータ（Steblay & Dysart, 2008）では，同時呈示と比べて継時呈示では正確な識別が平均8％低いことが示されている。しかしその一方で，誤った識別も平均22％低くなることも示されている。したがって，継時呈示と同時呈示を戦略的に用いることは，費用便益分析として解釈することができる。とりわけ，ラインナップ手続きのベイズの尤度比は，誤った識別に対する正しい識別の比率として計算することができる（Wells & Lindsay, 1980; Wells & Turtle, 1986）。Wells（2006c）は，犯人のいるラインナップ条件の正しい識別の比率を，犯人のいないラインナップ条件での誤った識別の比率で割ると，診断比，すなわち誤警報（false alarm）に対する的中（hit）の割合を知ることができると説明している。目撃者が選択をする際，同時ラインナップ（5.58の割合）に比べて，継時ラインナップ（7.76の割合）は有罪をより正しく示すものとなる。警察にとっては，その識別方法は有罪をよりよく予測するのに適しているか，ということが重要な問題となる。盲検法継時ラインナップ手続きを使って識別された場合は，被疑者が真犯人である可能性が高くなり（Wells, 2006c），それによって，識別証拠の証拠価値が高まることになる（Lindsay et al., 2009）。

　前述のとおり，二重盲検法を用いることの支持は，実験者の期待（いわゆる実験者効果）に関するより広い心理学研究に根ざしている。捜査官と目撃者とのやりとりに，対人関係の影響の危険性が潜んでいることはすでに知られている。識別手続きに潜むバイアスのリスクを管理するためには，ラインナップの実施者は，並んでいる被疑者の身元について何も知らない（盲目）状態であることを，目撃者研究を行う科学者は推奨している。二重盲検法によるラインナップの実施は，1998年にWellsによってラインナップの本質として最初に言及された。その後，ラインナップに関する勧告として，より幅広い研究者グループによって補強された（Wells et al, 1998）。目撃研究者の間では，目撃者手続きにおいて，二重盲検法によるラインナップの実施が必須であることが広く認められている（Douglass et al., 2005; Garrioch & Brimacombe, 2001; Haw & Fisher, 2004; McQuiston-Surrett et al., 2006; Phillips et al., 1999; Wells, 2006a; Wright & Skagerberg, 2007）。最近，GreathouseとKovera（2009）は，目撃者の識別判断におけるラインナップ実施者の被疑者に関する知識の効果を検討した。特に，ラインナップ実施者のバイアスが表れそうな状況に注目して実験を行った。目撃者識別の方法論に関わる要因として，実施者の知識，ラインナップの呈示形式，教示のバイアスが実験的に操作された。その結果，実施者のバイアスは，識別

者の当て推量を促進するような状況において影響を及ぼすことが示された。すなわち，ラインナップ実施者が被疑者を知っており，バイアスがかかった教示（「私たちは被疑者を拘束しています。あなたがその人物を識別できるかを確認するために，写真ラインナップをお見せします」）を与え，すべての写真を同時に呈示した場合に，識別者はその被疑者を選ぶ傾向がより高くなる（明らかに確信がなくても選ぶようになる）。識別者が推測する傾向を高めるためのバイアスとなる要因が呈示された場合，被疑者を知っている実施者の行動が，被疑者を選択する識別者に影響を及ぼしたのである。

研究者は，**二重盲検法継時ラインナップ**というフレーズを，目撃者識別を実施するための最適な方法を代表する諸ルールの総称として使っている。たとえば，継時手続きは単一被疑者モデル（配列には被疑者1名のみ）であり，ラインナップは目撃者による最初の識別であることを前提にする。さらに，効果的な継時手続きは以下の特徴を含む（たとえば，Cutler & Penrod, 1988; Lindsay & Wells, 1985; Wells et al., 1998; Wells & Turtle, 1986を参照）。

- ラインナップは最低6名で構成され，そのうちの5名はフィラー（目撃者が見たことのない人物）とする。ラインナップ中の全員が，目撃者が説明した犯人像に一致している
- ラインナップ中の被疑者の位置は無作為に決定される
- 目撃者に対する教示では，犯人は呈示される写真の中にいるかもしれないし，いないかもしれないことを知らせる（「バイアスがかかってない」または「警告的な」教示）
- 一連のラインナップすべてを目撃者に呈示する。目撃者に対して，すべての写真が呈示されることを伝える。目撃者の判断の変遷を記録する

- 目撃者は写真が何枚呈示されるかを知らない
- 写真は1回につき1枚呈示され，次の写真を確認する前に判断を行う
- 目撃者は，前の写真に「戻る」ことや，複数の写真を並べることはできない
- 写真を呈示する捜査官は，どの写真が被疑者であるかを知らない
- ラインナップの実施者が，どの写真が被疑者かを知らない場合は，そのことを目撃者に伝える
- 目撃者には確信度の評価を，識別時かつ警察などからフィードバックを受ける前に行う

8.4　ラインナップ改革

科学的研究は，目撃者の正確性が大幅に向上することを保証する，一貫したラインナップの原型を示した（Wells et al., 1998）。次のステップは，教育すること，そして，それらの推奨事項を実践に移すことである。ほとんどの裁判管轄の裁判所が，数十年間にわたって目撃者識別に関する専門家証言を見ていたが（Wells & Hasel, 2008），体系化されたラインナップ改革が全国的に始まったのは，2000年を過ぎてからであった。

ラインナップ改革の成果は，誤判被害者による鮮烈で感情的な証言によって，力強く導かれている。後に無罪判決を受けた人たち，および犯罪被害者による告白や書面は人々を動かし，全国的に注目の的となった。たとえば，死刑囚が初めてDNA検査で無罪とされたケースの元死刑囚カーク・ブラッドワースは本を出版し，司法政策の国家広報担当者になった（Junkin, 1998）。同様に，間違った男性を知らずに有罪へと導いてしまった，被害者であり目撃者であるPenny Beerntsen（2006）とJennifer Thompson Cannino（2006）は，司法制度で

の目撃者の誤りやすさについて，市民に教育を行っている。さらに，多くの警察官，検察官，弁護士，研究者たちが，目撃者の誤りやすさ，誤判，そして，救済のための利用可能な方法に関する情報の発信に関わっている。教育はラインナップ改革の成果に基づいており，多くの専門家たちは，それらに関心を示す司法管轄区に対して情報を提供したいと望んでいる。

その他の司法改革への勧奨となることを期待して，これまでにラインナップ改革が起こった数多くの経緯を，以下に簡単に要約する。ラインナップ改革は多くの契機から始まり，さまざまな過程を経て達成に至っている。それらには，執行命令，法制措置，判例法，警察の政策などがある。これまでの改革は，刑事や警察庁が始めたラインナップ改革（「ボトムアップ」）から，政府レベルの命令の結果として生じたもの（「トップダウン」）に至るまで連続的にさまざまなレベルで生じている。初期段階の例として，マサチューセッツ州ノーサンプトン警察のKen Patenaude警部補によるケースがある。彼は，長期にわたり，捜査官，管理者，および「アメリカ国立司法省研究所の目撃証言に関する技術組織班」のメンバーとして活躍していた。Ken Patenaudeが所属する警察署での二重盲検法継時ラインナップへの変更は，彼が目撃証拠を確保するための文書化された手続きに関して，体系化された一貫性のある訓練プログラムを開発し，その紹介を始めたことで，最も低いレベルから始まった（Patenaude, 2006）。警察の管理者がその新しい継時手続きの実施を1年間モニターしたところ，新しい形式は捜査官たちに好まれたことが分かった。そして，彼のいる警察署は，継時ラインナップ形式を実施するよう方針を変更した。それと同時に，二重盲検法ラインナップの実施が非常に好ましいことを特筆した（Northampton Police Department, 2000）。経費と人員不足が原因で実現しなかった

ことを踏まえたうえで，2003年には写真配列での二重盲検法の実施も必須とした。Patenaude（2006）は，警察署での新しいラインナップ手続きへの変更に関する説明の中で，捜査員の採用段階から，適切で一貫性のある訓練を始める必要性があることを強調している。[1]

サフォーク郡（ボストン，マサチューセッツ州）は，誤判の発見によって拍車がかかるという，少し異なる経緯でラインナップ改革に至った。そこでは，目撃証言の研究者，警察，行政，検察官，弁護士が集まり，目撃証言の調査グループが結成された。調査グループは2004年にサフォーク郡地方弁護士とボストン警察長官に対して，報告書とともに25の推奨事項を提出した（Suffolk County Task Force on Eyewitness Evidence, 2004）。そして，それがラインナップの改革につながった。

改革に関心のある前向きな警察のリーダーによる協働，パイロット実験，効果的な警察訓練の組み合わせが，多くの裁判管轄で機能した。ミネソタでは，1年間のパイロット実験が2つの郡でそれぞれ独自に開発された。郡検事のエイミー・クロブシャーの指揮のもとで，ミネアポリスのヘネピン郡弁護士事務所が，有志の4つの市で二重盲検法継時ラインナップの実用性を検証した。それらの郡は，二重盲検法継時条件による目撃者のラインナップ判断のデータ収集を行い，実施に関する問題点を文書化した初めての裁判管轄となった。1年後，その改革は良いものであると判断され，訓練用のDVDとともに新しいラインナップ実施要綱が郡全体に展開された（Klobuchar et al., 2006）。隣のラムジー郡（ミネソタ州）では，郡検事のスーザン・ガートナがラインナップに関する論文を慎重に調べ，機能的で潜在的に実用可能な二重盲検法継時ラインナップを研究者が推奨していることを知った。パイロット実験が始まり，実際の経験を通して部分的に修正がされた。そして，すべて

の捜査官が新しいラインナップ手続きが実用可能であることを知り、それは、後に法廷で申し立てを行った検察にとっても同様であった（J. Schleh, 2006年7月16日私信）。ラムジー郡では、二重盲検法継時手続きを郡全体の標準としたことから、訓練用の教本とDVDも開発した。新しい手続きは、信頼できる科学的研究が支持する最適な方法と一致していることから、郡検事補のジーン・シュレーは新しい手続きの利点として、証人識別の確信度の増加、誤認の確率の低下、法廷での弁護人による検察への攻撃を抑止する機能を挙げている（Schleh, 2006）。

DNA鑑定による釈放が各地で広がる可能性が高まる。ニュージャージー州はクロメディ事件をきっかけに、非常に規範的なモデルに従った。この事件では、目撃証言によって裁判が2度行われ、その両方で有罪判決が言い渡され、3度目の裁判を待っている間に被害者から採取された生物学的証拠をDNA鑑定にかけたところ、被告人の無罪が証明された。州の検事総長ジョン・ファーマーは、研究者により推奨されているラインナップ改革に目を向け、安全策としてアメリカ国立司法省研究所で推奨されている手続きの基準を満たす、新しいラインナップ手続きを承認した（Doyle, 2005）。ニュージャージー州の検事総長に与えられた独特な権限を使い、ファーマーはガイドラインの実施をニュージャージー州全体で必須とし、二重盲検法継時ラインナップ手続きを統一的に採用する最初の州とした（State of New Jersey, 2002）。

さまざまな法律制定モデルを通じて、州レベルで目撃者識別の改革も試みられている（Ehlers, 2006）。たとえばウィスコンシン州では、ウィスコンシン州司法省訓練基準局が、ウィスコンシン大学法科大学院と協力して法施行のモデルガイドラインを作成し、最善のアプローチの1つを用いている。各法執行機関が方針やガイドラインを採用することを要求した法令は、2005年に制定された（State of Wisconsin Office of the Attorney General, 2005）、2006年に承認された（State of Wisconsin Office of the Attorney General, 2006）[2]。

誤判に関する知識を増やし、それをなくす方策を確認するために州の特別委員会が結成された（http://www.innocenceproject.org 参照）。委員会はいくつかの段階を踏んで前進するのが典型的である。そのような最初の団体であるノースカロライナ無罪調査委員会は、DNA鑑定によって明らかに無罪となった著名な事件が複数発生した直後に、ノースカロライナ最高裁判所によって設立された。裁判所は、永久的な学際的研究委員会が必要であると決定したが、それは警察、弁護士、社会科学者、および裁判官の学際的な参加を得たものであり、司法からは独立した委員会であった（Garrett, 2006）。委員会の31人のメンバーは2003年に、州の警察官のために一連の推奨事項を作成し、これらの実施の詳細については法施行機関の裁量に任せた。その後、州法は二重盲検法継時手続きを必須とした（Eyewitness ID Reform Act, 2007）。州全体がその方向に向かうために、モデル法案がイノセンスプロジェクトを通して入手可能になっている[3]。また、ジャスティスプロジェクト（The Justice Project, 2007）も方針の概観とモデルガイドラインを出版している。

法律制定までの道のりで遭遇する問題の1つとして、正確に手続きを実施することを命ずる改革であったとしても、ラインナップのさらなる改善がなされることで、後に変更の必要が生じる可能性がある（そして、これが煩雑な立法改正の乱立を招く原因になるかもしれない）。代わりとなる方法として、各裁判管轄に解決策を模索させる裁量を与えることで、柔軟性および地方自治体としての責任を持たせることができる。しかしこれは、解決の遅延と効果の低い結果を生む可能性がある。調

査グループやパイロット研究といった中立な活動でさえ，いつも良い結果を生み出しているわけではない。Wells (2006c) は自身の経験から，改革の実際的なコストは最小であると主張している。しかし，目撃証言の研究者と警察の間にある典型的なコミュニケーションのギャップや，警察の頑強な伝統，検察および裁判所からの圧力の欠如，および各地方警察の現場の管理の違いが，ラインナップの部分改訂を難しくする，と彼は言及している。

8.5 ラインナップ改革への抵抗

すべてのラインナップ改革政策が順調に進んだわけではない。2002年，知事ジョージ・ライアン（イリノイ州）の死刑に関する委員会は，死刑の正確性と正当性を確保することを義務付け，目撃者識別の改革を実施することを推奨した（Governor's Commission on Capital Punishment, 2002）。しかし，知事によって提案された改革は，警察には支持されなかった（O'Toole, 2006）。警察による抵抗は，「実務的であり，比較評価を目的として，情報を引き出すために設計されており，客観的な科学研究法となんら矛盾のないラインナップの選択と実施の手順」に従っている同時ラインナップを，新しい方法である継時ラインナップと比較するために，イリノイ州警察がパイロット実験を行うという妥協案につながった（Capitol Punishment Reform Study Committee Act, 2003）。イリノイ州警察はパイロット実験の実施を，ラインナップ改革に抵抗していると言われているシカゴ警察（O'Toole, 2006）とシカゴ警察の総務部の指揮に任せた。シカゴ，ジョリエット，エバンストンの3つの市が，二重盲検法継時ラインナップと現状（非盲検法同時ラインナップという相対的に不確定な形式）を比べるために，実験には必須である厳密な科学的操作を行

わずにデータを収集した。2006年のパイロット実験に関するイリノイ州立法機関への報告（Mecklenburg, 2006）は，『ニューヨーク・タイムズ』の一面を含め，メディアが大々的に取り上げた（Zernicke, 2006）。その驚くべき結論は，二重盲検法継時ラインナップは誤認の確率を上げるというものだった。しかし賢明な読者であれば，実際場面では被疑者が本当に有罪かどうか分からないため，現場でのラインナップ研究では（有罪判決後のDNA検査で証明されるような）無実の被疑者の誤った識別を確認することはできない，ということにすぐに気づくであろう。Mecklenburgがあえて使ったフレーズ「誤った識別（フィラー[v]を選択する，という意味）および，被疑者を選択することは犯人を正しく認識することと同一であるという彼女の判断は，その後の議論を刺激し混乱させることになった。

しかし，実際の問題は言葉の使い方の議論よりずっと深刻であった。Mecklenburg報告は批判され，科学者，弁護士，学者，政策策定者の間で激しく争われた（たとえば Diamond, 2007; Doyle et al., 2006; Malpass, 2006; O'Toole, 2006; Sherman, 2006; Steblay, 2006; Sullivan, 2007; Wells, 2006aを参照）。研究デザインが多くの点において科学的な標準から逸脱していること，とりわけ，結果が基礎的な実験デザインの欠陥によって交絡し影響を受けていることが，複数の専門家によって即座に指摘された。したがって，なぜこのような結果が得られたかの原因を断定することができなかった（Doyle et al., 2006; Steblay, 2006を参照）。すなわち，ある実験条件では二重盲検法継時ラインナップを使い，その比較対象となる条件では非盲検法同時ラインナップを使っていたため，それらの実験結果はラインナップの形式（継時または同時）によっても

---

[v]　［訳者註］無実と事前に分かっている人。

たらされたのか，実施者の被疑者に関する知識（盲検または非盲検）によってもたらされたのか判断することができず，変数が交絡していた。さらに，非盲検法同時ラインナップ条件においては被疑者を選択する割合が高くなり，被疑者でない人物を選択する割合は低くなったという結果は，ラインナップ実施者のバイアスを示唆している。すなわち，この結果は，ラインナップ実施者が被疑者を知っている条件において，より多くの目撃者が被疑者を選択したことは当然であると主張する批評家たちの意見を支持することになる。問題は，この結果はより優れたラインナップの性能（および目撃者の正確性）**または**，非盲検法手続きによってもたらされたラインナップ実施者の影響と危険なエラー，のどちらの証拠としても捉えられるということである。先に述べたように，この領域には基準となる真実が存在しない（被疑者が本当の犯人かどうか誰にも分からない）。したがって，その結果の曖昧さは増大するのである。Diamond（2007）は，このフィールド研究は，法律とは関連性がないとする古典的な例であり，現在の問題に関して何の証明力も持たないと明言している。

2006年，刑事司法ジョン・ジェイ大学の現代犯罪捜査センターは，イリノイ研究の議論の解決，特に先述のMecklenburg報告の取り扱いに対して素早く乗り出した。センター長のジェームス・ドイルは，この前例のない取り組みについて「刑事司法政策は，堅実な科学に基づいていることが重要である」（John Jay College of Criminal Justice, 2007）と簡潔に説明している。イリノイ研究を評価するために著名な社会学者たちが集まり，2008年2月に報告書を提出した（Schacter et al., 2008）。専門家たちは，議論について中立な立場から優れた専門知識を提供した。彼らが下した決定は，イリノイ目撃者識別フィールド研究の結論は，公共政策の形成において危険な基盤となる実験デザインのミスによって台無しにされ，Mecklenburg報告をも，効果的な目撃者識別の手続きを定めるうえで信頼できないものとしてしまったというものだった。イリノイ研究の根本的な実験デザインの欠陥は，「本研究の現場での応用性の評価について壊滅的な結果をもたらしてしまった……実験デザインの欠陥は，結果のほとんどを解釈困難または解釈不可能にしてしまう。これらを整理する方法は，さらなる研究を実施することだけである」（Schacter et al., 2008, pp. 4-5）。ドイルは専門家の決定について「彼らは口を揃えて，イリノイ研究は二重盲検法継時手続きが効果的であるかを判断する根拠にならないと判定した。最も重要なことは，今後，研究の最初から適任の研究者の指導を受けること，そして，研究手続きについて適正な専門家たちに事前に相談することを推奨することである。そうすれば，その研究は実務家や政策策定者にとって，正確で信頼できる結果を生み出すことができる」と要約した（Innocence Project, 2007; 2008年の続刊も参照 Cutler & Kovera; Mecklenburg et al.; Ross & Malpass; Steblay & Wells）。

Mecklenburg報告の著者は，自らの最初の結論を支持した（Mecklenburg et al., 2008a, 2008b）。しかし，シカゴ警察とジョリエット警察が報告に関するデータの共有を拒んだことにより，イリノイ研究への疑惑はさらに深まった。アメリカ刑事弁護士協会は，シカゴにあるノースウェスタン大学法科大学院のマッカーサー司法センターと連携してFOIA訴訟を起こした[vi]（Jaksic, 2007）。訴訟の目的の1つは，イリノイ研究について今までに調べられていない，識別者と被疑者の識別の変遷，および被疑者と識別者の関係についての情報を得ることであった。3つの都市のうちの1つ（エバンスト

---

vi ［訳者註］FOIAとはFreedom of Information Actの略で，アメリカの情報自由法のことである。連邦政府に対して情報の公開を請求できる。

ン）が訴訟に協力し，100のパイロット実験のラインナップからデータを提供した。エバンストンのデータは，その実験デザインにさらなる重要な欠陥があったことを明らかにした（Steblay, 2009）。それは，2つの実験条件に対してラインナップを無作為に割り当てていなかったことである。その事実は，イリノイ・パイロット研究で何が測定されたのかについて，さらなる混乱を加えるものとなった。より正確に述べると，エバンストンの非盲検法同時条件（現在の状態）は，より多くの確認および追認のラインナップを含んでいた。これらは，犯罪が起こる以前から識別者がすでに知っている人物（たとえば，恋人や隣人）の身元を確認するラインナップ，または，同じ識別者が以前すでに識別した被疑者を，2回目の被疑者選択識別として追認するラインナップである。したがって，これらのラインナップで被疑者の識別の割合が高くなり，フィラーの選択の割合が非常に低くなったとしても驚くことはない。さらに，非盲検法同時ラインナップでは，確認／追認ラインナップを含めると，被疑者の識別の割合が17.7％も上がっていた。一方，継時ラインナップでは確認／追認ラインナップの影響をほとんど受けていなかった（1％の増加）。2つの実験条件にラインナップを無作為に割り当てないことは，現在の状態をより良く見せることになった。結局，イリノイ・パイロット研究のさまざまな方法論的な欠陥は，Mecklenburg報告の主張を揺るがすことになった。

法廷は，イリノイ研究の少なくとも一部は，目撃者の科学に関して失敗があったと見ている。Mecklenburg報告は，現状のラインナップ手続きを正当化するために使用されてきただけでなく，異なる人種の識別やストレスの効果など，目撃者という主題に関する専門家証言への反論により広く用いられてきた。「コロンビア特別区の公的防衛機関」の報告によると，イリノイ研究は，目撃者識別の問題に関連する専門家証言に反対するほとんどすべての組織で引用されており，現在の手続きは優れていること，また，統制された実験室での検討事項をそのまま現場には適用できないことの「証拠」として検察に非常に信頼されている（B. Hiltzheimer, 私信, July 13, 2007）。

イリノイ・パイロット研究の結果は，一部の裁判管轄において，改革を続けるうえで何も重要なことは示されなかったとみなされたが，その研究の悪影響はきわめて甚大だとみなす人たちもいる。イリノイ州では，死刑改革研究委員会（2007）が，盲検法を使ったラインナップの運営の奨励を再確認したが，ラインナップ改革は現在のところまだ行われていない（イリノイ死刑改革についての詳細な要約は，イリノイ州知事委員会の共同議長を務めるThomas Sullivanによって出版されている，2007）。改革擁護派が驚いたことに，イリノイ研究は，二重盲検法継時ラインナップを標準的な手続きにする方向に動いていた複数の州で，立法を壊すために引用されている（B. Hiltzheimer, 私信, July 13, 2007）。たとえばロードアイランド州では，イリノイ研究の報告を識別改革の立法を阻止する目的で3年連続使用した（M. DiLauro, ロードアイランド州公選弁護士事務局, 私信, July 18, 2007）。またニューメキシコ州では改革法案をつぶす目的として，警察と検察の努力の成果と関連づけて，Mecklenburg報告を使用している（Rozas, 2007）。

8.6 公共政策における科学

慎重なピアレビューを受けて出版された研究は，目撃者の記憶についての科学的な知識について，30年間にわたって詳細に述べてきた。この期間，目撃者に関する研究は，その方法を厳密にし，質の高い科学的基準に練り上げられた。そして，独立

した研究室で着実に積み上げられている厳しい検討は，目撃者の記憶と行動に関する信頼できる原理を明らかにした。この理論的に確かな学術研究は，科学コミュニティで広く受け入れられている（Kassin et al., 2001）。さらに，目撃者研究は量的なレビュー方法であるメタ分析を強力に使用してきた。それは，特に法による精査や要件を満たすための研究を統合するテクニックである。メタ分析は，「木々ではなく森」という，個々の研究を超えたデータ全体のパターンを示すことができる（法政策におけるメタ分析に関する考察はBlumenthal, 2007を参照）。ピアレビューを受けたメタ分析は，科学的研究における，自己修正という価値ある性質を採用する方法として，特に重要である。推定変数とシステム変数の選択に関する目撃者研究は，メタ分析調査の恩恵を受けていると言える。[4]

目撃者研究は，このような「良好な状況」から次にどこへ向かうのだろうか。

8.6.1 方法論の問題

目撃者研究を行う科学者の重要な役割は，実験室，現場，公共政策の領域で，優れた科学を最前線中央に位置し続けることである。ラインナップ改革が前進するにつれて，研究者はもっとも価値があり生産的な特徴，すなわち堅実な科学的方法と効果的な実験の論理を遵守しなければならない。

将来的な研究計画には，フィールド研究が必ず関与するはずだし，関与するであろう。そして，方法論の問題はフィールドのほうが実験室よりも簡単だということはない。フィールド研究は，最も関連する司法場面だけでなく，実験室での統制や精密さが欠けてしまうような状況下での，目撃者の判断を把握することで，研究の独自の強みを持つ。目撃者のフィールド研究に関する，根本的かつ本質的なチャレンジは，基準となる真実が分からないことである。すなわち，DNAのような事後確認できる強力な証拠がない限り，被疑者が真犯人かを確認できないのである。もちろん実験室実験では，犯人に関する情報がある。研究者が，適切な実験室研究および現場研究の結果を弁別し，目撃者の記憶に関する知見の複雑さを組み合わせた場合に，政策策定者は恩恵を受けることができるのだろう。

これから実施されるラインナップのフィールド研究について，少なくとも2つの科学的な注意が必要である。1つは，ラインナップのフィールド研究における適切な研究方法を定義すること，もう1つは，結果の解釈に科学的な専門性を加えることである。現場から知識を得る方法は複数ある。まず，アーカイブ（記録分析）研究や記述的研究は，特定の裁判管轄内でどのようにラインナップ手法が機能しているかを示している。したがって，それらは現場で目撃者の記憶を確保するための，実用性と有効性について議論する出発点となる。例として，Slater（1994），Tollestrupら（1994），WrightとMcDaid（1996），ValentineとHeaton（1999），BehrmanとDavey（2001），Valentineら（2003），BehrmanとRichards（2005），Klobucharら（2006），WrightとSkagerberg（2007）などの研究が挙げられる。Behrmanの研究による重要な発見は，警察が実施する伝統的なラインナップでは，識別者の約20%がラインナップからフォイルを選ぶことである。もちろんこれらは，識別者の記憶が信頼できないことを示す，誤った識別として知られている。これらのフィールド研究の重要性は，過去の実験室実験で見過ごしていた変数を明らかにする機会となったことである。実験に基づいて，研究者が推奨するラインナップの実行可能性を否定するような要因が見つかれば特に興味深い。しかしこれまでのところ，そのような大きな損害を与える要因は見られてはいない。

優れたフィールド研究による説得力の影響，そ

して劣悪なフィールド研究による，誤った解釈の潜在力の影響は非常に大きい。人々は**フィールド研究**という言葉に固執し，実際の犯罪において警察官と協働する本物の目撃者についての報告は，目撃者がしたことの記述だけでなく，その行動の**理由**について結論づけるうえで，信頼できる研究であると，すぐさま推測する可能性がある。フィールド研究は本質的に，批判なく自動的に「現場ではない」実験室のデータを覆すために用いられる可能性がある。特に，フィールドまたは実験室研究において，因果関係の根拠が十分ではない場合の論理の飛躍を，査読を通して差し止め，抵抗することは，科学者の役割である。フィールド研究の慎重な評価は，記述的な研究，たとえば武器の有無など，犯罪現場の特徴に関する目撃者の判断への影響の検討を試みた研究から見ることができる。研究者はこれらのケースで，疑似実験条件を比較することの危険性を慎重に指摘した。たとえば，武器の有無は犯罪の種類（詐欺と強盗）と交絡している可能性がある。したがって，犯罪の種類の違いは，識別者の注意の違いや，犯人の描写の質の違い，ラインナップまでの遅延と交絡していることも考えられる（たとえば，Steblay, 2007; Tollestrup et al., 1994を参照）。ロンドンの研究チームの研究によって，無作為割り当てがされていない研究結果を解釈することの難しさが描き出されている。彼らは，より統制されたラインナップの環境（より質の高いラインナップを構築するために，ボランティアのフォイルが簡単に利用できる状況）と，通常の警察署の設定（ラインナップ作成のために，街中から人物を選択する状況）を比較した（Wright & McDaid, 1996）。研究者は，この実験で統制されたラインナップが，通常の警察署のラインナップと重要な点，たとえば犯罪発生後の経過時間，被疑者の人種，犯罪の暴力性において，異なることを指摘した。

最近では，より複雑なフィールド研究に対して，多くの検討がされている。たとえば，競合するラインナップの方法を直接的に比較できる実験が挙げられる。2006年の秋，現代法科学訓練センターとアメリカ司法協会は，目撃者研究の研究者と法の専門家と共同で，将来においてフィールド研究を実施するための方法論的必要条件を設定した。そこには，フィールドでの目撃者研究に，実験デザインの主要な要素を創造的にもたらす方法が含まれた。その特徴には，二重盲検法，実験条件への無作為割り当て，実験刺激とその呈示に関する明確な操作的実施要綱，実験参加者（識別者）に対する標準化された教示，そして目撃者識別経験についての透明性の高い記録化が含まれる。フィールドのラインナップ研究に標準的な実験デザインの要素を持ち込むことの論理的な根拠は，実験室実験のそれと合致する。その根拠は，比較するグループ間で適切な統制がされており，かつ目撃者の判断に及ぼす外的影響を最小限に抑えるようにラインナップが構成されていれば，さらに直接的に信頼できる結論を生み出すことが可能だということである。現在アメリカ全土の多くの都市で，堅実なフィールド研究の実施に努力が重ねられている。

しかし，適切な方法で設計され，実施された研究であっても，フィールド報告やフィールド実験の解釈は扱いが難しい。実際場面では被疑者が有罪か無罪かを知ることができないので，実験室で使用するような，犯人ありまたは犯人なしのラインナップに対応するものが現場には存在しない。現場においてラインナップから人物を識別することは，目撃者が犯人を正しく認識したことによるものかもしれないし，**あるいは無実の被疑者を誤って選択したことによるものかもしれない**。識別者の選択が，誤って正しいと判断されるという最悪の場合が存在することは，多くのDNA鑑定により

釈放された事件によって描き出されている。そして実験室実験から分かるように，被疑者を犯人として識別する割合は，目撃者の記憶が乏しい場合に，当て推量することを推奨したり，ラインナップの構成に被疑者へのバイアスがかかっている（たとえば，フィラーの写真が不適切，被疑者の服装が有罪を思わせる，写真の背景が暗示的）といった，望ましくないラインナップ識別の実施によって引き上げられる（そしてフィラーの選択は減少する）。ラインナップの良さについての絶対的基準が提供されないため，ラインナップの結果は，研究デザインの文脈，そしてそのデザインで得られるまたは損なわれるであろう，識別者判断の正確性の範囲内で，慎重に評価されなければならない。フィールド検証の解釈には，記憶の原理についての洗練された理解，実際のフィールドにおける実施についての明瞭さ，フィールドで得られたデータが何を語ることができ，何を語ることができないかの評価が必要とされる。警察と研究者は，将来の実務のために，データが示唆するものを共に探求しなければならない（さらなる考察としてSteblay, 2007を参照）。

現場の結果を正確に評価する私たちの能力は，現場での目撃者判断に内在する曖昧さによって，厳しく制限される。そしてこの制限は，現場での結果から即座に決定的な答えを求めている人々に，苛立ちを感じさせる可能性がある。しかし賢明な政策策定者は，現場から実験室に戻り，目撃者にみられた現象の明確化を継続するであろう。目撃者研究の第一の目的は，識別者の記憶に，より近づくことである。そして実験室でのラインナップ研究の利点として，目撃者の正確性を増大させる，あるいは，低減させる要因を検討する方法を確認できることがある。Schacterら（2008）が述べているように，「どのような研究も，手続き改善のための最終的な青写真を生み出すことはできない」のである。実験室実験から証拠が積み上げられ，裁判管轄を越え，実験室と現場が協働するにつれて，現場でのラインナップに関する信頼できる知見が広がるだろう[5]。すべての科学と同様に，累積的な証拠は，どんな単一の研究よりも重要な役割を果たす。科学的には，短期的な展望よりも長期的な展望がより求められるのである。

これからも実験室実験は，目撃記憶に関する原理とその応用に関する知識の論理的，実証的発展に貢献し続けるだろう。研究を援助するために，警察はその知識において欠けているものを見つけ出すうえで良い立場にある。現在推奨されているラインナップ要綱の微調整，および現地機関の管轄区域（現在ノートパソコンを用いたラインナップ手続きの導入を率先している区域を含む）の利便性や，実用的なニーズを満たしている警察ラインナップ手続きの調整が，識別者の正確性に及ぼす影響を確認するために，フィールド研究はすでに，実験室の実験の現場での再試を始めている。現場と実験室の協働は，生産性を高める可能性がある。通常とは異なる手続きや，警察による独創的なアイディアは，実験や政策検討の主題になるだろう。そして，それらはおそらく，目撃者の判断に与える影響を測定するための，実験室および現場の両方の研究デザインに取り入れられる可能性がある。たとえば，一部の裁判管轄は，目撃者に継時ラインナップを複数回見せることを推奨している。ヘネピン郡（ミネソタ州）は，パイロット研究で（識別者が要求した場合のみ）複数「回」見ることを認めた。そして，実験室実験でも識別者に対して，複数回見ることができる選択肢を呈示した。その結果，現場でのデータで，ラインナップの回数が増えるとともに，被疑者でない人物の選択（誤認）が増えることが示された。そして実験室のデータでもこれと同様のパターンを示し，ラインナップを複数回見たことで，誤った識別が26％上昇した

ことを明らかにした（Klobuchar et al., 2006; Steblay, 2007）。Diamond (2007) が言及したように，「十分に証明されたフィールド研究が，実験室実験による知見と結び合うとき」(p. 13)，そこには大きな利点が生まれる。これらの利点の1つは，実験室の研究者が，実験室実験の信憑性と生態学的妥当性を，望ましいレベルに達成するための努力を伝えるために，フィールド研究を利用できることである。

8.6.2　政策の開発における怠慢

公共政策における科学の役割には限界がある。警察の執務室，法廷，立法府の会議室はそれぞれに独特の視点と課題を持っており，それらは科学者の持つそれらと，常に完全に一致しているとはいえない。ラインナップ改革への抵抗に関する主要な指摘のいくつかを考えてみると，たとえば，「現状に不備はない」「経費がかかり過ぎる」「捜査が遅れ，起訴できなくなる」「犯罪に対して寛大である」「被告人側を有利にする」「われわれは専門家であり，精通している」など，政治的，管理的な問題の集合体である。もし新しい継時ラインナップが義務づけられるならば，法廷は，伝統的なラインナップにもとづいて行われた過去の裁判に対して再審請求の門戸を開くことで，改革努力を不当に扱うであろう，といった実務的な懸念もある（Taslitz, 2006）[6]。研究者は時折，そのような懸念に対処するための独創的で実証的な方法を探し出すことができる。しかしほとんどの場合，これらの問題は警察，法律専門家，政策策定者によって熟議され，思案，試行，解決されなければならない。司法制度が現在の捜査や起訴における短期的な価値を上げる直接的な方法や，改革実行の事例を見つけることができれば，改革の長期的な利益を受けるだろう。たとえば，管理上の懸念を満たすための確実な方法として，ラインナップの実施にノートパソコンを使用することがある。ノートパソコンを使うことで，フィラーをコンピュータプログラムから選択することができる。また，選択肢の呈示順序も簡単にランダム化され，目撃者に「盲目的」に呈示することが可能になり，バイアスのない役立つ教示も保証される。さらに，コンピュータカメラで，その様子を記録することも可能である。

研究者と政策策定者は，ある難しい問題を共有している。両者はともに不確実な条件のもとで決定しなければならない。そして，不確実は不一致を駆り立てる。政策を考案する多くの場合において，完全な情報に欠ける状況下で政策を変更することに，考案者は不安を示すだろう。これは，ラインナップ改革についての今日の議論にも当てはまる。しかしラインナップ改革の場合，既存の警察の手続きが，科学的な記憶の原理や，有効性についての実証的証拠に基づいていなかったことは，指摘されるべきである。司法制度は目撃記憶に関する研究をほとんど行っておらず，記憶過程の科学的な理論も有していない（Wells et al., 2006）。蓄積された心理学の実験室および現場のデータが，新しい手続きと同様に現在の手続きを評価する。その結果，現在の伝統的な手続きのほうが本質的に優れているとの推測は成り立たないかもしれない。

ラインナップ改革に挑戦している，まだ知られていない例を2つ挙げる。1つは，実験室での研究は**継時優位効果**，すなわち継時ラインナップが誤った識別を著しく下げることを支持していることである。しかし，同時ラインナップと比較すると，継時ラインナップは正しい識別も下げることが示されており，その理由はまだ判明していない。したがって，政策の観点から見れば容易な解決策はまだ見つからないが，誤った識別を回避することと正確な識別を保証することの間には，到達すべき基本的なバランスがあることが分かる。

ある警察は，継時ラインナップを使うことで生じる正しい識別の確率の低下（ある推定では8%;Steblay & Dysart, 2008）を，継時配列の中から選択することを無差別的に抑制し，その結果，真犯人を識別しないことが受け入れ難くなるという，基準のシフトとして読み取っている。一方多くの研究者は，両形式間での正しい識別率の平均の差異は，記憶の悪い識別者による推測が運良く適中することで，少なくとも部分的に説明できると考える。そして同時配列での比較判断は，犯人がいる場合に，運の良い推測が正しい識別になることを助ける（Lindsay et al., 2009; Penrod, 2003; Steblay & Dysart, 2008; Steblay et al., 2001; Wells, 2006bを参照）。研究者によると，継時的な呈示は正しい再認をより捉えることができる。継時形式は，識別者が選択することを躊躇させず，むしろ，識別者が適当な誰かを選択するということに，正しく注意深くなる状況を生じさせる（たとえばGronlund, 2004; Lindsay et al., 2009を参照）。

　完全なラインナップ手続きはまだ完成していない。しかし，二重盲検法継時ラインナップは，多くの人から目撃証言の質の高さを促進する方法とみなされている。もしそうであるなら，おそらく二重盲検法継時ラインナップは，法廷での目撃証言に適用される明確な基準となるはずである。その方法は，警察捜査のすべての段階でも好ましいものと言えるだろうか。それは，これからの検討における実践的な課題である。盲検法継時ラインナップの改革を実施するための政策的決定は，不完全な知識，そして政治的，哲学的正義の問題に依存していると多くの人たちは語っている。問題とは次のようなものである。つまりより多くの犯罪者を捕まえるために，どの程度のリスクを無実の人たちに対して許容するのか。すべてを考慮すると，目撃者識別の証言について容認できる基準は何か。すべてを考慮すると，現在の方法または推奨される改革は正当なのか。そのような決定には，警察捜査実務からの賢明でより広い視野の関与も必要になる。たとえば，Lindsayら（2009）は，ラインナップで識別が得られないということは，起訴できないということを意味するわけではなく，ラインナップ以外の証拠を使って起訴することができる，と私たちに注意を与えている。

　まだ広く知られていない例の2つ目は，現場における犯人がいないラインナップの割合についてである。新しいラインナップ手続きは，犯人がラインナップにいない場合，誤った識別のリスクを下げられるという理由から優れているとみなされている。実際場面で犯人がいないラインナップ（無実の被疑者のみで構成されているラインナップ）を使用することがまれな場合は，ラインナップ改革の必要性は低いと批評家たちは議論している。しかし，実際場面での犯人のいないラインナップの使用，誤った識別，誤った有罪判決がどの程度の割合を占めるのかは知られておらず，おそらく，永遠に知ることはできないだろう。さらに重要であり戦略的に有益なことは，警察が無意識のうちに無実の被疑者をラインナップに含めるかもしれないケースが無数にあり，犯人のいないラインナップの割合が裁判管轄，捜査官の実務，犯罪捜査の段階でおそらく大きく異なっていることを認識することである（この問題に関するさらなる考察はLindsay et al., 2009; Wells, 2006cを参照）。研究者は，ラインナップやその他の捜査段階において，真犯人が警察捜査の焦点となる可能性を高めるために，多くの実務的な改善についての判断を継続することで，警察を支援することができる。警察の専門家は，この知見が増え続けること，そして現在の捜査が非常に多くの無実の被疑者を捕まえる可能性の高いことを意識し，改革を採用するか否かの決定を下す必要がある。

8.7 おわりに

本章では，ラインナップおよびその他の識別手続きに関する改革についての，目撃者研究の応用可能性に注目した。しかし科学は，目撃者が犯人の識別以外の事柄について証言する場合にも関わっている。刑事事件において，目撃者は無数の事柄について証言する。逃走車は何色だったか。喧嘩を始めたのは誰か。被疑者の行動は自己防衛のためか。さらに民事訴訟では，証言者は，記憶を頼りに多くの事柄について証言をする。一例を挙げれば，事故の詳細，医療過誤訴訟における医者と患者のやり取りや，証券詐欺での会話の想起，そして，後になって思い出した記憶の証言などがある。記憶の証言をより信頼できるものにし，これらの訴訟の判決がより公正なものとなるための心理科学的検討を待ち望んでいる改革はあるだろうか。これらは，独創的な科学的研究，捜査官のための改善された教育，司法および政策団体からの積極的なインプットと合わせ，将来的な政策向上のための領域なのである。

原註

1. 過去10年間，他の司法管轄区においても州の実務が変更されていないにもかかわらず，ラインナップ手続きの改革が行われている。たとえば，バージニア州バージニアビーチ，ミネソタ州チャスカ（Klobuchar & Knight, 2005），そしてカリフォルニア州サンタクララ郡が含まれる。サンタクララ郡の次席検事デービッド・エンジェルは「ある人々は［これらの改革は］有効な識別を下げる，もしくは，改革には費用がかかり過ぎる，あるいは，その実施は非常に難しいと言っている。しかし，これらの問題は起きていない……そこには法の遵守があり，トレーニングは難しいものでははく，正しい識別がされ，おそらく，それらの識別はより正確なものである」と述べている（Young, 2003）。
2. 若干異なるアプローチを行った後，2004年のバージニア総会はバージニア州犯罪委員会と刑事司法サービス部に対して，バージニア州でのラインナップ手続きを改善するためのガイドラインを作成すること，そして地元裁判管轄でのトレーニングの必要事項を開発することを指示した（Ehlers, 2006）。2005年に犯罪委員会の推奨が制定され，ラインナップの方針と手続きを文書化することが警察署に求められた。
3. イノセンスプロジェクトのウェブサイト（http://www.innocenceproject.org）は，釈放されたケース，誤判の理由，科学的研究との関連，モデルとなる法律，改革のリストに関する情報を提供している。このサイトには，ノーサンプトンとボストンのラインナップ改革に関する資料や説明が含まれている。
4. 推定変数の例として，多人種の識別（Meissner & Brigham, 2001b），目撃者の正確性と確信度（Sporer et al., 1995），ストレス（Deffenbacher et al., 2004），凶器注目（Steblay, 1992），目撃時間，保持期間，変装（Shapiro & Penrod, 1986）がある。システム変数の例には，識別後のフィードバック（Douglass & Steblay, 2006），写真面割り（Deffenbacher, Bornstein, & Penrod, 2006），ラインナップ教示（Steblay, 1997），ラインナップ形式（Steblay et al., 2001; Steblay & Dysart, 2008），単独面通し（Steblay et al., 2003），司法催眠（Steblay & Bothwell, 1994），認知インタビュー（Kohnken et al., 1999），言語隠蔽効果（Meissner & Brigham, 2001a）がある。
5. 実際のラインナップの公平性をテストするために，実験室と現場を混ぜた研究用の補助的な手

続きが開発された。**模擬目撃手続き**は，犯罪自体は目撃していない実験参加者に対して，実際の目撃者による犯人の説明のみで，ラインナップから被疑者を識別することを求めるものである。この手続きは一般的に，構成にバイアスがかかっている疑いのあるラインナップを評価するために使用されており，関心のある裁判管轄のラインナップのサンプルを分析するために用いられる。たとえば，ミネソタ州の二重盲検法継時ラインナップのパイロット実験において，模擬目撃手続きは，現場ラインナップのサンプルを通して，公正なラインナップ構成であることを確認した（Steblay, 2007）。

6. 特に，不一致は二重盲検法ラインナップの実施における共通の主題である。まれな例外を除いて，ラインナップの証拠の完全性を維持するためには，二重盲検法手続きが絶対的に必要であると目撃研究者は考えている。**二重盲検法**は，ラインナップ改革の研究において2つの役割を担う。1つは，競合するラインナップ方法（たとえば，継時と同時）を客観的に比較するために必要な方法を提供する役割，もう1つは，非意図的に発生する実施者の影響の脅威や疑いから，目撃者の判断や確信の感覚を保護する役割である。この改革の提案者は，二重盲検法の実施が，目撃証言の知覚された真の完全性を高めることを認識している。捜査官側に悪徳行為や意図的な態度があると推測する必要性はない（これは，どの人間にも生じる現象である非意図的なコミュニケーションに対する保護である）一方で，反対者たちは，二重盲検法の推進を，捜査官の完全性と彼らの目撃者との面接実施能力に対する侮辱とみなしている。その弁論に立つ両者ともが，自分たちの立場を擁護する理由として自分たちの専門性を挙げている。

引用文献

Beerntsen, P. (2006). Transcript of Penny Beerntsen's speech at Reforming Eyewitness Identification Symposium. *Cardozo Public Law, Policy, and Ethics Journal, 4*(2), 239-249.

Behrman, B. W., and Davey, S. L (2001). Eyewitness identification in actual criminal cases: An archival analysis. *Law and Human Behavior, 25*, 475-491.

Behrman, B. W., and Richards, R. E. (2005). Suspect/foil identification in actual crimes and in the laboratory: A reality monitoring analysis. *Law and Human Behavior, 29*, 279-301.

Blumenthal, J. A. (2007). Meta-analysis: A primer for legal scholars. *Temple Law Review, 80*(1), 201-244.

Bradfield, A. L., and Wells, G. L. (2000). The perceived validity of eyewitness identification testimony: A test of the five Biggers criteria. *Law and Human Behavior, 24*, 581-594.

Brewer, N., and Burke, A. (2002). Effects of testimonial inconsistencies and eyewitness confidence on mock juror judgments. *Law and Human Behavior, 26*, 353-364.

Bruck, M., and Ceci, S. J. (1997). The suggestibility of young children. *Current Directions in Psychological Science, 6*(3), 75-79.

Cannino, J. T. (2006). Transcript of Jennifer Thompson Cannino's speech at Reforming Eyewitness Identification Symposium. *Cardozo Public Law, Policy, and Ethics Journal, 4*(2), 251-269.

Capital Punishment Reform Study Committee Act of 2003, Ill. Comp. Stat. Ann. 7255/107A-10 (West 2006).

Capital Punishment Reform Study Committee (2007). *Third annual report*. (Illinois). Retrieved from http://wwwicjia.org/public/pdf/dpsrc/CPRSC%20Third%20Annual%20Report.pdf

Cutler, B. L., and Kovera, M. B. (2008). Introduction to commentaries on the Illinois pilot study of lineup reforms, *Law and Human Behavior, 32*, 1-2.

Cutler, B. L., and Penrod, S. D. (1988). Improving the reliability of eyewitness identification: Lineup construction and presentation. *Journal of Applied Psychology, 73*, 281-290.

Daubert v. Merrell Dow Pharmaceuticals, Inc., 509 U. S. 579 (1993).

Deffenbacher, K. A., Bornstein, B. H., and Penrod, S. D. (2006). Mugshot exposure effects: Retroactive interference, mugshot commitment, source confusion, and unconscious transference. *Law and Human Behavior, 30*, 287-307 .

Deffenbacher, K. A., Bornstein, B. H., Penrod, S. D., and McCorty, E. K. (2004). A meta-analytic review of the effects of high stress on eyewitness memory. *Law and Human Behavior, 28*, 687-706.

Deutsch, M., and Gerard, H. B. (1955). A study of normative and informational influence upon individual judgment. *Journal of Abnormal and Social Psychology*, 51, 629-636.

Diamond, S. S. (2007). Psychological contributions to evaluating witness testimony. In E. Borgida and S. Fiske (Eds.) *Beyond common sense: Psychological science in the courtroom*. Malden, MA: Blackwell Press.

Douglass, A., Smith, C., and Fraser-Thill, R. (2005). A problem with double-blind photospread procedures: Photospread administrators use one eyewitness's confidence to influence the identification of another eyewitness. *Law and Human Behavior, 29*, 543-562.

Douglass, A. B., and Steblay, N. M. (2006). Memory distortion and eyewitnesses: A meta-analysis of the post-identification feedback effect. *Applied Cognitive Psychology, 20*, 859-869.

Doyle, J. (2005). *True witness: Cops, courts, science and the battle against misidentification*. New York: Palgrave Macmillan.

Doyle, J. M., Penrod, S., Kovera, M. B., and Dysart, J. (2006). The street, the lab, the courtroom, the meeting room. *Public Interest Law Reporter, 11*, 13-46.

Ehlers, S. (2006). Eyewitness ID reform legislation: Past, present, and future. Talk presented at the Litigating Eyewitness Identification Cases Conference, Washington D. C.

Eyewitness ID Reform Act, S. 725, Gen. Assem., Sess. 2007, (N. C.) . Retrieved from http://www. ncleg. net/ gascripts/BillLookUp/BillLookUp. pl?Session-20078c Bil1ID-s725

Garrett, B. L. (2006). *Aggregation in criminal law.* Paper 43. University of Virginia Law School: Public Law and Legal Theory Working Paper Series.

Garrett, B. L. (2008). Judging innocence. *Columbia Law Review, 108*(1), 55-142.

Garrioch, L., and Brimacombe, C. A. E. (2001). Lineup administrators' expectations: Their impact on eyewitness confidence. *Law and Human Behavior, 25*, 299-314.

Geiselman, R. E., Fisher, R. P., MacKinnon, D., and Holland, H. (1985). Eyewitness memory enhancement in the police interview: Cognitive retrieval mnemonics versus hypnosis. *Journal of Applied Psychology, 70*, 401-412.

Geiselman, R. E., Fisher, R. P., MacKinnon, D., and Holland, H. (1986). Enhancement of eyewitness memory with the cognitive interview. *American Journal of Psychology, 99*, 385-401.

Governor's Commission on Capitol Punishment. (2002). *Report of the Governor's Commission on Capital Punishment.* Springfield, IL: State of Illinois. Retrieved from http://www.idoc.state.il.us/ccp/ccp/reports/Commission_report/complete_report.pdf

Greathouse, S. M., and Kovera, M. B. (2009). Instruction bias and lineup presentation moderate the effects of administrator knowledge on eyewitness identification. *Law and Human Behavior, 33*, 70-82.

Gronlund, S. D. (2004). Sequential lineups: Shift in criterion or decision strategy? *Journal of Applied Psychology, 89*, 362-368.

Harris, M. J., and Rosenthal, R. (1985). Mediation of interpersonal expectancy effects: 31 meta-analyses. *Psychological Bulletin, 97*, 363-386.

Haw, R. and Fisher, R. P. (2004). Effects of administrator-witness contact on eyewitness identification accuracy. *Journal of Applied Psychology, 89*, 1106-1112.

Innocence Project. (2006). Mistaken I. D. Retrieved from http://www.innocenceproject.org/docs/Mistaken_ID_FactSheet.pdf

Innocence Project. (2007, July 12). Social scientists say Illinois identification report is unreliable [Web blog post]. Retrieved from http://www.innocenceproject.org/Content/Social_scientists_say_Illinois_identification_report_is_unreliable.php

Innocence Project. (2008). Eyewitness identification. Retrieved from http://www.innocenceproject.org/fix/Eyewitness-Identification.php

Jaksic, V. (2007, April 9). States look at reforming lineup methods. *National Law Journal* (online).

John Jay College of Criminal Justice (2007, July 7). "Blue-ribbon" panel of experts calls for more—and better— research of important law enforcement practice. Press release. Retrieved from http://johnjay.jjay.cuny.edu/info/calendar/pressRelease/pressReleaseDetails.asp?ID=93

Junkin, T. (1998). *Bloods-worth: The true story of the first death row inmate exonerated by DNA.* Chapel Hill: Algonquin.

Justice Project. (2007). Eyewitness identification: A policy review. Retrieved from http://www.psychology.iastate.edu/~glwells/The_Justice_Project_Eyewitness_ Identification_ A_Policy_Review.pdf

Kassin, S. M., Tubb, V. A., Hosch, H. M., and Memon, A. (2001). On the "general acceptance" of eyewitness testimony research: A new survey of the experts. *American Psychologist, 56*, 405-416.

Klobuchar, A., and Knight, S. (2005, January 12). New lineup procedures can reduce eyewitness mistakes. *Minneapolis Star Tribune*, p. 11A.

Klobuchar, A., Steblay, N., and Caligiuri, H. L. (2006). Improving eyewitness identifications: Hennepin County's blind sequential lineup pilot project. *Cardozo Public Law, Policy, and Ethics Journal, 4*(2), 381-413.

Kohnken, G., Milne, R., Memon, A., and Bull, R. (1999). A meta-analysis on the effects of the cognitive interview. P*sychology, Crime, and Law, 5*, 3-27.

Lindsay, R. C. L., Mansour, J. K, Beaudry, J. L., Leach, A. M., and Bertrand, M. I. (2009). Sequential lineup presentation: Patterns and policy. *Legal and Criminological Psychology, 14*, 13-24.

Lindsay, R. C. L., and Wells, G. L. (1985). Improving eyewitness identifications from lineups: Simultaneous versus sequential presentation. *Journal of Applied Psychology, 70*, 556-561.

Loftus, E. F. (2005). A 30-year investigation of the malleability of memory. *Learning and Memory, 12*, 361-366.

Malpass, R. S. (2006). Notes on the Illinois Pilot Program on Sequential Double-Blind Identification Procedures. *Public Interest Law Reporter, 11*(2), p 5-8, 39-41, 47.

Manson v. Baithwaite, 432 U. S. 98, 114 (1977).

Mazzoni, G. (2007). Did you witness demonic possession? A response time analysis of the relationship between event plausibility and autobiographical beliefs. *Psychonomic Bulletin and Review, 14*, 277-281.

McQuiston-Surrett, D., Malpass, R. S., and Tredoux, C. G. (2006). Sequential vs. simultaneous lineups: A review of methods, data, and theory. Psychology, *Public Policy, and Law, 12*(2), 147-169.

Mecklenburg, S. H. (2006). *Report to the legislature of the State of Illinois: The Illinois pilot program on double-blind, sequential lineup procedures.* Retrieved from http://www.chicagopolice.org/IL%20Pilot%20on%20Eyewitness%20ID.pdf

Mecklenburg, S. H., Bailey, P. J., and Larson, M. R. (2008a, October). Eyewitness identification: What chiefs need to know now. *The Police Chief.* Retrieved from http://www.policechiefmagazine.org/magazine/index.cfm?fuseaction=display_arch&article_id=1636&issue_id=102008

Mecklenburg, S. H., Bailey, P. J., and Larson, M. R. (2008b). The Illinois Field Study: A significant contribution to understanding real world eyewitnesses. *Law and Human Behavior, 32*, 22-27.

Meissner, C. A., and Brigham, J. C. (2001a). A meta-analysis of the verbal overshadowing effect in face identifications. *Applied Cognitive Psychology, 15*, 603-616.

Meissner, C. A., and Brigham, J. C. (2001b). Thirty years of investigating the own-race bias in memory for faces: A meta-analytic review. *Psychology, Public Policy, and Law, 7*, 3-35.

Morgan, C. A., Hazlett, G., Doran, A., Garrett S., Hoyt, G. Thomas, P., Baronoski, M., and Southwick, S. M. (2004). Accuracy of eyewitness memory for persons encountered during exposure to highly intense stress. *International Journal of Law and Psychiatry, 27*, 265-279.

Munsterberg, H. (1908). *On the witness stand*. New York: Doubleday.

National Science Foundation (1997, January 3). *False identification: New research seeks to inoculate eyewitnesses against errors.* Press release. Retrieved from http://www.nsf.gov/pubs/stis1997/pr971/pr971.txt

Neil v. Biggers, 409 U. S. 188, 199 (1972).

Northampton Police Department (2000). *Eyewitness Identification Procedure. Administration and Operations Manual* (Chapter 0-408). Northampton, MA. Retrieved from http://www.innocenceproject.org/docs/Northampton_MA_ID_Protocols.pdf

O'Toole, T. P. (2006, August). What's the matter with Illinois? How an opportunity was squandered to conduct an important study on eyewitness identification procedures. *The Champion*, pp. 18-23.

O'Toole, T. P., and Shay, G. (2006). Manson v. Brathwaite revisited: Towards a new rule of decision for due process challenges to eyewitness identification procedures. *Valparaiso University Law Review*, 41, 109-148.

Patenaude, K. (2006). Police identification procedures: A time for change. *Cardozo Public Law, Policy, and Ethics Journal*, 4(2), 415-419.

Penrod, S. (2003, Spring). Eyewitness identification evidence: How well are eyewitnesses and police performing? *Criminal Justice Magazine*, pp. 36-17, 54.

Phillips, M , McAuliff, B. D., Kovera, M. B., and Cutler, B. L. ;1999). Double-blind lineup administration as a safeguard against investigator bias. *Journal of Applied Psychology*, 84, 940-951.

Rosenthal, R. (2002). Covert communication in classroom, clinics, courtrooms, and cubicles. *American Psychologist*, 57, 834-849.

Rosenthal, R., and Rubin, D. B. (1978). Interpersonal expectancy effects: The first 345 studies. *Behavioral and Brain Sciences*, 3, 377-386

Ross, S. J., and Malpass, R. S. (2008). Moving forward: Response to "Studying eyewitnesses in the field." *Law and Human Behavior*, 32, 16-21.

Rozas, A. (2007, July 30). Best police lineup format not yet ID'd. *Chicago Tribune*. Retrieved from http://articles.chicagotribune.com/2007-07-30/news/0707290206_1_illinois-study-lineup-death-penalty-reforms

Schacter, D. L. (1996). *Searching for memory: The brain, the mind, and the past*. New York: Basic Books.

Schacter, D. L (2001). *The seven sins of memory: How the mind forgets and remembers*. Boston: Houghton Mifflin.

Schacter, D. L., Dawes, R., Jacoby, L. L., Kahneman, D., Lempert, R., Rocdiger, H. L, and Rosenthal, R. (2008). Studying eyewitness investigations in the field. *Law and Human Behavior*, 32, 3-5.

Schleh, J. (2006, March 9). Sequential photo lineups using an independent administrator in Ramsey County. Memorandum. Ramsey County, MN.

Schmechel, R. S., O'Toole, T. P., Easterly, C. E., and Loftus, E. F. (2006). Beyond the ken? Testing jurors' understanding of eyewitness reliability evidence. *Jurimetrics*, 46, 177-214.

Shapiro, P., and Penrod, S. (1986). A meta-analysis of facial identification studies. *Psychological Bulletin*, 100, 139-156.

Sherman, L. W. (2006). To develop and test: The inventive difference between evaluation and experimentation. *Journal of Experimental Criminology*, 2, 393-406.

Simmons v. United States, 390 U. S. 377, 384 (1968).

Slater, A. (1994). *Identification parades: A scientific evaluation*. London, UK: Police Research Group, Home Office.

Sporer, S. L. (2006). The science of eyewitness testimony has come of age. *Psychological Science in the Public Interest*, 7(2), i-ii.

Sporer, S. L., Penrod, S., Read, D., and Cutler, B. L (1995). Choosing, confidence, and accuracy: A meta-analysis of the confidence-accuracy relation in eyewitness identification. *Psychological Bulletin*, 118, 315-327.

State of New Jersey, Office of the Attorney General (2002, April 18). Attorney General guidelines for preparing and conducting photo and live lineup identification procedures. Retrieved from http://www.state.nj.us/lps/dcj/agguide/photoid.pdf

State of Wisconsin, Office of the Attorney General. (2006). Response to Chicago report on eyewitness identification procedures. Retrieved from http://www.doj.state.wi.us/dles/tns/ILRptResponse.pdf

State of Wisconsin, Office of the Attorney General. (2010). Eyewitness identification procedure recommendations. Model Policy and Procedure for Eyewitness Identification. Retrieved from http://www.doj.state.wi.us/dles/tns/eyewitnesspublic.pdf

State v. Ledbetter, S. C. 17307, 275 Conn. 534, 881A. 2d 290 (2005). Retrieved from http://www.nlada.org/forensics/for_lib/Documents/1142893341.14/ Ledbetter%20SCOTUS%20petition.pdf

Steblay, N. (1992). A meta-analytic review of the weapon-focus effect. *Law and Human Behavior*, 16, 413-424.

Steblay, N. (1997). Social influence in eyewitness recall: A meta-analytic review of lineup instruction effects. *Law and Human Behavior*, 21, 283-297.

Steblay, N. (2006). Observations on the Illinois data. Retrieved from http://web.augsburg.edu/~steblay/ObservationsOnTheIllinoisData.pdf

Steblay, N. (2007). *Double-blind sequential police lineup procedures: Toward an integrated laboratory and field practice perspective*. Final report to the National Institute of Justice for grant no. 2004-IJ-CX-0044.

Steblay, N. (2008). Commentary on "Studying eyewitness investigations in the field": A look forward. *Law and Human Behavior*, 32, 11-15.

Steblay, N. (2009). *It's more complicated than that: Lessons from the Evanston, Illinois field data*. Paper presented at the American Psychology-Law Society conference, San Antonio, TX.

Steblay, N., and Bothwell, R. (1994). Evidence for hypnotically refreshed testimony: The view from the laboratory. *Law and Human Behavior*, 18, 635-652.

Steblay, N., and Dysart, J. (2008). *Seventy tests of the sequential superiority effect: A meta-analysis*. Manuscript submitted for publication.

Steblay, N., Dysart, J., Fulero, S., and Lindsay, R. C. L. (2001). Eyewitness accuracy rates in sequential and simultaneous lineup presentations: A meta-analytic comparison. *Law and Human Behavior*, 25, 459-473.

Steblay, N., Dysart, J., Fulero, S., and Lindsay, R. C. L. (2003). Eyewitness accuracy rates in police showups and lineup presentations: A meta-analytic comparison. *Law and Human Behavior*, 27, 523-540.

Stovall v. Denno, 388 U. S. 301-302 (1967).

Suffolk County Task Force on Eyewitness Evidence. (2004). Report of the task force on eyewitness evidence. Retrieved from http:/www.innocenceproject.org/docs/Suffolk_eyewitness.pdf

Sullivan, T. P. (2007). Efforts to improve the Illinois capital punishment system: Worth the cost? *University of Richmond Law Review*, 41, 935-969.

Taslitz, A. E. (2006). Eyewitness identification, democratic deliberation, and the politics of science. *Cardozo Public Law, Policy, and Ethics Journal*, 4(2), 271-325.

Technical Working Group for Eyewitness Accuracy. (1999). *Eyewitness evidence: A guide for law enforcement*. Research Report. Washington, DC: U. S. Department of Justice.

Tollestrup, P. A., Turtle, J. W., and Yuille, J. C. (1994). Actual victims and witnesses to robbery and fraud: an archival analysis. In D. F.

Ross, J. D. Read, and M. P. Toglia (Eds.), *Adult eyewitness testimony: Current trends and developments* (pp. 144-160). Cambridge: Cambridge University Press.

United States v. Ash, 413 U. S. 300, 321 (1973).

United States v. Wade, 388 U. S. 218, 228 (1967).

Valentine, T., and Heaton, P. (1999). An evaluation of the fairness of police lineups and video identifications. *Applied Cognitive Psychology, 13*, S59-S72.

Valentine, T., Pickering, A., and Darling, S. (2003). Characteristics of eyewitness identification that predict the outcome of real lineups. *Applied Cognitive Psychology, 17*, 969-993.

Virginia State Crime Commission. (2005). *Mistaken eyewitness identification*. Report of the Virginia State Crime Commission to the Governor and the General Assembly of Virginia. H. R. Doc. No. 40.

Wells, G. L. (1978). Applied eyewitness testimony research: System variables and estimator variables. *Journal of Personality and Social Psychology, 36*, 1546-1557.

Wells, G. L. (1984). The psychology of lineup identifications. *Journal of Applied Social Psychology, 36*, 1546-1557.

Wells, G. L. (1988). *Eyewitness identification: A system handbook*. Toronto: Carswell Legal Publications.

Wells, G. L. (1993). What do we know about eyewitness identification? *American Psychologist, 48*, 553-571.

Wells, G. L. (2006a). Comments on the Illinois Report. March 29. Retrieved from http://www.psychology.iastate.edu/faculty/gwells/Illinois_Report.pdf

Wells, G. L. (2006b). Does the sequential lineup reduce accurate identifications in addition to reducing mistaken identifications? Retrieved from http://www.psychology.iastate.edu/faculty/gwells/SequentialNotesonlossofhits.htm

Wells, G. L. (2006c). Eyewitness identification: Systemic reforms. *Wisconsin Law Review, 2*, 615-643.

Wells, G. L. (2006d). An important note on field studies of eyewitness identifications from lineups: Filler identifications are "conditional proxy measures." Retrieved from http://www.psychology.iastate.cdu/faculty/gwells

Wells, G. L. (2008). Field experiments on eyewitness identification: Towards a better understanding of pitfalls and prospects. *Law and Human Behavior, 32*, 6-10.

Wells, G. L., and Bradfield, A. L. (1998). "Good, you identified the suspect": Feedback to eyewitnesses distorts their reports of the witnessing experience. *Journal of Applied Psychology, 83*, 360-376.

Wells, G. L., and Hasel, L. E. (2008). Eyewitness identification: Issues in common knowledge and generalization. In E. Borgida and S. Fiske (Eds.), *Beyond common sense: Psychological science in the court room* (pp. 157-176). Oxford, Blackwell Publishing.

Wells, G. L., and Lindsay, R. C. L. (1980). On estimating the diagnosticity of eyewitness nonidentifications. *Psychological Bulletin, 88*, 776-784.

Wells, G. L., Lindsay, R. C. L., and Ferguson, T. J. (1979). Accuracy, confidence, and juror perceptions in eyewitness identification. *Journal of Applied Psychology, 64*, 440-448.

Wells, G. L., Malpass, R. S., Lindsay, R. C. L., Fisher, R. P., Turtle, J. W., and Fulcro, S. M. (2000). From the lab to the police station: A successful application of eyewitness research. *American Psychologist, 55*, 581-598.

Wells, G. L., Memon, A., and Penrod, S. D. (2006). Eyewitness evidence: Improving its probative value. *Psychological Science in the Public Interest, 7*(2), 45-75.

Wells, G. L., and Quinlivan, D. S. (2009). Suggestive eyewitness identification procedures and the Supreme Court's reliability test in light of eyewitness science: 30 years later. *Law and Human Behavior, 33*. doi:10. 1007/s1097-008-9130-3

Wells, G. L., Small, M., Penrod, S., Malpass, R. S., Fulero, S. M., and Brimacombe, C. A. E. (1998). Eyewitness identification procedures: Recommendations for lineups and photospreads. *Law and Human Behavior, 22*, 603-647.

Wells, G. L., and Turtle, J. (1986). Eyewitness identification: The importance of lineup models. *Psychological Bulletin, 99*, 320-329.

Wise, R. A., and Safer, M. A. (2003). A survey of judges' knowledge and beliefs about eyewitness testimony. *Court Review, 40*(1), 6.

Wright, D. B., and McDaid, A. T. (1996). Comparing system and estimator variables using data from real lineups. *Applied Cognitive Psychology, 10*, 75-84.

Wright, D. B., and Skagerberg, E. M. (2007). Post-identification feedback affects real witnesses. *Psychological Science*, 18, 172-178.

Yeung, B. (2003, October 29). Innocence arrested. SFWeekly. com. Retrieved from http://www.sfweekly.com/2003-10-29/news/innocence-arrested/ (Additional information available at http://www. innocenceproject.org/docs/Santa_Clara_eyewitness.pdf)

Zernicke, K. (2006, April 19). Study fuels debate over police lineups. *New York Times*, p. 1.

9章　誤った有罪判決

PHOEBE ELLSWORTH
SAM GROSS

近年，無実の人物が有罪判決を受ける冤罪がたいへん注目されている。DNA鑑定で無実であることが判明した241名の受刑者が釈放され，DNA証拠はないが同じく無実であることが判明した受刑者数百人も釈放された。30年前に比べれば，私たちは冤罪について多少なりとも知るようになった。しかし，まだまだ知らないことや，決して知ることがないこともある。

9.1　背景

9.1.1　冤罪と再審無罪

概念的には，無実の人に対する有罪判決は誤判であり，これは過去の出来事に関係する不確かな証拠を評価することが難しいことに起因する誤りである。しかしながら，たとえ件数が少なくても誤判は厄介である。冤罪は無実である被告人の人生を台無しにする恐れがあるだけでなく，彼／彼女と親しい人々の人生にも深刻な悪影響を与える。彼／彼女は最も残酷な形で，公然と国家によって罰せられるのだ。彼／彼女はそれまでの生活を奪われ，犯罪者あるいは卑劣な強姦魔というレッテルを貼られることもある。自分が無実だと知る本人が真実を語っても，捜査関係者はそれを無視してしまう。このような過程の中で，捜査関係者はたいていもう1つの過ちを犯している。真犯人を取り逃がしているのである。

歴史的にこの問題に対する反応は否定的なものであった。たとえば1923年，ラーニッド・ハンド判事は記念碑的な見解を残している。「私たちの（刑事）手続きは有罪判決を受けた無実の人々という霊に常に苛まれてきた。そのようなものは非現実的な夢にすぎない」(United States v. Garsson, 1923)。もちろん，ハンド判事も無実の人々がときおり有罪判決を受けることは承知していた。彼の主張は，冤罪は非常にまれなので，そのまれなリスクが政策に影響を与えるべきではない，ということであった。今でもこのような主張を耳にするが，現在は説得力を欠きつつある。

冤罪の根源的な問題は，その検出が非常に難しいことである。定義上，有罪判決が誤りであることを私たちが知ることはないし，知っていれば，そもそもミスなんて犯さないだろう。無実者を見分ける万能の検査があるのであれば，裁判でそれを使用するだろうが……。冤罪を引き起こすのと同様の無知が，冤罪研究をより困難なものにしている。私たちが知っているのは，有罪判決を受けた刑事被告人が無実を証明することができた，まれな再審無罪事件でしかないのである。

ハンド判事が先ほどの主張を示した1923年当時，冤罪事件は数えるほどしか知られていなかった。9年後，エドウィン・ボーチャードは *Convicting the Innocent* を出版した。この本では65件の古典的な再審無罪事件が19世紀にまでさかのぼって紹介されている（Borchard, 1932）。数十年の間に同様の事件集がいくつか出版されており（Frank & Frank, 1957; Gardner, 1952; Gross, 1987; Radin, 1964），RadeletとBedauは19世紀と20世紀に起きた殺人事件と，その他の一般的に死刑に値する重大犯罪で

有罪判決を受けたアメリカ人の被告人の事件417件を集めた（Bedau & Radelet, 1987; Radelet et al., 1992）。

こうしている間に，再審無罪事件は急激に増加した。中断されていた死刑制度が1970年代の中頃にアメリカで復活したときに最初に増加し（Furman v. Georgia, 1972; Gregg v. Georgia, 1976），次は1989年にDNA鑑定による最初の再審無罪判決が生じたときにまた増加した。その結果，過去2, 30年間でアメリカの再審無罪事件は数百件に上った。これらの事件は，冤罪の問題に対する私たちの意識を根本から変え，刑事司法制度に大きな影響を与えた。

本章では近年起きた以下の再審無罪事件について焦点を当てることとする。これらの事件は4つに分けることができる。

- 1989年1月，デイヴィッド・ヴァスケスがこれまでDNA証拠によって再審無罪とされたアメリカ人の被告人241名の最初の1人となった（Conners et al., 1996; Innocence Project, 2009）[1]。被告人は他の犯罪（多くの場合は殺人罪）で有罪判決を受けていることもあったが，これらの再審無罪事件のほとんどに強姦が含まれていた
- 1973年以降，殺人罪で死刑判決を受けた135名の被告人が再審で無罪となり，釈放された。このうち，死刑囚17名の再審無罪にはDNA証拠が重要な役割を果たした（Death Penalty Information Center, 2009）
- 1989年から2003年にかけて，重罪で有罪となったが死刑判決は受けていない，少なくとも135名の被告人がDNA証拠の恩恵なしに再審無罪となった。DNA証拠がある事件や死刑囚の再審無罪事件とは異なり，このような事件では公的な記録が残されていない。再審無罪の対象となった事件の大多数は殺人（78％）と強姦（12％）に対する有罪判決であった（Gross et al., 2005）
- 過去10年間で警察による重大な不祥事が3件，2002年と2003年にテキサス州トゥリアで2件，1999年にロサンゼルスで1件が明らかになった。このとき，140から200名の無実の被告人が多数再審無罪となり，釈放された。これらの事件では警察官が組織的に違法薬物や武器の所持で無実の被告人を拘束していた（Gross, 2008）[2]

1973年以降，他にも再審無罪事件はあったが，このうち公的記録として体系的に集約されて残っているものの多くは，上記の4つのグループに含まれている。アメリカ全土で35年間分の記録として残っている再審無罪事件が，おおよそ650件から700件というのは少ない。その後もさほど調査が進んでいるわけではないが，1990年当時に比べればはるかに情報量が増えた。

この数百もの再審無罪事件から私たちが学んできたことについて述べる前に，私たちが**知らない**ことについていくつか述べておくべきだろう。

第一に，有罪判決を受けた被告人の真の無実を証明する検査は存在しないため，私たちは代理人に頼るしかない。これは無実が主張されたときに政府の職員によって実行される措置である。私たちが使っている**再審無罪**（赦免，取り下げ，無罪放免）という言葉は，有罪判決を受けた被告人が当該の犯罪について有罪ではないことを宣言する公的な処分のことである。裁判で提出されていない被告人の無実を示す新しい証拠を審査するには，事件の再審査が必要だからである（Gross et al., 2005）。

再審無罪になった被告人の一部は，有罪とされた犯罪のすべて，または一部についてきっと実際

に罪を犯しているが，その数はおそらく非常に少ないだろう。アメリカでは有罪判決を受けた後，このように救済されることはきわめて難しく，通常は膨大な証拠が必要である。一方で，決して明らかになることがない冤罪事件が無数にあることも明白である。これは後で述べるように，どのような種類の事件においても同じであり，ときおり再審無罪となるような事件でさえたいていは運まかせである[3]。

　第二に，私たちは強姦や殺人以外の犯罪に対する冤罪についてはほとんど何も知らない。これら二つの最も深刻な暴力犯罪は，重罪に対する有罪判決のたった2%（全刑事事件に対する有罪判決の中ではほんのわずかな割合）を占めているだけだが，再審無罪事件の95%は強姦事件と殺人事件である。主な理由はシンプルだ。たいてい，再審無罪を得るにはわずかな財源から多くの投資が必要なうえ，積極的に追求されるのは深刻なケースだけだからである。1989年から2003年にかけて再審無罪となり，釈放された340名の被告人は平均して10年以上を刑務所で過ごした。このほとんどが死刑または終身刑を宣告され，4分の3以上が少なくとも懲役25年以上の判決を受けていた（Gross et al., 2005）。これに比べて，2004年に重罪で有罪判決を受けた被告人のうち30%はいっさい収監されておらず，このような被告人の平均刑期は3年をわずかに上回るくらいである（Durose & Langan, 2007）。

　殺人に対する有罪判決，特に死刑判決に対する比較的高い再審無罪率は，極端な事件に対する注目度の違いによって説明可能である。強姦事件の場合は当然のようにDNA証拠があるため，たとえば武装強盗のような他の重大な暴力行為の場合よりも再審無罪が達成されやすく，一般的なものになっている。それでも強姦事件における再審無罪も，一般的には重い判決の場合に生じることが多い。1989年から2003年に再審無罪となった強姦事件の被告人121名のうち，30%以上が終身刑の判決を受け，残りの被告人に言い渡された刑期の中央値は30年であった。2000年に強姦で有罪判決を受けた被告人全員については，10%が保護観察処分を受け，残りの被告人が言い渡された刑期の中央値は7年であった（Gross, 2008）。

　私たちが見逃している冤罪事件は何だろうか。もちろん，私たちに知る術はないが，データに基づいていくらか推測することぐらいはできる。たとえば，強盗事件の冤罪事件はこれまでに判明している数よりもはるかに多いはずである。強姦事件における冤罪事件のほとんどに目撃者の誤識別が含まれており，この多くは犯人が被害者にとって見知らぬ人物である場合に限られている。しかし，見知らぬ人物による強盗事件の件数は，見知らぬ人物による強姦事件の10倍以上である（Gross et al., 2005）。DNA鑑定が可能になる前に実施された調査では，再審無罪に至った目撃者による誤識別のほとんどが，強姦事件ではなく強盗事件で起きていた（Gross, 1987）。このことは，強盗事件に対する冤罪が依然として強姦事件を上回っている理由を説明しているが，DNAに匹敵する無実の決定的証拠がないため，再審無罪となるのはこのうちのごくわずかなのである。

　ほとんどの冤罪が，**すべての刑事裁判判決の中でも多い2つの重複するグループの中で生じている**ことを，さまざまな発生率に関する統計基準値が示唆している。(1) 冤罪は比較的軽い量刑，比較的軽微な罪において一般的である。先ほど述べたように，このような事件は再審無罪事件から完全に漏れてしまっている。(2) 有罪答弁。アメリカでは，刑事裁判における有罪判決の95%以上が有罪答弁に基づくものであり，たいていは司法取引の結果である。しかし，再審無罪事件で有罪答弁を行っていたのはたった6%程度であり，これ

らの事件は一般的な有罪答弁事件というより，再審無罪となった他の事件と同じような重罪事件である。有罪答弁を行い，1989年から2003年の間に再審無罪となった20名の被告人たちに対して下された判決は平均46年の懲役であった。1人を除いて全員が強姦あるいは殺人で起訴され，全員が死刑あるいは終身刑に直面していたことを考えれば驚くことではない（Gross et al., 2005）。

さて，ここにもまた無実の人間が実際に犯してもいない犯罪について有罪答弁するわけがない，という一般的な信念を論駁するに十分な関連情報がある（Hoffinan, 2007）。先ほど，警察官が組織的に無実の被告人を陥れた3件の事件が発覚した後に**集団**再審無罪事件が生じたことと関連して，薬物と銃の違法所時に対する冤罪について述べた。この事件の被告人の多くは，通常個人が再審無罪を勝ち取るチャンスを得るのに必要なコストと労力を費やすことを選ぶよりも，軽い量刑で済ます見返りに有罪答弁を行っていた（Gross, 2008）。しかし，汚職のような背景がない，通常の文脈ではどの程度の割合で無実の被告人が減刑を求めて有罪答弁を行うのだろうか。そしてそれはどのような事件において生じるのだろうか。私たちにはそれを知る手がかりがない。

9.1.2　冤罪の頻度

つい最近の2007年に，アントニン・スカリア判事は最高裁判所の補足意見として，アメリカの刑事裁判における有罪判決の「エラー率は0.027%，言い換えれば，99.973%の成功率である」と述べた（Kansas v. Marsh, 2006）。これが真実であればなんとも心強いが，もちろん馬鹿げた評価である。このエラー率は私たちも知っている再審無罪数を（このうちのほとんどが件数としては少ない殺人事件や悪質な強姦で起きている）薬物所持や車の窃盗，そして脱税に対する重罪判決の総数で割ったものである。正確な冤罪率を実際に推測するには，冤罪であったと特定できるすべて，あるいは少なくともその大部分を明確にグループ分けすることが必要である。これを刑事判決全体に対してどのように行うか想像することは難しいが，強姦と第1級殺人罪という再審無罪が比較的よく起こっている2つの犯罪タイプについては，大雑把な推測くらいは可能であろう[4]。

強姦事件に関しては冤罪について体系的なデータが存在する（まだ分析されていないが）。バージニア州では，法医科学局が1970年代から1980年代に起きた数百件の強姦事件の事件記録の中に，強姦犯のDNAプロファイルを取得するのに使用可能な生物学的証拠を発見し，それらが未鑑定のままであることに気づいた。このDNA記録や，他の場所にある同様の事件記録を慎重に精査すれば，裁判前のDNA鑑定が一般的になる以前のおよそ10年間に当該管轄区域で起きた強姦事件に対する冤罪率を算出できるかもしれない。今のところ利用可能なデータはバージニア州での予備検査の結果である。これによれば，22件のうち2件，すなわち，この小規模なサンプルの中では9%が冤罪であるという結果であった（Liptak, 2008）。

第1級殺人罪では状況が異なる。殺人罪が他の犯罪に比べて目立つのは，有罪判決が誤っているかどうか判断するうえで特段有利な証拠があるからではなく，死刑判決事件に対する判決の前にも後にもより多くの注目と資金が費やされるためである。その結果，実刑判決1%の10分の1にも満たない死刑判決が，1979年から2003年までの再審無罪事件の22%を占めていた。すべての実刑に占める死刑判決の割合が0.085%であるのに対して，すべての再審無罪判決事件中の死刑判決は22%であった（Gross & O'Brien, 2008）。このことは，死刑判決を受けた無実の被告人の相当数が最終的には再審無罪とされており，およそ過半数は最終

に無罪を勝ち得ていることを示唆している。そうであるとすれば，死刑判決事件での再審無罪率は死刑判決に対する冤罪率の下限として利用することができる。GrossとO'Brien（2008）は，1973年から1989年のアメリカでの全死刑判決のうち2.3%は最終的に再審で無罪になっていると計算しており（3792件中86件），Risinger（2007）は1982年から1989年の間に強姦殺人で死刑判決を受けた被告人のうち3.3%はDNA鑑定で再審無罪になっていると推計している。しかし，死刑判決事件であっても，冤罪の真の割合は，実際に観測された再審無罪事件数よりもかなり多いに違いないと研究者は心に留めておく必要がある。

死刑判決の冤罪率から全犯罪の冤罪率を導き出すことは可能だろうか。重大事件に比べて費やされる資源が少ないことから，他の犯罪でのエラー率は少なくとも死刑判決の冤罪率より高いだろうと思う人もいるかもしれない。一方，Gross（1998）によれば，一般的には殺人事件，特に第1級殺人でのエラー率が他の重罪に比べて高い。これは捜査当局がこれらの凶悪事件の解決においては非常に大きな圧力を受けているからである。その結果，本来ならば訴訟を断念するような立証が難しい事件を訴追したり，早合点したり，疑わしい証拠に依存したりすることがある。いずれにせよ，これを証明するデータは残念ながらない。私たちが知っているのは刑事判決の中でも最も深刻な有罪判決，死刑判決に対する冤罪は，糖尿病（アメリカにおける全死因の3.1%）やアルツハイマー病に起因する死（2.8%）と同じように，まれではあるが日常的に起こる出来事だということである（Heron, 2007）。

9.1.3 冤罪の原因と指標

複数の証拠的，手続き的な要因が再審無罪事件では繰り返し見られる。たとえば，目撃者の誤識別，虚偽自白，法医学的分析の偽造や誤り，刑務所内の情報提供者やその他の証人が利益と引き換えに行った偽証，警察官や検察官による不正行為，刑事弁護人による不十分な弁護である。これらの要因はすべて社会科学者や法学研究者によって検討されてきており，中には広く検討されてきたものも含まれている。

目撃証人の誤りは冤罪の最も一般的な原因である。これは既知の事件のほとんどで起きており（Garrett, 2008; Gross et al., 2005），最も研究が尽くされてきた要因である。目撃者による誤りを最小限に抑えることができる要因の多くは警察の管理下にある（これをWells（1978）はシステム変数と呼んだ）。それらは，次のようなものである。目撃者に対する被疑者の容姿についての聞き取りは事件直後に実施すること，ラインナップを構成する人物は慎重に選定すること，真犯人はラインナップの中にいるかもしれないし，いないかもしれないという注意を目撃者に与えること，ラインナップは実際の被疑者が写真のどの人物か知らない職員が呈示すること，警察官と目撃者の間で交わされた会話の内容と証言が行われた時期は記録すること，被疑者についての情報を目撃者に与えないよう慎重を期すことである。実験室研究はこれらすべての要因と，目撃者の証言に影響を与え，被疑者の誤識別を引き起こすその他の要因について実証してきた（本書8章を参照）。そして事例研究は，これまで明らかになった冤罪事件においてこれらが最も一般的なエラーの原因であることを示してきた（たとえば，McGonigle & Emily, 2008）。

1980年代後半以降，約250件の虚偽自白が報告されており（Leo, 2008），Garrett（2008）はDNA証拠によって再審無罪となった受刑者の15%に虚偽自白が見られたと報告している。Saul Kassinは一連の実験室実験で，一般に信じられているよりもはるかに簡単に，一般の人によくない行いについて

自白させることができることを示し，警察の尋問で頻繁に利用されている戦術（犯行を示す証拠について嘘をついたりすること）は虚偽自白が生じる可能性を増加させることを示した。また，熟練の捜査官でも真の自白者と虚偽自白者を見分けることは難しいことも示した（Kassin, 2005）。また，若い人や精神障害を抱える被疑者は，虚偽自白を促す警察の暗示的な戦術に対して特に脆弱であることを示す強い証拠が実際の事件に存在する（Leo, 2009）。虚偽自白を示す実証的な記録は，目撃者による誤識別の記録に比べればあまり多くはないが，虚偽自白を引き出す戦術の種類についてはかなり分かってきているため（Kassin, 2008），これらを禁じれば虚偽自白の頻度を確実に減らすことができるだろう。

　法医学の誤り（Garrett & Neufeld, 2009），情報提供者による偽証（Warden, 2004），検察官の誤り（Armstrong & Possley, 1999），力不足な弁護活動（Scheck et al., 2003）は統制が必要な実験の対象とはなりにくいが，実際の虚偽自白事件では頻繁に見られる。中には資金が底を尽きていたり，検察官や弁護人がケースを抱えすぎていたりすることが原因だったり，コストをもっとかければ解決されるようなものも含まれているのである。しかしこれがすべてではない。たとえば，警察署によって運営されている法医学研究所は，どんなに資金が潤沢であっても完全に独立した研究所に比べれば分析にバイアスがかかりやすい。そして報道価値の高い有罪判決を導いた検察の職権濫用が罰せられることはまずないのである。

　これらすべての要因が多くの，おそらくほとんどの冤罪に寄与していることは間違いない。たとえば，目撃者に誤識別された無実の被告人は，目撃者が識別さえしなければ有罪となることはなかったであろう。しかし，たとえ統制された実験研究によって裏付けがなされたとしても，再審無罪事件から得られる情報だけでは限界がある。実験研究は，証拠の誤り（被疑者の誤識別，虚偽自白）を引き起こす要因を特定してきたし，これらの過誤は既知の冤罪事件でも頻繁に起きている（たとえば，Scheck et al., 2003）。しかし，実験研究で冤罪を測定することはないため，どの間違いが最も冤罪に深く関連しているのかは分からない。たとえば，多くの（おそらくほとんどの）誤識別（Gross, 1987）や虚偽自白（Drizin & Leo, 2004）が無実の人々を冤罪に陥れるとは限らないようである。これらの要因の重要性を本当に理解するためには，冤罪を引き起こす捜査および判決に至る過程について知る必要がある。

　まず，私たちが原因を知っている事件は，すでに分かっている再審無罪事件だけである。ここまで見てきたように，私たちが行う一般化は，裁判になる強姦や殺人事件に対してのみ限定的に効果があることを意味している。たとえば，保釈金を払う余裕のない被告人は司法取引，そして保護観察を受けて帰宅するか，無実を主張して刑務所にとどまるかの選択を迫られることがある。ここで生じるジレンマが，有罪答弁を行った無実の被告人における主な冤罪原因となっているかもしれないが（たとえば，PBS（2004），エルマ・フェイ・スチュワートの事件を参照），この仮説を調べるだけのデータは存在しない。そして，この手続きによって生み出される冤罪には，私たちがこれまで議論してきたのと同じ証拠と手続き上の要因が含まれているかもしれないし，そうではないかもしれない。なぜなら，これらの事件の多くは，短い手順の中でわずかな証拠に基づいて判断されているからだ。

　第二に，これらの原因要素1つの発生だけでは，誤判に結びつく過程を十分に説明することはほとんどできない。たとえば，無実の被告人が集中的な取調べを20時間以上受けた末に虚偽自白を行っ

た場合，私たちは自問しなければならない。なぜ警察は彼／彼女が有罪だと信じ，自白を引き出すために多くの時間を費やしたのだろうか。そして，なぜこのような状況で得た自白を信じたのだろうか。

第三に，これらの要因は冤罪の**原因**になりうるが，これが冤罪の**予測指標**になるわけではない。たとえば，目撃者の誤識別は強姦事件において最も一般的な冤罪原因であり，強姦事件の再審無罪事件の90％近くに含まれている。しかし，これが示す真の意味は何だろうか。わずかな例外を除いて，これまで強姦事件で明らかになった再審無罪事件は，裁判前にDNA鑑定が行われなかった事件で発生していた。このような場合，暗かったり顔が隠されていたりして識別が物理的に不可能でない限り，被害者には被告人を識別することが期待される。もし被害者が識別に失敗すれば事件はたいてい行き詰まってしまう。言い換えれば，DNA証拠以前には，強姦事件が起訴されるためには目撃者識別が必須だったのである。すべての強姦事件の有罪判決に目撃者識別が含まれていたら，すべての強姦事件の再審無罪事件にも誤識別が必然的に含まれることになる。しかし，再審無罪事件に基づいてでしか誤識別であるか否かを推論することができなければ，誤識別が無実の指標として使われることはないだろう。

目撃者に誤った人物を選ばせる可能性がある警察の手続きについてはどうだろうか。実験研究では，誤識別が暗示的な識別手続きの過程で容易に引き起こされることが実証されている。たとえば，ラインナップの中のどの人物が真の被疑者か知っている警察官は，意図的または意図せずに被疑者をさりげなく，あるいは明確な方法で目立たせて目撃者に見せる可能性がある。また，警察署に呼び出された目撃者が，犯行現場で見た犯人と特徴がなんとなく似ていて，手錠をかけられた人物を見せられるかもしれない。そして，異なる写真ラインナップで被疑者の特定に繰り返し失敗した目撃者は，何度も写真を見たことによる既視感によって，最終的には被疑者を選ぶかもしれない（本書8章を参照）。

しかし，暗示的な識別手続きは冤罪を**予測する**だろうか。これについてはあまり明確ではない。冤罪はまれだが，暗示的な取調べ方法が普及しているだけの可能性もある。私たちが知る限り，暗示的な取調べ方法は識別が正確に行われる場合にも，誤識別が生じる場合にも，同じ程度に利用されている。私たちは実験研究から，誤識別率が暗示的な取調べ方法によって増加することを知っているが，暗示的な識別手法を使うことで真犯人を有罪にできることもある。暗示的な識別手法は，尻込みする証人に正確な選択をする動機づけとなる刺激を与えるのと同じように，不正確な証人を作り出すのかもしれない。

同じ論理が他の証拠を原因とする冤罪事件にも当てはまる。たとえば，誤識別と同様に，私たちは自白が虚偽であったことを事後，つまり他の証拠が被告人の無実を立証した後にのみ知ることができる。そして暗示的な識別手続きや，連日に及ぶ厳しい取調べが（被疑者の犯行を裏付ける目撃者や指紋証拠があると嘘をついたり，被疑者に犯行の記憶がないのは彼が記憶を失ったからではないかと示唆したりするといった，批判のある手法も同様に），有罪である被疑者から自白を引き出す可能性が高いのと同じように，無実の被疑者からも自白を引き出してしまう可能性が高いのである。

冤罪の実際の予測指標を特定するためには，判決が正確か誤りであったかどうかを知る前に，事前に観察できる要因について情報を集める必要がある。そして再審無罪事件の情報だけでなく，比較のために，正確であった有罪判決の事件も同様に必要である。ほとんどの場合において，このようなデータは存在しないが，いくつかのパターン

については再審無罪事件と強姦，殺人に関する一般的な統計データの比較から十分に明らかにすることができる。(1) 無実のアフリカ系アメリカ人男性は無実の白人男性に比べて強姦事件の冤罪に巻き込まれる可能性が高く，特に被害者が白人である場合に高い。これはおそらく，白人のアメリカ人は自分と同じ人種の人物を間違えるよりも，見知らぬアフリカ系アメリカ人を他人と間違えやすいからである (Meissner & Brigham, 2001)。(2) 殺人で起訴された無実の10代の少年少女は，無実の大人よりも虚偽自白しやすい傾向がある。(3) マイノリティの未成年は，白人の未成年よりも強姦や殺人で冤罪に問われる可能性が高い傾向にある (Gross et al., 2005)。

死刑判決の場合，利用可能な記録（完璧とは程遠いが）が他の刑事事件の判決に比べて揃っているため，正確な有罪判決と冤罪の直接的な比較が可能である。GrossとO'Brien (2008) は，処刑された被告人のほぼすべてが有罪であるとの前提で，死刑囚の再審無罪事件と死刑が執行された重罪事件の被告人の事件を比較した。彼らは，(4) 被告人に前科がほとんどない，あるいはまったくない場合や，(5) 被告人が自白しない場合，(6) 警察の捜査期間が長引いた場合に重罪で冤罪となる可能性が高いことを発見した。

9.2 社会的・制度的文脈

9.2.1 概要

冤罪によくあるイメージは，私たちも知っている殺人や強姦事件の再審無罪事件から生じているものだ。困難かつ問題が山積する捜査の後で無実の被告人が卑劣な暴力犯罪の罪で裁判にかけられ，死刑または終身刑を宣告されるというイメージである。冤罪の多くがこのイメージに類似したものだと信じるのには，それ相応の理由がさまざまある。重罪に対する有罪判決の98%，そして全刑事事件の大半を占める有罪判決は軽い犯罪に対するものであり，そのほとんどが窃盗事件，薬物犯罪，暴力事件である。また，重罪に対する有罪判決の95%は司法取引に基づいており，たいていはおざなりの捜査をしただけである。このような日常の中では，冤罪は不注意や重大な不正による劇的なエラーではなく，むしろありふれた出来事というべきだ。注意を引くようなレベルにまで至らないような日常的な刑事事件で，うっかり見過ごしてしまうような誤りが時として再審無罪事件につながるのである。

さらに，最もひどい冤罪事件でさえ，ありがちな経緯をたどっていることがある (Lofquist, 2001)。アントニオ・ビーバーの事件を考えてみよう。1996年，ある白人女性がセントルイスでカージャックの被害に遭った (Innocence Project, 2009)。彼女は野球帽をかぶった，前歯に隙間がある黒人男性が犯人だと話し，警察の似顔絵作成に協力した。ビーバーは1週間後に捕まった。彼の歯は欠けており，似顔絵に似ていたからである。彼は他の3人とともにラインナップに入れられたが，野球帽をかぶっていたのは彼ともう1人だけで，目に見える歯の欠損を持つのは彼だけだった。その結果，彼は被害者によってラインナップから選ばれ，裁判で有罪判決を受けて18年の懲役を言い渡された。彼の指紋は被害者の車にあったバックミラーの指紋と一致しなかったにもかかわらずである。ビーバーは刑期を10年以上勤めた後，2007年にDNAによって再審無罪となった。被害者は真犯人をスクリュードライバーで負傷させており，その時の血液が車の座席に付着していたのだ。真の強盗犯はDNAと指紋によって特定され，他の罪で服役していることが分かった。

原因は結果に釣り合うものであると人は考える

傾向にある（Ross & Nisbett, 1991）。そのため，ひどい災難に見舞われたとき，私たちはそれに見合う劇的な原因を探すものである。だがその直感はしばしば間違っている。1986年にチャレンジャー号が爆発した後，公式調査はNASAの管理職の判断ミスが直接的な原因だと結論付けた。彼らはお役所的で，予算的な圧力を受けていたため，致命的な潜在リスクがあるというエンジニアの警告を無視し，シャトルの打ち上げを決行したというのである。しかし，Vaughan（1996）が示したように，その打ち上げの決定に特異的なことは何もなかった。管理職はそれまでの多くの場面と同じように，エンジニアの同意を受けて，既知の危険を抱えたまま決行する決断を下しただけであった。彼らは規則を破ってはおらず，ある程度のリスクは「許容可能」と分類するのが一般的であった組織の慣習に従ったにすぎない。これと同じような日常的な行動パターンが大なり小なり，ほとんどの冤罪を引き起こしているのかもしれない。

この種の日常的な行動が，アントニオ・ビーバーの悲劇の背景にあったのだろう。彼が識別されたときのラインナップ手続きは明らかにバイアスがかかっていたが，なんとなく暗示的で適切な方法で作られていないラインナップはよくあるもので，もしかしたらそう作るものと決められていたのかもしれない。ほとんどの場合，これが冤罪につながることはまれである。多くの場合，ほとんどすべてではないにしても，警察は扱っている事件の真犯人をつかんでいる。そうでなくとも，暗示的な手続きにもかかわらず，証人は無実の被疑者をラインナップから選択しないかもしれないし，真犯人が被害者の財布をポケットに入れたまま現れるかもしれない。あるいは，誤った被疑者には鉄壁のアリバイがあるかもしれない（たとえば，犯行時に刑務所にいた）。ビーバーの事件では，警察は現場の物的証拠（10年間鑑定に回されなかった身元不明者の指紋とDNA）を無視していた。しかしこれも日常的な手続きのうちで，通常は問題にならないことである。無実を訴えた黒人男性がたった1回の異人種間識別，それも不完全なラインナップ識別に基づき，加重強盗罪で有罪判決を受けたというこの結末は注目を集めない話であった。このような事件の被告人のほとんどは有罪だが，そうでない場合気づかれることはほとんどない。ビーバーは幸運だったのだ。車の座席に真犯人が血を落としていただけでなく，車が取り戻され，血液を拭き取った綿棒が集積され，保管されていたからだ。

冤罪に対して何も打つ手はないと言っているわけではない。通常行われている実務を改善することはできるし，大体は改善されるべきである。しかしこれにはコストがかかるし，最大限効果があるような改革案を選択することは容易ではない。問題の本質について情報が足りない場合は特に難しい。

9.2.2 犯罪捜査と裁判の構造

アメリカにおける刑事事件の手続きは，複数の段階に分けて進められる。

a. 犯人の特定

犯罪捜査の第一の任務は犯人の特定である。これには時間がかかることもあれば，まったくかからないこともある。極端な場合，特定が即座に行われたり（犯人が殺人を報告し，自白するような場合），犯行に先んじて行われたりすることもある。たとえば，おとり捜査で犯行が行われる**前に**被疑者が特定される場合である。反対に，1960年代後半にカリフォルニア北部を恐怖に陥れた悪名高いゾディアック[i]のように，まったく特定されない犯

---

[i] ［訳者註］1968年から1974年の間にアメリカで発生した連続殺人事件の犯人とされる人物が，犯行声明文の中で用いた自称名のこと。犯人は現在も断定されておらず，捜査中である。

罪者もいる。しかしどんなに時間がかかっても，この段階にいる捜査当局は，誰がやったのかという疑問に答えようとずっと努力を続けている。そしてこの答えが出ると，いつでも焦点は犯罪捜査から被疑者の追跡と起訴に移り，何が起きたか理解することから，犯人だと彼らが信じる人物に対して事件を再構築することに移っていくのである。

b. 逮捕と起訴

一度犯人が特定されると彼／彼女は捕らえられ，逮捕されることになる。これは通常，犯人が特定された直後に行われるが，被疑者が逃亡して長時間，あるいは永遠に捕まらないこともある。逮捕が別の被疑事実に対する引き金を引くこともある。通常，検察官が事件について知るのはこの時点である。（もっと早く検察官が事件に関わる場合も，少ないが存在する。犯行内容が異常に目立つものであったり，通報された犯罪に対する事後対応としての逮捕ではなく，積極的に行った捜査の結果であったりする場合などである）。検察官はどのような刑で起訴するか決定し，起訴する場合には裁判でそれを呈示する。アメリカではこれをもって正式な刑事訴訟手続きが始まる。事件は検察官を原告，被疑者を被告人とした訴訟となる。被告人は裁判に出廷し，告訴を受ける。被告人は未決のまま釈放されることもあるが，たいていは保釈金を払えないために勾留される。それから弁護を依頼するために弁護人を雇うが，たいていは州によって雇われた国選弁護人である。これによって対審構造が完成したことになる。

c. 公判前整理

刑事訴訟手続きの次の段階はよく公判前交渉と呼ばれるが，これは誤解を招きやすい。裁判が刑事事件を解決する役割を担うと期待されやすいが，これは誤解である。たとえば，アメリカ最大の75の郡で2002年に重罪で起訴された被告人のうち，わずか4%だけが裁判にかけられ，65%は有罪答弁をして圧倒的多数が重罪で有罪判決を受けた（Cohen & Reeves, 2006）。全体として，アメリカにおけるすべての重罪に対する有罪判決のうち，約95%は有罪答弁に対して下されたものである。そしてこれらはたいてい弁護人と検察官の交渉による司法取引が行われたうえでの結果である。2002年の州裁判所における重罪犯の有罪答弁率は殺人で68%，薬物所持では98%であった（Durose & Langan, 2004）。これらの有罪答弁でまだ明らかになっていない割合は，被告人が無実であった場合の割合である。

裁判前にすべてが終了してしまうのは司法取引だけではない。すべての重罪のうち4分の1が検察官によって取り下げられる。たいていの場合は裁判で有罪判決を勝ち取るだけの十分な証拠がない場合である（Durose & Langan, 2003）。取り下げられたもののうちのいくつか（やはり件数は不明だが）は無実の被告人の利益になることもある。他の事件では，無実を証明する証拠が見つかったため裁判前に起訴が取り下げられることもある。冤罪の具体的な原因に焦点を当てた2つの研究から判断すると，逮捕された無実の被告人は，裁判で無罪判決を受けたり有罪判決を受けてから再審無罪とされたりするよりも，裁判前に無実であることが判明するか，釈放される傾向が強い。Gross（1987）は1967年から1983年の間にアメリカで起きた誤識別事件60件のデータを集めた。このうち35件では，起訴は裁判前に取り下げられており，25件の被告人は有罪判決の後に再審無罪となっていた。このデータに無罪判決を受けた被告人は含まれていなかった。そしてDrizinとLeo（2004）は，1971年から2002年の間に重罪（圧倒的に殺人が多い）について虚偽自白した被疑者の事件125件を報告した。このうち逮捕されたが起訴されなかっ

た人々が10名，裁判前に起訴が取り下げられたのが64名，裁判で無罪判決を受けたのが7名，有罪判決を受けた後に再審無罪になったのが44名であった。

d. 裁判

アメリカで刑事事件が裁判になることは珍しいが，再審無罪事件の場合には非常に大きな比率を占めている。重罪に対する有罪判決の5%が裁判によるものであるが，著者らが把握している再審無罪事件では94%の事件で裁判が行われていた。裁判で再審無罪になる確率350に対して，有罪答弁を行った被告人が再審無罪となる確率は1である。殺人（32%）や強姦（16%）といった再審無罪事件の大半を占める罪状（Durose & Langan, 2004）に対する裁判は頻繁に行われている。しかし，これらの犯罪に対する起訴が再審無罪につながりやすいのは，単にこれらの犯罪が裁判になりやすい**から**かもしれない。アメリカの刑事裁判に対する共通イメージは陪審員がいる裁判だが，約60%の裁判は裁判官だけで実施されている。いずれにせよ，裁判にかけられる重罪被告人の80%から90%が有罪判決を受けていることになる。

もちろん裁判は非常に形式的で，敵対的な構造をしている。裁判は法律家によるショーである。刑事事件を支配する法律家は，州を代表する公務員である検察官だ。検察官は起訴するかどうか，するとしたら何の罪で起訴するかを決定し，事件を裁判にかけるか司法取引して終わるかを決定する答弁を提案したりする。そして事件が裁判にかけられる場合は，警察によって収集された証拠を提出する。検察官は法的・倫理的に「正義を求めよ」の理念に基づいて行動しており，無実者に対する有罪判決は特に避けなければならない。しかし裁判での主な役割はもっと具体的だ。弁護人（正義に対する一般的義務はない）のように，検察官も裁判に勝つことを目標とする代弁者である。双方ともに倫理と手続き規則に従うことが期待されているが，許容される範囲で証拠と議論を展開し，成功につながるのであればいかなる手段を用いても相手の証拠を打ち負かすことが彼らの職務である。

e. 再審査

裁判後，有罪判決を受けた被告人は上訴するかもしれないが，被告人が受けられる再審査には限りがある。控訴，すなわち上訴審での原則的な審理は，一般に下級裁判所が手続き上の誤りを犯したという主張に制限される。新証拠の提出は許可されていない。上訴裁判所は裁判に提出された証拠のみを検討することができ，判事と陪審員による事実認定の正確性を再評価することはできない。上訴裁判所の唯一の役割は，裁判における手続き上の誤りが裁判のやり直しを求める必要があるほど深刻であったかどうかを判断することである[6]。刑事訴訟のうち，上訴裁判所が裁判のやり直しを求めるという結論に至るのはほんの一部で，おそらく5%から7%である（Davis, 1982; Scalia, 2001）。このような正式な規則があるにもかかわらず，被告人の有罪に疑問が生じる場合には「手続き的」な理由で判事が有罪判決を取り消すという実際の事例は豊富にある（Davis, 1982; Mathieson & Gross, 2004）。しかしながら，実際は無実である被告人に対するその影響は，もしあったとしてもそれほど大きくはない。Garrett（2008）は，早い段階で再審査請求に関する意見書が作成された非重罪事件において，DNAによって再審無罪となった121件の事件を検討した。その結果，比較的高い9%の判決取消率が算出されたが，それは基本的に死刑が量刑に含まれない殺人罪と強姦罪の上訴に対する判決取消率10%とほぼ同じであった。そして比較が何であれ，無実の被告人の91%は上訴を棄却

されていた。[7]

　ほとんどの再審無罪事件は直接上訴の制度外で生じている。上訴審は新証拠を扱うようには定められておらず（Davis, 1982）、ほとんどの場合、無実を支持する事実は上訴が行われてから何年も後に発見される。この時点で被告人は裁判所の裁量による**特別救済**の申し立てが可能になる。この措置では新証拠に基づく事件の再審査請求を裁判所に対して行ったり、検察官に申し立てへの参加を依頼したり、起訴を取り下げるよう求めることが可能なうえ、恩赦を州知事に求めることもできる。これらの選択肢すべてにおいて相当の資金が必要になるが、たいていの場合は調達が難しい。これは刑事被告人のほとんどが貧しく、直接上訴の後に国選弁護人を任命する権利を持たないからである。

　無実事実を主張しても救済措置を適応してもらうことは非常に難しい。私たちの法文化における上訴審による審査の構造は、誤りを示す重大な新証拠があったとしても、裁判所の判決を再審査することに対して非常に消極的であるという事実を反映している。これは判決の最終性においた高い価値に言及することによってしばしば正当化されるバイアスの一つである。多くの事件において、裁判後の調査は刑事判決を完全に否定するものであり、被告人が新たな裁判で無実となることが明らかでも、原判決を再審査する裁量権を行使したいと思う裁判所はない（たとえば Wells & Leo (2008) を参照。悪名高いノーフォークの事件を紹介している）。[ii]

　外国における上訴による審査の制度はもう少し寛容かもしれない。ヨーロッパ大陸の大陸法国家では、事実認定の正確性は公判から上訴まで、手続きを通じて常に検討対象とみなされている。新たな証拠は上訴で審査されることもあり、追加の証言を行うために裁判証人が呼び出されることもあれば、裁判所の事実に対する最終判断が再検討され、修正される可能性もある（Damaska, 1986）。ただし、この開かれた再審査制度が裁判で冤罪を特定することにも有利なのかどうかは不明である。[8]

9.2.3　冤罪と対審制度

　冤罪はどの国の司法制度でも起きており、すべての法制度が冤罪を発見する手段を見出だし、冤罪の発生を防ぐための方法を必要としている。警察がある人物を犯人と特定し、逮捕したときからアメリカの刑事司法制度は敵対的なものとなる。検察の呈示するものが曖昧で不完全であると感じても、判事には証人を呼んだり、追加の証拠を求めたりする捜査指揮権がほとんどない。フランスの**予審裁判官**に当たる公職はアメリカにはないのである。予審裁判官の唯一の任務は、有罪を支持する証拠と無実を支持する証拠の両方を精査し、真実を見つけることである。その代わりに、検察官は有罪を支持する証拠に焦点を当て、弁護人は無実を支持する証拠に焦点を当てる。

　対審制度の支持者は、各陣営がその立場に有利なあらゆる証拠を探すことに十分な注意を払っていれば、1人の人物が事件を捜査するよりも証拠の総数は多くなるはずだと主張している（Fuller, 1961; Thibaut & Walker, 1975）。事件が裁判になった場合、判事あるいは陪審員が耳にするすべての証拠は対立した2人、検察官と弁護人から呈示される。弁護人の役割は依頼人にとって可能な限り最良の結果を得ることであり、比較的単純である。一方、検察官は2つの役割を担っている。まず被疑者を当該事件について起訴するために証拠が十分かどうか判断し、そこから裁判に勝つための情

---

ii　［訳者註］1997年にアメリカのヴァージニア州ノーフォークで起きた強盗殺人事件のこと。1999年に4名が起訴され、有罪答弁によって有罪となったが、有罪の根拠となった自白は警察の脅迫的な取調べによって作り出された虚偽自白であった。2017年に全員が赦免された。

報を組み立てるのである。裁判に勝つというこの動機づけが，真実を見つけることに対する動機づけを妨げている可能性がある，と主張する学者もいる（Givelber, 2001; Strier, 1996）。当事者主義制度[iii]と非対審制度における冤罪率，あるいは冤罪事件数に関する有用なデータはないが，どちらの制度も改良の余地があるのは間違いない。しかし，アメリカで使用されているのは当事者主義制度であるため，本節では無実の被告人の発見を妨げている可能性のある対審制度の心理学的・構造的問題をいくつか紹介することにする。

a. 確証バイアス

無実の人々の再審無罪についてのニュース記事を読むと，まず彼らの有罪判決を支持した証拠の弱さに愕然とする。たった1人の目撃者がある男性を識別しただけでその事件が裁判まで行き，彼は50マイルも離れたところで仕事をしていたと9人の同僚が証言したのにもかかわらず有罪判決を受けた。彼は職場の作業グループで唯一の黒人であり，「お米が入ったお椀の中にあるレーズンのように目立っていたため」同僚たちには間違えようがなかった（Gross (1987) のレンド・ゲーターの事件）。別の事件では，母親を殺害されたばかりの少年が24時間以上拘留され，8時間もの厳しい尋問に晒された。彼を尋問した取調官は，彼が嘘発見器のテストで引っかかったと嘘をつき，彼に犯行の記憶がないのはおそらく記憶をなくしたからだろうと語った。その結果，少年はその話が本当かもしれないと思うようになり，自白した（ピーター・ライリーの事件（Connery, 1977））。このような事件で挙げられた証拠はとうてい信じられないもののように私たちには思えるのだが，なぜ検察官はこれを信じたのだろうか。

他の事件では，たとえ被告人にその犯行を行うことができなかったことを示す疑いようのない証拠があったり（たとえば，時刻が記録されたビデオ・テープが他の場所に被告人がいたことを示していたり（Schlup v. Dello, 1995）），DNA鑑定が加害者は他の人物であると示しても（ローランド・クルスとアレハンドロ・ヘルナンデスの事件（Frisbie & Garrett, 2005）），警察や検察官は彼らを逮捕し，有罪判決を受けたその人物がやはり有罪なのだと主張し続けている。どうしてこのようなことが起きるのだろうか。

うまくいったすべての事件では，ある時点で捜査官は1人の有力な被疑者を特定し，事件について仮説を立てるはずである。仮説が生じると，警察官と検察官は自らが立てた仮説に傾倒していき，それは確証バイアスの対象になる。確証バイアスとは，自分の仮説と一致する証拠にばかり注目したり，信じたり，探したり，記憶したりする一方で，仮説を支持しない証拠については見過ごしたり，疑ったり，忘れたり，別の解釈をしたりする傾向のことを指す（Findley & Scott, 2006; Nickerson, 1998）。確証バイアスとは，意図的な失敗でも，陪審員を説得する主張を意識的に用意するための準備でもない。これは自分の先入観に従って世界を解釈しようとする一般的な傾向であり，平均的な市民や学生，医師，会計士，その他の専門職にも見られる。犯罪捜査では確証バイアスによって曖昧な証拠がその主要な被疑者の有罪を支持する証拠として解釈されたりする。これは他の人物を指し示す証拠にはうまい言い訳をし，追加の証拠を探しているときに被疑者に集中するためである。その結果，「その主要な被疑者が唯一の被疑者になる」（Tavris & Aronson, 2007, p. 137）。事件を再構築するための情報の収集から立件に進むほど，主要な被疑者が間違った人物であることを示す強力な

[iii]［訳者註］訴訟当事者に事実の解明や証拠の提出といった，訴訟の主導権を委ねる原則のこと。

兆候を無視しやすくなるのである。
　O'Brien（2009）は一連の実験研究で，実験参加者に警察の捜査資料を渡し，資料の前半を読ませた後，半数の参加者には彼らの考える主要な被疑者1人の名前を書くよう指示した。残りの半分の参加者には仮説を立てるよう求めなかった。資料の後半には有罪を支持する情報だけでなく，その主要な被疑者1人の犯行を疑う情報もいくつか含まれていた。そして資料をすべて読んだ後，参加者には追加情報を得る機会が与えられた。その結果，被疑者の名前を挙げた参加者は，被疑者となる可能性がある他の人物についての情報よりも，自分が名前を挙げた被疑者に焦点を当てた情報を求め，曖昧あるいは被疑者の有罪を支持しない証拠を，被疑者の有罪と矛盾しない証拠であると解釈した。

　任務がたとえ真実の発見だけであっても，確証バイアスは捜査官に影響を与える。医師や科学者，そしてきっと，**予審裁判官**であっても。しかし，対審制度の中での警察官と検察官の任務はそれほど単純ではなく，このバイアスを悪化させる矛盾した課題を与えられることもある。初動捜査から立件へと事件が進むにつれて，彼らの任務は真実を探すことから，判事または陪審員を説得するため被告人を中心として事件を再構築することへと移っていく。説得力を持たせるにはストーリーが一貫している必要があり（Pennington & Hastie, 1992），未解決の部分や，欠落，不整合がない物語である必要がある。したがって，整合性のない証拠は理由づけされ，弁護人または陪審員に伝えるにはささいなことだと見なされることもあるし，細々したことはまとめられ，隙間は埋められる。犯人を捕まえたという確信から，識別を渋る目撃者や，まだ結論に達していない検査技師に捜査当局が何気ない圧力をかけたりすることもある。話すことを被疑者が拒否した場合，この種の圧力はより意図

的に行われるかもしれない。
　O'Brienは確証バイアスの研究について，真実の追求と裁判で勝訴するという，検察官が担う二重の役割が持つ効果の検討を続けた。O'Brienは実験参加者を，被疑者の名前を単に挙げるだけの参加者と，検察官の役割を担った参加者に分けた。検察官役の参加者には，後で彼らが考える主要な被疑者1人が真犯人であることを人々に納得させなければならないと教示した。自分が正しいと他者を説得しなければならない検察官役の参加者は，主要な被疑者1人について注目する傾向を強め，曖昧な証拠を有罪証拠とみなし，矛盾した証拠にも理由をこじつけた。

b. 無実者の虚偽供述

　これまで述べたように，私たちは一般に刑事被告人が有罪か無実かを知ることはない。ある重要な1つの例外を除いて。ほとんどすべての事件において，真実を知るのは被告人である。この個人的知識が，なぜ私たちが自白に特別な地位を与えたかを説明してくれる。自白は証拠の女王と呼ばれてきた。私たちの刑事裁判制度では自白単独で有罪答弁を行うことがほぼ可能である。そして無実の被告人は自分自身の潔白を捜査当局に訴えることができるし，無実の人たちはいつだってそうする。しかし残念ながら，有罪である多くの被告人も自分は無実だと主張する。大多数の刑事被告人は有罪であると信ずるに値する強力な理由があるため，無実者による真実の供述は闇に埋もれてしまうのである。
　どのような文脈でも無実者の真実の供述と虚偽の供述を区別することは難しいが，対審制度の構造がこれをさらに難しくしている。弁護人がひとたび介入すると，弁護人は，依頼人に自白をやめさせたり，捜査当局と話をすることを完全にやめさせたりする。こうして，弁護人が州とのすべて

のやり取りを引き継ぐことになる。弁護人は，依頼人が無実だとできる限り主張することが役割として期待されている。しかし，検察官や警察官，判事といった，この制度の中で働く誰もが，このような役割が建前であることを知っており，依頼人が無実であると信じる弁護人はほとんどいない。弁護人の仕事は，たとえ依頼人が有罪で，それが無罪判決あるいは公訴の取り下げでも，可能な限り依頼人のために最良の結果を得ることである。そしてたいていの場合，依頼人は有罪である。「明らかに有罪である」依頼人を有罪判決から救うことに成功した弁護人は，同業者にスターとして崇められている。

しかし，被告人が本当に無実であったらどうだろうか。疑わしい無罪主張を何度も耳にしている弁護人は，まれにある真実の主張に気づくことはできないかもしれない。また，説得力のある証拠を揃えるために必要な捜査を行うための力もほとんど持っていない。このため，弁護人は真に無実の被告人についてはあまり心配することもなく，たいてい自分の仕事は被告人にとって最善の取引をすることだと考えている。

c. 対審裁判への備え

裁判で証拠を呈示する際にも同様の問題に直面する。奇妙な手続き規則に従って，私たちは証人に公で，被告人がいる場で証言してもらう必要がある。証人がこの油断のできない，慣れない役割を果たすためには，証人を呼ぶ弁護人の指導が必要である。証言には，真実を話しているかどうかにかかわらず証人の信用を傷つけるのが仕事である検察官による反対尋問も含まれているため，このような準備は特に重要である。誠実な目撃者でさえ，どのように前を見て，もっともらしく話すか教えられなければならない。それも法廷弁護人の重要な仕事の1つである。

対審に対する準備は一貫していて説得力のある証言を生むかもしれないが，証拠に対する裁判での評価の正確性を低下させる可能性もある。曖昧で不確かな証人は，すべての質問に躊躇せずに答えられる証人に比べれば説得力に欠ける（Wells et al, 1979）。それゆえに証言をリハーサルして確信を深め，時にはその内容が保証された以上のものになることもある。この過程が捜査の初期段階に始まると特に危険である。目撃者の聴取を行う検察官と警察官には，目撃者が裁判で自信を持って明確に被告人を特定する手助けをすることが期待される。ラインナップからためらいがちに被疑者を選んだばかりの目撃者に「おめでとう，犯人を当てましたね」と言う警察官も同じような役割を負っている。しかしその結果，6カ月後の裁判で誤った確信を持った目撃者が識別を行うことになるかもしれないのである（Wells & Bradfield, 1998）。

ここまで述べたことは，証人の準備として許容される現行制度の範囲内で行われていることである。しかし刑事の役割に，目撃者が効果的な証言をできるよう援助することが含まれているのだとしたら，初めから目撃者が被告人を識別できるよう手伝ってもいいのではないだろうか。警察署において裁判で行う目撃者識別についての証言が形成され，目撃者の目を被告人へ向けさせて**識別を手伝う**ところまでの過程は短いものである。担当刑事が被告人の有罪に疑いを持っておらず，証人が識別に失敗して捜査を台無しにするかもしれないことを心配している場合は特に短くなる。

警察の他の手続きでも同じことが言える。取調べ，情報提供者からの情報収集，そして法医学的証拠の解釈も同じである。警察官や検察官が犯人をすでに知っている場合，これらの手続きの目的は真実を探し出すことではなく，判事と陪審員を納得させるための証拠を揃えることが目的となる。無実者を保護するための刑事司法の諸改革も，犯

人を見つけるためではなく，事件を再構築して被疑者を有罪にするためにこれらの手続きを利用している捜査関係者が誤解してしまうように思える。刑事司法の諸改革が有罪判決を妨げるものだと見なされれば，捜査関係者はこれに抵抗したり，その影響を逃れるために裏をかこうとしたりするかもしれないからである。

d. 偽陰性の発生

あるカテゴリーに含まれるはずのない対象が含まれていることを偽陽性という。たとえば，健康な人をうつ病や糖尿病と診断することを指す。偽陰性とは，あるカテゴリーに含まれるはずの特定の対象が除外されていることを指す。たとえば，うつ病や糖尿病の人を健康だと診断することである。どのような分類方法であっても，偽陽性と偽陰性はトレードオフの関係にある。一方のエラーを減らす手続きは，別のエラーをしばしば増加させるのである。たとえば，うつ病に不眠，興味の喪失，自殺傾向など12種類の症状があるとしよう。これらの症状を1つでも示せば患者がうつ病と診断されるのであれば，うつ病でない多くの人がうつ病と誤診されてしまうことになる。これでは偽陽性が多すぎる。一方で，治療を決定するには12種類の症状すべてが患者に表れている必要があるとする医師は，重度のうつ病患者を大勢誤って見過ごすことになるだろう。これでは偽陰性が多すぎてしまう。

冤罪（偽陽性）を減らそうとする場合には，これを実現するための諸改革は実際に有罪である被疑者の数も減らしてしまう可能性がある，ということも認識しなければならない。目撃者に識別されたと被疑者を誤誘導して信じさせることは無実の人物が虚偽自白する原因になるが，少なくとも同程度には，有罪である人物が観念して真実を告白するきっかけにもなるだろう。したがって，正確な有罪判決が行われる可能性は向上する。だが，提案されている改革案の多くは，無実の人物への有罪判決だけでなく，すべての有罪判決を出しにくくする可能性がある。

技術改革の方法によっては，有罪である人物が有罪であるという識別を減らすことなく，無実である人物が無実者だという識別を増やす。科学的根拠のあるDNA鑑定が最も優れた例だが，たいていの場合はトレードオフの関係にあるようだ。アメリカ法心理学会によって提案されている，暗示的なラインナップ識別手続きに対する優れた安全対策案（Wells et al., 1998）でさえ，この問題を防ぐことはできない。この対策案には盲検ラインナップ，犯人はラインナップに含まれているかもしれないし，含まれていないかもしれないという教示を目撃者に行うこと，そしてラインナップを公平に作成することが含まれている。しかし，これがためらいにつながり，正確な目撃者が識別に失敗することになるかもしれない。たとえ同じ目撃者が暗示的な識別手続きでは識別に成功する可能性があったとしても，である。いくつかの改革案，たとえば継時呈示ラインナップ研究（Wells, 2006）は，偽陰性を増加させる可能性が小さいことを暫定的に示しているが，これまでのところまだ研究は少ない。

暗示的な識別方法を禁じるべき政策上の理由はたくさんあるが，バイアスがかかっていない手続きが必ずしも正しい結果を生むと想定することはできない。もし，警察が実際に誰の犯行であるかを突き止めていて，目撃者にある人物を識別させることができたとする。この結果示される有罪判決は正当な判決である。取調べやラインナップ場面の録画もまた優れたアイデアではあるが，完璧ではない。識別の正確性にかかわらず，攻撃的な弁護人は，判断に対する陪審員の確信を揺るがす映像の断片を見つけ出すかもしれない。これらの

諸改革は重要であるため，私たちはこれを支持しているが，改革にはコストがかかる。

さらに対審制度はこの問題を悪化させている。優秀な弁護人であれば起訴手続きの弱点やミスを利用して，真に有罪である被告人の有罪に対して異を唱えるだろう。検察官がよく知る通り，弁護人の仕事は偽陰性を作り出すことだからだ。盲検法でバイアスのかかっていないラインナップを呈示された目撃者は，バイアスのかかったラインナップを呈示された目撃者に比べて自信がないかもしれないし，誰も識別できないと言うかもしれない。弁護人はこの弱点を最大限利用し，目撃者が自信を持って識別を行わなかったことを強調するだろう。冤罪を最小限に抑えようと他の方法で改善を試みても同じである。弁護人はすべての被告人の有罪に対して異を唱えるためにこの弱点を利用する。このために警察官や検察官はたいてい自分たちの捜査を内密に行いたがり，弁護側に攻撃材料を与える可能性がある捜査方法の改革には抵抗するのである。対審制度とは競争であり，勝ちたいという願いが真実の探求をしばしば凌駕してしまう。

9.3 政策への示唆

9.3.1 基本的な問題

医療の集中治療現場において過去10年間で最も劇的だった進歩は，おそらくチェックリストの使用である。最も有名なのは，血流カテーテルを挿入する際の感染症を防ぐために，昔ながらのステップを踏んで記録をつけるよう医師に求める単純な方法である。手を洗い，患者の皮膚を消毒液できれいにし，滅菌包帯で患者を覆う，といったように。2004年と2005年にミシガン州の病院で実施された予備実験では，このチェックリストを使用することで感染症を3カ月で66%減らすことができた。18カ月では7500万ドルを節約し，1500人以上の命を救った（Pronovost et al., 2006）。集中治療室で血流感染を予防するのに最も効果的な対策は，新薬や優れた機器を導入することではなく，医師や看護師がもともとすべきことを確実に行う確率を高める手続きのようである。

私たちが提案する改革案のほとんどは，警察官や検察官，弁護人が本来するべきことをさせようとするだけのものである。しかし，冤罪を防ぐためにこれを効果的に行うことは，感染症を防ぐことよりもはるかに難しい。まず，私たちは無知であることが致命的である。先ほどのチェックリストが病院の死亡率を低下させられたと分かったのは，異なる治療領域での死亡率を直接的に比較することが可能であったからであるが，（定義上）冤罪に関してはそれが生じたことを私たちが知ることはなく，後になってときどきそれを発見するだけである。たとえば，無実の被告人がどのくらい有罪答弁を行っており，どのような人が有罪答弁を行うのか，そしてどのような状況で彼らが有罪答弁を行うのか分からないため，問題となる変数を特定することができない。フィールド実験からもあまり多くのことを知ることはできない。嘘の有罪答弁を減らすために可能な方法を検討することはできるが，どの被告人が有罪で誰が無実なのか見分けることができないため，それが機能するかどうかも分からないのである。

私たちが多くのことに無知である根源的な理由は，有罪判断が不完全な情報に基づいて行われる分類だからである。分類は1つ以上の誤りを犯す可能性がある。すでに述べたように，無実者に有罪判決を下す偽陽性を減らす改善方法は，有罪である人物を取り逃がす偽陰性を増加させることになるかもしれない。この分野ではよくあることだが，このトレードオフの効果については推測する

ことしかできない。しかし，刑事訴訟制度は対審制であるがゆえにこれがより複雑になる。集中治療室の医師や看護師，技術者は皆，患者の救命と健康という同じ目的を持っている。しかし，裁判で被告人とその弁護人は，検察官と警察官の呈示する証拠を弾劾し，公訴の取り下げあるいは無罪判決を勝ち取るためにできることをする。これには被告人が無実か有罪であるかは関係ない。

そしてコストの問題も生じてくる。アメリカの医療制度は潤沢な資金によって成り立っていることで有名である。これが国内総生産（GDP）の16%を占めている。もちろん，医療サービスは，非効率性，アクセスの欠如，配分の不均等といった大きな問題を抱えているが，過剰ではないにせよ，十分な資金がある中で生じている問題である。一方で刑事司法制度は困窮している。受けるべき注目を受けることはほとんどない。重罪被告人の25%には裁判を行うというもっともらしい改革すら行われることはなく，重大事件ではすべての物的証拠を集め，保管するという基礎的で重要な業務ですら，既存の予算では行うことができないのである。[9]

9.3.2　証拠の生成

誤った人物が逮捕，起訴され，有罪判決を受ける場合にはたいてい，その人物に対する証拠に欠陥がある。起訴にとって最も重要な証拠は，何が行われ，誰がそれを行ったのかについての目撃証言，指紋やDNA，あるいは盗まれた物品といった物的証拠，そして自白である。冤罪を減らすために設計された改革案のほとんどに，こうした証拠の収集，解釈，保管の改善が含まれている。これは焦点が他の場所にあるような場合にも適用される。たとえば，刑務所にいる情報提供者からの情報は注意して検討しなければならない。このうさんくさい密告者が被告人の「自白」を報告してく

るものが一般的だからである。そして筆跡分析などの疑似科学的専門技術も，重大な物的証拠に対して危険な誤解を生む可能性があるため，注意が必要である。

質の高い証拠の量を最大限にするためには，ある被疑者の有罪がすでに確実と思えるような場合であっても，捜査を慎重かつ念入りに行わなければならない。指紋や血液，精液，監視カメラのテープ，凶器といった犯罪に関連するその他の物的証拠に関しては言うまでもない。物的痕跡の多くはもろいものである。雨は足跡を消し，友人は犯罪の証拠を持ち去り，犯行現場は簡単に汚染されるため，犯罪に光を投げかける可能性のある証拠は取り返しがつかなくなるほど失われることがある。特定の被疑者に対する証拠を集中的に集めるのではなく，初期の調査を包括的に行うことが重要であり，集められた証拠は後の分析のために慎重に保管される必要がある。重要証拠のDNA鑑定が可能な場合，これは必ず実施されるべきである。法医学検査は高水準で，警察から独立して運営されている，そして定期的な監査を受ける検査機関で実施されるべきである（National Research Council, 2009）。ただ残念なことに，アメリカにある多くの犯罪捜査研究所はこの理想には程遠いものである。こうした改善すべてにはコストがかかるが，真っ先に真犯人を見つける可能性と，事後に間違いを発見する可能性のどちらも増加させるのであれば，有意義な使い方であろう。

強姦事件でのDNA鑑定の使用は，物的証拠へ注意を払うことで得られる利益を示している。25年前，被告人が誤識別を主張する強姦事件の裁判では，たいてい証言の信頼性が争われていた。陪審員は被害者と被告人のどちらの話を信じるかを決めなければならなかった。しかし現在では精液が回収されれば，DNA鑑定がこのような事件のほとんどを決し，裁判になることはほぼない。そして

古い事件については，DNAデータベースのプロファイルとサンプルを比較することによって，強姦で服役していた無実の男性が再審無罪となり，真犯人が特定される可能性もある。しかしこれも，犯行現場で精液が採取され，保管されている場合に限られる。今後数年間で物的証拠の収集と保管が確実に行われるようになれば，新しい技術が先述したようなシナリオを他の検査や犯罪に拡張してくれるかもしれない。

　理論的には，DNA鑑定のようには決定的な検査をすることができない取調べや目撃証言，そして物的証拠にも同じ論理が適応できる。取調べが録画され，それが保存されていれば，有罪を示す事実が被疑者から得られたものなのか，それとも取調官から与えられたものなのかを容易に知ることができる。弁護人や判事，陪審員は自白の取られた過程を見ることができると警察が知っていれば，取調べの録画は，警察官が被疑者に対して威圧的で誘導的な取調べを行うことを防ぎ，虚偽自白を減らしてくれるかもしれない。そして，自白に基づいて有罪判決を受けた被告人が無実である可能性を示す新たな証拠が後で見つかった場合，自白の真実性を再評価するために録画を見直すことができる。

　警察官による目撃者に対する意図的または偶発的な暗示を排除するため，ラインナップ識別手続きを実施する警察官は，実際の被疑者が誰であるかを知るべきではない。ラインナップ識別の正確性を向上させる他のいくつかの手続きは，現在一部の警察署で使用されている。第一に，ラインナップを構成する他の人物たちは証人が描写する被疑者の特徴に基づいている必要がある。被疑者がラインナップの中で目立つような特定の特徴を持たないようにしなければならないのである。また，犯行は目撃していないが，ラインナップの妥当性を測定するために目撃者の最初の供述を読んだ人物が被疑者を識別できてはならない（Doob & Kirschenbaum, 1973）。第二に，目撃者は犯人がラインナップの中にいるかもしれないし，いないかもしれないという教示を受けるべきである。第三に，目撃者が識別を行ったらすぐに，その選択に対する確信の程度を尋ねなければならない（Wells et al.（1998）を参照）。第四に，目撃者が複数いる場合は，1人に1つずつラインナップを呈示し，他の目撃者がどのように反応したかの情報を与えてはいけない。これらはすべて望ましい実施方法だが，将来の技術がこの方法に改良を加えてくれるかもしれない。たとえば，可能性のある被疑者が逮捕されたらすぐにノートパソコンで写真ラインナップを作成し，目撃者の記憶が新鮮なうちに見せることができるかもしれない。

　そして最後に，警察の取調べと同様に，識別手続きを録画することで識別時に生じる警察官のバイアスを抑制することができるかもしれないし，記録を残せばその正確性について後で疑念が生じたときに見直すことができる。取調べと識別手続きの録画がDNAサンプルほど強力な証拠を提供することはめったにないが，現在私たちが手にしている警察や被疑者，証人による矛盾した想起に比べれば，はるかにマシである。

　物的証拠の収集と保管に特別な注意を払う場合と同じように，これらの改革にはコストがかかるだろうし，別のコストもまたかかるだろう。DNAの明確な一致不一致には偽陰性，つまり有罪である人物を自由にしてしまう問題はない。しかし，決定力に欠ける形式の証拠を使うという，冤罪にもつながる戦略が真に有罪である人物に対する有罪判決を増加させている可能性がある。つまりこれらの戦略を警察に禁じれば，真の有罪判決を減らしてしまうかもしれない。有罪である被疑者に証拠の強さを誤解させれば，自白を促すことができるかもしれない。あるいは，目撃者の注意をライ

ンナップにいる被疑者に向けたり，識別を行うよう促したりすることが，犯罪者を識別する自信を与えることになるかもしれない。そして曖昧な指紋であるのにそれを明確に一致したと報告すれば，真犯人の有罪を確実にするために必要な追加証拠を与えることになるかもしれない。

また，取調べやラインナップ手続きの録画は，抜け目ない弁護人に強力な攻撃手段を与えるかもしれない。弁護人は録画を精査し，手続きの全体からすればささいな規則違反であっても，弁護人はなんらかの規則違反に対して判事や陪審員に疑念を持たせることができるかもしれない。これは対審制度では避けられない結果であり，提起される改革に警察がしばしば抵抗するのも，おそらくこれが主な理由である。

9.3.3 大きい事件と小さい事件

私たちが把握している（そして再審無罪が実現している）冤罪事件のほとんどは大きな事件である。これには無実の被告人が裁判で殺人や強姦で有罪判決を受け，死刑判決，終身刑，数十年の懲役刑を受けたものが含まれている。このような規模の事件では，警察官と弁護人はともに数百時間から数千時間の労力を費やしている。大きな事件には確証バイアスが起きやすい条件が揃っている。多くの捜査段階や圧力があり，そして捜査官が自らの仮説に依存する機会がたくさんあるのである。おそらくその結果として，このような事件では関係する法律家や警察官による深刻な不正が頻繁に起きるのであろう。最も一般的な政府機関の不正行為は，無実を示す証拠を隠匿することであるが，警察官による偽証（たとえば，法医学分析官），一般の証人からの偽証の取得，物的証拠の捏造もある（Gross et al., 2005）。しかしこのような不正が明らかになっても，罰せられることはほとんどない（Ridolfi, 2007）。弁護側の主な失敗は，能力不足の弁護人の存在である。彼らは裁判の準備をしたり依頼人と話をしたり，無実を証明するアリバイ証人や物的証拠を無視したりする。ここでもまた規則は法的強制力を持たない（Possley & Seargeant, 2011）。たとえ悪質な怠慢であっても，有罪判決を取り消したり，当該弁護士に制裁が与えられたりすることはほとんどないのである。

大きな事件の問題に対処する方法は，比較的正攻法である。少なくとも理論上は。この問題にはすでに膨大な時間が投入されており，この事業には並々ならぬ莫大な資金が投下されている。しかし物事を正しく行うためにはこんなに時間もコストもかからないはずである。政府機関の不正や能力不足の弁護人を見過ごすべきではない。[10] 物的証拠を集めて保管し，慎重な識別手続きを実施して取調べを録画したり，捜査ミスを特定するために検察および警察機関内に体系的な内部監査を裁判前に実施したりすることに，資金を大幅に追加する必要はないはずである。O'Brien（2009）によれば，実験参加者に，事件について立てた仮説を支持する証拠と同様に，仮説に反する証拠もリストにするよう求めた場合，確証バイアスは大幅に減少した。このような手続きは冤罪を減らしてくれるかもしれない。たとえば，事件の捜査に関わっていない検察官あるいは警察官は，悪魔の代弁者として事件を見直し，まだ検討していない仮説や，ミスが起こる可能性のある証拠を探すことができるだろう（Findley & Scott（2006）も参照）。

しかしながら，全刑事事件を占める圧倒的多数は比較的小さく，日常的な事件である。これらは簡易な捜査の後に有罪答弁をして終わるような事件である。通常，ひとたび起訴が受理されると，弁護人も検察官も，そしてもちろん裁判所も証拠集めをしなくなる。実務上の問題としては，警察の最初の報告書が，それがどれだけ大雑把なものかにかかわらず，司法取引での有罪答弁内容のみで

事実を構成していることが挙げられる。積極的な不正（偽証，恫喝，無実を支持する証拠の隠匿）が含まれる事件もあるが，ほとんどに共通する問題は単なる不注意である。小さい事件の無実の被疑者は，あまり気の進まない2つの選択肢を与えられる傾向にある。司法取引をして有罪答弁をするか，裁判前に勾留されたうえで裁判に耐え，それから誰かが無実を示す証拠を見つけ出してくれることを願うことである。

必然的に，冤罪のほとんどが小さな事件で起きているが，それらに気づくことはほとんどない。通常の事件における司法取引の広範囲な改革には（たとえば，弁護人が独立して事実の捜査を行うことを求めること），刑事訴訟制度を基礎から再構築することも含まれることになるだろうし，膨大な資金が投入されるだろう。この種の改革にはコストをかけるだけの価値があるが，近い将来に起きる可能性は低いし，どのような改革が最も役に立ちそうかを知るには，一般的な事件での冤罪について知らないことが多すぎる。司法取引を完全に廃止し，すべて，あるいはほとんどの被告人に裁判を実施することは現実的ではないし，そうすることが有罪判決の正確性を向上させると信じるだけの理由もない。司法取引の代替案はたいていの場合は裁判であり，無実の被告人が有罪答弁をする主な理由は，裁判で有罪判決を受け，より重い刑を言い渡される恐れがあるからである。そしてほとんどの場合，その予想は正しい。たとえば，テキサス州トゥリアで大量に再審無罪となった35名の被告人のうち，裁判にかけられた8名は薬物取引で有罪になっており，平均で懲役47年から終身刑の範囲で判決を言い渡されていた。一方，有罪答弁をしたトゥリアの27名の被告人は，1名は刑を言い渡されておらず，11名が保護観察と罰金刑を合わせて言い渡され，15名は平均して約7年の刑期を言い渡されていた（Gross, 2008）。

比較的小さな刑事事件で冤罪を防ぐために著者らができる唯一の提案は，最も基本的でまとまりのないものである。このような事件を扱う人々は被告人が無実である可能性に常に注意を払わなければならない，ということである。これは警察官から判事に至るまで，すべての人に言えることだが，特に重要なのは，被告人に無制限にアクセスすることができて，彼らを守ることを仕事とする弁護人である。

9.4 結び

本章はラーニッド・ハンド判事の有名な引用から始まった。結論を述べるに当たって，これをもう一度読んでみるのがいいのかもしれないが，ただし，それが書かれた文脈で読んでみることにしよう（United States v. Garsson, 1923）。この裁判で問題となっていたのは，被告人を起訴した大陪審が精査した証拠を見る権利が，被告人にあるかどうかであった。これに対して，ハンド判事は次のように述べている。

> 私たちの刑事手続きにおいて被告人は刑事訴訟手続きの対象ではなく，被告人にはあらゆる有利な点がある。起訴は厳密に起訴内容に限ってなされるものだが，被告人は弁護の概要をすべて明らかにする必要がない。被告人は尋問や言及を沈黙によって免れることができるし，12人のうち一人の心にでも合理的な疑いがあれば有罪になることはないのである。さらに，なぜ被告人が前もって自分に対する証拠を好きなときに見返し，公平にも不当にも，弁護を準備するべきなのか，私には理解

---
iv ［訳者註］アメリカの陪審員制度において，陪審員の人数は原則12名と定められている。

することができなかった。たしかに大陪審による間違いや起訴は，誠実な人間にとって災難であることは疑いようがないが，私たちは人間と協働せねばならず，大きな代償を持ってでしかそのような過ちを正すことができない。私たちが抱える危険は被告人に対してあまりに思いやりがないことにあるのではない。私たちの（刑事）手続きは，有罪判決を受けた無実の人々という霊に常に苛まれてきた。そのようなものは非現実的な夢にすぎない。私たちが恐るべきものは，犯罪の訴追を阻み，遅らせ，打ち負かそうとする古臭い形式主義と，湿っぽい感傷なのである。

要するに，刑事被告人を助ける手続きは，無実者を守ることよりも犯罪者の有罪判決を妨害する可能性のほうがはるかに高くなりやすいのである。だが，ハンド判事が判断を示した特定の問題については，彼の主張には説得力がない。ほとんどの州では，大陪審の記録は他の多様な検察の証拠とともに今や日常的に被告人に公開されており，明らかな問題は生じていない。しかし，ハンド判事が記した危惧は，可能性がある多くの改革に対する基本的議論としていまも残っている。

時には（大陪審の記録のように）この反応が変化に対する不安以上のものであることもある。たとえば，警察署での取調べ記録をすべて求められた場合，被疑者から得られる自白や有罪判決は急激に減少するだろうと，すでに多くの警察署長は主張している。だがこの規則が実施されている管轄区域では，警察はすぐに立場を変え，録画の信奉者になっている（Sullivan, 2004）。しかし他の問題はより複雑である。

理論的には，どの貧しい刑事被告人にも有効な弁護人が州のコストによって保証されている。しかし，質の高い弁護をすべての事件で実際に提供できていれば（そして実際にはまったく提供できていない），有罪判決を受けることはもっと難しくなるだろう。実際に事件を調査する弁護人であれば濡れ衣でもある程度見つけることもあるだろうが，それよりも彼らは州が有罪判決を出すのを難しくするように余計なことをすることのほうが多い。このために州はより多くの証拠を見つけ，多くの法的措置を講じなければならなくなるのかもしれないし，有罪答弁で解決を図らずもっと多くの事件を裁判に持ち込むべきなのかもしれない。そういうことでは，被告人の弁護人が有罪である依頼人の無罪を勝ち取ることに失敗したり，公訴の取り下げに失敗したりしても，検察官や警察官が他の犯罪者を追跡する時間が減ってしまうことになるだろう。これがハンド判事の基本的な不満である。

この主張の極論は醜悪なものになる。偽の証拠を作って被告人を有罪にすることはたやすいが，有罪であることが分かっている殺人犯を捕まえる方法が他にない場合でも，政策として偽証を擁護する人はいない。しかしながら，もう1つ根本的な問題がある。徹底的な捜査を行い，効果的な弁護人を提供し，州にとって都合の悪い証拠を開示することは深刻な問題を生じさせるのである。すなわち，割り当てられた予算では，刑事司法制度は規則で決められているようにはおそらく機能できない。代わりに私たちは近道をしている。その最も一般的な近道が司法取引であり，これが有罪答弁に先んじて仕事に空いたほとんどの穴を埋めてくれる。実際に警察官や検察官らに丁寧な仕事を要求すれば，予算を大幅に増やさない限り，起訴される犯罪が減ってしまうだろう。要求される仕事量の増加は，予算の増加と比例していないと警察官や検察官が考えるのは致し方ないことである。

重罪事件に対する有罪判決はアメリカでは年に100万件以上起きており，そのほとんどは財産ま

たは薬物犯罪で，さらに数百万件の軽罪に対して有罪判決が言い渡されている。ほとんどの被告人が受ける判決は比較的軽いものだが，あくまで比較的に，というだけである。懲役1年は一般的な基準からして厳しい処罰であり，逮捕や裁判前の勾留，刑事判決は裁判後に収監されなくてもそれ自体が厳しい処罰である。冤罪を増加させたり，抑制したりする要因についての研究は，こういった事件とはほとんど無関係である。たいていの場合，逮捕した警察官以外に目撃者もいなければ，ラインナップ手続きも，正式な取調べもない。小さな事件には被疑者が無実である場合もあるが，私たちの知識は限られているため，この文脈における冤罪の問題は潜在的に非常に深刻であり，研究に値すると推挙することを除けば，改善案を提案することはほとんどできない。したがって，著者らの主な提案はひどく漠然としたものである。犯罪者を日々規則的に取り扱う手続きに関与する関係者はすべて，無実の可能性があることに目を配らなければならないということである。

重大犯罪，特に既に判明している再審無罪事件の多くを占める殺人や強姦については，この章を通じて可能性のあるさまざまな改革案について述べてきた。ほとんどの場合はコストがかかるが，コストをかけるだけの価値があると著者らは信じている。犯罪者の識別や有罪判決をするにしても，無実の被疑者を保護するにしても，安価に犯罪捜査や起訴を処理する習慣に甘んじていては正確性を保つことできない。

適切に予算が組まれていれば，警察や法律家は彼らがすべき仕事をし，著者らや他の研究者が推奨してきた手続きに従うべきだと言い切ることができるだろう。現行制度では，著者らは優先順位をつける必要がある。刑事手続き全体に関して2点挙げることとする。

第一に，警察の初動捜査が注意の足りない，不完全なものである場合，情報は永遠に失われてしまう。失われたり破壊されたりした物的証拠を取り戻すことはできないし，記録されていない取調べは再構成することもできなければ，暗示的なラインナップ手続きや質問によって書き換えられた目撃者の記憶を取り戻すこともできない。そしてこれらすべてが，弁護活動が可能になる前に始まってしまうのである。つまり，州には物的証拠を収集して保管し，取調べを録画し，非暗示的な目撃者識別手続きを慎重に行い，これを録画する重大な責任がある。

第二に，有罪判決後の刑事事件の再捜査に対する門戸を広げるべきである。裁判所の判断が審査回数に制限のない自由審査の対象であれば法制度は機能しないが，その原則には限界がある。有罪判決の後に無実を証明する重大な証拠が見つかることは珍しいが，それが起こった場合には被告人が本当に無実である可能性がある。無実者に有罪判決を言い渡すことによる被害を制限する最も効率の良い方法は，新証拠が有罪判決に疑念を呈した場合に，もう遅すぎるとして可能性を排除するのではなく，虚心坦懐に有罪判決を見直すことである。

原註

1. 1989年8月にイリノイ州で再審無罪となったゲイリー・ドッドソンの事件（Connors et al., 1996）はしばしば，アメリカで最初にDNA鑑定によって実現した再審無罪事件だと誤解される（たとえば，Gross et al., 2005）。
2. 集団再審無罪事件についての言及だと明記していない場合は，個人の事件にのみ影響を与えた手続きの結果として釈放された無実の被告人の事件について言及するために**再審無罪**という語

を使用している。

3. 著者らの**再審無罪**の定義では，再審無罪にはなっていないが無実であることがほぼ確実であることが知られている被告人を除外している。多くの場合，自由を得るために彼らは有罪答弁を行っているからである。たとえば，1978年にテリー・ハリントンとカーティス・マクギーはアイオワ州において殺人罪で有罪判決を受けた。その25年後，2003年にアイオワ州最高裁判所は，警察が別の被疑者の証拠を隠匿していたという理由で有罪判決を取り消した。それまでにすべての重要な検察側の証人は証言を取り消した。両被告人は第2級殺人罪で有罪答弁を行えば，自由を得られるという取引を提案された。ハリントンはこの取引を断ったが，州の重要な証人が証言をもう一度取り消した後に公訴が取り下げられ，再審無罪となった。マクギーは安全な方法を選び，取引をして釈放された。彼の事件では最終結果が有罪であるため，たとえ彼が共同被告人と同様に無実であっても彼は再審無罪者としてカウントされないのである（Gross et al., 2005）。

4. 間接的に冤罪率を推定しようと試みる研究者もいる。Huffら（1996）は刑事司法制度で仕事をする職員を調査し，大多数が冤罪はまれ（1%以内）であると信じていたと報告している。GrossとO'Brien（2008）が指摘したように，その推測値は単なる集合的な推測にすぎず，おまけに自己奉仕的な楽観主義に基づくものである。Poveda（2001）はHuffの低い推定値を受刑者の調査から得たデータを使ってバランスを取ろうとした。この調査によれば受刑者の約15%が無実であると主張しているが，信用性がなく，バイアスのかかった推測値が2つに増えても正確になるわけではない。刑事裁判判事の調査に反映されているように，判事と陪審員の間の評決の不一致の頻度に基づく統計モデルを構築し，陪審員裁判における刑事判決の最大10%は誤りであると推定している研究者もいる（Gasnvirth & Sinclair, 1998; Spencer, 2007）。しかしながらこれらのモデルでも正確な予測はできない。

5. GrossとO'Brien（2008）が指摘しているように，死刑判決を言い渡された受刑者のほとんどが死刑囚監房から移され，有罪判決を言い渡された数年以内に，終身刑をあらためて言い渡されている。そしてその後，死刑になる可能性がある受刑者の事件が判決後に大きな注目を集めて調査され，事件の再捜査と再審査につながることはまずない。そしてもちろん，処刑されたり他の理由で死刑囚監房内で亡くなったりした被告人の冤罪については不明のままだろう。

6. 有罪答弁をした被告人にも上訴する権利があるが，上訴は通常，有罪答弁全体に関わる手続き上の問題や判決の適法性に関する問題がある場合のみに限られている。

7. 上訴再審査の効力は，死刑**判決**の破棄率が他の刑事判決の破棄率よりもはるかに高いような重大事件に対して非常に大きいことがある（Liebman et al., 2000）。被告人が無実であると考え，効力のある強力な事件証拠がある場合，判事が死刑判決を破棄する可能性が高くなる。このことは，たとえ被告人が再審無罪とされなくとも，ほとんどの無実の重罪被告人を手続き上の理由で死刑囚監房から移せることを意味している。

8. 訴訟手続きにおける対審制度で事実審査の手続きを開くために行われた最近の試みを著者らも承知している。しかし，その有効性を評価するには情報が不足している。（1）1997年，アメリカと多くの点で類似している対審制の制度（コモン・ロー）を持つイギリスは，冤罪を訴える受刑者を捜査し，控訴裁判所に有効と思われる

訴えを付託する権限を有する刑事事件審査委員会（Criminal Cases Review Commission）を発足させた。最初の10年間で，裁判所は委員会から313件の付託を受けて行動を起こし，187件の事件，付託されたうちの68%について被告人を再審無罪とした（Criminal Cases Review Commission, 2009）。(2) 2007年，ノースカロライナ州はイギリスの刑事事件審査委員会の特徴を一部に持つ無実審理委員会（Innocence Inquiry Commission）を発足させた（North Carolina Innocence Inquiry Commission, 2009）。

9. 連邦政府はこの例外である。連邦刑事司法制度には捜査機関から検察官，弁護人，裁判所に至るまで，州の司法制度よりもはるかに潤沢な資金がある。連邦事件においてもわずかな再審無罪事件が存在しており，これが潤沢な資金の効果をある程度反映するものかもしれないが，連邦事件の事件は州の事件とは多くの点で異なっている。たとえば，連邦事件は重罪に対する有罪判決の約6%を占め，刑務所における受刑者の12.5%を占めているが，有罪判決を受けた殺人犯の約1.7%だけが連邦刑務所に収監されており，過去30年間の再審無罪事件のうちの大半が殺人事件である。

10. 検察官の不正や不適格な弁護人に職務規範が適用されることがほとんどない理由の一部は，被告人は有罪であるという裁判所やこの領域の当局者の考え方にあるため，害でもなければ不正とも見なされないのである。被告人はたいてい有罪であるが，憲法の要件や専門職の業務規定の無視を正当化する理由はどこにもない。いずれにせよ，これらの規則を徹底することを司法の不正行為の発見に頼って達成することはできない。ほとんどは決して発見されることがないからである。たとえ不正が判明しても，担当検察官が完全に忘れていたり，引退したり，ある

いは死亡したり，判事になったりしているくらいに時間が経ってから判明したりすることもある。

引用文献

Armstrong, K., and Possley, M. (1999, January 10-14). Trial and error. How prosecutors sacrifice justice to win. *Chicago Tribune*.

Bedau, H. A., and Radelet, M. L. (1987). Miscarriages of justice in potentially capital cases. *Stanford Law Review, 40*, 21-179.

Borchard, E. M. (1932). *Convicting the innocent: Errors of criminal justice*. New Haven: Yale University Press.

Cohen, T. H., and Reeves, B. A. (2006). *Felony defendants in large urban counties*, 2002 (NCJ 210818). Washington, DC: U.S. Department of Justice, Bureau of Justice Statistics.

Connery, D. (1977). *Guilty until proven innocent*. New York: G. P. Putnam's Sons.

Connors, E., Lundgren, T., Miller, N., and McEwen, T. (1996). *Convicted by juries, exonerated by science: Case studies in the use of DNA evidence to establish innocence after trial* (NCJ 161258). Washington, DC: U.S. Department of Justice, National Institute of Justice.

Criminal Cases Review Commission. (2009). *Annual Report and Account: 2008/09*. London: The Stationery Office. Retrieved from http://www.ccrc.gov.uk/CCRC_Uploads/ANNUAL_REPORT_AND_ACCOUNTS_2008_9.pdf

Damaska, M. R. (1986). *The faces of justice and state authority*. New Haven, CT: Yale University Press.

Davis, T. Y. (1982). Affirmed: A study of criminal appeals and decision-making norms in a California court of appeal. *American Bar Foundation Research Journal, 7*, 543-648.

Death Penalty Information Center. (2009). Innocence and the death penalty. Retrieved from http://www.deathpenaltyinfo.org/innocence-and-death-penalty

Doob, A. N., and Kirschenbaum, H. (1973). Bias in police lineups-Partial remembering. *Journal of Police Science and Administration, 1*, 287-293.

Drizin, S. A., and Leo, R. (2004). The problem of false confessions in the post-DNA world. *North Carolina Law Review, 82*(3), 891-1007.

Durose, M. R., and Langan, P. A. (2003). *Felony sentences in state courts, 2000* (NCJ 198821). Washington, DC: U.S. Department of Justice, Bureau of Justice Statistics. (2004). Felony sentences in state courts, 2002 (NCJ 206916). Washington, DC: U.S. Department of Justice, Bureau of Justice Statistics.

Durose, M. R., and Langan, P. A. (2007). *Felony sentences in state courts, 2004* (NCJ 215646). Washington, DC: U.S. Department of Justice, Bureau of Justice Statistics.

Findley, K. A., and Scott, M. S. (2006). The multiple dimensions of tunnel vision in criminal cases. *Wisconsin Law Review, 2*, 291-397.

Frank, J., and Frank, B. (1957). *Not guilty*. Garden City, N.Y.: Doubleday.

Frisbie, T., and Garrett, R. (2005). *Victims of justice revisited*. Evanston, IL: Northwestern University Press.

Fuller, L. (1961). The adversary system. In H. Berman (Ed.), *Talks on

American law (pp. 10-22). New York: Vintage Books.
Furman v. Georgia, 408 U.S. 238 (1972).
Gardner, E. S. (1952). *The court of last resort*. New York: William Sloane Associates.
Garrett, B. (2008). Judging innocence. *Columbia Law Review, 108*, 55-142.
Garrett, B., and Neufeld, P. (2009). Invalid forensic science testimony and wrongful convictions. *Virginia Law Review, 95*, 1-97.
Gastwirth, J. L., and Sinclair, M. D. (1998). Diagnostic test methodology in the design and analysis of judge-jury agreement studies, *Jurimetrics, 39*, 59-78.
Givelber, D. (2001). The adversary system and historical accuracy: Can we do better? In S. D. Westervelt and J. A. Humphrey (Eds.), *Wrongly convicted: Perspectives on failed justice* (pp. 253-268). Piscataway, NJ: Rutgers University Press.
Gregg v. Georgia, 428 U.S. 153 (1976).
Gross, S. R. (1987). Loss of innocence: Eyewitness identification and proof of guilt. *Journal of Legal Studies, 16*, 395-453. (1998). Lost lives: miscarriages of justice in capital cases. *Law and Contemporary Problems, 61*(4), 125-152.
Gross, S. R. (2008). Convicting the innocent. *Annual Review of Law and Social Science, 4*, 173-92.
Gross, S. R., Jacoby, K., Matheson, D. J., Montgomery, N., and Patil, S. (2005). Exoneration in the United States 1989 through 2003. *Journal of Criminal Law and Criminology, 95*, 523-560.
Gross, S. L., and O'Brien, B. (2008). Frequency and predictors of false conviction: Why we know so little, and new data on capital cases. *Journal of Empirical Legal Studies, 5*, 927-962.
Heron, M. (2007). Deaths: Leading causes for 2004. *National Vital Statistics Reports, 56*(5), 1-96.
Hoffman, M. (2007, April 26). The 'innocence' myth. *Wall Street Journal*, p. A19.
Huff, C. R., Rattner, A., and Sagarin, E. (1996). *Convicted but innocent: Wrongful conviction and public policy*. Thousand Oaks, CA: Sage.
Innocence Project. (2009). Know the cases. Retrieved from http://www.innocenceproject.org/know/Browse-Profiles.php
Kansas v. Marsh, 126 S. Ct. 2516 (June 26, 2006).
Kassin, S. (2005). On the psychology of confessions: Does innocence put innocents at risk? *American Psychologist, 60*, 215-228.
Kassin, S. (2008). False confessions: Causes, consequences, and implications for reform. *Current Directions in Psychological Science, 17*, 249-253.
Leo, R. (2008). *Police interrogation and American justice*. Cambridge, MA: Harvard University Press.
Leo, R A. (2009). False confessions: Causes, consequences, and implications. *Journal of the American Academy of Psychiatry and the Law, 37*(3), 332-343.
Liebman, J. S., Fagan, J., and West, V. (2000). A broken system: Error rates in capital cases, 1973-1995. Retrieved from http://www2.law.columbia.edu/instructionalservices/liebman/
Liptak, A. (2008, March 25). Consensus on counting the innocent: We can't. New York Times. Retrieved from http://www.nytimes.com/2008/03/25/us/25bar.html
Lofquist, W. S. (2001). Whodunit? An examination of the production of wrongful convictions. In S. D. Westervelt and J. A. Humphrey (Eds.), *Wrongly convicted: Perspectives on failed justice* (pp. 253-268). Piscataway, NJ: Rutgers University Press.
Mathicson, A., and Gross, S. R. (2004). Review for error. *Law, Probability and Risk, 2*, 259-268.
McGonigle, S., and Emily, J. (2008, October 10). 18 Dallas County cases overturned by DNA relied heavily on eyewitness testimony. *Dallas Morning News*.
Meissner, C. A., and Brigham, J. C. (2001). Thirty years of investigating own-race bias in memory for faces: A meta-analysis. *Psychology, Public Policy, and Law, 7*, 3-35.
National Research Council. (2009). *Strengthening forensic science in the United States: A path forward*. Washington D.C.: The National Academy Press.
Nickerson, R.S. (1998). Confirmation bias: A ubiquitous phenomenon in many guises. *Review of General Psychology, 2*, 175-220.
North Carolina Innocence Inquiry Commission (2009). Retrieved from http://www.innocencecommission-nc.gov/
O'Brien, B. (2009). A Recipe for bias: An empirical look at the interplay between institutional incentives and bounded rationality in prosecutorial decision making. *Missouri Law Review, 74*, 999-1050.
PBS. (2004, June 17). *The Plea*. Frontline. Retrieved from http://www.pbs.org/wgbh/pages/frontline/shows/plea/four/stewart.html
Pennington, N., and Hastie, R. (1992). Explaining the evidence: Tests of the story model for juror decision making. *Journal of Personality and Social Psychology, 62*, 189-206.
Possley, M., and Scargeant, J. (2011). Preventable error: Prosecutorial misconduct in California 2010. Northern California Innocence Project. A Veritas Initiative Report. Retrieved from http://www.veritasinitiative.org/wp-content/uploads/2011/03/Prosecutorial Misconduct_FirstAnnual_Final8.pdf
Poveda, T. G. (2001). Estimating wrongful convictions. *Justice Quarterly, 18*(3), 698-708.
Pronovost, P., Needham, D., Berenholtz, S., Sinopoli, D., Chu, H., Cosgrove, S., et al. (2006). An intervention to decrease catheter-related bloodstream infections in the ICU. *New England Journal of Medicine, 355*, 2725-2732. Retrieved from http://content.nejm.org/cgi/content/full/355/26/2725
Radelet, M. L., Bedau, H. A., and Putnam, C. (1992). *In spite of innocence*. Boston: Northeastern University Press.
Radin, E. D. (1964). *The innocents*. New York: Morrow.
Ridolfi, K. (2007). *Prosecutorial misconduct: A systematic review*. Preliminary Report prepared for the California Commission on the Fair Administration of Justice.
Risinger, D. M. (2007). Innocents convicted: An empirically justified factual wrongful conviction rate. *Journal of Criminal Law and Criminology*, 97, 761-806.
Ross, L. D., and Nisbett, R. (1991) *The person and the situation*. New York: McGraw Hill College.
Scalia, J. (2001). *Federal criminal appeals, 1999, with trends 1985-99* (NCJ 185055). Washington, DC: U.S. Department of Justice, Bureau of Justice Statistics.
Scheck, B., Neufeld, P., and Dwyer, J. (2003). *Actual innocence: When justice goes wrong and how to make it right*. New York: Signet.
Schlup v. Delo, 513 U.S. 298 (1995).
Spencer, B. D. (2007). Estimating the accuracy of jury verdicts, *Journal of Empirical Legal Studies, 4*, 305-329.
Strier, F. (1996). Making jury trials more truthful. *University of California at Davis Law Review, 30*, 142-151.
Sullivan, T. P. (2004). *Police experiences with recording custodial interrogations*. Report presented by North-western School of Law, Center on Wrongful Convictions. Retrieved from http://www.jenner.com/system/assets/publications/7965/original/CWC_article_with_Index.final.pdf?1324498948
Tavris, C., and Aronson, E. (2007). *Mistakes were made (but not by me)*. New York: Harcourt.

Thibaut, J., and Walker, L. (1975). *Procedural justice: A psychological analysis*. Mahwah, NJ: Lawrence Erlbaum.

United States v. Garsson 291 F. 646 (L. Hand J.) (1923).

Vaughan, D. (1996). *The Challenger launch decision*. Chicago: University of Chicago Press.

Warden, R. (2004). *The snitch system*. Chicago: North-western School of Law, Center on Wrongful Convictions. Retrieved from http://www.law.northwestem.edu/wrongfulconvictions/issues/causesandremedies/snitches/SnitchSystemBooklet.pdf

Wells, G. L. (1978). Applied eyewitness testimony variables: System variables and estimator variables. *Journal of Personality and Social Psychology, 36*, 1546-1557.

Wells, G. L. (2006). *Does the sequential lineup reduce accurate identification in addition to reducing mistaken identification?* Retrieved from www.psychology.iastate.edu/faculty/gwells/SequentialNotesonlossofhits.htm

Wells, G. L., and Bradfield, A. L. (1998) "Good, you identified the suspect": Feedback to eyewitnesses distorts their reports of the witnessing experience. *Journal of Applied Psychology, 83*, 360-376.

Wells, G. L., Lindsay, R. C., and Ferguson, T. J. (1979). Accuracy, confidence, and juror perceptions in eyewitness identification. *Journal of Applied Psychology, 64*(4), 440-448. doi:10.1037/0021-9010.64.4.440

Wells, G. L., Small, M., Penrod, S., Malpass, R. S., Fulelo, S. M., and Brionacombe, C.A.E. (1998). Eyewitness identification procedures: Recommendations for line-ups and photospreads, *Law and Human Behavior, 22*, 603-647.

Wells, T., and Leo, R. A. (2008). *The wrong guys: murder, false confessions and the Norfolk Four*. New York: The New Press.

10章　罰，応報，一般抑止の行動学的な問題

JOHN M. DARLEY
ADAM L. ALTER

　市民による「ネガティブ」な行為を社会が最小化しようとするときに生じる諸々の難しい問題に対し，政策策定者はどう向き合うべきなのであろうか？　一般的に，市民の行為の中には社会にとって非常に有害なものも，政策策定者としては社会的主体による制裁を認めざるをえないものもあるだろう。ある人々が住む社会に公的な制裁措置がなければ，被害に遭った人々はそれぞれの正義を自分たちのやり方で遂行しようと試みることになるため，それぞれの社会においても有害な行動にどう対処するのかという問題に取り組まなければならなくなる。ここで2つの疑問が生じる。第一は，どのような種類の制御システムであれば，それぞれの行動をどのくらい罰するべきか，という市民が共有している道徳的な観点を取り込むことができるのか？　第二は，ヒトの認知や行動に関する知識に基づけば，どのような制御システムであれば犯罪発生率を最小限化できるのか？　という疑問である。

　ここでは以上2つの問題について，これから順に考えていきたい。まずは，悪い行為に対する人々の認知とその行動に対する適切な罰の認知について，最近の研究を俯瞰する。著者らが提案したいのは，こうした判断は概して直観的であり，より形式の整った分析システムの産物ではないということ，および加害者の行為に「ちょうど見合う」のはどのような罰かに関わる情報によって判断が決まるということである。また，市民が正義を認識するには，公正だと認識されうる罰が社会的に実践されていることも必要であり，こうした必要性と矛盾する法体系は，法体系そのものに対する市民の信頼を損なうということについても提案する。次に，先述した第二の問題，すなわち私たちの社会が実践してきた罰の犯罪制御効果に関して考えていく。焦点として取り上げたいのは，犯罪率を低下させるうえで，私たちの社会的制御システムが最適なのか，少なくとも効果があるのかという点であるが，結論としては概して効果的ではないと結論づけられる。著者らの主張をまとめれば，すでに制定された政策の領域で犯罪・罰・抑止に対処してきたこれまでのアプローチは，近年ヒトの実際の考えやふるまいを明らかにしてきた行動学的意思決定に関する研究とは乖離があるということである。

10.1　罰の判断は因果応報的直観である

　ここで，このセクションで述べる2つの基本的論点を整理しておきたい。第一は，人々の罰の判断は直観に基づいており，システマティックな分析的判断ではないということ。第二に，人々の罰の判断は，その違反行為が道徳的にどれほど悪いか，その程度を出発点とする道徳的憤怒や怒りといった感情的要因によって駆り立てられるということである。言いかえれば，人々は，その加害者には正当な報いだと直観的に信じた内容に基づいて罰を判断しているということである。

10.1.1　罰の判断は直観的である

　これまでの実験室やフィールド研究で集積してきた証拠により示唆されるのは，罰の判断はシステマテックな分析プロセスというより，むしろ直観に駆られているということである。罰の判断は，注意深く考慮された分析よりもヒューリスティックな情報処理に基づいているために，直観的なのである（Kahneman, 2003）。FrederickとKahneman（2002）は，テキサスの陪審員名簿から得た参加者が模擬民事事件における懲罰的賠償としてふさわしい額を回答した以前の研究のデータを再分析し，その中で2つのヒューリスティックなプロセスに焦点を当てている。彼らは，参加者が与えようとする賠償額の金額が，攻撃的な行為およびその結果として生じていると認知された害悪の程度に対する憤怒と高い相関を示すことを見出だした（なお，懲罰的賠償の対象となる加害者の会社が大規模である場合は $r = .90$，中規模である場合は $r = .94$ であった）。FrederickとKahnemanは「参加者が怒りと害を個別に評価してそれぞれの値を算出したと言いたいわけではなく，むしろ怒りの感覚はもともと，犯人の無謀さと被害者が受けた苦しみの双方に敏感なのだ（と提案した）」（2002, p. 64）。要するに，人は悪意性と有害性を直観的に組み合わせて罰しているのである。

　他の研究も同様に，人々が犯罪に対してふさわしい刑罰を算定するときは主に悪意性に基づくということを示している。ある研究（Alter et al., 2007b, study 1）では，発砲，窃盗，襲撃事件に対して，それぞれ有害かつ悪意的（故意により遂行された違法行為），悪意のみ（失敗した試み），有害性のみ（ただのミス）かによって異なる場合について，参加者はふさわしいと思う刑罰を決めた。むろん，有害性と悪意性の両方が関わっていたが，3つの事件すべての刑罰の厳しさに対して，悪意性はより強い予測因子となっていた。2つ目の研究（Alter et al., 2007b, Study 2）では，プリンストン大学の学生が参加者となり，彼らは自分たちの大学の道徳律に対する違反を行った学生への罰を決定すると信じさせられた。やはりここでも，有害性と悪意性がいずれも関係していたが，参加者の学生たちは，違反行為の悪意性に最もよく合った制裁を選択した。これらの効果は，刑事弁護の領域でも同様にみられ，人は，道徳的な気質を持った被告人に対しては，**法を知らなかったための犯罪**として弁護を認めようとした。（Alter et al., 2007a）。

　正義に対する直観の起源がどこにあるのかという問題は，子どもたちを観察すれば最も明快に分かることであろう。子どもは成長するにつれ，罰し，資源を割り当てる方法を磨いていることを顕著に示すようになる。注目すべきことは，自身の判断の背後にある**分析**をうまく説明することができないくらいのまだ幼い子どもたちでさえ，驚くほど一貫した**直観力**を示すという点である（たとえばDarley & Schultz, 1990; Kohlberg, 1981; Piaget, 1932/1965）。Kohlberg（1981）は，どの子どもも一定の順序に従って道徳性を獲得していくと考え，その段階を精緻にまとめあげている。Kohlbergの理論における普遍主義に関しては，その後の研究によって疑問視されてきた点もあるものの（たとえばGilligan, 1982; Turiel, 1983），研究者たちのおおまかな総意として，子どもは善悪と正義・不正義の論理的分析能力を発達させるよりもずっと前に，その直観的概念を発達させるとの理解が共有されている。

　専門家というもう一方のスペクトラムで見ると，裁判官も罰を判断するとき，コモンセンスに基づく直観に頼ることが示されている（Hogarth, 1971）。裁判官が直観に頼っていることの証左の1つが，政治的・イデオロギー的に見解が異なる裁判官の間では，同じ犯罪に対してもうまく説明できないくらいに首尾一貫しない判決を下すという事実であ

る（たとえばTetlock et al., 2007）。アメリカの法体系は，こういった違いに対し，判決をある部分で標準化するような刑法モデルをいくつも考案することにより対応している（Kadish, 1999）。同様に，アメリカ以外の司法もまた直観に頼る傾向があることが分かっている。イギリスとオーストラリアにおける過失法は，かなりの程度「常識」による評価基準に基づいており（Vinogradoff, 1975），オーストラリアのニューサウスウェールズの最高裁判所の裁判長は，自由な形式で直観的なアプローチによって判決が決まらないよう，いくつかのステップを示した**判断指針**を著している（たとえばR.v. Jurisic, 1998）。

他にも何人かの心理学者が，道徳的判断は概して直観の産物であり，複雑な認知的分析には基づいていない傾向があると結論づけてきた。彼らの報告によれば，人々はある行動が道徳に照らして明らかに悪であるということを即時に判断しても，なぜそういう判断になったのかを明確に説明できるわけではないということが，少なくともときおりある。道徳的判断における驚くべき性質に関するHaidtの有名な研究（2001）によると，たとえば人は兄弟姉妹間の性的交渉がよくないということを即時に判断するが，なぜそれはよくないのか理由を求められても，そうした道徳的観点を基礎づけている論理的根拠を挙げることがなかなかできない。多く挙げられた理由の中には，兄弟姉妹の一方に精神的なダメージを与えうるから，遺伝的に欠陥のある子どもが生まれる可能性があるからといったものもあった。しかし，実験者が指摘するように，呈示した話からはこれらの可能性があらかじめ除外されていたため，これらの理由は実際には当たっていない。そうすると参加者は，なぜそれが間違っているかについての理由を挙げるのに窮し，「ただ間違っている」とだけ言い，その後自分たちの直観に立ち返る場合が多いのである。

「トロッコ」問題に関わってきた研究者の中にも，何人かが類似の効果を報告している。哲学者フィリッパ・フットによって発明された，このトロッコ・シナリオのポイントは，もしトロッコが走り続けると，その先の傾斜のずっと下方の線路で作業している5人が死んでしまうという状況を描写しているところにある。しかしもし，回答者がスイッチを切り替えて，トロッコをもう1つの線路に迂回させれば上の状況を回避することができるが，その場合は（迂回先の線路にいる）1人の人を殺すことになる。また別のシナリオでは，5人の労働者を救うためには，回答者がそばにいる1人を歩道橋から下の線路にやむなく押しやらなくてはならない（落とされた人は落命する）状況にある。これら2つのケースは，多くを救うために1人を犠牲にしている点で，功利主義的に考えればまったく同一である。しかし，多くの人々は，スイッチを切り替えることは道徳的な行動であり実際にもそうしようとするが，線路の上に人を落とす行為は非道徳的でありそれをしようとはしない。他にも多くの研究者がいる中で，一部の研究者（Hauser et al., 2007）は，参加者に両方のシナリオを呈示し，その差に直面させてみた。しかし，参加者の約70％はなぜ2つのケースに関して異なる判断になったのか説明することができず，先述したHaidtの驚くべき研究結果と一致するものとなった。Haidtは自身の研究と他の研究のレビューに基づき，「道徳的な判断」は「即時で自動的な評価（直観）」に基づくと結論づけ（2001, p.814），Hauserたちも「道徳に対する私たちの理解の多くが直観的であり，非意識的でアクセスできない法則に基づいている」と提言した（p.125）。

10.1.2　罰の直観は因果応報に基づいている

これら直観的な罰の判断は，有害な行動における道徳的悪意性についての情報にもとづき行われ

る。因果応報的な罰の概念は，加害者はその行為の道徳的な攻撃性と比例して罰せられるべきであると論じたイマヌエル・カントによって体系づけられた，応報的なものである。その因果応報的に重要な要因となるのが，犯罪の道徳的な悪意性である。つまり，より道徳的に悪意のある犯罪であるほど，より重い罰が相当するということになる。典型的には，人に危害を与えるような犯罪は最も悪質だとみなされ，その犯罪者には最も厳しい罰が相当すると判断される。加えて，行動の道徳性を緩和ないし悪化させる要因によっても罰の判断は影響を受ける。かくして，犯罪の重大さ自体は変わらないとしても（たとえば横領された金額が同じだとして），もしその金が横領犯の子どもの医療手術に必要とされていたならそれほど厳しくは罰せられないであろうし，逆に横領犯がただ道楽生活を続けるために必要としていたのならより厳しく罰せられるであろう。それと同じく，J. L. Austin (1956)の有名な指摘にもあるように，行為に対する責任を緩和するような状況も，加害行為の道徳的な重大さを和らげうる。つまり，因果応報的な罰によって応報的公正を求める人は，（悪い）行為によって引き起こされた道徳的な憤怒を悪化ないし緩和させる要因に関心を抱き，その違法行為の道徳重大性と罰とのバランスをとろうとする。

因果応報と対比させられる考え方としては，罰は1つないしそれ以上の功利主義的な考えに基づいて判断されるべきだという考え方である。たとえば，罰された加害者が将来再犯することを抑止しようとする欲求（特別予防），まさに問題になっている行動は禁止されているというメッセージを広く一般に対して知らしめようとする欲求（一般予防），あるいは将来的に危険な行動を取りそうな危険人物を隔離しておこうという欲求（無力化）などである。

人が罰する目的を確かめるやり方の1つは，サンプルに尋ねてみるという方法である。このようなやり方だとたいがい，参加者は上記3つの目的すべての側面に関する記述文に同意する傾向がある。しかし，先述したとおり，ある事件を見せられたようなときになされる罰の判断は直観的なものである。直観システムにおける処理は自動的であり，内省できるものではない。この点は，NisbettとWilson (1977)が最初に実証したように，今ここで述べているような直観的になされる類の判断課題において，現実の判断は，選択肢の位置などいくつか特定の要因に依存しているということである。なぜその選択をしたか尋ねられると，参加者は実験的に示された彼らの実際の選択行動とは整合しない回答をし，事後的にその回答を練り上げているように思われる。さらに，おそらくこれと同じくらい影響力を持つ証左として，参加者がそう判断する真の決定要素は彼ら自身によっては内省不可能であるという，NisbettとWilsonが，他の研究分野をレビューした結果に基づく知見がある。こうしたNisbettらの研究が著されて以来，心理学者は内的な決定プロセスについて自己報告の妥当性に頼ることにずっと懐疑的になっているのである。

幸いなことに，別の方法によって人々の判断の決定要因を見つけることもできる。実際その方法は，NisbettとWilsonにより，実験参加者たちの選択における真の決定要因を発見するために用いられている。この方法は，しばしばポリシー・キャプチャリング法と呼ばれるが（Cooksey, 1996），罰の研究においても以下のように使われている。まず，ある加害行為に対する罰を決めるときに重要な要因（応報的な観点では重要であるが，無力化という観点ではさほど重要でない要因など）を詳しく吟味する。そのうえでCookseyは，たとえば抑止的な観点など，次にどの要因が重要になるのかを検討した。犯罪者が再犯する可能性が高いか

どうかについての情報は，常習犯から社会を守ろうとして罰を決めようとする人たち，すなわち無力化の観点に立つ人たちにとってはそのどれもが主に重要になってくるはずである。

　この流れの最初の研究（Darley et al., 2000）で焦点となったのが，実際の罰の判断における決定要因を見つける方法であった。この研究の参加者は，非常にささいなもの（たとえば店から音楽CDを盗む）から非常に重大なもの（たとえば政治的な暗殺）に至るまで，さまざまな事件を記述した10の話を読まされた。さらに，それらの話はいずれもが犯罪者の前科を変えられていた（つまり，犯罪者は前科がない初犯者，あるいは過去にも類似の犯罪に手を染めた常習犯のどちらかとして記述された）。こうして，Darleyらは犯罪の道徳的重大性（応報的要因）と再犯可能性（無力化要因）を操作したのである。その従属変数は，参加者が妥当と判断した懲役刑の刑期であった。

　結果は非常にクリアであった。刑期の長さに関していうと，人々は犯罪の重大さに非常に敏感であり，大概において，その犯罪者が再犯を起こす可能性は無視していた。操作チェックの結果から，参加者は加害者が再び罪を犯す可能性が高いと明確に理解していたものの，刑罰の厳しさを判断するときにはその知識を使わなかったことが明らかになった。むしろ，罰の厳しさを決める要因になったのは因果応報的な考え方であった。要するに，人々はもっぱら犯罪の道徳的な重大性と比例するように罰していたのである。

　この研究のもう1つの結果が，罰の判断における因果応報観の中心的役割を確認しようと試みた点である。参加者が最初に評価（ちょうど先ほど論じたばかりの刑罰判断）をした後，彼らは2回目，3回目と応報的ないし無力化の観点から同じ話を再読するよう求められた。彼らに対して私たちは，これら三つの目的，相違点，一般的にどう機能するのかを詳細に説明していた。そのうえであらためて，それらの観点に立ち，再度罰を決めるよう求めたのである。

　その結果，応報的観点に立つ人々は，犯罪の道徳的な重大性にきっちり従い，無力化の要因には従わないような判断をした。一方で，功利的あるいは無力化的な観点に立ったときは，予想どおり，彼らは犯罪者の再犯リスクに対して敏感にはなったものの，犯罪の道徳的な重大性を無視することはなかった。犯罪の道徳的な重大性は彼らの判断に影響し続け，判決の重要な予測因子のままであった。このことは，一般人による罰の判断には因果応報的な要因の重要性が維持されているということを示唆している。

　さらに，参加者たちが事件に対して最初の感覚で決定した判断，つまりは実験者から何も説明されずに独自に行った判断は，因果応報的観点に立って判断するよう求められたときの判断によく似ており，無力化の観点に立つよう求められたときの判断とはかなり異なっていた。繰り返しとなるが，これらの知見が示唆するのは，人々が道徳を犯した者を罰するときには通常，因果応報的な観点がとられているということである。

　第二の研究例として，Carlsmithら（2002）は，応報と抑止のどちらを考慮することが人々の懲罰的動機を強く促しているかを検討した。この研究の参加者は，応報と抑止いずれも重要な要因であると主張したにもかかわらず，実際の罰し方は首尾一貫して抑止的目的を無視し，応報的目的を反映していた。Carlsmithらの3つの研究では，いずれも，その不適切な行動の有害性と道徳的重大性が別々に操作されていた。たとえば，ある研究では，犯罪者は彼の会社から金を横領した（あまり報復する必要がない）場合か，有毒な化学物質を公共の水路に廃棄した（強い報復が求められる）場合が設けられた。と同時に，それぞれの犯罪が発見

容易な（抑止する必要性が低い）場合か，発見が困難な（抑止する必要性が高い）場合かが操作されていた。その結果，参加者が呈示した判断は犯罪の道徳的重要性（応報）にかなり即していたが，いかに容易に犯罪を発見できるかという点（抑止）についてはほとんど完全に無視されていた。媒介分析の結果，道徳的な憤怒，すなわち応報に伴うと推測される感情的反応が，罰相応性と罰の厳しさとの関係を媒介していることが分かった。Carlsmithら（2002）も，Darleyら（2000）と同様，想定した決定要因のそれぞれを別個に操作することによって，人々の刑罰判断の決定要因を分離しようとしたが，そのいずれの研究においても，参加者は非道徳的にふるまう加害者を罰し，抑止，無力化のほか実利的な点はほぼ無視するか，ほとんど関心を払っていないことが示された。

10.1.3　因果応報的直観としての罰判断
　　　　　――法体系に対する政策的結果

　現在では，人々が直観的に応報を支持していることを示す根拠が相当に存在するのは明白である。人々は，犯罪者がどれほど重い罰に価するかを基準に犯罪者を罰しており（たとえばCarlsmith et al., 2002），犯罪者がどれだけ間違った行動を取ったかを判断基準として罰のふさわしさを定量化している（Alter et al., 2007b）。そうなると，これによって生じる問題がある。すなわち，起草者が法律を立案する際，人々の直観的な判断基準を考慮すべきかどうか，あるいはどの程度までそれらを考慮に入れるべきであるかという問題である。これを考慮する際に論点の1つとなるのが，民主主義社会においては市民の見解が法体系の起草者によって考慮されるべきであるという主張である。法体系の起草者が市民の見解を否定することは可能であるが，少なくとも，自身の見解の道徳的正当性を市民が納得できるような形で呈示するよう起草者は努めるべきであろう。

　可能な限り市民共有の道徳規範を中心にして刑法体系の一般的なパターンを形成しようとすることに対し，一点激しい政策的議論がある。心理学者が遵法精神の決定的要因となるものを調べてきた結果，市民が法律をより「道徳的」であると見なすほど，彼らがその法律に従いやすくなることが分かってきたのである。人々がなぜ法律に従うのかに関するTylerの重要な研究（1990）は，遵法精神を促進するに当たって手続き的に公正であることの重要性を実証した研究の始まりとして一般的に認識されている。同時に，この研究は，法律が道徳的に正しいものであるという認識を持たせることが遵法精神を促進するに当たって重要であることを示す有力な根拠にもなっている。Tylerは4つの先行研究をレビューし，法律に対して認識された道徳性と，認識する者が過去その法律に従ってきたか，そして今後も従う意向があるかという程度との間に相関関係があることを発見した（p. 37）。Tyler自身が実施した法律遵守に関する大規模なパネル調査では，法律に対する道徳的妥当性の認識は，その法律を人々が遵守する意向に対する重要な予測因子となっていた（p. 60）。

10.1.4　深刻化する法の軽視

　著者らの議論における最も重要な論点，すなわち，法律は「不道徳」であるという認識が法律遵守に否定的な態度を生じさせる点に関して，複数の研究が実施されている。2つの研究（Silberman, 1976; Tuttle, 1980）では，法律を不道徳であると見なした者が，その法律に従う可能性は低いということを示す相関研究が報告されている。心理学者が実施した最近の研究では，自身の道徳的感覚から司法制度が逸脱しているとみなした回答者が，法を軽視し，法に従おうとしない姿勢を持っていることの実証が試みられた。Greene（2003）とNadler

(2005) は，司法制度を軽蔑する人々が，本来あるべき公正さの均衡を自身の精神内で取り戻そうとするために，軽犯罪に手を染めることを厭わなくなることをそれぞれ独自に明らかにした。Greeneは，研究参加者に対し，犯罪者が過度に厳しく罰せられた訴訟事例，あるいは逆にあまりにも罰が軽い訴訟事例について書かれた新聞記事を読むよう教示した。前者の例では，アイダホ州の男女が同州の州法に違反してオーラルセックスを行ったことに対し5年の懲役刑を宣告され，後者の例では自分の友人が少女を強姦していることを知りながら止めに入らなかったティーンエイジャーが無罪となった。これらとは別に，公平な処罰について述べた記事を読んだ者と比べ，不公正な訴訟事例に関する記事を読んだ参加者は，法律に対するより強い不満を述べ，軽犯罪を犯す欲求がより強くなったと報告する傾向にあった。Nadlerの研究においても，近々導入される法律が公正または不当であると述べた記事を参加者に読ませたところ，その後に実施した「犯罪行為をはたらく可能性」に関する設問の得点が，法律の不当性を主張する上記の記事を読んだ参加者のほうがより高くなっていた。

　公正さを欠いた司法制度は，陪審による法の無視を助長させる傾向もある（Greene, 2003; Nadler, 2005）。たとえば，有罪の決定要因となる基準を明らかに満たしている被告人に対しても，陪審員が有罪評決を与えるのを拒むことがある。そのような法の無視は，陪審裁判の民主主義的性質を限界にまで拡大するものであり，そのような法の無視の常態化は，司法制度が自らの体系に一般的な道徳規範を組み込むことに失敗していることを如実に示すものである。たとえば，陪審による法の無視は，公民権運動の黎明期にとりわけ顕著であった。全員が白人で構成された当時の陪審員団は，被害者である黒人を殺害した白人の被告人に有罪評決を下すことをたびたび拒否した（Conrad, 1998）。また，ある研究（Nadler, 2005）では，参加者に対し，犯行当時ホームレスだった被告人デイビッド・キャッシュがショッピングカートを窃盗したかどで有罪判決を受けた際，これが自身3度目となる有罪判決であったために，「三振即アウト法」に基づいて終身刑となった記事を読むように指示した。もっともなことだがその記事に対して怒りをあらわにした参加者は，その研究の第二段階において，有罪であることが明白な被告人に対しても無罪であるとの判断をより下しやすくなった。

　著者らがここで呈示してきたのは，刑事司法制度，とくに罰を付与するための非功利的な原理（つまり因果応報性）に基づく刑事司法制度を維持することの意義を，功利的な観点から論じることである。そこで問題となるのは，市民の道徳的感性を損なうようなやり方での罰付与が，法を遵守しようとする市民の意思をむしばんでしまうということである。政策立案の段階において，上記の問題が対処される必要のある懸念事項であるかどうかは検討に価する。法と世論の間にそのような隔たりはあるのだろうか？

10.1.5　法と世論の間に深まる溝

　その問いに対する答えはイエスである。そのような隔たりはすでに数多く生じている。そしてそのような隔たりが徐々に広がりつつあることを示唆する研究者もいる。不幸なことではあるが，司法制度全体が人々の感性から徐々にさらに離れつつある（Kadish, 1999）。アメリカの議会は，実刑判決となるような法律の数を着々と増やしており，それらの多くが軽犯罪を取り締まるもので，そのような法律に基づいた一貫性を持たない起訴手続きが数多く行われている（Coffee, 1991, 1992）。たとえば，カリフォルニアの州法によれば，土地の所有者が自身の敷地内で被圧地下水を垂れ流しに

していた場合，その所有者に対して厳しい処罰が下される（California Water Code, 2003）。また，Coffee（1992）によれば，民法の領域に刑法が侵食してきており，かつては民事上の違反行為として扱われていた行為に対し，今では刑事上の罰金が科されたり，懲役刑に処せられたりするようになっていることが示唆されている。より多くの違法行為が厳格責任犯罪として扱われるようになってきており，そのような犯罪行為に対して判決を下す際には，それが道徳的に間違った計画的犯行であったかどうかの根拠の呈示は必要とされていない。このような過酷な刑事訴追および判決言渡しのアプローチは，人々から支持されていると私たちが考えている，道徳性に基づいた因果応報的アプローチに背くものである。つまり，刑事司法制度そのものが法に対する市民の蔑視や無視，陪審による法の無視を招くようになってきたうえ，ひいては，市民の行いの適切さに関する市民の判断の正当的典拠としての道徳的信頼性を損失してしまうリスクも孕んでいる。

10.2　刑期を延ばすことで犯罪抑止効果を獲得できるか

次に私たちは，行動学的研究における近年の知見から刑事司法制度の実践を検証しつつ，その実践がほとんど機能していないことを呈示していく。まず，刑事司法制度で増大している，犯罪抑止のために刑期を長期化させることだけ行う政策をここでは取り上げる。

1960年代から，アメリカ国内の政治家は，相当な数の犯罪に対して長期間の刑期を科す法律を制定してきた。アメリカの犯罪管理を担っていた政策策定者は，ほとんどの犯罪行為に科されていた標準的な刑罰を引き上げることで，当時懸念されていた犯罪率の急激な増加を減少ないしは以前の状態に戻すように努めてきた。つまり，当時の政策策定者は，罰の抑止力となる3つの主な要因のうち1つのみを操作することで犯罪を抑止しようとしてきたのだ。その3つの決定要因とは，犯罪者が確実に特定され，有罪判決が下されるという確かな見込みであり，もう1つが，犯罪者が犯罪行為をはたらいてから刑に処せられるまでの期間の短縮化である。そして最後の1つが，判決内容の厳しさを強化することであり，当時の政策策定者は**判決内容の厳しさを強化することを選んだのである**。

彼らがとったこの方法は，犯罪を減少させるために効果的であるといえるだろうか？　著者らはまず，これまで積み重ねられてきた研究をレビューし，刑罰における刑期の長期化が犯罪率をどの程度低下させたかを検証した。この犯罪率の低下は，刑期を長期化させることが罰の持つ犯罪抑止力の向上に寄与しているかどうかを判断する妥当な指標とみなされている。この問題に関して入手可能な犯罪学の複数のレビューが出した結論を検証した結果，著者らは，刑期の長期化は犯罪を減少させるための効果的な手法ではないと結論づけた。次に著者らは，なぜそれが効果的ではないのかを検証した。犯罪者が犯罪に至るまでの意思決定の心理学，と著者らが呼ぶテーマに関して，近年研究が進んでいる行動学のアプローチに基づき，犯罪率を制御するに当たって刑期の長期化が効果的な手法ではない理由を以下に呈示しよう。

刑罰，一般的には懲役刑であるが，それと犯罪発生率の関係性について，著者らの主張を正確に示しておくことは重要であろう。著者らは，世間によって犯罪と見なされる行為をはたらいた者にはそれ相応の処罰が待ち受けている，とする一般的な認識が，市民の品行に影響を及ぼしていることについてなんら疑いを持っていない。多くの（お

そらくすべての）社会に一貫して存在する制度は，こうした罰を与えるための「刑事司法制度」であることを著者らは指摘しておきたい。ここで，犯罪行動の抑制における実証的研究の第一人者である Nagin（1998）が下した結論，「刑罰には犯罪を抑止する効果がある」には著者らも同意するが，同時に著者らが指摘したいのは，今人々の注目を集めている，過去数十年間にわたってあらゆる犯罪に対して科されてきた刑期の期間を断続的に長期化させてきた立法活動が，犯罪率を減少させるうえでは効果的ではないことである。

第二に，刑期の長期化が犯罪抑止力としては概して効果的でない理由が，近年における個人の意思決定プロセスに関して蓄積されてきた証拠によって明らかにされつつあることを呈示しよう。また，そのような行動学的意思決定のアプローチが犯罪対策の発展に寄与することは可能だと著者らは考えているが，刑期の長期化がそのような発展に寄与できる方法だとは考えていない。そこで著者らが提案するのは，監視メカニズムの特徴の増強を主たる手段とした，抑止力が犯罪遂行に確かな影響を及ぼすための方法である。

最後に，これらの議論が政策に与える影響を検討する。私たちは多くの犯罪者に長期的な刑期を科すことによって大きな社会的コストを払わされているだけでなく，これらの罰を実施することで得られるべきはずの恩恵を得ていないのである。

10.2.1 アメリカのプロジェクト
——犯罪を抑止するための刑期の長期化

私たちの社会は，犯罪とその抑制との因果関係を示す以下の説明に集約されているように思える。私たちは，人は主体的行為者，つまり自身の行動の起源であり，犯罪行為に対して高度な抑止能力を行使する行為者であると信じている。さらに私たちは，そこから示唆される抑止論，つまり，問題となっている行為に十分な懲罰が適用されれば，犯罪者は犯罪行為を思いとどまるだろうとする考えを持っている。また，禁固刑を科せば犯罪者を無力化するという目標が達成されると同時に，そのような犯罪者に対して法的手続きに則ったうえで迅速かつ厳しく行われる処罰によって，彼または彼女は矯正プロセスをたどることになる。私たちの刑事司法制度の責務は，犯罪を抑止できるような形で処罰を実行することにある。そのような処罰を実行することで，犯罪を計画しているその他の者に自身の犯罪を思いとどまらせるという有益な副次的効果が生じる。これこそが一般予防である。この予防効果全般に関し，ジェレミ・ベンサム（1830/1975）は有効に定義しており，犯罪を実行することで得られる利益や快楽よりも，そのような犯罪に対する処罰の重さが上回るように設定することが刑事司法制度の責務であると提唱している。言い換えれば，私たちの文化には，合理的行為者の観点に基づいて犯罪を捉えようとする傾向がある。Becker（1968）やその他の研究者のように，この合理的行為者の観点をときどき再考することが犯罪の抑止効果を考える上で有効である，とする者もいるけれども。

1960年代以降のアメリカの刑事司法制度では，刑期を長期化させることによって犯罪を抑止しようと試みる政策が立案されてきた。刑法体系は一般的に州の議会によって制定されるため，各州は競い合うようにして「犯罪に厳しい」姿勢を顕示してきた。そのような強硬的な姿勢によって抑止力を操ろうとするのは，熱心なベンサム支持者が私たちの議会にいるからなのかもしれないが，公的選択の観点から見れば，競合する立候補者から「犯罪に対する処罰が甘い」と責め立てられれば選挙で落選してしまうかもしれないとの合理的計算が，議員たちの心理にはたらいていることが示唆される。

その理由が何であれ，刑務所内の人口は増加の一途をたどっている。2004年においては，市民10万人中に刑務所人口が占める人数は726人となっており，これはアメリカの歴史の中で最も高い割合であると同時に，西洋諸国の中においても最も高い比率となっている（Barkow, 2006）。また，刑期も長期化し続けているが，これは1972年頃から法律でほぼすべての犯罪行為に対する刑期を長期化したことがその要因の1つとなっている。さらに，刑法における犯罪行為の「格上げ化」のパターンも進んでおり，たとえば薬物所持の罪は従来までの軽犯罪から重犯罪に格上げされた。そして最後に，多くの州では犯罪を3度はたらいた重罪犯人に対して驚くほど長期的な懲役を科す「三振即アウト法」を可決している。さらに，多くの州では真実の量刑（truth in sentencing）法を定めているが，これはたとえば，実刑判決によって科された刑期の大部分を服役するまでは仮釈放の機会を認めないという法律である。これらの施策の最終的な結果として，アメリカの刑務所人口は増加しており，その数は1972年に約60万人と推定されていたのが，2000年代の最初の数年間で200万人を優に超えている（Tonry, 2004）。刑務所にかかる予算は，州の財源から一定額で決められているわけではなく，各州の自由裁量で決定されていることを考慮すると，刑務所人口の増加に対処するために必要とされる州の関連コストが増加したことによって，教育制度等その他に充当されていた財源が締め出されていることになる。

　顧みると，当時の立法者が刑期を延ばす決定を下した際，彼らが2つの選択肢に直面していたということは注目に価する。その2つの選択肢とは，服役者が刑務所内で過ごす時間を質的に少しずつ過酷にしていくべきか，あるいは刑期を延ばすことによって量的に刑務所内での生活をよりネガティブなものにするかである。立法における意思決定者たちは，概して後者に依拠してきた。しかし中には，前者，つまり刑務所生活の質的にネガティブな側面を促進する策を立案した者もいる。具体的には，刑務所内の教育プログラム，運動施設，図書館，テレビ，その他の娯楽施設の削減または廃止などであり，これらの諸策は刑務所が持つ「カントリークラブ」的なイメージを払拭するためであった。また，世論をよく観察していれば，犯罪者に物理的な苦痛を感じさせることを望む声があるのを（測定したわけではないが）感じ取ることもできるだろう。

　実際には，罰をより直接的な形で厳格化することも可能だろう。拷問から，鞭打ち，死刑の残酷性に至るまで，旧来の社会では罰の重さを積極的に変えてきたといえる。しかし今では，複雑な理由が絡み合い，少なくとも西洋社会においては，苦痛を与えるような処罰は科されていない。この複雑に絡み合う事情について，最も詳しく説明しているのはDavid Garland（1990）であろう。むろん，これを読んでいる読者は，そのような処罰の廃止にほぼ確実に賛成していることだろう。ところが，ある刑事司法の専門家はこれに反対している。1985年，*Just and painful: A case for the corporal punishment of criminals*を出版したGraeme Newmanは，その本の中で電気を用いた鞭打ち刑を支持している。彼はそのような処罰のほうがより効果的な抑止になりうるとの持論を唱えており，彼が示した事例によれば，そのような刑では，長期的な懲役刑のようなひどい結果を犯罪者にもたらすことはなかった旨が述べられている。この本の第2版（1995）の冒頭において，筆者は，前回の初版に対してメディアから寄せられた反応が圧倒的に否定的な内容であったことに触れ，彼が支持する罰を世論が認めることはないだろうとの旨が示唆されていた。つまり私たちは大なり小なり，犯罪者の刑期を調整することによって，ベンサムが言うところの犯罪

者における「苦痛」の大きさを変化させてきたことになる（そのような刑期の長期化が不十分となり，私たちが再び死刑に頼るようなことがなければ，ではあるが）。つまり，このアプローチによると，処罰を厳しくすることによって犯罪の抑止効果を変えようとするのであれば，私たちは刑期を操作することによってこそ，この目標を達成できるということになる。

10.2.2 刑期の長期化は犯罪率を低下させる手段として有効か？

　処罰を厳しくすることで，それに応じてさまざまな犯罪の発生率を減少させることができたのだろうか？　この問いに関して近年2つの検証がなされており，von Hirsch らの研究（1999）では，この問いに対する結論が慎重に呈示されている。まず，当該筆者は当たり障りのないよう，次のように述べている。「厳罰化の効果を示す根拠はさほど強い印象を与えるものではない」（p. 47）。筆者はそう述べたうえで，自分たちがそれに対してさしたる印象も受けていないということを明かした。「以前の研究を反映させた現在の研究では，先に示した通り，処罰の厳しさの度合いと犯罪率の間に有意かつ一貫性をもった負の相関関係があることが示されていない」のだと（p. 47）。

　DoobとWebster（2003）はより素直な結論を呈示している。「近年"三振即アウト"法によって明らかになったものも含め，証拠に基づいて言えば，西洋諸国で許容されている範囲で処罰の厳しさを変えたとしても，一般予防効果が得られることはないだろう」と（p. 143）。

　処罰をより厳しくすればより効果的な抑止力が得られるに違いないという，トートロジーのようにしか見えないこの説に根拠が見つからなかったことに対し，von Hirschのような研究者は驚きを示した。そのような驚きが生じるのは，罰の厳しさ強化によって犯罪率が低下した事例を探し続けようとする研究者の一般的傾向や，上昇しつつあるように見える犯罪率を抑制するために処罰の厳しさを強化する戦略を取っている政治家たちが，そのような戦略を取り続けていることによるのかもしれない。

10.2.3 現在の判断に対して将来起こり得る結果がもたらす効果

　刑の厳しさが抑止力とはならないということを示す実証的証拠の存在は，行動学的意思決定のコミュニティに属する者にとってはなんら驚くべきことではない。きっとそうであろう。というのも，議会が特定の犯罪において刑期の上方修正をするというやり方が，潜在的犯罪者の行動に抑止的効果を漸次的にもたらす「方法」たりえないのはなぜか，それを示す理由が数多くあるということを人々はよく認識しているからである。その主な理由は，ベンサムも指摘しているように，罰の厳しさをどう操作しようと，処罰の抑止力として有効に機能しうる罰の要素がこれ以外にも2つあるということである。そのことを思い起こす必要があろう。その1つが，刑が執行されるという**確実さ**であり，もう1つが刑の執行の**迅速さ**である。犯罪が特定される可能性，そして犯罪者が見つかり，裁判にかけられ，有罪となり，判決が下され，投獄される可能性を確実に実現することが有効な抑止策となる。また刑が執行される際の迅速さは，犯罪者が犯罪を起こしてから有罪となり，刑務所内で服役するまでの間隔のことを指す。もっとも，人間の限られたイメージ能力を考慮すれば，逮捕されてから起訴されるまでの間隔となるだろう。これらが何を意味するのかというと，処罰の厳しさ，罰を受ける可能性，犯罪の後に判決が下されるまでの，あるいは刑に処せられるまでの間隔などといった要因に罰の抑止力が影響を受けるというこ

とである。言うまでもないが，刑が確実かつ迅速に実行されるという見込みは，犯罪者が前科を持つ場合は特に，彼らの行為に影響を与える可能性が高くなる。特に，迅速かつ着実な処罰を経験した場合と，遅々とした不安定な処罰を経験した場合とでは，そのような経験をせずに他人から見て学んだ人々よりも，すでに経験済みの人々に対して，その行動をより直接的に変えていくであろう。

RobinsonとDarley（2004）は，犯罪者の身元が特定される可能性と，最終的に受刑する可能性，その犯罪をした日から受刑日までの平均所用期間を調べた。それによって分かったのは，市民を対象に実施されたさまざまな調査で報告された全犯罪行為のうち1.3％だけが特定および処罰につながり，有罪判決を受けた者の100人に1人だけが実際に刑務所に収監されていたということである。つまり，（完全に有罪という場合でも）犯罪の実行から受刑に至るまでの期間はかなり長かったということになる。たとえ罪を認めた被告人であっても，逮捕から有罪判決に至るまでは平均で7.2カ月を要する。無罪を主張している被告人に限って言えば，逮捕から有罪判決に至るまで，平均で12.6カ月の期間を要する。ここでの問題は，これらのギャップ期間が刑による抑止効果にどのような影響を与えるかということである。普通は，ギャップ期間が短ければ刑の抑止効果はおのずと倍々に増えていくと考えるが，必ずしもそうなるわけではない。もちろん，犯罪が特定される可能性がまったくない場合や，処罰の厳しさが取るに足らないほど軽いものであった場合は抑止力が低下することになるだろう。つまり，逮捕される可能性がきわめて低い場合であれば，直感的に重い罰を受けるリスクをあえて取ることができるからだ。同様に，罰が軽い場合は，逮捕される確率が高いとしてもそうした犯罪に手を染めるリスクを取ることができる。上記の通り，大部分の犯罪行為に対して有罪判決が下される可能性は1.3％またはそれ以下であり，犯罪から処罰（その可能性は低い）までの期間が1年以上に及ぶ場合が多いことを考慮すると，犯罪行為に相当の影響を与える抑止力となるほど罰が厳しいとは言いがたいのである。

逮捕から有罪判決，そして収監に至るまでの期間，ベンサムが言うところの「迅速さ」は分析の対象として扱われたことがこれまでほとんどない。これはおそらく，法廷の審理予定事件表が当然のように混雑しており，アメリカの対審制度において当事者となる者が訴訟の延期を要求している場合が往々にしてあるためであろう。しかし，この分野の研究が十分に進んでいないのは惜しむべきことである。なぜかといえば，この分野の数少ない研究が示す根拠によると，刑事司法制度の特殊性を最大限活用した場合，法的手続きの迅速化が犯罪抑止力における強力な変数となりうることが示唆されているからである。興味深いことに，多くの州議会では，犯罪およびその未遂の発覚と同時に処罰できる略式処罰の整備に向けて動いている。WagenaarとMaldonado-Molina（2007）は，分割時系列モデル（interrupted time-series models）を用いたうえで，検問時に呼気検査で不可となったドライバーの運転免許を即時（つまり有罪判決の前に）停止させる権限を認めた州法の効果を分析した。彼らはこの政策の変更が「アルコール関連の致死的な衝突事故の5％減に貢献し，アメリカ国内において少なくとも年間800人の人命を救っていることに相当する重要な効果を持っている」と報告している。この効果は，法の許容範囲内のアルコール量のドライバーから過度に酩酊したドライバーに至るまで，アルコール摂取のすべてのレベルで確認されている。「これと対照的に，有罪判決後に運転免許を停止する政策には明確な効果が見られない」。彼らはそう述べつつ，分析を通じて「処罰の適用が遅い場合，たとえその内容が相対的

に厳格なものであったとしても，潜在的犯罪者の行動に対して明確に実証できるような効果を与えていないが，処罰が即刻適用されるとなると，たとえ処罰が軽い場合であっても明確な抑止効果を持つ」という教訓を導き出した。

10.2.4 行動学的観点——時間割引

おそらく，行動学的意思決定の研究者による最も著名な発見は，将来に生じる，あるいは生じる可能性のある出来事が，合理的に考えてみれば影響を与えるはずなのに，現在の意思決定にそれほどの影響を与えないという発見であろう。これは**双曲割引**として知られている。しかし近年，この割引機能が必ずしも双曲的な様相を呈するわけではないことが分かり，今やこの現象は**時間割引**という，より中立的な用語で表現されている（たとえばRead, 2001）。

自明のことではあるが，時間割引は処罰に係る政策と高い関連性がある。法律を扱った人気テレビ番組のせいで，有罪判決は逮捕後すぐに言い渡される印象があるが，現実では，逮捕と有罪判決の間の期間は相当長い。アメリカでは，逮捕と有罪判決の間の期間は，多くの犯罪の刑期を上回るほどの長さであり，ワシントン州シアトルでは3カ月，ニュージャージー州ハッケンサックでは15カ月，そしてアメリカ国内の刑事裁判所の平均所要期間は6カ月を超える（Ostrom & Kauder, 1999）。

逮捕と有罪判決の間に生じるこの遅れは，犯罪行為とそれ以外の労働形態とを明確に区別するものである。たとえば，職人や商人は，適切な資格や評判を獲得できるようになるまで金銭的な報酬を享受することはできないが，犯罪者は不当な報酬を即時的に享受し，もし仮に処罰を受けることがあっても，相当な期間が過ぎてからこれを受ければいいのである（Davis, 1988; Wilson & Herrnstein, 1985）。利益を得た後にコストを支払う（起訴さ れて有罪となるまではコストの有無も不確定）という逆転現象は，司法制度にとって重大な結果を生じさせる。ちょうど，将来的に金銭的報酬が得られる可能性が時間的に先で不確実であるため，4年かかる学士号の取得を断念する多くのアメリカ人のように，犯罪者は衝動的に犯罪の機会に飛びつく。というのも，今後処罰を受ける見込みははるか先の事案であり，犯罪を思いとどまるにはあまりにも不確実だからである。繰り返しになるが，潜在的犯罪者が，犯罪と処罰間の一般的な期間の長さについて他の犯罪者から聞く可能性はあるものの，時間割引の効果は再犯者に対してより直接的に当てはまる可能性がある。

時間割引として知られる，罰（報酬のときもあるが）がずっと先の話ゆえ罰の影響を割り引いてしまうという強い傾向（たとえばChung & Herrnstein, 1967; Loewenstein & Prelec, 1992）は，以下2つの仮想的な司法制度を対照的に見ていくことで最も明確に示されよう。住居に侵入し，逮捕されれば1年間の懲役刑となる強盗をするかどうかを考えている人物がいるとする。現在の司法制度では，逮捕されてから6カ月の間，有罪判決は下されない。したがってこの犯罪者は，6カ月先から始まる1年間の刑期の厳しさを想像するしかない。心理学的に，この犯罪者は今後6カ月間自分が自由の身であることを心にとどめることになる。次に，理想的（だが実現不可能）な司法制度を仮定しよう。この司法制度は，逮捕の翌日から1年間の刑期が開始するきわめて効率的な制度である。そこでは犯罪者は，6カ月後ではなく明日から始まる服役生活を余儀なく想像させられる。

有罪判決が迅速に下される場合に，犯罪者が直観的にその深刻さを感じる度合いが強くなるのには数多くの理由がある。まず，明日から自由の身を奪われるという事実により生じるネガティブな影響は，6カ月先の場合よりも想像しやすい。と

いうのも，明日に関するイメージは，部分的とはいえ今日の時点ですでに形成されているからである。つまり，明日のイメージは今日存在する活動に基づいて構築され，新たな活動の起点として機能しているからである。これとは対照的に，6カ月先の24時間という期間に対するイメージには不確定要素が混じっている。そのような不確定要素があると，あまり重要ではないように感じられる。こうした意識の違いを確認するため，研究者がある実験を行った。それによれば，中間試験がまだかなり先のときに尋ねた場合，学生たちはその対策に苦労している友人を試験前に助けるのに自分の85分を使うつもりだと答えたものの，試験が次週に迫っていた場合は27分しか使わないという結果が示された（Pronin et al., 2008）。面白いことに，実験期間中，学生たちに対して次回の試験でも今回と同様の時間的プレッシャーに直面するだろうと言っておくと，その後に友人の支援に割り当てた時間は46分にとどまった。この最後の結果が示唆することは，将来の時間よりも現在の時間のほうをより重要視する傾向が人々には自然に備わっているものの，将来の時間の価値についてより深く考えさせるよう誘導することも可能であるということである。

将来の処罰の影響力が弱まる第二の要因は，将来の自分を想像することの難しさにある。この難しさの影響としては，人々が自己の将来像を現在の自分とはまったく異なる人物として想像してしまうことが挙げられる（Nussbaum et al., 2003; Pronin & Ross, 2006）。当然，自己像が希薄であれば，自分は罰という重荷に耐えられると感じられてしまい，罰の影響力は弱まることになる。

第三の要因は，将来の出来事を現在の出来事よりも抽象的に表象するという傾向であり（これは解釈レベル理論としても知られている，Trope & Liberman, 2003），これは将来の罰のほうが差し迫った罰よりも重要ではないと感じられることを示唆している。解釈レベル理論によれば，人は現在の出来事を相対的には具体的かつ実際的なレベルで解釈し，将来の出来事は比較的おおまかに，抽象的なレベルで解釈している。したがって，刑罰が今日開始されるとなると，体格のいい同房者が割り当てられたことや，惨めな倦怠感，狭い監獄に閉じ込められることへの具体的な想像を帯び，より大きく目の前に立ち現れる。これとは対照的に，先のことであると想像したときに立ち上がるイメージはずっと曖昧であり，抽象的に表象されるがゆえに，自分が服役し自由がないことに伴う様子は鮮明ではなくなるのである。

10.2.5 行動学的観点
——デュレーション・ネグレクト

罰金や社会奉仕命令による処罰では甘いと考えられる場合，判事はどれだけの期間の懲役刑が妥当であるかを決定するという難しい責務に直面する。しかし，懲役期間を決定する基本的なロジック自体は単純である。つまり，罰には犯罪の重大さを反映させるべきであり，刑期が長期的になるほど厳しい罰になるという論理である。したがって，10年の懲役刑は1年の懲役刑よりも10倍重い罰の「痛み」となるはずである（Robinson & Darley, 2004）。つまり，潜在的犯罪者が再犯するかどうかを考える際，彼らは以前よりも長くなる刑期を嫌悪し，その結果，短い刑期を経た前科者よりも再犯を犯す可能性が低くなる。こうしたアプローチは理論上，犯罪者に対する懲罰，犯罪者の無力化，そして再犯抑止という，実刑判決が意図する目標を達成することにつながる。なぜなら，長期化する刑期に対するトラウマがより強力になることで，犯罪者に対して抑止効果の少ない短い刑期に比べ，より強力な抑止力を生じさせることになるはずだからである。

10.3　明示性に基づいた抑止制度

2007年のグアテマラ大統領選挙を控えた討論期間中，愛国党の候補者であるオットー・ペレス・モリーナ氏はテレビカメラに向かってこう発言した。「私はいま，直接話をしたい犯罪者たちに向けて語っている。君たちの中にこれを見ている者がいるのは分かっている」。実際のところ，モリーナが話しかけていたのはグアテマラ国民の投票者であった。モリーナはその発言の後，「警察勢力を50%増大し，死刑を復活させる」と自身の決意を実際に表明した（Zacharia, 2007）。それに応じるように，彼の敵対する候補者である国民希望党のアルバロ・コロン氏は，安全保障政策と司法制度の全面的見直しを国民に約束した。この例に見られるように，犯罪に対する強硬的な態度と，他の候補者よりも一歩先を行こうとする姿勢は政治家の間では一般的なやり方である。そうした姿勢は，より厳しい罰が犯罪を抑止するだろうとの誤った思い込みに基づいている。もし，判決の厳しさを増大させることが犯罪率にほとんど影響を与えないとすれば，そのような手段に基づく抑止は，犯罪予防という目標を達成しそうにないように思われる。少なくとも，犯罪者に対する懲罰や禁固刑による無力化のほうが，再犯を未然に防ぐための抑止力となるのは確かだろう。しかし，厳しさの増大は，2つに枝分かれしした抑止的アプローチの片方に過ぎない。つまり，抑止策の支持者は，罰の厳しさに焦点を当てるのではなく，罰の**確実性**と**迅速さ**に目を向けるべきであると私たちは考えている。

10.4　論点の振り返り

少なくともアメリカでは，市民による処罰の決定は，彼ら自身の直観に左右され，因果応報観を拠り所としていることが数多くの証拠によって示唆されている。そのように文化的に共有された市民の判断は，法体系とは相違を含むものであり，その相違に対して不可避的に市民の注目が集まっていることを私たちは示してきた。また，法の道徳的信頼性への敬意を市民が喪失している可能性や，市民にとってもはや法が社会でどう振る舞うべきか，その信頼できる典拠としては見なされなくなってしまった可能性も示した。さらに著者らは，法体系が市民の直観から徐々に逸脱してきており，それゆえに現在の裁判制度が私たちの指摘したような危険性を孕んでいることを示してきた。

引用文献

Alter, A. L, Kernochan, J., and Darley, J. M (2007a). Morality influences how people apply the ignorance of the law defense. *Law and Society Review, 41*, 819-864.

Alter, A. L, Kernochan, J., and Darley, J. M (2007b). Transgression wrongfulness outweighs its harmfulness as a determinant of sentence severity. *Law and Human Behavior, 31*, 319-335.

Alter, A. L., Oppenheimer, D. M., Epley, N., and Eyre, R. N. (2007). Overcoming intuition: Metacognitive difficulty activates analytic reasoning. *Journal of Experimental Psychology: General, 136*, 569-576.

Anderson, D. A. (2002). The deterrence hypothesis and picking pockets at the pickpocket's hanging. *American Law and Economics Review, 4*, 295-313.

Ariely, D., Kahneman, D., and Loewenstein, G. (2000). Joint comment on "When does duration matter in judgment and decision making?" (Addy and Loewenstein, 2000). *Journal of Experimental Psychology: General, 129*, 529-534.

Austin, J. L. (1956). A plea for excuses: The presidential address. Proceedings of the Aristotelian Society (New Series), 57, 1-30.

Barkow, R. (2006). The political market for criminal justice. *Michigan Law Review, 104*, 1713-1724.

Becker, G. S. (1968). Crime and punishment: An economic approach. *Journal of Political Economy, 76*, 169-217.

Bentham, J. (1830/1975). *The rationale of punishment*. Montclair, NJ: Patterson Smith.

Bregy, F. A. (1901). Should the grand jury be abolished? *American Law*

Register, 49, 191-194.

Brickman, P., and Campbell, D. (1971). Hedonic relativism and planning the good society. In M. H. Appley (Ed.), *Adaptation-level theory: A symposium* (pp. 287-305). New York: Academic Press.

Bureau of Justice Statistics (2010). *Crime victimization in the United States, 2007 statistical tables* (NCJ 227669). U.S. Department of Justice. Retrieved from http://bjs.ojp.usdoj.gov/content/pub/pdf/cvus0702.pdf

California Water Code. (2003). *California laws for water wells, monitoring wells, cathodic protection wells, geothermal heat exchange wells*. Department of Water Resources, State of California. Retrieved from http://www.water.ca.gov/pubs/groundwater/california_laws_for_water_wells_monitoring_wells_cathodic_protection_wells_geothermal_heat_exchange_wells_2003/ca_water laws_2003.pdf

Carlsmith, K M., Dailey, J. M., and Robinson, P. H. (2002). Why do we punish? Deterrence and just deserts as motives for punishment. *Journal of Personality and Social Psychology*, 83, 284-299.

Chung, S. H., and Herrnstein, R. J. (1967). Choice and delay of reinforcement. *Journal of the Experimental Analysis of Behavior*, 10, 67-64.

Coffee, Jr., J. C. (1991). Does "unlawful" mean "criminal"?: Reflections on a disappearing tort/crime distinction in American law. *Boston University Law Review*, 71, 193-246.

Coffee, Jr., J. C. (1992). Paradigms lost: The blurring of the criminal and civil law models and what can be done about it. *Tale Law Journal*, 101, 1875-1893.

Conrad, C. S. (1998). *Jury nullification: The evolution of a doctrine*. Durham, NC: Carolina Academic Press.

Cooksey, R. W. (1996). *Judgment analysis: Theory, method, and applications*. San Diego, CA: Academic Press.

Corman, H., and Mocan, H. N. (2000). A time-series analysis of crime, deterrence, and drug abuse in New York City. *American Economic Review*, 90, 584-604.

Darley, J. M., Carlsmith, K M., and Robinson, P. H. (2000). Incapacitation and just deserts as motives for punishment. *Law and Human Behavior*, 24, 659-684.

Darley, J. M., and Schultz, T. R. (1990). Moral rules: Their content and acquisition. *Annual Review of Psychology*, 41, 525-556.

Davis, M. L. (1988). Time and punishment: An intertemporal model of crime. *Journal of Political Economy*, 96, 383-390.

Dick, P. K. (2002). *Minority report*. London: Gollancz.

Doob, A. N., and Webster, C. M. (2003). Sentence severity and crime: accepting the null hypothesis. In M. Tonry (Ed.), *Crime and justice: A review of research* (Vol. 30, pp. 143-195). Chicago: Univ. of Chicago Press.

Frederick, S. (2005). Cognitive reflection and decision making. *Journal of Economic Perspectives*, 19, 24-42.

Frederick, S. and Kahneman, D. (2002). Representativeness revisited: Attribute substitution in intuitive judgment. In T. Gilovich, D. Griffin, and D. Kahneman (Eds.), *Heuristics and biases: The psychology of intuitive judgment* (pp. 49-81). New York: Cambridge University Press.

Frederick, S. Loewenstein, G., and O'Donoghue, T. (2002). Time discounting and time preference: A critical review. *Journal of Economic Literature*, 15, 351-401.

Fredrickson, B. L. (2000). Extracting meaning from past affective experiences: The importance of peaks, ends, and specific emotions. *Cognition and Emotion*, 14, 577-606.

Fredrickson, B. L., and Kahneman, D. (1993). Duration neglect in retrospective evaluations of affective episodes. *Journal of Personality and Social Psychology*, 65, 44-55.

Garland, D. (1990). *Punishment and modern society: A study in social theory*. Oxford. Oxford University Press.

Gatrell, V.A.C. (1994). *The hanging tree*. New York: Oxford University Press.

Gilbert, D. T., Pinel, E. C., Wilson, T. D., Blumberg, S. J., and Wheatley, T. (1998). Immune neglect: A source of durability bias in affective forecasting. *Journal of Personality and Social Psychology*, 75, 617-638.

Gill, M., and Spriggs, A. (2005). *Assessing the impact of CCTV*. Home Office Research Study 292. Retrieved from https://www.cctvusergroup.com/downloads/file/Martin%20gill.pdf

Gilligan, C. (1982). *In a different voice: Psychological theory and women's development*. Cambridge, MA: Harvard University Press.

Gottfredson, M., and Hirschi, T. (1990). *A general theory of crime*. Stanford, Calif.: Stanford University Press.

Greene, E. (2003). Effects of disagreements between legal codes and lay intuitions on respect for the law (Unpublished doctoral dissertation). Princeton University.

Gromet, D. M., and Darley, J. M. (2006). Restoration and retribution: How including retributive components affects the acceptability of restorative justice procedures. *Social Justice Research*, 19, 395-432.

Haidt, J. (2001). The emotional dog and its rational tail: A social intuitionist approach to moral judgment. *Psychological Review*, 108, 814-834.

Hauser, M., Cushman, F., Young, L., Kang-Xing Jin, R., and Mikhail, J. (2007). A dissociation between moral judgments and justifications. *Mind and Language*, 22(1), 1-21. doi:10.1111/j.1468-0017.2006.00297.x

Hochstetler, A. L. (1999). In with a bad crowd: An analysis of criminal decision-making in small groups (Unpublished doctoral dissertation). University of Tennessee, Knoxville.

Hogarth, J. (1971). *Sentencing as a human process*. Toronto, Canada: University of Toronto Press.

Kadish, S. H. (1999). Fifty years of criminal law: An opinionated review. *California Law Review*, 87, 943-982.

Kahneman, D. (2003). A perspective on judgment and choice: Mapping bounded rationality. *American Psychologist*, 58, 697-720.

Kahneman, D., Schkade, D. A., and Sunstein, C. R. (1998). Shared outrage and erratic awards: The psychology of punitive damages. *Journal of Risk and Uncertainty*, 16, 49-86.

Kohlberg, L. (1981). *Essays on moral development (Vol. 1). The philosophy of moral development: Moral stages and the idea of justice*. San Francisco: Harper and Row.

Levitt, S. D. (2004). Understanding why crime fell in the 1990s: Four factors that explain the decline and six that do not. *Journal of Economic Perspectives*, 18, 163-190.

Loewenstein, G., and Prelec, D. (1992). *Choices over time*. New York: Russell Sage Foundation.

Marvell, T., and Moody, C. (1996). Specification problems, police levels, and crime rates. *Criminology*, 34, 609-646.

McGarrell, E. F., and Chermak, S. (1998). *Summary of results of JPD's 1997 directed patrol initiative*. Indianapolis, IN: Hudson Institute.

Mischel, W., Shoda, Y., and. Rodriguez, M. (1989). Delay of gratification in children. *Science*, 244, 933-938.

Nadler, J. (2005). Flouting the law. *Texas Law Review*, 83, 1399-1441.

Nagin, D. S. (1998). Criminal deterrence research at the onset of the twenty-first century. *Crime and Justice: A Review of Research*, 23, 51-91.

Nagin, D. S., and Pogarsky, G. (2003). An experiment of deterrence:

Cheating, self-serving bias, and impulsivity. *Criminology, 41*, 167-191.

Nagin, D. S., and Pogarsky, G. (2004). Time and punishment: Delayed consequences and criminal behavior. *Journal of Quantitative Criminology, 20*, 295-317.

National Center on Addiction and Substance Abuse at Columbia University (1998). *CASA study shows alcohol and drugs implicated in the crimes and incarceration of 80% of men and women in prison.* Retrieved from http://www.casacolumbia.org/articlefiles/379-Behind%20Bars.pdf

Newman, G. (1995). *Just and painful: A case for the corporal punishment of criminals* (2nd ed.). Money, NY: Criminal Justice Press.

Nisbett, K., and Wilson, T. D. (1977). Telling more than we can know: Verbal reports on mental processes. *Psychological Review, 84*, 231-259.

Nussbaum, S., Trope, Y., and Liberman, N. (2003). Creeping dispositionism: The temporal dynamics of behavior prediction. *Journal of Personality and Social Psychology, 84*, 485-497.

Ostrom, B., and Kauder, N. (1999). *Examining the work of state courts, 1998: A national perspective from the court statistics project.* Williamsburg, VA: National Center for State Courts.

Piaget, J. (1965). *The moral judgment of the child.* New York: Free Press.

Pronin, E., Olivola, C. Y., and Kennedy, K. A. (2008). Doing unto future selves as you would do unto others: Psychological distance and decision making. *Personality and Social Psychology Bulletin, 34*, 224-236.

Pronin, E., and Ross, L. (2006). Temporal differences in trait self-ascription: When the self is seen as another. *Journal of Personality and Social Psychology, 90*, 197-209.

R v. Jurisic (1998) 45 *New South Wales Law Reports* 209.

Read, D. (2001). Is time-discounting hyperbolic or subadditive? *Journal of Risk and Uncertainty, 23*, 5-32.

Redelmeier, D. A., and Kahneman, D. (1996). Patient's memories of painful medical treatments: Real-time and retrospective evaluations of two minimally invasive procedures. *Pain, 116*, 3-8.

Robinson, P. H., and Darley, J. M. (2003). The role of deterrence in the formulation of criminal law rules: At its worst when doing its best. *Georgetown Law Journal, 91*, 949-1002.

Robinson, P. H., and Darley, J. M. (2004). Does criminal law deter? A behavioral science investigation. *Oxford Journal of Legal Studies, 24*, 173-205.

Ross, H. L., LaFree, G., and McCleary, R. (1990). Can mandatory jail laws deter drunk driving? The Arizona case. *Journal of Criminal Law and Criminology, 81*, 156-170.

Seguin, J. R., Arseneault, L., Boulerice, B., Harden, P. W., and Tremblay, R. E. (2002). Response perseveration in adolescent boys with stable and unstable histories of physical aggression: the role of underlying processes. *Journal of Child Psychology and Psychiatry, 43*, 481-494.

Sherman, L. W., and Rogan, D. P. (1995). Effects of gun seizures on gun violence: Hot spot patrols in Kansas City. *Justice Quarterly, 12*, 673-693.

Silberman, M. (1976). Toward a theory of criminal deterrence. *American Sociological Review, 41*(3), 442-461.

Tetlock, P. E., Visser, P., Singh, R., Polifroni, M., Elson, B., Mazzocco, P., and Rescober, P. (2007). People as intuitive prosecutors: The impact of social control motives on attributions of responsibility. *Journal of Experimental Social Psychology, 43*, 195-209.

Tonry, M. (2004). *Thinking about crime: Sense and sensibility in American penal culture.* New York: Oxford University Press.

Trope, Y., and Liberman, N. (2003). Temporal construal. *Psychological Review, 110*, 403-421.

Turiel, E. (1983). *The development of social knowledge: Morality and convention.* New York: Cambridge University Press.

Tuttle, W. M., Jr. (1980). *Race riot: Chicago in the Red Summer of 1919.* New York: Atheneum.

Tversky, A., and Kahneman, D. (1983). Extensional vs. intuitive reasoning: The conjunction Fallacy in probability judgment. *Psychological Review, 90*, 293-315.

Tyler, T. R. (1990). *Why people obey the law.* New Haven, CT: Yale University Press.

Vinogradoff, P. (1975). *Common-sense in law.* New York: Arno Press.

Von Hirsch, A., Bottoms, A., Burney, E., and Wikstrom, P. O. (1999). *Criminal deterrence and sentence severity.* Oxford: Hart Publishing.

Wagenaar, A. C., and Maldonado-Molina, M. M. (2007). Effects of drivers' license suspension policies on alcohol-related crash involvement: Long-term follow-up in 46 states. *Alcoholism: Clinical and Experimental Research, 31*, 1399-1406.

Wilson, J. Q., and Herrnstein, R. J. (1985). *Crime and human nature.* New York: Simon and Schuster.

Zacharia, J. (2007, August 31). Guatemala candidates pledge crackdown on crime after elections. *Bloomberg.com Online News.* Retrieved from http://www.bloomberg.com/apps/news?pid.206010868&sid=aG7IhGVYCxcs&refer-latin_america

第4部
バイアスと能力
BIAS AND COMPETENCE

11章　バイアスの指摘と否定，そうした出来事から示唆される政策

EMILY PRONIN

KATHLEEN SCHMIDT

　客観的であることは難しい。日々の経験は客観性をまるで欠いたような出来事に満ちている。人々がメンバー全員による成果を利己的にも自分1人の手柄にしたり，偏見に満ちた意見を擁護したり，「大義」の追求に自己利益を忍ばせたりすることを私たちは知っている。人々は，知覚や判断を汚染する数多のバイアスに影響されやすい存在のようである。しかしもっとも驚くべきは人々のバイアスの影響の受けやすさではなく，自分は客観的だと人々が主張したがることである。近年，このことに関連する多くの事例が報告されている。不正会計に手を染めた企業の幹部は利己的な動機の関与を否定してきたし，最善ではない治療方針を決定した医師は金銭的な自己利益の関与を否定してきた。性別にバイアスのかかった採用や昇進を決めてきた経営者は，そこに性差別が関与していることを否定してきたし，反対意見のある社会政策を推進する政治家は，イデオロギーにもとづくバイアスの影響を否定してきた。

　このような場合，バイアスの代償は高くつくことになりかねない。前掲の例が示す通り，これらのバイアスは企業の財政悪化[i]，医療の質の低下や長期的な社会的不公正を引き起こしうる。人々が自らバイアスに陥っていることに気づくことができれば，多くの場合，こうしたネガティブな結果は避けることができる可能性がある。しかし，一般的にバイアスは当人の「盲点」となっており，

人々は自分にバイアスが生じていることを否定する一方で，他者のバイアスは容易に見出すという普遍的な傾向を持っている。こうした現象を理解することは，政策の策定者や利用者が，それによる深刻な結果を回避するうえで助けになるだろう。

11.1　政策への影響

　バイアスに陥ることは政策領域に深刻な結果をもたらしうる（たとえばBazerman, 2002; Thompson & Nadler, 2000）。本章では，バイアスがもたらす結果そのものではなく，自分と他者のバイアスに対する人々の**知覚**，すなわち，自分の判断はバイアスから免れているが他者の判断はバイアスの影響を受けやすい，という知覚がもたらす結果について検討する。はじめに，最近あった出来事から数例を検討したい。

　数年前，オハイオ州のシンシナティにあるホワイト・キャッスルというハンバーガー店で，1人のアフリカ系アメリカ人男性が警察官と揉みあっている最中に亡くなった。警察組織のメンバーとその家族，友人や仲間はこの出来事を，威圧的な巨漢の男が逮捕に激しく抵抗し，その最中に心臓の持病で死亡したものとみなしていた。アフリカ系アメリカ人コミュニティに属する人々は，なんの罪もない丸腰の男性が人種差別的な警官たちに言いがかりをつけられ，取り押さえられ暴力をふるわれて致命傷になったと考えていた。両「立場」

---

i　［訳者註］後述のように，エンロン社やワールドコム社などの企業による不正会計は，当時としてはアメリカ史上最大規模の経営破綻につながった。

はこの出来事の後，自分たちの見方は客観的に見て正確だが，もう一方の見方を擁護する人間は（人種差別や内集団ひいき，メディアによる誤誘導などのせいで）バイアスがあると主張した。その結果，相手は事態を公平に，合理的に見ようとしていない，という理由から双方が憤り，人種間の緊張はにわかに高まった。

　製薬業界の主たる利益は，患者にどの薬を処方するかということに関する個々の医師たちの決定にかかっている。そのため製薬会社は大勢の担当者を雇い，薬の最新情報を医師たちに提供する。多くの場合，この情報には個人的な贈り物が添えられる。贈り物は，ペンやメモ帳のようにささやかなものから，費用全額を企業が負担してクルーズに招待してそこで行う製品説明会のように高価なものもある。通常，こうした贈り物は判断に影響を及ぼすものであり，たいていの医師はそのことを認識している。しかし，医師はこのような贈り物が**自身**の治療方針の決定に影響することを否定するため，そうしたバイアスから身を守ることができなくなる。一方，まわりの同業者に対しては，彼らが贈り物に影響されていると考え幻滅する。人々は，もし自分がバイアスの影響を受けていれば，そのことに気づくはずだと考えている。そのため人々は，本人が自己利益の影響を認識できる（そして開示できる）ことを前提とした政策を好む傾向にある。

11.2 　自己・他者のバイアスに対する知覚

　バイアスの知覚には盲点がある。後述するように（表11.1にも示すように），現実とその知覚との間のギャップはさまざまなバイアスにおいて見られ，自尊心を高揚させたり，外集団への偏見をもたらしたり，合理的な意思決定を損なったりすることがある。いずれの場合も，バイアスの盲点は政策に重要な影響を及ぼしうる。

11.2.1 　自己高揚バイアス

　ほとんどの人は自己を肯定的に捉えており（たとえばTaylor & Brown, 1988），才能や能力に恵まれていなくてもその事実を認識しない傾向にある（Dunning et al., 2003）。多くの人は，自分の将来的な自己像を過度に楽観視する（Weinstein, 1980）一方，自尊心を脅かすような証拠は無視する傾向にある（Kunda, 1987）。

　ほとんどの人は，自分はアインシュタインのように頭脳明晰だとか，ファッション・モデルのように美しいといった幻想を抱いているわけではないが，少なくとも自分は「平均」より賢い，平均より見た目がよいと考えているものである（たとえばAlicke & Govorun, 2005）。自己高揚をもたらす社会的比較は（同意できるレベルからそうでないレベルまで）さまざまな次元で示されてきた。重要なのは，こうした自己高揚傾向が盲点になっていることである。自分のことを平均より優れていると評価するとき，本人はその評価が客観的だと考えている（Ehrlinger et al., 2005; Pronin et al., 2002）。この傾向は，バイアスの存在やバイアスがもたらす効果について教えられた後でも変化しない（Pronin et al., 2002）。反対に，他者の自己評価に対しては楽観的にすぎると考える（Friedrich, 1996）。これによって政策に関わるさまざまな問題が引き起こされうる。もし自分の勤勉さ，努力，判断，動機，知性には問題がないものの，他者のそれらは不十分だと考えるなら，他者との衝突は起きやすくなるだろう。たとえばそれは，交渉の当事者が相手より自分のほうが公正であろうと努めていると考えるときかもしれない。あるいは，共同で仕事をしているメンバーの1人が自分の仕事上の判断は誰より優れていると考えるときかもし

表11.1 現実世界でみられるバイアスの盲点の例とその研究知見

バイアス	バイアスの定義	バイアス盲点の実例	バイアス盲点の研究
自己高揚バイアス	自己を過度に肯定的に捉える	人々は自分の能力を過大評価しているとき，そのことに無自覚である。そのため無謀な挑戦をして失敗し他者を失望させる	Ehrlinger et al., 2005; Friedrich, 1996; Krueger, 1998; Pronin et al., 2002
利己的なバイアス（責任）	成功は自分の手柄にし，失敗の責任は否定する	悪い業績など失敗の責任は自分にないと考えるとき，そうした自分のバイアスに気づかない。したがって非難されるとそのことを不当だと考える	Kruger & Gilovich, 1999; Pronin et al., 2002
利己的なバイアス（帰属）	自分が他者より優位なときだけ業績評価の基準を妥当なものとみなす	（標準化された試験のような）業績の基準を評価する際，自分のバイアスに気づかない。そのため自分が他者に勝ったときの基準を非難する他者に腹を立てる（そして他者を偏っていると考える）	Pronin et al., 2002; Pronin & Kugler, 2007
自己利益バイアス	公正さや他者にとって最善であるか否かを，自己利益の観点から判断する	人々（医師や会計士，ジャーナリストを含む）は贈り物（やその他の社会的・金銭的なインセンティブ）が自身の決定に与える効果には無自覚だが，これらが他者に及ぼす効果には敏感である	Dana & Loewenstein, 2003; Epley & Dunning, 2000; Heath, 1999; Miller & Ratner, 1998
偏見あるいは集団間バイアス	スティグマ化された集団や外集団より内集団の成員をひいきする	本人は人種差別や性差別などバイアスの影響を受けているにもかかわらずそのことを否認するため，バイアスを克服しようと努めない。バイアスを悪化させ，他者を傷つけたり怒らせたりすることもある	Dovidio & Gaertner, 1991, 2004; Uhlmann & Cohen, 2005; Vivian & Berkowitz, 1992
イデオロギー的なバイアス	合理的な分析ではなくイデオロギーや支持政党によって政治的意見を醸成する	人々は，自分の政治的意見は客観的思考の産物であり，反対派の意見はイデオロギーのせいでバイアスがあると考える。その結果，公平な解決策を見出すことに悲観的になる	Cohen, 2003; Pronin et al., 2007a; Robinson et al., 1995
後知恵バイアス	後知恵の恩恵であることに気づかない	軍事・政治的惨事を評価する際，事前に発生を予測することの難しさを認識できない。自分が後知恵に頼っていることが盲点になるため，関係者の「明らかな」ミスを非難する	Fischhoff, 1975
対応バイアス	他者の行動を，状況ではなく内的特性の表れとみなす	劣悪な環境にいる被害者に対して，苦境の責任は本人にあると考える。人々はこのバイアスに無自覚であるため，被害者の説明を「言い訳」と退ける。被害者はそうした対応を恐れて援助を求めなくなる	Miller et al., 1979; Pronin et al., 2002; Van Boven et al., 1999; Van Boven et al., 2003
アンカリング・バイアス	数量を推測する際，無関係な，あるいは無益だが目立つ数字に影響される	交渉中，相手から提示された数字や手近にある無関係な数字に引っ張られて判断することがある。このバイアスは盲点になっているため，修正しようと試みることもできない	Wilson et al., 1996

れない。政治的な意見で対立する人が相手より自分のほうが道徳的に優れていると考えるときかもしれない。

　典型的な自己高揚バイアスとは，自分が好成績を収めた試験のことを良質で妥当なものだと高く評価する一方，悪い成績に終わった試験のことは劣悪で妥当性を欠くと低く評価する傾向をいう。名門大学の入学試験から地元の消防署の採用試験まで，試験というものはさまざまな選抜場面に存在するため，このバイアスが政策に及ぼす影響は甚大である。もし，自分がうまく回答できなかった試験を非難しながら本人がそのことに無自覚であるなら，客観的に見れば合理的な試験を不当に差別的とみなす可能性さえあるだろう。この主題に関するProninら（2002）の実験では，2人の参加者がペアで社会的知性を測るという名目の試験を受けた。このペアは典型的なバイアスを示し，出来がよかったと伝えられた参加者は不出来だと伝えられた参加者より試験の妥当性を高く評価した。実験者が自己高揚バイアスについて説明し，参加者の判断もこのバイアスに影響されうることを警告すると，参加者は自分ではなくもう一方の参加者に対するバイアスの影響をさらに高く予測する傾向にあった。この実験で用いられた試験は偽物であったが，同様のことは社会に実在する重要な試験（大学の入学試験など）でも起こりうる。そのような場合，試験の出来が悪かった学生（たち）は，入学選抜という試験の役割を維持させようとする好成績者側に「明白なバイアス」が生じていると腹を立てるかもしれない。一方，好成績を挙げた学生は，成績が悪かった学生による不平を，個人的利益にもとづいて試験の廃止を訴えており，それこそ明白なバイアスの表れだと退けるかもしれない。両者とも自分の視点にあるバイアスに気づいておらず，相手からの非難（非難を口にしているほうにこそふさわしい，とお互いが信じている

かもしれない非難）に腹を立てる可能性がある。こうした非対称なバイアスの知覚によって，全国共通テストの妥当性や，費用対効果をめぐる政策上の議論は長期化することになる。

11.2.2　自己利益バイアス

　一般の人がバイアスといってまっさきに思い浮かべるのは自己利益によるバイアス効果である。私たちは，喫煙法や大統領選挙など，さまざまな出来事に対する人々の意見が，各人の自己利益を大きくするよう醸成されるものだと考えている。人々は，他者が自分のバイアスを否定しているとしても，その人は自己利益のせいで著しくバイアスがかかっているとみなすものである（Miller, 1999）。

　MillerとRatner（1998）は一連の実験において参加者に次の2つの質問をした。第一は，献血するかどうかについての参加者本人および他者の判断は，金銭的なインセンティブに影響されているかどうかであり，第二は，人工妊娠中絶を保険の補償でカバーすることについての参加者本人，および他者の意見は，その性別に影響されるかどうかであった。さらに実際の判断，つまり，参加者本人は献血するかどうか，中絶を保険で補償することに同意するかどうかもあわせて尋ねた。その結果，金銭的な自己利益は自分より他者の判断に影響すると参加者は考えていることが明らかになった。参加者はまた，自己利益の影響を受けるのは，他者の自己報告より，他者が実際に下した判断だと考えていた。たとえば，自分の場合，献血するかどうかの判断は金銭的なインセンティブの影響を受けないと自己報告した人物は，同じインセンティブが他者の判断には影響すると回答した（Goethals, 1986も参照）。

　同様の効果は別の研究でも確認されている。Heath（1999）はシティバンクの従業員を対象に，ハードワークに対する自己および他者の動機づけ

が，外的なインセンティブ（金銭的な自己利益など）と内的なインセンティブ（仕事への興味や学ぶことの喜びなど）にどのくらい規定されていると思うかを尋ねた。従業員たちは，自分より同僚のほうが金銭的な自己利益に動機づけられていると答えた。自己利益バイアスの知覚におけるこうした非対称性は，政策に対して無視できない含意を有している。インセンティブ制度の設計は概して，（人々が本当は重視しているかもしれない）金銭以外の要因を考慮せず，金銭的な自己利益を充足することに比重を置きすぎている。たとえば献血を呼びかける場合，人々の願望（自らを親切で寛容な人間だと思いたい）に訴えるほうが本当は有効かもしれない。従業員にハードワークを動機づけたい場合，新しいスキルを身につけること（あるいは同僚から尊敬を得ること，本書4章参照）に対する彼らの関心に訴えるほうが本当は有効かもしれない。

11.2.3　偏見と集団にもとづくバイアス

周囲に対する人々の知覚はしばしば，人種や性別，支持政党などの社会的カテゴリーによる影響を受ける。人々は意図していようとしていまいと，少数派の集団やスティグマ化された集団の成員（Dovidio & Gaertner, 1991），外集団の成員に対してステレオタイプを示すことがある。これまでの研究から，ささいな理由（どちらの現代画家が好みかなど）にもとづいて即席で作られた集団でさえ，内集団成員へのひいきや外集団成員への冷遇が生じることが明らかになっている（Tajfel & Turner, 1979）。そして本章のテーマ通り，集団にもとづくバイアスについても人々は自身より他者にこれを多く見出す。

人は自分と同じ人種の成員を好む。本人がそうした偏見を自覚していない場合にも，やはり同一人種を選好するものである（Greenwald & Banaji, 1995）。たとえば，人種差別の強さについて白人が行った自己評定は，実際の人種ステレオタイプや白人に対する非意識的なひいきをほとんど予測しない，という報告がある（Dovidio & Gaertner, 1991, 2004）。政策にとってもっとも重大な影響を及ぼす集団ひいきは，採用決定など競合する選抜手続きの場面で生起する。こうした場面で人々は，スティグマ化された集団出身の応募者を冷遇するような採用基準を事後的に作り上げることが知られている（Norton et al., 2004; Uhlmann & Cohen, 2005）。UhlmannとCohenはある実験で，「世慣れている」と「きちんとした教育を受けている」のどちらが警察署長のポストにふさわしい基準であるかを参加者に尋ねた。男性参加者は男性と関連があると考えた方を基準として選択した。より重要なのは，彼らが，他者にはバイアスが影響しただろうと考える一方で，自らの判断にバイアスは影響しなかったと考えたことである。しかし実際には，自分は客観的だと主張する人ほどバイアスの影響を受けていたのである。

集団に起因する他のバイアスとしては，政党の党員であることがその人の政治的態度に与える効果を挙げることができる。多くの人は，外交政策や医療などに関する自分の意見を，独自の分析や価値観，信念の表れだと考えている。しかし実際には，支持政党の見解を反映しているにすぎないことがしばしばである。たとえばCohen (2003; Pronin et al., 2007aも)は，民主党員か共和党員の学生に福祉制度改革案を読ませると，彼らは支持政党が推している案に賛成することを明らかにしている。しかも，通常とは違って，民主党案の方が共和党案より保守的な場合（社会保障などの給付金制度削減を求めるなど）でもそうであった。この実験の参加者は，他の学生は支持政党がどちらの案を推しているかに影響されると考える一方，自分はそうした要因に影響されていないと考えた（そ

して自分は案の中身に従って判断したと主張した）。別の研究によると，個人的な信念にもとづくイデオロギーによるバイアスの影響を受けているのは，自分より他者のほうだと参加者はみなす傾向にある（たとえばRobinson et al., 1995; Sherman et al., 2003）。このような非対称性が重大な社会的帰結につながることは想像に難くない。自分の意見は理路整然とした分析にもとづいており価値がある，と信じている人は，他者の意見については，政治的イデオロギーなど「浅はか」ないし「独善的」な思考のせいでバイアスがかかっていると考え，ほとんど敬意や関心を払わない傾向にある。

11.2.4　認知バイアス

人間の判断や意思決定は，動機づけ上の必要性や偏見から生じるバイアスより，認知的エラーによるバイアスの影響を受けやすい。この種のバイアスは自覚されず修正の機会に恵まれないため，正確な判断が損なわれることになる。そうしたバイアスの1つに，所要時間をめぐる「プランニング時の誤った推論」がある。つまり，人は概して所要時間を過小に推測する（Buehler et al., 1994）。人々はこの種のバイアスに無自覚である。もし自覚していたならば，このような（中途半端な出来上がりになる，徹夜するといったコストのかかる）バイアスを修正しようとするはずである。このバイアスそのもの，そしてバイアスへの盲点が引き起こす問題は，仕事の締め切りを守れないといったレベルにとどまらない。より大きな次元の問題，たとえば戦争を始める決定がなされた場合，当初の想定よりはるかに多くの時間とお金，そして生命を失うという事態につながりかねない。

これまで詳しく検討されてきた認知バイアスの1つは，状況が行動に及ぼす力を人々が認識できないことに関するものである。他者の行動を観察しているとき，私たちはその原因を状況要因（「他の映画の券が売り切れだったから彼はその映画を観に行ったのだ」など）ではなく，行為者の内的特性（「彼は暴力と血が好きだからその映画を観に行ったのだ」など）に帰属させる傾向を持っている。このバイアスは**根本的帰属の誤り**（Ross, 1977），あるいは**対応バイアス**（Gilbert & Malone, 1995; Jones & Davis, 1965）と呼ばれている。JonesとHarris（1967）はその有名な実験の中で，「カストロ政権下のキューバを擁護する説得的な文章」を書くよう指示された学生の手によるエッセイを，参加者に読んでもらった。参加者は，エッセイを書いた学生が親カストロの立場で書くよう指示されていたことを知らされたにもかかわらず，彼らはエッセイの中身を書き手の態度の表れとみなした。人々は自分がこうした誤りに陥っているにもかかわらずそのことに気づかないが，他者が誤りに陥っていることには気づくことが，最近の研究から明らかになっている。人々は実際，他者はバイアスに影響されやすいと予測し，その程度を過大評価さえする（Miller et al., 1979; Pronin et al., 2002; Van Boven et al., 1999; Van Boven et al., 2003）。この結果が意味するところは重大である。人は，自分の意見が誤ってラベルづけされるのを恐れて，自分や内集団の意見と一致しない意見を取り入れることを（それが考慮に値すると思うときでさえ）警戒する。政策論争で対立意見の妥当性を認めることや，悪魔の代弁者を演じる（つまり少数派の反対意見をあえて擁護する）ことの価値に照らせば，他者の影響されやすさを過大評価するという前述の傾向は，実のある政策論争を阻害するものであることが分かるだろう。

---

ii　［訳者註］中絶に対する賛否など。

11.3 非対称性の原因

　前掲のレビューは，自分は客観的だと主張しながら他者は客観的でないとして，ときにその程度を過大評価する人々の傾向を示している。次のテーマはこうした非対称性の原因である。非対称性の原因を理解することは，バイアスの盲点がもたらすネガティブな結果を防ぐための方略を考えるうえで不可欠である。

11.3.1 非意識的なバイアスと内観幻想

　バイアスは一般的に意識的な自覚の外で生じる（たとえばDawson et al., 2002; Wilson et al., 2002）。つまり，バイアスは当人の意図なしに，あるいは当人が気づかないうちに生じるものである。しかし，自分自身のバイアスを評価する段になると，人々はこの単純な事実を忘れ，意図や自覚の手がかりを探そうと内観情報を過度に頼りにする。人々が他者のバイアスを評価するときはその反対に，他者の行動に注目したり，人々にバイアスがかかっているときの手がかりに関する自分なりの理論に頼ったりすることを一般的に好む。他者については，本人の**意図**や**自覚**についての自己報告を信じるより，他者の実際の行動（「彼はいつも副社長に男性ばかりを採用しており，女性を採用したことがないのか？」など）や，バイアスに関する個人的な思い込み（「ほとんどの人は男性のほうがよきリーダーになると考えている」など）に注目する。自分のときは過度に内観を重視するのに他者の内観報告は軽んじるというこのような傾向を内観幻想という（たとえばPronin, 2009）。

　ProninとKugler（2007）は，バイアスを知覚する際の内観幻想の影響を明らかにするため，実験の中で学生に社会的知能検査なるものを受けてもらい，さらにその出来が悪かったと伝えたうえで，学生にその検査の質を評価するよう求めた。ついで，検査の質を評価するとき自分がどれくらいバイアスの影響を受けていたかについて報告を求めたところ（検査の質に対する評価は，予測どおり一様にネガティブなものであった），参加者は，自分の意識的な思考や動機にバイアスの兆候はみられないため，自分はバイアスに影響されていないとみなしていた。別の条件群には，検査を受ける代わりに，検査を受けている他者を観察してもらった。彼らが注目したのは検査を受けている他者の行動，とくに出来が悪かったと知らされた後，その検査の質を低く評価するかどうかという点であった。つまり参加者はバイアスを評価する際，自分については動機に着目する一方，他者についてはその行動に着目したわけである。本章の後節（「非道徳的行為」）で見るように，自分のときは内観にもとづいてバイアスを評価する反面，他者については行動にもとづいて評価するこうした傾向は，政策領域に関連して深刻な問題を引き起こす可能性がある。製薬会社からの贈り物とひきかえに患者にとって最善の治療を断念したと非難される医師，あるいは個人的な利益とひきかえにクライアントにとって最大の利益を犠牲にしたと非難される株式仲買人は，意図や自覚なしにそうした非道徳的行為に手を染めたのかもしれない。このように，観察者は行為者の行動の中に自己利益バイアスをたやすく見出だす一方，行為者本人は，自覚された動機が一見して混ざり気がないものであることを根拠に，自分自身のバイアスを否定する。

11.3.2 意見の不一致と素朴実在論

　知覚本来の性質もまた，人々が自分のバイアスを認識できない一因となっている。人々は一般的に，自分たちの周りの世界の物事や出来事に対する自分の知覚は，「客観的現実」における真理を正確かつ直接的に反映している，との感覚を抱いている（Pronin et al., 2004; Ross & Ward, 1995）。野の

草が目に緑と映れば，私たちはそれは現実に緑で**ある**と考える。素朴実在論に関する研究は，より高次の判断や意見についても人々が同様の想定を抱く傾向にあることを示してきた。私たちは，新しい福祉制度改革法案が自分たちの目に公正と映れば，それは現実に公正なのだと考える。私たちは，非意識的に特定の方法で物事を知覚するよう偏らせる影響から保護されているため，自らの知覚の直接性に対して根拠のない確信を維持してしまう。

　もちろん，自分の知覚は必ずしも他者の知覚とは一致しない。そのようなとき私たちは，他者の知覚が間違った情報にもとづいているか，もしくは（その可能性が除外されたならば）はじめから物事を客観的に見る意思や能力がないものと考える。これまでの研究から，人は自分と異なる意見を持つ人のことを，自己利益（Reeder et al., 2005）や個人的な好み（Frantz, 2006），政治的な偏り（Cohen, 2003），強固なイデオロギー（Robinson et al., 1995）などのバイアスに影響されている，とみなす傾向が明らかになっている。たとえばReederら（2005）は，ブッシュ大統領によるイラク侵攻の決定に反対する人ほど，決定は大統領の個人的な自己利益によるバイアスに影響されている，とみなすことを示している。

　KennedyとPronin（2008）は一連の研究で，差別是正のための少数派優遇措置をめぐる議論に関し，意見の不一致が他者のバイアスへの知覚に与える効果について検討した。ある実験の中で参加者は，有名大学の学長が発表したという，少数派優遇措置に対する穏健な意見と称する文書を提示された。参加者は，提示された意見に対して否定的であるほど学長にバイアスを帰属した。この結果が注目に値するのは，すべての参加者が同一意見を表明した同一人物について評価していた点にある。つまり，学長の意見は同じであっても，それが自分の意見と異なる場合，参加者は学長をよりバイアスの影響を受けているとみなしたのである。2つ目の実験では，少数派優遇措置に関する学長の意見を操作し，参加者の意見に近い条件と，大きく異なっている条件の2つを設定したところ，学長と意見が異なる参加者は，学長のことをバイアスに影響されているとみなした。学長の意見に含まれる明らかに極端な主張は，学長のバイアスに対する知覚に影響を及ぼさなかった。このことは，バイアスの知覚が相手の意見の内容ではなく意見の対立そのものから生じることを示している。

　人は，他者と自分の意見が異なるとき，自分のほうが客観的だと確信してしまう。本章で後述するように，この現象は，単なる意見の不一致をより根深い紛争へ発展させたり（Kennedy & Pronin, 2008），すでに起きている紛争の解決を妨げたりする可能性がある（Ross & Ward, 1995）。

11.3.3　自己高揚とバイアスを否定する動機

　バイアスの盲点をもたらす最後の原因として，自分のことを肯定的に捉えたいという願望を挙げることができる（Roese & Olson, 2007; Sedikides, 2007）。バイアスの影響を受けていることは望ましくない事態であるため，人々は自己イメージを維持し高揚させようと，自分がバイアスに影響されやすいことを否定するよう動機づけられている可能性がある。事実，肯定的なバイアスより否定的なバイアスのとき，人はそれによる自身の影響されやすさを否定することが，これまでの研究から示唆されている（Pronin et al., 2002）。

　曖昧でどのようにも解釈しうる状況ではとくに，人は自分の特性や能力を過度に肯定的に捉える傾向がある（Dunning et al., 1989など）。たとえば，解釈の余地のない時間の正確さ（ある人は時間通りであり，もう一方は違う）によって自己高揚することは難しいが，寛容さ，親しみやすさ，運転技

術などの特性は多義的であるため，これによって自己高揚することは可能である。一方，バイアスの知覚はこれとはまた違った曖昧さを含んでいる。バイアスは，その存在を立証することが難しく（これまで一度も女性を副社長に据えたことがないのは，たまたま優秀な女性が応募してこなかっただけかもしれない），またさまざまに定義することが可能である（たとえば，動機の観点で見るか結果の観点で見るか）。バイアスを否定すること自体がバイアスの影響によるものだと明らかなときでも，人々には自分がバイアスの影響下にあると考える余裕はなく，一方，バイアスによる自己への影響を否定する抜け道はしばしば見出すのである。

11.4　政策への応用——3つの事例研究

　人々は，過大評価といえるほど他者のバイアスに敏感である一方，自分のバイアスを認識する意思ないしその能力は持たない。この非対称性はさまざまな社会政治的問題に影響を及ぼしうる。以下では，非道徳的行為，差別，紛争という3つの主題について，バイアスの盲点がこれにどう影響するかという観点から議論する。さまざまな文脈におけるバイアス知覚の効果に対する理解が深まれば，これらへの取り組みを効率化することができるだろう。事例をレビューした後は考えうる解決策について検討する。

11.4.1　非道徳的行為

　人々はしばしば，道徳的でありたいという動機と自己利益を追求したいという動機がぶつかる場面に直面する。内部告発者が，上司の非道徳的な行為を暴露して失職するリスクを負うなど，道徳性はもっとも困難な状況にも勝りうるが，個人が自己利益に屈してしまうケースも多く存在する。エンロン社やワールドコム社のような企業を巻き込んだスキャンダルは，個人的な経済的利益のために行われた不正会計が，大規模な経済的損失につながることを示している。こうした企業スキャンダルはまた，数十万人の失業と史上最大級の規模の倒産をもたらしてきた。世界最大の会計事務所の1つであるアーサー・アンダーセンの破綻にもつながった。この会計事務所が解散に追い込まれたのは，本来独立して行われるべき監査業務が，監査費用を支払う企業に有利になるようバイアスがかかっていることが判明したためであった。第三者はこの事例を明らかな汚職の事例とみなしたが，会計事務所の責任者は自らが罪を犯したことを認めなかった。この否認が，法的な問題に巻き込まれたくないという願望以上の何かを反映していることは，本章がこれまで示してきた通りである。Bazermanら（Bazerman et al., 2002; Moore et al., 2006）はこの件について，監査人は自覚なしに偏ることがある，という事実の一端を示すものだと述べている。監査人が得る巨額の報酬と，クライアント企業が満足する監査業務との関連性に注目する第三者からすれば，ここにバイアスが存在していることは明白である。しかし，自覚しうる動機や意図に注目する監査人にとってみれば，バイアスの存在は必ずしも明白ではないのだろう。このような事態はどのようにして起きるのだろうか。医薬業界の事例は，以下のように興味深い説明を与えてくれる。

　製薬会社は医師に対して，自社製品を推奨してもらおう，処方してもらおうと多くのインセンティブを提供する。製品のさまざまな販売促進グッズ，製薬会社の販売員による食事の接待，（会社が主催する異国情緒豊かな土地でのイベントの出席にかかる）旅費と宿泊費の負担，患者を治験に紹介してもらうことへの謝礼，医師が報告する実証データから利益を得ようという期待をかけて，医療コ

ンサルタントとして医師に便宜を図る機会を提供することなどが含まれる。Wazana（2000）のメタ分析によれば，医師は一般的に，1カ月に4回製薬会社の販売員と会い，年に6回なにかしらの贈り物を受け取っている。こうしたインセンティブが一般的に医師の治療方針を金銭的な自己利益に一致する方向へバイアスをかける，ことは驚くことではない（Dana & Loewenstein, 2003; Wazana, 2000）。さらに本章の主題そのままに，多くの医師は，こうしたインセンティブが**他の医師**に影響することはすぐに気づく反面，インセンティブが自分の治療行為に影響していることは認めようとしない（たとえば Dana & Loewenstein, 2003; McKinney et al., 1990; Wazana, 2000）。

患者は，医師が客観的な助言を与えてくれることを頼りにしている。政策策定者には，製薬会社の影響力を考慮して，患者と医師のこうした信頼関係を確かなものとするために介入することが求められてきた。DanaとLoewenstein（2003）が述べるように，残念ながらほとんどの規制的介入は，誤った前提，つまり，医師の自己利益バイアスは不適切な影響に屈しようという意識的な選択の結果である，という仮定のもとで行われてきた。そのため現行の規制はたとえば，医師にとって自覚可能な誘惑を抑止するため，贈り物の大きさを制限したり，利益相反の開示を医師に求めたりしている。しかし，本章でとりあげた先行研究は，贈り物の大きさを制限してもバイアスは減らず（小さくても大きな効果を持ちうるため），利益相反の開示を命じたからといって必ずしも開示されるわけではないこと（利益相反は必ずしも自覚されないため）を示唆している。また教育的な取り組みは，医師にこの問題を自覚してもらう上では有効かもしれないが（たとえばAgrawal et al., 2004），そのようにして得られた自覚は，自分より他の医師のバイアスを見出だす方向に作用する可能性がある。

11.4.2 人種差別と性差別の根強さ

偏見や差別との闘いは一定の成果を得てきたものの，これらの害悪は今日でも目に見えて残っている。人種や性別による賃金格差などの不平等は根強く厄介なものである。人種差別や性差別は，（他の差別と同じく）非意識的・非意図的なバイアスによってもたらされることがある。したがって，人種や性別による差別の根強さは，バイアスによる影響されやすさに人々が鈍感であることにも一因があるといえる。実際，現代の性差別や人種差別の多くは，意識的な偏見は持たない人に見出だされる（Dovidio & Gaertner, 2004; Son Hing et al., 2005）。多くの実験が，内集団ひいきや，外集団・社会的スティグマ化された集団への冷遇をもたらす反応の中での自動的・非意識的なプロセスが果たす役割を明らかにしてきた（たとえばFazio & Olsen, 2003; Greenwald & Banaji, 1995）。人は自覚もなしにこうしたバイアスを示すという事実が，偏見にもとづいた慣行を維持し，またそうした行動を克服しようという試みも生じにくくさせている。人々は，社会全体で偏見を減らしていく必要性は理解しているかもしれないが，意思決定の自由が制限されるような政策（採用手続きの規制など）を導入することには抵抗感を持つかもしれない。これは，こと自分に限っては集団にもとづく偏見に影響されていないと感じているためである。自身の客観性に対する行為者の確信は，見ている側には共有されない傾向がある。偏見を咎められた側が，自分に向けられた非難には根拠がないだけでなく，非難している人間（やその集団）の自己奉仕バイアスの表れとみなしがちであるため，社会的緊張は高まる傾向にある。

まさにこの通りのことが起きたのは，マサチューセッツ工科大学（MIT）で，女性の採用・昇進の

慣行について詳しい調査が行われたときのことであった。大学の調査から性別格差を示す多くの証拠が明らかになった。その最たるものは，MIT理学部の教員274名のうち女性は22名しかいなかったことであろう。さらに調査が行われ，偏見に満ちた処遇の実態が明らかになった。大学の報告によると，男性教員は同等の経歴の女性教員に比べて給与が高く，広いオフィスやラボのスペースが割り当てられ，また特権なども多く与えられていた（MIT, Committee on Women Faculty in the School of Science, 1999; Miller & Wilson, 1999）。この報告の公表以来，これほど高名な大学でどのようにしてここまで差別的な慣習が行われえたのかと，多くの人が疑問に思った。

MITの調査を主導したのは，ナンシー・ホプキンス，同大学の生物学教授であった。若手教員だったホプキンスは，自分の経験していることが学部による女性への不当な処遇だと知覚していた。しかし，自分のような処遇は例外なのだと考えていた（Diaz-Sprague, 2003）。その後ホプキンスは，相応のラボスペースを得るために苦労を強いられ，また同僚の男性教員が優先された結果，自分の講座開設がキャンセルされる事態に直面した。

そのとき彼女は初めて，ジェンダー・バイアスは自分が考えるよりずっと多く存在するものではないかと考えるようになった。彼女は理系の他学部の女性教員とともに，「ほとんど目に見えない非意識的」な「女性教員への差別」が存在すると訴える手紙を書いた（Hopkins, Diaz-Sprague, 2003において引用）。ホプキンスは学長から調査チームのリーダーに指名された。調査後，MITは女性教員の給与とスペースを増やし，2004年には初の女性学長も誕生した。調査チームの報告に批判的だった人は，報告内容を「でっち上げ」と呼び，MITにはいかなるバイアスも存在しないと主張した（Leo, 2002）。前掲のように，意見が一致しない場合，人は「反対側の人」をバイアスがかかっているとみなす傾向がある。これらの知見通り，報告書に対する批判者たちはホプキンスにバイアスがかかっているというレッテルを貼り，彼女が調査に関わったせいで報告書にバイアスがもたらされたと主張した。

MITの事例は，個別の，かすかなバイアスの存在が気づかれないままでいると，時間をかけて巨大な差別がもたらされることを伝えてくれる。こうしたかすかなバイアスは非意図的・非意識的に生じることが多いため，関係者がその存在に気づいて回避することが難しい。このような事実が示唆しているのは，問題解決のためには客観的な方針を決める必要があること，方針は個人がバイアスに気づくことを前提にしないこと，の2点である。後者は当然，方針を必要とする人こそ自分の客観性を信じて方針に抵抗しやすい，という理由にもとづいている。

客観的な方針が施行されているときでも，焦点となっているバイアスを逆に固定化してしまうことのないよう配慮する必要がある。たとえば，雇用の選考プロセスにバイアスが混入する可能性を排除するため，採用決定の基準を決めることも客観的方針の1つであろう。しかし，先述の通り人々には，やって来た応募者の資質や性別を見てから採用基準を設定する傾向がある（Uhlmann & Cohen, 2005）。そのため，応募者の資質をひと通り見た**後**に基準を設定する場合，応募者へ一律に基準を適用するという方針が，かえって裏目に出てしまうことがある。このことは，応募者の顔ぶれを見る**前**に基準を決めておくことの重要性を示唆している。さもなければ，客観的方針はバイアスがかかった手続きに信頼性を与えるだけで終わるだろう。

現代の偏見は，あからさまだったかつての人種差別や性差別に比べると比較的害が少ないように

見えるかもしれない。しかし偏見が分かりにくくなった結果，経済的機会の制限や，平等性を損なうその他の深刻な不利益が生じている（Dovidio & Gaertner, 2004）。内観では自分の潜在的な偏見に気づくことができないせいで，これらの問題に対峙することはとくに困難なものとなっている。政策を実効性あるものとするためには，バイアスが意識的な差別動機から生まれるという想定を捨て，本人が自分のバイアスに気づかない点を考慮することが求められる。この問題について実行可能な解決策は以下（「問題解決」の節）で検討する。

11.4.3 紛争

　バイアスを自分ではなく他者に見出だす傾向は，紛争の拡大や深刻化に重大な影響を及ぼしうる。この傾向はまた，紛争が緊迫した深刻な状態に達してしまった場合，その解決を妨げる可能性がある。人々は概して自分のことを客観的だと信じているため，意見が対立する相手のことはバイアスがかかっているとみなしやすい（Pronin et al., 2004; Ross & Ward, 1995）。このように推測することで，単なる意見の不一致が紛争のスパイラルにまで発展してしまう可能性がある。つまり，意見の不一致によって人々は，異なる意見を持つ相手のことをバイアスがかかっているとみなすプロセスをたどることになる（Kennedy & Pronin, 2008, 2012）。バイアスの知覚によって人々は，自分と意見の異なる他者のことを，公平に合理的にふるまうつもりのない人物だろうと推測する。このように推測する結果，不一致を平和的に解決する可能性に対する信念を失い，もっと好戦的なアプローチを採用してしまう。好戦的にふるまえば当然，相手方も彼らのことをバイアスがかかっていると考える（相手方もまた，正しいのは自分たちのほうであり，そんな自分たちを攻撃する人間は客観的であるはずがないと考える）。こうした紛争のスパイラルがいったん解き放たれると，公平な合意に向けて妥協する気のない相手に双方が憤り，事態の打開は困難なものとなる。

　紛争場面でのバイアス知覚の有益な事例研究としては，テロリストの攻撃と政府の報復（もう一方の視点にもとづくならば，政府による不当な仕打ちとテロリストの報復）のような，暴力のサイクルを挙げることができる。テロリストの攻撃は，攻撃を仕掛けた側と，仕掛けられた側が抱く世界観の違いを浮き彫りにする。双方に差異があると認識することは，相手を支配し，相手の力を弱め，相手を破壊しようという願望につながる。しかし，世界観の違いだけがこうした願望をもたらすのではない。人が攻撃するのは，相手とただ意見が対立するからだけではなく，相手の意見をバイアスと不合理な思考の産物とみなすからである。今日，世界中で起きているテロリスト絡みの紛争，その多くに共通するのは，双方が過去と現在の自分たちの在り様を見て，自分たちだけに道理と客観性があると主張していることにある。政策の専門家は，自爆テロリストでさえ（その犠牲者から見れば偏っており不合理そのものであっても）必ずしもバイアスがかかっていたり不合理であったりするわけではない，と指摘する（Pape, 2005など）。たとえばイスラエルの元首相，イツハク・ラビンとシモン・ペレスの顧問をしていた Ehud Sprinzak（2000）は次のように言う。

> テロリストのことを，恐怖と混乱を植えつけるため，数百万の人々の無差別殺戮を企てる抑止不可能な狂信者だと知覚することは，彼らが政治的な目的を遂げるために暴力という手段を選択した冷静で合理的な殺戮者である事実を曲げてしまう。

　この指摘は，テロリストに関する2つの異なっ

た見方を提示してくれる。1つは，テロリストは抑えのきかない憎しみや急進的なイデオロギー，あるいは強い同調圧力によってバイアスがかかってしまった不合理な狂信者，という見方である。もう1つは，周囲の状況や採りうる戦略を客観的に分析することができ，そうした分析に裏打ちされた見識を備えた合理的な戦士，という見方である。こうした2種類のテロリスト観がこれまでの学術研究などから提出されてきた（たとえばCrenshaw, 1998; Margalit, 2003; Merari, 2004; Pape, 2005; Post, 2005）。おそらく，どちらにもいくばくかの真実が含まれているが，一般市民はテロリストの行為や信念に賛同しないため，典型的には「バイアスがかかった狂信者」という見方を採用するだろう。意見が対立するほど，人は対立する相手をバイアスがかかっているとみなすことは，前掲した多くの研究が示してきた通りである。こうした効果はテロリズムに関連する文脈でも確認されている。北アイルランド紛争の当事者間で締結された聖金曜日の和平合意の直後，政治活動家を対象に行われた1つの研究がある（Pronin et al., 2002を参照）。この研究に協力した活動家たちは，自分たちの意見と対立する相手は，特に交渉時の公正さや客観性を損ねる多くのバイアスに影響されやすいと考えていた。また別の研究は，自爆テロリストに関心を持つアメリカの大学生を対象に行われた（Kennedy & Pronin, 2007）。参加した大学生は，自爆テロリストに対して否定的であるほど，彼らの行為は周囲の状況を客観的に分析した結果ではなく，バイアスがかかった，ないし狂信的な見方にもとづく行為だとみなしていた。

こうしたバイアスの知覚は紛争のスパイラルを

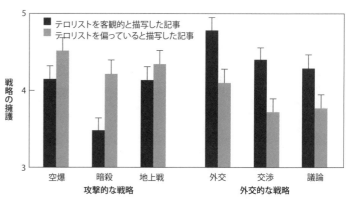

図11.1 「テロリストの心理状態」として，合理的で客観的／不合理でバイアスがかかっている，と記述した記事のどちらかを読んだ後の，対テロリズム戦略（攻撃的／外交的）への支持（Proton et al., 2006を改変）

もたらしうる。ある実験（Pronin et al., 2006）の中で参加者は，ニューヨーク・タイムズの記事と称したテロリストの心理状態についての文章を読むことで，自爆テロリストに対する2つの見方のいずれかを採用するよう誘導された。参加者の半数は，テロリストが事実を客観的に分析した上でテロに至ったという文章を，残りの半数は，テロリストがバイアスがかかった世界観にもとづいてテロに至ったことを示す文章を提示された。テロリストに対する見方の違いは，テロリズムとの闘い方に関する意見に大きく影響した（図11.1）。具体的には，テロリストをバイアスがかかっているとみなす場合，交渉や外交より爆撃や地上戦への支持が増え，テロリストを客観的とみなす場合はその逆の結果となった。

アメリカの9.11以降，テロリズムやテロとの闘いは常に，政治的な論争やメディアによる扇情の対象となってきた。人々がテロリストを不合理な狂信者とみなす傾向（テロリストは犠牲者を利己的な異教徒とみなす傾向）は，解消しがたい暴力の連鎖をもたらしうる。バイアス知覚の研究はこの点を明らかにしてきた。これに対し本研究が示唆するのは以下のことである。つまり，外交的，協力的な問題解決を見出すために必要なのは，互

表11.2 バイアスの盲点に対処する一般的な方略についての潜在的な落とし穴と解決策

解決タイプ	基本的な考え方	考えられる危険性	留意点
開示命令	助言者が、潜在的な利益相反事項を開示する	助言者が認識していない相反は開示することができない	バイアスが持つ非意識的な性質について助言者と被助言者に教育する
	被助言者はこの情報を活かしてよりよい意思決定を行う	被助言者が、開示は助言者の客観性の表れとみなす可能性がある	金額の大きさより、バイアスをもたらす主な原因を開示するよう要請する
	開示義務によって助言者は利益相反を避けるようにも動機づけられる	助言者は、開示が持ちうる影響を和らげようと、さらにバイアスがかかった行動をとる可能性がある	助言者以外の信頼に足る出所から開示する
視点取得の促進	対立する相手の視点を通して状況を見るよう人々を導く	視点取得によって人々は、相手が持っている潜在的なバイアス（自己利益など）に注目してしまうかもしれない	相手の目を通した視覚化など、より直接的な視点取得の技法を活用する
	これによって相手の視点が理解できるようになる	その結果人々は、相手の自己利益に対抗するため、さらに自己利益にとって有利な行為に及ぶ可能性がある	相手の視点の根底にあるもっともな理由を考える
	公平な判断が得られる	—	自分がもし相手を支持した場合、自分がどう反応するかを考える
客観性の要請	人々に対し客観的であるよう直接的に求める	人々は自分のバイアスに気づかないため、自分は初めから客観的だと考えてしまう	バイアス本来の性質のせいで、バイアスがかかっていても自覚できないということを人々に教育する
	自分のバイアスを除去ないし修正するよう人々を導く	客観性に注目するよう要請することで自らの客観性に対する確信が深まり、バイアスはそのまま放置される	起きてからバイアスの存在発見に努めるより、バイアスの生起そのものを防ぐよう人々に働きかける
	よりバイアスのない判断がもたらされる	そうした確信が、いっそうバイアスがかかった行動をとる許可を人々に与えてしまうかもしれない	—

いの意見を一致させるよう両者に求めることではなく、相手の目が自分以上にバイアスによって曇っているわけではないことを双方が理解するよう求めることである。もし、相手にも賢明な判断・思考ができる、とお互いが認識することができれば、暴力を唯一の選択肢とみなす代わりに（自分自身のバイアスがかかった思考を認識するのと同じく）、双方が外交的なアプローチをとるようになるだろう。

11.5 問題解決——有害なアプローチから見込みのある解決まで

ここまでに挙げた事例研究が示すように、バイアスの盲点が政策に及ぼす影響は深刻なものになりやすい。バイアスはしばしば非意図的に、自覚なしに働くため、これを避けることは困難である。バイアスによるネガティブな影響を抑えるのに効果のありそうな方法の多くは、残念ながら、有益でないばかりか、場合によっては有害にすらなりうる。本章のこれ以降では、広く行われており、直観的には効果のありそうな3つのアプローチを検討し、とくにその問題点と克服のための方略に焦

点を当てる（表11.2を参照）。ここでの目的は，バイアスを知覚することで問題解決をめざす政策の立案と，その実施についての情報を提供することにある。バイアスの盲点がもたらすネガティブな効果を減らすうえで，心理学を踏まえた視点は助けになるだろう。

11.5.1　開示命令

1つの確かな解決策は，人々は自らのバイアスを否定する傾向があるのだから，自分が否定しているバイアスを報告するよう公的に要請することである。この方法はしばしば，強制的な開示ガイドラインという形で実行される。ガイドラインは，たとえ各人がバイアスの問題を個人として意識していなくても，バイアスによって考え方が変化している可能性があるため，そのようなバイアスについて詳しく告知すべき，という前提にもとづいている。この前提に立つならば，開示はバイアスがもたらす問題を克服するための一般的な方策の1つといえる。医師は，患者を紹介して製薬会社から報酬を受け取った場合には開示するよう要請される。株式仲買人は，もし彼らが推奨する株式を発行する企業と経済的な利害関係にある場合，その事実を開示するよう要請される。研究者は，研究結果に対して利害を持つ資金援助者がいれば，その事実を開示するよう要請される。

a. 開示命令の問題

不幸なことに，さまざまな理由から，主として人々が自分のバイアスを自覚できないせいで，開示はうまく機能しない可能性がある。先述した医師の例，つまり，製薬会社との関わりによって治療の決定がバイアスがかかってしまう可能性をとりあげてみよう。強制的な開示に伴う問題の1つは，バイアスが非意識的に働くせいで，多くの場合，医師はそもそも相反が起きているとは感じていないため，潜在的な利益相反に気づかない可能性があることである。たとえば，魅力的な販売員とすごす楽しいディナーは，勧められた製品についての好印象を残すかもしれないが，お金の受け渡しがなければこれを利益相反とは認識しないかもしれない。利益相反の開示に記載されていなければバイアスは存在しない，とクライアントが信じてしまう限り，開示漏れは開示が要請されないことよりたちが悪いかもしれない。利益相反の開示は，本人に自覚されないため開示もされないバイアスのせいで実際すでに客観性が損なわれている場合，担当医師（や他の助言者）は客観的だという根拠のない確信を患者（や他のクライアント）に与えてしまう。

開示の要請が聞き入れられた場合にはまた別の危険が生じうる。それは，開示を目にした人が，開示された事実を開示者の客観性の証(あかし)と捉える可能性があることである。たとえば，ある株式仲買人が，推奨した株式を発行する企業とは経済的な利害関係にある，と述べたとしよう。それを聞いた人は，開示を敢行した株式仲買人は客観的だという強い印象を抱くかもしれない。法の要請による開示だとは認識していても，その行為は株式仲買人の高潔さを示すものと捉えるかもしれない。前述の通り，人々は，状況が他者の行動を規定する程度を割引し，代わりに行動の原因を他者の内的特性に帰属させる強い傾向を持っている（Gilbert & Malone, 1995; Jones & Davis, 1965; Ross, 1977）。そのため，開示という行為は予想に反する効果を持つ可能性がある。すなわち，開示者はバイアスの影響を受けやすい存在だとみなされるのではなく，信頼に値する人物だとみなされる可能性がある（Cain et al., 2005）。

開示の要請によって生じるまた別の問題は，**行動**をさらにバイアスがかかったものにしてしまう皮肉な効果を持ちうることである（Cain et al.,

2005)。大学のある入試業務担当者が，志願してきた親友の娘を評価する場合を考えてみたい。彼は，客観的に見て彼女の成績は上位20％圏内にあると考えていたとしても，自分に開示義務があると知れば，そのために彼女の成績を上位10％まで引き上げてしまうかもしれない。つまり，彼の好意的な評価は他者に割り引いて判断されるだろうから，そうした判断を埋め合わせるために彼は，自分がもっと彼女に有利な評価をしなければならないと考える可能性がある。この予測はCainら（2005）の実験によって支持されている。この実験の参加者は，コインが入った瓶の金銭的価値を見積もるよう求められ，その正確さに応じて報酬が与えられた。参加者は，見積もりを報告する前に一瞬だけ瓶を見ることができ，また参加者本人よりも瓶をじっくり観察できる「助言者」からアドバイスを受けることができた。この助言者は，参加者が報告する見積もりの正確さではなく，参加者による見積もりの大きさに応じて報酬を与えられた。助言者が利益相反の情報を開示するよう要請されたとき，助言者が参加者に伝えた見積金額はより高額になった（助言者の自己利益によってアドバイスはバイアスがかかったものとなった）。さらにこの開示は，助言者からアドバイスされた参加者に実際のところ損害を与えていた。アドバイスされた参加者がその見積報告に応じて受け取った報酬は，統制群，つまり，同様にバイアスがかかった助言を受けたが利益相反の開示はなかった参加者より少ないものであったからである。

b. 推奨される解決策

バイアスの盲点や開示に関する知見によると，開示によって被開示者は，逆説的なことに，開示者の道徳性やプロ意識に対する信頼を深める一方，開示者本人はバイアスを維持するため，開示は逆効果になる可能性がある。したがって開示以外の解決策がおそらく必要になるが，開示のやり方を少し修正すれば，守られるべき被開示者の恩恵をより確かなものにできるだろう。

・開示者に対する教育

開示に関する政策では，開示者になりうる人を対象に，非意識的なバイアスが開示者の判断にもたらす潜在的影響について教育しなければならない。基本的に開示者は，自分のバイアス（つまり開示されるべきこと）を正確に自己評価することができない。問題の一部はこの点にある。このことは，開示者になりうる立場の人間，たとえば株式仲買人や不動産業者，裁判官，医師，科学者などに当てはまる。本人が自分をバイアスがかからせる要因に気づいているから開示を要請するのではなく，本人がしばしばそうした要因の影響に気づかないから開示を要請するのだということを，人々は理解しておく必要がある。開示者は基本的に，バイアスとは自己利益をあからさまに促進するものだと捉えているため，開示の必要な範囲を正確に特定することができるよう，開示者は上記の事実を正しく伝えられる必要がある。

・心理学的に見て実際的な開示要請の導入

自分は客観的だという信念は非常に強いものであるため，バイアスは非意識的なものだと伝えるだけでは，必要なすべての情報の開示を促すには不十分かもしれない。開示者側はさらに，さまざまな実務上の理由をこじつけて開示範囲を制限しようとすることがしばしばである。たとえば，官僚的な雑務を避けたり，重要な仕事を失うことを避けたりする（もっと人情味のあるケースだと，最善の治療を受けるよう患者を説得することが難しくなるのでは，と医師が心配する），などの理由が挙げられるだろう。開示者側のこうした自然な傾向を打開するためには，包括的な利益相反ではな

く，特定情報の開示を命じることが重要である。たとえば医師に対しては，処方上の決定の正しさを損ないうる関係を持った製薬会社ではなく，自分が金銭的な対価を受け取った会社（および概算総額）をリストアップするよう要請するべきである。こうした事実ベースの情報を収集することのもう1つの利点は，開示者が情報を捏造して利益相反に見えないようにする（あるいは，自由回答式の開示の中で，専門用語を駆使して要点を曖昧にする）可能性を減らしてくれることにある。

　開示要請の対象には，高額にのぼる金銭的な自己利益などの分かりやすい事例だけでなく，バイアスを引き起こす可能性のある，必ずしも明白でない要因も含める必要がある。その一例が，医薬品の名前が印字されたペンなど一見するとささいな贈り物である。実際，医師がペンの経済的価値に影響される可能性は低いが，心理学の研究では単純接触効果，つまり薬の名称を繰り返し目にすることで無意識のうちに好むようになり，これを多く処方する可能性が示されている。また別の例として，友情による潜在的なバイアス効果が挙げられる。たとえば，アメリカ最高裁判所のスカリア判事は，訴訟当事者であるチェイニー元アメリカ副大統領と個人的に親しい関係にあったにもかかわらず，チェイニー対アメリカ合衆国連邦地方裁判所コロンビア特別区の裁判を忌避しなかった。彼の主張によれば，忌避の要件はこの事件には当てはまらない，つまり彼の「公正さは合理的に見て疑いようがない」ということであった。自身の公正さに対するスカリア判事の信念が，嘘偽りのないことについては疑わないにしても，友情が非意識的なバイアスをもたらすことのないよう十分に措置しておくことは有意義である。

　こうした事例が明らかにしているように，開示の正確なリストを入手するためには，開示を命じる側が，バイアスが作用しうるさまざまなパターンを理解している必要がある。こうしたリストに含まれるのは，標準的な経済的観点から見て重要な情報である多額の金銭だけでなく，社会的関係，金銭以外のインセンティブ，専門知識にもとづかない個人的な信念（たとえば，宗教や文化的な価値観）などである。幸いにも，今は心理学者がこれら多数の要因を列挙しており，効果的な開示要請を行うために必要な科学的知見を提供してくれる。

・被開示者に対する教育

　開示が効果を持ちうるのは，開示される側がバイアスの働き方や効果を理解している場合だけである。患者や投資家がバイアスに関する不正確な知識（たとえば，高額の金銭だけが医師を偏らせるなど）しか持たない場合，（バイアスに対する正確な理解に依存する）開示の恩恵は受けることができないだろう。したがって，患者や投資家などクライアント向けの開示では，利益供与だけでなくその作用，つまり，この種の利益供与が助言者のアドバイスを　バイアスがかからせることが分かっている，という重要な事実を盛り込んでおく必要がある。

・第三者の開示者を活用する

　開示に伴う別の問題は，開示が往々にして，バイアスが問われている本人の手でなされることである。その場合，開示者は他者の目に高潔で率直な人物と映り，開示による恩恵を受けることになる。こうした理由から，開示は第三者の手でなされることが望ましい。第三者が，あの医師には治療に絡む金銭的な利害関係がある，と言及したならば，医師本人が同じことを言うよりインパクトは大きいだろう。

　たとえば，新薬の臨床試験に患者を登録する手続きを考えてみたい。医師は多くの場合，患者を

紹介するごとに製薬会社から謝礼を受けとる。現在，こうした謝礼のすべてを，中央政府のデータベースに登録・開示させようという努力（主として共和党のチャールズ・グラスリー上院議員による）が進められている[iii]。開示の利点を最大化するため，医師が金銭的利益を得る臨床試験への参加を検討しているすべての患者を対象に，政府から（電子メールや電話の自動音声案内などによって）通知をしてほしい，と考える人もいるかもしれない。医師を隠しだてしない率直な人物に見せることにつながりかねない，医師本人による開示とは違って，政府による通知は患者が臨床試験の利点を再考したり，セカンドオピニオンを受けたりすることを促すだろう。あわせて，バイアスが助言者に与えうる潜在的影響に関する情報や，他に取りうる選択肢（利害関係のない医師に助言を求めるなど）の提示を伴えば，開示はさらに有益なものとなるだろう。

・開示情報を読みやすく分かりやすいものにする

　開示に伴う最大の問題の1つがその分かりにくさにある。表示はたいてい小さくて読みにくい。文字は読めても，専門用語や法律用語のせいで理解しづらい。内在する問題は2つある。第一に，開示内容はどうしても複雑で詳細になりやすい。第二に，開示はたいてい，クライアントではなく開示者を保護することを意図する者によって書かれているため，このことが結果的に内容を曖昧にしようという動機づけをもたらす（あるいは，もっとも重要な点を曖昧にするところまで「過保護」にしようという動機づけをもたらす）。こうした問題を軽減する方法の1つは，専門用語を使わず一番重要な点を分かりやすくまとめたごく短い要約を，開示者ではなく，第三者である情報センターか監視機関が作成するよう命じることである。ただし，抵当権つき住宅ローンや保険のように複雑な商品の場合，消費者がその利点とコストを十分理解するためには，上記のような要約ではやはり不十分である。代替手段として，電子テキスト化された開示方法が挙げられる（Thaler & Sunstein, 2008）。これは，標準化されたコンピュータ形式で開示することで，情報に埋もれて見えにくい重要箇所を分かりやすくするよう第三者機関のウェブサイトを競わせるものである。たとえば，消費者が2人の住宅ローン仲買人のどちらかを選ぶ際，コンピュータ上で両者の違いだけがハイライトで示されると，情報にもとづく選択が格段にしやすくなる。標準化された開示は，分かりやすくしようという開示者側の動機づけの欠如も補ってくれるはずである。

・開示だけでは不十分であることを受け入れる

　開示は完全な解決策ではなく，あくまでも第一段階として位置づける必要がある。ときに開示は利益相反を特定するうえで必要であるが，利益相反を是正するうえでは役に立たない。例を挙げると，裁判官が決定を下すときの推論がバイアスに影響されやすいとき，関連する情報をただ開示するだけでは，バイアスが決定に影響しないことの保証にはならない。この場合の最適な解決策は忌避である。株式の仲買人の場合，開示によってクライアントは，助言者のバイアスに影響されたアドバイスに従うことを避ける機会を得ることができるが，実際にはもっと強い予防措置が一般的に必要となる。たとえば，ある銘柄に株式仲買人の利害が絡んでいる場合，仲買人が自身のバイアスを開示しつつ当該銘柄を推奨するのは許容される

[iii]　［訳者註］製薬会社や医療機器メーカーから医師・施設への金品供与の開示を義務づける連邦法案「サンシャイン法」が2010年3月，オバマケアの一部として制定された。10ドル以上の金品供与を対象に，供与を受けた医師・施設名，金額，供与の種類（食事，旅費，寄付など）が公開されている。報告義務は供与する側が負う。

かもしれない。しかし，ルールをもっと慎重なものにするのであれば，その仲買人にはクライアントの取引の仲介をさせず，代わりに，無関係で利益相反のない別の仲買人に取引を委ねるべきであるかもしれない。こうした予防措置があれば，クライアントは社会的圧力による不適切な判断をせずに済むだろう。医師の場合でも第三者の介入は有益であり，すでに一部では実施されている。たとえば，医師が処方した特許取得薬剤を，薬剤師がジェネリック製剤に変更するよう患者に薦めることも，第三者介入の典型といえるだろう。さらに，薬剤師が医師に電話かメールをして，より安価かつ同等の薬剤によって患者が同じ恩恵を得られるかどうかを確認することも有益だろう。バイアスが存在する可能性の高い，より重大な治療法の決定では，開示の一環として，セカンドオピニオンを求めるよう患者に勧めることが最良の方法である。

11.5.2 視点取得

　バイアスの盲点は，政策領域に関する多くの重要な問題を引き起こす。開示の原因となった問題（助言者が自身のバイアスに気づくことができない）とはまた別の問題があり，これが紛争を悪化させ効果的な交渉を妨げる。客観性は自分にこそあると確信しているとき，人は意見の対立する相手に譲歩しようとせず，代わりにもっと攻撃的な行動に出ることを選ぶ。これに対する1つの解決策は，他者の視点を考慮するように促すことである。対立する相手側からの視点を理解し，どのように見えているか想像しようと努めることは，バイアスの盲点がもたらす影響を緩和する有望な手段であるように思われる。たとえば，イスラエルとパレスチナが互いに相手の視点を理解することができれば，自分たちこそ唯一の被害者で，自分たちこそ苦境を打開する公平な解決策を客観的に選ぶことができる存在である，と感じる性向は和らぐだろう。こうした視点取得がとられない場合，理不尽すぎてとても交渉などできない，と考えている相手に対し，双方が暴力的にふるまうことが正当化されてしまう可能性がある。また別の例として，複数の利害関係者に影響する法律（医療保障制度改革や都市計画区画法など）をめぐる交渉が挙げられる。もし双方が，自分の立場こそ客観的に正しいと信じれば，お互い協力して妥協案を探ろうとはしなくなるだろう。対立集団の視点を考慮することで，意見の一致に至る新しい道が開け，複数の関係者のニーズを満たす「win-win」の決着に到達できるかもしれない。

a. 視点取得の問題

　視点取得がうまくいけば，紛争に関してさまざまなポジティブな効果を得られることが明らかになっている。視点取得によって，利他的な行為を増やす，関係満足度を高める，他の集団へのステレオタイプを減らす，公正さに対する利己的な判断を減らす，より効果的な交渉の成果を手にする，といった可能性が向上する（たとえばCoke et al., 1978; Epley et al., 1985; Galinsky et al., 2006; Franzoi et al., 1985; Galinsky & Moskowitz, 2000; Neale & Bazerman, 1983; Savitsky et al., 2005）。しかし残念なことに，視点取得を成功に導くのはとても難しい。多くの心理的理由から，人に他者の視点を取得させることは，言うのはたやすいが実行は困難である。中途半端に視点取得するくらいなら，何もしないほうがましな場合もある。視点取得を困難にしている主な原因は，個人の素朴実在論，すなわち，客観的な事実と自分の主観的な知覚とを人々は切り離すのが不得意だということに由来している。この傾向は，**バイアスがかかった同化**（保持している信念と矛盾した情報を精査し，最終的に否定する人々の傾向）や自己奉仕バイアス（正確

さより自我の防衛を優先する傾向）と組み合わさって，本来は対立相手の視点を考えるプロセスであったものが，自分の視点の正しさ（と相手の誤り）をさらに確信する結果をもたらしてしまうことがある。さらに悪いことに，相手の視点を考慮しようと努めた結果，自分の意見の正しさをいっそう確信してしまう可能性がある。イスラエルとパレスチナで起きているような，土地をめぐる紛争の例を考えてみよう。相手の視点を考慮しようと努めることで，相手の意見を裏づける「もっともな理由」が見つからない，という印象を双方が抱くことがあるかもしれない。そうなれば，視点取得を試みたことで，以前よりずっと強く自分たちのほうが正しいと感じるようになる（つまり従前の立場へさらにバイアスがかかってしまう）可能性がある。相手の視点を取得しようとする意欲が，自らの客観性をそれまで以上に確信する結果をもたらしてしまうのである。

視点取得に関連するまた別の問題もある。相手の視点を考慮しようと努めることで，相手のバイアスや自己利益に注意が向けられ，それによってこれらに対する過大視が起こることである（Epley et al., 2006）。労働者と経営者による労使交渉の事例を考えてみたい。経営側が，交渉の席に就く前に労働者側リーダーの視点を取得しようとした場合，どのようなことが起こるだろうか。経営側が想像するのは，労働者側リーダーは組合に加入している労働者のための賃上げのことしか頭になく，企業の財務状況については何も考えていない，ということかもしれない。その場合，経営側が視点取得したことが，妥協しない姿勢こそ妥協点を見出すために必要との考えにもとづき，賃上げしない方向へと強硬姿勢をもたらす可能性がある。このように，視点取得したことによって，相手側のバイアスに対抗し，そうして公平な結果を達成するためにはあえて利己的にふるまう必要があると

信じてしまった場合，視点取得は行動を，それまでの態度に沿う方向へさらにバイアスがかからせる可能性がある。Epleyら（2006）の研究はこの予測を支持している。この実験の参加者は，乏しい資源の配分をめぐる紛争の中で，自分たちと利害が対立する相手の視点か，自分たちの視点を考慮するよう指示された。視点取得がうまくいったのは，自分たちの視点に集中した群ではなく，視点取得を行って，限られた資源のうち自分たちの取り分を減らすことが公平だと考えた群であった。さらに重要なのは，視点取得した群のほうが，こうした判断とは矛盾して，もう1つの群よりバイアスがかかった行動をとったことである。つまり彼らのほうが，乏しい資源からより大きな分け前を自分たちのために取ったのである。

b. 推奨される解決策

他者の視点を取得するようにという単純な教示は，逆効果になる可能性がある。しかし，視点取得を促すための心理学的な知識は望ましい効果を引き出すこともできる。以下では考えられる多くのアプローチについて検討する。

・協力的な規範を奨励する

競争的であるよりは協力的な規範が伴うとき，視点取得の教示は効果を得やすい（Epley et al., 2006）。視点取得は，公平さについての当人の意見を，自己利益を得るのとは別の方向へ変化させる。そのため，（自分に注意を向けるより）公平なふるまいを奨励する規範を持つことで，視点取得の効果を活かすことができる。問題はこの規範をどう策定するかである。対立する両者は異なる動機や信念を持って交渉にのぞむため，協力的な規範を定めるのは，一般的には調停する第三者ということになるだろう。調停者にできることの1つが，協力に向けたインセンティブを提供することである。た

とえば，労使交渉に臨む両者は前もって最終提案という調停のアプローチに合意しておくことができる（これはアメリカ野球メジャー・リーグの交渉で用いられている方法である）。その場合，双方が解決策を提案し，いずれとも無関係な調停者がこれらの提案の中からより協力的な案を選び，それが最終結論となる。協力的な規範を促す別の方略としては，当事者とは無関係な調停者による定式化を挙げることができる。たとえば，イスラエルとパレスチナ内で強い影響力を持つ集団同士を引き合わせ，紛争解決のためのワーキングを実施したHerbert Kelman（たとえばRouhana & Kelman, 1994）は，そこでの課題を，「紛争」を解決するための「交渉」ではなく，「共同の問題解決」として定式化した。Kelmanが「問題解決」というフレームを使って巧みに規範を持ち込んだ結果，お互いが自分たちの意見を攻撃的に主張するのではなく，協力し合う課題に向き合うこととなった。

・視点を視覚的に操作する

　調停者によるもっとも単純な視点取得の教示は，両当事者に対して，互いに視点取得するよう伝えることである。このやり方は逆効果にもなりうるため，第三者は多くの場合，もっと慎重な伝え方をしなければならない。たとえば，テーブルの反対側から見た自分たちの姿を視覚的に想像させたり，実際にその映像を見せたりすることで，視点取得を成功に導くことができるかもしれない。この方略には，文字通り世界を相手側の視点から見つめるよう促すことが含まれている。こうした視覚的な視点の操作は，他者の性格や行動に対する判断を変えるうえで効果的なことが示されており（たとえばStorms, 1973; Taylor & Fiske, 1975），交渉というフィールドでも同じ効果が見込まれる。

・慎重に練られた教示を用いる

　効果的に視点取得を促す教示というのは，相手の見方を想像させるのではなく，相手がそのように見ざるをえない理由を想像させること（たとえばPuccio, 2003）かもしれない。前述の視覚的な視点取得の方略と同じく，この方法だと，相手のバイアスに焦点化することなくその視点を取得できる見込みが高い。視点取得の教示は相手のバイアスに注目を集めてしまうことがあるため，別の方法で，相手のバイアスではなく相手の客観性に注目させる必要がある。多くの場合，紛争のうち特定の争点に関して相手が持っているバイアスについて，お互いがなんらかの先入観を抱いていることが多いため，紛争相手の客観性に関する知覚を直接変えることを目指すよりは，1人の人間として相手が常識的に備えている客観性に対する見方を変容させることが適切である。KuglerとPronin（2007）はこの方略による効果を検証した。実験参加者は経営者の代表として，労働者を代表している相手（参加者には知らされなかったが，相手役を務めたのはコンピュータ上のアルゴリズムだった）との賃金交渉に参加した。実験のテーマは遠隔地間の交渉であり，参加者は相手と会う機会を持たないと説明された。交渉前，参加者は相手のものだという性格検査の結果を見せられ，相手はものごとを客観的に考える，あるいはバイアスがかかった判断をする傾向があると信じるよう誘導された（このバイアスの操作は，一般的に敵対的な文脈で生じるようなバイアスの知覚を引き出した）。参加者は取引の第1回交渉から開始した。取引は賃金の合意が得られるまで続けられ，合意が得られなかった「日」（回）には相当のストライキ・コストが管理者側に発生した。相手を客観的だと知覚する参加者が得た恩恵は大きいものであった（表11.3）。この恩恵を実際の金銭に換算すると240万ドルにのぼった。なぜこのようなことが起きたのだろうか。それは相手のことを客観的だと

表11.3 交渉相手を客観的だとみなすことの経済効果

	「客観的」な相手	「偏った」相手
最初に提示された賃金	10.19ドル	10.8ドル
交渉日数	9日	15日
経済的損失	460万ドル	700万ドル

注：条件間の差は $p<.01$ 水準で有意。経営者がはじめに提示した賃金の差が，経営者が受けた経済的損失に対する実験群の効果を媒介した。

信じた参加者が，より公平な賃金の提示から交渉を始めたからである（そうでない参加者はローボール，つまり非常に競争的な姿勢で交渉を開始した）。その結果，実験群，つまり相手を客観的だと知覚するよう誘導されたグループはよりはやく合意に至ったのである。

・反論を制限する

　双方が自分の視点を提示し合うとき，相手の発言をしっかり聞くことはしばしば困難である。それは，人々が聞く耳と心を持って相手の話を聞くというより，反論するために聞いていることが多いからである（たとえば Kunda, 1990; Lord et al., 1979）。**反論のための聞き方**とは具体的には，相手が話している最中，その問題点や弱点について判断する，自分の意見のほうが優れている所を考える，応酬のチャンスがめぐってきたとき相手を打ちのめすような反論の準備をする，といった行為を指している。第三者的な調停者であれば，聞く耳と心で話を聞くよう動機づけられる。しかし当事者は，反論のために聞くという方略が効果的な他者の視点取得を妨げると分かっていても，相手の主張を貶めたり反論したりすることに力を注ぐよう，気持ちの上でも言葉の面でも動機づけられる。このように考えると，効果的な視点取得を促すため，第三者の調停者にできることは，反論せずに相手の話を聞くよう仕向けることだといえるだろう。KennedyとPronin（2009）は最近の研究で，単純な教示を用いてそうした聞き方を引き出すための実験を行った。参加者は，通っている大学の話題（成績評価法）をめぐって，自分とは意見の異なる学生と対面させられた。反論のための傾聴を減らす条件に割り当てられた参加者は，相手の意見を聞いた後，その内容を自分の言葉で正確に（発言者が，自分の意見は「正確に捉えられ表現されている」と納得するレベルまで）反復してもらう，と予告された。統制群は，相手の話を聞きながら反論の準備もできる状況にあった。その結果，実験群は統制群に比べて，相手をより偏りが少なく客観的だとみなすようになった。

・「相手のことを考える」よう促す

　より効果的な視点取得を促すためには，**相手のことを考える**方略（Lord et al., 1984）と呼ばれる手法も有効である。この方略は，物事を相手の視点から考えるよう求めるのではなく，自然とそうするよう仕向けるものである。この方略を効果測定したある実験では，死刑制度という意見が二極化する論点が取り上げられた。この実験は，死刑の犯罪抑止上の有効性に関する支持・不支持両方からの証拠を提示されると，実験参加者は自分の意見への確信をさらに深める，という先行研究（Lord et al., 1979）からヒントを得たものであった。証拠を偏りなく公正に見ることができるよう，参加者は対立する相手の視点を取得するよう誘導された。具体的には，参加者に対して，相手の視点からものごとを見るよう直接求めるのではなく，両証拠を読んで自分が評価を下すごとに，それは相手側が下すであろう評価と同じかどうか自問するよう求めた（p.1233）。この教示により参加者は，自分の側に偏ったいつものバイアスを示さなくなった。教示のない統制群と，**客観的に，偏らないように**と教示された比較条件ではバイアスが生起した。

・客観的であることを求める

　客観的であるように，バイアスがかからないようにと教示することは，そうした行動を促す単刀直入なやり方のように見える。この方法だと個人の視点取得の能力は問われない。これはバイアスをただ開示させるのではなく，バイアスを取り除こうとする試みである。だが先行研究（前掲の実験を含む）が示しているのは，客観的であるよう要請するだけでは効果がなく，逆効果にさえなりうることである（Frantz & Janoff-Bulman, 2000; Lord et al., 1984; Wilson et al., 1996）。

c. 客観的であることを求めることの問題

　客観的であるよう求めることの問題は，自覚できないというバイアスの性質に起因している。多くの場合，人々は自分のバイアスに気づいていないため，バイアスを意識的に取り除くよう求められてもそれに応じることができない。また，そうした教示は逆効果になることがある。つまり，各個人は教示によって，バイアスの徴候を探そうと自分の内側に目を向けるが，そうした徴候は見つからないため，自分の客観性をいっそう確信することになる。確信を深めたことで，相手の視点を理解するうえで必要な自問や検証を自分はする必要がないのだと感じ，結果としてよりバイアスがかかってしまうのかもしれない。

　UhlmannとCohen（2007）が行った一連の研究では，（個人の客観性を測定できるという触れ込みの尺度によって）自分が客観的だと信じるようプライムされた実験参加者が，仮想の従業員採用決定場面において，ジェンダー・バイアスにもとづく差別をより多く示す結果となった。FrantzとJanoff-Bulman（2000）が行った一連の研究もこの仮説，すなわち，自分は客観的だという感覚が実際の客観性を保証するものではなく，ある場合には逆にバイアス傾向の強さを示す指標にもなることを裏づけている。これらの研究で参加者は，対立相手の好ましさの程度が操作されたさまざまな紛争シナリオを読んだ。参加者は対立するペアの一方を好むと，その人物こそ紛争の正しい側にいると主張する傾向にあった。客観的であるようにという教示は，このバイアスをただ悪化させるだけであった。このことから，参加者はシナリオ中の好ましい人物を客観的に見ても正しい人物だとみなすという自動的（かつ非意識的）な傾向を有していると考えられる。その結果，客観的であれと教示されるといっそう強く，自分はものごとを客観的に正しく見ていると感じるようになる。以上をまとめると，2つの一連の研究は，社会的紛争，および採用上の差別という異なる場面において，人々は自分のバイアスがかかった視点を客観的だとみなすこと，自分の客観性に対する自信が深まるとバイアスは悪化することを明らかにしている。

　こうした知見にもかかわらず，客観的であれという教示は今もなお一般的な方法となっている。たとえば，司法の領域で裁判官が陪審員に対し，「同情や偏見に影響されないように。法はあなたに，証拠，あなたの常識，私があなたに示す法以外の何物にも影響されない，公正な評決を要求しています」（U.S. District Court, 8th Circuit, 2007）などといった説示をするのは一般的である。こうした説示は，陪審員のバイアスが陪審の決定に及ぼすインパクトを，和らげるよりむしろ強めることにつながりうる。裁判官もまた，特定の事件の担当を忌避するかどうかを決める際，自分が客観的でいられるのか，つまり，自身の不偏性について自問することが要請されている。非意識的なバイアスはたしかに存在しているのに，この問いへの答えが否，つまり自分はバイアスの影響を受けていないという結論を下したとき，自分は訴訟を審理するだけの客観性を備えている，という決定プロセスそのものがバイアスを悪化させる可能性がある。

このような観点から，リチャード・ポスナーアメリカ最高裁判事（2008）は忌避の基準として，裁判官がバイアスを自己評価する能力には頼るべきでない，と述べている。

d. 推奨される解決策

客観的であるよう人々に促すことの問題は，人々がおおむね，自分はもともと公正な人間なのだと信じていることに起因する。そのため，以下に挙げるように，バイアスが非意識的な性質を持っていると周知させることが第一の解決策となる。人々が客観性を示すようにするためには，他の解決策をこの策と組み合わせて，あるいは単独で用いることができる。

・非意識的なバイアスについて教育する

何よりもまず，バイアスの働きは意識の外で生じる旨，世に知らしめることが必要である。そうすることで，内観によるバイアス検索に依存しすぎるのをやめ，バイアスによるわが身の影響されやすさを，人々は認識することができるだろう。このことに加えて，自分は周囲の人よりもバイアスが少ないわけではないと認識することで，バイアスの盲点を減らすことができるかもしれない。このやり方はまた，バイアスを克服しようという動機を人々にもたらす可能性がある。PronimとKugler（2007）の研究はこの方略が有効であることを示唆している。この実験で参加者は，非意識的な判断プロセスの役割や，人々がそうしたプロセスによる影響を認識できないことを説明する文章を読む群と，そうした文章を読まない統制群に分けられた（両群ともに，研究の真の目的を隠すためのフィラー文章を読まされた）。参加者はそれから，別の実験だと伝えられた手続きの中で，他の学生と比べて自分がどのくらいさまざまな判断バイアスの影響を受けやすいか報告するよう求められた。その結果，非意識的なプロセス（と内観に頼ることの危険性）に関する文章を読んだ参加者は，統制群と異なり，自分を他の学生より客観的な存在とはみなさなかった。両群には有意差がみられ，教育的介入はバイアスの盲点を減らすことが確認されたのである。

・バイアスがかかった情報への暴露を減らす

一般的にバイアスは非意識的に働くため，生起してから克服しようとするよりは，バイアスがかかった情報そのものへの暴露を避けることが望ましい。たとえば，出来のいい生徒とそうでない生徒の答案を教師が客観的に，生徒の優秀さによる影響を過剰あるいは過小に修正することなく採点することはほとんど不可能だろう。しかし回答者の名前を隠して採点するのは1つの王道のやり方であり，バイアスのリスクを取り除くことができる。同様に，オーケストラの演奏を鑑賞する際，演奏家の外見や性別にもとづく先入観なしでその才能を判断することは難しい。今では演奏家の前にカーテンを引いて審査する方法が広く採られており，上記のようなバイアスのリスクをうまく取り除くことができる（偶然ではなく，女性奏者の劇的な昇進をもたらしている）。またアメリカ食品医薬品局は，医薬品の承認に必要な臨床試験において，二重盲検法（医療の専門家とその患者の両方を隠す方法）を要件としている。このルールにも上記の論理が通底している。名前を隠して答案を採点したり，演奏家を判断したり，臨床試験を行うと決めたりするのは，バイアスを自覚しないからといって，バイアスが存在しないわけではないことを私たちが理解しているからである。けっして，自分のバイアス，すなわち，期待が採点をバイアスをかけたり，ジェンダー・ステレオタイプが音楽的才能の判断を偏らせたり，あるいは医薬品承認に対する願望が臨床的な評価をバイアスを

かけたりすることを私たちが自覚できるからではない。

・部外者から見て客観的な行動をとるよう求める

　バイアスがかかった情報への暴露が避けられない場合，客観的であれという標準的な要求を修正して用いることが有効である。具体的には，自分から見て客観的なふるまいではなく，**他者から見て客観的なふるまい**をするよう求めることである。教示はこの場合，あなたの行動が外部の第三者から客観的に見えるよう努めなさい，といったものになるだろう。たとえば，道徳的なジレンマに直面している人に向かって，その判断が新聞の1面で報じられたとき嬉しいと感じるかどうか自問してみてください，などと助言するときにはまさにこの方略が用いられている。この教示が意図していることは，自分が自己利益によってバイアスがかかっているかどうかという内観によってではなく，他者がどのように思うかという外側に目を向けることによって自己決定の道徳性を評価するよう導くことである。客観的であろうとすることと，他者から客観的に見えるようにすることとの差異は大きい。なぜなら，前者は内部の意識的な思考や動機を探ってバイアスの存在を判断するのに対して，後者は，観察可能な行為からバイアスの存在を判断しているためである。バイアスが持つ非意識的な性質ゆえに，内観に頼る方略はバイアスが存在するときもバイアスを見落としやすい。しかし，外側の行動を観察する方略だとバイアスは捉えやすい。そして最後に，この種の客観性を求める教示のインパクトをさらに強めるうえでは，この教示がそれほど奇妙な要求ではないことを人に思い出させることが有効だろう。自らの客観性を判断するときには自分の頭の中にある材料にもとづいて決定するものであるが，第三者はみなその人の行為から客観性を判断しているからである。

11.6　結び

　心理学者は過去数十年にわたって，思考，判断，そして行動に影響するさまざまなバイアスの存在を立証してきた。最近の研究はバイアスが引き起こす諸問題に加えて，自分の（そして他者の）バイアスに対する人々の偏った知覚に起因する諸問題に注目している。人々は，自分より周囲の人の中により多くのバイアスを知覚する，というバイアスを呈している。こうしたバイアスの盲点は，政策に関連するさまざまな問題を引き起こし，悪化させる可能性がある。バイアスの知覚における非対称性についての知識は，非道徳的行為から差別や紛争に至る諸問題を解消するための政策に示唆を与えてくれるだろう。

　人間の心は，バイアスを知覚する際に生じるバイアスそのものから逃れることができそうにない。バイアスには，精神的健康に必要なレベルの自尊心を維持する，心的資源をほとんど消耗せずにすばやく判断形成できるなど，有益に機能する側面もある。バイアスにこうしたプラスの面がある限り，人々がその内実に気づかないでいることはかえって好都合なのかもしれない。しかしバイアスを修正・回避することが望ましい場合，またバイアスの存在を否定している他者の中にバイアスが見出だされる場合，バイアスに無自覚であることは問題を引き起こす。共同体レベルでは，人々が共通して自分のバイアスに鈍感であることはとくに悪影響を及ぼしうる。なぜならば，構成員である各人の無自覚なうちに制度全体がバイアスに凌駕されてしまうからである。そのような場合，個々人は，自分の周囲の人間の中には容易に見出だされるバイアスから，自分自身の心も免れてはいないことを認識することで恩恵を受けられるかもしれない。

謝辞

本研究は，the National Science Foundation（BCS-0742394）とFINRAの投資家教育基金による助成（研究者 Pronin, E.）を受けた。

引用文献

Agrawal, S., Saluja, I., and Kaczorowski, J. (2004). A prospective before-and-after trial of an educational intervention about pharmaceutical marketing. *Academic Medicine*, 79, 1046-1050.

Alicke, M. D., and Govorun, O. (2005). The better-than-average effect. In M. D. Alicke, D. A. Dunning, and J. I. Krueger (Eds.), *The self in social judgment* (pp. 85-106). New York: Psychology Press.

Armor, D. A. (1999). The illusion of objectivity: A bias in the perception of freedom from bias. *Dissertation Abstracts International*, 59, 5163B.

Bazerman, M. H. (2002). *Judgment in managerial decision making* (5th ed.). New York: Wiley.

Bazerman, M. H., Loewenstein, G., and Moore, D. A. (2002, November). Why good accountants do bad audits. *Harvard Business Review*, pp. 96-102.

Bornstein, IL F. (1989). Exposure and affect: Overview and meta-analysis of research, 1968-1987. *Psychological Bulletin*, 106, 265-289.

Buehler, R., Griffin, D., and Ross, M. (1994). Exploring the "planning fallacy": Why people underestimate their task completion times. *Journal of Personality and Social Psychology*, 67, 366-381.

Cain, D. M., Loewenstein, G., and Moore, D. A. (2005). The dirt on coming clean: Perverse effects of disclosing conflicts of interest. *Journal of Legal Studies*, 34, 1-25.

Caruso, E., Epley, N., and Bazerman, M. H. (2006). The costs and benefits of undoing egocentric responsibility assessments in groups. *Journal of Personality and Social Psychology*, 91, 857-871.

Cohen, G. L. (2003). Party over policy: The dominating impact of group influence on political beliefs. *Journal of Personality and Social Psychology*, 85, 808-822.

Coke, J. S., Batson, C. D., and McDavis, K. (1978). Empathic mediation of helping: A two-stage model. *Journal of Personality and Social Psychology*, 36, 752-765.

Crenshaw, M. (1998). The logic of terrorism: Terrorist behavior as a product of strategic choice. In W. Reich (Ed.), *Origins of terrorism: Psychologies, ideologies, theologies, states of mind* (pp. 7-24). Princeton, NJ: Woodrow Wilson Center Press.

Dana, J., and Loewenstein, G. (2003). A social science perspective on gifts to physicians from industry. *Journal of the American Medical Association*, 290, 252-255.

Dawson, E., Gilovich, T., Regan, D. T. (2002). Motivated reasoning and the Wason selection task. *Personality and Social Psychology Bulletin*, 28, 1379-1387.

Diaz-Sprague, R. (2003). The MIT success story: Interview with Nancy Hopkins. *AWIS Magazine*, 32, 10-15.

Ditto, P. H., and Lopez, D. F. (1992). Motivated skepticism: Use of differential decision criteria for preferred and nonpreferred conclusions, *Journal of Personality and Social Psychology*, 62, 568-584.

Dovidio, J. F., and Gaertner, S. L. (1991). Changes in the expression and assessment of racial prejudice. In H. J. Knopke, R.. J. Norrell, and R. W. Rogers (Eds.), *Opening doors: Perspectives of race relations in contemporary America* (pp. 119-148). Tuscaloosa: University of Alabama Press.

Dovidio, J. F., and Gaertner, S. L. (2004). Aversive racism. In M. P. Zanna (Ed.), *Advances in experimental social psychology* (Vol. 36, pp. 1-52). San Diego, CA: Academic Press.

Dunning, D., Griffin, D. W., Milojkovic, J. D., and Ross, L. (1990). The overconfidence effect in social prediction. *Journal of Personality and Social Psychology*, 58, 568-581.

Dunning, D., Johnson, K., Ehrlinger, J., and Kruger, J. (2003). Why people fail to recognize their own incompetence. *Current Directions in Psychological Science*, 12, 83-87.

Dunning, D., Meyerowitz, J. A., and Holzberg, A. D. (1989). Ambiguity and self-evaluation: The role of idiosyncratic trait definitions in self-serving appraisals of ability. *Journal of Personality and Social Psychology*, 57, 1082-1090.

Ehrlinger, J., Gilovich, T., and Ross, L. (2005). Peering into the bias blind spot: People's assessments of bias in themselves and others. *Personality and Social Psychology Bulletin*, 31, 680-692.

Epley, N., Caruso, E. M. and Bazerman, M. H. (2006). When perspective taking increases taking: Reactive egoism in social interaction. *Journal of Personality and Social Psychology*, 91, 872-889.

Epley, N., and Dunning, D. (2000). Feeling "holier than thou": Are self-serving assessments produced by errors in self- or social prediction? *Journal of Personality and Social Psychology*, 79, 861-875.

Fazio, R. H., and Olsen, M. A. (2003). Implicit measures in social cognition: Their meaning and use. *Annual Review of Psychology*, 54, 297-327.

Fischhoff, B. (1975). Hindsight is not equal to foresight: The effect of outcome knowledge on judgment under uncertainty. *Journal of Experimental Psychology: Human Perception and Performance*, 1, 288-299.

Frantz, C. P. (2006). I AM being fair: The bias blind spot as a stumbling block to seeing both sides. *Basic and Applied Social Psychology*, 28, 157-167.

Frantz, C. M., and Janoff-Bulman, R. (2000). Considering both sides: The limits of perspective taking. *Basic and Applied Social Psychology*, 22, 31-42.

Franzoi, S. L., Davis, M. H., and Young, R. D. (1985). The effect of private self-consciousness and perspective-taking on satisfaction in close relationships. *Journal of Personality and Social Psychology*, 48, 1584-1594.

Friedrich, J. (1996). On seeing oneself as less self-serving than others: The ultimate self-serving bias? *Teaching of Psychology*, 23, 107-109.

Galinsky, A. D., and Moskowitz, G. B. (2000). Perspective taking: Decreasing stereotype expression, stereotype accessibility, and in-group favoritism. *Journal of Personality and Social Psychology*, 78, 708-724.

Gilbert, D. T., and Malone, P. S. (1995). The correspondence bias. *Psychological Bulletin*, 117, 21-38.

Goethals, G. R. (1986). Fabricating and ignoring social reality: Self-serving estimates of consensus. In J. M. Olsen, C. P. Herman, and M. P. Zanna (Eds.), *Relative deprivation and social comparison: The*

Ontario Symposium (Vol. 4, pp.135-157). Hillsdale, NJ: Erlbaum.

Gorn, G. J., Goldberg, M. E., and Basu, K. (1993). Mood, awareness, and product evaluation. *Journal of Consumer Psychology, 2*, 237-256.

Greenwald, A. G., and Banaji, M. R. (1995). Implicit social cognition: attitudes, self-esteem, and stereotypes. *Psychological Review, 102*, 4-27.

Heath, C. (1999). On the social psychology of agency relationships: Lay theories of motivation overemphasize extrinsic incentives. *Organizational Behavior and Human Decision Processes, 78*, 25-62.

Jones, E. E., and Davis, K. E. (1965). From acts to dispositions: The attribution process in person perception. In L. Berkowitz (Ed.), *Advances in experimental social psychology* (Vol. 2, pp. 219-266). New York: Academic.

Jones, E. E., and Harris, V. A. (1967). The attribution of attitudes. *Journal of Experimental Social Psychology, 3*(1), 1-24.

Jones, E. E., and Nisbett, R. E. (1972). The actor and the observer: Divergent perceptions of the cause of behavior. In E. E. Jones, D. E. Kanouse, H. H. Kelley, R. E. Nisbett, S. Valins, and B. Weiner (Eds.), *Attribution: Perceiving causes of behavior* (pp. 79-94). Morristown, NJ: General Learning Press.

Kahneman, D., and Tversky, A. (1973). On the psychology of prediction. *Psychological Review, 80*, 237-251.

Kahneman, D., and Tversky, A. (1979). Prospect theory: An analysis of decisions under risk. *Econometrica, 47*, 313-327.

Kahneman, D., and Tversky, A. (1982). On the study of statistical intuitions. *Cognition, 11*,123-141.

Katz, D., Mansfield, P., Goodman, R., Tiefer, L., and Merz, J.(2013). Psychological aspects of gifts from drug companies. *Journal of the American Medical Association, 290*, 2404.

Kennedy, K. A., and Pronin, E. (2007). [*Disagreement with suicide bombers' goals and concerns.*] Unpublished data.

Kennedy, K. A., and Pronin, E (2008). When disagreement gets ugly: Perceptions of bias and the escalation of conflict. *Personality and Social Psychology Bulletin, 34*, 833-848.

Kennedy, K. A., and Pronin, E (2009). [*Non-counterarguing listening and bias perception.*] Unpublished data.

Kennedy, K. A., and Pronin, E (2012). Bias perception and the spiral of conflict. In J. Hanson (Ed.), *Ideology, psychology, and law* (pp. 410-466). Oxford: Oxford University Press.

Krueger, J. (1998). Enhancement bias in description of self and others. *Personality and Social Psychology Bulletin, 24*, 505-516.

Kruger, J., and Dunning, D. (1999). Unskilled and unaware of it: How difficulties in recognizing one's own incompetence lead to inflated self-assessments. *Journal of Personality and Social Psychology, 77*, 1121-1134.

Kruger, J., and Gilovich, T. (1999). Naïve cynicism in everyday theories of responsibility assessment: On biased assumptions of bias. *Journal of Personality and Social Psychology, 76*, 743-753.

Kugler, M. B., and Pronin, E. (2007). *The benefits of perceiving objectivity in a negotiation adversary.* Manuscript in preparation.

Kunda, Z. (1987). Motivated inference: Self-serving generation and evaluation of causal theories. *Journal of Personality and Social Psychology, 53*, 636-647.

Kunda, Z. (1990). The case for motivated reasoning. *Psychological Bulletin, 108*(3), 480-498. doi:10.1037/0033-2909.108.3.480

Kwan, V. S. Y., John, O. I', Kenny, D. A., Bond, M. H., and Robins, R. W. (2004). Reconceptualizing individual differences in the self-enhancement bias: An interpersonal approach. *Psychological Review, 111*, 94-110.

Leo, J. (2002, April 8). Bogus bias at MIT. *U.S. News and World Report*, p. 43.

Lord, C. G., Lepper. M. R., and Preston, E. (1984). Considering the opposite: A corrective strategy. *Journal of Personality and Social Psychology, 47*, 1231-1243.

Lord, C. G., Ross, L., and Lepper, M. R. (1979). Biased assimilation and attitude polarization: The effects of prior theories on subsequently considered evidence. *Journal of Personality and Social Psychology, 37*, 2098-2109.

Margalit, A. (2003, January 16). The suicide bombers. *New York Review of Books*, p. 50.

Massachusetts Institute of Technology, Committee on Women Faculty in the School of Science (1999). A study on the status of women faculty in science at MIT. *MIT Faculty Newsletter, 11* (Special Ed).

Mayer, J. D., Gaschke, Y., Braverman, D, L., and Evans, T. (1992). Mood-congruent judgment is a general effect. *Journal of Personality and Social Psychology, 63*, 119-132.

McKinney, W., Schiedermayer, D., Lurk, N., Simpson, D., Goodman, J. and Rich, E. (1990). Attitudes of internal medicine faculty and residents toward professional interaction with pharmaceutical sales representatives. *Journal of the American Medical Association, 264*, 1693-1697.

Merari, A. (2004). *Suicide terrorism in the context of the Israeli-Palestinian conflict.* Paper commissioned for Suicide Terrorism Conference. Washington, DC: National Institute of Justice.

Miller, A. G., Baer, R., and Schonberg, P. (1979). The bias phenomenon in attitude attribution: Actor and observer perspectives. *Journal of Personality and Social Psychology, 37*, 1421-1431.

Miller, D. T. (1999). The norm of self-interest. *American Psychologist, 54*, 1053-1060.

Miller, D. T., and Ratner, R. K. (1998). The disparity between the actual and assumed power of self-interest. *Journal of Personality and Social Psychology, 74*, 53-62.

Miller, D. W., and Wilson, R. (1999). MIT acknowledges bias against female faculty members. *Chronicle of Higher Education, 45*, A18.

Moore, D. A., Tetlock, P. E., Tanlu, L, and Bazerman, M. H. (2006). Conflicts of interest and the case of auditor independence: Moral seduction and strategic issue cycling. *Academy of Management Review, 31*, 10-29.

Morgan, M. A., Dana, J., Loewenstein, G. M., Zinberf, S., and Schulkin, J. (2006). Interactions of doctors with the pharmaceutical industry. *Journal of Medical Ethic*s, *32*, 559-563.

Neale, M. A., and Bazerman, M. H. (1983). The effects of perspective taking ability under alternative forms of arbitration on the negotiation process. *Industrial and Labor Relations Review, 26*, 378-388.

Nisbett, it E., Borgida, U., Crandall, R., and Reed, H. (1976). Popular induction: Information is not necessarily informative. In J. W. Payne, and J. S. Carroll (Eds.), *Cognition and social behavior* (pp. 113-133). Hillsdale, NJ: Erlbaum Associates.

Nisbett, R. E., and Wilson, T. D. (1977). Telling more than we can know: Verbal reports on mental processes. *Psychological Review, 84*, 231-259.

Norton, M. I., Vandello, J. A., and Darley, J. M. (2004) Casuistry and social category bias. *Journal of Personality and Social Psychology, 87*, 817-831.

Paese, P. W., and Yonker, R. D. (2001). Toward a better understanding of egocentric fairness judgments in negotiation. *International Journal of Conflict Management, 12*, 114-131.

Pape, R. (2005). *Dying to win: The strategic logic of suicide terrorism.* New York: Random House.

Posner, R. A. (2008). *How judges think*. Cambridge, MA: Harvard University Press.

Post, J. (2005). Psychological operations and counterterrorism. *Joint Forces Quarterly*, *37*, 105-110.

Pronin, E. (2007). Perception and misperception of bias in human judgment. *Trends in Cognitive Sciences*, *11*, 37-43.

Pronin, E. (2009). The introspection illusion. *Advances in experimental social psychology* (Vol. 41, pp. 1-67). San Diego, CA: Elsevier.

Pronin, E., Berger, J. A., and Molouki, S. (2007). Alone in a crowd of sheep: Asymmetric perceptions of conformity and their roots in an introspection illusion. *Journal of Personality and Social Psychology*, *92*, 585-595.

Pronin, E, Gilovich, T., and Ross, L (2004). Objectivity in the eye of the beholder: Divergent perceptions of bias in self versus others. *Psychological Review*, *111*, 781-799.

Pronin, E., Gray, C., and Shepherd, H. (2007). *The group target effect in perceptions of personal bias*. Manuscript submitted for publication.

Pronin, E., Kennedy, K and Butsch, S. (2006). Bombing versus negotiating: How preferences for combating terrorism are affected by perceived terrorist rationality. B*asic and Applied Social Psychology*, *28*, 385-392.

Pronin, E., and Kugler, M. B. (2007). Valuing thoughts, ignoring behavior: The introspection illusion as a source of the bias blind spot. *Journal of Experimental Social Psychology*, *43*, 565-578.

Pronin, E., Lin, D. Y., and Ross, L. (2002). The bias blind spot: Perception of bias in self versus others. *Personality and Social Psychology Bulletin*, *12*, 83-87.

Puccio, C. T. (2003). The search for common ground: Overcoming false polarization and unwarranted pessimism about ideological differences. *Dissertation Abstracts International*, *64*, 2444B.

Reeder, G. O., Pryor, J. B., Wohl, M.J. A., and Griswell, M. L. (2005). On attributing negative motives to others who disagree with our opinions. *Personality and Social Psychology Bulletin*, *31*, 1498-1510.

Reich, D. A. (2004). What you expect is not always what you get: The roles of extremity, optimism and pessimism in the behavioral confirmation process. *Journal of Experimental Social Psychology*, *40*, 199-215.

Robinson, R. J., Kellner, D., Ward, A., and Ross, L. (1995). Actual versus assumed differences in construal: "Nave realism" in intergroup perception and conflict. *Journal of Personality and Social Psychology*, *68*, 404-417.

Roese, N. J., and Olson, J. M. (2007). Better, stronger, faster: Self-serving judgment, affect regulation, and the optimal vigilance hypothesis. *Perspectives on Psychological Science*, *2*, 124-141.

Ross, L. (1977). The intuitive psychologist and his shortcomings: Distortions in the attribution process. In L. Berkowitz (Ed.), *Advances in experimental social psychology* (Vol. 10, pp. 173-220). New York: Academic Press.

Ross, L, McGuire, J., and Minson, J. (2004). *The relationship between sell other disagreement and the perceived impact of biasing versus normative consideration on own versus others' opinions*. Unpublished manuscript.

Ross, L., and Ward, A. (1995). Psychological barriers to dispute resolution. In M. Zanna (Ed.), *Advances in experimental social psychology* (Vol. 27, pp. 255-304). San Diego, CA: Academic Press.

Ross, M., and Sicoly, F. (1979). Egocentric biases in availability and attribution. *Journal of Personality and Social Psychology*, *37*, 322-336.

Rouhana, N. N., and Kelman, H. C. (1994). Promoting joint thinking in international conflicts: An Israeli-Palestinian continuing workshop. *Journal of Social Issues*, *50*, 157-178.

Savitsky, K., Van Boven, L. Epley, N., and Wight, W. (2005). The unpacking effect in responsibility allocations for group tasks. *Journal of Experimental Social Psychology*, *41*, 447-457.

Sedikides, C. (2007). Self-enhancement and self-protection: Powerful, pancultural, and functional. *Hellenic Journal of Psychology*, *4*, 1-13.

Sherman, D. K., Nelson, L. D., and Ross, L. D. (2003). Naïve realism and affirmative action: Adversaries are more similar than they think. *Basic and Applied Social Psychology*, *25*, 275-289.

Snyder, M., and Swann, W. B., Jr. (1978). Hypothesis-testing processes in social interaction. *Journal of Personality and Social Psychology*, *36*, 1202-1212.

Son Hing, L. S., Chung-Yan, G. A., Grunfeld R., Robichaud, L., and Zanna, M. P. (2005). Exploring the discrepancy between implicit and explicit prejudice: A test of aversive racism theory. In J. P. Forgas, K. Williams, and S. Latham (Eds.), *Social motivation, conscious and unconscious processes* (pp. 275-293). New York: Psychology Press.

Son Hing, L. S., Li, W., and Zanna, M. P. (2002). Inducing hypocrisy to reduce prejudicial responses among aversive racists. *Journal of Experimental Social Psychology*, *38*, 71-78.

Sprinzak, E. (2000, September-October). Rational fanatics. *Foreign Policy*, pp. 66-73.

Storms, M. (1973). Videotape and the attribution process: Reversing actors' and observers' points of view. *Journal of Personality and Social Psychology*, *27*, 165-175.

Tajfel, H., and Turner, J. C. (1979). An integrative theory of intergroup conflict. In W. G. Austin and S. Worchel (Eds.), *The social psychology of intergroup relations* (pp. 33-47). Monterey, CA: Brooks/Cole.

Taylor, S. E., and Brown, J. D. (1988). Illusion and well-being: A social psychological perspective on mental health. *Psychological Bulletin*, *103*, 193-210.

Taylor, S. E., and Fiske, S. T. (1975). Point of view and perceptions of causality, *Journal of Personality and Social Psychology*, *32*, 439-445.

Thaler, R. H, and Sunstein, C. R. (2008). *Nudge: Improving decisions about health, wealth, and happiness*. New Haven, CT: Yale University Press.

Thompson, L., and Nadler, J. (2000). Judgmental biases in conflict resolution and how to overcome them. In P. T. Coleman and M. Deutsch (Eds.), *The handbook of conflict resolution: Theory and practice* (pp. 213-235). San Francisco: Jossey-Bass.

Tversky, A., and Kahneman, D. (1974). Judgment under uncertainty: Heuristics and biases. *Science*, *185*, 1124-1130.

Uhlmann, E., and Cohen, G. L. (2007). "I think it, therefore it's true": Effects of self-perceived objectivity on hiring discrimination. *Organizational Behavior and Human Decision Processes*, *104*, 207-223.

Uhlmann, E., and Cohen, G. L. (2005). Constructed criteria: Redefining merit to justify discrimination. *Psychological Science*, *16*, 474-480.

U.S. District Court, 8th Circuit. 8th Cir. Civil Jury Instr. § 4.50A (2007).

Van Boven, L., Kamada, A., and Gilovich, T. (1999). Their perceiver as perceived: Everyday intuitions about the correspondence bias. *Journal of Personality and Social Psychology*, *77*, 1188-1199.

Van Boven, L., White, K, Kamada, A., and Gilovich, T. (2003). Intuitions about situational correction in self and others. *Journal of Personality and Social Psychology*, *85*, 249-258.

Vivian, J. E., and Berkowitz, N. H. (1992). Anticipated bias from an outgroup: An attributional analysis. *European Journal of Social Psychology, 22,* 415-124.

Wazana, A. (2000). Physicians and the pharmaceutical industry: Is a gift ever just a gift? *Journal of the American Medical Association, 283,* 373-380.

Weinstein, N. D. (1980). Unrealistic optimism about future life events. *Journal of Personality and Social Psychology, 39,* 806-820.

Wilson, T. D., Centerbar, D. B., and Brekke, N. (2002). Mental contamination and the debiasing problem. In T. Gilovich, D. Griffin, and D. Kahneman (Eds.), *Heuristics and biases: The psychology of intuitive judgment* (pp. 185-200). New York: Cambridge University Press.

Wilson, T. D., and Gilbert, D. T. (2003). Affective fore-casting. In M. P. Zanna (Ed.), *Advances in experimental social psychology* (Vol. 35, pp. 345-411). San Diego, CA: Academic Press.

Wilson, T. D., Houston, C. E., Etling, K. M., and Brake, N. (1996). A new look at anchoring effects: Basic anchoring and its antecedents. *Journal of Experimental Psychology: General, 125,* 387-402.

Zajonc, R. B. (1968). Attitudinal effects of mere exposure. *Journal of Personality and Social Psychology, 9,* 1-2.

12章　能力の問題——選択肢の告知義務と限界

BARUCH FISCHHOFF

SARA L. EGGERS

　私たちが行う判断の多くは，政府の政策によって方向づけられるものであり，その政策は，私たちにどの程度選択能力があるかについての政策策定者の信念を反映している。たとえば，投資や製薬の領域でどの程度の情報開示を要件とするかについての政策は，関連する証拠を集め，それを理解する私たちの能力についての政策策定者の信念を反映している。商品の宣伝や選挙の候補者の主張を規制する政策は，それらを評価する私たちの能力についての信念を反映している。生前遺言についての政策は，各自がこれまで人生で起こらなかったことについてどの程度予期できるかという私たちの能力についての政策策定者の信念を反映している。

　政策策定者の信念に依存することは危険かもしれない。もし市民の能力が過大評価されるなら，市民を保護する必要はないとされるかもしれない。私たちの能力が過小評価されるなら，選択する権利は不当に奪われるかもしれない。私たちの判断能力を高める方法の有効性が過小評価されると，判断のために力をつける機会を失うことになるかもしれない。逆にその機会の効用が過大評価されると，私たちは，無用な援助を受けることになり（たとえば，過剰に複雑な財政開示や医学的情報の開示），失敗の責任を負わされることになる。

　意思決定の能力の評価は，既知バイアス（Gilovich et al., 2002）の影響を受ける。**結果バイアス**は，ある判断の是非をその判断を行った結果の是否によって評価し，その判断を行うに至る思考によっては評価しないということを引き起こす。結果として，簡単な選択に直面した人（たとえば，どこで食べるか）は，困難な問題に直面した人（たとえば，どのような医学的治療を受けるか）よりも有能に見える。**後知恵バイアス**によって人は，幸運な経験をした人の能力を過大評価し，そうでない人の能力を過小評価する。**防衛的帰属**は，災難が降りかかった人の能力を低く見積もることにつながるので，観察者は同様の不運に自分が見舞われる可能性を低く見積もることができる。

　ある政策が，この政策の対象者の能力に対する政策策定者の知覚に基づいて策定されている場合には，この意思決定能力についての信念は，政策設計の背景にある動機の影響も受ける場合が（時には故意にゆがめられる場合さえ）ある。たとえば，市場の自由を是とする政策の支持者は，消費者（投資家・患者など）を有能な存在として捉えるが，これは参加型政策（国民投票・市民諮問委員会）の支持者も同様である。規制強化政策の支持者は，消費者（投資家・患者など）を無力で保護を必要とする存在として捉える。専門性の高い官僚の権限を増強する政策の支持者も同様である。青年の性と生殖に関する権利の擁護者は，未成年者の能力を強調し，未成年者を成人と同様に裁くことに反対する者は逆の主張を行う（Roper v. Simmons, 2005）。少なくとも成年と未成年の判断の共通点と異同，そして未成年者の判断についてより明確に整理することなしには，両立場が同時に正しいということはありえない（Parker & Fischhoff, 2005）。

　意思決定能力を過度に一般化すると，それぞれ

の立場の人に自分の立場を補強する事例を集めて自分の立場を防衛させることで，有益な世論の語られ方を作りだす場合がある。しかし，そうして集められた事例は，戦略的に選ばれ，解釈されたものであり，考慮すべきだとしても体系的な証拠ではない。健全な政策をつくるには，その意思決定の必要性と，それを実際に行うスキルの多様性を捉えることができるような詳細な分析が必要である（Bruine de Bruin et al., 2007）。

12.1 能力に基づく政策策定アプローチ

この章では，ある特定の政策状況下で具体的な決定を行う個人の能力を評価し，可能であればその能力を向上させるための一般的なアプローチを論じる。この章では，一般市民の意思決定能力を向上させる政策を実行するためのさまざまなインセンティブや機会を提案するが，そのために，一部のアメリカの政策を紹介し，リスクを伴う判断にどのように対処するかを説明する。これらの事例は，さまざまなトピック（薬品，病原菌，汚染），その政策決定機関（規制機関，裁判所，緊急対応機関），そして意思決定者（10代の子どもたち，高齢者，日曜大工愛好家，すべての人）をカバーする。ここでは，明白な意思決定が行われた時期の順に提示し，最後にその出来事の流れの中で意思決定がなされた事例について述べる。

著者らのこのアプローチは，行動決定研究の「伝統的」な戦略（Edwards, 1954; von Winterfeldt & Edwards, 1986）に沿ったものである：

1. **規範的分析**：利用可能な科学研究の知見を用いて，その文脈におけるそれぞれの選択肢の結果を予測し，意思決定者の価値観によってそれらを重みづけることで，最善の選択肢を特定する。
2. **現実記述的分析**：諸政策が作り出した状況下において，個人が実際にとるであろう選択肢を予測する。
3. **処方分析**：それぞれの政策について規範的理想と記述的現実の間のギャップを明らかにする。

規範−記述間のギャップから処方でなすべきことの示唆を得るには，ある種の価値判断が必要である。特に，政策策定者は，さまざまな個人が迎える結末を重みづけなければならない。政策策定者は，皆を平等に扱うときもあれば，あるいは年齢，健康，妊娠の有無，市民権，過去の被差別経験といった属性にもとづいて異なる重みづけを行うときもある（Fischhoff et al., 2007）。たとえば，警告文には英語のみを記載すればよいとする政策と，英語とスペイン語を記載しなければならないとする政策のどちらを選ぶかということを考えてみよう。文字の大きさを一定にするのであれば，前者はより多くの文字を入れることができ，そのため，より多くの注意事項について記述することができたり，ある注意事項についてより詳しく書くことができる。しかし，この政策はスペイン語しか話せない人を保護の対象から外してしまう。文字の大きさを小さくするという第三の政策は，どちらの言語の話者にとっても親切であるが，視力がよくない人や，小さな印字を嫌う人にとっては望ましくない。警告文の表示範囲自体を大きくするという第四の政策を選べば，より多くの言葉を，より大きな文字で記載することができるが，警告文ではない有益な情報を記載する余地をなくしてしまうかもしれない。処方分析は，政策策定者が歓迎するかどうかは別としてこれらの選択肢をより明示的にする。

能力にもとづく政策策定アプローチを用いるこ

とで,「選択の自由」「消費者保護」「経験から学ぶ機会」「全面開示」といった手続きの原理を重んじる政策がどのような影響を与えるかを明らかにすることもできる。たとえば,「営利目的の表現の自由」に関するアメリカ憲法修正第1条は,法的に許容される商品説明の範囲を拡張させてきた。そこで形成された基準は,もし消費者がその商品説明を理解できるのであれば許容され,そうでなければ許容されないというものである。「全面開示」は,製造者から必要な情報を引き出す1つの方法として支持されてきた。これに関して形成された基準は,もし消費者が判断に関連する事実をそこから取り出すことができるのであれば好ましいものであり,もしその膨大な情報に消費者が圧倒されてしまうなら好ましくないというものである。このアプローチは,ある選択をするうえでの消費者の能力にその政策が与える影響によって,各政策の特徴を明らかにするものである。

　このアプローチを実施するには,複数の学術領域からの貢献を必要とする。どれが最適な選択であるかを特定するには,(個人の価値を捉える)行動研究と(ある選択肢によって期待される結果についての)その分野の専門家からの情報にもとづく決定分析を必要とする。各政策を実施した場合に個人がどのような選択をするかを予測するには,行動研究にもとづいて,個人がそれぞれの選択肢をどのように解釈するかを明らかにすることが必要になる。理想である規範と現実である記述とのギャップを評価するには,法と哲学における専門性が必要とされる。政策の選択に際しては,その政策を選択することによって,政策策定者が重視するものがどのような影響を受けるかについて,科学的分析からの情報に基づく政治的判断が必要となる。

　このアプローチの手順を順に記述してきたが,これらの各段階は,本質的には相互に独立なものではない。個人の価値観を知ることなしに,分析者は,どれがその人の選択に影響する根拠であるかを特定することはできないし,政策策定者の価値観を知ることなしに,分析者は,結果の構成要素を正確に分解することはできない(たとえば,年齢やジェンダー)。選択の失敗の原因(たとえば,スキル不足や把握すべき事実の把握漏れ,動機づけの欠如)を知ることなしに,政策策定者は,政策の対象者にとっての選択肢を理解することはできないからである。

　以下の事例研究は,リスク関連政策に関して,このアプローチを描いたものである。応用例には他に,鳥インフルエンザ(Fischhoff et al., 2006),性暴力(Fischhoff, 1992),宇宙における原子力発電(Maharik & Fischhoff, 1993),核兵器(Florig & Fischhoff, 2007),性感染症(Downs et al., 2004)がある。

　このアプローチをそれぞれの事例に応用することの,現実記述的研究と処方研究を踏まえた規範モデルがある。どちらの要素がどれくらい深く追求されるかは,その政策のおかれた文脈によって異なる。たとえば,あるときは,大まかな規範モデルで十分であり,別のあるときは,量的な提案が必要となる。あるケースでは,そのケースのために計画された行動研究を必要とするが,他のケースでは,一般的な傾向を示す既存の研究結果を参照することで足りる。あるケースでは,処方的介入を検証することが許されるかもしれないが,別のケースでは,変化を起こすために処方的介入を提案するところまでが求められている。なぜなら,これから紹介するそれぞれの研究実践は,そのような研究が可能である範囲で(実際に依頼されるときもある)行われているのであって,能力推定に基づく政策選択はどのようにあるべきかを,明確に定義してそれを明らかにするために研究が行われたわけではない。そうではなくて,それぞれ

の研究実践は，本アプローチ応用の可能性と，それらが与える（時には驚くべき）政策への示唆の多様性を描きだしている。

12.2 応用例

12.2.1 ノコギリヤシ――営利目的の言論の自由によって影響される消費者の意思決定能力

政策の背景

　アメリカにおいて，栄養補助食品産業の市場は，10年前の予測である140億ドルを超え，栄養補助食品2万9千品の少なくとも1つを，アメリカ人の半数以上が消費している（Food and Drug Administration [FDA], 2000a）。現在，「合理的に，安全であり，不純物が混じっていないと期待される」ものが栄養補助食品として法的には扱われている。アメリカ食品医薬品局（FDA）は，有害性を実証し，商品のラベル表示が「真正であり，誤解なく，あらゆるリスクを十分に伝えている」ことを確かにする証明責任を負っている。このラベルは，食品医薬品局の承認がなくても医薬品としての効能をうたうことはできるが，もし食品医薬品局が，その表示が**合理的な消費者を誤解させる可能性がある**ことを証明した場合には，回収しなければならない（FDA, 2002; 強調は引用者による）。そのため，この政策は，消費者の行動が，ある1つの規範的基準を満たすことが前提になっている。

　一部の栄養補助食品メーカーや消費者擁護団体は，このような効用についての評価をするのに十分なだけ消費者は有能であると主張してきた。Pearson v. Shalalaの裁判において，アメリカ最高裁判所はこの主張を受け入れ，消費者は，もしラベルが謳う内容を自分で評価しなければならないことを知っており，かつそれを評価することが可能であれば，この未証明の効用表示から利益を得る場合があると判決で述べた。ある解説者は，この判決を，「正しい健康情報と誤った健康情報を評価するために必要な高度な知識を消費者は欠いているという，直観に反する考えに基づいた食品医薬品局のパターナリスティックなアプローチ」の終焉として高く評価した（Emord, 2000, p. 140）。しかし，もし食品医薬品局のこの「直観に反する考え」のほうが正しければ，この判決によって，保護を必要とする消費者が必要な保護を受けられないことになる。

　EggersとFischhoff（2004）は，この訴訟の中心となった1つの栄養補助食品について，この問題を分析した。その栄養補助食品とはノコギリヤシであり，高齢男性が一般に慢性的に悩まされている，良性の前立腺肥大に伴う下部尿路症状を緩和する可能性があると主張されている。

第1段階：規範的分析

　図12.1は，このような症状に直面した男性の判断を示している。選択肢（四角で示された**選択ノード**）は，（1）推奨用量のノコギリヤシを摂取する，（2）医師にかかる（医師を探す），（3）何もしないである。起こりうる結果（三角形）の1つは，前立腺肥大に伴う症状の変化である。ほかにも，これと似た症状をもつ前立腺がんや他の病気の発症による健康への影響である。円で示された**チャンスノード**は，関連して起こりうる結果を示している。他の病気である確率は，男性がノコギリヤシを自分で摂取するか否かとは無関係である。しかし，ノコギリヤシを摂取することで，前立腺がんなどの病気が明らかになるまでにより長く時間がかかる場合があり，それは効果的な治療を受けるチャンスに影響するだろう（Coley et al., 1997）。

　ノコギリヤシについての科学的証拠（Marks et al., 2000; Schulz et al., 2002; Wilt et al., 1998）によって，

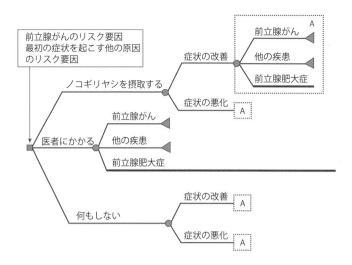

図12.1　下部尿路症状の治療としてノコギリヤシを検討する男性のための決定木。ノコギリヤシの摂取以外の決定選択肢（**四角**のノード）は，「医療的援助を受ける（医師を探す）」，そして「何もしない」である。「ノコギリヤシを摂取する」と「何もしない」ことによって起こりうる主要な結果（**円**のノード）は，症状の進展具合である。医師を探すことで，これが良性の前立腺肥大症であるか，前立腺がんなどほかの病気であるかが診断される。結果（**三角形**のノード）は，もともとの症状や，治療によるその変化によって変わり，それは，それがどれだけ早く診断されるかによって変わる。Aは，診断が遅延した場合の結果を反映している。（Eggers & Fischhoff, 2004をもとに再作成）

比較的単純な決定木を作ることが可能となる。なお，この図では，副作用については選択に及ぼす影響がきわめて小さいため省略している。また，費用についても，それが少額であるため省略している（月に10ドル）。ちなみに，ノコギリヤシには，単回摂取という選択肢があり，複数回摂取については（正負両面とも）効果が分かっていないため（Ernst, 2002），単回摂取が推奨されている。これに，「規定量以下摂取」という選択肢も加えうるかもしれない。これは，症状緩和の可能性を減少させるが，他の病気であった場合にそれと診断され治療を受ける可能性を高める。EggersとFischhoff（2004）は，医学的根拠に基づいて，各結果の確率と，それぞれの健康状態の効用に関する研究から各結果の価値をそれぞれ取り込み，判断に関わる要素としてこれらの証拠を要約した（Tongs & Wallace, 2000）。規範的分析から明らかになるメッセージは，「ノコギリヤシは，試してみる価値があるかもしれないが，その症状が他の理由で生じて

いる可能性について無視してはならない」ということである。結果として，行動分析は，男性が利用可能な情報（ラベルなど）から，この分かりやすいメッセージをどれだけ取り出すことができるかを問うものとなった。

第2段階：現実記述的分析

裁判所は，特定の疾患の予防や治療に関するものを除いて，「上記記載は，食品医薬品局による評価を経ていない。この製品は，なんら疾患の診断，処置，治療，予防を目的としたものではない」という免責事項を記載する限り，製品がどんな主張をすることも認めている（FDA, 2000b）。MasonとScammon（2000）は，人々がしばしばこの免責事項を無視する結果，その製品は食品医薬品局による承認を受けていると信じてしまう場合があることを発見した。免責事項に消費者が気づいたところで，その意味するところを理解しないかもしれず，食品同様に，栄養補助食品についても食品医

薬品局が厳重に規制していると考えるかもしれない（General Accounting Office [GAO], 2000）．

このような表記の見落としや理解不足が，人々がノコギリヤシの摂取を選択するか否かの判断する能力を損なうほど深刻な問題であるかどうかというのは，検証可能な問いである。EggersとFischhoff（2004）は，徐々に詳しくなる4つのラベルを高齢男性に順に読んでもらい，そのとき考えていることを声に出してもらう方法を用いて検討した。その4つのラベルとは，(1) **健康に関する主張なし**，すなわち緑の背景に書かれた製品名からイメージされるもの。(2)「前立腺の健康状態の改善」という「**未承認の主張**」。(3) 同様の健康に関する主張で，裁判所によって義務づけられている免責事項の**要件を満たした**もの。(4) 判断の根拠になりうるものを薬剤情報欄において要約した「**すべての情報**」（Schwartz et al., 2009; Woloshin et al., 2008）であった。それぞれのラベルを読んだ後，この研究の参加者は，もし自分に前立腺肥大の症状があったら，その商品を使おうと思うかどうか，そして，もしそれでも症状が続いたとしたらどれくらいの期間使おうと思うかについて話すように求められた。なお，本研究では，「すべての情報」を読んだ後の選択を，この題材について研究参加者がよく検討したとすれば選んだであろう選択として扱うことが可能だと考え，そう扱った。これによると，ノコギリヤシを摂取するという選択を最終的に行ったのは55％であった。

この調査での発話を文字に起こしたものは，サプリメントやラベル，規制に対する参加者の信念についての豊かで質的に詳細な情報を提供してくれる。ほとんどの人が，この健康に関する主張を宣伝として受け取り，免責事項を形式的なもの（たとえば，賠償責任を避けるためのもの）だと感じていた。また多くの人が，「前立腺の健康状態」という記述を，前立腺がんあるいは性機能を意味す

るものとして解釈していた。（承認されていない）健康に関する主張は，すべての情報が提示された場合に比べて，多くの人にポジティブな効果をより高く見積もらせていた。免責事項を追加することによって，一部の参加者は製品の効果を感じたが，「食品医薬品局は補完代替医療を信じていない」のような解釈を行う人たちは，効果の知覚を増大させていた。完全な情報が記載されたラベルによって，副作用に対する判断は増加するときもあれば，時には減少するときもあった。ほとんどすべての参加者が，もし症状が続けば医師に相談すると言った。ちなみにGadesら（2005）は，医療的処置を求めるのは，下部尿路症状を持つ男性のうち約50％であると報告している。

第3段階：処方分析

表12.1は，研究協力者が，それを**使うべきか**どうかと，それぞれのラベルを読んだ後，**実際にノコギリヤシを使おうと思う**と述べたかどうかを比べたものである。ラベルになんら健康に関する主張がない場合，本当はノコギリヤシを摂取することが最適な選択である人全員がその潜在的な利益を逃すことになる（2行目）。「未承認の主張」の場合，ノコギリヤシを摂取することが最適な選択である人の多くが，それを使うだろう（1行目では44％，2行目では11％）。摂取する人の中には，摂取することが不適切な人もいる（3行目）。未承認の主張に免責事項を加えた場合，ノコギリヤシを試すべき男性の一部が使用をやめてしまうので，適切な選択者は減少する（他の行と比較して1行目）。

政策分析

表12.1は，ラベル表示について異なる3種の政策の結果の分布を予測したものである。政策選択は，規制者がそれぞれのセルに割り当てた重みを

表12.1 ノコギリヤシの各表示における消費者の選択の予測結果

規範的決定	予測される決定	ラベル		
		主張なし (%)	未承認の主張 (%)	未承認の主張と免責事項 (%)
はい	はい	0	**44**	**27**
はい	いいえ	55	11	27
いいえ	はい	0	11	13
いいえ	いいえ	**45**	33	33

注：最適な決定（「使うべき」）は，全情報が開示されたラベルにおける消費者の選択に基づく。太字の指標は正しい決定。詳細は Eggers & Fischhoff, 2004 参照。

考慮して行われるべきであろう。もしすべてのセルに等しい重みを割り当てる場合には，最も多くの適切な選択を生み出す「未承認の主張」を選ぶべきであろう（1行目＋4行目）。もし誤って不要なその製品を摂取することが（3行目），その潜在的な利益を見逃すことよりもはるかに大きな損失を与えるのであれば（2行目），何の主張もしないラベルを選ぶべきであろう。免責事項を加えることは，（ある程度の誤読を引き起こすにせよ）未承認の主張をすること以上に悪い結果をもたらすので，決して免責事項は加えるべきではない。

ある政策を実施した場合の消費者の行動の分布が規制者の許容する範囲内に収まるのであれば，消費者は決定を下すだけの能力を持っているといえる。ここで，未承認の主張を行うラベルが，それに免責事項を加えたものより好ましいとしても，77％の正しい選択の結果（1行目＋4行目）が，22％の正しくない選択の結果（2行目＋3行目）に勝るときのみ，この結果は受け入れることができる。もしほとんどの参加者が「症状が続く場合自分たちなら医者に行く」と言うなら，11％が実際には不要なノコギリヤシを摂取しても大した問題ではなく，ノコギリヤシを試すことの機会費用を減らすことになる。効用が限られているのであれば，残りの11％が本来摂取すべきなのに試してみなかったことによる損失はそれほど大きくない。同じ論理で，混乱を来す免責事項でさえ，この無害な商品を正しく選択することを可能にするかもしれないし，消費者が適度に関与し，情報を伝えられ，そして疑う気持ちを持った消費者になることを助けるかもしれない。

表示について同じような結論に至る可能性のある1つの商品がブラック・コホッシュであり，これは，更年期障害の症状を低減する栄養補助食品である。これに関する決定は図12.1の決定木と同じであり，主要なリスクは治療の遅れのみである。行動的研究は，「サプリメントは，試す価値があるが，改善しないなら続けるべきではない」「たとえ，あなたがノコギリヤシの効果はないと思っていても，あなたが栄養補助食品を飲んでいることを主治医に言いなさい」のような単純化をおそらくは反映して，先の例と同じように消費者がかしこく判断することを示すかもしれない。しかし他の製品に関して，消費者が（ここで見たように）免責事項を無視したり，通り一遍のものと軽視したり，あるいは，それがあることで代替医療の可能性を思い起こしたりしたならば，免責事項の表示は，高い代償を支払うことになるかもしれない。ほとんどの栄養補助食品に関して，そのリスクとベネフィットは分かっていない。ノコギリヤシとブラック・コホッシュについては，その効果を推定するのに十分なほどの研究が行われているという点で特殊なものである。

もしあるラベルによってもたらされる結果が許容範囲内であったとしても，政策策定者は，それを受け入れる必要はない。Schwartzら（2009）は，ほとんどの人は，すべてのラベルで用いられているような，治療の起こりうるリスクとベネフィットを要約した薬剤情報欄を理解することができる

ことを発見した。政策的に規制をかけずに単に「よく効く」という主張と免責事項だけの場合よりも，政策が健全な判断をするために必要な事実を提供するよう要請する場合のほうが，消費者はより良い判断をすることができる。このようなメッセージを展開するには，分析的研究や実証的研究を必要とする。たとえ良かれと思って行われた法学者の直観であったとしても，直観に任せてはならない。

12.2.2 プランB 緊急避妊薬
── 生殖に関する青年の判断能力

政策の文脈

プランBというのは，緊急避妊（EC）薬であり，避妊手段をとらずに行われた性行為の72時間から120時間以内に2錠を服用すると，妊娠の確率を下げることができる（von Hertzen, et al., 2002）。2000年8月に，食品医薬品局は，許可を受けた薬局に限ることと，18歳未満の女性には販売しないことを条件に，18歳以上の女性への緊急避妊薬の市販（OTC）を許可した。2003年には，薬剤メーカー，バー製薬は，販売できる薬局の制限を緩めて，すべての女性に対する市販を許可するよう食品医薬品局に請願した。これを許可するためには，医師の診断・助言なしでもこの薬が安全で効果的であることを実証することが必要であった（Pub. L. No. 82-215, 65 Stat. 648, 1951）。製造者は，臨床試験データを提出し，それには，市販製品を購入する際と同じ条件下での製品ラベルの理解と使用実態の行動的証拠も加えられた。諮問委員会（Sherman, 2004）は，23対4の賛成多数で市販を推奨した。しかし，処方薬から市販薬への切り替えを統括する食品医薬品局の医薬品評価研究センターは，許可を出さなかった（FDA, 2004）。この際の説明において，医薬品評価研究センターのセンター長代理は，「自らの行動の因果関係を理解する認知能力がなく，衝動的な行動」（GAO, 2005, p. 46）を行う可能性のある16歳未満の青少年の行動を，より年齢の高い青少年の行動データに基づいて推定することはできない，とした。人物はさらに，「特に若年層の青少年は，年長の未成年者にくらべて認知的成熟が欠けている可能性があるため，プランBの市販によって安全ではない性行為を行う傾向を助長される可能性」への懸念を示した（GAO, 2005, p. 5）。

この規範形成に関係して，未成年者の意思決定の能力について相対立する2つの理論が提起された。市販に対する反対派は，プランBを利用しやすくすることで，未成年者が避妊なしに性交渉をしても妊娠を回避できると思うようになり，避妊なしの性交渉が促進されるので，プランB（避妊できなかった場合の次善策）が結局のところ，プランA（避妊のための最初の策）になることを危惧した。たとえ望まない妊娠をしなかったとしても，性感染症（STIs）は増加すると考えた。一部の批評家は，未婚の未成年者の性行為を助長し，法的にはなんの保障もない子どもの誕生につながることを懸念した（FDA, 2003）。対照的に，市販の推進派は，未成年は意思決定者として十分な能力があり，この新たな選択肢が与えられれば，既存の避妊方法を維持したうえで，よりよい選択をすることもできると論じた。これら推進派は，意図しない妊娠を減らすことは，中絶の減少につながるとも予測した。

第1段階：規範的分析

プランBについての熟議は，食品医薬品局の法で定められた公衆衛生の使命に基づき，2つの判断を行うことに向けられた。その2つとは，（1）望まない妊娠，そして（2）性感染症から自分自身を保護する方法を青少年がどのように選択するのか，というものである。会議参加者の一部は，青少年

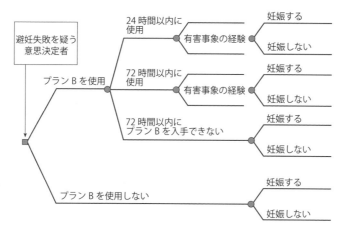

図12.2 避妊の思わぬ失敗の結果，緊急避妊薬の使用を考えている際の決定木（Krishnamurti et al., 2008にもとづく）

は性行為を行うのか，また中絶を行うのか，という法的には判断する必要のない点を考慮していたように思われる。図12.2は，女性が避妊に失敗した疑いがあった際にプランBを用いるかという判断の選択肢とその結果が，明らかに食品医薬品局の権限内に収まっていると分析している。Krishnamurtiら（2008）は，この選択とそのほか2つの選択肢（女性は性行為を行うかどうか，そして行うなら自身のためにどのような防衛策を用いるのか）について追加的な詳細情報を提供している。

これらの規範的分析の結果を予測することは，一般的に難しいものではない。なぜならそれが健康に与える影響は，よく研究されているからである。より難しいのは，その結果を評価することである。ある種の結果については，多くの女性が同じように価値づけているので，それゆえ有益で標準的な測定（尺度）で評価することができる。しかし同じ予定外の妊娠に直面したとしても，女性によって異なる場合もある。ある女性はある人生の局面での予定外の妊娠に非常に混乱するだろうし，別の女性は前向きに受け入れるだろう。ある女性は，プランBによる妊娠回避を中絶とみなすが，別の女性はそうではない。未成年の（あるいは未婚者の）性行為は，ある人々には受け入れられるが，別の人にとっては，罪深いものとしてとらえられる。これらの規範的分析は，分析を行う人の価値観を用いて行われる。ある人たちにとって最善の判断（たとえば，婚外の性行為のモラル，あるいはさまざまな避妊法について）は，他の価値観を持った人たちには受け入れがたいかもしれない。

第2段階：記述的分析

Krishnamurtiら（2008）は，高リスク群に位置する16歳前後の30人の青少年（食品医薬品局の判断にとっては重要な対象）に対して半構造化，オープン質問のインタビューを行った。メンタルモデルプロトコル（Morgan et al., 2001）に続いて行われたインタビューで，参加者は，規範的分析における争点へ徐々に話題を移された。このようなインタビューは，集団間に大きな差がある場合にそれを明らかにする統計的検定力を持つ。また，これらの結果は，より大きな標本に適した，構造化された調査（インタビューで発見された結果を確認する）のデザインの指針となる。

他のあらゆる研究と同様に，これらのインタビューの結果は，一般的な科学知識の文脈の中で解釈されるべきである。この場合，広範に検討し

た文献研究は（Fischhoff, 2008; Reyna & Farley, 2006）、15歳から17歳くらいまでに、ほとんどの青少年は、おおむね成人同様の認知的意思決定をもつようになると指摘するだろう。また、The GAO（2005）は、食品医薬品局のプランBに関するこの時の判断は、この調査同様「より年齢層の高い未成年者のデータからより若い者のデータを推定することは科学的に正しい」としたそれ以前の裁定とは異なると記している（p. 5）。

あるトピックに対する未成年者の知識は、どんなスキルであれ、情報（授業、メディア、口づて）に触れたり、経験したりしたことを通してどのような機会に学んだかに依存する。Krishnamurtiらによると、研究の参加者は一般的に以下のように述べることを見出だした。(1) 彼らはプランBについて知っていて、(2) それを一番の避妊方法として使おうとは思わず（たいてい不快感やコストを引き合いに出す）、(3) 予定外の妊娠を疑った際にその使用を検討するだろうし、(4) 市販範囲を拡張しない場合にはそれがプランBの利用の弊害になるものとみなしており、また (5) プランBが中絶に当たるのかどうかについてよく考えていた。これらの説明に基づき、Krishnamurtiらは、市販の拡充状況は、性行動には影響せず、また、優先的に用いられる中絶方法の選択にも影響しないだろうが、必要な際にはプランBの使用は増加するだろうと結論づけた。彼女らは、また使用のタイミングについて、多くの未成年が効果的な時期を過小評価するなど、多くの誤解があることも見出した。16歳より上か下かで違いが観察されたのは、16歳未満では、プランBのコストを過大評価し、その恩恵を過小評価し、それを使おうとする傾向がより少ないことであった。

第3段階：処方分析

これらのインタビューに基づくと、より広い範囲で市販し購入可能にすることで影響されるのは、たった1つの判断、すなわち避妊なしの性行為があった後でプランBを使用するかどうかについてである。それゆえ、現在のところ実現できていない望ましい結末に達するためには、若年女性に対して利用できるようにすることが必要であろう。未成年者の意思決定過程は思慮深いものであるが、特にプランBが効果的な時期については常に十分な知識が与えられているわけではない。その有効性を過小評価する女性は、利用可能性が拡大してもそこから得られる利益を十分に受け取ることはできないだろう。またそれを過大評価する女性は、期待するような効果が得られないだろう。

政策分析

食品医薬品局の規制に関連する健康効果に関して言うと、これらの結果は、市販範囲の拡張により利用可能性が増大することの利益は、その利用可能性を制限することに勝ることを示唆するものである。予定外の妊娠はより少なくなるだろうし、性感染症などの他の健康変化も増えることはないだろう。緊急避妊薬が効果を持つ期間についての未成年者の知識の大きなギャップをなくすことは、適切なコミュニケーションを行えば不可能ではないであろう。一般的に言って、ここで（そして他の研究で）見たように情動が認知能力を制限する場合がある。実際には、市販薬が利用可能になることで、予定外の避妊なしの性行為への対処可能性を増し、緊急避妊薬を用いる選択をすべき場面における情動的な圧力を減少させると思われる。

中絶に関する問題について判断をすることは、食品医薬品局の管理範囲を超える。この研究では、中絶に反対するほとんどの参加者は、プランBは、性交渉後すぐに用いられるので中絶に当たらないと考えていた。彼女たちにとって、利用可能性の拡張は、より適切な選択肢を可能にするものだろう。

このような結論は，中絶に反対し，なおかつ性交渉の段階で胎児が発生すると考える人々からは拒否されるであろう。その人たちは，未成年者の（プランBの働きについての）信念を責めるが，認知能力は責めないであろう。

12.2.3 頸動脈血管内膜切除術——医療におけるインフォームド・コンセント

政策の背景

アメリカにおいては，およそ半分の州はインフォームド・コンセントが確実になされない限り，医師が**実質性**基準を満たしていないとみなされる。すなわち，医師は，判断にとって重要な事実のすべてを患者に確実に理解させなければならない（他の州は，一般的な方法の遵守など**専門的な**基準を持っている）。裾切基準とは，患者が知るべきことを伝え終えたので伝えることをやめることができるという判断についての規範的分析（その重要性によって情報の順序づけを行う）を示す。患者に不具合が起こり，患者が適切な告知を受けなかったと主張したときに，この基準を満たしていれば免責を提供するものでなければならない。Merzら（1993）は，裾切基準を公式化するためのアプローチを提供した。リスクもベネフィットも大きい一般的な手術について行った説明は，その説明によって期待される結果についての多くの研究を生み出した。

脳へつながる動脈を切り開く頸動脈内膜切除は，アテローム動脈硬化の患者の脳卒中のリスクを下げることができる。しかし，うまくいかないことが多くあり，死に至るケース，医療に起因する脳卒中から，頭痛や歯の骨折に至るまで，さまざまな症状を引き起こす。リスクの一部は，この手術に固有のものであり，あるリスクは，大手術一般において起こる。生命を脅かす疾患が治療される可能性というベネフィットと，これらのリスクの間の難しいトレードオフに直面するとき，網羅的に検討するには，多くのことを考えなければならない。インフォームド・コンセントは，患者が知る必要があることとは何かを特定しない，あいまいな政策である。

第1段階：規範的分析

Merzら（1993）の方法は，手術をすることが最適の選択であり，手術そのもののリスクのない（そして費用については考えない）仮想的な患者群を作り出すというものである。この患者群は，その病状においてはさまざまであり，それは，手術によって起こりうる結果の可能性の分布によって表現される。また，各個人の価値観もさまざまであり，それは起こりうる結果についての効用の分布として表現される。患者群は，（この方法を利用するかどうかが病状からは独立しているという単純化した前提に基づき）これらの分布からのサンプル値によってシミュレーションのために構築される。手術によって期待される効用は，この各患者ごとに計算され，そこではすべてのリスクは無視される。このように母集団を作ると，効用は正になる。その後，期待される効用は，それぞれの起こりうる副作用についての知識をもとに再計算される。副作用の重要性は，どれくらいの頻度で，それが手術を受けることを推奨できないほどネガティブな効用を与えるか否かによって定義される。

Merzらは，たった3種の副作用が，これらの仮想上の患者の多くにとって重要な問題になると考えた。すなわち，直後の死のリスクが示される場合，約15％は手術を断るであろう。また，他の5％は医原性の脳卒中のリスクが示される場合に，さらに3％は顔面麻痺のリスクが示される場合に，それぞれ手術を断るであろう。他のリスクについて学ぶことは，ほとんどの患者にとって，手術を受けるか否かの判断に影響しなかった。

第2段階：記述的分析

　この手術を受ける可能性のある人が事前にこの手術について見聞きすることはほとんどないため，患者が正しいリスク情報を事前に持っていることを前提にすることはできない。そのため，Merzら（1993）は，すべての情報が伝達されるべきであるということを前提とする行動研究は実施していない。この戦略では，患者が，他のリスクについての強い信念を持っていて，3つの主要なリスクについてのコミュニケーションが患者側に無視されるようであれば，失敗に終わる（Downs et al., 2008）。重要な事実が多くある場合においては，これらの信念について見定めることで，何が言うまでもないことかを特定することができる。そして，その言うまでもないことは，新しいものを伝えるために触れずに飛ばすことができる。

第3段階：処方分析

　結果として，この3種の主要な副作用を効果的に伝えることは，不要な手術（リスクがベネフィットを上回るので）を受ける可能性のある患者のうち15〜20%を引き留めることになろう。リスクコミュニケーション研究に基づくと（Fischhoff, 2009; Schwartz et al., 2009），これらを伝えることは十分可能である。重要な副作用のそれぞれ（死，脳卒中，顔面麻痺）は，経験する可能性のかなり高いものであり（4万6千人に1人というわけではない），非常に聞きなじみのある出来事である。そのため，有能な意思決定のために必要な知識を患者に提供することは可能であるだろう。処方上のより大きな挑戦は，患者がこの情報を十分有益に利用し合理的な判断ができるよう手助けすることのほうにあるかもしれない。実証的─分析的研究の課題は，情報の統合が不十分であった場合に手術を受けるかどうかの選択がどれだけ影響を受けるかということである（von Winterfeldt & Edwards, 1986）。

政策分析

　もしこの方法で裾切基準（重要性の基準）が満たされるのであれば，説明（インフォーム）義務は，これら3つの重要な副作用が伝達された時点で充足したことになる。これがなされることで，理解不足ではなく情報の統合不足に起因して行われた選択（必ずしも受けないほうがよい手術を受ける）についての医師の責任はなくなることになる。重要度の高い事実のみに伝達を焦点化することは，すべての情報を開示することによって重要な事実が埋もれることから患者を保護するため，患者による情報統合を向上させるであろう。すべての情報開示は，何が重要なリスクであるかを特定する（そして，見過ごされているものがないかを確認する）分析を行ううえで必要とされるものである。しかし，患者に，すべての詳細情報から選別するよう求めることは，患者たちが有能にふるまうことを妨げる場合がある。

　また，重要性の分析では，患者の意思決定を手助けするために起こりうる結果の価値を評価するため，それによって研究にもとづく政策を行う手助けにもなりうるだろう。これらの分析は，臨床治験の結果を待つべきかどうかを患者が判断する手助けになるかもしれない。

12.2.4　ペンキ除去薬に含まれる塩化メチレン──自発的な自主規制に影響される，意思決定に関わる消費者の能力

政策の背景

　1990年代の中頃，国際がん研究機関は，塩化メチレン溶剤が発がん性物質であると宣言した。塩化メチレンはまた一酸化炭素も排出し，これは，密閉された室内では心臓発作を起こしうるものである。この溶剤の用途のうちこれといった代替品のないものの1つは，ペンキ除去である。業務とし

てこれを使う者には，保護手段を求めることができるかもしれないが（たとえば，換気扇，保護マスク），一般家庭での利用者は，自分自身で身を守らなければならない。それが可能であるならば，このペンキ除去剤を市販しておいても安全である。これは，この製品の使い方を消費者が判断できるか否か，またベネフィットに比べてそのリスクが受容可能であるかどうかを判断できるかどうかといった消費者の能力に依存する。

第1段階：規範的分析

Rileyら（2001）は，消費者の使用パターンに関する分析に基づいて，消費者の健康リスクを特徴分けしている。これは，物理学の知識（たとえば，空気の循環や化学）に基づき，消費者がとりうる行為（たとえば，窓を開ける，除去薬が効くまで別のところで待つ）を行った場合の消費者の曝露量を予測するものである（これらの交互作用は，実験室状況で計測される）。この分析では，物質の**供給曲線**を描き出し，曝露量を低減するための限界有効性の多い順にそれぞれの行為を並べる。この順番は，リスクのコントロール方法として利用するのに合理的な順である（コストは等しいという前提で）。この分析によると，（部屋の大きさ，作業時間の異なる）多くの作業について，消費者は，2つの簡単な行為（窓を1つ開け，室外に向けて排気する）を行うと決めることで，これらのリスクを大幅に減らすことができる。

第2段階：記述的分析

ペンキ除去薬利用者へのインタビューは，以下のことを明らかにした。(1) 利用者は，リスクをコントロールする前述の方法を使おうと思っていること，(2) 2つの主要な方法については容易に理解できること，そして (3) それらを実行することについて十分リアリティを持って考えていること（たとえば「冬の日は窓を開けないだろうな。でも空気は悪いだろうな」）である。しかし，この実験では消費者は自分で説明する必要があったがために，十分熟慮がなされたといえる。たとえば，説明をする必要がなければ，多くの人は，空気を入れようとして室内に向けて換気を行い，化学物質が高い濃度のままであることに気づかないかもしれない。また，多くの人は，選んだ行為の非効率性を容易に説明することができた（たとえば，「溶剤に溶かされて軍手がダメになった」「悪い空気が拡散したので，溶剤が効いている間，部屋を通行するのに支障がなかった」といった説明がなされた）。そのため，関連情報が与えられた場合には，利用者は確かな選択をするのに十分有能であると考えられた。

第3段階：処方分析

使用についての消費者の判断を家庭内で観察する代わりに，Rileyら（2001）は，文面とその表示パターンにおいて異なるラベル（たとえば，説明だけ，警告だけ，太字にしたもの，最初の5項目だけ）を読んで，理解し，意識した利用者がどれだけこの溶剤の有害物質に曝露されるかについて予測した。分析の結果，文面と表示パターンによって曝露量は大きく異なることが示された。ある文面は，表示パターンにかかわらず，有用な情報を提供していたが，別のある文面は，曝露量を低減させる何の情報も持っていなかった。そのため，消費者は，その製品の使い方に関する関連情報を受け取ったときのみ，使用について堅実な意思決定をするに足るだけ有能であることが分かった。使い方に関する情報がなければ，利用者は自分たちがどのようなリスクを負うかについて，あるいは使うか否かについて理解することはできなかった。実際の文面を読む行動とその結果引き起こされるリスク水準について予測するには，直接的な観察，

あるいは一般的なパターンを使うことができる（Wogalter, 2006）。

政策分析

　コミュニケーションの不備によって，有能な消費者が効果的な選択を行う能力は制限される。結果として，消費者は極度にリスクの高い製品を購入し，不必要にリスクの高い方法でそれらを使用するかもしれない。あるいは消費者は，有用な商品の使用を差し控え，無用な警戒を行うかもしれない。その製品のリスクとベネフィットがその使用方法に依存するとき，その文面は，商品の物理的な成分と同様にその製品の重要な一部となる。規制者は，消費者がラベルから何を見落とすかを知りたいと思うべきであり，それによって規制者は，消費者を適正に保護することができるのである。製造者も同様のことを望むべきである。そのことは，消費者が製品から最大限の価値を得られるように手助けし，説明義務を満たさなかったという理由で告訴されることから製造者自身を守ってくれる。個々の企業は，この研究が問題としているようなラベルを作り出している。個々の企業が提供する情報（と関連するリスク）の価値が大きく異なるということは，このような自発的な自主規制が不十分であることを示している。

12.2.5　クリプトスポリジウム属——緊急時の汚染に対処する際の消費者の能力

政策の背景

　クリプトスポリジウムは，哺乳類の宿主に寄生する，どこにでもいる原生動物であり，管理されていない下水排水を通して，特に大雨の後の汚染水（たとえば，牛やシカの飼育場から）の流出によって，主に公共水道経由で感染される。一般的な水のろ過処理システムは，これを完全に除去，あるいは不活性化させることはできない。曝露の1～7日後に現れる症状は胸のむかつき，嘔吐，下痢，腹痛，そして微熱といったものである。クリプトスポリジウム症にはなんら治療法もないが，感染した人のほとんどは回復し，その多くは発症もしない。しかし，この疾患は肝臓を攻撃するため，免疫機能が損なわれた人（たとえばエイズを抱えた人）は死に至る可能性がある。水や公衆衛生の専門家は，消費者が水の利用について賢明な意思決定ができるように，つまり，いつどのように煮沸したり，ペットボトルの水を利用したりするかについて，消費者に説明する必要がある。

第1段階：規範的分析

　Casmanら（2000）は，クリプトスポリジウムの侵入による健康への影響を予測するモデルを生み出した。このモデルは，微生物学（摂取と反応の関係），土木工学（ろ過，検査），生態学（上流の土地利用），コミュニケーション研究（「煮沸水」についての注意の普及），心理学（知覚されたリスク，実際の反応）からの情報に基づいている。これは，さまざまな侵入状況条件下で，どのような場合に消費者が水利用についての賢明な意思決定を行うか評価することを可能にするものである。そして，これによって，水汚染以外の他のさまざまな事象の中で，消費者がどれだけ迅速に情報を受け取るのか，どれだけ適切に水を沸騰させるか，消費者がどれだけ自分なりの検査（ほとんど価値がない）に基づいた判断を行うかを検討することができる。

第2段階：記述的分析

　このモデルで推定値の元にしているのは，過去の洪水時に消費者がどのように水利用していたかについての観察研究であり，そこでは人々は不適切に処理された水を頻繁に使用していた。新しく行われたインタビューは，これらの望ましくない

意思決定の主たる理由は，（この寄生虫を死滅させるだけ十分に水を沸騰させる方法についての）無知と，（危険だという警告をどれだけ深刻に受け取るかという）疑心にあることを見出だした。煮沸の手続きとその背景は両方とも，多くの人が有能に行動の選択ができるように十分説明することが可能であるくらいシンプルなものである。結果として，消費者が有能に行動の選択を行うか否かは，その行為を行う際に，確かなメッセージを受け取るかどうかに依存しているといえる。

第3段階：処方分析

このモデルは，（たとえば，問題の検出と修復にかかる期間が異なる）さまざまな洪水状況下での健康効果を予測するために用いられるものである。一連のシミュレーションは，洪水が起こり次第，確実なメッセージをすべての消費者が確かに受け取ることの効果を検討した。その結果，このようなコミュニケーションは，何の効果もないことが明らかになった。クリプトスポリジウムを検査する手続きを追跡した結果，汚染した水への曝露を防止するにはメッセージの到着が遅すぎたことが明らかになった。結果として，「水を煮沸してください」という注意に頼った場合，正しく情報を与えられれば有能にふるまうことのできる個人に望ましくない選択をさせることになっていた。

政策分析

このケースについての分析は，リスク（他の可能な政策から目をそらさせる信念）への対処が消費者の意思決定に依存しているという標準的な政策にそもそも内在する欠陥を明らかにした。他の取り得る対策は，管轄機関が早く警告を出すことができるように，洪水検出の早さを改善することである。他の取りうる対策は，よりよい土地利用や水のろ過システムを使うことで，洪水リスクを低減することである。第三の可能性は，リスクの高い人たちに対して，安全な水を定期的に供給するというものである。汚染の繰り返しによって検出がスピーディーになれば（たとえば，ある種のE大腸菌を検出），この分析は，迅速に理解可能な警告が消費者の効果的な意思決定を支援することを明らかにするかもしれない。不幸な結果が起こったとしても，消費者にはどうしようもないのであれば，消費者にそのことの責任を取らせるべきではない。

12.2.6 緊急避難——自発的な意思決定を行うための市民の能力

政策の背景

大規模災害が，ある社会の運命を分ける瞬間になることはあり（Boin et al., 2005），そうなればその社会のリーダーたちの意思決定の能力が深く検討されることになるだろう。この検討の一要素として，リーダーたちの行為が，その市民の意思決定にどのような影響を与えたかという問題がある。市民は効果的な選択を行うのに必要な情報を提供されたか？　その情報に基づいた行動を起こすのに必要なリソースは提供されていたのか？　市民は能力ある成人として扱われたか？　戒厳令なしで対応できる場合にもかかわらず戒厳令が敷かれたりしなかったか？

緊急時の対策を検討する際には，ストレスフルな状況下における人々の意思決定の能力がどの程度あるかについてなんらかの前提をおく必要がある。放射性物質拡散装置（RDDs）や，放射能汚染爆弾のような汚染物質によるテロ攻撃も，このような問題をはらんだハザードである。放射性物質拡散装置が使用されると，通常放射性物質を拡散するための爆発が起こり，短期的にはこの爆風による即死者，長期的には放射性物質の毒性による死者を出し，潜在的には社会的・経済的な損失は

莫大なものとなる。これによる混乱の程度は，その地域のリーダーに知覚された能力に依存する。言い換えれば，これらのリーダーが，自分が統治する市民の能力をどれくらい正しく評価できるかに依存する。もし過大に期待すれば，市民は必要な保護が受けられないだろう。もし過小評価されれば，市民は求めている自由が得られないだろう。

第1段階：規範的分析

DombroskiとFischbeck（2006）やDombroskiら（2006）は，放射性物質拡散装置による攻撃が行われた際の健康効果を予測する一般モデルを発展させた。この中には，脱出するか安全な場所で待機するかといった市民の意思決定を予測する指標も含まれる。このモデルは，爆発衝撃，エアロゾルの散布，交通の流れ，核物質摂取―反応の関係といった研究からの知見を取り込んでいる。このモデルのパラメーター（たとえば，位置，時刻，爆発力，汚染，天候）の値を選ぶと，罹患率，死亡率（またそれによる経済的・社会的効果も予測されるかもしれない）を予測するのに特化した攻撃状況が算出される。公衆衛生の担当者にとって最適な反応は，これらの健康被害を最小にすることである。重要な判断の1つは，脱出や安全な場所での待機を推奨するか否かという点である。個々の市民にとって最適な反応は，リスクを最小化することであるが，他の問題（たとえば，家族を守る，仕事仲間を助ける，被害から回復すること）の影響も受ける。市民にとって重要な判断の1つは，これらの推奨に従うか否かという点である。

第2段階：記述的分析

モデルのほとんどのパラメーターの推定値は，研究文献から取得された。しかし，緊急時の行動については多くの研究があるにもかかわらず，それらはこのモデルが用意した形式とはほとんど一致しなかった。そのため，行動についてのこのモデルのパラメーターは，10人の社会科学の専門家と36人の地域の防災の専門家から取得した。これらの専門家は，ある夏の平日の午前10時に10kgのセシウム放射性物質拡散装置がピッツバーグのUSXタワーで爆発したというシナリオのさまざまなバリエーションにおいて行動を予測した。予測対象の1つは，職場あるいは家にいるときにこれが起こった場合に脱出やあるいは安全な場所での待機の指示に従う市民の割合である。これらの専門家の予測はおおむね市民の判断については一致していた。過去の経験と一致して，一般的な神話とは異なり（Tierney et al., 2001; Wessely, 2005），パニックは起こらないと専門家は予測した。その代わり，多くの人は指示に従い，高い比率で家で待機したり，職場から脱出するだろうと専門家は予測した。

第3段階：処方分析

これら専門家の判断をモデルの中に取り込むと，このシナリオの場合，公式の指示に従うと予測される比率（60～80%）は，健康への被害を最小化するのに十分であることが明らかになった。爆風によって傷ついた人々が緊急隊員から治療を受けることができるように道路を確保し，放射能雲に避難者が引っかからずに済むのに十分なだけ人は安全な場所にこもると考えられた。この指示に強制力を持たせることで得られるものはほとんどなかった。

政策分析

これらの結果は，一般的に言って，市民は最善の結果を引き起こす選択肢を選べるだけ有能であることを示している。そのため，指示への自発的な遵守は，結果を重視する帰結主義者の規制主義を一掃するものである。戒厳令のような強制的な政策ではなく，市民を信用していることを示すこ

とには，もう1つの手続き的価値がある。その価値とは，「市民にすべてを知らせる。つまり，自分たちが知っていること，知らないことを話し，そして，それを繰り返し……正確で，科学に基づいた情報を提供することで信頼性と市民の信用を維持する」（Department of Health and Human Services, 2006）ことに関わっている。有用な情報を提供し，広めることは，信頼を獲得する1つの方法である。

12.3 能力を評価するための方略，再び

12.3.1 再び？

これまで示してきた事例に関わっているのは，一般的な意思形成スキルを持った多少似通ったところのある（普通の）人々である。しかし，人々の能力の現れ方は，その選択自体の困難さや，情報の説明義務を他者が適切に果たしたかによって，それぞれ異なる。規範的分析，記述的分析，処方分析はそれぞれ，政策がどれくらい対象となる個人の能力にあうか，どうすればより合うようデザインできるかという点について，提案された政策を評価することを可能にする。

これらの分析によると：

ノコギリヤシについて，裁判所が義務づける免責事項を伴う場合に限って，健康とは関係のない主張をラベルに記載することを許可する政策は，その商品が安全で，消費者が効能に懐疑的である結果として，その免責事項の記載がなくても消費者に十分有能に判断させることができる。ノコギリヤシを飲むことは，消費者に害を与えたり，医療的治療を過剰に遅らせたりするものではないだろう。免責事項の主たる影響は，実際には手助けになるかもしれない製品を，一部の消費者に断念させるというものである。他の商品や消費者の場合，この政策は，より悪い効果をもたらすかもしれない。

プランBについて，若い女性は，市販範囲が拡張される政策が実現しても賢明な意思決定ができるだろう。それは，中絶に対する拒否感に抵触せずに，彼女らが望まない妊娠をするのを避けるのを助ける。市販範囲の拡張は，性行動や避妊に対する彼らの意思決定に影響を与えないだろう。

脳に至る動脈を切り開く頸動脈内膜切除について，多くの患者は，特に重要な事項に焦点を当てた説明がなされたときに賢明な判断をすることができる。重要性の基準として，これらの絞られたシンプルな事実を伝えることによって，医療者は，インフォームド・コンセントが確実になされたという主張を行うことができるかもしれない。

塩化メチレンのペンキ除去薬に関して，製造者に商品ラベルのデザインを許可している現状の政策で意思決定できるほど，ほとんどの消費者は有能ではないかもしれない。しかし，最も重要な事実はシンプルである。それは，換気扇で外に空気を排出できる場合のみこの商品を使うべきである，というものである。そのため，そのような情報の記載を義務づける政策は，消費者がより賢明な選択ができるようにするものとなるであろう。

クリプトスポリジウムについて，消費者は，自身の身を守らなければならない政策においては，水の利用について有能な判断ができなかった。これは，重要な情報がその情報を必要とする時間までに届かなかったからである。このような政策は，たとえ消費者に意思決定能力があったにしても，事実上，消費者に不可能なことを求めていたといえる。より早期の検出が可能になった場合には，汚染についての有能な選択を可能にするかもしれない。

放射性物質拡散装置が使われた場合について，市民は，脱出するか，安全な場所にとどまるかについての政府からの勧告に従うことができると考え

られた。このように市民の能力を信じることは，市民による政府機関への信頼を増幅していた。そのため，明確な勧告を行う政策は，戒厳令のような強硬管理政策よりも優れているだろう。

12.3.2 意思決定能力を評価（そして強化する）組織

意思決定に関する一般化しすぎた主張は，意思決定の多様性と意思決定者の多様性を正当に扱うとはいえない。有能さを一面的に扱う主張は，一部の人を必要な保護から取りこぼし，無能さを一面的に扱う主張は，与えられるべき自由の一部をはく奪する。有能さを一面的に扱う主張は，本来望ましい政策を行う方向にはいかず，その主張を正当化する行動学的根拠を持ちたいという誘惑を作り出す。無能な社会では，規制強化と官僚的な調整が好まれる。有能な市民は，市場の自由とプロセスに参加できることを好む。このような政策の正当性を判断するためには，実証的研究と分析的な研究とを組み合わせた，よく整えられたアプローチが必要である。

意思決定の能力を評価するアプローチを実行する際には，以下のような人材を含む，領域横断的なチームを必要とする。

1. **問題となっている事象の専門家** すなわち選択肢を特定することができ，それらを選んだ際の効果を確定するプロセスを述べることのできる人。
2. **意思決定の分析者** すなわち個々の選択肢のリスクとベネフィットを推定することができ，意思決定，そしてその能力に最も関連した事実を示すことのできる人。
3. **社会科学者** すなわち意思決定者の信念や価値を評価し，能力を高めるための施策を導き出し，かつそれらがどの程度達成したかを評価することのできる人。
4. **制度設計者** すなわち理論的に到達可能な能力に到達するためにさまざまな方法を実行することができる人。

このようなチームを形成する際には，リーダーシップが必要となる。政策策定のための組織は，他の領域の人と協働で作業することに関心を持たない一部の専門領域の専門家によって取り仕切られがちである。その人たちは，乏しいリソースを分け合うことを避けたいのかもしれない。その人たち自身の専門性の限界を理解していないのかもしれない。このような組織が拡大したとき，その人たちは，なじみのない専門領域について評価するという困難に遭遇する。その人たちが，何が「よい」かを理解できず，その結果他の領域のあまりよくない代表者を選んでしまうことがあれば，その人たちはよいアドバイスを得ることができず，その領域を低く評価することになるだろう。

一度できあがると，このような専門家たちは協働しなればならない。強いチームは，他者からのアイデアを受け入れることができるだろう。しかし，それぞれの課題の責任を適切な専門家に割り当てることが必要となる。問題となっている事象の専門家は，政策策定者が関心を持っている結果について最もよく予測することができるだろうが，社会科学者には，このような結果の影響としてどのようなことが起こるかについて評価することが求められる。問題となっている事象の専門家は，どの諸事実がこのような専門家コミュニティの関心の中核となっているかを知っているだろうが，意思決定の分析者には，それら諸事実の関連性を見定めることが求められる。制度設計者は，メッセージの発信方法を知っていることになるだろうが，社会科学者には，その内容が，どれだけ人々に取り入れられるかを見定めることが求められる。社会

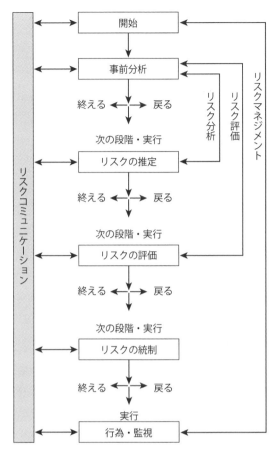

図12.3　Q850　リスクマネジメント意思決定過程の
　　　　各段階：単純モデル
註：ステークホルダーとのリスクコミュニケーションは，決定過程の
それぞれの段階で重要な一部である。(Canadian Standards
Association, 1997から転載)

科学者は，この課題がどれだけ困難であるかを知っているだろうが，意思決定の分析者には，個々の決定がそれらの結果にどれだけ影響を受けるかを評価することが求められる。

　一度集められ，組織されたら，能力を評価するチームは，政策策定プロセスに組み込まれなければならない。図12.3は，その目的で1つの組織のモデルを示している。準政府機関のカナダ規格協会（1997）から引用したもので，これは，他の組織の，イギリス財務省（2005），アメリカ学術研究会議（1996），リスク評価とリスク管理に関する大統領／議会委員会（1997）が推奨したものと一致している。この図は，標準的な政策策定プロセスを中心に描き，次のプロセスに進む前に，（まだこの過程でやるべきことが終わっていないという潜在的な可能性について）それぞれの段階を評価するという点だけ，通常と異なっている。特徴的なのは，それぞれの段階が双方向のリスクコミュニケーションを必要としている点である。たとえば，最初の段階は，どの問題が，その政策から影響をうける誰にとって問題になっているか，そしてその人たちにこれらの問題にどのように対処すると説明するかを専門家が学習する段階を含んでいる。これらのコミュニケーションは，直接的かもしれないし，間接的かもしれないし，捉え方を誘導し，結果を伝える社会調査者によって伝達されるかもしれない。

　このようなプロセスは，政策のデザインを作るかなり初期の段階に，意思決定の能力を考慮することを可能にし，そのプロセスの中で軌道修正することを可能にする。これは，情報を入手し理解し使用する個人の能力についての知識を**行動的・現実的**に利用するため，そして能力と判断の多様性に対する**分析にもとづいた**敏感さを持つために必要な各種の専門家を集める契機となる。このような統合された専門家集団なしには，個人のニーズや限界を正当に取り扱ったり，各人による対処を望み，実際にそれができるだけの自律性を人々に与えるような政策を生み出すことはできない。

原註

　この章を準備するに当たって，アメリカ科学財団の助成金 SES 0433152 と「復員軍人援助局，健康の公平性の研究と推進センター」の援助を受けた。また，Wandi Bruinc de Bruin, Julie Downs, Irene

Janis, Valerie Reynaと2人の匿名の査読者に感謝の意を表する。本章で示したのは，著者自身の見解である。

引用文献

Boin, A., 't Hart, P., Stern, E., and Sundelius, B. (2005). *The politics of crisis management: Public leadership under pressure*. Cambridge: Cambridge University Press.

Bruine de Bruin, W., Parker, A., and Fischhoff, B. (2007) Individual differences in adult decision-making competence (A-DMC). *Journal of Personality and Social Psychology, 92*, 938-956.

Camerer, C., Issacharoff, S., Loewenstein, G., O'Donoghue, T., and Rabin, M. (2003). Regulation for conservatives: Behavioral economics and the case for "asymmetric paternalism." *University of Pennsylvania Law Review, 151*, 1211-1254.

Canadian Standards Association. (1997; reaffirmed 2009). *Risk management: Guidelines for decision makers*. (CSA-850). Ottawa: Canadian Standards Association.

Casman, E., Fischhoff, B., Palmgren, C., Small, M., and Wu, F. (2000). An integrated risk model of a drinking-water-borne Cryptosporidiosis outbreak. *Risk Analysis, 20*, 493-509.

Coley, C. M., Barry, M. J., and Mulley, A. G. (1997). Screening for prostate cancer. *Annals of Internal Medicine, 126*, 480-484.

Department of Health and Human Services. (2006). *DHHS communication plan for first case of H5N1 in US*. Washington, DC: Department of Health and Human Services.

Dombroski, M., Fischhoff, B., and Fischbeck, P. (2006). Predicting emergency evacuation and sheltering behavior: A structured analytical approach. *Risk Analysis, 26*, 501-514.

Dombroski, M. J., and Fischbeck, P. S. (2006). An integrated physical dispersion and behavioral response model for risk assessment of radiological dispersion device (RDD) events. *Risk Analysis, 26*, 501-514.

Downs, J. S., Bruine de Bruin, W., and Fischhoff, B.(2008). Patients' vaccination comprehension and decisions. *Vaccine, 26*, 1595-1607.

Downs, J. S., Murray, P. J., Bruine de Bruin, W., Penrose, J., Palmgren, C. and Fischhoff, B. (2004). Interactive video behavioral intervention to reduce adolescent females' STD risk: A randomized controlled trial. *Social Science and Medicine, 59*, 1561-1572.

Edwards, W. (1954). The theory of decision making. *Psychological Bulletin, 51*(4), 380-417. doi:10.1037/ h0053870

Eggers, S. L., and Fischhoff, B. (2004). Setting policies for consumer communications: A behavioral decision research approach. *Journal of Public Policy and Marketing, 23*, 14-27.

Emord, J. W. (2000). Pearson v. Shalala: The beginning of the end for FDA speech suppression. *Journal of Public Policy and Marketing, 19*(1), 139-143.

Ernst, E. (2002). The risk-benefit profile of commonly used herbal therapies: Ginkgo, St. John's Wort, ginseng, echinacea, saw palmetto, and kava. *Annals of Internal Medicine, 136*(1), 42-53.

Fischhoff, B. (1992). Giving advice: Decision theory perspectives on sexual assault. *American Psychologist, 47*, 577-588.

Fischhoff, B. (2008). Assessing adolescent decision-making competence. *Developmental Review, 28*, 12-28.

Fischhoff, B. (2009). Risk perception and communication. In R. Dads, R. Beaglehole, M. A. Lansang, and M. Guilford (Eds.), *Oxford textbook of public health* (5th ed., pp. 940-952). Oxford: Oxford University Press.

Fischhoff, B., Atran, S., and Fischhoff, N. (2007). Counting casualties: A framework for respectful, useful records. *Journal of Risk and Uncertainty, 34*, 1-19.

Fischhoff, B., Bruinc de Bruin, W., Guvenc, U., Caruso, D., and Brilliant, L. (2006). Analyzing disaster risks and plans: An avian flu example. *Journal of Risk and Uncertainty, 33*, 133-151.

Florig, K., and Fischhoff, B. (2007). Individuals' decisions affecting radiation exposure after a nuclear event. *Health Physics, 92*, 475-483.

Food and Drug Administration. (2000a). FDA to Jonathan W. Emord, May 26. Retrieved from http://www.fda.gov/ohrms/dockets/dockets/04p0059/04p-0059pdn0001-03-vol14.pdf

Food and Drug Administration. (2000b). Regulations on statements made for dietary supplements concerning the effect of the product on the structure or function of the body. 65(4) Fed. Reg. 999 (January 6, 2000) (to be codified at 21 C.F.R. pt. 101)

Food and Drug Administration. (2002). *Guidance for industry: Structure/function claims small entity compliance guide*. Retrieved from http://www.fda.gov/Food/GuidanceCompliance RegulatoryInformation/GuidanceDocuments/DietarySuppleinents/ucm103340

Food and Drug Administration. (2003). *Nonprescription Drugs Advisory Committee in joint session with the Advisory Committee for Reproductive Health Drugs* (meeting transcript). Retrieved from http://www.fda.gov/ohrms/dockets/ ac/03/transcripts/4015T1.htm

Food and Drug Administration. (2004). *FDA's decision regarding Plan B: Questions and answers*. Retrieved from http://www.fda.gov/cder/drug/infopage/planB/planBQandA.htm

Gades, N. M., Jacobson, D. J., Girman C. J., Roberts, R. O., Lieber, M. M., and Jacobsen, S. (2005). Prevalence of conditions potentially associated with lower urinary tract symptoms in men. *BJU International, 95*, 549-553.

General Accounting Office. (2000). *Food safety: Improvements needed in overseeing the safety of dietary supplements and "functional" foods*. GAO/RCED-00-156. Retrieved from http://www.gao.gov/new.items/rc00156.pdf

General Accounting Office. (2005). *Decision process to deny initial application for OTC Marketing of the emergency contraceptive drug Plan B was unusual*. GAO-06-109. Retrieved from http://www.gao.gov/new.items/d06109.pdf

Gilovich, T., Griffin, D., and Kahneman, D. (Eds.). (2002). *The psychology of judgment: Heuristics and biases*. New York: Cambridge University Press.

Her Majesty's Treasury. (2005). *Managing risks to the public*. London: HM Treasury.

Krishnamurti, T. P., Eggers, S. L., and Fischhoff, B. (2008). The effects of OTC availability of Plan B on teens' contraceptive decision-making. *Social Science and Medicine, 67*, 618-627.

Maharik, M., and Fischhoff, B. (1993). Public views of using nuclear energy sources in space missions. *Space Policy, 9*, 99-108.

Marks, L. S., Partin, A. W., Epstein, J. I., Tyler, V. E., Simon, I., et al. (2000). Effects of a saw palmetto herbal blend in men with symptomatic benign prostatic hyperplasia. *Journal of Urology, 163*, 1451-1456.

Mason M. J., and Scammon, D. L. (2000). Health claims and disclaimers: Extended boundaries and research opportunities in consumer interpretation. *Journal of Public Policy and Marketing*, *19*, 144-50.

Merz, J., Fischhoff, B., Mazur, D. J., and Fischbeck. P. S. (1993). Decision-analytic approach to developing standards of disclosure for medical informed consent. *Journal of Toxics and Liability*, *15*, 191-215.

Morgan, M., Fischhoff, B., Bostrom, A., and Atman, C. (2001). *Risk communication: The mental models approach*. New York: Cambridge University Press.

National Research Council. (1996). *Understanding risk*. Washington, DC: National Academy Press.

Parker, A., and Fischhoff, B. (2005). Decision-making competence: External validity through an individual differences approach. *Journal of Behavioral Decision Making*, *18*, 1-27.

Pearson v. Shalala. 164 F.3d 650 (D.C. Cir.) (1999).

Presidential/Congressional Commission on Risk Assessment and Risk Management. (1997). *Final report of the Presidential/Congressional Commission on Risk Assessment and Risk Management. Vol. 2. Risk assessment and risk management in regulatory decision-making*. Retrieved from http://www.riskworld.com/ Nreports/1997/risk-rpt/volume2/pdf/v2epa.PDF

Reyna, V. F., and Farley, F. (2006). Risk and rationality in adolescent decision making. *Psychological Science in the Public Interest*, *7*(1), 1-44.

Riley, D. M., Fischhoff, B., Small, M., and Fischbeck, P. (2001). Evaluating the effectiveness of risk-reduction strategies for consumer chemical products. *Risk Analysis*, *21*, 357-369.

Roper v. Simmons. 543 U.S. 551,607-608. (2005) (Salia, J. dissenting)

Schulz, M. W., Chen, J., Woo, H. H., Keech, M., Watson, M. E., and Davey, P. J. (2002). A comparison of techniques in patients with benign prostatic hyperplasia. *Journal of Urology*, *168*,155-159.

Schwartz, L. M., Woloshin, S., and Welch, H.C.G. (2009). Using a drug facts box to communicate drug benefits and harms. *Annals of Internal Medicine*, *150*, 516-527.

Sherman, L. A. (2004). Looking through a window of the FDA. *Preclinica*, *2*(2), 99-102.

Tengs, T. O., and Wallace, A. (2000). One thousand health related quality-of-life estimates. *Medical Care*, *38*, 583-637.

Tierney, K. J., Lindell, M., and Perry, R.W. (2001). *Facing the unexpected: Disaster preparedness and response in the US*. Washington, DC: National Academy Press.

von Hertzen, H., Piaggio, G., Ding, J., Chen, J., Song, S., Bartfai, G., et al. (2002). Low dose mifepristone and two regimens of levonorgestrel for emergency contraception: A WHO multicentre randomised trial. *Lancet*, *360*, 1803-1810.

von Winterfeldt, D., and Edwards, W. (1986). *Decision analysis and behavioral research*. Cambridge: Cambridge University Press.

Wessely, S. (2005). Don't panic! Short- and long-term psychological reactions to the new terrorism. *Journal of Mental Health*, *14*(1), 106.

Wilt, T., Ishani, A., Stark, G., MacDonald, R., Lau, J., and Mulrow, C. (1998). Saw palmetto extracts for treatment of benign prostatic hyperplasia. *Journal of the American Medical Association*, *280*, 1604-1609.

Wogalter, M. (Ed.). (2006). *The handbook of warnings*. Hillsdale, NJ: Lawrence Erlbaum Associates.

Woloshin, S., Schwartz, L., and Welch, G. H. (2009). *Know your chances*. Berkeley, CA: University of California Press.

13章　錯誤懸念の問題に対し，費用便益分析は解決策となりうるか？

CASS R. SUNSTEIN

　多くの人がこれまで，費用便益分析を，経済学的根拠のもとで支持してきた。その支持者にとって，規制の主たる目的とは経済効率の向上にあり，費用便益分析は，その目的に見事に合致するのである。一方で，そのような議論は，鋭い批判にもさらされてきた。批判的な人々は，効率という基準に否定的であったり，費用便益分析がはらむ実施上の問題として，分析に時間がかかるため規制上の麻痺状態（「分析麻痺」）を生むという考えを持っていたりする。あるいは，組織立って活動する民間団体の意向を反映した分析になることを懸念する者が含まれる。

　本章では，費用便益分析を支持する立場から議論を展開する。ただし，それは従来の経済学の観点ではなく，認知心理学と行動経済学に依拠した議論となり，主に次の点を提案する。費用便益分析は，**錯誤懸念**の問題への対処方略として捉えたときに最も有効となる。錯誤懸念は，人々が，ささいなリスクに恐れを抱き，より重大なリスクには注意が向かないときに生じる。法律と政策について考えるうえでは，次の2つのポイントが重要となる。第一に，一般市民や政治家による錯誤懸念をもたらすのは，個人的ないし社会的な認知の性質的な問題である。2点目として，錯誤懸念は，公共政策のプロセスの中で強く働き，たとえば，自己利益を目指す民間団体が影響力を発揮する際や，基本的な政治ダイナミクスの過程の中に認められる。費用便益分析は，錯誤懸念と，それに付随するさまざまな問題が公的資源の不適切な配分を引き起こすとき，その是正措置となりうる。要するに，費用便益分析は，優先づけの的確さを担保する手段であり，規制が適切に執り行われることを阻む障害への打開策となるのである。

　当然ながら，費用便益分析に関する意見の対立は，多分に，その分析にどのような要素を含むべきかを厳密に特定することの難しさに起因する。錯誤懸念に関して理解を深めても，ある種の費用便益分析が正しいとお墨付きを与えることにはならない。もちろん，著者は，費用を支払うことに対する個々人の意欲の集約結果のみですべての規制が決められるべきとは考えない。そのような，さも経済効率こそが規制の目的であるべきだという，賛否を呼ぶ（そしてきわめて疑わしい）立場を採用するつもりはない。そうではなく，何が正義で何が善かという大きな問題については不可知としつつ，認知に関する理解をベースに，費用便益分析を擁護してみようと思う。そしてそれが，コミットする理論的立場の違いを超え，またコミットすべき立場がはっきりしない人々も含め，多くの人から支持を受けるものとなるよう試みる。

13.1　錯誤懸念，そして規制への社会的要請

　人が錯誤懸念に陥ってしまうのは，いったいなぜか。その答えのいくつかをこれから紹介するが，理解するうえでは，それらをシンプルな枠組みの中に配置することが役立つだろう。近年，多くの研究で，人がリスクをはらむ活動や手続きについ

て評価する際には，心の中で2系統の認知的処理が働くことが指摘されている。時にそれらはシステム1，システム2と表される。システム1は速く，連合的で，直感的である。それに比べてシステム2は，熟慮的で計算的，スピードが遅く，分析的である。2つのシステムは，脳内でも異なる部分が関わっている可能性が高いが，特定的な脳部位があろうとなかろうと，その2つの区別は有用である。重要な点は，人々が，人や行動や過程に対して，瞬間的で直感的に反応するということと，そのような即時的反応が，思考的な簡便化方略として機能し，より深い問題に関する熟慮的で分析的な判断に取って代わるということだ。簡便な判断は，システム2による上書きや修正が可能な場合もある。たとえば，システム1は，飛行機に乗ることや大型犬に対する恐怖心をあおるかもしれないが，システム2が熟慮・評価を行うことで，それらのリスクが実際はささいであるという判断に落ち着かせるのである。

筆者の提案は，錯誤懸念が，多くの場合はシステム1の産物であり，それに対して費用便益分析は，システム2による是正手段の一種として機能し，真のリスクを人々に気づかせることに一役買うということである。もちろん，システム2自体が大きく判断を誤ることもある。便益の分析が誤りだということはあるし，リスクを金銭的価値に置き換えるということがさまざまな問題を生みかねない。システム2が，エラーと無縁だという捉え方は間違いだろう。ここでの主張は，ひとえに，システム1はシステマティックなエラーを招きやすく，そのエラーは錯誤懸念を生むという点，そして，リスク低減のコストと便益が適切に評価されることで，錯誤懸念の有効な歯止めとなるという点である。

それらの点は，個人による判断の場合にもっともよく当てはまる。人々が，飛行機の利用を恐れる一方で，煙草を吸うことには不安を感じていないならば，ある種の費用便益分析のようなものは有効であろう。対して，政治プロセスは，どれだけ民意に敏感な民主制政治であっても，システム1の単なる反映とはなりえない。議会や行政機関が行動に移るときには，複雑なダイナミクスがそこに介在する。そして，そのダイナミクスには，自らの利害が絡み，情報を得ようと強く動機づけられた民間団体の活動が，主要な要素として含まれる。法律に対する社会の要請がもとで，小さなリスクへの過剰反応が生まれたときのため（Sunstein, 2002），無分別な大衆による訴えから，法律を守るような仕組みが構築されなければならない。いずれにせよ，（往々にして利己的あるいは利他的な民間団体によりもたらされる）大衆的な錯誤懸念が，公共資源の配分に著しい問題をもたらすことは明らかである（具体例はSunstein, 2002を参照）。錯誤懸念が社会的相互作用と政治的影響過程の結果である限り，また不適当な資源分配が多様な要因の産物である限り，費用便益分析の必要性はますます高まるのである。

これらの主張は，次の疑問に直結する。費用便益分析とは，そもそも何であるか？　差し当たっては，次のような理解を置こう。当該アプローチのもとでは，規制の遂行者は，その規制がもたらすメリットとデメリットを明らかにし，それを可能な限り数量化し，意思決定の際の判断材料とするよう求められる。たとえば，金銭的価値や，生存年数の増分，入院件数の減少度合い，確保された労働日数などに置き換えるのである。さらなる仮定として，費用便益分析は，再分配の観点を取り入れることもでき，たとえば，社会経済的に弱い立場の人々への不利な影響が出そうな場合には，任意の重みづけを適用することが可能である。では，費用便益分析は，いかにして錯誤懸念の問題解消に資するのであろうか。

13.1.1　利用可能性ヒューリスティック

1つ目の問題は純粋に認知的なものであり，人がリスクについて考える際に利用可能性ヒューリスティックが用いられることにある（Noll & Krier, 1990）。これは確立した知見であるが，人々は，思い出しやすい出来事ほど，それが起きやすいと考える傾向がある。たとえば，多くの人が，1ページに含まれる単語のうち，アルファベットのnが末尾から2文字めにある単語よりも，ingで終わる単語の数のほうが多いと感じやすい（少し考えるとそれがありえないと分かる）（Tversky & Kahneman, 1983）。リスク判断は，利用可能性ヒューリスティックの影響を受けやすく，人々は，大々的に報道される出来事（自動車事故，竜巻，洪水，ボツリヌス中毒）による死者数を過大視し，報道されることが少ない原因（脳卒中，心疾患，胃がん）による死者数を過小視する（Baron, 1994, p. 128）。同様に，原子力発電に向けられる懸念の大部分は，間違いなく，広島，チェルノブイリ，スリーマイル島などで起きた，記憶に残る出来事と関連付けて生じている。

関連して，テロリズムとSARSに関するリスク認知の国際比較調査から，次の結果が報告されている（Feigenson et al., 2004）。アメリカ人は，SARSよりもテロのほうが，自他に対する脅威がはるかに大きいと見なし，カナダ人は，テロよりもSARSのほうが，自他にとって脅威だと見なしていた。アメリカ人は，テロによって重大な被害を受ける確率を8.27％と推測したが，これはSARSによる重大な被害の見積もり（2.18％）の4倍であった。カナダ人は，SARSによって重大な被害を受ける可能性を7.43％と見積もり，テロによる被害の見積もり（6.04％）よりも統計的に有意に高かった。注目すべき点として，とりわけカナダ人において，SARSに関する判断に非現実的なほどの過大推定が見られた。実際のSARS感染率は，カナダ国内の統計によれば.0008％（さらにそれで死亡する確率は.0002％）である。また，テロのリスクを客観的に計算することは当然難しいが，仮にアメリカが9.11と同じ規模の死者数を出すテロ攻撃に，年に1回はさらされたとして，テロにより命を落とす確率は約.001％となる（特定状況下での憶測値にすぎないが，取っ掛かりとしてはありえない数字でもないだろう）。

国による違いや，全体的にリスクが過大視される傾向は，何に起因するのだろうか。その答えの大部分を，利用可能性ヒューリスティックが握っている。アメリカでは，テロのリスクは（控えめに言って）多くの注目を浴び，脅威の感覚を育み続けている。一方，アメリカでSARSの発症例はなく，メディア報道は国外の事例のみであったため，一定程度の注目はあれ，テロ関連に比べてかなり限定的であった。そして，カナダではその逆の状況が起きていた。SARSに関する議論が社会を席巻し，身近な事例もある中で，その感覚的な数値は水増しされ，テロの値を上回るまでに至ったのである（もちろん，ポスト9.11の大多数の国と同様，カナダでもテロは顕在的なリスクである）。

人々が情報を持たなかったり，エラーを生む簡便的思考で判断したりする限り，民意に即応的な政府は失敗に陥りやすいだろう。現に，民間団体の多くは利用可能性に依拠し，特定の事例を取り上げ，それがさも大問題の代表例として扱われるよう強調する。費用便益分析は，自ずとその是正手段になる。なぜなら，費用便益分析は，規制による実際の効果に注目し，時に規制が驚くほど小さな効用しか生まないことを浮き彫りにするからである。その意味で，費用便益分析は，非民主的と理解されるべきではない。むしろその逆で，政府の決定が，事情に精通した市民の判断を反映したものとなるよう保証することで，（適切に掲げられた）民主的目標を支える手段となることが認識

されるべきである。

13.1.2 社会的影響による状況の悪化：情報・評判のカスケード

当然ながら，利用可能性ヒューリスティックは，人間の社会性と無関係に働くわけではない。利用可能性ヒューリスティックは，社会的性質を帯びた心理過程と相互作用し，特に情報や評判などの影響と関わる（Kuran & Sunstein, 1999）。ある人が，自らの発言やふるまいを通して，何かが危険だ，危険でないということを伝達するとき，その個人は情報の外部性[i]を生み出す（Caplin & Leahy, 1998）。人物Aが発するシグナルは，その事柄に関するデータを他者に提供する。人々が個人的に有する情報が限られているとき，そのようなシグナルは，情報カスケードを引き起こす恐れがある。それは，民間・公共のいずれの活動にも重大な影響を与え，多くの場合，規制政策を歪ませることにつながる（Kuran & Sunstein, 1999, p.720）。

たとえば，次のような場合を想像してみてほしい。Aが，使われなくなった有害廃棄物処理場の危険性を主張したり，身近にそのような施設があるので抗議活動を始めたりする。そして，日頃から懐疑的ないし反体制的なBが，Aに賛同する。すると，ことの真偽に明るくないCが，AとBが揃ってその信念を持っているなら，それは正しいに違いないと考える。そして，A，B，Cの3者が共有するようになった判断を退けるには，よほど確信的なDでないと不可能となる。このような影響過程の結果が，社会的カスケードであり，何百，何千，何万という人が，他人はそう考えているだろうという単純な理由で，ある信念を受け入れてしまうかもしれない（Hirschleifer, 1995）。これはなんら奇抜な発想ではない。カスケード効果は，使われなくなった有害廃棄物処理場（地域環境への有害性はほとんどない）に対して，なぜ多くの人が懸念を覚えるのか説明してくれる。その他にも，農薬「アラー」[ii]や，飛行機事故の危険性，あるいはコロラド州リトルトンの事件発生後にみられた，校内銃乱射事件に巻き込まれることへのきわめて過剰な社会不安は，すべてカスケード効果に起因するものといえる。ヨーロッパでも，カスケード効果は，「狂牛病」との絡みで食肉生産拠点の大規模移転を引き起こし，また，遺伝子組み換え食品への社会不安に拍車をかけてきた。

認知的影響は，評判との関連で増幅されることもある。大多数の人が何らかのリスクに警戒を示しているとき，人は，自分が愚鈍で非情で無関心な人間だと見られたくない一心で，その警戒心が妥当なものか疑問を挟むことを控えることがある。また，あるリスクを多数の人がリスクと見なしていない場合にも，自分が臆病に，あるいは狼狽しているように見えることを恐れ，反対意見を表明しないかもしれない。そのような影響過程は，利用可能性ヒューリスティックを介し，カスケード効果に至る可能性がある。その結果，わずかなリスクに対しても，民意が規制を求めることがあると同時に，相当程度のリスクが実際には存在しても，規制を求める声が少ない，あるいはまったくないといった状況もありうる。利害が絡む民間団体は，そのような影響過程に付け込み，利用可能性ヒューリスティックを利用するかもしれない。たとえば，ヨーロッパの企業が，競合するアメリカの企業を退けるため，遺伝子組み換え食品への不安をかき立てようと試みたことがある。

費用便益分析は，ここでも自然と出番が与えら

---

i ［訳者註］ある主体の意思決定が他の主体に影響を及ぼすことを指す経済学の概念。

ii ［訳者註］1989年にテレビ報道がきっかけで社会的パニックが起きた製品。

れる。行政機関が費用便益分析に従うとき，情報や評判の影響力にもとづくカスケード効果と一定程度距離をとることができるだろう（とりわけ，利用可能性ヒューリスティックが働く場合に有効となる）。費用便益分析の効用とは，錯誤懸念に，ある種のテクノクラート的（科学技術的）精査をかけ，人々が求める規制が迷信に依拠するものとならないよう担保するとともに，（情報不足が理由で）社会的要請がたとえ少なくても，政府がリスクに適切な規制をかけるよう保証することにある。この場合も，便益について熟慮することで民主制が阻害される心配はない。人々が抱く懸念が，疑わしき情報によりかき立てられたものであったり，実際には恐怖に値しないものに対して示されていたりするとき，「熱」を帯びた大衆的反応にテクノクラート的制約をかけることは，民主制の原理からなんら外れるものではない。同様に，カスケード効果の恩恵に預かれず見過ごされがちな重要課題に，政府が適切な資源を割こうと取り組むことに，なんら非民主的な面はないと言える。

13.1.3 感情と確率無視

利用可能性ヒューリスティックが原因で，人々は確率の評価を誤るかもしれない。しかし，人はそもそも確率など評価しようとしないこともあるし，特にその傾向は強い感情経験が絡むときに顕著となる。たとえば，何かしらの発生確率に大きな差があったとして，当然その差は重要視されるべきであるにもかかわらず，さして考慮されないということがありうる。思考や行動に影響を与えるのは出来事により生じた結果そのものとなり，それがどれだけ起こりやすいかではなくなる。ここにおいても，錯誤懸念の弊害が認められる。

確率無視の現象をもっとも明瞭に示したのは，人々が電気ショックを避けるためにいくら支払うかを検討した，次のような研究である（Rottenstreich & Hsee, 2001）。実験では，電気ショックを受ける確率を変えたときに，その違いが，強い感情を喚起する場面と，比較的感情が関わらない場面のどちらでより影響力を持つか調べた。「強い感情」喚起の条件では，実験参加者は「短時間の，痛みはあるが危険性はない電気ショック」を受ける可能性がある実験への参加を想像するよう求められた。相対的に感情喚起が弱い条件では，参加者は，実験中のペナルティとして20ドル失う可能性があると伝えられた。そのうえで，参加者は，そのような実験への参加を回避するため，いくらまで支払ってよいと思うか尋ねられた。参加者の一部は，ペナルティ（20ドルの損失か電気ショック）を受ける確率が1％だと伝えられ，その他の参加者は99％だと伝えられた。

実験の結果は，発生確率の違いは，感情喚起を伴う被害（電気ショック）を想像した人々よりも，感情喚起が弱い被害（20ドルの損失）を想像した人々に，はるかに強く影響していた。金銭的ペナルティの場合，それを受ける確率が1％であるときと確率が99％のときでは，支払額の中央値に，予想通り大きな開きがあった。具体的には，1％の確率を回避するためには1ドル，99％の確率を回避するためには18ドル支払うと人々は答えた。対して，電気ショックの場合は，発生確率の大きな違いは，支払おうという額の中央値にはわずかな差しか生まず，1％を回避するために7ドル，99％を回避するために10ドルという結果であった！ 明らかに，人々はたとえ発生確率が低くても，強い拒否感情を伴う危機を避けるためには多額のお金をかける傾向があり，その金額は，確率が変わってもあまり変動しないのである。

同様の傾向については，多くの実証例がある。たとえば，次のようなものだ。

1. 低確率のリスクについて人々が話し合うと，リ

スクへの懸念は強化される。たとえ，その話し合いの大部分が，被害が生じる見込みはどう考えても小さそうだという確認に割かれていたとしても，その傾向は変わらない（Alkahami & Slovic, 1994）。

2. 航空機利用にかける保険にいくら払うかを答える際，「テロ」による損害に対応するものだと言われると，原因によらずあらゆる損害をカバーするものよりも支払い額が増える（Loewenstein et al., 2001）。

3. 人々は「心配性バイアス」を示す。ある脅威について相反する見解を提示されると，より不安を喚起する見解に人は引っ張られる（Viscusi, 1997）。

4. さまざまな強さの電気ショックの痛みを想起させ，経験される不安の度合いを調べた実験では，電撃を受ける確率は不安の程度に影響しなかった。「自らが電撃を受けることを想像するだけで，感情を刺激するには十分であり，その喚起の程度は，電撃を受ける見込みが実際どれだけあるかには，ほとんど左右されない」（Viscusi, 1997）。

ここで扱っている概念の区別については，注意が必要である（Elster, 1999; Kahan & Nussbaum, 1996; Nussbaum, 1999）。感情は一般に信念の産物である。そのため，リスクへの感情的反応（たとえば，恐怖）は，基本的に判断が媒介する。ただし，そうではなく，脳の働きにより，最低限の認知活動から激しい感情反応が生み出されることもある（Loewenstein et al., 2001）。いずれにせよ，感情をもたらす判断自体が信用ならないときがある。多くの議論を呼ぶ話だが，少なくとも，ある種のリスクが，多くの人に，大部分で直感的で激しい反応を呼び起こすようだということは十分に主張できよう。「集合的パニック」の実例からは，まさしくそのような構造が見て取れ，何か問題が起きそうだという鮮明なイメージがあると，統計的証拠に基づく安心材料などわずかな効果しか持たないことを教えてくれる[2]。

ここでの費用便益分析の役割は，明快である。上院が，激情的な下院への，一種の「冷却効果」を見込んで設置されたのと同様に，費用便益分析は，政策がヒステリーや恐慌状態のもと推し進められることを防ぎ，当該のリスクやそれを規制することの影響をしっかり考慮したうえで進められることを保証する。

また，そのような状況下では，費用便益分析は単に不当な規制をチェックするだけではない。それに加えて，規制を進める効果を持ちうるし，そのような役割も担うべきである。あるリスクの背後にある過程から，人々が鮮明なイメージを得にくく，直感的な反応が生じないとしよう。そのような場合にも，費用便益分析によって，規制の必要性を訴えることができる。それを象徴する例として，ガソリンが鉛を含有することを禁止する動きは，費用便益分析によって導かれたのである。

13.1.4　全体波及的な影響過程と「健康 対 健康のトレードオフ」

人々は，複雑に入り組んだ問題の，細かな要素に注目しやすい。そのため，因果的な変化は捉えにくくなる。ドイツ人の心理学者であるDietrich Dornerは，人がどれだけうまく社会工学に取り組めるかを検証するため，コンピューター上で見事な実験を行った（Dorner, 1996）。その参加者は，世界のある地域の住民が直面している困難を解消することを求められた。コンピューターからは，問題解決につながる多くの政策的イニシアチブが提案される（家畜の飼育法の改善，小児期の予防接種，井戸の掘削）。しかし，多くの参加者は，その介入がもたらす，複雑で，社会構造全体に波及する効果に気づくことができず，次第に惨憺たる状

態に至ってしまう。ある行動の先にある結果を何段階にも渡って見通せる者，すなわち一回の介入が社会に及ぼす幾重もの影響を理解できる者は，一握りなのである。

　規制は多くの場合，同様の全体波及的な影響をもたらす。たとえば，原子力に規制をかけるという決定が，石炭火力発電所への需要を高め，結果的に環境破壊につながるということがある（Breyer, 1978; Huber, 1987も参照）。あるいは，新規の車種に燃費基準を課すという決定が，車体の「ダウンサイジング（小型化）」をもたらし，搭乗者の生命の安全が脅かされることになるかもしれない。アスベスト使用を禁じる決定は，メーカーに，安全性に劣る代替品の使用を促すかもしれない。地表付近のオゾンに規制をかけると，オゾンによる健康リスクは低下させられるかもしれないが，オゾンには，白内障や皮膚がんを予防するという有益な効果もある。オゾン規制は健康リスクを予防すると同時に，それに匹敵する別のリスクを生み出すかもしれないのである[3]。さらに，オゾン規制は電気代の値上げにもつながり，その結果，貧しい人々が冷房を使えなくなったり，使用を控えたりすることで，命の危険にも直結しかねないのである（Gray, 1988）。

　以上は，1回限りの介入策による全体波及的な影響として，行政機関が，自然と「健康」と「健康」をトレードオフしてしまう現象の一例にすぎない。実際に，「裕福なほど安全」だという現状は存在し，人々に大きな負担を強いるような規制の場合にはその代償として，命や健康への一定のリスクが必然的に高まると言える（Cross, 1995; Graham et al., 1992; Keeney, 1994; Wildaysky, 1980, 1988）。費用便益分析の利点として，人々が問題の細部に目を向けることを防ぎ，より大局的な視点で，一見すると無関連な行動の間にある影響関係を見出すよう求めることができるのである。

13.1.5　危機はオン・スクリーン，便益はオフ・スクリーン

　人々はなぜ，専門家によってリスクが低く見積もられているにもかかわらず，原子力の危険性をそこまで気にするのだろうか（実際には，専門家により，原子力発電は，一般の人から比較的に問題視されにくい石炭火力発電など他のエネルギー源よりも危険性は低いとみられている）。また，一般市民はなぜ，農薬による多少のリスクには規制が必要だと考えるのに，同程度に多少のリスクがあるX線にはそれなりに許容的なのだろうか。

　考えられる説明として，研究は次のような点を指摘する。リスクはわずかであっても社会的な関心が強く向けられる活動の多くに対して，人は，その便益を小さく，リスクを大きく見積もる傾向がある[4]。たとえば，多くの人々は，原子力を，便益が少なく，高リスクな活動とみなす。同様の研究結果は，実際に比較的高いリスクが伴う活動に対しても認められ，「多くの便益」という判断があることで，「低リスク」だと判断される。便益をもたらすものだという知識が判断をゆがめ，その認知に沿うようにコストの過小評価を招くのである。

　そこから自ずと導かれる結論として，あるリスクへの規制を人々が求める理由は，リスクに見合うだけの便益が当該の活動に認められていないためということもあるだろう[5]。そして活動によっては，トレードオフが最初からまったく知覚されていないこともある。危険性のみ思考のスクリーン上にしっかり映しだされ（オン・スクリーン），便益はスクリーンから消えている状態（オフ・スクリーン）である。当該の活動に，リスクに見合う便益が本当に伴わないわけではなく，知覚上の錯覚ないし認知バイアスの一種によるものである。

　ここでの重要な要素は，損失回避である。すなわち，利得を獲得することの好ましさよりも，現状から損をすることの不快感のほうが大きく感じ

られるという傾向である（Camerer, 1995; Kahneman et al., 1990; Thaler, 1991）[6]。リスク規制の文脈では，新たなリスクが見つかったり，既存のリスクが高まったりすると，相当な便益があったとしても（現状からの利得獲得は顕現化しにくく重要視されにくいため）問題の深刻さのほうが取り沙汰されることになる[7]。すなわち，危険を増やすような新規リスクが現れると，人々は危険性自体に注意を向け，それに伴う便益には注意を払わなくなるといえる。そして，重要な問題は，危険がオン・スクリーンで，便益がオフ・スクリーンとなる状況の多くで，実際の危険度は低いという点である。費用便益分析は，あらゆる効果を思考のスクリーン上に映すことで，その是正手段となりうる。

13.1.6　一般的な示唆

費用便益分析の有効性を主張するに足る認知的な議論は出そろった。当然の事実として，人々は十分な情報を持っておらず，そのせいで，必要な規制を求めなかったり，規制を過度に求めたりする。これは，一種の「パラノイアとネグレクト」といえる（Graham, 1996）。一般に理解されにくいのは，人々に備わっている認知的な傾向がもとで，必ずしも実情には沿わない規制を，社会が要請するということだ。そのような認知傾向を，政治的事業家は利用し，たとえば，利用可能性や確率無視に頼ることで不安を引き出そうとする。そして，リスクを低減するための代償がオン・スクリーンであるとき，人々は錯誤懸念に陥り，重大な危機が無視されてしまうかもしれない。2001年9月10日の時点でのアメリカや，ハリケーン・カトリーナが発生する直前にどうであったかを思い出してみてほしい。どちらの状況でも，専門家は，人々よりもはるかに強く懸念を示していた。

妥当な資源配分のためには，規制が過度に，あるいは不十分に課されることを防ぐような，チェックの手続きを法的に組み込むことが望まれる。利用可能性カスケードによって不安が増幅された結果として人々が規制を求めたり，ある活動の恩恵がリスクに比べて認識されていなかったりする場合には，規制施行前の措置として，規制によるコストと便益にチェックをかけることが望ましく，それを法的に義務化すべきだろう。利益団体が，認知メカニズムを利用して，根拠のない不安を喚起したり，重大な問題への懸念を払拭しようとしたりする場合を想定し，社会の過度ないし不十分な動きに実効的な制約をかけることを可能にする予防措置が制度化されていたほうがよいだろう。

関連して，規制を求める動きが民意として上がってこなくても，よい結果をもたらすと見込まれるものについて，政府が積極的に取り組むことを促す仕組みが求められるだろう。ここでも，コストと便益を秤にかけることが有効となる。実例として，ガソリンに鉛を含めることの段階的廃止に至った動きには，費用便益分析が関わっている。また，レーガン政権下で，フロンガス使用の段階的廃止の決定を後押ししたのは，廃止による利益が損失よりもはるかに大きいことを示す，費用便益分析の結果であった[8]。

ただし，注意点が1つある。統計的に見れば大したことのないようなリスクであるにもかかわらず，社会が規制を求めるとき，認知的エラー以外の要因が働いていることは大いにありうる。たとえば，人々は，地理的に隔てられた地域に住む貧しい子供たちを，特有の危険から保護することは何より重要と捉え，それを確実にするためであれば，常識を超えた額を投資しても良いと考えるかもしれない。一見すると認知的エラーによるものと思われても，よく見ると，実際は価値観を反映した判断であり，たとえ熟慮を経ても判断が変わらないということがある。この点については後ほどあらためて議論するが，ここでは，次の2つの

点に注意してほしい。エラーが果たして関わっているか，という問いは，実証的な問題であり，（少なくとも原則的には）実証的検討の対象となるものである。そして，たとえ統計的にはリスクがあまりないような対象であったとしても，人々が，価値を認めて進めているプロジェクトであれば，それに資源を割くことを費用便益分析が阻むことは絶対にない。

　もちろん，費用便益分析の効用は，これまで強調してきた認知上の問題解決にとどまらず，他のさまざまな問題への解決策としても機能する可能性がある。利益団体が，自らにとって都合の良い規制を勝ち取ることができ，一方で，社会の利益にかなう規制の実現を妨げることができるとすれば，コストと便益のバランスをとることが，その予防措置として働くだろう。もし人々が近視眼的で，未来に価値など置いていないようふるまうのであれば，費用便益分析はおおいに役立つと考えられる。例として，気候変動の問題を考えてみてほしい。この問題においては，錯誤懸念により規制の要請が少なく，また人々が未来を軽視しすぎるあまり，適切な規制が困難になることが浮き彫りになった。そのうえで，費用便益分析は，その規制が適切だと示すうえで有効である。オゾン層に有害な化学物質に関する議論の中で，費用便益分析が積極的規制に拍車をかけたし（Sunstein, 2007），温室効果ガスへの規制は，（国際的な取り組みとして）それによる損失と利益を丁寧に分析することで，合理性を伴って擁護された。

13.2　いくつかの反論：ポピュリズム・数量化・競合的合理性

　ここまでの議論は，慎重に進めてきたつもりだが，3つの明白な反論に突き当たる。1つ目は，民主主義の観点からの疑問，2つ目は，数量化に伴う課題に関する点，そして3つ目は，一般に，人々の判断が認知的制約ではなく，一種の「競合的な合理性」に基づくという可能性に関わる点である。

13.2.1　ポピュリズム

　第一の反論は，大衆主義の立場からのもので，民主的な政府は法律を求める社会的な「要請」に適切に応じるべきだという主張である。すなわち，政府は，費用便益分析の結果が示しているからといって，社会の要請を拒むことは許されない。民主的な政府は，説明責任を果たすべきであり，効率性やテクノクラート的に導かれた判断のもと，説明責任に制限をかけようとするアプローチは，必然的にすべて非民主的となる。大衆が示す懸念が誤っているかもしれないし，そうでないかもしれないが，いずれにせよ，民主的な政府は大衆の懸念にはしっかり応じるものだ，というのが反論の主旨である。

　この反論の問題点は，民主主義の捉え方にある。すなわち，市民の要請に，その事実的根拠にかかわらず応じるということを，政治的合法性の基礎に据えるような定義を置いているが，それは賛否があるし，受け入れがたい主張とさえいえる。市民の要請が正しい情報にもとづいていないならば，政府がそれを拒否することは，まったくもって適切だろう。現に，分別ある市民であれば，自らの無知に基づく要請に政府が応じてほしいとは考えないだろう。そして，ここまでの議論で，人々の要請の多くが，実際に無知や無分別にもとづくことを指摘してきた。そうであれば，それは費用便益分析に代表されるような熟慮の対象とすべきである。そのような分析がなされ，その結果を官僚が踏まえたときこそ，民主政治を担保する仕組みが維持されることになるし，民意に背いた者には選挙の際に制裁を与えることが可能になる。費用

便益分析は，少なくともその評価過程の一要素であるべきで，ある取り組みが必ずしも予期する結果につながらないことを人々に気づかせる材料となる。

13.2.2　社会的な財の質的な違い

一部の人は，規制対象となる財の多く（人・動物の生命や，健康・娯楽・美などが関わる機会）が，単なる商品とは異なり，お金で測れるものではないという理由で費用便益分析に反対する。そういった要素が関わる場合の個人の内省的な判断は，費用便益分析の還元主義的な性質にはそぐわないと主張するのである。このような議論が転じて，さまざまな財を金銭的な価値に置き換えんとする取り組みに対する，哲学的な議論が展開されている（Anderson, 1993）。

そのような議論が説得力を持つのは，費用便益分析が，あらゆる財を通約可能とする立場を採用する場合である。それはすなわち，費用便益分析が，環境の快適性や個人の生活に対して，銀行預金と同じ価値を置くよう求めるものであるとき，あるいは，あらゆる財を単一の尺度上に並べられるという，形而上学的な主張として受け取られるとき，そして，5人の命を救うことが，なんらかの深い意味で，2千〜3千万ドルの支出を抑えることと等価にみなされるときに限られる。人々は日常的に，そのような通約性への抵抗感を表明し，特定の財には，道具的な価値の他に，それ自体に内在的な価値が備わっているとみなしやすい。財に質的な多様性が存在するということから，コストと便益に基づく最終的な「損益」は，関連する要因の，より質的な説明で補足されるべきだという主張が呈されるのである。

しかし，費用便益分析が，財に関して還元主義的な捉え方をするという理解は必ずしも正しくなく，あらゆるものを人間生活にとっての「消費財」とみなそうとする見方はさらに当てはまらない。費用便益分析は，実用的な道具として理解されるべきで，深遠な問題には立ち入らず，複数の財が関わる状況で難しい判断を行う際に役立つことを目的とする。言い換えると，費用便益分析は，形而上学的ではなく，実用主義的に，さらには政治的に評価されるべきかもしれない。結論として，最終的な数字は，投入された素材に比べると情報量が落ちるかもしれないし，政府の官僚は，規制の効果を人々が確実に理解できるよう，費用便益分析について十分に情報を提供するべきである。これは，コストと便益を秤にかけることについて，なんらかの過剰な理解を当てはめる者への反論となる。しかし，コストと便益のバランスをとることへの反論とはならない。

13.2.3　競合的な合理性

費用便益分析の認知的議論への最後の反論は，ある意味で，もっとも根本的である。この観点では，費用便益分析は，一般人の直感に対するチェックとしては望ましくない。なぜなら，人々の直感は「競合的な合理性」を反映するためである。一般の人々は，たとえ考え方が専門家と違っていても，常に錯誤懸念に陥るわけではない。その逆に，人々は，何を最大化したいかについて複雑に理解している。助かる命の数を単純集計するにとどまらず，当該のリスクがコントロールできるか，人々の意思と無関連に生じるものか，恐ろしさはどれほどか，平等に割り当てられているか，大惨事に至る可能性があるかなど，さまざまな点についても思考を巡らすのである。表13.1を参照してほしい。

中には，一般市民の意見が専門家と食い違う際には，市民のほうがより「濃く」，「奥深い」合理性を備えており，民主制のもとでは市民の判断こ

---

iii　［訳者註］共通の基準で比較できるということ。

表13.1

リスクの性質	増悪的	緩和的
知っているか	新しい	前からある
個人的コントロール	コントロール不能	コントロール可能
意思との関連性	自主的	意思と無関連
メディアによる注目	よく報道されている	報道されていない
平等性	平等な割り当て	不平等な割り当て
子供の関与	子供への特別なリスクがある	子供はリスクの対象とならない
次世代への影響	次世代へのリスクがある	次世代へのリスクがない
可逆性	不可逆的	可逆的
被害者の特定可能性	被害者が特定できる	被害者が特定できない
付随する恩恵	明らかな恩恵がある	恩恵が見えない
原因	人為的	自然が生む
関連機関への信頼	関連機関への信頼が低い	関連機関への信頼が高い
ネガティブな影響のタイミング	影響があとからくる	即時的な影響
理解の程度	原理があまり理解されていない	原理がよく理解されている
先例	事故の先例がある	これまで事故が起こっていない

そ優先されるべきと主張する者がいる（Slovic et al., 1985）。より穏健な見解として，政府の仕事は，人々の素朴な判断のうち，事実誤認に基づく判断（たとえば利用可能性ヒューリスティックが関与したもの）と，価値判断が反映された判断（たとえば自主的に被られるリスクは，意思と無関連に降りかかるリスクよりも重視されにくい）とを切り分けることだという考えもある（Pildes & Sunstein, 1995）。いずれにしても，「心理測定パラダイム」は一般人の判断が，救われる命の数以外のさまざまな要因に規定されるということを示すよう作られている（Slovic, 1997）。

この問題提起へのもっともシンプルな応答は，それが必ずしも費用便益分析への批判にならないというものだ。この議論が主張するのは，便益とコストに関するすべての判断は，（人々の支払い意欲を基盤とするかによらず）種々のリスクについての人々の多様な評価を考慮すべきという点にすぎず，原理的には，その通りにすることになんら問題はない。ただし，生命へのリスクについて，一般人と専門家の間に生じる意見の食い違いを，上述の質的要因によって完璧に説明できるという，いまや社会に浸透した考え方には，疑問がある。リスクの重大さに関する人々の判断が，先にリストアップした質的要素を念頭に成り立つ**可能性がある**ことは間違いない。そしてそのような考え方のもと，一般人は専門家よりも「奥深い」合理性を有するという認識が広まった（なぜなら，一般人は人の死を統計だけで捉えず，死の性質や原因に目を向けるためである）。しかし，あるリスクの重大さについての一見「奥深い」判断が，実は価値観に照らして考え抜かれた結論でなく，システム1が働いた結果だという可能性もある。より具体的に，人々の判断は，状況的手がかりと無関係に生じていたり，トレードオフが必然であることへの無理解によるものであったり，その文脈にはそぐわないヒューリスティックな認知傾向によるものであったり，個人がはっきりとは説明できないもろもろの複雑で混乱した考えにもとづくものかもしれない（Margolis, 1998）。

たとえば，原子力には重大なリスクがあると人々が口にするとき，彼らは，直感的に，強い懸念に

基づいて反応しているかもしれない。それは，生命の危機についての（根拠なき）統計判断によるかもしれないし，リスクがさまざまな社会的恩恵も生んでいることに（他の状況下と同様に）思い至らないことが原因かもしれない。つまり，人命が著しい危険にさらされているという判断が，「奥深い」質的評価ではないことがある。そうではなく，人命が脅かされているという認知と，活動がもたらす恩恵が少ない，あるいはないという認知を踏まえ，すばやく天秤にかけた末の（信用ならない）直感という可能性がある。もしも「奥深い合理性」など関与しないならば，費用便益分析は，錯誤懸念に対するチェックとしてそのまま使える。一方でもし奥深い合理性が，まさしく人々の判断の源泉であるときには，コストと便益の評価は，人々の信念を踏まえて行われるべきだろう。

13.3 費用便益分析についての不完全な理論化にもとづく合意？

13.3.1 支払い意欲の集約にまつわる問題

ここまで，費用便益分析が，リスク評価をする一般人が直面する認知上の問題への，有効なアプローチであると論じてきた。また，費用便益分析を，判断材料の1つ（ないし主要な材料）として使うことに，民主主義的な支障はないことを指摘した。さらに，費用便益分析が，数量化に関する懸念に応える形で理解可能なことと，最大化が目指されるべき唯一の項目とは，救われる命の数（もしくは，生存年数の増分）であると述べた。

しかし，それらの議論は，費用便益分析がどのようなものと理解されるべきかという，より一般的な問いには答えない。最も反論が出にくく，本論でも採用している理論的説明として，費用便益分析とは，ざっくりとした結果主義の一種にすぎないということが挙げられる。規制をかけるメリット・デメリットを特定することを奨励するが，どのような重みづけが適切かということには触れないという捉え方である。この捉え方の利点は，異議が唱えられにくいということである一方で，欠点は，中身の乏しさにある。人々の賛同を得られるが，何の意味もない。対して，きわめて賛否が割れる理論的説明が，費用便益分析は，さまざまな財について「いくら支払うか」人々に尋ね，得られる値をもとに意思決定するというものである。このようなアプローチの問題点は，人々の個人的な事情を無視するかもしれない点と，（支払い意欲は支払い能力に依存するため）不公平な分配につながりかねない点，個人的な支払い意欲と社会の期待との間にギャップがある可能性，そして，種々の集合的行動の結果として，人々が個人的に表明する金額に疑念が残るかもしれない点である。

本論の目的に照らしてもっとも大きな課題とは，人々の支払い意欲が，錯誤懸念によりもたらされたものであるかもしれない点である。人々の判断は，知識が十分に伴っていなかったり，事実と価値が適切に反映されていなかったりする。たとえば，メディアによる過度の注目を浴びる類のリスクについて，人は，危険性を過大視するかもしれない。もしそうであれば，そのような判断を政策の土台とするのは不自然だろう。また，なんらかの都合の悪いモノを回避するために，人々が払ってもよいと感じるコストが小さいときには，単にそのモノに慣れてしまったため優先度が下がっている可能性もある。情報の欠如や，剥奪への馴化に基づいて優先傾向が決まっているならば，それは規制政策の良い基盤には到底なりえないだろうし，それらを所与として法律に反映させるべきではない。

13.3.2 不完全な理論化――形而上学的ではなく政治的な費用便益分析

多くの場合，正義や民主主義，国家の目指すべき目標などに関する根深い論争を解消せずとも，法律や政策にまつわる難しい課題を解くことはできる（Sunstein, 1996, 1999）。往々にして，社会的な慣習について，さらには慣習に関わる社会制度上あるいは司法制度上の取り決めについて，理論化が不完全な状態でも合意に達することは可能である。司法と政策の領域の多くで，人々は，ある方針がなぜ必要なのか意見が一致せぬまま，あるいはそれが明確化されないまま，方針を決定してしまうことがある。たとえば，人々が，刑事司法の目的意識を共有していなくても，レイプや殺人を罰することに賛成するし，それらを窃盗や不法侵入より厳罰にすべきと合意する。あるいは，絶滅危惧種を保護することについて，ある人は神学的発想，ある人は動植物種の権利，ある人は動植物種の人間にとっての価値という観点から保護の重要性を唱えるが，たとえ見解の不一致が見られても，全員が絶滅危惧種保護法には賛同する。不完全な理論化に基づいて合意が達成されることの大きな利点として，多様な考えを持つ人々が，互いに有利な条件のもとで共生することが可能になる。さらに大きな利点は，多様な考えを持つ人々が，互いに対して謙虚に，敬意を持って接することを促すということである。

著者は不完全な理論化のもとでの合意は可能と考える。少なくとも，規制政策への費用便益分析の使い道を理解しようとするならば，そのような形での合意を目標とすべきである。種々の社会的な財について，人々に「いくら支払うか」を尋ねれば規制政策に関するあらゆる問題を解決できるというスタンスでは，先に述べたような理由から，合意の達成は難しいだろう。一方で，規制にかける支出の下限と上限はこれぐらいだろうという見込みについては，多様な人々の間でも意見が一致しうる。そして，そのような見込みが，政策の策定や法律の制定においてはおおいに有益となる。端的に言って，費用便益分析にまつわる最大の理論的課題に正面から向き合わなくとも，多くのことが達成できるのである。

当然，次のような問いがあるだろう。ここでいう不完全な理論化にもとづく合意は，誰が対象となるのか？　誰が拒否するだろうか？　著者は，当該の合意には，分別ある人間が幅広く参加できると主張する。それには，功利主義者やカント哲学者，完全論者や政治的リベラル，はたまた個人的な支払い意欲こそ規制政策の基盤だという意見を支持する者・支持しない者が含まれる。民意をそのまま法律に反映せず，政府は国民の要望をしっかりと吟味すべきだと主張する，熟議民主主義の支持者もそこには名を連ねる。著者のアプローチの主目的は省察を担保することにあり，費用便益分析は，より多くの熟議を保証することはあれ，妨げることはない。また，このアプローチは，柔軟性に欠くものでもない。そのやり方のもとでは，行政機関は，理由さえあれば下限・上限を取り払う権限を持つ。たとえば，行政機関が，アフリカ系アメリカ人の子供たちが直面する不合理なリスクから保護するために多額の支出を行いたいときには，自らの行動を説明し，それが妥当なものである限り，支出できるのである。

13.3.3　8つの提案

さまざまな理論的立場をとる人々からの支持を期待しつつ，ここで以下に8つの提案を示す。著者の目標は，費用便益分析を拠り所にし，規制政策に関する不完全な理論化に基づく合意に取り組むための足がかりを提供することである。

1. **行政機関は，提起された方針のメリットとデ**

メリットを特定し，可能な範囲で，その影響を数量化することを目指すべきである。数量化ができないとき，行政機関は，当該の影響の質的な側面を検討するとともに，見込まれる結果を明示することが求められる（たとえば，技術の変化の速さに応じて，年間で150から300人の命が助かるか，1億から3億ドルの支出が抑えられる，など）。報告には，プラスの影響についても，不足なく含まれるべきである。

2. **当該の影響についての数量的な情報は，質的な情報に取って代わるのでなく，補完するものとして扱われるべきである。**質的な情報と数量的な情報は，どちらも提示されるべきであるし，影響の性質について知ることは重要である（たとえば，勤務日の減少，がんの予防，呼吸器系の問題の予防）。可能な範囲で，質的な情報として，誰が救われ，誰が害されるのかについて具体的に伝えられるべきである（例として，子供が受益者の大半なのか一部分なのか，規制が失業や値上がりを招きうるのか，貧困の深刻化につながるのか，など）。具体的な情報がなく推測のみ可能であるならば，その旨を明記し，もっともありうる推測を列挙すべきである。

3. **行政機関は，非金銭的な価値（助かる命，健康促進，美的価値，などを含む）を，金銭価値に置き換えるよう試みるべきである。**これは，命の統計的価値が，たとえば500万ドルに等しいからそう扱うべきと主張しているわけではなく，一貫性や均一性を高め，合理的な優先づけを担保するために必要ということだ。金銭価値への換算は，分析の指針とするための，そして事情をよく踏まえた比較検討を行うための，あくまで実用的なツールである。

4. **生命と健康の尊重を託されている行政機関には，（法か大統領令が定める）下限・上限の推定値をもとに制約がかけられるべきである。**たとえば，法の中で，統計的生命価値は，通常は600万ドルを下回らず，1200万ドルを上回らないと示されるとする。すると，労働と消費の行動データから，1人の命が助かることの統計的価値が500万ドルから700万ドルの間だと示唆されるとき，その値が少なくとも妥当な範囲にあることになる。支払い意欲の値がその範囲内に収まることが，決定的な意味を持つわけではないものの，同じような数字が，行政機関による実施内容の中央値と対応することも事実である。たとえば行政機関が，1人分の命を助けるために50万ドル以上かけようとしない，あるいは2000万ドル以上かけるつもりならば，説明が為されるべきとなる。

5. **行政機関は，下限・上限の範囲を変更したり，下限寄り・上限寄りの範囲を採用したりすることが必要だと判断し，その合理的な理由を公にするならば，そのような調整や決断をすることを認められるべきである。**たとえば，貧困層が特に大きなリスクにさらされているような場合には，調整がありうるだろう。貧困層に対する「下方」調整はなされるべきではない。すなわち，貧しい人々が自分たちの生活を守ることにあまりお金をかけようとしないから（なぜならお金を多く持たないため）といって，それに応じて政府支出が抑えられるべきではない。問題は，よく組織された団体が，自分たちに都合のよい調整を行おうと，公平性に基づく議論を展開しうるという点であり，それに対しては，一定程度の規律を担保することが重要となる。利益団体による操作の危険があまりにも大きいならば，値と範囲を一律に設定したほうがよいということになるかもしれない。あるいは，下限・上限の推定値を頑健なものとし，よほどの事情がない限りは覆せないと定める必要があるかもしれな

い。

6. **行政機関は，上で挙げたようなさまざまな「質的」な要素に基づき，調整を行うことが認められるべきである。** たとえば，「痛みや苦しみへの補償」を付加したり，子供や社会的弱者が害を被る場合に支出を増額したりといったことが，ありうるだろう。エイズが同性愛者や貧困層に対して深刻な害をもたらすので，エイズ関連の死を予防する取り組みには力を入れるべきという判断には合理性がある。できうる限りで，行政機関は，どういった調整が必要で，その根拠が何かを明瞭に示すことが求められる。とりわけ，利益団体が，質的側面の考慮という名目で不当な方向へ調整を進める恐れがあるため，重要である。

7. **根拠なき社会的不安と，その「波及効果」への適切な対処とは，規制の強化ではなく，知識と安心感の提供である。** 錯誤懸念への最良の対応は，正しい知識の提供である。政府は，十分な情報を持たない市民が求めているという理由のみで，莫大な資源を投じることは避けるべきだ。ただし，知識と安心感の提供が失敗したときには，強い懸念を抑えるための安心材料として，規制の強化も1つの手段となりうるだろう（強い懸念は，それ自体がさまざまなコストを生む。たとえば，飛行機事故を恐れる人々が，実際にはよりリスクのある自動車に交通手段を切り替えることを考えてみてほしい。また，不安自体が，コストである点に注意してほしい）。

8. **法律が特別に指定しない限り，リスク規制についての司法審査は，その規制による恩恵とコストの双方を合理的に評価し，全体として害よりも多くの益がもたらされたかどうかを明らかにすべきである。** このような考え方のもと，裁判所は行政機関に対して，下限・上限を設け，それに準じるよう命じるべきである。そのうえで，裁判所は，行政機関が慣例値から離れる（たとえば，人命を600万ドル未満，ないし1000万ドル以上と見積もる）ことも，妥当な理由が機関から提出される限りは是認するべきである。最終的に目指すべき目標は，費用対効果について一種の「慣習法」を作ることにあり，その第一の立法機関としての権限が行政機関に与えられることとなる。

13.4 結び

本章では，通常は経済学的な見地から支持を受ける費用便益分析が，より穏当な形で，認知的観点から推奨できると論じてきた。費用便益分析は，規制のための個別のアプローチがどのような帰結をもたらすかを調べる営みであるが，利益団体の影響力に対処する手段であるとともに，錯誤懸念の問題への有効な対抗策ともなる。錯誤懸念の背後には，利用可能性ヒューリスティックの影響や，カスケード効果によるヒューリスティックの社会的増幅，確率無視，全体波及的な影響構造への無理解が生む予期せぬネガティブ（ないしポジティブ）な効果，リスクの重視に伴う恩恵の度外視，などといった問題が存在する。これらの側面のすべてで，コストと便益を明らかにする試みは，分析におおいに役立つだろう。

著者が最終的に期待しているのは，費用便益分析が，実用性に富む道具と理解され，過度に批判されるべきではないという認識が共有されることである。政府が何をなすべきかという賛否両論ある議論の中で，特定の立場をとらない形で費用便益分析を理解することは可能だろう。その結果，正義や善悪に関して多様な考え方を持つ人々から，広く支持を得られることが期待される。本章では，そのような合意は，新古典主義の経済学のみではな

く（あるいはそれにも増して），錯誤懸念の一般的問題についての理解が進むことで生まれることを提案した。

原註

本章は，Sunsteinがアメリカ連邦政府に所属（はじめに行政管理予算局の局長，後に情報・規制問題局の室長）する前に執筆された。言うまでもなく，本章のいかなる内容も，アメリカ政府の公式見解を示すものではない。執筆段階で有益なコメントをいただいたEldar Shafir氏に感謝を表する。

1. 利用可能性ヒューリスティックについては，TverskyとKahneman（1982）が詳述している。
2. KaranとSunstein（1999）における「ラブ・キャナル」事件についての考察を参照。
3. LutterとWolz（1997）は，アメリカ環境保護庁（EPA）による，オゾンに関する新しい国家環境大気質基準が，年間で，黒色腫皮膚ガンによる死者数を25〜30人増やし，白内障の件数を1万3千〜2万8千件増やす可能性があると推定した。KeeneyとGreen（1997）の試算によると，新基準の達成に年間2000億ドル（十分にEPAの支出見積りの範囲内である）かかるとして，それは年間2200件の早期死亡につながる額である。現象の一般的説明としては，GrahamとWiener（1995）を参照。
4. 原子力と農薬使用がリスクの他に恩恵も生むという点は，一般人の目に映るスクリーンには「表面化せず」，結果的に「高リスク」判断につながる可能性がある（Alkahami & Slovic, 1994）。
5. この点が，専門家と一般人の間のリスク判断の違いに与える影響について，詳しい議論はMargolis（1998）を参照。
6. Thaler（1991）は，「損失は，利益よりも大きくそびえる」（p. 143）と論じている。
7. 損失回避が政策に与える示唆についてはKnetsch（1997）を参照。
8. LutterとWolz（1997）およびKeeneyとGreen（1997）を参照。レーガン政権が積極的に規制を推し進めた大きな理由は，アメリカ大統領経済諮問委員会が，費用便益分析を通して，次のように報告したことにある。「科学的・経済学的な不確実性はともかくとして，皮膚ガンによる死者を減らすことで生まれる経済的利益は，環境保護庁や産業界が試算するフロンガス規制にかかるコストをはるかに上回った」（Benedick, 1991, p. 63）。
9. 完全論者は，立場によって，このような原理には賛同しないかもしれない。たとえば，彼らの否定的スタンスは，絶滅危惧種保護法の事例で説得力をもっとも帯びるかもしれない。本文中の議論では，環境生態学的にさほど重要でない種を保存するために，（少なくとも機会費用として）何百万ドルもの資金をかける必然性については何も説明されていないからだ。しかし，そのような議論を補強する，「メタ的」な費用便益分析のようなものを想定することは可能だろう。たとえば，それにより，意思決定が単純化し，全体的なコストを大きく削減することにつながるかもしれない。ここで扱う規制の内容に関して，完全論者のスタンスは正当化されにくいだろう。とりわけ，コストと効用のどちらの側でも，生命と健康への危機が存在しうるためである。

引用文献

Alkahami, A. S., and Slovic, P. (1994). A psychological study of the inverse relationship between perceived risk and perceived benefit.

Risk Analysis, 14, 1085-1096.

Anderson, E. (1993). *Value in ethics and economics*. Cambridge, MA: Harvard University Press.

Baron, J. (1994). *Thinking and deciding* (2nd ed.). Cambridge: Cambridge University Press.

Benedick, R. E. (1991). *Ozone diplomacy: New directions in safeguarding the planet*. Cambridge, MA: Harvard University Press.

Breyer, S. (1978) Vermont Yankee and the court's role in the nuclear energy controversy. *Harvard Law, Review, 91*, 1833-1845.

Camera, C. (1995). Individual decision making. In J. H. Kagel and A. E. Roth (Eds.), *The handbook of experimental economics* (pp. 665-670). Princeton, NJ: Princeton University Press.

Caplin, A., and Leahy, J. (1998). Miracle on Sixth Avenue: Information externalities and search. *Economic Journal, 108*, 60-74.

Cross, F. B. (1995). When environmental regulations kill: The role of health/health analysis. *Ecology Law Quarterly, 22*, 729-784.

Dorner, D. (1996). *The logic of failure: Why things go wrong and what we can do to make them right*. New York: Metropolitan Books.

Elster, J. (1999). *Alchemies of the mind: Rationality and the emotions*. Cambridge: Cambridge University Press.

Feigenson, N., Bailis, D., and Klein, W. (2004). Perceptions of terrorism and disease risks: A cross-national comparison. *Missouri Law Review, 69*, 991-1012.

Graham, J. D. (1996). Making sense of risk: An agenda for Congress. In R. W. Hahn (Ed.), *Risks, costs, and lives saved: Getting better results from regulation* (pp. 183-207). Oxford: Oxford University Press.

Graham, J.D., Chang, B.-H., and Evans, J. S. (1992). Poorer is riskier. *Risk Analysis, 12*, 333-337.

Graham, J. D., and Wiener, J. B. (1995). *Risk versus risk: Tradeoffs in protecting health and the environment*. Cambridge, MA: Harvard University Press.

Gray, C. B. (1998). The Clean Air Act under regulatory reform. *Tulane Environmental Law Journal, 11*, 235.

Hirshleifer, D. (1995). The blind leading the blind: Social influence, fads, and informational cascades. In M. Tommasi and K. Ierulli (Eds.), *The new economics of human behavior* (pp. 188-215). Cambridge: Cambridge University Press.

Huber, P. (1987). Electricity and the environment: In search of regulatory authority. *Harvard Law Review, 100*, 1002-1065.

Kahan, D. M., and Nussbaum, M. C. (1996). Two conceptions of emotion in the criminal law. *Columbia Law Review, 96*, 269-374.

Kahneman, D., Knetsch, J. L., and Thaler, R. H. (1990). Experimental tests of the endowment effect and the Coase theorem. *Journal of Political Economy, 98*, 1325-1348.

Keeney, R. L. (1994) Mortality risks induced by the costs of regulations. *Journal of Risk and Uncertainty, 8*, 95-110.

Keeney, R. L., and Green, K. (1997). *Estimating fatalities induced by economic impacts of EPA's ozone and particulate standards*. Reason Public Policy Institute, Policy Study No. 225. Los Angeles, CA: Reason Foundation.

Knetsch, J. L. (1997). Reference states, fairness, and choice of measure to value environmental changes. In M. H. Bazerman, D. M. Messick, A. E. Tenbrunsel, and K. A. Wade-Benzoni (Eds.) *Environment, ethics, and behavior: The psychology of environmental valuation and degradation* (pp. 13-32). San Francisco: New Lexington Press.

Kuran, T., and Sunstein, C. R. (1999). Availability cascades and risk regulation. *Stanford Law Review, 51*, 683-768.

Loewenstein, G., Weber, E., Hsee, C., and Welch, N. (2001). Risk as feelings. *Psychological Bulletin, 127*, 267-286.

Lutter, R., and Wolz, C. (1997). UV-B screening by tropospheric ozone: Implications for the NAAQS. *Environmental Science and Technology, 31*, 142A-146A.

Margolis, H. (1998). *Dealing with risk: Why the public and the experts disagree on environmental issues*. Chicago: University of Chicago Press.

Noll, R. G., and Krier, J. E. (1990). Some implications of cognitive psychology for risk regulation. *Journal of Legal Studies, 19*, 747,749-760.

Nussbaum, M. (1999). *Upheavals of thought: The intelligence of emotions*. Cambridge: Cambridge University Press.

Pildes, R. H., and Sunstein, C. R. (1995). Reinventing the regulatory state. *University of Chicago Law Review, 62*, 1-129.

Rottenstreich, Y., and Hsee, C. (2001). Money, kisses, and electric shocks: On the affective psychology of risk. *Psychological Science, 12*, 185-190.

Slovic, P. (1997). Trust, emotion, sex, politics and science: Surveying the risk assessment battlefield. *University of Chicago Legal Forum, 44*, 59-142.

Slovic, P., Fischhoff, B., and Lichtenstein, S. (1985). Regulation of risk: A psychological perspective. In R. G. Noll (Ed.), *Regulatory policy and the social sciences* (pp. 241-283). Berkeley, CA: University of California Press.

Sunstein, C. R. (1996). *Legal reasoning and political conflict*. Oxford: Oxford University Press.

Sunstein, C. R. (1999). *One case at a time: Judicial minimalism on the Supreme Court*. Cambridge, MA: Harvard University Press.

Sunstein, C. R. (2002). *Risk and reason*. New York: Cambridge University Press.

Sunstein, C. R. (2007). *Worst-case scenarios*. Cambridge, MA: Harvard University Press.

Thaler, R. H. (1991). The psychology of choice and the assumptions of economics. In R. H. Thaler (Ed.), *Quasi rational economics* (pp. 137-166). New York: Russell Sage Foundation.

Tversky, A., and Kahneman, D. (1982). Judgment under uncertainty: Heuristics and biases. In D. Kahneman, P. Slovic, and A. Tversky (Eds.), *Judgment under uncertainty: Heuristics and biases* (pp. 3-11). Cambridge: Cambridge University Press.

Tversky, A., and Kahneman, D. (1983). Extensional versus intuitive reasoning: The conjunction fallacy in probability judgment. *Psychological Review, 90*, 293-315.

Viscusi, W. K. (1997). Alarmist decisions with divergent risk information. *Economic Journal, 197*, 1657-1670.

Wildaysky, A. (1980, Summer). Richer is safer. *National Affairs, 60*, 23-39.

Wildaysky, A. (1988). *Searching for safety*. New Brunswick, NJ: Transaction Books.

# 第5部

行動経済学と財政

BEHAVIORAL ECONOMICS AND FINANCE

14章　選択肢の構築と退職後のための貯蓄プラン

SHLOMO BENARTZI
EHUD PELEG
RICHARD H. THALER

　1979年3月28日，ペンシルバニア州ドーフィン郡のスリーマイル島にある原子力発電所の2号炉は，炉心融解を起こした。その後行われた調査において，冷却水の排出を調整するバルブが故障していたことが明らかになった。作業員は，バルブを遠隔で閉じるために制御信号を送り，その信号が送られたことを示す表示を見て，実際にバルブは閉じられたものと考えた。しかし，バルブが実際にどういう状態にあるかを示す，事実に基づいた「ポジティブフィードバック」ランプは存在せず，そのため作業員は，信号がバルブまでたどり着いたのかどうか，閉じる動作が行われたのかどうかを確認する手段を持っていなかった。このような「ポジティブフィードバック」ランプは，この施設が建設される際には，時間と経費の削減のため無用なものと考えられていたからである。この設計上のエラーの結果として，作業員は，このバルブが回転しなかったことに気づかず，冷却水は排出され続け，原子炉の炉心は加熱され続け，このことが結果として炉心融解を引き起こした。事故の最初の報告書はこの事故を「ヒューマンエラー」だと非難したが，その後の調査では，制御設備の設計についても誤りがあったと認められた。事後調査の結果，実際のバルブの位置とほぼ無関係で，誤解を生む不正確な情報である警報音と警告ランプに，作業員は圧倒されていたことが明らかになった。[1]

　スリーマイル島の事故は，設備に設計上の誤りがあれば，たとえ有能な意思決定者であっても壊滅的な結果に至りうることを示す一例である。退職後のための資産運用方法の組み合わせ（ポートフォリオ）を管理することは，必ずしも国が担うべきことではないが，資産の炉心融解は，原子炉の炉心融解が市民に与えるのと同じくらい個人に苦痛を与える可能性があるものである。本章では，核原子炉の制御室のデザインも，日常的な物事も，退職後のための貯蓄方法も，類似した特性を共有していることを提示する。

　考慮すべき決定的に重要な要因が2つある。第一は，あらゆるものが重要だということである。警告ランプの色からフォントのサイズといった細かな点が，選択に影響を及ぼしうる。

　第二は，あらゆるものが重要なので，ヒューマンファクターを考慮に入れることは，ThalerとSunstein（2008）が「選択肢の構築」と呼ぶところの選択肢の環境を設計する人々にとって重要である。選択肢の構築は，退職後のための貯蓄のような，意思決定者のほとんどが専門家ではない領域においては特に重要である。

　退職後のための貯蓄という問題に関する先行研究は，選択肢の構築を改善することで一定の効果が得られる可能性を示してきた。たとえば，MadrianとShea（2001）は，デフォルトとなっている選択肢を操作することで，貯蓄行動に劇的な効果をもたらすことを示した。彼女らは，それまで何も行動を起こさなかった被用者に対して，デフォルトを途中で変更し，その後は退職後のため貯蓄プランに自動的に入会するようにされたケースについて研究した。ただし，被用者は常にオプトアウト，すなわち自主的に手続きすれば年金プランから抜

けることができ，貯蓄をなんら強制されていなかったので，選択の自由は保たれていたことは述べておく必要がある。彼女らが検討したこれらのケースの1つでは，被用者が貯蓄プランに自動的に加入するようデフォルトが変更された場合，給与から退職後のための貯蓄を行う被用者の比率は，49%から86%に増大した。

他の研究もまた，設計が重要であることを実証している。たとえば，BenartziとThaler（2001）は，被用者に提供される投資ファンドの選択肢は，被用者のリスクテイク行動に影響することを示した。特に，一部の被用者は，1/nルールと呼ばれる，自分たちの資金をさまざまなファンドに等しく分散する素朴多様化（分散）戦略に従っていた。たとえば債券ファンド，小型株ファンドと大型株ファンドを購入するプランでは，1/nルール（あるいはこのルールのバリエーション）の結果として，被用者は投資額の3分の2を株式に割り当てることになるかもしれない。これに対して，公債投資ファンド，企業債券投資ファンドと分散株式ファンドを購入するプランでは，投資額のたった3分の1しか株式に割り当てないかもしれない。[2]

IyengarとKamenica（2006）は，ファンドが提供する選択肢の数も貯蓄行動に影響すると指摘している。彼女らは，退職後のための貯蓄プランについて横断的研究を行った結果，選択肢としてわずか2ファンドしか提供されないプランがあるのに対し，中には59ファンドもの選択肢が提供されているものもあったと報告している。そして彼女らは，選択肢に10ファンドが加わるたび，そのプランへの参加者は2%減少すると推定した。これは，選択肢の多さに一部の被用者が圧倒されたからかもしれない。

細かな設計の多くの要素は結局のところ重要なものであるという直感的な原則は，退職後のための貯蓄方法にも応用される。たとえば，BenartziとThaler（2007）は，投資先選択フォームで表示された行数が，図らずも人々が選ぶファンド数に影響する可能性を示した。ある実験では，Morningstar.com（投資情報についてのインターネットサイト）のウェブサイトの閲覧者に対して，投資先選択フォームを4行あるいは8行で提示した（なお，4行で提示された人も，8行の形式を表示するというリンクをクリックするだけで，さらに4行以上を選択することもできた）。BenartziとThalerは，最初に4行で表示された参加者のうち4つ以上のファンドを最終的に選択したのはわずか10%であったのに対し，最初に8行を提示された参加者のうち4つ以上のファンドを選択した人は40%にのぼることを示した。すなわち，投資先選択フォームを作るデザイナーは期せずして，人々が選ぶファンド数に影響力を及ぼしている可能性があるということである。

本章の中で著者らは，退職後のための貯蓄計画に関する選択肢の構築について，新しい証拠を提供し，2006年施行の年金保護法（PPA）に関連した設計について2つのタイムリーな問題に焦点を当てる。[3]最初の設計の問題は，拠出額の自動増率制度に関するものであり，被用者は，拠出額の定期的な増率を事前に申し込むものである（Thaler & Benartzi, 2004を参照）。年金保護法は，拠出額の自動増率制度の利用を推奨しているにもかかわらず，貯蓄率増率のタイミングをどう設定するかといった，被用者の裁量に関しては設計の余地が多く残されている。すべての設計要素が重要なものとなりうるので，著者らは，この文脈においてさまざまな設計の効果について探求してきた。著者らの目標は，被用者がより貯蓄できるような選択肢の構築を明らかにすることである。Choiら（2002）が報告したように，多くの被用者（68%）は，ほとんど貯蓄ができていないと感じているため，著者らは各人，自分が決めた目標額に近づくことがで

きるような選択肢の構築を図ろうとしている。

　MadrianとShea（2001）の知見と同じく，著者らは，選択肢の構築において惰性が決定的な役割を果たすものの1つであることを発見した。特に，拠出額の自動増率条項がオプトイン（自主的に選択しないと加入されない）制度として設定されているとき，最終的にその制度に申し込む新規被用者は15-25%である。これとは対照的に，被用者が自動的にこの制度に登録される際には，オプトアウトで自主的に退会したのはわずか16.5%で，残りの83.5%がこの制度を利用し続けた。[4]　また，拠出額の自動増率条項に関して，ささいな設計要素が重要であることも確認された。たとえば，被用者は，次の2月あるいは次の3月からと言われるよりも，次の1月からと言われたほうが，貯蓄の事前契約をしやすくなることを著者らは明らかにした。新年の誓いの精神で，1月は意思の力で何かを始めるのによい時期だと人々は考えているようである。

　著者らが探求した第二の設計の問題は，資産運用方法の組み合わせに関するものである。近年，ファンド提供者は，被用者がファンド選択という複雑な課題を行うのを手助けするために，資産運用方法の組み合わせの一元管理を用意してきた。ファンド提供者が提供する資産運用方法の組み合わせの1つが，リスク固定型ファンドである。このタイプのファンドは，安全志向，王道志向，積極志向などといった名称が冠せられ，被用者は，それぞれのリスク嗜好に合ったファンドを選ぶことが期待される。リスク固定型ファンドの決定的な特徴は，コンスタントに資産配分を維持し，人々が高齢になっても自己資金投資が減少しないということである。ファンド提供者が提供するもう一種の資産運用方法の組み合わせは，退職日ファンドである。このタイプのファンドは，退職予定日に合わせて2010年，2020年，2030年，2040年といった名称が冠せられることが多い。リスク固定型ファンドと異なり，退職日ファンドは，その人の退職日が近づくにつれて株式の保有比率を減少させる。退職日ファンドの場合，シンプルな資産運用方法の組み合わせを望む被用者は，退職予定日に合ったファンドを選ぶであろう。

　各人は，自分の好きなファンドの組み合わせを選ぶために，個々の債券ファンドと株式ファンドを購入することもできるのだから，債券ファンドと株式ファンドを組み合わせて一元管理するような資産運用方法の組み合わせは重要ではないと思う人もいるかもしれない。しかし，著者らの研究によると，一元管理された資産運用方法の組み合わせによって，株式売買に参加する人の比率は約3%増加する。さらに重要なことに，この効果は低所得の被用者にとってより大きくなり，そのため，これまでたびたび指摘されてきた，株式売買への参加における低所得者と高所得者の格差を減少させるものである。また，退職日ファンドが年齢とリスクテイキング行動の間の負の相関をさらに強めるものであることも明らかになった。年齢とリスクテイキング行動の間の強い負の相関関係は，退職日ファンドに投資する人々においてのみ観察されるものではなく，退職日ファンドを提供するプランに参加する母集団全体において認められるものである。一元管理された資産運用方法の組み合わせの構築が投資行動にどのように影響するかを理解することは，年金保護法や，さまざまな一元管理された資産運用方法の組み合わせを推奨する労働省作成の諸ガイドラインに照らすと，重要なことである。

　次の節では，選択肢の構築と，貯蓄率を増率させる拠出率の自動増率制度の有効性を論じ，その次の節では，資産運用方法の組み合わせ（ポートフォリオ）を選択することに影響する選択肢の構築について検討しようと思う。いずれの議論でも

問題になるのは設計であり，ささいな設計要素と思われるものが最終的には重要なものとなりうる新しい証拠を提供しようと思う。そして最後の節で結論を取りまとめる。

14.1 選択肢の構築と拠出率の自動増率制度

14.1.1 背景

退職後のための確定拠出型プランに対する全世界的な傾向として，退職後のためのプランに関する責任を，雇用者から被用者にシフトさせてきたことが挙げられる。ほとんどの確定拠出型プランにおいて，被用者は，退職後のためにどれくらい貯蓄するか，どのファンドにどのように投資するかを決めなければならない。自己管理ができるのかという問題が存在し，かつ「最適」な貯蓄率を計算することも難しいため，ほとんどの人が，退職後も快適な生活を維持していくのに十分な貯蓄をすることができないとしても，驚くには値しない（Skinner, 2007）。また，先述したように，プラン加入者の68％が，自分たちの貯蓄率は低すぎると認めている（Choi et al., 2002）。

人々がより多く貯蓄するという目標の達成に関連して，被用者による貯蓄率増加を援助する制度を設計するために，著者らは，双曲割引，惰性，名目的損失回避といった基本的な心理学の原則を用いている。この制度は，（昇給するたび，あるいは，毎年1月1日など決まった日に）貯蓄率の自動的な増率を事前に申し込む機会を被用者に提供する制度である。もちろん，この制度の加入者は常に，気が変われば，貯蓄率の自動的な増率をやめたり，貯蓄そのものを取りやめることもできる。著者らはこの制度を，「明日はもっと貯蓄しよう」（Save More Tomorrow: SMarT）と名づけた。[5]

「明日はもっと貯蓄しよう」の特徴は，年金保護法に取り入れられている。その特徴とは，新規被用者や既存被用者を退職後のための貯蓄プランに自動的に加入させるよう促すというものである。この法令では，最初の貯蓄率を給与の3%，毎年の増率は最低1%であり，目標率は給与の最低6%で，かつ10％を超えない範囲として設定している。上記のガイドラインに従い，寛大なマッチング拠出を提供する雇用者は，退職年金制度に対する不当差別禁止基準の検査を免除される（すなわち，低給与の被用者が，高給与の被用者と比べても，退職後のためのプランにおいて公正な利益を得ていることを証明する必要がない）。この法令は，いつでも貯蓄率を増率できるようにしており，貯蓄率の増率と昇給とが一致する必要はないというのが重要な点である。類似した法律は，イギリスやニュージーランドでも施行されている。[6]

退職後のためのプランの提供者は，自動的な貯蓄率増率にも強い関心を表明している。バンガード[i]は，100万人以上の被用者がこの制度を利用できるようにしてきた。Fidelity Investments（2006）は，クライアントである6000人の雇用者が，この制度を被用者に提供できるようにしたと報告し，ティー・ロウ・プライスやティアクレフ[ii]なども，類似した制度を提供している。Hewitt Associates（2007）による調査は，2006年の時点でプラン提供事業者の31％がすでにこの制度をその被用者に提供し，これまで提供していなかった42％が2007年には提供予定であると報告している。同様の制度はイギリスやオーストラリアでも導入済みである。この制度が市場にあっという間に浸透したのは，選択肢の構築が重要であることを表している。この制度に関して蓄積されたデータに基づく横

---

i ［訳者註］アメリカの投資信託運用会社。
ii ［訳者註］どちらも投資信託運用会社。

断的分析は，被用者の参加率（利用可能者中の実際の利用者数）に劇的な変化が認められることを示している。対面での資産運用相談に関する著者ら独自の研究において，参加率は80％（Thaler & Benartzi, 2004）に達している。この制度の自動加入における加入率も80％に達した。これとは逆に，ある退職後のためのサービスの参加率は低く，数％程度であることが報告されている。

この節では，退職後のための貯蓄目標額に各自が到達する手助けをするうえで何が最も効果的であるのか，この制度の設計要素を見つけ出そうと試みる。著者らの研究は，理論的関心と実務的な関心によって動機づけられている。理論的な観点から，著者らは貯蓄の心理学をより理解することを目指している。実務的な観点から，著者らは，より多くの人がより多く貯蓄するのを援助するためにこの制度を微調整することに関心を持っている。

ここからは，この制度の背後にあるより詳しい心理学的な原則，すなわち，双曲割引，惰性，名目的損失回避について論じようと思う。それぞれの心理学的原則と設計要素について記述しながら，上記の制度におけるその役割についても探求する。また，それぞれの設計要素を，年金保護法によって定められている個々のプラン（退職日ファンドやリスク固定型ファンド）設計の特徴と比較する。

14.1.2 双曲割引

上記の制度を設計するうえで指針を与えてくれる最初の心理学的原則は双曲割引である。双曲割引とは，「遠い満足よりも近い満足を過大評価する」（Strotz, 1955, p. 177）という割引機能に言及するものである。たとえば，Readとvan Lecuwen (1998) は，実験参加者に，健康的な間食（バナナ）と不健康的な間食（チョコレート）のどちらを選ぶか尋ねた。1週間前の時点で尋ねた場合には，不健康な間食を選んだのはわずか26％であっ

た。しかし，間食を食べる直前に尋ねた場合には，70％が不健康な間食を選んだ。このような「現在バイアス」に影響を受けた選好は，食べる時期に近づくほど割引率が大きいという特徴を有している（Frederick et al., 2002，およびLoewenstein & Elster, 1992参照。さらなる根拠についてはThaler, 1981参照）。

双曲割引と現在バイアスに影響された選好は，著者らの多くがなぜ，過食や運動不足，浪費のような望ましいとは言えない行動に陥ってしまうのかということを説明する。しかし，同時に，著者らの多くは，食事を制限し，より運動し，より貯蓄している遠くない未来の自分を想像することができる。将来についてはお腹いっぱい食べたいという誘惑が緩和されるので，双曲割引の影響下にある個人は，正しいことをするのは将来においては簡単であると（しばしば誤って）信じる（これらのモデル化についてLaibson, 1997とO'Donoghue & Rabin, 1999, 2001参照）。このような双曲割引の影響下にある個人がより貯蓄することを援助するために，著者らの制度は，被用者に，今すぐではなく，**少ししてからより多く貯蓄するような契約制度**を提供している。しかし，この制度が成功するうえで制度の各特徴がどのような役割を果たしたかは明らかではなかった。また，この制度への加入を最大化するために，この制度の契約日と，貯蓄率が初めて増える日の間隔をどれくらいに設定しておくべきかも明らかではなかった。

SMarTについての最初の事例研究（Thaler & Benartzi, 2004）は，この制度がうまくいくうえで双曲割引が果たした役割について示唆を与えるものであった。この事例研究では，貯蓄率をただちに引き上げることを拒否した人のうち78％が，今後昇給するごとに貯蓄率を引き上げることには同意した。この行動パターンは双曲割引の機能と一致するものである。しかしながら，将来的な貯蓄

額の増加は給与の増加分と一致するため，被用者は，自分たちの家庭に入ってくるお金の減少を体感することはない。したがってこの研究結果は，双曲割引と名目的損失回避の組み合わせによる結果といったほうがよいだろう。そこで，双曲割引の役割に関するより直接的な証拠をここでは提供しようと思う。

ここまで，双曲割引が果たす役割についてさまざまな方法で検討してきた。第一に，著者らはバンガードからデータを得た。この会社は，ワンステップ貯蓄と呼ばれる自動的な拠出率増率サービスを2004年初頭に開始した，退職後のためのプランの広域提供者である[7]。著者らは，雇用された時点でこのワンステップ制度に加入する機会がすでに与えられていた273プランの65452人の加入者に注目した。このとき，この制度に加入するには被用者自らの意思によって，ウェブか電話を通して加入しなければならなかった。この制度の場合は，新しい被用者の15.1％が加入した。参加率はプランによって異なり，その四分位範囲（第一四分位値と第三四分位値の差）は4％から19％までであった。

著者らの分析においてバンガードのデータが特に興味深いのは，ほぼすべての人が，自分たちの貯蓄率の増率のタイミングを選ばなければならなかったという事実である[8]。貯蓄率の増率は1年に1度行われるが，加入者は，貯蓄額の増加量とともに，何月に増率するかを選ばなければならなかった。双曲割引の影響下にある個人は，将来のいずれかの時点で，自分たちの貯蓄率を増率することを好むと予測される。ただし，この理論自体は，制度への加入時期と，個人が貯蓄額を増加させたい時期の開きがどれくらいであるかは教えてくれない。

図14.1は，参加者が制度に契約した日から，貯蓄額の増率が開始されるのに望ましい日までの猶予期間を示している。この図は2005年末現在までに本制度に加入した49433人をもとにしたものであり，ここから興味深い個人差を見て取ることができる。一部の人は，増率がより早く開始されることを望んでいる。特に，8.9％の加入者は，契約した月のうちに貯蓄率の増率が開始されることを望んだ。しかし，残り91.1％の加入者は，双曲割合の理論から導かれる通り，貯蓄率の増率が先延ばしされることを望んでいた。極端なところでは，15.7％は最初に増率される時期が契約後ちょうど1年後になることを望み，加入者の10％は，1年以上先を望んだ。

これらも「よい季節」効果の一種であるかもしれない。双曲割引の影響下にある個人は，よいことは「来年」から始めようとするかもしれないため，1月はよい候補となる。図14.2は，この制度の加入者が選択した貯蓄率増率月を示している。約40％の参加者は実際に1月を増率月として選んでおり，他の月は，このような特筆する特徴はもたないようであった（月による差は，片側分布の1％水準で統計的に有意である）。

バンガードのデータは双曲割合理論と一致しているが，加入者にみられるこの選好の強さは測られていない。たとえば，貯蓄率増率を1年後まで先延ばしした人は，より早い時期に増率が予定されている制度にも加入しただろうか？ この問いに答えるために，著者らは，ティー・ロウ・プライスというもう1つの退職後のためのプランに関する大規模提供者のデータを用いて検討した。ティー・ロウ・プライスは2005年9月に，ある大会社のプラン加入者を対象にオンライン調査を行った。参加者は，この制度について書かれた短い文書を与えられ，その後この制度に加入したいか否かについて尋ねられた。この際，貯蓄率増率は，X月に開始するように設定されており，そのXは，即座に増率されるものから増率が12カ月延長される

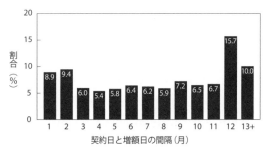

図14.1 貯蓄率の増率制度への加入と貯蓄増加開始日の間の時間差の分布。データはバンガードから得られたものであり，2005年末現在，49433人の制度加入者を含んでいる。たとえば，15.7%の加入者は，加入してから12カ月後に最初に貯蓄率が増額することを希望している。

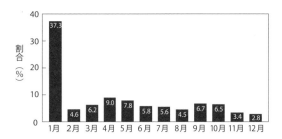

図14.2 加入者が増率を要望した月。データはバンガードから得られたものであり，49433人の制度加入者を含んでいる。たとえば，37.3%は，1月における貯蓄率の増額を希望している。

ものまでさまざまであった。各参加者はいずれか1つの条件に割り当てられた。

図14.3は，各条件における加入意思を示したものである。全体として，参加者の約30%は加入を希望していた。しかし，12カ月先に貯蓄率を増率することは特別な意味を持っており，この条件での契約率は41%となっていた（5%水準で統計的に有意である）。この結果はバンガードのデータと一致しており，ちょうど1年後の増率は他のどの選択肢よりも人気があった。

この結果は，双曲割引とある種の「心の会計」の組み合わせと一致するものである。双曲割引の影響下にある個人についてのモデルは，なぜ多くの加入者が貯蓄率増率を延期することを望むのかは説明するが，なぜ3カ月，6カ月，9カ月の延期

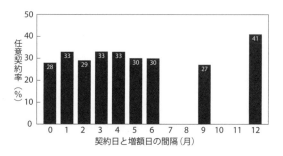

図14.3 その制度への加入月—貯蓄率増率月間の遅延と，加入希望率との関係（ティー・ロウ・プライスによるオンライン実験に基づく）。実験参加者は，自動的に貯蓄率を増率する制度の簡単な説明を与えられ，加入したいかどうかを尋ねられた。この制度への加入月から貯蓄率増率開始月の期間はさまざまであり，それぞれの参加者はどれか1つの条件に割り当てられた。749人の参加者がこの調査に参加した。

の魅力は同程度であるのに，12カ月の延期が他よりも魅力的なのかを説明しない。同様に，1月まで延期することが，他の月まで延期するよりも魅力的なのはなぜかを説明しない。著者らは，1年の最初に心機一転するという慣習と関係があるのではないかと推測している。

年金保護法は，貯蓄率増率のタイミングに関して柔軟性を有している。そのため，たとえば雇用者は，1月を貯蓄率増率の開始月とすることで被用者の加入を促進することができるだろう。より一般的に言えば，貯蓄率増率月のようなささいな設計要素も，被用者の貯蓄行動に最終的には影響するということである。

14.1.3 惰性

この制度の設計をするうえで手がかりとなる第二の心理学原則は惰性，すなわち，SamuelsonとZeckhauser（1988）が**現状維持バイアス**と名付けたものである。惰性は，確定拠出型プランにおける加入者の行動に劇的な効果を持つことが知られている。惰性は典型的には，個人が正しい行動を取ることを妨げるものである。たとえば，多くの加入者は自分たちの投資の組み合わせを再検討しよ

うとはしないが（Samuelson & Zeckhauser, 1988），他の人は，ほぼ義務的に加入しなければならない状況であっても，退職後のためのプランに加入さえしない人も存在する（Choi et al., 2004）。その反面，惰性はプランへの加入を促進するためにも用いることができる。たとえば，被用者がオプトアウトでわざわざ加入をやめる手続きをしない限り，プランに自動的に加入するようにデフォルトの設定を変えることで，加入率は劇的に向上する（Madrian & Shea, 2001）[10]。

「明日はもっと貯蓄しよう」制度は，各加入者が各自の目標（より多く貯蓄する）に到達するのを助けるために惰性を用いる試みである。特に，ある人が「明日はもっと貯蓄しよう」制度に契約すれば，気が変わってわざわざオプトアウトで手続きしない限り，将来の貯蓄率は自動的に増率される。プランを設計するうえでのもう1つの選択肢は，被用者を「明日はもっと貯蓄しよう」制度に自動的に加入させることである。これによって，その人がわざわざオプトアウトで退会の手続きをしない限り，自動的にその制度に加入することになり，将来の貯蓄率は自動的に増率される。ここで，制度への自動加入の効果について検討しようと思う。惰性が果たす役割に関して強力な証拠があったことから，デフォルトとなっている選択肢が制度への加入率にきわめて重要な影響力を持つという仮説が導かれる。

加入を避けるにはわざわざオプトアウトで手続きしなければならない制度は，ストロング・リタイヤメント・サービスのクライエントの1つであったセーフライト・グループが2003年に最初に始めたものである。この制度は2003年の7月から，昇給とは無関係に給与の1％が毎年増率される制度として，2003年の6月に被用者に紹介された。この条件では，制度への加入後比較的すぐに貯蓄率が増率されるため，双曲割引はおそらく大きな影響を及ぼさないという点は重要である。そして，昇給とは無関係に決められた日に貯蓄率が増率されるため，名目的損失回避もまったく影響していないだろう。そのためこのデータは，制度の成功に対して惰性が果たす役割に焦点を当て，明らかにする貴重な機会を与えてくれた。

著者らの手元には，自動的増率制度の導入1カ月前である2003年3月の時点で，確定拠出型年金である401kプランにすでに加入している3640人の被用者について要約した統計がある。自動的増率制度が導入されても93％の加入者は何もしなかったため，彼らは自動的にこの制度に加入することになった。6％の人はわざわざオプトアウトでこの制度を退会したが，残り1％の加入者はこの機会に自動的増率以上に貯蓄率を引き上げた。

セーフライト・グループが導入した2003年7月以降，オプトアウトで手続きしない限り自動的に増率される制度がさまざまなところで運用されてきた。著者らが持っているバンガードのデータでは，13のプランがこの自動的増率を導入しており，そのうち1つでは2004年の7月に，残りは2005年に導入している[11]。この，オプトアウトで手続きしないと自動的に増率される制度は新規被用者のみが対象であり，典型的な場合，給与の約3％が最初の拠出率となり，さらに毎年給与の1％が増率されていく。拠出額の「キャップ（上限）」にはかなりのヴァリエーションがあり，増加が5％でとどまるものもあれば，25％，50％に達するものさえある。デフォルトとして設定されている資産運用方法の組み合わせの選択肢にも非常に大きな違いがあり，MMFを選択するものもあれば，バランス型ファンドや退職日ファンドを選択するものもある。このように，このオプトアウト制度では，加入，拠出率の設定，資産運用方法の組み合わせの選択をすべて被用者の代わりに自動的に行うため，いわばオプトアウトの選択肢を持つ自動運転の

401kプランというべきである。

図14.4は，採用時に自動増率制度の加入資格を有していた2222人の新しい被用者を対象に，自動加入の前後におけるバンガードプランの拠出率自動増率制度の加入者の比率を表示したものである。自動加入制度が始まる12カ月前の時点に自主的にオプトインで自動増率制度に加入したのは25.1％にすぎなかったが，自動加入制度開始の12カ月後には，自動増率制度に加入していたのは貯蓄者の83.5％となっていた（この差は1％水準で統計的に有意であった）。加入者の劇的な変化は，惰性の力と，選択肢の構築が担う役割の重要さを示している。[12]

これに対する批判の1つは次のようなものだろう。このオプトアウト制度は2005年には一般的に導入され，最初の拠出率増率は2006年に予定されていたという点である。そのため，2005年までしかない著者らのデータから，自動増率の直前にオプトアウトで退会手続きした人がいたのか，いたとしたら何人くらいかを見極めることはできない。しかし，2004年にこの制度を導入し，すでに2005年に最初の増率があったあるプランのデータによると，オプトアウトで退会した人の比率はわずか9％であり，最初の増率の直前にオプトアウトで退会したとは思えない。

もう1つのありうる批判は，わざわざ手続きしなければ加入されるオプトアウト制度というのは，この制度に本当は加入したくない被用者を「だましている」可能性があるというものである。Choiら（2005）は，（拠出率の自動的増率なしで）低い貯蓄率の401kプランへの自動加入に関する実験と，この制度に加入するかしないか被用者の積極的な選択を求める実験の2組を行い，示唆に富んだ証拠を提供している。この実験の結果，積極的な意思決定が，自動的な加入と同程度の加入率を引き起こすことが明らかになった。結果として，積極

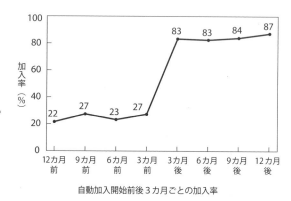

図14.4 新規被用者が自動的にプランへ加入し，かつその際に拠出率の段階的上昇も同時に契約される13の退職者向け貯蓄プランにおける，自動増率制度への自動加入開始の前後における被用者の加入率。この研究は2222人のプラン加入者を対象としている。

的な意思決定にもとづき加入した人の加入率と自動加入の人の加入率は同程度であり，自動的な加入は，この制度に加入させるよう人々をだましているわけではないと考えられる（少なくとも拠出率が低く，当面は変わらないという条件では）。制度を作る際になんらかのデフォルトを設定しないわけにはいかず，先延ばししがちな人に低い貯蓄率のままでいさせるという現在のデフォルトのほうが良いのかどうかは分からないということには注意が必要である。

14.1.4 名目的損失回避

私たちが制度を設計するうえで指針となる第三の心理学的原理は，名目的損失回避である。損失回避は，損失に伴う痛みが，同量の利益に伴う快に比べて2倍大きいという事実を示した用語である（Tversky & Kahneman, 1992）。個人が貯蓄の増加と各支出の減少を損失とみなす限り，損失回避を利用して人々がより貯蓄するのを助けることは難しいだろう。しかし，著者らが設計に加わった制度において決定的な要因は，人々は，ある名目的な参照点と比較して，その損失を評価する傾向にあるという点である。たとえば，公正さの知覚

に関するある研究において（Kahneman et al., 1986），実験参加者は給与のカットと昇給の公正さを判断するよう求められた。ある群の参加者は，物価上昇はなかったと説明され，7%の賃金カットは「公正」であるか否かを尋ねられた。過半数の62%が，この賃金カットは不公正だと判断した。別の群の参加者は，12%の物価上昇があったと説明され，5%の昇給の公正さをどう感じるか判断するよう求められた。ここで昇給を不公正だと考えたのはわずか22%であった[13]。もちろん，両条件は実質的にはまったく同一であるが，名目上，これらはまったく異なっているのである。

拠出率の増率を損失として知覚させないために，著者らが設計に加わった制度は，昇給と拠出率の増率を同期させることを提案している。たとえばこの制度は，被用者が昇給するたびに，昇給額の半分は家計に持ち帰り，残りの半分は退職者プランに拠出するよう設計されている。この制度設計は，家計に持ち帰る額が減少しないことを保証している。しかし残念なことに，実際的な運用の問題があって，このような制度を実現するのは口で言うほど容易ではない。たとえば，昇給が通知されるのは直前になることが多く，被用者には拠出率を更新するだけの十分な時間がない。そのため，著者らは理論的観点と実際的観点の双方から，名目的損失回避の役割を理解することに関心を抱いていた。名目的損失回避がこの制度の成功に重要な役割を果たさないのであれば，この制度の出資者・提供者は，昇給とは無関係に指定の日に貯蓄率が増率される単純な制度を被用者に提供することができるだろう。

著者らは本当は，被用者を2条件のうち一方にランダムに割り当てるフィールド実験を実施したいと考えていた。このうち一方の条件では，もともとの制度，すなわち貯蓄率の増率と昇給が同期する制度が被用者に提供される。もう1つの制度

では，昇給とは無関係に，指定の日に貯蓄率が増率される。しかし，いくつか実際上の障害があり，こうした実験を実施することは困難であった。第一に，雇用者はしばしば，法的な問題を考慮して，一部の被用者にだけ異なった退職者制度を提供することに抵抗を示す。第二に，被用者は，貯蓄率の将来的な増率を前もって知りたいと望むものであるが，昇給の通知はぎりぎりになることがしばしばあるため，貯蓄率増率と昇給を同期させることは困難になる。

ランダム化したフィールド実験を実施するには前述のような困難があるため，著者らはボストン・リサーチ・グループの助力を得て調査を実施することにした（Cormier, 2006）。この調査の対象は，6つの異なる企業が提供する退職者プランに加入している5246人であった。対象者は電話によるインタビューを受け，貯蓄率の自動増率制度への加入に関心があるか尋ねられた。ある群の参加者は，貯蓄率は毎月1月に増率されると説明されたが，昇給に関する言及はされなかった。具体的な説明は以下の通りである。

> ある401kプランが，被用者がより多く貯蓄をすることを助けるために新しいサービスの提供を始めました。もしあなたがこの制度に加入されますと，15%を上限として，毎年1月，あなたが給与から本制度に拠出する割合が自動的に1%ずつ増率されます。つまり，もし現在の拠出率が5%でしたら，この制度によってあなたの拠出率は6%になるでしょう。もちろん，あなたのお金ですので，増率はいつでも止めることができます。

もう1群の参加者は，さらに貯蓄率の増率は給与の上昇と同期することも可能であると説明された。具体的には以下のようにである。

あなたは，1％という拠出率の自動的増率を，毎年1月ではなく，昇給時とすることもできます。これを利用すれば，貯蓄のためにあなたが家計に持ち帰る給与が減少することはないでしょう。

この調査結果を図14.5に示した。昇給と関係なく毎年1月に貯蓄率が自動で増率される非同期制度に対して，「とても関心がある」あるいは「きわめて関心がある」と答えた参加者は32％であった。それに対して，昇給した際に増率される同期制度に「とても関心がある」あるいは「きわめて関心がある」と答えた参加者は38％であった（両制度に対する関心の差は0.01％水準で統計的に有意である）。

これまでの著者らの知見をまとめると，この制度で惰性が最も大きな役割を果たしていると考えられ，デフォルトとして被用者をこの制度に加入させることは，ほぼ全員の加入を引き起こすと要約することができる。この結果は侮れないものとも，予想通りとも見ることができよう。デフォルトは非常に強い力を有しているが，被用者は常にデフォルトのままとどまっているわけではない。アメリカでは，多くの被用者が確定給付型プランをオプトアウトでわざわざ脱会し，一時払いプランを選択している。同様にアレサンドロ・プリビデロは，イタリアにおける興味深いデータを著者らに示してくれた。これは，80％以上の被用者が，デフォルトになっている雇用保険への加入に対し，わざわざオプトアウトで退会手続きをしたというものであった。

双曲割引もまた，拠出率増率制度の成功に一役買っており，契約から拠出率増率までの期間が12カ月である場合，加入すると予測される人数がおよそ10％増加した。名目的損失回避に関して，貯蓄率の増率を昇給に同期させることは，この制度

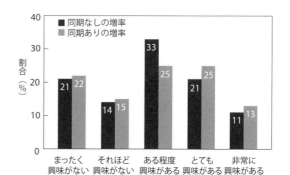

図14.5 貯蓄率増率を昇給に同期させることが，この制度加入に対する関心に与える影響。本データは，ボストン・リサーチ・グループによって電話で行われた実験にもとづいており，この実験では，退職後のためのプラン加入者5246人がこの制度に加入することへの関心の高さを尋ねられた。ある群の参加者は，貯蓄率は毎年1月に増率すると説明された（非同期的な増率）。もう一群の参加者は，昇給のたびに増率することもでき，家計に充当される給与が減ることはないという説明を受けた（同期的な増率）。

への加入に「とても」あるいは「非常に」関心を持つ人の割合を6％増加させた。しかし，名目的損失回避の果たした役割は，副次的なものであったと考えられる。

年金保護法は，給与の最低3％を初期拠出率として自動加入させることを推奨している。年金保護法はまた，最小でも給与の6％になるまで自動的に増率することを推奨している。この規定のガイドラインに従う雇用者は，退職年金制度に対する不当差別禁止基準の検査を免除される（すなわち，低給与の被用者が，高給与の被用者と比べても，退職時プランにおいて公正な利益を得ていることを証明する必要がない）。

年金保護法は，正しい制度設計要素を取り込んできたものと思われる。年金保護法は，自動的加入や自動的な貯蓄率増率を推奨し，これは加入者行動に惰性が強力な役割を果たしているという知見と一致するものである。加えて，年金保護法は増率時期について柔軟性を有しているが，増率時

期の同期の問題についてはいまだ対応していない。年金保護法は毎年の貯蓄率増率を規定しているが，その増率を昇給と同期させるということまでは求めていない。もし，この制度において名目的損失回避が大きな効果を持たないのであれば，また昇給を貯蓄率増率と同期させることが実際上難しいのであれば，同期を命ずることは企業にとってきわめて大きな負担となりうるだろう。[14]

14.2　選択肢の構築と資産運用方法の組み合わせの選択

14.2.1　背景

　退職者貯蓄プラン加入者の行動についての研究は，各個人が，十分に貯蓄し，かつリスクをよく分散して資産運用方法を組み合わせることに困難を感じることを示している（Benartzi & Thaler, 2007）。年金プランは，シンプルな一元的管理を提供することで，被用者がよりよい資産運用方法の組み合わせを選択するのを援助しようと試みてきた。マーケットには，少なくとも2種類の資産運用方法の組み合わせが存在する。その1つが**リスク固定型ファンド**であり（通常ライフスタイルファンドと呼ばれる），もう1つが**退職日ファンド**（通常ライフサイクルファンドと呼ばれる）である。リスク固定型ファンドはリスクを一定に維持し，それらのリスクレベルを示すために，これらのファンドは安全志向，王道志向，積極志向などといった名称が冠せられる。リスク固定型ファンドを提供された被用者は，それぞれのリスク嗜好に合ったファンドの1つを選ぶことが期待されるが，他方で，自分のリスク嗜好を理解するのは口で言うほど容易ではない。

　退職日ファンドは，固定した資産配分ではなく，ライフサイクルに合った投資モデルに従うという点においてリスク固定型ファンドとは異なる。特に，退職日ファンドは退職日が近づくにつれてそのリスクレベルを減少させる。退職日ファンドが提供されている被用者にとって可能な戦略の1つは，単純に予想退職日に合わせたファンドを選ぶというものである。

　著者らは，リスク固定型ファンドと退職日ファンドを**資産配分型ファンド**として紹介した（しかし，著者らが用いたこの用語を，特定の資産類型に定期的に投資するような戦略的な資産配分型ファンドと混同してはならない）。資産配分型ファンド[iii]は，確定拠出型プランにおいてますます重要な役割を果たすようになってきている。Hewitt Associates（2007）は146の雇用者を対象に調査を行い，その57％が退職日ファンドを提供し，38％がリスク固定型ファンドを提供していることを確認した。政策策定者もまた資産配分型ファンドへの関心を示している。アメリカ労働省は，近年，確定拠出年金への適切な投資に関するガイドラインを発行した。このガイドラインは，退職後の貯蓄プランに自動加入し，そのプラン提供者からある投資先への投資あるいは資産運用方法の組み合わせをデフォルトとして提供される被用者を念頭にしたものであり，資産配分型ファンドの利用が推奨されている。

　退職日ファンドにおける資産配分型ファンドの役割がますます高まることを踏まえ，著者らはこの領域で選択肢構築による影響を検討することに関心を持っていた。特に，現金，債券ファンド，株式ファンドを一元管理の資産運用方法の組み合わせにパッケージ化することが，行動にどのような影響を与えるかを理解したいと考えた。被用者は，それでもなお基本となる投資ファンドに自分で構築した資産運用方法の組み合わせを適用すること

---

iii　[訳者註] いわゆる投資信託。

で，現金，債券，株式の好きな組み合わせを選ぶことができる。人によっては，このようなさらなる組み替えは重要ではないと考えるかもしれない。しかし，著者らのデータは，あらためて組み替えることと選択肢の構築が重要であることを示している。そこで著者らは，このデータと，資産配分型ファンドの利用についての記述統計を取ることから始め，ついで株式売買への参加とライフサイクルパターン投資の両方に対する資産配分型ファンドによる効果を分析することにしよう。

14.2.2 データと記述統計

著者らのデータは，バンガードが提供する1,830の確定拠出型プラン，約150万人の加入者を対象としたものである[15]。このデータは，2005年12月現在，加入者が選択した投資の全体像を提供するものである。具体的には，2005年12月における投資総額，それぞれの投資配分ファンドに対する投資額，そして株式，債券，現金に対する出資割合をこのデータから把握することができる。このデータには，ほとんどすべての加入者の年齢，性別，プラン加入日，預金残高，www.vanguard.comのウェブサイトでの登録項目，さらには加入者の郵便番号に基づいて世帯所得の代用となる資料や世帯の財務資産に関する情報が含まれている[16]。著者らのデータには，各プランについて，ローンの利用可能性，ファンドが提供する選択肢の中に企業の株式が含まれているか，証券口座の利用方法といったプランの諸特徴に関する情報が含まれていた。

バンガードが提供するリスク固定型ファンドは4つのライフストラテジーファンドを含み，また退職日ファンドは6つのターゲット退職ファンドを含んでいた。ほとんどの場合，これらは決まったプランとしてセットで提供された。これらのファンドはバンガードにおいて，ライフサイクルファンドと呼ばれる1つのカテゴリー下に分類され，「透明性が高く，適正な資産配分を特定して維持するのに適した，利用しやすい資産運用方法の組み合わせ」としてこの会社のウェブサイト（www.vanguard.com）では宣伝されていた。このウェブサイトはさらに，「このファンドは，初心者の投資家のための投資選択として設計されています。完全なリスク分散を単一のファンドで可能にする"一元管理"のための選択肢です」としている。

このデータにおける問題点の1つは，そのプランにおけるファンドが提供する選択肢についての情報が2005年6月現在に記録されたものであり，他方で，個人の投資の選択は2005年12月に記録されたものだという点である。この問題を解決するため，2005年12月に行われた投資を分析することで，このプランに含まれる投資の類型を決定することにした。著者らは，少なくとも1人の加入者がそのファンドに投資することを決定していたならば，そのプランがそのファンドを提供していたとみなすことにした。この分類によると，520のプランが退職日ファンドとして，811のプランがリスク固定型ファンドとして，そして95のファンドが両タイプのファンドとして提供されていたと認定することができた[17]。

著者らは，BenartziとThaler（2001, 2002）に倣って，累積貯蓄残高ではなく，投資の配分を検討した。財務理論が，現在の残高すなわち総資産における割合に焦点を当てるのに対し，著者らが研究対象として取り上げたのは，このプランへの投資に割り当てる配分についてである。この選択の理由は，現在の残高における割合は，はるか以前にその人が，そのプランに加入した際に行った投資選択とその後のファンドの業績に影響を受けるからである。先ほど述べたように，資産運用の組み合わせにおける配分バランスを再調整する加入者はほとんどいない。考慮すべきもう1つの問題は，退職日ファンドは，比較的近年になってプラン加

入者による選択を可能にするサービスを追加したという点である。そのため，著者らは，直近2年間に加入した加入者による配分に焦点を当て，彼らを**新規加入者**と名づけた。この数年間に加入した人は，「決定的な」最初の選択をする際に，退職日ファンドが推奨されやすい傾向があった。著者らはまた，退職日ファンドは，ほとんどの場合2004年から2005年の間にプランで利用可能になった一方で，リスク固定型ファンドは，より長い期間提供されていたということにも留意しておかねばならない。退職日ファンドを提供したプランへの新規加入者の中には，加入時には，退職日ファンドに加入するという選択肢がない者もいた。このようなことはリスク固定型ファンドのプランでは見られなかった。

著者らは，誰が資産配分型ファンドを選択し，どのようにそれを用いているのかについて調べることから分析を始めた。退職日ファンドを雇用者から提供されたプラン加入者のうち37％がこれを使っていることを見出だした。しかし，リスク固定型ファンドの使用はそれよりいくらか高く，リスク固定型ファンドを雇用者から提供された人のうちそれを使った人は48％にのぼった。著者らは，退職日ファンドの利用率が低かったのは，これが新しい制度であったことと関係するのではないかと考えている。[18]

著者らは，採用率の属性による違いについても横断的に検討し，女性，若年被用者，そして，それらの中でも，毎月の拠出率や所得，資産の低い人は退職日ファンドを利用する場合が多いことを見出した（表14.1）。

特に女性は，男性に比べて6％多く退職日ファンドを利用する傾向にあり，20代の被用者は，60代の被用者に比べて8.4％多く退職日ファンドを利用する傾向にあり，さらに最低拠出率の被用者は，最高拠出率の被用者に比べて6.2％高い比率で退職日ファンドを利用していた。類似のパターンはリスク固定型ファンドの採用者においても見られた。

記述統計は，退職日ファンドが，投資知識のない人が多い人口統計的集団の要望に応えるものであることを示している。たとえば，Dwyerら（2002）やLusardiとMitchell（2005）は，女性は男性より資産運用問題に詳しくないと指摘しており，KotlikoffとBernheim（2001）は，所得と資産運用に関するリテラシーの間には正の相関があることを報告している。バンガードのウェブサイトによると，退職日ファンドは，「投資初心者のための投資選択として設計されている」ため，著者らのデータは，このファンドがその目的に適していることを示している。

資産配分型ファンドの使われ方ということに関して，著者らは，被用者がこのファンドを，資産運用方法の組み合わせの一元管理においてのみ用いる傾向があるかどうかを検討した。著者らは，同じ人口統計的集団，すなわち，女性で，預金残高が低く，または毎月の拠出率の低い人がこのファンドだけを利用する傾向にあるということを確認した。資産配分型ファンドを資産運用方法の組み合わせの一元管理として用いることは，初心者の投資家にとってはきわめてふさわしいが，より洗練された知識を持つ男性や豊かな被用者が，なぜ資産配分型ファンドを資産運用方法の組み合わせの一元管理に用いないのか疑問に思うだろう。より洗練された投資家が，「コアプラス」戦略，すなわち，ファンドのほとんどを資産配分型ファンドに投資し，残りのわずかをより特定の対象，すなわち，1つの外国のファンドなどに投資するという戦略を取るかどうかを検討した。その結果，この種の行動はほとんど見られなかった。具体的には，資産配分型ファンドの投資家のちょうど半分（53％）が，これらのファンドに拠出率のすべてを振り分けていた。残りの47％のうち，5分の4の投

表14.1 リスク固定型ファンドと退職日ファンドの利用

サブ集団	リスク固定型ファンド		退職日ファンド	
	保有率	ファンド内での比率	保有率	ファンド内での比率
全体	48.2	52.9	36.8	50.7
性				
女性	49.6	53.2	32.9	38.9
男性	42.5	39.0	26.9	39.7
差異	−7.1***	−14.2***	−6.0***	0.8
年齢				
20–29	50.1	57.7	40.1	46.7
30–39	48.6	49.7	36.1	45.5
40–49	47.1	50.3	34.8	57.1
50–59	46.2	54.1	34.7	61.9
60–79	43.4	55.8	31.7	67.4
差異	−6.7***	−1.9	−8.4***	20.7***
毎月の拠出額				
0–$100	53.9	74.4	40.4	67.3
$100–$200	45.1	54.5	38.0	54.9
$200–$400	47.9	46.1	35.4	46.6
$400–$800	48.2	41.6	35.8	41.2
$800+	44.7	39.0	34.2	38.5
差異	−9.2***	−35.4***	−6.2***	−28.8***
資産				
<$5,000	47.5	56.8	36.5	58.1
$5,000–$25,000	49.8	54.8	37.9	51.1
$25,000–$50,000	49.9	52.6	37.6	48.7
$50,000–$100,000	48.6	50.6	37.4	46.7
$100,000+	45.7	48.8	35.4	45.5
差異	−1.8***	−8.0***	−1.1*	−12.6***
ウェブ入会				
ウェブ入会	46.7	35.8	40.2	36.5
非ウェブ入会	49.6	68.2	32.6	73.1
差異	−2.9***	−32.4***	7.6***	−36.6***

註：このサンプルは，リスク固定型ファンドか退職日ファンドどちらかのプランの新規加入者を含んでいる。サンプルの大きさは，リスク固定型ファンドについては128540人，退職日ファンドについては74503人である。どちらのプランも重複はない。「保有率」は，プラン加入者のポートフォリオにこのファンドを含んでいる人の比率を示しており，「ファンド内での比率」は，資産配分ファンドのみを持つファンド所有者の比率を示す。また「拠出金」は，2005年12月に拠出した額であり，「資産」は，加入者の郵便番号にもとづいて算出している。
* 10％水準で異なる。
*** 1％水準で異なる。

資家は，拠出率の半分未満を資産配分型ファンドに割り当てており，これらの結果は，資産配分型ファンドが「コアプラス」戦略の構成要素となっているという見解を排除するものではない。投資家はたった1つのファンドに投資することを恐れており，投資配分ファンドが，実際には十分リスク分散された，複数の異なるファンドを組み合わせたものであるということを理解していないのかもしれない，と著者らは考えている。

14.2.3 資産配分型ファンドと株式売買への参加

この節では，プラン参加者に資産配分型ファンドを提供することが株式売買への参加に与える影響を分析する。株式にはリスクプレミアム[iv]が存在し，取引コストがない限り，理論上，投資家は，少なくとも，リスク分散目的で，少量の株式を所有するだろうことが予測される。しかし，MankiwとZeldes（1991）やAmeriksとZeldes（2004）のような研究者は，実際にはその通りにはなっていないことを示した。多くのアメリカ人世帯は株式にまったく関わっていない。具体的には，Vissing-Jorgensen（2003）は，高所得世帯と低所得世帯とでは株式の購入率に大きな違いがあると報告している。Vissing-Jorgensenの定義に基づくと，低所得世帯のうち株式の購入経験があるのはわずか18％であるのに対し，直接・間接的に株式を所有している高所得世帯は93％にのぼる。この節では，資産配分型ファンドが株式売買への参加に与える影響を見ていこう。

表14.2は，退職後用の口座に株式を所有しているプラン加入者の割合を示している。(1)資産配分型ファンドを提供しておらず，(2)リスク固定型ファンドを提供し，そして，(3)退職日ファンドを提供しているプランについての結果を示している。この図からいくつかの傾向を見て取ることができる。第一に，資産に関する諸指標と株式売買への参加には正の相関があり，これはこの領域における先行研究と一致するものである。第二に，リスク固定型ファンドあるいは退職日ファンドである資産配分型ファンドは，低所得・低預金残高の人による株式売買への参加を高めた。第三に，資産配分型ファンドは，富裕層による株式市場への参加に影響しなかった。資産配分型ファンドは低所得の個人に対してのみ，株式市場への参加の促進効果を持つため，これらのファンドは，低所得の参加者と高所得の参加者の参加比率の差を狭める傾向を持つ。具体的に，著者らは，資産配分型ファンドが「参加格差」をおよそ半分にすることを見出だした。これは，個人を，拠出率，預金残高，所得で並び替えた場合であっても変わらなかった。たとえば，資産配分型ファンドが提供されていないプランの場合，預金残高の最低の人と最高の人の間の参加格差は20.8％であった。しかし，この格差は，リスク固定型ファンドが提供されている場合は9.4％に，退職日ファンドが提供されている場合は8.7％にそれぞれ狭められた。

著者らは，加入者とプランの属性によって株式市場への参加を説明するためにプロビット回帰を実行した。回帰モデルは式14.1として与えられた。

$$Equity_{i,j} = \alpha + \beta * [Contributions_{i,j} | HasAA_j] + \varepsilon_{i,j} \quad (14.1)$$

$Equity_{i,j}$は，プランj加入の個人iが株式を自身の資産運用方法の組み合わせの中に含んでいるか否かの指標である。$Contributions$は，2005年12月時点における加入者の拠出総額の対数であり，$HasAA_j$は，プランjが何らかの資産配分型ファンドを提供しているかどうかの指標である。このパラメータ推定値を表14.3に示した。その際，

---

iv ［訳者註］安全資産の金利と比較した上での期待収益率。

表14.2 株式所有のギャップ

サブ集団	資産配分ファンド未加入	リスク固定型ファンド	退職日ファンド
毎月の拠出額			
0–$100	67.8	81.5	75.9
$100–$200	77.9	81.1	85.4
$200–$400	87.2	89.8	88.7
$400–$800	91.9	92.8	92.5
$800+	93.9	93.9	93.2
所有ギャップ（高−低）	26.1	12.4	17.3
残高			
0–$1,000	71.7	82.8	82.7
$1,000–$2,500	78.2	83.0	83.9
$2,500–$5,000	83.9	86.4	87.6
$5,000–$10,000	89.1	90.1	88.5
$10,000+	92.5	92.2	91.4
所有ギャップ（高−低）	20.8	9.4	8.7
世帯所得			
<$30,000	78.0	83.0	86.0
$30,000–$50,000	83.3	84.8	87.7
$50,000–$75,000	85.5	87.8	89.9
$75,000–$125,000	88.4	89.8	91.4
$125,000+	90.7	90.6	91.7
所有ギャップ（高−低）	12.7	7.6	5.7
年齢			
20–29	82.9	86.0	87.5
30–39	85.6	89.0	88.0
40–49	84.0	87.7	86.5
50–59	81.5	85.3	84.7
60–79	76.4	81.7	78.9
所有ギャップ（高−低）	6.5	4.3	8.6

註：この表は，株式投資を行っているプラン加入者の比率を示している。各プラン加入者の株式市場参加を報告しており，(1) リスク固定型ファンドにも退職日ファンドにも入っていない人（n = 97227），(2) リスク固定型ファンド加入者（n = 119917），そして，(3) 退職日ファンド加入者（n = 69579）にそれぞれ該当する。所有ギャップは，株式市場参加の差異である。

Wooldridge（2003）に倣って，プランのレベルで分けた誤差についても示した。

結果は，参加が拠出額とともに上昇することが確認された。この表では報告されていない計算によると，このプランへの毎月の拠出額が倍になると，その人が株式を所有する率は5.2％増加することが示されている。さらに興味深いことに，資産配分型ファンドは，株式売買への参加を3.1％増加させていた。そして，拠出額と株式売買への参加の関係は，資産配分型ファンドを含んだプランによって小さくなっていた。このことは，資産配分型ファンドと拠出レベルの間の関連が，有意な負の相関関係を持っていることから示される。この最後の結果は，資産配分型ファンドが，低所得の個人による株式売買への参加を高めることを示した単回帰分析とも一致し，そのため，このプランへの拠出額が多い人と少ない人の間の株式売買への参加比率の格差を狭めることにつながっている。

表14.3 株式市場参加者

	(1)		(2)	
変数	係数	標準誤差	係数	標準誤差
資産配分ファンド加入	1.023***	0.377	1.084***	0.329
拠出額	0.367***	0.032	0.322***	0.032
資産配分ファンド加入と拠出額の交互作用	−0.161***	0.058	−0.173***	0.050
定数	−0.994	0.213	−0.880***	0.351
統制	−		+	
参加者，プラン	329024	1772	328192	1744

註：この表は，以下のプロビットモデルの回帰の結果を示している。
$$Equity_{ij} = \alpha + \beta * [Contributions_{ij} | HasAA_j] + \varepsilon_{ij}$$
従属変数は，その加入者が株式に投資していた場合，指数1となる。独立変数は，2005年12月の拠出額の対数と，何らかの資産配分型ファンドへの加入があった場合，指数1となる。列（1）は，プランレベルでの統制を行わない場合の回帰の結果を示しており，列（2）は，女性加入者比率，平均拠出額，平均残高，平均加入期間，ウェブ加入利用者率，ローン提供プランの有無，会社株式か証券口座か，プランの規模によって加入者数の対数を代入してプランレベルでの統制を行った場合の結果を示している。誤差は，プランレベルの効果を説明するために，プランレベルで分類されている。

　プランが提供する選択肢に資産配分型ファンドが含まれていることが，なぜ株式売買への参加に影響したのだろうか？　さらに，なぜ低所得の被用者に対して参加を促進する効果を持ったのであろうか？　1つの理由として，手数料面であれ，一つのファンドを選択するという心理的コスト面であれ，これらのファンドが株式売買への参加コストを引き下げた可能性が挙げられる。バンガードの場合，加入者が所有している基本ファンドとバンガードの退職日ファンドが同額の手数料を請求するため，手数料面に違いはない。したがって，資産配分型ファンドの存在が心的コストを引き下げたのだという見方が妥当だと著者らは考えている。

　従属変数は，加入者が株式に投資をした場合，その指標が1になる。独立変数は，2005年12月におけるひと月の拠出額の対数と，そのプランがなんらかの資産配分型ファンドを提供している場合には1となる指標である。（1）の列は，プランレベルによる統制なしの場合の回帰の結果を示している。（2）の列は，女性加入者の比率，毎月の平均拠出率，平均貯蓄残高，平均在職期間，ウェブ登録加入者の比率，そのプランのローン提供の有無，会社の株式か証券口座か，加入者数の対数によって示されるそのプランの規模について，プランレベルの統制を行った場合の結果を示している。誤差は，プランレベルの効果を説明するために，プランレベルで計算された。

　他の研究結果もまた，心的コストという想定を支持するものである。たとえば，チャールズ・シュワブは，自身のウェブサイトで「退職時の目標額に到達する方法を探し求めて自分の資産運用方法の組み合わせを積極的に模索するだけの十分な時間はあなたにはないのではないでしょうか？」と質問することで，時間の節約という問題に焦点を当てている。Vissing-Jorgensen（2003）は，預金残高の多い人と少ない人の間の株式市場への参加ギャップを説明するため，心的コストの問題を用いている。彼女のモデルでは，株式投資について学習するという固定コストがあり，これは時間数Xで測定される。富裕層は，株式売買に参加することでより多くのお金を稼ぎ出す可能性があるため，株式について学習するという固定コストを受け入れやすいだろう。富裕層は株式売買への参加でより多くのお金を稼ぎ出す可能性があるという点については著者らも同意するが，彼らの時給単価は高いので，株式について学ぶために費やした

X時間のコストもまた大きくなる。結果として，富裕層は，低所得層の人よりも株式売買への参加のインセンティブが大きいと明確にいうことはできない。そのため，潜在的なコストという問題が，著者らが得たような結果を引き起こしたとは考えにくい。

　株式売買への不参加に対するもう1つの説明はBarberisら（2006）によって提出された。彼らは，**枠組みの狭さ**，すなわち一般的な資産運用方法の組み合わせではなく，自身の資産運用方法の組み合わせの好ましさを評価する傾向が，株式への投資のリスクを過大視させると指摘した。この枠組みの狭さ仮説によると，一部の参加者は，自分たちの資産運用方法の組み合わせの中の一部で損失を経験したことに注目し，それを回避するため，リスクを十分に分散した資産運用方法の組み合わせを構成しているときでさえ，株式ファンドを持つことを警戒するということが示唆される。資産配分型ファンドは，資産運用方法の組み合わせの個々の要素に個別に「アクセスしにくく」することで，この枠組みの狭さを和らげる可能性があろう。しかし，資産配分型ファンドは，意識的であれ，無意識的であれ，枠組みの狭さを和らげる可能性があることに注意が必要である。たとえば，投資家は，資産配分型ファンドは株式に投資することを知っているが，それと株による収益の変動性は分離できないものなのでその投資を許容できるものと感じているかもしれない。そうではなくて，投資家は，資産配分型ファンドが株式に投資していることを知らないことさえあるかもしれない。

14.2.4　退職日ファンドとライフサイクル投資パターン

　投資ホライズン（投資予定期間）と最適なリスクテイク行動の関係については多くの理論的な研究があるにもかかわらず，資産運用方法の組み合わせの選択と年齢との間に関係があるか否か，また，その関係の正確な形はどのようなものかについて学術的な「処方箋」は，いまだ解答を得ていない。Samuelson（1969）やMerton（1969）による有名な研究は，ある状況下で，リスク資産への適切な配分は，ライフサイクルを通じて一定に保つべきだと提案している。言い換えれば，資産運用方法の組み合わせの選択は，年齢や資産からは独立してなされるべきだということになる。他方で，Bodieら（1992）やViceira（2001）は，労働による所得と人的資本を，全体としてのその人の資産運用方法の組み合わせの一部として取り入れたうえで，異なった結論に至っている。具体的に，彼らは，リスク資産への配分は，年齢とともに減少させるべきだと提案している。ほとんどの資産運用のアドバイザーはこのアドバイスに同意する。よく使われる指針を紹介するならば，ある人の株式への配分は，100からその人の年齢を引いた程度の比率であるべきだ，ということになる。[19]

　実際のライフサイクルにおける投資パターンについての実証的研究の知見もまた，結論を見ていない。BodieとCrane（1997）は，株式に対する資産運用方法の組み合わせの割合と年齢との間に強い負の相関を見出だしている。HoldenとDerhei（2005）もまた，401kプランの大きなサンプルに基づく研究で，保有株式と年齢の間に負の相関を見出している。AmeriksとZeldes（2004）は，なんらかの株式を所有するという決定と，どれくらいの株式を所有するかという決定とを切り離す，という異なった研究アプローチを用いている。彼らは，年齢層が高いほど株式を所有しない傾向があり，この結果は主に，プラン参加者が退職時に自身の所有するすべての株式を売るか年金に振り替えることによって引き起こされている。しかし，なんらかの株式を所有している人に限れば，株への投資割合と年齢との間にはほとんど相関関係が認

表14.4 年代ごとの株式への平均配分率

	パネルA 資産配分ファンドに投資している加入者				
	リスク固定型ファンドへの投資者		退職日ファンドへの投資者		ベンチマーク
	株式の比率（%）	ベンチマークとの差	株式の比率（%）	ベンチマークとの差	株式の比率（%）
20–29	69.4	+0.5***	79.6	+10.7***	68.9
30–39	69.9	−0.4	73.7	+3.7***	70.0
40–49	68.5	+0.3*	62.8	−5.4***	68.2
50–59	65.0	+0.3	53.0	−11.7***	64.7
60–79	61.8	+2.6***	43.0	−16.2***	59.2
年齢	7.6***		36.6***		9.7***

	パネルB 資産配分ファンドを提供しているプランの全加入者				
	リスク固定型ファンド提供のプラン		退職日ファンド提供のプラン		ベンチマーク
	株式の比率（%）	ベンチマークとの差	株式の比率（%）	ベンチマークとの差	株式の比率（%）
20–29	64.0	+0.8***	69.7	+6.5***	63.2
30–39	67.0	+0.5**	68.1	+1.6***	66.5
40–49	64.7	+0.7***	62.4	−1.6***	64.0
50–59	60.2	+0.7**	56.3	−3.2***	59.5
60–79	55.8	+2.7***	48.3	−4.8***	53.1
年齢	8.2***		21.4***		10.1***

	パネルC 資産配分ファンドを提供しているプラン加入者のうち，株式を所有している人				
	リスク固定型ファンド提供のプラン		退職日ファンド提供のプラン		ベンチマーク
	株式の比率（%）	ベンチマークとの差	株式の比率（%）	ベンチマークとの差	株式の比率（%）
20–29	74.4	−1.8***	79.7	+3.5***	76.2
30–39	75.3	−2.3***	77.4	−0.2	77.6
40–49	73.8	−2.4***	72.2	−4.0***	76.2
50–59	70.6	−2.4***	66.4	−6.6***	73.0
60–79	68.4	−1.0	61.1	−8.3***	69.4
年齢	6.0***		18.6***		6.8***

注：この表は，株式に投資する資産運用方法の組み合わせの比率を示している。パネルAは，資産配分型ファンドに投資する加入者を含んでいるが，リスク固定型ファンドと退職日ファンドの両方に加入している人は除外している。パネルBは，リスク固定型ファンドと退職日ファンドのどちらかを提供するプランの全加入者を含んでいるが，両方を提供するプランは含んでいない。パネルCは，なんらかの株式売買経験のあるプラン参加者に限ったものであり，そのため，株式売買経験がまったくない人は除外されている。ベンチマークの列は，資産配分型ファンドを提供していないプランの加入者における株式への配分の平均割合を示している。
* 平均が，10%水準で異なる。
** 平均が，5%水準で異なる。
*** 平均が，1%水準で異なる。

められなかった。

著者らの主たる関心は，加入プランに資産配分型ファンドを含んでいることが，年齢とリスクテイク行動の関係を変えるか否かということである。「正しい」関係がどのようであるべきかというのは理論的にも明らかではないが，個人に対して提示されたファンドの選択肢が被用者の選択を変えることを示すのは可能であろう。表14.4のパネルAは，2005年12月時点で退職日ファンドを保有する新規加入者と，リスク固定型ファンドを保有する新規加入者の，株式売買への平均参加率を比較したものである。両サンプルはさらに年齢によって20代，30代，40代，50代，60–70代に分かれている。なお両タイプのファンドを保有している人は

除いている。

　年齢と株式保有との関係は，リスク固定型ファンドの投資者においては比較的フラットである。細かく見ると，株式保有者の比率は20代と30代の69％から，60代の62％まで低下している。これとは対照的に，退職日ファンド投資者では，年齢とリスクテイク行動の間により強い相関が示された。具体的には，株式への配分は若年齢層の80％から高年齢層の43％まで減少した。分散分析とマン・ホイットニー・ウィルコクソンの順位検定によって，リスク固定型ファンドの投資者と退職日ファンド投資者で株式保有者の比率の差異を検討したところ，退職日ファンド投資者は，ライフサイクルの初期に有意に多くの株式を保有し，ライフサイクルの後期においては有意に少なく保有することが示された。

　これら2群の加入者を，どちらのタイプのファンドも提供しないプランに加入している対照群の加入者と比較すると，リスク固定型ファンド投資者は，年齢とリスクの関係がベンチマーク群に近く，逆に退職日ファンド投資者の株式保有者の割合は，ベンチマーク群に比べて20代においては平均11％高く，60歳以上では16％低かった。

　退職日ファンド投資者において年齢と株式保有の間に強い相関関係がみられたという事実は，予測とは異なるものである。なぜなら，投資者は各ライフサイクル時点でそれぞれが望ましいと考えるリスクテイクを達成するために他のファンドを利用することもできたからである。しかし，より興味深い発見は，リスク固定型ファンド投資者に，年齢とリスクテイク行動との間に顕著な関係が見られなかったということである。著者らの分析は新規雇用者に焦点を当てているため，ここで見られた傾向を惰性では説明することができない。

　1つの反論は，資産配分型ファンドを選んだ人を対象としていることに，ある種の選択バイアスが生じている可能性があるという点である。たとえば，退職日ファンドを選ぶ人は，年齢が高くなるとともに資産運用の組み合わせにおいてリスクを低下させることを好み，リスク固定型ファンドを選んだ人は，配分が一定であることを好む傾向があるのではないかという指摘である。さらに，資産配分ファンド投資者は，資産配分ファンドを利用できず，自分で資産運用方法の組み合わせを構築せざるをえなかった場合でさえも，まったく同レベルのリスクを選ぶことがありうる。

　前述した選択バイアスを取り除くため，資産配分ファンドを選んだ人だけではなく，そのプランの全加入者が資産配分型ファンドを利用できることの効果を検討する。表14.4のパネルBは，その結果を示したものである。ここでも，退職日ファンドを提供するプランにおいて，年齢とリスクテイクとの間に関係がみられ，リスク固定型ファンドあるいはどちらのファンドも提供していないプランに比べて，年齢が進むほどリスクテイク行動の低下傾向が強くなっていた。

　表14.4のパネルCでは，以下の2つの理由から，何の株式も持っていない人を分析から除外した。第一に，AmeriksとZwldes（2004）と同様に，何らかの株式を保有するという決定と，どのくらいの株式を保有するかの選択とを切り分けようとしたからである。第二に，著者らのサンプルにおけるすべての資産配分ファンドは株式に投資しているため，株式に投資をする加入者の母集団と，資産配分ファンドの投資家とを比較することは同じであるように思われたからである。この下位サンプルにおいても同じようなパターンが観察された。具体的には，リスク固定型ファンドを提供しているプランにおける平均株式売買経験率は，若年加入者の場合には74％，高年齢加入者の場合にはわずかに低い68％であった。ここでも，退職日ファンドを提供しているプランは，年齢と株式売買経験

の強い関係を示し，株式を保有する人の割合は，最も若い加入者層が80％であるのに対し，最も高齢の加入者層では61％となっていた。

もう1つの反論は，ファンドが被用者に提供する選択肢は，被用者の基本的な選好を反映しているのかという問題である。たとえば，退職日ファンドを選択したプランの管理者は，そのプランの加入者が，年齢とともに安全志向になっていく資産運用方法の組み合わせを持ちたいと思っていることを事前に理解していたのではないか，と主張する人がいるかもしれない。自分で資産運用方法の組み合わせを作ると決めて資産配分ファンドを提供するプランに加入した人のライフサイクルにおける投資の傾向を見ることで，著者らはこの潜在的なバイアスに対処することとした。具体的には，少なくとも2つの以上のファンドを保有し，それらのうちいずれも資産配分型ファンドではない人を検討した。2つ以上という制約を設けることで，雇用者が用意したデフォルトによってファンドに加入するのではなく，自分自身で資産運用方法の組み合わせを構築する加入者である確率を高めることができた。その結果，リスク固定型ファンドと退職日ファンドを提供するプラン（これらのプランは資産配分型ファンドであるが，著者らの分析は，資産配分の流動性が高くないものに焦点を当てていることを思い出してほしい）では，株式売買経験と年齢の間の関係が比較的フラットになることが認められた。この結果は，リスク固定型ファンドを提供するプランの被用者と，退職日ファンドを提供するプランの被用者とがもともと劇的に違うとは考えにくいことを示唆している。

さらに著者らは，回帰モデルを使ってプラン選択バイアスについて説明した。表14.5は，式14.2で具体的に示しているように，年齢，ファンドの種類（リスク固定型ファンドか退職日ファンドか），交互作用項を目標変数とし，資産運用方法の組み合わせの中での株式の割合を説明変数とした途中打ち切り回帰モデル（下限が0％で上限が100％）の結果を示している。回帰表では，プランレベルでの統制なしのものを（1）列に，プランレベルでの統制を行ったものを（2）列にそれぞれ示している。プランレベルでの統制には，女性加入者の比率，毎月の平均拠出率，平均貯蓄残高，平均在職期間，ウェブ登録加入者の比率，そのプランによるローン提供の有無，企業の株式か証券口座か，加入者数の対数によって示されるそのプランの規模が含まれる。誤差は，プランレベルの効果を説明するためにプランレベルで計算された。

$$PctEquity_{i,j} = \alpha + \beta * [Age_{i,j} HasRB | Age_{i,j} HasRD_j | Age_{i,j}] + \varepsilon_{i,j} \quad (14.2)$$

そのプランが資産配分型ファンドを含んでいない場合（$HasRB = HasRD = 0$），年齢と株式売買経験の関係は37歳を最大値とする逆U字型になることが示された。リスク固定型ファンドを提供するプラン（$HasRB = 1$）の係数は小さく，辛うじて有意であり，リスク固定型ファンドは，年齢とリスクテイクとの関係を大幅に変えるものではなかったことを示している。しかし，退職日ファンドは，25歳以上の人の場合，徐々に減少を示しており，リスク固定型ファンドとは異なっている。この減少は，負の交互作用係数に示されるように，高齢世代においてはより急勾配になっていた。

標本の平均年齢38歳から10年を足し引きし，28歳と48歳の株への配分率の変化を計算することによって，限界効果を算出した。28歳の配分は38歳時点での配分に比べて，資産配分ファンドを含まないプランでは1.5％，リスク固定型ファンドでは1.6％低かったが，退職日ファンドを含むプランの場合は1.8％高かった。つまり両者の関係は，退職日ファンドが提供されているプランの加入者の場合のみ，若年期において右下がりになる。他方で，

表14.5 株式への配分における，リスク固定型ファンドか退職日ファンドによる効果

変数	(1) 係数	標準誤差	(2) 係数	標準誤差
年齢	2.031***	0.429	1.852***	0.468
年齢^2	−0.028***	0.005	−0.028***	0.006
リスク固定型ファンド所有	3.824	11.885	5.981	9.864
リスク固定型ファンド×年齢	−0.175	0.550	−0.309	0.454
リスク固定型ファンド×年齢^2	0.003	0.006	0.004	0.006
退職日ファンド	31.886***	8.532	25.953***	8.582
退職日ファンド×年齢	−1.228***	0.416	−1.009***	0.391
退職日ファンド×年齢^2	0.011**	0.005	0.009**	0.005
交互作用	30.473***	8.937	35.945***	12.252
統制	−		+	
N 観測数	329024		328192	

この表は，以下のプロビットモデルの回帰の結果を示している。

$$PctEquity_{ij} = \beta*[Age_{ij} HasRB_j | Age_{ij} HasRD_j | Age_{ij}] + \varepsilon_{ij}$$

$PctEquity_{ij}$は，プランjの加入者iによって株式に投資したパーセンテージである。$HasRB$と$HasRD$は，それぞれプランjがリスク固定型ファンドあるいは退職日ファンドを提供しているかどうかの指標である。回帰モデルは，途中打ち切り回帰（下限0，上限100）として推定された。列（1）は，プランレベルでの統制なしの結果であり，列（2）は，女性加入者比率，平均拠出率，平均貯蓄残高，平均在職期間，ウェブ登録加入利用者率，ローン提供プランの有無，会社株式か証券口座か，プランの規模によって加入者数の対数を代入してプランレベルでの統制を行った場合の結果を示している。誤差は，プランレベルの効果を説明するために，プランレベルで分類されている。

* 係数が5%水準で0と異なる。
*** 係数が10%水準で0と異なる。

38歳と48歳の間においては株への配分は常に右下がりとなる。この38歳と48歳の間の傾斜は，資産配分ファンドを含まないプランとリスク固定型ファンドを含むプランでは，それぞれ，2.4%，2.0%と比較的フラットであるが，退職日ファンドを含むプランの場合には4.2%と急勾配になる。

著者らは最後に以下の批判，すなわち退職日ファンドは2004年から2005年の間に導入されたため，一部のファンドはリスク固定型ファンドから置き換えられ，加入者がリスク固定型ファンドからその年齢に基づいた退職日ファンドへ「移動」させられた，という批判に答えようと思う。著者らが得た結果が惰性，すなわち，退職日ファンドへ移動させられた加入者が，自分たちの資産運用の組み合わせの配分をわざわざ変更することはなかったことによって影響を受けている，というのはあり得る解釈である。著者らの結果が加入者の惰性によって部分的に引き起こされている可能性を除外するため，リスク固定型ファンドから退職日ファンドへシフトした52のプランを分析から除いてみた。しかし，その結果はこれまで述べてきたものと変わらなかった。要約すると，選択肢の構築は，資産運用の組み合わせの選択に対して影響を及ぼす。現金，債権，株式を一元的に管理する資産配分型ファンドにパッケージ化することは，一見些末なことのように見えるが，投資者の行動に影響を与えている。具体的には，資産配分型ファンドは，低所得の被用者が株式売買へ参加するのを促進し，結果として，低所得の被用者と高所得の被用者の間に存在する株式売買への参加比率の格差を縮小する。著者らはまた，提供される資産配分型ファンドの種類（リスク固定型ファンドか退職

日ファンドか）もまた，それぞれのライフサイクルにおける投資行動に影響を与えることを見出だした。

14.3　議論の要約と結び

　ここでは，退職後のためのプランの詳細な制度設計の重要さに焦点を当て，制度設計が重要な問題であることを論じ，一見些末な設計要素が重要になりうることを論じた。年金保護法はよい選択肢の構築における一例であると著者らは信じている。年金保護法制度の主たる特徴は，誤りや不作為に対処するための設計，すなわち，人々が何もしなかったら何が起こるのかという問題に対処している点である。年金保護法の場合，何も行為を起こさなかった被用者は，それでもなお，自動加入し，定期的に拠出率を上昇させていくという年金保護法の規定にその被用者が従っている限り，退職時のために貯蓄することができる。

　年金保護法は，よく構築された選択肢ということをうまく利用しているが，選択肢の構築をより改善させる領域が多数あることは心にとめておかなければならない。たとえば，メディケアのパートDと呼ばれる，メディケア処方箋薬剤給付保険制度を考えてみよう。それぞれの州に多くの異なるプランがあり，それが意思決定を非常に複雑なものにしている。このプランは実際に州によって異なり，そのため，誰も他州に住む友人や家族に相談することができない。ある種の処方薬のスペルを正確に書くのは難しいものであるが，スペルチェッカーは存在しない。そして，プランの1つにランダムに割り当てられ，デフォルトは存在しない。パートDは，選択肢の構築に対するさらなる研究が社会に利益をもたらす多くの領域の，ほんの一例にすぎない。

原註

　Benartziは，Reish Luftman McDanielとReicherおよびバンガードからの資金援助に感謝の意を表する。著者らは，ボストン・リサーチ・グループのWarren Cormier，バンガードのJodi DiCenzo, Liat Hadar, Steve Utkus，ティー・ロウ・プライスのCarol Waddellにも，長年にわたるデータ提供と支援について感謝の意を表する。また，Robert Shiller, Emir Kamenica, Avanidhar SubrahmanyamとMark Grinblattの有用なコメントにも感謝している。

1. この出来事に対する簡潔な記述は，アメリカ核規制ファクトシートで見ることができる。Retrieved from http://www.nrc.gov/reading-rm/doc-collections/fact-sheets/3mile-isle.html
2. HubermanとJiang（2006）は，BenartziとThalerによって行われた分析を拡張し，ファンドの数が少なく，かつ100%がnで割り切れるときに，被用者が1/nヒューリスティックスを使う可能性がより高くなることを示した。たとえば，9ファンドを選んだ人のうちわずか5%が，9ファンドにほぼ同額ずつ投資しているのに対し，10ファンドを利用している人のうち53%が等しく投資していた。
3. 年金保護法における制度設計の問題のすべてに対応するのは，本章で扱うことのできる範囲を超えている。
4. 1つのまっとうな疑問は，著者らは人々をだまして加入させてきたのではないかという，後で対処することになる疑問である。
5. 「明日はもっと貯蓄しよう」は，Shlomo BenartziとRichard H. Thaler.の登録商標である。この制度は，SMarT制度，「自動増率」制度，または「拠出率上昇」制度と呼ばれることもある。企業は，研究目的でデータを共有する意思がある限り，無

料でこの制度を利用することが歓迎される。
6. 世界における法令の変化を要約したものについては，Retirement Security Project, (2006) や Iwry, (2006) を参照のこと。
7. ワンステップ貯蓄は，バンガードの登録商標である。
8. 個人に貯蓄増率月を選択させることは，貯蓄の意思決定を可能な限りシンプルにしようというこの制度の精神と矛盾するのではないか，という主張がありうるかもしれない。Choiら（2005）は加入手続きを単純化し，401kプランに加入するために個人がすべきことを，事前に設定された貯蓄率と投資候補の組み合わせについて「はい」の欄にチェックするだけにすると，加入率は増加するという証拠を見出だしている。
9. 「心の会計」についてのThaler（1999）の研究を参照のこと。
10. 臓器提供承諾におけるデフォルトの効果を検討したJohnsonとGoldstein（2003）を参照。明示的な同意を必要とする州では，自分の臓器を提供してもよいとする人はおおよそ10％から20％であるのに対し，暗黙の同意でよいとする州では，自分の臓器を提供してもよいとする人はおおよそ90％にのぼる（すなわち，オプトアウトでわざわざ拒否する手続きを取る人はわずか10％である）。
11. バンガードの約50のクライエントは，わざわざ脱退手続きをする必要のあるこの制度を導入するプロセスを進めている。
12. オプトアウトでわざわざ脱退手続きをする人とそうでない人の人口統計学的違いを検討しようと試みたが，不運なことに，著者らはこれら新規採用者の人口統計的属性に関する情報をほとんど持っていない。
13. Shafirら（1997）の研究も参照のこと。
14. 著者らが検討したその他の設計要素は，毎年の増加額の拡大と，その「キャップ」（貯蓄に回す率がどれくらいになった際その増加を止めるか）である。被用者は，毎年の増加率が給与の1％か2％であれば増加を止めないことが明らかになった。同様に，被用者は給与の10％または20％がキャップであるときに増加を止めないことが分かった。しかし，非現実的なほど高いレベルにキャップをおくことは，被用者の動機づけを下げ，契約率を減少させる傾向にあった。
15. Yamaguchiら（2007）は密接に関係するデータセットを検討し，同様の結果を得ている。
16. IXIと呼ばれる会社は，小売店と，ほとんどの大きな金融サービス会社から個人退職年金の資産データを集めている。IXIは，9ケタの郵便番号レベルですべての会社からデータを集積し，郵便番号ごとの平均世帯資産を計算した。概して，1つの郵便番号当たり10から12の世帯があった。次に，IXIは，それぞれのエリアに資産ランク（1から24）を割り当てた。著者らは，表14.1に示した幅で，これを5つのグループに再割り当てした。
17. 不運なことに，著者らのサンプルの中でこのプランについてのデータは非常に限られており，それだけでは，このようなファンドを採用するかどうかが，そのプランのある特性と関係しているかについて判断することができなかった。
18. 1つの問題は，プランの一部は，デフォルトの投資の選択肢として資産配分型ファンドを提供してきた場合があるのではないかという点であり，これが参加率（利用可能者中の実際の利用者数）に強力な効果を持ちえたということを著者らは知っている。この結果は，いくつかの理由から，上記の問題による影響を受けにくいと著者らは考えている。第一に，資産配分型ファンドがデフォルトにされた場合にははるかに高い参加率になったと考えられる。第二に，ほと

んどのプランの提供者は，年金保護法に先立って，資産配分型ファンドをデフォルトにはしていなかった。

19. BodieとCrane（1997）は，この原則やこの他，ライフサイクル投資において一般的に受け入れられている方針について記述している。

20. 著者らはリスク固定型ファンドから退職日ファンドへ変換された52のプランについての時系列データを使おうと試みたが，残念ながらこれらのプランには，有意味な分析を行うのに耐えうるだけの十分な数の新規就職者がいなかった。

引用文献

Ameriks, J. and Zelda, S. P. (2004). *How do household portfolio shares vary with age?* Working paper. Columbia University.

Barberis, N., Huang, M., and Thaler, R. H. (2006). Individual preferences, monetary gambles, and stock market participation: A case for narrow framing. *American Economic Review*, 96, 1069-1090.

Benartzi, S., and Thaler, R. H. (2001). Naive diversification strategies in retirement saving plans. *American Economic Review*, 91(1), 79-98.

Benartzi, S., and Thaler, R. H. (2002). How much is investor autonomy worth? *Journal of Finance*, 57, 1593-1616.

Benartzi, S., and Thaler, R. H. (2007). Heuristics and biases in retirement savings behavior. *Journal of Economic Perspectives*, 21, 81-104.

Bodie, Z., and Crane, D. B. (1997). Personal investing: advice, theory and evidence. *Financial Analysts Journal*, 53(6). 13-23.

Bodie, Z., Merton, R. C., and Samuelson, W. F. (1992). Labor supply flexibility and portfolio choice in a life cycle model. *Journal of Economic Dynamics and Control*, 16, 427-449.

Choi, J. J., Laibson, D., and Madrian, B. (2004). *$100 bills on the sidewalk: Violation of no-arbitrage in 401(k) accounts*. Working paper. University of Pennsylvania.

Choi, J. J., Laibson, D., and Madrian, B. (2005). *Reducing the complexity costs of 401(k) participation: The case of Quick Enrollment^{TM}*. Working paper. University of Pennsylvania.

Choi, J. J., Laibson, D., Madrian, B. C., and Metrick, A. (2002). Defined contribution pensions: Plan rules, participant decisions, and the path of least resistance. In J. Poterba (Ed.), *Tax policy and the economy* (Vol. 16, pp. 67-113). Cambridge, MA: MIT Press.

Choi, J. J., Laibson, D., Madrian, B. C., and Metrick, A. (2004). For better or for worse: Default effects and 401(k) savings behavior. In D. Wise (Ed.), *Perspectives in the economics of aging* (pp. 81-121). Chicago: University of Chicago Press.

Choi, J. J., Laibson, D., Madrian, B. C., and Metrick, A. (2005). *Optimal defaults and active decisions*. NBER Working Paper No. 11074. National Bureau of Economic Research.

Cormier, W. (2006). *BRG 2006 401(k) participant satisfaction study*. Boston Research Group, Boston, MA.

Dwyer, P. D., Gilkeson, J. H., and List, J. A. (2002). Gender differences in revealed risk taking: Evidence from mutual fund investors. *Economics Letter*, 76, 151-158.

Fidelity Investments. (2006). *Building futures* (Vol. 6).

Frederick, S., Loewenstein, G., and O'Donoghue, T. (2002). Time discounting and time preference: A critical review. *Journal of Economic Literature*, 40, 351-401.

Hewitt Associates. (2007). *Survey findings: Hot topics in retirement: 2007*. Lincolnshire, IL: Hewitt Associates LLC.

Holden, S., and Derhei, J. V. (2005). Mutual funds and the U.S. retirement market in 2004. *Fundamentals*, 14(4), 1-8.

Huberman, G., and Jiang, W. (2006). Offering versus choice in 401(k) plans: Equity exposure and number of funds. *Journal of Finance*, 61, 763-801.

Iwry, J. M. (2006). *Automating saving: Making retirement saving easier in the United States, the United Kingdom and New Zealand*. RSP Policy Brief No. 2006-2. Retrieved from http://www.pewtrusts.org/uploadedFiles/wwwpewtrustsorg/Reports/Retirement_security/RSPPolicyBrieif0606.pdf

Iyengar, S., and Kamenica, E. (2010). Choice proliferation, simplicity seeking, and asset allocation. *Journal of Public Economics*, 94, 530-539.

Johnson, E. J., and Goldstein, D. (2003). Do defaults save lives? *Science*, 302, 1338-1339.

Kahneman, D., Knetsch, J. L., and Thaler, R. H. (1986). Fairness as a constraint on profit seeking. *American Economics Review*, 76, 728-741.

Kotlikoff, L. J., and Bernheim, B. D. (2001). Household financial planning and financial literacy: The need for new tools. In L. J. Kotlikoff (Ed.), *Essays on saving, bequests, altruism, and life-cycle planning* (pp. 427-478). Cambridge, MA: MIT Press.

Laibson, D. (1997). Golden eggs and hyperbolic discounting. *Quarterly Journal of Economics*, 112, 443-477.

Loewenstein, G., and Elster, J. (1992). *Choice over time*. New York: Sage.

Lusardi, A., and Mitchell, O. S. (2005). *Financial literacy and planning: Implications for retirement well-being*. Working paper. University of Michigan.

Madrian, B., and Shea, D. F. (2001). The power of suggestion: Inertia in 401(k) participation and savings behavior. *Quarterly Journal of Economics*, 116, 1149-1525.

Mankiw, N., and Zeldes, S. (1991). The consumption of stockholders and nonstockholders. *Journal of Financial Economics*, 29(1), 97-112.

Merton, R. C. (1969). Lifetime portfolio selection under uncertainty: The continuous time case. *Review of Economics and Statistic*, 51(3), 247-257.

O'Donoghue, T., and Rabin, M. (1999). Doing it now or later. *American Economic Review*, 89, 103-124.

O'Donoghue, T., and Rabin, M. (2001). Choice and procrastination. *Quarterly Journal of Economics*, 116, 121-160.

Read, D., and van Leeuwen, B. (1998). Predicting hunger: The effects of appetite and delay on choice. *Organizational Behavior and Human Decision Processes*, 76(2), 189-205.

Retirement Security Project. (2006). Analysis of the Pension Protection Act of 2006: Increasing participation through the automatic 401(k) and saver's credit. Retrieved from http://www.brookings.edu/-/media/Files/Projects/retirementsecurity/Fact%20

Sheets/08_pension_bill_scorehand.pdf
Samuelson, P. A. (1969). Lifetime portfolio selection by dynamic stochastic programming. *Review of Economics and Statistics*, *51*(3), 239-246.
Samuelson, W., and Zeckhauser, R. J. (1988). Status quo bias in decision making. *Journal of Risk and Uncertainty*, *1*, 7-59.
Save More for Retirement Act of 2005, S. Res. 875, 109th Congress, 1st Session (2005).
Shafir, E., Diamond, P., and Tversky, A. (1997). Money illusion. *Quarterly Journal of Economics*, *112*, 341-374.
Skinner, J. (2007). Are you sure you're saving enough for retirement? *Journal of Economic Perspective*, *21*, 59-80.
Strotz, R. H. (1955). Myopia and inconsistency in dynamic utility maximization. *Review of Economic Studies*, *23*, 165-180.
Thaler, R. H. (1981). Some empirical evidence on dynamic inconsistency. *Economics Letters*, *8*(3), 201-207.
Thaler, R. H. (1999). Mental accounting matters. *Journal of Behavioral Decision Making*, 12, 183-206.
Thaler, R. H., and Benartzi, S. (2004). Save More Tomorrow: Using behavioral economics to increase employee savings. *Journal of Political Economy*, *112*(1), Part 2, S164-S187.
Thaler, R. H., and Sunstein, C. R. (2008). *Nudge: Improving decisions about health, wealth, and happiness*. New Haven, CT: Yale University Press.
Tversky, A., and Kahneman, D. (1992). Advances in prospect theory: Cumulative representation of uncertainty. *Journal of Risk and Uncertainty*, *5*, 297-232.
Viceira, L. M. (2001). Optimal portfolio choice for long-horizon investors with nontradable labor income. *Journal of Finance*, *56*, 433-470.
Vissing-Jorgensen, A. (2003). Perspectives on behavioral finance: Does "irrationality" disappear with wealth? Evidence from expectations and actions. *NBER Macroeconomics Annual*, *18*, 139-208.
Wooldridge, J. M. (2003). Cluster-sample methods in applied econometrics. *American Economic Review*, *93*(2), 133-138.
Yamaguchi, T., Olivia, S. M., Mottola, G. R., and Utkus, S. (2007). *Lifecycle funds in 401(k) plans*. Working paper. Pension Research Council.

15章　雇用法の行動経済分析

CHRISTINE JOLLS

　雇用関係は，多くの場合人生で最も重要な関係の一つである。アメリカでも他の国々でも，この関係はさまざまな法的条件によって制約を受けている。これらの法的規則のうちあるものは，労働組合の組織と運営を規制し，別のあるものは，被用者が組合員であるかに関わらず，雇用者－被用者関係を統治する。本章は，この後者の法的規則，すなわちアメリカで「雇用法」と呼ばれる規則を，行動経済学を用いて分析するその中心的方法のいくつかについて議論する。雇用法の効果と規範的に望ましい状態になるかはともに，この法に対して雇用者と被用者がどのように振る舞うかということにかかっていることを考慮すれば，行動経済学は，雇用法を考えるうえで明らかに重要である。

　本章は，Thaler（1996）が示した典型的な行動経済学を用いることになろう。Thalerによると，行動経済学は，人間の行動の3つの「限界」によって特徴づけられる。すなわち，意思力の限界（事前に決めた計画通りに行為をするうえでの問題），自己利益の限界（新古典派の経済学でいう物的な自己利益の最大化では，人々を説明できない）[i]，合理的判断の限界（人々は判断を誤り，このことは期待効用理論では説明できない）である。「自己利益の限界と最低賃金規制」「合理的判断の限界，雇用差別撤廃法と雇用における義務」の節で論じるように，既存の行動法学や行動経済学は，第二，第三の限界に関し，雇用法に対する示唆を検討してきた。これとは対照的に，意思力の限界については，労働法の行動経済学の分析においては，ほとんど注目を浴びてこなかった。そこで本章では，その点について述べることから始めようと思う。

　「意思力の限界，賃金支払法，年金と社会保障規制，年齢差別撤廃法」という節で述べるように，驚くほどさまざまな雇用に関する法的規則の存在の理由が，意思力の限界を考慮することで明らかになるだろう。意思力の限界によると，個人は総じて非常に（「双曲的に」）将来のことを割り引く。このような行動が示唆している（これまで多く検討されてきた重要な）予測は，人は，たとえ自分たちの将来計画上，退職後のための貯蓄が必要であった場合でさえ，いかなる時点においても，適切な資金を退職後のために取っておくのに失敗するだろうというものである。雇用法は，このような計画と行為の間の断絶に，どう対応しているのであろうか。

　このことへの対応の1つは，社会保障制度を通して行われているのと同様（これについては後述する），被用者の給与から退職後のための貯蓄に回すよう雇用契約のなかで義務づけるというものである。しかしこれ以外の雇用法の仕組みはよりソフトなものとなっており，意思力に限界のある個人が退職後のための貯蓄をするよう強制するというよりも，奨励することに向けられている。意思力に限界のある個人でも，ボーナス時の場合には

---

[i] ［校閲者註］新古典派モデルでは物的な自己利益の最大化を仮定したものが多い。新古典派を含む経済学では，たしかに効用や利潤の最大化は問題とするが，たとえば効用の源泉は必ずしも物的なものに起因しなくともよい。新古典派は「物的な自己利益の最大化」を人あるいは組織が行っているあるいは行うべきであるとは主張していないことに注意せよ。

はるかに，通常の賃金よりもその収入を退職後のための貯蓄につなげやすい。そこで「賃金支払法」の目（もく）は，この種の法が，ボーナス時に対価の一部を確実に貯蓄に提供するように提案する。加えて，「年金規制」の目で書くように，従業員退職所得保障法（ERISA）のもとで雇用者が提供する年金プランに関する規制は，直接的にも（年金プランからの早期引き出しの制限を通して），間接的にも（企業の重役に提供されるインセンティブを通して），意思力の限界に対応しようとしている。最後に，「年齢差別撤廃法」の目では，年齢差別撤廃法が，当初の給与は抑えめにして徐々に給与を引き上げていく年功序列型の給与体系の適用を促進することで，意思力に限界のある個人が退職後のための貯蓄を行うことを促進する可能性について説明する。この種の給与体系は，使えるお金を制限することで，被用者の現在の消費水準に上限を設定することになると考えられる。

「自己利益の限界と最低賃金規制」の節は，雇用者と被用者に自己利益の限界があるがために両者は「公正さのダイナミズム」に関与しているという証拠を示す。つまり，公正さのダイナミズムにおいて，雇用者は，被用者に対して最低賃金以上を支払うことを選択し，被用者は最低賃金の場合以上に働くという「公正な行動」で応答する。この公正さのダイナミズムは，労働法における最低賃金規制について多くの示唆を与えることが分かってきている（Jolls, 2002）。この節の議論の興味深い特徴は，新古典派経済学よりも行動経済学のほうが法的規制強化を比較的支持しているとみられることが多いが，行動経済学も時には，規制に対して反発的反応を示す場合があることを明らかにした点にある。

「合理的判断の限界，雇用差別撤廃法と雇用における義務」の節は，雇用法の重要な特徴を分析するために，判断の誤りと期待効用理論からの逸脱がどのように影響してきたかについて描く。「誤りある」判断（後ほど展開される概念）は，既存の雇用差別撤廃法の効果（Jolls, 2007a）を理解するうえでも，その法律に対して提案されている改正案の望ましさ（Krieger & Fiske, 2006; 本書3章）を理解する上でも関係してくる。それと同時に，期待効用理論からの逸脱に関して，「保有効果」（Thaler, 1980）の行動経済学的分析は，法的に義務づけられた被用者に対する特定の特典（たとえば健康保険や休暇）の有無が，その結果に与える影響の重要性に焦点を当てる。保有効果が存在すると，たとえ市場において情報が完全に提供されていたとしても，特定の被用者にこの特典が与えられていないとき，税のように実効的に雇用レベルを押し下げるよう機能するという新古典主義経済学の予測とは合致しなくなる（Jolls et al., 1998）。

ここまで描かれている通り，年金規制から最低賃金，雇用差別の禁止，健康保険の義務化，休暇に至るまで，雇用法の多くの重要な特徴は，行動経済学によって説明することができる。場合によっては，なじみのある新古典派経済学の分析よりも行動経済学的分析の方が既存の法的規則にフィットするように見える。新古典派経済学的分析において批判的に見られる傾向のあった雇用に関する法規則は，行動学のレンズを通して見たとき，より理にかなっているものと思われる。また場合によっては，KriegerとFiske（2006; 本書3章）の分析にあるように，行動経済学的視点は，この視点の適用を通して初めて明らかになる既存の法的欠点を指摘する。すなわち，雇用法の理解と改善の両面において，行動経済学は重要な役割を果たしている。

15.1 意思力の限界，賃金支払法，年金と社会保障規制，年齢差別撤廃法

　メリルリンチ証券は大規模調査を行い，ベビーブーム世代の人に「あなたの世帯年収の何％を退職後のための貯蓄に今回していますか？」そして「あなたの世帯年収の何％を退職後のための貯蓄に回すべきだと思いますか？」と尋ねた。この2つの回答の平均値の差は世帯所得の11％に相当した（Bernheim, 1995）。[1] なぜ人々は退職後のために貯蓄したいと言っているのに，稼いだお金を使ってしまうことを選ぶのだろうか？

　行動経済学は，意思力の限界という概念を強調することで，意図と実際の行動の隔たり，すなわち，自分で立てた計画を守ることにおける人々の無能力を分析する。後述するように，多くの実証的証拠はこのような意思力の限界という考えを支持している。おそらく当然のことながら，法はさまざまな試みを通して，人々が明らかに有しているこの意思力の限界に逆らって，人々に退職後のための貯蓄を増やさせようとしている。たとえば，この法的試みのなかには，個人退職口座（IRA）の推奨のように完全に雇用者＝被用者関係の外側で行われているものもあるが，中にはこの関係の規制を通して行われているものもあり，そちらについては後ほど述べる。行動経済学は，（退職後のための貯蓄と直接的な関係を持たないものも含め）雇用に関するさまざまな法規則が，意思力に限界をもつ個人の貯蓄を増やす可能性をどのように高めるのかについて描き出す。

　次に話を進める前に，退職後のための貯蓄という文脈で，**合理的**行動の限界（たとえば現状維持バイアスやその結果起こるデフォルトの選択肢による影響）に対応するための実際の法制度や今後ありうる法制度についての既存の研究と，ここでの議論を区別しておくことが重要であろう。Benartziと Thaler（2007）は，合理的判断の限界が退職後のための貯蓄行動をどのように形作るかについての最近の研究を概観している。本章では，彼らの研究とは異なり，意思力の限界について焦点化しよう。

15.1.1 意思力の限界

　意思力の限界という問題はさまざまな領域で生じる。人々は，当初はスイーツではなくサラダを食べようと心から思っていたにもかかわらず，サラダよりもスイーツを食べることを選び，前から進めている計画を完遂するよりも新しい計画を始めることを選び，ジムに定期的に通うことをやめ，さぼるようになるだろう。しかしここでは，意思力の限界についての議論の中でも，退職後のための貯蓄の話に焦点を当てようと思う。

　Richard Thaler（1981）による研究は，多くの人が，報酬の遅延よりも即時報酬の遅延に我慢が効かないという最初の指摘を行った。Thalerは，くじで15ドル当たったことをイメージさせ，その後，一部の人には即座に提供したが，一部の人には受け取りを先送りにした。実験参加者は，1カ月後，1年後，10年後まで待たなければならない場合，即座に15ドル支払われるのと同じくらい魅力的であるのはいくらであるか尋ねられた。参加者は，お金が将来支払われないということはなくそのようなリスクなしに保管されていると想定できるよう，念入りに教示を受けていた。1カ月，1年，10年についての回答の中央値はそれぞれ，20ドル，50ドル，100ドルであり，平均年間割引率は，それぞれ345％，120％，19％であった。

　Frederickら（2002）は，Thalerの研究で見られたのと同じく，時間とともに低下していく割引率についてさまざまな実証研究の根拠を視覚的に提供

している。下のグラフの縦軸は割引因子[ii]を示し，横軸は時間軸を示している。このグラフは，時間軸が進めば進むほど割引因子は大きくなること，すなわち割引率は低くなることを示している。Frederickらはさらに，時間軸が進むにつれて割引率が減っていく傾向は，ほとんど短期的な報酬遅延に限って起こる，強力な我慢の利かなさの産物であることを示した。期間が1年未満の研究を分析から除くと，残りの研究において割引率と時間の長さの間に相関は基本的に認められなかったからである。

Frederickらによって論じられた根拠は，現在から直後の期間についてはその価値が現在から大幅に割り引かれるが，他の期間についてはほんのわずかしか割り引かれないという傾向を強力に示すものである。数学的に，個人の割引因子（時間kにおける効用に対する重みづけ）は，$D(k) = \beta \delta^k (k > 0, \beta, \delta \in (0,1))$ に近似し，βは現在以外のすべての時間の割引を反映し，δは未来に進むにしたがって徐々に高くなる割引率を反映している。この形式の割引は，疑似双曲と呼ばれる。

ここで論じられた種類の割引に関するさらなる実証的な証拠は，離れた時間についての意思決定における選好の逆転現象という観察からもたらされた。選好性の逆転は，将来の特定の日に100ドル受け取るよりもその1週間後に（約）110ドルを受け取ることを選好したとしても，実際に当該日になると，1週間後に110ドル受け取るよりも今すぐ100ドル受け取ることを選好するような場合に生じている。このような時点間での非整合性は，他の未来の時期と比較されるか現在と比較されるかによって，未来の時期の割引の評価が非対称性なものになることを示す明らかな結果の1つである。Frederickら（2002）は，こうした選好逆転を示す多くの実証研究を参照している[iii]。

双曲割引があるために個人は，それぞれの瞬間の消費を優先して貯蓄を先延ばしする傾向がある。このような先延ばしはたとえその個人が事前にその時期の行動について決める機会を与えられ，事前には貯蓄したいと考えていたとしても起こる。実際，場合によっては，消費するか貯蓄するかというそれぞれの瞬間の個人の意思決定に制約がない場合のほうが，それぞれの瞬間の個人の意志決定に制約がある場合より**パレート的に劣る**[iv]（すなわち，前者のほうが少なくともあらゆる時点において劣る）ことを示すことが可能である（Phelps & Pollak, 1968, p. 196 注1）。直観的に，個人の全時間における自己（今の自己，5年後の自己など）にとってどうかを考えて，今より先の自己にコミットメントさせ，貯蓄せず消費したいとする現在の欲求に負けないようにすることで，短期的な消費を優先するこのような傾向は改善されるかもしれ

---

ii ［校閲者註］ここで言及されているグラフは下記のような図である。割引因子は，1から0の値をとり，元の価値に積算することで現在価値を算出する。すなわち，元の価値が10,000円で割引因子が1であれば，現在価値は10,000円，割引因子が0.9であれば，現在価値は9,000円となる。ただし今示した例のように，通常は貨幣の評価についての重みづけである。

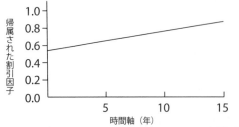

Frederick, Loewenstein, & O'Donoghue. (2002). Figure 1a. を元に作成

iii ［校閲者註］ここで選好の逆転現象と説明されている例は，選好の逆転現象の例として必ずしもふさわしいものではないことに注意せよ。ここでの例は通常，時間的非整合の現象として理解されている。

iv ［校閲者註］パレート的に劣る＝パレート劣位。このパレート劣位の反対概念が，パレート優位あるいはパレート有効である。そもそもパレート基準とは，一般にグループの状況を評価するための基準の1つであり，状況Bが状況Aに比べ，グループのうち少なくとも1人の人の状況が良くなり，他の人は状況が悪くならない場合，状況Bは状況Aに比べ，パレートの意味でよいあるいは改善されたという。ここではこのパレート基準をより広義に用い，時間によって選好あるいは効用が異なる個人を，それぞれの時点の別人物とみなし，そのグループ（実は1人の人）に対してパレート基準を用いている。

ない[2]。

　退職後のための貯蓄における意思力の限界に対しては多くの対応を取ることが可能であるが、直接的な法的制約の形（これについては後ほど論じる）を取らずに操作する興味深い対応の1つは、心の会計の種類を変えることで被用者の所得の意味づけを変えるという方法である。所得のすべてが、通常の給与がそうであるように「現在消費可能なもの」として立ち現れるわけではない。たとえば、通常の給与として受け取ったお金から多くを貯蓄することには失敗するときでも、ボーナスとして受け取った場合にはより多くの割合を貯蓄する傾向がはるかに高まるであろう（Thaler, 1990）。新古典派経済学の前提とは逆に、すべてのお金が同じように扱われるわけではないのである（Zelizer, 1994）。ThalerとShefrin（1981）は、日本の例を参照している。日本ではボーナス制度が一般的であり、これが退職後の貯蓄に回される可能性は高い。こうした現象と雇用法の関係は以下で検討しようと思う。

15.1.2　意思力の限界が、賃金支払法、年金と社会保障規制、年齢差別撤廃法に与える示唆

　この項では、退職後のための貯金について意思力の限界を考慮している雇用法の規則をさまざまな角度から論じる。

賃金支払法

　これまで書いてきたように、多くの人が、毎月の給与よりもボーナスから大幅に多くの貯金を行っている（Thaler, 1990）。しかし、ボーナスを通して被用者に労働の対価の一部を提供することには重要な問題がある。それは、毎月の給与に比べて、ボーナスはほとんど頼りにならない可能性があることである。まとめて提供されるという（ボーナスを退職後のための貯蓄により向かわせるまさに）この特徴こそが、定期的な間隔で支払われる給与とは対照的に、実際にはボーナスを払われにくくする。なぜなら被用者は、ボーナスが支払われるときまで雇用者に抵抗する能力を制限されるかもしれないからである。実際、雇用者は通常の給与さえ、労働の対価として被用者に支払うことを拒絶したことが（歴史的にみれば時折）ある。しかし、通常の給与支払いの頻度はボーナスに比べて多いため、給与の未払いがあれば被用者は仕事の手を止めることで抵抗することができるかもしれない。これに対してボーナスでは典型的に、ボーナスの満期支払いの時期までにすべての仕事が終えられている。

　給与やボーナスなどの労働対価が未払いになる危険への対処については、雇用法の中でも一般的に賃金支払法の形でアメリカ全土を通して提供されている。これらの法は、賃金を定期的に支払うことを要求し、被用者になじみのある手続きで、賃金の支払いを受ける権利が保護されることを確かにする救済方法を提供している。賃金支払法がなければ、被用者の未払い賃金の救済は完全に文脈に依存することになるが、支払われるべき賃金と単に等しい額を回収しても、裁判費用は別途、弁護士に支払わなければならない。そのため賃金支払法は、雇用者に定期的な給与支払いを行わせるために適正なインセンティブを与えるようデザインされた罰則制度を設けている。この法に違反した雇用者は、遅延弁済金を支払う責任を負ったり、被用者の弁護費用を負担しなければならないだけではなく、刑事罰が科される可能性もある（たとえばワシントン州法49.48章）。多くの州で、賃金支払法は、通常の給与とともにボーナスもその適用対象としている（たとえばGurnik v. Lee, Ind. Ct. App. 1992）。その意味で、雇用法は個人における意思力の限界を踏まえて、退職後のための貯蓄を

支援するものと言える。

ここでの議論は，規範的というよりも記述的であることに注意が必要である。つまり，退職時の貯蓄に賃金法が与える効果に関するものであり，この法律が規範的にどうあるのが望ましいかではない。労働対価をボーナスで支払うことで退職後のための貯蓄を促進させるという法的支援に対する一般的な問題を規範的な観点から検討してみても，個々人の多元的自己全員にとってパレート改善する可能性がない限り（先ほど簡単に書いた見通し），結局のところ，退職後のための貯蓄を増加させることが規範的にも望ましいのかどうか明らかではない。おそらくは，このような貯蓄増加は，将来の自己に，その前に自分が払った分だけはほぼ報いているだろうと仮定するならば，貯蓄するよう命ずることは必要だという立場からの議論である。

このような一般的な問題以外にも，ボーナスによる労働対価の支払いを退職後のための貯蓄を促進する方法として法的に支持することには潜在的な問題がある。それは，まさに個人がボーナスについては通常の給与とは別のサイフとして扱うために，雇用者側もこの労働対価の支払いについては，通常の給与の形式で支払う場合より，減らしたり増やさなかったりしやすいということにある。Kahnemanら（1986）は，調査の参加者に以下の2つの質問を提示した。

> 問6A 小さな会社が何人かの人を雇っている。労働者の所得はコミュニティの平均くらいであった。この数カ月，この会社の経営は以前ほどうまくいかなくなってきた。経営者は，翌年，労働者の給与を10％削減する。
> 問6B 小さな会社が何人かの人を雇っている。労働者は年間10％のボーナスをもらっており，全体としての所得はコミュニティの平均くらいであった。この数カ月，この会社の経営は以前ほどうまくいかなくなってきた。経営者は，今年，労働者のボーナスを取りやめにする。

最初の質問が提示された回答者のうち，給与カットを受け入れたのは39％であったのに対して，2番目の質問が提示された回答者のうちボーナスのカットを受け入れたのは80％にのぼった。本章が議論している退職後のための貯蓄に関する文脈でも，ボーナスは回答者の現在の自己によって過小評価されることが想定され，ボーナスの大部分が貯蓄に回されることになる。そのため，すべて通常の給与の形で支払う雇用者より，給与に加えてボーナスの形で支払うほうが，年度によって，全体として労働対価についての被用者からの要求を引き下げることが可能になるのかもしれない。

年金規制

退職後のための貯蓄において有効に機能することが明らかになっているメカニズムが，雇用者が支出する年金プランである。このプランを規制している中心的な雇用法は，従業員退職所得保障法（ERISA）であり，このプランによる連邦の所得税の優遇処置を受けるためには，さまざまな要件をクリアする必要がある。税優遇が大きいため，雇用者が支出する年金プランのうちこの法律の要件を満たすものは実際に多く存在するが，ここでの議論はその中でも401kプランに絞ろうと思う。これは，個々の被用者の退職後用の口座であり，ほとんどの被用者が今日，雇用者支出型年金プランへの参加に際して利用している主な方法である。

意思力の限界という特性に基づいて素直に予測すると，個人はたいてい，現在の消費のために401kプランを解約したいという思いに駆られることになるだろう。たしかに突発的な事態が起こった場合には，このような解約は（意思力に限界がない

個人を想定しても場合によっては）望ましいものかもしれない。しかし，意思力に限界がある個人は，このような突発的な事態がなくても解約の誘惑に駆られるだろう。

　被用者が401kプランを早期解約することに対しては，従業員退職所得保障法が制約を課しており，これは意思力の限界に対する自然な反応として見ることができる（Weiss, 1991は関連する議論を行っている）。従業員退職所得保障法のもとで，早期解約を希望する被用者は典型的には，緊急事態にある場合，あるいは収入ないし貯蓄を別の形に置き換える場合など，構造化されたいくつかのカテゴリーのどれかに該当しなければならない（アメリカ財務省規則§1.401k・1（d）参照）。第一のカテゴリーは，自宅の明け渡しや，抵当権を設定されていた自宅が差し押さえられてしまうことを防ぐ場合，そして多額の医療費を支払う場合を含んでおり，第二のカテゴリーは，より高等な教育を受けることや（一般的に所得は増加する），初めての自宅を購入する（別の形の貯蓄といえる）などを含んでいる。興味深いことに，解約についての制約が少ないほうがよいかと尋ねたところ，人々は制約はそれなりにあったほうがいいと答える（Laibson et al., 1998）。[3] 従業員退職所得保障法は401kプランについて，プランを担保に借り入れすることを認めている。しかしおそらく，このプランは心の会計において長期的な目的下にあるものとして「マーク」されてきたものであるため，このような借り入れは起こりにくい（Thaler, 1994）。なお，従業員退職所得保障法は義務として企業に課された制度であり，そのため，雇用者と被用者の間でこれに反する契約を結んだとしても同法の制限を避けることはできない。そのかわり，個人が支出の誘惑を受けているときには，解約の再交渉方法が存在するため，従業員退職所得保障法の利益の多くは意思力の限界によって消滅する可能性がある（心の会計の中での位置づけは，このような結果を十分に防ぐかもしれないが）。従業員退職所得保障法は，基本的には柔軟な制度を提供するものである（たとえば，Beshearsら（2005）が論じた一律課税や，緊急時に売却すると損をする非流動資産よりも柔軟である）。こうした柔軟性にもかかわらず，この法律は（意思力の限界によって影響を受ける）個人が退職後のために貯蓄するのを援助することができる。[4]

　意思力に限界のある人は退職後のための貯蓄が不十分であるという問題に対処する従業員退職所得保障法の機能のもう1つの着目すべき点は，この制度が，退職後のための貯蓄を増やすサービスを企業が行うことと個人のインセンティブとを結びつけたその方法にある。多くの企業の重役は高所得で裕福なので，退職時のためにお金を取っておくことは（賃金表の一番下の人には困難であっても）彼ら重役にとっては難しくないだろう（これは，企業の重役が一般的な問題として，意思力にあまり限界を持たないということを意味しているわけではない。この点には注意が必要であろう。企業の重役の多くは他の人々と同様，自分たちのエクササイズを計画通り遂行することに問題を有している。ここでのポイントは単純に，多くのお金を稼いでいるときには，金銭的に欠乏しているときに比べて，退職後のために貯金しておくうえで必要な意思力は少ししかなくても十分だということである）。そのため，退職後のための貯蓄に関して，企業をコントロールしている彼らが，（意思に限界のある）個人の貯蓄を最大限に支援できるよう401kを提供する十分なインセンティブを有していないのではないか，と憂慮するのはもっともなことである。この憂慮に関して，従業員退職所得保障法は，低所得の被用者が退職時用拠出に一定程度参加できていない企業に対して，高位の被用者による退職時用拠出を制限している（たとえ

ば Bankman, 1988を参照)。このような制限は、企業の重役に対し、健全な方法で貯蓄することを被用者に奨励するために401kプランを積極的に準備することを促すものである（Thaler, 1994）。

　従業員退職所得保障法のこの点が持つ効果を分かりやすく示したThalerとBenartzi（2004）は、企業の重役に「明日はもっと貯蓄しよう」（SMarT）制度と呼ばれる401kの仕組みを通して、低所得の被用者の貯蓄をどのように増加させようとしているかを説明している（401kの導入はその重役自身の退職後のための貯蓄の選択肢を増やすための行為なのである）。ThalerとBenartziによって作られたこのプランでは、個人は、将来の給与のうち一部を貯金するよう誘われる（常にではないが多くの場合、将来の昇給時から天引きされ始める）。現在の消費を減らすことを個人に求めているわけではないため、意思力に限界があっても、貯蓄しようという個人の決定に影響することは少ないだろう。実際、「明日はもっと貯蓄しよう」制度を初期に導入した企業の一部において、退職後のための貯蓄額の大幅な増額が産み出された（Thaler & Benartzi, 2004; 本書14章も参照）。たとえばある企業では、この制度の参加者（被用者の大多数）は、28カ月で貯蓄額を3倍以上にした。

　賃金支払法においてボーナスが退職後のための貯蓄に与える効果に関する規範的分析は複雑になる。繰り返しになるが、この法律が導入されることにより、事前に払った分につき将来の自分が利益を受けることはありうるが、その結果の望ましさについては規範的な疑問が付きまとう。すなわち、個人の現在の自己は退職後のための貯蓄を心配するうえで限界があるので、「明日はもっと貯蓄しよう」など実施されている制度における労働対価の水準について人は注意を払わないであろう。言い換えると、もしこのような制度が適切に実施されれば、人は、昇給の大部分を（現在の消費ではなく）退職後に向けた貯蓄に向けるため、給与5％ではなく3％の昇給であってもネガティブに反応することは少ないだろう。しかし、これについての規範的分析がどうであれ、明らかなのは、従業員退職所得保障法の地位による差別禁止規則は、「明日はもっと貯蓄しよう」制度を適用するなど促進的段階を踏むことで、退職後のための貯蓄を増加させやすいという記述的指摘である。

社会保障

　労働賃金法と従業員退職所得保障法は、雇用者－被用者関係についてさまざまな義務を課している。これまで筆者が提案してきた規定は、意思力に限界のある個人において、退職後のための貯蓄の増加を引き起こす効果を持つ傾向がある。しかし、これらの義務規定は、雇用者－被用者間で形成された自発的選択と同時に機能している。雇用者は被用者にボーナスも年金プランも提供する必要はない。しかし、もしこれらを提供するのであれば、労働賃金法や従業員退職所得保障法の義務条項が付随することになるのである。

　別の雇用法の中にも、意思力の限界に対応していると理解しうるものがある。その1つが、社会保障制度である。社会保障は、規模の点で雇用者－被用者間の「雇用契約」における非常に重要な一面となっている。働く者は、そして働く者だけがこの制度に拠出することができ、退職後の特典は、拠出してきた被用者やその扶養家族に限られ、関わる金額は非常に大きいものとなる（Feldstein & Liebman, 2002）。

　雇用者－被用者の同意があったとしても、社会保障制度の要件を逃れることはできない。何らかの雇用関係があった場合、社会保障費は給料から必ず天引きされなければならない。そして、従業員退職所得保障法に基づいて雇用者が提供する年金プランとは異なり、どのような緊急事態があっ

たとしても早期解約や借入を行うことはできない。そのため社会保障は，退職後のための貯蓄という文脈において，意思力の限界に対処するための雇用法の1つと理解することもできる（そして一般的にそのように理解されている。たとえばWeiss, 1991; Feldstein & Liebman, 2002参照）。

繰り返しになるが，雇用法が（ここでは社会保障の形で）意思力に限界のある個人による退職後のための貯蓄を促進するという記述的主張と，この種の規制が望ましいという規範的主張とは区別しておくことが重要である。ある人が複数の異なった時点での自己の利得と損失とを平均化しようとしたとしても（パレート基準を無視して），意思力の限界に対応するために社会保障システムを用いることは，社会的幸福を増すかもしれないし，増さないかもしれない（Amador et al, 2006; Imrohoroglu et al, 2003; Kumru & Thanopaulos, 2008）[v]。社会保障は（意思力に限界がある世界において）退職後のための貯蓄を増加させるという記述的主張は，完全に反論がないというわけではないが，比較的確実な主張であると思われる。

年齢差別撤廃法

意思力に限界がある世界で，退職後のための貯蓄を奨励するもう1つの手段は，年功序列型賃金である。もし資産がライフサイクルの後半になるまで増えなければ，個人がその資産を使うことはできないため，資産の構築へと効率的に誘導することができる（これは，この年功序列的に上昇する見込みの賃金を担保として借り入れを行いうるような場合を除いてである。実際，筆者の観察によればそれはごく少数であった）。

実際，多くの実証的証拠が，各人の生産性を統制した後でさえ，当初の給与は抑えめにして徐々に給与を引き上げていく年功序列型の給与体系が，多くの被用者に提供されていることを指摘している（たとえばMedoff & Abraham, 1980, 1981）[vi]。このような形式の給与体系がもっている明確な魅力に対する説明としては，ここで強調されている意思力の限界だけではなく，インセンティブに基づく説明（Lazear, 1979），および時間が経つに従い給与が増えていくという体感に根差した心理学的説明が挙げられる（Frank & Hutchens, 1993; Loewenstein & Sicherman, 1991）。意思力の限界をこのような形式の給与体系を結びつけるうえでは，個人が浪費したいという誘惑を受けている時期に賃金水準を再交渉できないことが必要である。賃金の変化は早くても次の給与支払いまで反映されないので，多くの場合この制度は合理的であるかもしれない（関連する議論についてはLaibson et al., 1998参照）。

このような年功序列型給与体系の重要な問題は，実質的に法的制約を受けないため，雇用者から搾取を受けやすい点にある。ライフサイクルの最後に，被用者に対する労働対価の残りが支払われるべき時が来たとき，被用者は雇用者にとって出費の大きい存在になる。そのため雇用者は，できるものなら被用者を解雇しようとするだろう。コストに起因したこのような解雇は，実際，年齢差別訴訟においてよく見かけるものである（例とさらなる議論についてはJolls, 1996参照）。そのため，年配の労働者の解雇を法的に制約する「雇用における年齢制限禁止法」（ADEA）は，年功序列型賃金を用いることを促進することにつながるかもしれない（実証的証拠についてはNeumark & Stock, 1999参照）。

---

[v] ［校閲者註］ただし，この点について先行研究の結果は割れている。また，先行研究によって社会的幸福の意味が必ずしも同じではない点に注意が必要である。

[vi] ［校閲者註］現在のアメリカにおいては，年功序列型給与体系は決して多くない。

しかし，もし年功序列型賃金が，意思力の限界だけのために望ましいものであり，前述のインセンティブや心理的問題を含まないのであれば，別の形の法的な介入のほうがより望ましい対応かもしれないという可能性は心にとどめておくことが必要である。たとえば，年功序列型賃金の給付制度を，職場の異動に際して既得の年金を移すことができることとセットにすると，年配の被用者は雇用者に現在の高い賃金コストを要求しなくなるだろう（Jolls, 1996）。このようなより高い賃金コストを撤廃することで，前述した雇用者の日和見主義という問題は解消するだろう。しかし既得の年金の移行ができないのであれば，「雇用における年齢制限禁止法」を通して年功序列型賃金構造を支持することは，意思力に限界のある個人に対し，退職後のための貯蓄を奨励することになるだろう。

繰り返しになるが，ここでの分析は本質的に記述的である。退職後のための貯蓄に関する意思力の限界に対応するものとしての「雇用における年齢制限禁止法」の規範的説明は，早期の満足を最大化するか，のちの自身の満足を最大化するかといった葛藤や，被用者の労働対価の全体的なレベルに対してこの法が影響する可能性についての，今ではなじみ深い問題をはらんでいる。

15.2 自己利益の限界と最低賃金規制

意思力の限界から自己利益の限界に目を移すと，行動経済学は，個人が常に自身の物質的な自己利益を最大化する行動を選ぶとは限らないことを強調してきた。多くの実証的証拠が示していることは，雇用の文脈において被用者は，よく働くことで「公正」な賃金になるようにたいていは努力する（努力量に応じて賃金を調整するシステムがなかったときでさえも）ということである。この節では，「公正さのダイナミズム」についてまず説明し，その後，それが最低賃金規制に与える示唆について議論する。

15.2.1 雇用者―被用者関係の公正さのダイナミズム

Robert Solow（1990, pp. 9-10）が書いているように，「公正さが労働市場における1つの要因であると信じるのは，私たちが自身の社会と文化のことを知っているからである。……賃金率や雇用は社会的地位や自尊心と深く結びついている」。公正は実際，賃金設定などの雇用関係において多くの重要な役割を果たすだろう。たとえば，Kahnemanら（1986）や，BlinderとChoi（1990），そしてCampbellとKamlani（1997）の研究は，経済における需給それぞれの変化に応じた賃金調整の公正さと不公正さの知覚について検証し，このような知覚が重要な効果を持つことを示した。Levine（1993）やBewley（1999, pp. 75-82）らが強調してきたように，公正さは，1つの企業内における異質な被用者集団の賃金を相対的に決定する際にも大きな役割を果たしているようである。

しかし以下の議論では，雇用関係における公正行動の全体に焦点を当てるのではなく，ある特殊な行動に特に注目しようと思う。その行動とは，AkerlofとYellen（1990）による効率性賃金モデル[vii]に理論的基礎を置くものである。このモデルにおいて雇用者は，賃金を支払う見返りとして労働者の高い水準の努力を得るために，被用者に「留保賃金」[viii]以上の賃金を支払う。マクロ経済学のレベルでは，この公正さのダイナミズムは，その経済において求人があるのに求職中の者が存在する不

---

vii ［校閲者註］実質賃金率の硬直性と失業をともに説明するモデル。高賃金を払うことで労働者の生産性を高めることができると考える。
viii ［訳者註］労務を提供するに際し，被用者が雇用者に最低限求める賃金。

可解さを説明しうるものである。[6]

すでに約1世紀前，Sumner Slichter (1929) は，被用者による高い水準の努力を引き出す上で公正さが果たす役割を強調していた。Slichterは，1920年代に経済の困窮状態が始まったにもかかわらず，第一次世界大戦前のような労働の「買い手市場」の蔓延による厳しい労働状態への逆戻りが引き起こされなかったと記し，「おそらく戦後の労働政策の最も重要な決定因子は……産業の士気と効率性の密接な関係について経営者の認識が高まったことであった」と結論づけている（pp. 396-397, 401）。

Fehrら（1993）は，AkerlofとYellenによる効率性賃金モデルに強力な実証的支持を提供している。彼らが行った実験の結果は，その後の多くの研究で再現されており，その中には，提示額が参加者の月収の2倍から3倍にまでなったものもある。[7]

Fehrらの実験の第一段階において，「雇用者」は一定期間，一人の未知の「被用者」の労務に対して支出することとなった。[8]支出は，雇用者が被用者に支払う賃金である。第二段階において，具体的な賃金で労働契約を受け入れたこの被用者は，自分たちの努力水準を決定することができた。その結果，より高い努力水準は雇用者から支払われる給与の増加と関係していた。雇用者は，より大きな利益を得たためである。しかし，より高水準の努力は雇用者からの支払いの減少とも関係した。努力はコストになったからである。賃金は努力水準によって決定されたわけではなかった。雇用者は，被用者が具体的に誰であるかを知らなかったため，将来の期間における低い努力水準に対して低い給与で報復することはできなかった。そのため，被用者を監視し，よい成績を上げられない被用者を罰するという方略で高い努力水準を導き出すことが，雇用者には不可能だったのである。

新古典派のモデルに従えば，この実験結果は完全に予測可能なはずであった。被用者は常に，第二の時期には，給与の利得を最大化するために最小限の努力レベルを選択するはずであるし，賃金は第一の時期に固定され，努力の少なさに対する罰はより直接的ではないので，ここでの努力はコストの高いものとなるだろう。雇用者はこのインセンティブに気づき，被用者の低い努力水準を予想し，「留保賃金レベル」より少しだけ上の給与を提供することになるはずである。被用者は，この提示された賃金が留保賃金レベル以上であれば受け入れるはずである。このことは低賃金と低努力の均衡をもたらすはずである。この例の予測するところは，実験結果を十分に説明しただろうか？しなかったと言わざるをえない。前述した状況にある雇用者は典型的には，ここで記述した分析から予測される水準以上の賃金を選択し，被用者は，可能ななかで最低レベルをはるかに超える努力量を選択することでそれに応えていたのであるから。

これらの結果は公正さについての問題を提起している。従来の分析から予測された（低い）水準より高い水準の賃金を受け取ることになる労働者は，雇用者の行動の公正さを知覚し，高い水準の努力を提供するであろうし，雇用者はその結果を意識して，このような気前のよい賃金を提供することで自分たちの利益を最大化することができる。これが，AkerlofとYellen理論から予測された基本的なメカニズムである。Fehrら（1998）によるその後の研究は，AkerlofとYellenのモデルとこの実験で観察された行動が一致することを確認した。このことが示しているのは，高賃金を提供することが，低い賃金で働くことによる被用者の不本意さを反映したものではなく，留保賃金レベル以上の額を被用者に支払うことによって，高水準の努力を奨励したいという雇用者の願望を反映しているということである。これこそが効率賃金モデルによっ

て想定されているものである。[ix]

　雇用者が被用者の努力を直接監視することができなかったとき（先に述べた実験のように），被用者に「公正な」賃金を提供し，その見返りとしてよりよい成果を奨励しようとするため，雇用者には公正さに対する配慮が生じるのである。高水準の努力は監視と罰を通しては得ることはできないが，高水準の賃金によって雇用者が被用者に努力を促しうるという可能性を提供している。

　ここで示した公正さのダイナミズムは，「信頼」関係が有している効率的な側面を指摘してきた経済学や政治学の文献とおおむね一致している。地域や国を超えて，信頼の高さがよりよい経済的成功と相関することを実証的に示すいくつかの証拠が存在する（たとえばLaPorta et al., 1997）。これらの結果が示唆しているのは，信頼関係を築く機会が効率性を向上させるということである。

15.2.2　最低賃金規制に対する公正さのダイナミズムからの示唆

　公正さのダイナミズムの背後にある主たる基本的考えによれば，雇用者と被用者は自分たちで調整して高い賃金に見合うようにふるまう。つまり，これまで最低賃金要件は賃金を引き上げるために必要なものと考えられてきたが，この公正さのダイナミズムによると，実際はそうではないのかもしれない。しかし，現実にはこの観察は単純にすぎる。公正さのダイナミズムが起こるという根拠の1つは，直接的に努力を観察し，標準的な結果を残せなかった被用者を罰するというメカニズムでは，高水準の努力を実現することはできないということである。雇用者がこのような監視と罰を用いることは，明らかにある状況下では可能である。こうした理由から，公正さのダイナミズムに基づいてより洗練された結論を得るために，以降では，最低賃金制度が多少なりとも賃金を上昇させるために必要になりそうな状況に焦点を当てる。

　この後の議論では，雇用者が被用者の努力不足を罰することより，監視のしやすさに重きを置いている。後者は，先験的に理論化しやすいからである。この議論では，公正労働基準法（FLSA）が定める最低賃金要件の範囲を明らかにすることを目的とし，対象となる各業労働形態でこの最低賃金要件がいかに必要かを予測する要因として，各種労働形態による監視の容易さの違いを用いる。この基本的な洞察の背後にあるのは，監視が比較的容易な状況と比べて監視が困難な状況においては，他のすべての条件が同じであれば，公正さを考慮に入れることで，賃金を押し上げるのに最低賃金要件は必要ではなくなるという予測である（しかし最低賃金は，被用者から「公正な」賃金と見なされることが期待される状況においてはなお重要かもしれない）。被用者を監視することが困難な場合，公正さの観点にもとづくと，雇用者は被用者の勤勉性と頑張りを推奨するため被用者に「公正に」支払おうとし，このことが法的規制とは無関係に，賃金を（高水準へ）押し上げるかもしれない。逆に，監視が相対的に容易であるならば，被用者は自分たちがしっかり働いていないことが監視によってばれれば解雇されるかもしれないと考える。そのため，公正さの観点は賃金引き上げ圧力を作り出さない。後者のような文脈では，他の条件が等しい場合，最低賃金を設定することが賃金引上げには不可欠といえる。

　ここで主張しているのは，公正労働基準法の対象に関して，公正さのダイナミズムを考慮すると，公正労働基準法の最低賃金要件全体の法的構造の意味が理解しやすくなるということではない。この要件は，漁業や農業に従事している被用者，サ

---

ix　［校閲者註］ここでの解釈は効率賃金モデルの解釈の1つにすぎないことに注意せよ。

マーキャンプなどの娯楽施設で働く被用者，そして小さい新聞社や電話会社に雇われた被用者など労働形態の異なる被用者を含め，一貫性のない多くの例外による影響を受ける[10]。ここで示した分析はすべての例外を説明しようというものではなく，以下で論じられるいくつかの労働形態を例に，公正さのダイナミズムと賃金上昇の関係を明らかにしようとするものである。

家事従事の被用者における歴史的例外

1974年まで，すべての家事従事の被用者は，公正労働基準法の対象外であった（Smith, 2000）。少なくとも一部の家事従事の被用者は，経済活動の行為者として非常に弱い存在であったことから，家事従事者が例外であるというのは，ある意味できわめて驚くべきことである。これらの被用者はなぜ最低賃金要件の対象から外されてこなければならなかったのだろうか？

家族のプライバシーという問題が，家事従事の被用者を例外にしてきた理由として挙げられてきた（Smith, 1999）（以下に記すように，人種的側面を強調する別の説明もなされている）。ある歴史的な資料では以下のように記述されている。「（家庭での）立場は特別である。彼女は家族の中にいるが，家族の一員ではない[11]」。

公正さのダイナミズムは，家庭の「プライバシー」が関わる領域で特異的な動きをする。ある種の家事をする人，たとえば子どもの世話をする人を監視するのは難しい。この被用者が仕事をしているかどうか，仕事の質はどうか，あるいはそもそもできるのかといったことを家人は知ることはできても，その程度はたかが知れており，雇用者は被用者の周りをうろうろ回っているのでもない限り監視を続けることはできない。そんなことをしたら被用者を雇った意味がなくなってしまう。公正さのダイナミズムが示唆しているのは，最低賃金要件という介入がなくても，雇用者と被用者は期待以上の賃金・高水準の努力という均衡に落ち着くことになる，ということである。この分析が正しければ，他の場所で働く同種の被用者の労働の賃金を上げる場合に比べて，家事従事の被用者の賃金を上げる上で，最低賃金要件は不必要だということになるかもしれない。

家事従事の被用者の多くは，たとえば子供の世話に関する裁量はない課題（やるように言われたさまざまな家事など）を行っている。家事従事の被用者と，彼らが雇用者から受けた虐待についての文献は，ここでの公正さの議論に当てはまらず，最低賃金要件による保護を非常に必要とする可能性のある被用者の存在を指し示す（たとえばSmith, 2000）。なお，ある種の家事労働者（たとえば専門性の高いベビーシッター）は，最低賃金をはるかに超える額を稼いでいるため，この最低賃金要件の適用から恩恵を受ける立場にある家事従事の被用者とは異なったカテゴリーに属しているといえる（たとえばEaton, 1998参照）。しかし，Jolls（2002）が記述したように，家庭におけるベビーシッターの一部は比較的低い賃金しか得ていない（1974年以前のベビーシッターに関する良いデータにアクセスするのは非常に困難であるが，他の家事従事の被用者と区別して低賃金であったのはおそらく過去においても同様である）。そのため，最低賃金要件をこれらの労働者に課すことには意味があるのか，という興味深い問いは残されたままである。

公正さのダイナミズムの結果としてもたらされる「高い賃金」の均衡という考え方は，問題となっている被用者が「生活賃金」，すなわち，合理的な基準でその人が生きていくことを可能にする賃金を稼ぐことを必ずしも確実にするものではない（公正労働基準法からの除外が1974年に解除される以前において）。公正労働基準法が規定する最低限以

上の賃金でさえ，生活賃金として十分ではないかもしれない（当然，法的な最低賃金と生活賃金に必要な水準との解離に依存するであろうが）。公正行動と最低賃金の興味深い比較として，先述のFehrら（1993）の研究では，公正行動の結果が，従来の経済理論によって予測されるものの2倍以上の平均賃金を生み出すことが示された。

ここでのポイントは，家事従事の被用者を例外とする法案を，これまで示してきた公正さのダイナミズムに基づいて議会が提出したということではない点に留意されたい。ここでのポイントは，議会の意図や目的を示すことでない。実際，ニューディール政策に関わった議員の1人としてLinder（1987, 1992, pp. 154-155）が，家事従事の被用者の例外化は人種差別に起因すると指摘したが，公正さのダイナミズムは，家事従事の被用者を法的に例外としたことを合理化する可能性，すなわちなぜそのような例外を設けたのか理解する方法を提供するものである。

独立した請負業者の保護の失敗

公正労働基準法の最低賃金要件は，「被用者」に適用されるが，「独立した請負業者」には適用されない。家事従事の被用者に対する除外とは異なり，こちらの公正労働基準法の対象からの除外は現在においても有効である。前述の公正労働基準法とその側面と同様に，公正さのダイナミズムと，独立した請負業者と被用者を監視することの難しさの違いを参照することで，この法の特徴をある程度理解できるようになるかもしれない。

公正労働基準法のもとで，個人が独立した請負業者であるか被用者であるかは，以下の要因によって規定される。

1. その仕事のやり方についての雇用者のコントロールの性質と程度
2. 個人の損失ないし利得の機会が，本人の経営スキルに依存するかどうか
3. その仕事に必要な装置や器具に本人が投資しているか，それとも雇用者が投資しているか
4. 提供される労務は，特別な技術を必要とするか否か
5. 労働関係の永続性や期間の長さ
6. 提供される労務が雇用者のビジネスにおいて不可欠である程度[12]

第一，第四，第五の要因は，その個人に対する監視の難しさと関係する傾向にある。仕事の仕方を雇用者がコントロールしにくくなればなるほど（第一要因），雇用者にとって仕事を監視するのは難しくなるだろう。同様に，その個人の仕事の技術が高くなればなるほど（第四要因），雇用者にとって仕事を監視するのは難しくなるだろう。そして最後に，労働関係の永続性や期間が短くなればなるほど，被用者が十分働いていない場面を雇用者が見つけられるほど長期的な関わりではないので，その個人の仕事を（成功裏に）監視することの難しさは大きくなる。これらの要因に基づくと，独立した請負業者の仕事は，他の条件が等しければ，被用者に比べて監視するのが難しい可能性が高く，その結果，他の条件が等しければ，被用者の賃金を上昇させることに比べて，請負業者の賃金を上昇させるうえで最低賃金要件の適用は必須ではなくなると考えられる（公正さのダイナミズムがあるため）。

このように，公正さのダイナミズムは，（公正労働基準法がよく批判される点である）独立した請負業者を対象に含めなかった点について理解するのに役立つ。しかしこのことは，対象からのすべての除外が，保護対象からの意味のある除外だということを言っているわけではない。移民の農場労働者による裁判のように，理に叶っている，あ

るいは正当だとみなせない除外も存在する。

最低賃金法に伴うコスト

　公正さのダイナミズムが示唆することは，他の条件が同じであるならば，監視が容易な状況に比べて，監視が困難な状況において，公正労働基準法の最低賃金要件は，賃金を下支えする上で不必要になるということである。しかし，この主張は，監視が困難であるために法的介入がなくても公正さが賃金を押し上げる状況では，最低賃金要件は単に賃金の上昇と無関係であるということを示唆しているにすぎない。最低賃金要件を課すことにコストは伴うのだろうか，あるならそれはどのようなものか？　公正さのダイナミズムの機能と法が完全に無関係なら，なぜ特定の被用者をわざわざ除外するのだろうか？

　法と経済学の観点から，あらゆる法規制はコストを伴いやすく，そのためポジティブな効果がまったく，あるいはほとんどないと考えられるときには，それを課すのは明らかに好ましくないと考えられている。しかし，最低賃金規制に関わる場合，これらのコストが実際どのようなものであるかを考えることには価値がある。

　第一に，あらゆる法的規制と同様に，最低賃金要件にも管理費用がかかる。要件に実質的に従ってきた雇用者でさえ，いつ法廷に引きずり出され，実際に遵守してきたということを証明するよう求められるかもしれないからである。このような手続きに付随する法コストは，かなり大きいものであるかもしれない。さらに，雇用者は最低賃金を遵守していることを証明する必要があるため，被用者に支払う給与と引き替えに各被用者が具体的に何時間働いたのかを追跡・記録し続けなければならず，これを行うのには明らかにコストがかかる。加えて，これまでに検討してきたアイデアと最も関係する点として，ある状況下では最低賃金規制が，雇用者は信用できない存在であり，賃金の設定を雇用者の自由にさせておくべきではないというメッセージを市場参加者に与える可能性がある。このように考えると，最低賃金規制は公正さのダイナミズムが機能することを妨害するものかもしれない。

政治的志向

　この章の最初で提案したように，公正さのダイナミズムによる政策的示唆が，自由競争主義的な多様性を際立たせる傾向にあるのは興味深いことである。もし人々が，（公正さのダイナミズムが示唆するように）法的規制なしでも適切に振る舞うのならば，おそらく市場は法的規制なしに機能させるべきであろう。このことは，興味深い政治的立場の対比を作り出す。政治的に自由主義の立場にある者は，おそらく公正さのような現象が持つ重要性に対して一般的によりオープンであるが，法に対する示唆に目を向けると，少なくともこの文脈では一般的に，政治的に保守主義の立場にある者の考えに近いところに落ち着くことになる。

　行動経済学は（従来の経済学理論と比べて）どちらかというと，法的介入についての規範的立場を支持する傾向にあると考える人がいるが（そして，判断ミスと雇用差別法についての下記の議論のような一部のケースで，これは真実であるかもしれないが），この公正さの例は重要な反例である。公正な処遇を人々が気に掛けるというこの考えを真剣に受け取ると，雇用者と被用者自身で衝突を解決することでうまくいくことになり，雇用差別法の役割は徐々に減少することになるであろう。

　この言明に対しては，以下の2つの留保を考慮することが重要である。第一に，先ほど示した規範的結論が暗黙のうちに前提としているのは，雇用され続けている人に高い賃金を支払うことで起こる雇用の減少というコストを，賃金を押し上げ

ることの利益が上回るという自由主義的な状態である。議会が最低賃金を課したとき，人は，高い賃金と高い雇用率の間のトレードオフ関係が，高い賃金のほうを望むという政治的判断によって解決されたのだと合理的に考えるかもしれない（実際そのようなトレードオフがあると考えられる）。しかし，賃金が増加すると，ここで議論しているように，市場の機能が，皮肉なことに法律以上に，最終的な賃金を社会的な最適水準以上に押し上げるという反応を引き起こす可能性が少なくとも理論上はありえ，その結果，今度は行きすぎた賃金水準によって削られた雇用機会を保護するために政府の介入が必要になる。そのため，この文脈において，もしかすると，雇用機会を保護するような介入の必要性に反対するのではなく，市場介入の必要性に賛成することが公正さをもたらす可能性がある。

第二に，公正さのダイナミズムが発生することで，職場内における文化的同族意識やそのほかの同族意識が刺激される可能性がある。信頼は，文化の壁を乗り越えることはできないかもしれないし，もし乗り越えられないとしたら，法的介入は，望ましい結果に到達するために必要であり続けるだろう。より一般的にいえば，行動法学や行動経済学の政治的志向について一般化することは，観察者が考える以上に困難だということである。

15.3　合理的判断の限界，雇用差別撤廃法と雇用における義務

この節では，人間行動の3番目の限界，合理的判断の限界に対する雇用法の対応に焦点を当てる。合理的判断の限界というカテゴリーが大きすぎるため，判断ミスと期待効用理論という2つの下位カテゴリーに分けるのが有用である。

15.3.1　判断ミスと雇用差別撤廃法

この項ではまず，判断ミスの性質を記述することから始めて，ついで，このミスが原因で生じている諸問題のうち，どれが現行の雇用差別撤廃法でカバーされ，どれがカバーされていないのかについて検討する[13]。

判断ミス

人間の合理性の限界が重要かつ一般的な形であらわになるのが，心的ショートカット，あるいはヒューリスティックとして呼ばれる経験則であり，多くの場面では有効に機能するが，ある場面では一貫してミスを引き起こす。たとえば，リンダという31歳の女性に関する判断についてのよく知られた例を見てみよう。彼女は大学で社会的公正と差別の問題に関心を持っていた[14]。人々は，リンダが「銀行員」である確率よりも，「フェミニストで銀行員」である確率が高いと答える傾向にある。この判断は，明らかに非論理的である。上位集合（つまり銀行員）は，その中に含まれる一集合（フェミニストで銀行員）よりも小さいはずはないからである。このミスの原因は代表性ヒューリスティックであり，これによって出来事は，事象があることの原因「であるかのように見えて」いれば，その事象はよりそうであると見られやすくなる。リンダ問題の場合，代表性ヒューリスティックのせいで，初歩的な論理の誤り，すなわち，XかつYという特徴を持つものは，Xという特徴をもつものよりも存在する可能性が高い，という誤りを引き起こす。

認知心理学の研究において，この種のヒューリスティックは「属性代用」という過程を通して機能することが多く，この中で人々は代わりにより易しい質問に答えることを通して難しい質問に答えているのだということが強調される（Kahneman & Frederick, 2002）。たとえば人は，統計的に考え

ずに，関連する事象がすぐに思い浮かぶかどうかで確率の質問を解いているかもしれない。ヒューリスティックの使用は（常にではないが）たいてい，「二重過程」アプローチのうち行為者側の自覚的意識を伴わない過程において起こる（一般的なことについてはChaiken & Trope, 1999参照）。つまり，ヒューリスティックに基づく思考は，典型的にはシステム1から起こる。ここでの判断は，より熟慮的なシステム2よりも高速で，直観的で，誤りやすいものとなる。

重要であるにもかかわらずヒューリスティックに基づいているかもしれないシステム1思考を代表するカテゴリーには，人種などの集団に基づいて特性を判断する潜在的バイアスがある。

このような潜在的バイアスは潜在連合テスト（IAT）の得点と最も関連している。IAT得点は，インターネットなどで広く，さまざまな母集団から取得されている（Greenwald et al, 1998; Nosek et al, 2002; 本書1章参照）。IATでは，一連の単語あるいは絵を分類するという，一見たやすい課題に個人で取り組んでもらう。ある対象は「黒人」と「白人」といった人種などで分類し，また残りは「快」と「不快」のような評価のカテゴリーで分類する。潜在的な人種バイアスを検証するためにデザインされたこの種のIATにおいて，回答者は，「黒人」か「不快」に該当する語や絵がモニターに提示されたらコンピュータの一方のボタンを，「白人」か「快」に該当する語や絵が提示されたら別のボタンを押すように求められる（ステレオタイプ一致条件）。また別の試行では，回答者は，「黒人」か「快」の語や絵が提示されたら一方のボタンを，「白人」か「不快」の語や絵が提示されたら別のボタンを押すように求められる（ステレオタイプ不一致条件）。アフリカ系アメリカ人に対する潜在的バイアスはここでは，「黒人」と「不快」のカテゴリーがペアになっている時（ステレオタイプ一致条件）の反応が，「黒人」と「快」のカテゴリーがペアになっている時（ステレオタイプ不一致条件）より速いこと，と定義される。このIATは，快語とアフリカ系アメリカ人の顔や名前とを結びつけるより，快語を白人の顔や名前と結びつけるほうが人々にとってたやすいであろう，という非常にシンプルな仮説に基づいている。同じパターンは，従来不利に扱われてきた他の人々に対しても認められるだろう。実際，IATによって測定された潜在的バイアスは非常に幅広い範囲で実証されている。たとえば，多くの人はアフリカ系アメリカ人よりも白人を好み，高齢者より若者を，同性愛者よりも異性愛者を好む傾向にあることが報告されている（Greenwald et al, 1998; Nosek et al, 2002）。

潜在的バイアスは大部分が自動的に生起するため，事実上システム1に由来している。つまり，問題となっている特徴（肌の色や年齢，性的嗜好性）は，人々に熟慮する時間を与えないこのテストにおいてきわめて速く処理される。自分が潜在的バイアスを示したことを知って人々がしばしば驚くのはこうした理由に基づいている。多くの人は実際，自分たちが（上記のような）特徴に対してバイアスを示したにもかかわらず，自分はそのような特徴について反差別的な原則を堅持していると心から信じている（Greenwald et al., 1998）。当然ながら，次に示すようにこの種のバイアスは，人種など集団の特性に基づく差別を規制するための雇用法による規則に対して複雑な示唆を有している。

潜在的バイアスと雇用差別撤廃法

潜在的バイアスはある意味で，既存の雇用差別撤廃法が（通常期待される以上に）バイアス低減効果を持つ可能性を高めるものといえる。潜在的バイアスはまた別の意味で，既存の雇用差別撤廃法における重要な問題点を提案するものと言える。

既存の雇用差別撤廃法によるバイアス低減効果

Jolls（2007a）が要約しているように，雇用差別撤廃法に関する文献の多くが，既存の法は，バイアスがかかった行動のうち潜在的な部分を法的抑止の対象外にしているために，深刻な誤誘導をもたらしていると主張している。既存の雇用差別撤廃法が主としてターゲットとしているのは，潜在的な次元の行動ではなく，意識的な次元のバイアス行動である。それにもかかわらずJolls（2007a）は，既存の法が潜在的なバイアスに対しても効果を持つと強調している。それは，意識的な次元のバイアス行為を抑止するうえで，既存の法が，職場でのハラスメント行為を抑制するだけではなく，雇用関係における潜在的バイアスを低減するのに役立っているためであるという。

最初に，意識的なバイアスを持って雇用や解雇などの雇用行為を決めることに対して，既存の雇用差別撤廃法がどのように抑止効果を発揮しているかについて考えてみよう。こうした禁止がなされることで，職場の多様性は自然と増加する傾向にあり，多様性のある環境によってさらに潜在的バイアスが低下していくことが，多くの証拠から示されている（Dasgupta & Asgari, 2004; Lowery et al., 2001; Richeson & Ambady, 2003）。このことから，既存の雇用差別撤廃法は潜在的バイアスを低減させることにつながるだろう（Jolls, 2007a）。たとえば，Loweryら（2001）は，白人の実験者ではなくアフリカ系アメリカ人の実験者が実施した一対一でのIATは，測定された潜在的バイアスの水準を統計的に有意に下げることを発見している。つまり，アフリカ系アメリカ人の実験者がその場にいた場合，黒人－不快と白人－快の2ペアを分類する速さは，黒人－快，白人－不快のペアを分類する速さに近いくらい遅くなった。同様に，RichesenとAmbady（2003）は白人の参加者を対象とした実験を行い，参加者に対してパートナーとしてアフリカ系アメリカ人を事前に紹介した場合には，白人をパートナーとして紹介した場合より，その後のIATで測定される潜在的バイアスは少なくなることを明らかにした。これらの知見が示しているのは，既存の雇用差別撤廃法が，職場における多様性の水準を高めることを通して，潜在的バイアスの水準を下げる傾向にあるということである。[15]

同じような分析は，雇用差別撤廃法が禁止する職場でのハラスメント行為にも応用することができる。特定の集団に対するステレオタイプ的イメージが存在することで（たとえば，服従的なポーズをした裸の女性を描いた壁掛け用カレンダーの掲示），その集団（ここでは女性）に関する潜在的なバイアスは増える傾向にあることが，証拠と常識の双方によって示されている。[16] もしそうであれば，特定集団に対するネガティブ，あるいは屈辱的な表現を制限することによって，既存のハラスメント法は潜在的なバイアスの水準を低下させるのに役立っているといえるだろう。

既存の雇用差別撤廃法の限界

先に提案したのは，現行の雇用差別撤廃法が潜在的バイアスとは無関連だと主張するのは行き過ぎている，ということであった。すなわち，現行法は，潜在的バイアスに直接向けられたものではないとはいえ，職場での潜在的バイアスを低減させる効果を有している可能性がある。しかし，潜在的な次元でのバイアス行動という問題にいまだ注意を向けていない現行法の設計は，問題となる行動を重要なところで規制せずに放置しているともいえる。KriegerとFiskeによる最近の研究は，これがいまだ問題として実際に残されていることを示している。

KriegerとFiskeは，現行法の下で被用者が雇用差別の訴えを起こしても，雇用者はその訴えから守られる傾向にあることを観察した。具体的には，雇

用者は，自分たちがこの決定をしたのは，被用者に特定の問題あるいは欠陥があるという「心からの信念」があったからだと証明することで，この目的を達していた。こうしたことがまかり通った背景には，個人の問題あるいは欠陥の知覚自体が，人種など集団に基づくバイアスの産物であるかもしれない可能性に，この法が注意を向けていないことがある。たとえば，ある雇用者は法廷で，訴えを起こした被用者を解雇したのは（雇用者が知覚した）成績の悪さに基づいたものだと証明するとしよう。実際には，この雇用者の知覚が，KriegerとFiskeが記しているような潜在的なバイアスに影響されていたとしても，雇用者はこの争いで自動的に勝利を得ることになる（pp. 1036-1038）。彼女らが実施した実験の1つにおいて，参加者は，男女の候補者の中から工事現場の責任者を選ぶことに関連して，教育の重要性と職務経験の重要性をランク付けするよう求められた。この研究で，男性候補者のほうがより教育を受けていたものの関連する職場経験には乏しいとき，参加者は，職場経験よりも教育歴の方がより重要だと判断し，男性候補者を選抜した。しかし，男性候補者が女性候補者より職場経験を積んでいたとき，参加者は，職場経験をより重要だとみなし，再び男性候補者を選抜した。参加者の「心からの信念」は，教育と職場経験どちらに基づいて選択するかということに反映された。しかし，男性・女性の候補者の経歴に目を通す前に，いずれの基準に依拠するかを尋ねられた場合，参加者の示すジェンダー・バイアスは大幅に減少した。しかし，現実社会で特性とされるものは情報処理の結果であることが知られており，「心からの信念」は人種そのほかの印象に大きく負っている可能性があるとKriegerとFiskeは指摘している。「心からの信念」に従った結果だという主張は，主観的「心からの」理由である場合に最も適用されるものである。たとえば，

被用者の出勤簿のような客観的な理由が後で見つかれば，少なくともある程度はそれがバイアスであると指摘しうるであろう。

KriegerとFiskeが記述しているように，この主張が適用される範囲は，非常に大きい。なぜならば，反差別という理想が優勢となっているこの世界において，「集団成員として潜在的に選好を形成した人々は，その選好に合致する独立した決定基準を探し出し，こうした基準を，自分たちや他者に対して自らの選択を正当化するために用いるからである」（p.1037）。皮肉にも，今日の社会において差別に対する規範は強く，たとえ意思決定者にバイアスが生じていたときであっても，バイアスが表に出ないように思考しようとする。

15.3.2 期待効用理論からの逸脱と雇用における義務

合理的判断の第二の限界は，期待効用理論からの逸脱に関わっている。この後の議論では，まずこの範疇に分類されるものを記述した後，期待効用理論からの逸脱を踏まえることが，健康保険義務から家族休暇・医療休暇義務に至る，雇用上の義務の設定がどのような効果を持つかを予測する上でいかに有益であるかについて記述する。[17]

期待効用理論からの逸脱

期待効用理論は，従来の経済学における基礎的な理論であるが，実証データがこの理論の原則から逸脱することは珍しいことではない。その顕著な例が保有効果であり[x]，それによると，個人の行動はその開始時点によって影響を受ける。たとえば，よく知られているマグカップの実験では

---

x ［校閲者註］期待効用理論が成り立たない顕著な例として保有効果を取り上げているが，それは必ずしも適切ではない。たとえ保有効果がなくとも期待効用理論が成り立たない例として，AllaisのパラドックスやEllsbergのパラドックスがある。

(Kahneman et al, 1990)，ランダムに選ばれてマグカップを受け取った個人がそのマグカップにつける売値は，ランダムに選ばれてそのマグカップを受け取らなかった個人が付ける買値よりもはるかに高いものとなる。マグカップを「保有」しているということは，明らかにそのマグカップに対する態度を変える。これは，値段を付けた個人は，その最終的な状態（マグカップを持っているか，いないか）だけではなく，その変遷（マグカップを受け取ったか，手放すか）についても値段を付けているからである（Kahneman, 2000）。

このマグカップの実験は，観察された保有効果について付される他のさまざまな解釈を除外したという点でも重要である。このマグカップ研究の実験者は，マグカップを割り当てることに加えて，金銭と同じような価値を持つトークンを割り当ててこれをやり取りさせた（参加者はこの研究の最後にトークンを現金に変える払い戻しを受けることができた）。トークンのやり取りは従来の経済理論の予測を正確になぞったものであり，トークンのランダムな配分という想定に基づいて理論的に予測したとおり，トークンの持ち主はちょうど半分入れ替わった。つまり，トークンではマグカップにみられた保有効果と同じ現象は再現されなかった。このことが意味しているのは，保有効果の原因が取引コストや他の一般的な取引の障害にあると考えることはできないということである。

Jolls（2007b）が議論しているように，保有効果は法の設計一般に対しても重要な示唆を有している。以降では，雇用法の特定の領域に対する一連の重要な示唆を概説する。

保有効果と雇用における義務

保有効果に関して法と経済学で頻繁になされる主張は，雇用条件に義務を課すことは，その取引に税を課すのと同じで，雇用水準を引き下げる傾向を持つだろうというものである（たとえばPosner, 1998）。この観点によると，雇用者あるいは被用者どちらか一方に判断が一任されているときには，雇用者も被用者もここで問題となっている特典（たとえばある種の休暇）については交渉をしないので，この特典を交渉するコストは，それを交渉して得る恩恵を上回るはずであると考えられる（もし下回るならば，それに自分の判断で合意したのであろうから）。そのため，たとえば，雇用における特定の特典から被用者が得るのが年間100ドルあり，雇用者が払うコストが90ドルにすぎなければ，この特典を義務化することは必要ないだろう。しかし，仮にほうっておいても両当事者がこの特典に合意する様子が観察されなければ，コストは100ドルを超えているものと考えることができる。こうした環境で義務条件を課すことは，両当事者にとって税として機能し，この特典の利益とコストの間のどこかで賃金の低下を引き起こし，結果的に雇用水準の低下を引き起こすことになる（Summers, 1989）[xi]。

保有効果は，このような説明に疑問を投げかける。前述のように，保有効果が示唆しているのは，与えられた権利を人々が売る際にはたいてい，これまで持っていなかったものを買い取る際よりもしぶりがちだということである。そもそもあるマグカップを持っていなければ，Xドルでそれを買おうとはしない場合でも，もしそのマグカップをもっていれば，（それにXドルを超える価値を認めて）Xドルで売ろうとはしない。そのため，被用者は，特定の職場の特典を，その特典が与えられていなければお金を払って手に入れようとしない場合でも，一度与えられると（できるならば）その特典を金銭に換えて手放すわけではないという

---

xi ［校閲者註］雇用者に税を課すことで労働需要曲線が左側にシフトし，その結果，賃金は低下し雇用される数も低下する。

ことを意味する。この観察の結果によれば，義務条件を課すことは，標準的な分析が予測するのとは異なった効果を持つ可能性がある（Crasvell, 1991）。需要─供給という観点から，ある特典が付与されたさまざまな賃金水準における労働の提供意欲を反映する労働供給曲線についてイメージしてみよう。保有効果によって，この曲線は，ある特典が義務化されると右に移動し，この動きは，義務化の結果，雇用者の労働の需要曲線の後退（左側シフト）によって補償される以上に大きいかもしれない。このような場合，労働者の賃金はそうした影響を受け，この特典にかかったコストと同程度かそれより大幅に低下するだろう。

実証的証拠は，雇用における義務の保有効果による予測を支持している。この領域ではGruber（1994）の研究が重要である。これは，出産費用の負担義務を雇用者に課すことが，雇用者が提供する保険契約に与える影響を検討したものである。健康保険の特定条件を義務として課すこと（これは義務化の前の通常の契約の約定からは大きく離れたものであった）は，その影響を受ける被用者（多くが出産可能年齢にある既婚女性）の賃金を，少なくとも（雇用者が負った）義務負担の費用分は低下させた。これはGruberの予測とおおよそ一致するものであった。この研究はまた，これらの被用者の雇用時間は，変わらないか，この義務化とともにわずかに上昇し，他方，雇用される可能性は，変わらないか，わずかに低下したことを見出だした。要するに，「この知見は，義務化のコストはほぼ100％被用者側にシフトし，全体としての労働投入量にはほとんど影響しなかったことを一貫して示している」（Gruber, 1994, p. 623）。

これらの知見は，賃金の低下はこの特典にかかるコストより少ないと予測するPosnerらの説明とは一致していない（もし，この特典にかかるすべてのコストと賃金がマッチしたのであれば，一定数の雇用者は，義務として課される前にこの特典を提供したであろう）。Posnerらの説明が，逆選択のように従来の市場の失敗も取り込むように修正されるならば，Gruberが得た知見は（Gruberが記しているように）保有効果に言及しなくても説明できるかもしれない。

保有効果による分析に対する多くの反論には目を引くものがある。第一に，保有効果は，賃金の完全調整，超完全調整と同じ方向に機能するが，保有効果が生じることで，賃金の調整が不完全になる可能性もある。被用者は，この特典の恩恵にあずかると，与えられた賃金および当の特典の見返りとして，これ以上の労働を提供しようとは思わずに，またこの特典がなければなおさら労働を提供しようとは思わなくなるかもしれない。

第二の留保条件として，保有効果があることで，義務づけられた特典の受益者は，特典を失うことを極度に回避するようになるため，受益者が，それまでの所得水準を諦める場合には，保有効果は機能していないと言えるかもしれない（たとえばKahneman & Tversky, 1979参照）。この留保条件によると，新しい特典が義務化されたとき，被用者はそのときに期待する水準より金銭を失うことに直面するかもしれないので，何に保有効果が働くかは実は重要な問題である。

最後の留保条件は，ここで示してきた分析が，単純に実証的なものであり，雇用条件に義務を課すことの効果に関するものだという点である。保有効果は必ずしも，このような条件が規範的な観点から望ましいものだと示唆するものではない。特典がひとたび義務として課されれば（もし取り消しうるものであっても）取り消されにくくなるという意味で，それらは有効に機能するものといえるが，このような特典がない状況もまた機能的に有効なものであり（Posterらの説明がその理由をいくつか与えている），2つの条件を比較するための

手段はない。[18]

15.4　結び

雇用法規則の多く（賃金支払法から年金規制や最低賃金，雇用差別禁止，健康保険や休暇の義務化まで）は，意思力の限界，自己利益の限界，そして合理的判断の限界という観点に基づいた説明で理解することができる。雇用法がもたらす効果は，被用者と雇用者がこの法律に対してどうふるまうかという重要な部分を変容させるので，行動経済学は，雇用法を理解し，場合によっては雇用法を改善する手助けとなりうるのである。

原註

「自己利益の限界と最低賃金規制」と「合理的判断の限界，雇用差別撤廃法と雇用における義務」の節は，筆者の過去の著作からの引用である。しかし本章の残りはオリジナルである。有益なコメントをくれたBruce AckermanとAlan Schwartz，そしてプリンストン会議の参加者と，研究を支えてくれたShuky EhrenbergとDaniel Klaffに謝意を表する。

1. Bernheim（1995）が指摘するように，回答者は「世帯年収」を，経済学者が用いている意味で理解しているかは明らかでないが，2つの非常に似た言葉で質問した場合に生じる回答間の大きな違いを，回答者の理解力によって人為的に生じたもの，として説明するのは無理があるだろう。
2. パレート劣位についての結論は，個人が制約を受けなければ，個人は，期間を通して一貫した消費水準を選ぶであろうということを前提とする。この前提を理解するためには，さまざまな時点での自己（さまざまな時点での自己は実は同じ個人である）のそれぞれが，非協力ゲームにおけるプレイヤーのように見えるかもしれないことに留意されたい（Laibson, 1996）。異なる時間の自己同士でのゲームは，さまざまな均衡点を持つかもしれない。しかし，時点を超えて一貫した消費レベルを求めるということは合理的に考えて前提として考えることができる。

本章におけるこの分析を通して，個人は，意思力の限界とそれが各時点での行動に与える影響に気づいている，と想定されていることに注意が必要である。この前提は，意思力の限界に関する経済学論文のほとんどで用いられている。O'DonoghueとRabin（1999）の用語法によると，個人は「ナイーブ」というよりも「世慣れしている」と想定されている。Akerlof（1991）は，彼は，Joe Stiglitzの服をインドからStiglitzに送り返すことについて意思決定をする際には自分は「ナイーブ」であると主張しているが，願わくは，この主張をある程度懐疑的に感じている読者をAkerlofは許すだろう。

3. http://www.dol.gov/ebsa/FAQs/faq_compliance_pension.html 参照。
4. そもそもなぜ従業員退職所得保障法が，柔軟な社会制度のために必要とされるのかが分からない人がいるかもしれない。私的な契約だけではなぜ，制度がある場合とまったく同じ契約に到達することがないのか？ 年金という文脈における契約の歴史的な難しさ（従業員退職所得保障法の実施につながる難しさ）は，雇用者と被用者との間で私的な「年金契約」についての解釈に大きな違いがあり，契約の意味における大きな曖昧さを引き起こしていることにある（Nader & Blackwell, 1973）。従業員退職所得保障法は，年金プランの拡充を明らかにさらに奨励

するために実質的な税的優遇を提供することで，年金契約を標準化した。年金に対する税金からの補助は，被用者のコストを下げることで，意思力に限界があろうがなかろうが，すべての個人に対して，退職後のための貯蓄を奨励したことに意味がある。

5.「自己利益の限界と最低賃金規制」の節は，Jolls (2002) を簡略化したものとなっている。ここ以降，筆者の過去の研究を素材として使う際，結果として議論は，オリジナルの出版日以降に刊行された新しい素材を取り入れていない。しかし，当然，なんらかの発展が，重要な点で，先行する出版済みの分析を変更させた場合には，発展を反映させるべくアップデートした。

6. 賃金決定についての有用な要約については，Kaufman's (1999) 参照。

7. この領域の実証的文献に関するさらなる詳細はJolls (2002) を参照。

8. 公正仮説を厳正に検証するために，Fehrらは，雇用者，被用者の集団として割り当てられた参加者を「買い手」「売り手」(それぞれこの順に) というラベルに置き換えた。これは，雇用者－被用者関係においては公正さの観点がより顕在化しがちであるが，労働よりも労働以外のある種の商品の売り手と買い手という関係は社会的相互作用に通常関わってくるので，強力なテストを提供する可能性が高い。「雇用者」「被用者」のラベルが用いられなかったときであっても公正さが重要なのであれば，「雇用者」「被用者」のラベルが用いられた状況においてはより重要である（あるいは少なくとも，重要でないことはない）可能性が高い，雇用者と被用者というラベルを用いて元のテストを再現したFehrら (1998) によるその後の論文では，公正さが重要だというこの結論と同じく，公正さの効果の強力さを見出だしている。理解しやすさのために，ここでは「雇用者」と「被用者」というラベルを使う。

9. この主張は，Akerlofがもともと行った公正のための労力の研究における主張とは対照的である。この研究では，20世紀前半の若い女性被用者を監視すること自体は難しくないが（実際彼女らの仕事ぶりは丁寧であったことが知られている），労働力が少なかったため（結婚のためにほとんどが短期間で離職したため）に罰することが難しいという状況が，努力不足を罰しない理由であると考えられている。

10. 具体的な法の条文と裁判事件の引用は，これ以降はJolls (2002) 参照。

11. Massachusetts Labor Bulletin, 13, 1 (1900)。

12. 法規定の詳細については，ふたたび，Jolls (2002) を参照。

13. 判断ミスの性質を記述するために取り上げた素材は，JollsとSunstein (2006) の序章とパートⅠで用いられた素材をわずかに修正したものである。

14. KahnemanとFrederick (2002) は，この研究と結果を簡潔に記述している。

15. 留保事項とさらなる議論についてはJolls (2007a) 参照。

16. 関連する研究の議論についてはJolls (2007a) 参照。

17. 雇用の義務について議論する際用いた題材は，Jollsら (1998) のパート2のDを改変したものである。

18. 保有効果は，通常ではより広い「現状維持効果」の一種であるとみられており，どんなものであっても現状にこだわる傾向として考えられている。前述のように，現状維持効果は，退職後のための貯蓄の文脈で特に集中して研究されてきた。

引用文献

Akerlof, G. A. (1982). Labor contracts as partial gift exchange. *Quarterly Journal of Economics, 97*, 543-569.

Akerlof, G. A. (1991). Procrastination and obedience. *American Economic Review, 81*, 1-19.

Akerlof, G. A., and Yellen, J. L. (1990). The fair wage-effort hypothesis and unemployment. *Quarterly Journal of Economics, 105*, 255-283.

Amador, M., Werning, I., and Angeletos, G. (2006). Commitment vs. flexibility. *Econometrica, 74*, 365-396.

Bankman, J. (1988). Tax policy and retirement income: Are pension plan anti-discrimination provisions desirable? *University of Chicago Law Review, 55*, 790-835.

Benartzi, S., and Thaler, R. H. (2007). Heuristics and biases in retirement savings behavior. *Journal of Economic Perspectives, 21*(3), 81-104.

Bernheim, B. D. (1995). Do households appreciate their financial vulnerabilities? An analysis of actions, perceptions, and public policy. In *Tax policy for economic growth* (pp. 3-30). Washington, DC: ACCF.

Beshears, J., Choi, J. J., Laibson, D., and Madrian, B. C. (2005). Early decisions: A regulatory framework. *Swedish Economic Policy Review, 12*, 41-60.

Bewley, T. F. (1999). *Why wages don't fall during a recession*. Cambridge, MA: Harvard University Press.

Blinder, A. S., and Choi, D. H. (1990). A shred of evidence on theories of wage stickiness. *Quarterly Journal of Economics, 105*, 1003-1015.

Campbell, C. M., III, and Kamlani, K. S. (1997). The reasons for wage rigidity: Evidence from a survey of firms. *Quarterly Journal of Economics, 112*, 759-789.

Chaiken, S., and Trope, Y. (Eds.) (1999). *Dual-process theories in social psychology*. New York: Guildford.

Craswell, R. (1991). Passing on the costs of legal rules: Efficiency and distribution in buyer-seller relationships. *Stanford Law Review, 43*, 361-398.

Dasgupta, N., and Asgari, S. (2004). Seeing is believing: Exposure to counterstereotypic women leaders and its effect on the malleability of automatic gender stereotyping. *Journal of Experimental Social Psychology, 40*, 642-658.

Eaton, L. (1998, July 26). Show nanny the money: As economy booms, pay rises for child-care workers. *New York Times*, p. 27.

Fehr, E., Kirchler, E., Weichbold, A., and Q.chter, S. (1998). When social norms overpower competition: Gift exchange in experimental labor markets. *Journal of Labor Economics, 16*, 324-351.

Fehr, E., Kirchsteiger, G., and Riedl, A. (1993). Does fair-ness prevent market Bearing? An experimental investigation. *Quarterly Journal of Economics, 108*, 437-459.

Feldstein, M., and Liebman, J. B. (2002). Social security. In A. J. Auerbach and M. Feldstein (Eds.), *Handbook of public economics* (Vol. 4, pp. 2245-2324). Amsterdam: Elsevier.

Frank, R. H., and Hutchens, R. M. (1993). Wages, seniority, and the demand for rising consumption profiles. *Journal of Economic Behavior and Organization, 21*, 251-276.

Frederick, S., Loewenstein, G., and O'Donoghue, T. (2002). Time discounting and time preference: A critical review. *Journal of Economic Literature, 40*, 351-401.

Greenwald, A. G., McGhee, D. E., and Schwartz, J.L.K. (1998). Measuring individual differences in implicit cognition: The Implicit Association Test. *Journal of Personality and Social Psychology, 74*, 1464-1480.

Gruber, J. (1994). The incidence of mandated maternity benefits. *American Economic Review, 84*, 622-641.

Imrohoroglu, A., Imrohoroglu, S., and Joines, D. H. (2003). Time-inconsistent preferences and Social Security. *Quarterly Journal of Economics, 118*, 745-784.

Jolls, C. (1996). Hands-tying and the Age Discrimination in Employment Act. *Texas Law Review, 74*, 1813-1846.

Jolls, C. (2002). Fairness, minimum wage law, and employee benefits. *New York University Law Review, 77*, 47-70.

Jolls, C. (2007a). Antidiscrimination law's effects on implicit bias. Retrieved from http://www.law.yaie.edu/ documents/pdf/Antidiscrimination Laws Effects.pdf (Previously published in M. Gulati and M. Yelnosky [Eds.], *Behavioral analyses of workplace discrimination* [Vol. 3 of *NYU selected essays on labor and employment law*, pp. 69-102]. The Netherlands: Kluwer Law International).

Jolls, C. (2007b). Behavioral law and economics. Retrieved from http:// www.law.yale.edu/documents/pdf/Faculty/Jolls BehavioralLawand Economics.pdf (Previously published in P. Diamond and H. Vartiaincn [Eds.], *Behavioral economics and its applications* [pp. 115-156]. Princeton, N.J.: Princeton University Press).

Jolls, C., and Sunstein, C. R. (2006). The law of implicit bias. *California Law Review, 94*, 969-996.

Jolls, C., Sunstein, C. K, and Thaler, R. (1998). A behavioral approach to law and economics. *Stanford Law Review, 50*, 1471-1550.

Kahneman, D. (2000). New challenges to the rationality assumption. In D. Kahneman and A. Tversky (Eds.), *Choices, values, and frames* (pp. 758-774). Cambridge: Cambridge University Press and New York: Russell Sage Foundation.

Kahneman, D., and Frederick, S. (2002). Representativeness revisited: Attribute substitution in intuitive judgment. In T. dilovich, D. Griffin, and D. Kahneman (Eds.), *Heuristics and biases: The psychology of intuitive judgment* (pp. 49-81). Cambridge: Cambridge University Press.

Kahneman, D., Knetsch, J. L., and Thaler, R. (1986). Fairness as a constraint on profit-seeking: Entitlements in the market. *American Economic Review, 76*, 728-741.

Kahneman, D., Knetsch, J. L., and Thaler, R. (1990). Experimental tests of the endowment effect and the Coase Theorem. *Journal of Political Economy, 98*, 1325-1348.

Kahneman, D., and Tversky, A. (1979). Prospect theory: An analysis of decision under risk. *Econometrica, 47*, 263-291.

Kaufman, B. E. (1999). Expanding the behavioral foundations of labor economics. *Industrial and Labor Relations Review, 52*, 361-392.

Krieger, L. H., and Fiske, S. T. (2006). Behavioral realism in employment discrimination law: Implicit bias and disparate treatment. *California Law Review, 94*, 997-1062.

Kumru, C. S., and Thanopoulos, A. C. (2008). Social security and self control preferences. *Journal of Economic Dynamics and Control, 32*, 757-778.

Laibson, D. (1996). *Hyperbolic discount functions, under-saving, and savings policy*. NBER Working Paper No. 5635. National Bureau of Economic Research.

Laibson, D. I., Repetto, A., Tobacman, J., Hall, R. E., Gale, W. G., and Akerlof, G. A. (1998). Self-control and saving for retirement.

Brookings Papers on Economic Activity, 1998(1), 91-196.

La Porta, R., Lopez-de-Silenes, F., Shlcifer, A., and Vishny, R. W. (1997). Trust in large organizations. *American Economic Review, 87*, 333-338.

Lazear, E. P. (1979). Why is there mandatory retirement? *Journal of Political Economy, 87*, 1261-1284.

Levine, D. I. (1993). Fairness, markets, and ability to pay: Evidence from compensation executives. *American Economic Review, 83*, 1241-1259.

Linder, M. (1987). Farm workers and the Fair Labor Standards Act: Racial discrimination in the New Deal. *Texas Law Review, 65*, 1335-1393.

Linder, M. (1992). *Migrant workers and minimum wages: Regulating the exploitation of agricultural labor in the United States.* Boulder, CO: Westview Press.

Loewenstein, G., and Sicherman, N. (1991). Do workers prefer increasing wage profiles? *Journal of Labor Economics, 9*, 67-84.

Lowery, B. S., Hardin, C. D., and Sinclair, S. (2001). Social influence effects on automatic racial prejudice. *Journal of Personality and Social Psychology, 81*, 842-855.

Medoff, J. L., and Abraham, K. G. (1980). Experience, performance, and earnings. *Quarterly Journal of Economics, 95*, 703-736.

Medoff, J. L., and Abraham, K. G. (1981). Are those paid more really more productive? The case of experience. *Journal of Human Resources, 16*, 186-216.

Nader, R., and Blackwell, K. (1973). *You and your pension.* New York: Grossman.

Neumark, D., and Stock, W. A. (1999). Age discrimination laws and labor market efficiency. *Journal of Political Economy, 107*, 1081-1125.

Nosek, B. A., Banaji, M. R., and Greenwald, A. G. (2002). Harvesting implicit group attitudes and beliefs from a demonstration website. *Group Dynamics: Theory, Research, and Practice, 6*, 101-115.

O'Donoghue, T., and Rabin, M. (1999). Doing it now or later. *American Economic Review, 89*, 103-124.

Phelps, E. S., and Pollak, R. A. (1968). On second-best national saving and game-equilibrium growth. *Review of Economic Studies, 35*, 185-199.

Posner, R. A. (1998). *Economic analysis of law* (5th ed.). New York: Aspen Law and Business.

Richeson, J. A., and Ambady, N. (2003). Effects of situational power on automatic racial prejudice. *Journal of Experimental Social Psychology, 39*,177-183.

Slichter, S. H. (1929). The current labor policies of American industries. *Quarterly Journal of Economics, 43*, 393-435.

Smith, P. R. (1999). Regulating paid household work: Class, gender, race, and agendas of reform. *American University Law Review, 48*, 851-924.

Smith, P. R. (2000). Organizing the unorganizable: Private paid household workers and approaches to employee representation. *North Carolina Law Review, 79*, 45-110.

Solow, R. M. (1990). *The labor market as a social institution.* Cambridge, MA: Blackwell.

Summers, L. H. (1989). Some simple economics of man-dated benefits. *American Economic Review, 79*, 177-183.

Thaler, R. (1980). Toward a positive theory of consumer choice. *Journal of Economic Behavior and Organization, 1*, 39-60.

Thaler, R. (1981). Some empirical evidence on dynamic inconsistency. *Economics Letters, 8*, 201-207.

Thaler, R. (1990). Anomalies: Saving, fungibility, and mental accounts. *Journal of Economic Perspectives, 4*(1), 193-205.

Thaler, R. (1994). Psychology and savings policies. American *Economic Review, 84*, 186-192.

Thaler, R. (1996). Doing economics without homo economicus. In S. G. Medema and W. J. Samuels (Eds.), *Foundations of research in economics: How do economists do economics?* (pp. 227-237). Cheltenham, UK: Edward Elgar.

Thaler, R. H., and Benartzi, S. (2004). Save More Tomorrow: Using behavioral economics to increase employee saving. *Journal of Political Economy, 112*, S164-S187.

Thaler, R. H., and Shefrin, H. M. (1981). An economic theory of self-control. *Journal of Political Economy, 89*, 392-406.

Weiss, D. M. (1991). Paternalistic pension policy: Psycho-logical evidence and economic theory. *University of Chicago Law Review, 58*, 1275-1319.

Zelizer, V. A. (1994). *The social meaning of money.* New York: Basic Books.

16章　貧困の文脈における政策と意思決定

SENDHIL MULLAINATHAN
ELDAR SHAFIR

　貧困を考える政策は大きくは2つの立場に分けられる。社会科学者たちは，一般の人たちと同様，貧困の原因は以下の2つのどちらかであると考えてきた。人々が経済的に貧しい状況になっているとすれば，それは，環境に対する合理的な適応の結果であるか，倒錯した価値感が蔓延する変わった貧困文化が原因であると考えてきた。最初の見方は人々がきわめて合理的であると仮定している。その合理性は首尾一貫した，幅広い情報によって正当化された信念に裏打ちされていて，他の人の助けなしに，ほとんど誤りなく効果的に自己の目的を追求できるというたぐいのものである。2つ目の見方は，貧しい状況にあるというのは心理的な欠点あるいは態度上の欠点に起因しているとするものである。貧しい人々の欠点とは，彼らの見方は，しばしば誤解にもとづいていて，彼らの行動は思慮に欠けていて，選択もまた誤りやすいということであり，そのため彼らはパターナリズム的な導きが必要な存在となっていると考えている。

　2つの立場はともにいくつかの重要な要素を捉えていることがある。人々（もちろん貧困者も含めて）は疑いなく，ある環境においては秩序立って計算高く行動するし，別の環境においては誤りに陥りがちであるし，誤解にもとづいた行動を取る。その一方で，両立場とも重要な現象を説明することに失敗している。著者らは最近の膨大な行動学的な研究の知見にもとづいた第三の見方を提案する。この第三の見方によれば貧しい人々の行動パターンは，完全に計算されたものでもなければ，なかんずく常識から外れた異常なものでもな

い。むしろ，貧しい人は弱点もバイアスも含め，貧しくない人々と同様，人間としてきわめて基本的な態度と自然な気質を示すと考えられる。しかしながら貧困者たちと非貧困者との大きな違いは，誤りが許される余地が狭く，その結果，非貧困者と同じ行動を取っても，より顕著な形で問題が立ち現れ，それがかえってよくない結果を生むことである（Bertrand et al., 2004, 2006）。実際著者らは，貧困の文脈において非貧困者と同じ心理的な気質が，資源が枯渇しているがゆえに固有の機能を果たすことになる特定の行動パターンを引き起こすと議論していく。

　「合理的」な見方は，貧困状況にある人たちも，良い選択肢が与えられている文脈に幸運にもいることができるなら，自分自身ができること，しなければならないことを自分自身で行っていると仮定している。貧困文化が貧困の原因であるとする見方では，貧困者がどう機能するのかを変えることに力点を置いている。これらと対照的に，行動学的な見方の要点は，貧困者は多くの場合最適化行動を取っていないし，また，非貧困者よりも，行動を変える必要性に迫られていないということにある。むしろ貧困者の基本的な行動の傾向と彼らが機能する文脈の相互作用によって，貧困者がしばしば破壊的な環境を特に作り出し，気がつくとそこに身を置いているということだ。こうした見方によれば，貧困者は，非貧困者と同じような刺激に影響され，個人的な性質上の特徴もまた同じように見える。しかしながら，裕福な人々が，コンサルタントやリマインダーや企業の雇い主，手

数料無料やインセンティブ給や自動積立等からなる人々の意思決定を容易にし，結果をよりよいものとするような社会システムに取り囲まれていると感じているのに対し，貧困者は，こうした助けに安易に頼ることなく，自己の経済運営をより不完全で抗しがたい状況にするような，制度的，社会的あるいは心理的な障害にしばしば直面する。

以下では著者らの研究，すなわち貧困の実態調査にもとづくというよりは，心理的な，より現実的な分析を記述していく。著者らの考察は時間とともに進化してきた。本研究の大部分は，社会心理学と認知心理学の成果によって補完された，判断と意思決定に関する実証研究の応用にもとづいている。著者らの方法論は単純で，「心理学は人々がどのようにふるまうのかについての洞察を与えてくれる」ということにもとづいている。人々が貧困状況に陥ったときに，これらの行動がどのように異なった帰結をもたらすのか。同じ自己制御の失敗は（それはたとえば，本来買うべきでないような物を買いたい欲求に駆られ，実際に買ってしまったというようなことである），そうした購買がたいして気にならないような人に比べ，より貧しい人に対しては大きな帰結をもたらす（この議論の大部分は Mullainathan & Shafir（2009）からの借用である）。こうした視点は貧困問題のインパクトを減らすための介入策についていくつかのアイデアをもたらす。もちろん，観察と実験によってもたらされた洞察は，信頼できる政策にすべく，具体的な政策の形を取る前にテストされ，評価されねばならない。著者らの貧困問題への介入策が，意図した結果をもたらした場合ですら，著者らのまだ見ぬパターンがそこには作用している可能性もある。著者らは，こうしたことを考慮に入れながら金融サービスの将来像について考えるためのガイドラインを提案する。なお，これに関連する規制については本書の26章（Barrら）を参照すること。

著者らの現在の考え方はもう少し過激なものとなっているのだが，これは最後の節で手短に述べることとする。その内容を先んじて述べれば，貧困状態がそれ自体，**特別な**心理的な反応を作り出すということである。貧困状態の特徴であるゆとりのなさが，貧困状況にある人たちの心の働きや意思決定に影響を与えうると著者らは考えている。たとえば，私たちが生活の収支を合わせることに注意を向けさせられているときには，こまごまとしたことや計算にとらわれて結局混乱してしまう。私たちが脅されたり，挑まれたり，消耗したりしているときには，先を見越した行動を示しにくいし，長期的な帰結にも重きを置かなくなってしまう。

新しい政策立案へのアプローチは，貧困問題の対応策を強化するために，直接的には不安定性を問題とする。著者らは，現行の貧困対策を，貧困状況にある人々がより良い選択をするために必要で，より良い生活を構築できるような，金銭的にも心理的にも安心できるような制度に作りかえるための戦略を述べていく。結論部分で，著者らの意見を手短にまとめるとともに，将来の研究の方向性についても述べることとする。

16.1　行動学的な視点

16.1.1　文脈依存

人間の行動は文脈に依存する（個人と状況の相互作用で行動が決まる）ということが分かってきた。現代心理学研究の大きな教訓は，状況が私たちの行動に与える影響力は，長い間，個人の性格特性による影響に比べ，一貫して過小評価される傾向にあったのだが，個人の性格特性に比して実は大きいというものである。多くの研究が，従来個人の特性の反映であると見られてきた行動が，状

況要因のために生じていることを示している。たとえば，いまや古典となった服従に関する研究（Milgram, 1974）によれば，明らかに弱い状況のプレッシャーによって人々は他の無実な人々に対して致死量と思われる電気ショックを喜んで与えるようになる。同じラインに沿った研究として，DarleyとBatson（1973）が神学校の学生に「善きサマリア人」の説教を行うことを依頼したというものがある。神学校の学生のうち半数は予定に余裕があると告げられ，残り半数は予定に遅れていると信じ込まされた。説教に行く途中の道で，神学校の学生たちは，戸口に座り込みうめき声を上げ，せき込んでけがをしているように見える人に出くわした。時間に余裕があると告げられていたグループでは大多数が彼を助けたが，予定に遅れていると告げられていたグループでは，10％の者が立ち止まり彼を助けたが，90％の者は，彼を通り過ぎて急いで行ってしまった。学生が受けてきた倫理的な訓練や聖書の知識にもかかわらず，文脈上のニュアンスでわずかに時間に制約をかけたことによって，傷ついた人を立ち止まって助けるという決断をさせなかったのである。

16.1.2　解釈

伝統的な経済分析と現代心理学研究の単純ではあるが基本的な緊張関係は，解釈ということの役割をめぐって生じている。伝統的な経済分析が想定する経済主体は，客観的に表現された選択肢の中から自己の行動を選ぶと仮定されている。しかしながら人々は，自分が置かれた客観的な環境に直接反応するわけではない。むしろ，環境からの刺激は私たちの精神によって解釈されたり翻訳されたり，理解されたり時には誤解されたりしていて，それに従って私たちは行動するのである。私たちの行動は，私たちを取り巻く客観世界の状況によって導かれたものではなく，むしろ客観世界の状況を精神が解釈した描写によって導かれる。そして精神による描写は，物事がそうである姿と必ずしも1対1に対応していないし，実際の環境の忠実な翻訳である必要もないのである。その結果，多くの政策的介入は，介入がその目的とする人々の解釈の仕方次第で，失敗する可能性がある。たとえば，善意による政策介入が，パターナリズムによって人を侮辱し，おとしめるような懐柔策のように解釈されるかもしれないし（Ross & Nisbett, 1991），あるいはまた，介入策によって，望まれている行動あるいは期待されている行動を意図せず指し示していると解釈されたり，あるいはその行動が価値ある行動であると意図せず指し示していると解釈されたりするかもしれない。もともと面白く，楽しいと思っていた行動に対して，報酬が与えられるようになると，その行動の面白さが報酬目当てになってしまい，ついにはその行動が前よりも魅力的でなくなってしまうのである（Lepper et al., 1973）。古典となったある研究では，マジックペンで遊ぶ子どもたちに対して，「うまく遊んだで賞」として子どもに報酬を与えるようにすると，これ以前は報酬がなくともマジックペンで楽しく遊んでいた子どもたちが，無報酬の学校活動の一環としてマジックペンで遊ぶことに対し，興味をあまり示さなくなるということがある（それに比べて，報酬を与えるという申し出がなかったグループの子どもたちは，マジックペンで遊ぶことに変わらぬ興味を示した）。

16.1.3　心の会計とファイナンス

現在のトピックである「解釈」と大きな関連性があり，「解釈」によって重要な帰結を得られる領域として心の会計（頭の中にある会計）がある。心の会計についての研究論文は，さまざまな方法に

より，「貨幣に色はない」[i]という仮定が必ずしも成り立たず，その結果人々は「心の会計」によってたとえば，現金・預金・負債を別の勘定のようにみなしていることを示してきた。人々の貨幣の捉え方は，経済学によって一般的に考えられているものから系統的にずれている。「貨幣に色はない」という仮定は消費と貯蓄の理論において中心的な役割を果たしていて，消費者の富は貨幣によって1つの合計値として扱われる。このような仮定とは逆に，人々は富を1つのものとはとらえず区別し，たとえば，貯蓄・家賃・娯楽費というように別の予算のカテゴリーとして支出するようである。そして心の会計では収入もまた，今の収入・過去の収入の集積である資産・将来の収入に分けて管理されるのである（Thaler, 1985; Thaler, 1992）。心の会計のスキームは，これら収入の種類によって限界消費性向[ii]が異なる，すなわち，現在収入の限界消費性向は高く，資産のそれは中くらいで，将来収入の限界消費性向は低いという結論を得た。したがって消費は心の会計における現在の収入に大きく影響を受ける。このため，金利が高いとき人々は喜んで貯蓄する一方で，同時に借入[iii]にも熱心になる（Ausubel, 1991）。

他にも実験にもとづく，金融に関する人々の行動の深い理解に関連する発見はさまざまあるが，この小論の中では紹介しきれないほどである。少し紹介すれば，人々は損失回避的である（モノを失うことによる効用[iv]の損失は，モノを得るときの効用の増加に比べ大きい：Tversky & Kahneman, 1991）。このことはまた賦存効果，人々がすでに所有しているモノに対して，自分がまだ所有していないモノよりも高く評価するという傾向（Kahneman et al., 1990）を生じさせる。損失回避は，一般的に現状からの変化を嫌がる傾向をも導く。というのも現状から離れることによって被る損失を，現状から離れることによって得られる利益よりも大きく見積もるからである（Knetsch, 1989；Samuelson & Zeckhauser, 1988）。人々はしばしばサンクコスト[v]を無視することに失敗する。その一方で適切に機会費用[vi]を考慮することができない（Camerer et al., 1997）。

そしてまた，貨幣錯覚，すなわち「貨幣の名目値に目を奪われて，貨幣の購買力を表す実質値で考えることができなくなること」が生じる（Shafir et al., 1997）。さらに人々は将来の選好を予測することが苦手であるし，過去の経験から学ぶことも苦手である（Kahneman, 1994）。人々の通時的な選択はあまり良いものとは言えない（Buehler et al, 1994）。さらに今を重視するために，すぐ先の未来の割引率は高くなる。通時的な時間選好率は一定ではないのである[vii]（Loewenstein & Prelec, 1992; Loewenstein & Thaler, 1989）。

このような実験によって明らかにされてきた人々の特性は，一見混乱するように見える人々の行動の意味を明らかにし，人々の行動をより望ましいものとする助けとなり，さらにはより良い政策効果を生み出す。たとえば，中産階級の労働者の貯蓄に関する数多くの研究によると，彼らの計画性

---

i ［訳者註］現金はどのような支払いにも使えるということ。
ii ［訳者註］当該収入が1単位増えた場合に消費が何単位増えるのかという値。
iii ［訳者註］借入となっているが経済あるいは経済学的な意味での借金のことではない。簡単に言えばクレジットカードの使用のことを示している。
iv ［訳者註］著者は効用という言葉を用いているが，オリジナルでは価値あるいは価値関数と表現されている。価値あるいは価値関数は経済学一般で言う効用とは，厳密には意味する内容が異なる。

v ［訳者註］「すでに支出がなされ，どのような決定がなされようとも回収することができない支出」のこと。
vi ［訳者註］あることを得るために諦めたことを，あることの機会費用という。
vii ［訳者註］この部分についての著者の理解はかなりあやしい。引用の元となった原論文（Loewenstein, & Prelec,1992; Loewenstein, & Thaler, 1989）で指摘されていることは，少し先の将来（6ヶ月先）とそれよりも先の将来（1年後・2年後・4年後）を比べると，少し先の将来の方が価値の割引率が高く，それより未来の割引率は，より低く，さらに低くなる度合いは小さくなるということである。

のなさや怠慢ゆえに，貯蓄は，デフォルトとなっているときに最も効果的に機能する。401k（確定拠出型年金の一種）への加入は，雇用者が自動的に加入することになっていると申し出る場合に，より多くなる（Madrian & Shea, 2001）。確定拠出型年金の加入者は，当初の投資比率を変えない傾向があり，拠出金額もまた将来昇給時には拠出額の増額をすることをデフォルトにする取り決めがあれば増加するといった具合である（Benartzi & Thaler, 2004）。下記で議論するように，貧困者はこうしたデフォルトの貯蓄プログラムのような種類のリソースをほとんど持たない。そこで，結果を改善するように文脈をうまくデザインするということが本稿の重要かつ中心的な課題となる。

16.1.4　チャネル要因

結論から言えば，一見たいしたことのない状況要因から引き起こされるプレッシャーは，克服するのが困難であるような拘束力を作り出したり，あるいは大きな影響と結びつくような誘導力を増幅したりする。

特に印象的なことは，解釈の持つ可変性，解釈によって生じる曲がったイメージである。

文脈が持つ力強いインパクトは文脈が持つ影響力の過小評価とともに現れる。

他者の行動を解釈しようとするとき，人間の内面の個人的な属性を過大評価し，外的な状況が与える力を過小評価するという，**根本的帰属の誤り**を示す傾向にある。RossとNisbett（1991）によると，標準的な直感力は人間が持つもろさの主な原因であり，個人の集まりであるグループにとっても特別な弱点となる。社会心理学者は状況が障壁となることにしばしば注意を向け，それらを克服するための方法についても考えてきた。

上記で示した基本的な洞察は，著者らの現在の関心事（すなわち貧困の考察）においては重要な系を持っている。1つ挙げれば，上記の傾向や弱さといったものは別の環境下では，また異なった形で現れる。たとえば，文脈が最も良い結果をもたらすためには行動を必要とするようになっているときに，人が行動を起こさず，現状維持にこだわるという傾向は，あまり良くない結果をもたらす。そこで，デフォルトとして自然な形で行動を起こすように仕向けておけば，同じ傾向はより好ましい結果をもたらす。同様に，裕福な人であれば，老後を見越した貯蓄計画を考案できずとも，退職後の備えによって，それなりの老後を迎えられるのに対し，貧困状況にある人は，裕福な人と同じく老後を見越した貯蓄計画を考案することができなければ，電話代も払うことができないようになり，電話に再加入するための罰金等を支払う義務が生じ，その結果，さまざまな支払いが滞りがちになり，さらなる貧困状況に陥る。

16.1.5　アイデンティティ

最近の研究は意思決定におけるアイデンティティの顕現性の役割を強調している（たとえば，LeBocuf et al., 2010，およびその参考文献を参照）。人々は自分のアイデンティティの大部分を，彼らが属している社会的なグループから引き出している（Turner, 1987）。人は異なったアイデンティティを示す。たとえば，子どもと一緒にいるときの女性はまずは自分を母親だと考えるであろう。しかし同じ女性が働いているときには，まずは自分をプロフェッショナルだと考える。人間のアイデンティティのリストは広範囲にわたっているが，ある種のアイデンティティ（たとえば母親）は，他のアイデンティティ（たとえばCEO）とはきわめて異なった価値や理想を思い起こさせやすい。

ここで特に関連してくることは，「貧困，無能，信頼できない」といったアイデンティティの自然的顕現性であり，これは，あらゆる相互作用の背

景に見え隠れするものであり，そうではあるが十分に実質的で決定的な影響力を持っている。より具体的にはいくつかの研究によって，「ステレオタイプ脅威」が立証されてきた（Steele, 1997; Steele & Aronson, 1995）。これらの研究によれば，広くいきわたった集団へのステレオタイプは，その集団のメンバーに重荷となり，さらには脅威となる。こうした脅威は，個人の行動にある種のステレオタイプの烙印が押される際にはいつでも現れ，個人はステレオタイプの通りに行動してしまうというリスクにさらされる。さらにこの脅威によって個人の行動は混乱させられ，ゆがめられる。たとえばある研究によると，アジア系女性に，（ステレオタイプ的には数学に強い）アジア系であることを強調して，難しい数学の試験を受けさせると，女性であることを強調した場合に比べ良い結果を残す（Shih et al., 1999）。またいくつかの研究が，アフリカ系アメリカ人と社会経済的に低い地位の人たちにおいて似たような効果を示している。社会経済的地位（以下，SES）が低い階層の学生は，アフリカ系アメリカ人の学生と同様に知的能力が低いという疑いにさらされており，この脅威が成績に妨害的効果をもたらす。ある研究によれば，知的能力を測るという目的を提示された試験では，経済社会的地位が低い学生は経済社会的地位が高い階層の学生に比べ劣っていたが，学力を測るという目的を提示せずに行った試験では両者の結果に差はなかった（Croizet & Claire, 1998）。

同じ現象は，他の行動学の領域においても観察されることが多い。たとえば，知的・専門的能力に関するステレオタイプは，その人が，たとえばある銀行と関わる意欲に影響するだろう。AdkinsとOzanne（2005）は，消費者行動について自分は明るくないという自己認識の影響を論じ，そのような低リテラシーの消費者は，自分が低リテラシーであるというスティグマを受け入れたとき，市場と関わることをリスクが高いことと知覚し，問題解決のために力を尽くさず，社会的な関わりを制限し，より大きなストレスを経験することを示した。

同様に，ある者は，勤労所得控除（EITC）が比較的成功した1つの理由として，それが，自分は貧困者ではなく納税者であるという人々のアイデンティティにはっきりとアピールしたからだと提唱している。実際，自己制御の志向性（促進か防止か）といった特定のパーソナリティ特性も，ある意思決定文脈において他の文脈よりも適合することがあるかもしれない。Higginsら（Higgins, 2000; Higgins et al., 2003）によって行われた調査は，人々が，自分たちの志向性に適合した戦略を選んだときのほうが，適合しない戦略を選んだときよりも，よりその対象に価値を置くようになることを示している（アイデンティティと解釈の役割に関連する理論は，Briley & Aaker, 2006a, 2006bによって提供されている）。

前述のすべての指摘にもとづくならば，銀行口座その他における貧困者向けのサービスに関して言えば，政府と銀行は，対象となるサービスの受け手からよりポジティブな反応を引き出す可能性を求めて，家族の長である，労働する納税者であるという彼らのアイデンティティを奨励するようにそうしたサービスを行いたいと思うかもしれない。

以下では，貧困者の経済生活のために行動学的観点からの具体的な示唆についていくつか検討したい。個人レベルでは，何が貯蓄と借入といった選択を引き起こすのか？　そして制度レベルでは，金融サービスはどのようにデザインされるべきだとこの行動学的観点は言っているのか？　ということについてである（この観点からの規制に関する含意のより詳細については，本書26章で検討されている）。個人の心理は，これらのそれぞれのレベル（個人レベルか制度レベルか）と関係する。こ

の心理は，貯蓄パターンと借入パターンを構成することになる選択と行為に影響する。取引費用に対する価格づけから，時間が経った後どうなるかに至るまで，個々人が金融商品のさまざまな特徴にどのように反応するのかということにも影響する。そして，行動に影響を与えうる金融サービスのチャネルについて，さまざまな観点を提供することができるであろう。最後に，行動学的分析が従来の経済学モデルとは異なるものを生み出していることから，規制に対するさまざまな論拠や助言も行われるだろう。それは，時には，消費者保護を導く伝統的な想定と類似することもあろう。

16.2 貧困者のための制度的な金融へのアクセス

16.2.1 金融へのアクセスの役割

金融サービスは，貧困の重要な出口を提供するかもしれない。金融サービスは，衝撃を和らげる貯蓄や資産形成を促進し，耐久財や厳しい季節を乗り越えるための商品を購入するために借入を行うことを促進するものである。簡単に言えば，金融サービスとは，人々が消費と投資をスムーズにできるようにするものである（低所得のアメリカ人によって利用される金融商品の詳細については，Barr, 2004と本書26章参照）。そして，金融サービスの改善は，2つの主要な利点を生み出す。第一は，このようなサービスにすでにアクセスしていた人が，支払う必要があったコストを下げられることである。たとえば，その人たちは，より割高な給料担保金融業者ではなく，クレジットカードを使うことができるようになるかもしれない。第二は，これまで，このようなサービスにアクセスすることのなかった人が，このアクセスによる直接的な恩恵を被ることができるようになることで

ある。たとえば，借入ができるようになれば，体調を崩すといった突発事項の影響を緩和することができるかもしれない。

16.2.2 金融へのアクセスに関するいくつかの特徴

著者らの観点は，文脈的なニュアンスの重要性に焦点を当て，行動学的傾向と文脈的構造の相互作用から生じた環境の性質について注意を向けるものである。ここで，著者らは，金融へのアクセスに関するシンプルな文脈的特徴の一部について簡単に検討する。

制度がデフォルトを形成する

デフォルトの設定が個人の選択の結果に深い影響を与えるという知見は十分に確立されている。退職後用の貯蓄とポートフォリオの選択から，臓器提供の意思決定にわたる幅広い意思決定についての利用可能なデータは，デフォルトとして設定された選択肢が市場において大幅に増えてきたことを描き出している（Johnson & Goldstein, 2003; Johnson et al., 1993）。これは，金融サービスにおいても設計がきわめて重要であることを証明していると言えるであろうし，これはおそらくは金融に関する行動のデフォルトを形作るものになるだろう。

たとえば，クレジットカードを利用することができない2人の個人を考えてみよう。一方は，給与支払小切手を直接預金口座に預け入れている。もう一方はそうはしていない。現金は，前者にはすぐには利用可能でなく，引き出すという積極的な手続きが必要であるのに対し，後者にとっては，現金は即座に利用可能なものであり，それを貯蓄しようと思えば積極的な行動を起こさなければならない。お金が銀行にある場合よりも財布の中に現金があったときのほうがより使い込みやすいとい

う傾向（Thaler, 1999）は，前者の銀行に預けている人の場合には，後者の預けていない人よりも，衝動的な使い込みが少なく，より簡単に貯蓄できるということを示唆している。リスクに対する態度や貯蓄に関連するいくつかの性向が一定であれば，前者は後者よりも，より積極的で効果的な貯蓄者になるであろう。

制度が行動を形成する

　実際のところ，多くの低所得世帯は，銀行を使っているか否かは別として，貯蓄を行っている（Berry, 2004）。しかし金融制度の手助けなしでは，彼らの貯蓄は大きなリスクを負うことになり（空き巣に盗まれる，うっかり使い込んでしまう，他の家族が手をつけてしまうなど），また貯蓄の増加スピードは遅く，現金が必要なときに合理的な利率で現金を借りることもできないかもしれない。制度は，安全性と自己制御性を提供する。その意味で，制度的文脈は，富裕層よりも貧困者にとってより重要かもしれない。欠乏しがちで誘惑が多く，散漫であり，そしてマネージメントと制御が困難な環境において，これらの貯蓄者のうち銀行を利用していないものは，長期的な成功への径路を進むのがより難しいと感じる傾向が高い。

　実際，給与管理協会によって行われた最近の調査は，「アメリカの被用者は，直接銀行振り込みを給与支払い方法として信頼するようになってきており，被用者はそれによってもっと自分の資産が管理できると信じ，雇用者は，給与支払いに要する時間や経費の削減にもなる低コストの被用者向けサービスであると理解している」と指摘している。対照的に，貧困者を雇う雇用者は，電子的な給与支払いを必要だと思っていないし，提案もしない。そうではなく，そのような雇用者は，時間給の長時間労働被用者[viii]，一次雇いや季節労働者，パート，労働組合所属の被用者，そして，遠隔地で働く被用者といった，低賃金と相関するタイプの被用者に対して，直接銀行振り込みを提供しないことを望んでいる。これら被用者に対して直接銀行振り込みを提供しない理由として最も頻繁に言及されるのは，業界の基準（自動資金決済センター）に合わせて処理する時間が取れない，離職率が高い，そして労働組合との協約によって制限されている，というものである。これらすべてが，貧しい人に対して好ましいデフォルトを提供する機会を喪失させている。こうした人たちの事実上のデフォルトは，小切手を受け取って，多くの場合勤務後に，割高な手数料を払って現金化できる，たいていは不便な場所に行くというものである。

制度が潜在的な計画を提供する

　結局のところ，さまざまな制度が，行動学的な弱みになりうるものに対処するために潜在的な計画を提供している。クレジットカード会社は，顧客に支払期限のリマインダーを適切な時期に送り，顧客は，公共料金が自動的に振り込まれるように手続きすることができ，そうすることで，もし期限までに支払う余裕がないときでも，延滞金を課せられることを避けることができる。他方で，クレジットカードや，自動引き落とし，あるいは，ネットによるリマインダーを持たない低所得の顧客は，支払いを忘れるリスクを負い，（高い）延滞金や，ガス・水道などのライフラインが（高い利用再開料金が課せられるために）利用できないなどのリスクを負う。

　興味深いことに，文脈は，安易に借金を作らせることで有害にも機能しうる。時間割引（時間選

---

viii　［訳者註］アメリカの公正労働基準法の対象の職に就いているという意味で，基本的に時給で働き週40時間以上働くと時間外労働手当などがつく被用者をさす。

好）の中で一般的に生じる現在バイアスは，借り入れの将来的コストに対する恐怖よりも目の前の現金をより魅力的にすることで有害となる。これが起こるときはいつでも，借金の利用可能性の増大が，特に貧困者の生活状況を下げることを引き起こしうる。貧困者の使い過ぎは，豊かな人による使い過ぎ以上に，生活により必要な消費を削ることにつながる可能性があるからである。

　政策策定者や規制者のための行動学的分析で学んだ根本的なことの1つは，金融制度の影響とその責任に対しての新しい理解に関するものである。これらは，単に金融的なコスト削減という観点から見たものであってはならず，人々の計画を調べ上げ，人々が望む行為を促進し，甘い誘惑に対して抵抗できるようにすることで，人々の生活への影響を十分理解したものでなければならない。さらに，専門家にほとんど頼ることもできず，たまたまの誘惑に乗ることやささいな失敗でさえ大損害になりうる貧困者に対するこのような影響は，結果的に，専門的な援助を得ることができ，同時に，間違いを犯したり，誘惑されたりすることが許されている豊かな人たちに対するのとは異なる示唆を持つかもしれない。

　今述べたような視点は，なぜ金融制度が貧困者の生活にとってそんなに重要になりうるかという，より一般的な観点の一部を形成するものである。金融制度へのアクセスは，誘惑による使い込みからお金を守ることで，人々の計画の実現を可能にするものである。一部の場合（給与の銀行振り込みと給料天引き貯蓄）において，人は，お金が，貯蓄に「回った」，あるいは長期的な投資がなされた瞬間に気づきさえもしないかもしれない。金融制度に頼ることは，まれではあるが注意深く家計について考えて意思決定する機会を提供する。注意深く考えて意思決定することで，直観的な誤りや一時的な心の会計の衝動に抵抗できることを証明

しうる。その意味で，金融制度を改善することは，貧困者の生活に特別な影響を与えうるのである。給料担保金融業者や小切手の現金化に頼ることから給与の銀行振り込みと給料天引き貯蓄に移行することは，取引コストを抑えることにとどまらないはるかに大きな利益となりうるのだ（行動学的原理に沿った，さらなる議論と貯蓄方法の例についてはTufano, 2009参照）。

16.3　貧困者の家計生活における非制度的な諸側面

　前述の洞察をベースとして，ここからは，貧困者と具体的な金融制度との関わりについてさらに理解を深めていこう。はじめに，非制度的ではあるが行動学的観点にとってとても重要だと著者らが考える貧困者の家計生活について，3つの定型的な事実について論じる。これらの定型的な事実は，必ずしも心理学的ではない（定型的な事実のうちの2つは，きわめて正統な経済学的解釈に沿ったものである）。というより，これらは，関連する心理学の影響を興味深く，重大なものにするものと言える。

16.3.1　家計のゆとりの欠如

　経済モデルにおいて正確に定義することは難しいが，「家計のゆとり」という考えは，貧困者の生活にとって中心的なものである。著者らは**ゆとり**を「想定外の必要が生じたときに消費を切り詰めることができること」と定義している。この定義によると，貧困者は，富裕層と比べて家計のゆとりを持ちにくいように思われる。富裕者は，無駄な支出について切り詰めることができるのに対し，家計の状況が厳しい貧困者は，より重要な支出を切り詰めざるを得ない。このメカニズムを理解す

るには2つの方法がある。第一のより伝統的な考え方は，限界効用によるものである。もし富裕者と貧困者が同じ突発事項に直面し，同じ量の消費を切り詰めたとしても，富裕者は，限界効用のより低い消費を切り詰めるだろう[ix]。第二のより心理学的な考えは，誘惑に着目するものである。もし，支出するという誘惑の発生が資産の減少をともなうのであれば，富裕者は，過去と未来における自己の観点から見て，価値の少ない財を正しく切り詰めるだろう。

この分析は，貯蓄の役割からもたらされる。ある人は，貧困者はより不安定な環境に直面しているというまさにそのために，過度の不安定さに対処するのに十分な緩衝材となる貯蓄を諦めていると論じるかもしれない。これは，緩衝材としての貯蓄を諦めなければ，同程度の突発事項があっても貧困者の貯蓄が底をつくという結果を引き起こしにくい，ということを意味するだろう。これはもっともらしいが，多くのデータが，貧困者世帯ほど現金化できる貯蓄をほとんど持たない傾向にあることを示していることから，以下の概念化においてこの要因は無視している。この緩衝材となる貯蓄の欠如は，貧困者の家計生活を理解する上で，興味深いパーツの1つであると著者らは感じている。著者らは，この問題について「貧困者に見られるいくつかの経済行動」という節で簡単に戻ろうと思う。

貧困者が切り詰めざるを得なくなる支出の種類を考えたとき，家計のゆとりの欠如は特に重大な問題となる。文字通りよく言われるのは，支払いの遅滞と電話とガス供給の停止の頻繁な発生（そして，高額な再開費用）である。EdinとLein（1997）は，年収のほぼ5％が，このような再開費用に使われていると推定している。多くの金融サービスは，遅延損害金を課している。これらは，予測できるもの（クレジットカード代金）から予測できないもの（購入選択権付きレンタル店：支払いを忘れた個人は，その商品を買い取ることが求められ，これによってこれまでのすべての支払いが無になる）までさまざまである。賃貸人（大家）は，遅延金を課すことができる。あらゆる請求は，公共料金から医薬費まで，通常大幅な遅延金制度を有している。これら延滞金について観察されることは，遅延利息は通常支払いに比して割高に設定されているということである。たとえば，1月分の請求に対する5％の遅延損害金は，事実上年率100％のローンに値する。言い換えると，貧困者が請求の支払いを遅滞することで支出を切り詰めると，実質的には非常に高い利率の借り入れを行っていることになるのである。

高利率の借り入れを実質的に行うことになるという点は，費用面では**まだまし**な結果と言えるかもしれない。実際，家計のゆとりの欠如を特別に面倒にするものは，間接的で，関連する結果として起こるものである。電話サービスが停止された世帯を考えてみよう。この家族は，多くの困った結果に直面する。第一に，電話サービスの再開には高額な支払いをする必要がある。この高額な費用を入手するには，すでに無理が生じている家計にさらなる困難が課されることになる。第二に，より重要な点であるが，電話が使えないということは，彼らの生活に単に電話が使えない以上の困難をもたらす。もし彼らが失業したら（電話代が支払えない家計においては決してまれなことではない），仕事を探すことがこれまで以上に非効率的になる。たとえ雇用されていたとしても，雇用者からシフトチェンジの際に家に連絡することができなかったりするかもしれないし，電話が仕事で必

[ix] ［訳者註］経済学的には富裕者の行動も貧困者の行動も同じように説明できる。そして貧困者もより限界効用が低い消費から切り詰める（それが必需品の一部であるとしても）。

要であるかもしれず，結果として，あまり評価されない労働者になってしまう可能性がある。言い換えると，電話代の支払いに遅れるという1つの行為が，それだけにとどまらないダイナミックな連鎖を引き起こし，最初のコストはさらに増大し，のみならず収入を減少させることにもなりうる。低所得による慢性的なゆとりの欠如に奮闘している低所得世帯は，常に，これまで以上に困窮するというリスクに直面しているのである。

困窮していて，さらなる困窮の崖っぷちにいることが深刻な結果を引き起こす。第一は，計画におけるいかなる失敗も，きわめて深刻な結果を引き起こしうるということである。（困窮していない）豊かな人は，計画に失敗したり，計画があまりよくなかったりしても，無駄な支出を切り詰めるだけで済む。貧しい人は，ささいな計画の踏み外しが大きく拡張するドミノ効果に直面するかもしれない。ゆとりの欠如は，家計の計画の面で，貧困者が綱渡りをしなければならないということを意味する。事実上，彼らは，手助けも足がかりも少ない環境の中で，貧困の谷に踏み外して落ちないように，完璧な計画者でなければならない。

第二の結果は，実証的に示すことがより簡単である。それは，貧困者はしばしば，高利率でもよろこんで借入を行うということである。電話サービスが停止され，それに伴いさまざまな困難が生じ，またそれを再開するために高額な遅延損害金が発生することになるという見込みを持つ人は，実際に起こるのを避けるため，あるいは，そのような事態がすでに起こっているのであれば電話の再開のために高い利息でお金を借りようとあえて考えるかもしれない。実際，高利率の借入を利用するのは低所得の個人だけではないが，彼らにとってそれは合理的なことなのかもしれない。高利率でも借り入れたいという欲求は，ある文脈においては望ましくはないが，完全に合理的反応であり

うるが，近視眼による混乱が容易に見て取れるので，興味深いものである。これはまた下記で取り上げる給料日ローンとも関連している論点である。

16.3.2　少額を多額へと変化させる

金融制度が提供する基本的サービスの1つは，手に入れやすい少額の現金を徐々に変換し，到達するのが難しいより大きな額にすることを可能にすることである。Rutherford（2001）の説明によると，個人は，少額のお金を「使える大きな」額に変換する必要性をたいてい有している。このような変換は，貧困者の現金収入と彼らが必要とするモノの性質から，彼らにとって特に重要であることが頻繁に証明されている。都市の貧困者は比較的少額の現金収入を生活の糧としているというのが典型的である。毎週あるいは隔週で給与小切手を受け取っていたとすると，必要な家賃，公共料金その他を支払った後，残るのはほんのわずかである。しかし，彼らが購入したいと願う耐久消費財の多く（洗濯機，車，テレビ）は，いずれの時点でも手に持っている金額よりも多い金額を必要とする。結果的に，貧困者は，少ない額のものを使える大きな額に変換する必要があるのである。

従来の経済学理論によると，このような変換へのニーズは当然のことである。個人というものは，十分蓄積されるまでは手に入れた現金を単純に貯蓄するだろうと考える。あるいは，借入が利用可能であれば，個人は，この変換のために将来の収入源を担保にして借入するということもできるだろう。借入と貯蓄のどちらが用いられるかは，借入利率と比較して，購入する耐久消費財の生み出す価値の流列の割引現在価値総計がどうであるかに依存する[x]。とはいうものの当然，貧困者はたい

---

[x] ［訳者註］経済学では通常投資判断の際に用いられる手法であるが，耐久消費財は一定のサービスを長期にわたって提供する財であるので，投資と似た側面を持つためこのように考えることも可能である。

てい借入にアクセスできないので，貯蓄でお金を貯める必要があるだろう。

　計画の自己制御の心理学は，このような貯蓄が，従来の理論が想定しているよりも難しいことを示唆している。長期間かけて耐久消費財購入のために貯蓄すれば，この貯蓄された大きな額の現金への継続的なアクセスが可能となる。そしてこのアクセス可能な現金は，きわめて魅力的なものとなりえ，当初の貯蓄目的とは異なる支出の瞬間に最も価値のあるものに使われるように導く。こうした時間的非整合性や，自己制御の問題があるために，貯蓄は，小さい額から大きい額への変換のために用いる手段として弱いものになる。時間的非整合性や自己制御の問題は，貯蓄口座を貯まりにくい，漏れの多いものへと変えてしまうのである。

　貧困者に人気はあるが，完全に合理的な解決策よりも見劣りする多くの制度は，不完全な計画性と限定的な自己制御の世界において，少ない額を大きな額へ変換することをより実現可能にする代替的な方法であると理解することができる。第一に，すでに多くの人が指摘していることだが，貧困者が購入しがちな宝くじについて考えてみよう（Blalock et al., 2007; Kearny, 2005）。特に興味深いのは，貧困者がよく買う宝くじの種類であり，すなわち，1等賞金がおおよそ200ドルから500ドルの低額のくじである。貧困者は，これらの宝くじを通して「夢を買う」のであれば，それはあまりにもささやかな夢である。このような少ない1等賞の金額を考慮すれば，少ない額から大きな額への変換の手段として宝くじが購入されていると見るのが妥当である。たとえば，400ドルの商品を買うために貯蓄しようと葛藤している個人は，定期的に宝くじを買うのは簡単だと思うだろう。繰り返し発生するコストは「預け金」であり，最終的に勝てば，その高額商品を買うことができる金額を得ることができる。典型的な貯蓄口座を超えるこの利点には注意が必要である。自分にとって必要であったり，家族や友人にとって必要であったりするものに直面するという誘惑に繰り返し遭遇するので，お金を蓄積することができない。欲しい商品を（効率的に）手に入れるまで自らの支出を減らすことが続けられない個人にとって，宝くじは，割高ではあるが，ある種のコミットメント装置として機能する。

　この説明は，発展途上国における回転型貯蓄講（RoSCAs）の普及に対する自己制御による説明と非常に類似しているだろう（Basu, 2008）。典型的な回転型貯蓄講では，それぞれの参加者は，毎週または毎月一定額を拠出し，1人の参加者がその全額を手にする。勝者は，抽選あるいは競りによって決定されるが，それぞれの参加者がこの回転型貯蓄講で勝つことができるのは，一度だけである。これは所定の回数行ったときに一度勝つことが保証されていることを除けば宝くじととてもよく似ている。両制度は，一度に得られる大きな額のお金は，小さな額のお金の集積よりも貧困者にとって価値があるという見方を強化するものである。

　この件に関しておそらくよく言われるのは，予約販売（layaway）プランの広まりである。典型的な予約販売制度では，個人は，好きな耐久消費財，たとえばある洗濯機を選ぶ。それから，お金を預ける予約販売用の口座を開き，それぞれの店によって異なる一定額を支払う。顧客が十分な金額をその口座に貯めることができたら，その人は，その耐久消費財を手に入れることができる。これは，Ashrafら（2006）が指摘した，フィリピン銀行の顧客に提供されたSEED（コミットメント型貯蓄商品）ととても似ている。一部の店舗は固定価格制を提供し，そのため将来の買い手には，最初に提示した価格が保証されている。しかし，多くの他の店舗はそうではない。その商品を買うために十分なお金を貯めることができない個人は，たい

ていう現金を没収される。こうしたことから，予約販売口座の一番のメリットはお金の使い込みにくさにあると思われる。

予約販売の人気は，単純な近視眼モデルでは貧困者の行動を説明することが困難であることを際立たせる。予約販売の仕組みを利用することで，貧困者は，驚くべき長期的視点を持つことを示している。彼らは耐久消費財を購入するために，無利息にもかかわらず，あえて貯蓄しようとする。その耐久消費財は，買うために貯蓄していくにつれて楽しくなるようなものでさえない。この節の他の例と同様に，小さな額の現金をより大きな額に変換するためには，大きなコストを支払うことにも意欲的であることが読み取れる。

もちろん，このような変換をする必要性は，貧困者に固有のものではない。ここで論じた現象のいくつかは中間層でもたしかに見られるだろう。しかし，実際の変換はアメリカの貧困層でより一般的に行われていると推測する。富裕層は，耐久消費財を購入するための店舗のクレジットから自動的な天引き貯蓄に至るまで，さまざまな制度へのアクセスができ，こうした制度は上記で述べた変換を促進することが意図されている。そのため，富裕者がより奇妙かつコスト的に高い制度を用いることは多くはないだろう。

16.3.3 変動性が激しいにもかかわらず，緩衝効果を持つ貯蓄をしていない

行動学的研究の基本的な観察の1つは，日々の意思決定における，非常に「ローカルな」性質を示している。より包括的なパースペクティブ，長期的な観点は，その瞬間において顕著な問題の前では割り引かれてしまう。そのため，長期的な決定がなされたときでさえ，長期的にはほとんど関係のない，その決定の瞬間におけるささいな文脈的なニュアンスによって影響を受けがちである。加えて，長期的な予測や予知は，予見可能な将来の進歩の影響やそれに関連することを考慮に入れることに失敗しがちである。心の会計に即して言えば，典型的には，消費パターンは，現在の収入に過度に依存することになる。

持ち上がった目先の問題に対して狭い焦点化を行うということは計画に関して明確な示唆を持つ。どこで外食するか，どのブランドを買おうかといった現在の意思決定については多大なエネルギーが使われるのに対し，自分の退職後用の貯蓄をどのように運用するのか，そもそも貯蓄を行うのかといった今すぐにではないがより重要である意思決定に対しては，先の意思決定に比べあまり注意が払われない。多くの貧困者の生活がそうであるように，環境がきわめて不確かで，将来がより明確に見通せないときには，計画の失敗はよりひどいものとなる。今月の家賃の支払いには大きな関心が向けられる一方で，子どもの教育のための貯蓄，あるいは退職後のための貯蓄については，将来的にもう少しよいタイミングが来たときへ自然と後回しにされる。もう少しよいタイミングまで家計の将来計画を先延ばしにする傾向は，特に低所得者において一般的であり，これら低所得者の家計には多くの将来計画を行うゆとりがほとんどないのである。この変動性の激しさのために，今この瞬間に焦点を当てた結果，ある意味で緩衝効果を持つ貯蓄を最も必要とする人々にこうした貯蓄の欠如を引き起こすことになる。

16.4 貧困者に見られるいくつかの経済行動

16.4.1 銀行の不使用

10％超のアメリカ世帯が，銀行を利用しておらず，小切手を換金・利用するために小切手換金業者などの他の金融制度に依存せざるをえない状況

にある（たとえば，Caskey, 1996; Scholz & Seshadri, 2007を参照）。これらの代替的な金融制度は，通常高い手数料を課しているが，利用者は正当な借入制度を利用できない人たちである。彼らは，代替的な金融制度を利用しなければ，収支を合わせたり，緊急の支出を補ったりするために，高い利率で友人や親戚から借り入れなければならず，そうでなければ，金銭的に厳しいときでも借入の利用なしに乗り越えねばならない。

　銀行を利用しないことによるこの割高さは費用便益分析をした結果でありうる。もし世帯が貯蓄をほとんど持っていなければ，銀行口座を持っていることの利益を，たいていの銀行によって課せられている最小残高手数料のような口座維持の金銭的コストが上回るだろう。銀行を利用しないままでいるという選択は，貧困地域に開いている銀行の支店がほとんどないために，単に長い時間歩き回らなければならないことを避けるための場合もある。低い銀行利用率は，さまざまな文化的要因を反映している可能性もある。このことをある人は，銀行に不信感を持ち続ける貧困者に帰属させてきたし，別の人は，貧困者は貯蓄文化を内在化していないので将来に対してほとんど計画を立てず，単にその日その日を暮らしていると主張してきた。これらの説明に共通するのは，魅力的な銀行の選択肢の不足や，日常生活の文化と結びついた根深い不信感のような，「大きな」要因を用いて，銀行を利用していない数多くの世帯といった「大きな」問題を説明する傾向である。

　対照的に，行動学的観点は，大きな問題が発生する文脈において，小さな要因が決定的な役割を果たすことが往々にしてあることを示唆する。規範理論の観点では，デフォルトは，たいてい重要ではなく，簡単に変更できるように見えるが，記述理論的に言えば，損失回避に裏打ちされた現状維持，決断しないこと，先延ばし，あるいは注意の欠如によって，デフォルトにはそれ自身強制力がある（Samuelson & Zeckhauser, 1988; 本書24章も参照）。銀行はたいてい資産の多い人々に関心を向けているものと，資産の少ない人が感じると，自分たちにとって銀行は意味を持たず，また自分たちにアピールすべきではないという印象を強めることを助長するかもしれない。実際，審査や面接，要求や応募を必要とする意思決定は，自明でないような感情的要素を伴いやすい。そして，最も傷つきやすい人は，そうでない人よりも，このような感情に重きを置きがちであろう。多くの民族誌学研究が提案しているように（DeParle, 2004; LeBlanc, 2004），貧困者はたいてい社会の規範に痛いほど気づいており，それに従うことができないだけである。シングルマザーは，保育所が利用できなければ，自分の小さな子どもとともに銀行に行く必要があり，理想としては泣いている子どもを銀行に連れていくわけにはいかないという事実に思い至るかもしれない。そうでないなら，彼女は，要求された形式を読み解く自分の能力を憂うかもしれない。金融商品への理解が深刻に制限されるとともに，貧しい顧客は，戸惑いや，恥，そして，自分が銀行にとって良い顧客ではありえないという一般的な感覚を感じるかもしれない。

　もちろん，この知覚は，真実から恐ろしく離れているのかもしれない。結局，貧困者に対する貯蓄や貸付と富裕者に対する貸付や貯蓄では，銀行側のインセンティブに本質的な非対称性がある。貧しい顧客に関して，銀行は，貯蓄（たいして期待できない）よりも貸付（支払いの遅延損害金や複利で儲かる可能性がある）を促進することに大きなインセンティブを持つ。他方，富裕者に対する対応は逆であり，貸付はほとんどペナルティを課されることなく，そして貯蓄は大きく価値あるものになると見込んでいる。

　実際，銀行口座に関して言えば，デフォルトの

選択肢は，貧困者とより豊かな人とでたいてい異なっている。前述のように，個人の家計をうまくコントロールできる方法として給与の銀行振込に単純な信頼を寄せることは，アメリカにおいてますます一般的になりつつあるが，これは，貧困労働者以外に限られている。口座振込が貧困層に普及していないため，事実上のデフォルトが割高な小切手の現金化となっている個人に対して，その小切手用の口座を別のデフォルトへと変化させる機会を失わせている。富裕層においてすらデフォルトの選択肢には力があるので，デフォルトが貧困者に対して相当な影響を与えると考えて間違いないであろう。その貧困者の選択肢はそもそも制限されていて，他の選択肢についてあまり知らされていないかもしれない。

公的セクターの観点から見ると，政府は勤労所得控除を含む税の銀行口座への払い戻しの自動転送をさらに奨励することで，重要な役割を果たすことができる。このことは，銀行口座の開設を奨励する1つの方法を提供する。シカゴの「はじめての口座」制度が提供する証拠の中には，今後について慎重な楽天主義を示すものもある。長い間，経済発展センターは，勤労所得控除の対象になる人に対して免税準備サービスを提供してきた。ここ2～3年間に，このセンターは，この免税準備サービスと「はじめての口座」制度を結び付けようと努めてきた。特にこのセンターは，払い戻しを受ける資格はあるが銀行口座を持っていない個人を洗い出してきた。その後，これらの個人は，自分の銀行口座を開くと，より早く税の払い戻しが受けられ，その口座に税の払い戻しが直接預け入れられることになると伝えられた。「はじめての口座」制度を取り扱う銀行から得られたデータは，この「即席の払い戻しという餌」に乗せられて口座を開いた個人は，のちに述べる金融教育ワークショップ（さらにくわしくは「稀少性のもとでの意思決定についての行動学的観点」の節を参照）に従って口座を開いた個人（より積極的に自分で選んだ）に比べても，ほぼ同じように開いた口座を使い続けた。

これまでの議論を考慮すると，銀行口座の開設は，貯蓄についてポジティブな効果を及ぼすことが行動学的観点から予測されるというのは明らかである。このような口座は，手元に現金がある「悪い」状況を「良い」貯蓄のデフォルトに置き換えるに違いない。加えて，現金から貯蓄用の小切手への変換は，貯蓄性向を高めるきっかけになる可能性がある。実際，銀行口座は，人々の「心の会計」のスキーマに特に一致するようにデザインされているだろう（Thaler, 1999）。人々は，ある口座に「住宅用口座」，別の口座に「教育用口座」，さらに別の口座には「車用口座」と名付けることを選ぶかもしれない。口座に名前を付けることは，標準的な「代替可能性仮説（お金に色はないということ）」からすると無意味であるが，資金用途を顕著に思い起こさせる装置になり，用途別に資金を配分することの手助けになる。このような名前を付けることは，教育用資産，クリスマスクラブ，予約購入などの既に存在する他のものを思い起こさせ，そうした商品に見られる間接的な証拠が，実際に結果を伴うであろうことを示唆する。たとえば，スウェーデンでなされた親に対する児童手当の支給額の増額は，（児童手当の名前ゆえに）受給者の子どものために使われることに予想以上の効果をもたらすことが発見された（Thaler, 1990において論じられた）。

しっかりした計画と自己統制に帰属させる古典的な分析とは対照的に，中間層の貯蓄についての多くの研究は，貯蓄はデフォルトであればよく機能することを示している（本書14章，24章を参照）。そのため，401kは，現金が自動的に預金されるので効率的だと考えられる。しかし，貧困者

は多くの場合には，「良い」貯蓄のデフォルトに頼ることがほとんどできない。貧困者は，そもそも銀行口座を持たないがためによいデフォルトが利用しにくく，もとの代替的なものへと戻らざるを得ず，典型的には，大きな買い物に向けて努力するために高額なコミットメントスキーマへと戻っていく。そうした代替的なコミットメント装置としては，購入選択権つき賃貸や予約販売スキーマのような制度に参加する人を見ることができるし，これらの制度によって時には，貧困者は他の方法で貯蓄できる額以上のものを所有することができる。

予備的な実証的支持があるとはいえ，前述の提案は，すべての結末が完全に理解される前に，試しに実施し，真剣に評価することが必要であると記しておくことが公平であろう。行動学的結果は，結局，多面的で複雑なものになりがちである。そのため，たとえば，適切なデフォルトの設定は，貯蓄を増やす可能性があるが，新たに自動化した貯蓄を利用する人は，これらの新しい貯蓄によって資格が付与され，より大きな借入をする権利が与えられたと感じるだけかもしれない。行動のこうしたダイナミックで順応的な性質ゆえに，この新しい仕組みの最終的な影響が完全に理解される前に，完全実施に先立ってパイロットテストと評価を行うことがたいてい必要である。

16.4.2 給料日ローン

給料日ローンは，低所得世帯と中所得世帯の中で広く用いられている金融商品である（Skiba & Tobacman, 2007 参照，分析については Stegman, 2007 参照）。典型的な給料日ローンは，給料支払い小切手が支払われる1～2週間前に振り出されるが，この前借は法外な価格になり，実効利率は年率7000+％にまで至る。このようなローンについては，政策の観点から非常に議論が多く，貧困者の近視眼を指摘することにたびたび暗黙裡に用いられてきた。著者らはこの広く行きわたった制度について2つの基本的な観察を行おうと思う。

最初に，前述のように，このきびしい借入の制限を受けた者は，時に自分が貧困のぎりぎりのふちにいることを認識している。このような環境で給料日ローンを利用するというのは，近視眼的ではないのかもしれない。決して近視眼ではなく，このローンの費用便益計算は，苦痛ではあるが，妥当な結果であることを示すかもしれない。重要な時期に現金が欠如することは，（電話サービスの停止によって起こることのように）悲惨であり，さらにそれが雪だるま式に悪化する結果を引き起こしうる。このような環境で長期的視野を持つ人でさえ（だからこそ）高利率のローンを利用するだろう。「誤り」は，もっと前に起こっていたのであろう。それは，突発的出来事に対処するための緩衝材となる資産を残さないといった行動の連続の中で生じていたのである。それゆえ，この見方では，問題の所在は，なぜ貧困者が給料日ローンを借りるのかではなく，なぜ彼らはそのローンを必要とするような環境に身を置くことになったかということになる。

この観点は，借り手が**借りるとき**にローンを利用できるようにしたいと望んでいる政策策定者に興味深い難問を突きつける。給料日ローンが，深刻な必要性のある人によって利用されるとすると，彼らが直面している必要性は現実であり，それを満たさなければ，より深刻な結果を引き起こすであろう。この点に光を当てると，貧困者を**より困窮させる**可能性のある給料日ローンの貸し手を追い出すために，利率の上限を設けるという（あるいは他の）政策と比較すると，給料日ローンは，まだましな悪なのかもしれない。これらは，貧困者の緩衝材となる資産の欠如を解決する政策を伴わない限り，給料日ローンに対する原理的な主張は，

再度，貧困者はもっと「合理的」に行動しなければならないという期待に基礎を置くことになる。伴わない場合，給料日ローンが利用できなくなるような政策は，貧困者が直面するさまざまな突発事項に対してより弱い状態に彼らを追いやる可能性がある。1つの反論としては，給料日ローンの利用可能性をなくすことで，何らかの形で，これまで給料日ローンに頼っていた人をよりよい計画者にするという論点が確かにある。これは先験的にはありうるが，実際には起こりそうになく，この論点をそのまま受け入れるべきではないだろう。大事に直面しているにもかかわらず個人がうまく計画できないのであれば，他のコストを追加したからといって望ましい効果をもたらすことができようか？

このようなローンに頼る性向についてより理解するために，給料日ローンがどういう意味で非常に割高であるのかを考える必要がある。手数料が，限界費用，あるいは独占利益を反映しているかどうかに焦点を当てるよりも，著者らは，心理学的に，このようなコストを正確にとらえる方法とは何かを考えるべきである。実際に，この法外な高利率（年率7000+%）において，個人の全体としての現在価値計算は反映されているのだろうか？あるいは，行動学的に最も説得力のある観点は，より合理的な額の借入金を提案するものなのであろうか？ 前述のように，大きさはたいてい狭い文脈の中で評価される。人々は30ドルの商品の購入では10ドルを節約するために30分歩こうと思うかもしれないが，500ドルの商品の購入において20ドルを節約するためにそうしようとは思わない。最初の行動を低い時間価値（1時間当たり20ドル以下）のためであると考えたら，2番目の行動を高い時間価値（1時間当たり40ドル以上）のためであると考えたりすることができないのと同じことで，実際の割引率を，特定の給料日ローンにおいて暗黙裡に存在する異時間のトレードオフのせいであるとすることも正しくないかもしれない。

200ドルの給与小切手を本来より1週間早く手に入れるために20ドル支払おうと考えている人について考えてみよう。このような取引（200ドルを1週間早く手に入れるために20ドル支払う取引）は，心理的には，1週間当たり20ドルというのは，名目レベルでは非常に有益な前借であるとみなしているのであろう。こうした意味では，そんなにひどい取引のようには見えないかもしれない。（どっちみち，裕福な人が100ドルを街のATMで引き出すのに2ドル支払うときには，自分のお金を引き出すのに常に2%支払うと考えているのではなく，実際2ドルを支払うだけだと思っている）。前述の給料日ローンは年率14000%以上となるが，実際に支払う金額とその年利率換算の（大きな）乖離はもちろん複利計算の結果である[xi]。しかし，もちろん個人は実際には1年間の意思決定をしているわけではない。彼らは1年間に数回，それぞれ短期間の意思決定を下し，実際の複利計算された金利は，実際のコストというよりも，技術的な計算によるものである。要するに，給料日ローンの価格が，競争についての経済的な問いと同様，倫理的な問い（供給者側の問題として）をも提起する一方で，心理学は，大きな割引率を必然的に想定することなしに，なぜ個人がこのような高利率の支払いをしようと思うのかについて光を当てることができる。特に非常に短い期間の借入について計算された年間利率は，個人がどのように異時点間のトレードオフを捉えているのかということを適切に反映していないのかもしれない。

16.4.3 小切手の現金化

---

xi ［訳者註］200ドルに対して20ドルを支払うということを，通常の年率換算（単利での換算）すれば約521%になる。

貧困者に提供される他の多くのサービスと同様に，小切手の現金化は，豊かな人がより少ないコストで手に入れることができるサービスを割高に提供する選択肢である。シカゴ・ロサンゼルス・ワシントンの低所得世帯と中所得世帯の生活センサス調査において，Berry（2004）は，人々が，銀行や小切手換金業者によって提供されている商品の相対的なコストをきわめて正確に理解していることを示した。それにもかかわらず，小切手の現金化を行うということは，銀行が設定する取引先に対する最低必要条件を満たさない個人にとって，客観的には割高な小切手の現金化は，まだコストの低い選択肢だということになる。

割高な方法を使い続けようとする意思は，これまでに概説してきたような行動学的性癖のいくつかによって，さらに促進されるのかもしれない。損失回避の性向は，恒久的な損失を遅らせる，あるいは回避するためのきわめて割高な方法でさえ，その魅力を増大させやすい。そして，金融サービスの高いコストは，知覚された目先の利益が心の中で集計されるために，少なくとも局所的にはより魅力的に見えるというように説明される。

たいていの場合，割高な小切手の現金化以外の方法が存在するにもかかわらず，これ以外の方法は，特に低所得者にとってはあまりなじみがなく，一般的ではなく，すぐ利用可能なものではない。行動学的分析は，最も大きな違いを作り出すものとして，好ましい代替手段の存在のみならず，直接的な情報と結びついた効果的なチャネルのデザインもまた重要であると提案する。たとえば，メディケア・パートDという処方箋薬の保険への高齢アメリカ人の加入増加を目指した最近の介入において，Klingら（2012）は，比較可能な情報を得ることができる公式ウェブサイトの情報が提供された統制群と比較して，個人に特定の情報の手紙（現在のプランとコストについて）が送付された人たち（平均少なくとも230ドルの預金がある人）については，メディケア・パートDへの加入率が有意に高かったと報告している。

もう一点，ニューヨークの信用組合や小切手換金業者は，小切手換金店での信用組合のメンバーの預金の預け入れを促進するために，小型クレジットカード端末の使用を始めており，資金の当面の流動性を提供するとともに，消費者に大きな利便性を提供している（Stuhldreher & Tescher, 2005）。このような取り組みは，大きな利益をもたらしうる一方で，銀行と給料日ローンを促進する非銀行機関間の別の形の連携は，消費者にネガティブな影響をもたらすことがある。行動学的研究の示唆を深刻に受け取るならば，規制者は，銀行を利用していない消費者と利用できていない消費者に対して，サービスの範囲を広げ，より反応がよくかつ有益なサービスを提供できるよう銀行と非銀行の間の連携を促進することに焦点を当てる必要があるだろう。

16.5　稀少性のもとでの意思決定についての行動学的観点

これまでの分析は，貧困者の心理についてなんら特別な斟酌をしてこなかった。著者らは，すべての他の社会階層と同じ行動学的特性や性癖を貧困者にも当てはめて，特に貧困の文脈において生じる問題や急務のいくつかについて検討してきた。より最近の研究で，著者らは，この分析に関する適切なもう1つ別の次元を探索し始めている。それを下記で概説しようと思う。

不安定さと結びついた稀少性[xii]は，貧困の日々の生活を，絶え間ない困難に置く。貧困は，支配的

---

xii　［訳者註］目的に対して手段が少ないこと。

文脈であり，日々の生活の変動の大きさは，それが富裕者に与える以上に貧困者にはるかに激しい影響を与える。貧困者は，富裕者に比べ経済的ゆとりがない。豊かな人はより無駄な支出を（自分の裁量で）切り詰めることができるが，家計的に過酷な状況に直面している貧困者は，より重要な支出を切り詰めざるを得ない。貧困という状況下で生活すると，日々の実践的な問題に直面するとともに，注意や計画，問題解決，そして自己制御といった心的リソースをどのように配分するのかという重要な問題にもさらされる。これらのリソースが枯渇したとき，人々は最適とは言えない選択を行い，その結果，生活上頻出する問題に対処する能力が逓減し，容易に想像できる貧困の落とし穴に落ちることになる。次に著者らが簡単に目を向けるのは，貧困とそれが生み出す心的問題のサイクルの論理と帰結についてである。

16.5.1 限られた認知資源

認知は，結果的に知覚と注意の深刻な限界をもたらすことになる有限資源の1つである。認知資源の問題は，貧困によってはるかに拡大すると著者らは提唱している。認知システムは限られた容量を持ち，認知資源を消費するに値するような刺激が加わるたびに処理がなされる（たとえばBaddeley & Hitch, 1974; Neisser, 1976）。貧困者は，稀少性の問題に対する処理の必要性と不安定性によって，どれだけ小さな額であってもすべての金融取引において，その人の限られた予算を注意深く考慮しなければならないので，たくさんの注意力が必要となる。その結果，不安定でゆとりが欠如した文脈において絶え間なく起こっているその他のこと，すなわち想定外のこと，脅威，そして大きな問題について利用可能な認知資源の余裕は少なくなる。

何が私たちの認知に入ってくるか，あるいは何に私たちが注意を割くかさえ，私たちは大部分，制御することができない（Wilson, 2004）。多くの環境において，貧困の文脈は，特に望ましくない刺激や，集中を妨げる刺激に満ちあふれている。すなわち騒がしく（Evans et al., 2007），混んでいて（Evans et al., 2007），安全ではない（Kling et al., 2007）。たとえば，雑音が子どもの学習遅滞に与える影響について考えてみよう。1つの啓発的な研究では，騒音を立てて列車が通過するすぐ横の教室の子どもの読書力のテストの点数が，同じ学校の静かな教室の子どもの成績と比較された。騒音の激しい側の点数は有意に悪かった。この結果を受けて，この学校の校長たちは，騒音の激しい教室に防音壁を取りつけた。その後の生徒の成績の再検証では，テストの成績の差は減少した（Bronzaft, 1981）。低所得者層の労働者における夜間シフト率の高さと通常の睡眠時間にシフトを入れて働くことは，生活に対して同じような効果をおよぼし，両親は不寛容になり，子どもに厳しい養育を行いがちになる（Presser, 2005; Quesnel-Vallee et al., 2010）。

16.5.2 認知的負荷

いくつかの研究によって，認知的制御やワーキングメモリといった重要な実行機能のパフォーマンスは，より大きな認知的負荷がかかると低下することが示されている（Lavie, 2000; Lavie et al., 2004）。Fockertら（2001）は，ワーキングメモリの高い負荷条件下では，低い場合に比べ大きな干渉が生じ，高負荷条件では関連する視覚野の活動が活発になることを明らかにした。ワーキングメモリの負荷の増加は，注意を制御する機能の低下をも示してきた（このことは，タスクスイッチ課題や抑制性課題の遂行とそれらに関連する巧みな実験によって測定されてきた；Roberts et al., 1994）。

認知的負荷は，自己制御のような他の重要な行動のパフォーマンスにも影響する可能性がある。自

己制御を必要とする意思決定は，2つの競合する力から影響を受ける。1つは，本能的で現在にフォーカスを当てた動因であり，これは，人々を誘惑に屈する方向に押しやるものである，もう1つはより努力を要する長期的な目標に焦点を当てた動因であり，誘惑に抵抗するのを助ける資源をきわめて多く消費する認知である（Hinson et al., 2003; Hoch & Loewenstein, 1991; Loewenstein, 1996; Shiv & Fedorikhin, 1999; Sjoberg, 1980; Ward & Mann, 2000）。自己制御は，誘惑に抵抗するために割かれた資源が消耗するほど弱くなり，認知的負荷は，そうした自己制御を弱める原因の1つであることが研究によって示されている。たとえば，ある一対の研究において，認知的負荷が高まることによって，食事制限中の人の食事の抑制が解除されてしまうことが示されている（Shiv & Fedorikhin, 1999; Ward & Mann, 2000）。他の研究では，負荷は，実験参加者に2桁あるいは7桁の数の短期記憶の維持をさせることによって操作された。そのうえで実験参加者は，ケーキかフルーツサラダのうち好きなものを選ぶように求められた。予測された通り，より多くの負荷が課せられた人の方が有意に高い割合でケーキを選択した（63% vs. 41%）。これは，認知的負荷が，人々の食行動に関する通常の監視機能に干渉していることを示している。他の研究では，時間的非整合性に関して同様の行動が検討され，誘惑の一時的な影響によって一見嗜好性が変わったかのように見える行動が報告されている（Loewenstein et al., 2003）。

16.5.3 負荷，ストレス，トンネル現象
—— 現在の重要さ

前述のように，頻繁に観察される行動学的事実の1つは，日々の意思決定が非常に局所的であるということである。よりグローバルで長期的観点の意思決定は，その瞬間に顕著になっている問題に比べるとたいてい割り引かれる。この狭い焦点化は，計画に関して明確な示唆を与える。慎重な熟慮が，現在の意思決定（どの請求書から支払うべきか，必要な支出はどのように捻出するか）に注力されるあまり，退職後の計画や教育計画，あるいはそもそも貯蓄するか否かといった急ぎではないが重要な意思決定に割り当てられる注意が相対的に少なくなる。実際，日々の生活における目的に焦点を当てすぎると，長期的目標に割り当てられる注意を抑制する可能性がある（Neisser, 1976; Shah et al., 2002; Simons & Chabris, 1999）。日々の治療や請求書の定期的な支払いと同じくらい些末な，優先順位の低いものを無視することは，健康を損ない，支出の多い家計生活をもたらす出来事の連鎖のきっかけになりうる。しかし，稀少性の中で高い負荷を維持する認知資源こそが，より広い利益を重視して，狭い誘惑に抵抗するのを助ける上で重要な役割を果たすことが明らかになってきた。

ストレスは認知を支配し，その処理を妨害する可能性のある追加的要因の1つである。情動的覚醒とパフォーマンスの関係は，U字型になる傾向があり，最初は覚醒が高まるほどパフォーマンスも高まるが，覚醒が十分高くなるとパフォーマンスを阻害し始める（Yerkes & Dodson, 1908）。Easterbrook（1959）は手がかり利用理論において，高い覚醒レベルは，その人が注意を払うことのできる情報量に制約を引き起こすと推察している。**トンネル現象**と呼ばれるストレスに対する生理学的反応は，注意すべき対象に対して注意を向けるのをたいてい助けるが，そのストレス源に注意を向けることはそれ以外のものをすべて無視してしまうというコストを支払うことになる。最も喫緊の問題を解決するトンネル現象は，それほど遠くない将来により深刻な問題を引き起こす可能性がある。長期的な目標がより大きな優先順位であるときでさえ，不安を感じていない人がより容易に注

意の配分を変えることができるのに対して，不安は，人に脅威に関連した刺激に，過剰に注意を配分させる（MacLeod & Mathews, 1988; MacLeod et al, 1986; Sorg & Whitney, 1992）。

ストレスは，騒音や官僚的対応，独断的な差別を含むさまざまな刺激によって上昇するが（Glass & Singer, 1972），これらすべては，貧困者の生活において特に一般的なものである。当然のことながら，貧困者は慢性的に生理学的なストレスが高まっており，ストレスレベルとともに増加するホルモンであるコルチゾールが高い水準であることが知られている（Sapolsky, 2004）。ゆとりがなく，さまざまな恒常的ストレス源にさらされ，認知的負荷が高まった状況下で機能することで，貧困者は，現在を重視することに重きをおき，潜在的ではあるが重要な懸念事項を無視するリスクに直面することになる。

不安定性とゆとりのなさは，個人がトンネル現象に陥ることを促進し，明日の問題の解決を遠ざける代わりに，今日の問題を解決する。計画を断念して今日に焦点化することは，現在の状況がきわめて困難であり，将来が不確かであるときには，より顕著になる。こうしたことは，貧困者の生活においてたいてい一般的に見出される。たとえば，今週の労働時間が数時間減らされれば，家賃を支払える可能性が突然不確かなものになる。このストレス源はトンネル現象を引き起こしているのである。つまりは，家賃支払いのためにできることをすべてするが，この焦点化は，車の補修費，子どものレッスン料，貯蓄口座への預け入れといった他の優先順位を，いずれそれがやりやすくなるであろう将来のときまで棚上げさせてしまう。

16.5.4 資源の枯渇と自己制御

自己制御，粘り強さ，自制心（将来のために目先の欲求を我慢する力），感情制御は，すべて枯渇する可能性のある1つの有限な資源を利用していると論じられてきた（Muraven & Baumeister, 2000）。「自我の枯渇」と同時に，課題に対する粘り強さも減少し，自己制御を行おうとする際に自己制御失敗の可能性も上昇する。たとえば，1つの分かりやすい研究は，クッキーを食べることを我慢させられた空腹の実験参加者（すなわち自己制御が枯渇している）は，クッキーの誘惑にさらされていなかった参加者よりもパズルに対して我慢強く取り組めなかった。別の実験では，困難で注意を要する認知的課題によって枯渇した実験参加者は，より簡単な課題を行った，あまり枯渇していない統制群に比べ，デフォルトとなっている受動的な意思決定を行いやすかった（Baumeister et al., 1998; Muraven et al., 1998も参照）。

継続的に自己制御を行い，誘惑に抵抗し，自制することは枯渇を引き起こし，注意と遂行に対して有害な結果をもたらしうる。ゆとりがなく，繰り返し誘惑に抵抗し，我慢しなければならない貧困者は，慢性的に制御資源の枯渇に陥っていると予測しうる。貧困と不安定性はともに，自己制御や，貯蓄，計画，突発的な特に問題となる出来事に対する対処を枯渇させる。金融的にきわめて制限された家計とゆとりのなさは，絶え間ない家計の心配，抵抗，自制を必要とし，これらすべては，注意と自己制御を消費し，さらには能力を低下させる。

16.6 結び

貧困者の抱える課題とその失敗は，特に政治が関わる場合，慎重に扱うべき課題である。従来の前提とは対照的に，現在の観点はいくぶん異なった光をこの問題に当てる。著者らは，人間行動を形成するうえで文脈が果たす中心的役割について

蓄積された行動学的視点を要約したうえで，貧困者が生活している文脈が，十分な手助けが得られていない中で継続的な問題を引き起こしていることをさまざまな方法で検討してきた。この分析は，文脈的な違いを除き，貧困者の心理や貧困者の行動学的性向や貧困者の衝動は，非貧困者のそれらとは大きく異ならないという前提をもとになされた。その後，貧困者の心理が，特定の環境に置かれるがゆえに他者と異なる，あるいは少なくとも極端な行動を示す可能性についてさまざまな側面から探求している現在進行形の研究について概略した。これらの研究は，注意やワーキングメモリのような限りのある認知資源の大きな影響を描き出した。これらは厳しい文脈から課せられる負荷や要求によって不足し，枯渇するものである。認知資源のこうした枯渇は，貧困者が経験するような文脈において特に深い影響をもたらすかもしれない。

著者らのここでの観点は，貧困者についての2つの標準的な見方から大きく隔たっている。著者らは，貧困者の行動は本質的に非貧困者と異なるとも考えていないし，貧困者と非貧困者の行動が結局は同じであるとも期待していない。そうではなくて，著者らは，文脈が行動に強力な影響を与えていることを示す研究によって動機づけられてきた。貧困者はその行動を部分的にはその独自の文脈によって形成されていた。これは，根本的に異なる観点を作り出した。それによると，いくつかの条件の中で，心理的環境が枯渇する状況に置かれている人は誰でも同じように行動しうると想定される。貧困者と富裕者の両方において，この仮説を支持するさまざまな研究がある（Mullainathan & Shafir, 2013）。

我々の現在の観点は，政策デザインと規制に対して重要な示唆をもたらす。低所得の意思決定者は，この観点によれば，完全に合理的なわけでも，特別に無能力なわけでもないが，選択に関わり，それを実施するために必要な「他のことを行う」ための注意や記憶，自己制御などの認知資源が不足している。それゆえ，貧困者のための政策は，この対象集団を，単にお金が不足している人と見るのではなく，おそらく特に「他のことを行う」認知資源が不足している人として見るべきであろう。これは，だれでもが認知資源のバンド幅に関しては，同じこと，すなわちお金の不足や他の何らかの資源の稀少性の状況におかれた場合，典型的にするであろうことをするということを意味している。だとすれば，金融制度や助成金制度，あるいは保育園や交通機関へのアクセスに関するデフォルト構造のデザインから，応募様式の複雑性に至るまで人々が機能する文脈に対して，ていねいに注意を払うことから始めるべきである。重要な真実を知りうる限り，この観点は，制度と規制の役割についての私たちの見方をより豊かにし，より複雑にする可能性が高い。しかし，意思決定のよりよい理解に基礎をおいて，そして新奇かつ洞察あふれた政策を生み出せる限りにおいて，それは明らかに価値ある努力であると考えられる。

原註

本章の一部は，BlankとBarr（2009）においてすでに発表されたものである。本章は，Mullainathanがアメリカ連邦政府に，消費者金融保護局の研究部長として着任する前に書かれている。本章は，アメリカ政府の公的立場をなんら表明するものではない。

1. 詳細はhttp://legacy.americanpayroll.org/pdfs/paycard/DDsurv_results0212.pdfを参照。

引用文献

Adkins, N. R., and Ozanne, J. L. (2005). The low literate consumer. *Journal of Consumer Research, 32*, 1, 93-105.

Arkes, H. R., and Blumer, C. (1985). The psychology of sunk cost. *Organizational Behavior and Human Performance, 35*, 129-140.

Ashraf, N., Karlan, D., and Yin, W. (2006). Tying Odysseus to the mast: Evidence from a commitment savings product in the Philippines. *Quarterly Journal of Economics, 121*(2), 635-672.

Ausubel, L. M. (1991). The failure of competition in the credit card market. *American Economic Review, 81*(1), 50-81.

Baddeley, A. D., and Hitch, G. J. (1974). Working memory. *Psychology of Learning and Motivation, 8*, 47-89.

Barr, M. (2004). Banking the poor. *Tale Journal of Regulation*, 21, 121-237.

Barr, M. S., Mullainathan, S., and Shafir, E. (2008a). *Behaviorally informed financial services regulation*. New America Foundation White Paper. Washington, DC.

Barr, M. S., Mullainathan, S., and Shafir, E. (2008b). *An opt-out borne mortgage system*. Hamilton Project Discussion Paper 2008-14. Washington, DC: The Brookings Institution.

Basu, K. (2008). *Hyperbolic discounting and the sustainability of rotational savings arrangement*. MPRA Paper No. 20440. Munich Personal RePEc Archive. Retrieved from http://mpra.ub.uni-muenchen.de/20440/1/MPRA_paper_20440.pdf

Baumeister, R. F., Bratslaysky, E., Muraven, M., and Tice, D. M. (1998). Ego depletion: Is the active self a limited resource? *Journal of Personality and Social Psychology, 74*(5),1252-1265.

Benartzi, S., and Thaler, R. H. (2004). Save More Tomorrow: Using behavioral economics to increase employee saving. *Journal of Political Economy, 112*(1), 164-187.

Berry, C. (2004). *To bank or not to bank? A survey of low-income households*. Joint Center for Housing Studies Working Paper Series. Cambridge, MA: Joint Center for Housing Studies.

Bertrand, M., Mullainathan, S., and Shafir, E. (2004). A behavioral economics view of poverty. *American Economic Review, 94*(2), 419-423.

Bertrand, M., Mullainathan, S., and Shafir, E. (2006). Behavioral economics and marketing in aid of decision-making among the poor. *Journal of Public Policy and Marketing, 25*(1), 8-23.

Blalock, G., Just, D. R., and Simon, D. H. (2007). Hitting the jackpot or hitting the skids: Entertainment, poverty, and the demand for state lotteries. *American Journal of Economics and Sociology, 66*(3), 545-570.

Blank, it M., and Barr, M. S. (Eds.). (2009). *Insufficient funds: Savings, assets, credit, and banking among low-income households*. New York: Russell Sage Foundation.

Briley, D. A., and Aaker, J. L. (2006a). Bridging the culture chasm: Ensuring that consumers are healthy, wealthy and wise. *Journal of Public Policy and Marketing, 25*(1), 53-66.

Briley, D. A., and Aaker, J. L. (2006b). When does culture matter? Effects of personal knowledge on the correction of culture-based judgments. *Journal of Marketing Research, 43*, 395-408.

Bronzaft, A. L (1981). The effect of a noise abatement program on reading ability. *Journal of Environmental Psychology, 1*(3), 215-222.

Buehler, R., Griffin, D., and Ross, M. (1994). Exploring the "planning fallacy": Why people underestimate their task completion times. *Journal of Personality and Social Psychology, 67*(September), 366-381.

Camerer, C., Babcock, L., Loewenstein, G., and Thaler, R. H. (1997). A target income theory of labor supply: Evidence from cab drivers. *Quarterly Journal of Economics, 112*(2), 407-441.

Caskey, J. E (1996). *Fringe banking: Check-cashing outlets, pawnshops and the poor*. New York: Russell Sage Foundation.

Croizet, J. C., and Claire, T. (1998). Extending the concept of stereotype threat to social class: The intellectual underperformance of students from low socio-economic backgrounds. *Personality and Social Psychology Bulletin, 24*(6), 588-594.

Darley, J. M., and Batson, C. D. (1973). From Jerusalem to Jericho: A study of situational and dispositional variables in helping behavior. *Journal of Personality and Social Psychology, 27*(1), 100-108.

DeParle, J. (2004). *American dream: Three women, ten kids, and a nation's drive to end welfare*. New York: Viking.

Easterbrook, J. A. (1959). The effect of emotion on cue utilization and the organization of behavior. *Psychological Review, 66*, 183-201.

Edin, K., and Lein, L. (1997). *Making ends meet: How single mothers survive welfare and low-wage work*. New York: Russell Sage.

Evans, G. W., Eckenrode, J., and Marcynyszyn, L. (2007, October). *Poverty and chaos*. Paper presented at the First Bronfenbrenner Conference, Chaos and Children's Development: Levels of Analysis and Mechanisms. Ithaca, NY.

Fockert, J. W., Rees, G., Frith, C. D., and Lavie, N. (2001). The role of working memory in visual selective attention. *Science, 291*, 1803-1806.

Glass, D. C., and Singer, J. E. (1972). *Urban stress: Experiments in noise and social stressors*. New York: Academic Press.

Higgins, E. T. (2000). Making a good decision: Value from fit. *American Psychologist, 55*(11), 1217-1230.

Higgins E. T., Idson, L. C., Freitas, A. L., Spiegel, S., and Molden, D. C. (2003). Transfer of value from fit. *Journal of Personality and Social Psychology, 84*, 1140-1153.

Hinson, J. M., Jameson, T. L., and Whitney, P. (2003). Impulsive decision making and working memory. *Journal of Experimental Psychology: Learning, Memory, and Cognition, 29*, 298-306.

Hoch, S. J., and Loewenstein, G. F. (1991). Time-inconsistent preferences and consumer self-control. *Journal of Consumer Research, 17*, 492-507.

Johnson, E. J., and Goldstein, D. (2003). Do defaults save lives? *Science, 302*, 1338-1339.

Johnson, E. J., Hershey, J., Meszaros, J., and Kunreuther, H. (1993). Framing, probability distortions, and insurance decisions. *Journal of Risk and Uncertainty, 7*(1),35-51.

Kahneman, D. (1994). New challenges to the rationality assumption. *Journal of Institutional and Theoretical Economics, 150*, 18-36.

Kahneman, D., Knctsch, J. L., and Thaler, R. H. (1990). Experimental tests of the endowment effect and the Coase theorem. *Journal of Political Economics, 98*, 1325-1348.

Kearny, M. S. (2005). State lotteries and consumer behavior. *Journal of Public Economics, 89*(11-12), 2269-2299.

Kling, J. R., Liebman, J. B., and Katz, L. F. (2007). Experimental analysis of neighborhood effects. *Econometrica, 75*(1), 83-419.

Kling, J. R, Mullainathan, S., Shafir, E., Vermeulen, L., and Wrobel, M. V. (2012). Comparison friction: Experimental evidence from Medicare drug plans. *Quarterly Journal of Economics, 127*(1), 199-235.

Knetsch, J. L. (1989). The endowment effect and evidence of nonreversible indifference curves. *American Economic Review, 79*(5), 1277-1284.

Koehler, D. J., and Poon, C.S.K. (2006). Self-predictions overweight strength of current intentions. *Journal of Experimental Social Psychology, 42*, 517-524.

Lavie, N. (2000). Selective attention and cognitive control: Dissociating attentional functions through different types of load. In S. Monsell and J. Driver (Eds.), *Attention and performance* (Vol. 18, pp. 175-194). Cambridge, MA: MIT Press.

Lavie, N., Hirst, A., de Fockert, J. W., and Viding, E. (2004). Load theory of selective attention and cognitive control. *Journal of Experimental Psychology: General, 133*, 339-354.

LeBlanc, A. N. (2004). *Random family: Love, drugs, trouble, and coming of age in the Bronx*. New York: Scribner.

LeBoeuf, R. A., Shafir, E., and Bayuk, J. B. (2010). The conflicting choices of alternating selves. *Organizational Behavior and Human Decision Processes, 111*(1), 48-61.

Lepper, M. R., Greene, D., and Nisbett, R. W. (1973). Undermining children's intrinsic interest with extrinsic reward: A test of the "overjustification" hypothesis. *Journal of Personality and Social Psychology, 28*(1), 129-137.

Leventhal, H., Singer, R., and Jones, S. (1965). Effects of fear and specificity of recommendation upon attitudes and behaviour. *Journal of Personality and Social Psychology, 2*(2), 20-29.

Lewin, K. (1951). *Field theory in social science*. New York: Harper.

Lockley, S. W., Cronin, J. W., Evans, E. E., Cade, B. E., Lee, C. J., Landrigan, C. P., et al. (2004). Effect of reducing interns' weekly work hours on sleep and attentional failures. *New England Journal of Medicine, 351*, 1829-1837.

Loewenstein, G. F. (1996). Out of control: Visceral influences on behavior. *Organizational Behavior and Human Decision Processes, 65*, 272-292.

Loewenstein, G. F., O'Donoghue, T., and Rabin, M. (2003). Projection bias in predicting future utility. *Quarterly Journal of Economics, 118*(4), 1209-1248.

Loewenstein, G., and Prelec, D. (1992). Anomalies in intertemporal choice: Evidence and an interpretation. *Quarterly Journal of Economics, 107*, 573-597.

Loewenstein, G., and Thaler, R. H. (1989). Intertemporal choice. *Journal of Economic Perspectives, 3*, 181-193.

MacLeod, C., and Mathews, A. (1988). Anxiety and the allocation of attention to threat. *Quarterly Journal of Experimental Psychology A: Human Experimental Psychology, 40*(4-A), 653-670.

MacLeod, C., Mathews, A., and Tata, P. (1986). Attentional bias in emotional disorders. *Journal of Abnormal Psychology, 95*, 15-20.

Madrian, B. C., and Shea, D. F. (2001). The power of suggestion: Inertia in 401(k) participation and savings behavior. *Quarterly Journal of Economics, 116*(4), 1149-1187.

McCoy, P. A. (2005). A behavioral analysis of predatory lending. *Akron Law Review, 38*(4), 725-740.

Mendel, D. (2005). *Double jeopardy: Why the poor pay more*. Baltimore: Annie E. Casey Foundation.

Milgram, S. (1974). *Obedience to authority*. New York: Harper and Row.

Mullainathan, S., and Shafir, E. (2009). Savings policy and decision-making in low-income households. In M. Barr and R. Blank (Eds.), *Insufficient funds: Savings, assets, credit and banking among low-income households* (pp. 121-145). New York: Russell Sage Foundation.

Mullainathan, S., and Shafir, E. (2013). *Scarcity: Why Having Too Little Means So Much*. New York: Henry Holt.

Muraven, M., and Baumeister, R. F. (2000). Self-regulation and depletion of limited resources: Does self-control resemble a muscle? *Psychological Bulletin, 126*(2), 247-259.

Muraven, M., Tice, D. M., and Baumeister, R. F. (1998). Self-control as a limited resource: Regulatory depletion patterns. *Journal of Personality and Social Psychology, 74*(3), 774-789.

Neisser, U. (1976). *Cognition and reality: Principles and implications of cognitive psychology*. New York: W. H. Freeman.

Presser, H. B. (2005). *Working in a 24/7 economy: Challenges for American families*. New York: Russell Sage.

Quesnel-Vallic, A., DeHaney, S., and Ciampi, A. (2010). Temporary work and depressive symptoms: A propensity score analysis. *Social Science and Medicine, 70*(12), 1982-1987.

Roberts, R., Hager, L., and Heron, C. (1994). Prefrontal cognitive processes: Working memory and inhibition in the antisaccade task. *Journal of Experimental Psychology, 123*(4), 374-393.

Ross, L., and Nisbett, R. E. (1991). *The person and the situation: Perspectives of social psychology*. New York: McGraw-Hill.

Rutherford, S. (2001). *The poor and their money*. Oxford University Press.

Samuelson, W., and Zecichauser, R. J. (1988). Status quo bias in decision making. *Journal of Risk and Uncertainty, 1*(1), 7-59.

Sapolsky, R. M. (2004). Social status and health in humans and other animals. *Annual Review of Anthropology, 33*, 393-418.

Scholz, J. K., and Seshadri, A. (2007). *The assets and liabilities held by low-income families*. Paper presented at the conference Access, Assets, and Poverty. National Poverty Center, University of Michigan, Ann Arbor. Retrieved from http://www.nationalpovertycenter.net/news/events/access_assets_agenda/scholz_and_seshadri.pdf

Shafir, E. (2007). Decisions constructed locally: Some fundamental principles of the psychology of decision making. In A. W. Kruglanski and E. T. Higgins (Eds.), *Social psychology: Handbook of basic principles* (pp. 334-352). New York: Guilford Press.

Shafir, E., Diamond, P., and Tversky, A. (1997). Money illusion. *Quarterly Journal of Economics, 62*(2), 341-374.

Shah, J. Y., Friedman, R., and Kruglanski, A. W. (2002). Forgetting all else: On the antecedents and consequences of goal shielding. *Journal of Personality and Social Psychology, 83*(6), 1261-1280.

Shih, M., Pitinski, T. L., and Ambady, N. (1999). Shifts in women's quantitative performance in response to implicit sociocultural identification. *Psychological Science, 10*, 80-90.

Shiv, B., and Fedorikhin, A. (1999). Heart and mind in conflict: The interplay of affect and cognition in consumer decision making. *Journal of Consumer Research, 26*(3), 278-292.

Simons, D. J., and Chabris, C. F. (1999). Gorillas in our midst: Sustained inattentional blindness for dynamic events. *Perception, 28*(9), 1059-1074.

Sjoberg, L. (1980). Volitional problems in carrying through a difficult decision. *Acta Psychologica, 45*, 123-132.

Skiba, P. M., and Tobacman, J. (2007). Measuring the individual-level effects of access to credit: Evidence from payday loans. *Federal Reserve Bank of Chicago, Proceedings* (May), 280-301.

Sorg, B. A., and Whitney, P. (1992). The effect of trait anxiety and situational stress on working memory capacity. *Journal of Research in Personality, 26*(3), 235-241.

Steele, C. M. (1997). A threat in the air: How stereotypes shape intellectual identity and performance. *American Psychologist, 52*(6), 613-629.

Steele, C. M., and Aronson, J. (1995). Stereotype threat and the intellectual test performance of African Americans. *Journal of Personality and Social Psychology, 69*, 797-811.

Stegman, M. (2007). Payday lending. *Journal of Economic Perspectives, 21*, 169-190.

Stuhldreher, A., and Tescher, J. (2005). *Breaking the savings barrier:*

How the federal government can build an inclusive financial system. Issue Brief. Washington, DC: New America Foundation.

Thaler, R. H. (1985). Mental accounting and consumer choice. *Marketing Science, 4*(3), 199-214.

Thaler, R. H. (1990). Savings, fungibility, and mental accounts. *Journal of Economic Perspectives, 4*(1), 193-205.

Thaler, R. H. (1992). *The winner's curse: Paradoxes and anomalies of economic life.* New York: The Free Press.

Thaler, R. H. (1999). Mental accounting matters. *Journal of Behavioral Decision Making, 12*(3), 183-206.

Tufano, P. (2009). Consumer finance. *Annual Review of Financial Economics, 1*, 227-247.

Turner, J. C. (1987). A self-categorization theory. In J. C. Turner, M. A. Hogg, P. J. Oakes, S. D. Reicher, and M. S. Wetherell (Eds.), *Rediscovering the social group: A self-categorization theory* (pp. 42-67). Oxford: Basil Blackwell.

Tversky, A., and Kahneman, D. (1991). Loss aversion in riskless choice: A reference dependent model. *Quarterly Journal of Economics, 106*(4), 1039-1061.

Van Dort, B. E., and Moos, R. H. (1976). Distance and the utilization of a student health center. *Journal of American College Health Association, 24*(3), 159-162.

Ward, A., and Mann, T. (2000). Don't mind if I do: Disinhibited eating under cognitive load. *Journal of Personality and Social Psychology, 78*(4), 753-763.

Willis, L. E. (2006). *Decisionmaking and the limits of disclosure: The problem of predatory lending: Price.* Legal Studies Paper No. 2006-27. Loyola Law School, Los Angeles.

Wilson, T. D. (2004). *Strangers to ourselves: Discovering the adaptive unconscious.* Cambridge, MA: Harvard University Press.

Yerkes R. M., and Dodson, J. D. (1908). The relation of strength of stimulus to rapidity of habit-formation. *Journal of Comparative Neurology and Psychology, 18*, 459-482.

第6部
行動変容
BEHAVIOR CHANGE

17章　行動変容の心理的テコ入れ

DALE T. MILLER
DEBORAH A. PRENTICE

　我々はいかにして，人々の行動を変えられるだろうか。我々はいかにして，特定の目標を考慮に入れ，意図して人々の行動を変えることができるだろうか。これは，社会問題の改善を追求する社会科学者と政策策定者にとっての中心的な問いである。というのはもちろん，これらの問題の多くの中心に人間行動があるからである。もし，人々がSUV（スポーツ用多目的車）を運転したり，家を暖かくし続けたり，リサイクル品をゴミ箱に捨てたり，ライトや電化製品をつけっぱなしにするのをやめたなら，炭素排出量は大幅に減少するだろう。もし，人々が自らの食事に気を配り，毎日30分の運動を行い，日焼け止めを塗り，シートベルトを締め，飲酒を適量にとどめるなら，人々の生活の質が向上すると同時に，医療制度にかかる負担も減るだろう。もし，人々が401kに登録して拠出したり，医療や扶養家族の必要経費について受けられる税控除を利用したり，クレジットカードの債務を低く抑えておくならば，人々のお金は目減りせずにすむだろう。実際，人々が自らの長期的な利益や定めた信念に沿ってふるまうならば，人々が共有する諸問題の多くは差し迫ったものではなくなるだろう。政策策定者はいかにして，人々自身と社会のために，人々が自ら欲するほうへ行動できるよう手助けすることができるだろうか。

　このような枠組みで考えると，行動変容は心理学のプロジェクトとなる。このプロジェクトは特に，行動の背後にある動機づけに焦点を当てる。その場合問題になるのは，人々が何を欲するかということではない。実際，ほぼすべての人が地球環境をよくし，より長くより健康に生き，同じ市民に親切にし，できる限り多くのお金を稼ぎ，そして困っている人を助けたいと思っている。問題は実現方法が分からないことにあるわけでもない。たいていの場合，人々は，目的を果たすためにできることを最低限は知っている。問題は動機づけである。つまり，人々は動機づけを欠いているのである。人々にできること，あるいはすべきだと知っていることと，人々が実際にすることの間には乖離がある。それゆえ，ここで必要な行動変容とは，少なくとも個人レベルでは，人々がすべきではないと知っていることをやめさせ，人々がすべきだと知っていることを始めさせることである。人々が望んでいることとそれを実現する行為の間の乖離を埋められるような手助けを政策によって行う必要がある。

　本章において我々は，この種の行動変容を大規模に生み出す方略について考える。その際，こうした介入の試みが持つ力，たとえば人々を望ましい行動に向けて動かしたり，望ましくない行動から引き離したりする力を考慮した上で，このさまざまな介入の試みを分析する。これらの試みが目指すのは常に，物理的・心理的なインセンティブを（多くの場合きわめて賢明なやり方で）再構築することである。しかし，後で議論するように，それらの試みが成功するかどうかは最終的には，どちらかといえばささいな，たいていは見過ごされている2つの要因にかかっている。その1つは，介入が行われる前の時点での動機の構造であり，もう1つは，物理的・心理的なインセンティブの複

雑で非可算的な関係である。我々はまず，心理学者が行動変容という課題にアプローチしてきた従来の方法について概観する。これによって，その後の分析に向けた概念的な基盤を得ることができるだろう。

17.1 行動変容のための心理的アプローチ

　心理学者による行動変容の試みには，長い歴史がある。行動への介入をいかに設計するかという問題に対する関心は，社会心理学の領域で第二次世界大戦中に生じ，以降，強い存在感を保ち続けている（たとえば，Walton & Dweck, 2009参照）。介入によって我々研究者は，ある個人たちの行動を変容させようとする者の意図的な試みに注目する。対象となる集団のサイズは2人から国全体にいたるまで幅を持ちうる。心理学者によるこの課題へのアプローチ方法には，特異な点がある。それは，まず心理学者が問題となる行動に影響する心理学的な構成概念やプロセスを想定することである。そして，その影響する構成概念やプロセスに関与し，あるいは修正することで行動を変えることにつながる。人々の行動に影響を与える心理学的な構成概念の例としては，態度，期待，自尊心，自己概念，目標，アイデンティティが挙げられる。そして心理学的な介入の例としては，第一に，他集団への態度を変えることで，集団間の憎しみを減らし，集団間の寛容さを促進する努力，第二に，自尊心を高めることで，個人の教育的なパフォーマンスを向上させる努力，第三に，ある行動のリスクに関する信念を修正することで，不健康なライフスタイルを減らす努力，第四に，「環境問題意識」のアイデンティティを育むことで，環境保護を促進する努力がある。

　もちろん，心理学者だけが，行動を変容させる試みに従事しているわけではない。すべてのタイプの社会科学者が，人々を社会的利益の向上を追求しており，たいてい大きな成功を収めている。心理学者がこの課題にアプローチする方法において特異的なのは，行動変容を生み出す心理学的な構成概念やプロセスに対するその感受性である。多くの政策策定者（彼らはたとえば，法，市場，ヒト，社会資本の修正を通じて，行動変容を追求している）は，このレベルの詳細なメカニズムについて十分検討していない。心理学者にとって，行動変容を生み出すメカニズムの詳細を把握することは，行動変容を成功裡に導くための鍵となる。実際，介入が心理学的なレベルでどのように働いているかについて適切な注意を払わないと，多くの取り組みは失敗に終わり，その責任を負うことになる。

　行動変容への心理学的アプローチは，2つの一般的なカテゴリーに分類される。これらはそれぞれ異なる知的伝統を基礎としている。1つは，態度変容アプローチであり，行動を変えるために人々の態度や信念を変容させることを追求する。このアプローチは，Carl Hovlandと，1950年代のイェール・コミュニケーション・態度変容プログラムと最も深く結びついている（Hovland et al., 1953; このプログラムの歴史を知るには，McGuire, 1996を参照）。このプログラムは，20世紀中頃に心理学の分野で優勢であった行動主義者の運動と，それに取って代わった認知革命に知的起源を持つ。Hovlandと，彼の足跡を辿った多くの人々にとって，行動変容とは根本的に心を変容させることだった。それはつまり，人々がさらされる情報とその情報を処理する方法をコントロールすることであった。Hovlandの流れは，特にコミュニケーション，マーケティング，消費者行動の領域において隆盛し今も力を持ち続けている。

　行動変容への2つ目のアプローチは，今回の分

析と最も関わりが深いものであるが，態度や信念ではなく，動機に焦点を当てる。このアプローチは，Kurt Lewinと最も深く結びついている。ドイツ人移民である彼のアイデアは，ヨーロッパのさまざまな学派の影響を受けており，中でも注目すべきは，ゲシュタルトの伝統とフランクフルト学派である。Lewin自身は，第二次世界大戦中，多くの介入に関わっている。その介入とは具体的には，戦闘中の軍隊の士気を強めたり，アメリカ人の消費を，供給不足の食料から逸らしたりするための努力といったものであった。戦後，彼は偏見を減らすための介入に取り組んだ。この取り組みは，感受性の訓練というアイデアが生まれるまで続けられ，ナショナル・トレーニング研究所の設立やTグループ運動（集団内での相互作用を通じて自己・他者への理解を深めるトレーニング）という成果を残した（Ross & Nisbett, 1991）。Lewinは行動を，態度と信念の関数としてだけではなく，行為者個人がたいていは漠然と自覚するだけの動機のダイナミクスの関数としても捉えた。これらの動機のダイナミクスを対象とした介入は，人々がすでに確信的にすべきであり・したいと確信していることを実行させるのにきわめて効果的な場合がある。

17.2　接近・回避動機づけ

　我々が本章にて引用する動機の区分は，Lewin（1951）の理論的枠組みから直接的に生じている。Lewinにとって行動は，複数の圧力が個人に対して同時に影響を与える，力場（あるいは，個人においては生活空間）と呼ばれる場所で生起する。これらの圧力のいくつかは，その人物を結果や目標に向けて押し出す。これらは接近動機づけの源泉である。また別の圧力は，その人物を結果あるいは目標から遠ざける。これらは回避動機づけの源

泉である。行動は，そのときのシステムの均衡を表している。これはある時点で，接近動機づけと回避動機づけの大きさが互いに釣り合っている状態である。すべての行動は，最も単純で定型化された行動ですら，ある緊張体系において生じる。そして，行動を変容させる（つまり，体系の均衡を変える）には，別の緊張をもたらす力の変容が必要となる。

　接近動機づけと回避動機づけの概念は，同じコインの表裏のように見えるかもしれないが，それは誤りである。両者の差異を示すために，広告研究の草分けであるアーネスト・ディヒターからの引用を（いささか古風であるが）考えてみよう。

　　我々は今，平均的なアメリカ人が1年に2回も休暇をとり，車を2台，3台と手に入れたときであっても，自分のことを道徳的だとみなすようにするにはどうしたらいいか，という問題に直面している（Coontz, 1992より引用）。

　ディヒターがここで言っていることは，マディソン街[i]はそれまで接近動機づけを高めようとしてきたが，いまや回避動機づけ（つまり罪悪感）を低下させることに焦点を当てなければならないということである。罪悪感は，人々の接近動機づけが行動として表出することを防ぐものである。要するにここでの課題は，消費を動機づけることではなく，消費を認可することである。もちろん，もし広告主が自社製品に対する人々の欲望を十分に強めることができるならば，人々は自身の抑制を乗り越えてしまうと主張することもできるだろう。その主張は正しいかもしれないが，さらに言えば，接近動機づけを増加させるよりも，回避動機づけ

---

i　［訳者註］多数の広告会社がひしめくマンハッタンの大通り。

を低減させることに投資する方がより経済的である場合もあろう。

広告の例はいくつかの重要な点を明らかにしている。第一に，介入の努力は，対象の行動に影響を与える接近－回避動機づけの現在のバランスと，その源泉を分析することから始めるべきである。そのような分析は，現状の動機の基盤を明らかにするであろうし，さらに最も生産的な介入方略を示してくれる可能性がある。後者の点について，動機が極端な水準から離れるように介入すると，介入の効果と効率性はたいてい高くなることをディヒターの発言は示唆している。たとえば，もしその目標がある行動を誘発しており，接近動機づけがすでに高い状態であれば，その行動を抑制している回避動機づけを低下させるのがよいかもしれない。しかしながら，もし接近動機づけが低い場合には（たとえば，誰かが売り込んでいる製品やサービスが消費者にとって新奇だったり未知のものであったりする場合），接近動機づけを上昇させることがより効果的な方略かもしれない。同様に，もしその目標がある行動の抑制であり，回避動機づけがすでに高い状態であれば，接近動機づけを低下させるのがよいかもしれない。しかしながら，もし回避動機づけが低いならば，それを上昇させることが効果的な方略なのかもしれない。より一般的には，介入は次のいずれかの心理学を活用することができる。1つは，行動を推進する力を対象とした動機づけの心理学であり，もう1つは，行動を抑制する力を対象としたライセンシング（認可）の心理学である。うまく設計された，優れた介入であれば，（我々がこれから示すように）両方の心理学を活用することも不可能ではないだろう。

17.3 行動変容のテコ入れ

これまで，介入を設計するときに重要となる2つの問いの概略を示してきた。第一に，介入の行動上のターゲットは何か。第二に，介入の心理学上のターゲットは何か。介入は行動変容を動機づけようとしているのか，それとも現在の行動にライセンシング（認可）しているのか。ここで我々は3つ目の問いを提起したい。すなわち，何が変容のテコ入れとなるのか，という問いである。介入の設計者には，税金と助成金という2つの大きなカテゴリーのテコ入れを自由に行使させる，というのが我々の提案である。我々はここで経済学の用語を用いるが，その概念にはより広く，物理的な税金や助成金のみならず，心理的な税金と助成金をも含めている（Sunstein, 1996a, 2008を参照）。心理的な税金の一般的な例は，自信や公的な尊重さを失い，またアイデンティティや自尊心を喪失することである。心理的な助成金の一般的な例は，これら一連の心理的利益の増加である。

人々の行動を変えるための介入では，税金を課したり取り除いたりすることができる。同様に，助成金を与えたり取り除いたりすることもできる。どちらの方略（1つあるいは複数）を使うべきかは，現状の背後にある動機の緊張体系に依存すると我々は考えている。以下のようによく知られたいくつかの介入を分析することは，この点を明らかにするのに役立つだろう。

17.3.1 テキサスを汚すな

1986年，テキサス州の運輸省はオースティンの広告会社と協力して，道路のポイ捨てを減らすためにテキサスを汚すなキャンペーンを開始した。「テキサスを汚すな」というフレーズはこのキャンペーンの中で，交通標識，テレビ，活字広告を通して目立つように掲示され，しばしばテキサスの

有名人が出演したラジオ放送においても使用された。このキャンペーンは大きな成功を収め，1986年から1990年の間でゴミのポイ捨ては72%減少した（McClure & Spence, 2006）。このキャンペーンは，清掃，提携・協力，資金援助，ポイ捨ての通報といった機会を人々に提供するウェブサイト（http://dontmesswithtexas.org/）でいまだ本格的に進行中である。このキャンペーンがこれらの活動を呼びかける宣伝文句は次のものである。「これこそ真のテキサス人が行うことである」。

このキャンペーンは，人々のポイ捨てへの動機づけを変えるための努力が成功した具体例である。キャンペーンの目標は，ポイ捨てしないことを人々に心地よく感じさせることではなく，ポイ捨てすることを人々に不快に思わせることである。言い換えると，このキャンペーンはライセンシングではなく動機づけのダイナミクスを対象にしている。このキャンペーンが使用するテコ入れは税金である。つまり，「テキサスを汚すな」というスローガンによって課されるポイ捨てへの心理的な税金である。注意すべきは，よいテキサス人であることが，対象集団のセルフ・アイデンティティにおいてきわめて重要であるがゆえに，このスローガンはポイ捨てへの課税に効果的だったということである。この方略は，州のアイデンティティがこれほど強くない地域ではほとんど効果を持たなかったであろう。たとえば，ニュージャージーを汚すなキャンペーンがうまくいく可能性について考えてみよう。ニュージャージーに長年暮らしていれば，そのようなキャンペーンはテキサスを汚すなキャンペーンの成功には及ばないだろうと確信を持って断言することができる。論点をより一般化すると，行動を変容させる効果的な介入を設計する上では，対象集団の十分な理解が必要だということである。

17.3.2　友は友に飲酒運転をさせない

1983年，アメリカ国家高速道路交通安全局は広告協議会と協力し，飲酒運転を減らすキャンペーンを開始した。最も成功を収めたキャッチフレーズは，1990年に導入された「友は友に飲酒運転をさせない」というものであった。このキャッチフレーズが公共サービス広告の末尾に添えられるようになった最初の年，アルコール関連の死亡者は全国的に10%低下した。このスローガンは，アメリカ史上最も広く認知された反飲酒運転のメッセージとなった。

この介入は，いかにして行動に影響を与えるのだろうか。ここには，少なくとも2つのメカニズムが作用している可能性がある。1つは，スローガンが動機づけの心理学を活用していることである。この介入は，飲酒運転をしそうなドライバーを止める人々の動機づけを高めることによって，飲酒運転の発生率を減らそうとするものである。より具体的には，この介入は心理的な税金を課すことによって，他者に飲酒運転させることを人々が不快に感じるようにしている。もしあなたが友人に飲酒運転をさせたならば，あなたはよい友人ではないというわけである。

他方，2つ目の可能性も考えられる。この介入はおそらく，動機づけの心理学ではなく，ライセンシングの心理学を活用している。飲酒運転を止めることへの人々の抑制を減らすことで，この介入はおそらく飲酒運転の発生率を減らそうとしているのである。このメカニズムはきわめて妥当であるように思われる。なぜならば，人々は飲酒運転を止めることに消極的であり，Goffman（1959）の言葉を借りるならば，他者の体面を損ねるのに消極的なことでよく知られているからである。そ

---

ii　［訳者註］テキサス州の住民は自らの州に対して強いアイデンティティを持つ一方で，ニュージャージー州の住民はそうではない。

のような行動は，大きな心理的コストや，ときには社会的コストを伴う。この解釈のもとでは，友は友に飲酒運転させないという介入は，行動への心理的な税を取り除くことによって，介入することを人々に心地よく感じさせ，実際飲酒運転を止めることを目指している。

この注目すべき介入の長所，そしてこの介入が成功した理由の1つはおそらく，介入が同時に双方向へ働いたことである。この介入が効果的であった点は，望ましい行動と，すべての人が気にかけるアイデンティティ（つまりよい友人であること）を結びつけたことである。動機づけが欠けていたために友人の飲酒運転を止め切れなかった人々（つまり，他者が飲酒運転をするかどうか気にしない人々）に対しては，この介入は行為する動機づけを与える。抑制されているがゆえに友人の飲酒運転を止め損ねていた人々に対しては，この介入は行為するライセンスを与えるものである。

17.3.3 社会規範マーケティング

社会規範を利用した他の行動領域における介入の例として，大学キャンパス内の過度の飲酒を挙げることができる。ここではいわゆる社会規範マーケティングと呼ばれるアプローチが最先端の手法である。このアプローチは，キャンパスでの行き過ぎた飲酒がどれほど浸透しているのか，そしてときにはそうした行為に対する態度についての正確なデータを学生に提供している。これらのプログラムの目標は，すべての人が過度に飲酒しているのだからほどほどの飲酒は顰蹙を買う，という学生の誤った思い込みを修正することである。それゆえこのプログラムは，適度な飲酒に課せられる実際の心理的な税そのものを減らすのではなく，実際の心理的な税に対する知覚を変えようとするものといえる。要するに，これらのキャンペーンは学生に，ほどほどの飲酒をしたとしても彼らが思うような税金は課されないことを示そうとするのである。

社会規範マーケティングのアプローチは幅広く用いられており，その結果は一致していない（レビューとして，Prentice, 2008を参照）。このアプローチは，学生がキャンパスの規範だと誤解していること（飲みすぎること）から逸脱することへの抑制を減らすよう明確に設計されている。これは，学生が過度に飲酒するのは，彼らがノーと言うことに居心地の悪さを感じているからだという想定に基づいている。これは，一部の場合の一部の学生にとっては明らかに当てはまる。しかしながら，多くのキャンパスの多くの学生にとって，飲酒はむしろポイ捨てに近く，それをすることに対して葛藤を感じていない。この動機の大勢を踏まえると，重要な目的は，学生に対してほどほどに飲酒することをより心地よくさせるのではなく，飲みすぎることをより不快にさせることである。

17.4 心理的・経済的インセンティブの非加算的な効果

我々はこれまで，心理的な税金が経済的な税金と同様にコストとなるものであり，それゆえ行動の抑制に効果的であると主張してきた。次に検討するのは，心理的なインセンティブと経済的なインセンティブの関係についてである。ある場合，これら2つのタイプのテコ入れは加算的な結びつきを持つ。たとえば，テキサスを汚すなキャンペーンでは，ポイ捨てへの現行の罰金とテキサスのアイデンティティへの訴えかけは同じ方向に働いた。心理的な助成金と経済的な助成金も同様に，加算的な結びつきを持つ。たとえば，人々がよいことをしたときに，経済的・心理的な利益を両方得られるような場合がこれに当てはまる。これは，い

わゆる収益が2つある状況である。しかしながら多くの場合，心理的・経済的なインセンティブの関係はもっと複雑である。ここでは特に，経済的な税金と助成金が，心理的な税金と助成金に対しても効果を持つがゆえに，さまざまな形で人の行動に逆の効果をもたらしうることに注目する。

17.4.1 経済的な税金が持つ反直観的な効果

望ましい行動に対して経済的な税金を課すことは，その行動に対する心理的な税金を取り除くことにつながり，その行動の供給を実際に増加させることがある。たとえば，1950年代に世に出たケーキミックスの例を考えてみよう。事前のマーケット調査によると，主婦たちはケーキミックスで作ったケーキの見た目や味を好み，これを家族に食べさせることができてうれしいと述べたことが示されている。しかしながら，メーカーがこの製品を発売すると売上ははかばかしいものではなかった。人々はまったくこの製品を購入しなかった。さらなる調査によって問題は明らかになった。主婦たちは，自分たちが実際にケーキを作っていると感じなかったため，ケーキミックスを使うのを快く思っていなかったのである。主婦たちはケーキ作りを簡単にしたい一方で，自分たちが手作りしているという実感もなお望んでいた。これを受けてメーカーがしたことは，調理の過程に数ステップを追加することであった。ケーキミックスはいまや，卵，油，牛乳を加え，バターを混ぜて数分ほどかき混ぜることを作り手に求めている。この変更によって売上は大幅に増加した。なぜ，そうなったのだろうか。この変更はケーキの見た目や味を改善したわけではなく，それどころか，ケーキを作るのに必要な労力を増やした。しかし皮肉にも，労力を増やすことがこの成功の鍵となった。ここでの問題は，行動を動機づけることではなく，行動をライセンシングすることだった。主婦たちはケーキミックスを使いたいと思っていた。つまり動機づけはすでに存在していた。しかしながら彼女たちは，主婦としてのアイデンティティを損ねずにケーキミックスを使うことを可能にする物理的な税金（この場合，労力という税金）が追加されるまで，ケーキミックスの使用を認可されているとは感じなかった（Etzioni, 1990, p.69）。

望ましくない行動に対して経済的な税金を課すことは，より望ましい代替行動に対する心理的な税金を取り除くことにつながり，ときにその望ましくない行動の供給を減少させることがある。ここでは，法学者のLawrence Lessig（1995, 1996, 1998）とCas Sustein（1996a, 1996b）を引用する。彼らは，いかにして法的な制限が心理的な税金を減らし，結果として望ましい行動がライセンシングされるかについて多くの例を示してきた。特に説得力があるのは南部の決闘の例である（Lessig, 1995）。アメリカ南部において決闘を廃止することはきわめて困難であることが分かっていた。決闘は，一定の社会的地位にある南部の紳士にとっては，名誉に関わる問題や紛争を解消するための手段である。決闘に参加することはたいてい決闘者にとって合理的であるが（より高い地位を手に入れるため），共同体としては高いコストを伴った。あるいは少なくとも，決闘を禁止するのに苦労している該当州からは，そのコストは高いと認識されていた。決闘に高い法定の税金（ときには死刑も含む）を課すことは，抑止的な価値をほとんど持たなかった。1つの問題は，法を執行する難しさだった。もう1つの問題は，決闘の申し込みを拒絶することで課せられる法外な高さの心理的な税金だった。決闘を拒絶した人はだれもが，臆病者で，紳士ではないという烙印を押された。決闘への強い信念に対しては物理的な税金が一切課されていないことが，こうした心理的な税金と競合することになる。実際，一定の階級にある南部の紳士が「俺はお前と

決闘したいが，それは法律で禁じられている」などと言うことは絶対にできない。なぜなら行動規範は，一般の人々が作った法律よりも上に位置するものだからである。

　Lessig（1995）による解決策，あるいは，少なくともこれまでより効果的な解決策は，決闘罪に対する刑罰の1つとして，公職就任の資格を剥奪することであった。なぜこれが効果的だったのだろうか。南部の紳士における義務の1つは，公職に就こうとすることであった。決闘すれば，この義務を果たすことができなくなった。それゆえ，決闘を拒絶することは行動規範と整合している，あるいは少なくとも，完全には不整合でないとみなされるようになった。決闘の拒否に対する心理的な税金も低くなった。要するにこの法律は，南部の男性が決闘することを規制したというよりも，彼らが決闘しないことをライセンシングするよう機能したのである。

　注目すべきは，この方略の有効性は，対象集団の成員が持つ，決闘の圧力から逃れたいという欲求に比例して増えると予測されることである。南部の紳士がしだいに逃げ道を求めるにつれ，この刑罰とそのライセンスとしての性質はますます効果的になった。実際，ある介入や救済策が，以前は効果的ではなかったのに，後に効果的になる理由の1つは，行動の動機的な基盤が変容したからである。かつてはある行為をすることが心地よいものであったかもしれないが，時が経ちたとえその気持ちが変わっていたとしても，人はただいつもやっていたように行為し続けるのかもしれない。このダイナミクスは保守的な遅延として知られており，公的な慣習が個人からの支持を失った後もしばしば存続する理由を説明するのに役立つ（Fields & Schuman, 1976）。

　Lessig（1995）は，法の導入がどのように効果を発揮するのかについて，他にも多くの例を示している。これらの法は行動の意味を変容させることで，人々が望んでいるものの抑制されている行動を取ることをライセンシングするのである。この分析の興味深い含意は，状況によっては，人々は自らを規制する法に賛同するかもしれないということである。つまり彼らは自らを心理的な税金から解放させるために物理的な税金を求めているのかもしれない。このダイナミクスは，1960年代の公民権法において，南部の実業家が果たした，やや不可解な役割を説明する手助けになりうる。Lessig（1995）によると，この法律に関するヒアリングで，南部の事業主，レストランやホテルのオーナーの多くは（彼らは全員白人だったが），この公民権法への支持を表明した。この法律は，彼らがその当時していたこと，つまりアフリカ系アメリカ人には公共施設やその他の施設で白人と同じサービスを提供しないことを違法とするものであったにもかかわらず，である。なぜ彼らは，自発的にはしていなかったことを強制されるのを望んだのだろうか。その答えは，自発的にアフリカ系アメリカ人にサービスを提供することに対して課される心理的な税金にあった，というのが我々の主張である。自発的にアフリカ系アメリカ人にサービスを提供すれば，経営者たちは強欲にすぎる，あるいはおそらく黒人に思いやりを示しすぎる，という非難にさらされることになる。この心理的な税金が，経済的な利益に基づく行為を阻んでいたのである。そして，反差別の法律は，彼らがやりたかったこと，すなわち，できるだけ多くの客にサービスを提供することをライセンシングした。事実上彼らは，より懲罰的な税金から逃れるために，ある種の税金を求めていたのである。

　まとめると，法による介入の有効性は，行動をコントロールする心理的なテコ入れに与える効果にかかっている。通常，あるいは，少なくとも直観的には，法による物理的な税金の賦課は，さら

に心理的な税金を生み出す。その心理的な税金は，違反常習者や犯罪者であるといったスティグマを含む。しかし，ときに物理的な税金は，望まれているが抑制されている行動を正当化することで，心理的な税金を減らすことにつながるのである。

望ましくない行動に対して経済的な税を課金することは，その行動に対する心理的な税金を取り除くことにつながり，その行動の供給を増加させることがある。このダイナミクスの優れた例は，イスラエルの10の民間保育園において実施された介入研究によって示される（Gneezy & Rustichini, 2000）。対象集団は子どもではなく，彼らの親であった。多くの親は，子どものお迎えに日常的に遅刻していた。そのとき選ばれた介入の方略は伝統的な抑止方法の1つであった。すなわち，実験者は遅刻に税金を課したのである。6つの保育園において，以下のような告知を掲示した。

> ご存知の通り，当保育園の正式な閉園時間は毎日午後4時となっています。中にはいつも遅刻される親御さんもおられるため，私どもはお子様のお迎えに遅れた親御さんに罰金を課すことにいたしました。次の日曜日より，午後4時10分以降にお子様をお迎えにいらっしゃる度に，10新シュケル（約4ドル）の罰金を請求いたします。この罰金は月ごとに集計され，保育料とまとめてお支払いいただきます。

残りの4つの保育園は統制集団とした。罰金は20週の観察期間のうち5週目に課され，17週目に解除された。

結果は注目に値するものだった。お迎えに遅れた人数は罰金を課したことで統計上有意に上昇し，罰金を解除した後でさえも以前より高い水準にとどまり続けた。この予測に反する結果はどのように説明できるだろうか。我々の解釈は，経済的な税金の導入が，親が子どものお迎えに遅れた際に支払っていた心理的な税金を減らしたというものである。その税金は，たいていの親が支払いたくないと思うほどに高いものであった。すなわち，罰金を課す前，遅刻した親は他の親や保育園のスタッフにコストを負わせていたわけである。つまり，彼らはフリーライダーになっていた。この行動は，私的・公的な評判に及ぼすダメージを通じて彼らに心理的なコストを負わせていた。しかしいったん罰金が導入されると，遅刻者たちはもはやフリーライダーではなくなった。彼らは自らの遅刻に物理的な報酬を払いさえすればよくなったのである。

この介入から，さらに2つの注目すべき点が挙げられる。第一に，税金が抑止的な効果を持つ価格というものが確かに存在する点には留意すべきである。ただしそれは，必ずしも実行可能な価格ではなかったかもしれない。第二に，この介入が対象集団のすべての成員に対して同じ効果を持たない可能性は十分にあるということである。すなわち，この介入は以前ならば遅刻していた人を抑制する一方で，新しい（そしてより多数の）遅刻者を解放したのかもしれない。つまり，以前のフリーライダーたちは罰金のせいで時間通りに園に来るよう励んだかもしれない。一方，遅刻という行為が持つ道徳的な含意によってそれまでは抑制されていた大多数の親は，罰金によって抑制から解き放たれた可能性がある。ここでのより一般的なポイントは，今の行動を引き起こしている動機が対象集団の成員間において変化する程度に応じて，新しいインセンティブの効果も同様に変化するだろうということである。

これまでの課税の議論をまとめると，次のことが言える。物理的な税金を課すことは，心理的な税金を取り除く効果を持ちうる。この税金は，もともと存在していた心理的な税金が望ましい行動

を抑制していた場合（南部の決闘があてはまる）に限り，望ましい行動を増加させるだろう。もし現行の心理的な税金が，実際には望ましい行動を奨励していたのであれば，物理的な税金を導入することは望ましい行動の減少を導きうる（保育園のお迎えでの遅刻が当てはまる）。

17.4.2 経済的な助成金がもつ反直観的な効果

　経済的・心理的な助成金は，経済的・心理的な税金と非常によく似た働きをする。たいていそれら2つの助成金は加算的な結びつきを持つ。たとえば，公共の利益のためになされた貢献に対して，経済的・心理的な利益を両方とも受け取るときのように。慈善事業への寄付に対する税控除（経済的な利益）や社会的投資（心理的な利益）もその一例であろう。しかし，以下の例が示すように，これらはいつも加算的に結びつくわけではない。

望ましい行動に対して経済的な助成金を導入することは，その行動に対してもともとある心理的な助成金を取り除くことにつながり，その行動の供給を減少させることがある。 献血の例を考えてみよう。1970年代初め，イギリスは，完全に善意にもとづくシステムから報酬を与えるシステムに変えることで，輸血用血液を増やそうと考えていた。その際，社会政策の権威であるRichard Titmussは，この転換が，輸血用血液の質・量双方に対して逆の効果をもたらすだろうと自著において主張した（Titmuss, 1971）。この本で彼は，献血に報酬を与えることは，かつては市民道徳の行為であるがゆえに人々が得ていた満足を奪うものであり，この政策は人々を献血から遠ざけることになるだろうと主張した。言い換えると，経済的な助成金の提供は，かつて献血していた人々が受け取っていた心理的な助成金を減らすことになるだろうと彼は主張したのである。さらに彼は，経済的な助成金の効果が，心理的な助成金の損失を補償するほ

どには大きくないのはほぼ確実だ，とも主張した。こうした主張は多くの論争を生み出した。その原因の1つとしては，Titmussが自らの主張を裏づけるデータをあまり提示しなかったことがある。しかし，近年の理論と証拠は，少なくともある程度はTitmussの主張を実証している（Mellstrom & Johanneson, 2008）。献血と同様に，市民道徳と結びつく他の行動から得られる心理的な利益は，その行動に起因して経済的な利益が与えられると，損なわれてしまう。

　他のこうした逆説的な効果の例としては，NIMBY（not-in-my-backyard）が挙げられる。これは，輸送の改善（鉄道線路や空港），発電所，廃水処理場，ごみ廃棄場，刑務所，ハーフウェイハウス[iii]，ホームレス施設に関わるプロジェクトである。これらの「有害」な施設は広地域で考えると利益を提供するが，それを受け入れる近隣住民にコストがかかるという集合行為問題を示す。その帰結はもちろん，近隣全員の拒絶である。この問題に対する従来の解決策は，施設から利益を受けるすべての人に課税し，これを財源として，施設の建設を受け入れた近隣住民たちに助成金を与えるというものである。しかしこのアプローチは，コミュニティがNIMBYプロジェクトを受け入れる上であまりうまくいっておらず，多くの場合，補償がない場合よりも受け入れ率は低くなっている（Frey & Jegen, 2001; Frey & Oberholzer-Gee, 1997）。

　なぜ，この助成金は効果的ではないのだろうか。1つの問題は，補償の提供が伝えているメッセージにある。そのメッセージとは，誰もこの施設を欲しておらず，それゆえきわめて望ましくない施設であるに違いない，というものである。補償を受け入れる行為は，その人が買収された，あるいは，賄賂を受け取ったということも伝えている。そ

[iii] 退院した障害者や高齢患者が入居する社会復帰施設。

のような人は，お金のためなら自身の子どもさえも危険にさらすような人だというレッテルを貼られることになる。それゆえ，経済的な助成金は，公共心からNIMBYプロジェクトを受け入れることで得られたはずのあらゆる心理的な助成金をも減らしてしまうのである。さらには，その受け入れに対する心理的な税金（つまり買収可能な人であるというスティグマ）を導入しさえする。もちろん，助成金の額が十分であれば，これらの心理的な税を補うかもしれない。しかし，他の形式の助成金であればより効果的に働くように思われる。具体的には，NIMBYプロジェクトは，コミュニティが限定的な形で補償を受けるときにうまくいく。たとえば，新しい公園の設置，あるいは，学校の改良である（Kahan, 2003）。合理的行為者という観点からすると，限定的な（交換不可能な）形式での補償の提供は，あまり魅力がないように思われる。しかしこの場合は，交換不可能性がNIMBYプロジェクト受け入れに対する心理的な税金を減らすため，むしろ魅力度を高めるのである。このことは，コミュニティが，一方ではカモ（つまり騙されやすい人），他方では裏切り者だとみなされることなく，これらのプロジェクト（とそれに伴う補償）を受け入れることをライセンシングする。

経済的な助成金と行動変容の関係性に関する一般的な問いは，条件付現金給付プログラムの普及とともに，ますます検証されるようになってきた（Fiszbein & Schady, 2009）。これらのプログラムは典型的には，人的資源への投資が少ないとされるコミュニティ，一般的には教育，予防的医療において用いられる。通常，これらのプログラムは，特定の成果（たとえば，学校への出席や公衆衛生施設に行くこと）に応じた経済的インセンティブを親たちに与えることによって，子どもの教育や健康を促進させるよう設計されている。これらのプログラムの結果は研究によって異なる（Lomeli, 2008）。たとえば，条件付現金給付プログラムは一貫して，教育上の成果よりも，学校の出席に対してポジティブな効果を与えていた。同様に，健康上の成果よりも，診療所へ行く頻度に対して一貫したポジティブな効果をもたらしていた。ここである疑問が生じてくる。ある人の教育や健康を改善する機会の追求は，どのようなときにその目標を達成し，どのようなときに達成しないのか，という疑問である。

いつ・どこで条件付現金給付が効果的なのかというこの問いに対して，我々は完全な答えを持っていると断言することはできない。しかし，これまで提示してきた分析はいくつかの指針を示している。たとえば，鍵となる論点の1つは，問題のある行為や不作為に関わる現在の水準が，接近動機づけの欠如か，あるいは回避動機づけの超過のいずれによって最もよく表されているかどうかである。たとえば，生徒が学校へ行かないのは，学校に行くことに興味がないからなのだろうか，それとも興味はあるが，仲間うちで広まっている反抗的なイデオロギーによって抑制されているからなのだろうか。もし後者であれば，親や生徒に対するわずかな量の経済的な報酬であっても，それを与えることで効果を持つかもしれない。なぜなら，反抗的なイデオロギーによって課される学校へ行くことへの心理的な税金を，経済的な報酬が減少させるからである。つまりそうした報酬は，学校へ行くこととそこでうまくやることの双方を生徒に認可するだろう。一方でもし，学校へ行くことに興味はあるが，構造上の障害によってそれが抑制されているのであれば，学校へ行く行為に報酬を与えることは，構造的な障壁にもかかわらずなんとか学校へ行こうとする内発的な動機づけを減らすことにつながり，登校の回数をかえって減らしてしまうかもしれない（Deci et al., 1999を参照）。繰り返しになるが，これらの例が軒並み示す

通り，助成金を導入する前の行動に対して働いている場の力を理解することが重要である。

ある水準の消費に対して助成金を与えることは，それに対して心理的な税を課すことにつながり，より高い水準で消費される可能性を減少させることがある。事務用品の私的使用，いわゆるくすねることはアメリカのビジネスに年間400億ドルの損害をもたらしている（http://www.missouribusiness.net/sbtdc/docs/problem_employee_theft.asp）。介入はたいてい，従業員の気分を害し，逆効果となるため，この問題に取り組むのは困難であることが分かっている。

有効とされる方法の1つは，1人あたりの損失の何パーセントかに相当する事務用品を従業員に分配（助成金）することである（Kahan, 2003）。たとえば，もし平均的な従業員が職場から年に10本のペンをくすねるのであれば，経営者はあらかじめ毎年6本のペンを各人に分配しておく。この分配によって，毎年のペンの損失は過去の平均よりも少なくなる傾向にある。なぜ損失は分配によって減少するのか。答えは，7本目，あるいはそれ以上のペンを持っていくことの意味に対して，あらかじめ分配したことがもたらす効果にある。6本のペンが与えられると，従業員はもはや，以前行っていたように7本目のペンを持っていく資格が自分にあるとは感じない。分配は，それ以上のペンをくすねることに対して心理的な税金をもたらすのである。

17.4.3　税と助成金を調整する

これまでの例の多くにおいて，経済的な税金や助成金は（少なくとも部分的には）失敗した。なぜなら，これらの金額があまりにも低く設定されていたからである。これは多くの事例に当てはまる。物理的なインセンティブは，それらの価値を低いままにし続ける象徴的・実際的・政治的な多くの制約による影響を受ける。これらの価値は，実際的，ときには，倫理的な熟慮によって制限されるけれども，心理的なインセンティブは典型的に，精査による影響を受けにくい。こうした現実を踏まえて我々は，これまで何度か指摘してきた点をあらためて強調したい。すなわち，行動を解放することはたいてい，行動するよう動機づけるよりも少ない介入で済むことが多い。たとえば，ある人がある社交場から最初に去ることが，同様に他の人が去る数と割合に与える効果を考えてみたい。もし人々が社交を楽しんでいて，その場から去りたくないと思っているのであれば，1人がそこを去る効果は最小であり，またその効果ははじめに去る人の地位や知名度に大きく依存する。他方，もし人々が社交は憂鬱であり，その場から去りたいと思っているのであれば，1人が去ることは，その去り方がいかに控えめで，またその人の地位が低くとも，多くの離脱を促すかもしれない。後者の場合，そのモデルは，去ろうという衝動をつくりだすよう機能するのではなく，すでに存在している衝動を単にライセンシングするよう機能しているのである。

この新たな所見は，我々が先に指摘したポイントに修正の余地があることを示唆している。テキサスを汚すなという反ポイ捨てキャンペーンの成功に関する議論では，ニュージャージーを汚すなキャンペーンはほとんど効果を持たないだろうということが推測された。なぜならば，ほとんどのニュージャージー州の住民は，自分たちの州に対して強いアイデンティティを持たないからである。もし，キャンペーンの機能が，人々がポイ捨てをしないよう動機づけることであるならば，上記の主張は正しいだろう。しかし，もし現場の状況として，住民が本当はポイ捨てしたくないが，社会規範によってポイ捨てするような圧力を感じていたのであれば（ニュージャージーのいくつかのエ

リアでは本当にありうる状況である），ニュージャージーを汚すという訴えは，抑制から彼らを解放するのに十分であるかもしれない。より一般的には，法の機能が心理的な税金を取り除き，人々がやりたいことをするよう認可するとき，その法はさほど懲罰的である必要はなく，また効果をもたらすよう強制力を高める必要もない。

17.5 要約

　要約すると，我々が提示してきたのは，以下の一般的な主張1点と具体的な主張の2点である。一般的な主張とは，行動変容のための労力は，現状をもたらしている外発的・内発的な動機の状況に対する慎重な分析をもって始めなければならない，というものである。この分析の成否はたいてい（常にではないにしろ），データ収集に決定的に依存している。この点についての好例が，2007年，米軍によるいわゆるイラク侵攻がもたらした1つの（おそらく争う余地のない）ポジティブな帰結によって示される。この侵攻により，多くのスンニ派のアルカイダ協力者がアメリカの協力者へと転換した。ペトレイアス司令官は，スンニ派の抑留者を対象とした調査を実施し，彼らがアルカイダに協力する理由として最も多いのは，贅沢品を購入するためお金を稼ぐことであることを見出だした（Ricks, 2009）。この発見に基づいて，ペトレイアスは，協力活動に対してアルカイダより高い値段をつけるという介入を成功させた。それは，アメリカとしては容易に支払える額であった。もちろん，この方略はイラクの状況に特有のものである。すなわち，他の反体制的な状況において必ずしもうまく働くとは限らない。しかし，まさにこれが我々の指摘するポイントなのである。介入は，常に状況特有のものでなくてはならない。さらに，こうした高値をつけるという方略は，現場の状況を密に分析することなしには，決してうまくいかなかったことは明らかである。その分析は，戦争開始から4年以上の間欠けていたものである。

　具体的な主張とは，動機のダイナミクスと，それらを変えるために使うことのできるテコ入れに関するものである。介入方略の設計における重要な第一歩は，現状をもたらしている接近動機づけと回避動機づけの源泉と強度を評価することである，と我々は指摘してきた。現在働いている動機のダイナミクスを分析することで，取り組むべき課題が，行動を動機づけることにあるのか，あるいはライセンシングすることにあるのかを決定づけるだろう。そしてまた，税金を課すことにあるのか，助成金を与える方向に進むべきかを決定づけるだろう。しかしもちろん，税金と補助金についても同様に十分な分析を必要とする。我々が最後に指摘したいのは，これらのテコ入れの使い方を決める際には，経済的・心理的なインセンティブがしばしば複雑な形で結びつくことを認識しておかねばならないということである。これらの複雑性を分析する上で我々は，その後知恵による恩恵を最大限に活用してきた。すなわち，研究者や介入を行おうとする者にとって差し迫った課題とは，インセンティブの複雑性の予測を目指し，インセンティブの心理学に対する理解を深めることである。

引用文献

Coontz, S. (1992). *The way we never were: Families and the nostalgia trap*. New York: Basic Books.

Deci, E. L., Koestner, R., and Ryan R. M. (1999). A meta-analytic review of experiments examining the effects of extrinsic rewards on intrinsic motivation. *Psychological Bulletin, 125*(6), 627-668.

Etzioni, A. (1990). *The moral dimension: Toward a new economics*. New York: Free Press.

Fields, J. M., and Schuman, H. (1976). Public beliefs about the public.

Public Opinion Quarterly, 40, 427-448.
Fiszbein, A., and Schady, N. (2009). *Conditional cash transfers: Reducing present and future poverty.* Washington, DC: The World Bank.
Frey, B. S., and Jegen, R. (2001). Motivation crowding theory. *Journal of Economic Surveys, 15*(5), 589-611.
Frey, B. S., and Oberholzer-Gee, F. (1997). The cost of price incentives: An empirical analysis of motivation crowding-out. *American Economic Review, 87*(4), 746-755.
Gneezy, U., and Rustichini, A. (2000). A fine is a price. *Journal of Legal Studies, 22*, 1-17.
Goffman, E. (1959). *The presentation of self in everyday life.* Garden City, NY: Doubleday-Anchor.
Hovland, C. I., Janis, I. L., and Kelley, H. H. (1953). *Communication and persuasion.* New Haven, CT: Yale.
Kahan, D. (2003). The logic of reciprocity: Trust, collective action, and the law. *Michigan Law Review, 102*, 71-103.
Lessig, L. (1995). The regulation of social meaning. *University of Chicago Law Review, 62*(3), 943-1045.
Lessig, L. (1996). Social meaning and social norms. University of Pennsylvania Law Review, *144*(5), 2181-2189. (1998). The New Chicago School. *The Journal of Legal Studies, 27*(2), 661-691.
Lewin, K. (1951). *Field theory in social science* (edited by D. Cartwright). New York: Harper.
Lomeli, E. V. (2008). Conditional cash transfers as social policy in Latin America: An assessment of their contributions and limitations. *Annual Review of Sociology, 34*, 475-499. Palo Alto, CA: Annual Reviews.
McClure, T., and Spence, R. (2006). *Don't Mess with Texas: The story behind the legend.* Idea City Press.
McGuire, W. J. (1996). The Yale Communication and Attitude-Change program in the 1950s. In E. E. Dennis and E. Wartella (Eds.), *American communication research: The remembered history. LEA's communication series* (pp. 39-59). Hillsdale, NJ: Erlbaum.
Mellstrom, C., and Johannesson, M. (2008). Crowding out in blood donation: Was Titmuss right? *Journal of European Economic Association, 4*, 845-863.
Prentice, D. A. (2008). Mobilizing and weakening peer influence as mechanisms for changing behavior: Implications for alcohol intervention programs. In M. J. Prinstein and K. A. Dodge (Eds.), *Understanding peer influence in children and adolescents* (pp. 161-180). New York: Guilford.
Ricks, T. (2009) *Gamble.* New York: Penguin.
Ross, L., and Nisbett, R. E. (1991). *The person and the situation: Perspectives of social psychology.* New York: McGraw Hill.
Sunstein, C. R. (1996a). Should government change social norms? *AEI Bradley Lecture Series.* Washington, DC: American Enterprise Institute. Retrieved from http://aei.org/speech/society-and-culture/poverty/should-government-change-social-norms/
Sunstein, C. R. (1996b). Social norms and social roles. *Columbia Law Review, 96*, 903-968.
Sunstein, C. R. (2008). Adolescent risk-taking and social meaning: A commentary. *Developmental Review, 28*(4), 421-570.
Titmuss, R. M. (1971). *Gift relationship: From human blood to social policy.* New York: Pantheon.
Walton, G. M., and Dweck, C. S. (2009). Solving social problems like a psychologist. *Perspectives on Psychological Science, 4*(1), 101-102.

18章　無自覚な食事を健康的な食事に変える

BRIAN WANSINK

　日々，食べ物の目に触れる度合い，大きさ，アクセシビリティといった環境要因が，先進国で高まっている肥満問題の一因となっている。こうした消費量増大の要因を理解することは，食生活についての教育や消費者の幸福について直接的な意義を持つ。しかし，ただ環境要因と消費の間の関係を知るだけでは，これらが消費者に与える悪しき影響を排除しないだろう。人々が自分の消費した量を知って驚くのは珍しいことではない。そのような事実は，人々が自覚していない低次の知覚的なレベルで彼らが影響を受けていることを示している（Langer, 1990; Ross & Nisbett, 1991を参照）。

　このことは，消費・摂食研究で口にされる皮肉の一つと関連がある。環境要因が消費に影響するいくつかの方法は，消費者によって直観的に理解されているけれども，彼らはたいてい，これらの要因は他の人々に影響を与える一方で，自身には影響を与えないと考えている（本書11章; Pronin et al., 2007）。アンカリング効果，パッケージサイズ，推測に関して厳密に実施された研究でも，実験後のディブリーフィングにおいて多くの消費者が，それらの要因は自分には影響を与えなかったと信じ込んでいることを示している（Pronin & Kugler, 2007; Wansink, 2006a）。

　環境要因が消費行動に影響を及ぼす，という一般的な概念は人々にとって驚きではないかもしれないが，それらの要因が自分たちに影響を及ぼすことを知ると彼らは驚く。さらに，研究者や臨床家の中には，ここで報告する知見のいくつかを予測することができる者もいるかもしれないが，それらがなぜ生じるかについて説明を与えることはできないだろう。つまり，彼らはそのプロセスを説明することなしに，結果のいくつかを予測できるかもしれない。

　本章の目的は3つある。

1. 摂食行動に影響を与える環境手掛かりを示し，それらが2つの基本的なプロセスによって説明される可能性を示す。
2. 環境手掛かりから摂食行動までの影響プロセスを人々が覆すのを手助けする際に，「教育」と「自覚」がそれほど有効ではない可能性を示す。
3. 研究者，産業，政府が，個人の生活に目に見える変化をもたらすために連携する際に利用できる基本原理を記述する。

　研究者や政策策定者の中には，世界を変えると信じてプロジェクトを始めたり，完了させたりしている者もいるけれども，そうしたプロジェクトは必ずしも彼らが望んだ通りにはなっていないかもしれない。そのような複数の試みは，我々が提唱するコミュニケーション方略とテコ入れ方略の双方に影響を与えうる，いくつかの有望な教訓を示してきた。

18.1　消費量を理解する

　消費は一般的に，単一期間の摂取（たとえば，ランチ，間食，30分の実験室実験における摂取）に

おいて研究される。しかしながら，消費量と消費頻度の双方で構成される全消費量を把握することは重要である。8時間の仕事中に毎時間1つのチョコレートを消費することは，5分間に8つのチョコレートを消費する場合と同じ量のチョコレートを1日の摂取量にプラスすることになる。特定の期間（たとえば24時間）における全消費摂取は，食事をする機会がどれくらいあったか（発生率）と，各機会においてどれくらい食べたかによって構成される。

頻度と量を区別するのが重要なのは，これら2つの変数に対してそれぞれ異なる要因が異なる程度で作用するからである。食事をする頻度（発生率）は，食べ物の目立ちやすさと，食べ物を手に入れ，消費する労力によって影響される。そして，一度に消費される食べ物の量は，他の幅広い要因によって影響される。そして，部分的には（意識的に，あるいは，非意識的に），消費規範がこれを媒介する。

このレビューは主に，消費量に関する問題に言及するけれども，どれくらいの頻度である特定の食べ物を食べるか（消費機会の数）に影響を与える要因と，それぞれの機会における消費量に影響する要因を区別することは重要である。

18.1.1 消費規範の力

人々は，自分がどれだけ食べるかということになると非常に感受性が強い（Herman & Polivy, 1984）。ある人はいつも「もっと食べられるだけの余力を残している」し（Berry et al., 1985; Lowe, 1993），彼らを取り巻く消費規範に影響を受けうる（図18.1）。

多くの人にとって，どれだけ飲んだり食べたりするかを決めることは，日常的なことであり，モニタリングし続けることが面倒な，比較的関わりの薄い行動である。そのため人々は代わりに，ど

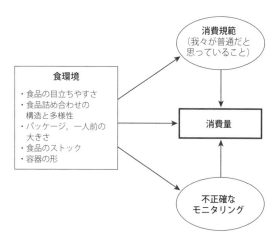

図18.1　消費量の先行因

れだけ消費すべきかの決定に役立つ消費規範に頼っている（Wansink & Cheney, 2005）。一見無関係に見える消費への影響の多く（たとえば，パッケージサイズ，多様性，皿の大きさ，他者の存在）は，どれだけ飲食することが典型的であり，適切であり，合理的であるかを示しているのかもしれない（Wansink & van Ittersum, 2007）。食に限らず規範的な基準点がそうであるように，消費規範の影響はたいてい，比較的自動的であり，意識的な自覚の外で生じるのかもしれない（Schwarz, 1996, 1998）。消費規範がまさに我々に影響しているときでさえ，人々は基本的に，その影響に無自覚だったり，それを認識しようとはしないことを示す逸話的な証拠が存在する（Vartanian et al., 2008）。

こうした自覚の有無に関する先行研究のいくつかは実験室実験において行われてきた（Nisbett & Wilson, 1977）。そのような人工的な文脈から一般化を試みる際は，人々は基本的に何らかの操作が生じていることに気づいており，主にリアクタンスのせいで，いかなる影響も自己に及ぶことを認めようとしないという問題である（Ross & Nisbett, 1991）。したがってこの現象は，自然な環境にて実施される統制されたフィールド研究の文脈において，最もありのままに観察することができる

（Meiselman, 1992）。

18.1.2 消費量をモニタリングする

自分が食べる量を正確にモニタリングする人はそうでない人と比べて消費が少ないことは，多くの研究によって支持されている。ここで問題になるのは，自分がどれだけ食べるかを我々は基本的に正確にモニタリングしていないことである。

多くの環境的要因が自らに及ぼす影響について人々は一貫して無自覚であることを，心理学（Ross & Nisbett, 1991）や食品に関する多数の研究が繰り返し示してきた。たとえ消費を50％以上変化させる強い操作が行われたときでさえ，これらの研究の参加者の多くは，自分だけは影響を受けないという誤った主張を行った。食料品店において購買量を2倍にさせる表示（「2つで2ドル」など）を示されたとき，大半の人は自分の買い物かごにそのスープ缶を8つも入れた後でさえ，自分はその表示に影響を受けなかったと主張した。同じことは消費にも当てはまる。つまり，より大きな容器（ポップコーンの箱など）で食事を出されると平均的な人は50％多く食べるという報告が示されるとき，大半の人は自分は例外だと主張するだろう。より大きい皿が消費を25％増加させるという報告が示されるときも，人々は自分は例外だと主張するだろう。

これらの知覚の傾向は，自らの食品摂取を正確にモニタリングし，コントロールしようとする人々にとって重要な示唆を持つ。これらの結果が強調しているのは，自らが前に消費した量を推測しようとするとき，人々が食品の目に触れやすさや近接性を考慮に入れなければならないことである。一般的に，消費の際より近くにある食品（たとえば，食器棚のクッキーよりも調理台の上にあるクッキー）は，人々が思う（あるいは，思い出す）よりも多く消費している可能性がある。

当然ながら，ある人がどれだけ食べるかを決める主要な規定因はおおむね，本人が食べる量をどれだけ注意深くモニタリングするか，あるいは，そもそも注意を払いさえするかどうかである（Polivy & Herman, 2002; Polivy et al., 1986）。人々（特に，アメリカ人）は，食べる量をモニタリングする代わりに，食品の消費量を判断するために，外的な手掛かりや経験則（ボウルが空になるまで食べるといったような）を利用するだろう（Wansink et al., 2007）。

残念なことに，そのような手掛かりや経験則は不正確な推定を生み出しうる。ある研究では，何も知らずに食事に来た人たちにトマトスープが提供された。そのスープは，ボウルの底の隠されたチューブによってこっそり補給された。このような「底なし」のボウルで飲んだ人々は，普通のボウルで飲んだ場合と比べて，73％も多くスープを消費した。しかし彼らは，自分たちの摂取量はわずか4.8キロカロリー（約4％）多かっただけだと主張したのである（Wansink et al., 2005）。

18.2 消費を刺激する食品関連の要因

空腹であることを除いて，摂食の頻度を高める方向に作用する最も強い単独の動因はおそらく，食品のアクセシビリティである。広義の「アクセシビリティ」として分類されるものだが，これは，①食品の目立ちやすさと，②それを獲得したり，消費したりするのに必要な労力，に分けることができる。前者は発生率の動因となる一方で，後者は発生率と消費量の双方の動因となる。

18.2.1 食品の目立ちやすさ

過食に悩んでいる人が何をきっかけに摂食し始めるのかを調べた研究によると，主なきっかけの

1つは，単に食品を目にしたり匂いがすることであるという。この結果に整合して，摂食衝動についての研究によると，回答者の33%が，直近の食事の発作は主に，食品の目立ちやすさ（「それが近くにあったり，ずっとあったりした」）によって刺激されたと報告していた。

ある研究では，30個の一口サイズのチョコレートが，透明な蓋の容器，あるいは，不透明な蓋のついた容器のいずれかに入れられた状態で秘書の机の上に置かれた。透明な容器に入れられたチョコレートは，不透明な容器に入れられたものよりも目立ちやすさが高く，より早く（1日につき2.9個多く）消費された（Painter et al., 2002; Wansink et al., 2006）。単に好物を見たり，嗅いだりするだけでも，自己報告による空腹感を増加させ（Bossert-Zaudig et al., 1991; Hill et al., 1984; Jansen & van den Hout, 1991），唾液の分泌を促進させうる（Klajner et al., 1981）。現在では，食品を見ることがドーパミン（快楽や報酬と結びつく神経伝達物質）の放出を増加させることによって，実際に空腹を促進させるという生理学的な証拠さえ示されている（Volkow et al., 2002）。

食品の見た目や匂いの強さのような外的な手掛かりも，食品の目立ちやすさを高めうる（Schacter, 1971）。日常会話の中で，食事の原因が外的な手掛かりである目立ちやすさに帰属されることの多さを考えると，それは科学的に検証するべきアイデアであるように思われる。このような外的な手掛かりに誘発された摂食衝動とは，テーブルに置かれたクッキーの前を通り過ぎたり，調理台上にある半分のケーキを見ると刺激されるといったものである。現実には，人々は「そこにあったから」この食品を食べたのだと主張する。

目立ちやすさは，内的にも作り出される（Wansink, 1994）。単に食品について考えたり，それが消費されるさまざまな場面を書き出すだけでも，その後の2週間でその食品を食べようとする頻度に影響を与えることが確認されている。

18.2.2 食品詰め合わせの構造と多様性

もし消費者が，3つの異なるフレーバーのヨーグルトの詰め合わせを提供されると，1つのフレーバーしか提供されない場合よりも，平均23%多くヨーグルトを消費する傾向がある（Roll et al., 1981）。このことは消費者の役に立つ正式な目印が存在しない状況で，製品の消費量を決定しなければならない場合の多くに当てはまる。研究から頑健に示されているのは，食品の多様性が増すと食品の消費量も増加しうるということである。とくに，食品詰め合わせの多様性が消費を増加させることは広く支持されている。しかし，詰め合わせの構造もまた，どのようにこの多様性が提示され（整然としているのか雑然としているのか），一人分がどのように個分けされるか（対称，均等であるか非対称，不均等であるか）という問題を含んでいる。

多様性がさらに増えた場合，人々の消費はより増えるかもしれない。なぜなら，多様性によって飽きにくくなったり，好みの食品が含まれている可能性が高くなったり，またあるいは，消費規範を示すが，適切な消費量の手掛かり（消費規則あるいは基準点）がわずかになるからである。

KahnとWansink（2004）による一連の研究では，多様性が増すほど（あるいはより多様性が知覚されるほど）人々はその詰め合わせを楽しんでいると信じることが示された。多様性，あるいは，知覚された多様性はそれ自体で適切な消費量をも提示するという考え方は上記の結果と一致している。製品の実際の多様性を増やすことは，知覚される多様性に対して影響を与える。そして知覚された多様性は，その詰め合わせをどのくらい食べるかの見込みに影響を与え，これが最終的に消費量に影響を与える。同時に，詰め合わせの大きさは，

個々の状況で何を食べるべきかというおおまかな消費規範としても機能しうる。

最近の研究は，消費に影響を与えるのは実際の商品の多様性だけでなく，知覚された多様性もまた消費を駆動する要因であることを示してきた。ある研究では，色のバリエーションが異なる（7色あるいは10色），300個のM&Mのキャンディが消費者に与えられた。キャンディの味は同一であったが，10色のキャンディを与えられた人々は，7色のキャンディを与えられた人々と比べて，41%も多くこれを食べた（Kahn & Wansink, 2004）。（実際の多様性に対して）知覚された多様性がどのように消費に影響するかが検討されており，そこでは人々に対し6つのフレーバーのジェリービーンズの詰め合わせが，整然と，あるいは雑然とした状態で提供された。雑然とした詰め合わせを与えられた人々は，整然としている詰め合わせを与えられた人々よりも，その詰め合わせの多様性を高く評定し，92%も多くこれを食べたのである。

この一般的な効果に対する説明の1つは，これが個々の感覚における飽きを乗り越えようとする反応であるというものである。しかし近年の証拠によれば，この解釈はその効果の分散すべてを説明していない可能性がある。1年生と4年生の児童を対象としたまた別の一連の研究では，子供たちに6色のプラスチックのクモを与え，好きなだけ持っていって休み時間中に遊ぶよう伝え，上記の研究を追試した。色付きのクモが雑然としている（色が混ざり合っている）状態で提示した場合，色別に整然としている状態で提示した場合よりも，子どもたちは2.1個多くのクモを持っていった。同じことは，色付きビーズでも確認されている（Kahn & Wansink, 2004）。

18.2.3　パッケージ，一人前，在庫の大きさ

パッケージや一人前の大きさが何年にもわたって大きくなっているという証拠は豊富に存在する（Young, 2000; Young & Nestle, 2002）。パッケージサイズが消費を増加させることは多くの研究から支持されており（Wansink, 1996）。たとえば，実験室実験（Rolls et al., 2004），レストラン（Rolls et al., 2005），映画館（Wansink & Park, 2001）における一人前の大きさでそのことが実証されている。パッケージによる消費の増加量は一般的に，（スパゲッティのような）きちんとした食事だと18%～25%，スナックフードだと30%～45%であることが示されてきた（Wansink, 1996）。参加者内デザインの実験室研究では，一人前の大きさは消費量を18%～43%増やすことが示されてきた。レストランではラザニアの消費を23%，映画館ではポップコーンの消費を48%増やしていた。

しかし，なぜこれが生じるのかはまだ明らかになっていない。「出された料理は全部食べなさい」という説明はこの増加を部分的に説明するかもしれないが（Wansink & van Ittersum, 2007），同様の過剰消費は，人々が，シャンプー，クッキングオイル，洗剤，ドッグフードのような非食品を大きな容器から使う場合でも確認される。実際，パッケージサイズについて検討した研究はすべて，一度に食べ切るのは不可能な量を一人前（M&M，チップス，スパゲッティなど）として用いており，こうした状況でさえ人々はより多くの量を食べるのである。パッケージが大きいと容量単価が低くなることは，いくつかの状況における変動の40%を説明するが（Wansink, 1996），すべての食品が無料で与えられる（実験室研究のような）状況には当てはまらないだろう。

あらゆる状況に当てはめうるのは，より知覚的な説明である。前述の図18.1に示した消費規範の考え方を思い起こせば，大きいパッケージや一人

前は，単に適切な消費量とされるものを示している可能性がある。たとえ人々が料理を完食しなかったり，あるいはパッケージを空にしないにしろ，人々に提示されたものの大きさは，（それよりは少ないだろうが）自発的に消費する量を超えて消費を行う自由を与えているのかもしれない。

　注目すべきは，パッケージや一人前の大きさが，好みでない食品の消費さえも増やすということである。アメリカ・ペンシルベニア州フィラデルフィアに住む映画ファンたちは，作ってから14日経過した，しけったポップコーンを，大きい，あるいは，中程度の大きさの容器に入れて与えられた。彼らは，ポップコーンがおいしくなかったにもかかわらず，大きい容器の場合30%多くのポップコーンを食べたのである（Wansink & Kim, 2005）。

18.2.4　食品のストック

　会員制の大型ディスカウントショップは大量購入を奨励しているので，食品が豊富な環境をもたらす一因になっていると言われている。このトピックに関する少数の研究のうち2つが，肥満家庭と非肥満家庭における食料貯蔵の習慣を比較している。残念ながら，それらは因果関係を明らかにしていないだけでなく，一貫した結果も示していない。1つ目の研究は，食品のストックは肥満家庭においてより見られることを示したが，2つ目の研究は，逆の結果を示した（Terry & Beck, 1985）。

　ストックが消費に与える影響を直接的に操作し，観察したわずかな公刊論文の1つにおいて，Chandon & Wansink（2002）は，8つの異なる食品を大量（12単位），あるいは中程度の量（4単位）家庭にストックさせ，12日間の消費を観察した。食品がストックされたとき，初めの8日間は，ストックされていない条件と比べて2倍以上の速さで消費された。その後は，たとえ在庫が大量に残っていたとしても，ストックされた食品の消費の速さは，ストックされていない条件と同程度だった。

　製品のストックはいかにして，その消費率と消費量に影響を与えるのだろうか。目に触れやすさは食品の目立ちやすさを刺激する方法の1つであり（Wansink & Deshpande, 1994），ストックが食品の目立ちやすさと可視性を増やすことを示す証拠がある。それゆえ，ストックはその食品を食べる頻度とそれぞれの機会で食べる量を増加させるだろう。しかし，製品のストックや，消費を主として引き起こす顕現性によってもたらされた高水準の自覚は，製品を消費しやすいときに（そうでないときよりも）熟慮を駆動しやすいことが知られている（Chandon & Wansink, 2002）。

18.2.5　容器の形

　我々が消費するカロリーのうちおよそ74%が，ボウル，皿，グラス，その他の台所器具といった媒介物を用いて消費されているとの推定がある（Wansink, 1994）。これらの道具はいかにして食品の消費に影響を与えるだろうか。提示された食品の量が，その人の消費量を増加させうることを我々は知っている。しかしもし，食品の量を一定にし，異なる大きさのボウル，皿，取り皿で提供したら，何が起きるだろうか。パッケージに関する過去の研究は，より大きなパッケージで与えるとき，たとえ半分しか入っていなくても，小さいパッケージで同じものを同量与えるときと比べて，人々はたくさん食べることを示してきた（Wansink, 1996）。

　自分の食べ物や飲み物を用意する際に人は，何を出すか，どうやって出すか，どれくらい出すかを決定するために認知的な労力を必要とする。このプロセスの一部は認知的に駆動される一方で，部分的には知覚的にも駆動される（Bruner, 1957; Cohen & Hoenig, 1972; Gregory, 1972; Neisser, 1967）。たとえばもし，消費者がシリアルをボウルの半分食べると決めたならば，ボウルの大きさは，彼ら

がどれだけシリアルを出し，消費するかに影響する状況刺激として働く。ボウルや皿の大きさのような状況刺激は，たとえ，それらのシグナルが判断の上で有益であって，あるいは，合理的な価値をほとんど持たないとしても，消費者が意思決定において用いるシグナルを提供するかもしれない（Rao & Monroe, 1988）。そのような刺激は，人が最小限の認知的労力で評価し，決定し，行動することを可能にする認知的ショートカットを提供するものだからである。

グラスについて考えてみよう。人々が物を見るとき，その幅より高さに注意を向ける傾向がある。垂直方向を重視するこうした傾向は，ピアジェによって指摘されており，人々がセントルイスのゲートウェイ・アーチの高さにはコメントする一方で，その（同じ大きさである）広さにはコメントしない1つの理由となっている。減量キャンプにおける10代を対象とした研究は，低くて幅が広い22オンス［1オンスは約28グラム］のグラスを無作為に渡された人々は，高くて幅が狭い22オンスのグラスを渡された人々より，88%も多くのジュースやソーダを注いだことを示した。しかし，本人たちは，自分が注いだのは実際に注いだ量の半分くらいだと信じていた。同様の結果はバーテンダーでも確認されている。低くて広い（タンブラー）グラスに1.5オンス注ぐよう求められると，高くて狭いグラスに注ぐ場合と比べて，30%多く注いだのである（Wansink & van Ittersum, 2003）。

別の種類の錯視にサイズ・コントラスト錯視（size-contrast illusion）というものがある。この錯視を食品の文脈に当てはめれば，もし4オンスのマッシュポテトを12インチ［1インチは約2.5センチメートル］の皿にスプーンですくう場合，8インチの皿にすくう場合よりも，すくう量を過小推定する傾向が強くなることが予測される。つまり，ポテトと皿の大きさの対比は，皿が8インチのときよりも12インチのときの方が大きくなるからである。

アイスクリーム・ソーシャル，つまり，アイスクリームを囲んでの集まりを題材にしたある研究もまた，大きい皿にはより多く盛る傾向を確証している。人々は，12オンスか20オンスのボウルを与えられた。さらに，アイスをすくうためのテーブルスプーンか，テーブルスプーン3つ分の大きさのスクープが与えられた。人々は，大きいボウルには中程度の大きさのボウルに比べて21%多い量のアイスを取り，大きいスクープを使ったときには小さいスクープに比べて14%多く取り分けた。人には，皿，ボウル，スプーンの大きさを，どれだけ取り分けるべきかの指標として利用する基本的な傾向がある。用いる道具が大きいほど，我々は多く取り分けるのである。

18.2.6 要約

過去30年間，研究や政策はかなりの進展を見せ，さまざまな環境における食品摂取の「帰結」に焦点を当ててきた。しかしいまや，食品消費・摂取の領域は，食品摂取の隠れた理由に対する理解に向けた次のステップが必要とされる段階にある。そこでの焦点は，我々が行うことを単に示すだけでなく，なぜそうするのかを説明することに置かれる。このように焦点化することによって，より詳細な研究や，より効果的な政策（つまり意図しない結果をもたらすことがより少ない政策）を生み出すだろう。そして，消費のプロセスモデルや理論の発展・検証に，より焦点を当てることになるだろう。そのようなモデルや理論はさらに，より生産的な研究統合や，消費の動因となるより根本的かつ低関与の要因を特定する試みを可能にするだろう。

消費規範と消費モニタリングは，はじめに検討するのにふさわしい2つの一般的な媒介変数であ

るように思われる。図18.1に記載した通り，これら2つはいずれも，一見すると別々の概念（パッケージサイズ，多様性，社会的影響など）が消費に与える影響を，少なくとも部分的には媒介する要因であるかもしれない。

消費の背後にあるプロセス，その背後にある理由に焦点を当て続けることは，この学際的な領域の認知度を高め，我々の研究が研究者や政策策定者，最終的には消費者に与えるインパクトを強める方向へ展開するのに役立つだろう。

消費は，基本的な行動を理解することがただちに消費者の幸福に示唆をもたらす文脈である。しかし，単に環境要因と消費の関係を知るだけでは，それらが消費者に与える偏った効果を排除することにはならないだろう。人々が自分の消費した量を知って驚くのは珍しいことではない。このことは，人々が，自覚していない基本的，知覚的なレベルで影響を受けている可能性を示している。このような研究における最も即時的な意義は，環境要因が意図せぬ効果をもたらすことのないよう，その環境要因を直接的に変えることにある。ダイエットをする人，糖尿病患者，食品摂取を制限している人々のために，環境を変化させて彼らの消費を制限することができる。表18.1では，これらの方向へさらに前進させうるアイディアの概略を説明している。

18.3　自覚と教育は解決策なのか

過食を導く要因をレビューすると，ほとんどの過食の背景には2つの一貫した理由があることに気づく。1つは，より高い消費規範（つまり普通だと思っている水準が高いこと）であり，もう1つは，より低い消費モニタリングである。しかし，これらが過食をもたらす2つの根本的な原因だと知ったからといって，過食が止まるわけではない。第一に，たいていの人々は，これらが重要な要因だとは信じない。第二に，たいていの人々は，環境要因が自分たちに影響を与えているとは認めよ

表18.1　食べる量を減らすために個人の環境を変える

食環境の5つのS	消費を減らすためにいかにして個人の環境を変えられるか
食品の目立ちやすさ： 食品を目にすることは空腹を促進する	・クッキー瓶をどかし，代わりに果物の皿を置く。 ・魅力的な食べ物を，見えにくく，忘れやすくするために，アルミホイルで包む。 ・より健康的で，低濃度の食べ物を冷蔵庫の前方に置き，健康的でない食べ物は冷蔵庫の後方に置く。
食品詰め合わせの構造と多様性： 雑然さや多様性の知覚は消費を駆り立てる	・（パーティやレセプションのように）同じ食べ物を複数のボウルに入れるのは避ける。なぜなら，そうすることで多様性の知覚を増やし，消費を刺激するからである。 ・ビュッフェやレセプションでは，1つの皿に同時に2つ以上の違う食べ物を載せるのを避ける。 ・（レセプションやディナーパーティのような）多様性の高い環境では，人々が過食するのを防ぐために，食べ物は整然と並べる。老人ホームや病院の食堂では消費を刺激するため，逆に食べ物を雑然と並べる。
パッケージ，一人前の大きさ： パッケージと一人前の大きさ・量は消費規範を伝える	・消費規範（一度に食べる一般的な量）がもっと少ないことを伝えるために，食べ物をもっと小さい容器に詰め直す。 ・前もってより少ない食事を取り分けておく。 ・パッケージから直接食べない。一人前の量が分かるように，常に皿かボウルに移す。
食品のストック： ストックしておいた食べ物はあっという間に消費される	・視界に入らなければ存在しないことと同じである。ストックする食料は買ったらすぐに地下や食器棚に移動させることで，可視性を減らす。 ・ストックする食料は箱詰めにするか，冷凍することによって，利便性を減らす。 ・健康的で，エネルギー密度が低い食べ物を備蓄する。そのような食べ物の消費を刺激し，エネルギー密度が高い食べ物の余地を減らすために。
容器の形： 幅の広い，あるいは大きい容器は消費の錯視を作り出す	・低くて広いグラスを，高くて狭いグラスに取り替える。 ・より小さいボウルや皿を使うことによって，給仕するサイズや消費を減らす。 ・自分の分を取り分けたり，ボウルから食べるときは，大きいスプーンよりも小さいスプーンを使う。

うとしないかもしれない。日々，人は，自分が思っているよりも200以上多くの決定を行っているが（Wansink & Sobal, 2007），これらの多くは，どれを選ぶか，どれだけ消費するかについての熟慮なしに，非意識的に食べている「自動的」な食品選択である。この観察は，人々は自己評価を誤りがちであり，不相応な自信過剰へと導くことを示す他の心理学的研究と整合している（Dunning, 2005）。食事に関する決定では，彼らの過信は過食や体重増加を導いているかもしれない。

18.3.1　自覚の問題

　消費に関する研究は，根本的な行動を理解することで，ただちに消費者の幸福に意義をもたらす文脈において行われる。しかし，単に環境要因と消費の関係を知るだけでは，それが消費者に対して与えるバイアス効果を排除しないだろう。人々はたいてい自分の消費量を知って驚くが，このことは彼らが，自覚やモニタリングの及ばない基本的なレベルで影響を受けている可能性を示している。我々が現在置かれている環境は直接的に，我々に有利に働いたり，不利に働いたりしうる。我々をとりまく環境は知らず知らずのうちに食べ物の過剰消費を引き起こしたり，その一因になったりする。他方，そのような環境は過食に陥らないようにしたり，ダイエットの規律を保ったり他者の管理を必要としない方法で減量を導いたりしうるものである。

　人々が一日で食品について決定している数はきわめて多く，過小推定される傾向にあることを踏まえると，我々がいつも無自覚な食事をしていると主張することは公正さを欠く。これら小さい決定のそれぞれは，環境手掛かりから人が非意識的に影響を受けている瞬間そのものである。食品摂取をよりコントロールするために，人々は，何を食べるか，いつ食べ始め，いつ食べるのをやめるかに関わる決定が多いことをもっと自覚しておく必要がある。

　我々が食品について決定している数は，多くの人が認識しているより200以上も多いことが，ある研究（Wansink & Sobal, 2007）から明らかになっている。我々が非意識的に，自覚せずに行っているこれらの決定は，環境手掛かりから非意識的に影響を受けることになる。ここでは，人々が過食を自覚していないこと，また，これらの手掛かりに影響されていることを，手掛かりとそれによる一般的な影響を明らかにした後も自覚しないことを示していく。

18.3.2　自覚のメタ分析

　4つの統制されたフィールド研究について考えたい。これらの研究が検証したのは，人々が過剰摂取条件に無作為に割り当てられたとき，パッケージサイズ，出されるボウルの大きさ，皿の大きさといった環境要因が自然な環境での彼らの消費量にどのように影響を与えるかということである。これらの研究における参加者の年齢や経歴は広範囲に及び（大学院生，映画愛好家，PTAのメンバーなど），各研究で彼らは異なる条件にシステマティックに割り当てられ，その消費行動を測定された。これらの研究のすべてを通じて，2つの同じ質問が，過剰摂取条件（たとえば，大きいボウル）の参加者に尋ねられた。

1. 「普段のあなたと比べて，どれだけ多く食べましたか」
2. 「この研究では，あなたは［大きいボウル］を与えられたグループにいました。あなたのグループの人たちは，［小さいボウル］を与えられた人たちと比べて，平均して20%～50%多く食べました。あなたがより多く食べたのはなぜだと思いますか」

実験後のディブリーフィング中に集めた質的データは，内容分析（Neuendorf, 2002; Webber, 1989）を用いてコーディングされた。食べた量に関する質問1への答えは，「少ない」，「同じくらい」，「多い」のいずれかにコーディングされた。過食についての説明に関する質問2への答えは，次の4つにコーディングされた。①多く食べたことを否定する，②多く食べた原因を空腹に帰属する，③多く食べたことを実験者の介入に帰属する，④他の説明（刺激的な状況にいた等）を行うというものである。2名のコーダー（分類者）間のコーディングの信頼性は，α = .94（質問1）とα = .74（質問2）であった。質問2におけるばらつきの多くは，コーダーによる協議の上「その他」とコーディングされた回答によるものだった。

　合計で379人がこれらのフィールド研究に参加し，51%（192人）が，過剰な環境手掛かりの条件に割り当てられた。各研究の簡単な説明と結果は表18.2に示した。これらの処置群において，統制群と比較した消費の平均的な増加は31%であった。しかし，平均して73%の参加者が，食べたのはいつもと同じくらいの量だと考えていた。また，いつもより多く食べたと思った人々（8%）の2倍の人々がいつもより少なく食べたと思っていた（19%）。8%の人たちが上記31%の増加を完全に説明するだけたくさん食べたとするには，統制群の平均的な参加者よりも平均して387%多く食べなければならない計算となる。

　処置群のバイアスについて説明され，多く食べた理由について聞かれたときでも，52%の人は，自分は多く食べなかったと主張した。31%の人は，もし多く食べていたとすれば，それはお腹が空いていたからだと答えた。わずか2%の人が，実験者によって変えられた環境手掛かりのせいでより多く食べたと考えていた。15%の人が，多岐にわたる理由のために，より多く食べたと主張した。たとえば，特別な機会（スーパーボウル）だからとか，「自由」だからといった理由である。

　より多く食べた可能性がありうると思っていた人々のうち，2%の人だけが，それが環境手掛かりによるものだと認識していた。外的手掛かりによる影響を認めたがらないのはよくあることであり，それは，バイアスの確かな証拠が提示されているときでさえ確認される。たとえば，標準的なアルコール飲料を注ぐとき，水平・垂直錯視が原因で，5年以上の経験があるプロのバーテンダーであっても，高く幅の狭いグラス（ハイボールグラス）よりも，同じ容積の低くて幅広のグラス（タンブラー）に平均して29%多く注ぐ（Wansink & van Ittersum, 2005）。バイアスが突きつけられ，指示された1.5オンスに対して，注いだのが平均1.9オンスであったことを示されたときの反応は，（明確な証拠があるにもかかわらず）ある種の疑念や否定といったものが一般的である（Wansink & van Ittersum, 2003）。

18.3.3　なぜ教育と自覚は有効ではないように見えるのか

　多くの実験室研究が見出してきたのは，人々が外的手掛かりによって影響されていることを信じないか，あるいは，自分の経験したことがまさにその典型であることを認めようとしないことである（Nisbett & Wilson, 1977）。そのような研究は体系的に評価されてこなかった一方で，それらの研究が示す逸話的な証拠は要求効果によるものとしてしばしば軽視されてきた（Vartanian et al., 2008）。著者はフィールド研究によって，人々がこれらの要因に対して無自覚であり，そのことが最終的に，彼らの消費の増加につながっていることを示してきた。実証データを突きつけられたときでさえ，環境的な操作を受けた参加者の大半は，その知見を否定したり，あるいは，他の説明をな

表18.2 フィールド研究の参加者は介入が自らの消費行動に与える影響を否定する

研究の対象者と文脈	介入と発見	「いつもと比べてどれくらい食べましたか」				「この研究では、あなたは[より大きい容器]を与えられました。あなたのグループの人たちは、他の人たちと比べて平均して20〜50%分多く食べました。なぜ、あなたはより多く食べましたか」[1]				
		少ない (%)	同じ (%)	多い (%)	カイ二乗	「私は多く食べなかった」(%)	「私は空腹だった」(%)	「その(介入)が私に影響を与えた」(%)	その他 (%)	カイ二乗[2]
イリノイ州シャンペーンのバーでスーパーボウルを観戦する40人のMBAの学生 (Wansink & Cheney, 2005)	4リットルのボウルからチキンミックスを取っていた学生 (n=19) は、2リットルのボウルから取った学生よりも53%多く取った。	23	57	20	10.55 (p<.01)	63	31	3	3	22.78 (p<.001)
ニューハンプシャー州ハノーヴァーにおいて、夕食に2人前のスパゲッティを用意している98人の成人 (Wansink, 1996)	32オンスの箱に半分入ったスパゲッティを与えられた人 (n=51) は、16オンスの箱に入ったスパゲッティを与えられた人よりも29%多くスパゲッティを取った[3]	18	73	9	70.36 (p<.001)	71	27	4	8	67.76 (p<.001)
シカゴ郊外に午後、映画を観にきた161人の愛好家 (Wansink & Park, 2001)	240グラムのポップコーンのバケツを与えられた人 (n=82) は、120グラムのバケツを与えられた人たちよりも53%多く食べた。	19	75	6	128.77 (p<.001)	15	77	5	3	152.00 (p<.001)
ペンシルベニア州のフェスターどしに夜、映画を観にきた158人の愛好家 (Wansink & Kim, 2005)	14日経ってしけったポップコーンを与えられたとしても、240グラムのポップコーンを与えられた人たち (n=40) は、140グラムのバケツを与えられた人たちよりも、34%多く食べた。	14	78	8	141.65 (p<.001)	12	79	2	7	179.42 (p<.001)
すべての研究における平均（研究ごとの参加者数によって重みづけしたもの）		19	73	8	331.26 (p<.001)	52	31	2	15	203.97 (p<.001)

*注意：回答は、介入を受け、摂取量が増える結果となった処置群における人々のものである。

[1] この研究で示された個人の内省はこの時点で説明され、統計的に厳格に行った。これらを含めても、結果はすべて $p < .00$ だった。

[2] カイ二乗検定においては「その他」の回答例を除外し、大きいボウルの例を用いた。

[3] この研究では、人々はスパゲッティを取ったが、実際は、食べる代わりに取ることに反映することを取るよう修正した。

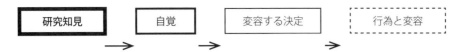

図18.2 人々に「自覚」させるだけでは不十分。人々が行為し、変化するのを手助けする必要がある

お探し続ける。これらの結果は否認と無自覚とを完全には区別できていないものの、研究知見が一貫して示しているのは、人々が把握している、あるいは認めようとする範囲を超えて、システマティックかつ強力な影響力が存在するということである。

研究者が望む変化を必ずしも目にすることができない理由が何であれ、今後の課題は、研究の成果が人々に与える直接的な影響が、思っていたよりずっと少ないかもしれないということである。研究者が期せずして自分の研究成果を世に知られることに成功したとしても（たとえば、出版、発表、報道を通じて）、それが、人々はどう変化すべきであるかを示すものとは限らない（図18.2を参照）。結果として、人々は「興味深い」何かを聞くことはできても、自分自身の生活に変化をもたらす決定を下すことになるわけではない。

人々が変わりたいと願っていたとしても（これは、ある人が新しい研究からダイエットのコツを得ようとするときにも当てはまるが）、それを実行するのを妨げる何かが存在していることがある。ある場合には、それは人々の生活上の惰性、あるいは、構造的な障壁であるかもしれない。他の場合には、それは単純に、支援の構造、つまり選択の構造（本書25章）を研究者が提供していないということなのかもしれない。選択の構造は、よい考えとよい変化とを区別するのに必要とされる。

18.4 無自覚な食事から健康的な食事に変える

食品環境をめぐる大きな生態学的文脈の分析には、マクロとマイクロという2つの基本的なレベルがある。マクロレベルでは、政府の規制、食品産業が与えるインセンティブ、学校給食プログラム、宣伝キャンペーンに焦点が当てられる（Brownell & Horgen, 2003）。マイクロレベルでは、新鮮な果物か甘いお菓子かといった選択に焦点が当てられる。

この広い生態学的な文脈において、政策と個人的な選択の領域間にあるがゆえに多くの場合見過ごされる中間のレベルが存在する。この中間レベルとは、私たちが暮らし働いている環境である。これこそが、食品そのものの味、質感、質にかかわらず、食品摂取に影響を与えるレベルである。つまり、ある人がリンゴを食べるか、アップルパイを食べるかということにかかわらず、環境要因はたいてい無意識のうちに摂取の動因となりうるものである。さまざまな食品カテゴリーについてたえず警告しなければならない事態を避けるためには、食品から独立した動因と、食品に由来する動因とを区別することが有用である。

批評家はきわめて高い視点から、私たちを太らせる、安価で、入手が容易な食品を非難する。農業や超大型の食品会社、または学校に対してさえも、政府が助成することを非難する人もいる。もし、これらのすべてがなくなったとしたら、私たちを取り巻く環境は明らかに、肥満を引き起こしにくいものとなるだろう。そうなれば私たちはみ

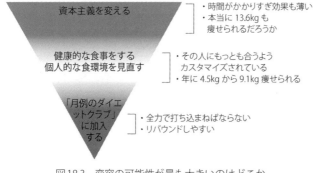

図18.3　変容の可能性が最も大きいのはどこか

な，1950年代の白黒写真に見られるようなスタイルの，ほっそりした見た目に戻るのだろうか。それは定かではない。資本主義や世界を変えることは，時間のかかるプロセスである。この際，世界のどれだけの人が変わりたいのか，あるいは，そのことが実際にどれだけ我々を痩せさせるかがはっきりとしない（図18.3を参照）。

マイクロアプローチもマクロアプローチも，家族や自分自身を正しい道に戻したい人に対して明るい未来を約束はしない。マクロのレベルは時間がかかりすぎ，効果も薄く，うまくいきそうにない。マイクロのレベルは全力で打ち込まねばならず，リバウンドしやすい。

変容の鍵は，もっと中間にあるのかもしれない。人々は，自分や家族がよりよい食事ができるよう，食をめぐる個人的な環境を再構築することができる。人々は，無自覚な過食から無自覚なよりよい食事に移行できるのである。

18.4.1　生活というフィールド

研究者や政策策定者はときおり，人々の選択が一貫しない場面を目にする。研究者の中には，よくない選択を導くバイアスを解明することを専門にしている者もいる。しかし，人々がどうすべきかを知ったからといって，研究者や政策策定者はそのような人々の変容を手助けするエキスパートになれるわけではない。人々に伝えることは必ずしも，彼らを手助けすることとイコールではないのである。いろいろな意味で研究者や政策策定者は，環境が持つ力やその影響力に対する認識が信じられないほど甘い。まるでボウルの大きさや，メニューの「健康ハロー」[i]による影響を受けないと信じ込んでいる参加者と変わらない。

多くの学術研究は，きわめて統制された実験室においてデータを収集する。ここでは，合理的な思考こそが最も優れたものであり，決定はコンピュータのキーボードによって行われる。政策策定者は職務時間の大半を，（特別な関心と相反する立場が存在する）混沌とした緊張感に満ちた空間で過ごす。ここでは，何が最善であり人は何をすべきかという人間行動のリアリティが，研究者や政策策定者の立場ないし想定にとって代わられてしまう。

研究者や政策策定者がもし誤った手掛かりを見ていたとしても，自らが正しい道にあると信じることはたやすい。研究者たちは，論文がよいジャーナルにアクセプトされたり，他の研究者から引用されたりすれば，自身のアイディアには影響力があると信じることができる。政策策定者たちは，予算を獲得したり，法案を通したりしたら，自身のアイディアには影響力があると信じることができる。

研究者や政策策定者のこうした生活の多くで失われているものは，生活というフィールドから得ることのできる経験である。彼らが知っているのは，自身のアイディアが他の研究者や政策策定者から受け入れられているかどうかということであ

---

i　［訳者註］ある食品は健康的であるというイメージに流されること。

り，本来支援しようとしていた人々から受け入れられているかどうかということではないのである。

18.4.2 ナショナル・マインドレス・イーティング・チャレンジ

人々はたいてい，自らの食習慣が周りの環境手掛かりから影響を受けていることを信じようとしないため，一般的なアドバイスに抵抗するか，あるいは，特定の状況の人にとって最も有用である定型的な変化を，どこから始めてよいのか分からないという2通りの反応を示す。

このジレンマの解決を手助けするために，ナショナル・マインドレス・イーティング・チャレンジ（National Mindless Eating Challenge）が結成された。このチャレンジには初めに3つの研究上の目的があった。

1. 実験室で検証されたコツをフィールドでも成功させる
2. 定型化されたフィードバックを提供するために，ダイエットをする人の類型的なプロフィールを開発する
3. 参加者のチャレンジへの順守と成功を最も促進するようなフィードバックの形式にする

何か発見をしたら，これらの知見を我々は図18.2のギャップを埋めるのに役立てるべきである。そうすることで，明らかになっている知見と実際に変容する行動との間をつなげることができるだろう。

方法

自らの食行動を変容させるのに関心がある1万人以上の人がウェブサイト（www.MindlessEating.org）に登録した。これらの人の中から2500人が無作為サンプルとしてナショナル・マインドレス・イーティング・チャレンジの第一ステージの調査に参加する機会を与えられた。このうち17%の人が，『そのひとクチがブタのもと』（Wansink, 2006）を読んでいたが，大半の人は読んでいなかった。

その本は，5つの共通の食事目標を特定していた（下記1〜5）。出版後の読者とのやり取りにもとづき，4つの目標が追加された（下記6〜9）。参加者は，翌月にこれらのうちど目標を目指したいかにもとづいて分類された。9つの食事目標は以下の通りであった。

1. 満腹まで食べるのを減らす
2. 間食のつまみ食いを減らす
3. レストランで食べたいように食べるのを減らす
4. パーティで飲みすぎるのを減らす
5. パソコンデスクや車のダッシュボードで食べるのを減らす
6. もっとたくさん食べる
7. 健康によい食事をする
8. 家族の少食や健康的な食事を助ける
9. 減量を維持する

参加者は，健康状態，体重，生産性，幸福，最近の病歴といった自己報告の尺度を含む，非常に長いオンラインの質問に回答するよう求められた。この後，彼らは無作為に，学術研究による実証的な裏づけを受けたコツの中から，食行動に関する3つの提案が与えられた。9つの食事目標のそれぞれに対して，8〜21個のコツが関連性の高いものとして特定された。

プログラムの基本的な目標は，小さく，実行が容易な変容を提供することであった。それは辛いものではないが，長い時間をかけて大きな結果をもたらすものであった。各変容によって節約される推定カロリー量に基づくと，変容の半分を実行

するのに成功した人は，1年につき平均して（もし，代謝を含め他のすべてがほぼ同じであれば），15〜20ポンド［1ポンドは約0.45キログラム］相当の減量をしたことになるだろう。

チャレンジに参加している各人が，その月の主たる食事目標を明らかにした後，9つの目標ごとに関連づけられているコツから3つが無作為に与えられた。彼らは，次の3つを記録するよう求められた。第一に，そのコツを実行するに当たっての最大の障壁，第二に，その障壁を乗り越える上で用いることができる戦略，第三に，その行動を十分に達成するために必要となる日数の推定である。

続いて，進捗を追跡するために，彼らは月次目標のための日々のチェックリストを与えられた（例として，図18.4を参照）。チェックリストの3行にその月に決めた3つの変容について書き，変容に成功した日はチェックの印をつけるよう求められた。

続く4週の毎週金曜日に参加者はメールでリマインダを受け取り，彼らのつけたチェックの数に基づき，1年で減るであろう体重の推定値が与えられた。月の終わりには，ウェブサイトに戻るよう誘導され，これまでと同様のプロセスが繰り返された。

このプロセスは3カ月に渡って繰り返され，その後，各目標におけるそれぞれのコツについて健康状態，体重，チャレンジへの順守における変容が評定された。健康の合成尺度は，幸福や健康に関する質問への回答に基づき作成された。チャレンジへの順守と体重の変化は独立して測定された（Wansink et al., 2009）。

結果

1カ月以上のプログラムを完遂した2374名のうち，平均的な減量は1.3キログラムだった（範囲は+0.4〜-5.7キログラム）。3カ月間すべてのプログラムに参加し続けた人（1743名）の事前分析によると，彼らは平均2.4キログラムの減量を達成していた。このチャレンジが開始された同じ月に，比較のために別のプログラムが始まっていた。それは従来型の対面式のプログラムであり，73名が2カ月間，ダイエットのアドバイスと，スポーツクラブへの参加の自由を与えられた（減量のための個人レッスン条件）。この2カ月間で報告された減量は3.7キログラムであったが，3カ月目の終わり

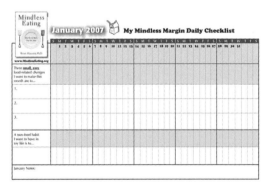

図18.4　ナショナル・マインドレス・イーティング・チャレンジで用いられた説明責任チャートの図

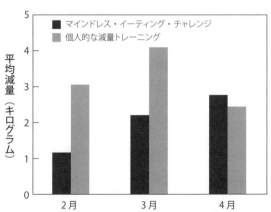

図18.5　ナショナル・マインドレス・イーティング・チャレンジは2カ月の個人的な減量トレーニングよりも確実な減量を導く

には報告された減量は2.2キログラムと減り幅は少なくなった。

マインドレス・イーティング・チャレンジに参加した人々が報告する体重は，3カ月にわたり各月で段階的に減り続けた（-1.0，-2.0，-2.5キログラム）。対照的に，個人レッスンを受けた人々の減量は当初は急激だったが（図18.5を参照），その変化量は2カ月のプログラムが終わった後に後退した（-2.8，-3.7，-2.2キログラム）。「触れ合いの多い」個人レッスンが備えている多くの利点にもかかわらず，2カ月後の進捗傾向は，体重の変化が不明瞭になったことから，不安の残るものとなった。対照的に，マインドレス・イーティング・チャレンジによる，ゆっくりかつ着実な，無自覚な変化は，月ごとに有効性が増すことを示している。

ただしこの研究の参加者は，無作為に選ばれた人々ではないことを理解しておかなければならない。ウェブサイトに来た人と，個人トレーナーと契約した人は，ある次元においては比較することができないかもしれない。たとえば，これらの中には節度ある食事をする人であったり（Ward & Mann, 2000），自我枯渇と闘っている人がいたかもしれない（Baumeister, 2002）。加えてこの研究が分析対象としたのは，プログラムを続けた人のみであった。さらに，個人トレーナープログラムよりも多くの人々が，ウェブプログラムから脱落していた。個人トレーナープログラムに参加した人よりもウェブプログラムに参加した人に着実な減量が確認されたのは，あくまでプログラムを3カ月完遂した人々に限定される，と述べて上記結果に条件をつけることが重要なのは，まさにこのことが理由である。

各人の食事目標に基づいて人々を分けてアドバイスを与えることは，一般的なアドバイスを与えるよりも効果的である。他方，これまで得られてきたさまざまな指標を用いて，さらなる区分の戦略が検討された。事後分析において，2つのコントロールでさらに区分してアドバイスする有効性の次元が確認された。1つは，ある人が発揮した，あるいは，持っていると主張している自己コントロールの一般的な程度であり，もう1つは，ある人が身の回りの環境に対して発揮したコントロールの程度である。1つ目の次元は自明であるが，2つ目の次元ではさらに次のような区別が必要となる。つまり，周りの環境をたやすく変えられる人（一人暮らしの人か，そうでなければ，1世帯における食品の購入・準備に関する決定をコントロールしている人）か，そうではなく大所帯のメンバーの一員である人か。これら2つのコントロールの変数をそれぞれ二分すると，4つの行動の区分が生まれる（低い／低い，低い／高い，高い／低い，高い／高い）。これらに9つの異なる目標を掛け合わせると，おおむね均質な36の区分ができる。さらに，これら36の区分内でさまざまなコツのアドバイスのどれが成功するかに関する分析を行うことによって，個人が持つ多様なプロフィールに対して最も有効となりうるアドバイスの順位をつけられるようになった。

一連の追跡研究において我々は，最大限のチャレンジへの順守や満足をもたらすよう，これらのアドバイスを最も効果的に提供する方法について検証した。ある注目すべき研究では，3000人の人々に対して，次の3つのうちいずれかの方法によってこれらのアドバイスが提示された。

1. 自分で選ぶグループ：実験室で検証された173のコツがあります。この中から3つ選んで，来月使ってください。
2. 五択から3つ選ぶグループ：あなたのようなタイプの人の成功と，統計的に最も関連が深い5つのコツがあります。その中から3つ選んで，来月使ってください。

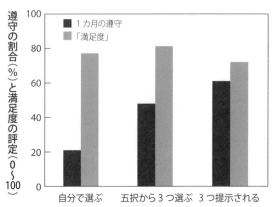

図18.6 自由主義的パターナリズムとダイエットに関する選択：選択肢が少ないほど効果があるように見える

3. 3つ提示されるグループ：あなたのようなタイプの人の成功と、統計的に最も関連が深い3つの減量のコツがあります。

すべての参加者は、自分でコツを作ることが認められ、実験者が提示したコツに縛られる必要はないと伝えられた。自作によるコツの一例として、昼食や夕食につく際は、フルーツと野菜を必ず揃えて用意するというものがあり、これを実行したカップルは15.0キログラムと20.0キログラム減量した。だが、全グループ中自分でコツを作りだしたのはわずかに4%だった。

1カ月間、遵守（各日にコツを実行した割合）と満足度が追跡された。我々は、多すぎる選択の自由を与えると遵守が減ることを見出だした。与えた選択肢がより少なかったからといって、人々の満足が減るわけではなかった。図18.6からわかる通り、満足と答えた人の割合は依然として70%を超えていた。デフォルトの選択肢を減らしつつ（173の選択肢の代わりに3つの選択肢が提示される）、自由な選択を認める（「自分自身でコツをつくる」）といったリバタリアン的パターナリズムの立場は、より強い遵守とより高い満足につながった。長期的にどう進展するかはまだ不明瞭であり、異なる時点、あるいは、異なる集団を対象としたさらなる研究が必要である。

18.4.3　食習慣の変容に関する4つの考え

生活というフィールドでの実験は、現実世界の行動に影響を与えようと試みるものであり、落胆と励まし両方の教訓をもたらした。その結果は、最も実践的な知見でさえ人々がそれを実行するのは困難であることを示しており、それゆえ落胆させるものと位置づけられる。なぜ実行するのが困難であるかと言うと、人々はそれらの知見の妥当性を理解せず、あるいは、それらの知見を活用する動機づけを欠いており、また、段階に応じた励ましや指示を欠いているからである。

フィールド実験がもたらした励ましとは、象牙の塔である研究者と公共政策の一団の双方に実りをもたらし、新鮮な空気を吸い込むことで新鮮な思考をもたらしてくれる容易な方法があるという事実である。ナショナル・マインドレス・イーティング・チャレンジに関わることで、著者が学んだ4つの教訓がある。これらは現在、人々が知っていることを行為に移させるための方法についての、著者の作業仮説となっている。

変容が有効であることを証拠で示す

世界はアドバイスに満ちている。我々の研究者としての強みは、アイデアやプログラムの有効性を証明したり、あるいは、反証したりする能力にある。我々は、12.5インチの皿を与えられると、10.5インチの皿と比べて27%多く食べることを実証することができる。もし栄養士が誰かに、もっと小さい皿を使って食事するよう命じたら、リアクタンスが生じるかもしれない。もし我々が証拠とともに同じことを言う場合、根拠をもってそれを勧めることができる。

ナショナル・マインドレス・イーティング・

チャレンジによって示されたすべての変容は，1回のセッションでの摂取に対して少なくとも12%の影響を与えたことが実証されている。こうした変容が，オクラホマ州ブリストウにあるトラック運転手のための給油・食事施設での食事や，アイオワ州コレクションビルの感謝祭での食事ではどう変換されるのか，ということについて我々は十分知っているわけではない。しかし，そこでもそうした変容がおそらくは働くであろうと信じるに足る理由を我々は持っている。

定型化された一連の変容を提供する

『カラマーゾフの兄弟』における大審問官のシーンのように，多すぎる選択の自由は多くの人々を麻痺させうる。ナショナル・マインドレス・イーティング・チャレンジにおいて，あるグループの人々は，自分たちを変容させるコツなら何を選んでもよいと伝えられたことを思い出してみればよい。しかし，それらの変容方法に対するこのグループの遵守の程度は強いものではなかった。参加者の遵守の程度が最も強かった（70%を超えていた）のは，「**あなたのようなタイプの人に合っている**」**との説明を添えて**コツを提示し，彼らにコツを選ばせなかったときであった。ここで，理解しておくべきいくつかの重要な要素がある。第一に，彼らは何をすべきかを具体的に示された。第二に，彼らは証拠を与えられたが，これは一般的なアドバイスではなく，むしろ彼ら個々人に対するアドバイスであった。

このような状況において選択の自由はどこにあるのだろうか。彼らは自分自身で好きにコツを作ってもよいと伝えられており，それこそが自由を担保するものとなっていた。彼らはこの自由を肯定的に捉えたのかもしれないが，自分でコツを作った人はわずか4%であり，その場合にもこれらはたいてい前月から持ち越したコツであった。

日々の個人的な説明責任に対応するツールを与える

よく言われる行動変容の経験則の1つによれば，古い習慣をやめ，それをよい習慣に取って代えるには28日，つまり1カ月かかるという。

人々は1日の終わりに，その日達成した変容にチェックの印をつけるよう求められた（図18.7）。自分の行為に責任があることを示すこうした小さな行為によって，人々は自らが行ったことをより意識し，より説明責任を持ち，また，小さな報酬が自分に与えられるようにしていた。

たいていの人々は，自分のことを精神的に鍛錬されているとみなしたいものである。そのため，毎晩事実と向き合い，小さいボックスにチェックの印をつけなければならないのは最良の方法である。我々の記憶は非常に選択的なものであるが，3つのチェックリストの力を借りることで，月末に，なぜ無理なく0.9キログラム減量したのか，あるいはなぜ減量しなかったのかが分かるようになる。

定期的な励ましとフィードバックを与える

習慣は日々のスクリプト化された行動によって強化される。行動変容は（どれだけ強制的であっても），長い時を経て形成された習慣に対しては働かないようである。

何らかのコミュニティの励ましを提供すること

3月	1	2	3	4	5	6	7	8	9	10	11	…	31	合計
2分の1皿ルールを守る——皿の半分は野菜にする	○	○	○		○	○	○	○	○		○	…	○	27
速度を落とす——最後に食べ始め，最後に食べ終わる		○			○					○	○	…	○	13
野菜は「大皿盛り」でのみ食べる	○	○	○		○	○	○		○	○	○	…	○	24

図18.7　3つのチェックリストの力

は，行動変容を試みから習慣へと移行させるのに役立つ。ナショナル・マインドレス・イーティング・チャレンジで，励ましと，仮想のコミュニティから支援を受けているという感覚を提供しようと試みた3つの主たる方法がある。

第一に，我々は毎週リマインダーと励ましを与えている。そこでは，その週に行動をどれだけうまく変容させたかに基づいて，彼らが1年でどれだけ減量するかの見通しを伝えている。第二に，毎月末，行動変容がどの程度うまくいっているかを聞き，新しいコツを提供するために再び彼らと関わっている。第三に，我々はときおり彼らとアイディアを共有したり，あるいは，彼らの興味に沿っていると思われるさまざまなトピックについて彼らからフィードバックを求めている。

18.5 変わりゆくパートナー：個人から産業，産業から政府へ

研究者として我々は，アイデアを発展させたり，これらのアイデアを実験室で検証したり，また生活というフィールドで実証するための柔軟性や自由な創造性を備えている。そうした研究の影響力を高めるためには，パートナーと連携することが有益である。健康管理の場合，企業や政府から得るものは多い。

18.5.1 概念の実証から実利性の実証へ：小売業者のケーススタディ

実用性の実証されたアイディアを引き出すことは重要である。さらにそのアイディアの採用を早めるのは，実利性の実証されたアイディアを引き出すことである。健康管理のコストを考えると，企業が健康的な食事を奨励するインセンティブは増えつつあると言えるかもしれない。

概念の実証から実利性の実証に移行する方法の1つには，企業環境がある。小売業者の福利厚生の一部として，各店舗から多くの従業員が，2007年11月26日に開始したナショナル・マインドレス・イーティング・チャレンジに参加した。これらの店舗のすべての従業員は，完全に無料でこの

表18.3 無自覚な食事：意識せずに健康な食事ができるようあなた自身の計画を開発する

キーポイント	長所	短所
あなたが無自覚でいられる範囲。日常の摂取を100〜200キロカロリー変えただけでは，栄養が足りないとか成長が後退するなどと感じたりしないだろう。	簡単で安価。 空腹や欠乏感がない。 家族と一緒にできる。	減量は漸進的。1日につき100〜200キロカロリーは，1年につき4.5〜9.1キログラムに相当する。
無自覚よりよい食事。無自覚な過食から，無自覚なよりよい食事に移行させる小さな行動の再設計に焦点を当てる。注意すべき5つの共通の場所（ダイエットにとっての危険範囲）には，朝昼晩の食事，おやつ，パーティー，レストラン，PCデスク，あるいは，車のダッシュボードが含まれる。	絶食は禁止だが，一人前の量を減らす。いかなるルーティンにも適合可能。すなわち，自分にとって最も容易だと予想されることにも柔軟に適用できる。	小さな変化が第二の天性になるまで，これは，毎日の習慣のチェックリストが用いられたときに最もよく働く。
自覚的な再設計。自覚していないあなたの余力を削減するために，基本的なダイエットのコツを使うことができる。しかしそれよりカスタマイズされているのは以下の方法を用いることである。1つは食のトレードオフ，もう1つは食の政策を用いることである。これらはともに，決定を苦痛に満ちたものにすることなく，食べたいものを食べるチャンスを与えてくれる。	体重は減り続ける。 他のダイエットの代わりや，それと並行して使ったり，他のダイエットの後に使うことができる。	
3つの力。大きな犠牲なしで無自覚に行うことができる簡単で実行可能な3つの変容を設計する。		
無自覚な幅のチェックリスト。無自覚な過食から，無自覚なより良い食事に移行させるのを手助けするために，この日々のチェックリストを使う。		

プログラムに参加することができた。プログラムに登録し，健康状態に関する自己報告尺度に回答した後，彼らは食事目標，自己コントロール，自宅で食事環境をどのくらいコントロールできるかの質問に答えて，36のプロフィールの中から1つに区分された。

調査に回答した後，彼らはプログラムの基本原理を強調した表18.3を提示された。続いて彼らには3つのチェックリスト（図18.7）が与えられた。彼らは，翌月の間毎日試みるよう指示された3つの小さな変容を記入し，それを浴室の鏡かベッドの側に置いて，毎晩記入するよう求められた。

参加者には毎週金曜日に，チェックリストを記入し続けるためのリマインダと短い励ましのコメントが送られた。彼らはまた，3つの行動変容のそれぞれを実行できた日の総数（0〜21）を報告するために，指定のウェブアドレスを訪問した。彼らがなし遂げた変容の成功数と，変容ごとのカロリー節約量の推定範囲（実験室実験によって測定されていた）に基づき，1年でどれだけ体重を減らせるかの見込みについて，参加者には自動的なフィードバックが与えられた。

各月の終わりに，従業員はウェブサイトに戻り，自らの経験を報告するよう求められた。彼らはその時点で，食事目標を新たに設定し直すことができた。新しい食事目標と，前月の達成状況に基づいて，翌月行う新しい3つの変容が与えられた。もし自作の変容を使いたいのであれば，そうすることもできた。

このような小売業をはじめとする企業は，従業員が幸福であり，健康であり，生産的であることに関心を抱いている。もし1人でも従業員がこれまでより健康的な体重になれるのであれば，この制度は健康管理のコストと生産性の双方に意義を持つことになるだろう。

この制度の成果はまだ明らかになっていない。だが，このケーススタディの概略から得られる重要な教訓は，この制度が示しうる（健康管理のコストを減らしたとか，生産性を高めたといったような）成功の細部にあるわけではない。ここでの教訓とは，興味のある知見から影響力のある知見へと転換するのは必ずしも不可能ではないということである。それこそが，この種のパートナー（つまり企業）と連携する価値のある点なのかもしれない（そうでなければ我々は検討したりしなかったであろう）。

18.5.2　人々とよりよい栄養摂取に向けた政府

すべての政府は，途方もなくコスト効率のよい制度の実例に満ちている。それらの制度は対象とする人々の生活を変容させてきた。他方，残念なことに，まったく効果を持たなかった制度の例も存在する。実際，おそらく制度の数と同じだけ失敗の理由も存在する。しかしながら，教育と自覚が行動を変容させるという想定は誤りであり，かつ不十分であるということは，本章が繰り返し強調してきた主題の1つである。

栄養政策促進センター

アメリカ農務省は，栄養摂取と関連している機関であるだけに，健康促進の推進機関として位置づけられる。栄養政策促進センターは，アメリカ農務省へ指針を示す責任を負っている。栄養政策促進センターは，5年ごとに新しい食事ガイドラインを定めている。このウェブサイト（前サイトはMyPyramid.gov）は，内国歳入庁を除いて，2番目に訪問者の多い政府のウェブサイトである。このウェブサイトでは，WIC（女性・児童向け栄養強化計画のこと）制度や，フードスタンプ（政府が生活保護受給者に発行する食品割引券のこと）制度，学校給食制度のために，栄養についてのガイドラインを提供している。

2007年，著者は大統領の指名を受け，次の政権までの15カ月間，栄養政策促進センターのエグゼクティブ・ディレクターを務めた（Squires, 2008）。初めに実施したのは，同センターが労力をつぎ込む先を，最も大きな変化がもっとも早く生じる方向へと舵取りしたことであった。各家庭の「栄養管理者」は，その家族のメンバーが下す食事の決定の約72%に影響を与えると推定されていたため（Wansink, 2006b），この人物に影響を及ぼすことに栄養政策促進センターの労力のすべてを注ぐこととした。全体目標は，年中無休であらゆる観点から栄養情報を与えることであった。こうした栄養管理者がどこで食品を買ったり食事の準備をしようとも，またどこで働いたり遊んだりするかによらず，この人々に接近しようと我々は試みたのである（IFIC, 2008）。

1. メッセージの送り方が再検討され，新しいメディア（たとえば，ポッドキャスト，YouTube，オーディオクリップ，オンラインゲーム，対話型ツール，家庭活動）が準備され，用いられた。
2. 4つの新しいツール（マイピラミッド・メニュー・プランナー，妊婦や授乳中の母親向けのマイピラミッド，未就学児向けのマイピラミッド，子どもの食費計算機）が用いられた。
3. 100を超える提携企業が，マイピラミッド提携プログラムを通じて参加した。それらの企業は任意の場所で（パッケージング，オンライン，店，学校，家など），食事ガイドラインを報知することに対してインセンティブを与えられていた。

　アウトリーチのために新しいツールやアプローチを開発するに当たって，次の内容を実施したことは栄養政策促進センターの慧眼であった。それは，どのアイディアがローカルなレベルで効果的に用いられてきたか，どのアイディアが企業によって効果的に用いられてきたかを理解するよう努めたことである。これらのアイディアを用いた結果，MyPyramid.govのウェブサイトへのヒット数は15カ月で44%増加し，1日のヒット数は560万ヒットにまで増え，最もアクセスされた政府のウェブサイトとなった（Wansink, 2009）。

　栄養政策促進センターのような機関が使う栄養ツールに影響を及ぼすことは，実験室における証拠と同じく「生活における証拠」をも検討対象とすることを意味している。このことは，概念の実証を進める場合に最も見込みのある文脈を見出すことの重要性を示してくれる。その道筋は，あるときには国立衛生研究所の助成を通したものかもしれないし，また別のときには小売業者の福利厚生の成功事例を通したものかもしれない。

州の公開講座と最前線の栄養学

　栄養ガイダンスを最も必要としている人の多くは，そのガイダンスに従う余裕がそれほどない人々である。幸いにも，需要の多くは州の公開講座制度や，他部署がスポンサーとなっている最前線の制度によってカバーされている（たとえば，WICやEPNEF［小さい子どもを持つ親のための栄養学の授業のこと］）。

　これらの制度では受講者との接触時間がそれなりに確保されているが，だからと言って制度がいつも最大限の効果を発揮しているというわけではない。持続する効果が得られるよう，制度の教育担当者がそのアプローチを修正する上で，上述した4つの発見に依拠することは有益だろう。ここに，我々のアウトリーチの経験から得られた見識を総括する。

1. 変容が有効であることを証拠で示す。
2. 定型化された一連の変容を提供する。
3. 日々の個人的な説明責任に対応するツールを提

供する。
4. 定期的な励ましとフィードバックを与える。

　これらの制度におけるさまざまな教育担当者との協働の中で，教育担当者たちの多くは習慣的な励ましやフィードバックを与えるのが非常にうまいことを著者は目にしてきた。こうしたクオリティの高さは，WICやEPNEFのような制度のいくつかが，定期的なミーティングやフィードバックのセッションを義務づけているという事実に起因するものである。

　必ずしも一貫して明らかでないのは，はじめの3つの原理の活用である。勤勉すぎる教育担当者たちはあまりに頻繁に，食事の命令リストを与えるだろう。これらのリストは，その方法がうまくいくことを示す有力な証拠や，個人を取り巻く環境への注視，最後まで定期的にやり遂げる方法についての指針といったものがほとんどない状態で与えられることがある。

　ウェブに埋め込んだ効果的なアルゴリズムは，フィードバックを定型化し，継続的なサポートを提供することができる。しかし，これとよく似ているが「触れ合いのもっと多い」アプローチが，最前線の栄養スタッフの役に立たないと考えることは誤りである。基本的なフローチャートは，おおむね一定量のフィードバックを，最も一般的なプロフィールを持つ人々に提供するものである。設問への回答に基づき，各プロフィールに振り分けることで，当人と最も関連が深く，また効果が実証されてきたコツをその人に与えることができる。さらに，月ごとのチェックリスト（紙版）といった無料のリソースが追跡ツールとして提供された。人々は，自身をモニタリングし，また，教育担当者に報告するためにそうしたリソースを使うことができる。それによって教育者たちは，何を教えるか，どんなアドバイスを与えるかを調整する方法について知るのである。

18.5.3　パートナーなくしてプログラムなし

　おそらく，変容をもたらすのに最も効果的な方法は，誰かの助力を得ることである。政策策定者や研究者であっても，自分ひとりでできることやカバーできる範囲は限られている。自分にどれだけ才能があり，経験があると思っていようとも，我々のビジョン，リソース，コネクションなどは限られたものである。しかしながら，政策策定者や研究者が，自身の短所に対応する長所を持つ他者をパートナーとするとき，その制限はずっと弱まる。

　新しいアイディアやアウトリーチの努力について考えるときに，我々が利用できる最も効果的な経験則の1つは，パートナーなくしてプログラムなしというものである。我々のパートナーになりうるのは，フォーチュン500の食品会社や，オハイオ州メリダンの学校給食プログラムなどである。パートナーは，もう1人の研究者や代理人にもなりうる。またベネフィットオフィサーやジャーナリストにもなりうる。

　複数のパートナーとの協働によって利益を得ることができた2つのプロジェクトについて考えてみたい。1つはスマーター・ランチルーム・プロジェクトであり，もう一つはスモール・プレート・ムーブメントである。

　スマーター・ランチルーム・プロジェクト（www.SmarterLunchrooms.org）は，学生が学校で行う食事の選択を改善することを目的としている。食べ物の種類を制限するのではなく，学校の食堂に手を加えて，学生が気づかないうちによりよい選択ができるようにすることがその目標である。制約された意思（Wansink et al., 2009）とは，知覚できないレベルで人々を制約することで，選択の錯覚を与えるように環境を変えることを指している。

食事のセットメニューを組み替えたり，トレイを廃止したり，デザートや砂糖入り飲料を現金でのみ購入できるようにした場合（デビットカードが使える場合に比べて），学生の食事はより健康的になったことが示されている（Wansink et al., 2009）。

　こうした成果を生み出すのに，2つのパートナーの存在はきわめて重要であった。アメリカ農務省は，共同契約を結んで初期のいくつかの研究に資金を提供してくれた。実施後，アメリカ農務省の研究スポンサーからの出資にもとづき，一連の共同研究報告書が提出された。その後，学校栄養学会が，その年次大会やウェブサイト，会員へのメールを通じてこの知見を広める手助けをしてくれた。このプロジェクトは，いずれの組織の協力がなくても実施可能であっただろうが，協力が得られたことで，メッセージを明確なものにし，より多くの集団により効果的にメッセージを広めることができた。

　2つ目の例は，スモール・プレート・ムーブメントである。これは，前述した小さい皿を用いることによる結果を踏まえてスタートした。その目的は，消費者が小さな変容（普段より小さい皿を使う）を起こすのを手助けすることであった。この変容は，食事量を減らすのに役立ち，他の生活の部分にも波及効果をもたらす可能性がある。スモール・ページ・チャレンジに登録すると，最低1カ月は10インチ未満の皿を使うことに同意することとなった。

　ここでは5つの重要なパートナーが存在した。1つ目はコーネル大学の食品ブランド研究所であり，ウェブサイトの開設とキャンペーンを担当した。2つ目はTOPS（無理のない減量プログラム）の減量グループであり，グループミーティングや，メンバーの個人ホームページ，ブログを通じて，スモール・プレート・ムーブメントという言葉を広めてくれた。3つ目はアメリカ・レストラン協会であり，食費の減少や価値の知覚向上といった効果を示しながら，協会内でより小さい皿の使用を推進した。4つ目は，皿メーカーと輸入業者であった（たとえばMindlessProducts.com）。そして5つ目は，ミネソタ州南部にある18000人の町であった。

　ミネソタ州のアルバートリーは，無自覚な食事が実生活においていかに改善されるかについての考えを実証するために選ばれた。ブルー・ゾーン・バイタリティ・プロジェクト（Blue Zone Vitality Project）の食事部門のように，『そのひとクチがブタのもと』に示された原理は，2000以上の世帯が交わした誓いの一部となった。人々が行った変容の1つは，6カ月間，普段より小さい（10インチ未満の）ディナープレートを使うことであった。他にも多くの変容が実施されていたが（身体的な活動も含む），小さい皿を使用することは，単なる成功の見込みがあるというだけだったのが，住民と我々の双方に利益をもたらす協力関係へと転じる上で不可欠な要素であった。

　もし，誰も我々やこのプログラムとパートナーを組んでくれないとすれば，そこには2つの問題があると考えられる。つまり，プログラムがそれほど明瞭ではなく説得力に欠けている，あるいは，プログラムのアイデアが悪いということである。いずれの場合も，パートナーに協力を求めることで，初期の段階でプログラムをより効率的なものにすることさえできるだろう。このことは仕事の成果を分かち合うことを意味するが，たいていの人々は，成果を共有する方が，一人占めするよりもよいと考えるだろう。

18.6　結び

19世紀は衛生学の世紀と呼ばれてきた。つまり19世紀には，衛生学や公衆衛生に対する理解が向

上し，その結果，他の単一の方法に頼るよりも多くの命が救われ，寿命が延びることとなった。20世紀は医学の世紀であった。ワクチン，抗生物質，輸血，化学療法によって，より長い，より健康的な生活がもたらされた。1900年におけるアメリカ人の平均余命は49年だったが，2000年には77年になった。

21世紀は行動変容の世紀になると著者は考えている。医学は今もなお，寿命を延ばしうる根本的な発見をしている。しかし日常の，長期的な行動を変容させることこそが，我々の命の年数と質を高めるのに重要なのである。この要因は，リスクのある行動を減らしたり，運動や栄養の習慣を変えたりするといったことを含んでいるだろう。より運動し，より健康的な食事をするほど，我々はより長く，より生産的に生きることができるだろう。そのような行動のための処方箋は存在しない。よりよく食べ，より運動することこそが，動機づけられるべき決定なのである。

続く数世代の寿命や生活の質を可能な限り向上させることに関して言えば，行動科学の研究者こそが，我々を突き動かし，これら2つを効率よく達成するのをサポートしてくれるかもしれない。それでは，食習慣から始めてみてはいかがだろうか。

引用文献

Baron, R. M. and Kenny, D. A. (1986). The moderator-mediator variable distinction in social psychological research: Conceptual, strategic, and statistical consideration. *Journal of Personality and Social Psychology*, 51, 1173-1182.

Baumeister, R. F. (2002). Yielding to temptation: Self-control failure, impulsive purchasing, and consumer behavior. *Journal of Consumer Research*, 28, 670-676.

Berry, S. L., Beatty, W. W., and Klesges, R. C. (1985). Sensory and social influences on ice-cream consumption by males and females in a laboratory setting. *Appetite*, 6, 41-45.

Birch, L. L., and Fisher, J. O. (2000). Mother's child-feeding practices influence daughters' eating and weight. *American Journal of Clinical Nutrition*, 71, 1054-1061.

Birch, L. L., McPhee, L., Shoba, B. C., Steinberg, L., and Krehbiel, R. (1987). Clean up your plate: Effects of child feeding practices on the conditioning of meal size. *Learning and Motivation*, 18, 301-317.

Bosscrt-Zaudig, S., Laessle, R., Meiller, C., Ellgring, H., and Pirke, K. M. (1991). Hunger and appetite during visual perception of food in eating disorders. *European Psychiatry*, 6, 237-242.

Bradburn, N., and Sudman, S. (1981). *Asking questions*. San Francisco: Jossey Bass.

Brownell, K. D., and Horgen, K. B. (2003). *Food fight: The inside story of the food industry, America's obesity crisis, and what we can do about it*. New York: McGraw-Hill/Contemporary Books.

Bruner, J. S. (1957). On perceptual readiness. *Psychological Review*, 64(2), 123-152.

Chandon, P., and Wansink, B. (2002). When are stockpiled products consumed faster? A convenience-salience framework of post-purchase consumption incidence and quantity. *Journal of Marketing Research*, 39, 321-335.

Chandon, P., and Wansink, B. (2007). Is obesity caused by calorie underestimation? A psychophysical model of fast-food meal size estimation. *Journal of Marketing Research*, 44(1), 84-99.

Clendennen, V., Herman, C. P., and Polivy, J. (1994). Social facilitation of eating among friends and strangers. *Appetite*, 23, 1-13.

Coren, S. and Hoenig, P. (1972). Effect of non-target stimuli upon length of voluntary saccades. *Perceptual and Motor Skills*, 34, 499-508.

De Castro, J. M. (1994). Family and friends produce greater social facilitation of food-intake than other companions. *Physiology and Behavior*, 56, 445-455.

Dunning, D. (2005). *Self-insight: Roadblocks and detours on the path to knowing thyself*. New York: Psychology Press.

Evans, G. W., and Lepore, S. J. (1997). Moderating and mediating processing in environment-behavior research. In G. T. Moore and R. W. Marans (Eds.), *Advances in Environment, Behavior and Design* (Vol. 4, pp. 256-286). New York: Plenum.

Fisher, J. O., Rolls, B. J., and Birch, L. L. (2003). Children's bite size and intake of an entree are greater with large portions than with age-appropriate or self-selected portions. *American Journal of Clinical Nutrition*, 77, 1164-1170,

French, S. A., Story, M., and Jeffery, R. W. (2001). Environmental influences on eating and physical activity. *Annual Review of Public Health*, 22, 309-325.

Furst, T., Connors, M., Bisogni, C. A., Sobal, J., and Falk, L.W. (1996). Food choice: A conceptual model of the process. *Appetite*, 26, 247-266.

Garg, N., Wansink, B., and Inman, J. J. (2007). The influence of incidental affect on consumers' food intake. *Journal of Marketing*, 71(1), 194-206.

Gregory, R. L. (1972). Cognitive contours. *Nature*, 238(5358), 51-52.

Herman, C. P., and Polivy, J. (1984). A boundary model for the regulation of eating. In A. J. Stunkard and E. Stellar (Eds.), *Eating and its disorders* (pp. 141-156). New York: Raven.

Hill, A. J., Magson, L. D., and Blundell, J. E. (1984). Hunger and palatability: Tracking ratings of subjective experience before, during and after the consumption of preferred and less preferred food. *Appetite*, 5(4), 361-371.

International Food Information Council (IFIC). (2008). Promoting health at the Center for Nutrition Policy and Promotion: An interview with Brian Wansink. *Food Insight*, Nov.-Dec., 1, 4-5.

Jansen, A., and van den Hout, M. (1991). On being led into

temptation: "Counterregulation" of dieters after smelling a "preload." *Addictive Behaviors, 16*(5), 247-253.

Kahn, B. E., and Wansink, B. (2004). The influence of assortment structure on perceived variety and consumption quantities. *Journal of Consumer Research, 30*, 581-596.

Klajner, F., Herman, P., Polivy, J., and Chhabra, R. (1981). Human obesity, diet, and anticipatory salivation to food. *Physiology and Behavior, 27*(2), 195-198.

Langer, E. J. (1990). *Mindfulness.* New York: DeCapo.

Lowe, M. R. (1993). The effects of dieting on eating behavior: A three-factor model. *Psychological Bulletin, 114*, 100-121.

Meiselman, H. L. (1992). Obstacles to studying real people eating real meals in real situations. *Appetite, 19*(1), 84-86.

Neisser, U. (1967). *Cognitive Psychology.* East Norwalk, CT: Appleton-Century-Crofts.

Neuendorf, K A. (2002). *The content analysis guidebook.* Thousand Oaks, CA: Sage.

Nisbett, R. E., and Wilson T. D. (1977). Telling more than we can know: Verbal reports on mental processes. *Psychological Review, 84*(3), 231-259.

Oppenheimer, D. M. (2004). Spontaneous discounting of availability in frequency judgment tasks. *Psychological Science, 15*, 100-105.

Painter, J. E., Wansink, B., and Hieggelke, J. B. (2002). How visibility and convenience influence candy consumption. *Appetite, 38*(3), 237-238.

Pandelaere, M., and Hoorens, V. (2006). The effect of category focus at encoding on category frequency estimation strategies. *Memory and Cognition, 34*, 28-40.

Polivy, J., and Herman, C. P. (2002). Causes of eating disorders. *Annual Review of Psychology, 53*, 187-213.

Polivy, J., Herman, C. P., Hackett, R., and Kuleshnyk, I. (1986). The effects of self-attention and public attention on eating in restrained and unrestrained subjects. *Journal of Personality and Social Psychology, 50*, 1203-1224.

Pronin, E. (2008). How we see ourselves and how we see others. *Science, 320*, 1177-1180.

Pronin, E., Berger, J., and Molouki, S. (2007). Alone in a crowd of sheep: Asymmetric perceptions of conformity and their roots in an introspection illusion. *Journal of Personality and Social Psychology, 92*(4), 585-595.

Pronin, E., and Kugler, M. (2007). Valuing thoughts, ignoring behavior: The introspection illusion as a source of the bias blind spot. *Journal of Experimental Social Psychology, 43*(4), 565-578.

Rao, A. R., and Monroe, K. B. (1988). The moderating effect of prior knowledge on cue utilization in product evaluations. *Journal of Consumer Research, 15*(2), 253-264.

Rappaport, L., Peters, G. R., Downey, R., McCann, T., and Huff-Corzine, L. (1993). Gender and age differences in food cognition. *Appetite, 20*, 33-52.

Rolls, B. J., Ello-Martin, J., and Ledikv, J. (2005). Portion size and food intake. In D. J. Mela (Ed.), *Food, diet and obesity* (pp. 160-176). Cambridge: Woodhead Publishing.

Rolls, B. J., Engell, D., and Birch, L. L. (2000). Serving portion size influences 5-year-old but not 3-year-old children's food intakes. *Journal of the American Dietetic Association, 100*, 232-234.

Rolls, B. J., Roe, L. S., Meengs, J. S., and Wall, D. E. (2004). Increasing the portion size of a sandwich increases energy intake. *Journal of the American Dietetic Association, 104*(3), 367-372.

Rolls, B. J., Rowe, E. A., Rolls, E. T., Kingston, B., Megson, A. and Gunary, R. (1981). Variety in a meal enhances food intake in man. *Physiology and Behavior, 26*(2), 215-221.

Ross, L., and Nisbett, R. E. (1991). *The person and the situation: Perspectives of social psychology.* New York McGraw-Hill.

Rozin, P., Dow, S., Moscovitch, M., and Rajaram, S. (1998). What causes humans to begin and end a meal? A role for memory for what has been eaten, as evidenced by a study of multiple meal eating in amnesic patients. *Psychological Science, 9*, 392-396.

Rozin, P., Kabnick, K, Pete, E., Fischler, C., and Shields, C. (2003). The ecology of eating: Smaller portion sizes in France than in the United States help explain the French paradox. *Psychological Science, 14*, 450-454.

Rozin, P., and Tuorila, H. (1993). Simultaneous and temporal contextual influences on food acceptance. *Food Quality and Preference, 4*, 11-20.

Schachter, S. (1971). *Emotion, obesity, and crime.* New York: Academic Press.

Schwarz, N. (1996). *Cognition and communication: Judgmental biases, research methods and the logic of conversation.* Mahwah, NJ: Lawrence Erlbaum.

Schachter, S. (1998). Warmer and more social: Recent developments in cognitive social psychology. *Annual Review of Sociology, 24*, 239-264.

Sobal, J., and Wansink, B. (2007). Kitchenscapes, tablescapes, platescapes, and foodscapes: Influences of microscale built environments on food intake. *Environment and Behavior, 39*(1), 124-142.

Squires, S. (2008, February 12). Bringing nutrition home. *Washington Post*, pp. F-1+.

Stroebele, N., and De Castro, J. M. (2004). Effect of ambience on food intake and food choice. *Nutrition, 20*, 821-838.

Terry, K, and Beck, S. (1985). Eating style and food storage habits in the home: Assessment of obese and non- obese families. *Behavior Modification, 9*(2), 242-261.

Vartanian, L. R., Herman, C. P., and Wansink, B. (2008). Are we aware of the external factors that influence our food intake? *Health Psychology, 27*(5), 533-538.

Volkow, N., Wang, G., Fowler, J. S., Logan, J., Jayne, M., Franceschi, D., Wong, C., Gatley, S. J., Gifford, A. N., Ding, Y., and Pappas, N. (2002). "Nonhedonic" food motivation in humans involves dopamine in the dorsal striatum and methylphenidate amplifies this effect. *Synapse, 44*(3), 175-180.

Wansink, B. (1994). Antecedents and mediators of eating bouts. *Family and Consumer Sciences Research Journal, 23*(2), 166-182.

Wansink, B. (1996). Can package size accelerate usage volume? *Journal of Marketing, 60*(3), 1-14.

Wansink, B. (2004). Environmental factors that increase the food intake and consumption volume of unknowing consumers. *Annual Review of Nutrition, 24*, 455-479.

Wansink, B. (2006a), *Mindless eating: Why we eat more than we think.* New York: Bantam-Dell.

Wansink, B. (2006b). Nutritional gatekeepers and the 72% solution. *Journal of the American Dietetic Association, 106*(9), 1324-1326.

Wansink, B. (2008). Project M.O.M.: Mothers & others & MyPyramid. *Journal of the American Dietetic Association, 108*(8), 1302-1304.

Wansink, B. (2009, January 16). Until we meet again.... *MyPyramid e-Post.* Retrieved from http://www.docstoc.com/docs/71892015/MyPyramid-e-Post

Wansink, B., and Cheney M. M. (2005). Super bowls: Serving bowl size and food consumption. *Journal of the American Medical Association, 293*(14), 1727-1728.

Wansink, B., and Deshpande, R. (1994). "Out of sight, out of mind":

Pantry stockpiling and brand-usage frequency. *Marketing Letters*, 5(1), 91-100.

Wansink, B., Just, D., and Payne, C. (2009). Mindless eating and healthy heuristics for the irrational. *American Economic Review*, 99, 165-169.

Wansink, B., Just, D., and Payne, C. (2010). *Constrained volition and everyday decisions*. Manuscript submitted for publication.

Wansink, B., and Kim, J. (2005). Bad popcorn in big buckets: Portion size can influence intake as much as taste. *Journal of Nutrition Education and Behavior*, 37(5), 242-245.

Wansink, B., Painter, J. E., and Lee, Y. K. (2006). The office candy dish: Proximity's influence on estimated and actual consumption. *International Journal of Obesity*, 30, 871-875.

Wansink, B., Painter, J. E., and North, J. (2005). Bottomless bowls: Why visual cues of portion size may influence intake. *Obesity Research*, 13(1), 93-100.

Wansink, B., and Park, S. B. (2001). At the movies: How external cues and perceived taste impact consumption volume. *Food Quality and Preference*, 12(1), 69-74.

Wansink, B., Payne, C. R., and Chandon, P. (2007). Internal and external cues of meal cessation: The French paradox redux? *Obesity*, 15, 2920-2924.

Wansink, B., and Sobal, J. (2007). Mindless eating: The 200 daily food decisions we overlook. *Environment and Behavior*, 39(1), 106-123.

Wansink, B., and van Ittersum, K. (2003). Bottoms up! The influence of elongation and pouring on consumption volume. *Journal of Consumer Research*, 30(3), 455-463.

Wansink, B., and van Ittersum, K. (2007). Portion size me: Downsizing our consumption norms. *Journal of the American Dietetic Association*, 107(7), 1103-1106.

Wansink, B., and van Ittersum, K. (2005). Shape of glass and amount of alcohol poured: Comparative study of effect of practice and concentration. *British Medical Journal*, 331(7531), 1512-1514.

Ward, A., and Mann, T. (2000). Don't mind if I do: Disinhibited eating under cognitive load. *Journal of Personality and Social Psychology*, 78, 753-763.

Webber, R. P. (1989). *Basic content analysis*. Newbury Park, CA: Sage.

World Health Organization (WHO). (1998). *Obesity: Preventing and managing a global epidemic*. Geneva: World Health Organization.

Young, L. R. (2000). *Portion sizes in the American food supply: Issues and implications* (Doctoral dissertation). New York University.

Young, L. R., and Nestle, M. (2002). The contribution of expanding portion sizes to the US obesity epidemic. *American Journal of Public Health*, 92(2), 246-249.

19章　教育的介入への社会心理学的アプローチ

JULIO GARCIA
GEOFFREY L. COHEN

アメリカでは，学業不振の原因が教育界や政策策定者の関心を集めている。特に重要なのは，学業不振リスクを抱えたマイノリティの生徒と，ヨーロッパ系アメリカ人生徒との学業達成度の差，ならびにマイノリティの生徒に対する救済可能性である。アフリカ系アメリカ人，ラテン系アメリカ人のような，学業的にリスクを抱えているマイノリティの生徒は，ヨーロッパ系アメリカ人の学生よりも知能テストで1標準偏差劣っており，学業成績も低い（Jencks & Phillips, 1998; Nisbett, 2009）。2004年から2007年までの間，18歳から19歳のヨーロッパ系アメリカ人の場合は100人中6人が高校卒業資格かそれと同等の資格を得ることができないのに対して，アフリカ系アメリカ人，ラテン系アメリカ人の場合は，高校卒業資格かそれと同等の資格を得ることができなかった人数がそれぞれ，100人中10人と22人であった（U.S. Department of Education, 2009）。こうした学業達成度の差は，地域や国が主導して埋めようとしているにもかかわらず，依然として存在し続けている（Dillon, 2006; Neal, 2005）。アメリカのように，経済的な成功の機会が学歴に大きく依存する社会では，学業達成における格差を少しでも改善することで，リスクを抱えている多くの子どもたちの人生をより良い方向に導くことになる。

著者らの研究は，こうした格差を反映した学業成績に，社会心理学的要因が及ぼす影響に焦点を当てている（Cohen & Garcia, 2008; Cohen et al., 2006; Walton & Cohen, 2007）。著者らの取り組みでは，教室とは，教室のサイズのような構造的要因，生徒たちの認知のような心理的要因を含む，さまざまな要因から成る緊張システムであると考えている。この緊張システム（緊張体系）が，一貫した態度や行動，結果を生じさせる安定的な環境を生むことに関わっている。集団の違いは，客観的な経験，生徒たちの主観的な認知における，一貫した違いから生じる。さらに，こうした考え方は，生徒の学業成績に対する理解を助けるとともに，効果的な教育実践を開発する上での一助となる。学業達成度の格差に対して効果が大きいと考えるアプローチや，学業成績不振についての社会的問題を強く主張するための社会政策的をも示唆している。著者らの取り組みを見ていく前に，緊張システムの考え方と，学業成績との関わりについて考えることにしよう。

19.1　社会的緊張システムとしての教室

教室を含めた社会的環境は，多様な力を含んだ緊張システムとみなすことができ，それらの力は相互作用の動的状態において比較的長期的に安定している（Lewin, 1948, 1951; Ross & Nisbett, 1991）。一般に，社会的緊張システムは，単一の例では説明できない。たとえば子どもが，教室で一年中教師と一緒にいることを期待しているとしよう。緊張システムは，その子どもたち固有の力と，文化的規範や道徳律のような，本質的にはより普遍的な力から構成されている。たとえばアメリカでは，教室は，個々の子どもがそれぞれの発達段階に応

じて適切で必要な社会的・知的能力を育めるように設計されているように見える。訓練を受けた教師，適切な教材，適正な物理的空間，最終目標や途中目標から成る学習プログラムのような，数々の力や要因が，この目的を達成するためには存在している。こうした一般的な要因以上のもの，たとえば教員の個性，教室にいる生徒の人口統計的属性，カリキュラムの中でもその学校が独自に設定している優先順位，学校行政におけるリーダーシップといった独自のものが個々の教室には存在している。

社会的緊張システムにおける力は，ある成果を促進したり抑制したりする。教室の環境にも，学校の環境にも，学業達成を助けたり妨げたりする力がたくさんある。学習を促進すべく設定されているにもかかわらず，学校というシステム自体に，課題を難しくしたり，達成できなくさせたりするような力が備わっていることもありうる。たとえば，学習成果が望ましい水準に到達するために必要な道具や教材が，生徒や教員に行き渡るだけの数を確保できないということも起こりうる。それ以外にも，環境が生徒や教師の力ではどうにもできないくらい脅威的なものかもしれない。相互作用的に，こうした力が学習環境を作り，その環境下にいる生徒たちの成績の全体的なレベルを規定する。マクロなレベルでは，教育政策や社会的組織，政治的イデオロギーといった，より大きな社会的要因が教室内における促進力と抑制力を構成する。適切な教室規模，標準化されたテストの重要性，社会経済的階級，性別，人種差別についての考え方が，教室環境にある程度は影響する。たとえば，学業達成度と学業達成格差に関する理論に端を発したアカウンタビリティ運動は，カリキュラムの適切性，教授法，標準化テストの頻度への効果を通じて教室に多大な影響を及ぼした。

固定的なものであるかのように見える社会的緊張システムは，促進力と抑止力の相互作用が安定するところにまで達している。しかしながら，このバランス状態は，要因間の関係を変えるきっかけとなる出来事によって変わってしまうため，また新しいバランス状態につながっていくこともあれば，元に戻ってしまうこともある。具体的には，特定の力の強度が変わってしまったり，新しい力が導入されたりすることがある。たとえば，立派なロールモデルが学校を訪れると，生徒の動機づけが高まったり（Lockwood & Kunda, 1997），専門家養成のための助成金をより多く得ることによって，教師の準備が充実する可能性がある。重要なのは，教室のような社会的環境がある程度安定しており，安定や変化への抵抗が生じそうに見えても，実際にはそうではないということだ。

環境の変化をもたらすには，緊張システムの3つの側面について念頭に置く必要がある。第一に，緊張システムが複数の力同士の複雑な相互作用を引き起こしているため，個々の力はお互いに妨げられたり増大させられたりする（Ross & Nisbett, 1991）。たとえば，仲間からの社会的承認は，こうした承認が学業面での成功と結びついているときに，学校での学業達成を促進する。その一方で，仲間が学業面での成功を認めない場合や，仲間からの承認がスポーツなど別の領域ですでにより容易に得られている場合には，社会的承認が学業達成を抑制する。このような場合の社会的承認における，すでに存在している個々の力の効果は，文脈に大きく依存する。たとえば，FryerとTorelli（2005）によると，主に白人の多い学校では，民族的マイノリティの生徒にとっては学業面での成功が仲間からの不人気につながってしまうが，マイノリティが多い都市部の学校ではそうではない。この結果についてさまざまな解釈が可能ではあるが，これら性質の異なる学校間で人種の目立ちやすさが違うということ自体が，高い学業達成がいかに

生徒たちに認知されるかに影響を及ぼしているのかもしれない。

　緊張システムの持つ相互作用的性質ゆえに，良くも悪くも，このプロセスは互いに悪い影響を及ぼし合うという悲劇を繰り返しやすい。このことが，個人間と集団間に存在する最初はささいで潜在的な違いを大きく長期的なものにしてしまい，格差を悪化させてしまう。これは特に，成果にもとづいて報酬と罰を課し，そのときに成果が数少ない基準に基づいて観察可能な成果のみで主に判断されてしまうような環境であった場合には，そうした傾向が見られる。たとえば，就学準備を少し早くしてきた生徒は，機会を与えられたうえに高い期待を背負うが，学業成績の悪い生徒は周囲から高い成果を期待されないコースに入れられて，能力面で劣った，注目する価値も指導する価値も低い存在とみなされる（Rosenthal & Jacobson, 1992; Jussim & Harber, 2005; Woodhead, 1988も参照）。結果として，学業成績の悪かった生徒はより悪くなり，そのことによって教師が彼らに対して期待を持たないという状況を強化し，このサイクルを繰り返す可能性を高めてしまう。こうした状況は，「富める者はますます富む」「貧しい者はますます貧しくなる」という再生産過程を反映している。このように，「学業不振環境」が後者の場合に発生し，生徒の中でも特定の集団について学業不振を安定的なものにしてしまう。こうした考えを支持する知見として，新しい学年に進級してきた学業不振の少年たちは明らかに，前にいた学級の規範，期待，流れから見た目上は切り離されることで，成績面で大幅な向上が見られることがある（Dweck et al., 1978参照）という研究がある。このサイクルは，中学校で一般的に見られる学業成績の下降スパイラル（Eccles et al., 1991），特にマイノリティの生徒たちについてもうまく説明してくれる（Simmons et al., 1991）。中学校という時期は，学校が評価という視点から生徒を見やすく，学業達成の基準がより上方に向かうと同時に，失敗というプロセスが互いに悪い方向に影響し合うという悲劇を繰り返しやすい。

　変化という効果を狙うときに心にとどめておくべき緊張システムの第二の側面は，その力の多くが，変化させようという努力が為されるまでは目に見えない形で働いたり低く評価されたりすることである（Ross & Nisbett, 1991）。クルト・レヴィンが述べたように，「本当に何かを理解したいのならば，それを変えようとしてみなさい」ということだ。**公共住宅の居住者に補助を支給して貧困者が少ない地区に移転を促す実験事業**（機会への移行プログラム）はこの現象の1つの例である。この制度の目的の1つは，貧しい家庭にもう少し経済的に恵まれた地域へ引っ越す機会を与えることによって，恵まれない子どもたちに教育の機会を与えるものであった。この制度は多くの良い効果をもたらしたが，学業試験の成績には期待されたほどの長期的な効果は見られなかった（Sanbonmatsu et al., 2006を参照）。このような改善がうまくいかなかったのは，状況を取り巻く力による制約を侮っていたためである。新しい地域に引っ越すにあたり，貧しい家庭は，親戚や友人と親しいままでいるかといった，優先順位の高い事項を後回しにして，別の優先順位を大急ぎで決めなければならず，そのことは，彼らの子どもたちに与えられた新しい教育機会の中で，アイデンティティを確立し，適切にふるまう能力を身につける機会を奪った可能性がある。

　第三の側面として，客観的な構造的要因が明らかに行動に影響しているとしても，個々人の精神的もしくは心理的プロセスが社会的緊張システムにおいては中核的な要素であり，社会的緊張システムが行動に及ぼす影響を予測するに際しては考慮されなければならない（Ross & Nisbett, 1991）。教

室に関して言えば，生徒の知的能力レベルを社会的緊張システムが内包する一方で，能力とは直接関係のない心理的要因も学業成績に影響しうる。これらが，私たちが個人の**心理的環境**と呼ぶもの（自分たち自身に対する知覚と自分たちの環境に対する知覚）を形成する。中でも最も重要なのは，自分を取り巻く社会的環境の公正さに対する認知である（本書4章；Cohen & Steele, 2002; Huo et al., 1996; Tyler, 2004）。現に，公正な手続きによって，意思決定がなされるか，報酬が分配されるか，罰が下されるかどうかといったことに対する知覚は，実際に手にすることになる報酬や受ける罰以上に，一貫して組織の規範を遵守し，その規範を内面化する傾向の予測因子になる（Huo et al., 1996）。また，人々が組織の権威に従うこと，つまり学校では生徒が教師に従うことの，最大の予測因子の1つは手続き的公正，すなわちその環境下で物事が決定されるプロセスと手続きの知覚された公正さである。

さらに，社会心理学者のAl BanduraとCarol Dweckは，心理的プロセスがどのように生徒の学業環境に対する認知や知的な活動に影響しうるかについて述べている（Bandura, 1986; Dweck, 1999）。たとえば，能力的には同じくらいで，客観的には同じくらいのレベルの失敗経験をしている2名の生徒は，心理的機能はまったく異なるがゆえに，まったく異なる反応をする。学校で成功するうえでの自分の能力に疑いを持っているような，自己効力感の低い生徒，すなわち，自分の知的能力は固定的なもので努力では変化しないと信じている生徒は，他の生徒よりも諦めが早く，効果のない方略に固執し，ネガティブな感情を経験し，失敗前のもともとの達成レベルにも戻れなくなる。それに対して，自己効力感の高い生徒，つまり自分の知的能力にはいろいろなことに取り組むことによって伸びていく可能性があると信じている生徒は，失敗しそうな状況をより挑戦とみなし，努力をし，新しい方略を楽しみ，それまでの成績よりも良い成績を残す。

要約すると，社会構造的要因と心理的要因が学業達成に大きな影響を及ぼす。これから見ていくように，多くの心理的要因は，生徒と環境の両面においてポジティブな力が行動に完全に影響することを抑制することで，強力な抑制力として機能する可能性がある。車の後ろに付けた凧が，車がトップスピードに乗るのを妨げるように，心理的な力も学校システムの効果を抑えてしまう。他方，心理的な力が，ポジティブな力を完全に発揮させるための先鞭あるいは引き金のようなものとして機能することで大きな影響を与えることもある。

19.2　マイノリティの学業達成度格差

学校をダイナミックな緊張システムとする考え方は，多くの現代の教育計画，教育的介入，教育政策目標に情報を提供している。政策面では，1学級当たりの生徒数の削減，給食の提供，子どもの教育に対する保護者の関わりの増大といった点で顕著に見られている。こうした教育政策は，学校環境とは複雑なものであり，生徒と相互作用している主要な環境要因が，教育システムにおける全体的な成果に影響しているという前提に立っている。

学校を緊張システムとする考え方は，アメリカの学級に一貫して見られる学業達成格差に関する分析にも反映されている。白人系とアジア系の子どもの学業達成格差については，この考え方に基づく説明が受け入れられてきたが，白人系とアフリカ系，ならびに白人系とラテンアメリカ系の子どもの間に見られる学業達成格差については，社会経済的地位（SES）が原因であるという説があ

る。この考え方の中核には，社会経済的地位と結びついた要因があり，それが生徒の学業成績に影響するという形で，教室と交互作用しうるという発想がある。具体的には，子どもたちにとってのロールモデルや資源となりうるような，大学教育を受けた大人の存在，家にある本の利用可能性，語彙のレベル，社会的活動への関与度，ソクラテス式問答，家族内での交渉の頻度といったものがある（Brooks-Gunn & Furstenberg, 1986; Gordon & Lemons, 1997; Hart & Risky, 1995）。低SESが学業達成の不振を予測する一方で，個々の集団内の学業達成格差をSESは必ずしも予測しない。SESによる説明は「低成績の人種・民族グループの一定数以上の人が，中産階級かそれ以上の階級以上になれば，その人たちと，ヨーロッパ系アメリカ人ならびにアジア系アメリカ人の子どもたちとの学業達成格差は有意に減り，あるいは消滅するだろう」という，検証可能な仮説を提示はした。しかしながら，著者らも含めて多くの人が失望したのは，人種や民族の経済的地位の変化はこれまで期待されたほどのレベルでは生じていない。アメリカ合衆国のあらゆる社会経済的地位レベルで，中産階級や高地位にあるマイノリティの子どもが増えたにもかかわらず，人種や民族間の学業達成格差は依然として存在している（Hacker, 1995; Jencks & Phillips, 1998; Nisbett, 2009; Steele, 1997; Bowen & Bok, 1998も参照のこと）。

こうした点を考慮したうえで，教室で機能している要因ならびにこれらの要因がどのように格差の生産と関わっていると考えられるのかを再考するために，学業達成格差問題に戻るとしよう。著者らとしては，「成績が悪い民族や人種の個々の子どもは，遺伝的に高い学業達成を行う能力に欠けているわけではない」というように，SESによる説明の中心として，状況の重要性を強調することを考えてみたい。

19.2.1　学業成績に対する社会心理学的制約：アイデンティティの脅威

Claude Steeleらの仕事は著者らの初期の考えに知的基盤，それを下支えする研究結果を提供した。画期的研究と評されるようになった一連の研究で，Steeleとその共同研究者であるJoshua AronsonとSteve Spencerは，標準化された知能検査における，アフリカ系アメリカ人とヨーロッパ系アメリカ人の間に見られる成績の格差，数学のテストにおける男子生徒と女子生徒の間の格差が，**心理的環境**を変えることによって激減することを示した（Steele et al., 2002; Davies et al., 2005; Schmader et al., 2008）。

このような集団のメンバーは，自分たちの劣った成績が他者からの自集団に対するネガティブなステレオタイプを確実なものにしてしまうことを心配する，つまり**ステレオタイプ脅威**という先入観にとらわれてしまう（Steele et al., 2002）。この脅威は，課題成績を下げるという形のストレスを引き起こす。結果として，ステレオタイプを無意味なものにするように心理的環境を変えることで，成績を向上させることができる。SteeleとAronson（1995）の研究では，アフリカ系アメリカ人の大学生が，これからまさに受けようとしているGraduate Record Exam（GRE）を「学力診断」と教えられていた。この教示によって，もし彼らの成績が悪ければ，自分たちの人種に対するネガティブなステレオタイプを強化することになってしまうと彼らが感じる可能性を高めた。この先入観は，事前に行われたテストで大まかに測定されていた能力レベルを統制しても，アフリカ系アメリカ人学生がヨーロッパ系アメリカ人の学生の半分ほどの点数しか取れないという結果をもたらした。しかし，GREを「学力以外の診断」と伝えられると，つまりは彼らに対するステレオタイプとは無関係であると教示されると，アフリカ系アメリカ人学生とヨーロッパ系アメリカ人の成績は同じくらいになっ

た（事前の能力テストで能力レベルを統制してある）。同様の効果は，Spencerら（1999）によって行われた，難易度の高い標準化された数学の試験の女子大学生の成績においても見られた。数学のテストの女性の成績は，男性の同級生よりも劣っていた。それに対して，同じテストが「性差はありません」という教示のもとで，つまり，男性も女性も同じくらいの点数を取ると言われれば，女性の成績は男性と同じくらいのレベルに達していた。このような効果は，ラテン系アメリカ人や（Schmader & Johns, 2003; Aronson, 2002），同じ学校の中でも社会経済的地位の低い生徒たち（Croizet & Claire, 1998），数学のテストはアジア人が優れているといわれて数学のテストを受ける白人の生徒たち（Aronson et al., 1999），スポーツにおける白人生徒たち（Stone et al., 1999）といった，他のステレオタイプを押し付けられている集団において報告されている。ステレオタイプ脅威は，100を超える研究で再現されており，ステレオタイプを確証してしまう可能性の高い，比較的難易度の高い課題において起こる傾向がある（Ben-Zecv et al., 2004; O'Brien & Crandall, 2003; Spencer et al., 1999）。こうした追試研究は，最近ではさまざまな研究者が行っている（たとえばGrimm et al., 2009; Rydell, et al,. 2009; レビューとしては, Schrnader et al., 2008; Shapiro & Neuberg, 2007; Steele et al., 2002; Walton & Cohen, 2007; Walton & Spencer, 2009を参照のこと）。

この研究は，社会的緊張システムとしての教室を著者らが検討する上で基盤を提供することになった。これは，「ある社会的環境において，個人が所属している集団によって成績が系統的に変わるならば，誰に対しても同じ環境と思われているものは，実際には違う環境である」という考え方に焦点を当てるものである。言い方を変えれば，社会的環境は，その中にいる集団にとって，客観的にも心理的にも根本的に違うものであることがあり得る。ある人種や民族集団に属する生徒にとっての教室は，まさにこの通りの現象を引き起こすものと考えることができる。客観的に見れば，このような集団に属する生徒は，差別のせいで物理的な資源を得ることも少なく，教師や学習の専門家に接する機会も少なく，白人系の同級生よりも到達目標水準が低いということが起こりうる。

しかしながら，一見して客観的には違いがあるように見えない教室の中でさえ，こうした集団に属する生徒たちにとっては，心理的もしくは主観的環境は他の生徒たちにとっての環境とは異なっている。人種に対する偏見が働いているかもしれないという意識は，ステレオタイプを付与された生徒にとって，異なる心理的環境を作り出すことがある。そもそも，それは，集団アイデンティティもしくは社会的アイデンティティが，良くも悪くも，彼らの中で顕現化する環境になるに違いない（Cohen & Garcia, 2005; Steele & Aronson, 1995）。この顕現性は，団結の感覚や対処行動といった，社会的アイデンティティに結びついた多くの態度や行動を喚起するかもしれない。所属している集団に対するネガティブなステレオタイプに焦点を当てて人から判断されるかもしれないというだけではなく，同じステレオタイプに属する仲間も自分と同じように判断されるかもしれないという慢性的な懸念，つまり**集合的脅威**に対する先入観が発生する（Steele, 1997; Steele & Aronson, 1995; Steele et al., 2002; Aronson, 2002; Aronson & Inzlicht, 2004; Cohen & Garcia, 2005; Cohen & Steele, 2002; Cohen et al., 1999も参照のこと）。集合的脅威に対する懸念は，その環境内で実際に生じている偏見や差別の程度とは関わりなく発生しうる。

自分たちの知的能力に疑念を生じさせるような，ネガティブなステレオタイプの標的にされていると認知している人種的，民族的なマイノリティにとっては，教室の心理的環境が彼らのアイデンティ

ティを2つの方法で脅かすものとなる。第一に，人種や民族に関わりなく，教室は常に生徒のスキルが評価される場であり，また課題遂行がうまくいかないことやその結果に対する恐れゆえに，教室は彼らの自己価値を脅威にさらす場でありうる。著者らは，このような評価が必ずしも悪いものだというわけではなく，単に生徒にとってストレスに満ちたものでありうると考えている。第二に，生徒のアイデンティティや集団のうち価値を置いている側面が否定されるという可能性を高めることによって，環境は生徒に脅威を与えうる。このような経験を，白人生徒が一般的に教室の中ですることはない。マイノリティの生徒には2つのストレス源（慢性的に評価的な状況であることと関わりのある通常のストレスと，社会的アイデンティティに関わるストレス）があるせいで，マイノリティの生徒は成績を抑制してしまうほどのストレスレベルに達しやすい傾向がある。興味深いことに，勉強に自分のアイデンティティを見出だし，学業に懸命に取り組もうとする生徒は，こうした成績を抑制させるような不安に最も苦しみやすい（Marx et al., 1999; Steele, 1997）。

一般的に白人の生徒には存在しないけれどもマイノリティの生徒にとって特に悩みの種になりやすい教室の側面は，これ以外にも存在する（Branscombe et al., 1999を参照のこと）。マイノリティの生徒たちは，良い成績をあげることによって必ずしもアイデンティティに対する脅威を低減することができない。これは，自分たちがステレオタイプとは異なる行動を取ったとしても，ネガティブなステレオタイプを持つ人間はたいてい割り引いて評価することを分かっているからかもしれない。ステレオタイプの保持者は，良い成績を取ったマイノリティを一般的な法則の例外と考えたり，（Richards & Hewstone, 2001），自分たちの持っているステレオタイプを確証させてくれるようなたった1人のマイノリティの行動を選び出す（Henderson-King & Nisbett, 1996）。このような，「自分はどうせステレオタイプからは逃れられないのだ」という知識は，どんなに成績が良くても，良い成績が良い成績を持続させたり，さらに良い成績を引き起こす正の再生産サイクルによって恩恵を受ける可能性を低くしてしまう可能性がある。また，マイノリティの生徒たちは，どんなに自分の出来がよかったとしても，出来の悪い仲間が自分の所属集団にいて，否定的なステレオタイプを支持する証拠を提出してしまう可能性があることも分かっている。著者らは，優秀な大学の学生でさえ，自分と同じ集団の仲間が知的な課題で悪い成績を取ってしまうという単なる可能性がその個人にとっての心理的環境を変えてしまい，成績を悪化させる心理的効果の引き金を引くことがあり得るということを示した（Cohen & Garcia, 2005）。

リスクの高い状況下にあるマイノリティの生徒と白人の生徒の社会的環境だけが決定的に違うのではなく，マイノリティの生徒たちの置かれた環境が，より長期的に彼らに学業的な失敗の可能性を高めてしまう。白人の生徒たちとは違い，生徒としてマイノリティ継続的に学業スキルを評価されており，先に述べたような環境による心理的結果を強制されてしまう。しかし，彼らが個人的にネガティブな結果という害を受ける可能性があるだけではなく，彼らはさらなる負担を背負うことになる。彼らは，自分たちの環境が自らの集団に与える好ましくない結果とも戦わなければならないうえに，その延長線上で，自らの集団にかかわるアイデンティティの側面である，社会的アイデンティティに対する好ましくない結果とも戦わなければならない。マイノリティの集団は，メンバーの知的能力に関してネガティブなステレオタイプが付与されているので，こうした生徒たちは自分や自集団の仲間が広く知られているこの社会的判

断に照らし合わせて判断されるかどうか懸念せざるを得ない。そして，このことが動機づけや課題遂行を抑制するストレスといった心理的要因の力を増大させる。これは，成績のよくない生徒はますます成績が悪くなるという，再生産過程を長期化させる機会を増大させてしまう。

19.3　アイデンティティ関与プロセス

白人系の生徒が経験しないような，マイノリティの生徒にとっての**アイデンティティ脅威**の存在には，これらの集団間の心理的環境の違いが根底にあり，こうしたアイデンティティ脅威の存在は彼らの成績の差を理解する鍵になる。アイデンティティ脅威の過程，およびそれがさまざまな社会的環境の他の要因とどのように相互作用するのかをより深く理解することは必要不可欠である一方で，マイノリティの生徒の学業達成問題の緊急性と重要性を考えると，学校におけるアイデンティティ脅威の過程について検討することに焦点を当てる必要が生じる（集団間葛藤におけるアイデンティティ脅威プロセスの役割について，Cohen et al., 2007を参照のこと）。

明らかに，アイデンティティ脅威が教室の中で相互作用する要因はたくさんある。しかしここでは，アイデンティティ脅威と交互作用する要因の中でもマイノリティの生徒の学業成績に影響する要因に絞って述べたい。教室の社会的文脈においてこの交互作用がどのように展開するのかについての著者らの全般的な考えを，図19.1に示す（Cohen & Garcia, 2008参照）。ここでは，どのようにアイデンティティプロセスが学業成績に影響しうるかが示されており，この後の考察でより完全な形で展開される。

教室のような，重要な社会的環境に入ると，個々

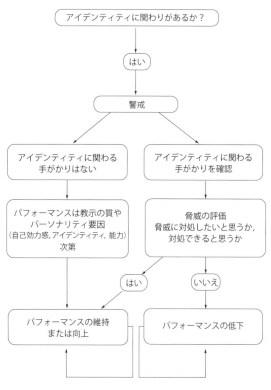

図19.1　アイデンティティの関与モデル

の人間は全般的な評価を行う傾向がある。彼らは，「この場は自分のアイデンティティが成績に影響しうる状況なのか？」と自問する。答えがイエスならば，その個人のアイデンティティが心理的に関与するだろう。ここで，個人のアイデンティティがポジティブではなく，ネガティブな結果をもたらす可能性がある場合を考えてみよう。たとえば，ほとんどのアフリカ系アメリカ人は，学校や職場が，人種を理由に自分たちがネガティブに評価される場になってしまうことを知っているが，ある種のスポーツ場面では，同じ理由でポジティブに評価されることも知っている（Steele & Aronson, 1995; Walton & Cohen, 2007）。こうした環境の評価はしばしば無意識的に行われ，個人の経験，歴史的知識，社会化をもとに知覚される。

人は自分のアイデンティティと関わりのある環境にいると，用心深くなる傾向がある（Frable et al.,

1990; Kaiser et al., 2006; Purdic-Vaughns et al., 2008)。そのような状況で，彼らは，自分のアイデンティティが自分たちの課題遂行に関わるか否かについての手がかりを探すために状況を観察する。これは，具体的には，その社会的環境において，自分たちが重要な人物からどのように扱われるかに対するアイデンティティの影響を確かめられるからだ。たとえば，マイノリティの生徒の場合，教師の非言語行動や反応を注意深く観察して，教師がバイアスを持っているかどうかを確かめている（Cohen & Steele, 2002; Crocker & Major, 1989）。仮説の検証過程と同様に，人はバイアスを否認することにつながる証拠より，バイアスを確証することにつながる証拠に対してより敏感である（Darley & Gross, 1983; Kleck & Strenta, 1980; Walton & Cohen, 2007）。このように警戒するのは，一般的なことであり，適応過程でもある。人は自分が手ひどい，不公平な扱いを受けていると信じているとき，アイデンティティが関わっているかどうかが分かるまでは，こうした扱いを受ける可能性に注目するか，そうではないことを示す情報を集めることは適応的である。たとえば，ある人は，自分より上の立場にある人間が，自分の能力を疑っていて，陰に陽に，自分を軽視したり，罰を与えたりする可能性があるのではないかと疑うことがあるかもしれない。

もし得られた手がかりがその状況と自分のアイデンティティの関わりを**否定**するなら，自分は個人として見られていると感じ，課題遂行は，それに対する教示の質や，自己効力感，学校等の同一視，スキルといった，構造的要因，心理的要因に影響されるだろう。ある研究によると，たとえば，批判的なフィードバックを受けた際にその批判が人種による偏見に基づくものではなく，高い到達基準と，生徒はその基準を**満たす**能力を持っているであろうという信念に基づいたものであること

が明らかになったとき，アフリカ系アメリカ人の生徒は白人系の生徒と同じような反応を見せる（Cohen et al., 1999）。所属集団に基づいて低く評価される脅威がないと確認できたとき，生徒はフィードバックに込められた学習機会を役立てることができるだろう。

他方で，得られた手がかりが彼らのアイデンティティと状況との間に関連が**ある**ことを示すとき，脅威を評価する段階に移る。人は脅威に対処する能力が自分にあるかどうかを評価し，もし能力があれば，脅威に対処したいかを考える（Lazarus & Cohen, 1977）。生徒たちは，教室にあるバイアスが，自身の能力やバイアスを克服したいという願望を上回っているとみなすかもしれない。もしそうであれば，生徒の課題達成は，モチベーションの低下によって直接的に悪影響を受けるか，ストレスのような，パフォーマンスを抑制するような心理的要因を発動させる形で，間接的に悪影響を受けることになる。こうした中で起こりうるのが，学校との**同一視の喪失**と，**学校の無価値化**であり，そうなると，生徒が学校の役割や，彼らにとっての長所を評価する際に用いられていた基準の重要性を過小評価してしまう（Schmader et al., 2001; Steele, 1997）。一方で，生徒が自分には脅威に対処するだけの能力と意欲があると知覚したなら，生徒は脅威に挑戦するための心理的資源を結集させることで，学業成績を維持，または向上させることにつながるだろう（Cohen & Garcia, 2005）。

このプロセスの鍵は**再生産**，すなわち，あるステップや結果を繰り返すサイクルであり，前に得られた結果によって次の結果が決まる。この定義によれば，こうしたサイクルの連続が，次の行動の原因になる。教室の場合は，生徒の課題達成が直接的にその生徒に影響するだけでなく，社会的に解釈されそれに影響されるため，のちにその生徒の課題達成を左右することになる他者からの

フィードバックを引き起こす。たとえば，繰り返し悪い成績を取ってしまう生徒は，教師から能力がないと評価されるかもしれないし，成績の悪い生徒のクラスに割り当てられるかもしれないが，それはどちらもその後の課題達成を妨げてしまう可能性がある（Rosenthal & Jacobson, 1992）。ネガティブな再生産は，長所を測定するための細かくささいな一連の行動基準に基づいて機会が割り当てられるような，慢性的に評価にさらされる状況において起こりやすい。同様の結果が繰り返される再生産は，社会的なレベルでだけでなく，心理的なレベルでも起きる。生徒たちは成績が良いときには，効力感を感じて脅威を感じない。その結果として次の試験でも良い成績を取り，それによって自己効力感はますます高まる（Bandura, 1986）。同様に，たとえばストレスのせいで生徒の成績が悪いときは，ストレスや脅威，評価懸念の増加によってますます成績が悪くなる（Wilson et al., 2002）。

常に評価され続ける環境という再生産の本質は機会をも提供する。再生産過程は連続的なフィードバックループに依存しているので，このループが初期に阻害されることによって長期的な利益を生む可能性があるからである。加えて，初期の小さな達成が時間と組み合わさり，再生産プロセスが個人にとって有利なものとなり，長期的に生徒が良い成績を収められる確率とその持続性を高めることも起こりうる（Cohen et al., 2006, 2009）。

19.3.1 介入

アイデンティティ関与プロセスは4つの重要な介入アプローチを提示している。1つ目は，最も分かりやすいものだが，社会的アイデンティティと関係すると知覚された結果と実際の結果を一致させないために，偏見とステレオタイプを減らすことである。これは学校では，この章の後で述べるジグソー教室のような，偏見を減らすプログラムとして行われている（Aronson & Patnoe, 1997）。2つ目のアプローチは，社会的環境における失敗のプロセスを変えることの価値に焦点を当てたものである。これは，社会的環境によって刺激されるネガティブな再生産過程を止めるためである（Woodhead, 1988）。こうした変化には，補習授業の代わりに，成績が悪い生徒でさえより高い基準に挑戦するプログラムを行うという形も含んでいる（Fullilove & Treisman, 1990; Steele, 1997; Steele et al., 2004）。こうした修正は，今とは異なる成績測定方法を用いることで長所の基準を拡大することにもつながっている。その一例に，アイデンティティ脅威プロセスの影響を排除するための，生徒のポートフォリオ作成がある（Tierney et al., 2003を参照のこと）。

評価懸念の段階で，自分の経験を社会的アイデンティティに焦点を当てて解釈する傾向を減らし，脅威評価段階でこうした傾向がもたらす有害な心理的・感情的衝撃を緩和することが，アイデンティティ関与プロセスから提案された2つの心理的介入である（Cohen & Garcia, 2008）。常識に反して，どちらのアプローチも，直接的にステレオタイプと対決するものではない。実際，直接ステレオタイプと対決することは，直接的にステレオタイプを顕現化することが人によってはストレスフルな事態であるため，むしろ有害になる可能性もある。後ほど，無作為二重盲検実験計画によりこの2つの戦略を実際の教室で検討した研究を紹介する。

19.3.2 評価懸念段階で社会的アイデンティティの影響を取り除く

この戦略は，生徒が**帰属の再訓練**を通じて，学校で直面する困難に対して建設的な帰属を行うのを援助するものである（Wilson et al., 2002; Wilson & Linville, 1985を参照のこと）。生徒は，逆境や困難を人種やステレオタイプ，個人的な能力の欠如

や所属感覚の欠如といったものとは直接関係のない要因に帰属するようにと教えられる。人種やステレオタイプに帰属するかわりに、逆境や困難を学校に内在する課題へと帰属するようにと言われる。たとえば、Goodら（2003）によって行われた実験で、生徒はあるロールモデル、具体的には、かつて小学校から中学校に進んだ直後には困難を経験したが、コツを覚え、努力を続けるうちに徐々に良い成績を取れるようになったと話すロールモデルに引き合わされた。別の実験条件では、生徒たちは、知能は固定的ではなく可変的なものであるという見方に誘導され、学校で感じる不満を自身の知的限界の証だとみなす傾向を減らすよう導かれた（Aronson et al., 2002; Blackwell et al, 2007）。統制群の生徒と比較して、これら両条件に割り当てられた生徒は州の中でも試験で良い成績を取るようになった。こうした介入が成績に及ぼす良い効果は、ニューヨーク市の学校において、経済的に恵まれない背景を持つ、学業成績の悪いアフリカ系アメリカ人とラテン系アメリカ人の生徒においても見られた（Blackwell et al., 2007）。

別の実験では、入寮前の白人系大学1年生が、大学での最初の1年間の終わりに、学校のある上級生の調査結果を検討するよう求められた（Walton & Cohen, 2007）。その「調査結果」では、第一に、ほとんど全員の学生が人種に関わりなく、大学1年次では大学に所属している感覚がなかったこと、次に、所属の感覚に対する疑念は時間とともに減っていくと答えていた。この調査結果を読むことで、学生たちは、所属意識に関する戸惑いが自分だけのものでも、自分たちの人種集団に固有のものでもなく、誰もが経験するものであるととらえるようになり、それは不変ではなく、徐々に変わっていくものだととらえるようになった。たとえば、この調査に参加した学生の一人は、「他の学生と自分が違っているのではないかと心配していた。皮肉なことに、みんな自分は他の1年生と違っていると思っていて、ある意味では自分たちはみんなとてもよく似ている」と話した。学生は、これから入ってくる新入生に見せるという名目で、ビデオカメラの前でスピーチを行い、その中で自分たちの経験したことがこの調査結果といかに同じであるか述べることで、このメッセージを内面化するよう導かれた。

そのため学生たちは、自分が学校で経験した困難を、ほとんどの学生が新しい環境に移り、新しい困難に直面するときには通るような、通常の学習過程の一部とみなすようになっていた。この介入は白人の学生に効果を持たなかった一方で、困難な日々を過ごすアフリカ系アメリカ人の所属の感覚を支える効果があった。加えて、次の学期には、介入を受けたアフリカ系アメリカ人はより高いGPAを獲得し、その後のデータは2年次でもこの傾向が持続したことを示した。

19.3.3　社会的アイデンティティ脅威が評価段階で与える影響を軽減する

ステレオタイプの目をもって見られる可能性に対する敏感さを変えるかわりに、第二の心理的方略は、人々の心理的資源を増加させることで、脅威評価の段階で介入することの有効性を実証している。この方略の基盤となっているのは、人々は自分のポジティブな面を見たいし、見る必要がある、すなわち、自己完全性の感覚を持つ必要があるという発想である。言い換えれば、人々は自分が良い人間であると信じたいし、自分を取り巻く環境に対処できると信じていたいということである。さらに人々は、自己完全性の感覚を**自己確証**によって実際に保持する必要があるとされている。この過程で人々は自分にとって重要な領域の中でも、ストレスを喚起する領域とは無関係の、自分のアイデンティティにとって重要な領域によって、

自己完全性を強化する（Steele, 1988; Sherman & Cohen, 2006を参照のこと）。人々は，家庭のような，学校とは別のところで自己完全性を支えることができれば，たとえば学校という領域における脅威に対してよりうまく対処することができる。重要なのは，自己肯定が，常に人からの評価を受ける状況に起因するストレスを減らすに従い（Creswell et al., 2005），これが，結果的に課題遂行を改善すると想定している（Martens et al., 2006）ことである。

2つのフィールド実験が，アフリカ系アメリカ人が生徒数の約50％を占める，郊外の中産階級の中学校で行われた。中学1年生が自己肯定の訓練を，ストレスフルな時期である，年度の初めに授業で受けた。彼らは，宗教，友人関係といった，自分にとって重要な価値観について記述した（Cohen et al., 2006）。この訓練は，たいていテストや試験期間の前に行われ，構造化された記述課題を行う中で，生徒の価値観を自分の生活の中に統合していくものである。生徒の記述は，個人的に重要な意味を持つ，多様な話題に触れるものであった。たとえば，ある生徒は次のように書いている。「『美術』は自分を穏やかな気持ちにさせてくれるから重要だ。私は焦っているときには，座り込んで泣いて音楽を聴きはじめるか，絵を書きはじめる」。別の生徒は次のように書いている。「誰かと話す必要があるような困難を抱えたとき，友達と家族は自分にとって最も重要です。友達はそばにいてくれるし，勇気もくれる。家族は愛と理解をくれる」。

自己肯定の機会を与えられたアフリカ系アメリカ人は，ニュートラルな話題について記述するよう求められる課題を行ったアフリカ系アメリカ人よりも高いレベルの授業のGPAを獲得した（Cohen et al., 2006）。この介入は，その学期中に，人種間のGPAにおける差の約40％を減少させた。事後データによると，介入がGPA全体に与えた効果は少なくとも2年間は持続し，前年にアフリカ系アメリカ人とヨーロッパ系アメリカ人の間に見られたGPAにおける差の約30％を縮めていた（Cohen et al., 2009）。さらに言えば，実践的なレベルで，介入はアフリカ系アメリカ人がDかそれ以下の成績を最初の学期に取る確率を20％から9％にまで減らしている。この9％という確率は，白人系の学生と変わらない。この後者の発見で重要なのは，学校で最も成績の悪い生徒は，学校というシステムにある資源の中で彼らに与えられるべき量を，必要なだけ与えられていなかったという事実が示されたことである。加えて，州の達成テストに関する暫定的なフォローアップデータからは，この介入が再びアフリカ系アメリカ人の成績に良い影響を及ぼしていたことが示された。他の多くの介入方法とは異なり，この介入は最も「リスクを抱えた」状況にある生徒たちには，所属集団に基づく成績の差を減少させるという形で有効だったが，他の生徒たちには影響を及ぼさなかった（Ceci & Papierno, 2005とも比較のこと）。

これらの結果はこの事例に特有のものにみえるかもしれないが，実のところ，このような結果ははじめてではない。社会心理学の研究は，わずかな介入でも，大きな，長期的な効果を与えることを実証する知見を示してきた（Dholakia & Morwitz, 2002; Freedman, 1965; Wilson, 2006; 本書14章; Thaler & Sunstein, 2008も参照のこと）。心理的介入が，要する時間，努力，資源に照らして不釣り合いに大きな影響を与えているように見える場合，以前から存在している環境的なプロセスが，それら初期の効果を大きく長期的な結果に変換する装置のように機能しているに違いない（Woodhead, 1988）。

著者らの研究結果に関して言えば，こうしたプロセスは成績の再生産サイクルと言える。たとえば，他の心理的介入のように，自己肯定による介

入は，成績が下落していくのを止めていた（Blackwell et al., 2007; Wilson et al., 2002）。この介入は，以前悪い成績を取った生徒がその後ネガティブな帰結に直面すること，すなわち，再生産過程によってますます成績が悪くなっていくことを防いだのである。統制群のマイノリティの生徒は中学1年から2年までの間で成績が低下していたが，この現象はこの時期としては通常珍しくない現象であった（Eccles et al., 1991）。実際に，この研究が行われる前の成績低下が著しいほど，後の成績低下もひどかった（Cohen et al., 2006）。それに対して，介入を受けたアフリカ系アメリカ人のGPAは，測定された2年の間それほど大きく低下していなかった。事実，最初の介入から間もなく彼らの成績は改善し，介入前に見られたような成績の低下は起きることなく，後の成績との関連もなくなっていた。したがって介入は成績の低下曲線を防ぎ，ポジティブな形での再生産過程をスタートさせる効果があるのだろう。

たとえもし，成績に及ぼす影響が最初は小さかったとしても，繰り返し課題を行ったりテストを複数回受けたりといった付加的なやり方を積み重ねることによって，効果を高めることができる。たとえて言えば，プロ野球でも，選手の一試合での安打数の差は小さくても，シーズン全体や現役選手生活全体を通して積み重ねられ，後にただの良い選手ではなくオールスター選手とみなされる存在へと道が開けていくようなものである（Abelson, 1985）。学校の教室でも同様に，個々の評価に対する，小さいが一貫した介入の効果は，最終的な成績では非常に大きな効果へと積み上げられることもあるのだ。

初期の成績で得られたわずかな効果が繰り越され蓄積されるという方法は，社会心理学的な過程である。たとえば，成績がCマイナスからCになったというような，客観的にはわずかな成績の向上しか見られなかったとしても，生徒は成績が自分比で良かったことで自己肯定を感じる可能性がある。自己肯定が行われた結果，彼らの課題達成を抑制する要因が減ることになる。これは成績が次第に悪化していく傾向がやみ，向上に転じた場合に特に強力になる。これは，自己肯定の介入を行った場合にはよく見られることである（Cohen et al., 2006）。このようにして，生徒は自らの向上を自分の能力や自己完全性についての強力な証拠と見ることができるようになるだろう。このような生徒の自己効力感と自己完全性を強化することは，生徒の実際のスキルのレベルを少なくとも上げ始める可能性を高めるだろう。

著者らの考えでは，学業達成格差の大部分は，マイノリティの生徒が実際に有している学業スキルの発揮を妨げるような社会心理的過程によるものである。この考え方を支持する根拠は著者らの研究によって示されてきた。学年の最初の時期に初めて自己肯定の介入を行って間もなく，マイノリティの生徒は成績の低下を経験しなくなった。事実，これらの生徒たちは白人系の同級生とほぼ同じレベルの成績を取っていた（Cohen et al., 2006）。この時点で社会的比較過程が機能しはじめたのかもしれない。介入を受けたマイノリティの生徒は，自分が白人の同級生と同じくらいの成績を取れるのだと考えたため，介入を受けた生徒の自己効力感や自己完全性は強化されたのだろう。彼らは知的な課題遂行が固定的なものではなく変動的なもの，つまり，努力や実践で変わるものであり，介入は動機づけやパフォーマンスを促進することを直接的に示してくれた（Dweck, 1999; Aronson et al., 2002も参照のこと）。

マイノリティの生徒たちは成績が良くなっているので，ステレオタイプ的に評価される脅威を感じないようになり，教室での経験もステレオタイプと関連付けて解釈しなくなるかもしれない。こ

のことで，ステレオタイプ脅威を経験する可能性は減少し，ステレオタイプと関連したストレスをも感じにくくなる。こうした期待通り，介入はマイノリティの生徒たちについては人種ステレオタイプへの認知的アクセシビリティを減少させていた（Cohen et al., 2006）。精神的概念の心理的利用可能性は，社会的経験の符号化に影響し（Fiske & Taylor, 1991），その結果，学校でバイアスを目にする機会を減少させる。実際に，事後データは，介入を受けたマイノリティの生徒たちが，1年間を通じて，他の生徒よりも相対的に教師への信頼を維持しやすいことを示していた（Sherman & Cohen, 2006も参照のこと）。こうした認知は，生徒たちが教師の行動をより寛大であると解釈し，たとえ学校で困難に直面しても適応感を維持することを助けたかもしれない（Cohen et al., 2009; Huo et al., 1996; Tyler, 2004）。要するに，介入の結果，生徒はパフォーマンスを崩壊させるような環境から，自分がうまくやることができる環境に移ることができた。さらに重要なのは，教師が自分の成功を理解していると信じることができるような環境に移ることができたということだ。

社会的過程は初期に得た利益を長期的なものに変えるのを促進する要因として機能することもある。介入を受けた生徒は，成績が良くなると，教師からより有能であると評価されるようになるかもしれない。このような生徒は，授業の中でより教師から注目され指導や挑戦の機会を与えられる可能性がある（Rosenthal & Jacobson, 1992）。彼らは同じようによくできる生徒と仲間になりやすいだろう。仲間の影響は強く，介入の短期的な効果を長期的な効果に変換するうえで重要な役割を果たすようになる（Cohen & Prinstein, 2006; Hanuschek et al., 2006も参照のこと）。

こうした過程によって，介入を受けたマイノリティの生徒にとって社会的アイデンティティは，関心の対象ではなくなってゆく。心理的介入はこうした意味では決してささいなものではなく，知覚，動機づけ，学業成績の本質を，実際に強力に証明してみせることで，さらに強化される可能性があるからである。

では，いかに心理的介入が学校，地域，国で実践に移されているのだろうか。広く大々的に行うのに適した，介入の教育実践への拡張は，科学的に大きな冒険である。いくつもの実証的な疑問がすぐさま浮かんでくる。たとえば，介入の効果は一般化可能なのか，人種構成といった，特定の重要な文脈の性質によって基本的には弱くなってしまうのか（Cohen & Steele, 2002）といった疑問がある。社会的アイデンティティ脅威は，人々が数の上で少数派になっているときにより目立つ形で見られる（Inzlicht & Ben-Zeev, 2000）。このことから得られる示唆として推測ではあるが，こうした脅威を低減することを目的とする介入は，白人などステレオタイプを受けていない生徒の数が明らかに多い場合にはより効果的だろうと考えられる。教師が研究者の指示なしで独自に介入を行っていても同じようにうまくいくのだろうか，という疑問もある。実験的に行う場合，実験の妥当性を担保するために，実験に参加するすべての人が介入の目的に気づきにくいようにしている。しかし，介入が実践の場に拡大すると，目的や根底にある理論的根拠がよく知られるようになる。では，心理的介入の有効性は，教師や生徒がこうした目的に気づいているかどうかでどのように変わるのだろうかという疑問も生じてくる。

著者らの社会心理学的介入を広く教育実践の場で行ってもらうために，こうした疑問に答える努力を行う目的で，著者らは独自の学校現場で実践を続けてきており，そこでは介入が成功し続けている（Cohen et al., 2009）。加えて，著者らはこのプロジェクトを，大部分はラテン系アメリカ人生

徒である，経済的に問題を抱えた学校現場でも行っており，良い結果を得てきた。このことはラテン系アメリカ人がアメリカ合衆国にいるマイノリティ集団の中でも最も早く成長を遂げることへの希望をもたらしている。

19.4 介入についての総合的な教訓：緊張システムを変える

話を変えて，社会的緊張システムから考えられうる一般的な見解に戻るとしよう。この社会的緊張システムは，本来相互作用的であり，たいてい特定が困難な社会的要因と心理的要因によって構成されている。教室やその他の状況にとってポジティブな変化を起こす可能性を最大化させるとき，複数の領域にまたがって介入を策定したり実行したりする過程において，ある特定の緊張システムを構成する要因をどのようにリストアップすることができるかを著者らは十分に理解する必要がある。ここで挙げようとしている成果は，著者らの議論の焦点である学業成績に関するものだけでなく，特に，健康，幸福な人生，紛争解決などにも適用できる（Boehm & Lyubomirsky, 2009; Cohen et al., 2007）。

19.4.1 時にはささいなことが重要である

本章や他の章でまとめられた研究に見られるテーマは，重要な社会心理学的過程に焦点を当てれば，一見小さな介入であっても大きな効果を発揮しうるということである（本書14章; Thaler & Sunstein, 2008; 本書18章）。社会心理学における古典的な研究の多くが成し遂げてきたことは，ささいな要因でも長期的な効果を持つということを示してきたことから，この考え方は決して新しいものではない。こうしたささいな要因は，人々がもともと持っ

ている価値観，態度，自己概念を変えるとき，その効果は特に持続性を持ちやすい（Freedman, 1965）。これは特に，これらの要因が，前に起きた短期的な効果を持ち越し，さらに増大さえする再生産過程で発動するときによく当てはまる（Cohen et al., 2009）。

心理的機能がわずかにでも変わると，社会的な結果に対してはかなりの効果を持つという考え方は，教育分野だけではなく，健康分野でも見られる。たとえば，Pennebakerらは一貫して，日常生活でのストレス源に対する自分の思考や感情を書いて表現するという課題に参加させられた人がストレスを減らすことができると示してきた。これは健康を改善することにもつながっており，ガン患者やHIV患者でさえも同様の効果が見られている（Petrie et al., 2004）。自己肯定はこうした健康に対する効果の一部が背景にあると考えられる（Creswell et al., 2007）。

19.4.2 文脈から独立した介入は存在しない

小さなことでも重要であるという考え方は，必然的に，はっきりとした形であれ，微細な形であれ，介入の効果が翻って文脈に依存することを意味している（Bertrand et al., 2005）。この考え方からの重要な示唆は，いかなる介入の影響も，その社会的環境の中ですでに働いている力に依存するということである。介入は，介入が行われる文脈から独立して考えることはできないと考えられてきた（Bertrand et al., 2005）。明白なことではあるが，この点は過小評価されたり無視されたりすることさえもある。教育を含めた社会政策には，学級人数の削減に関する教育政策など，こうした実例が多く見られる。学級人数と学業成績には負の相関があることを示した研究を踏まえて，政策策定者が善意で1学級当たりの生徒数を減らす構想を実行に移した。しかし，こうした構想を実施するに

は，教師のトレーニング不足や経験不足が生徒の学業成績に悪影響を及ぼすにもかかわらず，少なくとも最初のうちは，十分なトレーニングを受けていない教師や経験の少ない教師を雇用しなければならないこともありえる。少なくとも短期的には，こうした構想の施行は，1学級当たりの生徒数を削減することで得られる可能性のある利益を危険にさらし，さらには希少な資源を無駄にしたり，生徒の学業成績を向上させうる他の方略を捨てることになるといった，望ましくない結果をもたらすだろう。

ある社会的環境において結果を変えるために計画された構想は例外なく，それぞれの環境に以前から存在していた要素と望まれていた結果が得られる形で相互作用しなければならない。加えて，著者らの再生産過程に関する議論で強調されてきたように，こうした介入の結果は目に見える形で現れてくるまで時間がかかるかもしれない。繰り返しになるが，こうした考え方は，政策策定者に示唆を与える。著者らが仮定した状況において，それらは2つの実用的な示唆を提供している。1つ目は，学級規模の効果は，教室におけるすべての要素が多かれ少なかれ一定しているという前提に基づいており，こうした条件の一致が構想の施行には必要だということである。2つ目は，介入の本当の効果はかなりの時間が経過しなければ目に見えてこない可能性があり，介入の有効性を公正に検証するためには，十分な資源が供給されなければならないというものである。たとえば，著者らの例で言えば，これは十分な数の，よくトレーニングされ経験を積んだ教師を育てるか採用するまでは待つべきだということになる。

介入の効果は文脈的要因に依存するという考え方が提供するもう1つの示唆は，介入の影響をもたらす投じた資源と時間に対して不釣り合いなほどの効果が見られる可能性があるということである。これは，著者らが自己肯定の介入において起きたと信じていることでもある。こうした一見不釣り合いなほどの効果が，動機づけや学業成績を高める既存の要因に伴って起きる。適切にトレーニングを受けて職務を行ってきた教員，十分な物的資源，社会的サポート，課題をこなせるだけの技能を獲得した生徒なくして，心理的介入は成り立たないし，大きな効果を発揮する機会とはならない。たとえば，自己肯定による介入は，どのように文章を書けばポジティブな意味での自己完全性を持てるようになるか分からない生徒を自分の表現能力のなさに直面させることになるかもしれないが，突然その生徒が文章を正しく書けるようになるわけではない。加えて，生徒たちが常に質の良くない教師と関わっており，長期的に必要となる資源もなく，中産階級の学校に比べて条件の面で不利な学校では，心理的介入はあまり効果がない。

しかし，こうした資源があれば，心理的介入は触媒となることもできようし（Cohen et al., 2006, 2009; Menec et al., 2006），介入の効果が考えられないほどに強い影響を持つ状況につながっていく。個別に見ればささいな，ごく短期間の出来事のように見えるものは，環境の中の諸要素を再配置する過程において，以前には完全には実現できていなくても，その影響をより完全なものにするポジティブな状況を作り出す触媒として機能しうる。たとえば，重要なフィードバックは強力でポジティブな影響を，ステレオタイプを受けている生徒のパフォーマンスに与えるが，それはフィードバックが，評価者の高い要求水準やその生徒がその水準を達成する能力があると評価者が信じていることを示すメッセージを伴っている場合に限定される（Cohen & Steele, 2002）。アイデンティティ脅威が和らぐとき，学習資源は完全な効果を発揮しうるのである。

19.4.3　介入する前によく見て単純化しすぎない

　緊張システムにおいては，たった1つの要因にすべてが帰属されないという考え方は，介入効果のプロセスを過度に単純化しようとする構想や説明に疑問を投げかけるというもう1つの示唆を持つ。この問題に関する古典的な研究論文であるWoodhead（1988）は，「『介入研究』のメッセージを伝えるうえでの問題の1つとして，実験デザインそのものが，結果の測定が介入から時間的にも性質的にもどれほど隔たっていたとしても，統制群と実験群の間に差を生みだした**原因**として，独立変数に不釣り合いなほど注目することを推奨していることが挙げられる（p. 452）」と述べている。単一の原因に着目すると，社会環境を理解できなくなり，社会環境に含まれる他の重要な要因を焦点化することが難しくなるため，望ましい結果を得られなくなることがある。

　Woodhead（1988）は，就学前の介入が，高校での長期的な就学率に及ぼす効果についての考察の中で，この点を無視することの危険性を具体的に説明している。彼は，社会環境における他の要因がいかに就学前介入の効果を媒介するかを示した。生徒が小学1年生の場合，最初の就学前介入は知的なパフォーマンスと学校での生徒の活動にわずかな効果しか持たなかった。しかし，生徒が後に留年するか，特別教育クラスに入りそうかという，教師や学校の職員が生徒に対して持っている印象には正の効果があった。教師や学校の職員の予測通り留年したり特別学級に入ったりしてしまうのを防ぐことは，生徒が教育を受け続けやすくすることにつながっている。就学前介入が高校の卒業率や卒業後の就職率に与える長期的な効果は，いかにその環境における他の要因と介入が絡み合って効果を出すかということを示している。この場合は，その他の要因とは，その環境における「ゲートキーパー」的な立場の人間から持たれている印象，成績の悪い生徒を留年させたり特別教育クラスに入れたりする施策である。社会的文脈は子どもの長期的な成績や，介入の効果を妨げたり効果を高めたりするプロセスを理解する鍵である（Bronfenbrenner, 1979）。

　緊張システムにおける，目には見えない，望ましさを低く評価されるような側面が重要な結果を生むことを考えると，ある環境で働いている要因を特定し，要因がいかに相互作用し合っているかを特定するかは，成功する介入計画を策定するうえで重要である。こうした活動は，望ましい結果を生み出すために，緊張システムの中で起きている相互作用の性質を体系的に変えることのできる方策を策定する確率を上げる。たとえば，新しい要因を環境の中に導入したり，既存の要因の強度を変えたりすることで，相互作用の在り方を変えることができる。ある特定の社会環境を構成する要素の包括的なリストを作ることは明らかにきわめて難しい。幸運なことに，著者らの研究結果は，こうしたリストが必ずしも有意義で長期的な変化に必要なわけではないことを示している（Cohen et al., 2006）。社会環境の大部分に働きかける要因が多くあるとしても，重要な結果を生むものはその中でもわずかであり，操作できるものはさらに少ない。

　たとえば，教室を注意深く観察してみたとき，特に教師の注目や賞賛のような数少ない資源をめぐる競争という，人種間の対立を悪化させる要因を研究者は発見する（Aronson & Patnoe, 1997）。こうした競争が集団間の対立や偏見を増やすことを考えると，生徒間の協力的な関係を促進するために教室を再構築することで，効果的な介入の基盤を作ることができるとこの研究者らは考えている。その結果，研究者らはジグソー教室（彼らの介入に付けられた名前）を作り，まさにその名の通り，ジグソーパズルのようにそれぞれのパーツ（各生徒）

が組み合わさって達成を目指す。教室内の子どもたちは，最初はグループごとに分けられる。子どもたちはそれぞれ学習計画の一部を与えられ，自分のグループの他のメンバーに対して自分が学んだことを伝え合う。学習計画全体を学ぶには，人種や民族にかかわらず，同じグループにいる他の子どもを認め頼らなければならない。言い換えれば，ここでの介入は，人種や民族に関わりなく，生徒たちがお互いに自分の関心を他者と協調させるという形を取る。ジグソー教室は，望ましい結果に至るプロセスを個人的なものではなく，集合的なものになるような構造を作る。すなわち個々人が学習成果を上げるには協力が必要となるような構造を作った結果，集団間の対立は減少する。ささいなことに見えるかもしれないが，解決できないとされている長期的な集団間対立を軽減させるプロセスのきっかけを作ることによって，この介入は集団間の関係をポジティブなものにする。

19.4.4 時として心理学的な要因であることも

生徒の成績および学校での活動に関連した行動の観察可能なレベルは，生徒の実際の能力を正確に反映しているわけではない。現に，高名な教育心理学者であるVygotsky（1978）は，「発達の最近接領域」，つまり子どもの現時点でのパフォーマンスのレベルと，その子にとって最適な状況が得られたときのレベルとの差という概念を導入している。ある環境で力を制限すると，本当の実力を発揮しようとする生徒の意欲能力も妨げられてしまう。実際の能力よりも低いパフォーマンスしかできないのは，「生態学的問題」と考えられる（Cole & Bruner, 1971）。明らかに，力を制限することは，客観的には障害になるものも含みうる。人数が多すぎる教室は，一人ひとりの生徒が自分の知っていることを周りに知らせにくくしてしまう。しかし，こうした環境において力を妨げてしまうような心理的要因も存在する。ブラジルの路上にいる幼い物売りが「複数のココナツの値段を即座に足し合わせる」という複雑な算数の課題を，学校ではない環境では解くことができたのに，同じ基本的な問題が筆記試験の問題として学校で出されると解くことができなかったという研究知見がある（Carraher & Schliemann, 2002）。

「実際の能力より低い成績しか出すことができない人，すなわちアンダーアチーバー」というレッテルは，個人が見せたくなかったり見せられなかったりするようなレベルのスキルを意味しているため，こうした状況の要素をよくとらえている。テスト不安は，テストを受けることに関わるストレスが成績を低下させることを示してきたが，単純にテストの制限時間をなくすことでストレスを減らすと，不安を感じていない生徒と同程度の成績を，テスト不安を感じた生徒でも取ることができる（Sarason et al., 1952; Morris & Licbert, 1969も参照のこと）。矛盾しているが，いい成績を取ることを最も気にしている生徒は，時として実際のスキルを必要なときに最も見せられない生徒でもある。これは，「大一番」のプレッシャーにさらされたときや重要な標準化テストのときによく見られる。同じような現象は，低収入のマイノリティの生徒が知能検査を受けたときや評価面接を受けたときのパフォーマンスは心理的脅威や「用心」によって妨げられたという研究でも見られている（Labov, 1970; Zigler et al., 1973; Zigler & Butterfield, 1968; Cole & Bruner, 1971も参照のこと）。幸運なことに，こうした力を軽減する心理的要因もある。現に，生徒がテストを受けなければならない状況で，友好的な試験監督を配置するといった，安心感を高めるようなちょっとした手続き的な介入を行うと，生徒のIQ得点や話すときの流暢さが劇的に向上することを示した重要な研究がある。

前述したように，教室やテスト状況がそこにい

るすべての人間にとって同じように見えても，実際にはそうではないことを念頭に置いておくことが重要である。生徒の社会的アイデンティティや個人のバックグラウンドの違いゆえに，環境が顕著に違う意味を帯びてしまい，異なる心理的反応を喚起し，そして一見「客観的に見える」結果を引き起こしてしまう。要するに，Cole と Bruner の言葉を借りれば，「2つの集団の能力の比較について言及するときに，単純に同じ手続きでテストを行うのでは不十分だ」(1971, p. 871)。

19.4.5　誰にでも同じように効果的とは限らない

　著者らのアプローチは，心理的介入にターゲットを絞ることの価値を示してきた。医療行為のように，心理学に基づいた介入は，それを必要としており，それによって恩恵を受けることができる人に対して与えられた場合にのみ理想的なものとなる。これは，時間と資源を最も有効に使うためだけではなく，より重要なのは，予想もつかない逆の結果が得られてしまう可能性を最小化するために行われる。一般的に，ある種の介入は効果がないことが示されるかもしれない。しかし，それに対して小規模の予備研究を事前に実施することもなく，大規模な研究を行うことで，資源と時間が無駄になるばかりか，ネガティブな結果をもたらすこともある。たとえば，帰属の再訓練は，リスクを抱えた生徒が教示をきちんと受けられないときや，成績を高めるうえで必要な資源がないときには，効果がない（Menec et al., 2006）。このことは，苦手領域について，学校の資源を必要とする生徒向けのスキル開発ワークショップと，この介入を組み合わせることが重要であることを示している（Blackwell et al., 2007）を参照）。さらに，介入をめぐる楽観的なメッセージは，生徒の教室での実際の経験と矛盾するかもしれず，欲求不満や失望，不信感の増大につながってしまうかもしれ

ない（Wilson et al., 2002）。組織の中の手がかりがマイノリティの生徒たちにとってのアイデンティティ脅威が継続的に存在することを示しているとき，彼らに対して，彼らが抱えている問題がマジョリティの生徒たちと共有されていることを示すような介入を行っても，効果がないどころか，逆効果になることさえもある。たとえば，民族を重視しない，人種偏見を含まないメッセージは，実際には組織の多様性が存在しないときや，ある文化が無視されたり抑圧されたりしていることがはっきり分かるような状況では，マイノリティの信頼と所属感を低下させる（Purdie-Vaughns et al., 2008）。まとめると，組織が適切な物的・人的資源を供給できるときには，心理的介入は効果を持つ。一般的には，介入は，予想していない結果が生じないことを確かめるためになんらかの新しい文脈で厳密に行われる必要があり，介入を行うことで利益を受ける人のみ対象とすることが望ましい。

19.4.6　タイミングは重要

　介入で最も重要なのは，いつ行うかである。つまり，**タイミング**の問題である。リーダーシップに関する研究は，職場や学校のリーダーが組織の規範をより良い形に変えることができるが，それは特定の時点に限られていることを示している。特に，リーダーの大きな影響力が見られるのは，規範が固定化する前のプロジェクト初期，集団が自然にお互いを監視するようになるプロジェクト中期や，集団のメンバーが実績を評価し合うような終期である（Hackman, 1998）。同様に，幼児教育においても，子ども時代の経験に焦点を絞った介入（たとえば就学前教育プログラム）は特に効果が大きいことを示している（Heckman, 2006）。

　タイミングが心理的介入において重要であることは，自明の理である。たとえば，心理的介入は，ストレスが高いときに，これ以上機能的に悪くな

るのを防ぐ手段として行うと，最も効果的である可能性が高い。教育分野では，中学校から高校，高校から大学といった，学校進学のタイミングで介入を行うとよいと言われている。これは，生徒のパフォーマンスに対する要求が高まるときであり，アイデンティティが変わり，彼らのソーシャルサポートがなくなるときである。こうした要因は，単独で起きても同時に起きても，ストレスを高め，排斥感も高める。こうした進学してまもないときに介入を行うと，生徒が陥る下方への再生産過程を止めるきっかけになるため，比較的大きな効果を得ることができる（Cohen et al., 2009）。

　生徒の**心理的環境**に最も影響を与える時期に介入を行うのは重要である。たとえば，生徒が困難を感じる前のような，介入を行うには早すぎるタイミングだと，帰属の再訓練という介入は，苦痛を引き起こす対象へと興味を向けさせてしまう。このような場合，生徒に自分の能力や所属感について考える**べき**だと提案することで，実際には問題を感じていないにもかかわらず，こうしたことについて考えさせてしまう（Wilson et al., 2002; Pennebaker, 2001も参照のこと）。同様に，人々の幸福感を高める方略の一部として行われる，うれしかったことを数えたり，利他的な行動を取ったりすることが，タイミングや頻度のわずかな違いによって，効果を失ってしまうこともある（Boehm & Lyubomirsky, 2009）。

　介入方法のタイミングを開発するうえで介入のタイミングが重要であるということは，介入を必要としている人を識別する必要があると同時に，最も必要なのはいつかを特定することも重要であることを示唆している。医学と同じように，心理的介入は時として有害なものになるため，ある人にとっては意図しない効果をもたらすものになってしまうこともあり，ただの無効なものになってしまうこともあり，一概に，むやみに介入を行えばいいというものではない。同様に，同じ理由から，他のものと同様，介入を頻繁にやりすぎるのも，十分な回数でないのも良くないし，不適切な時期に行うのも良くない。このことを考えると，介入方法の開発においては，誰が介入を必要としており，いつそれが必要なのかを決める方法も決めなければならないということになる。たとえば，著者らの自己肯定介入研究では，介入そのものの開発とともに，生徒の心理的状態同様に，生徒の学校環境に対する知覚を測定するための有効な学校風土測定尺度を定期的に用いて測定しており，それは，狙った方法で最も適切なタイミングで介入を行ううえでもっと長く間隔を空ければよいのか，それとももっと頻繁に介入を行えばよいのかを知る助けになっている。ある個人に対して，最大限の支援となる瞬間に短期的な心理的介入を行うことも可能である。たとえば，モバイル技術を通じて，普通の日常生活を送っている人に，その人の経験や必要に合ったタイミングと質の介入を届けることができる（Heron & Smyth, 2010を参照のこと）。実践者と研究者が心理学をベースにした介入を，医者が医学的介入を行うようなやり方で実施できることを著者らは願ってやまない。実践者と研究者が科学的研究の知見による体系的な知識と，それに伴う診断技術を，治療を必要としている人を識別したり，いつ介入をしたらよいのかを識別したりするのに使うことになるだろう。

19.5　結び

　学校や教室といった社会的環境が，心理的再生産過程を含めた，複数の相互に絡み合った要因から構成される複雑な緊張システムであるという考え方は，明らかではあるものの見落とされがちである。しかしこの考え方は，研究者や実践家，政

策策定者の関心を受けるに値する。人々の意味への欲求，自己完全性，所属感に対処するために適切なタイミングで行われる介入は，その期間や強度にかかわらず，行動や態度に大きく，長期にわたる影響を及ぼすという考えも同様である。社会環境の相互作用的な本質ゆえに，介入すべき期間と強度は，介入が既存の環境における重要な要因とどのような交互作用をするかに依存する。結果として，少人数制教室，質の良い教師，適切な予算のような特定の構造的な要因や複数のそうした要因の組み合わせが望ましい結果を生むためには必要となるが，それらが十分に揃わないこともある。心理的プロセスといった，その環境における他の要因が，介入効果を弱めたりしてしまうこともある。

著者らは，心理学的要因が過小評価されてきたゆえに，教室の規模や予算といった，学校における構造的な要因が生徒の学業達成に及ぼす意味への疑問が生まれたと考えている（Heckman et al., 1996を参照のこと。Burtless, 1996のレビューも参照）。しかし，この章で焦点を当てた研究からは，社会的環境に新たな要因を導入すること，既存の要因を変えることで，構造的な要因が生徒の学業成績に完全な影響を与える可能性を高めることが明らかになってきた（Lewin, 1951; Ross & Nisbett, 1991）。たとえば，新しい，もしくは存在はしていたけれど弱かった心理的要因を教室に体系的に導入することで，生徒の能力やその環境にある学習資源を活用しようとする意欲，自分が本当に持っている技術や知識を見せようとする意欲を高めることができた（Blackwell et al, 2007; Cohen et al., 2006, 2009; Cohen & Steele, 2002; Cohen et al., 1999; Menec et al., 2006も参照のこと）。

介入によって導入された心理的要因は，既存の構造や物理的資源の効果と相互作用して，生徒の動機づけや成績の改善という形で現れてくる。

特定の社会環境と密接に関わっている個人の経験，洞察，知恵は，心理的介入を含めた介入が有効であるか否か，そうであればいつ，どのような形であれば体系的に効果を見せるのかを知るための科学的探究にとって重要な役割を果たす。教育界における多くの人々と同じように，すでに多くの教育者が，心理的方略を日常的な実践の中で，しばしば直感的に用いている。たとえば，既存の多くの事例の中でも（Cose, 1997を参照のこと），教員の中には，リスクを抱えた子どもに，彼らが抱えている問題を重要な価値観や物語と結びつけて自己表現させるような筆記課題を出して，生徒の学校活動を劇的に改善させた者がいる（Freedom et al., 1999）。その教師，Jaime Escalanteは，映画『落ちこぼれの天使たち』の題材として描かれており，Mathews（1988）の本の題材にもなり，都市部のマイノリティの生徒に高い学業達成基準に挑戦させて，彼らがその基準に到達できるように熱心な支援を行った。その結果，生徒たちは学業到達テストで恵まれた白人の生徒と同じぐらい高い得点を取ることができた。こうした事例は，実践家と研究者の間に対等なパートナーシップを構築することで，その効果が長期的に持続し，多方面で効果を持つような心理的介入の実践と，その手法の発展が約束されるであろうことを信じさせてくれる。

原註

下書きにコメントをくれた，Sarah Wert と Eden Davisに感謝する。本稿で引用されている著者らの研究の一部は，全米科学財団の，教育における調査ならびに教育評価とエンジニアリング，W. T. 助成財団とスペンサー財団の支援を受けて行われた。ラッセル・セージ財団と，ニール・マエ教育財団からの支援にも感謝する。

引用文献

Abelson, R. P. (1985). A variance explanation paradox: When a little is a lot. *Psychological Bulletin, 97*, 129-133.

Aronson, E., and Patnoe, S. (1997). *The jigsaw classroom: Building cooperation in the classroom* (2nd ed.). New York: Addison Wesley Longman.

Aronson, J. (2002). Stereotype threat: Contending and coping with unnerving expectations. In J. Aronson (Ed.), *Improving academic achievement: Impact of psychological factors on education* (pp. 303-328). San Diego, CA: Academic Press.

Aronson, J., Fried, C. B., and Good, C. (2002). Reducing the effects of stereotype threat on African American college students by shaping theories of intelligence. *Journal of Experimental Social Pschology, 38*, 113-125.

Aronson, J., and Inzlicht, M. (2004). The ups and downs of attributional ambiguity: Stereotype vulnerability and the academic self-knowledge of African American college students. *Psychological Science, 12*, 829-836.

Aronson, J., Lustina, M., Keough, K, Brown, J. L, and Steele, C. M. (1999). When White men can't do math: Necessary and sufficient factors in stereotype threat. *Journal of Experimental Social Psychology, 35*, 29-46.

Bandura, A. (1986). *Social foundations of thought and action: A social cognitive theory.* Englewood Cliffs, NJ: Prentice-Hall.

Ben-Zeev, T., Fein, S., and Inzlicht, M. (2004). Arousal and stereotype threat. *Journal of Experimental Social Psychology, 41*, 174-181.

Bertrand, M., Karlan, D., Mullainathan, S., Shafir, E., and Zinman, J. (2005). *What's psychology worth? A field experiment in the consumer credit market.* NBER Working Paper No. 11892. National Bureau of Economic Research. Retrieved from http://www.nber.org/papers/w11892

Blackwell, L., Trzesniewski, K., and Dweck, C. S. (2007). Implicit theories of intelligence predict achievement across an adolescent transition: A longitudinal study and an intervention. *Child Development, 78*, 246-263.

Boehm, J. K., and Lyubomirsky, S. (2009). The promise of sustainable happiness. In S. J. Lopez (Ed.), *Handbook of positive psychology* (2nd ed., pp. 667-677). Oxford: Oxford University Press.

Bowen, W. G., and Bolt, D. (1998). *The shape of the river: Long-term consequences of considering race in college and university admissions.* Princeton, NJ: Princeton University Press.

Branscombe, N. R, Schmitt, M. T., and Harvey, R. D. (1999). Perceiving pervasive discrimination among African Americans: Implications for group identification and well-being. *Journal of Personality and Social Psychology, 77*,135-149.

Bronfenbrenner, U. (1979). *The ecology of human development: Experiments by nature and design.* Cambridge, MA: Harvard University Press.

Brooks-Gunn, J. and Furstenburg, F. F. (1986). The children of adolescent mothers: Physical, academic, and psychological outcomes. *Developmental Review, 6*(3), 224-251.

Burtless, G. (1996). *Does money matter? The effect of school resources on student achievement and adult success.* Washington, DC: Brookings Institution Press.

Carraher, D. W., and Schliemann, A. D. (2002). Is every-day mathematics truly relevant to mathematics education? In J. Moshkovich and M. Brenner (Eds.), *Monographs of the Journal for Research in Mathematics Education: Vol. 11. Everyday and academic mathematics in the classroom* (pp. 131-153). Reston, VA: National Council of Teachers of Mathematics.

Ceci, S. J., and Papierno, P. B. (2005). The rhetoric and reality of gap closing: When the "have-nots" gain but the "haves" gain even more. *American Psychologist, 2*, 149-160.

Cohen, G. L., and Garcia, J. (2005). I am us: Negative stereotypes as collective threats. *Journal of Personality and Social Psychology, 89*, 566-582.

Cohen, G. L., and Garcia, J. (2008). Identity, belonging, and achievement: A model, interventions, implications. Current Directions in *Psychological Science, 17*, 365-369.

Cohen, G. L, Garcia, J., Apfel, N., and Master, A. (2006). Reducing the racial achievement gap: A social- psychological intervention. *Science, 313*, 1307-1310.

Cohen, G. L., Garcia, J., Purdie-Vaughn, V., Apfel, N., and Brzustoski, P. (2009). Recursive processes in self-affirmation: Intervening to close the minority achievement gap. *Science, 324*, 400-403.

Cohen, G. L., and Prinstein, M. J. (2006). Peer contagion of aggression and health-risk behavior among adolescent males: An experimental investigation of effects on public conduct and private attitudes. *Child Development, 77*, 967-983.

Cohen, G. L., Sherman, D. K., Bastardi, A., Hsu, L., McGoey, M., and Ross, L. (2007). Bridging the partisan divide: Self-affirmation reduces ideological closed- mindedness and inflexibility in negotiation. *Journal of Personality and Social Psychology, 93*, 415-430.

Cohen, G. L., and Steele, C. M. (2002). A barrier of mistrust: How negative stereotypes affect cross-race mentoring. In J. Aronson (Ed.), *Improving academic achievement: Impact of psychological factors on education* (pp. 303-328). San Diego, CA: Academic Press.

Cohen, G. L., Steele, C. M., and Ross, L. D. (1999). The mentor's dilemma: Providing critical feedback across the racial divide. *Personality and Social Psychology Bulletin, 25*, 1302-1318.

Cole, M., and Bruner, J. S. (1971). Cultural differences and inferences about psychological processes. *American Psychologist, 26*, 867-876.

Cose, E. (1997). *Color-blind: Seeing beyond race in a race-obsessed world.* New York: HarperCollins.

Creswell, J. D., Lam, S., Stanton, A. L., Taylor, S. E., Bower, J. E., and Sherman, D. K. (2007). Does self-affirmation, cognitive processing, or discovery of meaning explain cancer-related health benefits of expressive writing? *Personality and Social Psychology Bulletin, 33*, 238-250.

Creswell, J. D., Welch, W., Taylor, S. E., Sherman, D. K, Gruenewald, T., and Mann, T. (2005). Affirmation of personal values buffers neuroendocrine and psychologi-cal stress responses. *Psychological Science, 16*, 846-851.

Crocker, J., and Major, B. (1989). Social stigma and self-esteem: The self-protective properties of stigma. *Psychological Review, 96*, 608-630.

Croizet, J., and Claire, T. (1998). Extending the concept of stereotype threat to social class: The intellectual underperformance of students from low socioeconomic backgrounds. *Personality and Social Psychology Bulletin, 24*, 588-594.

Darley, J. M. and Gross, P. H. (1983). A hypothesis-confirming bias in labeling effects. *Journal of Personality and Social Psychology, 44*, 20-33.

Davies, P. G., Spencer, S. J., and Steele, C. M. (2005). Clearing the air: Identity safety moderates the effect of stereotype threat on women's leadership aspirations. *Journal of Personality and Social*

Psychology, 88, 276-287.

Dholakia, U. M., and Morwitz, V. G. (2002). The scope and persistence of mere measurement effects: Evidence from a field study of consumer satisfaction. *Journal of Consumer Research, 29*, 159-167.

Dillon, S. (2006, November 20). Schools slow in closing gaps between races. *New York Times*, p. A1.

Dweck, C. S. (1999). *Self-theories: Their role in motivation, personality and development*. Philadelphia: Taylor and Francis/Psychology Press.

Dweck, C. S., Davidson, W., Nelson, S., and Enna, B. (1978). Sex differences in learned helplessness: (II) The contingencies of evaluative feedback in the classroom and (III) An experimental analysis. *Developmental Psychology, 14*, 268-276.

Eccles, J. S., Lord, S., and Midgley, C. (1991). What are we doing to early adolescents? The impact of educational contexts on early adolescents. *American Journal of Education, 8*, 520-542.

Fiske, S., and Taylor, S. (1991). *Social cognition*. New York: McGraw-Hill.

Frable, D.E.S., Blackstone, T., and Scherbaum, C. (1990). Marginal and mindful: Deviants in social interactions. *Journal of Personality and Social Psychology, 59*, 140-149.

Freedman, J. L. (1965). Long-term behavioral effects of cognitive dissonance. *Journal of Experimental Social Psychology, 1*, 145-155.

Freedom Writers and Gruwell, E. (1999). *The Freedom Writers diary*. New York: Broadway Books.

Fryer, R. G., and Torelli, P. (2005). *An empirical analysis of "acting white"* NBER Working Paper No. 11334. National Bureau of Economic Research. Retrieved from http://www.nber.org/papers/w11334

Fullilove, R. E., and Treisman, P. U. (1990). Mathematics achievement among African American undergraduates at the University of California, Berkeley: An evaluation of the Mathematics Workshop Program. *Journal of Negro Education, 59*, 463-478.

Good, C., Aronson, J., and Inzlicht, M. (2003). Improving adolescents' standardized test performance: An intervention to reduce the effects of stereotype threat. *Journal of Applied Developmental Psychology, 24*, 645-662.

Gordon, E. W., and Lemons, M. P. (1997). An interaction-1st perspective on the genesis of intelligence. In R. J. Sternberg and E. L. Grigorenko (Eds.), *Intelligence, heredity, and environment* (pp. 323-340). New York: Cambridge University Press.

Grimm, L. R., Markman, A. B., Maddox, T. W., and Baldwin, G. C. (2009). *Journal of Personality and Social Psychology, 96*, 288-304.

Hacker, A. (1995). *Two nations: Black and White, separate, hostile, unequal*, New York: Ballantine.

Hackman, J. R. (1998). Why teams don't work. In R. S. Tindale, J. Edwards, and F. B. Bryant (Eds.), *Theory and research on small groups* (pp. 245-267). New York: Plenum.

Hanushek, E. A., Kain, J. F., Markman, J. M., and Rivkin, S. G. (2006). *Does peer ability affect student achievement?* NBER Working Paper No. 8502. National Bureau of Economic Research. Retrieved from http://www.nber.org/papers/w8502

Hart, B., and Risley, T. R. (1995). *Meaningful differences in the everyday experience of young American children*. Baltimore, MD: Paul H. Brookes Publishing Co.

Heckman, J. (2006). Skill formation and the economics of investing in disadvantaged children. *Science, 312*, 1900-1902.

Heckman, J., Layne-Farrar, A., and Todd, P. (1996). Does measured school quality really matter? An examination of the earnings-quality relationship. In G. Burtless (Ed.), *Does money matter? The effect of school resources on student achievement and adult success*. Washington, DC: Brookings Institution Press.

Henderson-King, E. I., and Nisbett, R. E. (1996). Anti-black prejudice as a function of exposure to the negative behavior of a single Black person. *Journal of Personality and Social Psychology, 71*, 654-664.

Heron, K. E., and Smyth, J. M. (2010). Ecological momentary interventions: Incorporating mobile technology in psychosocial and health behavior treatments. *British Journal of Health Psychology, 15*, 1-39.

Huo, Y. J., Smith, H. J., Tyler, T. R., and Lind, E. A. (1996). Superordinate identification, subgroup identification, and justice concerns: Is separatism the problem, is assimilation the answer? *Psychological Science, 7*, 40-45.

Inzlicht, M. and Ben-Zeev, T. (2000) A threatening intellectual environment: Why females are susceptible to experiencing problem-solving deficits in the presence of males. *Psychological Science, 11*, 365-371.

Jencks, C., and Phillips, M. (1998). *The Black-White test score gap*. Washington, D. C.: The Brookings Institution.

Jussim, L., and Harber, K (2005) Teacher expectations and self-fulfilling prophecies: Knowns and unknowns, resolved and unresolved controversies. *Personality and Social Psychology Review, 9*, 131-155.

Kaiser, C. R., Brooke, V., and Major, B. (2006). Prejudice expectations moderate preconscious attention to cues that are threatening to social identity. *Psychological Science, 17*, 332-338.

Kleck, R. E., and Strenta, A. (1980). Perceptions of the impact of negatively valued characteristics on social interaction. *Journal of Personality and Social Psychology, 39*, 861-873.

Lavob, W. (1970). The study of language in its social context, *Stadium Generale, 23*, 30-87.

Lazarus, R. S., and Cohen, J. B. (1977). Environmental stress. In I. Altman and J. F. Wohlwill (Eds.), *Human behavior and environment*. (Vol. 2, pp. 222-230) New York: Plenum.

Leary, M. R., and Baumeister, R. F. (2000). The nature and function of self-esteem: Sociometer theory. In M. P. Zanna (Ed.), *Advances in experimental social psychology* (Vol. 32, pp. 1-62). San Diego, CA: Academic Press.

Lewin, K. (1948) *Resolving social conflicts: Selected papers on group dynamics*. G. W. Lewin (Ed.). New York: Harper and Row.

Lewin, K. (1951) *Field theory in social science: Selected theoretical papers*. D. Cartwright (Ed.). New York: Harper and Row.

Lockwood, P., and Kunda, Z. (1997). Superstars and me: Predicting the impact of role models on the self. *Journal of Personality and Social Psychology, 73*, 91-103.

Martens, A., Johns, M., Greenberg, J., and Schimel, J. (2006). Combating stereotype threat: The effect of self-affirmation on women's intellectual performance. *Journal of Experimental Psychology, 42*, 236-243.

Marx, D. M., Brown, J. L, and Steele, C. M. (1999). Allport's legacy and the situational press of stereo-types, *Journal of Social Issues, 55*, 491-502.

Mathews, J. (1988). *Escalante: The best teacher in America*. New York: Henry Holt and Company.

Menec, V. H., Perry, R. P., Struthers, C. W., Schonwetter, D. J., Hechter, F. J., and Eichholz, B. L. (2006). Assisting at-risk college students with attributional retraining and effective teaching. *Journal of Applied Social Psychology, 24*, 675-701.

Morris, L. W., and Liebert, R. M. (1969). Effects of anxiety on timed and untimed intelligence tests. *Journal of Consulting and Clinical Psychology, 33*, 240-244.

Muennig, P., and Woolf, S. H. (2007). Health and economic benefits of reducing the number of students per classroom in US primary schools. *American Journal of Public Health, 97*, 2020-2027.

Neal, D. A. (2005). *Why has black-white skill convergence stopped?* NBER Working Paper No. W11090. National Bureau of Economic Research. Retrieved from http://ssm.com/abstract=657602

Nisbett, R. E. (2009). *Intelligence and how to get it: Why schools and cultures count.* New York: W. W. Norton and Co.

O'Brien, L. T., and Crandall, C. S. (2003). Stereotype threat and arousal: Effects on women's math performance. *Personality and Social Psychology Bulletin, 29*, 782-789.

Pennebaker, 1. (2001). Dealing with a traumatic experience immediately after it occurs. *Advances in Mind-Body Medicine, 17*, 160-162.

Petrie, K. J., Fontanilla, I., Thomas, M. G., Booth, R. J., and Pennebaker, J. W. (2004). Effect of written emotional expression on immune function in patients with human immunodeficiency virus infection: A randomized trial. *Psychosomatic Medicine, 66*, 272-275.

Purdie-Vaughns, V., Steele, C., Davies, P., Didmann, R., and Randall-Crosby, J. (2008). Social identity contingencies: How diversity cues signal threat or safety for African Americans in mainstream institutions. *Journal of Personality and Social Psychology, 94*, 615-630.

Richards, Z., and Hewstone, M. (2001). Subtyping and subgrouping: Processes for the prevention and promotion of stereotype change. *Personality and Social Psychology Review, 5*, 52-73.

Rosenthal. R., and Jacobson, L. (1992). *Pygmalion in the classroom* (Expanded edition). New York: Irvington.

Ross, L., and Nisbett, R. E. (1991). *The person and the situation.* Philadelphia: Temple University Press.

Rydell, R. T., McConnell, A. R., and Beilock, S. L. (2009). Multiple social identities and stereotype threat: Imbalance, accessibility, and working memory. *Journal of Personality and Social Psychology, 96*, 949-966.

Sanbonmatsu, L., Kling, J. K., Duncan, G. J., Brooks-Gunn, J. (2006). *Neighborhoods and academic achievement: Results from the Moving to Opportunity experiment.* NBER Working Paper No. 11909. National Bureau of Economic Research. Retrieved from http://www.nber.org/papers/w11909

Sarason, S. B., Mandler, G., and Craighill, P. G. (1952). The effect of differential instructions on anxiety and learning. *Journal of Experimental Psychology, 59*, 185-191.

Schmader, T., and Johns, M. (2003). Converging evidence that stereotype threat reduces working memory capacity. *Journal of Personality and Social Psychology, 85*, 440-452.

Schmader, T., Johns, M., and Forbes, C. (2008). An integrated process model of stereotype threat effects on performance. *Psychological Review, 115*, 336-356.

Schmader, T., Major, B., and Gramzow, R. H. (2001). Coping with ethnic stereotypes in the academic domain: Perceived injustice and psychological disengagement. *Journal of Social Issues, 57*, 93-111.

Shapiro, J. R., and Neuberg, S. L. (2007). From stereotype threat to stereotype threats: Implications of a multi-threat framework for moderators, mediators, and interventions. *Personality and Social Psychology Review, 11*, 107-130.

Sherman, D. K., and Cohen, G. L. (2006). The psychology of self-defense: Self-affirmation theory. In M. P. Zanna (Ed.), *Advances in experimental social psychology* (Vol. 38, pp. 183-242). San Diego, CA: Academic Press.

Simmons, R. G., Black, A., and Zhou, Y. (1991). African- Americans versus White children and the transition into junior high school. *American Journal of Education, 99*, 481-520.

Spencer, S. J., Steele, C. M., and Quinn, D. M. (1999). Stereotype threat and women's math performance. *Journal of Experimental Social Psychology, 35*, 4-28.

Steele, C. M. (1988). The psychology of self-affirmation: Sustaining the integrity of the self. In L Berkowitz (Ed.), *Advances in experimental social psychology* (Vol. 21, pp. 261-302). New York: Academic Press.

Steele, C. M. (1997). A threat in the air: How stereotypes shape the intellectual identities and performance of women and African-Americans. *American Psychologist, 52*, 613-629.

Steele, C. M., and Aronson, J. (1995). Stereotype threat and the intellectual test performance of African Americans. *Journal of Personality and Social Psychology, 69*, 797-811.

Steele, C. M., Spencer, S. J., and Aronson, J. (2002). Contending with group image: The psychology of stereotype and social identity threat. In M. Zanna (Ed.), *Advances in experimental social psychology* (Vol. 34, pp. 379-440). San Diego, CA: Academic Press.

Steele, C. M., Spencer, S., Nisbett, R., Hummel, M., Harbor, K., and Schoem, D. (2004). *African American can college achievement: A "wire" intervention.* Manuscript submitted for publication.

Stone, J., Lynch, C. I., Sjomeling, M., and Darley, J. M. (1999). Stereotype threat effects on Black and White athletic performance. *Journal of Personality and Social Psychology, 77*, 1213-1227.

Thaler, R. H., and Sunstein, C. R. (2008). *Nudge: Improving decisions about health, wealth, and happiness.* New York: Penguin Books.

Tierney, R. J., Crumpler, T. P., Bertelsen, C. D., and Bond, E. L. (2003). *Interactive assessment: Teachers, parents, and students as partners.* Norwood, MA: Christopher-Gordon.

Tyler, T. R. (2004). Procedural justice. In A. Sarat (Ed.), *The Blackwell companion to law and society* (pp. 435-452). Malden, MA: Blackwell.

U. S. Department of Education National Center for Education Statistics (2009). *The condition of education* (NCES 2009-081). Washington, D.C.

Vygotsky, L. S. (1978). *Mind and society: The development of higher psychological processes.* Cambridge, MA: Harvard University Press.

Walton, G. M., and Cohen, G. L. (2007). A question of belonging: Race, social fit, and achievement. *Journal of Personality and Social Psychology, 92*, 82-96.

Walton, G. M. and Spencer, S. J. (2009). Latent ability: Grades and test scores systematically underestimate the intellectual ability of negatively stereotyped students. *Psychological Science, 20*, 1132-1139.

Wilson, T. D. (2006). The power of social-psychological interventions. *Science, 313*, 1251-1252.

Wilson, T. D., Damiani, M., and Shelton, N. (2002). Improving the academic performance of college students with brief attributional interventions. In J. Aronson (Ed.), *Improving academic achievement: Impact of psychological factors on education.* San Diego, CA: Academic Press.

Wilson, T. D., and Linville, P. W. (1985). Improving the performance of college freshmen with attributional techniques. *Journal of Personality and Social Psychology, 49*, 287-293.

Woodhead, M. (1988). When psychology informs public policy: The case of early childhood intervention. *American Psychologist, 43*, 443-454.

Zigler, E., Abelson, W. D., and Seitz, V. (1973). Motivational factors in the performance of economically disadvantaged children on the Peabody Picture Vocabulary Test. *Child Development, 44*, 294-303.

Zigler, E., and Butterfield, E. C. (1968). Motivational aspects of changes in IQ test performance of culturally deprived nursery school children. *Child Development, 39*, 1-14.

第7部
意志決定の改善
IMPROVING DECISIONS

20章　理解を超えて──判断補助は人々の意思決定の質を向上させるのか

PETER UBEL

　2人の小さな子どもを持つ40代半ばの夫婦が，高利回りの株に投資する資産の割合を高めるべきか，金融アドバイザーに尋ねる。17歳の高校生は進路指導員と面談し，どの大学に出願すればよいか助言を求める。非転移性の前立腺がんを患う65歳の男性は，外科手術によって前立腺を切除するべきか，医師に尋ねる。

　この人たちが直面している問題は，**選好による意思決定**，つまり選択の正しさがその人に特有の好みによってある程度決まるような意思決定として知られる問題である（O'Connor et al., 1999）。たとえば，投資額の最適な配分は個人のリスク耐性によって変化する。どの大学が一番よいかは，生徒が大都市と小さな町のどちらに住みたいか，教養科目と工学のどちらを学びたいかによって異なる。そして前立腺がんにどう対処するべきかは，治療によって性的能力を失ったり，失禁するようになったりする可能性を本人がどの程度心配するかによって決まるのである。

　ここに挙げた例では，意思決定者は中立の立場，すなわち彼ら自身の目標や選好に沿った決定を手助けしてくれる立場からの援助を求めている。このことは，ある重要な問題を提起する。その問題とは，意思決定の助言者は，人々の意思決定をより良いものにできたと，どのようにして知るのかというものである。

　これは重要な問題である。なぜなら，人は自由に意思決定したとき，必ずしも正しい決定を下すわけではないからだ。このことは，人々が弁護士やカウンセラー，医師，金融アドバイザーに助言を求める理由の1つである。彼らは，意思決定に必要な事柄について十分に知るのは骨が折れるとわかっているから，自分を助けてくれる専門家を頼るのである。意思決定者が選好による重要な意思決定に直面したとき，助言者の仕事は，意思決定者が選択肢に関する情報を理解し，その情報を自身の選好と調和させられるよう手助けすることである。

　しかし，本章でこれから明らかにする通り，助言者は選択肢の理解を手助けするよりも多くのことを行わなければならない。判断や意思決定の場では，選択肢について理解していながら悪い意思決定を行ってしまう人が多く存在するからだ。

　ここではこれらの重要問題を，医療における意思決定という文脈で検討していきたい。医療場面での意思決定は多くの場合，非常に大きな危険を伴い，選択肢の組み合わせは複雑で，しかもたいていの場合，意思決定者（患者）は選択肢について十分に知ることができない。つまり，意思決定者は決定を行うために助けを必要としているのである。本章では特に，患者に判断補助を与えるという，医療界で進展しつつある動向に焦点を当てる。判断補助とは，人々に意思決定の選択肢に関する情報を提供するための，構造化された啓発資料である。本章は医療における意思決定に焦点を当てるが，ここから得られる教訓や，意思決定の改善を判定するために著者が試みに作成した基準は，医療以外にも人々がリスクの高い意思決定を迫られ，複雑な情報を整理するために助けを必要とする分野で役に立つだろう。

共同意思決定の専門家たちは，医療における判断補助が人々の健康管理に関する意思決定を実際によりよいものにしたかどうか判断するために，知識の増加や決定に伴う葛藤の低減といった基準を用いてきた。本章の目的は，これらの基準が判断補助の効果を評価するのに不十分であることの理由を説明することである。従来の基準を批判的に検討するため，本章では新たに7つの基準を取り上げ，その長所と短所の評価を行う。先に結論を述べておくと，どの基準も単独では判断補助を評価するために十分ではなく，ある判断補助が人々の意思決定をより良いものにしたかを判断するためには，幅広い評価基準を利用しなければならない。

20.1 健康管理のための判断補助：その構造と評価

　医師が必ずしも患者の意思決定を効果的に導けるわけではないということが明らかになるにつれ，健康管理の分野では判断補助によって医師のコミュニケーションを補おうとする動きが進んできた（Bekker et al., 1999; Molenaar et al., 2000; O'Connor et al., 2009）。ここで用いられる判断補助とは患者に教育を施すための資料である。その内容は意思決定の分析にもとづいて作成され，治療法を選択する際に避けられないトレードオフを患者に気づかせるように情報が構造化されている。たとえば，治療法Aと治療法Bそれぞれに起こり得る結果と，その結果が生じる可能性の大きさについて説明する。この判断補助はまた，治療法の選択において患者自身の選好が重要な役割を果たすことを示し，患者に意思決定を促すものである。
　判断補助の効果は無作為割り付け試験によって厳密に確認されており，患者の知識を増やし，意思決定に伴う満足度を高め，葛藤を弱めることが示されている（O'Connor et al., 1999）。実際のところ，判断補助の効果はたいていの場合，これらの基準（つまり知識の増加，満足度の向上，葛藤の低減）によって判断されている。したがって，人々の意思決定を手助けする方法を評価するにあたって，まずはこれらの基準から検討を始めるのがよいだろう。

20.1.1　知識と理解

　健康管理における判断補助の作成者は，その判断補助が選択肢に関する情報を十分に患者に提供しているかどうかを確認することが重要であると強調してきた。実際，判断補助は作成段階において，情報のバランス，完全性，分かりやすさの観点から評価される。情報が豊富でかつ分かりやすい判断補助を作成することは困難な場合が多く，作成者はどれだけの情報を含めればよいか，確率に基づく治療結果のデータを患者が理解するのをどうやって助ければよいか，患者がうんざりしてしまったり逆に退屈してしまったりしないよう注意を引きつけるにはどうすればよいか，といった問題について難しい決断を迫られる。作成者はしばしば，フォーカス・グループや認知面接を通じて判断補助の内容を改善する。特に優れた判断補助は読み書き能力の専門家が事前に確認し，中学1年生程度よりも難しい言葉で書かれていないことを確かめていることさえある。こうして完成した判断補助は，多くの場合質の高いもので，患者の健康管理に関する状況と治療法の選択肢についての知識を著しく増加させる。

20.1.2　意思決定における葛藤と満足度

　また，健康管理に関する判断補助の作成者は，判断補助は意思決定における満足度を向上させつつ葛藤を低減させるものであるべきだと主張してき

た（O'Connor et al., 1999）。意思決定における葛藤は「競合する行動の中からの選択がリスクや損失，後悔，個人の人生における価値観との対立を伴う場合に，どの行動を取るべきか確信を持てないこと」と定義される（O'Connor, 1995）。意思決定における葛藤の兆候は，「確信のなさを言語化すること，望ましくない結果に対する不安の表明，選択肢の間で揺れ動くこと，意思決定の遅さ，個人的価値観への疑問，意思決定のことで頭がいっぱいになること，意思決定のことで感情的な苦痛を感じること」，といったものがある（O'Connor et al., 2002, p. 571）。O'Connorらはこのような葛藤の測定法を開発し，よい判断補助はこの葛藤を低減すると主張した（O'Connor, 1995）。葛藤低減と同様に，健康管理に関する判断補助の作成者は，よい判断補助は意思決定に伴う患者の満足度を高めるという考えを推し進め（O'Connor et al., 1999），そうした満足度を測定する尺度も開発してきた（Holmes-Rovner et al., 1996）。

20.2　これらの評価基準の問題点

　医療における共同意思決定のコミュニティでは，患者に選択の自由と情報を与えれば，患者は自分の意思決定に満足し，葛藤を感じることなく，自身の安定した基本的な選好や価値観を反映した意思決定ができるだろうと大筋では想定されていた。しかし，このような想定は多くの場合に誤りであり，情報に基づく自由な意思決定が必ずしもよい意思決定にはならないことが数多くの研究によって示されている。

20.2.1　知識は人をバイアスから守らない

　判断や意思決定に関する文献を見ると，最も多くの情報を持っている意思決定者にさえ，不当に影響を及ぼし得るバイアスが存在するという証拠が多く見つかる。ここでは，この問題について著者らのチームが行った研究に即して説明する。その研究は，女性が乳がんを予防するためにタモキシフェンを服用するか否かを考えるのを支援するために作成された判断補助に関するものである。タモキシフェンはホルモンに似た薬剤で，当初は乳がんの再発を予防する目的で乳がん患者が使用していた。しかし最近行われた臨床試験では，乳がんのリスクが高い女性がタモキシフェンを使用すると，**初発の乳がんを予防する効果**があることが示された（Day, 2001）。たとえば，家族歴や年齢から推定して6%の確率で5年以内に初発の乳がんを発症すると考えられる女性がタモキシフェンを服用すると，発症のリスクを半分に減らすことができる。しかし，この薬は無害ではない。タモキシフェンを服用すると，血栓，子宮内膜がん，ホットフラッシュ，白内障を発症するリスクがある。つまり，初発の乳がんを予防するためにタモキシフェンを服用するか否かは，各人の利益とコストの計算にもとづいた，選好による意思決定である。

　著者らは判断補助を作成するにあたって，リスクと利益に関する情報を提示する方法上のささいな違いが，女性がタモキシフェンに対して抱く態度にどのような影響を与えるかを確認したいと考えた。たとえば，著者らはタモキシフェンによる副作用の発生頻度を説明するときの分母を変えてみた。ある女性には，タモキシフェンを服用した女性100人のうち17人が白内障を発症すると伝え，他の女性には同じ副作用の頻度を1000人のうち170人と伝えた。さらに，最も発生頻度が低い副作用の情報から先に説明するか，最も発生頻度が高い副作用から説明するかを操作した。すると，これら2つのささいな操作によって，女性がタモキシフェンに対して抱く態度が統計上有意に変わることが分かった。女性は，副作用の発生頻度を1000

人中の発生数として伝えられた場合に，さらに，発生頻度の高い副作用を最後に聞かされた場合に，タモキシフェンの副作用についてより心配した。それにもかかわらず，タモキシフェンの副作用に関する知識は，発生頻度を説明する際の分母にもリスクの説明順序にも影響されていなかった（Zikmund-Fisher et al., 2008）。

McNeilらの有名な研究では，人は死亡率10%の手術よりも生存率90%の外科手術を受けたがることが示されている（McNeil et al., 1982）。治療結果を生存という観点からフレーミングすることが，聞き手の理解度を変えることなく，治療の望ましさを高めていたのである。90%の生存率，10%の死亡率のどちらのフレームを情報に当てはめようと，同じようには理解されるだろう。しかしそのフレーミングが，損失に対する人々の回避反応を喚起することで，異なった意思決定を導いてしまうのである（Tversky & Kahneman, 1981）。

これらの研究は，判断補助の作成者が直面する重要な問題を示している。情報を提供するとき，一見して中立的な方法であっても人々の判断や意思決定にバイアスを生じさせることがある。しかも，その情報提供が意思決定の選択肢についての知識を増加させる場合でさえ，バイアスは生じ得るのである。したがって，知識はよい意思決定を行うための必要条件ではあるものの，十分条件ではない（Kennedy, 2003）。よい判断補助は人々が選択肢を理解するのを助けるだけではなく，意思決定におけるバイアスを最小化することをも助けるものであるべきである。

20.2.2 葛藤はそんなに悪いものか？

すでに述べた通り，健康管理における意思決定の専門家は，意思決定における葛藤の低減という観点からも判断補助を評価している。しかしその評価基準は，葛藤の低減が判断補助の目標であるべきだという想定に基づいている。このような想定には疑問の余地がある。

2人の女性が早期段階のがんの治療について意思決定する場面を考えてみよう。1人目の女性はインターネットで情報を検索し，ある会社のウェブサイトを見つけた。ウェブサイトでは，彼女のガンにはその会社の薬が最適な治療法であると説明されていた。彼女は医師に頼んでその薬を処方してもらった。彼女は安心して意思決定を行い，葛藤を感じることはなく，満足度は高かった。一方，2人目の女性は判断補助を受けた。その判断補助は，患者が情報にもとづいて選択することを支援する非営利組織が作成したものだった。判断補助はいくつかの治療法に関する情報をもたらしてくれ，彼女はリスクと利益について学んだ上で，自分の選好に最も合うと考える治療法を選択した。しかし，選ばなかった治療法は自分の選好に合わないと分かっていたにもかかわらず，彼女はいまだに自分が正しい意思決定をしたのか確信を持てず，どれが最も良い選択肢だったのかということについて葛藤を感じている。

この2人目の女性は1人目の女性と比べて葛藤が強く，満足感も低い。したがって医療における意思決定の分野で優勢な基準に照らせば，彼女はより悪い判断補助を利用したことになる。対照的に，一企業の提供する説得的な情報に頼った1人目の女性は，自分の意思決定に葛藤を感じなかった。そのため，同じ基準に従えば，企業が提供する「判断補助」の方が，よりバイアスのかかっていないものより優れていると判断されることになる。判断補助を評価する際には，人は良い意思決定をしても，重大な葛藤を感じ続けることがあるという考え方を認める必要がある（Nelson et al., 2007）。

20.3 「良い」意思決定を評価するための新たな基準

健康管理における意思決定の専門家は，判断補助の良し悪しを判断する際，合理的選択モデルに忠実に従った基準を採用してきた。そして，医療における共同意思決定のコミュニティはたいていの場合，選択の自由と情報を与えられた上での意思決定が良い意思決定であり，それゆえ人々が健康管理における選択肢を理解することができ，葛藤を低減させられる判断補助が良い判断補助であるかのようにふるまってきた。しかし，判断補助が人々の意思決定をより良いものにしたかどうかを判断するために，他にどのような基準が考えられるだろうか。以下の節では，表20.1に示した7つの基準を取り上げ，判断補助のような介入が人々の意思決定をより良いものにしたか否かを評価する上で，それらの基準が果たす役割について検討する。

20.3.1 効用の期待値という基準

人が自分自身の選好と一致する意思決定を行えるよう支援することが判断補助の目標であるならば，理論的には，判断補助が人々の選好を数量化し，それぞれの選択肢から期待される効用を計算すれば，この目標を達成することができる。たとえば，もしも前立腺がんの患者が性的能力の喪失や失禁をどの程度重視しているかを知ることができれば，その効用の大きさを意思決定モデルに代入し，どの治療法が彼にとっての効用の期待値を最大化するかを示すことができるだろう。

この方法は，複雑すぎて理解できないような意思決定の問題に直面したときでも，「計算をすればよい」という強みがある。実際，意思決定分析はある意思決定が選好によるものか否かを判定するための手法として提案されたものである（Ubel & Loewenstein, 1997）。効用の大きさをあり得そうな範囲で変化させても，効用の期待値を最大化させる選択肢が変わらないとすれば，その意思決定は選好によらない決定だと言える。

しかし，本当に効用計算が問題になるような複雑なケースであれば，多くの場合私たちの計算能力では正確に効用を数量化することなどできず，どの選択肢が最善かを決めることもできないのではないだろうか。たとえば，健康に関連する効用を評価する際に最もよく用いられるのがスタンダード・ギャンブル法である。これはフォン＝ノイマン・モルゲンシュテルンの公理（von Neumann &

表20.1 判断補助による決定の質の向上を評価するために利用可能な基準

健康管理分野における標準的な基準
1.知識の増加
2.決定に対する満足度
3.決定に伴う葛藤の低減
本章で論じる新たな基準
1.効用の期待値の最大化
2.誤った予測の低減（例として，行動の結果に対する正しい信念を持つこと）
3.幸福度の向上（つまり，その時々の気分を良くすること）
4.不変性（選択肢の内容と無関係の要因によって影響されにくいこと）
5.相関的妥当性（リスクと利益の比に応じて，決定の内容が適切に変化すること）
6.時間の余裕（選択肢に関する情報を処理するために十分な時間があること）
7.決定の遵守（意思決定者が自らの決定を最後まで守れること）

Morgenstern, 1947）にもとづく手法で，効用を算出するために，性的能力の喪失を避ける手段があるとき，死亡率がどの程度であればそのリスクを冒すか，といった質問をする（Gold et al., 1996）。これに近い別の手法として時間トレードオフ法がある。これは，性的能力の喪失を避けるために余命が短くなるとしたら，何年の余命を犠牲にするかを尋ねるというものである（Torrance, 1976; Torrance et al., 1972）。選好を測定するためのこれらの手法は，多くの人にとって難しすぎて理解できないものである。たとえば，確率や発生頻度の考え方を理解するのが苦手な人は，多くの場合これらの質問に困惑し，おかしな回答をしてしまう（Woloshin et al., 2001）。また，人はしばしば，これらの質問に対して道徳的な反発を覚える（Baron & Spranca, 1997）。時間トレードオフ法を実施すると，回答者は重大な健康問題について考える場合でさえ，健康状態を改善するために少しの余命も犠牲にしたくないと答えるというのはよくあることである。彼らがこのような回答をするのは，どの程度の長さであれ余命を放棄することは間違った行いであり，自殺と同等の道徳的な意味を持っていると感じるためである。

また，効用計算は感情予測エラーの影響を受けるため不完全なものとなる可能性もある。たとえば身体障害を持つことが自分の感情的な幸福にどの程度影響を与えるか予想してもらうと，一般の人々の大半は，実際に障害を持つ人々が報告しているよりもずっと大きな影響があると予想する（Ubel et al., 2005b）。それゆえ，効用計算を理解している人や，効用に関する質問に道徳的な反発を覚えない人であっても，健康状態に関する質問について誤った考えを抱き，反応にバイアスがかかるかもしれない。

感情予測エラーはおそらく，コンジョイント分析という，選択肢への選好を測定する手法の効果を損なう。コンジョイント分析では，ある特定の要素を無作為に変化させた選択肢を対にして，いくつかの選択肢対を意思決定者に提示する（Green & Srinivasan, 1978）。それぞれの選択肢対からの選択結果を組み合わせることで，意思決定者がどの要素にどの程度の重みづけを行っているかを分析することができる。こうして得られた重みを効用の値として意思決定分析に組み込むのである。コンジョイント分析はスタンダード・ギャンブル法や時間トレードオフ法で生じていた問題のいくつかを避けることができる。コンジョイント分析では通常，道徳的な反発を招くことはないし，百分率のような難解な概念を用いることもないからだ。しかしながら，コンジョイント分析も感情予測エラーに対しては無防備である。たとえば，人工肛門を使用することでみじめな気持ちになるだろうと誤って予測している人は，選択肢対に人工肛門形成術が含まれていればそれを避けるよう選択が方向づけられるだろう。また，コンジョイント分析もやはり人に複雑な選択を求めるため，効果が損なわれる可能性がある。たとえばコンジョイント分析を用いると，2つの選択肢を5つの要素にわたって比較するよう対象者に求めなければならないかもしれない。このような意思決定は，さまざまな種類のよく知られた判断バイアスの影響を受けやすい。

ここまでに述べてきたように，意思決定分析のモデルはある意思決定が選好によるものであるか否かを判定し，さらに最善の選択を行う上でどの選好が最も重要な役割を果たしているかを明らかにすることができる。しかし，選好（すなわち，健康に関連する効用）の測定は多くの場合，この基準を満たすにはあまりにも不正確であり，「正しい」選択を指し示してくれない。

20.3.2　誤った予測の低減

すでに述べた通り，誤った予測は最適な意思決定を導く上で手強い障壁となる。人は意思決定に伴う結果が自分の感情にどのように影響するかという予測を誤ることがある（Ubel, 2006）。たとえば投資に関する決定を行うとき，人は巨額の配当によって人生が変わるという希望を抱いて大きなリスクを追い求める可能性がある。同様に，炎症性腸疾患の治療法を決めるとき，患者は人工肛門によってみじめな気持ちになるだろうという誤った信念のために，外科手術という選択肢を不適切にも退けてしまうかもしれない（Smith et al., 2006）。また，人はある状況下で生じる，感情とは無関係の結果についても誤った予測をすることがある。たとえば腎不全を患っている人は，腎臓移植が成功したら長時間働けるようになるだろうと過大に推測する（Smith et al., 2008）。うまく設計された判断補助は，このような予測エラーを低減あるいは消失させるはずだ。しかし，判断補助が予測エラーを低減・消失させるとは，どのようなことを意味しているのだろうか。

判断補助は少なくとも，ある意思決定に伴う感情的な，また感情と無関連な結果についての情報を人々に提供するべきである。これは当たり前のことのように聞こえるかもしれないが，歴史的には，このような手法は判断補助の作成者にとって標準的なものではなかった。金融アドバイザーは預金の半分を失う可能性と投資額が4倍になる可能性の比較に基づいて顧客に助言をするだろうが，このようなアドバイザーの中に，それぞれの結果が顧客をどれだけ幸福にするかという情報を与えてくれる者はほとんどいないだろう。著者が思うに，大半の金融アドバイザーは，純資産の量と幸福の間の本当の関係性に気づいてさえいないだろう（Diener & Seligman, 2004）。同様に健康管理における判断補助では，患者は特定の健康問題に関する結果について中立的な言葉で説明を受ける。しかしたいていの場合，患者はその結果が何をもたらすのかについての完全な情報を得ることはない。

判断補助は人々に「正解」を与えることで，誤った予測を低減することができる。たとえば意思決定者と同じような状況を経験した人はどの程度幸福であるか，といったことを伝えるのである（Gilbert et al., 2009）。金融アドバイザーは，純資産50万ドルの人と250万ドルの人の平均的な幸福度の情報を顧客に提供することができる。あるいは，健康管理における判断補助は，腎不全を患っている人とそうでない人の平均的な幸福度を報告することができる。

判断補助は人々に正解を与えるかわりに，感情予測エラーそのものを修正してバイアスをなくす技術を用いることによっても，誤った予測を低減しうる。たとえば，WilsonとGilbertは研究の参加者に，大学のサッカーの試合で負けた後の日々がどのようなものであるか，日記を書いてもらった。そうすると，そのような状況で彼らが行った気分の予測はより正確になった（Wilson et al., 2003）。同様に，著者らは参加者に，過去に強い感情を伴う状況に対してどのように反応したかを考えてもらうことで，将来の深刻な障害を経験することへの感情予測エラーを低減することができた（Ubel et al., 2005a）。

以上のように，判断補助が誤った推測を低減する方法は2つある。問題はどちらの方法がうまくいくかを見極めることだが，この問題は簡単に片付くものではない。たとえば，腎不全の人は平均的には普通の腎臓を持つ人々とほとんど同じくらい幸福だと患者に伝えるとしよう（Riis et al., 2005）。この情報に対して患者が取り得る反応はいくつか考えられる。

1. **完全な不信**：腎不全の人が本当にそんなに幸福

なわけではないと考える。患者はひょっとすると，腎不全の人々は幸福度を尋ねられても正直に答えていないのではないかと疑ったり，あるいは判断補助の作成者が何らかの意図を隠し持っていると思ったりするかもしれない。
2. **他者と自己の区別**：腎不全の人の多くが幸福だということは受け入れても，**自分自身**はそれほど幸福ではないだろうと考える。
3. **全面的な受容**：他の平均的な人と同様に，自分もおおむね腎不全の状態に適応できると考える。

もしも1番目の反応，つまり完全な不信が生じた場合は，患者の感情予測エラーを十分に修正できなかったのだと確信を持って断言できる。この場合，患者を納得させるためにさらに努力するか，あるいはバイアスを修正するための他の方法を見つけなければならない。

しかし2番目の反応が生じた場合，つまり患者は，平均的な人々が特定の状況にどう反応するかについての情報は正確に受け入れながら，自分自身はそれとは違う反応をするだろうと確信している場合はどうだろうか。個々の患者について考えるならば，どの患者であれ，その考えが正しいか間違っているかは誰にも分からない。平均的な人が適応できる状況であっても，実際にみじめな思いをする人は存在する。同じことは3番目の反応についても言える。たいていの人がその状況に適応できるのだから自分もそうだろうと考えていても，その人だけは**なお**感情予測エラーを起こしているかもしれない。このような人は，おそらく平均的な人のようには適応できないだろう。これら2つの場合のいずれにしても，ある特定の個人が将来のある状況に対する反応を正確に予測しているかどうか，判断することは不可能である。

したがって，判断補助の作成者がバイアス修正の効果を判断するには，個人ではなく**全体的な反応**を評価する必要がある。もしも大半の意思決定者が自分は例外だと考えているとすれば，判断補助の作成者は彼らのバイアスを修正できていないことになる。理想的には，意思決定者の予測をまとめて集計したものが，実際にその状況を経験した人々の報告内容と重なるはずである。さらに望ましいのは，縦断研究によって，状況に関する情報をどのように人々に与えれば予測と実際の反応が最もよく一致するのか確かめることである。

要約すると，判断補助の効果を評価する際には縦断研究を取り入れて，判断補助を受けた人が，意思決定に伴う結果の感情的および感情と無関連な内容を予測できたか確認するべきである。

20.3.3 幸福度という基準

上記2つの新たな基準の短所について考えてみると，私たちが抱える問題，つまり決定の質を第三者が向上させたことを何によって判断するのかという問題は，幸福度を基準とすることで解決できる確率が高くなる。特に，判断補助を受けた人がそうでない人よりも幸福であるかを調べることが可能だろう。この基準は，人は自分が何によって幸福あるいは不幸になるかを知らず，そのため彼らが何によって幸福になるかを第三者が明らかにし，幸福を最大化する決定ができるよう彼らを説得する方法を見つけるべきだという考えにもとづいている（Ubel, 2009）。この基準は第二の基準（予測の正確さ）とは異なり，意思決定の結果に基づいて意思決定の良さを判断するものである。知っての通り，決定に至る過程の良し悪しにもとづいて決めるよりも，決定に伴う結果の良し悪しにもとづいた方が，意思決定はより良いものになる。

幸福度の基準には多くの重要な特長がある。他の要素がすべて同じだとすれば，人は一般に不幸であるよりは幸福でありたいと望むし，ネガティブな気分よりはポジティブな気分でいることを好

むものだ。しかし人は，十分に情報があり強制もされていない場合でさえ，幸福度のこうした側面を最大化する意思決定を，いつでもうまく行えるわけではない（Ubel, 2006）。そのため，人々が自らの幸福度を低下させるような意思決定をしないように判断補助が守ってくれるのは，よいことのように思えるだろう。

しかし幸福度の基準には大きく分けて2つの弱点がある。第一に，幸福度をどのように定義するかという点について，専門家の合意がないことである。幸福度をポジティブな感情とネガティブな感情のバランス（Bentham, 1907; Kahneman et al., 1997）という狭い意味で定義する人もいる。この定義に従えば幸福度は数量化可能であり，ある特定の状況や，意思決定さえもが感情的な幸福度に与える影響の大きさを判断することができる。

しかし，幸福度に対するこのような快楽主義的な見方は，多くの人に対して狭義にすぎるという印象を与えるだろう（Griffin, 1989; Loewenstein & Ubel, 2008）。人はその時々の気分のほかにも人生の多くの側面を気に掛けるものである。たとえば，人は自由であることそのものの価値のために自由を大切にし，自由を得るためならばいくらかの幸福を進んで犠牲にする。さらに，人は機会や能力の制約が自分の気分にどのように影響しているかとは無関係に，機会と能力は大切だと考える（Sen, 2004）。たとえば，収入が減ったり障害を負ったりしても幸福度はさほど下がらないと分かっている場合でさえ，多くの人は収入や身体機能を維持したいと望むだろう（Damschroder et al., 2005）。実際のところ，能力は重要であるとSenは主張する。その主張の大きな理由は，人は不公正な状況にも感情的に順応することがとても上手だからというものである（Sen, 2004）。たとえ奴隷が幸福であるとしても，奴隷の境遇は耐え難いものだ。腎不全がたいしたことではないと感じられるのも，単に患者が腎不全にうまく順応しているからだろう。

要約すると，判断補助はそれが人々の全般的な幸福感を向上させるかという観点から評価されるべきだが，それだけでなく，判断補助が人々の自由と能力にどのように影響を与えるかという点も意識する必要がある。判断補助によって意思決定者の気分が良くなるからといって，その意思決定がより良いものになったと考えることはできない。また，判断補助が意思決定者の幸福度を下げるからといって，それが悪い意思決定を導くものだと考えてはならない。意思決定者は**他者**の利益を増やすためだけに意思決定する場合もあり，時には他者のために自らの幸福を犠牲にする。このような意思決定を間違った意思決定と呼びたい人はいないだろう。

20.3.4　不変性という基準

判断補助はまた，不変性という基準によっても評価することができる。これは，それぞれの選択肢の利点と欠点が一定であれば，決定の内容も変化しないはずだという考え方である。この基準に従えば，もしも手術法Aの生存率は90％だと知ってその手術法が良いと思うのならば，手術法Aの死亡率は10％だと分かってもやはりそれを選択するべきである。90％の生存率と10％の死亡率は同じことを意味するのだから。同様に，100分の3の確率で偏頭痛になる薬を服用すると決めたのならば，そのリスクが1000分の30だと分かったとしても判断を変えるべきではない。

著者らは健康管理における判断補助の中で，このような意思決定の非一貫性が及ぼす影響を取り除く複数の方法を開発することに成功してきた。たとえば，著者らは確率情報を視覚的に提示することで，意思決定への不当な影響を低減できることを発見した。確率に関する判断は，個人の体験談のような信頼性の低い情報に影響されて不正確に

なる場合があり，著者はこれを自分の医療業務での経験にかこつけて「ミリーおばさん問題」[i]と呼んでいる。著者も多くの臨床医と同じく，友人や親戚から聞いた話のせいで治療上の妥当な選択肢をはなから否定する患者に出会ったことがある。こうした経験は，リスクと利益についての人々の感じ方が，個人の体験談などの情報によって影響され得ることを示唆している。

著者らはこの現象を，フィラデルフィアの陪審員候補者を対象とした研究の中で検証した（Ubel et al., 2001）。著者らは彼らに，冠動脈疾患（狭心症）による胸の痛みがあり，その治療法として2つの選択肢があるという状況を想像してもらった。2つの選択肢とは，バイパス手術（痛みが治まる確率は75％だが，開胸手術が必要で回復にかかる期間も長い）とバルーン血管形成術（治癒率は50％しかないが，はるかに簡便な手法）である。著者らはこの選択肢とともに，情報量を持たない体験談をいくつか提示した。これはそれぞれの治療を受けた架空の患者のエピソードで，胸の痛みが治癒したか，あるいは治癒しなかったかのどちらかであった。

この研究では，それぞれの治療法の体験談の数とバランスを実験的に操作していた。一方のグループの参加者に提示したのは**均等情報**で，それぞれの治療法について2つずつ（症状が改善したもの1つと改善しなかったもの1つ）の体験談だった。もう一方のグループに提示したのは**統計情報を補強する体験談**で，バイパス手術を受けた4人の体験談（症状が改善した3人と改善しなかった1人。すなわちこの治療による治癒率である75％と一致する割合）であった。

ここで提示された体験談は新たな情報をもたらしていない点に注意が必要である。この体験談は，参加者がすでに知っている情報以外のことは何も語っていない。単に治療が成功したか失敗したかを述べているだけであり，それぞれの治療法の治癒率を参加者はすでに知らされていたのである。それにもかかわらず，仮想的に治療を選択させた結果は，提示された体験談の内容によって統計的に有意に影響を受けていた。均等な数の体験談を読んだ群ではバイパス手術を選択する人は30％だったが，統計情報を補強する体験談を読んだ群ではその割合は44％になった。バイパス手術についてより多くの成功例を提示されると，それが治療法についてすでに知っていること以上の情報を人々にもたらさなかったとしても，人々はその治療法をより選択したくなったのである

その後に続く研究では，2つの治療法の成功率を視覚的に提示すると，体験談が選択に与える影響を低減できることが明らかになった（Fagerlin et al., 2005）。著者らは参加者を無作為に半分に分け，一方のグループには文章による説明とあわせて絵でも成功率の情報を提示した（実験に用いた絵を図20.1に示した）。その結果，絵を提示することで体験談の数の影響が消えることが明らかになった。提示されたのが「均等な体験談」であれ「統計情報を補強する体験談」であれ，約40％の参加者がバイパス手術を選択した。つまり，統計情報を視覚情報によって補強すると，体験談の影響を取り除くことができた。

判断補助の効果は決定の不変性によって判断されるべきである。ある意思決定に関して2つの判断補助が同等の理解をもたらすとしても，それらがさまざまな判断バイアスをもたらす場合には，異なる意思決定が導かれることもあり得る。そのため，判断補助の効果を判断する際には，そのような判断バイアスの有無を確認し，判断バイアスが存在する場合にはそれを取り除く方法を開発するべきである。

---

[i]　［訳者註］「ミリーおばさん」は未熟な投資家を指す俗語。

図20.1　バイパス手術とバルーン血管形成術の成功率の説明に使用された絵

20.3.5　相関的妥当性

他の要因がすべて同じならば，乳がんのリスクが高い女性はリスクが中程度の女性よりも，同様に中程度のリスクの女性はリスクが低い女性よりも，タモキシフェンの服用に関心を抱くはずである。これは判断補助の効果を判定する基準として，著者が相関的妥当性と呼ぶものである。もしも選択肢ごとのリスクと利益の比が変わっても，どの選択肢を選ぶかが変わらないのであれば，判断補助の作成者はその判断補助がリスクと利益のトレードオフを明確に示せていないか，あるいは意思決定者の選択にバイアスを生じさせている可能性を危惧しなければならない。

驚いたことに，この基準は健康管理における判断補助を評価する際に一般的に用いられていない。この基準が軽視されているのは，一部には，医療における意思決定のコミュニティが意思決定の知識モデルに強く固執しており，人々がその知識を合理的に判断に適用しているかを確認する必要性を感じていなかったためだろう。それに加えて，選択肢ごとのリスクと利益の比と人々の決定との間にどの程度の相関があればよいのかを判断する方法がなく，それゆえ何が良い決定あるいは悪い決定であるかを決める明確な方針を示してくれないということもあって，この基準は無視されてきたのだろう。たとえば，ある判断補助を受けた女性の中で，乳がんの発症リスクとタモキシフェンの服用への関心の高さが0.1の相関を示したとしよう。そして，別のある判断補助を受けた場合にはその相関関係が0.3だったとしよう。これらのうちどちらかが正しい相関関係なのだろうか。相関がゼロになる判断補助に問題があるのは間違いないだろうが，そうでなければどれか1つの判断補助が他のものよりも優れていると自信を持って言えるだろうか。

要約すると，判断補助は相関的妥当性にもとづいて評価されるべきであり，相関関係が許容できないほど低い場合には（この判断にも議論の余地があるが），リスクと利益のトレードオフをもっと明確に示すように改訂しなければならない。

20.3.6　決定にかける時間

医療の現場では，前立腺がんという診断を受けた男性が，その診察の場で泌尿器科医の助けを得て治療法を決めるというのは比較的よくあることである。多くの場合，患者は外科治療を受けるかどうかをその場で決める。放射線治療を選択する患者もいるが，たいていは放射線治療を行う腫瘍の専門医に会う機会すら持ちえない。

意思決定の科学に関する文献を見ると，最適な意思決定を行うためには時間が重要な要素であることを示す証拠が次々と得られている。議論の余地はあるものの，非意識的な熟慮が人々の意思決定をより良いものにすることを示唆する研究もあ

る（Dijksterhuis et al., 2006）。このような熟慮には時間がかかる。ほかにも，感情的に興奮しているときと冷静なときでは異なる意思決定がなされるということを示す証拠がたくさん得られている（Loewenstein, 1999）。処理すべき情報が膨大にあり，考慮すべき選択肢がいくつもあるという状況で，自分ががんだと知ったばかりの人が即座に良い意思決定を行えると考えるのは無理があるように思える。

そのため，判断補助を評価する際には，意思決定を行うために十分な時間があるかという点も考慮の対象に含められるべきである。

20.3.7 決定の遵守

意思決定の中には「1回きり」のものもある。たとえば化学療法よりも手術を選択したのならば手術を受けることになり，その決定が覆ることはない。しかし，多くの意思決定はそのように決定的なものではない。たとえば，抗コレステロール薬を服用すると決めた人は，それを服用するという意思決定を毎日迫られる。娯楽消費を減らしてもっと貯蓄すると決めた人は，それでも休日に散財する誘惑に直面し続けることになる。

そうすると，よい判断補助とは，薬の服用や休日の過ごし方について人々が意思決定を行うことを助けるだけでなく，その決定を**守る**ことを助ける判断補助であろう。したがって，そのような判断補助は，意思決定した人がその決定をどれだけ守れたかという観点から評価されるべきである。

20.4 結び

本章では，構造化された判断補助によって，人々が自らの基本的な選好を反映した決定を行えるようになったかどうかを判定するための基準をいくつか説明した。どの基準も単独では，判断補助がバイアスのかかっていない意思決定を導いたと証明するには不十分である。そのため，判断補助の作成者は，これらの基準を既存のどの判断補助に当てはめるにしても，判断補助が潜在的に備えている要素と，意思決定者が大切にしているさまざまな結果とのトレードオフを意識しつつ，慎重な判断を行わなければならない。全体的に見れば，意思決定の助言者はこれらの基準を利用することで，自分たちが意思決定者を助けることができたかどうか，よりよく知ることができるはずだ。これらのより幅広い基準はきっと，従来この分野で優勢であった知識と満足度に基づく基準と比べて，判断補助の長所と短所をより分かりやすく示してくれるだろう。

引用文献

Baron, J., and Spranca, M. (1997). Protected values. *Organizational Behavior and Human Decision Processes, 70*(1), 1-16.

Bekker, H., Thornton, J. G., Airey, C. M., Connelly, J. B., Hewison, J., Robinson, M. B., et al. (1999). Informed decision making: An annotated bibliography and systematic review. *Health Technology Assessment, 3*, 1-156.

Bentham, J. (1907). *An introduction to the principles of morals and legislation*. Oxford: Clarendon Press.

Damschroder, L. J., Zikmund-Fisher, B. J., and Ubel, P. A. (2005). The impact of considering adaptation in health state valuation. *Social Science and Medicine, 61*(2), 267-277.

Day, R. (2001). Quality of life and tamoxifen in a breast cancer prevention trial: A summary of findings from the NSABP P-1 study. *Annals of the New York Academy of Sciences, 949*, 143-150.

Diener, E., and Seligman, M.E.P. (2004). Beyond money: Toward an economy of well-being. *Psychological Science in the Public Interest, 5*(1), 1-31.

Dijksterhuis, A., Bos, M. W., Nordgren, L. F., and van Baaren, R. B. (2006). On making the right choice: The deliberation-without-attention effect. *Science, 311*(5763), 1005-1007.

Fagerlin, A., Wang, C., and Ubel, P. (2005). Reducing the influence of anecdotal reasoning on people's health care decisions: Is a picture worth a thousand statistics? *Medical Decision Making, 25*(4), 398-405.

Gilbert, D., Killingsworth, M., Eyre, R., and Wilson, T. (2009). The surprising power of neighborly advice. *Science, 33*(5921), 1617-1619.

Gold, M. R., Siegel, J. E., Russell, L. B., and Weinstein, M. (Eds.). (1996). *Cost-effectiveness in health and medicine*. New York: Oxford

University Press.

Green, P., and Srinivasan, V. (1978). Conjoint analysis in consumer research: Issues and outlook. *Journal of Consumer Research, 5*, 103-123.

Griffin, J. (1989). *Well being. Its meaning, measurement, and moral importance*. Oxford: Clarendon.

Holmes-Rovner, M., Kroll, J., Schmitt, N., Rovner, D. R., Breer, M. L., Rothert, M. L., et al. (1996). Patient satisfaction with health care decisions: The satisfaction with decision scale. *Medical Decision Making, 16*(1), 58-64.

Kahneman, D., Wakker, P. P., and Sarin, R. (1997). Back to Bentham? Explorations of experienced utility. *Quarterly Journal of Economics, 112*(2), 375-405.

Kennedy, D. M. (2003). On what basis should the effectiveness of decision aids be judged? *Health Expectations, 6*, 255-268.

Loewenstein, G. (Ed.). (1999). *A visceral account of addiction*. Cambridge: Cambridge University Press.

Loewenstein, G., and Ubel, P. (2008). Hedonic adaptation and the role of decision and experience utility in public policy. *Journal of Public Economics, 92*(8-9), 1795-1810.

McNeil, B. J., Pauker, S. G., Sox, H. C., Jr., and Tversky, A. (1982). On the elicitation of preferences for alter-native therapies. *New England Journal of Medicine, 306*(21), 1259-1262.

Molenaar, S., Sprangers, M. A., Postma-Schuit, F. C., Rutgers, E. J., Noorlander, J., Hendriks, J., et al. (2000). Feasibility and effects of decision aids. *Medical Decision Making, 20*(1), 112-127.

Nelson, W. L., Han, P. K., Fagerlin, A., Stefanek, M., and Ubel, P. A. (2007). Rethinking the objective of decision aids: A call for conceptual clarity. *Medical Decision Making, 27*(5), 609-618.

O'Connor, A. M. (1995). Decisional conflict. In G. K. McFarland and E. A. McFarlane (Eds.), *Nursing care plans: Nursing diagnosis and intervention*. (pp. 468-478). St Louis: Mosby.

O'Connor, A. M. (1995). Validation of a decisional conflict scale. *Medical Decision Making, 15*(1), 25-30.

O'Connor, A. M., Bennett, C. L, Stacey, D., Barry, M., Col, N. F., Eden, K. B., et al. (2009). Decision aids for people facing health treatment or screening decisions. Cochrane Database of Systematic Reviews 2003, Issue I.

O'Connor, A. M., Fiset, V., DeGrasse, C., Graham, I. D., Evans, W., Stacey, D., et al. (1999). Decision aids for patients considering options affecting cancer outcomes: Evidence of efficacy and policy implications. *Journal of the National Cancer Institute. Monographs*, (25), 67-80.

O'Connor, A. M., Jacobsen, M. J., and Stacey, D. (2002). An evidence-based approach to managing women's decisional conflict. *Journal of Obstetric, Gynecologic and Neonatal Nursing, 31*, 570-581.

Riis, J., Loewenstein, G., Baron, J., Jepson, C., Fagerlin, A., and Ubel, P. A. (2005). Ignorance of hedonic adaptation to hemodialysis: A study using ecological momentary assessment. *Journal of Experimental Psychology: General, 134*(1), 3-9.

Sen, A. (2004). Capabilities, lists, and public reason: Continuing the conversation. *Feminist Economics, 10*(3), 77-80.

Smith, D., Loewenstein, G., Jankovich, S., Jepson, C., Feldman, H., and Ubel, P. (2008). Mispredicting and misremembering: Patients with renal failure overestimate improvements in quality of life after a kidney transplant. *Health Psychology, 27*(5), 653-658.

Smith, D. M., Sherriff, R. L, Damschroder, L., Loewenstein, G., and Ubel, P. A. (2006). Misremembering colostomies? Former patients give lower utility ratings than do current patients. *Health Psychology, 25*(6), 688-695.

Torrance, G. (1976). Social preferences for health states: An empirical evaluation of three measurement techniques. *Socioeconomic Planning Science, 10*, 129-136.

Torrance, G. W., Thomas, W. H., and Sackett, D. L (1972). A utility maximization model for evaluation of health care programs. *Health Services Research, 7*(2), 118-133.

Tversky, A., and Kahneman, D. (1981). The framing of decisions and the psychology of choice. *Science, 211*(4481), 453-458.

Ubel, P. A. (2006). *You're stronger than you think: Tapping into the secrets of emotionally resilient people*. New York: McGraw-Hill.

Ubel, P. A. (2009). *Free market madness: Why human nature is at odds with economics and why it matters*. Boston: Harvard Business Press.

Ubel, P. A., Jepson, C., and Baron, J. (2001). The inclusion of patient testimonials in decision aids: Effects on treatment choices. *Medical Decision Making, 21*(1), 60-68.

Ubel, P. A., and Loewenstein, G. (1997). The role of decision analysis in informed consent: Choosing between intuition and systematicity. *Social Science and Medicine, 44*(5), 647-656.

Ubel, P. A., Loewenstein, G., and Jepson, C. (2005a). Disability and sunshine: Can predictions be improved by drawing attention to focusing illusions or emotional adaptation? *Journal Experimental Psychology: Applied, 11*(2), 111-123.

Ubel, P. A., Loewenstein, G., Schwarz, N., and Smith, D. (2005b). Misimagining the unimaginable: The disability paradox and healthcare decision making. *Health Psychology, 24*(4 Supplement), S57-S62.

von Neumann, J., and Morgenstern, O. (1947). *Theory of games and economic behavior* (2nd rev. ed.). Princeton, NJ: Princeton University Press.

Wilson, T., Meyers, J., and Gilbert, D. (2003). How happy was I anyway? A retrospective impact bias. *Social Cognition, 21*, 407-432.

Woloshin, S., Schwartz, L. M., Moncur, M., Gabriel, S., and Tosteson, A. N. (2001). Assessing values for health: Numeracy matters. *Medical Decision Making, 21*(5), 382-390.

Zikmund-Fisher, B., Fagerlin, A., Roberts, T., Derry, H., and Ubel, P. (2008). Alternate methods of framing information about medication side effects: Incremental risk versus total risk occurrence. *Journal of Health Communication, 13*(2), 107-124.

21章　判断ミスを利用した行動支援

GEORGE LOEWENSTEIN
LESLIE JOHN
KEVIN G. VOLPP

　近年，他の先進国と同様にアメリカが直面している最も重要な問題の多くは，おそらく個人の不合理な行動から生じている。たとえば，肺がん，高血圧，糖尿病といったアメリカ社会を悩ませる多くの健康問題は，不健康な行動によって悪化する，いわゆる生活習慣病である（Schroeder, 2007）。アメリカの死亡数の3分の1近くは修正可能な行動，たとえば喫煙，肥満につながる行動，あるいはアルコールの多量摂取によって引き起こされているが，これらの予防のために使われる費用は，健康のために使われる毎年2.1兆ドルのうち2%から3%にすぎない（Flegal et al., 2005; Mokdad et al., 2000; Satcher, 2006; Woolf, 2007）。その上，これらを含む健康問題に対処するための有益な治療法（たとえば血圧やコレステロール値のコントロール，脳卒中の予防）が以前にも増して幅広く存在しているにもかかわらず，こういった治療法の利点がきちんと認識されているというには程遠い。その原因の大部分は，患者が治療を継続しないことにある。たとえば，心臓発作を起こした患者の約半数が1年以内に抗コレステロール薬の服用をやめてしまう（Jackevicius et al., 2002）。同様に，本章で後に述べるように脳卒中予防の薬も，非常に安価で効果的であるにもかかわらず，治療の継続率は最も恵まれた環境（薬の処方を熱心に行っている医院のような）でさえ著しく低い（Chiquette et al., 1998）。

　他の問題でも同様の構図が見られる。たとえば，アメリカでは景気が後退する前の時期に貯蓄率がマイナス1%になった。つまり，平均すると各個人が稼いだ以上のお金を使っていたということになる。2000年には，アメリカの1世帯当たりのホーム・エクイティ[i]を除く純資産の中央値は13,473ドルであった。65歳以上の世帯に限ってもさほど大きな差はなく，23369ドルとなっている（U.S. Census Bureau, 2003, table A）。現在，アメリカでは企業が提供する401kプランでお金を貯めている人は40%にすぎず，平均的なアメリカ人家庭は株をまったく保有していない。これは退職後用の口座でさえ同様である（Bucks et al., 2006）。ところが，アメリカ人は1世帯当たり年間4000ドルをギャンブルにつぎ込んでいる（賭けに勝って戻ってくる金額は無視している）。アメリカ消費者団体連盟が2003年に実施した調査によると，86%の人が資産に関する計画を立てることは自分にとって重要だと回答したものの，実際に計画を立てている人は46%しかいなかった（Consumer Federation of America, 2003）。アメリカ人は貯蓄したいと思っているが，多くの人はそれを実行できていないのである。

21.1　標準的な経済学と行動経済学

　経済学は政策と最も近い関係にある学問である。しかしながら，従来の経済学は個人の最適とは言えない行動から生じる問題を扱うには不十分なものである。なぜなら従来の経済学は合理的選択のパラダイムに基づいて構築されており，個人が最

---

i　［訳者註］住宅の市場価値から住宅ローンの未返済残高を差し引いた純資産価値。

適ではない行動をするという問題は事実上存在しないものと想定しているからだ。実際，高名な経済学者が依存症は合理的選択の結果であると主張している（Becker & Murphy, 1988）。つまり，人は食べることの快楽が肥満によって損なわれる利益に見合うと判断しているから肥満になるのであり（Murphy, 2006），自殺も「自殺によって失われる残りの人生の効用を合計したらゼロである」と判断した人にとっては合理的選択である（Hamermesh & Soss, 1974）。依存症や肥満，自殺といった行動を選択した人は，そうするべきであるという最適な意思決定を行っているのだから，これらの行動を減らすための介入は望ましい結果をもたらさないだろうというのが，これらの分析から示唆される結論である。

　個人の行動から生じる問題に対して政策面での解決策を提示するという点においては，行動経済学に利点がある。というのも，行動経済学は行動がしばしば最適解から外れるということを認めるだけでなく，最適解からの乖離を引き起こすさまざまな判断ミスや判断バイアスを明らかにするからである。本章の主要な論点は，自己破壊的な行動を引き起こすのと同じ判断ミスが，人々に利益をもたらすためにも利用できるということである。

21.1.1　行動経済学と非対称的パターナリズム

　行動経済学は，成熟した大人でさえシステマティックな判断ミスを起こすものだと認めることで，パターナリズム的な政策（個人の選択の内容を改善し，彼らを助けることを意図した政策）に理論的根拠を与える可能性がある。子どもの食生活に介入する親と同じように（このような介入は，子どもはしばしば自分が何をするべきかを知らないし，知っていたとしてもたいていの場合その通りに行動しないという想定に基づいている），行動経済学は大人に同様の政策を適用する道を開く。

　しかし，従来の「高圧的」なパターナリズムは当然ながら，多くの人にとって不快感をもたらすものである。懸念されることの1つは，政策策定者も個人にとって何が最善かを知らないのではないかというものである（例として Glaeser, 2006 を参照）。これと関連して，人の行動にはそうするだけの十分な理由があるものだが，政策策定者にはその理由が分からないという主張もある。また，規制の虜（とりこ）（一見すると個人の保護を目的としたパターナリズム的介入が，実際には規制対象となる主体にとって有利に働いている状態）に陥る恐れもある。たとえば，たばこ会社はたばこのパッケージに警告のラベルを付けても，ラベルの表向きの意図の通りに喫煙が減ることはないだろうと分かっていたが，そのようなラベルを付けることで健康被害の責任から逃れられると期待していたと言われている。最後に，個人の選択の自由を減らす（あるいは，なくしてしまう）という高圧的なパターナリズムは，多くの人（その中には行動経済学者も含まれる）にとって魅力のないものである。多くの人は，選択の自律性それ自体に価値があると信じているからである。

　非対称的パターナリズム（Camerer et al., 2003）は，高圧的パターナリズムの欠点を回避しつつ，パターナリズムによる利益のうちのいくつかを得ようとする。この考えは2つの中心的な主張に基づいている。第一に，パターナリズムは避けられないものである。行動は人々を取り巻く環境によって形成され，環境は必ず何らかの方法で構築される。環境を構築する中立的な方法というものは存在しない。Thaler と Sunstein（2003）はこのことを，会社の食堂の管理者の例を用いて説明した。この管理者は従業員の幸福を気に掛けるなかで，従業員は並んでいる料理の中で最初に見たものを取る傾向があることに気づいた。食堂では，いろいろな食べ物をどのような順番で並べるかを決めなけ

ればならない。食べ物の並べ方は**何らかの方法で**決めなければならないのである。そこでThalerとSunsteinは，いずれにせよ並べ方を決めなければならないのだから，管理者は健康的な食べ物を先頭に並べて，従業員の健康を促進するようにしたらどうだろうか，と述べている。

　非対称的パターナリズムの第二の主張は，最適な行動をしている人の選択を制限することなく，最適でない行動をしている人を助けるような介入を設計することがしばしば可能だというものである。このことはさきほどの食堂の例でもうまく説明されている。食堂のケースでは，無意識のうちに最初に見た食べ物を取っている人はより健康的な食事をするようになるが，一方で，あえてダブルチーズ・ラザニアを食べたがっている人はまったく自由にその選好を満足させることができる（人々がより良い選択をするように「説得」する方法について，より詳しくは本書25章を参照）。

　もちろん，熱心すぎるパターナリズム主義者が無茶苦茶な環境を作って，自分の特異な考えに基づく最適な行動に人々を従わせようとするリスクはいくばくか存在する。しかし，非対称的パターナリズムによる介入の大半はもっと平凡な，多くの人が持っているような目標に向けられるだろう。たとえば喫煙をやめる，体重を減らす，退職後に備えて貯蓄するといったことである。本章では，人の行動における「最善」とは何かというメタ問題は扱わない。単純に，人がある特定の目標（体重を減らす，治療薬を服用する，貯蓄する）を達成するために一貫した熱意を示すとすれば，究極的な選択の自由を制限しない形でその目標達成を手助けすることには，あまり異論が出ないだろうと考えているのである。

21.1.2　判断ミスを利用して人々を支援する：セカンド・ベスト理論

　「セカンド・ベスト理論」（Lipsey & Lancaster, 1956）とは，経済的に最適な状態を達成するための条件のうち，満たされていないものが1つ以上ある状況に関する理論である。その定理によれば，経済的に最適な状態を達成するための条件の1つが満たされていない場合には，最適解のための他の条件のいくつかを放棄することによって経済的効率が最も高められる。つまりファースト・ベスト解（最適解）が実現不可能なとき，その他にも通常は最適であると考えられている条件を外すことでセカンド・ベスト解（次善の最適解）を得られるかもしれない。

　セカンド・ベスト理論はもともと，市場レベルの現象（たとえば「完全市場」の状態から外れた状況）に適用される理論であったが，個人レベルでも適用可能である。もしも個人の行動がある点において最適状態から外れていたら（たとえばリスクを過度に回避する，短期的な満足感を過度に重視する，自信過剰であるなど），他のあらゆる点で最適になるように行動しても，その個人の利益は最大化されないだろう。より直観的な言い方をするならば，判断ミスは互いに相殺することができるのである。2つの判断ミスをすれば，まったくミスをしない場合に比べればうまくいかないだろうが，この2つのミスが互いに効果的に打ち消し合えば，1つだけミスをする場合よりも良い結果が得られるかもしれない。

　このようなミスの相殺の好例は，起業に関するKahnemanとLovallo（1993）の議論の中に見出される（もっとも彼らはこの例をセカンド・ベスト理論という言葉では説明していないが）。それによると，起業しようと考えている人が損失を嫌うあまり（「損失回避」として知られる現象である）過度にリスクを避けようとしている場合には，成功

する可能性についても同時に，過度に楽観的になることが実は彼らにとって利益をもたらすかもしれない。起業家は損失回避に陥ることも過度に楽観的になることも避けようと努めるだろうが，もしもこれらのミスが互いに釣り合っているならば，どちらか一方のミスが生じる場合よりも両方のミスが生じる方が，平均すればうまくいくだろう[1]。

21.2　特定の判断ミスと，それによって行動を改善させうる方法

すべてとは言わないが，大半の判断ミスは**重みづけの失敗**の例として解釈できる。つまり，特定の種類のコストや利益に対する重みづけが大きすぎたり，小さすぎたりするということである。このような重みづけの失敗が生じ，それが避けられないときには，一般的に意思決定の質は低下するが，前節で述べた通り，別の判断ミスを利用してある種の補償的な**再重みづけ**を生じさせ，当初の重みづけの失敗を相殺できる場合もある。

21.2.1　現状維持ないし「デフォルト」バイアス

現状維持バイアスあるいはデフォルト・バイアス（例として Johnson & Goldstein, 2003; Kahneman et al., 1991; Samuelson & Zeckhauser, 1988）とは，「最も抵抗の小さいルート」を選ぶ傾向，つまりより良い選択肢が存在するときでさえ今までやってきたことをやり続けたり，自動的な反応に従って行動したりする傾向のことである。デフォルトに従った行動は最適ではないさまざまな結果を引き起こす原因としてやり玉に挙げられる。たとえば，企業内の退職年金基金のデフォルトの掛金率が0%であるために従業員が貯蓄をしない（Gneezy & Potters, 1997; Madrian & Shea, 2000; Thaler & Benartzi, 2004），投資額を最適でない割合で配分する（Thaler et al., 1997），マクドナルドの「スーパーサイズ」の食事で大量のフライドポテトや炭酸飲料を摂取しすぎる（Halpern et al., 2007; Loewenstein et al., 2007; Thaler & Sunstein, 2003）といったようにである。しかしながら，多くの行動経済学者が指摘するように，デフォルトの設定も（たとえば本書24章を参照）きちんと判断して選択すれば，自己利益をもたらす行動へと人々を進ませることができるだろう。病的なほどリスクを回避する傾向のある人であれば，デフォルトの投資ポートフォリオを人々が通常選ぶよりもリスクが高めになるように設定することで，より適切な水準のリスクを負う方向へその人の判断を誘導できる。

21.2.2　損失回避

損失回避とは，利得よりも損失を非常に大きく重みづける人々の傾向のことである（例として Kahneman et al., 1991; Tversky & Kahneman, 1991）。損失回避は最適ではないさまざまな行動パターンを引き起こすことがある。たとえば，すでに議論した病的なまでのリスク回避や，あるいは家（Genosove & Mayer, 2001）や株式の過度の長期保有（例として Odean, 1998; Shefrin & Statman, 1985; Weber & Camerer, 1998）といったものがある。しかし，ある状況では有害な損失回避の性質（ある結果に損失というフレームが与えられると，その重みが増幅される傾向）も，結果を過小評価することが自然な反応であるような場合には有利に働くことがある。たとえば，もしも将来の価値を割り引きすぎるせいで，遅延して生じる結果への重みづけが過小になってしまうとしたら，遅延して生じるその結果を損失としてフレームすることでその重みを増やせるかもしれない。つまり，1つのミスをもう1つのミスで修正することができるのである。

21.2.3 現在バイアス

現在バイアス（例としてAinslie, 1975; Frederick et al., 2002; Loewenstein, 1992; Loewenstein & Angner, 2003; O'Donoghue, & Rabin, 1999, 2000）は，双曲割引という言葉でも知られるが，2つの重要な行動傾向を含む概念である。1つ目は，将来のどこかの時点で生じるコストや利益よりも，今すぐに生じるコストや利益を大きく重みづける傾向であり，2つ目は，将来の別々の時点で生じるコストや利益は公正に重みづける傾向である。よく知られた例として，ダイエットや貯蓄を**明日始めよう**という決意には上記の2つの傾向が含まれている。今すぐに生じるコストを大きく見積もるために食事制限や貯蓄という直近の苦労をする気にならず，一方で将来の別々の時点におけるコストと利益は公正に考えるため，コストを将来の自分に押しつけたくなる。これら2つの性質から，現在バイアスを役立てる2つの方法が示唆される。第一に，今すぐに生じるコストや利益を大きく見積もるという性質から，コストと利益（たとえば，良い行動に対する報酬や悪い行動に対する罰）が動機に与える影響は，報酬や罰を即座に与えることで強められるだろう。理想的には，促進あるいは抑制したい行動が現れるのとできる限り同時に報酬や罰を与えるとよい。第二に，将来の別々の時点で生じるコストや利益を公正に重みづけるという性質から，自己コントロールを要する取り組みが今すぐ始まるのであればやる気にならないとしても，始まるのが将来であれば，やる気は起きるようになることが示唆される。

21.2.4 利己的な公正バイアス

自己奉仕バイアス（例としてBabcock et al., 1995）とは，自己利益と公正さを混同する傾向のことである。自己奉仕バイアスの特質の1つとして，自分のバイアスがかかった見方が実際にはバイアスがかかったものではなく，現実をバイアスなく表現しているという信念がある。これはRossとWard（1996）が素朴実在論（naive realism）と名付けた現象である。このようなバイアスが生じた結果，ある立場の人が自分の見方は現実を反映していると信じるほど，中立的な第三者もまた自分の見方を共有しているはずだと考えるようになる。

自己奉仕バイアスは，たとえば，交渉を行き詰まらせる重大な要因になることが示されている。すべての参加者が議論に決着をつけることを望んでいるのに，それがうまくいかなくなってしまうのである。公正に対する参加者の認識が利己的に偏っているとしたら，すべての参加者が公正と考える解決策を交渉によって導くことは不可能だろう。しかしここでも，場合によってはバイアスを良い方向に活かすことが可能である。そのためには，人は自分のバイアスがかかった見方が中立的，客観的であり，したがって中立的な第三者もその見方を共有していると信じる傾向があることを利用すればよい。中立的な第三者が自分と同じ見方を共有しているという自信があるのならば，あらかじめどの立場の人からもバイアスがないとみなされる仲裁者を置くことができれば，仲裁者を介して議論を決着させようという気になるだろう。したがってこのバイアスは，とくに人々が自分はそのバイアスに影響されていると気づいていない場合にはうまく利用することができる。本書の他の章では，このバイアスを克服できる可能性について論じている（本書6章，11章を参照）。

21.2.5 非線形な確率の重みづけ

非線形な確率の重みづけは，現在バイアスと同じように2つの要素からなる現象で，これも有効に利用することが可能である。プロスペクト理論（Kahneman & Tversky, 1979）でも示されている通り，人は低い確率で生じる結果には不釣り合いな

ほど大きな重みづけをするが,一方で,確率がきわめて低い場合には確率そのものの違いには鈍感である(後者の傾向は本書13章では確率無視として言及されている)。たとえば,くじが当たる確率が1万分の1と100万分の1では数桁も違うが,人は両者をほとんど区別しない。そのため,確率が非常に低い場合には結果に対する重みづけがとくに大きくなる。確率の低い出来事に対する過大評価は,意思決定にさまざまな悪影響を及ぼす。その影響は宝くじの人気にも間違いなく寄与しているだろう。しかし,確率の低い出来事を過大評価する傾向も,良い行動を促進するために利用できる。良い行動に対して固定された金額の報酬を与えるのではなく,宝くじを与えるという方法をとれば,経済的インセンティブを与えて人々が有益な行動を取るのを助けるための支出は,より「支出に見合う価値」をもたらすだろう。

21.2.6　ピーナッツ効果

ピーナッツ効果(Markowitz, 1952; Prelec & Loewenstein, 1991; Weber & Chapman, 2005)とは,利得であれ損失であれ,非常に小さな結果にはほとんど重みづけをしないという一般的な傾向のことである[2]。確率の低い出来事への過大評価と同様に,ピーナッツ効果も宝くじの購入を促進する。なぜならば宝くじを買うための1ドルの出費はピーナッツのようなもの,つまり「はした金」に見えるからである(Haisley et al., 2008)。いくらか一般化すると,これと同じ説明は,あいまいで漠然とした結果(その多くは遅延して生じる)を過小評価することにも当てはめることができる。このことはさまざまな自己破壊的な行動パターン,たとえば間食や喫煙,運転中の携帯電話での通話といった行動が生じる理由を説明してくれる。これらの場面において,行動に伴う利益(たとえば間食や喫煙によって得られる快楽)は即時かつ明確な形で得られるのに対し,行動に伴うコスト(肺癌などの病気のリスクがほんのわずかに上昇することや,気づかないほど少しだけ体重が増えること,あるいは事故を起こしてけがをしたり死亡したりするリスクが少しだけ高まること)ははっきりとしていない。ピーナッツ効果は過小評価の一種と言えるが,この判断ミスも状況によっては有害ではなく,人々の助けになることがある。たとえば,人は小さな結果に対して小さく重みづけする傾向のために「もう一口」を食べ続けてしまうのだが,これと同じ傾向のおかげで,一度に大きな金額を貯蓄するのが難しかった人も,少しの金額(1回当たりの苦痛は比較的少ない)を何度も貯蓄することにはあまり苦痛を感じずに済む。

21.2.7　狭い選択括り

選択括り(例としてRead et al., 1999)とは,個別の選択をいくつかのまとまりに集約する過程のことである。人は何かを選択するとき,複数の選択を**広く**括り,すべての結果を総合的に考慮することもできるし(標準的な経済学理論が想定する方法である),あるいは**狭く**括り,個別の意思決定をそれぞれ独立したものと考えることもできる。狭い選択括りの下での選択の結果が広い選択括りの下での結果と異なるとき,そこには**括り効果**が生じている。そして一般に,人は狭い選択括りを行う傾向があることが分かっている。人は近視眼的に,今すぐに決定を下せる選択の局所的な結果に注目し,長期的な視野に立った総合的なコストと利益を無視してしまう(例としてHerrnstein & Prelec, 1992; Sabini & Silver, 1982)。この傾向は,連続して選択する際の時間的な選択括りにおいてとくに顕著である。その古典的な例が近視眼的損失回避として知られる現象で,投資に関する意思決定が一度に1つずつ行われる場合には総合的な結果が考慮されず,リスク回避傾向が強くなる

（Benartzi & Thaler, 1995; Gneezy & Potters, 1997）。括り効果は他の多くのバイアスと相互作用しており，これらのバイアスを生じさせるための道具として利用することができる。たとえば，コストや利益が狭い範囲でフレームされるとピーナッツ効果が生じやすいため，ピーナッツ効果が意思決定者の助けになる場合には，選択の結果を取るに足らない「ピーナッツ」としてフレームしやすくなるように狭い選択括りを行えばよい。

21.2.8 投影バイアスと共感ギャップ

投影バイアス（Loewenstein et al., 2003）とは，現在の自分の選好が将来の自分にも当てはまると考える傾向のことである。そして共感ギャップは，しばしば投影バイアスの基礎になっているもので，現在の感情や動因の影響力を過小に見積もり，それらが将来の自分の行動に与える影響を誤って予測する傾向である。たとえば，空腹ではない状態で判断した人は，空腹状態で判断したときと比べて将来の自分の食べ物の選択を正しく予測できず，健康的なメニューを選ぶ可能性を過大評価したり（Read & van Leeuwen, 1998），他者が食生活において自制できていないのを見ると厳しい判断を下したりする（Nordgren et al., 2008）。

投影バイアスは最適でないさまざまな行動パターンにつながる。たとえば空腹時に買い物をしすぎたり，富や地位を過度に追い求めたりといった行動である（これらはいずれも，求めていたものを得たときに順応する程度を見誤るために生じる）。しかし後で述べるように，投影バイアスによって将来の節制の辛さを過小評価するおかげで，長期的な目標達成の助けになる，苦労の多い手段を選ぼうと決意することもできる。

21.2.9 過度の楽観主義

将来の自己の行動に関する予測は，過度に楽観的な方向へ一貫してバイアスがかかる。たとえば計画錯誤に関する研究によれば，人は課題を完成させるのにかかる時間を実際よりも短く予測する傾向がある（Buehler et al., 1994, 2002）。道徳に関する研究では，人は慈善活動に寄付するなどの向社会的行動を自分がする可能性を過大に見積もることが示されている（Epley & Dunning, 2000）。健康に関しては，将来ジムを利用する頻度を実際以上に多く予測した結果，ほとんどの場合1回ごとに利用料を支払う方が安く済むにもかかわらず，ジムの会員になって定額料金を支払う方を選択する傾向がある（Della Vigna & Malmendier, 2006）。メール・イン・リベート[ii]は経済市場でこのバイアスが生じる例としてよく引き合いに出される。メール・イン・リベートによる割引は売上を向上させることが知られているが，たいていの場合，実際に引き換えられるクーポンは5%から20%にすぎない（Bulkeley, 1998）。自己の将来の行動の予測における明らかな楽観バイアスは，上記のいずれのケースでも行動を相当程度自分で統制できることを考えると，とくに重要な意味を持つ。後で，過度の楽観主義を投影バイアスと組み合わせることで体重の減量を促進できることを紹介する。

本節の結論は以下の通りである。表21.1にまとめた通り，通常であれば意思決定の質を損なう多種多様なバイアスを利用することによって，有益な行動を促進する政策を設計することができる。次の節では，すでに試験的に運用されているものからまだ設計段階にあるものも含め，さまざまな新しい取り組みを概観する。

---

ii ［訳者註］商品に付いているクーポンを郵送すると値引き額に相当する小切手を受け取れるシステム。

表21.1 有益な行動を促進する政策設計のために利用可能なバイアス

バイアス	個人の利益につながる利用法
現状維持（デフォルト）バイアス	コストと利益の「正しい」重みづけを反映した選択肢をデフォルトとして設定する。
損失回避	過小評価されやすい結果には損失というフレームを与え，過大評価されやすい結果には（取り逃がした）利益というフレームを与える。
現在バイアス	有益な行動に対して頻繁かつ即時に報酬を与える。遅れて生じるコストと利益を同等に扱う。自己利益につながる行動を早めに決心させる。
利己的な公正バイアス	紛争の解決を促進するのに利用できる（交渉の当事者は，自分たちから見て不公正な判断が下される可能性を低く見積もるため）。
非線形な確率の重みづけ	自己利益につながる行動に対して，確率的な報酬を与える。
ピーナッツ効果	ちょっとした，しかし頻繁に行う行動に焦点を当てることで，過小評価されがちなコストと利益の存在感を強め，過大評価されがちなコストと利益の存在感を弱める。
選択括り	行動を狭い括りで考えさせる。より効果的に用いるには，他の判断ミス（たとえば損失回避やピーナッツ効果）と組み合わせる。
投影バイアスと共感ギャップ	自らに苦労を強いる決心を，「冷静」な状態で行える仕組みを整える。
過度の楽観主義	将来の行動に対する決意表明を促すために用いる。

21.3 個人レベルでの応用

21.3.1 貯蓄

　これまでに行動経済学が政策に応用された例として最も重要な分野を1つ挙げるとすれば，それはおそらく貯蓄行動だろう。アメリカにおける貯蓄の少なさはとくに厄介な問題である。というのも，アメリカは行動経済学が提案する政策を実行に移すどころか，逆方向に進んでいるからである。最も簡単に貯蓄する方法は自動的にお金を貯蓄に回し，意思決定や自己コントロールを不要にすることである。確定給付年金はそれを実現する制度であり，中規模・大規模の雇用者にとっては標準的なものであった。この制度の下では，被用者は意思決定をしたり，快楽を慎重に先延ばししたりする必要はほとんどない。しかし，確定給付年金から確定拠出年金への移行が広く行われたことで，意思決定や快楽の先延ばしという重荷が被用者に移ることとなった。確定拠出年金の場合，個人が自分の退職後に備えて貯蓄をしなければならないが，同時に多くは雇用者からのマッチング拠出[iii]という形で，政府による税制上の優遇措置も受けられる。そのため，ここでは前の節で説明したのとは少し異なった形ではあるが，セカンド・ベスト理論が再び役に立つ。理想（ファースト・ベスト）は確定給付年金制度を維持しつつ，資産を移転しやすくしたりアンダーライイング・ファンド[iv]の支払い能力を確保したりといった修正を加えるというやり方だっただろう。しかしこのファースト・ベストは実現できない状況になったのだから，次に取るべき策は，判断ミスを利用するという心理学の考え方を取り入れ，人々が退職後に備えて貯蓄するよう手助けすることである。

　貯蓄不足への懸念に対応する主要な政策は，通常の経済的救済措置，すなわち確定拠出年金に対するさまざまな税制上の優遇措置を設けて，貯蓄に対する実効的な還元率を高めるというものであった。しかし，このような手法にはいくつかの問題

---

iii ［訳者註］被用者が拠出した金額に応じて，雇用者が上乗せする拠出。
iv ［訳者註］年金の運用先のファンド。

がある。第一に，この方法は人が現在の消費と将来の消費を合理的によく考えて比較しているという想定に基づいている。しかし，貯蓄に対する関心の高さと実際の貯蓄率の関連の弱さから判断すると，貯蓄が少ないという問題の主な原因は，貯蓄によって得られる見返りが小さすぎるという認識にあるとは言えない。実際，貯蓄に対する利益率の増加が貯蓄率にどのような影響を与えるかということについて，標準的な経済学理論はほとんど言及していない。というのも，このような利益の変化は代替効果（将来の消費をより魅力的にする）と所得効果（将来に備えて貯蓄する必要性を下げる）の両方を生じさせるからである。第二に，免税措置によって貯蓄に対する還元率を高める施策は，高額納税者ほど大きな利益を受けられるという点できわめて不公平であると同時に，最も大きな免税を受けられる人々（すなわち高額納税者）は，すでに十分な蓄えがある人々でもある可能性が高いという点で非効率的でもある。貯蓄の少なさは低所得層や下位中産階級の家庭にとってこそ大きな問題なのである[3]。

従来の経済学に基づく手法とは異なり，行動経済学が提案し検証しているあらゆる介入法の本質的な要素は，抵抗が最も小さい方法で貯蓄を増やすということである。減税措置によって貯蓄を促進しようという試みは，減税がなくても貯蓄されていた分の金額については何ら利益をもたらさずただ税収を減らすだけであるが，行動経済学に基づく手法はそれとは異なり，追加的な財政支出や税収の減少を必要としない。

デフォルト設定

貯蓄を増やすための介入法として最もよく知られているのは，401kプランの拠出額のデフォルト設定を変更することである（上述の現状維持バイアスの項を参照）。たとえばMadrianとShea（2000）が検証したある会社では，401kプランの拠出率のデフォルト設定を0%から3%に変更したところ，この制度を利用して貯蓄する従業員の割合と平均の拠出率は急激に高まった。しかし，この変更には問題がなかったわけではない。この会社の制度では6%までのマッチング拠出も用意していた。つまり拠出率6%までは従業員の拠出に対して同額を上乗せして給付していた。したがって従業員にとって最適な拠出率は6%であった（Choi et al., 2005を参照）。しかし実際には，制度変更後には6%を拠出する従業員の割合は減少し，6%拠出していたのを3%に変える従業員もいた。この結果はデフォルト設定（3%）の影響力の強さを反映するものであるが，同時にその落とし穴の危険性を示すものでもある。さらに，年金を運用する際の投資先のデフォルト設定は全額を金融市場に投資するというものであったが，このような設定がなされる以前はもっと多くの割合の従業員が株式に投資していたのに，ここでもデフォルト設定の影響力ゆえに大半の従業員がデフォルト設定のままに運用を行っていた。ここで議論したような介入法については本書の14章，25章で詳細に議論されている。

明日はもっと貯蓄しよう

ThalerとBenartzi（2004）が考案した貯蓄増加プログラムは非常に巧妙で成功を収めており，判断ミスを利用して人々を支援する手法のおそらく最も良い例と言えるだろう。このプログラムでは，従業員は将来の昇給額の一部を退職後用の口座に振り替えることを前もって決めておく。たとえば今後数年は1年ごとに少なくとも4%の昇給が見込めるならば，その半分は退職後用の口座に蓄えておくよう決めることができる。「明日はもっと貯蓄しよう」（SMarT: Save More Tomorrow）と呼ばれるこのプログラムは3つのバイアスを利用している。第

一に，**将来の貯蓄方法を前もって決める**という手法は現在バイアスの構造を利用している。人は今この場で犠牲を払わなくてよいのであれば，将来のために長期的な視点に立った意思決定を進んで行うものである。第二に，貯蓄に回す金額の増加が将来の昇給に伴って生じるという仕組みは，利益を逃すことの方が損失の発生よりもはるかに苦痛が小さいことを利用している（Thaler, 1980, 1985）。最後に，「明日はもっと貯蓄しよう」制度は現状維持バイアスを利用している。もしも人が惰性に従おうとするこの傾向がなければ，将来貯蓄すると決めたとしても，その将来が今になった途端に気が変わってしまうだろう。

その他の可能な手法

Emily HaisleyとGeorge Loewensteinは現在，宝くじを報酬として利用することで貯蓄を促進する2つのプログラムを開発している。1つは州の運営によるまったく新しい宝くじを創設するもので，客は宝くじを買うと**同時に**貯蓄することができる。このプログラムは，宝くじを人々にとって魅力的に見せるのと同じバイアスを利用している。宝くじの代金の一部は通常どおり掛金になり，残りは預金口座に入る。この宝くじは預金残高を記録することもできる自動販売機で購入する。このプログラムの重要な特徴は，預金残高を増加・維持するためのインセンティブが加えられていることである。預金者は毎月，預金残高100ドルごとに特典として自動的に宝くじをもらうことができ，それによって賞金が当選する確率が高くなる。さらに，残高が100ドル増えるたびに通知を受け取るのである。

このプログラムは低所得層の人々が貯蓄の先延ばしを克服するのを支援するために設計された。貯蓄が困難であることの大きな要因は時間割引の存在である。つまり，コストは今すぐに発生する一方で，見返りは遠い将来に遅れてやって来る。また，ピーナッツ効果も貯蓄をさらに困難なものにしている。仮に消費を控えても，貯蓄額に与える影響はきわめて小さいものでしかないからである。このプログラムは，貯蓄するという判断に対して**即時**に，しかも確率的に発生する報酬を与えるという手法を用いることで，現在バイアスと，小さな確率に対する過大な重みづけを利用している。また，貯蓄を行う動機づけを与えるのに加えて，宝くじを買うことの楽しさや娯楽も得られるため，自制する辛さを打ち消すこともできる。

さらに，このプログラムはピーナッツ効果も利用している。一度に多くの金額を貯蓄するのは嫌なものだが，このプログラムでは少額の貯蓄を頻繁に行うことができる。このやり方は低所得者にとってとくに有効なものだろう。低所得者は貯蓄することに苦痛を感じるだけでなく，経済的な余裕が少ないために（本書16章を参照）多額の貯蓄をすることができないからである。さらに，宝くじ売り場はあちこちにあるため，購入することを頻繁に思い出させてくれる。

最後に，このプログラムは上述の「明日はもっと貯蓄しよう」制度に関連して議論したのと同様に，機会費用（利益を得られなくなること）と実際の損失との不均衡な重みづけを利用している。宝くじでは，比較的少額の当選金（たとえば30ドル）は高い確率で当選し，超高額の大当たりの確率は非常に低く設定されている。貯蓄した購入者は当選すれば通知を受け，幸運を喜ぶことができるが，実際には少額の当選金の場合は預金口座へ自動的に入金されるため，消費の誘惑を減らすことができる。

このようなプログラムが有益なものになるかどうかは，この新しい種類の宝くじを誰が購入し，購入するためのお金をどこから出すのかということによって決まる。理想的な形は，今まで宝くじを

購入していた人たちを中心に広まり，従来の宝くじの購入に当てていたお金を貯蓄付き宝くじに回すようになることである。一方，新しい種類の宝くじができたことで，今まで宝くじを購入していなかった人が新たに購入するようになるのは望ましくない。さらに悪いのは，本来ならば貯蓄していたはずのお金で宝くじを購入するようになってしまうことである。このような宝くじを本格的に導入する前に，小さな規模で試験的に発売するのが望ましいことは明らかだろう。

2つ目のプログラムは，個人開発口座を刷新するものである。個人開発口座は低所得者を対象としたマッチング拠出つきの貯蓄制度で，主に住宅の購入や教育のための支出，小規模事業の立ち上げといった目的のために利用される。個人開発口座は通常，2対1のマッチング比率（口座所有者は自分が1ドル預金するごとに2ドルを引き出すことができる）であるが，預金残高が目標額に到達するまで引き出すことができない。この制度ではマッチング比率が保証されているが，これを宝くじ方式のインセンティブに変更すれば，ずっと少ないコストで同等の貯蓄促進効果が得られる可能性がある。現在試験運用中のあるプログラム（Loibl et al., 2016）では，預金額に対して1対1の固定されたマッチングが保証され，さらに宝くじ方式のマッチングが提供される。具体的には，10分の1の確率で預金額の5倍のマッチング，50分の1の確率で預金額の25倍のマッチングを得ることができる。

このアイデアの有効性は現在検証中だが，宝くじと連携した貯蓄制度が低所得層にうまく適合していることを示す証拠は多く得られている。先に概説した個人開発口座のプログラムは預入額に対して確率的にマッチングを提供するが，それとは対照的に，宝くじと連動した貯蓄制度では多くの場合，預入額ではなく預金残高に応じて報酬が与えられる。たとえば，アメリカ国外では多くの商業銀行が宝くじ付きの貯蓄制度を用意しており，毎月の抽選で現金あるいは景品が当たる。そして顧客はその月の預金残高に応じた数のくじを受け取る（Guillen & Tschoegl, 2002）。同様に多くの国で政府が「懸賞付き」公債を発行し，定期的に一部の債権者に利子を分配している。また，マイクロファイナンス[v]事業者も預金者に「貯蓄カード」を発行し，宝くじの当選番号がカードの番号の一部と一致すると賞金を出している。宝くじと連動したこれらの貯蓄制度はいずれも，収入が最も低い層の人々を顧客として獲得していることが示されている（例としてTufano, 2008を参照）。これらの制度は例外なく通常よりも低い利率（ゼロであることも多い）を設定し，利ざやによって賞金を出すためのコストを賄っているのだが，顧客の経済的な安全性を高めることで顧客に利益をもたらしている。

21.3.2 健康的な行動の促進

Schroeder（2007）は他の先進国と比べてアメリカの健康指標が悪いことに注目し，健康状態を改善するための最大の条件は医療制度のさらなる発展ではなく，個人の健康関連行動の変化にあると指摘した。またSchroederは，過去数十年間で喫煙率は下がっているものの，肥満と喫煙が不健康をもたらす二大要因であるとも指摘している。喫煙はアメリカで毎年40万人を超える死者の死因となっている。

しかし，健康状態を改善させられるかどうかは，健康関連行動を変化させることが可能かどうかということにかかっている。標準的な経済学的対処法，つまりたくさんの情報を与えるというやり方が正解ではないことは明らかである。人々は喫煙が健康に害を及ぼすことなど痛いほどよく知って

---

v 貧困層向けの小口金融。

いる。実のところ，喫煙者はその有害性を過大評価しているという主張もある（Viscusi, 1992; ただしこの主張については反論もある。Slovic, 2001を参照）。このような場合には，正しい情報を与えたら彼らは**ますます多く**喫煙するようになるだけだろう。さらに，喫煙者の約70%は喫煙をやめたいと言っているが，禁煙に成功する人は毎年わずか2～3%である（Bartlett et al., 1994; Hughes, 2003）。おそらく，問題は情報不足の状態で意思決定がなされることではなく，むしろ良い意図を実行に移せないことにあるだろう。

体重の減量

体重を減らすことは最も達成が難しい目標の1つだろう。私たちは現在，体重過多を意識させる社会に暮らしており，人々は減量を強く動機づけられる一方で，それを実現することはほとんどできていない。この問題は一見するとあまりにも難しいものであるため，ダイエットに関する著名な研究者であるJanet Polivyは，さまざまな減量法に取り組む人々の無根拠な楽観主義を指して**偽りの希望症候群**という造語を考案した。彼女は「非ダイエット」と名付けた手法の臨床試験も行っている。非ダイエットとは単純にダイエットに対する偽りの希望を捨てるというものである。Polivyのある研究では，非ダイエットをもっと楽観的な他の減量法と比較した。その結果，ダイエットも非ダイエットもほとんど同程度の減量を達成したが，非ダイエットの実践者の方が神経症的な行動傾向が少なく，抑うつの程度も低かった（Polivy & Herman, 1992）。従来の減量法が有効でないのだとすれば，行動経済学はこの問題について何か有益な洞察を提供できるだろうか。

3群の無作為割り付けを行った減量の実験（Volpp et al., 2008a）の結果によれば，行動経済学を減量に応用すれば成果を得られる見込みがありそうである。この研究は体重過多の人たちが減量するのを支援するため，減量への動機づけとして経済的インセンティブを利用した。そこで利用したのが損失回避，過度の楽観主義，後悔回避である。参加者はフィラデルフィアの退役軍人で，16週間で16ポンド（1ポンドは約0.45キログラム）の減量を目標とするプログラムに参加した。

宝くじ方式と，積み立て契約方式という2つの異なるインセンティブを設定し，インセンティブなしの統制条件との比較を行った。インセンティブありの2条件の参加者は毎日，研究協力者である看護師に電話で体重を報告し，ポケットベルを通じてフィードバックを受けた。インセンティブとなる報酬は1カ月ごとにまとめて，電話で報告した体重と医院で測った体重が一致することを確認してから支払われた。この方略は損失回避を利用したもので，獲得した報酬は，1カ月を通じて減量を続け，月末に対面の場で測定した体重が目標を下回った場合にのみ受け取れる。フィードバックは毎日行うが報酬の支払いは月単位という方法にはいくつかの利点がある。第一に現在バイアス，つまり即時の利益を大きく重みづける傾向を利用し，目標を達成した人に対して，報酬が支払われるというメッセージを通して肯定的フィードバックを頻繁に与えられる。第二に，一方で支払いは月ごとにしか行われないため，支払い時には相当な金額になっている可能性が高くなり，ピーナッツ効果が生じるおそれを回避することができる。最後に，象徴的な報酬（ポケットベルのメッセージ）と実物の報酬（換金可能な小切手）の両方を与えることで，報酬の効果を最大化している。それはまるで報酬が二度支払われたようなものである。

宝くじ方式のインセンティブを与える条件では毎日，月ごとの減量目標に向けて順調に減量が進んでいれば期待値3ドルの宝くじを得ることができる（5分の1の確率で10ドル，100分の1の確率

で100ドルが支払われる）。この方式は，宝くじは期待値が同等の固定報酬よりも大きなインセンティブになるという考え（「非線形な確率の重みづけ」の項で説明した，小さな確率に対する過大な重みづけを参照）および，宝くじの購入者は将来の要因（多額の当選金への期待）と過去の要因（近い過去における当選頻度）の両方によって動機づけられるという考え（Camerer & Ho, 1999）に刺激を受けて設計されたものである。参加者は毎日，ポケットベルのメッセージで宝くじの抽選結果を通知された。

宝くじ条件では日ごとの目標を達成できなかった参加者にも**目標を達成していた場合**の抽選結果を伝えることで，**後悔回避**も利用していた。また，上述の個人開発口座による貯蓄プログラムと同様に，宝くじ方式の介入法は有益な行動に対して素早く肯定的フィードバックを与えるため，現在バイアスをも利用している。

2つ目の条件（積み立て契約）では，参加者は1日1セントから3ドルの範囲で積み立てを行い，それに対して同額のマッチングが支払われた。参加者は毎日体重を報告し，月ごとの減量目標に向けて順調に減量できていれば，その日の分の積立金とマッチングの両方を受け取ることができた。しかし目標を達成できなかった日は積立金もマッチングも没収された。また，目標を達成した日には3ドルの固定報酬も支払われた。

積み立て契約条件は自己の将来の予測に関する過度の楽観主義を利用している（上述の「過度の楽観主義」の項を参照）。人は自分がどの程度減量できるかを予測する際，過度に楽観的に予測する傾向がある（別の言い方をすれば，減量がどれだけ難しいかを正確に推測できない）。そのため，減量目標を達成するために月初めに積み立てをするように言われると，約91%の参加者がそうすると答え，さらに彼らは参加期間を通じて積立金額を増やしていった。積立金額の平均値は1カ月目には1.35ドルだったが，2カ月目は1.59ドル，3カ月目は1.83ドルまで上昇し，4カ月目は横ばいの1.85ドルであった。参加者は減量が苦しくなると，積立金を失うことを避けたいという欲求によって減量目標の達成へと動機づけられた。理想的な展開は，彼らは自らの楽観的な予測に縛られ，また積立金を失うことを嫌うために，これらのバイアスが自己成就予言を生じさせるというものだった。

2つの介入法の結果は劇的なものであった。インセンティブを設けた条件の参加者は，統制条件の3倍を超える減量を達成した。宝くじ条件と積み立て契約条件の参加者はそれぞれ平均で13.1ポンドと14.0ポンドの減量に成功したが，統制条件の参加者の減量効果は統計上有意に少なく，平均で4.0ポンドだった（Volpp et al., 2008a）。

この手法の魅力は，実験における脱落率がきわめて低いという点にもある。この研究では脱落率はわずか9%であった。典型的な減量介入研究では多くの場合，脱落率が40%から50%にも上るのに比べるとこれは非常に低い値である。インセンティブを設けた2条件で最後まで追跡可能だった参加者は，参加期間のうち90%以上の日に電話で体重を報告していた。このことは，この手法が実現可能性の高いものであり，減量を参加者に意識させ続けることができていたことを示している。この印象的な研究結果は，行動経済学が明らかにした原理を健康行動の促進に応用することの効力を証明するものである。

関連する議論として，本書の18章では人々が労力をかけずに，より健康的な選択をするように誘導する政策を論じている。本章では判断ミスは互いに相殺できると主張しているが，同様に18章の議論においても，食事に関する手掛かり（たとえばパッケージの大きさ）を逆手に取って，食事量を増やすのではなく減らすことができるというこ

とが主要な前提になっている。

　減量に関する著者らの研究は成功したものの，いくつか注意しなければならないことがある。第一に，4カ月の研究期間が終了しインセンティブがなくなると，インセンティブを設けた2条件の参加者は体重がかなりの程度戻ってしまった。現在，より長期間にわたってインセンティブを与えることで，リバウンドを回避できないか検証中である。第二に，このプログラムは実施にかかる費用が比較的高く，実施方法も複雑である。現在は積み立て契約条件での3ドルの固定報酬をなくすことの費用対効果を検証しているが，それよりも大きなコストが毎月の計量や，電話での報告の処理，テキストメッセージの送信のための医院のスタッフの人件費にかかっている。これらの役割が自動化できれば（現在の技術ならば可能だろう），積み立て契約によるプログラムの実施コストは相当小さくなるだろう。

減量のためのさらなる（未検証の）応用
減量プログラムのフレームと括り

　具体的な判断ミスの節で概説したように，人は意思決定を狭い括りで捉える傾向があり，また，フレームの設定に影響を受けやすい。これらの現象をうまく組み合わせれば，減量を促進できる可能性がある。ダイエットを広く，あるいは狭くフレームすることが利益をもたらすかどうかは，その人のダイエットの段階によって変わると考えられる。減量プログラムを広くフレームすることは，プログラムへの参加を促進することに特に効果があるだろう。現に多くの減量プログラムの広告では，数カ月のプログラムを通じて減らせる体重を合計して示している（たとえば「1日当たり0.16ポンドを2カ月にわたって減らせます」ではなく，「2カ月で10ポンド減らせます」というように）。このようなフレームの方法は減量できる全体の量を強調し，同時に，減量のために必要な毎日の「苦行」を軽く感じさせる。言い換えれば，広いフレームは最小限の努力で減量できるという幻想を生み出し，ダイエットに取り掛かる動機づけを高めてくれる。

　しかし，ダイエットの最中になると，狭いフレームに切り替えることで減量しやすくなるだろう。ダイエット期間全体の目標を，より達成しやすく，状況の把握もしやすい下位目標に細分化できるからだ。このような考え方は実行意図に関するGollwitzer（1999）の主張と合致する。これまでに述べてきた減量に関する研究に当てはめて考えると，狭いフレームの利点は，著者らの考案した介入法がなぜ成功したのかという説明を与えるものである。著者らのプログラムの参加者は（統制条件を除いて）毎日，自分の体重を確認しなければならなかった。さらに研究を重ねれば，インセンティブとフィードバックがそれぞれ減量に与える影響が個別に解明されることが期待できる。

　最後に，ダイエットの最後の段階に差し掛かったら再び広いフレームに切り替えるとよいだろう。それによってダイエット期間全体の減量目標をより強く印象づけることができるからである。このように全体的な目標を強調すると，目標勾配（Kivetz et al., 2006）の効果によって，ダイエットの最終段階において特に動機づけを高めることができるだろう。

運動の奨励

　もちろん，食事を改善する以外の減量方法として運動がある。運動することは減量だけでなく，身体的・精神的健康や認知機能にも多くの有益な効果を及ぼす（Colcombe & Kramer, 2003; Folkins & Sime, 1981）。判断ミスを利用して，人々がもっと運動するように促すことはできるだろうか。

　判断ミスを利用して運動を奨励することは，すでにある程度行われている。ジムの実際の利用回

数（あるいは利用の少なさ）に基づけば，定額料金よりも1回ごとに利用料を支払う方が安く済むはずなのに，人は定額料金の方がよいと考えがちである（Della Vigna & Malmendier, 2006）。この現象は定額料金バイアスと呼ばれることもある（例としてLambrecht & Skiera, 2006を参照）。定額料金バイアスは運動を促進するためには好都合なものである。というのも，定額料金に魅力を感じてスポーツクラブに入会すると，その後は多くの場合，払った分の元を取ろうと動機づけられるからだ。これは，著者の1人の母親が家族でスキー旅行をしたときに「滑走料金が1回当たり2ドルになるくらい滑ろう」と言っていたのと同じ考え方である。利用者がジムに来るたびに「現在の1回当たりの利用料」を知らせるようにすれば（その数値はジムを利用するほど下がっていく），このような判断傾向をさらに強めることができるだろう。

しかし，ジムの利用を奨励するためにもっと役立つ方式を考えることもできる。たとえば，利用者が1カ月間に一定の回数以上ジムを利用すると宣言し，その回数を達成できなければ罰金を支払うという条件で，割引の定額料金で会員になれるというプランが考えられる。罰金は現金で支払うということにしておけば，罰金がとりわけ大きな「苦痛」となり（Prelec & Loewenstein, 1998），利用者は利用回数が不足することをますます避けたくなるだろう。前述した減量プログラムの積み立て契約方式と同様に，このような罰金の仕組みは過度に楽観的な予測を自己成就させる。食事制限を守れる程度についての予測と同じように，利用者は自分がどの程度運動するかということを過度に楽観的に考えがちであり，そのため相当高い頻度で運動しなければ罰金が発生するというプランを進んで受け入れるだろう。しかし罰金方式をいったん始めてしまえば，損失回避のために罰金を払わずに済むようにしようと動機づけられる。この

方式は選択の自由を制限することなく運動を奨励するように設計されている。顧客は月ごとの最低利用回数を定めず，割高な料金プランを選択することもできるからだ。さらに，このプログラムは基本的には運動量を増やすだろうが，時には月ごとの利用回数に到達しないことも間違いなくあるだろう。スポーツクラブは割高なプランを選択する利用者や，必要回数を満たさず罰金を支払う利用者から得た資金によって，割安なプランを提供するためのコストや，ジムの利用率の向上に伴う維持費の増加分を相殺することができるだろう。

この手法は，ジムに来た人は実際に運動するという想定に基づいている。著者らもこの想定はもっともなものだと考えているが（実のところ，運動するための最大の困難は多くの場合，まず怠惰を乗り越えてジムに行くことである），宝くじ方式のインセンティブと組み合わせることで，より確実に運動量を増やすことができるだろう。ランニングマシンやクロストレーナー（エリプティカルトレーナー）といったトレーニング器具で，一定の歩数に到達したら報酬を支払うようにすることができる。そして，トレーニング器具が「大当たり」を出したら賞金を受け取れる。この宝くじ方式のインセンティブをより効果的なものとするためには，金銭報酬のかわりに，運動をする人にとって特に魅力的と思われるサービス（たとえばマッサージや温泉）を提供することもできる。このようなプログラムは特定のジムへのロイヤルティを高め，プログラム導入にかかったコストをまかなう以上に収益を拡大させるだろう。

治療の継続

ある種の治療薬では，服用することが明らかに有益であるにもかかわらず，服用の継続性が乏しいということがよく起こる。たとえばワルファリンは，適切に服用すれば脳卒中のリスクを全体で

68%，75歳以上で他のリスク要因が1つ以上ある患者に限れば85%低下させることができる（Fuster et al., 1981; Laupacis et al., 1998; Petersen et al., 1989）。ワルファリンはアスピリンよりも優れていることが示されている。ところが，服薬遵守の低さゆえにその効果が実現しないことがしばしばある（Ansell et al., 1997; Cheng, 1997, Go et al., 1999; Kutner et al., 1991）。最近行われたコホート研究では，対象者の40%が処方されたワルファリンのうち20%以上を服用し忘れていることが明らかになった（Kimmel et al., 2007）。その上，心房細動（不整脈の一種で，ワルファリンの処方を決める一般的な症状）があり，かつワルファリンを使用できない理由もない患者のうち45%から84%の人がこの薬を処方されずにいる。これは，ワルファリンは適切に服用しなければ効果が得られなかったり，あるいは出血や死亡のリスクを高めてしまったりすることがあるという理由によるものである。この患者たちは，ワルファリンによって適切に血液凝固を妨げた場合に比べて脳卒中のリスクが数倍も高い状態に置かれている。実のところ，これは治療の継続性の低さが引き起こす最悪の結果かもしれない。既存の治療法の有効性が証明されているにもかかわらず服薬遵守が低いこと，そしてそれゆえに医師が処方を控えてしまうという事実は，治療の継続性を向上させるための新たな手法，つまり行動経済学を利用することの必要性を示している。

ワルファリンによる治療の継続性を高める試みとして，Volppら（2008b）はパイロット研究を実施し，宝くじ方式のインセンティブを毎日与えるという新たな手法の実現可能性と潜在的な有効性を検証した。この介入法は行動経済学を取り入れているのに加えて，コンピュータ内蔵ピルケースという，介入の効果を測定可能にする新技術を利用している。

2つのパイロット研究にそれぞれ10名，ワルファリンを服用する患者が参加し，インフォメディックス社製のピルケース，Med-eMonitorを与えられた。Med-eMonitorにはディスプレイと，薬を1回分ずつ分けて入れる小区画がある。それぞれの端末は電話回線を通じて研究者の手元にあるデータベースと通信するようにプログラムされていた。参加者は1日1回の宝くじに参加したのだが，1日あたりの報酬の期待値は，1つ目のパイロット研究では5ドル[4]，2つ目のパイロット研究では3ドルであった。患者は薬を服用するよう指示されている日には宝くじに参加できるが，報酬を受け取れるのはMed-eMonitorを通じて，適切な薬の区画を開けたことが研究者に報告された場合に限られていた。また，Med-eMonitorは毎日リマインダーのチャイムを鳴らし，薬を服用したか尋ねるメッセージを表示するようにプログラムされていた。

この研究の主要な従属変数は患者の服薬の継続性であり，その指標として，患者が正しい薬の区画を開けた日数の割合に基づき「平均適正服薬率」を算出した。1回目のパイロット研究（宝くじの報酬の期待値は1日当たり5ドル）では延べ979回のワルファリンの服用が記録された。研究期間を通じた平均適正服薬率は97.7%であった。つまり，非服用率は（この医院の過去の患者では22%であったのに対し）わずか2.3%であった（図21.1）。患者ごとの適正服薬率は92%から100%の範囲であった。2回目のパイロット研究（報酬の期待値は1日当たり3ドル）では新たに10名の患者が参加し，ワルファリンを延べ813回服用した。平均適正服薬率は98.4%（非服用率はわずか1.6%），患者ごとの適正服薬率は92.1%から100%となり，期待値5ドルで行ったときと同様の結果が得られた（図21.1）。薬の区画を開けたかどうかという判定方法は服薬の有無を確認するには不十分であるが（区画を開けたが薬を飲まないということが可能であるため），血液凝固率の測定結果は，宝くじ方式

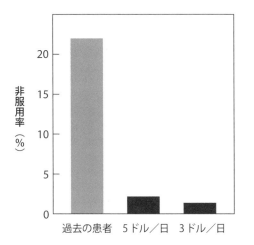

図21.1 宝くじ方式の介入と過去の患者における服薬の継続性の比較

の介入が有効であるという結論を支持するものであった。血液凝固率が正常範囲外である割合は，1回目のパイロット研究では実施前に35.0%だったものが実施後には12.2%に低下し，65.2%の改善が見られた。2回目のパイロット研究では65.0%から40.4%に低下し，37.9%の改善となった。

減量研究でのインセンティブあり条件と同様，この研究は行動経済学から得られたいくつもの洞察（こまめなフィードバックとインセンティブの重要性，宝くじ方式の報酬を同等の価値を持つ固定報酬と比べたときの動機づけ効果の大きさ，後悔の予期による動機づけの強さ）が投薬治療への患者の積極的参加を促進するために利用できることをよく示している。こうした手法は健康行動を増加させる大きな可能性を秘めているが，その効果はさまざまな臨床場面や医療制度の中で体系的に検証していく必要がある（Volpp et al., 2009）。

21.4　個人を越えて：社会レベルでの応用

ここまで議論してきた応用例はいずれも個人を対象とし，その人自身の利益になる行動を支援することに焦点を当ててきた。しかし本節では，判断ミスを個人ではなく公共の利益につなげる方法を探求する。ここでは地球温暖化，慈善事業への寄付，国際紛争の問題を題材として，著者らの考えを広く社会全体に応用する方法を説明していく。

21.4.1　地球温暖化

個人に対して，自分が地球温暖化の原因を作っていることを意識させる取り組みは，ある程度影響力を持つかもしれないが，問題の解決にはほとんど寄与しないだろう。本格的な解決のためには物価を変化させる必要があり，それは場合によってはエネルギー消費に対する課税や環境保護への助成金によって実現されるだろう。つまり，もしもアメリカ国内のガソリン価格が今よりずっと高くなれば，人々は間違いなくもっと燃費の良い自動車に買い替えるだろうし，長期的には燃料消費と排気ガスを減らすように生活様式を変化させ，たとえば公共交通機関を利用したり職場の近くに引っ越したりするだろう。しかし本節の最大の要点は，同じ大きさの金銭的インセンティブでも，どのように導入するかによって行動に与える影響の大きさが変わり得るということである。

たとえば，行動経済学から得られる洞察に基づいて公共交通機関の利用を促進できるかもしれない。現在は宣伝費に充てられている財源を，宝くじ方式の促進策に振り向けることが可能である。乗車客は識別番号がついた電子的な交通パスカードを持ち，公共交通機関を利用するたびにカードが読み取られる。毎日1つのカード番号が抽選で選ばれ，その番号のカードの所有者は，**その日に公共交通機関を利用していれば多額の賞金を受け取れる**。この政策は小さな確率への過大な重みづけ傾向を利用している。というのは，賞金を得られるという小さな確率によって，利用者は公共交通機関を利用するよう引きつけられるからである。減

量やワルファリンの服用に関する介入が後悔回避を利用することでインセンティブを強めていたのと同様に，このプログラムでは乗車客は，公共交通機関を利用しなかった日に自分が当選すると通知を受けるという仕組みにすることもできる。プログラムへの参加は完全に自発的なもので，消費者は参加を強制されないが，人々はきっと参加するのではないだろうか[5]。

交通による排気ガスを削減するための別の応用手法として，Greenberg（2005）は心の会計という概念を応用して，走行距離に応じた自動車保険商品を設計する方法を論じた。彼が概説した「走った分だけ支払い，節約する（PAYDAYS: pay-as-you-drive-and-you-save)」という保険プログラムの特徴は，個人が支払う保険料はカレンダー上の日数ではなく，運転した距離によって決まるという点にある。そのため運転者には，走行距離を減らして保険料を節約するというインセンティブが働く。心の会計という考え方の基本的な前提は，消費者は自分の使うお金を異なる区分，すなわち異なる「財布」に分類しているというものである。「走った分だけ支払い，節約する」保険は，保険料の財布からの支出を減らそうとすることが走行距離の減少につながるという発想に基づいている。Greenbergはさらに，行動経済学から得られた他の洞察を応用することで，心の会計が走行距離の削減に及ぼす効果を高められることを示している。ここではその一部を概説し，補足的に著者らの考えを述べていく。

支出に対するフレーム設定

消費者は走行距離が一定の基準よりも少ない場合に払い戻しを受けるのではなく，基準を超えた場合に追加料金を支払う。この手法はプロスペクト理論に適合するもので，走行距離の削減が幸運な利益をもたらす（払い戻し）よりも，距離の超過が損失になってしまう（追加料金）方が走行距離を削減するためにはより効果的である。

出費の痛み

出費の痛みに関する研究では，保険料の支払い時期が近づくと運転に伴うコストが強く意識されるため，この時期になると人々は走行距離を切り詰めることが示唆されている（Prelec & Loewenstein, 1998）。出費の痛みは支払い後もずっと残るが，削減した走行距離は保険料を支払ったらすぐに元に戻るかもしれない。そこで，「走った分だけ支払い，節約する」保険の支払い期日を頻繁に設けることで（つまり狭い選択括りを利用することで），この効果を強めることができる。さらに，タクシーのようなメーターを自動車に取り付けて走行距離に伴うコストを目立たせると，出費の痛みの効果を高められるだろう。これは，いくつかのハイブリッド車がよく目立つディスプレイによって燃料の消費量を表示しているのと同じ手法である。

過度の楽観主義

自分は走行距離を削減できると過度に楽観的に考えている人にとっては，「走った分だけ支払い，節約する」保険はとりわけ魅力的に映るだろう。このような人は最も安い料金プラン，つまり最も短い走行距離を基準に設定し，それを超えた場合には最も高い罰金を支払うプランにサインするだろう。すると，前掲の減量研究の場合と同様に，良い行いをすると一度は誓ったから，また罰金を避けたいからという理由によって，彼らは走行距離の削減を強く動機づけられるだろう。

要約すると，走行距離に応じた支払いという仕組みはそれだけでも良いアイデアであるが，判断ミスを利用することによってさらに効果的に走行距離と燃料消費，そして排気ガスを削減するという目標を達成することができる。

ここに挙げたアイデアは，それだけで地球温暖化問題に大きな影響を及ぼすには不十分であることは明らかだろう。本当に効果を出すには，ガソリンなどの商品の価格を，環境や社会に関わる本当のコストを反映して値上げするといった広範な政策転換と組み合わせて，これらのアイデアを実行していかなければならない。しかし，宝くじ付きの交通カードや「走った分だけ支払い，節約する」保険といった応用例はある重要なことを示している。行動経済学の洞察を応用することで，実際に政策転換の効果を押し上げられるということである。心理学，行動経済学，行動決定の研究によって得られた原理が，どのように地球温暖化を悪化あるいは低減させているか（そして，より一般的には環境政策を改善させているか）についてのより詳細な議論は，本書の22章を参照していただきたい。

21.4.2 慈善事業への寄付

哲学者のPeter Ungerは，重要な著作である*Living High and Letting Die*（Unger, 1996）の中で，ある2つの場面を対比してみせた。1つ目の場面では，脚に深い傷を負った男が道端にいて，脚を失わないためにはすぐに病院に運ばなくてはならない。そこに通りかかった車の運転手は男を助けようと思ったが，もしも助けると男の傷から流れる血が上質の革のシートを台無しにし，それを直すのに5000ドルかかることに気づいてしまう。2つ目の場面では，ある人がユニセフから手紙を受け取る。その手紙は100ドルの寄付を依頼するもので，あなたが小切手を送ってくれなければ，寄付によって助かったはずの何人かの子どもの命が失われると書かれている。この対比はよくできている。1つ目の場面で運転手がけが人を助けなければ，ほとんどの人はそれに対して厳しい判断を下すだろう。しかしながら，私たち自身を含む多くの人が，2つ目の場面で描かれているような100ドルの寄付を怠っていることの方が，実際には多くの側面においてずっとひどいことだといえる。もし私たちが1つ目の場面で車を止めなかった運転手を非難するのであれば，自分は「よい暮らし」をしながら自分より不幸な境遇にある人々に対して資源の大部分を差し出さずにいるという点において，私たちは道徳的な誤りを犯していることになる。

裕福な人が，（ある意味で）そうするべきと言える量の寄付をしていないとすれば，その寛容さの不足は何によるものなのだろうか。1つの重要な原因は，トーマス・シェリングが「同定可能な被害者効果」と呼んだ現象である。人は統計情報よりも特定の被害者の情報に対して，より感情的，共感的に反応する。同定可能な被害者効果を扱ったある研究では，被害者への共感を測定するために，10ドルを受け取った実験参加者に対して，同じように10ドルを受け取ったがランダムな抽選によってそのお金を失った参加者（被害者）に，自分の持っている10ドルの中から寄付するとしたらいくら寄付するかを尋ねた（Small & Loewenstein, 2003）。参加者は番号札を引き，この番号によって誰に寄付をするかが決まった。重要な点として，参加者は寄付の意図を抽選の前（被害者が同定されない状態）か抽選の後（被害者が同定された状態）のどちらかに回答した。その結果，寄付額は被害者が同定されていない場合（抽選前に回答）よりも同定されている場合（抽選後に回答）の方が約2倍も多くなった。「同定」された被害者が単なる番号であったという事実は，同定可能な被害者効果の存在を示す，とりわけ強力な証拠である。

現実における同定可能な被害者効果の典型的な事例として，テキサスで井戸に落ち，非常に強い共感と助けを得た少女ジェシカ・マクルーアと，うっかりテムズ川に迷い込み，大勢のロンドン市民のすぐ近くで死亡したクジラが挙げられる。マ

クルーアとテムズ川のクジラがきわめて多くの人の注意と共感と援助を集めた一方で，世界中で毎年何百万人もの少女が栄養失調やマラリア，赤痢で亡くなり，捕鯨や海洋汚染でクジラが死んでいるが，これらの少女やクジラにははるかに少ない共感と，さらに重要なことに，はるかに少ない支援しか寄せられていないのである。

慈善事業への寄付において，合理的な選択に基づく標準的な説明が当てはまらない行動パターンはたくさんあり，同定可能な被害者効果はそのほんの一例にすぎない。より一般的に言えば，時間的・空間的に近い場所にいる被害者や，目に見える被害者はより強い共感を引き起こし，被害者のエピソードを知ることや，あるいはある種の音楽を聴くだけでも共感を高められることが知られている。

判断ミスを利用して慈善事業への寄付を増やすことはできるだろうか。答えは，可能であるばかりか広く実践されているというものである。たとえば子どもへの援助を行うプログラムでは，判断ミスを利用して寄付を増やすことはきわめて基本的な手法となっている。これらのプログラムでは，寄付したお金が特定の子どもに渡るようにすることで，同定可能な被害者効果を利用している（Kogut & Ritov, 2005を参照）。寄付を特定の子どもに渡すという寄付集めの方略は名目上のものであり，実際にはもっと広く資源を分配する仕組みになっていると考えられるため（そうであってほしいと著者らは願っている），この方略は判断ミスを利用することでセカンド・ベスト（少数の子どもが不均等に多くの支援を得て，他の子どもは得られない）をもっとファースト・ベストに近い状態（特定の個人に対してはより寛大に寄付しやすくなるという傾向を利用し，より多くの子どもが公平に支援を得る）に変えていくものといえる（この点に関する広範な議論はSmall et al., 2006を参照）。それに加えて，これから寄付してくれそうな人に対しては，多くの場合「1日数ペニー」で子どもたちを支援してくれるよう依頼するという手法が取られる。小さな金額を，しかし頻繁に寄付してもらうという手法は，ピーナッツ効果と狭いフレームを利用して支援者の金銭的負担感を和らげるものであるため，寄付の増加につながる。このような考え方は，ラジオによる公開キャンペーンの成功に関するGourville（1998）の説明と合致している。

慈善団体が判断ミスを利用して寄付を増やす方法はほかにもたくさんある。たとえば，従業員の貯蓄を増やすためにThalerとBenartzi（2004）が提案した「明日はもっと貯蓄しよう」制度の趣旨に則って，慈善団体も「明日はもっと多く寄付しよう」制度を始めることが可能だろう。現在バイアスが働くため，将来にはもっと多く寄付すると表明することは，今すぐ寄付するよりも受け入れやすい。寄付者に「宣誓書」を提出してもらうという一般的に行われている取り組みは，実のところ，このような心理的な仕組みを利用しているのかもしれない。

係留と不十分な調整（Tversky & Kahneman, 1974）も寄付を促進するために利用することができる。実際，セールスマンは「ドア・イン・ザ・フェイス」と呼ばれる現象の一種を利用している。彼らはまず，非常に高価な商品を客に提案する。客は普通はその商品の提案を断るのだが，その後でしばしば別の商品を，係留点となる最初の提案がなければ買わなかったはずの高値で買ってしまう。同様に，あからさまに多額の寄付を依頼すると人々に嫌がられるリスクはあるが，より少額の寄付に同意してもらえる可能性は高くなるかもしれない。

ShangとCroson（2006）は社会的比較に基づく一種の係留点を操作することで，公共のラジオ局への電話を通じた寄付を増加させた。彼らの実験では，電話をかけてきた人に対して，先に電話して

きた人たちは多額の寄付をしたと単に告げるだけで，それを聞いた人の寄付額が増えることが分かった。これよりもっとささいな操作で試す価値がありそうなのは，完全に恣意的な（しかし大きな）数値を係留点として，寄付してくれそうな人に提示するというものである。たとえばアメリカがん協会の募金活動であれば，まず寄付者に「がんを治すことは国にとってどのくらい価値があると思いますか」といった質問をするという方法が考えられる。係留点の影響力の強さを示す研究知見によれば，まったく無関係の数字でさえ係留点として作用するのであるから，このような手法はきっと寄付を増加させるだろう。

21.4.3 国際紛争

戦争が多発する田園地帯に行くと，現在と過去の対比に衝撃を受けずにはいられない。シェイクスピアが巧みにも「戦争の犬たち」と表現した衝動，すなわち野火のごとく瞬く間に人々の間に広がる破壊的な衝動によって，家族，街，都市，そして国までもがばらばらに引き裂かれてしまう。衝動的に犯罪に手を染めた人が後になってその代償を払うのと同じように，巨大な敵意に捕らわれてしまった人々は，多くの場合，後に自分の感情や行動を振り返って困惑し，どうしてあんなことを実行することができたのかと不思議に思う。

個人の自己破壊的行動と同様に，戦争も多くの場合，個人レベルの非合理性の産物にすぎない。時には「合理的」な経済的利害を持つ人々が画策したり，少なくとも後押しすることによって対立が煽られることもあるが，ほとんどの戦争にはさまざまな判断ミスが関わっている。たとえば第一次世界大戦が始まったときにそうであったように，人はしばしば，自分たちがきっと勝つだろうと過信する。あの大戦のときも，対立する両陣営の市民はすぐに自分たちの国が勝つだろうと考えていた

のである。さらに重要なこととして，一時的な衝動はさまざまな判断や動機の歪みを生じさせる傾向があるようである（Loewenstein, 1996）。その歪みとは，ただちに行動を起こしたいという強い動機づけ（たとえば，外交交渉や段階的な経済制裁よりもすぐさま行動を起こしたいという欲求）や，公正さを評価する際の驚くほど大きな自己奉仕バイアス，確率の差異に対する鈍感さ，そして極端に強い共感，嫌悪，冷淡さといったものである（Lobel & Loewenstein, 2005を参照）。判断のバイアスを，ここに挙げたようなものとは反対の結果に結びつけることは可能だろうか。

これまでの議論から示唆される通り，紛争は状況を自分に都合よく評価するバイアスの結果として起こるばかりではなく，紛争そのものがそのような評価のバイアスをよりいっそう激しく生じさせる傾向もある。激しい戦争の最中には，味方の行為はほとんどどれもが無害で公正なものに見え，一方で敵の行為はより厳しい目で解釈される。利己的な公正バイアスの項で述べた通り，このような自己奉仕的な状況の評価はたいてい葛藤を激化させるが，このバイアスを利用することで，双方が共通して敬意を払っている第三者の助けを得て葛藤を解消することに合意できる場合もある。したがって，紛争の原因となる自己奉仕バイアスが，紛争を解決するためにも使えるのである。第三者の関与によって国際紛争の解決を支援するその他の方法については，本書の6章を参照していただきたい。

21.5 結び

判断ミスを利用して人々を助けるという考えは，文字通りに受け取れば，不愉快で見当違いなものに思えるかもしれない。自己利益にかなう行動を

するためになぜ「騙される」必要があるのだろうか。しかし，少し異なった見方をすれば，判断ミスをこのように利用することは，多くの企業が市場競争のために消費者の判断ミスを利用していることに対しバランスを取るものと考えられるだろう。

消費者が犯す誤りを利用することには，さまざまな点で経済的利益がある（Issacharoff & Delaney, 2006; Loewenstein & Haisley, 2008; Loewenstein & O'Donoghue, 2006を参照）。クレジットカード会社は「ティーザー利率」（お試し利率）によって消費者を引き付けるが，この手法は，将来も借金をするだろうという自分自身の性向に対する，消費者の認識の甘さを利用している[6]。ファストフード店は「割安なセットメニュー」を提供しているが，これも消費者が意思決定に際してカロリーや健康への影響を考慮していれば，ほとんど魅力を感じないようなものだろう。たばこや酒を売る企業は，自らの身体を害するような行為を，ロマンティックで洗練された活動として描いた広告を放送する。銀行の収益の中で当座貸越手数料[vi]が占める割合は高まってきているが，消費者はどの銀行で口座を開設するかを選ぶ際に，一度口座を開けばその銀行に手数料を「だまし取られる」ことになるにもかかわらず，手数料の金額にあまり注意を払っていない。住宅金融専門会社は消費者に支払い能力を超えた債務承継ローンを勧めた後，破産を宣告しにくくする法改正を支持し，顧客に借金を残して去っていく。政府でさえ判断ミスを利用するゲームに参入している。政府が運営する宝くじは1ドルの掛金に対して約45セントしか還元されず，しかも購入者は支払い能力が低い人々に偏っている。宝くじの販売促進の取り組みは，たとえば「買わなければ当たらない」という至るところで見かける文言のように，確率の単純な見積もりを促すものである。このような例はほかにもたくさんある。

政府はおそらく貧しい人々を搾取するビジネスをしているわけではないから例外だとして，上に挙げた他の経済主体は，本質的に邪悪な存在というわけではない。彼らはただ経済市場で競争しているだけなのである。銀行や住宅金融専門会社は，競争相手が消費者の判断ミスを利用しているのに自分たちがそれをしなければ，利益を失い，倒産するかもしれない。消費者が一貫して誤りを犯し，それゆえ彼らが十分に自己利益に適う行動を取れるという想定が成り立たなくなるのであれば，市場の「見えざる手」がアダム・スミスの予想とは逆の結果をもたらすという可能性はきわめて現実的なものとなる。

一番の理想を言えば，人々が個人に備わった合理性によって，彼らのバイアスと非合理性を利用しようとする多くの資本家や国営企業の群れの中を自力で進んでいくことを期待したいところである。しかし，本章で示してきた事例から分かる通り，そのような自由放任主義の方法がもたらす帰結は明らかに最適とは言えないものになる。それどころか，私たちの暮らす現実世界では，消費者を自力で行動するに任せることの弊害が多く見受けられる。通常は消費者にうまくお金を払わせるのに利用されているのと同じ判断ミスを，代わりに彼らを助けるために利用すれば，人々をもっと幸せにすることができるだろう。

原註

1. 関連する例として，過信に関するBenabouとTirole（2002）の研究がある。彼らは，自己の能力に対する過信が行動に対する抵抗感（これは

---

vi ［訳者註］預金残高を超える金額を引き出す際にかかる手数料。

現在バイアスから生じる）を打ち消し，後から得られる報酬のために（今努力しなければならないという）リスクを伴う行動を取ることを可能にする場合があると論じている。成功する可能性をきちんと考慮したならば行動を起こすのがためらわれるような短期的コストが存在する場合でも，成功の可能性を過大評価する人は努力することができるだろう。

2. ピーナッツ効果は，「1日数ペニー」というわずかな金額でコストをフレームするマーケティング手法と密接に関係している（Gourville, 1998を参照）。

3. この問題に対処するため，Galeら（2006）は現在の税控除を基礎とした方式（この方式では高額納税者ほど貯蓄によって不均衡に大きな利益を得ることになる）に代わる方式を提案している。彼らの提案は，401kプランか退職後用の口座への拠出額が一定の基準を満たしていれば，すべての世帯に対して拠出額の30%を政府が給付するというものである。

4. 事務的なミスのため，期待値が当初意図していたものよりも大きくなった。計画では報酬が10ドルとなる確率は5分の1としていた。しかし，参加者は自分に割り当てられた2桁の数字のうちいずれかと，その日に当選番号として引かれた数字のうちいずれかが一致すれば10ドルを得られる状態になっており，10ドルを獲得する確率は研究者が意図したものの2倍となり，期待値が5ドルになった。このミスに気づいた後も，パイロット研究をやめずに最後まで実施した。そして新たに10名の患者を集め，期待値を正しい値（3ドル）に修正してパイロット研究を実施した。

5. このようなプログラムがうまくいくのを見て，自動車会社が同様のプログラムを始めるのではないかと危惧する人もいるかもしれない。しかし，アメリカでは営利組織が商品利用に応じた宝くじを提供することには一定の制限が設けられている（ただし，主にメールによる勧誘で宝くじつき商品を提供することへの規制を念頭に置いていると思われる）。

6. このようなマーケティング手法が規制される見込みは小さいだろう。むしろ，規制とは逆の方向に進んでいる傾向がある。たとえば最近では，個人向けの非課税の退職口座の貯蓄を，クレジットカード口座の担保にできるという法律が作られた。

引用文献

Ainslie, G. (1975). Specious reward: A behavioral theory of impulsiveness and impulse control. *Psychological Bulletin, 82*(4), 463-496.

Ansell, J. E., Buttaro, M. L., Thomas, O. V., and Knowlton, C. H. (1997). Consensus guidelines for coordinated outpatient oral anticoagulation therapy management. Anticoagulation Guidelines Task Force. *Annals of Pharmacotherapy, 31*(5), 604-615.

Babcock, L., Loewenstein, G., Issacharoff, S., and Camerer, C. (1995). Biased judgments of fairness in bargaining. *American Economic Review, 85*(5), 1337-1342.

Bartlett, J., Miller, L., Rice, D., and Max, W. (1994). Medical care expenditures attributable to cigarette smoking: United States. *Morbidity and Mortality Weekly Report, 43*, 469-472.

Becker, G. S., and Murphy, K. M. (1988). A theory of rational addiction. *Journal of Political Economy, 96*(4), 675-700.

Benabou, R., and Tirole, J. (2002). Self-confidence and personal motivation. *Quarterly Journal of Economics, 117*(3), 871-915.

Benartzi, S., and Thaler, R. (1995). Myopic loss aversion and the equity premium puzzle. *Quarterly Journal of Economics, 110*(1), 73-92.

Bucks, B. K., Kennickell, A. B., and Moore, K. B. (2006). Recent changes in U.S. family finances: Evidence from the 2001 and 2004 Survey of Consumer Finances. Federal Reserve Bulletin, 92. Retrieved from http://www.federalreserve.gov/Pubs/OSS/oss2/2004/bu110206.pdf

Buehler, R., Griffin, D., and Ross, M. (1994). Exploring the planning fallacy: Why people underestimate their task completion times. *Journal of Personality and Social Psychology, 67*(33), 366-381.

Buehler, R., Griffin, D., and Ross, M. (2002). Inside the planning fallacy: The causes and consequences of optimistic time predictions. In T. Gilovich, D. Griffin, and D. Kahneman (Eds.), *Heuristics and biases: The psychology of intuitive judgment* (pp. 250-270). Cambridge: Cambridge University Press.

Bulkeley, W. M. (1998, February 10). Rebates' secret appeal to manufacturers: Few consumers actually redeem them. *Wall Street Journal*, p. BI.

Camerer, C., and Ho, T.H. (1999). Experience-weighted attraction learning in normal form games. *Econometrica, 67*, 837-874.

Camerer, C., Issacharoff, S. Loewenstein, G., O'Donoghue, T. and Rabin, M. (2003). Regulation for conservatives: Behavioral economics and the case for "asymmetric paternalism." *University of Pennsylvania Law Review, 1151*(3), 1211-1254.

Cheng, T. O. (1997). Underuse of warfarin in atrial fibrillation. *Archives of Internal Medicine, 157*(13), 1505.

Chiquette, E., Amato, M. G., and Bussey, H. I. (1998). Comparison of an anticoagulation clinic with usual medical care: Anticoagulation control, patient outcomes, and health care costs. *Archives of Internal Medicine, 158*(15), 1641-1647.

Choi, J. J., Laibson, D., and Madrian, B. C. (2005). *$100 bills on the sidewalk: suboptimal investment in 401(k) plans*. NBER Working Paper 11554. National Bureau of Economic Research.

Colcombe, S., and Kramer, A. F. (2003). Fitness effects on the cognitive function of older adults: A meta-analytic study. *Psychological Science, 14*(2), 125-130.

Consumer Federation of America (2003, May 13). *Survey finds growing concern about personal finances, especially among the young and the least affluent*. Retrieved from http://www.consumerfed.org/press-releases/335

Della Vigna, S., and Malmendier, U. (2006). Paying not to go to the gym. *American Economic Review, 96*(3), 694-719.

Epley, N., and Dunning, D. (2000). Feeling "holier than thou": Are self-serving assessments produced by errors in self- or social prediction? *Journal of Personality and Social Psychology, 79*(6), 861-875.

Flegal, K. M., Graubard, B. I., Williamson, D. F., and Gail, M. H. (2005). Excess deaths associated with underweight, overweight, and obesity. *Journal of the American Medical Association, 293*(15), 1861-1867.

Folkins, C. H., and Sime, W. E. (1981). Physical fitness training and mental health. *American Psychologist, 36*(4), 373-389.

Frederick, S., Loewenstein, G., and O'Donoghue, T. (2002). Time discounting and time preference: A critical review. *Journal of Economic Literature, 40*, 351-401.

Fuster ,V., Gersh, B. J., Giuliani, E. R., Tajik, A. J., Brandenburg, R. O., and Frye, R. L. (1981). The natural history of idiopathic dilated cardiomyopathy. *American Journal of Cardiology, 47*(3), 525-531.

Gale, W. G., Gruber, J., and Orszag, P. R. (2006). *Improving opportunities and incentives for saving by middle-and low-income households*. Hamilton Project discussion paper. April. Washington.

Gencsove, D., and Mayer, C. (2001). Loss aversion and seller behavior: Evidence from the housing market. *Quarterly Journal of Economics, 116*, 1233-1260.

Glaeser, E. (2006). Paternalism and psychology. *University of Chicago Law Review, 73*(1), 133-156.

Gneezy, U., and Potters, J. (1997). An experiment on risk taking and evaluation periods. *Quarterly Journal of Economics, 112*(2), 631-645.

Go, A. S, Hylek, E. M., Borowsky, L. H., Phillips, K. A., Selby, J. V., and Singer, D. E. (1999). Warfarin use among ambulatory patients with nonvalvular atrial fibrillation: The anticoagulation and risk factors in atrial fibrillation (ATRIA) study. *Annals of Internal Medicine, 131*(12), 927-934.

Gollwitzer, P. M. (1999). Implementation intentions: Strong effects of simple plans. *American Psychologist, 54*(7), 493-503.

Gourville, J. T. (1998). Pennies-a-day: The effect of temporal reframing on transaction evaluation. *Journal of Consumer Research, 24*(4), 395-403.

Greenberg, A. (2005). Applying mental accounting concepts in designing pay-per-mile auto insurance products. Federal Highway Administration, Office of Policy. Washington, DC. Retrieved from http://www.trb-pricing.org/docs/06-2967.pdf

Guinan, M., and Tschoegl, A. (2002). Banking on gam-bling: Banks and lottery-linked deposit accounts. *Journal of Financial Services Research, 21*, 219-231.

Haisley, E., Mostafa, R., and Loewenstein, G. (2008). Subjective relative income and lottery ticket purchases. *Journal of Behavioral Decision Making, 21*, 283-195.

Halpern, S. D., Ubel, R A., and Asch, D. A. (2007). Harnessing the power of default options to improve health care. *New England Journal of Medicine, 357*(13), 1340-1344.

Hamermesh, D. S., and Soss, N. M. (1974). An economic theory of suicide. *Journal of Political Economy, 82*(1), 83-98.

Herrnstein, R. J., and Prelec, D. (1992). Melioration. In G. Loewenstein and J. Elster (Eds.), *Choice over time* (pp. 235-263). New York: Russell Sage Foundation.

Hughes, J. R. (2003). Motivating and helping smokers to stop smoking. *Journal of General Internal Medicine, 18*(12), 1053-1057.

Issacharoff, S., and Delaney. E. F. (2006). Credit card accountability. *University of Chicago Law Review, 73*, 157-182.

Jackevicius, C. A., Mamdani, M., and Tu, J. V. (2002). Adherence with statin therapy in elderly patients with and without acute coronary syndromes. *Journal of the American Medical Association, 288*(4), 462-467.

Johnson, E. J., and Goldstein, D. (2003). Do defaults save lives? *Science, 302*(5649), 1338-1339.

Kahneman, D., Knetsch, J. L, and Thaler, R. H. (1991). The endowment effect, loss aversion, and status quo bias: Anomalies. *Journal of Economic Perspectives, 5*(1), 193-206.

Kahneman, D., and Lovallo, D. (1993). Timid choices and bold forecasts: A cognitive perspective on risk taking. *Management Science, 39*(1), 17-31.

Kahneman, D., and Tversky, A. (1979). Prospect theory: An analysis of decision under risk. *Econometrica, 47*, 263-291.

Kimmel, S. E., Chen, Z., Price, M., Parker, C. S., Metlay, J. P., Christie, J. D., et al. (2007). The influence of patient adherence on anticoagulation control with warfarin: Results from the International Normalized Ratio Adherence and Genetics (IN-RANGE) Study. *Archives of Internal Medicine, 167*(3), 229-235.

Kivetz, R, Urminsky, O., and Zheng, Y. (2006). The goal-gradient hypothesis resurrected: Purchase acceleration, illusionary goal progress, and customer retention. *Journal of Marketing Research, 43*(1), 39-58.

Kogut, T., and Ritov, L (2005). The "identified victim" effect: An identified group, or just a single individual? *Journal of Behavioral Decision Making, 18*, 157-167.

Kutner, M., Nixon, G., and Silverstone, F. (1991). Physicians' attitudes toward oral anticoagulants and anti-platelet agents for stroke prevention in elderly patients with atrial fibrillation. *Archive of Internal Medicine, 151*(10), 1950-1953.

Limbrecht, A., and Skiera, B. (2006). Paying too much and being happy about it: Existence, causes and con-sequences of tariff-choice biases. *Journal of Marketing Research, 43*, 212-223.

Laupacis, A., Albers, G., Dalen, J., Dunn, M. I., Jacobson, A. K., and Singer, D. E. (1998). Antithrombotic therapy in atrial fibrillation. *Chest, 114*(5), 579S-589S.

Lipsey, R. G., and Lancaster, K. (1956). The general theory of second best. *Review of Economic Studies, 24*(1), 11-32.

Lobel, J., and Loewenstein, G. (2005). Emote control: The substitution of symbol for substance in foreign policy and international law. *Chicago Kent Law Review, 80*(3), 1045-1090.

Loewenstein, G. (1992). The fall and rise of psychological explanation in the economics of intertemporal choice. In G. Loewenstein and J. Elster (Eels.), *Choice over time* (pp. 3-34). New York: Russell Sage.

Loewenstein, G. (1996). Out of control: visceral influences on behavior. *Organizational Behavior and Human Decision Processes, 65*, 272-292.

Loewenstein, G., and Angrier, E. (2003) Predicting and indulging changing preferences. In G. Loewenstein, D. Read, and R. Baumeister (Eds.), *Time and decision: Economic and psychological perspectives on intertemporal choice* (pp. 351-391). New York: Russell Sage.

Loewenstein G., Brennan, T., and Volpp, K. G. (2007). Asymmetric paternalism to improve health behaviors. *Journal of the American Medical Association, 298*(20), 2415-2417.

Loewenstein, G., and Haisley, E. (2008). The economist as therapist: Methodological issues raised by "light" paternalism. In A. Caplin and A. Schotter (Eds.), *The foundations of positive and normative economics: A handbook* (pp. 210-245). Oxford: Oxford University Press.

Loewenstein, G., and O'Donoghue, T. (2006). We can do this the easy way or the hard way: Negative emotions, self-regulation, and the law. *University of Chicago Law Review, 73*, 183-206,

Loewenstein, G., O'Donoghue, T., and Rabin, M. (2003). Projection bias in predicting future utility. *Quarterly Journal of Economics, 118*, 1209-1248.

Loibl, C., Jones, L. E., Haisley, E., and Loewenstein, G. (2016). *Testing strategies to increase saving and retention in individual development account programs.* Manuscript in preparation. Retrieved from https://ssrn.com/abstract=2735625

Madrian, B. C., and Shea, D. F. (2000). The power of suggestion: Inertia in 401(k) participation and savings behavior. NBER Working Paper Series 7682. National Bureau of Economic Research.

Markowitz, H. (1952). The utility of wealth. *Journal of Political Economy, 60*, 151-158.

Mokdad, A. H., Marks, J. S., Stroup, D. F., and Gerberding, J. L (2000). Actual causes of death in the United States. *Journal of the American Medical Association, 291*(10), 1238-1245.

Murphy, K. (2006, October 26). Keynote management presentation. *Forging a societal action plant in preventing childhood obesity around the world.* McGill Integrative Health Challenge Think Tank. Montreal.

Nordgren, L. F., van der Pligt, J., and van Harreveld, F. (2008). The instability of health cognitions: Visceral states influence self-efficacy and related health beliefs. *Health Psychology, 27*(6), 722-727.

Odean, T. (1998). Are investors reluctant to realize their losses? *Journal of Finance, 53*(5), 1775-1798.

O'Donoghue, T., and Rabin, M. (1999). Doing it now or later. *American Economic Review, 89*(1), 103-124.

O'Donoghue, T., and Rabin, M. (2000). The economics of immediate gratification. *Journal of Behavioral Decision Making, 13*(2), 233-250.

Petersen, P., Boysen, G., Godtfredsen, J., Andersen, E. D., and Andersen, B. (1989). Placebo-controlled, randomised trial of warfarin and aspirin for prevention of thromboembolic complications in chronic atrial fibrillation. The Copenhagen AFASAK study. *Lancet, 1*(8631), 175-179.

Polivy, J., and Herman, P. (1992). Undieting: A program to help people stop dieting. *International Journal of Eating Disorders, 11*(3), 261-268.

Prelec, D., and Loewenstein, G. (1991). Decision making over time and under uncertainty: A common approach. *Management Science, 37*, 770–786.

Prelec, D., and Loewenstein, G. (1998). The red and the black: Mental accounting of savings and debt. *Marketing Science, 17*, 4–28.

Read, D., Loewenstein, G., and Rabin, M. (1999) Choice bracketing. *Journal of Risk and Uncertainty, 19*, 171-197.

Read, D., and van Leeuwen, B. (1998). Predicting hunger: The effects of appetite and delay on choice. *Organizational Behavior and Human Decision Processes, 76*, 189-205.

Ross, L, and Ward, A. (1996). Naive realism in everyday life: Implications for social conflict and misunderstanding. In T. Brown, E. S. Reed, and E. Turiel (Eds.), *Values and knowledge. The Jean Piaget Symposium Series* (pp. 103-135). Hillsdale, NJ: Erlbaum.

Sabini, J., and Silver, M. (1982). *Moralities of everyday life.* Oxford: Oxford University Press.

Samuelson, W, and Zeckhauser, R. (1988). Status quo bias in decision making. *Journal of Risk and Uncertainty, 1*, 7-59.

Satcher, D. (2006). The prevention challenge and opportunity. *Health Affairs, 25*, 1009-1011.

Schroeder, S. A. (2007). Shattuck Lecture. We can do better-improving the health of the American people. *New England Journal of Medicine, 357*(12), 1221-1228.

Shang, J., and Croson, R. (2006). The impact of social comparisons on nonprofit fundraising. *Research in Experimental Economics, 11*, 143-156.

Shefrin, H., and Statman, M. (1985). The disposition to sell winners too early and ride losers too long. *Journal of Finance, 40*, 777-790.

Slavic, P. (2001). Cigarette smokers: Rational actors or rational fools? In P. Slovic (Ed.), *Smoking: Risk, perception, and policy* (pp. 97-126). Thousand Oaks, CA: Sage.

Small, D. A., and Loewenstein, G. (2003). Helping a victim or helping the victim: Altruism and identifiability. *Journal of Risk and Uncertainty, 26*, 5-16.

Small, D., Loewenstein, G., and Strnad, J. (2006). Statistical, identifiable and iconic victims and perpetrators. In E. McCaffery and J. Slemrod (Eds.), *Behavioral public finance: Toward a new agenda.* New York: Russell Sage Foundation Press.

Thaler, R. H. (1980). Toward a positive theory of consumer choice. *Journal of Economic Behavior and Organization, 1*, 39–60.

Thaler, R. H. (1985). Mental accounting and consumer choice. *Marketing Science, 4*, 199–214.

Thaler, R. H, and Benartzi, S. (2004). Save more tomorrow: Using behavioral economics to increase employee saving. *Journal of Political Economy, 112*(1), S164-S187.

Thaler, R. H., and Sunstein, C. R. (2003). Libertarian paternalism. *American Economic Review, 93*(2), 175-179.

Thaler, R. H., Tversky, A., Kahneman, D., and Schwartz, A. (1997). The effect of myopia and loss aversion on risk taking: An experimental test. *Quarterly Journal of Economics, 112*, 647-661.

Tufano, P. (2008). Saving whilst gambling: An empirical analysis of UK premium bonds. *American Economic Review, 98*(2), 321-26.

Tversky, A., and Kahneman, D. (1974). Judgment under uncertainty: Heuristics and biases. *Science, 185*(4157), 1124-1131.

Tversky, A., and Kahneman, D. (1991). Loss aversion in riskless choice: A reference-dependent model. *Quarterly Journal of Economics, 106*(4), 1039-1061.

Unger, P. K (1996). *Living high and letting die: Our illusion of innocence.* New York: Oxford University Press.

U.S. Census Bureau. (2003). Net worth and asset owner-ship of households: 1998 and 2000. Publication P70-88. Retrieved from http://www.census.gov/ prod/2003pubs/p70-88.pdf

Viscusi, W. K. (1992). *Smoking: Making the risky decision.* New York: Oxford University Press.

Volpp, K. G., John, L. K, Troxel, A. B., Norton, L., Fassbender, J., and Loewenstein, G. (2008a). Financial incentive-based approaches for weight loss: A randomized trial. *Journal of the American Medical Association, 300*(22), 2631-2637.

Volpp, K. G., Loewenstein, G., Troxel, A. B., Doshi, J., Price, M., Laskin, M., and Kimmel, S. E. (2008b). A test of financial incentives to improve warfarin adherence. *Biomedical Central: Health Services Research, 8*, 272-278.

Volpp, K . G., Pauly, M. V., Loewenstein, G., and Bangsberg, D. (2009). P4P4P: An agenda for research on pay for performance for patients. *Health Affairs, 28* (1), 206-214.

Weber, B. J., and Chapman, G. B. (2005). Playing for peanuts: Why is risk seeking more common for low-stakes gambles? *Organizational Behavior and Human Decision Processes, 97*, 31-46.

Weber, M., and Camerer, C. (1998). The disposition effect in securities trading: An experimental analysis. *Journal of Economic Behavior and Organization, 33*, 167-184.

Woolf, S. H. (2007). Potential health and economic consequences of misplaced priorities. *Journal of the American Medical Association, 297*(5), 523-525.

22章　正しいことを進んで行う
——行動意思決定研究の洞察を用いて，環境に関するよりよい意思決定を行うために

ELKE U. WEBER

　地方レベルから超国家的レベルに至るまで，政策策定者はさまざまな規模において経済や社会，そして特に環境に影響を及ぼす行動と向き合うことが要求される。たとえば，輸入石油への依存を減らそうというある国の試みには複数の選択肢があり，どの選択肢を選んでも政策目標は達成されるが，それによって経済的な実行力や大気環境，二酸化炭素の排出量への影響は異なるだろう。貯水池システムで水利用を管理する人は，異なるニーズや動因を持つ利害関係者たちを満足させつつ，上流への降水量の見積もりを考慮して，水が将来的にも利用可能であるよう，水を放出する時間や量を調整する必要がある。またあるときには，環境問題それ自体が政策介入における主要な問題として登場することもある。たとえば，国の法律や超国家的な同意によって，硫黄や二酸化炭素といった有害物質の地域ごとの排出量が一定のレベルに制限されることがある。地域や企業の政策策定者には，そうした物質を排出する活動を減らすか，活動を継続した場合には排出量を減らすような技術の導入が求められる。

　こうした例は，いくつかの重要な点を示している。第一に，環境に関する政策決定は，典型的には経済，社会，環境などさまざまな次元に対して影響力を持ち，各次元の間にはトレードオフの関係があること。第二に，こうした意思決定の多くは，分配の問題と関連し，また公正や均衡に関する配慮と関連していること。第三に，こうした意思決定の多くには，各行動を取ることで起こりうる結果に関してかなりの不確実性が存在し，コスト，利益の両面においてどの時点で考えるかでトレードオフを必須とすること。そして第四に，こうした政策の実行には，たとえば合理的行動に関する経済学的モデルにもとづけば人々や集団が消費の削減を嫌がるような状況において，その人々や集団に削減を納得させるといった説得の要素が典型的には含まれること。清浄な空気，飲料水，種の多様性，生命維持が可能な気候といった環境財は共有プール資源であり，また，より長期的に見た，協力的な行動の方が社会的に望ましいにもかかわらず，合理的経済分析においては短期的に見た利己的な資源の枯渇（もしくは財の存在や質を維持し続けるための投資の失敗）がよく起こる行動だとされている（Bowles, 2004）。これら4つの特徴は政策上のほとんどの意思決定がある程度持っているものであるが，環境に関わる分野での政策意思決定においては，これらは特に大きな壁として立ちはだかるようだ。

22.1　理論的背景と想定

　さまざまな環境に関する意思決定プロセスを記述していくに当たって，本章では社会的認知の理論にもとづいて話を進めていく。行動は，外的環境と，先行する経験や期待，目標などの内的環境との組み合わせから生じる非意識的推論および意識的な推論と意思決定プロセスによって決定されると想定される（Weber & Johnson, 2009）。この理論体系は人々の注意，記憶，情報処理の限界を示

してきた行動意思決定研究の洞察による影響を受けている。それはしばしば限定合理性と呼ばれる観点である（Simon, 1982）。意思決定において選好が構築される際に用いられるプロセスは，選択に関する合理的経済学のモデルにおいて暗黙裡に想定されてきた計算のようなものとは異なり，しばしばより単純でもある（Kahneman, 2003; Lichtenstein & Slovic, 2006）。

本章の2節では，共有プール資源のジレンマに関する合理的期待の分析によってすでに確立されたものに加えて，環境に関する意思決定を行う際はたらくと考えられる行動現象，つまり環境政策策定者が直面している課題に関して我々が注意を向けるべき行動現象のいくつかをレビューしていく（Hardin, 1968）。特に，以下に示す現象のネガティブな影響力を検討していく。第一に，人々には重要度の高い環境的リスクに対する適切な直観的反応が欠如している。第二に，認知的，感情的な近視眼的傾向と損失回避の組み合わせにより，人々は過剰に高い割引率を適用するため，環境に責任ある行動において通常必要とされる今現在のコストや犠牲を払うことは大きな障害となる一方で，将来的な利益はほとんど魅力的でないものになってしまう。第三に，意思決定における不確実性回避や，結果を個人的に経験したことによる低確率事象への過小な重みづけが環境に関連する人々の意思決定において重要な役割を果たすため，将来的なリスクや利益の不確実性は，事態をより複雑にする。結果として，分析的に，あるいは感情的に考えて環境に関連する意思決定を行おうとする意思決定者は，エネルギー消費を減らすといった，現在行っている問題ある行動を自発的に変化させることはしないだろう。

幸い，話はここで終わりではない。本章の3節では，Hardin（1968）の言う共有地の「悲劇」がおそらくは「劇」に格下げできるということについて論じる（Ostrom et al., 2002）。自らに備わった認知的豊かさの源泉となる3要素が，より環境を持続可能にする行動を導くような決定環境を形成するために用いられれば，長期的，個人的な利益を増加させる，より集団的な方法で行動するように人々を誘導できるだろう。この3要素とは，第一に，人々が情報に接する際に用いるさまざまな方法（たとえば，フレーミングや心の会計，第二に，人々が持ち，選択的に活性化されるさまざまな目標（たとえば，個人的目標と社会的目標や，促進目標と予防目標），そして第三に，一連の行動をさまざまな質的に異なる方法で決定する人々の能力（たとえば，習慣，規則，役割，感情，計算の利用）である。

こうした認知的豊かさの要素からもたらされる洞察は，環境政策をデザインする手助けになりうる。これには，生活水準を低下することなく，長期的に最終的なコストの削減を実現し，アメリカのエネルギー消費および二酸化炭素排出量を大幅に減少させる可能性のある既存の高エネルギー効率商品の利用（たとえば，住宅用断熱材や，LED，電球型蛍光灯のような異なる照明技術）をアメリカ国民に実行させるといった介入が含まれるかもしれない（Granade et al., 2009）。本章の第2節では，時間的，空間的に離れた不確実な事象に関する人々の情報処理方法を議論する。この内容は，なぜ経済学的にも環境的にも優勢であるように思われるこうした他の行動の選択肢（「低いところに成った果実」）が，圧倒的多数のアメリカ国民によって採用されていないのかを説明する助けになるかもしれない。

22.2　問題となる行動

判断や意思決定を行う際の人々の情報処理方法

は2種類の対照的なカテゴリーに分類され，ときに2種類の「システム」と呼ばれてきた（Chaiken & Trope, 1999; Kahneman, 2003; Sloman, 1996）。第一の処理カテゴリーは時間的，空間的連合と類似性に基づいてはたらく。このシステムは実社会での経験をデータとして用いる。このシステムの基本的メカニズムは自動性である。つまり，この連合は確立され，保存されたものであり，努力や意識的自覚を必ずしも伴わずに想起される。たとえば，こうした連合プロセスは，食中毒の症状が表れる直前に口にした食べ物を嫌うといったことや，それと似た味や匂いを持つ食べ物を将来的に避けるといったことを学習させる。連合プロセスは環境の不確実でネガティブな側面を感情的反応（たとえば，恐怖，不安，心配）にマッピングしており，**感情としてのリスク**（Lowenstein et al., 2001）を表象している。

現代における環境的，技術的リスクの多くは（たとえば，気候変動や原子力），リスク管理がうまくいっているためか，あるいはネガティブな結果が生じる可能性が小さく，しばしば遠い先のことであるためか，（今のところまだ）人々はそのネガティブな結果を直接的に経験していない。モデルに基づく予測によれば，こうしたリスクは典型的には，たとえば起こりうる結果に関する確率の割り振りのような，抽象的あるいは象徴的な形で世間に伝えられる。こうした情報処理には，人々が持つ処理方略のうち2つ目のカテゴリーが必須となる。この2つ目の処理方略は，判断と選択に関する規範的モデル（たとえば，確率計算，ベイズ更新，形式論理，効用最大化）によって明確化された分析アルゴリズムや規則，そして情報を意識的に結びつけるより簡易的なアルゴリズムに則ってはたらく。このプロセスは自動的，連合的なプロセスよりも遅く，意識的自覚とコントロールを必須とする。こうした分析的プロセスが実行するアルゴリズムは明示的に教えられる必要があり，与えられた状況でそのプロセスを使用することが適切であるかどうかが明確である必要がある。つまり，このプロセスは自動的には作動しない。

HardinとBanaji（本書1章）も同様に，目に見える意識的なプロセスと目に見えない非意識的な（潜在的な）プロセスを区別している。こうした二重過程による説明は，この二分法を文字通りに受け取りすぎないよう注意しなければならないが，概念的な枠組みとしては非常に有用である。2種類の処理システムは並行してはたらくことがある一方で，それらが独立してはたらくのか，あるいは複雑な形で相互作用するのかは明らかになっていない（Evans, 2007; Weber & Johnson, 2009）。分析的推論は，しばしば連合や感情を含む自動的な処理によって誘導，補助されており（Damasio, 1994），また，完全に反射的に行われる意思決定もほとんど存在しない。両方の処理がはたらき，それぞれの出力が異なる場合，より鮮烈で感情的に目立つため，典型的には連合システムの出力が優勢となる。財政投資の意思決定のような，明らかに分析的な文脈でさえ，主観的で多くの場合感情的な要因が，リスク認知（Holtgrave & Weber, 1993）や投資先の選択（Weber et al., 2005）に影響することが示されている。HerschとViscusi（2006）は，ガソリン価格の上昇が環境に対する害を減らす場合には，国ごとの地球温暖化に対する懸念の違いとガソリンの値上げに対する肯定的態度が相関することを示し，環境分野における一見したところ分析的な熟慮と感情的な要因とを関連づけている。

22.2.1　環境的リスクに対する不十分な直観的反応

PetersとSlovic（2000）が示唆するように，感情，とりわけネガティブな感情は行動の源泉となる。恐怖感情は，危険な状況から遠ざかるよう，我々を

強力に動機づける（Lowenstein et al., 2001）。ラドン汚染や沿岸洪水，気候変動といった環境的リスクに対する感情的，直観的反応が欠如すると，こうした問題に取り組むための個人的資源，共有資源が決して最適ではない形で分配されることになるだろう（Dunlap & Saad, 2001）。なぜ一般大衆や公的機関がその分野の専門家には重大だと考えられるリスクを考慮せず，逆に専門家には重大ではないと考えられるリスクには過剰に反応することがあるのかについて，ここ30年で行動意思決定研究はいくつかの回答を示している。

リスキーな状況に対する人々の感情的反応は，結果の統計的な予測不可能性，ネガティブな結果の影響力や起こりやすさといった，リスクを測定するより客観的な尺度とは一致しないことがある（Sunstein, 2006および本書13章）。リスクに関する直観的判断はむしろ，進化の名残りのせいで感情的反応が誘発されるといったような，他の（心理的）リスクの性質によって決定されている。客観的な結果以上に（Fischhoff et al., 1978）重大なリスクの危険性の判断に強く影響する心理的リスクについては，次の2つの要因によって記述されている（Slovic, 1997）。第一の要因である**不安リスク**（dread risk）は，リスクへの接触におけるコントロール感の欠如や，テロリストによる攻撃，原子炉の事故，神経ガスの攻撃といった破滅的な結果を想起させる出来事に直面した際に経験される。第二の要因である**不確実リスク**（unknown risk）は，その危険性についてどの程度の知識があるか，その危険にさらされていることやネガティブな結果にどの程度容易に気づけるか，そしてそれが天災か人災かということと結びついている。（最も）極端なものとしては，薬害や放射線など，それに暴露した人々を気づかないうちに死亡させうるものや，DNA技術のように，これまで有害だと実証されていないものの，重大な結果をもたらしうるものなどがある。Slovicら（1984）は，リスクに対するこうした感情的な反応は，数理的計算や科学的モデルに基づく専門家による期待価値の計算で常にとらえきれるわけではない，将来を見越したものであると示唆している。大事故はその後のより大きな問題の予兆となり，破滅の可能性やコントロール感の欠如に対する懸念は有益な社会的機能を果たすかもしれない。

こうした心理的な（分析的というよりは直観的な）反応を推定するために検討されてきたリスクは，ほとんどの場合，新技術に関するものや家族の健康に関するものであった。この二次元上に，いくつかの重要な環境的リスクを位置付けることは有益である。たとえば，もし人々が気候変動を，単に平均気温や降水量，特定の極端な気象事象（ひょう，ハリケーン，竜巻など）が起こる頻度や程度などの穏やかな変化として受け止めているのならば，気候変動に伴うリスクはよく知られたものであるように思われるだろうし，そのリスクに晒されているという事実は，少なくとも原理的には個人レベルでコントロール可能であるように思われるだろう（「マイアミが暑くなりすぎてフロリダ州が危なくなったら，バンクーバーに引っ越せばいい」）。コントロール感の一部は幻想であるかもしれないが，是正行動を取ることができる，できないという知覚は，自分がどれくらいその被害に影響を受けるかの重要な構成要素である。

この節における主要な結論は，多くの環境的リスクに対して直観的な反応が不十分である場合（もしリスクが「当たり前の」よく知られたものになると），人々は是正行動や回避行動を取るよう動機づけられなくなるだろうということである。行動学に基づく有用な示唆に関する節では，何か問題があるという感情（これはより強いリスク管理を引き起こすことが知られている）を活性化させるために，リスクを再フレームすること，環境的リ

スクがコントロール不可能なもの，あるいは人為的なものとして提示されうることを議論する。

　恐怖感情に訴えることは，人々が心配できる量に限りがあり（**有限の心配プール**），日常的に気候変動のような環境的リスクについて心配しているわけではないという事実を差し置いても，いくつかの理由によりやはり問題である（Weber, 2006）。ある種のリスクに対する懸念が増大すると，まるで人々には心配に使える限られた予算があるかのように，他のリスクに対する心配が減少する。Pew Research Center（2009）によると，気候変動について考えている程度は，2006年から2008年5月までが比較的高く，2009年10月には減少したという。おそらく，こうした気候に対する懸念が減少したのは，国内経済と世界経済，そして失業に対する懸念が増加した結果だと思われる。Hansenら（2004）は，アルゼンチン草原地帯の農家を対象に，有限の心配プールと一貫する証拠を得ている。2日間にわたる農業に関する意思決定ワークショップで，気候変動の増大による影響に関する情報を提示されると，気候リスクに対する懸念は増加した。対して，政治リスクに対する懸念は（リスクの程度は2日間で変化しなかったにもかかわらず）減少していた（ワークショップ前後の比較による）。さらに，政治リスクに対して強い懸念を（ワークショップの前後いずれかで）示した人々は，気候リスクについてはあまり心配していなかった。もし，人々の心配や懸念の容量が有限だとすれば，防衛策や緩和行動を動機づけるために，たとえば具体的にありうる被害のイメージを提示するなどして，あるリスクに対する懸念を増加させようとすると，他のリスクに対する懸念を低下させるというコストが生じる可能性がある。有限の心配プールという概念は，まったく同一ではないにせよ，リスク恒常性（risk homeostasis）という概念と関連している（Wilde, 1998）。

　恐怖感情に訴えることは，**単一行動バイアス**（Weber, 1997）の点からも問題がある。これは，恐怖信号への反応として，実際にはより広範な一連の対応策が必要とされているような状況でも，単一の行動を取ってしまうという傾向である。手近な問題に対して反応するためにある行動をとることは，心配や懸念といった感情を減少または消失させるのであろう。後者の感情的指標がなければ，さらなる行動への動機づけは減少する。Weber（1997）は，中西部の農家が気候変動に対してありそうな3種類の防衛策のうち，1つしか採用していなかったことを明らかにした。Hansenら（2004）も同様に，アルゼンチンの農家は気候変動に対するいくつかの防衛策のうち，1つしか採用していなかったことを明らかにした。たとえば，穀物貯蔵のための設備を十分に整えている場合には，灌漑や作物保険への加入はしていない傾向にあった。このように，恐怖感情に訴えることは，現在の問題の複雑さが要求している行動よりも単純な行動へと人々を動機づけるため，失敗することになりそうだ。

22.2.2　認知的近視眼，損失回避，時間の双曲割引

　Sunstein（本書13章）は，他の研究者と同様，費用便益分析が「錯誤懸念」，つまり，前節で示されたような人々の誤って調整された反応への解決策になると考えている。Sunsteinによれば，「錯誤懸念の問題」は，「利用可能性ヒューリスティックの使用や，情報・評判カスケード，極端な感情的反応，利益が目立ちコストが目立たない推論プロセス，一度の介在にともなう系統的な影響を誤って計算することなどの結果として生じる」。しかし，本節で提示される行動学的証拠からは，環境に関する意思決定は感情的に行われる場合だけでなく，コストと利益，結果と可能性のトレードオフを計算し，あるいはより分析的に選択肢の結果を総合

的に評価する場合にも問題を生じさせることが示唆されている。直観的計算によって生じるいくつかの問題（たとえば，将来のコストと利益を価値づけする正しい割引率について）は，専門性にもとづく費用便益分析に関する議論にも出てくるとはいえ（たとえばWeitzman, 2007），Sunsteinの解決策は，ある領域の専門家によって行われる場合には費用便益分析に適用すれば何らかの意味をなすかもしれないが，本節で示されるようなその場でなされる（それゆえにより不確かな）計算にもとづく意思決定に適用しても意味をなさないだろう。

　本節で示される行動パターンに共通しているのは，環境に影響を及ぼす際において，そうした行動パターンが社会的に責任ある，長期的な，個人的かつ社会的に有益な行動とは逆の方向に，選択肢の分析的評価にバイアスをもたらすという点である。典型的には，今現在のコストや犠牲が過大視される一方で，大幅に遅れてやってくる不確実な将来の利益が不合理に割り引かれることが挙げられる。

認知的近視眼

　近視眼は，損失回避の文脈において，説明のための概念として引用されてきた。もっとも有名なものとしては，BenartziとThaler (1995) により，エクイティ・プレミアム・パズル[i]，すなわち，リスキーではあるが株式報酬が非常に大きいにもかかわらず，投資家は現在持つ債券を保持するという不可思議な事実の説明に用いられている。リスク回避に関する合理的な想定とは矛盾するこうした行動は，投資家が自身の投資に関する意思決定において十分長い時間軸を適用しておらず，代わりにリスクのない投資機会とリスキーな投資機会の結果とを四半期ベースで比較対照し，損失の方にバイアスを持って影響されるという想定をおくことで説明できる可能性がある。また，こうした時間軸における近視眼は，人々が退職後に向けて十分に貯蓄することを（そうした貯蓄が法的に義務づけられたり，あるいは心理学的柔道[ii]（本書の25章）の形をとって人々の近視をそっと突く（nudge）ことで奨励されたりしない限り）嫌がる傾向の一因ともなっている。組み合わせて検討するべきいくつかの意思決定の結果（たとえば，1つの投資に対する数ヵ月単位での収益や組み合わせた資産運用すべての投資から来る総収益）を統合しないことは，直近の投資の収益にのみ，あるいは単一の投資に注意を焦点化してしまうという，近視眼の別の例である（Read et al., 1999; Thaler & Johnson, 1990）。

　認知的近視は，このように短期的なコストや利益の減少に対する過大視を生じさせ，将来的な利益を正しく知覚することを妨げる。結果，人々はよりエネルギー効率の良い製品を買わなかったり，エネルギー効率の良い投資をしなかったりする。その方が先行投資のコストは高いものの，将来的なエネルギーの節約がより大きくなることで補償されるにもかかわらず，である（Gillingham et al., 2009）。

損失回避

　損失回避とは，ある参照点に対する損失としてコード化された（負の）効用を，別の参照点に対して利益としてコード化された同程度の結果よりも大きく重みづける傾向であり，期待効用理論（von Neumann & Morgenstern, 1944）とプロスペク

---

i ［校閲者註］実際の株式市場で観察される株式のリスクプレミアム（株式の期待収益率から国債等の安全な資産の利回りを引いた部分）が経済学で通常想定される期待効用関数から見積もられる推定値に比べ，明らかに大きすぎるという問題。

ii ［訳者註］人は他者からの提案を受け入れることを嫌がるため，その人自身の力を利用する必要がある。

ト理論（Tversky & Kahneman, 1992）を区別するうえで重要だと考えられるラベルである。損失回避により，実験室と実社会の双方で観察される，合理的選択理論の予測からは乖離した選択の多くが説明される（Camerer, 2000）。従業員は，予期されていた給料の将来的な上昇がなくなってしまうこと（利益の消失）には寛容でいられるかもしれないが，自身の現在の給料が減少すること（損失）に対しては，それを避けるべく断固として戦うだろう。現状が非常に目立つ参照点となるため，政策策定者が，人々に消費を控えさせようとしたり，より一般的に現在より生活水準が下がることを納得させようとしても，損失回避の傾向が邪魔をする。損失回避と結びついて自然によく用いられる参照点はさまざまな政治的分野において問題となりうる（本書の25章を参照）一方で，プロスペクト理論はある出来事が効用または負の効用であると評価される方法についての示唆を与えるとともに，政策策定者に対して設計ツール，すなわち意思決定者の参照点を変えるための技術を提供してくれる。たとえば，農家が干ばつ対策として保険に加入することを考えると，干ばつという不確実で低確率の大損失を避けるために確実な損失（保険料）を支払うことになる。プロスペクト理論では，損失の文脈では人々がリスクテイカーになると予測する。つまり，確実な損失よりも確率的な損失が選択されるのである。優秀な保険営業員は昔から，農家の参照点を現状のポイントから動かし，干ばつが起きた場合に大損失を受けるかもしれないというレベルにまで下げる必要があることを知っていた。保険加入者の注意を，生じうる損失とその結果の重大性に焦点化させることで，（保険料を含む）より小さな損失がこの新たな参照点の右側へと移動し（それほどネガティブではなくなり），この決定が（失われる）利益の文脈に置き換えられる。この文脈では人々はリスク回避的になることが知られており，保険に加入するという確実な選択肢を選ぶことが予測されるのである。

　帰属のフレーミングも類似の効果を持つことがある。LevinとGaeth（1988）は人々が牛ひき肉に対して，それが脂肪25％と記述された場合よりも赤身75％と提示された方が味を高く評定することを示した。これはおそらく，脂肪分0％と25％の乖離（相対的な損失）が，赤身75％と100％の乖離（失われる利益）よりも大きいと考えられるためであろう。最近の研究では，共和党支持者は飛行機による二酸化炭素排出の補償金を含む高額な航空券を，その代金が補償金（おそらく失われる利益としてコード化される）であると言われた場合に，税金（多くの人々が，そして特に共和党支持者が確実な損失としてコード化する）であると言われた場合よりも購入しやすいことが明らかにされている（Hardisty et al., 2010）。

時間の双曲割引

　将来的な金銭的コストや利益はその価値を，理想的には指数割引関数で示されるように，一定の時間遅延に対して一定量割り引かれるべきである（たとえば，銀行により提示される現行の金利レートのような形で）。しかし，実証研究では，人々が将来のある時点でコストや利益を得る（負う）場合，それらを即座に得る（負う）場合と比べて（たとえば，今より1年後について）それらの価値を激しい割引をするが，両時点が将来で，片方がもう片方よりも後に生じるような場合には（たとえば，1年後と比べた2年後についての）割引はかなり小さくなることが示されている（Lowenstein & Elster, 1992）。こうした行動は双曲割引関数で表され，我々が今現在の消費を先送りするときに，価値の最も急激な低下を経験することを示している（Ainslie, 1975）。ネガティブな環境的結果を避けようとする行動は，はるか後の時点における，大き

く割り引かれまた非常に不確実な利益にのみ基づいて，今現在の消費を犠牲にする必要がある。そのため，この枠組みの中では，そうした行動は魅力的に映らないのである。

　今とは違う時点に関わる選択を行う多くの状況において，人々は選択肢に対して確立された選好をもっているわけではなく，それぞれの選択肢を支持する証拠を採用したり，外的な根拠を検証したり，記憶から内的な根拠を採用したりすることで，選好を作り上げている (Lichtenstein & Slovic, 2006; Payne et al., 1993; Weber & Johnson, 2009)。TropeとLiberman (2003) は，人々が内的な根拠を採用すると，時間的に近い出来事に対する場合と比べて，将来の出来事に対する賛成，反対について異なった論理を持ち出すことを示している。遠い将来の出来事（たとえば，来年夏の学会で研究発表するようにとの誘いや，環境に関する例を用いるなら，今から30年以内に沿岸洪水が発生する確率など）は抽象的な単語で解釈されるのに対して，時間的に我々に近い出来事（長期の学会参加のため月曜日に出かけることや，今日の午後に巨大ハリケーンが町を通過する確率など）は非常に具体的な単語で解釈される。遠い将来の結果に関する抽象的な表象には，感情的な反応と結びついた具体的な連合が欠けている。対して，現在の結果に関する具体的な表象は，感情的な連合で満たされる傾向がある。時間的に近い結果と遠い結果の感情的な豊かさと表象の具体性に関するこの違いは，望ましい結果を得るために我慢が効かず，衝動的になる (Laibson, 1997; Mischel et al., 1969)，あるいは望ましくないタスクを先延ばしにする (O'Donoghue & Rabin, 1999) などの，自己コントロールの問題の根底にあるものかもしれない。環境問題に対してネガティブな結果を緩和するべくとられる行動は，具体的な今現在の利益を抽象的な将来の目標のために犠牲にする必要があるとしばし

ば受け取られる。「行動学にもとづく有用な示唆」の節で議論するように，こうした選択をフレーミングするより良い他の方法がある。しかし，環境を保護するような行動が犠牲を伴うものとしてフレーミングされると，具体的な今現在のコストと結びついた強いネガティブ感情や，将来的な活動の失敗という抽象的かつ遠いネガティブな結果に対する懸念の欠如，そして，将来的な利益に対する割引が，生態に悪影響を及ぼす消費上の決定と行動を引き起こすだろう。

　WeberとJohnson (2006) は，記憶としての選好という枠組みを用いて，選好を構成するもとになる注意プロセスと記憶検索の手続きについて検証してきた。この枠組みの下で，クエリー理論 (Johnson et al., 2007) では，消費を遅延させるよう求められた場合，人々はまず今現在の消費を支持する根拠を評価し，その後初めて遅延した消費を支持する根拠を評価すると想定している。クエリー理論では，人々が意思決定にたどり着くのを手助けするため，ある行動を支持する根拠（たとえば，今現在の消費）はそれに続く，ある行動に反対し他の行動を支持する根拠の生成を妨げる傾向があると考える。Weberら (2007) は，両方の推測に関して支持する証拠を提供している。また，参加者にまずは消費控えを支持する根拠を生成し，その後で今現在の消費を支持する根拠を生成するように教示することで，異なる時点間での割引を劇的に減少させることに成功している。このように，クエリー理論は政策策定者に対して，以下の「行動学に基づく有用な示唆」の節で詳しく議論されるような，環境政策をうまく実行する手助けになるかもしれないツールを提供する。

22.2.3　リスクと不確実性回避，低確率

　各選択肢を選ぶことで起こる結果に対する価値づけに影響する行動学的現象に加えて，環境に関

連した選択肢の確率評価にバイアスをもたらす行動パターンも存在する。

リスクと不確実性回避

期待効用理論[iii]（von Neumann & Morgenstern, 1944）は，その説得力ある公理的基盤と数学的扱いやすさによってだけでなく，多くの経済的選択を記述する能力によっても，リスク下，不確実性下での選択を分析するうえで中心であり続けてきた（Woodward, 1998）。この理論[iv]では，期待値の最大化からの乖離を，下に凹な期待効用関数として表現することが多い（リスク回避者を想定するため）。こうした期待効用関数はBernoulli（1738/1954）によって最初に導入された。Allais（1953）のパラドックスや，Ellsberg（1961）のパラドックスなどの古典的なものが示されたことが，さらなる理論的精緻化をもたらした（Camerer, 2000; McFadden, 1999）。Allaisのパラドックスは，プロスペクト理論（Kahneman & Tversky, 1979; Tversky & Kahneman, 1992）が持つ重要な特徴の1つである，確実性効果（certainty effect）を示したもの[v]である。確実性効果とは，選択時，確実な結果がその発生確率に対して過剰に重みづけられるというもので，プロスペクト理論の確率加重関数に取り入れられており，そこでは，生じる確率がそれぞれ99.9％あるいは0.1％である出来事よりも，確実に起こる，あるいは起こらない出来事の方が影響力を持つという極点手前での不連続性が示されている。環境に関連する意思決定において，確実な結果（値段は高いがよりエネルギー効率の良い冷蔵庫と，値段は安いがエネルギー消費が大きく二酸化炭素排出量が多い冷蔵庫との間での意思決定など）はネガティブ，あるいはコスト側（高い値段）が選ばれやすく，逆に利益（エネルギー節約）は時間的に遅延しており不確実であるため，確実性効果によって環境的に無責任な選択が行われやすいということは，簡単に見て取ることができる。

Ellsbergのパラドックスは，意思決定者が結果の確率が明瞭（既知）なリスクと不明瞭な不確実性について，両者の最善の推定値が同じであっても，区別していることを明確にした。Ellsberg（1961）は，意思決定者が不確定的な可能性を含む選択肢を嫌う傾向を**あいまい性回避**と呼んだ。また，Hsuら（2005）は最近になって，脳画像を用いた証拠を提示しており，それによれば，リスキーさと不確定性は異なる脳領域で処理されるという。HeathとTversky（1991）は，あいまい性回避は普遍的ではなく，特に意思決定者が選択や選好を行う対象に関して自分は熟練していると信じているような場合，たとえば，確定的な確率が存在するくじよりも不確定的な確率を含むスポーツ賭博を好むような場合には生じないことを発見した。一般の人々の多くがスポーツや株式市場などの分野で自分をエキスパートだと考え，不確定的な確率を含んだ選択肢から離れようとしないことは容易に理解できる。一方で，自身を環境に関連する技術的な分野（たとえば，車に搭載するハイブリッド燃料電池と従来のガソリンエンジンについての賛否両論）に熟練していると自負する人の数は，現在のところずっと少ない。このことが示唆するのは，こうした意思決定において，環境に対して責任ある選択肢を取ることの利益が不確実であったり曖昧であったりすることは，好機ではなくむしろハンデとして捉えられてしまうということである。また，技術革新について一般の人々を教育することが予想外の利益をもたらすかもしれないということも

---

iii ［校閲者註］意思決定者は期待効用（効用の期待値）を最大化する選択対象を選ぶ，と想定するモデル。
iv ［校閲者註］以下で述べる期待効用関数の形状は，期待効用理論の本質ではないことに注意せよ。期待効用理論では意思決定者のリスクに対する態度も関数の形の違いとして表現されるということがここでのポイントである。
v ［校閲者註］これはAllaisのパラドックスの解釈の1つにすぎない。

示唆している。こうした教育は，人々が環境に関連する選択肢を分析的に処理するうえでより正確なインプットを提供する。同時に，気候事象とその結果についての確率的メカニズムがあまり理解されていないために生じる，不確実性へのネガティブな感情的反応を取り除く手助けにもなるだろう。

低確率の効果

　不確実な，あるいはリスキーな意思決定に関しては，個人的経験に基づくものと統計的記述に基づくものという重要な区別がなされてきた。これは，起こりうる結果やその可能性について，表面的には同じ情報でも，それがどのように獲得されたかによって異なる選択を導くことがあるためである（Hertwig et al., 2004, 2006）。経験に基づく意思決定は，動物が食糧探しに関するリスキーな意思決定を行うときのように，不確定的な選択肢との（繰り返しの）個人的な出会いに依存する（Weber et al., 2004）。ある選択肢を選んだ場合の結果は当初まったく未知であるかもしれないが，選択の繰り返しにより，（客観的正確さには限界がありつつも）意思決定者は起こりうる結果とその蓋然性についてのフィードバックを受ける。他方，記述に基づく意思決定は，言語や図，数などの形で統計的に要約された結果や確率に関する情報に基づいて行われる。こうした形での情報のやり取りと獲得は，抽象的かつ象徴的な表象を扱うことのできる人間にのみ可能であるが，実験室で行われるリスキーな意思決定に関するほぼすべての研究は，この方法に基づいて行われている（Weber et al., 2004）。

　選択肢が低確率の事象を含む場合，2種類の情報条件で選択は劇的に異なるため，人々が実社会でどの選択肢を選ぶかによって起こる結果や，その蓋然性をどのように知るに至ったかが問題になる。一般の人々とその分野の専門家は，しばしば選択肢によって起こる結果とその蓋然性について異なった形で学習する。保険に関する意思決定（たとえば，連邦政府により助成を受けた洪水保険：Kunreuther, 1984）を考えてみると，保険への加入について考える際，個人はそれ以前の洪水に関する個人的経験にもとづいて意思決定を行っていると思われるのに対して，専門家は実際の情報にアクセス可能であり，記述にもとづいて意思決定を行っている。幼少期の予防接種の場合，状況は逆になる。毎年，何百人もの予防接種を行う小児科医は，予防接種とその失敗がもたらす結果とそれが生じる確率について経験的に知っているのに対して，子どもの親たちは医療情報パンフレットやウェブサイトに載っている結果の記述にもとづいてこの意思決定を行う。Weberら（2004）やHertwigら（2006）は，低確率の事象に関する個人的経験が，同様の選択肢の結果が統計的に要約された記述により提示された場合と比べ，よりリスクテイクの傾向を導くと考えられる，連合や感情に基づく学習メカニズムを記述している。サンプリングを繰り返し行う状況下で人々が行うリスキーな選択肢の評価は，最近の出来事に対して（遠い出来事より）大きく重みづけられる形で第一印象が継続的にアップデートされるという古典的な強化学習モデルに従う[1]。珍しい出来事が最近起きたという可能性は（相対的に）小さいため，このような事象が意思決定に及ぼす影響は，客観的な生起確率が保証するよりも（平均的には）小さい[2]。そうした出来事が実際に起きたような珍しい例では，新しさによる重みづけが，実際の確率が保証するよりもはるかに大きな影響力を意思決定に対して及ぼす。そのため，経験にもとづく意思決定は記述にもとづく意思決定と比べ，回答者や過去の結果についての歴史に応じて不安定になる。対して，リスキーな意思決定を記述するプロスペクト理論の確率加重関数では，意思決定において，意思決定者は低確率の事象を過度に重みづけると予測する。

つまり，意思決定においてそうした事象が生起する実際の（低い）確率に対して，より大きな重みづけがなされるということである。

低確率事象を考える場合に予測される，こうした2種類の情報条件での重みづけの違いと整合して，川べりに住んでいる人々（上で述べたように，基準率の低い出来事である洪水と結びついた個人的な経験に基づいて洪水保険に関する意思決定を行う人々）は，連邦政府によって助成された保険であっても拒絶する傾向がある（Kunreuther, 1984）。このことは，こうした洪水が起きる実際の頻度を**過度に軽んじること**と整合する。我が子のため，生命を脅かすような副作用が生じる確率は小さい幼少期疾患の予防接種を行うことについて考える親たちは，利益と副作用に関する統計的に要約された情報に基づいてこの意思決定を行い，しばしば疫学的には有効な予防接種を拒絶するのだが，これは低確率で生じる深刻な副作用に対する**過度の重みづけ**と整合する。

Slovicら（1974）は，実際の場面において限定合理性を検討することの重要性と効用を論じており，自然災害に関する個人的経験が増えるにつれ，こうした情報に基づく意思決定は期待効用モデルとその拡張では捉えきれなくなるかもしれない，とすでに予測していた。彼らの予測は，経験に基づく意思決定と記述に基づく意思決定の重要な違いに関する近年の研究により確証されていると言える。多くの政治家や一般の人々は，破滅的な降水や大規模な徴兵などの，低確率だが重大な結果をもたらす出来事を考えることに（それが実際に生じるまで，あるいは実際に生じなければ）相対的に無関心である。これは，記述に基づく意思決定に関するプロスペクト理論よりも，経験に基づく意思決定における強化学習モデルによって予測されるものとはるかに近い。

22.3 行動学にもとづく有用な示唆

この節では，環境に対して責任ある持続可能な意思決定を行う可能性について，より希望ある予測をもたらす可能性のある行動意思決定研究からの示唆をレビューする。本節でレビューする認知的豊かさの3要素についての理解を深めることで，環境に関する政策を策定する人々や，それを実際に実施する責任を負っている人々に対して，より環境の持続可能性に資する行動を促すように環境に関する意思決定を行うためのツールを提供することができるだろう。具体的には，第一に，意思決定に影響する選択肢を表象（あるいはフレーム）する方法は複数あるということ，第二に，意思決定者は，文脈的特徴に応じて活性化される程度が異なる複数の目標を同時並列的に保持しているということ，そして第三に，人々が意思決定に至るモードには質的に異なるものが複数あり，そうしたモードやプロセスがしばしば結果に影響するということを知っておくことは有益であることを示す。

22.3.1 複数の表象：フレーミングと心の会計

規範的には等価であるような選択肢であっても，人々は異なった方法で表象し，それが意思決定に影響することが見出されてきた。

獲得フレーミング，損失フレーミングの対立と
リスク，損失回避

我々の神経システムは，ある行動の結果についての絶対評価よりも，相対評価をはるかに簡単かつ正確に行えるように設計されている（Weber, 2004）。そのため，人々は環境において潜在的あるいは顕在的に提示された参照点を探し，それを用いて結果の価値を判断していると考えられる（Hsee, 1996）。選択肢の主観的評価を変えるように

意思決定者の視点を動かすことはフレーミングと呼ばれる（Kahneman & Tversky, 1984）。こうした視点の変化は，しばしば意思決定者の参照点を動かすことによって引き起こされる。プロスペクト理論にもとづけば，獲得と損失に対してはリスク態度や損失回避傾向が異なると考えられることから，もし前払いのコストが損失ではなく失われる利益として再フレームされると，選択が劇的に影響を受ける可能性があることは明らかである。Podestaら（2008）は，経済的，物理的条件や作物のモデルを含む，実際に農家が行う耕作に関する意思決定に基づいたシミュレーションを行った。そこで示されたのは，農家が期待効用関数的ではなく，プロスペクト理論の価値関数的に，自らの報酬を最大化しようとする場合には，参照点（それによって農家は得たものが利益なのか損失なのかをコード化する）の変化がどのような作物の組み合わせが最適かに関する意思決定に強く影響するということであった。報酬に対する参照点の関数として，期待効用関数による予測とは大きく異なるもう1つの変数（そして損失としてコード化され損失回避の対象となる報酬分配に関わる領域）は，利用可能な季節ごとの気候予想に関する情報の価値である。そしてそれは，農家に確率的に，しかしいくらかの技術的な指標をもって，次に来る季節がエル・ニーニョなのか，ラ・ニーニャなのか，あるいは「例年通り」なのかということを教えてくれる。こうした気候予想の情報の価値は6〜7%と平均的にポジティブである。つまり，農家の報酬に対する満足度は，もし農家が気候予想を最適な形で利用すれば，6〜7%改善するということである。しかし一方で，いくつかのパラメーターの組み合わせにおいては（参照点や要求水準が高く，損失回避傾向が強いなど），情報の価値は実際にはネガティブになることもある（Letson et al., 2009）。より一般的にこれらの結果から示唆されることは，技術革新や政策介入の影響力を評価するために，政策策定者は意思決定者の効用関数と参照点をよく理解する必要があるということである。

社会的比較と後悔

他分野の研究者が示した知見から，相対比較において参照点になりやすいポイントが見えてきた。Bell（1982）や，LoomesとSugden（1982）によってそれぞれ独立に提唱された後悔理論では，人々はある事実の後に相対比較を行う（何かが他者よりうまくいったときに良い気分になったり，他者よりうまくいかなかったときに嫌な気分になったりする）だけでなく，こうした比較が行われることを事前に予想し，これから自分が何をするかについての意思決定の参考にする，と想定している。もし悪い結果に対する後悔と良い結果に対する喜びとが同程度だとすれば，こうした感情の予測は互いに打ち消しあうだろう。後悔は喜びよりも強いという想定を置くと，ある方向のエラーが逆方向のエラーよりも深刻な結果をもたらすという非対称な損失関数の中で人々は行動している，と想定するモデルに後悔理論を組み込むことができる（Weber, 1994）。意思決定による好ましくない結果を，異なる選択をすることで得られたはずのより良い結果と比較することで生じる強い後悔は，明らかな教育機能を持っており，意思決定の質を向上させることが可能になる。信頼あるオピニオンリーダーが気候変動に関する利用可能な適応技術（たとえば，気候変動に対応する手助けとなる季節ごとの気候予想や，農業でより干ばつに強いトウモロコシを利用することなど）を皆の前で使うことによって，悪い結果への後悔が経験され，やがて予期されるようになる。それを参考に，後に同様の技術を採用する人々は，そのときの課題に応じて技術を応用することができるようになる。

不確実性が高く利害が大きい状況において，行

動指針として予防原則を採用するように啓蒙することは，政治的動機などの戦略的動機に起因すると考えられている（Löfstedt et al., 2002）。しかし，こうした戦略的動機があるからと言って，予防原則への直観的な心理的魅力がなくなるというわけではない。これは，わずかな経済的コストをかけたくないという動機のせいで措置がなされず，地球における人類の居住適性が満たされなくなるような極端な場合には，非常に大きな後悔が起こるという予期があるためである（それが実際に経験される可能性は低いとしても）。

意思決定の単位

環境に関わる意思決定において選択に影響する形で再フレームするもう1つの方法は，こうした意思決定の焦点を個人から集団へと移動させることである。人間の情報処理の限界によって，人々は最小努力の方向へと導かれるため，意思決定者のデフォルトの注意焦点は意思決定者自身（すなわち，自身のニーズ，目標，利益）に置かれる。したがって，個人的なニーズや目標，利益が最も容易に確認され，また最も重要になると言える。しかし，この典型的な注意焦点は，今現在の意思決定環境とより日常的な周囲の文化的環境の両方から影響を受ける可能性がある。より広い社会的アイデンティティ（たとえば，国旗や他の文化的アイコンにより喚起される国民アイデンティティ）によるプライミングは，将来のより大きな利益，より集団的な利益を得るために，戦争やその他の軋轢（あつれき）が生じた時代において，人々に個人的犠牲を払わせるよう誘導する目的で長い間用いられてきた。Milchら（2009）は，意思決定単位のような単純なものが，注意を異なった目標や動機に焦点化させることを明らかにした。満足遅延が生じるような意思決定（個人に影響し，グループ単位でも影響する）を最初に3人の集団で行うと，1人で行った場合や，先に個人で判断した後集団において判断した場合と比べて，より忍耐強くなり，時間割引が生じにくくなった。

より広いフレームにおける「私たち」は，必ずしも他者を含む「私と他の人々」である必要はない。それは「今の私と将来の私」でも良い。BartelsとRips（2010）が示したように，将来の自分との知覚される距離の個人差は，人々が将来の消費に向けて現在の消費をどの程度すすんで犠牲にするかということと関連していた。将来の自分のために選択を行う場合，その選択はより合理的でかつ感情的でない熟慮に影響を受けている傾向があるとともに，他者のために行う判断と類似する傾向があった（Pronin et al., 2008）。さらに，Wade-Benzoni（2009）は，将来の世代に対して人々が知覚した距離が，その世代の人々に対する寛容性と負の相関関係を持つことを発見した。

社会心理学的研究では，非常に小さな操作によって，集団アイデンティティが意思決定者や行為者を「私」から「私たち」に変えうることを明らかにしてきた（Brewer, 1979）。どのような意思決定を考えてみても，このようにアイデンティティや目標の焦点が個人から集団へと変化する効果は一時的であろう。しかし，処理や行動の繰り返しがそうであるように，最初は一時的で努力を必要とするようなプロセスであっても，時間を経るにつれて日常的で自動的なものになる（Schneider & Chein, 2003）。自主性や個人的な目標よりも親和や社会的目標を重視する文化は，リスクや不確実性のもとでの意思決定方法に影響を及ぼすことが示されてきた（Weber & Hsee, 1998）。また，子ども向けの本や小説，ことわざなど，日常的な注意の向け方を形成する文化的産物（Weber et al., 2004; Weber & Hsee, 1998）や文化的制度，その他のアフォーダンス（Weber & Morris, 2010）には，個人主義と集団主義のどちらを重要視するかという文化的違い

が反映されていることも示されている。

心の会計

　心の会計，もしくは人々が経済的な収入や収支，その他の収支を異なったルールを用いて別々の財布に割り当てる傾向（Thaler, 1980）は，有限の心理的能力や自己コントロールの問題に対する不合理な適応として，しばしば描かれてきた（Heath & Soll, 1996）。しかし，心理学的柔道の原則は，この行動パターンにも同様に適用可能であり，時折，このような機能不全な行動が意思決定者の最も長期的な利益を達成する手助けをするようなツールとして用いられる。新しいライフイベントとそれに付随する新しい目標が物理的財布を作り出す（たとえば，生まれたばかりの赤ん坊が将来大学に行く費用を支払うための貯蓄口座を作る）のと同様に，意思決定者が，目標のための心理的財布を作り出す手助けをすることで，目標はより明確なものとなりうる。個人の二酸化炭素排出量のように，単純なウェブツール（たとえば，https://www.carbonfootprint.com/calculator.aspx）で測定することのできる具体的かつ鮮明な概念は，一般の人々の間で自身が二酸化炭素レベルにローカル，あるいはグローバルにいかに影響を与えているかについて意識を高める重要な役割を果たしてきた（少なくとも，西洋世界においては）。既存の個人ごとの二酸化炭素排出量の計算を一貫した分かりやすいものにするためには課題が多い（Padgett et al., 2007）一方で，こうした物理的会計は心の会計の構築を促し，さらに重要なこととしては，個人の達成度を把握するための基準にもなる。こうした心の会計を作り出すことは，経済的なペナルティを課すことなしに二酸化炭素排出量の削減を行う方法についての実行可能な示唆と組み合わされれば，非常に効果的である（Granade et al., 2009）。個人ごとの二酸化炭素排出量の計算の手助けをして

くれるようなウェブサイトや個人コンサルタント（たとえば，http://www.carbon-partner.com/）は，個人が注意や情報処理の限界を乗り越える手助けをしてくれることだろう。ウェブ上で，また少ない取引コストで，排出した二酸化炭素分だけそれを相殺するような活動を提供してくれる組織を活用することは，個人にとって，状況を感情的に処理することで生じる罪悪感を和らげたり，二酸化炭素用の会計を黒字に戻したりする簡単な方法の1つである。ただしこうした解決策は近年「安易にすぎる」として疑義を呈されており，実際にはこうした埋め合わせ行動が現代的な娯楽となり，かえって排出量を増やしてしまう可能性もある。

目標の多様性と柔軟性

　人々の行動は，自己保存や生殖といった個人的な目標から，他者とのつながりなどのより社会的な目標や，自信を持っていたい，コントロール感を持ちたいといったよりメタ認知的な目標に至るまで，さまざまな目標によって動機づけられている。社会学（Weber, 1921/1984），哲学（Habermas, 1972），心理学（Hilgard, 1987）における人間の欲求に関するさまざまな分類学によると，人間の欲求は個人の物質的生存や遺伝子繁殖の最大化よりはるかに広範囲に及ぶことが示唆されている。物質的ニーズや道具的目標（合理的な経済人が想定する人間の欲求）は重要である一方，その他の欲求もまた重要な役割を果たしている。たとえば，社会的欲求には他者との親和（所属欲求）と個人化（自身の自主性と独自性を主張すること）の両方が含まれる。Tyler（本書4章）もまた，社会的動機が問題となることを強調している。

　どのような状況においても，人々は多様な目標を保持している。選択肢は活性化している目標を

---

vi ［校閲者註］排出量がおおむねゼロになること。

最大限達成できる可能性によって評価されるのかもしれないし，既存の選択肢が意思決定者にとって重要な目標のすべてを満たさないような場合に，新しい選択肢が生み出されるのかもしれない（Krantz & Kunreuther, 2007）。さまざまな状況において異なる目標が相矛盾している（たとえば，消費したいが環境保護もしたい）場合，意思決定ではたいてい，ある目標あるいは別の目標のいずれが満たされうるかに関してトレードオフが必要になる。たとえ人々がこの事実を認識したがらず，また意識的なトレードオフを最小限にするような意思決定法を編み出してきたとしても変わらないだろう（Payne et al., 1993）。

　人間に特有の欲求や目標は，どのような選択肢が呈示されているか（Krantz & Kunreuther, 2007）や外的環境によるプライミング（North et al., 1997），あるいは問題になっている目標を暗示する先行タスク（たとえば，学生が共同で学部長に手紙を書くような共同の文書作成作業：Arora et al., 2009）によって一時的に活性化されているのかもしれない。Northら（1997）によれば，店でドイツの（フランスよりも）音楽が流れているときドイツ産のワインは全体の73％に購入されたのに対して，フランス産のワインはフランスの音楽が流れているとき全体の77％に購入された。しかも，消費者は自分の購買行動に対する音楽の影響にいっさい気づいていなかった。Aroraら（2009）は，社会的ジレンマゲームにおいて，先行タスクで学生が各自好きに行動した統制条件と比較すると，先行タスクに協力が含まれる場合には協力行動が43％から75％に上昇したと報告している。

意思決定の多様なモード

　「問題となる行動」の節では，非限定合理性や限定合理性に基づく分析や計算によって個人の効用を利己的に最大化しようとすると，（たとえば，共有プール資源のジレンマ状況における選択のように）環境に関連した意思決定は深刻な困難に直面することがいくつかの証拠から示唆された（Marx & Weber, 2011）。幸い，人々はコストと利益を比較し，結果とそれが起こる蓋然性に重みづけを行うといった分析的方法でしか意思決定が行えないというわけではない。計算ベースの意思決定は，こうした，あるいは他の意思決定を行うときに，ほとんどの場合にほとんどの人にとって最も採用されやすいモードでさえないのかもしれない（Weber et al., 2004）。この節では，計算ベースの意思決定と他のモードによる意思決定を詳細に記述していく。

　WeberとLindemann（2007）は意思決定のモードを3種類に区別している。すなわち，計算ベース，感情ベース，認知ベースの3種類であり，これらはそれぞれ口語では，頭で行う意思決定，心で行う意思決定，書物で行う意思決定と呼ばれる。これら3種類の意思決定のモードは，それぞれさまざまな状況をコード化し利用しており，異なるさまざまな心理的プロセスを適用している。計算ベースの意思決定には分析的思考が含まれる。感情ベースの意思決定は即座の，包括的な，そして感情的な反応に基づいており（Damasio, 2000），これには衝動買い（購入する物品へのポジティブな感情に駆動される接近行動）や決定回避（ポジティブな選択肢が存在しない状況や，複雑すぎる状況に対するネガティブな感情によって駆動される回避行動）などが含まれる。

　認知に基づく意思決定において，意思決定者は状況に対する適切な行動をすでに分かっている（Simon, 1990）。認知に基づく意思決定は，さらにさまざまなタイプに分類される。事例ベースの意思決定において，意思決定者は典型的には，自身の専門分野におけるさまざまな状況とそれに対して最もふさわしい行動を大量に記憶しているエキ

スパートである。こうした心的表象はif-thenの産出として捉えることができるかもしれない。つまり，**もしの内容**が，**ならばの部分**で表現される（結果としての）行動を引き起こすために満たされるべき一連の条件となっている。消防士やジェット機のパイロットなどのエキスパートに関する研究で示唆されているように（Klein, 1999），熟練した意思決定者は無意識のうちに，経験の繰り返しによって発達したこれらの生成ルールを適用することが可能である。

ルールに基づく意思決定は，認知に基づく意思決定のもう1つのタイプである。こうしたルールは法律（もし運転中に赤信号となったら，止まらなければならない）であるかもしれないし，他のタイプの規則（親たちの定めたルールや，自身に課した教え，社会的規範，会社の規則など）であるかもしれない（Prelec & Herrnstein, 1991）。役割に基づく意思決定では，意思決定を行う文脈が，意思決定者の社会的役割に応じて行動する際のルールが生み出される（March & Heath, 1994）。役割には，社会において責任を持つ立場（親たちの役割）や，集団成員性（キリスト教徒であることの役割），自身で定義した性質（正直であることの役割）などが含まれうる。こうした役割はそれぞれ，意思決定が必要な状況と遭遇した時に想起・実行される義務と結びついている。

暗黙裡のルールや役割に関連した義務は，しばしば観察学習や模倣によって獲得される。社会学者や心理学者（Ellwood [1901] からSloate & Voyat [2005] に至るまで）は長きにわたって，自立した自己という現代的な観念によって，人間行動において個人の意思決定が持つ役割が社会的影響の役割に比べて過度に強調されてきたと主張し続けてきた。観察された他者の行動を模倣することは広く見られる現象であり，模倣する側はたいてい無自覚だが，人間の発達に大きな役割を果たしている（Meltzoff & Moore, 1999）。

条件づけられた反応や無自覚に獲得された習慣は，おそらく多くの行動を規定している。非意識的な情報処理は，将来のために多くの情報が（意識的な意図もなしに）貯蔵される段階，つまり学習内容をコード化する段階で生じており（Reber, 1996），そして想起段階，つまり外的，内的環境により，プライミングされることで一部の情報や目標，意図などへのアクセシビリティが増加し，行動に影響を及ぼす（Weber & Johnson, 2006）。たとえば，快適さか値段かという対立次元は，ネットショッピングでソファを探している人が，最初に訪れるオンラインショップの壁紙に羽毛のような雲かドルマークを呈示することでそれぞれプライミング可能であり，人々はプライミングされた次元で高く評価されたソファを購入していた（Mandel & Johnson, 2002）。自覚される，あるいは自覚されない感情的反応は，接近反応や回避反応を導くことで，しばしば学習を媒介することもある（Damasio, 1994; Loewenstein et al., 2001）。意識的学習や問題解決は普通，知覚者が問題の存在を知覚することが必要であるのに対して，非意識的な学習や適応には，何かがおかしい，行動する必要がある，という意識的な診断なしに起こりうるという利点がある。

さまざまな意思決定モードは同時に実行されるが，自動的なモードは判断を素早く行うのに対して，意識的で努力を要するモードは決断に至るまでに時間がかかるなど，両モードの時間的経過は異なる場合がある。人々は，あらゆる意思決定において2, 3種類のモードを使い分けているという報告がある（Krosch et al., 2009; Weber & Lindemann, 2007）。異なる意思決定モードで選ばれた選択肢が同じである場合，モード間の一致が最適な行動という意思決定に対する自信につながる。それぞれのモードで示された最適な選択肢が異なる場合，

異なる意思決定モードの出力に対して与えられた相対的な重みづけが選択肢の選定を決定し，意思決定に対する自信は（相対的に）低くなる（Weber et al., 2000）。

EngelとWeber（2007）は，人間の情報処理システムが，ある状況でどの意思決定モードが適用されるかをどのように非意識的に決定しているのか，そして，選択にコンフリクトが生じた場合に，どの意思決定モードに重み付けがなされるのかについて議論している。それぞれの文化的文脈において高いレベルで活性化している高次の目標や動機は，意思決定モードの選択に影響することが示されてきた。たとえば，自主性や社会的連帯といった目標について，文化によって重要度や望ましさが異なるような場合，それらの目標を達成するのに適したモードが異なるため，文化によって優勢になりやすい意思決定モードが異なる。Weberら（2004）は，中国で21世紀に書かれた小説の，関係性を強調する集団主義文化の中で働いている登場人物は，アメリカで21世紀に書かれた小説の，自主性に重きを置く個人主義文化の中で働いている登場人物と比べて，役割に基づく意思決定を行いやすく，感情に基づく意思決定を行いにくい傾向にあることを発見した。西洋という消費や経済成長を志向する社会とその公的，私的制度（教育，広告，娯楽，メディアなど）は，環境的に持続可能な目標とは相容れない価値や目標をプライミングしているのかもしれない。他の経済的ないし政治的プレイヤー，そして（あるいは）将来の自分自身の両方との競争を通じた進歩という概念化は，こうした競争が二酸化炭素排出量の緩和や他の持続可能性に関する目標に（好ましい形で）方向づけをし直されない限り，資源の維持や，共有プール資源のジレンマを乗り越えるために必要とされる協力とは逆の方向にカードを積み重ねていくことになるのかもしれない。

これまでの議論では，政策介入は（人々がルールに基づく情報処理を用いて環境関連行動を決定するよう誘導する）社会的役割をプライミングするよう設計されるべきだ，ということが示唆されてきた。そのためには西洋の国々において支配的である文化やそれによるプライミングが変わる必要があるのかもしれない。

22.4　考察

環境政策の目標は，企業，政府の省庁や委員会，そして一般の人々の行動を持続的で長期的，かつ社会的，環境的に責任ある行動を取る方向に変化させることである。昔ながらの政策介入では，これを命令やコントロールによって，あるいはインセンティブを変化させることで，望ましい行動を奨励するためのアメと望ましくない行動を思いとどまらせるためのムチの両方を利用して行ってきた。この章では，こうした政策介入手段の理解が少なくとも2つの点で狭すぎるということを議論してきた。第一に，昔ながらの政策介入は，行動を動機づけたり変化させたりするさまざまな目標をすべて用いているわけではない。第二に，昔ながらの政策介入は，人々が一連の行動を決定するうえで用いているプロセスをすべて利用しているわけではない。前節で記述したツール（多様で柔軟な目標，表象，意思決定モード）により，環境に関連する目標を達成する手段には，税金や規則よりも安価で効果的なものがあるかもしれないということが示唆されている。すでに言及されているように，エネルギー効率を向上させる既存の数多の技術革新（たとえば，電球型蛍光灯やLEDなどの照明技術や空間の冷暖房技術）という物質的インセンティブに，一般の人々や市場が常に反応するわけではない。しかし，これについての証拠

は十分に用いられているとは言いがたい。こうした技術への転換が最終的な現在価値の割引率に寄与するという事実(つまり,転換に伴う初期投資がデバイスの使用期間を終えた時点でのエネルギーコスト節約量によって完全に回収される)にもかかわらず,である。消費者が,QoLを高めるためには先に犠牲を払う必要がある,と知覚することで環境に関連する行動を変化させるのに抵抗を示すのはもちろん,生活スタイルへの影響もなく,社会にも環境にもポジティブな効果をもたらし,最終的なエネルギーコストの節約までもたらしてくれる「低いところに生った果実」への変化に対してすら抵抗感を覚えるのはなぜだろうか。政策策定者がこうした選択を,意思決定者が個人的に,社会的に,そして環境的により利益があるような方法で自発的に行うように再フレームする方法はあるのだろうか。

人々がもし合理的経済的な意思決定者であるならば,この問いに対する答えが,現状の行動によって自身や子ども,孫に生じうるリスクや,行動を変化させることで生じうる利益についてより良い情報を提供することとなるだろう。仮に,人々がベイズ更新[vii]を行い,効用を最大化しているのだとしても,合理的な計算に基づくアプローチによって環境に対して責任ある行動,つまり持続的に成長をもたらす行動を導く際に障害が発生する。その1つは,行動に対するそれぞれの選択肢が孕むコストや利益のほとんどが将来的なものであり,結果として,それぞれの選択肢に対する相対的な期待効用は,人々が将来の結果に適用する割引率という単一の要因にもっぱら依存するということである(Weitzman, 2007)。これによって,この分野における計算に基づく意思決定は,用いられるべき「正しい」割引率とは何かといった哲学的,あるいは倫理的な問題へと首尾よく変わってしまうのである。

割引に関する大規模な,そして現在も進行中の行動学的,特に心理学的問題に関する研究は(Loewenstein & Elster, 1992; Weber et al., 2007),政策デザインに対しても等しく,むしろより重要な示唆を備えている。人々は異なる分野の結果には異なる割引を適用することを示唆する証拠がある一方で(たとえば,即座のポジティブな健康に関する結果については,即座の経済的な結果に対するよりも我慢が効かない[Chapman, 1996]),環境や経済に関する結果は非常によく似た率で割引されるようである(Hardisty & Weber, 2009)。加えて,分野ごとの割引の違いは,将来の結果に対する割引の違いよりは小さい。これは将来の結果が獲得あるいは損失としてフレームされるときに当てはまり,具体的には,将来の損失に対する割引はずっと小さくなる(Hardisty & Weber, 2009)。これらの,そして他の行動学的結果が示唆しているのは,心理的,経済的,倫理的に異なる理由によって割引が生じており,それは政策デザインに対して異なる示唆を持つことになるため,これらをよく理解し解き明かす必要があるということである(Hardisty et al., 2010)。

最適な,あるいはバイアスのある費用対効果の計算を行ううえで情報の欠落がないとすれば,他にどのような理由で,人々は環境に関連する行動,あるいは他の文脈で行動を変化させることを嫌がるのだろうか。本章では,自動的な処理と行動が人々に現状維持バイアスに寄与する原因になっていると指摘している。このことが示唆するのは,例えば,『デイ・アフター・トゥモロー』や『不都合な真実』などの映画が気候変動の進行を遅らせようと試みたように,おそらくは人々を怖がらせることで,無思慮な資源消費の習慣を変えるよう促

[vii] ある現象の事前確率を,その現象が実際に生じた確率に基づいて随時更新していくことを指す。

すことが必要だということである。不幸にも，2節で述べたように，人々は日常的な環境リスクに対してはあまり怖がらない，加えてその恐怖は長く続かないようであり，また大体の場合，恐怖に訴えかけることで深刻な揺り戻しが生じてしまう。

本章の3節では，環境リスクに対してどのように人々の注意を向けるかについて，つまり，後に確実に生じるリスクのことをどのようにして事前に考えさせるかについて，よりポジティブな示唆をいくつか提供した。時間的，空間的に近い将来の出来事や動きについて具体化することで，直観的な懸念を増大させるような介入が期待できそうに思われる（Marx et al., 2007）。たとえば，今後10年から30年の間での，夏休みの旅行先として人気の場所における海抜の上昇や，人気のスキーリゾートにおける積雪の消失などへの影響を予測するシミュレーションの結果を視覚的に見せることで，直観的な懸念は高まるかもしれない。こうした介入は，（他の重要なリスクに対する懸念の減少といった）意図しない副作用を十分に意識したうえで，人々が認知的，感情的な能力の限界（たとえば，単一行動バイアス）を乗り越える手助けになるようにデザインされ，実施される必要があるだろう。

クエリー理論（Johnson et al., 2007; Weber et al., 2007）では，意思決定者が気候変動の緩和や環境保護の必要性を支持する根拠に，現状維持を支持する根拠に触れる前に接するような誘導型の手続きを用いることで，この瞬間の満足感を求める欲求と，長期的な環境保護や持続可能性という目標のバランスを，後者の目標の方に比重を置くよう改善する手助けになることが示唆されている。最後に，（環境）科学や統計に関するより良い教育によって，（不確実な結果を含む行動の選択肢に対する人々の回避傾向を減少させるような）情報の科学的提示への慣れ親しみを生じさせることが可能になるかもしれない。それによって，分析的な情報処理システムによるあまりバイアスのないアウトプットに重きを置く市民が出来上がり，一般の人々や公的機関のリスク認知を環境科学者のそれに近づけることができるようになるかもしれない。

ルールに基づく意思決定では，選択は意識的あるいは自動的に始動する行動規範に基づいて行われるが，これにも多くの利点があるようである。アメリカの福音派教会や他のキリスト教宗派は，最近になって経済発展と環境保護の対立に関する議論を，物質的利益とコストの対立から道徳的責任と義務に関する議論へと再フレームするようになった（Robinson & Chatraw, 2006を参照）。将来の世代のために我々の惑星にある自然資源を保護しなければならない，という道徳的義務に関するメッセージが，信用できる情報源（たとえば，全米キリスト教会協議会からもたらされた場合には，資源の消費あるいは保護に関する意思決定は，個人的な観点や近視眼的な費用便益の計算に基づいて行われなくなるだろう。その代わりに，将来の結果に対する忍耐の欠如や過度な割引の影響を受けにくい，役割やルールに基づく意思決定プロセスに沿って行われやすくなるかもしれない。おそらく，消費に関する意思決定をこのように（コストと利益の計算から責任と義務の計算へと）再フレームすることの効果には，相当な文化的普遍性があるのだろう。国や文化によって異なると予想しうるのは，責任ある消費や管理責任を発令あるいは推奨するのに最も効果的な機関がどこなのかという点である。アメリカでは，福音派やキリスト教会がこうした行動規範の担い手になるのは自然である一方，もう少し非宗教的な国々では，この役割は政府機関によって担われうる（たとえば，ヨーロッパの緑の党）。一般の人々からの信頼を集めている，長い時間軸を持ち，地理的あるいは国家的な焦点を持たない機関は一般的に，資源の管理や保護，そして責任ある慎重な消費に関する哲学や倫理を発

令し広めるには理想的であるように思われる。

　（たとえば，地球の責任ある保護管理について）最良の意図をもってしても，悪魔は細部に潜んでいる。目標や態度は，常に意図したとおりの行動を引き起こすわけではない (Gollwitzer, 1999)。目標への注意はそれらの目標が活性化しているレベルによって増減し，そして多くの消費行動は部分的あるいは完全に自動的に，つまり，多くの意識的な思考なしに生じる。こうした習慣的な行動を乗り越えるためには，定期的なリマインダーや頻繁なフィードバックを通じた意識的なコーチングが必要である。こうした積極的な介入は，指導する側にとってもされる側にとっても努力が求められる。人間の注意や処理能力は限られるため，関連する目標や望ましい行動のお手本に注意を向け続けるためのより受動的なアプローチとして，自身を褒めることが挙げられる。

　無思慮な消費行動によるコストを，定期的なフィードバックのような目に見える指標で測定することは，人々の注意を節約や保護という目標にひきつけ，それを維持する1つの方法になりうる。スマートグリッド技術[viii]の登場により，人々の情報処理能力に過度の負荷をかけず，長期的に人々の関心を保てる測定機器やフィードバックデバイスなどをどのように現場で運用するのが最適なのかについて，慎重に実験することができるようになった。即座の目立つフィードバック（たとえば，目立つ位置にあるダッシュボードのディスプレイに車の燃料効率計算がオンラインで表示されるなど）により，環境保護はある種のビデオゲームに替わる可能性がある。そこでは，プレイヤーが自分の過去の記録を更新したり，達成度が一覧化されるウェブサイト上で他のプレイヤーと友好的に競ったりすることができる。

---

viii ［訳者註］電力消費を最適化する新しい送電網の技術。

　社会的に望ましい目標は，人々がこうした目標のリマインダーに接するように意思決定環境をデザインするか，もしくは社会環境をこうした目標をプライミングし活性化した状態に保つようデザインすることで，慢性的あるいはある特定の重要な意思決定の状況において活性化状態にすることができる (Weber & Morris, 2010)。たとえば，国や地域の経済発展が住民の市民参加の程度に関連しているという事実 (Putnam, 1995) は，（社会資本と関係する）経済発展をさらに進める目標へのアクセシビリティが，これらの目標を必要とし，また育むような娯楽的活動の結果，日常的に高まっていることによって説明可能かもしれない。

　環境に対して責任ある行動を，あまり努力せず，あまり意識せずに行うように促すもう1つの有望な方法は，社会的影響や観察学習，そして模倣を利用することである。人々は，経済市場のような明らかに合理的な状況でも他者の行動に影響されるし，また最適な進め方について曖昧さがあるような状況では社会的影響が特に生じやすい (Schoenberg, 2007)。模倣は，変化が望ましいものであるという自覚を必要とせずに行動の変化を引き起こすことが可能である。個人のレベルを超えて，可視化された集団や企業による実証プロジェクトも同様の機能を果たしうる。ここでの学習は，特定の新しい技術や制度の利用可能性を示すことによってだけでなく，他のプレイヤーに模倣を引き起こすことによってもたらされる。

　最後の有望な方法は，意思決定のデフォルトを賢明に利用することである（本書24章を参照）。ほとんどの意思決定には，それを明確に言葉にできないような場合であっても，明確なデフォルトがある（たとえば，電力会社など公益事業会社からの手紙に返信しないと，再生不可能な資源である電力を消費し続けるという結果がもたらされる）。我々が積極的に意思決定をしなければならないと

いう状況に出会うことは非常にまれである。Benartziと Thaler（2004；本書14章）などの行動経済学者は，年金不足を補う貯蓄に関する意思決定の文脈で，意思決定のデフォルトは意思決定者が後で後悔するような選択肢ではなく，人々の長期的な効用を最大化するような選択肢に設定されているべきである，と主張している。この議論では，人々が計算に基づく意思決定を行う際に利用可能な情報のすべてを自発的に処理できる場合でも，デフォルトの設定をせざるをえないものであることや，デフォルトによって人々が本当に好む選択肢を選ぶ能力が失われてしまうわけではないということが考慮されている。賢明な意思決定のデフォルトを設定することは，情報過多や興味関心の欠如によって生じるかもしれない意思決定の回避から人々を守ることを保証するだろう（Goldstein et al., 2008）。同様の議論は，たとえば臓器提供のように，主に他者や社会に影響を与えるような意思決定に関しても行われてきた。Johnson と Goldstein（2003）は，ヨーロッパ諸国における意思決定のデフォルトの違い（「オプトイン（opt-in）」，つまり，ドナーになるという選択をしない限りドナーにはならないというものから，「オプトアウト（opt-out）」，つまり，ドナーにならないという選択をしない限りドナーになるというものまで）に着目した。そして，その違いが臓器提供に対して表明された意思と実際の臓器移植において，啓蒙活動など非常にコストのかかる他のどんな介入よりも効果を発揮し，驚くべき違いをもたらすことを示した。こうした観察は，建築基準法のように，エネルギー効率が良く環境にとって好ましい選択肢が意思決定のデフォルトであるべき環境関連分野に示唆を与えており，多く取り入れられるようになってきている（Dinner et al., 2009）。

　クエリー理論（Johnson et al., 2007; Weber et al., 2007）は，現状が変化する際に人々の楽観的な予測が外れがちであることを予測している。現状維持以外の選択肢に人々はしばしば抵抗する。なぜならば，人々はまず現状維持を支持する根拠を探す傾向があり，その後，他の選択肢を支持する根拠を探してもアウトプットが妨害されて不利な立場におかれるためである。このプロセスが，デフォルトが変化した後でも干渉してきて，しばしばより良いと思っていた判断が反対の方向に向かったとしても，その新しいデフォルトに対する事後的な評価は事前よりはるかにポジティブになりやすくなる。しかし人々はこれら一連のことを自覚できていない。こうした例の1つとして，2006年にニューヨークで発令されたバーの禁煙化が挙げられる[3]。これは当時のブルームバーグ市長により企業や世間の事前の反対を押し切って行われたが，施行から1，2年後には多くのニューヨーク市民から非常にポジティブに評価された。クエリー理論とこうした例が示唆しているのは，政策策定者は時に世論に従うよりもむしろ世論を形成し導く方が良いということである。

　こうしたさまざまな努力に失敗すると，つまり，利己的で現在に焦点化した近視眼に打ち勝ったり，（典型的には将来の問題を回避するために現在の行動を必要とするような）環境に関する懸念に対する生来備わった素早い警戒反応の欠如を乗り越えたりできないと，多くの環境問題がもたらす否定的な結果が深刻なものとなり，またそうした兆しを検出することが難しくなりうる。気候変動とそれによって起こりうる悲惨な結果のような現象に関して，個人的でローカルな知見を積み重ねていくことが，将来，きわめて効果的な教師となり動機づけとなることが期待できる一方で，こうした教訓は不幸にも是正行動を取るには手遅れになってしまうかもしれない。

原註

本章を準備するに当たっては，2007年，2008年にラッセル・セージ財団のresidential fellowshipによる助成と，全米科学財団からの2つの助成（SES-0345840とSES-0720452），そしてNational Oceanographic and Atmospheric Administrationからの助成を受けた。

1. この手の更新と学習は，状況が季節やその他の周期や傾向によって変化するようなダイナミックな環境においては適応的である。
2. まれな出来事が過小に重みづけられるのは，それが小さいサンプルであるためにまったく経験されず，それ故に意思決定にまったく反映されないためでもある。しかし，低確率の事象を過小に重みづけることはこうした場合にのみ生じるのではなく，直近の出来事が重みづけられ，以前の出来事の重みは急速に軽くなっていくという繰り返しの更新規則にもとづいている。稀な出来事が平均的に過小に重みづけられるのは，それがより起こりやすい出来事と比べて直近の出来事として生じる確率が低いためである。
3. この例について，Eric Johnsonに感謝する。

引用文献

Ainslie, G. (1975). Specious reward: A behavioral theory of impulsiveness and impulse control. *Psychological Bulletin, 82*, 463-496.

Allais, P. M. (1953). Le comportement de l'homme rationnel devant le risque: Critique des postulats et axiomes de Pacole americaine. *Econometrica, 21*, 503-546.

Ames, D. R., Flynn, F. J., and Weber, E. U. (2004). It's the thought that counts: On perceiving how helpers decide to lend a hand. *Personality and Social Psychology Bulletin, 30*, 461-474.

Arora, P., Peterson, N. D., Krantz, D. H., Hardisty, D. J., and Reddy, K. R. (2009). *Testing the limits of group affiliation on cooperation in social dilemmas*. Working paper. Center for Research on Environmental Decisions (CRED).

Bartels, D. M., and Rips, L. J. (2010). Psychological connectedness and intertemporal choice. *Journal of Experimental Psychology: General, 139*, 49-69.

Bell, D. E. (1982). Regret in decision making under uncertainty. *Operations Research, 30*, 961-981.

Benartzi, S., and Thaler, R. H. (1995). Myopic loss aversion and the equity premium puzzle. *Quarterly Journal of Economics, 110*, 73-92.

Benartzi, S., and Thaler, R. H. (2004). Save more tomorrow: Using behavioral economics to increase employee saving. *Journal of Political Economy, 112*, 164-187.

Bernoulli, D. (1738/1954). Exposition of a new theory on the measurement of risk (L. Sommer, Trans.). *Econometrica, 22*, 23-36.

Bowles, S. (2004). *Microeconomics: Behavior, institutions, and evolution*. Princeton, NJ: Princeton University Press.

Brewer, M. B. (1979). In-group bias in the minimal intergroup situation: A cognitive-motivational analysis. *Psychological Bulletin, 86*, 307-324.

Camerer, C. (2000). Prospect theory in the wild. In D. Kahneman, and A. Tversky (Eds.), *Choice, values, and frames* (pp. 288-300). New York: Cambridge University Press.

Chaiken, S., and Trope, Y. (1999). *Dual-process theories in social psychology*. New York: Guilford.

Chapman, G. B. (1996). Temporal discounting and utility for health and money. *Journal of Experimental Psychology: Learning, Memory, and Cognition, 22*, 771-791.

Damasio, A. (1994). *Descartes' error: Emotion, reason and the human brain*. New York: Penguin Books.

Damasio, A. (2000). *The feeling of what happens: Body and emotion in the making of consciousness*. San Diego: Harvest.

Dinner, I. M., Johnson, E. J., Goldstein, D. G., and Liu, K. (2009). *Partitioning default effects: Why people choose not to choose*. Social Science Research Network Working Paper. Retrieved from http://ssrn.com/abstract-1352488

Dunlap, R. E., and Saad, L. (2001, April 16). *Only one in four Americans are anxious about the environment*. Princeton, NJ: Gallup Organization. Retrieved from http://www.gallup.com/poll/1801/only-one-four-americans-anxious-about-environment.aspx

Ellsberg, D. (1961). Risk, ambiguity and the Savage axioms. *Quarterly Journal of Economics, 75*, 643-669.

Ellwood, C.A. (1901). The theory of imitation in social psychology. *American Journal of Sociology, 6*, 721-741.

Engel, C., and Weber, E. U. (2007). The impact of institutions on the decision of how to decide. *Journal of Institutional Economics, 3*, 323-349.

Evans, J.S.B.T. (2007). Dual-processing accounts of reasoning, judgment, and social cognition. *Annual Review of Psychology, 59*, 255-278.

Fischhoff, B., Movie, P., Lichtenstein, S., Read, S., and Combs, B. (1978). How safe is safe enough? A psychometric study of attitudes towards technological risks and benefits. *Policy Sciences, 9*, 127-152.

Gillingham, K., Newell, R. G., and Palmer, K. (2009). Energy efficiency economics and policies. Discussion Paper dp-09-13. Washington, DC: Resources For the Future. Retrieved from http://www.rff.org/ documents/RFF-DP-09-13.pdf

Goldstein, D. G., Johnson, E. J., Herrmann, A., and Heitmann, M. (2008, December). Nudge your customers toward better choices. *Harvard Business Review*, pp. 99-105.

Gollwitzer, P. M. (1999). Implementation intentions: Strong effects of simple plans. *American Psychologist, 54*, 493-503.

Granade. H. C., Creyts, J., Derkach, A., Farese, P., Nyquist, S., and Ostrowski, K. (2009). *Unlocking energy efficiency in the U.S. economy*. Technical report. McKinsey Global Energy and Materials, McKinsey and Company.

Habermas, J. (1972). *Knowledge and human interests* (Trans. J. Shapiro). London: Heinemann.

Hansen, J., Marx, S., and Weber, E. U. (2004). *The Role of climate perceptions, expectations, and forecasts in farmer decision making: The Argentine Pampas and South Florida*. Technical Report 04-01. Palisades, NY: International Research Institute for Climate Prediction (IRI).

Hardin, G. (1968). The tragedy of the commons. *Science, 162*, 1243-1248.

Hardisty, D. J., Johnson, E. J., and Weber, E. U. (2010). A dirty word or a dirty world? Attribute framing, political affiliation, and query theory. *Psychological Science, 21*, 86-92.

Hardisty, D. J., Orlove, B., Krantz, D. H., Small, A., and Milch, K. (2009). *About time: An integrative approach to effective policy*. Working Paper. Columbia Center for Research on Environmental Decisions.

Hardisty, D. J., and Weber, E. U. (2009). Temporal discounting of environmental outcomes: Effects of valence outweigh domain differences. *Journal of Experimental Psychology: General, 3*, 329-340.

Heath, C., and Soll, J. B. (1996). Mental accounting and consumer decisions. *Journal of Consumer Research, 23*, 40-52.

Heath, C., and Tversky, A. (1991). Preference and belief: Ambiguity and competence. *Journal of Risk and Uncertainty, 4*, 5-28.

Hersch, J., and Viscusi, W. K. (2006). The generational divide in support for environmental policies: European evidence. *Climatic Change, 77*, 121-136.

Hertwig, R., Barron, G., Weber, E. U., and Emir, I. (2004). Decisions from experience and the effect of rare events. *Psychological Science, 15*, 534-539.

Hertwig, R., Barron, G., Weber, E. U., and Emir, I. (2006). Rare risky prospects: Different when valued through a window of sampled experiences. In K. Fledkr and P. Justin (Eds.), *Information sampling as a key to understanding adaptive cognition in an uncertain environment* (pp. 72-91). New York: Cambridge University Press.

Hilgard, E. R. (1987). *Psychology in America: A historical survey*. San Diego: Harcourt.

Holtgrave, D., and Weber, E. U. (1993). Dimensions of risk perception for financial and health risks. *Risk Analysis, 13*, 553-558.

Hsee, C. K. (1996). The evaluability hypothesis: An explanation for preference reversals between joint and separate evaluations of alternatives. *Organizational Behavior and Human Decision Processes, 67*, 247-257.

Hsu, M., Bhatt, M., Adolphs, R., Tranel, D., and Camerer, C. F. (2005). Neural systems responding to degrees of uncertainty in human decision-making. *Science, 9*, 1680-1683.

Johnson, E. J., and Goldstein, D. (2003). Do defaults save lives? *Science, 302*, 1338-1339.

Johnson, E. J., Häubl, G., and Keinan, A. (2007). Aspects of endowment: A query theory of loss aversion. *Journal of Experimental Psychology: Learning Memory and Cognition, 33*(3), 461-474.

Kahneman, D. (2003). A psychological perspective on economics. *American Economic Review, 93*(2), 162-168.

Kahneman, D., and A. Tversky (1979). Prospect theory: An analysis of decision under risk. *Econometrica, 47*, 263-292.

Kahneman, D., and A. Tversky (1984). Choices, values, and frames. *American Psychologist, 39*(4), 341-350.

Klein, G. (1999). *Sources of power: How people make decisions*. Boston: MIT Press.

Krantz, D. H., and Kunreuther, H. C. (2007). Goals and plans in decision making. *Judgment and Decision Making, 2*, 137-168.

Krosch, A., Figner, B., and Weber, E. U. (2009). *Choice processes and their consequences in morally conflicting military decisions*. Working Paper. Columbia Center for Decision Sciences.

Kunreuther, H. (1984). Causes of underinsurance against natural disasters. *Geneva Papers on Risk and Insurance, 31*, 206-220.

Laibson, D. (1997). Golden eggs and hyperbolic discounting. *Quarterly Journal of Economics, 112*, 443-477.

Lemon, D., Laciana, C. E., Bert, F., Weber, E. U., Katz, R. W., Gonzalez, X. I., and Podesta, G. (2009). Value of perfect ENSO phase predictions for agriculture: Evaluating the impact of land tenure and decision objectives. *Climatic Change, 97*, 145-170.

Levin, I. P., and Gaeth, G. J. (1988). Framing of attribute information before and after consuming the product. *Journal of Consumer Research, 15*, 374-378.

Lichtenstein, S., and Slovic, P. (Eds.), (2006). *The construction of preference*. New York: Cambridge University Press.

Loewenstein, G., and Elster, J. (Eds.). (1992). *Choice over time*. New York: Russell Sage.

Loewenstein, G. F., Weber, E. U., Hsee, C. K., and Welch, E. (2001). Risk as feelings. *Psychological Bulletin, 127*, 267-286.

Löfstedt, R., Fischhoff, B., and Fischhoff, I. (2002). Precautionary principles: General definitions and specific applications to genetically modified organisms (CMOs). *Journal of Policy Analysis and Management, 21*, 381-407.

Loomes, G., and Sugden, R. (1982). Regret theory: An alternative theory of rational choice under uncertainty. *Economic Journal, 92*, 805-824.

Mandel, N., and Johnson, E. J. (2002). When web pages influence choice: Effects of visual primes on experts and novices. *Journal of Consumer Research, 29*, 235-245.

March, J. C., and Heath, C. (1994). *Primer on decision making: How decisions happen*. New York: Free Press.

Marx, S., and Weber, E. U. (2011). Decision making under climate uncerminty: The power of understanding judgment and decision processes. In T. Dietz and D. C. Bidwell (Eds.), *Climate change in the Great Lakes region: Navigating an uncertain future*. East Lansing, MI: Michigan State Univ. Press.

Marx, S. M., Weber, E. U., Orlove, B. S., Leiscrowitz, A., Krantz, D. H., Roncoli, C., and Phillips, J. (2007). Communication and mental processes: Experiential and analytic processing of uncertain climate information. *Global Environmental Change, 17*, 47-58.

McFadden, D. (1999). Rationality for economists? *Journal of Risk and Uncertainty, 19*, 73-105.

Meltzoff, M. A., and Moore, M. K. (1999). Persons and representation: Why infant imitation is important for theories of human development. In J. Nadel and G. Butterworth (Eds.), *Imitation in infancy*. Cambridge: Cambridge University Press.

Mitch, K. F., Appelt, K. C., Weber, E. U., Handgraaf, M.J.J., and Krantz, D. (2009). From individual preference construction to group decisions: Framing effects and group processes. *Organizational Behavior and Human Decision Processes, 108*, 242-255.

Mischel, W., Grusec, J., and Masters, J. C. (1969). Effects of expected delay time on the subjective value of rewards and punishments. *Journal of Personality and Social Psychology, 11*, 363-373.

North, A. C., Hargreaves, D. J., and McKendrick, J. (1997). In-store music affects product choice. *Nature, 390*, 132.

O'Donoghue, T., and Rabin, M. (1999). Doing it now or later. *American Economic Review, 89*, 103-124.

Ostrom, E., Dietz, T., Dolsak, N., Stern P. C., Stonich, S., and Weber, E. U. (Eds.) (2002). *The drama of the commons*. Washington, DC: National Academy Press.

Padgett, J. P., Stcinemann, A. C., Clarke, J. H., and Vandenbergh, M. P. (2007). A comparison of carbon calculators. *Environmental Impact Assessment Review, 28*, 106-115.

Payne, J. W., Batman, J. R. and Johnson, E. J. (1993). *The adaptive decision maker*. Cambridge: Cambridge University Press.

Peters, E., and Slavic, P. (2000). The springs of action: Affective and analytical information processing in choice. *Personality and Social Psychology Bulletin, 26*, 1465-1475.

Pew Research Center. (2009). *Fewer Americans see solid evidence of global warming. Modest support for 'cap and trade' policy*. Pew Research Center. Retrieved from http://www.people-press.org/2009/10/22/fewer-americans-see-solid-evidence-of-global-warming/

Podesta, G., Weber, E. U., Laciana, C., Bert, F., and Letson, D. (2008). Agricultural decision-making in the Argentine Pampas: Modeling the interaction between uncertain and complex environments and heterogeneous and complex decision makers. In T. Kugler, J. C. Smith, T. Connolly, and Y.-J. Son (Eds.), *Decision modeling and behavior in uncertain and complex environments* (pp. 57-76). Berlin: Springer.

Prelec, D., and R. J. Herrnstein. Preferences and principles: Alternative guidelines for choice. In R. Zeckhauser (Ed.), *Strategic reflections on human behavior*. Cambridge, MA: MIT Press.

Pronin, E., Olivola, C.Y., and Kennedy, K. A. (2008). Doing unto future selves as you would do unto others: Psychological distance and decision making. *Personality and Social Psychology Bulletin, 34*,224-236.

Putnam, R. D. (1995). Bowling alone: America's declining social capital. *Journal of Democracy, 6*, 65-78.

Read, D., Loewenstein, G., and Rabin, M. (1999). Choice bracketing. *Journal of Risk and Uncertainty, 19*, 171-197.

Reber, A. S. (1996). *Implicit learning and tacit knowledge: An essay on the cognitive unconscious*. Oxford: Oxford University Press.

Robinson, T., and Chatraw, J. (2006). *Saving God's green earth: Rediscovering the church's responsibility to environmental stewardship*. Norcross, GA: Ampelon.

Schneider, W., and Chein, J. M. (2003). Controlled and automatic processing: Behavior, theory, and biological mechanisms. *Cognitive Science, 27*, 525-559.

Schoenberg, E. (2007). *Beauty is in the eye of the other beholders: Strategy matching in financial markets* (Doctoral dissertation). Columbia University, New York.

Simon, H. A. (1982). *Models of bounded rationality* (Vols. 1 and 2). Cambridge, MA: MIT Press.

Simon, H. A. (1990). Invariants of human behavior. *Annual Review of Psychology, 41*, 1-19.

Sloate, P. L., and Voyat, G. (2005). Language and imitation in development. *Journal of Psycholinguistic Research, 12*, 199-222.

Sloman, S. A. (1996). The empirical case for two systems of reasoning. *Psychological Bulletin, 119*(1), 3-22.

Slovic, P. (1997). Trust, emotion, sex, politics, and science: Surveying the risk-assessment battlefield. In M. Bazerman, D. Messick, A. Tenbrunsel, and K. Wade-Benzoni (Eds.), *Psychological perspectives to environmental and ethical issues in management* (pp. 277-313). San Francisco: Jossey-Bass.

Slavic, P., Kunreuther, H., and White, G. F. (1974). Decision processes, rationality and adjustment to natural hazards. In G. F. White (Ed.), *Natural hazards: local, national and global* (pp. 187-205). New York: Oxford University.

Slovic, P., Lichtenstein, S., and Fischhoff, B. (1984). Modeling the societal impact of fatal accidents. *Management Science, 30*, 464-474.

Sunstein, C. R. (2006). The availability heuristic, intuitive cost-benefit analysis, and climate change. *Climatic Change, 77*, 195-210.

Thaler, R. H. (1980). Toward a positive theory of consumer choice. *Journal of Economic Behavior and Organization, 1*, 39-60.

Thaler, R., and Johnson, E. J. (1990). Gambling with the house money and trying to break even: The effects of prior outcomes on risky choice. *Management Science, 36*, 643-660.

Trope, Y., and Liberman, N. (2003). Temporal construal. *Psychological Review, 110*, 403-421.

Tversky, A., and Kahneman, D. (1992). Advances in prospect theory, cumulative representation of uncertainty. *Journal of Risk and Uncertainty, 5*, 297-323.

von Neumann, J., and Morgenstern, O. (1944). *Theory of games and economic behavior*. Princeton, NJ: Princeton University Press.

Wade-Benzoni, K. A. (2009). The egoism and altruism of intergenerational behavior. *Personality and Social Psychology Review, 13*, 165-193.

Weber, E. U. (1994). From subjective probabilities to decision weights: The effect of asymmetric loss functions on the evaluation of uncertain outcomes and events. *Psychological Bulletin, 115*(2), 228-242.

Weber, E. U. (1997). Perception and expectation of climate change: Precondition for economic and technological adaptation. In M. Bazerman, D. Messick, A. Tenbrunsel, and K. Wade-Benzoni. (Eds.), *Psychological perspectives to environmental and ethical issues in management* (pp. 314-341). San Francisco, CA: Jossey-Bass.

Weber, E. U. (2004). Perception matters: Psychophysics for economists. In J. Carrillo and I. Brocas (Eds.), *Psychology and economics* (pp. 165-176). Oxford: Oxford University Press.

Weber, E. U. (2006). Experience-based and description-based perceptions of long-term risk: Why global warming does not scare us (yet). *Climatic Change, 70*, 103-120.

Weber, E. U., Ames, D. R., and Blais, A.R. (2004). "How do I choose thee? Let me count the ways": A textual analysis of similarities and differences in modes of decision-making in China and the United States. *Management and Organization Review, 1*, 87-118.

Weber, E. U., Bockenholt, U., Hilton, D. J., and Wallace, B. (2000). Confidence judgments as expressions of experienced decision conflict. *Risk Decision and Policy, 5*, 1-32.

Weber, E. U, and Hsec, C. (1998). Cross-cultural differences in risk perception, but cross-cultural similarities in attitudes towards perceived risk. *Management Science, 44*, 1205-1217.

Weber, E. U., and Johnson, E. J. (2006). Constructing preferences from memory. In S. Lichtenstein and P. Slovic (Eds.), *The construction of preference* (pp. 397-410). New York: Cambridge University Press.

Weber, E. U., and Johnson, E. J. (2009). Mindful judgment and decision making. *Annual Review of Psychology, 60*, 53-86.

Weber, E. U., Johnson, E. J., Mulch, K., Chang, H., Brodscholl, J., and Goldstein, D. (2007). Asymmetric discounting in intertemporal choice: A query theory account. *Psychological Science, 18*, 516-523.

Weber, E. U., and Lindemann, P. G. (2007). From intuition to analysis: Making decisions with our head, our heart, or by the book. In H. Plessner, C. Betsch, and T. Betsch (Eds.), *Intuition in judgment and decision making* (pp. 191-208). Mahwah, NJ: Lawrence Erlbaum.

Weber, E. U., and Morris, M. W. (2010). Cultural differences in judgment and decision making: Insights from constructivist, structuralist approaches. *Perspectives on Psychological Science, 5*, 410-419.

Weber, E. U., Shafir, S., and Blais, A.R. (2004). Predicting risk-sensitivity in humans and lower animals: Risk as variance or coefficient of variation. *Psychological Review, III*, 430-445.

Weber, E. U., Siebenmorgen, N., and Weber, M. (2005). Communicating asset risk: How name recognition and the format of historic volatility information affect risk perception and investment decisions. *Risk Analysis, 25*, 597-609.

Weber, M. (1921/1984). *Soziologische Grundbegriffe*. Tuebingen, Germany: J.C.B. Mohr.

Weitzman, M. L. (2007). A review of the Stern review on the economics of climate change. *Journal of Economic Literature, 45*, 686-702.

Wilde, G.J.S. (1998). The theory of risk homeostasis: Implications for safety and health. *Injury Prevention, 4*, 89-91.

Wish, V. (2008). Pay as you go: The pros and cons of carbon offsets. Retrieved from http://knowledge.allianz.com/climate/?280/carbon-offiets-pros-cons

Woodward, R. T. (1998). *Should agricultural and resource economists care that the subjective expected utility hypothesis is false?* Selected paper presented at the meeting of the American Agricultural Economics Association. Salt Lake City, Utah. Retrieved from http://ageconsearch.umn.edu/bitstream/20941/1/spwood01.pdf

23章　意思決定バイアスを克服する──大規模災害による損失の低減にむけて

HOWARD KUNREUTHER
ROBERT MEYER
ERWANN MICHEL-KERJAN

　2008年5月，サイクロン・ナルギスがもたらした高潮は，警戒する間もなくミャンマーの低地の沿岸部を直撃し，およそ13万8千人の住民の命を奪う結果となった（Fritz et al, 2009）。この死者数は衝撃的であったが，4年前に東南アジア11カ国を襲った地震と津波による死者約23万人には及ばない（http://www.tsunami2004.net）。リスク軽減（すなわち災害による被害の軽減：mitigation, 以下「減災」）対策や警報システムに投資する資源を有する裕福な国々でさえも，たとえば，2005年にルイジアナ州とミシシッピ州で発生した，ハリケーン・カトリーナによる経済的損害総額1500億ドル，そして死者1300人に示されるように，自然災害による多大な損失に見舞われている（Knabb et al., 2006）。おそらく最も憂慮すべきは，これらの災害が自然災害の威力の教訓を示せていたのに，危険にさらされている人々にはその教訓は広く吸収されなかったことである。カトリーナのわずか3年後，テキサス州のボリバル半島の住民の多くが，ハリケーン・アイク接近による緊急避難警告に従わなかった。こうした住民の消極的な行動が，結果として100人以上の死者を出し，生存者に対しては大規模な空輸による救助をせざるを得ない状況をもたらしたのである（Berg, 2009）。

　こうした出来事は，おそらく近年の災害に関して最も生々しい実例である一方，過去20年以上にわたって観察されてきた，自然災害による損失の増加傾向を示す一部にすぎない。1970年から2008年の間，地球上において最も高額の保険がかかった大災害を25件上げるとすれば，それらはすべて1987年以降に発生している（Kunreuther & Michel-Kerjan, 2009）。さらに言えば，その3分の2は2001年以降に発生している。これら一連の未曽有の大災害は以下の論点を提起する。なぜこうしたことが起きたのか？　今後はより悪くなるのか？　もしそうであれば，個人，住民，そして政策策定者はどのようにこの新しい状況下で行動すればよいのか？　そして最終的に，将来的な損失を低減するためにはどのようなことが行われなければならないのか？

　このような問題提起について，本章では検討を行う。本稿は，自然災害による損失増加は，2つの中心的な力，すなわち経済と行動が動的に相互作用した結果であるという論点に立つ。壊滅的損失をもたらす経済的要因は，減災への適切な補償投資が欠けた状態で，危険な状況下にある人的資産の額と数が増加していることである。このことはとりわけ，大洋に面した沿岸地域では顕著である。この居住地域に関する意思決定は，住民と政策策定者が，生起確率は低いが重大な被害を引き起こすリスクに関心を払わない傾向によって生じている。意思決定者は，そのような地域での開発に投資することで得られる短期的利益について迅速に判断するが，一方で開発による長期的なリスクの理解や，被害予防への長期的な投資にメリットを見出だす能力はあまりない。さらに，特定の場所における自然災害発生の希少性を考えると，当然のことながら，災害が発生するまでこうした誤った信念を修正する機会はなきに等しい。結果，ハイリスク地域での経済開発のスピードは，地域で

の資産保護のための技術的利益をますます凌駕していくことになり，リスクテイキング行動はスパイラル状に加速していく。同様に，こうした経済開発のスピードは，住民や政策策定者が抱く技術投資への期待をもしのいでいく。

　本稿では，災害リスク問題に対する原則と解決策について，議論を3つのフェーズに分けて論じる。第一段階として，災害の最も直接的な原因，すなわち，リスク下にある資産とリスク低減対策への投資の間に存在するミスマッチが世界的に増加している点について，エビデンスレビューを行う。次に，このミスマッチの根本的な行動要因を検討する。検討に当たり留意するのは，減災への投資を行わない原因は，不確実性下での意思決定における基本的なバイアスであり，また，まれに起こる自然災害関連の問題に適用すると悲惨な結果を招くだろう将来的なバイアスを計画することに多くの場合起因する点である。そして最後に，こうした人間の傾向に関する知識を用いて，意思決定の構造（今後の災害によって生じる損失リスクを，個人や社会がより適切に管理するのに役立つものである）をいかに指し示すことができるかについて議論し，結論づける。本稿では，具体的な例，つまり，個人が費用対効果の高い減災対策に投資をしやすいような長期住宅リフォームローンに加え，住民と企業に長期的保険契約を提供することで近視眼的なバイアスをいかにして克服できるか，に焦点を当てる。本稿による提案は，厳格な建築基準と併せて，個人と社会の幸福に大きく貢献するものである。

23.1　投資と減災のギャップ

　近年，自然災害による損失が急速に増加した理由を示すエビデンスの最たる例が，フロリダ州である。観光客や退職者にとって魅力的な目的地である1,200マイルの海岸線は，大西洋，メキシコ湾，カリブ海諸国からのハリケーンによる影響を受けやすくなっている。このようなハリケーンによる恒常的な脅威は，長い間，州内の日常生活の一部であったが，歴史的に見ると経済的影響は人口の希薄さによって限定的であった。1950年代後半，フロリダ州は280万の人口を抱えるアメリカで20番目の州にすぎなかった。しかしその後移住ブームにより，2011年の人口は1,900万人となり，アメリカで4番目に大きな州となった（1950年以来600％増）。その結果は明らかである。以前は不便をもたらすレベルであった嵐が，今や大惨事の潜在的要因となっているのである。たとえば，1926年にマイアミを襲ったハリケーンと同程度のものが今日同じ地域に到達すれば，ハリケーン・カトリーナによる被害をしのぐ経済的損失を招くだろうと推測されている（Pielke et. al., 2008）。しかし，この増加するリスクへの曝露はフロリダに特有のことではない。2007年12月現在，フロリダ州とニューヨーク州は，それぞれ沿岸部に直接約2.5兆ドルの保険価額[i]を有していた。上位10州（同変数でランク付け）を合わせた沿岸保険価額は，合計8.3兆ドルを上回っている（Kunreuther & Michel-Kerjan, 2009）。災害の危険に晒された地域に保険価額が過度に集中すれば，住宅建設やインフラストラクチャーが効果的な減災措置によって適切に保護されていない限り，これらの地域を大きな嵐が襲えば，数千億ドルとまではいかないまでも何十億ドルもの経済損失をもたらすことが明らかである。

　リスクの高い地域の資産はいかにして保護されているか？　実証的エビデンスは混乱している。たとえば，1974年，地震多発地域のカリフォルニア州の住宅所有者数千人を対象に行われた調査では，

---

i ［訳者註］保険の対象を金銭的に評価した金額。

回答者のわずか12％しか防災対策を行っていなかった（Kunreuther et al., 1978）。15年後，地震の危険度に関する一般市民の意識の高まりにもかかわらず，この割合にほとんど変化はなかった。すなわち，1989年に行なわれた調査では，地震の危険に晒されている，4つのカリフォルニア州内の郡の3,500人の住宅所有者のうち，これらの地域の回答者のわずか5％～9％しか損失軽減対策を取っていなかった（Palm et al., 1990）。Burbyら（1988）とLaska（1991）は，洪水の起こりやすい地域の住民が，減災策への投資に消極的であったと報告している。

同様に，2004年と2005年のハリケーンシーズンに，アメリカ大西洋とメキシコ湾岸の沿岸大部分に大規模な被害をもたらしたハリケーンの後でさえ，多数の住民が依然としてその資産に関して比較的安価な損失軽減対策にさえ投資しておらず，また彼らは緊急時の備えも用意していなかった。2006年5月に実施された，大西洋およびメキシコ湾沿岸の成人1100人の調査では，回答者の83％は家屋を強化する措置を取っておらず，68％はハリケーンのサバイバルキットの準備がなく，また60％は家庭で災害対策を決めていなかった（Goodnough, 2006）。

リスク軽減対策が効果的であることを私たちは知っているにもかかわらず，たとえ国の歴史上最も壊滅的なハリケーンの後でさえも，減災策への関心が欠如しているのは非常に不可解なことである。4州（フロリダ州，ニューヨーク州，サウスカロライナ州，テキサス州）の被災可能性のある地域の住宅が，すべて現行の建築基準に沿ったものになると，将来のハリケーンによる被害は減少すると考えられる。この被害減少額の範囲を見ると，フロリダ州の61％（100年に一度の災害の場合）から，ニューヨークの31％までとなる（500年に一度の災害の場合）。フロリダ州に限ると，減災によって，100年に一度の災害では510億ドル，500年に一度の災害では830億ドルの損失削減ができる（Kunreuther & Michel-Kerjan, 2009）。

事態を悪化させるのは，将来の災害への備えを怠ることが，無防備な建物の所有者が被る損失よりも重大な結果をもたらすことである。住宅所有者，民間企業，行政が費用対効果の高い損失軽減対策を行っていない場合，沿岸部の大部分が非常に脆弱なまま，経済的に大きな波及効果をもたらす壊滅的損失を被ることになる。こうしたより広範な損失によって，たとえ事前に政府が災害発生時の被災者への災害救援と補助金支給を行うつもりはないと主張したとしても，公共部門は結局そのようにせざるを得ない。事後の一般納税者の資金損失に加えて，こうした複合的な防災への過少投資は，**自然災害症候群**と呼ばれてきた（Kunreuther, 1996）。

23.2　なぜ私たちは準備しないのか：危機対策の心理学

なぜ長期的な利益を得るのは明らかであるのに，個人や地域社会は減災に投資することに消極的なのだろうか。この問題の考察にはまず，期待効用の最大化によって選択を行う住宅所有者が，いかにして理想的に減災を決断すべきであるのか考えてみたい。この考察を基準にし，さまざまな心理的傾向や単純化された意思決定ルールが，どのようにして経済的合理性から逸脱した意思決定を助長するのかを探る。これらを**意思決定バイアス**と呼ぶことにする。

仮に，ローランド一家という家族がいて，彼らのニューオーリンズにある家はハリケーン・カトリーナによって破壊されたとする。彼らは同じ場所で自分たちの家を再建することを決めたが，洪水による被害軽減のために投資するかどうかは不

明だ（たとえば，家を高床構造にする，土台を固め，壁を防水するなど）[1]。洪水への防御に2万ドルかかる場合，一家は投資を行うべきだろうか？

表面的には，問題は期待効用理論の活用であろう。ローランド一家は，彼らがリスクに関して中立的であるなら，減災についてどこに投資すべきかを決定することで，意思決定ルールを単純化することができる。防御策の長期的な期待利益が，貨幣の時間価値（時間経過に伴う価値の変化）を反映して適切に割り引かれた上で，事前に対策にかかるコストを上回る場合に彼らはこの行動を取るべきである。期待効用モデルによれば，ローランド一家が将来起こる災害による大きな損失リスクを避けたいと思うならば，彼らは減災策への投資にさらに関心を抱くだろう。

この一家がこうした分析を試みれば，コストと利益の適切な比較を行うのに必要な重要な情報のほとんどが欠けていることを，すぐに認識するだろう。たとえば，洪水時の減災策の経済的利益は非常に不明確である。すなわち，実施策のクオリティ（観察できない）だけでなく，ローランド一家のコントロールの及ばないような将来的な社会経済的要因，たとえば，近隣住民が彼らの資産価値に影響を与えるような類似の投資をするかどうか，あるいは災害発生後に連邦による災害救済が利用可能になるかどうか，などについても考慮する必要がある。意思決定は，選択の**タイミング**によってさらに複雑になる。上記に挙げた情報のあいまいさが解消されるまで投資を延期することが，最適な軽減策であるかもしれない。

分析に必要な指針がない場合，ローランド一家はどのように意思決定を行うのだろうか？　この章の中核は，以下に示す仮説である。つまり，個人はよりなじみのある状況において，日常の意思決定を導くのに役立つと証明されたインフォーマルなヒューリスティックをしばしば用いるが，大惨事下でまさに直面するような，低確率でコストの高い意思決定にこれを適用すると失敗する可能性が高い。以下の節では，減災を決定するために使用される日常的なメカニズムの範囲を検討し，そうしたメカニズムが，上記で挙げたような投資の広範な欠如をどのように説明するかについて議論する。

23.2.1　予算管理のヒューリスティック

明白なリスクを前にして個人が減災策を怠る理由について最も簡単な説明は，購入能力である。ローランド一家が，自宅の洪水対策のための事前に払うコストに関心を払い，かつ必需品を購入した後の可処分所得が制限されている場合，たとえ推奨されていようとも，期待利益とコストを比較する利点はほとんどない。危険性の高い地域の住民は，自主的な保険購入に躊躇している理由について，この議論を明示的に用いている。あるフォーカスグループでは，洪水や地震の被害対象保険補償購入への影響要因の探索を目的としてインタビューが行われたが，その中にいた保険未加入の労働者は，「保険料をいくら払うかについてどのように決定しますか」という質問に次のように答えた。

> 俺たちみたいな肉体労働者が，200ドル（保険料）をいきなり出して，保険に入ったりしないよ。俺たちの90%が給料日から次の給料日までをどうにかやりくりして生きてるのはみんな知ってるだろ。そんな金を突然工面して，方向転換して，他のやらなきゃいけないことをすべて満たすことはできないよ（Kun-reuther et al., 1978, p. 113）。

同じような議論は，自宅を高床構造にするなどの防災策への投資を想定したとき，個人によって行われる可能性が高い。実際，こうした家計の制約は，さまざまな支出に対して別々の心の会計が

存在するならば，高所得者にも拡大する可能性がある（Thaler, 1999）。このようなヒューリスティック下で，減災策の費用対効果について確信のない住宅所有者は，単純にその対策の費用と，他のリフォーム費用とを比較するだろう。したがって，2万ドルの投資は，新しい屋根を設置するのと同じくらいの価値がある大きな改善だと考える人には手頃とみなされるが，水漏れする蛇口を修理するのと同様だと考える人々にとってはそうではない。

このような方法での減災策の決定は，期待効用理論や費用便益分析が示唆するガイドラインには合致しないが，統制された実験室実験ではよく報告されている。たとえば，マンションのリース契約が1年から5年に延長された条件では，本締錠に変える費用をいくらまでなら進んで支払うのか，してなぜ払うかその理由を尋ねた研究では，次のように回答した人がいる。「20ドルは，私がさしあたり鍵に費やすすべてです。もしそれ以上持っていれば，もっと多く……おそらく50ドルまでなら使います（Kunreuther et al, 1998, p.284）」。同様に，沿岸域の住民の一部は，暴風雨用のシャッターを購入したり設置したりすることを思いとどまるだろう。なぜなら，そのコストは窓自体のコストを超えるからだ。すなわちこれが合理的支出基準である。

23.2.2 時間的計画におけるバイアス

減災策に関する個人の決定は，購入能力を検討することによって間違いなく制限される。一方，コストと利益の間のトレードオフは常に一定のレベルで発生する。人々はこれらの比較を行うのに長けているだろうか？　個々人がどのように今ではない時間について判断を下すのかに関する実証エビデンスを見ると，あまり良い結果ではない。意思決定はしばしば規範的理論が示す方向性アドバイスに倣うが（たとえば，即時的なものよりも時間的に遠いものを評価するなど），時として，今ではない時間における選択については，理性的な理論によって規定されるものからは頻繁に逸脱することがある。さらに，そうした意思決定は，減災策への先見的投資をまとめて集合的に阻止するような方法で理想形から逸れていく。

理解を進めるに当たり，ローランド一家が直面した投資問題を取り上げて以下の仮定を行う。この一家は，T年間新しい家に住む予定で，カトリーナのような洪水がt年に発生する可能性p_tが毎年あり，そのような事態が発生した場合，減災策により損失は金額Bで減額されることを知っている。この場合，減災策の決定は，減災の先行コスト(C)に関連する不効用が，割り引かれた一連の利益に関連する正の効用よりも小さいかどうかを観察することによって行われる。すなわち，

$$u(C) < \sum_{t=1}^{T} p_t u(B) \beta^t \quad (23.1)$$

ここで，βは消費者の割引率であり，$u(x)$は利益(B)またはコスト(C)に関連する消費者の効用である。

シンプルではあるが，式23.1に暗黙的に表示されているのは，ローランド一家が時間とともにコストと便益をどのように評価するかについての確固たる前提である。具体的には，

1. すべての将来の利益は，一定の割引率に対して評価される[ii]
2. 個人はt年に起こる将来の洪水の確率を正確に推定することができる[iii]

---

ii ［校閲者註］この仮定は状況を簡単にして計算可能にするためのものである。
iii ［校閲者註］正確に推定できるというのは言いすぎである。専門的な観点から推定できるとすることが多いだけである。もしもこうした推定がまったく不可能であるのなら23.1式のような定式化は無意味である。

3. 効用関数は時不変である[iv]

これらの前提条件への違反は共通しているという十分なエビデンスがある。特に，住宅所有者は，短期間の現金支出に重きを置きすぎる傾向があり，確率についてゆがんだ信念を持ち，同じ内容であっても，今のことか未来のことかで異なった重みづけで評価する。以後，減災策の決定という文脈での人々のこうした傾向から示唆される点について，順に検討していく。

将来の軽量化

人間の認知の基本的な特徴は，抽象的で後から生じる手がかりより，具体的で即時の手がかりによって影響される点である。もちろん，ある程度は，今ではない時間に対する理性的選択に関する理論によれば，私たちは遠い将来に起こる結果をあまり重要視しない**はず**であるとされ，この規定は式23.1に示される一定の割引率βによって把握される。しかし，人間の時間的割引は，**双曲線**となる傾向があり，時間的に離れた事象が即時の事象と比べて偏って割り引かれている場合に多くの実験で実証されている。一例を挙げると，人々は，2日後から明日よりも，明日から今日に賞金をもらえる場合に加速度的により多くのお金を払おうとする（2つの場合とも1日の差である）（Loewenstein & Prelec, 1992）。双曲割引が減災策の決定に関して示すのは，住民は本能的に過小評価している利益（逆説的に，決して見ることがないよう望んでいる）を後々得るために，現時点で手に触れることのできる一定の金額を投資するよう求められている，ということである。

現在の考慮事項に重きを置きすぎると，時間を経た後で損失が起こった際の遅延性期待利益と比べて，減災策の先行コストが偏って大きくなる。住宅所有者は，減災策が数年後に実施されなければならないものという枠組みを持ち，事前に払うコストと遅延利益の両方が同程度割り引かれたとき，軽減策の必要性を認識し，価値ある投資とみなすかもしれない。しかし，実際に投資を行うときが来ると，双曲割引をしがちな住宅所有者は躊躇する可能性もある。

あいまいだが価値がありそうな投資を躊躇する傾向は，個人が投資を**延期する**能力を持っていれば悪化する（減災策に関してほとんど常にそうであろう）。2005年のハリケーン・カトリーナに先立って，ニューオーリンズ市とアメリカ連邦緊急事態管理局（FEMA: Federal Emergency Management Agency）が示した準備の相対的欠如はこの適例である。減災への投資（実行可能な避難計画の策定など）に失敗した結果として，これ以上顕著で最近の事例はないであろう。嵐の2カ月前，市では，ハリケーン・カトリーナが市街地を襲った場合の想定をグラフィカルに実証した本格的なシミュレーションに従事しており，市は活動的なハリケーンシーズンの真っただ中に移行していた（Brinkley, 2006）。しかし，準備計画における既知の欠陥に対する改善はほとんど行われなかった。

この無行動をどう説明できるだろうか？　著者らが提示する説明は簡潔である。すなわち，緊急事態計画者とニューオーリンズ市長室は，市が直面するリスクを十分に認識しており，準備のための投資の必要性を理解していた。しかし，これらの投資が**どんなもの**であるべきか，**いつ**着手すべきであるかについて固有の曖昧さが存在していた。この不確実性に直面して，計画立案者は，複雑で裁量の幅が大きい選択に直面したときに，意思決

---

iv ［校閲者註］効用関数が一定であるとする仮定も簡便化と計算を可能にするためのものである。効用関数が変化するとしても，どのようになるのか23.1式を立てる段階でわかっていれば，その点を考慮した形で定式化できる。そもそも23.1式は投資額Cを決定するあるいはCの範囲を決定するための式であることを忘れてはならない。

定者が取りがちな行動を行ったのである。つまり，何が正しい選択かがより明確になるか，もしくはより多くの財源が利用可能になるか，またはその両方が可能になるだろうという望み（たいてい間違っている）をもって，彼らは投資を将来に延期することを選んだのである（Tversky & Shafir, 1992）。

この効果をより形式的に理解するため，ローランド一家について以下の想定をしよう。彼らは，減災の将来的便益を，一定の割合で割引されていくものとは評価しない。しかし，彼らは代わりに，双曲割引関数によって判断を行う。

$$f(t) = \begin{cases} 1/k \text{ for } t = 0 \\ \beta^t \text{ for } t > 0 \end{cases} \quad (23.2)$$

$0 < k < 1$ は，コストと利益は，その瞬間のものが，遅延性のものよりも偏って重視される程度を反映する定数である（Laibson, 1997; Meyer et al., 2007）。式23.2には興味深い示唆がある。現在1月（$t=0$）であり，ローランド一家は来年6月（$t=1$）に開始する減災計画に投資する価値があるかどうか検討していると仮定する。費用が時間的に離れている限り，計画の価値は，方程式23.1の，今ではない時間に対する理性的選択に関する理論モデルによって評価される。すなわち減災計画の正味期待価格によって評価され，来年の1月は，[v]

$$V(I \mid January) = \left[\sum_{t=1}^{T} p_t k \beta^t u(B)\right] - \beta u(C) \quad (23.3)$$

ローランド一家は，減災計画が今から最低1年は価値がある，つまり $V(I\mid1月) = \varepsilon$ であると結論づけていると仮定する。ここで，ε は小さな正の評価を示す。双曲割引によって，支出 C の見通しが即時である7月に，ローランド一家が減災計画をどのように価値づけるか興味深い示唆が得られる。6月には，明らかに計画は魅力を失っており，その価値はこの時点で以下となる[vi]。

$$V(I \mid June) = \left[\sum_{t=1}^{T} p_t u(B) k \beta^t\right] - u(C)/k \quad (23.4)$$

したがって，$(1/k - \beta)C > \varepsilon$ [vii] ならば，それはもはや投資する価値があるようには見えなくなるだろう。ローランド一家は減災への関心を放棄するだろうか？　逆説的に，ここでは否定しておきたい。建築業者が，一家に**次の**1月に減災計画を再開するオプションを提示するとしたら，その査定は式23.3の標準モデルによって示されるため，計画は再び価値があるように見える。それゆえ，一家は無限の先延ばしサイクルに陥るのである。時間的な距離から見ると，投資は常に価値があるようにみえるが，いざ作業に着手するときが来ると，わずかな遅延の見通しが常により魅力的に見えてくるのである。

ここで補足すべきは，より日常的な他の心理的メカニズムによって，減災策への投資が永久に延期される可能性がある点である。最も顕著なのは，個人があいまいな選択を遅らせる傾向である。つまり，積極的な行動の正しい行動方針が確かでないほど，人は無行動を選択する可能性が高い

---

v ［校閲者註］期待価格とすれば，右辺は

$$\sum_{t=1}^{T} p_t \beta^t B - \beta C$$

vi ［校閲者註］同様に期待価格ならば，右辺は

$$\sum_{t=1}^{T} p_t \beta^t B - C/k$$

vii ［校閲者註］6月時点の減災計画の投資価値額と1月時点の減災計画の投資価値額の差をとると
V(I|june)-V(I|January)=(1/k- β)C
この値がプラスなら投資はより魅力的になっているし，この値がマイナスなら投資の魅力は薄れている。本文の元の式のままでもCがu(C)に変わるだけである。1/k- β <0となると筆者は言っている。εとの大小比較は無意味である。

(Tversky & Shafir, 1992)。このようなあいまい性は，減災策決定の場ではとくに深刻だろう。そういった場では，減災策を取るのが最適かどうかという問に対して，多くの場合個々の一世帯は不可知であり，かつ投資が実行可能な時期には無限の柔軟性があるためである。最後に，個々の地域だけに着目した場合，減災の開始が短期的に遅れることに伴うリスクは，通常はごくわずかである。地震学者は，今後100年間のある時点で，南カリフォルニアのサンアンドレアス断層沿いに大きな地震が発生することを確信しているが，明日それが起こる可能性はほとんどない。こうして，日々の決定を延期する住民は，自分たちの無行動で罰せられることはほとんどない。

ここで強調したいのは，前述した双曲割引の概念は，**目先の事を計画すること**，つまり短すぎる有限の計画対象期間の結果について考える傾向とは異なるということである。たとえば，ローランド一家が抱く，自宅に居住する期間についての信念が短い方向に偏っていれば，式23.1によって彼らは減災策で得る利益を過小評価することになるだろう。住宅所有権の保有期間の見誤りに体系的な傾向があるか検討している研究については未知であるが，経済学者の一部はアメリカの住宅所有者の大部分（72％）が30年固定（調整可能ではない）ローンを選択するという事実から，住宅所有者が，家に住む可能性のある期間を過大評価していると主張する（Campbell, 2006）。したがって，住宅所有者は住宅ローンを確保する際に長期的なリスクを最小限に抑えたいという重要な懸念を抱いているが，自宅の被害軽減への投資を決定する際は，そういった懸念はほとんど示さないという矛盾がある。

リスクの過小評価

減災への投資を抑制するであろうもう1つの要因は，危険の生起確率の過小評価である。形式的にこれは式23.1のp_iの過小評価で示される。リスクの過小評価はおそらく，人々が減災を行わないことへのもっともシンプルな解釈であるが，自然災害領域における実証的エビデンスを見ると事態ははるかに複雑である。

一方で，減災に関する決定は，確率に関する公式的な信念に基づくものではないのは明らかである。たとえば，Magatら（1987）やCamererとKunreuther（1989）は，個人は，自らの意思決定において確率に関する情報を求めないというエビデンスを相当数報告している。Huberら（1997）では，リスク管理に関する決定を評価する際に，実験参加者のわずか22％しか確率情報を求めていなかった。また，消費者に，修理が必要となる可能性のある製品の保証購入に関する決定を正当化するよう尋ねたところ，保証を購入する根拠として確率はほとんど使われなかった（Hogarth & Kunreuther, 1995）。

たとえ個人がリスクのある決定を行う上で，統計的確率を有用な構成概念であるとみなさないとしても，相対リスクに関する主観的信念を見積もることは可能である。しかし，これらの信念は十分に調整されていない。異なる災害によって個人的な影響を受ける可能性について意見を直接求められた場合，人々は一貫して，驚くべきことに，保険数理上の基準率と比較して**非常に高い**数値を提示する。たとえば，リスク知覚の研究では，Lernerら（2003）は，対象者に次の年に暴力犯罪の被害者となる確率を推定するよう尋ねたところ，推定平均は43％であったと報告している。これは保険数理基準率と比較するとかなり高く，インフルエンザ罹患率の推定確率を見積もるように尋ねた際の値（47％）においても同様である。これらの見積もりが，危険への暴露に対する不安の高さを実際に反映しているのであれば，人々は単に自分た

ちに免疫があると仮定しているから減災策を行わない，という見解には大きな疑問が生じるだろう。しかし，これらの結果は，人々が悲観的であるという現実を示しているというよりも，個人が統計的な構成概念に精通していないことの証明であるのかもしれない。

　一方で，人々は主観的確率が一定の閾値を下回っていると，リスクを無視する傾向があるというエビデンスもある。保険購入に関する実験では，多数の人が保険補償をゼロにし，損害の可能性を相当程度小さく判断し，自分自身を守ることに関心がないことが報告されている（McClelland et al., 1993）。同様に，核廃棄物施設の候補地である地域の住宅所有者は，リスクを無視できるものとして片づけてしまう傾向がある（Oberholzer-Gee, 1998）。1984年にボパール化学事故が起きる前は，業界の企業は，そのような事故が起こる確率は彼らの視界上にないほど十分に低いと推定していた（Bowman & Kunreuther, 1988）。同様に，リスクの専門家でさえ，いくつかの危険を無視している。たとえば，1993年の世界貿易センターに対する最初のテロ攻撃の後でさえ，アメリカの大部分の商業保険では，テロリズム・リスクは引き続き非列挙危険[viii]に含まれていたため，保険会社は，この補償のために一銭も受け取ることなく，テロ攻撃による損害責任を負った（Kunreuther & Pauly, 2005）。保険会社はポートフォリオ管理にテロ脅威を加味していなかったがゆえに，2001年9月11日の攻撃では，350億ドル以上の請求を支払う義務が生じたのである。

　堤防やその他の洪水対策プロジェクトは，住民に洪水やハリケーンによる被害に対して誤った安心感を与えやすい。事実，Gilbert White（1975）は，これらのプロジェクトが建設されると，「保護された」地域で開発が進むことを何年も前から指摘していた。壊滅的な災害が発生すればその地域の居住地は浸水し，その被害は洪水制御プロジェクトが開始される前よりもかなり大きくなる可能性がある。この行動とそれに伴う結果は，**堤防効果**と呼ばれている。こうした考え方は，Burby（2006）によって最近主張されたもので，連邦政府による堤防の建設などは，住民を安心させるが，実際は堤防が破壊されたり水流があふれれば，住民はやはり災害被害のターゲットのままである。

感情予測のエラー

　今ではない時点で精査する価値のある選択について，規範的理論における最後の前提は，効用関数を時間的に不変なものとして捉えていること[ix]である。たとえばローランド一家は，現時点で減災策の効果が実現したとしてそれを評価するのと同じ方法で，遠い将来に奏功する減災策の利益を評価すると仮定することができよう。この仮定は実証的にどの程度妥当だろうか。研究の蓄積は豊富である。個人は，将来の感情状態について正しく予測できないこと（たとえば，Wilson & Gilbert, 2003）や，また今日に対して遠い将来の自分を考えるとき，個々の選択肢のさまざまな特徴に焦点を当てがちであることが報告されている（たとえば，Trope & Liberman, 2003）。

　おそらく，減災決定に係るこれらのバイアスのうち最も問題となるのは，Loewensteinら（2003）が**投影バイアス**と呼ぶところの，感情予測傾向であろう。投影バイアスとは，将来の感情予測を現在

---

viii　［訳者註］保険証書に保証対象として具体的に列挙されていないが，保険の対象に含まれるもの。

ix　［校閲者註］脚註ivでも述べたが，効用関数が一定であるとする仮定も簡便化と計算を可能にするためのものである。規範理論は効用関数が時間的に変わらないと考えているわけでない。ただし，変わるとする理由が計画時点では通常はないことと，どのように変わるのかわからなければ，23.1式の定式化は意味がないことから，効用関数が不変であるとしているだけである。

の感情にアンカリングさせる傾向である。減災の決定は，災害が発生する直後ではなく，発生よりずっと前の行いやすいときに理想的に行われるため，投影バイアスによって意思決定者は，将来の危険の可能性やそうした出来事が引き起こすトラウマを過小評価しがちである。結果として，このバイアスにより防災投資の過小評価が生じる。ハリケーン・カトリーナの後，洪水に巻き込まれた生存者は共通してこう言った。「こんなひどいことになるのなら，逃げたのに」。もちろん，現実に彼らはひどいことになると伝えられていた。つまり，カトリーナは最も緊急な部類の警告が前もって伝えられていた嵐であり，ニューオーリンズの住民には何年も警戒するよう警告されていた「大きなもの」であった（Brinkley, 2006）。しかし，大規模な洪水に陥っていると想像するのと，実際とはまた別の話である。予測された経験の重大性の判断は，事が起こる前の日常の相対的な平穏によって，必然的に下方にバイアスがかかっていたのである。

感情予測エラーによって起こり得る主要な効果は，将来の防災を過小評価することである。しかし一方で防災が**過大**評価され得ることもある。過去の評価が，直感的予測でも観察されてきた，別のバイアスの影響を受けている場合である。つまり，**期間の無視**，すなわち，解雇のような過去のネガティブなライフイベントから回復するのにかかる時間の長さを過大評価する傾向を指す（Wilson & Gilbert, 2003）。このようなバイアス下で，住宅所有者は，投影バイアスのために危険の初期影響をかなり過小評価する可能性があるが，その被害から身体的および心理的に回復するにはあまりに長い時間がかかると思い込めば，変わらず防災に過剰投資するかもしれない。一例として，カトリーナの直後には，市の浸水区域の排水には数カ月がかかり，回復は見込めないという緊急警告が発令されていた。この予測はその後あまりに悲観的であったことが判明した[2]。

最後に，コストと利益を，現在・未来の観点から異なって評価する傾向は，先延ばしを招く可能性のある別のメカニズムである。TropeとLiberman（2003）は豊富なエビデンスを示している。遠い未来について選択するとき，私たちはその抽象的な利益に焦点を当てる傾向がある。一方，即時選択を行う場合は，具体的なコストに重点を置く。したがって，双曲割引による予測と同様に，政治家が選挙時（抽象的な便益に比べてコストが低く見積もられる）には，より安全な社会構築に強いコミットメントを誓約するのに対し，実際に投資を行う時，つまり具体的なコストが大きくなるとこの誓いは取り下げられることは珍しくない。

失敗を学ぶ

これまで行ってきた議論は，以下についての明確な論拠である。つまり，個人が先行コストと長期的利益とを直感的に比較して減災の意思決定を行う場合，彼らは，過度に先行コストに注目し，長期的な利益を過小評価し，災害が起こる可能性を過少推定し，あるいはその両方が起こるがために対策に過少投資するのである。しかし，これには当て推量が前提となってくる。1回限りの減災策を決定している個人（または機関）は，不十分な投資で誤るかもしれないが，このような誤りは一時的なものである。減災が不十分だったために生じた結果が観察されると，生来の性向によって，直観が初期の誤りを引き起こしたバイアスを訂正しようとするのではないだろうか。実際に，減災の誤りが自然に訂正されている実例がある。初期のマヤ人は，メキシコ・ユカタン州のハリケーンが発生しやすい海岸よりも，内陸に都市を建設する方が安全であることを学習（間違いなく経験によるもの）した。1900年にアメリカのガルベストンで6000人の命を奪われたことで，市は，今後発生

する暴風雨から保護するための防波堤が必要であることに気づき，そしてニューオーリンズのカトリーナ災害によって，ようやく包括的な避難計画が立てられたのである（Brinkley, 2006）。

しかし問題は，私たちが学ばないということではなく，災害の経験から十分に学んでいるようには見えないということだ。例を挙げると，ハリケーン・ウィルマは，ハリケーン・カトリーナの数週間後，2005年10月にフロリダ州南部を襲った。何千人もの住民が，ボトル入りの水を確保し，車にガソリンを補充するといった簡単な準備を怠り，その後の復旧・復興に大きな課題を残した。この準備の欠如に関して驚くのは，この地域では暴風雨の接近が十分に警告されており（その影響は4日前には予測されていた），そして，嵐が発生したのは，ニュースメディアがたえず（ニューオーリンズの洪水のような）その破壊力について報道し続けていた，史上最も破壊的なハリケーンシーズンの終盤だったのである。その他，大規模な洪水の後にもかかわらず，洪水地帯に再定住する傾向や，直近の地震から時間が経つほど地震への準備がゆるやかになる傾向など，よくある例である。

住民による学習の欠如をどうやって説明できるだろうか？　考えられることとして，私たちは，人生の他の側面においてうまくいくことが証明されている，試行錯誤のヒューリスティックによって危険から自分を守るよう本能的に学んでいる。このヒューリスティックは快の報酬をもたらす行動を繰り返し，不快の結果をもたらす行動を避けるよう私たちに働きかける。しかし，強化学習は，歩くこと，話すこと，テニスをすることというような繰り返しのタスク実行を学習するには非常に効率的な方法だが，確率が低いが，重大な被害をもたらす危険に対して最も効果的な方法を学習するのにはとりわけ不適当である。その理由は単純で，防衛行動のほとんどは，快によって積極的に強化されるよりもはるかに頻繁に不快によって強化されるためである。

一例として，ハリケーン・ウィルマが2005年にフロリダ州南部に接近したとき，カトリーナ被災者の苦境を鮮明に伝えるニュース映像は，より目立つ別の情報源——過去2年間に被災地域が受信した7つの誤警報——に相殺されてしまったのである。ウィルマに対して発令されたハリケーン警告は多くの人に，嵐の前に水やガソリンの確保のために奔走したのに，後でその努力が不必要であったことを思い出させた。奔走しなかった他の人には，それはギャンブルがどのように報われたかの記憶であった。つまり，**これまでのすべての嵐に対して準備をしなかった彼らの決定は正しいこと**が判明してしまった（後から振り返ればという話だが）。

経験からの学習の機能不全の可能性を示す直近の例は，これとは別の文脈でも生じている。たとえば，バージニア工科大学で2007年に起きた銃撃事件がある。事件に対する大学の対応が遅いことを辛辣に批判した報告書によると，調査委員会が，大学が迅速に対応できなかった理由の一部として，以前に大学が受けた悪評を挙げている。つまりその前年にキャンパス近辺の銃乱射に関与した犯人逃亡に伴う不安について，大学が**過度に**反応したことが非難を受けたためである。逃亡に伴う不安は結局杞憂に終わったにもかかわらず，損失が発生することとなった。大学管理者は次に起こりうる脅威に対して迅速な対応をすることに慎重になってしまったのである。

警戒情報は信頼できない，という知覚によってそれを無視するこうした傾向は，猛吹雪，氷雨と暴風，またはハリケーンの接近警告のような脅威を，大げさにニュースが取り上げがちなために，自然災害との関連で煽られるのかもしれない。時折，そうした災害は夜11時のニュースで大々的に取り

上げられるようなビッグニュースになるが，実際に言われたような災害を引き起こすことはほぼなく，視聴者は今後の大惨事の警告を軽視することになる。

　学習における第二の大きな障害は，何が最適な減災を構成しているかに関するフィードバックの本質的あいまいさである。災害の際には，特定の減災策が講じられていた場合（もしくはいなかった場合），どのような被害が発生しただろうか，といったような学習に不可欠な反実仮想をほとんど観察することができない。Meyer（2006）によると，このフィードバック特性が持つ結果の1つは，それが減災に関する迷信的信念へのこだわりを維持させてしまうことである。良い例は，竜巻が来る前に窓を開けろ，そうすれば気圧が一定になる，という古い格言である。工学技術者が，窓を開けると建物崩壊の原因を引き起こしやすくなることを発見するのに何年も要した（建物に風が入ると屋根に上向きの圧力がかかる）。しかしそれでも神話は広く保持されている。その理由は当然のことながら，窓を閉めていたら家がまだ立っているかどうかについて，破壊された家を見て推測することは不可能であるからだ。最初に窓を開けていようがいまいが，同じである。

　学習を制限するのは，危険な出来事そのものの希少性ではないことを強調したい。大地震やハリケーンに遭遇するのは人生に一度かもしくはまったくないかもしれないが，他の人々の経験を観察することによって十分に学ぶ機会がある。たしかに，過去の大きな災害（ノアの洪水以来）を記述した多くの書籍や，昨今の災害への強い関心を見ると，私たちが他人の不運から学ぶ（しかし病的に）ことに深く根差した本能を持っていることが示唆される。しかしながら，人は時として，代理的なフィードバックからは，期待よりも非常に少ないことしか学ばないことが示唆されている。例を挙げると，ある実験的研究では，ハリケーン防御策への最適な投資レベルを学ぶための能力が測定されたが，投資を増やす意思決定は，意思決定者自身が以前に損失を被ったことがあるかどうかに決定的に左右されていた。対照的に，他者が被った損失は，そのようなトリガー効果を持たなかった（Meyer, 2006）。

　最後に以下を指摘したい。仮に，政府が豊富な災害支援をもって救援に来た場合，人は，報道や個人的な経験から，コストのかかる保護対策に投資する必要はないのではないかと考えるかもしれない。事実，金銭的損失から自身を守るために対策を講じていた人は，保険を購入しなかった方がよかったという結論に至るかもしれない。顕著な例が1964年のアラスカ地震である。連邦政府は，復興援助として低金利ローンを提供し，保険に加入していない人の住宅ローンの未払い残高については債務を免除した。地震保険を購入していた少数の住宅所有者が，自らの決定を嘆いたという話は珍しいことではなかった。なぜなら，この保険を購入しないほうが財政的に余裕があったであろうことを知ったからである（Dacy & Kunreuther, 1968）。

23.2.3　社会的規範と相互依存

　さて，ローランド一家が直面しているジレンマに立ち戻ってみよう。彼らは，今後のハリケーンによる損失を減らすために，減災に関する選択を絞り込み，自宅を高床構造にしようとしている。彼らの隣人が誰もこの対策を取らなければ，彼らの家は高床構造でない家々の街並みの中で奇妙に見えるだろう。一家が他に引っ越しすることを選択した場合，周囲の他の住宅とは異なるため，自宅の再販価値は低くなることを彼らは懸念するだろう。同様に，減災の有効性自体は，自宅を高床構造にすることを選択した他の住民の数次第でも

ある。一家は自宅を高床にしようとするが，隣人がこの行動を取らない場合，そうしなかった家屋のうちの1つが洪水やハリケーンで流され，さもなければ被害を免れるだろうローランド邸に損害を与える可能性がある。こうした非常に現実的な考えは，社会的に孤立した状態での意思決定を仮定する，従来の期待効用分析（たとえば式23.1のような）では簡単にはとらえられないことに留意したい。対照的に，減災策の決定は，調整ゲームの形を取ることが多く，減災の価値は，隣人がそうするかどうかによって決まってくる。

また，隣人によってなされた決定は情報価値を持っている，少なくともそのように認識される可能性が高い。情報カスケード（Sunstein, 2006）のように，多数の隣人が自宅を高床構造にするとすでに決めている場合，ローランド一家はその投資が費用対効果の高いものにちがいないともっともらしく結論を出すだろう。もちろんそのような推論は，隣人の判断もまた誰かの模倣にもとづいているとすれば，おおいに間違っているかもしれない。まるで流行のように，わずかな保険数理基準や工学的根拠しかない減災策を集団的に採用しているコミュニティが見て取れるかもしれない。

こうした影響を明らかにするために，著者らは近年，地震の減災における社会的ネットワーク効果の実験室研究を行った。この調査では，参加者は，仮定として定期的に地震が発生しやすい地域に住んでおり，地震発生の際の影響を軽減するための住宅の構造改善を購入することができると伝えらえた。参加者に与えられた課題は，以下に挙げる点で可能な限り効率的に意思決定を行うことだった。つまり，シミュレーションの終了時に，自宅の価値と獲得した利子から，減災コストと，損害修復費用を引いた額を支払う。シミュレーションを通して，参加者は仮想コミュニティにおける他人の投資意思決定と，彼らが震災で被った損害を観察することができた。シミュレーションにおける不確実性の主な出どころは，減災策が費用対効果に優れているかどうかであった。参加者の半分がコスト軽減効果のない設定（最適投資は0％），残りの半分は長期的な効果がある設定に配置された（最適投資は100％）。私たちの関心は，コミュニティがゲームを繰り返すことで，最適なレベルの減災策を発見できるかどうかを観察することだった。

基本的な結果は，実験の参加者は減災策にどれくらい投資するかを決定できないということだった。前述した，学習結果に関する結果と一致して，どちらの仮想コミュニティも減災策の最適なレベルを自然に発見したというエビデンスはほとんど見られなかった（両設定の投資レベルは平均40％）。しかし，社会的規範の効果は確認された。どれくらい投資するか，個人の決定を主として動かす要因は，隣人による平均投資水準であった。

減災策についてその真の有効性を知っている少数のオピニオンリーダーがコミュニティにいた場合，住民の学習は強化されただろうか？ これを明らかにするため，新たな実験を行った。シミュレーションの前に，各コミュニティのプレイヤー1名にだけ内密に軽減策について真の有効性が伝えられた。他のプレイヤーは，自分たちの中の誰かがその情報を持っていることは知っていたが，その人物の身元は明らかにされなかった。しかし，プレイヤーの投資行動を観察することによって推測できる可能性はあった。たとえば，投資は効果がないと伝えらえたプレイヤーは，おそらく最初から投資を行わないだろう。この「知識播種」はコミュニティの学習の一助になっただろうか？ 役には立った。しかし驚くべきことに，投資の効果がなかった場合にのみ効果が見られた。この実験上のコミュニティでは，プレイヤーたちは，情報を伝えられたプレイヤー（投資をしていない）を

即座に認識したかに見え，ゲームの2ラウンド後には，軽減策への投資はほとんど消滅していた。

対照的に，減災策が効果的であったコミュニティでは，時間の経過とともに投資が増加するのではなく，減少した。本節の前半で説明した理由の多くによって，減災策が効果的であると伝えられたプレイヤーは，最初から100％投資するという最適な戦略を取らず先送りしたのである。他のプレイヤーは，高いレベルで投資する人を誰も見ていないため，減災が効果的ではない世界であるにちがいないと誤解して結論づけていた。それゆえ，彼らはわずかな金額だけを投資した。そして，奇妙なことに，オピニオンリーダーであるはずの情報保持プレイヤーは追従者になり，自分の投資を減らしたのである。ゲームが複数回行われた後，たとえ長期的に投資するのが最適だったとしても，ほとんどのプレイヤーはまったく投資をしなかった。

もちろん，現実世界の状況では，オピニオンリーダーとティッピング戦略[x]がより効果的であることが期待される。これらに関するエビデンスはSchelling (1978) によって提示され，Gladwell (2000) によって一般化された。HealとKunreuther (2005) は，防災対策への投資決定に対する相互依存の影響をゲーム理論的に扱い，ティッピングやカスケードを誘発するための補助金や課税から，厳格に施行された建築基準のような規則や規制に至るまで，リスクにある人々の行動を調整する方策について提案した。

23.2.4 サマリア人のジレンマ

これまで示したように，なぜ個人が災害の前に防災対策を行わないのかに関する先行議論のもう1つは，人は，地震，ハリケーン，または洪水による損害を被った場合，政府からの豊富な援助が来ると想定しているということである。政府による災害援助は，ある種の善きサマリア人のジレンマを作り出す可能性がある。つまり，**事後**（苦難の後）の災害支援によって，当事者が危機**発生前**（苦難の前）にリスク管理するインセンティブを低下させてしまう（Buchanan, 1975）。ローランド一家が損害を被った後に政府の救済を受けることを期待している場合，ハリケーンに先立って，減災策に投資し保険を購入することの経済的インセンティブは少なくなる。災害の起こりやすい地域で住民が防災対策を行わないゆえの損失増加は，被災者支援のための政府のインセンティブを増幅させる。

しかし，災害救助の役割に関する実証的エビデンスによれば，個人やコミュニティは，将来の災害救助の期待に基づいて，減災策に投資するかの判断をしていない。Kunreutherら（1978）は，地震やハリケーンが発生しやすい地域のほとんどの住宅所有者が，災害発生後の連邦政府からの援助を期待していないと報告している。Burby（1991）は，災害救援を受け取った地方自治体は，将来の災害からの損失を削減するために，災害前より多くの取り組みを行った。この行動は直観に反するものであり，その理由は十分に理解されていない。ハリケーン・カトリーナの際は，被災者と被災地に数十億ドルの災害支援が送られたが，これがこうした観点を変化させたか検討すると興味深い。同じように，2008年と2009年の，一部の大手金融機関に対する歴史的な政府の救済措置は，将来的には強いモラルハザードを引き起こす可能性が高い。

個人が災害前の計画段階で外部からの災害援助を期待しているか否かにかかわらず，実際の政府による援助を動かすのは，重大な損害を生じる災害の発生である（Moss, 2002）。現行の制度では，

---

x ［訳者註］ある少数の人物に働きかけると，そこから漫然と全体に効果が波及すること。

州知事は，大統領に「大災害」の宣言に加え，被害が相当に深刻な場合には特別な援助を要請することができる。大統領に援助額の決定権はないが（下院と上院の決定による），援助過程における重要な段階において責を担っている。これは明らかに次のような疑問を提起する。そのような決定を推進する要因は何か？　ある州は他州よりもこのような状況から利益を得る可能性が高いのか？そうであればどのようなときにそれは起きるのか？

23.2.5　政治家のジレンマ

連邦政府の救済は，行動バイアスとは無縁ではない。これは，選挙の年は災害援助に非常に活発な時期であることが示された最近の研究と一致している（他のすべては同等である）。図23.1は，1953-2008年の大統領による大規模災害宣言の数の進展を示している。1955～1965年には162件，1966～1975年には282件，1986～1995年には319件，1996年から2005年には545件（Michel-Kerjan, 2008b）であった。図23.1が示すピーク時の多くが，大統領選挙年であることは興味深い。

4つの顕著な例は，1964年のアラスカ地震，1972年6月の熱帯低気圧アグネス，1992年9月のハリケーン・アンドリュー，2004年の4回のハリケーンである。たとえば，アラスカ州の地震では，地震発生前に耐震対策を行ったり，保険をかけていた家庭や企業はほとんどなかったが，その後，アメリカ中小企業庁は，災害融資プログラムを通じて資金を必要とした人に構造物の再建や，住宅ローンの借り換え資金として利率1％の貸付を行った。先に述べたように，アラスカ州で保険をかけていなかった被災者は，震災後は保険に入っていた被災者よりも経済的に余裕を持つことになった（Dacy & Kunreuther, 1968）。最近では，20人の選挙人投票が行われる激戦州では，わずか3人の州と比較すると，2倍以上多くの大統領による大規模災害宣言を受けていることが明らかになっている（Reeves, 2004, 2005）。

ハリケーン・カトリーナの場合，キャセリーン・ブランコ州知事は2005年8月26日に緊急事態を宣言し，8月28日に連邦政府に災害救援資金を要請した。ブッシュ大統領は28日に緊急事態を宣言，連邦政府の資金を解放し，緊急対応活動，がれき除去，および連邦政府の統制下において個々の援助と住宅計画を実施した（Congressional Research Service, 2005）。緊急事態宣言の下で，連邦資金は上限500万ドルと定められた。8月29日，ブランコ州知事の要請に応じて，大統領は「重大災害」を宣言し，救助と復興支援のために，より多くの連邦資金を配分した。アメリカ連邦議会は9月8日までに，ハリケーン・カトリーナ被災者に対する520億ドルの援助を承認した。2007年8月現在，2005年のハリケーンシーズンで被害を受けた地域再建に向けた連邦政府の救済措置には，およそ1,250億ドルが議会によって割り当てられた。

政治家が災害後に惜しみない行動をしたことで恩恵を受けるという事実は，地方，州，および連邦レベルで選出された代表者が，人々に次の災害が起きる前に防災対策を取らせることができるか，その手腕に根本的な疑問を提起する。これらの減災策を実施することの難しさは，**政治家のジレンマ**として特徴付けられている（Michel-Kerjan,

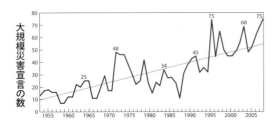

図23.1　各年の大統領による大規模災害宣言（グラフ上のピーク値はそれぞれ大統領選挙年と一致）（Michel-Kerjan（2008b）を参考に作成）

2008a)。

市または州レベルで選出された代議員を想像してもらいたい。彼または彼女は，自分の地区の人々や企業が災害発生を防止または制限する費用対効果の高い軽減策に投資するよう促すべきか？

長期的な観点からは，答えは「はい」でなければならない。しかし，短期的な再選の観点（上とは別の近視眼的思考）を考えると，その代議員は，税金を他の所へ配分し，より多くの政治資本を生み出す方策に賛成票を投じる可能性が高い。災害前（事前）に減災策にほとんど関心が払われていないもう1つの例は，選挙区の人々が災害発生について憂慮していないこと，また，災害後（事後）は復興・復旧のために公共部門から被災者に手厚い支援をすべきという世論が高まっているからだと考えられる。こうした中で希望があるとすれば，次の災害が発生した後，住民やメディアは損害の大きさに着目し，政治家は建物基準の強化やその他の損害軽減対策に賛同することで災害に対応する可能性が高いということである。しかし，これは選挙区において，そうすることがよいことだというコンセンサスが得られていれば，の話である。

23.3 決定バイアスをどう克服するか

自然災害の影響を受けやすい地域で，よりレジリエントなコミュニティを構築するにはどうすればよいだろうか？　これまで議論してきたバイアスを振り返ると，これはそうたやすいことではない。コミュニティは，難しい選択に直面している。つまり，バイアスを除去して減災への自発的な投資を促進するのか，もしくは，厳格に施行された建築規定や土地利用規制などを課し，自発的に選択することを制限するか，方策を模索しなければならない。現在まで，公務員は，減災を確実にする唯一の効果的な手段として規制に頼ってきた。どこに住むべきか，どれくらい防災に投資するかについて住民が賢明な選択をすることができないのであれば，これらの選択肢を課すのは政府の役割である。

この議論に関する説得力ある説明として，KydlandとPrescott（1977）は，ノーベル賞受賞に至った彼らの功績の中で，選択の自由を許す政策は，短期的には社会的に最適であるが，長期的観点からは最適ではない可能性があると示している。具体例として，彼らは，個人が最初から氾濫原での定住を禁止されていない限り，そこに住む人々の退去を強制することは政治的に非常に困難であると指摘した。KydlandとPrescottは，こうした人々は洪水が発生しやすい地域に家を建てることを決定するに当たり，十分な数の人がそうした地域で家を建ててそこに住むと選択すれば，工兵隊がその後ダムや堤防を建設するはずと信じていたと論じている。

KunreutherとPauly（2006）は，行動学的観点を概念に導入することで，Kydland-Prescott議論を拡張した。彼らは，個人が将来の災害が起きる可能性を過小評価している場合，住宅所有者に保険を購入させ，土地利用規制や建築基準などの厳格な規則を施行して，これらの災害に続く公共部門の大規模な支出を避けるよう要求することが重要であると強固に主張した。この点を支持するために，KunreutherとPaulyは，大災害が発生するまで多くの人々が災害の影響について考えることさえしないがゆえに，防災対策への投資を行わないことについて実証エビデンスを示した。

しかし，減災策の意思決定に対する広範な政府の介入は，それ自体リスクを伴う。具体的には，このアプローチは逆説的に，場合によっては長期的な災害リスクを軽減するのではなく，実際に悪化させてしまう可能性があると批判しうる。この点

に関してBurby（2006）によってエビデンスが示されている。Burby（2006）は，堤防建設など連邦政府による対策は，実際には堤防が破壊されたり，越波されたりと，災害の危険にさらされている場合であっても住民を安全に感じさせてしまうと主張している。

同様に，Steinberg（2000）は，海岸沿いのコミュニティで現在普及している海浜復旧プロジェクトは，同一のリスクを負っていると指摘している。つまり，復旧は単一の嵐がもたらす潜在的な被害を低減させる一方でまた，住民のリスク知覚を促進する視覚的手がかりを与えないことにつながる。これもまた，行政の計画者はバイアスを克服するために規則の計画と施行を行っているが，その行政計画者自身が，そのバイアスを克服できることを前提としている，実際にはできそうもない前提のアプローチである。一例として，1920年代から50年代までの40年間に渡るハリケーンの軌跡は，1957年に南フロリダにおける最も厳しい建築基準の可決に至った。その後沈黙の30年の間に徐々にこの基準の適用は減少していった。そして，1992年のハリケーン・アンドリュー来襲時には被災地域での多大な資産損失につながった。

このジレンマに照らして考えると，災害リスクを管理する長期的な解決策は，前述の行動バイアスを考慮した，より効率的な防災への意思決定を住民が行うよう導く意思決定構造にある。

23.3.1 長期の保険と減災ローン

個人が減災策に多額の投資をしたくない主な理由は，短期的には経済的な個人利得を実現する可能性が低いためである。したがって，減災策を奨励する上での重要な課題は，**個人**から**資産**に焦点を移すことである。そうすれば，リスク削減策に投資するかどうかを決定する際に，個人はより長期的視野を持つだろう。住宅ローンは通常は長期契約であるため，この点で重要な役割を果たす。

この考えにおいて，著者らは，近視眼的な思考を促す既存の伝統的な1年の保険契約から，長期的な減災ローンを組み合わせた年次保険料を含む，複数年保険契約への移行を市場のイノベーションとして提案している（Jaffee et al., 2008）。

長期保険（LTI）契約が実現可能である（たとえば10年または25年）ためには，保険会社は，その期間におけるリスクの最善の見積もりを反映した金利を課すことができなければならない。こうした見積もりを取り巻く不確実性は，固定金利住宅ローンの金利が15年，25年，および30年ローンの間で変動するのと同じように，保険契約期間を関数として年次保険料に反映される可能性がある。保険契約者の立場から見た長期保険契約の明白な利点は，彼らが資産を所有している限り，それらが保護されるという安定性と保証が得られることである。これは，重大な災害が発生する前に保険契約を解約してしまった人が居住する災害多発地域では，大きな懸念事項だった[3]。フロリダの洪水保険に関する研究では，2000年のフロリダ州における加入住民100万人のアメリカ洪水保険制度（NFIP）のうち，3分の1が2002年までに，約3分の2が2005年までに解約された（Michel-Kerjan & Kousky, 2010）。

多くの保険監督者が，保険会社が危険性の高い地域で保険を提供するのに必要となる，損害の可能性と資本コストを反映して保険料を変化させることを制限している。こうした国家によって規制された取り決め下では，保険業者は長期保険契約の取引についてその可能性を検討しないだろう。保険会社は，どれくらいの保険料を課すことができるかについて，現在または将来，規制者による取り締まりを懸念していると考えられる。そうすると，長期保険は財務的な観点から実行不可能となる。州の保険監督局と保険業界間の緊張を鑑みる

と，NFIP下で連邦政府が全米レベルで提供する洪水保険に焦点を当てることで，LTIを導入することが政治的に最善ではないだろうか[4]。

著者らは，長期にわたる洪水保険の購入は，災害が起きやすい地域に住むすべての財産所有者に求められるべきと考える。次の大災害発生に続く，大規模な災害救助が施行される可能性を低くするためである。こうした要件に関する前例を挙げると，たとえば全州において，自動車運転者は車両登録に際し，対人事故および物的損害賠償責任または金銭的責任を補償する自動車保険の証明を提示しなければならない，ということが挙げられる。所有物の保険に関しては，住宅ローンを負っている住宅所有者に対しては，通常，貸付銀行によって，住宅ローンの期間は風害に対する保険購入を求められる。そしてこの要件は通常強制である。

長期にわたる洪水保険契約は，前項で論じた行動学的観点のためにリスクベースであっても，現行の年次保険契約では成果を挙げそうにもない減災策への投資に対して，経済的インセンティブを与えるだろう。この点を強調するために，以下の簡単な例を考えてみたい。ローランド一家が家の土台の洪水対策として1500ドルを投資し，年間1/100の確率で発生する将来の洪水やハリケーンから水害を3万ドル削減できると仮定する。保険料にリスクが反映される場合，年間保険料は300ドル減額され，不動産への期待損失は減少する。家屋の耐久が10年以上続くと予想される場合，より低い保険料という形でこの対策に投資される期待利益の正味現在価値は，15%の年率という高い割引率で先行コストを上回る。

現在の1年更新の洪水保険契約のもとで，多くの不動産所有者は次年に300ドルしか回収できないため，1500ドルの負担を嫌うだろう。彼らが双曲割引を用いた場合，または時間軸に関して近視眼的であった場合，予想される割引利得は，1500ドルの先行コストよりも少なくなる可能性が高くなる。

また，家計の制約が減災策への投資を阻むかもしれない。その他の懸念事項もまた，これらの対策に投資しないという住宅所有者の意思決定に影響を及ぼすだろう。彼らは，どれくらいの期間自分たちがその地域に居住するか分からない上，さらに契約が更新されれば次年度はより低い保険料で再び報われるかどうか，そのどちらも知らないのかもしれない。

20年間の洪水保険契約では，保険料の減額は確実と見なされるだろう。実際に，不動産所有者は，年間利率10%の住宅ローンに連動した1500ドルのリフォームローンを組むことができ，その結果年間145ドルの支払いが発生する。年間保険料が300ドル減った場合，住宅所有者が貯蓄できるのは毎年155ドルになる。

銀行には，この種のローンを提供する財務的インセンティブがある。減災への支出を財産所有者よりもむしろ建造物に結びつけることで，年間支払い額は低くなり，これは住宅ローンにとってセールスポイントになるだろう。銀行はまた，壊滅的な損失に対して財産がより良く保護されていると感じ，保険会社は大規模災害による潜在的な損失が減少していることを理解する。これらの減災策融資は，新しい金融商品となるだろう。さらに，一般市民は，災害救済のために多額の税金を支払う可能性が低くなる。これこそまさに，すべての人がWin-Winになる状況である（Kunreuther, 2006）。

23.3.2 承認印

費用対効果の高い減災策を行うよう奨励する補完的な方法は，銀行やその他の貸し手に住宅ローンを調整するよう求めることである。新規または既存の家屋の売り手または買い手は，その家屋が建築基準を満たしている，もしくは上回っている

という承認の印を認定検査官から取得する必要が生じるだろう。この要件は，既存の住宅政府支援企業（すなわち，ファニーメイ，フレディマック，および12の連邦住宅ローン銀行）によって法制化または課される可能性がある。既存の住宅所有者も，保険会社が保険料割引（昨今保険会社が煙探知機や盗難警報器に適用している割引に類似したもの）を提供することや，リフォームローンが一般的に利用可能であると知れば，こうした承認印を同様に探し求めるかもしれない

1994年7月に行われた，大西洋およびメキシコ湾沿岸の6つのハリケーン被害地域に居住する1241人を対象とした電話調査では，何らかのタイプの承認印の必要性が支持された。回答者の90％以上は，地域の住宅建設業者は建築基準に従う必要があると感じており，85％は自治体の建築部が新しい住宅建設の点検を行うことを非常に重要と考えていた。著者らは以下の手順を推奨する。承認印を確立するために必要な検査は，認定された請負業者によって行われなければならない。新しい物件については，契約者は買い手にこの承認印を提出する必要がある。既存の物件については，買い手は検査のために支払いを行い，承認印に必要なガイドラインを満たさなければならない。住宅が基準を満たしていない場合，銀行やその他の住宅ローン融資会社は，リフォーム費用を住宅ローンに併せて組み込むべきである（Kunreuther & Michel-Kerjan, 2006）。

23.3.3 税制上のインセンティブ

コミュニティが住民の減災策を推進する1つの方法は，彼らに税制上のインセンティブを与えることである。たとえば，住宅所有者が減災策を導入して災害からの損失を減らした場合，この納税者は災害救済に係るコストが低くなることを反映して，州の税金の還付を受けることになる。ある

いは，固定資産税が下がる。しかし，実際には，コミュニティによっては減災に投資するために金銭的な阻害要因が生じることがある。不動産所有者は，家をより安全にするため住宅改善すると，不動産はより高い価値で再評価されるため，より高い税金を支払わなければならない可能性が高い。カリフォルニア州はこの問題を認識しており，1990年，固定資産税の増税につながる不動産の再評価に際して，建物の地震被害補修に係る改善を免除する住民投票事項127を可決した。

カリフォルニア州バークレー市では，住宅購入者に向けて，譲渡税還付制度を導入し，新たに購入した住宅を改装するよう奨励する追加の措置が取られた。市は不動産譲渡取引に1.5％の税金を課す。この金額の3分の1までは，不動産売却中の耐震改良に適用することができる。条件を満たす改良には，土台の修理や交換，地下室の壁の筋交い，せん断壁の設置，給湯器の固定，煙突の固定などが含まれる（Heinz Center, 2000）。

23.3.4 リスクをよりよく伝える
土地利用規制条例

大規模災害が発生した後に政策策定者が直面する，より厄介な問題の1つは，被災地域での再建を認めるかどうかである。カトリーナ後の反応が示したように，通常，被災した同じ場所に自宅を再建したいという要望には強い政治的支持がある。

たしかにそうしないと，その人生のすべてではないにしても，その地域に住んでいて，そこに家族や社会的関係を持っている人たちに対して，共感を示していないように見えるだろう。多くの被災者にとって，家以外に帰る場所はない（Vigdor, 2008）。

災害後の残念な傾向は，災害の起こりやすい地域で家を建て直すことだけでなく，新しい住民や将来の住人に，その場所がもたらす固有のリスク

を伝達する可能性のあるすべての兆候を取り除いて再建してしまうことである。たとえば，今ミシシッピ湾岸を訪れる人は，2005年のハリケーン・カトリーナによって地域が被った，完全な壊滅を示す痕跡を見つけることはほぼできないだろう。魅力的な大邸宅が国道90号線に沿って再び連なっている。そこにある砂浜を見ても，ここがアメリカの海岸線の中で最も危機にさらされやすい場所である，という手がかりを得ることはほぼできない。

破壊された家を住民が再建することを禁止する政策は，政治的に実行不可能であるかもしれない。しかし，新しい住民が，今後直面する実際のリスクについて，情報を踏まえた意思決定ができるように再建を導く政策は，はるかに反論が少ないように思われる。この概念は，FEMAの洪水地図では暗黙的に認識されていたものであり，現在これについては，担当部局が最新の情報に更新中である。著者らは，この教育プロセスが洪水だけでなく，ハリケーンや地震に対しても広く認識されることを奨励する（GAO, 2008）。

23.4 結び

近年のアメリカの災害からは，**自然災害症候群**についての実証的エビデンスが示されている。ハリケーン・カトリーナの後，ルイジアナ州の多くの被災者は，減災策を住宅に実施しなかったために，洪水による深刻な損害を被った上，その被害をカバーする洪水保険に入っていなかった。その結果，これらの被災者を支援するために，未曾有のレベルで政府の災害援助が提供された。

危機に晒される人々が自然災害から身を守らない理由は多々ある。本章では，予算管理のヒューリスティック，短期的視野，リスクの過小評価，楽観主義，感情予測の誤り，学習の失敗，社会規範と相互依存性，サマリア人のジレンマ，政治家のジレンマなどの行動学的観点に焦点を当てた。これらすべての影響により，危険に対する減災対策への投資について人々の関心と能力は制限される。

2004年，2005年，および2008年のハリケーンは，この点で警鐘となるはずであったが，それが人々の耳に届くことはなかった。この後の一連の大規模なハリケーン，洪水，地震は壊滅的なものとなる可能性が高い。

ニューオーリンズの場合，居住者は，堤防などの洪水対策によって完全に保護されていると単純に感じていたかもしれない。残念なことに，他の災害多発地域においても，災害発生後，安全に対する誤った知覚は多々同じ状況で観察されるかもしれない（Pinter, 2005）。大規模災害に対するアメリカのインフラが持つレジリエンスについては，本来あるべき関心がいまだ払われていない（Auerswald et al., 2006）。

私たちが，社会として今後の自然災害による損失を減らし，災害発生後の政府による支援に制限をかけようとするならば，創造的なパートナーシップのもとでの民間部門と公共部門の関与が必要である。これには，適切な保険による保護と併せて，厳密な建築基準と土地利用規制を要する。不動産所有者に向けて，こうした方策を財政的に魅力あるものにする経済的インセンティブは，長期的な保険契約と減災ローンの形で提供されるべきである。

また，災害発生の危険が高い地域で提供すべき災害保険の種類について，さらなる検討が必要という指摘もあるかもしれない。1年更新の保険契約にひそむ不安定さを維持するのではなく，住宅ローンに結びつけた長期的な住宅所有者の保険契約の下で，すべての危機に対する保護を提供する可能性を考慮することは有益だろう。こうした事や関連する問題は，今後の行動学的研究の基礎を

形成し，それは今後の自然災害による損失減少に向けてより効果的な政策提言を行う上での一助になるものと推察する。

原註

1. このほかの洪水軽減対策に関する検討については Laska（1991）および Federal Emergency Management Agency（1998）を参照。
2. それでも，アメリカ国政調査局の推定では，暴風雨の約2年後の2007年7月1日まで，これらの避難者のほぼ半分はニューオーリンズに戻っていなかった（Vigdor, 2008）。
3. FEMAによると，1998年8月のバーモント州北部の洪水被害の際，被害を受けた1,549人の住宅所有者のうち，84％が特別洪水被害地域に居住していたが，保険に入っていなかった。しかし，そのうちの45％がこの保険を購入しておく必要があった（Tobin & Calfee, 2005）。
4. 提案された長期洪水保険に関する詳細については，KunreutherとMichel-Kerjan（2010）を参照。

引用文献

Auerswald, P., Branscomb, L, La Porte, T., and Michel-Kerjan, E. (2006). *Seeds of disasters, roots of response: How private action can reduce public vulnerability.* New York: Cambridge University Press.
Berg, R. (2009). *Hurricane Ike tropical cyclone report.* Miami: National Hurricane Center. Retrieved from http://www.nhc.noaa.gov/pdf/TCR-AL092008_Ike_3May10.pdf
Bowman, E, and Kunreuther, H. (1988). Post-Bhopal behavior in a chemical company. *Journal of Management Studies, 25,* 387-402.
Brinkley, D. (2006). *The great deluge: Hurricane Katrina, New Orleans, and the Mississippi Gulf Coast.* New York: Harper Collins.
Buchanan, J. (1975). The Samaritan's dilemma. In E. Phelps (Ed.), *Altruism, morality and economic theory* (pp. 71-85). New York: Russell Sage Foundation.
Burby, R. J. (1991). *Sharing environmental risks: How to control governments' losses in natural disasters.* Boulder, CO: Westview.
Burby, R. J. (2006). Hurricane Katrina and the paradoxes of government disaster policy: Bringing about wise governmental decisions for hazardous areas. *Annals of the American Academy of Political and Social Science, 604,* 171-191.
Burby, R. J., Bollens, S. J., Kaiser, E. J., Mullan, D., and Sheaffer, J. R. (1988). *Cities under water: A comparative evaluation of ten cities' efforts to manage floodplain land use.* Boulder, CO: Institute of Behavioral Science, University of Colorado.
Camerer, C., and Kunreuther, H. (1989). Decision processes for low probability events: Policy implications. *Journal of Policy Analysis and Management, 8,* 565-592.
Campbell, J. Y. (2006). *Household finance.* Working paper, Department of Economics, Harvard University.
Congressional Research Service. (2005). *Federal Stafford Act Disaster Assistance: Presidential declarations, eligible activities, and funding.* Washington, DC: Congressional Research Service, Library of Congress. Retrieved from http://www.au.af.mil/au/awc/awcgate/crs/d33053.pdf
Dacy, D., and Kunreuther, H. (1968). *The economics of natural disasters.* New York: Free Press.
Federal Emergency Management Agency (FEMA). (1998). *Homeowner's guide to retrofitting: Six ways to prevent your home from flooding.* Washington, DC: Federal Emergency Management Agency.
Fritz, H. M., Blount, C. D., Swe Thwin, Moe Kyaw Thu, and Nyein Chan (2009). Cyclone Nargis Storm surge in Myanmar. *Nature Geoscience, 2,* 448-449.
Gladwell, M. (2000). *The tipping point,* New York: Little Brown.
Goodnough, A. (2006, May 31). *As hurricane season looms, states aim to scare.* New York Times. Retrieved from http://www.nytimes.com/2006/05/31/us/31prepare.html?pagewanted-all
Government Accountability Office (GAO). (2008). *Flood insurance: FEMA's rate-setting process warrants attention.* GAO-09-12. Washington, DC: U.S. Government Accountability Office.
Heal, G., and Kunreuther, H. (2005). You can only die once: Interdependent security in an uncertainty world. In H. W. Richardson, P. Gordon, and J. E. Moore, II (Eds.), *The economic impacts of terrorist attacks* (pp. 35-56). Cheltenham, UK: Edward Elgar.
H. John Heinz III Center for Science, Economics and the Environment (Heinz Center). (2000). *The hidden costs of coastal hazards: Implications for risk assessment and mitigation.* Washington, DC: Island Press.
Hogarth, R., and Kunreuther, H. (1995). Decision making under ignorance: Arguing with yourself. *Journal of Risk and Uncertainty, 10,* 15-36.
Huber, O., Wider, R., and Huber, O. W. (1997). Active information search and complete information presentation in naturalistic risky decision tasks. *Acta Psychologica, 95,* 15-29.
Jaffee, D., Kunreuther, H., and Michel-Kerjan, E. (2008). *Long term insurance (LTI) for addressing catastrophe risk.* NBER Working Paper No. 14210. National Bureau of Economic Research.
Knabb, R. D., Rhome, J. R., and Brown, D. P. (2006). *Tropical cyclone report: Hurricane Katrina: 23-30 August 2005.* Miami: National Hurricane Center.
Kunreuther, H. (1996). Mitigating disaster losses through insurance. *Journal of Risk and Uncertainty, 12,* 171-187.
Kunreuther, H. (2006). Disaster mitigation and insurance: Learning from Katrina. *Annals of the American Academy of Political and Social Science, 604,* 208-227.
Kunreuther, H., Ginsberg, R., Miller, L., Sagi, P., Slovic, P., Borkan. B., and Katz, N. (1978). *Disaster insurance protection: Public policy lessons.* New York: John Wiley and Sons.

Kunreuther, H., and Michel-Kerjan, E. (2006). *Some options for improving disaster mitigation: Developing new commercial opportunities for banks and Insurers.* Paper prepared for the Financial Services Roundtable. Washington, DC.

Kunreuther, H., and Michel-Kerjan, E. (2009). *At war with the weather.* Cambridge, MA: MIT Press.

Kunreuther, H., and Michel-Kerjan, E. (2010). Market and government failure in insuring and mitigating natural catastrophes: How long-term contracts can help. In W. Kern (Ed.), *The economics of natural and unnatural disasters* (pp. 9-38). Kalamazoo, MI: W. E. Upjohn Institute for Employment Research.

Kunreuther, H., Onculer, A., and Slovic, P. (1998). Time insensitivity for protective measures. *Journal of Risk and Uncertainty, 16*, 279-299,

Kunreuther, H., and Pauly, M. (2005). Terrorism losses and all-perils insurance. *Journal of Insurance Regulation, 23*, 3-19.

Kunreuther, H., and Pauly, M. (2006). Rules rather than discretion: Lessons from Hurricane Katrina. *Journal of Risk and Uncertainty, 33*(1-2), 101-116.

Kydland, F., and Prescott, E. (1977). Rules rather than discretion: The inconsistency of optimal plans. *Journal of Political Economy, 85*, 473-491.

Laibson, D. (1997). Golden eggs and hyperbolic discounting. *Quarterly Journal of Economics, 112*, 443-477.

Laska, S. B. (1991). *Floodproof retrofitting: Homeowner self-protective behavior.* Boulder, CO: Institute of Behavioral Science, University of Colorado.

Lerner, J., Gonzalez, R., Small, D., and Fischhoff, B. (2003). Effects of fear and anger on perceived risks of terrorism: A national field experiment. *Psychological Science, 14*(2), 144-150.

Loewenstein, G., O'Donoghue, T., and Rabin. M. (2003). Projection bias in predicting future utility. *Quarterly Journal of Economics, 118*, 1209-1248.

Loewenstein, G., and Prelec, D. (1992). Anomalies in intertemporal choice: Evidence and an interpretation. *Quarterly Journal of Economics, 107*(2), 573-597.

Magar, W., Viscusi, K. W, and Huber, J. (1987). Risk-dollar tradeoffs, risk perceptions, and consumer behavior. In W. Viscusi and W. Magat (Eds.), *Learning about risk* (pp. 83-97). Cambridge, MA: Harvard University Press.

McClelland, G., Schulze, W., and Coursey, D. (1993). Insurance for low-probability hazards: A bimodal response to unlikely events. *Journal of Risk and Uncertainty, 7*, 95-116.

Meyer, R. (2006). Why we under prepare for hazards. In R. J. Daniels, D. F. Kettl, and H. Kunreuther (Eds.), *On risk and disaster: Lessons from Hurricane Katrina* (pp. 153-174). Philadelphia: University of Pennsylvania Press.

Meyer, R. J., Zhao, S., and Han, J. K. (2007). *Biases in valuation and usage of innovative product features.* Working paper, Department of Marketing, the Wharton School, University of Pennsylvania.

Michel-Kerjan, E. (2008a). *Disasters and public policy: Can market lessons help address government failures.* Proceedings of the 99th National Tax Association Conference, Boston, MA. National Tax Association Proceedings, 179-187. Retrieved from http://www.ntanct.org/images/stories/pdf/proccedings/06/023.pdf

Michel-Kerjan, E. (2008b). Toward a new risk architecture: The question of catastrophe risk calculus. *Social Research, 75*(3), 819-854.

Michel-Kerjan, E, and Kousky, C. (2010). Come rain or shine: Evidence on flood insurance purchases in Florida. *Journal of Risk and Insurance, 77*(2), 369-397.

Moss, D. (2002). *When all else fails: Government as the ultimate risk manager.* Cambridge, MA: Harvard University Press.

Oberholzer-Gee, F. (1998). *Learning to bear the unbearable: Towards an explanation of risk ignorance.* Unpublished manuscript, Wharton School, University of Pennsylvania.

Palm, R., Hodgson, M., Blanchard, R. D., and Lyons, D. (1990). *Earthquake insurance in California: Environmental policy and individual decision making.* Boulder, CO: Westview Press.

Pielke, K., Gratz, I., Landsea, C., Collins, D., Sanders, M., and Musulin, R. (2008). Normalized hurricane damage in the United States: 1870-2005. *Natural Hazards Review, 9*(1), 29-42.

Pinter, N. (2005). One step forward, two steps back on U.S. floodplains. *Science, 308*(5719), 207-208.

Reeves, A. (2004, May 12). *Plucking votes from disasters. Los Angeles Times.* Retrieved from http://articles.latimes.com/2004/may/12/opinion/oc-reeves12

Reeves, A. (2005). *Political disaster? Electoral politics and presidential disaster declarations.* Manuscript in progress. Kennedy School of Government, Harvard University, Cambridge, MA.

Schelling, T. (1978). *Micromotives and Macrobehavior.* New York: Norton.

Steinberg, T. (2000). *Acts of God: The unnatural history of natural disaster in America.* New York: Oxford University Press.

Stern Review. (2006). The economics of climate change. H. M. Treasury. Retrieved from http://webarchive.nationalarchives.gov.uk/+/http://www.hm-treasury.gov.uk/sternreview_index.htm

Sunstein, C. R. (2006). Deliberating groups vs. prediction markets (or Hayek's challenge to Habermas). *Epistame: A Journal of Social Epistemology, 3*, 192-213.

Thaler, R. (1999). Mental accounting matters. *Journal of Behavioral Decision Making, 12*, 183-206.

Tobin, R., and Calfee, C. (2005). *The National Flood Insurance Program's mandatory purchase requirement: Policies, processes, and stakeholders.* Washington, D.C.: American Institutes for Research.

Trope, Y., and Liberman, N. (2003). Temporal construal. *Psychological Review, 110*(3), 403-421.

Tversky, A., and Shafir, E. (1992). Choice under conflict: The dynamics of deferred decision. *Psychological Science, 3*(6), 358-361.

Vigdor, J. (2008). The economic aftermath of Hurricane Katrina. *Journal of Economic Perspectives, 22*(4), 135-54.

White, G. F. (1975). *Flood hazard in the United States: A research assessment.* Boulder: Institute of Behavioral Science, University of Colorado.

Wilson, T. D., and Gilbert, D. T. (2003). Affective fore casting. In M. Zanna (Ed.), *Advances in experimental social psychology* (Vol. 35, pp. 345-411). San Diego, CA: Academic Press.

第8部
意志決定の文脈
DECISION CONTEXTS

24章　デフォルトに基づく判断

ERIC J. JOHNSON
DANIEL G. GOLDSTEIN

　アメリカ大統領選挙後の12月を想像してみてほしい。次期大統領が組閣のために閣僚候補者と面接していると，ある候補者が非常に魅力的な提案をしてきた。「私に任せてくださされば，とっておきの政策設定戦略をお教えしましょう。この政策を使えば国民の貯蓄を増やしたり，自主的な行動を促して人命を救ったりすることもできます。リスクの管理方法を変えることだってできるんですよ」。さらに候補者はこう付け加えた。「この政策には何もしなくてもよく，経費や労力がほとんどかかりませんし，実は何もしないということが重要なんです」。とっておきの政策とはいったいどんなものだろうか。それは行動しない場合のデフォルトを適切に設定することである。

　デフォルトの選択肢とは，自ら選択を行わない場合に割り当てられる設定のことである[1]。たとえば，アメリカでは臓器提供者ではないことがデフォルトであり，つい最近までは，退職後のプランのために資金を積み立てたりしないことがデフォルトであった。一方で，新車を買う際にはエアバッグが何もしなくてもデフォルトでついてくるため，顧客がわざわざ依頼する必要はない。デフォルトの効果が選択に及ぼす影響はどれくらい強力なのだろうか。そもそもデフォルトは私たちに影響を及ぼすのだろうか。影響を及ぼすとすれば，それはなぜだろうか。本章ではさまざまな政策領域からデフォルト効果（default effect）を紹介し，その効果の背景にある心理学的メカニズムを探ることとする。そして，デフォルトを導入してきた政策の倫理的および義務の問題や，有効性を評価する。

著者らの目指すところは，デフォルトを秘密の政策としてこっそりしまっておくのではなく，メカニズムを集めたライブラリーに加えることである。

24.1　デフォルトが選択に及ぼす効果：事例研究

24.1.1　保険の選択

　同じ集団に属する人々に異なる政策を実施したために，政府や企業，公的機関がデフォルトの効果を推定させる「自然実験」を意図せず行ってしまうことがある。デフォルト効果は医療保険プランの選択（Samuelson & Zeckhauser, 1988）や，インターネットにおけるプライバシー・ポリシーの選択（Bellman et al, 2001）において生じることが確認されている。たとえデフォルトとして選ばれた選択肢がランダムであっても，人は割り当てられたデフォルトを選ぶ傾向が強い。選択した結果のリスクが小さければ，ランダムに割り当てられたデフォルトに張りついて選択を変えなくても不思議ではないが，デフォルトはたとえリスクが大きくても選択に影響を与える。1990年代，ニュージャージー州とペンシルベニア州は，自動車保険を高額なプランと安価なプランの2つから選ぶよう契約者に選択肢を与えた。高額なプランには「慰謝料」を請求することができる訴権が含まれており，安価なプランは怪我の治療費をカバーするものであるが，訴権は含まれていなかった。ただし，ニュージャージー州で車を運転する人には訴権が

制限されたプランがデフォルトで与えられており，ペンシルベニア州では異なるデフォルト，つまり無制限に訴権がデフォルトとして与えられていた。驚いたことに，ニュージャージー州で車を運転する人のうち「高額なプラン」を契約して無制限の訴権を含むプランを「好んだ」のは21％にとどまったのに対して，ペンシルベニア州では70％以上が「安価なプラン」を「好んだ」[i]。実験参加者をデフォルトで2つのプランのうちの1つに割り当てて実験を行った心理学の研究も，この結果を裏づけている。つまり訴権が与えられたプランは，それがデフォルトであった場合には53％の人々に選ばれたが，権利なしのプランがデフォルトであった場合には23％にしか選択されなかったのである。ある試算によると（Goldstein et al., 2008），ペンシルベニア州におけるデフォルトの選択は，追加の保険購入として年間1億4000万ドルの売り上げをもたらし，1991年からの総売上額は20億ドルに上った。

24.1.2 臓器提供

この20年間，ヨーロッパ諸国では臓器提供に関する自然実験が意図せず行われている。ヨーロッパでは国によって異なるデフォルトが臓器提供者プールへの登録に採用されている。デフォルトに**オプトインを採用している**国では，臓器提供者になるためには明示的な意思表示が必要である。一方で，デフォルトに**オプトアウトを採用している国**では臓器提供に同意していることが前提とされ，臓器提供者プールから離れるためには自発的な手続きが必要となる。

著者ら（Johnson & Goldstein, 2003）はデフォルトが臓器提供に及ぼす影響を調べるためにインターネット調査を行い，161名の回答者に3種類の質問から1つを示し，臓器提供に同意するかどうか尋ねた。オプトイン条件の調査参加者は，デフォルトが臓器提供者ではない国に引っ越したばかりであるという条件設定で，そのデフォルト状態を維持するか，それとも変更するかの選択を求められた。オプトアウト条件も同じ質問だったが，臓器提供者**である**ということがデフォルトとして設定された。3つ目の条件は統制条件でデフォルトは設定されておらず，参加者は臓器提供に同意するかどうかの選択だけを求められた。この実験において参加者に求めた負担はすべての条件で均一であり，参加者は選択をクリック1つで変えることができた。

その結果，ランダムに割り当てられたデフォルトが劇的な影響を及ぼした。オプトアウト条件で臓器提供者になった参加者の割合は，オプトイン条件の約2倍であった。図24.1に示したように，オプトアウト条件とデフォルトの設定がなかった統制条件の間には臓器提供に同意した人数の割合に有意な差はなかった。つまり，現在アメリカで採用されているのと同じデフォルトを設定したオプトイン条件の同意者の割合だけが，有意に低かっ

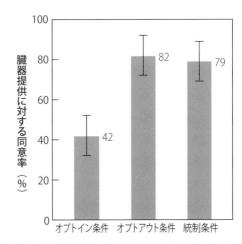

図24.1 デフォルトごとの実質的同意率についてのインターネット調査結果

---

i ［訳者註］つまり，高額なプランの選択率は30％近くにのぼった。

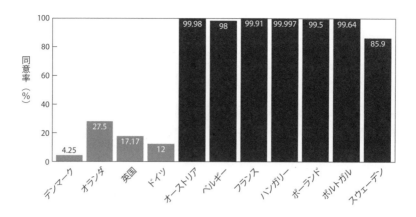

図24.2 国ごとの臓器提供に対する実質同意率。グレーは提供に同意が必要な4カ国（オプトイン），黒は推定同意の7カ国（オプトアウト）を示す。

たのである。

　現実世界ではこのような効果をもたらす要因が多く存在するため，著者らは臓器提供について明示的な同意を必要とする法律と，明示的な同意がなくても同意を推定する法律を持つヨーロッパ諸国における臓器提供への同意率を調査した。Gäbel（2002）の報告を複数の国の中央登録から取り寄せたデータで補完し，臓器提供に対する実効同意率を推定した。つまり，臓器提供者になるには明確な意思表示が必要な国（オプトインをデフォルトとして採用している国）で提供に同意している人の数と，同意が前提とされている国（オプトアウトをデフォルトとして採用している国）でデフォルトを変えない人の数である。もし臓器提供に対する選好が強ければ，デフォルトはほとんど，あるいはまったく同意率に影響を及ぼさないはずである。しかしながら，図24.2に示したようにデフォルトの影響は強く，オプトインをデフォルトとして採用している左の4カ国では，オプトアウトをデフォルトとして採用している右の7カ国よりも臓器提供に対する同意率が低かった。これは驚くべき結果である。2つの分布に重複はなく，オプトインを採用している国で最も同意率が高い国でも，最も同意率が低いオプトアウトの国とは60％

近くも離れている。これらの効果は，著者らが行った質問調査で見られた効果よりも強力なものであると考えられる。なぜなら，現実世界でデフォルトから選択を変更するのに必要なコスト（たとえば，設定を変えるために申請書を書いたり，電話をかけたり手紙を送ったりする必要がある）は，調査のときよりもずっと大きいからである。

　オプトインを採用している国の中には，臓器提供率を向上させるためにかなりの努力をしてきた国もある。オランダでは国家登録簿を作成し，広範囲にわたる教育キャンペーンを実施したり，臓器提供者登録を行うよう求める1200万枚（オランダの人口は1580万人）を超える大量の郵便物を送付したりしたが，臓器提供に対する実質的な同意率が増加することはなかった（Oz et al., 2003）。

　では，デフォルトの変更はある国における臓器提供率の向上に効果があるだろうか。著者らはヨーロッパ以外の国も含めた11カ国以上の国を対象に，1991年から2001年の間の時系列データを用いて死後に臓器提供された実数について100万人当たりのデータを調査した。そして，臓器提供に影響を及ぼすことが分かっている変数である臓器提供に対する国ごとの意識傾向，移植技術の水準，教育水準，宗教の違いを統制した回帰分析を行った

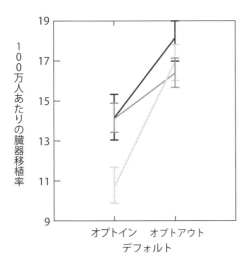

図24.3 2つの時系列分析研究（Johnson & Goldstein, 2003，濃いグレーの線，Abadie & Gay, 2006，黒線）と横断調査研究（Gimbel et al., 2003，薄いグレーの線）におけるデフォルト（オプトイン vs. オプトアウト）を関数とした100万人当たりの臓器移植率の推定平均値（1991年から2001年）。

（Gimbel et al., 2003）。

その結果，調査年による違いはなかったが，強いデフォルトの影響が見られた。図24.3は，臓器提供がデフォルトとして設定されると，臓器提供率が有意に増加することを示している（$p < .02$）。増加率は100万人当たりでは14.1人から16.4人と16.3%増加している。Gimbelら（2003）によれば，同様の方法を用いて東ヨーロッパを多く含む1999年のデータだけを見ると，100万人当たり10.8人から16.9人と56.5%も臓器提供率が増加していた。時系列分析の代替手順を使ったAbadieとGay（2006）の研究によれば，アメリカがデフォルトを変更すれば臓器提供者は大幅に増加し，ある特定種類の臓器不足が解消されるという。

24.1.3 退職後の生活に向けた貯蓄

3つ目はアメリカの退職年金制度における積立[ii]

---
ii ［訳者註］Retirement savings program (plan)：退職貯蓄制度。アメリカではSection 401kプランが典型で，社会保障を補完するものとして，働く人々の自助努力による老後のための貯蓄を税制上優遇する措置を取っている。

金の例である。これはほとんどのアメリカ人が直面する，重大な資産運用についての判断が必要な事例であろう。労働者の多くは確定拠出型年金制度——たとえば401kプラン——の対象となっており，この制度では退職に向けて貯蓄するために，収入の0%から12%を拠出金として拠出することになっている。積立金は課税前所得から拠出され，利益も非課税対象であるため魅力的な制度である。そして，被用者と同じ割合を拠出する雇用者は，被用者の給与のまずは6%を積立金として提示し，被用者とともに6%ずつ拠出して積み立てることが多い。しかし，アメリカ人は退職後の生活に向けて十分に貯蓄していないという世評に違わず，多くの人の積立金は最初のデフォルトの状態，つまり，積み立てを行っていない状態にある。しかしデフォルトを変更したところ貯蓄額は大幅に増加した（Hadrian & Shea, 2001）。ある企業では，給与から積立金として拠出する割合のデフォルトを0%から3%に引き上げたところ，退職後のために**何かしら**蓄えようとする新入社員の割合が31%から86%に増えた。しかしながら，その効果はあまりにも強力すぎるものであった。デフォルトを3%引き上げたところ，意外にも3%以上を貯蓄に回そうとする人の数が減少したのである。この結果は複数の企業で再現されており（Choi et al., 2001），どのようなデフォルトが最適なのかという疑問を投げかけている。「明日はもっと貯蓄しよう」制度による自動加入オプションの有効性についてのレビュー（Benartzi et al, 2009）によれば，貯蓄率の自動増額にオプトインしなければならない場合のオプション登録率は25%であるのに対して，最初から自動積み立てオプションがデフォルトで選択されていて，自動積み立てを拒否するにはオプトアウトしなければならない場合の登録率は84%であった。経済的利益への影響がこれほどまでに大きいと，デフォルト効果が「合理的な無行動」に

もとづくものとは説明しにくい。

24.1.4 インターネット・プライバシー・ポリシー

新しいインターネット・サービスに登録したり，新しいソフトウェアをインストール，あるいはインターネットで商品を注文したりするとき，長くて複雑なプライバシー・ポリシーをよく目にする。これらの方針は，消費者と企業が取引の際にかわす権利同意について説明するものである。そしてこれらの取引にはデフォルトが設定されていることが多い。たとえば，インターネット検索サイトのGoogleは，利用者のデータを会社が共有すること（オプトイン）を求めており，利用者がこれを一度許可するとGoogleはその使用の許可を得たと拡大解釈する（オプトアウト）。個人情報をオプトアウトにすべきかオプトインにすべきかについては，アメリカとEUの間で大きな論争となり，2つの基準について申し合わせたセーフ・ハーバー協定を締結するまでに至った。

著者らがインターネット・サイトへの訪問者を対象に調査募集を行った実験では（Bellman et al., 2001），調査に参加するには明確な意思表示が必要なオプトインで参加を依頼した場合は48.2%の参加率だったのに対して，同様の調査への参加がデフォルトとして設定されており，参加を拒否するためには不参加の意思表示，すなわちオプトアウトする必要がある場合は96.3%の参加率であった。

24.1.5 カンザス州の性教育

学校における性教育は論争の源である。そして多くの地域社会が，デフォルトとして設定されている子どもへの性教育を拒否するかどうか，オプトアウトの権利を保護者に委ねてきた。しかしいくつかの州，最近の事例ではカンザス州がこの選択に対するデフォルトを変えた。同数票になった回も含めた大論争のすえ，カンザス州教育委員会は他の州（アリゾナ州，ネバダ州，ユタ州）に倣い，性教育の授業への出席には保護者の明示的な同意を必要とすることに決めた[2]。

24.1.6 軍隊入隊者の確保と落ちこぼれをつくらない初等中等教育法

2001年に制定された「落ちこぼれをつくらない初等中等教育法」（No Child Left Behind Act）にはあまり知られていない部分がある。それは保護者が学区に生徒の情報を明示的に申し出ない場合，高校が軍の採用担当者に生徒の名前や住所，電話番号を提供することが義務づけられていることである。このような同意のオプトアウト的性質はこの法律に明文化されているが，おそらくこれは同性愛公言禁止法[3]に応じて一部の学区が校内から軍の採用担当者を締め出したことへの対策なのだろう。

拒否しなければオプトアウトで勝手に情報が提供されてしまうような取り決めには賛否両論あるが，これには効果があった。ほとんどの学区で，情報提供をオプトアウトする用紙の大部分は提出されていない。これは保護者が軍への情報提供に許可を与えているのと同じである。だが中には情報提供を明確に拒否している保護者もいる。ニューヨーク州ロチェスターの近くにあるフェアポートの学区は，情報提供に対するデフォルトを変えることにした。この学区で情報提供に明示的に同意している親はたった5%しかいない。フェアポートは国中の注目を集めたが，情報提供にはオプトインの同意が必要とする方針を変えない限り，その地区に対する連邦政府の補助金をすべて失うという脅威にもさらされた。

24.1.7 電話勧誘拒否登録制度

アメリカ電話勧誘拒否登録制度（The National Do Not Call Registry）はデフォルト以外の選択も多く

なされることがあることを示す分かりやすい例である。この制度にはほとんどの人がウェブサイトを利用して登録を行っており，1億4,900万世帯以上が登録している。この制度は上院において満場一致で支持され，下院においては418対7で可決されるなど圧倒的な支持を得ている。これは「通知と同意」という考え方の原型であり，過去25年にわたってアメリカ連邦取引委員会の指針となってきた（Center for Democracy and Technology, 2009）。そしてこの指針は，一部の電話勧誘に対する防御策にもなる。調査や政治演説（自動音声メッセージによる機械電話を含む），非営利団体，取引のある消費者に対する企業の電話はこの例外である。電話勧誘拒否登録制度に違反した企業には高額な罰金が科される可能性がある。このような登録制度は便利だが，それでも不思議に思わざるをえない。この制度に登録していない人のうち，どれだけの人が電話勧誘の受け入れにオプトインで同意しているのだろうか。

24.2 デフォルト効果の原因

なぜデフォルトはこれほど影響を及ぼすのだろうか。先ほどの例のように強くて頑強な効果が生じるには，複数の原因があると考えられ，それらは労力，暗黙の推奨，損失回避の3つのカテゴリーに大別できる。デフォルト効果の原因に興味があるのは心理学者だけではない。政策策定者，法人，マーケティング担当者はデフォルトを管理する必要がある。そして，デフォルト効果の背後にある原因メカニズムを理解することによって，デフォルトを使った介入可能性を探ったり，それを正当化したりすることができる。同様に，デフォルトの影響を最小限にする，あるいは利用するといった介入を行うためにも，その原因を理解する必要

がある。ある文脈，たとえばデフォルト効果が生じる原因が他の選択には労力がかかるということである場合には，手間を省くといった対策が考えられる。そして，設定されるデフォルトは，デフォルトがない場合に考えうる最良の選択肢と同じである必要がある。他の原因，たとえばデフォルトが推奨値として解釈されることが原因である場合には，異なる管理方法と介入が必要である。

24.2.1　選択にかかる労力

経済学では，取引にかかるコストは市場の失敗原因になる。取引にかかるコストとは，均衡状態に収束することを妨げる摩擦の原因のことを指す。なぜなら，均衡状態に収束することが求められる取引の中には，費用がかかりすぎるものも出てくるからである。同様に，選択にかかる労力のせいでデフォルト効果が市場の失敗と同じような結果を起こすかもしれない。個人の選好に合致する結果が選択肢にあったとしても，それを選択するのにかかるコストが高い場合には，摩擦がない状態では選択されないようなデフォルトが選択されることもある。このようなデフォルトの効果は，個人の選好に合う選択肢を選ぶことによる利益よりもそれを選ぶことのコストが上回る場合には，古典的な意味で言えば合理的である。ここで訴権を含む自動車保険の例を思い出してほしい。保険を選択するには，複雑で長々とした規約を読むのに時間を使い，自分に一番合ったプランを決めて申請書を埋め，切手を買って封筒に貼り，そして忘れないようにポストに投函するという一連の作業を行わなければならなかった。この作業は煩わしいが，訴権なしの保険プランを選んだ可能性があった人々にはこの作業が年間300ドルの節約で相殺されるとは考えにくいようである。これは合理的な無行動とは言えない。

労力の2つ目のタイプは選好の形成に関係して

いる。意思決定についての心理学研究によれば，人の選好は意思決定が必要な状況にならない限り形成されないことがある（Fischhoff, 1991; Payne et al, 1992; Slovic, 1995）。自分たちがどのように感じているか判断することに労力が伴うのであれば，なかなか出会わないような状況に対する難しい選択は避け，いよいよというときにだけ選択を行うことは労力の節約になる。そして，判断が難しい状況に直面したときに選好が決まっていない人は，デフォルトを自分の選好として採用し，コストを回避し続けることができるのである。選好の形成については膨大な研究が存在し，どのような条件でデフォルト効果が特に問題となるのかを示している。たとえば，慣れない状況に置かれた人は，その状況における選好の形成に文脈効果の影響を受けやすいとされている。

戦略的に労力を増やす

デフォルトを設定する側はデフォルトの選択から人々を抜けにくくする力も持っている。これはデフォルト効果を増幅することにしかつながらない。本章の第一著者はアメリカの公共ラジオ局の「マーケットプレイス」という番組でインタビューを受けたことがあるのだが，このとき彼はアメリカの大手通信会社ベライゾン社が契約にデフォルトで設定しているように通話記録を第三者に提供しないよう，番組のホストが契約を変更する，すなわちオプトアウトする場面に立ち会う機会を得た。このとき，ベライゾン社の広報担当者は契約変更手続きを進めるために延々とオプトアウトのために電話の発信者の本人確認を行った。本人確認のためには，電話番号や契約番号の最初の13桁（これは電話番号と同じなのだが，耳障りな自動音声でのろのろと復唱された），氏名と住所と氏名（2回目），そして「契約内容に制限をかけること」に対する同意が求められた。発信者が契約者本人であることを確認するためにこれらの情報が必要なのは理解しがたいものがある。おそらく，これはデフォルトの変更にかかるコストを戦略的に増大させている例ということができるだろう。

経済学と心理学における判断に必要な労力

どのくらいの労力がかかればデフォルトが受け入れられるのだろうか。まずは合理的な無行動と，あとで悔やまれる無行動を区別する必要がある。一般的な経済学で労力は取引コストと同じように扱われる。労力を費やすことで生じるコストが，思考することのコストよりも少ない，あるいは同等だった場合に努力がなされる。一般的な経済学では人の思考はタダではない。しかし，思考するコストはそれが生み出す利益を超えることは決してない。つまり，人の認知的負荷は実質的にコストがゼロであるため，コストと見なされないのである（Gabaix et al., 2006）。一方で，ある状況では労力がほとんど必要ないこともある。特に説得力のある例の1つは，現在の労力が将来的な負担を大幅に軽減したり，将来的な利益をもたらしたりといった，時間に開きがある場合である。このような場合には，将来手にする利益を大幅に割り引かせることでデフォルトを選ぶ人が増やせるかもしれない（Laibson, 1997; O'Donoghue & Rabin, 2001; Zauberman, 2003）。このことは興味深い応用可能性を示唆している。今とは異なる時間についての選択に関する知識や，労力の知覚に影響する条件に関する知識を用いることは，デフォルトを選ぶ人を増やすのに利用できるかもしれない。

労力税としてのデフォルト

デフォルトが意思決定者にコストを課す場合もある。電話勧誘拒否登録制度を例に考えてみよう。この制度へのオプトイン登録を難しくしている理由は少なくとも2つある。まず，登録に同意する

人にはインターネット環境が必要とされていることである。そしておそらく最も重要なのは，この制度にはデフォルトで登録状況の変更が含まれていることである。この制度に登録されたすべての電話番号は，制度の規定により登録から5年でリストから外されてしまうのである。

登録期間が5年で終了してしまうことに対する米国連邦取引委員会（FTC）の見解は単純明快である。それは「制度への登録は短時間で簡単にできる」からだと，リディア・パーンズ消費者保護局長はAP通信の取材に答えている（Kerr, 2007）。「登録は一瞬で済みますし，とても簡単です。だから再登録も同じように簡単でしょう」。しかしこれが登録を希望する人に対する最大の福祉と呼べるのかどうかは疑わしい。実質的に，FTCは非対称なコストを人々に課していると言えよう。登録状態を維持したいと考える多数派の人々に不利益を与える一方で，オプトイン制度であれば登録を希望しない人にとっては労力の節約となるからである。個人レベルではわずかなコストとみなされるものでも，集団においては大きなコストとして見なされるのである。大多数の人（たとえば90％）がオプトアウトの継続を希望していると仮定しよう。これにかかるコストを計算するのは馬鹿げているかもしれないが，たとえ「一瞬で済む」作業が5分しかかからなくても，電話勧誘を希望する人が節約する時間のことを考慮しても，個人の希望をすべて再確認するには1000人年以上の時間[iii]を浪費することと等しいのである[4]。

この例が示すように，デフォルトはデフォルトと一致する選択を行うことが予想される人の労力だけを節約してくれるのである。判断にかかる労力を十分考慮するならば，政策決定者が従うべき原則は，多数派の選択に近いものをデフォルトとして設定することであると言えよう（Sunstein & Thaler, 2003）。

24.2.2 暗黙の推奨

McKenzieら（2006）によれば，臓器提供や年金制度で設定されたような，政策上のデフォルトの場合は政策策定者のおすすめコースと解釈されやすい。カンザス州の性教育の事例について考えてみよう。性教育の中身について知らない親が，子どもにとってそれが良いか悪いか判断することは難しい。授業は彼らの価値観に合っているかもしれないし，合わないかもしれない。そしてその授業が，どれくらい子どもにとって不適切なのかどうかを予測することも簡単ではない。はたまた，教室内で禁欲や非伝統的な生活様式について真面目に議論することが不適切であると思う保護者もいるかもしれない。この是非を議論するうえでヒントがあるとすれば，教育委員会がその教育方針は（オプトアウト政策によって示されたように）大多数の人にとって適していると考えるのか，それとも（オプトイン政策によって示されたように）少数の人にしか適さないと考えるのかどうかが，重要な手がかりとなるだろう。デフォルトには政策策定者が考える正しい行いとは何かを暗示する情報を含む場合がある，とMcKenzieらは述べている。

SunsteinとThaler（2003）によれば，政策策定者が設定するデフォルトには，多数派は何を選択するかという暗示が含まれており，それに続くヒューリスティックな模倣がデフォルトの普及を促進する（Henrich et al., 2001）。市場では，売り手が設定したデフォルトは推奨値として認識されるが，怪しげな売り手が設定するデフォルトは買い手を誘導するものと認識されることがある，とBrownとKrishna（2004）は述べている。彼らの実験では，消費者が非常に懐疑的な場合にはデフォルト効果が低下したり，逆効果になったりすることがあった。

---

iii ［訳者註］人年（じんねん）＝疫学統計で用いられる単位。

ただ,デフォルトが推奨値とみなされやすいからといって,デフォルトの選択が人の認知機能の限界を示しているわけではない。デフォルトが推奨値と見なされることはむしろ,人が高度な知能,あるいは「市場メタ認知」とも言える能力を持っており,それによってデフォルトに反応していることを示唆している(Wright, 2002)。この能力があるからこそ,デフォルトは逆効果にもなり,リアクタンスが生じることもあるのだ。

24.2.3　損失回避と参照依存

どんな大きな選択にもトレードオフが伴う。片方を選んだら,もう一方は諦めなければならない。退職後の生活に向けた貯蓄を例に考えてみよう。退職後に備えて積み立てを始めることは,従業員にとって現在の手取りを将来の収入のために減らすことを意味する。つまり現在の損失と,将来の収入の間にトレードオフが存在するように見えるのである。しかしながら,退職後のプランに自動加入される積立制度に登録している場合,オプトアウトの選択である登録の解除は将来的な損失(退職後の貯蓄の減額)と現在の獲得(今より多い手取り金)のどちらかを選択することと同じになる。もちろん,見たところこの2つは同じような判断に見えるが,心理学的には同じではない。損失回避とは,何かを失うことは,何かを得るということよりも選択に大きな影響を与えることを指す(Köszegi et al., 2006; Tversky & Kahneman, 1991)。デフォルト設定の違いが引き起こす参照点の変化は,2つの選択肢の魅力に大きな変化をもたらす。つまり,自動積立制度へ加入する場合には,現在の収入の減少が損失と見なされ,自動積立制度への登録を解除する場合には,将来の収入の減少が損失と見なされ,選択に大きな影響を与える。参照点の移動と損失回避の組み合わせは,デフォルト効果の主な原因の1つであると考えられている

(Johnson et al., 1993; Samuelson & Zeckhauser, 1988)。これに加えて,デフォルト効果には保有効果と似た効果もある。保有効果とは,何か物をただ所持しているという事実が,ある金額と比較してその物の価値を高めることである。デフォルトは,価値を高めるその瞬間の保有と同等だとみなすことができるだろう。参照依存と損失回避の2つは,別の選択肢がより魅力的に見えるような視点の変化を人にもたらすのである。

24.2.4　実証研究

デフォルト効果の大きさや頑強さを考えれば,労力,暗黙の推奨,損失回避の3つの要因のうちの1つだけがデフォルト効果の原因とは考えにくい。これら3つのすべてが異なる状況でそれぞれ影響を与え,役割の強さは文脈ごとに異なる可能性が高いのである。

効果に対するそれぞれの要因の寄与を検討するためにはさらなる研究が必要だが,目安があると便利かもしれない。労力は選択を記録することが困難であるとき,または選択がまだ決まっていないときに効果を発揮するようである。長々とした保険の申請書を書いているときや,機械による電話案内を延々と聞いているときと同じように,選択を切り替えるコストも負担になるのである。しかしながら,消費者が利用しやすいインターネット・サービスの普及により,労力の役割は減少しつつあるかもしれない。先述したカンザス州教育委員会のデフォルト設定は暗黙の推奨とみなされてしまう可能性が高い事例である。たとえば,デル社などの一部のウェブサイトでは,デフォルトとおすすめを分けたうえで商品を勧めている。最

---

iv　[訳者註] 損失回避傾向のため,財を手放す際の心理的負担は,財を獲得する際より大きい。このため,買った価格では売らないという状況が生じ,結果として同じ商品の販売価格は購入価格をはるかに上回ることがある。このような効果を保有効果と呼ぶ。

後に，損失回避にも役割はあるだろうが，この効果による影響はまだ想定されているだけで実証的な研究はない。

現実的なシナリオでデフォルト効果を引き起こす2つの要因の相対的な役割については，インターネット調査によって検討が行われた。ここでは，意思決定者へのデフォルトの提示方法として次の内容を操作した。調査を引き受けるかどうか意思表示する項目に対してYesかNoのチェックボックスにあらかじめチェックがつけられているかどうかの有無と，調査に協力するかしないかの意思表示をする項目の言い回しを操作した。言い回しは，調査への参加を推奨していることを暗示する（調査に参加します）か，調査への不参加を推奨していることを暗示する（調査には参加しません）かのどちらかであった（Bellman et al, 2001）。YesかNoのチェックボックスにすでにチェックが入っている場合には（ウェブページ上の調査であるため）労力が最小で，暗黙の推奨を示すものと知覚されやすい条件となる。その結果，デフォルト効果には複数の要因があるという著者らの仮説を支持し，言い回しによって推奨値の操作を行った条件では，調査への参加が推奨されていることを暗示した群より不参加が推奨されていると暗示された群の調査参加率の方が約16%低かった。また，チェックボックスへのチェックの有無によって労力を操作した条件では，チェックが付いていた条件は，チェックが付いていなかった条件よりも参加率が約30%高かった。そして興味深いことに，これらに交互作用はなく，2つの要因には加算的な効果があることが示唆された（図24.4）。

Dinnerら（2011）は損失回避を明確に裏付ける証拠を探すために，判断におけるデフォルトの効果を検討した。彼らは実験参加者に部屋の模様替えをするとしたらどの電球をつけたいか尋ね，標準的な白色電球と，エネルギー効率はよいが高価

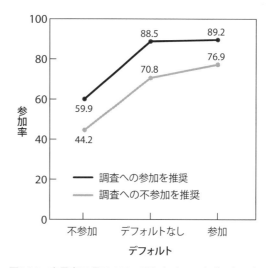

図24.4 意思表示項目の言い回しとチェックボックス内のチェックの有無を要因としたデフォルトの効果

でコンパクトな電球のどちらか1つをデフォルトとして設定し，調査を行った。予測した通り，デフォルトとして設定された電球の方が多く選ばれた。つまり，普通の白色電球がデフォルトとして設定されている場合は42%の人がそちらを選んだが，デフォルトと設定されていない場合にこちらを選んだ人はたった20%であった。また，参加者に選択を行っているときに考えたことを尋ねたところ，デフォルトについては他の選択肢よりも早く言及され，よりポジティブに捉えられていた。これはデフォルトが選択肢に対する見方を変えるという予測と一致している。この結果は損失回避によってデフォルト効果を説明することが可能であり，労力や暗黙的推奨の関与は認められないことを示すものだとDinnerらは主張している。

24.3 デフォルトの管理

デフォルトとその効果はどこにでも見られるものである。しかし，デフォルトについての知識を人々は持ち合わせていない。このため，企業経営

者や政策策定者はデフォルトの問題を無視してしまうことが多い。大きな話題となったiPhoneが発売されてから1カ月後、顧客たちはとてつもなく長い携帯電話の請求書を受け取り始めた。中には数百ページにも及ぶ請求書を受け取った人もいた。ほとんどのiPhone利用者は驚き、こんな請求書は環境に悪いと感じた。どうしてこのようなことになったのだろうか。電話会社のAT&T社は詳細な内訳を請求書に記載するかどうかの選択を顧客に求めていたが、どうやら市場参入を急いだばかりに、その質問に対しては詳細な内訳を求める選択肢の方に最初からチェックをつけてしまった。つまりこの場合、デフォルトに対する配慮がなかったために紙と郵便料金が無駄になったのである。本章冒頭のニュージャージー州とペンシルベニア州の例では、なぜ真逆のデフォルトが保険に設定されたのだろうか。これについてはペンシルベニア州の法廷弁護士が土壇場で変更を加え、州知事はそのデフォルトが問題になるとは考えなかったと言っている。だが今ならそれが間違いであったと分かる。

映画『危険な年』の中で、カメラマンのビリー・クワンはトルストイを引用して「私たちは何をすればよいのですか」と尋ねる。トルストイとクワンはどちらも貧困について言っているのだが、この質問は公共政策のデフォルトにも同じことが言える。結局のところ、選択肢を決めるときにデフォルトがない選択肢など存在しないのである。それでは、政策策定者はどのようなデフォルトを自由に使うことができるのだろうか。すべてを紹介することはできないが、ここではそのうちのいくつかを紹介しよう（より詳細なリストと分析についてはGoldsteinら（2008）を参照されたい）。

24.3.1 強制選択かデフォルトか

人々に選択しないということを**させない**ように する政策策定者がいるかもしれない。これは**強制選択**（義務的選択とも言う）と呼べる状況である。このような方針は、どの選択肢が大多数の人にとって最善なのか政策策定者にも明確でない場合に効果がある。

たとえば、臓器提供について我々が行った調査では、質問に答えなければページを移動できないようにウェブページを作った。この調査で示された臓器提供に対するデフォルトがない統制条件の同意率が、オプトアウト条件の同意率と非常に近かったことを思い出してほしい（図24.1を参照）。これは重要な結果である。なぜなら、オプトインがデフォルトとなっている場合は、デフォルトがない場合に比べて偏りがあり、オプトアウトがデフォルトとなっている場合の方が、多数派の希望に近いことを示唆しているからだ[5]。

強制選択にはコストが伴う。決定を下すコストである。人々は臓器提供に対して回避的な傾向があるが、デフォルトが人々に決定を下さないということを許しているのである。強制選択について検討したフィールド実験がこの説明に役立つだろう。バージニア州は臓器提供するかどうか意思表示を求める政策を取り入れたが、24%以上の人が意思表示することを拒んだ（Klassen & Klassen, 1996）。このような結果は、選好の形成には認知的にも情動的にもコストがかかることを示唆している。もしこれが本当なら、多数派が臓器提供を選択する場合、この多数派の人々が難しい選択をする手間をデフォルトが省いてくれる。デフォルトは選択されやすさに影響を与えるだけでなく、熟考させずに判断を直感的に行いやすくすることもできるのである。これとは対照的に、義務的選択はこれらのコストをすべての人に強要する。

強制選択の代わりとなるのがデフォルトの使用である。しかしデフォルトにはさまざまな種類がある。次の項ではデフォルトの種類を俯瞰し、そ

れらの利用方法を紹介する。

24.3.2　集団デフォルト

多くの場合，デフォルトはすべての人に同じであることが望ましい。さまざまな法律が，すべての人が同じ選択肢を同じ方法で提示されるよう義務付けている。このような場合，強制選択に代わる唯一の選択肢は，「集団デフォルト政策」である。

平穏なデフォルト

デフォルトを選ばざるをえない場合，これに代わる妥当な選択肢は平穏なデフォルトであろう。この場合にデフォルトとして設定されるのは，デフォルトがない場合に最も選択されそうな選択肢である。このデフォルトの原則が持つ魅力は単純明快，「害を及ぼさない」ことである。そのようなデフォルトであれば，人がそれを選択してもさほど影響がないと期待できる。しかしながら，このようなデフォルトは最初にデフォルトの話を始めたときからすれば見劣りするかもしれない。その理由の一つは，それがデフォルトであるがゆえに選択されすぎるからであろう。退職後に備えて給料からの積立率にデフォルトを設定した例を思い出してほしい。このとき，デフォルトを3％にするとそれ以上高い割合で貯蓄する人の数が減少した。2つ目の理由は，消費者の個人差である。人によって何が良い判断かは異なるのである。これを説明するために，車のエアバッグを例に考えてみよう。エアバッグは人命を守るため，アメリカ国内で販売されるすべての自動車への設置が法律によって義務付けられている。しかしながら，エアバッグがすべての人の安全を向上させるわけではない。エアバッグは身長の低い人，特に女性や子どもたちに怪我を負わせることがあるだけでなく，死につながることもある。エアバッグの恩恵を得られるのは，酩酊した運転手や不注意な運転手といった事故を起こしやすい人々である。このようにエアバッグは命を守るが，すべての人の安全を同じように向上させるわけではない。誰にでも同じように適応される政策では，一部の運転手には害となることもあり，特定の意思決定者にとっては重要な情報を無視することになる。たとえば，自動車を購入する際，身長5フィート1インチ（155cm）体重90ポンド（約40kg）の女性は，6フィート4インチ（約195cm），280ポンド（約127kg）の男性とは異なるデフォルトを提示されていることになるだろう。個人の需要に大きな違いがある場合，デフォルトは人によって異なる影響を与えるのである。

もう1つ，退職後のための投資を例に挙げよう。ここで重要なのは投資資金の配分である。この場合，フリーサイズのデフォルトを選択しても，よくある選択肢（投資を行わない）よりは良い結果が得られるかもしれない。これは平穏なデフォルトがうまく機能することを示す事例である。しかし，これでもまだオーダーメイド・デフォルトには劣る。以上をまとめると，平穏なデフォルトが最も適切なデフォルトになるのは次のような場合である。（1）選好に対する個人差が小さい場合と，（2）デフォルトがなければ，適切な判断を下すことがほとんどの人にとって難しい場合である。平穏なデフォルトの最大の利点は，一部の意思決定者の労力を減らし，判断の質を向上させる可能性があることであろう。

ランダム・デフォルト

誰にでもよい結果をもたらす「フリーサイズ」の平穏なデフォルトを探し出すことに代わる方法としては，複数の選択肢をランダムに割り当ててみる方法がいいだろう。一見，意味のないことのようも思えるし，自分で考えて自由に選んだ方が良いかもしれない。しかし政策策定者はこのよう

なランダムなデフォルトを実際に利用してきた。高齢者が公的医療保険制度のメディケア・パートD, 処方箋薬剤給付保険の適応範囲を自分で選ばない場合は，無作為に保険会社とプランが割り当てられることになっている。これはおそらく，どの選択が平穏なデフォルトか，公的機関が判断することは難しいという事実を反映している。この制度には批判もあるが利点もある。無作為で選ばれたデフォルトによって，所属の異なる人々が何を選択するのかを知ることができ，将来的により良いデフォルトを設定するのに役立つからだ。人がどのように選択を変えるかを観察すれば，政策策定者はどのデフォルトが最も支持され，どのデフォルトが人々を誤った選択に導くのかを知ることができる。どのようなデフォルトが適切なのかを示す情報がない場合，ランダム・デフォルトの利用はその場しのぎのものではあるが，現行のサービスをよりよくするプロセスの一環として活用することができる。

オーダーメイド・デフォルト

　オーダーメイド・デフォルトの設定にはデフォルトを個人に合わせるために個人情報が利用される。多くの企業，とりわけインターネット上で顧客とやりとりする企業は，オーダーメイド・デフォルトを積極的に取り入れている（Goldstein et al., 2008）。今日では政策策定者と一般市民のやりとりがインターネット上で行われるようになってきているため，将来的にはオーダーメイド・デフォルトが政策設計において主導的な役割を果たすことが期待できるだろう。オーダーメイド・デフォ

---

v ［訳者註］アメリカ合衆国におけるメディケア（Medicare）とは，高齢者および障害者向け公的医療保険制度であり，連邦政府が管轄している社会保険プログラムである。処方箋薬剤給付保険（Prescription Drug Coverage）で，医師から処方される薬剤の費用を保障する。任意加入。2003年に導入された。

ルトには，継続型デフォルトとスマート・デフォルトの2種類がある。

継続型デフォルト

　継続型デフォルトを設定する方法は，その人が最後に選択したものをデフォルトと見なすことである。たとえば，ある顧客が航空機の座席をいつも通路側に指定する場合，航空会社は顧客が積極的に他の席を指定しない限り，通路側の席を希望すると仮定することができる。電話勧誘拒否登録制度の例のように，政策によっては積極的に参加したくない人々にも配慮し，デフォルトを継続せずに解除する場合もある。継続型デフォルトは，過去の選択が現在の選択に対して高い予測性を持つ場合に有用である。

スマート・デフォルト

　スマート・デフォルトの設定には個別測定を使用する。たとえば，人口統計学的な属性，地理的プロファイルを利用して，その人に合いそうなデフォルトを割り当てるのである。退職後の生活に向けて給料の一部を貯蓄にまわす場合，デフォルトの選択はその人の年齢を考慮して設定されることがある。たとえば，年齢の高い被用者には，若い被用者に比べてリスクの少ない配分をデフォルトとして提示することができるかもしれない。エアバッグの例に戻って考えてみると，エアバッグの展開速度はドライバーの身長に合わせて調整したほうがいいだろう。実際，そのように「スマートな」エアバッグが2005年から新車に導入されている。結局のところ，消費者の希望を示す情報の利用はマーケティングの主要な機能の1つであり，公共政策機能の1つと言ってもよいだろう。もちろん，個人に合わせたデフォルトが完璧というわけではなく，デフォルトの調節に必要な情報を収集するにはコストがかかる。しかし，個人に合わ

せて調整しなくてもコストはかかるのだから，デフォルトの強力な効果を考慮すれば可能な限り賢く設定するべきであろう。これに加えて，適切なデフォルトを割り当てることができれば，意思決定者は選択にかかる労力を節約することもできるのである。

24.4 コスト，利益，そして効率的なデフォルト

デフォルトの選択にはコストと利益の両方が伴う。これを説明するために，著者らが行った臓器提供についての調査データから，デフォルトにかかるコストと利益を表24.1に示した（Johnson & Goldstein, 2003）。表にはデフォルトなしの条件（デフォルトがない状態での臓器提供同意者数）とオプトイン条件，オプトアウト条件それぞれに対するデフォルトの効果を示した。デフォルト効果は臓器提供に同意する人にもしない人にも同じように影響を与えていた。

この表は次の3つのことを示している。まず，ほとんどの公共政策が何もしない場合のデフォルトを設定しており，賢明なデフォルトを設定すればコストとバランスを取ることができる。この調査のデータを利用すれば，どのようにデフォルトが選択に影響を与えるのか知ることができる。強制選択条件が人々の希望を真に反映したものであるならば，人口の45%が潜在的な臓器提供者であり，彼らは現在アメリカで施行されているオプトインの枠組みの中では誤って分類されていることになる。この人たちは，強制的な選択を迫られれば臓器提供に同意する人々だからである。臓器提供の同意を得る手続きは複雑で，家族の同意を得る必要がある。さらに，おそらくデフォルト効果はデフォルトがない場合の選択と独立に考えることはできないため，実際の分類ごとの予測値は大雑把なものである。それでもデフォルトの選択には大きなコストがかかっており，誤ったデフォルトが多大な機会費用を強いることに変わりはない。

第二に，選好は形成されるものであるという考え方は，行動を変えるにはインセンティブが必要であるという新しい視点を与えてくれる。臓器提供については，臓器が不足するのは生体臓器提供に対するインセンティブを市場が持たないからだと広く信じられている。BeckerとElias（2007）は，肝臓の生体臓器の不足は市場価格5000ドル[vi]で解決することができると試算している。しかし，現在入手可能なデータによれば，ほとんどのアメリカ人は理論的には臓器提供に賛同しているが，実際に提供者になることを決心する人はずっと少ないという。著者らの考えはこれとは違う。それは多くの人々がまだ決断を下していないだけであり，本章の結論から言えば，デフォルトがその判断を左

---

vi ［訳者註］約54万7千円。2019年5月現在。

表24.1 デフォルトと分類，エラータイプの関係

	臓器提供同意者数の意思についての分類（デフォルトがない場合）	
オプトイン政策時の実際の分類	臓器提供同意者（79%）	臓器提供非同意者（21%）
臓器提供同意者（42%）	臓器提供同意者として正しく分類された 33%	誤分類された臓器提供同意者。救える命を見過ごすことになる 8%
臓器提供非同意者（58%）	不満や批判につながる誤分類 45.8%	臓器提供非同意者として正しく分類された 12%

右する重要な役割を担っていることを示しているのだ。

　最後に，もう1つ別のコストが存在する。これについては表24.1に示していない。意思決定を行うコストである。表24.1は，総人口のうちの45%（33%＋12%）はデフォルトが変わらない限り正しく分類されていることを示している。しかしこの表は，ほぼ同じ割合の45%が積極的な判断をしていないために誤って分類されているということも示している。オプトインを強いることは，何もしない人たちにコストを強いることであり，多くの命を犠牲にしている。デフォルトがない場合には，意思決定をしてその結果を登録するというコストをすべての人に課すことになる。そして最後に，オプトアウトをデフォルトとすることは，強制選択条件で想定される結果に近いものになり，少数派グループ，すなわち臓器提供に同意しない21%に積極的な意思決定を行うというコストを課すことになるのである。

24.4.1　デフォルトは他の選択肢に比べて安価である

　デフォルトの設定は人々の行動を変える手段として非常に効率が良い方法である。臓器提供の例を使って話を続けよう。オランダが臓器提供者プールを増やすために郵送や公共サービスを使った大規模なキャンペーンを行ったことを思い出してほしい。他の国の状況との比較ではこのキャンペーンにも効果はあったが，その効果はデフォルトを変更したときよりも小さなものであった。説得に使用する広告にはお金がかかるため，デフォルトを変えることの方がはるかに低コストである場合が多い。したがって，積極的な判断を促すには，経済的なインセンティブを用意したり，大規模な教育的説得的キャンペーンを行ったりするよりも，デフォルトを変えてしまうことの方がより魅力的な選択肢となるだろう。

原註

　本研究は全米科学財団による助成金 SES-0352062 および米国老化研究所助成金 5R0IAG027934 の支援を受けた。そして本原稿の作成に当たっては第一著者がラッセル・セージ財団の助成を受けた。有益な助言をくれたプリンストン大学政策行動基礎研究会の参加者と，2人の査読者に感謝する。

1. デフォルトは学問領域によって異なる呼び名で知られている。医学の文献では明示的な同意に対する，暗黙的な同意のことを示す。プライバシー・ポリシーとマーケティングの領域では，政策は**オプトイン**または**オプトアウト**のいずれかに分類される。金融サービスにおいては，判断が行われない場合に取られる措置は時に**負の選択**と呼ばれる。
2. この事例を共有してくれた Nicholas Eplay に感謝する。
3. この事例を紹介してくれた Eldar Shafir に感謝する。
4. これは勧誘電話を受けたくない人にかかるコスト（0.9×1億4900万人×5分）から，勧誘電話を希望する人にかかるコスト（0.1×1億4900万人×5分）を純粋に引いたもの，すなわち1056.9人年である。2007年の全米電話勧誘拒否登録制度改善法は既存の選択肢を維持したが，5年で登録が自動的に抹消されるデフォルトも維持された。
5. 2002年の研究と，この研究と同じ回答者に同じ質問をしたその後の研究との間には2つの変化があった。第一に，情勢調査のデータと同じように，臓器提供に同意する人の数は50%以上に

増加した。第二に，臓器提供希望者が増加した結果，デフォルトがない条件での同意率はオプトインをデフォルトとする条件とオプトアウトをデフォルトとする条件の中間程度の割合に近づいた。それでもデフォルトがない条件では多くの人が臓器提供に同意していることに変わりはない。

引用文献

Abadie, A., and Gay, S. (2006). The impact of presumed consent legislation on cadaveric organ donation: A cross country study. *Journal of Health Economics*, 25, 599-620.

Becker, G. S., and Elias, J. J. (2007). Introducing incentives in the market for live and cadaveric organ donations. *Journal of Economic Perspectives*, 21(3), 3-24.

Bellman, S., Johnson, E. J., Kobrin, S. J., and Lohse, G. L. (2004). International differences in information privacy concerns: A global survey of consumers. *Information Society*, 20(5), 313-324.

Bellman, S., Johnson, E. J., and Lahse, G. L. (2001). To opt-in or opt-out? It depends on the question. *Communications of the ACM*, 44(2), 25-27.

Benartzi, S., Peleg, E., and Thaler, R. H. (2009, January). Choice architecture and retirement saving plans. Paper presented at IMBS Colloquium. Institute for Mathematical Behavioral Sciences, University of California-Irvine.

Brown, C. L., and Krishna, A. (2004). The skeptical shopper: A metacognitive account for the effects of default options on choice. *Journal of Consumer Research*, 31(3), 529.

Center for Democracy and Technology (2009, November 10). Refocusing the FTC's role in privacy protection. Policy Post. Washington, DC: Center for Democracy and Technology. Retrieved from https://www.cdt.org/policy/refocusing-ftc%E2%80%99s-role-privacy-protection

Choi, J., Laibson, D., Madrian, B., and Metric, A. (2001). *For better or for worse: Default effects and 401(k) savings behavior. NBER Working Paper No. w8651.* National Bureau of Economic Research.

Dinner, I., Johnson, E. J., Goldstein, D. G., and Kaiya, L. (2011). Partitioning default effects: Why people choose not to choose. *Journal of Experimental Psychology*, 17(4), 332-341.

Fischhoff, B. (1991). Value elicitation: Is there anything in there? *American Psychologist*, 46(8), 835-347.

Gabaix, X., Laibson, D., beloloche, G., and Weinberg, S. (2006). Costly information acquisition: Experimental analysis of a boundedly rational model. *American Economic Review*, 96(4), 1043-1068.

Gäbel, H. (2002). *Donor and non-donor registries in Europe*. A report prepared on behalf of the committee of experts on the Organizational Aspects of Cooperation in Organ Transplantation of the Council of Europe. Stockholm, Sweden.

Gimbel, R. W., Strosberg, M. A., Lehrman, S. E., Gefenas, E., and Taft, F. (2003). Presumed consent and other predictors of cadaveric organ donation in Europe. *Progress in Transplantation*, 13(1), 17-23.

Goldstein, D. G., Johnson, E. J., Herrmann, A., and Heitmann, M. (2008, December). Nudge your customers toward better choices. *Harvard Business Review*, pp. 100-105.

Henrich, J., Albers, W., Boyd, R., Gigerenzer, G., McCabe, K., Ockenfels, A., and Young, H. P. (2001). What is the role of culture in bounded rationality? In G. Gigerenzer and R. Selten (Eds.), *Bounded rationality: The adaptive toolbox* (pp. 343-360). Cambridge, MA: MIT Press.

Johnson, E. J., and Goldstein, D. (2003). Do defaults save lives? *Science*, 302(5649), 1338-1339.

Johnson, E. J., Hershey, J., Meszaros, J., and Kunreuther, H. (1993). Framing, probability distortions, and insurance decisions. *Journal of Risk and Uncertainty*, 7, 35-51.

Kerr, J. C. (2007, September 21). Numbers on Do Not Call list will start expiring next year. *USA Today*. Retrieved from htrp://www.usatoday.com/money/industries/telecom/2007-09-21-to-not-call_N.htm

Klassen, A. C., and Klassen, D. K. (1996). Who are the donors in organ donation? The family's perspective in mandated choice. *Annals of Internal Medicine*, 125, 70-73.

Köszegi, B., and Rabin, M. (2006). A model of reference-dependent references. *Quarterly Journal of Economics*, 121(4), 1133-1165.

Laibson, D. (1997). Golden eggs and hyperbolic discounting. *Quarterly Journal of Economics*, 112(2), 443-477.

Hadrian, B. C., and Shea, D. (2001). The power of suggestion: An analysis of 401(k) participation and saving behavior. *Quarterly Journal of Economics*, 116(4), 1149-1137.

McKenzie, C.R.M., Liersch, M. J., and Finkelstein, S. R. (2006). Recommendations implicit in policy defaults. *Psychological Science*, 17(5), 414-420.

O'Donoghue, T., and Rabin, M. (2001). Choice and procrastination. *Quarterly Journal of Economics*, 116, 121-160.

Oz, M. C., Kherani, A. R., Rowe, A., Rods, L., Crandall, C., Tournatis, L., and Young, J. B. (2003). How to improve organ donation: Results of the ISHLT/FACT poll. *Journal of Heart and Lung Transplantation*, 22(4), 339-396.

Payne, J. W., Bettman, J. R, and Johnson, E. J. (1992). Behavioral decision research: A constructive processing perspective. *Annual Review of Psychology*, 43, 87-131.

Payne, J. W., Bettman, J. R., and Schkade, D. A. (1999). Measuring constructed preferences: Towards a building code, *Journal of Risk and Uncertainty*, 19(1-3), 243-270.

Samuelson, W., and Zeckhauser, R. (1988). Status quo bias in decision making. *Journal of Risk and Uncertainty*, 1(1), 7-59.

Slovic, P. (1995). The construction of preference. *American Psychologist*, 50(5), 364-371.

Sunstein, C. R., and Thaler, R. H. (2003). Libertarian paternalism is not an oxymoron. *University of Chicago Law Review*, 70(4), 1159-1202.

Tversky, A., and Kahneman, D. (1991). Loss aversion in riskiest choice: A reference-dependent model. *Quarterly Journal of Economics*, 106(4), 1039-1061.

Wright, P. (2002). Marketplace metacognition and social intelligence. *Journal of Consumer Research*, 28(4), 677-682.

Zauberman, G. (2003). The intertemporal dynamics of consumer lock-in. *Journal of Marketing Research*, 30, 405-441.

25章　選択肢の設計

RICHARD H. THALER
CASS R. SUNSTEIN
JOHN P. BALZ

次の例を考えてみてほしい。

ある大都市の学校給食サービスの責任者が，学校の食堂でのメニューの並べ方について一連の実験を検討しているとしよう。言うまでもなく，子どもたちに選ばれるメニューはその並び順のようなものに依存していることに気づく。最初と最後に配置されているメニューは真ん中に表示されているものよりも選ばれやすく，子どもたちの目の高さにあるものは目立たない場所に配置されているものよりも選ばれやすいのである。問題は，このように得た新しい知識を責任者はどのように利用すべきかである。

いくつか選択肢を考えてみた。

1. いろいろ考えた結果，生徒の健康に配慮した配置にする。
2. メニューの並び順をランダムにする。
3. 並び順の影響を受けずに子どもたちが好きに選べるよう，メニューの配置を調整してみる。
4. 最も高額な賄賂をくれる仕入れ元からの材料を使ったメニューの売り上げを伸ばす。
5. とにかく利益が最大限出るようにする，以上。

選択肢1はとても魅力的だ。さまざまな意見があるだろうが，子どもは果物や野菜をたくさん食べるべきで，ハンバーガーや揚げ物，デザートはあまり食べないほうがいいという前提に反論する人はほとんどいないだろう。そう，この選択肢は少々出しゃばりで，押しつけがましい。しかし他の選択肢はさらにひどい。選択肢2，メニューの並びをランダムにするのは公平でフェアな考え方であり，中立的でもある。しかし，給食サービスの現場責任者の立場で考えてみると，サラダバーの材料をあちこちランダムに配置したり，ハンバーガーのパテとパンを別々の場所に配置したりすることに意味があるだろうか。また，学校ごとに順番が異なると，一部の学校の子どもたちは他の学校よりも不健康な食事を摂ることになるかもしれない。これは望ましいことだろうか。

選択肢3のように，子どもたちの意思にもとづく選択行動に近づけようとすることは，あまり押しつけがましくないという点では好感が持てる。おそらくこれは客観的で中立的な選択肢だろうし，責任者は子どもたちの希望に対して中立的であるべきである（少なくとも彼女が高学年の生徒を相手にしている場合は）。しかし，ちょっと考えてみると，これは実現が難しい選択肢であることが分かる。子どもが何を選ぶかは，そのアイテムが並べられる順番に依存することが実験で示されている。だとすれば子どもの本当の選好とは何だろうか。生徒が「自分で」何を選択するかを決定するための方法を模索することに，どのような意味があるのだろうか。カフェテリアのメニューの並び順に影響を受けずにはいられないのである。

選択肢4は悪徳責任者にとっては魅力的なものだろう。メニューの順番を操作することは，今ある権限をより強力なものにする新たな武器になりうる。しかし，もし責任者が真面目で誠実な人物である場合にはこの選択肢は意味をなさない。選択肢5も，選択肢2と3と同じように魅力的である。

特にこのアプローチを行うようインセンティブが与えられた経済学者や給食サービスの責任者には惹かれるものだろう。しかし，学区には守るべき優先順位と規定がある。カフェテリアに利益を追求された結果，生徒たちを不健康にしても良いだろうか。

この例に登場する責任者は，いわゆる**選択肢の設計者**（「**選択アーキテクト**」と呼ばれることもある）である。選択肢の設計者には人々が意思決定を行う文脈を構築する責任がある。先ほどの例は著者らの想像だが，実際にはたくさんの人が選択肢の設計者となっている。だが，そのことに気づく人はほとんどいない。患者に治療の選択肢を与える医師，被用者の医療制度への加入とその管理を行う人事担当者，販売戦略を立てる販売担当者，候補者の名前をページのどこに載せるか決定する権限がある選挙管理委員，受けることができる教育の選択肢を子どもに説明する親。これらは選択肢の設計者のほんの一部の例である。

学食の例が示したように，あまり重要とは思えないささいなことが人の行動に大きな影響を与えることがある。とにかく覚えておかねばならないのは「すべてが影響する」と考えておくことである。たとえドアハンドルの形状のように重要とは思えないものでも用心しなければならない。この章の著者の1人であるThalerが若い頃，彼はビジネス・スクールの学生に経営者の意思決定について講義をしていたことがある。時折，学生は講義を早抜けして就職の面接（あるいはゴルフ）に行き，また，授業中にできるだけこっそり抜け出そうとした。ただ残念ながら，教室を出る唯一の方法は，教室全体から見える場所にある大きな両開きのドアを通ることだった（Thalerからは直接見えなかったが）。ドアには大きくて立派な木製のドアハンドルが垂直に取り付けられていて，それは円筒形で2フィートほどの長さがあった。

学生がドアの前まで来ると，彼らは2つの相矛盾する直感に直面した。1つ目の直感は部屋を出るにはドアを押せと言っている。この直感とは，心理学者が熟考システムと呼ぶものである。これは人が意思決定を行うために論理と推論を用いて熟慮的かつ意識的に行う思考プロセスのことである。そしてもう1つの直感は，明らかに掴んで使用するためにデザインされた大きい木製のドアハンドルを目の前にして，それを引けと言っている。この直感は自動システムと呼ばれる。このシステムは**考える**という伝統的な概念とは関係のない，素早く直感的なプロセスのことを指す[1]。後者の直感（いわゆる勘）が前者（熟考）に勝利した結果，教室を出る学生はドアのハンドルを引っ張ることになる。しかしああ，なんとドアは外開きだった。

ある学期中，Thalerはこの内的な葛藤について授業で指摘した。それはまさにある学生が教室を脱出するためにドアハンドルを引っ張って決まりの悪い思いをしている最中であった。それ以降，誰かが教室を出ようと立ち上がるたびに，その学生がドアを押すか引くかどうかを見ようと皆が待ちわび始めた。それでも驚いたことに，ほとんどの学生がドアを引いたのだ。彼らの自動システムがいつも勝利した。つまり，ドアに付いた大きな木製のドアハンドルが発する信号を遮断することができなかったのである。

このドアの例は下手な設計例の1つである。なぜなら，刺激−反応適合性と呼ばれる単純な心理学的原則を無視しているからである。この原則に基づけば，受け取られる信号（刺激）はその人が求められている動作と一致していなければならない。信号と人が求められる動作に不一致があると，パフォーマンスが妨害されて動作は失敗に終わる。

「通行可」という表示が浮かぶ大きな赤い八角形の標識が及ぼす影響を例に考えてみよう。このような不一致がもたらす弊害は実験によって簡単に

示すことができる。もっとも有名なものはストループ課題である（Stroop, 1935）。この実験の現代版では，実験参加者はコンピューター画面に現れる文字を見て非常に簡単な課題を行う。もし赤い文字で書かれた単語が表示されたら右のボタンを押し，緑色の文字が表示されたら左のボタンを押すという課題である。参加者にとってこの課題は簡単に習得でき，素早く正確に行うことができる。しかしこれができるのも，緑という単語が赤い文字で表示されたり，赤という単語が緑色で表示されたりという変化球が投げられるまでである。このように一致しない信号が与えられると反応時間は遅くなり，エラーが増える。自動システムが単語を読むよりも先に，色の名前を決定するシステムが文字の色を決定してしまうからである。赤い字で書かれた緑という単語を見て，深く考えない自動システムは左のボタンを間違って押そうとするのである。

　緑色の停止標識を見たことはないが，先ほどのドアハンドルの例はありふれたものであり，同じ原則に違反している。平たいプレートは「押してください」，大きなドアハンドルは「引いてください」と訴えかけているのだから，大きなドアハンドルを押すという行為を期待してはいけないのだ。これは人間心理の基本原則をうまく設計に反映させなかったために生じた失敗例である。日々の生活はこのような欠陥を有した製品であふれている。テレビのリモコンで一番大きなボタンは電源，チャンネル，音量にするべきというのは分かりきったことではないだろうか。それなのにどれだけのリモコンの音量ボタンが「入力」ボタン（誤って押すと画面が消えてしまう）と同じ大きさなのだろうか。

　このようなデザインの問題は経済学者が通常検討するものではない。なぜなら，経済学者は暗黙のうちに，人間行動とはすべて熟考システムにもとづいて行われ，人はそれに長けていると考えているからである。経済主体は賢く論理的に考えるものだと仮定されており，即座に記憶にアクセスできるよう膨大な情報をカタログ化し，並外れた意思を発揮することができると考えられている。このような生き物のことをエコン（Econ）[i]と呼ぶ。平凡な昔ながらのヒューマンは（たとえ意識的に考えているときでさえ）多くの間違いを犯し，本書の他の章でもたくさん言及されているように，計画や自己制御，予測においてあらゆる問題を起こす。

　世界はエコンではなくヒューマンによってできているのだから，物も環境もヒューマンの考え方に合わせてデザインされるべきである。Donald Normanの『誰のためのデザイン？——認知科学者のデザイン原論』（1990）は，人のためのデザインについて見事な紹介をしてくれる素晴らしい本である。Normanが挙げた優れた例の1つは，よくある4つ口ガスコンロのデザインである。大体のコンロは左右対称になっていて，操作部分はその下に直線的に配置されている。だがこの形式では，どのツマミで正面のコンロを制御し，どのツマミで奥のコンロを制御すればいいのか分かりにくいため，たくさんのポットやフライパンが黒こげにされてきた。

　Normanが与えてくれた基本的な教訓は，製品の使い手は毎日たくさんの選択や手がかりにさいなまされているヒューマンである，とデザイナーは心に留めておく必要があるということである。本章の目的は，これと同じ考え方を，選択を行う環境を作り出す人々，**選択肢の設計者**のために発展させることである。他者の選択に間接的に影響を

---

i ［訳者註］行動経済学にはエコンとヒューマンという概念がある。いずれも人間を表す言葉だが，2種類の人間が存在するという意味ではなく，人間の概念的定義である。エコンは合理的で利益追求のみを考え，冷徹に行動する。一般経済学ではすべての人間をエコンとみなしている。これらはそれぞれ心理学のシステム1とシステム2に該当する。

与えているならば，あなたはすでに選択肢の設計者だ。レストランでメニューの構成を考える人を例に考えてみよう。どのような食事を出すかはシェフが決めることだが，紙（あるいは黒板）にそれらを並べる順番を考えるのは他の人の仕事である。そしてメニューの並べ方にはたくさんの方法がある。温かい前菜は冷たいメニューとは別のカテゴリーに並べるべきだろうか。パスタはどうだろうか。カテゴリー内ではどのような順番で並べるべきだろうか。値段はどこに書くべきだろうか。エコンの世界でこのような詳細はまったく問題にならないが，ヒューマンにとってはこれらすべてが問題になる。選択肢の設計者は選択に影響を与えるきわめて強い力を持っているからである。著者らの好きな言い方をすれば，彼らにはナッジする（nudge）ことができるのである。

もちろん，選択肢の設計者がいつでも人々に影響を与えることに最も関心を持っているとは限らない。メニューの作成者は利益率の良い商品や賞味期限が近い商品を勧めるために太字で印刷するかもしれないし，ずる賢く悪意のある仕掛け屋（nudger），たとえば，押し売りしてくる住宅ローン仲介業者のような人々は選択に悪影響を与えることがある。しかし，良心的な選択肢の設計者は生活を良くする方向に人々が向くよう意識的にそっと突くことができる。そして，選択肢の設計者の影響を受けた選択肢からヒューマンは選択を行うため，どのように人間が行動するかよく理解したうえで選択肢を設計してほしいとヒューマンは望むだろう。本章では，効果的な選択肢を設計するために重要な基本原則を紹介する。

25.1 デフォルト：一番楽な道を行く

多くの人が最小限の努力で済むものや，最も抵抗の少ない選択肢を選択するのは，人が何かを面倒くさがったり，怖がったり，注意が散漫になったりするからであろう。これらすべての力による影響は，選択にデフォルトの選択肢——選択者が何もしない場合に選ばれる選択肢——がある場合，多くの人はそれが自分にとって良いものかどうかにかかわらず，デフォルトを選ぶことを示唆している。デフォルトの選択肢に，それが通常の，または推奨される行動であることが暗黙的あるいは明示的に示されている場合には，この何もしないという行動傾向が強化されるだろう。

デフォルトはどこにでも存在し，強い影響力を持っている。この影響はどんな選択設計システムにおいても，意思決定者が何もしない場合には，意思決定者に対して生じる事象を決定するルールが必要であるという意味では避けることができない。もちろん，その答えはたいてい，何もしなければ何も変わらないし，起きていることはそのまま起こり続けるということである。しかし常にというわけではない。チェーンソーや芝刈り機などの危険な機械の中には，一度使用者が機械から手を離すと刃の回転が止まるようになっている「デッドマン・スイッチ」を備えるようデザインされているものがある。公園の「大きな子用」滑り台の中には，地面から約2フィート（約60cm）の高さに登り階段の1段目が設置され，小さな子どもたちがそれに乗って怪我をしないように建てられているものもある[2]。電話に出るためにしばらくコンピューターから離れていると，一定時間は何も起こらないが，やがてスクリーンセーバーが起動する。もっと長い間放置しておくと，勝手にロックがかかることもある。もちろん，使用者はスクリーンセーバーが起動するまでの時間を調節できるが，これを実行するには行動が必要となる。ほとんどのコンピューターには，スクリーンセーバーが起動するまでの待機時間や，スクリーンセーバーの

種類についてはデフォルトが設定されている。ほとんどの人はこれらのデフォルト設定を変えていないだろう。

　新しいソフトウェアをダウンロードするには，たくさんの選択が必要となる。その1つ目は，「標準」と「カスタム」，どちらの方法でインストールするかである。一般的に，どちらかのチェックボックスにはすでにチェックがついており，それがデフォルトであることを示している。ソフトウェアの提供元はどちらにチェックをつけているだろうか。これには2つの異なる動機が関係している。利用者援助と提供者奉仕である。多くの利用者にとってカスタム・インストールを利用するのが難しい場合，標準インストールをデフォルトにすることは利用者援助カテゴリーに分類されるだろう。利用者の電子メールアカウントに不要な宣伝用スパムを送信することは提供者奉仕カテゴリーに分類されるだろう。著者らの経験では，ほとんどのソフトウェアがこのインストール方法の設定に関しては利用者を援助するデフォルトを設定しているが，これ以外の多くの選択肢に関しては提供者奉仕デフォルトを設定している。選択肢の設計者と同じように，選択者の生活がより良く，より便利になるようにすべてのデフォルトが設定されているわけではないことに注意しなければならない。

　公的私的にかかわらず，多くの組織がデフォルトの強力な効果を大なり小なり発見してきた。雑誌の定期購読の自動契約更新を例に考えてみよう。更新が自動で行われれば，たいていの人が読んでもいない雑誌を長い間定期購読することになるだろう。顧客が列車や航空券のチケットを購入する際に，自動的に座席予約や旅行保険の購入も含まれている場合はどうだろうか（もちろん追加料金で）（Goldstein et al., 2008）。ある賢明な組織はデフォルトに両面印刷を採用した。大統領選挙の間，バラク・オバマの選挙対策本部長だったデイヴィッド・プルーフは，すべてのプリンターの設定を両面印刷にするよう命じ，その結果，オクラホマ州タルサ市では年間41,000ドル以上の節約を実現したと試算されている（Simon, 2008）。

　デフォルトの選択が大きな論争となることもある。ここに2つの例がある。近年の景気後退により，財政難と州立公園の閉鎖の危機に直面したワシントン州議会は，州立公園の駐車許可証を更新する際にドライバーが支払う料金のデフォルトを変更した。景気が後退する前は，5ドル払うか払わないかはドライバーの選択に任されていたが，これをワシントン州は選択肢を設けないオプトアウト契約に変更した。オプトアウト契約ではドライバーが支払いを拒否しない限り料金を請求されることになる。透明性を保つために，州は制度を変更した理由をドライバーに説明している。この変更に対しては，州の財政問題を解決する長期的な対策にはならないという批判もあるが，これまでのところ，このデフォルトの変更はうまく機能している。

　もう1つの例は，落ちこぼれをつくらない初等中等教育法（24章も参照）という曖昧な部分を残した法律である。この法律は生徒の氏名，住所，電話番号を軍の支部の採用担当者に提供するよう学区に求めているのだが，法律には次のように明記されている。「中学校の生徒または生徒の保護者は，生徒の氏名や住所，電話番号が保護者の同意なしに開示されることがないよう求めることができ，地域の教育機関または私立学校は保護者に選択肢を通知し，いかなる要求にも応じるものとする」（NCLB, 2002）。ニューヨーク州フェアポートなどの一部の学区は，この法がオプトイン方針の実施を認めるものだと解釈した。つまり，保護者は子どもの連絡先を提供することが可能であると通知されたが，何もしなければ情報は提供されないということである。しかし，このような解釈は当時

のドナルド・ラムズフェルド国防長官に承認されなかった。これに対して国防総省と教育省はフェアポートの学区に，当該の法律はオプトアウト方針の実施を要求するものだと主張する通達を出した。つまり，保護者が子どもの連絡先を開示しないと積極的に拒んだ場合にのみ，その選択肢が適用されるということである。典型的なお役所言葉で言うならば，関連する法律は「保護者が進んで同意しない限りは必要な情報を提供しないというLEA（地方教育機関）の方針を認めていない」と主張したのである[3]。国防総省とこの学区は，どちらもオプトイン方針，オプトアウト方針がきわめて異なる結果を引き起こすことに気づいていたのである。いうまでもなく，オプトイン方針の採用について激しい非難が巻き起こった。

ここまで，デフォルトの影響は避けられず，どんな私的機関や司法制度もデフォルトがある選択肢を選ばざるをえないことを強調してきた。ただし，すべてではないが，これには注意が必要な場合もある。選択肢の設計者は選択者に自分自身の選択を強いることもできるのである。このアプローチは**必須選択**あるいは**義務的選択**と呼ばれるものである。ソフトウェアの例を考えてみると，必須選択というのはすべての項目がチェックボックスに印がない状態で提示され，次に進むには選択肢ごとにどれか1つにチェックをつけるよう要求されるものである。軍の採用担当者への情報提供の場合には，連絡先の情報提供に同意するかどうかをすべての生徒（あるいは保護者）に書面で強制的に確認する制度が考えられる。この例のように感情的な問題の場合には，今述べたような政策の方が支持されやすい。なぜなら，人は望まない選択肢をデフォルトとして与えられたくないからだ（しかし惰性や現実的，あるいは見せかけの社会的圧力によって拒否できなくなる）。

義務的選択の価値を示す好例は臓器提供である。

JohnsonとGoldstein（2003）によれば，臓器提供に対する**推定同意**を前提としたオプトアウト政策を採用している国がある。この政策は明らかに，臓器提供に（暗黙的に）同意する人々の数を最大限に引き上げている。しかしながら，政府が国民の臓器提供の意思について勝手な推測をするべきではないと，この政策に激しく反対する人もいる。これに対する解決策が義務的選択である。たとえば，イリノイ州では運転免許を更新して新しい写真を撮った後，免許を受け取る前に臓器提供者になることを希望しますかという質問をされる。この政策によってイリノイ州では全国平均38％に対して60％の臓器提供同意率を達成している[4]。さらに，臓器提供者になるという選択は，暗黙的なものではなく明示的なものであるため，死亡した臓器提供者の家族は異議を唱えにくい。

必須選択こそが自由を好む人々の多くが気に入る最善の方法であろう。しかし，この選択には気をつけなければならないことが2つある。第一に，ヒューマンは選択を求められることを迷惑，あるいは悪と捉えることがよくあり，優れたデフォルトを非常に喜ぶものである。ソフトウェアの例では，おすすめの設定が何かを知るのにデフォルトが役に立った。たいていの顧客はわけの分からない設定を採用するかどうかを決めるために，小難しいマニュアルを読みたがらない。選択肢が複雑で難解な場合には，気の利いたデフォルトをありがたく選択するだろう。この場合，選択を強いられていることにはほとんど気づかないものである。

第二に，必須選択は複雑な選択肢を設けるよりも，簡単な「はい」か「いいえ」を選択するような場合に適している。たとえば，レストランにおけるデフォルトの選択肢はシェフが用意した食事をそのままいただくことだが，これにある材料を変更したり，取り除いたりする選択肢を設けることになる。極端に言えば，必須選択というのはレ

ストランで注文するすべての料理のレシピをシェフに与えるようなものだ。選択肢が非常に複雑な場合，必須選択はうまく機能せず実行できなくなることもある。

25.2 エラーを予測する

ヒューマンは間違いを犯すものである。優れたデザインのシステムには使用者のエラーを予測し，可能な限りこれを許容することが期待される。現実世界のデザインがこのポイントについていくつか例を与えてくれる。

> パリの地下鉄メトロでは，利用者が映画チケットサイズの切符を改札機に挿入すると，機械は「使用済み」の印をそれに押して利用者に返してくれる。切符の片面には磁気チップがついているが，それ以外は左右対称である。高性能な地下鉄の改札機は，利用者がどちら向きで切符を入れても磁気を読み取ってくれる。ところが，このメトロとは対照的なシステムがシカゴの駐車場では利用されている。運転手はまず駐車場に入るときにクレジットカードを機械に読み取らせ，出るときには別の機械にクレジットカードを挿入する。この操作には車の窓から手を伸ばしてカードを挿入する必要がある。このとき，クレジットカードは非対称に作られているため，考えられる挿入方法は全部で4通りある（表を裏にしたり，左右を逆に入れたりできる）。当然，このうちの1つが正しい方法なのだが，たとえ機械に正しい挿入方法が書いてあったとしてもたいていは誤った方法でカードを挿入してしまう。そしてエラーが起きてカードが返されても，なぜカードが拒否されたのかは分からず，最初にどの向きで挿入したのかも忘れてしまっている。

自動車は長い時間をかけてヒューマンである運転手が運転しやすいものになった。シートベルトが締められていない場合には警告音を鳴らしたり，ガソリンが少なくなったり，オイルの交換時期が来たりすると警告ランプが点滅する。多くの車にはエンジンがかかっているときにはヘッドライトを点けたり消したりする自動スイッチがついているので，ライトを消し忘れて一晩放置したあげくにバッテリーが上がってしまうような危険は減っている。

しかし，そうした改良が実際に導入されるまでには驚くほど時間がかかる。ガソリンタンクのキャップを例に考えてみよう。どんなに良い車であっても，ガソリンタンクのキャップはプラスチックで取り付けられているため，運転手はキャップなしで運転することはできない。このプラスチックのキャップは高価なものではないが，一度ある企業がこの形に改良を加えたら，その改良を導入した車を作らざるをえなくなるだろう。

ガソリンタンクのキャップの置き去りは，予測可能な特殊エラーであり，心理学者はこれを**完了後エラー**と呼んでいる（Byrne & Bovair, 1997）。これは，主要な課題を終えた後に以前行った行動に関連することを忘れてしまう傾向のことを指す。他には，ATMで現金をおろした後にカードを置き去りにしてしまったり，コピーを取った後にコピー機に原本を忘れてきたりすることが挙げられる。（すべてではないが）ほとんどのATMでカードはすぐに返されるため，このようなエラーは起きなくなっている。Normanによって提案されたもう1つの方略は，彼が強制機能と呼ぶものである。こ

こではある目的を達成するためには，まず別のステップを踏まなければならない。ATMの利用者が現金を物理的に受け取る前にカードを取る必要があれば，利用者がカードを取り忘れることはないだろう。

自動車関連で優れたデザインの例をもう1つ挙げるならば，それはさまざまな種類のガソリン用ノズルである。ディーゼル燃料用のノズルはガソリンを使用している自動車の給油口には大きすぎてはまらないため，ガソリン車にディーゼル燃料を誤って入れる恐れがない（逆のミスをすることは可能だが）。これと同じ原則が，麻酔に関連した事故を減らすために利用されてきた。ある研究によれば，「重大事故」の原因の82%が人的ミスであった（器具の不具合よりも多い）。一般的なエラーは，ある薬剤の管が誤った投与先につながれていたために患者が誤った薬剤を投与されてしまうというものだ。この問題は，給油用のノズルとそれに対応する給油口の大きさが異なるのと同じように，薬剤ごとに装置の形状が異なるように設計することによって解決された。この改良によって，以前は頻発したミスの発生を物理的に防ぐことが可能になった（Vicente, 2006）。

年間数十億ドルを費やす医療費が抱える大きな問題は**服薬遵守**と言われている。多くの患者，とりわけ高齢者は正しい投薬量で定期的に薬を服用しなければならない。ここで選択肢の設計の問題が浮上する。医薬品の設計者はどのように服薬スケジュールを考えるべきだろうか。

1回の投薬が医師によってその場で行われる場合を除けば（どのような次元においてもこれは最善の策だが，たいてい技術的に不可能だろう），次善策は1日1回，できれば朝に服用するスケジュールが望ましい。なぜ1日1回が1日2回（またはそれ以上）より優れているかは明白である。それ以上服用する必要があれば，服用を忘れる可能性も高くなるからである。しかし頻度だけが問題ではない。規則性もまた重要である。1日1回が1日おきに1回よりもはるかに優れているのは，このスケジュールの方が自動システムを活性化させやすいからである。薬を飲むことを習慣にできるのである。対照的に，1日おきに薬を飲むことを覚えておくのはヒューマンにとって至難の技だ。（同様に，毎週開かれる会議は隔週で行われる会議よりも忘れにくい）。1週間に一度服用する薬の場合，ほとんどの患者は日曜日に服用している（ほとんどの人にとって，日曜日は他の日と異なっているため，薬を飲むということを容易に関連付けて思い出しやすいからだ）。

経口避妊薬の服用スケジュールには独特の問題がある。この薬は3週間毎日服用した後，1週間にわたって間を空けなければならないからだ。この問題を解決し，服用スケジュールを自動化するために，通常28個の錠剤が1錠ずつ区画分けされ，番号が振られた特別なケースに入って販売されている。患者は毎日錠剤を順番に服用するよう指示されている。22日目から28日目の錠剤は，ヒューマンである服用者の習慣を乱さないようにするだけのプラセボである。

医療の世界における深刻な問題は，多忙な病院環境から生じることも珍しくない。患者の治療には毎日何百もの判断を必要とするため，医師や病院の運営者は人的エラーが深刻な危害を及ぼす可能性がある特定の治療場面ではチェックリストを活用している。チェックリストには単純でルーチン的な行動も含まれており，医師であれば医学部

で学んではいるが，時間的制約やストレス，集中力が散漫になっているせいで忘れてしまうかもしれない項目のリストになっている。たとえば，ジョンズ・ホプキンス病院の救命救急専門医がカテーテル感染症[ii]を防ぐために作成したチェックリストには，手を石鹸で洗うところから，挿管してカテーテル部位に滅菌包帯をかけるところまでを含む5段階のステップが含まれていた。

　このチェックリストには2通りの意味がある。まずは記憶の想起を促すことである。痛みを訴える人々がいるような病院では，手を洗ったかどうかということすら簡単に忘れてしまい，問題になりかねない。また，チェックリストは複雑な手順を一連のステップに置き換え，高水準のパフォーマンスに必要な要素をスタッフが簡単に理解できるようにしている。この単純なリマインダーのようなチェックリストを使用したことによる結果は医師を驚かせた。10日間のカテーテル感染症の発症率は11％から0％にまで低下したのである。さらにそこから15カ月経っても，その間に感染症にかかったのはたった2名であった。43件の感染と，8件の死亡事例を予防することができたうえ，200万ドル（約2億2471万円。2017年2月20日現在）の医療費の節約にもなった（Gawande, 2007, 2010; Pronovost et al., 2006）。

　『実践 行動経済学』という本を書いていたとき，ThalerはGoogleのチーフ・エコノミスト，ハル・ヴァリアンにあるメールを送った。彼は本全体の概要を知ってもらうために序論部分の草稿を添付してヴァリアンに送ろうとしたが，添付ファイルをつけるのを忘れてしまった。ヴァリアンが返信で添付し忘れたファイルを求めてきたとき，彼はGoogleのメールサービスGmailで，このような添付のし忘れを解決する新しい機能を検討していたところだと書いてきた。利用者がメールの中で添付ファイルという言葉を使っているのにもかかわらず，添付ファイルをつけていない場合に，「添付ファイルを忘れていませんか」というメッセージが表示されるようになるというのである。Thalerは添付ファイルをメールにつけ，それこそまさにこの本の内容だよと書いてヴァリアンに送った。

アメリカやヨーロッパからロンドンを訪れた人が安全に道路を歩行するためには注意が必要だ。彼らはそれまで車両は左から来る人生を送ってきたはずなので，彼らの中にある自動システムは左から来る車に注意しなければいけないことは知っている。しかし，イギリスで車両は左側通行なので，危険は右からやってくる。したがって，多くの歩行者が危険な目に遭うため，ロンドン市はこれを優れたデザインで解決しようとしている。特に観光客が多い地域では，「右に注意」と書かれた標識を多くの曲がり角で目にすることができる。

25.3　フィードバックを与える

　ヒューマンのパフォーマンスを向上させる最善の方法は，フィードバックを提供することである。優れた設計のシステムは，人々がうまくやっているか，それとも間違っているかを教えてくれる。以下に例を挙げてみよう。

　一般的にデジタルカメラは，フィルムカメラよりも良いフィードバックを使用者に与えて

---

ii　[訳者註] 血管内留置カテーテル由来感染のことを指していると思われる。

くれる。1枚写真を撮るごとに，使用者は撮ったばかりの（小さい）画像を見ることができる。この機能はフィルムの装填の失敗（あるいは入れ忘れ）や，レンズキャップの取り忘れ，写真の中央の人物の頭が切れているなどという，フィルム時代には一般的だったエラーを解決することができる。しかし，初期のデジタルカメラには重大なフィードバックミスがあった。写真が撮影されたときにその画像が撮影されたことを示す音声手がかりがまったくなかったのだ。現代のモデルでは写真が撮影された際，まったくの偽物ではあるが十分なシャッター音が鳴るようになっている。これと同じ理由で，携帯電話の中には，特に高齢者を対象としたモデルで偽のプッシュ音が鳴るように設定されているものもある。

世界で最も美しい都市高速道路の1つはシカゴの湖岸線である。この道路はシカゴの東の州境であるミシガン湖の湖岸をぐるっと抱きかかえるようにして走っていて，シカゴの素晴らしいスカイラインを見渡すことができる。この道路には直線コースの後にS字カーブが連続する場所がある。このカーブは非常に危険で，遅めに設定された速度制限（25mph〔約40km/h〕）に注意し損ねて横転する車が多かった。2006年9月，シカゴ市は自動車の通行速度を落とすために新しい対策を行った。市は道路を横断するような白い直線を複数描いた。この線はカーブの最も急な場所に近づくにつれてどんどん間隔が狭くなっていくため，運転手はスピードが上がっているように錯覚し，ブレーキを踏むよう促されるのである。

つい最近まで，シカゴ運輸局が公開するデータには，この対策がどの程度事故防止に効果があったのか，裏づけに乏しい見解しか示されていなかった。都市交通エンジニアの分析によれば，線が引かれた後の6カ月間のデータと前年の同時期のデータを比較すると事故が36%減少していた（2006年9月から2007年3月のデータと2005年9月から2006年3月のデータを比較したもの）。道路に線を引いただけで事故をこれほど減らせるとは驚きである。さらに道路を安全にするために，市は何台もの信号灯やカーブがあることを示す黄色と黒のV字の標識，速度を落とすよう警告する標識を設置した。その結果，事故の発生率は6カ月で47%減少した（2007年3月から2007年8月のデータと2006年3月から2006年8月のデータを比較したもの）。ただし，この6カ月を比較した事故の減少効果には，道路に線を引いたことによる効果と，標識を設置したことによる効果の両方が含まれていることに留意されたい。シカゴ市はこの事故減少率が対策の成功の証(あかし)だと考えている。

フィードバックに重要な内容は，何かが間違っているという警告である。間違いを犯しそうだという警告であればより有効だろう。ノートパソコンはバッテリーが切れそうなとき，使用者にパソコンを電源につなぐか，シャットダウンするよう警告してくれる。しかし警告システムは，あまりに多くの警告を出しすぎてしまいには無視されてしまう「狼少年」にならないように気をつけなければならない。使用者がメールの添付ファイルを開こうとするたびにうるさく開くかどうかの選択を迫っていたら，使用者は何も考えずに「はい」をクリックするようになるだろう。つまりこのような警告は役に立たなくなってしまうのである。

優れたフィードバックシステムの中には，環境

や家計の予算に適した形で機能するものがある。その例として，アンビエント・オーブというものがある。これは小さいボールの形をしていて，顧客が電力を使いすぎると赤く光り，適切な消費量であれば緑色に光るようになっている。また，公益事業会社は，近隣の人と比べてどれくらいの電力を消費しているかを伝える電気料金の請求書を各家庭に送る実験を行ったことがある。プリウスの運転手は1ガロン当たりのマイル数を連続的に更新して表示してくれるパネルによって簡単に情報を得られることを知っているし，燃料タンクから最も多くの走行距離を搾り取るために一定の速度で運転することがいかに難しいかも知っている。そして，日産は飛ばし癖のある運転手が運転するときには，ペダルが持つ抵抗力を調整してくれるアクセルペダルを開発した（全米自動車レース［NASCAR］のような加速はガソリンの無駄になる）。このような中で，スタンフォード大学のある大学院生2人組は，今述べたような複数のフィードバック機能を1つの選択肢の設計に組み込んだ素晴らしい製品を創った。これはスマートスイッチというもので，使用者はスライドボタンを押して電気をつける。このとき，電気を消費しすぎるとスイッチは日産のペダルのように押しにくくなり，所有者に悪い習慣が根づいていることを気づかせてくれる。このスイッチは近隣の家庭とリンクさせることもできるため，暑い日に近隣住民がエアコンをフル稼働させているときにはなかなかスイッチを入れられないだろう。

　フィードバックは多くの活動の質を高めてくれる。たとえば，天井のペンキ塗りといった単純な作業を考えてみよう。天井はたいていいつも白く塗られていて，自分がどこを塗ったかどうか正確に見分けるのは困難なため，この作業は見た目以上に難しい。その後，ペンキが乾燥すると古いペンキがまだらになっているのが目につき始める。それではどうやってこの問題を解決すればよいだろうか。この問題を解決するためにある人物が，乾く前はピンク色をしているが，乾くと白くなるタイプの天井用のペンキを開発した。つまり，作業をする人が白とピンクの違いを見分けられない色覚障害でない限り，このペンキが上記の問題を解決してくれるのである。

25.4　マッピングを理解する：選択から幸福へ

　アイスクリームの味を選択するような簡単な課題もあれば，治療方法を選択するという難しい課題もある。たとえば，味はバラバラだが，カロリーや原材料はすべて同じアイスクリーム屋を考えてみてほしい。一番おいしく食べられる味を選ぶという，アイスクリームの選択課題に悩むことはあまりない。アイスクリームの味がバニラやチョコレート，イチゴといったなじみ深いものであれば，たいていの人は自分の選択とこれまでの消費経験の関係性をかなり正確に予測できるだろう。この選択と幸福の関係を**マッピング**と呼ぶことにしよう。風変わりな味のアイスがあっても，アイスクリーム屋は味見を提供することでマッピングの問題を解決することができる。

　病気の治療法の選択はまた別の問題である。ある人が前立腺がんと診断され，手術，放射線治療，経過観察（つまり今は何もしないということ）の3つの選択肢から対応を選ばなければならないとしよう。それぞれの選択肢には治療による副作用，QoL（生活の質），寿命などに関係するさまざまな可能性が含まれている。選択肢を比較してみると，延命と性的不能，失禁などの不快な副作用のリス

クの増加はトレードオフの関係にある。これらのシナリオは2つのレベルで判断を難しくしている。患者がこれらのトレードオフを知ることはまず考えられないし，排尿のコントロールができない生活がどのようなものかを想像することも難しい。それでも2つの恐ろしい事実がこのシナリオには存在する。まず，多くの患者は医師から悪い診断結果について告知を受けたその場で，どのような対応をするか決定する。第二に，患者が選択する治療方法は，彼らを診る医師のタイプに大きく依存する（Zeliadt et al., 2006）（手術を得意とする医師もいれば，放射線治療が得意な医師もいる。しかし経過観察が得意な医師はいない。一番選択されない選択肢はどれか考えてみてほしい）。

アイスクリームとがん治療の選択肢の比較は，マッピングの概念を表している。優れたシステムにおける選択肢の設計は，物事を対応づける（map）能力を補い，より良い選択肢を選べるようにできている。これを実現させる方法は，数値的な情報を平易なものに翻訳し，使いやすい単位に変換することで多様な選択肢について理解しやすくすることである。たとえば，アップルサイダーを作るためにりんごを買う場合，グラス1杯のサイダーを作るにはりんごは3個必要であるという目安が役に立つはずだ。

マッピングはデジタルカメラのような電気製品を買う場合の意思決定においてよく問題となる。カメラは画素数を売りにしていて，画素数が多ければ多いほど良いという印象を与えているが，画素数が多ければ多いほど撮った写真は記憶媒体のメモリやコンピューターのハードディスクの容量を圧迫するため，このような前提自体が疑問である。しかし，消費者にとって最も重要なのは，画素数という概念（あまり直感的に理解できる概念ではない）を理解できる言葉に翻訳し，選択に役立てることである。4メガピクセルのカメラの値段に100ドル足して5メガピクセルの画素数のカメラを買う価値はあるだろうか。代わりに，カメラのメーカーが推奨している写真の最大プリントサイズを記載したとしよう。3メガピクセルや5メガピクセル，7メガピクセルといった選択肢が与えられる代わりに，消費者はどのカメラが4×6インチ，9×12インチ，または高品質のポスターサイズの写真を撮ることができるのか知ることができるだろう。

人は商品をお金にマッピングして考えることも苦手としている。単純な選択のマッピングは当然簡単にできる。スニッカーズが1個1ドルだとして，毎日これを1個ずつ買うといくらになるか計算することは簡単である。しかし，消費者はクレジットカードを使うとどれくらいコストがかかるか知っているだろうか。支払いに含まれる内訳の多くには以下のものが含まれている。(1) カードを利用するための年会費（飛行機のマイルなどの特典を提供するカードに一般的である），(2) 借入金の利子（利用者の信用性の高さによって異なる），(3) 遅延損害金（支払い完了が支払い期限に遅れるかもしれない），(4) 期限までに支払いを終えていれば通常発生しないが，1日でも遅れると発生する購入額に対する利子，(5) ドル以外の通貨で購入した際にかかる手数料，(6) クレジットカード会社が少額の取引ごとにかかる経費を相殺するために消費者に請求する，小売業者が請求するよりも高い金額の間接費用。

消費者にとって透明性がなく，分かりにくく複雑な課金形態を持つのはクレジットカードだけではない。ごく一部ではあるが，住宅ローン，携帯電話の通話プラン，自動車保険について考えてみよう。これらに関連する分野においては，政府による緩やかな規制を設けるべきだと提案したい。これを著者らはRECAPと呼んでいる。RECAPとは，記録（record），評価（evaluate），別の料金との比較

（compare alternative prices）の略である。

　以下に，RECAPが携帯電話市場でどのように機能するか示そう。政府は発行者がサービスに対して請求する金額を規制するのではなく，情報開示について規制を設けることにする。最も重要な目的は，現在存在する料金形態すべてを消費者に開示することである。判読できないほど長い文書を見やすく印刷するだけでは意味がないので，代わりに発行者は料金の計算に必要な計算式をすべて含んだスプレッドシート形式の料金表を公開する必要がある。たとえば，トロントを訪れたアメリカ人の携帯電話が鳴ったとする。この電話に出た場合，どれだけの料金がかかるのだろうか。メールをいくつかダウンロードしたらどうだろうか。このような場合に請求される料金がすべて数式に埋め込まれて開示されるのである。以上はこの規制に含まれる情報開示の一例である。

　使用量の情報開示請求は年に1回行われる。発行者は顧客に，顧客が電話を使用したすべての方法と，それに対して発生したすべての料金を送付するのである。この報告書は郵送と，そしてさらに重要なこととして，電子的な方法の2通りの方法で送られる。電子媒体で送られる方は安全なウェブサイトに保存され，ダウンロードできるようにする。

　RECAPの報告書作成は携帯電話事業者にとってさほど負担にならないはずである。しかし，年間最初の明細書を受け取った後，他の事業者と料金を比較したいと思っている消費者にとっては特に便利である。そうすれば，航空会社やホテルのサイトに似た個人のウェブページが登場し，サービスの比較が簡単に行えるようになるだろう。数回クリックするだけで，購入者は過去1年間の使用データを簡単に入手して，自分の使用パターンに対して他のさまざまな通信事業者がどれだけの料金を請求するか知ることができるのである[5]。新しく製品を購入する消費者（たとえば，初めて携帯電話を買う人）は利用に関するさまざまな種類の使用方法を推測する必要があるが，翌年にはシステムの機能を十分に活用できるようになる。すでにこのようなウェブページができつつある。そのうちの1つ，billshrink.com[iii]は携帯電話のプラン，クレジットカード，ガソリンスタンドの料金を調べ，消費者の生活に合ったプラン（またはカード）の選択と支払いを節約することに役立っている。住宅ローンから電気の消費，医療保障制度まで，多くの分野でRECAPプログラムは人々の賢い選択能力を大幅に向上させることができると考えられる。

25.5　複雑な選択を体系化する

　人は目の前にある選択肢の数や複雑性に合わせて異なる方略を用いるものである。選択肢が少なく，馴染みのあるものであった場合，すべての選択肢の要素を精査し，必要であれば妥協案を選択したりもする。しかし，選択肢が多い場合には他の方略を考えなければならず，これが重大な問題を引き起こす。

　たとえば，誰かが別の市にある会社で働くことになったとしよう。次の2つを比較する必要がある。それは，どのオフィスを使い，どのアパートを借りるべきか，である。3つのオフィスから選ぶよう選択肢を与えられたとしよう。最も理性的な方略は3つのオフィス全部を見てまわり，部屋の大きさや眺め，近隣オフィスの人の様子，洗面所からの距離などの違いを確認し，それぞれの特徴を吟味してから決めることだろう。このような選択の仕方を，選択行動についての文献では**代償方略**と呼ぶ。これは，ある1つの特徴（大きな部

---

iii　2019年6月現在閉鎖されている。

屋）に大きく価値を置く場合，この特徴が価値の低い他の特徴（うるさい近隣オフィスの住人）を補ってくれることを指す。

だが，アパート探しに同じ方略が通用しないことは明らかである。どんな大きさの都市にもアパートは何千とあり，それらすべてを見てまわることは不可能だ。その代わりに，課題を単純化しなければならない。このような場合にはTversky（1972）の**EBA（elimination by aspect）**モデルに基づく方略が使えそうである。この方略を使う人はまず，どの要素が最も重要か決定し（たとえば，通勤距離），限界点を定め（通勤時間30分以内），それからこの基準に合わない候補を排除する。このプロセスは繰り返され，いずれかを選択するか，選択方略を代償方略に切り替えて「最終候補者」から選べるようになるまで候補を絞り込んでいく。

この種の単純化された方略を使うとき，最小限界値にも見合わない選択肢は他の部分のポイントが高くても選択肢から排除されることがある。たとえば，通勤に35分かかるアパートは，たとえそれが海を見渡せる部屋で，他の部屋より月200ドル安かったとしても候補に上がらないかもしれない。

社会調査研究によれば，選択肢が膨大にあったり，さまざまな要素を持っていたり，あるいはその両方である場合，人はより単純な判断方略を用いやすい。これは選択肢の設計に示唆を与えてくれるものだ。選択肢が多く，複雑なほど，選択肢の設計者が考えるべきことや，するべき仕事は増え，そして選択に（良くも悪くも）影響を与えるようになる。アイスクリームが3種類しかない店は，メニューをどのような順番でどのようなリストに並べても問題なく，（たとえば順序効果のような）選択への影響は小さなものにすぎない。なぜなら顧客は自分の好みを分かっているからだ。しかし，選択肢がもっと多くなると，選択肢の設計者が選択に構造を与えるようになり，この構造が判断に影響を与えるだろう。

ペンキ店の例を考えてみよう。特注を除いても，塗料会社は住宅の壁塗装用ペンキを2000色以上取り扱っている。この中からどのように顧客にペンキの色を勧めるか，その方法はたくさん考えられる。たとえば，色がアルファベット順に並んでいる場合を考えてみよう。アークティック・ホワイト（Arctic White）のあとはアズール・ブルー（Azure Blue）というような順番で並んでいるだろう。だが，辞書を構成する場合にアルファベット順は便利だが（少なくとも単語のスペルに予想がつく場合は），ペンキの色の並び順には向かない。

その代わりにペンキ店は色相環のようなものを長いこと使っている。これは色の三原色から離れる色の順番にサンプルを並べたものである。この順番では青系統の色はひとまとめに緑系統の色の隣に置かれ，赤系統はオレンジ系統の近くといった風に並んでいる。これによって買い手は実際の色を見ることができるため，選択がとても簡単になる。ペンキの色につけられた名前から色味を想像することはできないので特に便利である（塗料会社ベンジャミン・ムーアのウェブサイトでは，3種類の似たようなベージュ色にそれぞれ「ローステッド・セサミ・シード（Roasted Sesame Seed）」，「オクラホマ・ウィート（Oklahoma Wheat）」，「カンザス・グレイン（Kansas Grain）」という名前をつけていた）。

消費者が抱えていた選択に対する問題は，現代のコンピューター技術とインターネットのおかげで，シンプルになってきた。ベンジャミン・ムーア・ペンキ店のウェブサイトでは，消費者は何十種類ものベージュを見ることができるだけでなく，（パソコンモニターの性能の範囲で）天井に塗られた補色によってどの色がどのように見えるか知ることもできる。それに，ペンキの種類はAmazonで

売られている本の数（数百万）やGoogleで検索できるウェブページ数（何千万）よりも少なくてすむ。メールオーダーのDVDレンタル会社ネットフリックスのような多くの企業は，選択肢の設計が非常に便利にできているために成功を収めている。レンタルする映画を探している顧客は，俳優や監督，ジャンルなどで映画を検索できるだけでなく，見た映画を評価すると同じ趣味を持つ映画好きの選択に基づくおすすめ作品を提示してもらうこともできる。これは**協調フィルタリング**と呼ばれている。膨大な数の本や映画から利用者が気に入る作品を選別するために，利用者と同じ好みを持つ他者の判断を利用するのである。協調フィルタリングは選択肢の設計が抱える問題を解決するために行われている取り組みの1つである。自分と同じような人が何を好むか知っている場合は，あまり知られていない作品でも面白いと感じるかもしれない。多くの場合に協調フィルタリングは認知資源と検索にかかる手間を節約し，難しい選択をしやすくしてくれる。

ただし，驚きや偶然の発見が楽しかったり，有益であったりすることもあるため，主となる情報源が自分と同じような人々は何を好むかであった場合には利益にならないこともある。時には自分と異なる人たちが好きなものを知って試すこともためになるのである。協調フィルタリングは，ミステリー作家ロバート・B・パーカーのファンには他のミステリー作家を薦めるだろうが，ジョイス・キャロル・オーツ^{iv}やヘンリー・ジェイムズ^vを薦めたりはしないだろう。だが，次世代の協調フィルタリングは利用者に驚きも提供することだろう。あらゆる知識を専有する政党はないので，自分の主義に合った本を好む民主党議員が，共和党議員の訴えている内容について知りたいと思うかもしれない。公共心のある選択肢の設計者，たとえば日刊紙の発行者は，以前はあまり選ばれなかった方向に人々をそっと突く（nudge）ことが良いことだと知っている。選択肢を構造化するということは人が学ぶことを助け，後に自分自身で良い選択を行えるようにすることでもある[6]。

25.6 インセンティブ

最後はほとんどの経済学者がすでに議論を始めているトピック，価格とインセンティブについて取り上げよう。ここまで，従来の経済理論では見過ごされがちな要因について強調してきたが，一般的な経済的要因が重要でないと言うつもりはない。この節は著者らが需要と供給を信じていることを示す良い機会だろう。製品の値段が上がると生産者は生産数を増やし，消費者の需要は低下するものである。したがって，選択肢の設計者はシステムを設計する際にはインセンティブを考慮する必要がある。思慮深い設計者であれば適切な人々に適切なインセンティブを設定できるだろう。インセンティブについて考える前に，ある選択肢の設計について問いを4つ投げかけてみよう。

誰が使うのか
誰が選択するのか
誰が支払うのか
誰が利益を得るのか

良質な製品を作り，適切な価格で販売することに対して，自由市場はインセンティブを与えることで意思決定における問題をしばしば解決してきた。たとえば，スニーカーの市場がうまく機能し

---

iv ［訳者註］ジョイス・キャロル・オーツ：アメリカ人作家。代表作に『生ける屍』がある。
v ［訳者註］アメリカ出身のイギリスで活躍した作家。代表作に『デイジー・ミラー』などがある。

ていれば，活発な競争によって（消費者の考える価格帯ではあまり価値がないという意味で）質の悪いスニーカーは市場から淘汰され，良質な製品の値段は人々の好みに応じて設定される。スニーカー生産者とスニーカー購入者の間には適切なインセンティブがある。しかし，インセンティブが衝突を生むこともある。単純な例で考えてみよう。2人の友人同士が平日ランチへ行き，それぞれが自分の食事を選び，自分が食べるものに支払いをする。ここでは衝突は起こらない。では，今度はお互いのランチを交互に支払うことにしたとしよう。この場合，相手が支払ってくれる週は高いランチを注文するというインセンティブがあり，その逆もまたある。(この場合，友情が事態を複雑化する。相手が支払ってくれると分かっている場合，良い友達は安いものを注文してくれるものである。感傷的な話だが真実である)。

多くの市場（と選択肢の設計システム）は，インセンティブの衝突にあふれている。おそらく最も悪名高いのはアメリカの医療制度だろう。医師によって選ばれ，保険会社によって支払われる医療サービスを患者は受けており，機器製造会社や製薬会社からの仲介業者や弁護士に至るまで，間にいる人が代金の一部を抜き取っている。そして仲介業者によってインセンティブは異なり，それによってもたらされる結果は患者にも医師にも理想的と言えるものではないだろう。もちろん，これらの問題について考えている人にとって，問題の要点は明らかである。しかし，経済界で主体となるのはヒューマンであることを思い出せば，従来の分析を精緻化し，豊かにすることが可能である。確かに，思慮深くないヒューマンであっても価格が上がったことに気づけば需要は低下するが，これは価格の変化に十分な注意が向いていればの話である。

インセンティブについて従来の分析に加えられるべき最も重要な要素はその顕著性である。選択者は目の前にあるインセンティブに気づいているだろうか。自由市場においては，これに対する答えは通常はイエスだが，重要なのは答えがノーの場合である。車の購入を検討している都会に住む家族の例を考えてみよう。タクシーや公共交通機関を使うという選択肢と，1万ドルで中古車を購入して家の前の通りに車を駐めておくという選択肢があるとしよう。車を所有することによって発生するコストのうち，顕著に見えるのはガソリンスタンドでの給油，必要に応じた修理費，年間の自動車保険料だけで，購入にかかる1万ドルの機会費用は忘れられがちである（言い換えれば，一度車を購入してしまうと1万ドルについては忘れ，別の何かに使うことができたかもしれないと考えなくなる傾向がある）。一方で，タクシーを使うたびに一家はコストに直面する。数ブロックごとにメーターは上がっていくのである。車の所有のインセンティブの行動分析は，人々が車を所有する際にかかる機会費用や，減価償却のような顕著性の低いコストを過小評価し，タクシーの利用といった顕著性の高いコストを過大評価する傾向にあることを示唆してくれる。選択肢の設計システムを分析する際にも同様の調整が必要である。

顕著性を操作することはもちろん可能であり，優れた選択肢の設計者は人の注意をインセンティブに向けることができる。フランスのINSEADビジネス・スクールの電話は，長距離電話の通話料金が表示されるようにプログラムされている。環境を保護し，エネルギーの自給率を高めるためにも，同様の方略を用いてアメリカが抱えているコストを明確にすることができる。たとえば熱波が来ている間に家庭の自動温度調節器の温度を数度下げると，1時間当たりのコストが通知されるように調節器をプログラムしたとしよう。そうすれば電気料金をこっそり上げ，請求書が来る月末だけに

そうした値上げによる変化を経験するよりも人の行動に大きな影響を与えるだろう。これと同じように，政府がエネルギー資源の保有を高めたいとしよう。電気料金の値上げにはきっと効果があるだろうし，値上げを顕著にすれば効果はさらに大きくなることが見込める。だがコストを通知してくれる自動温度調節器があれば，電気使用量の削減を狙った（控えめな）電気料金の値上げよりも，ずっと大きな効果が得られるかもしれない。たとえばGoogleは，電気の利用情報を提供してくれる無料の電気使用量監視ツールを開発し，最新の自動温度調節器を持たない利用者でも携帯機器で接続できるようにした。

その一方で，利益と損失の顕著性が非対称に扱われることを人が希望する場合もある。たとえば，ステアマスター[vi]を1段登るたびに課金するようなスポーツクラブに行きたがる人はいないだろう。しかし，ステアマスターの利用者の多くは，運動中に「カロリー消費」メーターを眺めて楽しんでいる（メーターが気前良い推定値を算出してくれているときは特に）。日本には運動中にコーヒーやアイスクリームなどの食べ物の写真が表示されるランニングマシーンがあり，運動中に運動と食習慣のバランスを改善することができる。

ここまで，優れた選択肢の設計に必要な6つの原則を俯瞰してきた。読者の記憶容量限界に配慮し，6つの原則を覚えるには略称を用いるのが便利ではないかと考えた。順番を並び替え，ちょっと手を加えると次のようになる。

iNcentives（インセンティブ）
Understand mappings（マッピングを理解する）
Defaults（デフォルト）
Give feedback（フィードバックを与える）
Expect error（エラーを予測する）
Structure complex choices
（複雑な選択肢を体系化する）

つまり，ナッジ（NUDGES）である。

これらのナッジを使えば，選択肢の設計者はヒューマンである利用者のパフォーマンスを向上させることができるだろう。

原註

本稿はThalerとSunsteinの著書『実践 行動経済学』（2008）と，Balzによる同書のブログ（www.nudges.org）に掲載されている資料にもとづくものである。本章はSunsteinがオバマ政権の行政管理予算局長官の顧問として着任し，後に情報規制問題局室長に就任する前に書かれたものであり，いかなる形でも公の立場を代表して述べたものはない。Thalerはシカゴ大学ブース・スクール・オブ・ビジネスの教授である。Sunsteinはハーバード法科大学院の教授である。Balzはシカゴ大学で政治学の博士号を取得している。

1. 心理学の文献でこれらの2つのシステムは，それぞれシステム2とシステム1と呼ばれることがある。
2. この事例を教えてくれた『実践 行動経済学』の読者に感謝する。
3. William Hanse教育副長官とDavid Chu防衛次官が署名し，州立学校役員に送った2003年7月2日の手紙。
4. イリノイ州の臓器提供率はDonate Life Illiois（http://www.donatelifeilliois.org）の提供によるものである。全米の臓器提供率についてはDonate

vi ［訳者註］階段を上り下りするような運動ができるトレーニングマシンのこと。

Life America（2009）を参照されたい。
5. もちろん，行動が価格に依存することは承知している。もし筆者らの現在の携帯電話会社がカナダでの通話に対して多額の請求をしたために，電話しないという対応をとった場合，カナダでの安い代替プランを適切に判断することができなくなるだろう。しかし過去の使用履歴が将来の利用をうまく予測してくれる場合，RECAP計画はとても役に立つはずだ。
6. これについてはSunstein（2007）が詳しい。
7. 短期の自動車レンタルを専門とするZipcar[vii]のような企業は，このような心の会計の問題解決を手助けすることによって利益を得ることができる。

Journal of Experimental Psychology, 12, 643-662.
Sunstein, C. R. (2007). *Republic.com 2.0.* Princeton, NJ: Princeton University Press.
Sunstein, C. R., and Thaler, R. H. (2003). Libertarian paternalism is not an oxymoron. *University of Chicago Law Review, 70,* 1159-1202.
Thaler, R. H., and Sunstein, C. R. (2003). Libertarian paternalism. *American Economic Review, 93*(2), 175-179.
Thaler, R. H., and Sunstein, C. R. (2008). *Nudge: Improving decisions about health, wealth, and happiness.* New Haven, CT: Yale University Press.
Thaler, R. H., Sunstein, C. R., and Balz, J. P. (2010). *Choice architecture.* Unpublished manuscript. Retrieved from http://papers.ssrn.com/sol3/Deliverv.cfiniSSRN ID1583509_code1460474.pdf?abstractid=15835098cmirid=1
Tversky, A. (1972). Elimination by aspects: A theory of choice. *Psychological Review, 76,* 31-48.
Van De Veer, D. (1986). *Paternalistic intervention: The moral bounds on benevolence.* Princeton, NJ: Princeton University Press.
Vicente, K. J. (2006). *The human factor: Revolutionizing the way people live with technology.* New York: Routledge.
Zeliadt, S. B., Ramsey, S. D., Penson, D. F., Hall, I. J., Ekwueme, D. U., Stroud, L., and Lee, J. W. (2006). Why do men choose one treatment over another? *Cancer, 106,* 1865-1874.

引用文献

Byrne, M. D., and Bovair, S. (1997). A working memory model of a common procedural error. *Cognitive Science, 21,* 31-61.
City of Tulsa (Oklahoma). (2009). *City hall's new printing policies expected to reduce costs.* Retrieved from http://www.cityofrulsa.org/COTLegacy/Enews/2009/3-3/SAVINGS.ASP
Donate Life America. (2009). *National donor designation report card.* Retrieved from http://wvvw.donatelife.net/donante/DLA+Report+Card+2009.pdf
Gawande, A. (2007, December 10). The checklist. *New Yorker,* pp. 86-95.
Gawande, A. (2010). *The checklist manifesto: How to get things right.* New York: Metropolitan Books.
Goldstein, D. G., Johnson, E. J., Herrmann, A., and Herrmann, M. (2008, December). Nudge your customers toward better choices. *Harvard Business Review,* pp. 99-105.
Johnson, E. J., and Goldstein, D. (2003). Do defaults save lives? *Science, 302*(5649), 1338-1339.
No Child Left Behind (NCLB) Act of 2001. Pub. L. 107-110, 115 State. 1425 (2002).
Norman, D. (1990). *The design of everyday things.* Sydney: Currency.
Pronovost, P., Needham, D., Berenholtz, S., Sinopoli, D., Chu, H., Cosgrove, S., et al. (2006). An intervention to decrease catheter-related bloodstream infections in the ICU. *New England Journal of Medicine, 355*(26), 2725-2732.
Simon, R. (2008). *Relentless: How Barack Obama out-smarted Hillary Clinton.* Retrieved from http://www.politico.com/relentless/
Stroop, J. R. (1935). Studies of interference in serial verbal reactions.

---

vii　カーシェアリングサービスを行っている企業。

26章　行動学を踏まえた規制

MICHAEL S BARR
SENDHIL MULLAINATHAN
ELDAR SHAFIR

　政策策定者は典型的には，規範的で先験的な分析に基づいて作られた**合理的な行為者**モデルの観点から人間行動にアプローチする。このモデルにおいて人々は，個人的効用に基づいて，思慮深く，計画的で，自己制御できる，計算された決定を行うものと想定されている。この観点は，社会科学や専門職大学院で推奨されており，政策の策定と実施の前提の多くにおいて一般的なものとなっている。これに対してこれから著者らが詳述するもう1つの見方は，そのほとんどが実証的な行動研究を通して発展してきたものであり，個人の行動，およびそこから導かれる政策と規制に対する示唆について，先のアプローチとは大きく異なる視点を提供するものである。この実証的な観点によると，行動とは，人の頭蓋骨の中にある素晴らしい機械によって行われる知覚，衝動，判断，意思決定プロセスの合成物である。実際人間がどのように行動するのかという問題は，旧来の政策に関する思考においてしばしば見落とされ，誤解されていると論じることになろう。そしてより細かく行動学的に見ていくことで，より深い理解や規制の改善がもたらされると提案したい。

　刺激的な例として，近年のアメリカのサブプライム住宅ローン問題を考えてみよう。この問題の潜在的な原因は無数にあるが，中心的な問題は，多くの借り手が理解せずに，支払いできないローンの申し込みをして借り入れたことが，結果的に，借り手にとっても，金融機関にとっても，国の経済にとっても悲劇を引き起こしたと考えられる。借り手は，他の多くの人と同様，合理的な行為者モデルによっては十分に記述できない存在なのである。さらに同時に，個人にのみ焦点を当てる行動学的な視点は，政策という目的を鑑みれば十分ではない。ある文脈において金融機関は，消費者のバイアスに付け入ることに強いインセンティブを有しているが，そのやり方は，消費者の行動に対応するためだけではなく，規制者の行為に対応するために形成されたものであろう。そのため，政策もまた，市場が置かれた文脈や，企業が遭遇する可能性のあるインセンティブや行動を考慮に入れる必要がある。

　以下では，規制に関して行動学的観点から下支えする主要な研究のいくつかを概説する。著者らは，さまざまな種類の市場において，企業が消費者とどのように関わるかを検討し，この関わりを理解するためのモデルを提案しようと思う。その後，行動学を踏まえた規制の分析的枠組みを発展させ，関連する政策応用の事例を説明して終えたいと思う。

26.1　行動について

　旧来の理論では，十分に情報を得た，注意深く，思慮深く，自己制御して選択を行う合理的な行為者を前提としていたのに対し，行動学的研究は，個人の行動はこの意思決定モデルとは重要な点で異なっていることを示してきた。中でも，情報の利用可能性と普及が，常に効果的なコミュニケーションを導くというわけではなく，知識，理解，意図

は，望ましい行為を必然性に導くわけではない。また意図していようといまいと，一見すると重要でないような文脈的なささいなことが，行動を形成したり，選択を変えたりすることがあり，人はしばしば意図しないまま，自らの幸福を減ずることに同意してしまうことがある。また個人は，自身の行動に対しても時間によってバイアスがかかった判断を示し，誤った予測を立てることがしばしばある。そこで実例として，文脈，判断における葛藤，心の会計（mental accounting），知識と注意における制約，そして，制度が個人の意思決定と行動をどのように形成するかに焦点を当てる。

26.1.1 文脈

人間の行動はきわめて文脈依存的であり，個人と状況という両要因の関数であることが明らかになっている。現代の心理学研究が提供する知見のうち主要なものの1つは，状況が非常に強い影響力を人に及ぼすということであり，それと同時に，人々は意図や教育，性格特性による影響力の強さについては高く評価するのに対して，状況による影響については過小評価するという頑固な傾向を有していることである。

たとえば，現在では古典になった服従研究の中で，Milgram（1974）は実験の参加者に対し，危険が及ぶほどの電気ショック（だと彼らは信じ込まされている）を別の参加者に与える役目を付与し，圧力がそれほど強くない場面でも電気ショックを与え続ける意思を生み出すには十分であることを示した。同様に，DarleyとBatson（1973）は，善きサマリア人のたとえについて実際の説教を行うために神学校の学生を集めた。説教の開始まで，神学生のうちの半数は十分な時間があると言われたが，残りの半分は，予定より遅れていると伝えられた。説教をするために会場に向かう途中で，すべての参加者は，怪我をしているらしき男性がドアのそばでうずくまってうめき声をあげている場面に遭遇した。十分な時間があると知らされていた神学生の過半数は立ち止まってその男性を助けたのに対して，時間がないと伝えられていた神学生のうち立ち止まったのはわずか10％であった。つまり残りの90％は，この被害者を通り過ごしていった。この実験の参加者の倫理的な訓練や，学識や，推定される性格ではなく，ほんのわずかな時間的制約があるかないかという文脈の細かな設定が，立ち止まって1人の被害者を助けるかどうかという決定の決め手になったのである。文脈が行動に与える影響が大きいということは，政策において，有効な規制を行うことの重要性を増大し，またその有効性を評価する上での規制者の責任の大きさを増加させるものである。

個人が未来における自分の行動を予測する際，その予測はその人が将来の自分が身を置いているであろう文脈とは異なる文脈で行われることがしばしばあるので，文脈はよりいっそう重要なものになる。KoehlerとPoon（2005; Lewin, 1951参照）は，自分たちの将来の行動予測に際しては，現在の自分の意思の強さに重きが置かれ，（それらの意図が実行に移される見込みに影響を及ぼす）文脈要因は過小評価されることを指摘した。こうした不均衡は，消費者たちに一貫して誤った計画を生み出させる可能性をはらんでいる。消費者は自分の良い意図に安心し，最適ではない行為を行わせるような選択に強く影響する状況に自らを置く。

26.1.2 意思決定の上での葛藤

30年間の行動学的研究は，意思決定過程における人々の選好は一般的には構築されるものであって，単に発露するものではないという考えを導き出してきた（Lichtenstein & Slovic, 2006）。選好の構築は，判断の性質と文脈による影響をきわめて強く受ける。たとえば，意思決定についての古典的

な見方は，決定をめぐる葛藤は，意思決定に影響を及ぼすとは考えない。古典的な見方によると，それぞれの選択肢には主観的価値，いわゆる「効用」が割り当てられ，その後その人は最も効用が高いと判断した選択肢を選ぶ。この説明から直接的に導かれる結論は，選択肢が多ければ多いほど，消費者は魅力的な選択肢を見つけられる可能性が高くなるので，より多くの選択肢を提供することは，常に良いことであるというものである。

このモデルとは逆に，行動学的研究は，選好は意思決定をする際に自身が身を置いている文脈に依拠して構築される傾向があるので，選択肢が増えると選択するのが難しくなる場合があるということを提案する。人々はたいてい，他でもなくその選択肢を選ぶ必然的な合理性を求める。時にはそれを選ぶ必然的な理由を明確にできることもあるが，それを明確にするのが容易ではなく，選択肢の間で解決できない葛藤が生じることもある。このような葛藤は，意思決定の先延ばしや，「デフォルト」の選択肢を受動的に受け入れることにつながる可能性があり，人は価値最大化を行うという説明から予測されるものとは根本的に異なった選好パターンを生じさせうる。選択肢を追加することは実際にはとくに選択肢をきわめて複雑なものと（その結果「より悪く」）するが，規範的で合理的な選択をするという前提においては，選択肢の追加は良いことでしかない（Iyengar & Lepper, 2000; Shafir et al, 1993, Tversky & Shafir, 1992）

たとえば，ある研究に参加した専門医は，変形性膝関節症の患者に対する薬の処方を決定しなければならなかった。医師たちは，旧来の薬に加えて，（効果の期待できる）新しい薬1つしか選択肢がない場合に比べて，（効果の期待できる）新しい薬の選択肢が複数ある場合，新しい薬を処方しない傾向にあった（Redelmeier & Shafir, 1995）。2種の新薬のどちらかを選ぶということには困難が伴うために，おそらく一部の医師は，どちらの薬をも処方しないという選択をしたのである。同様の傾向は，高級食料品店における購買行動についても指摘されている。この研究では，ある条件では6種のジャムを試食する機会が与えられ，もう1つの条件では24種のジャムから好きなものを試食する機会が与えられる。試食のために立ち止まった人のうち，6種のジャム条件ではジャムを購入するに至ったのは30％であったのに対して，24種のジャム条件でジャムの購入に至ったのは（より多く立ち止まったものの）わずか3％であった（Iyengar & Lepper, 2000）。この主題にもっと関係していると言えるのは，401kのプランに参加する被用者が，雇用者から提供されるファンドの選択肢が増えるほど減少することを示した，Iyengarら（2004）の研究である。

Bertrandら（2010）は，ローン利用の提案を承諾するという意思決定文脈において，さまざまな微細な心理的な操作のそれぞれの相対的重要性を調べるため，南アフリカの地元の金融業者とともにフィールド実験を実施した。この実験で，顧客たちに対して高額の短期ローンの利用を提案する手紙が送付され，そこにはランダムに割り当てられた利率が記載されていた。その提案の手紙では，例示されているローンの数など複数の心理的な特徴が独立して操作されていた。提案の手紙には2種類あり，そのうちの1種では，貸付額と貸付期間，毎月の返済額について1例だけが記載されていたのに対し，もう1種では，これらについて4例が記載されていた。従来の経済学における考え方とは反対に，そして葛藤についての予測と一致して，1つの選択肢だけを記載した手紙の方が，複数の選択肢が記載された手紙より，提案の受諾率は高かった。この効果は大きなものであり，複数選択条件に比べて，単一選択肢条件は，毎月の利率が2％以上低下するのと同じくらい，受諾に対してポジ

ティブな効果を有していた。

26.1.3 心の会計

直感的な心の会計という枠組みによると，人々は資産や支出を，貯蓄，家賃，趣味といったように異なる予算カテゴリーへ，さらに，所得，資産，そして将来の所得といった異なる心理的な口座に分ける傾向がある（Thaler, 1985; 1992）。従来の考えではこれらはみな等しくお金であるので互いに流用可能だと想定されているにもかかわらず，心の会計における口座の種類によってそこからの支出傾向には違いがある。このような区別は，人の行動を調整する際には有用な機能を果たしうるが，同時に，現在の所得に過剰に依存し，その名目にきわめて強い影響を受ける消費傾向を生み出しうる。また，このことは結果的に，（低利率における）貯蓄と（高利率時における）借り入れを引き起こしうる（Ausubel, 1991）。

このような傾向を理解することで，企業は望ましい結果をもたらす方法をデザインしやすくなるかもしれない。たとえば，退職後のための貯蓄を考えてみれば，貯蓄口座を決済口座と分けることで，決済に使っている口座にお金を置けない状況にすれば，貯蓄から使い込む傾向は弱くなるだろう。貯蓄がデフォルトであったときにもっとも貯蓄がなされるという知見が一貫して示される理由は，貯蓄ができないのが，計画性のなさ，妨害，そして先延ばしといった心理的な問題があるからだということで説明できる。401kプランへの参加率は，雇用者が被用者に自動加入を提供しているときに統計上有意に高くなる（Madrian & Shea, 2001）。さらに参加者は，デフォルトとして設定された拠出率を維持する傾向があり，将来における拠出を現時点であれば約束する傾向がある。そこで，将来の昇給からより多く拠出することに同意した結果，貯蓄を増加させることができる（Benartzi & Thaler, 2004; 本書14章も参照）。

26.1.4 知識と注意

従来の経済学理論が前提としているのは，消費者は注意深く，知識を持っており，重要な情報をおおむね正当に評価し，活用することができるということである。これとは対照的に，実証研究が示唆しているのは，多くの個人は，関連する選択肢や制度の規則，利益，そして条件についての知識を欠いており，このことは貧困層や低学歴層に限ったことではないということである。複数の調査によると，「資産運用のリテラシーがある」と想定していいのは（株，債券，ファンド，あるいはその他の有価証券に対する）投資家全体の5分の1以下であり（Alexander et al, 1998），年金プランの加入者による制度理解についても同様である（Schultz, 1995）。実際，高齢の受給者でさえ，自分が受け取ることになっている年金の種類や，自分たちの退職後用の口座にある債券と株式の組み合わせすら知らないこともしばしばある（Lusardi et al, 2009）。

人々が注意を向けることができる情報量，また実際に向けている情報量には限界がある。さらに，認知的負荷は，日常的な課題の達成度に影響を与えることが示されている。不慣れな場面で，緊張していて，あるいは何か注意をそらすものが他にあるような困難な状況では（これらはすべて認知的資源を消費する），消費者が意思決定するための情報処理に投入することができる焦点化した注意はさらに少なくなるだろう。このせいで今度は，意思決定が状況の手がかりや周辺的な事柄により強く依存するようになる。特にこれは，労力の節約と判断の正確性がシビアなトレードオフ関係になりがちな「リテラシーの低い」加入者にはよく当てはまる。そして彼らは周辺手がかりに対して過度に依存し，株式などの多くの市場に関わること

から一貫して撤退しがちである（Adkins & Ozanne, 2005）。

情報は，何もしなくても自動的に得られるものだと考えることはできないし，知識があれば自動的に必要な行動が生起されると想定することはできない。人々には，注意や理解，関連する事柄の知覚や誤記憶，その影響による予測ミスなどといった限界があるため，利用可能な時間が短いとき，データを完全には情報処理しないことがしばしばある。これは，重要かつ知りうる事柄であれば人はそれを知ろうとするはずだ，と考えがちな制度設計者がしばしば理解していないことである。要するに，不十分な知識や知覚された規範，自動的なデフォルトといった細かな文脈上の設定に意思決定は過大に依存しており，規制する際には，認知的資源が限られた加入者のためにも，行動に影響する細かな要因に対してより注意を向ける必要がある。

26.1.5 制度の力

行動に与える文脈の影響の甚大さは，制度が人々の考えや行為を形成する上で中心的な役割を果たしていることを示している。制度という言葉によって著者らが意味しているのは，公的な法や規則，企業などの組織，体制や統治，そしてさまざまな市場の実践である（Sherraden and Barr, 2005など参照）。特に，

1. 制度はデフォルト，すなわち「望ましい」開始点を形成する。デフォルトは個人の選択にとても強い影響を与えることが確かめられている。退職後のための貯蓄やポートフォリオ（資産運用の組み合わせ）の選択から臓器提供するかどうかの決定まで，意思決定についての手に入るデータは，デフォルトの選択肢として設定されたものが市場シェアを大幅に増加させることを示し

ている（Johnson & Goldstein, 2003; Johnson et al., 1993; 本書14章と24章参照）。デフォルトは多くの選択肢の中の1つにすぎないという見方に反して，実際には他よりもデフォルトが選択される。このようにデフォルトが選択され続ける理由は，利用可能な選択肢に対する混乱や先延ばし，忘却といった不作為の理由に基づくものだけではない。デフォルトが選ばれるのは，デフォルトが最も人気のある選択肢だと知覚されていることや（自己成就予言になることが多い），専門家から暗に推奨されている，あるいは政府から支持されていると知覚されることによっても助長される。

2. 制度は，行動を形成する。多くの低所得世帯は，銀行に預けようが預けまいが事実上貯蓄を行っている。しかし，貯蓄を促進する制度の利用可能性の有無はその額に大きな差を生み出しうる（Barr, 2004; Berry, 2004）。資産運用制度の助けを得ることなしには，人々の貯蓄は危機にさらされる危険性があり（自宅にあれば盗まれる，衝動的に使ってしまう，世帯内の他のメンバーが必要とするなど），貯蓄額の増加はより緩慢になり，そのため貯蓄者は，緊急時の緩衝材として貯蓄を利用することができなかったり，必要なときに合理的な価格設定の借り入れを受けるための保障にすることができないかもしれない。制度は，安全性と誘導と管理を提供する。一時的なお金の必要性や誘惑，不注意，あるいは自己制御に限界がある状況では，銀行を利用していない貯蓄者は，資産を長期的に安定させることにいっそう困難を感じやすい。

たとえば，クレジットカードを持っていない2人の個人を想定してみよう。一方は，給与を貯蓄口座に直接的に預け入れている。もう一方はそうではない。前者にとって現金はすぐ利用できるものではなく，それを引き出すためには能

動的に段階を踏む必要がある。それに対して，後者にとって現金は即座に利用可能であり，それを貯めるには能動的な方法を取らなければならない。銀行に預けている場合と比べて，財布の中にある現金は使用される傾向が強いということからすると（Thaler, 1999），銀行に預けている前者の人は，衝動的にお金を使う傾向が少なく，銀行に預けていない人に比べてお金を貯めるのはたやすいだろう。リスクに関する性向と，貯蓄に関連する性向が状況を超えて一貫しているならば，ほんの些末な制度的取り決めだけで，銀行に預けている人は預けていない人より，結局は能動的で効率的な貯蓄者になりやすいだろう。銀行への給与の直接振り込みは，貯蓄に大きな影響を与えうる制度の1つである。アメリカ給与管理協会（2002）によって最近実施されたある調査が示唆しているのは以下のようなことである。アメリカの被用者は，銀行への直接振り込みは自分たちの資産を管理する上でより信頼できる方法だと強く確信しており，雇用者は銀行への直接振り込みを，給与処理の時間と費用の抑制もできる，低コストで被用者に提供可能な特典であると理解している。逆に，貧困者を雇用している者は，電子的な給与支払いを必要とも感じておらず，提案しようとも考えていないことがしばしばある。それどころか，彼らは，公正労働基準法が適用される雇用者，一時雇いや季節労働者，パート，組合の被用者，遠隔地の被用者といった，所得の低さと相関する類型の被用者に対しては，銀行への直接振り込みを提供しないことを好む。これらの被用者に対して銀行への直接振り込みを提供しない理由としてもっともよく言及されるのは，支払い処理のための時間が十分にはないせいで機関（自動決済機関）の要件基準に合わないことや，高い離職率，組合との協定によって制約があるなどである。これらすべての理由が，銀行への直接振り込みを必要としている個人が，それを望ましい形で利用する機会を喪失させているのである。低賃金者の現実のデフォルトは，仕事の後に，かなりの手数料を払ってわずかな額面の小切手を現金化するために出かけるというものである。

3. 制度はプランを非明示的に提供する。これまで分かってきたように，さまざまな制度は計画を非明示的に提供している。制度が提供するプランの多くは，人が潜在的に有している行動学上の弱点に対処するものである。クレジットカード会社は時期を見て，顧客に引き落とし日のリマインダーを送り，顧客は自分の公共料金を自動引き落としにすることができる。期日通りに支払手続きをするための時間的余裕がない月がある場合，この自動引き落としによって，公共料金の延滞金を避けることができる。他方，低所得の購買者には，クレジットカードや自動引き落とし，ウェブ経由のリマインダーがなく，彼らは，支払期日に遅れ，延滞金の発生や水道・ガス・電気の停止（その後は，高い利用再開料金が必要となる）などの危険にさらされている。ただし，実際には，たとえば非常に簡単に借金ができるため貯蓄できないなど，制度があることが貯蓄計画に害を与えることもありうる。一般的には一時的な割引，具体的には現在バイアスが，将来的な支出の脅威よりも目の前の現金をより魅力的なものとするために，これが人々に付け込む上で利用される場合がある。

行動学的分析は，制度が与える影響に関する新しい理解をもたらす。すなわち制度は，計画の策定を容易にし，意図していたことの実現を助ける，あるいは，誘惑に抵抗することを助けるといったことによって人々の生活に影響を与えているのである。もう一度，低所得世帯のケースについて考

えてみよう。低所得世帯は，商売の不振があって予想外の出費が必要となったり突発的な出来事が起こったとしても，消費を簡単に切り詰めることができない（Mullainathan & Shafir, 2009）。彼らが切り詰めるとき，その対象になるのは生活にとって本当に必要なものであることが少なくない。多くの場合，切り詰めは支払いを遅延させ，支払いの遅延は，高額な延滞料やガス電気水道あるいは電話の再開費用の発生を意味し（Edin & Lein, 1997），仕事や教育，家庭生活に深刻な支障をきたすことになる。それを避けるには，割高な短期借入をすることになる。一般的に言って，商売の不振がないのであれば，不安定な環境に対処する際に緩衝材となる貯蓄に対して，低所得世帯も強い魅力を感じるはずである。しかし，このような世帯はほとんど現金での貯蓄を持っていない傾向にある。その理由は1つには，資産運用制度が，彼らにも利用できる貯蓄手段へのアクセスを制限していることにある（Barr, 2004）。

　資産運用サービスは，貧困からの重要な脱出経路を提供するかもしれない。このようなサービスは，重大な出来事が起こった際にその衝撃を弱めるための貯蓄を促進し，資産形成を進め，そして高価ではあるが長期間使えるものを購入するために，あるいは苦しい時期を乗り切るために，お金を借りる際にそれぞれ助けとなる。要するに，資産運用サービスは，個人が円滑な消費と投資をできるようにする存在である。そして資産運用サービスを改善することには，2つの重要な利点がある。第一に，資産運用サービスを利用してきた個人にとって，その改善は，これまで支払ってきたコストの引き下げをもたらすだろう。たとえば，資産運用サービスの改善によって，割高な給料担保金融業者（次の給料日まで高利で小口融資する）に代わって，クレジットカードの利用が可能になるかもしれない。第二に，これまで資産運用サービスを利用してこなかった個人は，突発的な出来事（病気や失業，離婚など）の影響を軽減するためにお金を借りることが可能になるなど，サービスの利用によって直接的に利益を得るだろう。

　資産運用制度を利用することで，誘惑からお金を守り，利用者の将来設計を進めることが可能になる。銀行への直接振り込みと自動引き落としは，その場で現金を利用する可能性を消し去る代わりに，その分を自動的に貯蓄に向けさせることができる。資産運用制度によって，その場限りの衝動や偶発的な直観の誤りに抵抗できる可能性があり，ほんの数回注意深く資産運用管理の決定をするだけで，その実行を容易にしてくれる可能性がある。その意味で，資産運用制度の改善によって，貧困者の生活には膨大な影響がもたらされうる。給与担保金融業者の利用と銀行での小切手の現金化をやめて，銀行への直接振り込みと給与の天引きに移行することは，取引コストの抑制よりはるかに重要なもの，たとえば計画の改善，貯蓄，誘惑回避といった恩恵をもたらしうる。

26.2　行動，市場，政策：概念的枠組み

　行動学的視点は，個人がどのように意思決定を行うのかについてよりよい説明を提供してくれるものであり，合理的な行為者モデルを訂正する上で有用である。しかし，個人に焦点を当てた1つのモデルそれだけでは，政策の基礎とするには不十分であり，これまで概説してきた視点を市場論理の中に埋め込む必要がある。この枠組みには，規制に関する企業のインセンティブだけではなく，個人の行動に関する企業のインセンティブをも考慮に入れることが必要とされる。この視点によって，考慮すべき2つの軸がもたらされる。それは消費者と企業の相互作用，規制者と企業の相互作用で

ある。

第1軸である消費者と企業との相互作用に関して、個人が持つ心理的バイアスは、商品やサービスを売買するという企業の関心に一致する場合もあり、逆に一致しない場合もある。利子を複利計算することがもたらす影響の大きさを完全には理解していない1人の消費者を想定してみよう。その消費者は、複利の影響を理解しないので十分貯蓄をしない、そしてお金を借りすぎるなどの傾向があるかもしれない。本人にとっても社会にとっても、当人がそのようなバイアスを持たないことが望ましい。企業側も、投資用ファンドや手数料が生じるファンドの規模が小さくなるのを避けるため（料金体系［要するに手数料］からお金を得る）、その人が十分貯蓄をしないというバイアスを持たないことを望むだろう。しかし他方で、少なくとも短期間については、その企業はその同じ人が複利を理解せずにお金を借りすぎることからは恩恵を受けるかもしれない（集金コスト［要するに利息］からお金を得ようとする）。

第2軸である規制者と企業との相互作用に関して、個人の（たとえば貯蓄の）失敗に対する市場の反応は、規制に大きな影響を与える可能性がある。たとえば退職後用のプランの一種401kへの加入を促進しようという試みにおいて、規制者は、悪い場合には無関心な、良い場合には加入に前向きな雇用者や資産運用会社と向き合うことになる[1]。貸付に関する場合はこれとは対照的である。企業はたいてい、借入のコストに注目し損ねるという個人の心理的バイアスに**付け入る**ことに強力なインセンティブを持っている。この場合の規制は、401kの貯蓄場面においてより多くの難しい困難に直面することになる。貸付を受けた結果負うことになるコストを消費者に開示するよう企業に強制すれば、たいてい企業は非協力的な反応を示すだろう。その場合企業の関心は、規制介入の撤回を求めたり、その抜け穴を探すことに向けられる。

規制方法の選定に当たっては、企業と個人の間の相互作用や、企業と規制者の間の相互作用を考慮すべきである。規制者は、2種の方策を持つと考えることができる。その2種とは、規則を変えることと得点化の方法を変えることである[2]。たとえば利息の年率の情報開示を強制するとき、規制者はこのゲームの「規則」、「すなわち企業は何を明らかにすべきか」を効果的に変えていることになる。他方、規則変更の強力な形が製品に対する規制であり、これはすなわち、「企業が何を行うべきか」を変えるものである。好ましい開始点、すなわちデフォルトを作るといった行動規則の変更は、この2種の間のどこかに当てはまる。これとは対照的に、課徴金を課すとき、規制者はゲームの得点化の方法を変えていることになる。課徴金の額は、理論的には、好ましくない活動に従事したことで企業が得た利益に見合った、あるいはそれを超えるものに設定される場合がある。得点化はまた、たとえば、好ましい活動に従事した場合に提供される税制面での優遇や、好ましくない活動に従事した場合の税制面での不利な扱いによっても変えられる。典型的には、得点化の方法を変えることなくゲームの規則を変えることは、企業が独自に持つインセンティブを維持したまま特定の行動を変化させるものであり、ゲームの得点化の方法を変えることは、これらのインセンティブそのものを変化させるものである。

特定の市場における個人・企業・規制者間の相互作用を理解することで、ある領域で得られた行動経済学的洞察を別の領域に応用する際に何に留意すべきかが明らかになる。たとえば、行動学的規制の最も顕著な例についての洞察、すなわち401kへの加入をデフォルトにするということは、熟慮なしに他の市場に応用すべきではない。デフォルトを導入することで退職後の貯蓄のための規則を

変更することは，個人の選択を導くための規制努力と雇用者のインセンティブとが一致する（あるいは不一致ではない）から有効に働くのである。言い換えると，雇用者は現状，401kプランにあまり預けないという個人の傾向によってなんら影響を受けていない，あるいはそうした傾向によって不利益を被ってさえいる場合がある[3]。結果として企業は，この問題を解消しようとする試みに反発することはないだろう。ところが他の場合には，企業のインセンティブが規制意図と一致しないことがあり，ルールを変更しただけでは，（企業がこれらの変更を工夫してやり過ごそうとする強いインセンティブを持っているため）うまく機能しないこともあるだろう。興味深いことに，こうした状況では，課徴金を課すことを通じて「得点化方法を変更する」ような規制が行われやすい。得点化の方法を変更した場合の行動は，行動学的観点で見るとデフォルトやフレーミング等の変化によって深く動機づけられているが，本源的にその行動に対して心理的な動機づけがあるわけではない。つまり，市場の反応を考えると，たとえば，デフォルトやフレーミングといった微細な試みによって個人の心理に影響しようとする規則の変更はあまりに弱くて影響力が小さく，課徴金の規則や他の方法の変更が必要であることが証明されることになるかもしれない。

個人の心理に対する市場の反応の違いは，ここで著者らが検討する枠組みの中心であり，表26.1に示すとおりである。ある事例において，市場はニュートラルであるか，消費者の誤りやすさを抑制したいと考えている。それに対して他の場合には，市場は，消費者の誤りやすさに付け入り，あるいはこれを拡大したいと思っている。**貯蓄**の文脈において，消費者が複利計算を誤解しているとき，銀行は預入金を増やすためにこの誤解を解きたいというインセンティブを持っている。**借入金**の文脈において，消費者が複利計算を誤解しているとき，消費者に借りすぎるよう仕向けることで利益を維持あるいは拡大することができるので，少なくとも市場に関係している時間軸では，貸し手はこの誤解を正したいというインセンティブを持たないかもしれない[4]。他方，消費者が，勤労所得税額控除（そしてそのための確定申告）に登録する手続きを滞ったとき，税理士事務所は顧客数が増大するので，この滞りを解消する手伝いをすることにインセンティブを持つ。ところが，消費者が購入代金の一部払い戻し（払い戻しを意図して小売店から購入した場合）の手続きを滞っている時，小売店は利益を得ることになる。これら2つの例において共通して存在するものに注意する必要がある。バイアスを軽減したい，あるいは付け入りたいという企業のインセンティブは，このバ

表26.1　企業と個人

行動の誤りやすさ	市場は中立である，または，消費者の誤りをなくしたい	市場は消費者の誤りやすさに付け入りたい
消費者による複利計算の誤解	消費者は，預金における複利計算を誤解している →銀行は，貯蓄額を増やすためにこの誤解を減らしたい	消費者は，借り入れにおける複利計算を誤解している →銀行は，借り入れを増やすためにこの誤解に付け入りたい
消費者による手続きの滞り	消費者は，勤労所得税額控除への申請を滞っている →税理士事務所は，顧客を増やすためにこの遅滞を減らしたい	消費者は，リベートの払い戻し手続きを滞っている →小売店は，収入を増やすためにこれに付け入りたい

イアス自身が持っている本質的な性質ではない。というよりも，企業のインセンティブは，こうしたバイアスがその具体的な市場構造の中でどのような役割を果たすのかに影響するものである。

消費者に対する貸付に関して生じる個人と企業との相互作用の多くにおいて，企業は個人のバイアスを軽減するのではなく，悪用しようとしているという指摘がある。もしこれがその通りであれば，401kをデフォルトにした事例をこうした貸付の抑止に当てはめるのは，その適用範囲を超えたものではないかという懸念が生じる。個人にとって最適な行動が市場のインセンティブとおおむね一致している，ということが401kのデフォルト化が成功した背景にあるとするならば，貸付市場のような他の領域では，単にデフォルトにするだけで規制することは困難であろう。さらに言えば，貸付市場において人間の弱点に「付け込む」不透明な商品を提供している「悪徳」企業が多数派なのであれば，このような市場の規制者は，攻略されてしまうことになるだろう。そうではない「公正な」企業の影響力は，その市場シェアが小さいため，より巨大な悪徳企業に抵抗する上では，政治的にあまりに弱い立場になりやすいからである。市場の力はその後，デフォルトを設定するなどという弱くポジティブな介入を制圧し，悪徳企業は優位に立ち続けるだろう。たとえば，少なくとも2009年の「クレジットカード責任・債務・開示法」成立の前までは，クレジットカード市場ではそのような悪徳慣習が横行していた，と多くの人は見ている（たとえばBar-Gill, 2004; Mann, 2007参照）。もし政府の政策策定者が，このような文脈でデフォルトを使うことを試してみたいならば，「より粘着性の高い」デフォルト（つまり，やめるのが高くつくことになるかもしれない），あるいはより攻撃的な政策の選択肢を展開する必要があるかもしれない。

どの規制方法を選択するかについての著者らの概念的なアプローチにおいて（表26.2），規制者は，ゲームの規則を変えることもできるし，ゲームの得点化の方法を変えることもできる。現状の情報開示規制がそうであるように，デフォルトを設定することはゲームの規則を変えることの一例である。ゲームの規則が変化するのは，たとえば規制が，何を表明することができるか，何を提供することができるか，何を行うことができるかを変えようとするときのように，個人と企業との相互作用の性質を変えようという試みがなされるときである。逆に，ゲームの得点化方法を変えるというのは，企業が，ある行動の結果として受け取る利益を変えるということである。得点化方法の変更は，その結果がどのように達成されるかについての具体的な規則なしで行われる場合がある。たとえば，その会社で401kプランに加入しているのは，高給を得ているごく一部の幹部だけであるような企業を罰することができる。このような年金規制は，得点化によって，その目的の達成方法について具体的な規則を設定することなしに，低所得者を加入させるための**インセンティブ**を企業に与えている事例の1つと言える。規則を変えることと得点化方法を変えることは，しばしば同時に行われるが，概念的には別のものである。

表26.3は，これらのアプローチを組み合わせたものであり，行動学を踏まえた規制に関する著者らの概念的枠組みを描き出している。この表は，人

表26.2　ゲームの変更

規則の変更	・401k貯蓄をデフォルトに設定する ・臓器提供をしない場合にはわざわざ手続きをしなければならないようにする
得点化の変更	・高所得の管理職のみが401kに加入できるよう設定している企業に対してペナルティを科す ・臓器移植を導入した州に交付金を出す

表 26.3　行動学を踏まえた規制

	市場は中立である，または，消費者の誤りをなくしたい	市場は消費者の誤りやすさに付け入りたい
規則の変更	・貯蓄に関する公教育 ・銀行への直接払い込み／自動貯蓄 ・ライセンス化	・粘着性の高いデフォルト（オプトアウトの住宅ローンやクレジットカード） ・バイアスをなくすための情報（支払日とクレジットカード使用に関するコスト）
得点化の変更	・貯蓄方法に対する税による優遇（インセンティブ） ・銀行への直接払い込みに対する税還付	・貸付における真実のための事後の責任基準 ・格差保険料を得るという利益確保的運用について配慮し，変えることに関する仲介者の義務

間の誤りやすさに対する市場の立ち位置という観点で，規制選択を分析したものを示している。表の左側に示した，市場のインセンティブは，消費者の誤りやすさをなくすという社会の目的と合理的によく一致している。この文脈でなされる規則は，相対的に軽い変化で済むかもしれない。たとえば，（給与から天引きの）自動貯蓄プランを退職後のための貯蓄のデフォルトにすること，あるいは基準に合った運用が続くことを確実にするために，ライセンス制と登録制を敷くことなどである。あわせて，表の左側に示した得点化の変更は，ある行動が市場の利益や一般市民の利益と合致するもののコストがかかりすぎる場合に，それを行う企業のコストを低減するために導入される税のインセンティブを示している。他方，表の右側は，市場のインセンティブが，消費者の誤りやすさを抑制するという一般市民の関心と大幅に食い違っている場合を表している。この場合，規則の変更は多くの場合，より実質的に効果的である必要があるだろうし，得点化の変更と組み合わせる必要があるかもしれない。

以下に続く議論では，表 26.3 の右上に示した政策における問題について記述する。企業が法の抜け穴を探すよう動機づけられているとき，ゲームの規則を変更するだけではたいてい不十分である。そのような場合，表の左側で市場にデフォルトを置いた場合とは異なり，単にデフォルトを置いただけでは機能しない傾向がある。そのため，著者らが以下で述べるような住宅ローンにおけるオプトアウト政策を提案するとき，企業が簡単にそのデフォルトの性質を変えることができないよう，これらの開始位置を「粘着性」にする方法が模索されることになる。そのような場合，デフォルトを効果的にするには，悪徳企業と善良な企業を区別し，デフォルト商品（関連した概念については Kennedy, 2005 を参照）を提供する善良企業に対しては，利益を与えることが必要となる。これが機能するためには，デフォルトが消費者にとって十分魅力的であり，デフォルト商品の提供に成功した善良企業にとっては十分利益をもたらすものでなければならず，またデフォルトから外れたことにかかるペナルティは，悪徳企業からの市場圧力に直面してもデフォルトが粘着的に機能するのに十分なだけ高額でなければならない。一部の貸付市場では，悪徳企業が市場で優位性を持ちすぎて粘着性のデフォルトでも効果を持たないかもしれない。さらに，このようなデフォルトを機能させることは，市場のインセンティブと一致しているときにデフォルトを機能させるよりもコストがかかりがちである。特にデフォルトを粘着性にするコストは，デフォルトから逸脱することが最適である企業に対して，それらの選択をオプトアウトにしてデフォルト外の選択肢を選択することに高いコストを課すことで莫大な損失を発生させるも

のだからである。このような損失は，情報開示あるいは商品規制といった他のアプローチがもたらす損失に比べてより重いものであるのと同時に，現行のシステムから生じる損失よりも重いものである必要がある。それでもなお，上記を考慮すれば，粘着性のデフォルトが消費者の資産運用市場を一定の文脈で変容させることの助けになりうるか否かは，検討するだけの価値があると思われる。

粘着性のデフォルトとは，著者らが提案した概念的枠組みにもとづく規制介入の可能性の例の1つである。前述のように，心理的要因に対する市場の反応が文脈によって異なるのならば，規制は，心理学の知見を踏まえているものであるとしても，その形としてはさまざまな形を取る必要があるかもしれない。そこには，行動変化に影響するようにデザインされているのではなく，関連する選択肢を作り出している市場の構造を変化させるようにデザインされている規制も含められるであろう。一元的ではなく複雑性が関わるので，ここでの著者らの目的は，具体的な提案を支持するものではなく，行動学を踏まえた規制の分析によって，個々の政策のコストとベネフィットに対する理解がどのように深まる可能性があるかを示すものである。

26.3 行動学を踏まえた資産運用規制

Barrら（2008a）にならい，著者らが提示している概念的枠組みを描くために，消費者の資産運用に関する3つの主たる領域（住宅ローン，クレジットカード，銀行口座）において一連のアイデアを概説しようと思う。企業が（たとえば貸付などで）消費者のバイアスに付け込むことにインセンティブを持っている市場において，規則の変更と得点化の変更がどのように企業の行動に影響することができるか，そして，企業が消費者バイアスを克服することにインセンティブを持っている市場（たとえば貯蓄）において，同じく規則の変更と得点化の変更がどのように企業の行動に影響することができるかを検討するために，これら3つの主たるエリアを取り上げる。著者らの分析は，表26.3の4つの象限に画かれる。著者らが最初の成果を上梓して以来，これらのアイデアの多くの実現に関して多大な進歩があった[5]。そのため，これらのアイデアの一部が，2009年の「クレジットカード責任・債務・開示法」，そして2010年の「ドッド＝フランク・ウォール街改革・消費者保護法」などの政策上の取り組みとしてどのように実現したのかについても論じることとする。加えて，ドッド＝フランク法に基づく新しいアメリカ消費者金融保護局（CFPB）の創設に伴い，行動学的研究からさらに学び，新しいアプローチで実験する機会が生まれた。これらの機会のいくつかについても簡単に概説したい。

26.3.1 行動学に基づく住宅ローン規制

借り手のバイアスをなくすための完全な情報開示

全国的な信用情報確認機関の発展と信用度得点およびモデル化の強化に伴い，貸付者と仲介業者は，借り手自身が必ずしも知ることのない借り手についての情報，たとえば信用度得点だけではなく，具体的なローン商品の組み合わせに対してどのように支払うことになりそうかといったことを知る。貸付者は，借り手が優良で割安なローンにふさわしいかどうかを知ると同時に，その人が既存のローンの支払い義務を果たせそうか，それとも怠慢で，再借り入れをし，債務不履行に陥って，担保権の執行（担保の所有権が貸し手に移る）に至る見込みについても知るだろう。しかし，貸し手は借り手に対してこの情報を明らかにする必要はなく，こうした情報開示の欠如がもたらす影響は，後述する消費者の信念によっておそらく増幅

される。消費者は，仲介業者や貸付者が提示するものやそれが意味することに関して，その背景に誤った想定を置きやすい。もし消費者が以下のように信じていたらどうだろうか：

> 貸付者は，私が受け取る資格のあるローン商品と私に関する情報をすべて開示している。仲介業者は私のために，私の目的に合った最善のローンを見つけるために仕事をしてくれており，貸し手は，私が借りることのできる最善のローンを提供してくれる。これまで私が提示されてきたローンの適格条件を，私は満たしているはずである。そうでなければ貸し手は，そうしたローンを私に提示しても，その選択肢に実効性を持たせることができないはずである。私はこのローンの借り手として資格があるのだから，貸し手は私にローンの返済能力があるとみなしているに違いない。他にどんな理由で私にお金を貸してくれるだろうか？ さらに，政府は住宅ローンを厳格に規制している。つまり政府は，貸し手が私にすべての法的書式を提出するようにさせている。確実に，政府はこの取引のすべての点を管理規制しているに違いない。

実際には，政府は借り手が信じているような規制を行っていないし，貸し手は借り手が願っているように行動する必要はない。そうではなくて，情報は市場の競争と成果を増幅させるものであり，情報は借り手から隠されている。消費者が高い確率で背景について誤った前提を持っており，また非対称な情報は貸し手と仲介業者にとって有利に働いているという現実がある。そこで著者らは，貸付者が住宅ローンを提案する時に，借り手の信用度得点や貸し手のローン商品に関する借り手側の資格と格付けを含む，借り手に有用な情報を示すことを貸付者に義務付けるよう提案する。このようなアプローチは，表26.3の右上，バイアスを低減するための情報の提供に対応するものである。

この情報開示の目的は，貸付者と仲介業者に，ローンの借り手との取引において正直であるように圧力をかけることにある。この追加的な情報は，他と比較して契約できるように状況を改善すると，おそらくは選択そのものをも改善する。当然，このような情報を明らかにすることは，仲介業者と貸付者の利ザヤを減らすことにもなるだろう。しかし，古典的な市場競争モデルは，情報の完全開示を想定し，情報理解に基づく合理的行動を想定しているので，この提案は単に，情報欠如による市場の摩擦を取り除く試みであり，市場の競争を理想的な方向に進める試みである。情報の非対称性を減少させることにより，完全な情報開示は，消費者のバイアスを低減する助けとなり，より競争的な状況をもたらすだろう。

事後基準に基づく貸金における真実

競争があるからという理由だけでは，最適な情報開示はすべての市場で実施されることにはならないだろう。なぜなら多くの文脈において，企業は商品または価格についての情報を隠すことにインセンティブを持っているからであり，また消費者には，知識または理解が欠けており，そして自分たちの行動を誤って予測するせいで，透明性の高い情報開示にもとづく競争を要求することはないからである。あり得るさまざまな状況で競争が存在するからといって，心理的に有益ですぐに実施できる情報開示が必ずしももたらされるわけではないだろう。さらに，すべての企業が実効的な方法で情報開示をすることにインセンティブを持った場合でさえ，企業は，そうした情報開示をせず，そのため消費者が比較して契約できるようには機能しないかもしれない。もし競争が情報開示を生

み出さないのであれば，情報開示に関する規制が必要となるかもしれない。しかし，情報開示について規制が必要であるという事実は，情報開示についての規制ができればそれが機能するということを意味するものではない。

　行動学の観点は，情報開示それ自体を改善することにも焦点を当てるべきである。情報開示の目的は，契約条件についての情報の質を実効的なものに改善することにおかれるべきである。たとえば，単に情報を加えることでこれが機能するとは思えない。情報開示に関する政策は，それらが枠組み（情報開示を構造化する方法）を提示した場合にのみ効果的なものとなる。それは，意思決定者がよく理解できるものであるとともに，意思決定者が最適な行動を取ることを手助けする重要な情報を伝えるものであるべきである。たとえば，商品の具体的な問題発生頻度についての情報（「この種のローンを借りた10人中2人が債務不履行に陥っている」）は手助けになるかもしれないが，何が適正な枠組みであるかが状況によって変わりうるものである場合には，適正な枠組みを達成し，それを一貫して持続するのは難しい可能性がある。さらに，消費者のよりよい理解を通して意思決定の質を向上する試みは，それが，消費者の意図や，それに伴う行為の変化を前提としているために困難をはらんでいる。理解すること，意図すること，行為することには，しばしば大きな断絶があるからである。

　さらに，実効的な情報開示規則を作ることができた場合でも，売り手は，事前開示規則で何が決まっていたとしても一般的にその効果を弱めることができ，ある文脈では，単にそれに「従っています」と言うだけで済む。「これが，私からあなたに差し上げることになっている情報開示フォームです。さあここにサインしてください」といったようにである。規則に基づいた事前開示要求は，先にその規則が作られ，そして企業（開示者）が後でそれに対応する。事前規則は，貸し手に情報を提供させることで，借り手が情報を比較して契約できるよう促進するかもしれないが，開示者が消費者を混乱させなければならないなんらかのインセンティブがあれば，規制があっても抵抗は必ずあるだろう。表向きは規則に従ったとしても，情報開示が目指す消費者への有益な効果を妨げる抜け道を探し出そうとする市場圧力が存在するのである。

　このような問題に事前に取り組むことに内在する困難を考慮して，著者らは，貸付真実法に含められているような，規則に基づいて情報開示させる事前規制構造だけに頼ることをやめ，事後の基準に基づく情報開示要求も統合的に用いる方向に政策策定者の立場を変化させるよう提案している。単に1つの規則に依存するのではなく1つの基準を置くこともできるであろうし，内容についての事前判断だけにもとづくのではなく，出来事の後，たとえば貸付が行われた後にその基準で評価することもできるだろう。要するに，情報開示者は典型的な借り手に対し，（一般的な理解において）住宅ローンにおける主要概念を効果的に伝えたかどうかを，裁判所，あるいは新しいアメリカ消費者金融保護局が最低限の基準で確認して決定するのである。このアプローチは，売買契約における保証免責の妥当性をUCC 2-316（UCC＝統一商事法典；White & Summers, 1995を参照）において事後的に決定する仕組みと似ているかもしれない。この種の政策介入は，表26.3の右下にある「得点化の変更」に対応するものであろう。

　貸付における真実というのは，貸付真実法における修正開示規則を満たすような合理的な人間という基準に基づいているが，貸付における真実の事後規制バージョンは，規則逃れを最小限にすると同時に，商品自体とその開示方法との両方にお

けるイノベーションを可能にするかもしれない。事後基準が十分な効力と実効力を持てば，消費者を混乱させたいという企業のインセンティブを変化させることができ，法の目をかいくぐることをより難しくするだろう。現在のアプローチでは，貸付者は容易に貸付真実法という法の目をかいくぐることができる。具体的には，消費者が不十分な注意と理解にもとづいて借りるという判断を下している文脈において，貸付者は実際の規定に従いながらも，同時にその規定において必要とされる開示を，意味をなさない形で行うことができるのである。たとえば，貸付真実法は，貸付者が開示した年率利率で競争する際，借り手の注意を引くためにより目立つ用語（「月々のコストがより安い」）を使うことを妨げはしない。逆に，事後基準アプローチでは，貸し手は貸付真実法を遵守しているとただ申し立てることで自己防衛することができない。ここで問われるのは，客観的な合理性のある説明である。すなわち，その貸し手は，一般的な消費者がそのローンについて合理的に判断するのに必要な情報を実効的に伝えたかどうか，ということが問われるのである。基準を導入することにより，事前に開示内容や方法を詳述するコストも引き下げるであろう。事前に開示すべき内容や方法を明確にするのは困難であるが，**事後に検証するのは容易である**。時間が経つにつれ，代理人の法的処置，助言，モデルの開示，合法性の事前確認（ノーアクションレター），そして裁判所の決定を通して，合理性の基準に関わる要因は周知され，予測可能なものとなるだろう。

　貸付真実法には明らかな欠点があるが，著者らはその廃止を提案しているわけではない。そうではなく，貸付真実法を存続し，消費者行動に対するより深い理解にもとづいてこの法を改善することができると言っているのである。たとえば連邦準備制度理事会は，消費者研究に基づく開示規則の主たる有用な変更を明らかにした[6]。貸付真実法は，その2つの目標のうちの1つである，同一規定を置くことで住宅ローン商品を比較して契約することを可能にした点はいまだ重要であろう。しかし，貸付真実法の第二の目標，企業にとって不利な情報であっても購買者のより良い理解を促進しそうな情報であればそれを明らかにするよう企業を誘導するという目標の達成の一部は，事後基準のほうに移行されるであろう。

　このようなアプローチは，特に開始当初は大きなコストがかかるであろう。訴訟あるいは規制の執行は直接的なコストとなり，不確かな点が多い事後基準の施行は，住宅ローン商品を発展させるイノベーションを阻むかもしれない。開示基準に伴って発生する追加的コストは，（その企業の「ごく普通の」商品が提供されていない）低所得者やマイノリティの借り手にも届くよう設計された新しい住宅ローン商品を開発したい，という貸し手の意思を減らしてしまうかもしれない[7]。明確な規則が欠如しているということは，たとえ提供された商品についての消費者の理解が増えたとしても，イノベーティブな住宅ローン商品同士の比較をする際に消費者の混乱を引き起こすかもしれない。もし消費者の混乱がおおむね企業による不明瞭な情報開示に起因するのであれば，著者らの提案は最終的には，良い取引を手助けする可能性が高いだろう。しかし，その文脈での消費者の混乱の多くが商品のイノベーションにおける市場の複雑さに起因するものであれば，この提案では大きな効果をもたらすことができない可能性が高く，ローンの比較に焦点を当てた他のアプローチが望まれるかもしれない（本書25章参照）。

　貸付における真実のための事後基準には欠点があるが，このようなアプローチは実行する価値があると著者らは信じている。このアプローチのコストを抑える方法として，合理性に対する事後決

定を必要な範囲に制限することがありうるだろう。たとえば，裁判所が規制の執行に関わる場合，開示の合理性についての事後基準は，担保権の執行や破産で全額を支払うことに対する（部分的）防衛を提供することに制限されるべきであり，損害賠償の積極的訴訟を通してより広い対象に対して開くべきではないかもしれない。あるいは事後基準は，裁判所の執行というよりはむしろ，アメリカ消費者金融保護局による監査を通してのみ適用されることになるかもしれない。さらに事後開示は，事前に段階を経ることで大きく減少されるかもしれない。たとえば，アメリカ消費者金融保護局は，合理的な開示のためのセーフハーバー（規則に抵触しないことの承認）を発展させ，モデルとなる開示を提供し，あるいは貸し手に予測可能性を提供する合法性の事前確認（ノーアクションレター）を利用している。さらに企業には，借り手を対象とした定期調査の実施や，自分たちの開示の妥当性を確認するために実験デザインされた研究の実施という課題が課されるかもしれない。消費者が一定レベルの理解を示しているという研究結果が得られた場合，反証となる合理性の推定を提供し，セーフハーバーにさえなるかもしれない[8]。カギとなるのは，イノベーションを妨害することなく，十分な効力のある基準を与えることにある。なお，執行や法的責任追及がどのように行われるのかはこのアイデアの枢要部ではないし，細かな遂行上の設計と同じく，このようなペナルティのコストとベネフィットについての検討は，ここで本アイデアを紹介する範囲を超えている。

粘着性のオプトアウト住宅ローン規制

　住宅ローン危機の原因は無数にあるが，中心的な問題は，多くの借り手が理解せず返済もできないローンを借りていたことにある。仲介業者と貸し手はティーザーレート（割引された初期の支払額）を低く設定し，割高な側面を隠蔽することで，実際よりもはるかに安く見えるようにしてローンを提供していた。家庭では一般的に，住宅ローンを借りる際に仲介業者の販売戦略によって誤解させられてミスを犯し，住宅ローンの複雑な規定や資産上のトレードオフを誤解し，将来の自分たちの行動を誤って予測し，借入のリスクを誤知覚している。住宅購入者のどれだけが，ティーザーレートとリセットレート（割引期間終了後の支払額）とロンドン銀行間取引金利に特定のマージンを加えたものとの関係を理解しているだろうか？　あるいはどれだけの人が，繰り上げ返済に対する罰金によって初期支払額の利益が相殺されることになるだろうと判断できるだろうか？

　情報開示というゲームの規則を変更すること，そして，適正な情報開示の抜け道を探す行為に対して「得点化の変更」をすることは，最悪の結果を減らすのには十分かもしれない。しかし，もし市場圧力と消費者の混乱がきわめて強いのならば，このような情報開示では十分ではないかもしれない。もし市場が複雑すぎて消費者が選択する際に混乱するのであれば，商品規制が最適かもしれない。たとえば，繰り上げ返済に対する罰金をなくすことで，人が悪辣な住宅ローンに縛られるのは減るだろうし，短期の利率変動型住宅ローンとバルーン方式金融の最終残額一括払いをなくすことで，再借り入れへの圧力を減らすことができるかもしれない。どちらのケースも，ローンのコストが利率により多く組み入れられ，競争の焦点が，明示的な宣言された年率に充てられることになるだろう。このような価格競争は消費者に利益をもたらすものであり，消費者は，貸し手が競い合っている点について規定を理解する可能性が高まるであろう。商品規定はまた，選択肢の数を減らし，借り手に悪い条件で再借り入れを行わせようとするローンの圧力を消し去ることで，悪い意思決定と結びつ

く可能性のある認知的，情動的圧力をも低減させるであろう。しかし，商品規制は有益なイノベーションを締め出す結果につながるかもしれず，政府が単純に早合点して，よい商品を禁止し，悪い商品を許可する可能性を残してしまう。

以上のような理由から，著者らは規制の新しい形式を提案する[9]。著者らが提案するのは，消費者に対する有害な逸脱があった場合，貸し手が法的責任を負うリスクが高まるようにデフォルトを設定することである。これを表すよい言葉がないので，著者らは粘着性のオプトアウト住宅ローンシステムと呼んでいる。粘着性のオプトアウトシステムは，厳しさという点では，商品規制と情報開示の間に布置している。以下に示す理由により，市場の力は，単にオプトアウトな社会制度だと打ち負かしてしまう可能性がある。だからこそ，粘着性でなければならないのである。このアプローチは，ゲームの規則の変更（表26.3の右上）と責任基準の変更（表の右下）との組み合わせに対応している。

この提案は，企業にとってのインセンティブと個人心理とに関して著者らが開発した均衡モデルに基づいている。多くの借り手は，複雑なローン商品を比較して理解することや，そのような理解に基づいて自分たちに最適な行動を取るということはできないかもしれない（たとえばAusubel, 1991を参照）。そこで著者らが提案するのは，借り手が基準に合った商品を容易に選べるような，また理解するのが難しい商品を選択し難くするようなオプトアウト戦略である。貸し手はまた，未来の所得や債務不履行の蓋然性に関する情報の非対称性が存在するため，借り手から余分にお金を引き出そうとするかもしれない（Musto, 2007）。また貸し手と仲介業者は，借り手が返済することのできないローン契約を結んでも，短期的には利益を得るかもしれない。そのため，単なるデフォルトではこのような企業によって無効化されてしまうため，規制は，デフォルトを押し返そうとする市場圧力を考慮して設計される必要があるだろう。

著者らのモデルにおいて，貸し手は，固定利率，自己償却（利息だけではなく元本も返済）の30年住宅ローンといった標準を満たした住宅ローン（住宅ローンの組み合わせ），あるいは，合理的な引き受け基準に従った標準的な利率変動型住宅ローン商品をふさわしい借り手に対して提供しなければならない。標準的な住宅ローンが正確にどのようなものなのかは，規制によって定められるだろう。貸し手はどのような利息であっても自由にローンを設定することができ，以下で概説する制約に従い，標準を満たす商品以外のローン商品であっても望むものを提供することができる。しかし借り手は，標準を満たさない住宅ローンの規約とリスクについて，貸し手あるいは仲介業者から正直かつ理解可能な情報開示を受けていれば，（提供された中で標準を満たさない選択肢を好むというオプトアウトな選択をしない限り）標準を満たす住宅ローンを選ぶであろう。このオプトアウト住宅ローンシステムによって，借り手は，自分たちに理解できる王道のローンを選ぶ傾向が明白になるだろう。

しかし，ごく普通のオプトアウト政策であるならば不適切なものとなる可能性が高い。市場のインセンティブと，行動的バイアスを抑制するという政策とが一致している貯蓄の場合と違って，貸付市場の場合，企業は，借り入れの真のコストを借り手から隠すことにインセンティブを持っている。デフォルトの提供から逸脱しようとする強い市場圧力がある場合，貸し手がデフォルトから離れないようにさせるために，単なるオプトアウト以上のものが必要となる。デフォルトから離れないようにするために，デフォルトからの逸脱に対しては，より高度な情報開示とさらなる法的リス

クを貸し手に課す必要がある。著者らの計画によると，貸し手は，オプトアウトな選択をするよう顧客を説得するために，効果的な情報開示を行うことに対して強いインセンティブを持つことになるだろう。なぜなら，そのローンがうまくいかなかったときには，強化された規制に基づく監査を受けるか，高額なコストを支払うかの二択に直面することになるからである。

　将来の課題として，実施のメカニズムをより詳細に検討する必要性が挙げられる。たとえば，粘着性のオプトアウトを作り出す方法としてありうる1つのアプローチは，借り手がオプトアウトを選んだあとで債務不履行が起こり，破産や担保権の執行に直面した際，借り手は合理的な情報開示が欠如していたことを主張することができるというものである。客観的な合理的基準に依拠して，その情報開示は当の住宅ローン規約の主要部分やリスクについて典型的な借り手に効果的に伝達できていなかったと裁判所が判断した場合，裁判所はそのローンの契約を修正することができるだろう。これは，統一商事法典[10]に基づく品質と権限の保証の分析と同様である。議会はドッド＝フランク法に基づきこの提案を却下したが，議会がこの問題を再検討したならば，裁判所に頼るのではなく，監督的基盤にもとづいて要件を執行する権限をアメリカ消費者金融保護局に与えることも可能であろう。この機関は，合理性基準に照らして情報開示を監督する責任を負い，情報開示が合理的でないと認められた場合には，貸し手に対して罰金を科したり是正措置を講じたりする。その際，粘着性の性質が明確であることが必要であり，貸し手にこのようなコストを課すこととのトレードオフは，より詳細に検討される必要があるだろう。しかし，原則的には，ほとんどの貸付市場においてはこの市場におけるインセンティブが単純なオプトアウト政策に対して抵抗的に働く，というこの産業の抱えるデフォルトの問題についての行動学の知見に基づき，粘着性のオプトアウト政策を効果的に利用するものであろう。

　粘着性を備えたオプトアウトの住宅ローンシステムは，現状の市場全体に数多くのベネフィットを提供するかもしれない。その1つ，「ごく普通の」設定は，複数の住宅ローンの提案を比較することを容易にするだろう。情報は，市場全体により効果的に発信されるであろう。消費者にとっても，そのように標準化された商品のほうが，そうでない住宅ローン商品よりも，その主要な規定と特徴をより理解しやすいだろう。この特徴が標準化されたとき価格競争はより顕著になるだろう。そうでない「普通ではない」商品が紹介されたとき，消費者は，デフォルトからの逸脱を示していることに気付くため，そのことが消費者をデフォルト商品に係留させ，この選択肢で契約したほうがいいというある種の基本的期待を抱かせることになると，行動学的には考えられる。ある住宅ローンの選択肢を，標準を満たした住宅ローンの提案を承諾するか，あるいは満たしていない商品をあえて積極的に選択するかの二択として枠づけすることで，消費者の意思決定は向上するに違いない。貸付者は，標準的ではないローン商品のリスクについてより高度に情報開示することが求められ，このようなリスクの合理的な情報開示が不十分であった場合には，法的制裁を受けることになる。この法的制裁によって，貸付者は，隠れた規定や複雑な規定が存在するような，非合理的な情報開示をしにくくなるだろう。消費者は，大きな失敗をしにくくなるかもしれない。単純な商品規制アプローチとは対照的に，この粘着性のデフォルトアプローチは，貸し手が新しい住宅ローン商品を開発し続けることも許容しているが，しかしそれは，借り手に対して主要な規定やリスクが十分に説明されるときに限られるのである。

さらに，高度な情報開示の伴うデフォルトを要求し，そこから逸脱したものに対しては法的リスクを増加させ，少なくとも逸脱した場合には損をするということが適正に課されたならば，悪徳な貸付企業に比して善良な企業の比率を増大させるのに貢献するかもしれない。もしオプトアウト型の住宅ローン商品を提供することが，善良な企業と悪徳企業を見分ける手助けとなり，前者に便宜を図るのであれば，この市場では，借り手に役立つ住宅ローン商品を提供する企業が増えることになるだろう。このようなことが効果的に機能するために，デフォルト，そしてそれを粘着的にするための努力によって，消費者が以下を簡単に見分けることができるようにするべきであろう。つまり，貸し手にとっても借り手にとっても有益な，典型的な「よい」ローンと，さまざまな「悪い」ローン（たとえば高利と手数料で貸し手には利益をもたらすが借り手には損害をもたらすローン，借り手には有益だが貸し手には損害をもたらすローン，貸し手にも借り手にも損害をもたらすが仲介業者などの第三者が利益を得るローンなど）とを区別できるようにである。

オプトアウト型の住宅ローン商品を求めることで生じるコストもあるだろう。たとえば，粘着性のデフォルトは，市場圧力を加味すると，状況を変えるほど粘着性がないかもしれない。標準を満たさないローンを提供したほうがより大きな報酬が得られるといった，企業と仲介業者のインセンティブ構造によって，デフォルトの効力が奪われるということもありうる。あるいはこのような方法を実施するのは割高であり，情報開示要求と標準化を強制することに関する不確かさは，全体としての住宅ローン貸付へのアクセスを減少させるかもしれない。標準を満たさない商品が最も有利であることがあまりに多くなることもありえ，そうなると，デフォルト商品は，要するに「間違い」だと見られるようになる。その結果，デフォルトは時間とともに意味を持たなくなるだろう。デフォルトから離れるプロセスは次第に，住宅ローンを組むための準備を進める際の単なるもうひと手間（既存の開示書類のように）のようになっていくだろう。より柔軟なローンの引き受け手やよりイノベーティブな住宅ローン開発の恩恵をこれまで受けてきた低所得者やマイノリティ，あるいは初めて家を買う人は，自分たちの需要に合った商品が住宅ローンの標準セットの中に含まれない時には，住宅ローンは自分たちの手の届かないものと感じるかもしれない。

これらの状況を改善するにはさまざまな方法がある。たとえば，オプトアウト規制によって，標準的な住宅ローンの中に，30年固定利率住宅ローンや，5年，7年変動利率住宅ローン，そして，初回購入者やマイノリティ，低所得の住宅購入者の特定の需要に合うように設計された通常の住宅ローンのセットを含めることを必須とすることもできる。所得や年齢といった借り手の特徴に基づいた「スマートデフォルト」が発展していくかもしれない。最適なデフォルトは，一握りのカギとなる事実に基づいて個々の借り手に提供されるだろう。最適なデフォルトは，所得，年齢，教育が同程度の典型的な借り手が好む一連の住宅ローンと最も合致する1つの住宅ローン，あるいは一連の住宅ローンの組み合わせを含むものとなるであろう。たとえば，所得が今後上昇すると見込んでいる借り手にとって，5年の変動利率住宅ローンの提供を受けるのが最適かもしれない。スマートデフォルトは，この提案によってミスをするコストを低減し，低所得者や初めて自宅を購入する人を含めてより広い借り手のニーズに合うように住宅ローンの幅を広げるかもしれない。しかし，スマートデフォルトは消費者に混乱をもたらす可能性もある。たとえその（スマートデフォルトで考慮された個々

の具体的な特性を持った）消費者が，1つのデフォルト商品に出会ったとしても，市場においてその他の選択肢に意図せず接触させられることによって，選択がより難しくなるかもしれない。その結果，公正な貸し出し規則と一貫するようなスマートデフォルトをデザインすることは難しくなるかもしれない。

もし議会が将来的にこの提案を再検討することがあれば，議会はアメリカ消費者金融保護局に対して，このようなプログラムの実施の権限を与える可能性がある。アメリカ消費者金融保護局がこの制度を監督するようになれば，時間とともに，標準を満たす住宅ローンの選択率は向上し，実施コストも低減するだろう。アメリカ消費者金融保護局は，デフォルトを検査し，商品とその情報開示の両方を検証するための消費者実験的な評価や調査を定期的に行わなければならないだろう。これによって，規制は住宅ローン市場についていくことができるのである。実際，貸し手は，新商品やこれに関する情報開示方法を開発したうえで，このような調査を実施し，アメリカ消費者金融保護局や社会に対してその結果を開示することが必要になるかもしれない。加えて，アメリカ消費者金融保護局は，セーフハーバー（規則に抵触していないことの承認）を提供するためにこの調査結果を用いるかもしれないし，あるいは合理的な開示であることを事前に示すためにノーアクションレターを用いるかもしれない。アメリカ消費者金融保護局は，継続的監査と，オプトアウト規制と情報開示要求に対する法令遵守を検証するだろう。このようなノーアクションレター，セーフハーバー，監査，その他の規制指導を通して，アメリカ消費者金融保護局は，貸し手が直面する新しいオプトアウト要求の不確かさを低減し，金融のイノベーションに対してより大きな自由を提供しつつ，住宅ローン貸付に関わるさまざまな金融セクターすべてで法令遵守を増加させる多数の法を発展させることができる。

仲介業者と借り手の関係の再構築

行動的バイアスに付け入ろうとする市場のインセンティブという問題に対処するさらにもう1つのアプローチは，借り手に対する仲介業者の義務を再構成することに直接焦点を当て，借り手を誤解させようというインセンティブを仲介業者に与えている補償の枠組みを再構築するものである。住宅ローンの仲介業者はサブプライム市場を支配してきた。ブローカーは一般的に，借り手が本来借りられる利率より高い利率を借り手に払わせる，いわゆる**利回り格差保険料**（YSP）で利益を得てきた。このような利回り格差保険料は広範囲で用いられてきたものである[11]。利回り格差保険料のあるローンでは，他のローンと異なり，住宅ローン仲介業者に支払われる金額には人によって大きな開きがある。JacksonとBurlingame（2007）が示したように，他の面では同等な借り手同士を比較した場合，白人よりも，アフリカ系アメリカ人は474ドル余分に，ヒスパニック系は590ドル余分に利回り格差保険料を支払っていた。つまり，マイノリティであっても白人の借り手であっても同じ利率で支払う資格があるにもかかわらず，マイノリティの借り手は実際にはより多く支払う可能性が高かったのである[12]。

借り手が仲介業者を効果的に監視することは困難であり（Jackson & Burlingame, 2007を参照），また情報を今よりも開示させても，借り手がよりよく監視することの助けになるとは考えられない（Federal Trade Commission, 2007を参照），なぜなら，特に借り手は利害の対立という可能性を常に認識しているわけではないからであり，このようなコンフリクトについての仲介業者の開示は，逆説的なことに消費者の信頼を高めることにつながるか

らである（Cain et al., 2005）。仲介業者が，仲介業者は仲介業者のために仕事をしているのであって，借り手の利益のためにしているわけではないと漏らしたとき，仲介業者に対する借り手の信頼は，これは正直な仲介業者だ！と向上するかもしれないのである。さらに，貸付者や投資家は，仲介業者を監視することにインセンティブを持っていると理論的に考えられているが，サブプライム住宅ローン危機はそれが決して十分ではないことを示している。

　仲介業者─借り手の関係に関して一連の構造的な変化を引き起こすことは可能である。たとえば，責任に関する規則を変えることで，貸付者と投資家のインセンティブを変え，住宅ローンの仲介業者を監視するようにすれば，借り手から裁判を起こされたときに，仲介業者の過ちは貸し手や貸付者にその責任が帰属されることになるかもしれない（Engel & McCoy, 2007を参照）。またライセンス制と登録制を敷くことで，直接的に住宅ローンの仲介業者を規制することができるかもしれない（イギリスなどで行われているように）。SAFE法という名で知られる最近のアメリカの法律では現在，仲介業者にライセンス制を敷き，報告義務を課している。それに加えて，著者らの提案する事後の開示基準によって，仲介業者が開示義務を逃れようとすれば貸し手にさらに金銭的負担をかけるようにすることで，有益な効果を得ることができるかもしれない。これによって仲介業者に対するより良い監視が働くようになるだろう。

　住宅ローンの仲介業者が借り手に対して負っている注意義務は，より高い水準に設定すべきであるということも著者らは提案する。より高度な注意義務を課すことで，市場における住宅ローン仲介業者の役割は借り手の期待により近づいていくだろう。加えて著者らは，たとえば課される利率の違いに基づいて利回り格差保険料を得るのを禁じることも支持している。利回り格差保険料を禁じ，仲介業者が顧客に対して割高なローンを組ませようとする強いインセンティブをなくすことで，その悪用を減らすことができるだろう。実際，多くの貸し手が利回り格差保険料から固定手数料のものに移っており，これは，そのローンが十分機能するようになるまで一定期間沈黙していた一部ファンドも同様である。これはまさに，堅実なローンよりも高い利回り格差保険料を求めることで仲介業者に利益相反が起こるからである。利回り格差保険料を禁じることは，善良な企業実践を強化する方法の1つであり，住宅ローン市場にひとたび安定性が戻れば，新規参入の，あるいは既存の利益を上げている悪徳業者が市場シェアを押し上げることのないよう抑える方法にもなる。利回り格差保険料を禁じることは，仲介業者が住宅ローン商品を最終的に受け取るという結末に変化を与えるものであり，表26.3で言うと，ある種の得点化の変更を構成するので，右下に示した規制に対応する。

ドッド＝フランク法下での進展

　ドッド＝フランク法は，アメリカにおける消費者の資産の保護政策を根本的に変えるものである。住宅ローン市場において，ドッド＝フランク法は，借り手と住宅ローンの仲介業者間の関係を規制するために，多くの段階を踏んでいる。たとえば，この法は住宅ローンの仲介業者に登録を求め，注意義務を課している。また，割高な商品に消費者を誘導することも禁じ，利回り格差保険料も禁じている。この法は，所得を証明する文書に基づき，住宅ローンの仲介業者と貸し手に借り手の返済能力を評価すること，そして完全に指数化された，完全な分割払い（いわゆるバルーン返済ではない）住宅ローンの利率を考慮することを要求している。この法は，（裁判所へのアクセス権を制限すること

になる）紛争前仲裁の利用を義務付ける条項を禁じており，これは情報開示要求を拡大するものと言える。この法は，割高なローンに対する税と保険の第三者預託（エスクロー）の利用を要求し，すべてのローンに対して第三者預託の開示率を高めている。これは，「住宅所得者とその融資枠を保護する法律」に多くの変化を与え，これをより効率的にし，より大きな消費者保護を与えるようにしたものである。

ドッド＝フランク法はまた，消費者に提供する商品の標準化を促進するために，2つの対策を導入している。この法は，（標準として設計されている，正直な規約と確かな引き受け業務を伴った高品質の住宅ローンである「適格住宅ローン」を除いて）住宅ローンの証券化に対するリスク保持を要求している。証券化することで適格住宅ローンに該当しなくなるローンのため，証券化した人（原資産所有者）に対して，一定程度の証券化リスクを担保するため，元金を保持することを義務付けた。その結果として，これは適格住宅ローンを作ろうという強いインセンティブを生むことになるだろう。ドッド＝フランク法は，資格を満たした住宅ローンの提供を始めており，必要な支払能力がある人に提供されている。要するに，この法令は，このような住宅ローンの規定と引き受け業務の標準化の仕方を定めている。資格を満たしていない住宅ローンを作る貸し手は，そのローンの返済がなされない場合にはより大きな責任を負うというリスクの可能性に直面することになる。

より大きな変化として，このドッド＝フランク法は，主要な金融機関を監督し，市場全体の消費者を保護する規則を定め，執行する機関として，新しいアメリカ消費者金融保護局を導入した。アメリカ消費者金融保護局は，規則を定め，消費者保護を担う既存の法律を執行する権限とともに，不公正や虚偽，不正な行為や運用を禁ずる権限も持つ。この局は，あらゆる消費者向け金融商品の開示の規則を規定することができる。それをすることで，このアメリカ消費者金融保護局は，消費者の理解についての検証結果に基づき，法令遵守のセーフハーバーを提供するモデルとなる開示をすることができる。この開示モデルとは異なるタイプの開示の効果を検証するために，金融機関はお試しの開示プログラムを用いることができるようになるかもしれない。このアメリカ消費者金融保護局には，不動産取引手続法（RESPA）と貸付真実法とに基づいてもたらされる，不揃いな形式による住宅ローンの開示を統一形式に揃えることが義務付けられている。消費者には，標準的かつ電子的な形式で，自分たちの保有する商品の使用法についての情報にアクセスする権利が提供される。アメリカ消費者金融保護局は，金融に関する消費者の意思決定についての知識を深める調査や実験を行うことで，結局は当局の監督，規則の制定や執行を時間とともに行いやすくするだろう。

消費者の金融保護に対するこれらの変化に加えて，この法は投資家保護においても多くの変化をもたらしている。たとえば，この法は，情報開示やその他の規則を改善するために投資家検査を行う権限を証券取引委員会（SEC）に対して付与している。この証券取引委員会は，投資アドバイザーとブローカーディーラーの両方に同様の高基準の配慮，信認義務（それまで投資アドバイザーは持っていたが，個別の投資アドバイスを行うブローカーディーラーは有していなかった）を持たせるために両者の義務を明確化する権限を付与された。この委員会は，ブローカーの義務と利益相反とをより開示するように要求する権限や，投資商品に対して販売前の情報開示を義務付ける権限も有している。アメリカ消費者金融保護局と同じくこの証券取引委員会は，紛争前の仲裁の義務化に対して制限する権限を有している。これらの変化は実質

的に，著者らが提示してきた枠組みと同様，投資家の保護を進めるものであるにちがいない。

26.3.2 行動学に基づくクレジットカード規制
よいクレジットカード利用を促進するための情報開示におけるフレーミングと目立たせ方

クレジットカード会社による入念に準備された商品提供と情報開示は，あたかも一般的に見られる心理的バイアスを食い物にするように周到に設計しているかのようである。こうしたバイアスによって，消費者は，クレジットカードによる借り入れについて最適な選択を行うことができなくなる（Bar-Gill, 2004）。行動経済学によると，消費者は，自分の借り入れ見込みを過小評価し，期限までに支払う能力については過大評価しているが，クレジットカード会社は，こうした人間の根本的な弱点に基づいてクレジットカードの利率等を設定し，人間の弱点と競い合っている。毎月借入金の一部しか支払っていない人は，クレジットカード保有者の60％近くにのぼる（Bucks et al., 2006）。さらに過度のクレジットカード債務は自己破産を引き起こしうる（Mann, 2006）。Mann（2007）は，クレジットカード会社は，消費者が最終的に自己破産に陥る前に，できる限り長期間高い手数料を払わせることで，彼らを苦悩に満ちたクレジットカード債務の「スウィートボックス」[i]に詰め込んだままにしようとしている，と論じてきた。

2005年の破産に関する立法は，借り手の責任を増やすことに焦点を当てたものであったが，借入の仕方に関する貸付者の責任については十分な注意が向けられていなかった[13]。クレジットカード会社は，ティーザー（お試し）年率や規約の紹介，変動費率カード，罰則やそのほか多くの事項に関して複雑な情報開示を行ってきた。規約それ自体もその開示方法も，消費者を混乱させ続けるものであった[14]。クレジットカード会社は，透明性の高い価格設定を提供することを競い合っているようには見えない。

通貨監督省は，国内の銀行に対し，よりよいクレジットカード運用を行い，最低支払額の透明性をより高めるように要求した[15]。そして連邦準備金制度は，部分的には破産に関する法律に含まれていたこの規制を，貸付真実法で引き継いで規制するよう変更をすることを提言した[16]。この提言に従って，たとえば貸付者は，最低支払額だけを払うことは，支払い完了時期を引き延ばし，クレジットカードの利息を増やすものであると情報開示することが求められるようになった。そのため貸付者は，最低支払額だけを支払った場合の完済時期の仮想的な例を示し，さらに（実際の完済時期の目安を得たい）消費者のために無料の電話相談の番号を提供した[17]。この委員会の提言は長大で複雑なものであるが，このことは，消費者の理解と行動を変える上で情報開示がどれだけ困難な課題を抱えているかを示している。それでもこのような情報開示の改善は助けになるかもしれない。

以前の研究において（Barr et al., 2008a），最低支払期間とともに，もし顧客の実際の残高を最低支払額で払っていったならば，どれくらい時間がかかるか，利子はどれくらいになるか，について明確な説明を加えるよう，議会が貸付者に要求することを著者らは提案した。カード会社には，合理的な支払期間で顧客の実際の借入残高を完済するために必要となる毎月の支払総額について説明するよう求めることも，規制によって決定された。それぞれの個別な環境において個々人が自分の置かれた環境において適正な借入と支払選択を行うための十分な情報が与えられるように，複利計算と時期に関する直観に劣る個人に対して，これらの個人個人にあつらえた情報開示は，その欠点を助

---

i ［訳者註］混み合っている狭いナイトクラブ。

けるためにフレーミングを用い，重要な情報を目立たせようとしている。このようなアプローチでは，消費者のバイアスを減らすために，行動学に基づいて情報開示規則に変更を加えることを貸付者に義務付けている（表26.3の右上に対応する）。クレジットカード会社は，過去にはこのような考えに反対していたが，顧客の実際の残高に基づいて情報開示することは，彼らが2009年の「クレジットカード責任・責務・開示法」に従ってこれを実施したことからも分かるように，過剰な重荷となるものではない。

　クレジットカード借入残高の実際の完済予定日に関して情報開示することは，コストの問題をより明確に考えやすいようデザインされたものであるが，これだけではこの問題を解決するには十分とは言えないかもしれない。このような情報開示が早く完済しようという意図を形成するのに成功したとしても，意図していることと実際に行動することとの間にしばしば大きなギャップが存在するのはよく知られていることである[18]。借り手は実際，惰性の強い力，そしてしばしば最小支払額以上を支払わせまいとするクレジットカード会社に逆らって，自らの行動を変化させる必要がある。さらに一般的に，この法案が成立した時点で，このような情報開示に反対する市場のプレイヤーは，その効力を相殺するようなマーケティングやその他の方策によって，この情報開示の効果を無力化しようとするだろう。さらには，他の面で余分なコストが発生するかもしれない。たとえば，規制によって指示された期限内に求められる支払最低額以上の額を返済してきた消費者は，いまやよりゆっくりお金を支払うことに魅力を感じるかもしれない。Tufano（2009）が行った予備的研究では，「クレジットカード責任・責務・開示法」は両方向の効果をもたらしうることが指摘されている。すなわち，よりゆっくり払ってきた借り手の利益は増進するが，これまで，この法案の3年という完済の目安よりも早く払ってきた人々の利益は損ねる可能性がある。

クレジットカード支払いのオプトアウトプラン

　早期に完済しようとする意図を強化することで行動を促進することを目指した，類似のアプローチの1つとして，いずれかの時点で消費者が同意の上でオプトアウトしてそのほかの支払いを選ばない限り，ある決められた期間でそれぞれの残額を完済するようなデフォルトの支払いレベルを選ぶことになるクレジットカードのオプトアウトプランが開発されてきた[19]。消費者は，自分たちの支払いプランを変えることを事前に選択することもできるし，あるいは請求書が届いた時点で，（わずかな摩擦コストで）オプトアウトしてプランを変更することもできる。このようなアプローチは，オプトアウト政策を通して規則を変えることに該当している（表26.3の右上）。デフォルトの設定が持つ効果を知っていれば，このような支払いプランによって消費者の行動変化を期待することができるかもしれないが，いずれにせよ惰性によって，多くの世帯は最初に決められたプランに従うことになるだろう。最初に早く完済しようという意図を動機づけ，早めの支払い行動を増やすことで，低利息と低手数料で済ますことができ，家計の破たんのリスクを低くすることができる。他方で，選ばれたオプトアウトの支払いプランがネガティブな結果をもたらす可能性がある。オプトアウトプランがないときにはクレジットカードでの借り入れを早々に支払ってきた消費者のなかには，自分の支払い能力を過小評価し，支払いのより遅いプランをわざわざ選んで，その結果，利子と手数料を割高にしてしまう人が出てくる可能性がある。あるいは，消費者の中には，自分たちには支払えないときであっても，早期に完済するオプトアウト

の支払いプランに従い，結果的に医療費や食費などの必要な消費まで減らし，他の割高な負債を増やしてしまう人がいるかもしれない。それでも，デフォルトの支払いプランを決定する必要性に直面することで，カード所持者は自分たちの借金のリアリティを感じるようになり，自分の借り入れ行動や支払い計画を見直すようになるかもしれない。

遅延損害金を規制する

　クレジットカードの費用に関する1つの問題は，消費者は一般的に，自分たちが遅延損害金や利用限度額超過手数料を払うことになろうとは事前（契約前）に思っていないので，クレジットカード会社はそれほど文句を言われることなくそれらを契約できることである。その代わり消費者は，年会費や借り入れの利率，さまざまな優待プログラムのような他の要因に基づいてクレジットカードを契約する。企業は基本的に，消費者が支払いを遅延したり限度額を超えたりすることを回避するためのインセンティブとして，遅延損害金や利用限度額超過手数料を課すことを必要としている。クレジットカード会社が請求する手数料の高さを踏まえると，クレジットカード会社は実際，消費者が支払いに遅れたり限度額を超えたりすることによって利益を得ていると言える。

　著者らは以前にゲームの得点化の変更を提案した（表26.3の右下の規制選択に対応）。著者らの提案にもとづけば，企業は適切だと思われる手数料を消費者に課すことで，支払期日に遅延したり，クレジットカードの限度額を超えたりすることを阻止することができる一方で，このような手数料の大部分は公益信託に預けられ，資産形成教育と紛争状態に陥った借り手を援助するために用いるようにできる。企業はまた，この手数料の一定割合を，支払の遅滞や支払限度額超過によって被った実際のコストの補てんに充てたり，またこのような行動が前触れとなる債務不履行のリスクの増加に対処するために保有しておくこともできるだろう。このようなアプローチによる利点は，支払いの遅滞や限度額超過といった消費者の「悪い行い」を企業が抑制できるところにあるが，同時に企業にとって予測可能な消費者の誤予測（消費者が支払期日に遅れたり，限度額を超えたりしてしまう）から企業が利益を得ることも防ぐ点にある。その結果，消費者のこうした行動を助長しようとする，あるいは過剰請求するという企業のインセンティブはなくなるであろう。消費者の過ちを適正に抑制することが企業にとってのインセンティブになり，かつそのような消費者の過ちがなくならなかった時には，企業のコストは補てんされることになる。

2009年の「クレジットカード責任・債務・開示法」における進歩

　行動学に基づく示唆と消費者の過ちに付け入る企業のインセンティブを真剣に受け止めて，2009年の「クレジットカード責任・債務・開示法」は，クレジットカード市場に多くの重要な変化を引き起こした。たとえば，この法では，平易な言葉による情報開示や，クレジットカードの契約に関する合意のタイミングについて改善をもたらした。また同法はクレジットカード会社に対して，利子や手数料といったカード規約の大きな変更の45日前にそれを消費者に知らせることを求めており，また情報開示については，3年間以内に残額を払い終える場合の期間とコストとあわせて，最小支払額だけを支払う場合の期間とコストについての情報を含めることを求めている。さらに消費者は，発生した利息や手数料についての毎月と年度累計の額も提供されるため，実際の利用傾向と予測されるコストをよりよく比較することができるだろう。この法律は企業に対し，限度額を超えた取引をす

る際には，消費者のオプトインの同意を得ることを義務付けている。この法案はまた，現在の収支に遡って効果を及ぼす利率値上げや，遅延損害金トラップ（正午締め切り，明細書の送付から21日未満に設定された支払期日，そして各月で支払期日を変更することを含む）やダブル・サイクル・ビリング[ii]のような運用を罰している。これらの運用は，このような課金を回避する上で適切な行動を消費者が即座に起こすことができないという共通点を持っている。問題になっている手数料や課金は，クレジットカードを選択する際には考慮されにくく，情報開示はこの場合はほとんど問題解決にならない。情報開示が改善されたとしても，消費者は一般的に，支払いが複数の借り入れ全体にそれぞれどのように割り当てられているかを理解していないため（Federal Reserve, 2007a, b, 2008），この法は，よりコストの高い負債に対して最小限度額以上を支払うことを消費者の支払いに対して要求する。加えて，この法案は遅延損害金の問題を取り上げているが，それは著者らの提案の範疇とするところではない。むしろ，消費者は違約金に着目してクレジットカードを選びはしないこと，そして，消費者はしばしば自分たちの行動を誤って予測することを踏まえて，以下の規則によって定められるように，遅延損害金や他の違約金は，「合理的かつ見合ったもの」でなければならないことをこの法は要求している。すなわち，遅延損害金や他の違約金はどんな場合でも，限度を超えたり遅滞したりしたことでかかった貸付者の損失額より大きいものであってはならず，遅延損害金や他の違約金は，1つの取引や事象が発生するたびに繰り返しカウントされてはならない，という規則である。さらに，この法は，電子フォーマットでクレジットカード契約を連邦準備局に公的に登録するよう求めることで，消費者が比較してクレジットカードを選定するための仕組みがより発展していくように処置を講じている。これによって民間企業あるいはNPOは，専門家と消費者がさまざまな契約を評価する際に使うツールを開発することができる。アメリカ消費者金融保護局は間違いなく，将来的にはこれらクレジットカード契約やその他の要件を審査することになるだろう。

低所得世帯における貯蓄の増加

　著者らはこの章で，行動経済学と産業組織からの示唆を用いて，クレジットカード市場の改善に焦点を当ててきた。その焦点は，行動学に関する文献においてこれまでこの領域に注目した研究が相対的に少ないこと，そして消費者のバイアスに付け込むという企業のインセンティブに十分な注意を払ってこなかったこれまでの諸対応に対して，クレジットカード市場は難題を突きつけている，という事実に基づくものである。貯蓄は，さらなる検証が必要なもう1つの領域である。行動学を踏まえた貯蓄に関する政策の多くは，これまで長く，退職時の貯蓄残高を増やすためにデフォルトを用いることに焦点を当ててきたが，多くの低所得世帯の立場からすれば，基本的な銀行サービスと短期貯蓄の選択肢に焦点を当てる必要があり，またこの集団は，中所得・高所得世帯よりも退職後のための貯蓄という文脈においてさまざまな政策の組み合わせをより必要としている傾向がある。

　多くの低所得世帯の個人は，中所得世帯では当然のものとなっている，小切手用の当座預金や簡単に利用できる貯蓄の機会のような金融サービスにアクセスすることができない。貯蓄ができず，保険に入っておらず，クレジットカードも制限されるといった金融サービスの使用コストの高さは，低所得世帯が直面する経済的問題を増加させる。転

---

ii　当月支払いの対象期間だけではなく，前月までの平均残高も金利計算に考慮する方法。

職，時給の不安定さ，急な疾病，家族構成の変化など数多くの要因による経済的な収入と支出の突然の変化に対処するのは，短期的に見て，これらの世帯にはしばしば困難である。低所得層においては，小さな所得の変動も，賃料の支払いや，公共料金等の支払いにおける深刻な問題を引き起こすかもしれない。さらに，多くの低所得世帯で使われる金融サービスの高いコストは，手数料によって手取り額を日々目減りさせる。主要な金融サービスへのアクセスの制限は，貯蓄の好機を低減させ，資産を構築し将来に向けて蓄える家族の能力を損なうものである。

理論的には，オプトアウト政策は，退職時の貯蓄と同様，貯蓄を促進する上でも，低所得世帯においてよく機能するとされている。しかし，この市場は一般的には，貯蓄の促進についての政策と同じ方向に働くが，市場の力は，低所得世帯の貯蓄に関しては，全体として弱くなったり，消えてしまったりする。これは単純に，もし銀行が高い手数料を取ることができないなら，相対的に少額の貯蓄額に比して，その少額の預入金を預かることでかかる管理費が，銀行の儲けに対して大きなコストになるからであり，そして，銀行の手数料が高ければ，銀行口座を利用することは低所得者層にとって経済的な意味を持たなくなるからである。実に，銀行口座の今の構造は，低所得世帯がこれを持てない主要な理由の1つとなっている。高い最小限残高必要額，貸越保護（預金額を超えて小切手が振り出されると高い利率がかかる）あるいは，不渡り小切手，小切手決済の遅れに対する高額の手数料のせいで，低所得世帯は，銀行取引口座を開設，あるいは維持することを断念せざるをえない。さらに，銀行は個人的な銀行口座履歴情報を用いて，過去に問題のあった世帯を洗い出している。行動学に基づいた微調整を行うにしても，手助けにはなるだろうが，この文脈では十分効果的なものとはなりにくい。それよりも，口座を開設し維持するという消費者の行動に加えて，提供される口座そのものの性質を変化させる必要がある。

この領域における提案は，表26.3の左側の規則と得点化の変更に対応している。この市場は，消費者の誤りを減らす可能性について，中立的，あるいは前向きでさえある。低所得世帯の貯蓄を増やすために，金融機関など民間セクターのコストを相殺する方法や，規模拡大の方法を私たちは理解する必要がある。著者らが提案するのは3つの選択肢である。(1) 安全で良心的な価格設定の銀行口座を提供する金融機関に新しい「金色のシール」を与える。(2) さまざまな形の税額控除，助成金，技術革新表彰などを優良な金融機関に与える。(3) 納税の時期に自動的に設定されたオプトアウトの銀行口座に対して財務省が税の還付金を振り込む。これらの提案は，提供される口座の構造を変化させて消費者の行動を変化させると同時に，規模拡大のために政府が変化を促す仕組みを提供するという方法で，民間セクターによる口座提供に変化を引き起こそうとデザインされたものである。特に，この提案のオプトアウト性や他の行動の微調整は初期規則を変更するものであるが，政府による承認の証明や，税額控除，助成金，税の還付の振込口座との抱き合わせは，このような商品を提供する企業に対して得点化を変更するものである。

この領域を改善する相対的に「ソフト」なアプローチの1つは，安全で良心的な価格設定の銀行口座を提供する金融機関に，政府が新しい「金色のシール」を与えるというものであろう。金色のシールは，この口座のコストそのものは変えないが，銀行の取引を拡大し，取得原価を下げるかもしれない。また，こうした営業上の信用は，その銀行のイメージ全体を改善し，利益の拡大に貢献

するかもしれない。同様に，低所得者向けの技術革新に付与された小さな賞は，この問題に対する注目を集め，研究への投資を増やし，貧困者のための技術の発展に資するであろう。地域のコミュニティやNPOへの助成金は，そうした団体のアウトリーチを拡大し，資産形成教育や情報の提供を拡大し，銀行や信用金庫が低所得の顧客に働きかけるのを助けるかもしれない。

貯蓄額の低い低所得者層にふさわしい銀行口座を提供する際に生じる固定コストの高さという問題を克服するために，議会は，低所得世帯向けの安全で良心的な価格設定の銀行口座を提供する金融機関に対して，税額控除を実施することが可能である（Barr, 2004, 2007）。税額控除は成果に基づく支払いであり，金融機関は，低所得世帯が開いた口座数に応じて税の控除を申告することができる。税額控除が受けられる口座は，規制によって定められた重要な規定に基づき，民間セクターによって構成され，値段が設定される。たとえば，借り越しのリスクが高く，また手数料が高く効率の悪い小切手口座は除外され，手数料が低く，リスクが低いデビットカードのみの口座が好まれるだろう。これらの口座ではデビットカードが基本であり，小切手の振り出しや借り越しはできず，過去の口座の不正や他の意図的な悪用がない限り，銀行口座履歴情報に基づいて，過去に口座で不渡りを起こしていても拒否されないものとなるであろう。

税還付の直接振込口座は，割高な還付金を見越した融資や小切手現金化サービスへの依存を減らす一方で，貯蓄を促進するのに用いられ，また銀行サービスへのアクセスを拡充するものとなるだろう（Barr, 2004, 2007）。この計画では，銀行を利用していない低所得世帯が税還付を申請した場合，新しい口座に還付金が直接支払われる。直接振り込みは，政府にとっても納税者にとっても紙の小切手より明らかに安価で早い。税支払者は，もし還付金を直接振り込まれたくなければこのシステムのオプトアウトを選ぶこともできるが，コストを大幅に減らし，税還付を受け取るタイミングを早めるために，口座のほうがほとんどの人から受け入れられることが期待される。オプトアウト戦略を使い，納税時期に世帯に接触することで，このアプローチは口座開設を先延ばしする世帯の傾向を是正する助けになるかもしれない。還付金を受け取るのにかかる時間を削減し，確定申告のために払われていたものを資産に回すことで，そのような口座を開設することは，時間的な近視眼や誤解によって拡大された消費者のインセンティブにもとづいて，還付金を見越した割高な融資を利用することや，コストの高いクレジットカードを利用することを減らす助けになるだろう。このような口座は，税還付の小切手のための割高な小切手現金化サービスを利用する必要性もなくすだろう。さらに，この口座は，過去の納税時期に使われたものを使い続けることができる。世帯は，この口座を他のあらゆる銀行口座と同じように使うことができ，給与を受け取り，貯蓄し，支払い，そしてもちろん次の年の税還付の受け取りに使うことができる。これらの口座を構築する方法にはさまざまなものがあり，消費者バイアスを是正するコストを各世帯が銀行を利用することの共通のベネフィットと相殺させ，規模を拡大するために複数のオプトアウト戦略と政策の組み合わせを用いることができる。このようなアプローチは，多くの世帯を効果的に銀行システムに組み込むだろう。

これらの政策の影響は，この口座の申込率が高まり，さらに口座所有者が貯蓄を改善するために努力するならば明らかに増加するだろう。たとえば，銀行は，貯蓄を増やすことになるデフォルトルールを整備するために，雇用者による給与の直接振り込みと自動貯蓄プランを支援することがで

きるだろう。自動的な貯蓄プランによって口座が構成されるため、口座所有者は、給与の一部を貯蓄用の「ポケット」に預けることができる。この貯蓄の性質は、自動貯蓄の事前制約装置性に依存しており、この制約をより粘着性にするために、この資産は、一般的な銀行口座にある資産よりもアクセスがある程度難しいものとするべきである。一般に低所得者層が利用するものよりも、より費用対効果の高い方法で緊急時用費用に必要なアクセスができるように、この銀行口座では、直接振り込みと自動引き落としができ、かつ6カ月の消費者ローンを提供することもできる。このためには、割高な給料日ローンの代替として銀行取引と自動支払いシステムを用いる。このローンは収入の直接振り込みと利息、元本の自動引き落としを備えているため、相対的に低リスクであり、銀行にとってはサービスの提供にコストをかけずに済むものであろう。典型的な給料日ローンよりも返済までの期間が長いので、このローンは日々支払いに追われている消費者にとっては扱いやすく、過去のローンの支払いをするために繰り返し借り入れることが減る傾向にあるだろう。さらに、このローンの返済の特徴としては、毎回の支払いとともに自分自身の預金用口座に振り込むことも可能にすることで、消費者が「自分自身にまず支払う」という設定もできるだろう。このような事前制約装置は、貯蓄を先延ばししようというバイアスを抑制し、将来の緊急借り入れの必要性が起こる確率を低減する。これらの努力はすべて、銀行商品の契約を増やし、貯蓄の現状を改善することにつながりうるものである。

オバマ大統領時代の連邦政府は、過去数年かけてこれらの目的に向けて少しずつ進歩してきた。財務省は、デビットカードや給料カードを含むさまざまな商品特性を検証する準備プログラムを開始し、連邦預金保険公社はある銀行グループとともに、連邦預金保険公社テンプレート、すなわち金印のシールを使って、消費者の需要に沿って人々が安全で手ごろな料金が設定された口座を持続的に持つ可能性を検証するための予備研究を始めた。最終的に財務省は、ドッド=フランク法によって、技術やサービスの革新につながる研究や開発のための助成金の提供を含めて、銀行口座への低所得世帯のアクセスを増やすさまざまな方法について実験する権限を得ることとなった。

26.4 結び

行動学を踏まえた規制の概念的枠組みを著者らは提供してきた。この枠組みは、多くの政策思考がもとにしている古典的な合理的な行為者モデルではなく、人間行動についての詳細な理解に基づいたものである。従来の観点では一般的に、何が重要で何を知るべきかを人々は知っており、洞察に満ちており、我慢強く計画を練り、できあがったプランを知恵と自己制御をもって実行する存在だという前提をおいていた。しかし、行動学的観点では、人は問題を知ってこれを理解することにたびたび失敗し、知覚を、割り当てを、予測を誤り、そして予定したプランの実行に失敗する存在だというものである。さらには、その行動にはそれらが置かれている文脈というものが大きな影響を及ぼし、制度がデフォルトや計画、行動それ自体を形成するというものである。行動学を踏まえた規制は、フレーミングやデフォルトの重要性、情報と理解、意図と行為のギャップ、そして、意思決定上の衝突の役割や、人間行動に影響を与える他の心理学的要因の役割を踏まえたものである。同時に、行動学を踏まえて規制を策定する上では、個人に対する行動の洞察だけではなく、市場側についての経済的洞察についても考慮に入れる必要が

あると著者らは論じている。

この枠組みにおいて規制を機能させるためには，人間行動に対するより細かな視点を市場への理解と統合することが必要とされる。市場は，ある文脈においては，行動的バイアスを抑制することを全体として好み，別のある文脈では，これらのバイアスに付け込むことを好むことが示されている。こうした区別の典型的な構図は，貯蓄市場と借入市場との対比に見て取ることができる。ここでは，複利計算の影響の過小評価という人間の根本的な傾向が，逆の市場反応を引き起こす。貯蓄市場の文脈において，企業はこのバイアスを抑制しようとし，借入市場の文脈では，企業はこれに付け入ろうとする。著者らの枠組みは，競争的市場での企業と消費者の相互作用については古典的な観点をおおむね保持している。古典的な観点との違いは，いまや消費者は一貫して，また重要な方法で誤りを犯しやすい存在だと理解されており，企業は，これらの欠点を抑制したり付け入ったりする存在とみなされている点である。

より一般的に，企業は人間心理に合わせてのみ活動するのではなく，規制に対しても戦略的に反応する。そして企業とは，個人・政策の後，最後に行為を行う存在である。企業は，問題の枠組みの設定，商品デザインといったかなり大きな自由度を持っているため，消費者行動に影響するさまざまな力を持ち，同時に，規制の制約をすり抜けたり悪用したりする力も持っている。皮肉なことに，企業のそうした力は，「行動学的な」消費者（新古典的な経済理論が想定する合理的消費者の反対）との相互作用によっても**増大**する。規制者にとってコントロールするのが難しい，あるいは望ましくないと考えられる要因の多くが（たとえば，枠組み，デザインの微細な要素，複雑さ），消費者の行動にきわめて強く影響することから企業によって用いられうる。それゆえ，行動を踏まえた規制では，人間行動の役割のみではなく，消費者の行動や，規制の構造に対して企業がどのように反応する傾向にあるかということについても配慮することになる。

著者らが発展させてきたモデルは，市場の状態は，具体的な心理を持つ個人と（これらの心理に対して特定の市場の中で反応する）企業との間で均衡な相互作用によって構築されるというモデルである。これらの相互作用の結果は，社会的には最適なものではないかもしれない。この相互作用が実害をもたらす場合には，規制によって，この均衡の中での幸福に向けて対処することができるであろう。個人心理学と産業組織を考慮すると，政策策定者は，ゲームの「規則」と「得点化」の変更を含む，さまざまな市場文脈固有の政策の選択肢を考慮するべきだと指摘することができる。著者は，この概念的枠組みにおける具体的な応用事例として金融サービスを検討してきた。

原註

1. 貯蓄の増加というインセンティブに加えて，雇用者は，被用者の定着率向上を目指すとともに，このプランが「一部の幹部」だけのものにならないよう設計された連邦年金法に対処しなければならない。さらに，低賃金の労働者向けの退職後のためのプランを雇用者が契約するよう促進するという問題に加えて，年金と退職時の計画，情報開示の不履行，手数料の乱高下や割高で入り組んだ手数料体系，プランのマネージメントにおける利益相反など，重要な法令遵守問題が存在する。しかし比較の問題として，貯蓄を増やすために心理的バイアスを抑制するという市場のインセンティブは，借金を増やすために心理的バイアスに付け込むという市場のイン

センティブよりも，望ましい社会政策につながりやすい。

2. 著者らは，個人の心理と企業のインセンティブに関する著者らのモデルが規制にどう影響するかについての検討を単純化するために，規制の選択において2×2の枠組みを用いる。規制選択のマトリックスがもっと複雑なものであることは十分承知している（Barr, 2005参照）。

3. 不利益の大部分は，既存の規制枠組みの問題，すなわち，低所得者層の個人を401k制度に加入させることのインセンティブを，年金規制が雇用者に与えていることによる。企業はたいてい，こうした人々のために相応の額を支払わなければならないので，規制がなければ喜んで加入をやめさせるであろう。この点は，貯蓄においてデフォルトであってもそれだけでは機能せず，他の規制がゲームの「得点化の方法を変更した」ことで初めて機能するということを示しており，興味深い。

4. この例は，近年の住宅ローン危機のように，借入者の支払いが滞ると生じる取り立てコストは除かれている。取り立てコストを考慮すると，実際に借り入れの際に生じるコストを企業が消費者から隠そうとするインセンティブを低減することになろう。ここでは，その代わりに，一般的に企業が前面に打ち出す短期的な行動に焦点を当てる。

5. 完全開示による利益を得るため，2009年から2010年に財務省の次官として金融機関担当を務めた著者の1人（Barr）は，「クレジットカード責任・責務・開示法」，ドッド＝フランク法など数多くの財務省の改革政策の導入に尽力した。

6. 連邦準備制度理事会の最終規則の修正規定Z, 12 CFR Part 226（July 14, 2008）参照；*Summery of findings: Consumer testing of mortgage broker disclosures.* 連邦準備制度理事会に2008年7月10日に提出された（http://www.federalreserve.gov/newsevents/press/bereg/20080714regzconstest.pdf），連邦準備制度理事会の最終規則の修正規定Z, 72 Fed. Reg.114: 32948（12 CFR Part 226 [June 14, 2007]にて立法化）；Federal Reserve Board（2007a）。

7. 金融業はたいてい，規制に対して「原則に基づく」アプローチを要求する。ドッド＝フランクの法案の議論の中で，金融業界は，おそらくは上記理由からこのアプローチに強く抵抗した。

8. イアン・エアーズは近年，偽りの広告だという主張に対してラーナム法で用いられるプロセスと同様に，その情報開示が合理的ではないことを示すために消費者調査データを使う責任は原告に課されるかもしれないと指摘した。個々の事件でこれを実行するのは不可能かもしれないが，このようなアプローチは，クラスアクションあるいはアメリカ消費者金融保護局からの主張においては有効に機能するかもしれない。

9. 再び全面開示の利益に戻ると，この提案は新しいアメリカ消費者金融保護局創設に向けた財務省の法案には含まれていたが，施行された最終的な法令には含まれなかった。

10. 情報開示のための合理性基準に関連する上記の議論を参照。前述のように，消費者調査によって得られた証拠は，原告であるアメリカ消費者金融保護局も，被告もいずれも合理性基準として採用することができる。

11. JacksonとBurlingame（2007）参照。利回り格差保険料は基本的に，貸し手が住宅ローン仲介手数料にかかる費用を現金支払いの形ではなく高い利率の形で転嫁することで，資金繰りの苦しい借り手がこれを支払うことの正当性を認めている。このことは，利回り格差保険料が，実際には仲介者によって，高い利率や繰り上げ払いに対する罰金などのローンの規定を借り手に受け入れさせることの報酬として用いられている

ことを示している。

12. Guttentag（2000）も参照。

13. 2005年の「倒産制度濫用防止と消費者保護に関する法律」参照，Pub L. No. 109-8, 119 Stat. 23（11 U.S.C. § 101 et scq（2005）にて立法化）。

14. たとえばU. S. General Accounting Office（2006）参照。

15. たとえばOffice of the Comptroller of the Currency（2003, 2004a, 2004b）参照。

16. Federal Reserve Board（2007b）参照。

17. アメリカ連邦準備制度理事会，12 C.F.R. 226, proposed §.7（b）（12）として議案提案，15 U.S.C. § 1637（b）（11）として施行。

18. Buehlerら（2002）；KoehlerとPoon,（2005）．

19. Barr（2007）。関連する提案についてはGordonとDouglas（2005）参照，この中で，彼らは，クレジットカードのための自動引き落とし設定のオプトアウトを論じている。

引用文献

Adkins, N. R., and Ozanne, J. L. (2005). The low literate consumer. *Journal of Consumer Research, 32,* 93-105.

Alexander, G. J., Jones, J. D., and Nigro, P. J. (1998). Mutual fund shareholders: Characteristics, investor knowledge and sources of information. *Financial Services Review, 7,* 301-316.

American Payroll Association. (2002). *Survey results: American Payroll Association 2003 Direct Deposit Survey.* Retrieved from http://legacyamericanpayroll.org/pdfs/paycard/DDsurv_results0212.pdf

Arkes, H. R., and Blumer, C. (1985). The psychology of sunk cost. *Organizational Behavior and Human Decision Processes, 35,* 124-140.

Ausubel, L. M. (1991). The failure of competition in the credit card market. *American Economic Review, 81,* 50-81.

Bar-Gill, O. (2004). Seduction by plastic. *Northwesters: University Law Review, 98*(4), 1373-1434.

Barr, M. S. (2004). Banking the poor. *Yale Journal on Regulation, 21*(1), 121–237.

Barr, M. S. (2005). Modes of credit market regulation. In N. Retsinas and E. Belsky (Eds.), *Building assets, Building credit* (pp. 206–236). Washington, DC: Brookings Institution Press.

Barr, M. S. (2007). An inclusive, progressive national savings and financial services policy. *Harvard Law and Policy Review, 1*(1), 161-184.

Barr, M. S., Mullainathan, S., and Shafir, E. (2008a). *Behaviorally informed financial services regulation. White paper.* Washington: New America Foundation.

Barr, M. S., Mullainathan, S., and Shafir, E. (2008b). Behaviorally informed home mortgage credit regulation. In N. Retsinas and E. Belsky (Eds.), *Borrowing to live: Consumer and mortgage credit revisited* (pp. 170-202). Washington, DC: The Brookings Institution.

Barr, M. S., Mullainathan, S., and Shafir, E. (2008c). An opt-out home mortgage system. *Hamilton Project Discussion Paper 2008-13.* Washington, DC: Brookings Institution.

Barr, M. S., Mullainathan, S., and Shafir, E. (2009). The case for behaviorally informed regulation. In D. Moss and J. Cisternino (Eds.), *New perspectives on regulation* (pp. 25-62). Cambridge, MA: The Tobin Project.

Bell, D. E. (1982). Regret in decision making under uncertainty. *Operations Research, 30,* 961-981.

Benartzi, S., and Thaler, R. H. (2004). Save more tomorrow: Using behavioral economics to increase employee saving. *Journal of Political Economy, 112* (1-2), 164-187.

Berry, C. (2004). *To bank or not to bank? A survey of low-income households.* Working Paper Series. Cambridge, MA: Joint Center for Housing Studies.

Brtrand, M., Karlan, D., Mullainathan, S., Shafir, E., and Zinman, J. (2010). What's advertising content worth? Evidence from a consumer credit marketing field experiment. *Quarterly Journal of Economics, 125*(1), 263-305.

Bucks, B. K., Kennickell, A. B., and Moore, K. B. (2006). Recent changes in U.S. family finances: Evidence from the 2001 and 2004 Survey of Consumer Finances. *Federal Reserve Bulletin, 92.* Retrieved from http://www.federalreserve.gov/pubs/bulletin/2006/financesurvey.pdf

Buehler, R., Griffin, D., and Ross, M. (1994). Exploring the "planning fallacy": Why people underestimate their task completion times. *Journal of Personality and Social Psychology, 67,* 366-381.

Buehler, R., Griffin, D., and Ross, M. (2002). Inside the planning fallacy: The causes and consequences of optimistic time predictions. In T. Gilovich, D. Griffin, and D. Kahneman (Eds.), *Heuristics and biases: The psychology of intuitive judgment* (pp. 250-270). Cambridge: Cambridge University Press.

Cain, D. M., G. Loewenstein, and D. A. Moore. (2005). The dirt on coming clean: Perverse effects of disclosing conflicts of interest. *Journal of Legal Studies, 34*(1), 1-25.

Cialdini, R. B., Cacioppo, J. T., Bassett, R., and Miller, J. A. (1978). Low-ball procedure for producing compliance: Commitment then cost. *Journal of Personality and Social Psychology, 36,* 463-476.

Darley, J. M., and Batson, C. D. (1973). From Jerusalem to Jericho: A study of situational and dispositional variables in helping behavior. *Journal of Personality and Social Psychology, 27,* 100-108.

Edin, K., and Lein, L. (1997). Work, welfare, and single mothers' economic survival strategies. *American Sociological Review, 62*(2), 253-266.

Engel, K., and McCoy, P. (2007). Turning a blind eye: Wall Street finance of predatory lending. *Fordham Law Review, 75,* 2039-2103.

Federal Reserve Board. (2007a). *Design and testing of effective truth in lending disclosures.* Retrieved from http://www.federalreserve.gov/dcca/regulationz/20070523/Execsummary.pdf

Federal Reserve Board. (2007b). *Proposed amendments to Regulation Z* (press release). Retrieved from http://www.federalreserve.gov/BoardDocs/Press/bcreg/2007/20070523/default.htm

Federal Reserve Board. (2008). *Design and testing of effective truth in lending disclosures: Findings from experimental study.* Retrieved from http://www.federalreserve.gov/news-events/press/bcreg/bcreg20081218a8.pdf

Federal Trade Commission. (2007). *Improving consumer mortgage disclosures: An empirical assessment of current and prototype disclosure forms.* Bureau of Economics Staff Report, Federal Trade Commission, Washington, DC. Retrieved from http://www.ftc.gov/os/007/06/ P025505mortgagedisclosurereport.pdf

Freedman, J. L., and Fraser, S. C. (1966). Compliance without pressure: The foot-in-the-door technique. *Journal of Personality and Social Psychology, 4,* 195-203.

Gordon, R, and Douglas, D. (2005, December). Taking charge. *Washington Monthly.* Retrieved from http://www.washingtonmonthly.com/features/2005/0512.gordon.html

Gourville J. T., and Soman, D. (1998). Payment depreciation: The behavioral effects of temporally separating payments from consumption. *Journal of Consumer Research, 25,* 160-174.

Guttentag, J. (2000). *Another view of predatory lending. Working Paper 01-23-B.* Wharton Financial Institutions Center, Philadelphia, PA. Retrieved from http://fic.wharton.upenn.edu/fic/papers/01/0123.pdf

Iyengar, S. S., Jiang, W., and Huberman, G. (2004). How much choice is too much: Determinants of individual contributions in 401(k) retirement plans. In O. S. Mitchell and S. Utkus (Eds.) *Pension design and structure: New lessons from behavioral finance* (pp. 83-97). Oxford: Oxford University Press.

Iyengar, S. S., and Lepper, M. R. (2000). When choice is demotivating: Can one desire too much of a good thing? *Journal of Personality and Social Psychology, 79,* 995-1006.

Jackson, H. E., and Burlingame, L. (2007). Kickbacks or compensation: The case of yield spread premiums. *Stanford Journal of Law, Business and Finance, 12,* 289-361.

Johnson, E. J., and Goldstein, D. (2003). Do defaults save lives? *Science, 302,* 1338-1339.

Johnson, E. J., Hershey, J., Meszaros, J., and Kunreuther, H. (1993). Framing, probability distortions, and insurance decisions. *Journal of Risk and Uncertainty, 7,* 35-51.

Kahneman, D. (1994). New challenges to the rationality assumption. *Journal of Institutional and Theoretical Economics, 150,* 18-36.

Kahneman, D., and Tversky, A. (1979). Prospect theory: An analysis of decision under risk. *Econometrica, 47,* 263-291.

Kennedy, D. (2005). Cost-benefit analysis of debtor protection rules in subprimc market default situations. In N. Retsinas and E. Belsky (Eds.), *Building assets, building credit* (pp. 266-282). Washington, DC: Brookings Institution Press.

Knetsch, J. L. (1989). The endowment effect and evidence of nonreversible indifference curves. *American Economic Review, 79,* 1277-1284.

Koehler, D. J., and C.S.K. Poon. (2005). Self-predictions overweight strength of current intentions. *Journal of Experimental Social Psychology, 42*(4), 517-524.

Koide, M. (2007, November 16). *The assets and transaction account.* New America Foundation. Retrieved from http://newamerica.net/publications/policy/assets_and_transaction_account

Lepper, M. R., Greene, D., and Nisbett, R. E. (1973). Undermining children's intrinsic interest with extrinsic reward: A test of the "overjustification" hypothesis. *Journal of Personality and Social Psychology, 28,* 129-137.

Lewin, K. (1951). Intention, will and need. In D. Rapaport (Ed.), *Organization and pathology of thought: Selected sources.* (pp. 95-153). New York: Columbia University Press.

Lichtenstein, S., and Slovic, P. (Eds.) (2006). *The construction of preference.* Cambridge: Cambridge University Press.

Loewenstein, G., and Elster, J. (Eds.) (1992). *Choice over time.* New York: Russell Sage Foundation.

Loewenstein, G. and Thaler, R. H. (1992). Intertemporal choice. In R. H. Thaler (Ed.), *The winner's curse: Paradoxes and anomalies of economic life.* New York: Free Press.

Lusardi, A., Mitchell, O., and Curto, V. (2009). Financial literacy and financial sophistication among older Americans. *NBER Working Paper No. 15469.* National Bureau of Economic Research.

Madrian, B. C., and Shea, D. F. (2001). The power of suggestion: Inertia in 401k participation and savings behavior. *Quarterly Journal of Economics, 116*(4), 1149-1187.

Mann, R. (2006). *Charging ahead: The growth and regulation of payment card markets.* Cambridge: Cambridge University Press.

Mann, R .(2007). Bankruptcy reform and the sweat box of credit card debt. *University of Illinois Law Review, 2007*(1), 375-403.

Milgram, S. (1974). *Obedience to authority.* New York: Harper and Row.

Mullainathian, S. and Shafir, E. (2009). Savings policy and decision-making in low-income households. In M. Barr and R. Blank (Eds.), *Insufficient funds. Savings, assets, credit and banking among low-income households* (pp. 121-145). New York: Russell Sage Foundation.

Musto, D. K. (2007). *Victimizing the borrowers: Predatory lending's role in the subprime mortgage crisis.* Working paper, Wharton School, University of Pennsylvania. Retrieved from http://knowledgewharton.upenn.edu/article.cfm?articleid=1901

Office of the Comptroller of the Currency. (2003). *Account management and loss allowance guidance.* OCC Bull. 2003-1. Retrieved from http://www.occ.gov/news-issuances/bulletins/2003/bulletin-2003-1.html

Office of the Comptroller of the Currency. (2004a). *Secured credit cards.* OCC Advisory Letter 2004-4. Retrieved from http://www.occ.gov/static/news-issuances/memos-advisory-letters/2004/advisory-letter-2004-4.pdf

Office of the Comptroller of the Currency. (2004b). *Credit card practices.* OCC Advisory Letter 2004-10. Retrieved from http://www.occ.gov/static/news-issuances/memos-advisory-letters/2004/advisory-letter-2004-10.pdf

Redelmeier, D., and Shafir, E. (1995). Medical decision making in situations that offer multiple alternatives. *Journal of the American Medical Association, 273*(4), 302-305.

Samuelson, W., and Zeckhauser, R. J. (1988). Status quo bias in decision making. *Journal of Risk and Uncertainty, 1,* 7-59.

Schultz, E. (1995, December 22). Helpful or confusing? Fund choices multiply for many retirement plans. *Wall Street Journal,* pp. C1, C25.

Shafir, E., Simonson, I., and Tversky, A. (1993). Reason-based choice. *Cognition, 49,* 11-36.

Sherraden, M., and Barr, M. (2005). Institutions and inclusion in savings policy. In N. Retsinas and E. Belsky (Eds.), *Building assets, building credit* (pp. 286-315). Washington, DC: Brookings Institution Press.

Thaler, R. H. (1985). Mental accounting and consumer choice. *Marketing Science, 4,*199-214.

Thaler, R. H. (1992). *The winner's curse: Paradoxes and anomalies of economic life.* New York: Free Press.

Thaler, R. H. (1999). Mental accounting matters. *Journal of Behavioral Decision Making, 12*(3), 183-206.

Thaler, R. H., and Sunstein, C. R. (2008). *Nudge: Improving decisions about health, wealth, and happiness*. New Haven, CT: Yale University Press.

Tufano, P. (2009). Consumer finance. *Annual Review of Financial Economics, 1*, 227-247.

Tversky, A., and Kahneman, D. (1991). Loss aversion in riskless choice: A reference dependent model. *Quarterly Journal of Economics, 106*, 1039-1061.

Tversky, A., and Shafir, E. (1992). Choice under conflict: The dynamics of deferred decision. *Psychological Science, 3*, 358-361.

U. S. General Accounting Office. (2006). *Credit cards: Increased complexity in rates and fees heightens the need for more effective disclosures to consumers*. Report 06-929. Retrieved from http://www.gao.gov/new.items/d06929.pdf

Warren, E. (2007). Unsafe at any rate. *DEMOCRACY: A Journal of Ideas, 5*. Retrieved from http://www.democracyjournal.org/5/6528.php

White, J. J., and Summers, R. S. (1995). *Uniform commercial code,* 4th ed. Practitioner Treatise Series. St. Paul, MN: West Publishing.

第9部
各分野からの論評
COMMENTARIES

27章　心理学と経済政策

WILLIAM J. CONGDON

　本書が十分に示してきたように，心理学の知見は，政策のさまざまな領域に情報を提供することができ，実際にそうしている。労働法から食品・栄養政策，そして犯罪に対する司法手続きに至るまで，政策の役割と設計は，その最終的な有効性と同様に，その政策の対象とされた個人，その政策の影響を受けた個人がどのようにふるまうかにもとづいて決定されるべきである。人がどのように考え，判断し，ふるまうかについてよりよく理解するための科学的・実証的方法を提供することによって心理学研究は，政策の分析・設計の改善可能性を高めてくれる。

　このことが経済政策以上に当てはまる領域はない[i]。すでに行動経済学という名前のもとで，心理学は経済政策に有効な示唆を与えうるということが多くの事例によって示されてきた。最もよく知られた心理学からの示唆は，退職後のための貯蓄を促進する政策であり，本書の多くの章でも言及されている。401kを自動加入にするという実務は，2006年制定の年金保護法によって定められている。もう1つの最近の改正は，所得税の還付金の一部を，退職後のための貯蓄用の口座に直接振り込んでもらう手続きを簡素にするというものである。本書執筆時に提出されている法案[ii]には，低・中所得世帯を対象にした退職後のための貯蓄につき，その税額控除の簡便化と個人年金口座がほぼ自動的に開設する仕組みが含まれている。

　これらの政策改革はそれぞれ，行動経済学の先行研究に直接基づいている。401kプランの自動加入の劇的な成功はそのもっとも強烈な例である。影響力のある1つの研究は，従来の加入方法では37％であったある会社の401kプランの新規被用者の加入率が，自動的に加入させられるが後でオプトアウトできるように制度が変更された後には86％に上昇したことを報告している（Madrian & Shea, 2001）。なかには，自動加入への移行によって，401kの収支全体はこの10年間で3兆円ほども増加したと指摘する人もいる（Iwry et al., 2006）。

　自動加入に関する知見が驚きをもって迎えられ，その知見に基づいて政策改革がなされたのには多くの要因があった。第一に，政策上の観点から見て，これはきわめて望ましい結果をもたらした。退職後のための貯蓄を促進することは積年の政策目標であった。そして自動加入の効果は劇的なものであった。第二に，退職後のための貯蓄を促進するという政策のわりに，自動加入という制度はきわめて低コストである。これによって，政府は税の優遇処置などを行うことなしに，401kにより多く拠出するよう人々を導くことができるのである。

　行動経済学の観点，および心理学的知見の経済政策への応用というより広い観点に基づくと，これらの結果とその後の政策は，行動経済学と実社会との間には関連性があることを示している。行動経済学は純粋に学術的な営為にすぎないのではないか，魅力的ではあるが結局はさほど重要では

---

[i] ［訳者註］経済政策という言葉がかなり広い意味に使用されている。経済に関係する政策全般が考慮されていて，通常の用語で言う社会政策や環境政策をも含んでいる。その一方で金融政策については言及されていない。

[ii] ［訳者註］myRA（my Retirement Account）制度の一部として，2015年4月から施行されている。

ない人間の弱みを収集しているだけではないか，という容易に解消しない疑いは，大方は問題ではなくなった。自動加入がもたらした結果は，従来の経済学モデルが予測できなかったものであり，したがって提案もしてこなかった政策改革である。

この成功事例もあって，政策策定者は，労働市場政策から健康管理改革，環境規制に至るあらゆる領域において行動学的な問題を考慮することに関心を示し始めた。いまや経済学者と行動科学の研究者は，他の研究成果とともに，本書で検討されているさまざまな経済政策の知見に基づいて，多くの領域に心理学の成果を適用しようと模索している。

しかし，行動経済学は政策に対するきわめて強力なツールであるが，これをどのように使うことが最善なのかは明らかではない。新しい経済政策の方策としてやはりデフォルトを使うべきであろうか？　これらを応用する他の領域を探すべきだろうか？　もしそうでなければ，デフォルトは退職後のための貯蓄に固有の方策なのだろうか？　他の領域において同じ効果をもたらす手立てを我々はどのように探せばいいのだろうか？　さらに，デフォルトが，退職後のための貯蓄プランへの加入という一部の狭い目的を達成するものならば，生涯を通じての貯蓄や退職後の生活保障といったより広い社会的目標とはどのように関係するのだろうか？　退職後のための貯蓄プランへの加入においてデフォルトが成し遂げた成功は，この領域において政策をどのように構築するべきかというより大きな疑問を提起する。

本書の中で経済政策に言及している章では，心理学の知見を経済政策に応用したさまざまな成功例が記述されているが，それらは，上記のようなある種の不確実性を帯びている。こうした不確実性は，心理学的知見を経済政策における問題に応用する際にきわめて多く生じてくるものである。退職後のための貯蓄を促進する，炭素排出量を減少させる，貧困を軽減するなどといったいくつかの政策目標があるとして，心理学的知見は経済政策の設計をどのように改善しうるのであろうか？　心理学概念の実際的な応用や経済政策問題への応用の仕方ということに関して言えば，経済的な分析は大方，いまも学んでいる最中であると言える。

このように応用することに躊躇があるのは，経済学が，心理学的知見を政策の分析に取り込むべき広大な**領域**には根深い不確実性があるからでもある。心理学の知見は，経済学がこれまで取り組んでこなかった政策上の難しい問題を引き起こす。人が間違いを犯し，物事を先延ばしする可能性のある存在であるなら，経済政策はこの可能性にどのように対処し，どのように取り込むべきだろうか？　心理学からの知見はさらに，政策設計を再考するよう我々に促すだけではなく，根本的な問題の性質をも再考するよう迫ってくるかもしれない。もし，退職後のための貯蓄において，物事の先延ばしが唯一の問題なのであれば，401kはその解決と言えるのだろうか？

27.1　アプローチを作る

一般的に，たとえ心理学からの示唆が経済政策と関係する場合であっても，それを直接的に政策分析に応用することはできない。たとえば，心理学の研究は，人の注意には限界があることを示している。これは，生涯貯蓄，あるいは炭素排出量減少についての政策と関係する可能性が高い。しかし，このように応用することは機械的に過ぎる。人の注意には限界があるという知見そのものは，経済政策に対して何ひとつ具体的に示してはいない。同様に，経済政策も個々の心理学的知見に助けを求めることはまれである。そこで必要となるのは

心理学的な示唆を経済政策の分析へと統合するためのアプローチの開発である。

我々は少なくとも2つの理由から，経済政策のためにこれを開発する必要がある。1つは，どのように心理学的知見を応用するかについての枠組みを提供することである。これは，経済政策の設計に心理学の知見を提供するうえでカギとなる点である。心理学からの知見に依拠するならば，経済政策が実施される際に用いられる手立てはどのように考えるべきであろうか？　たとえば，人々の注意が不十分であるということから補正的課税の有効性に関し，どのような示唆が与えられるだろうか？　さらに，心理学は我々の手持ちの手立てにどのような新しい設計の手立てを加えてくれるのだろうか？　そしてそれはどのように機能するのだろうか？　制度の伝達方法によって，たとえば社会制度においてデフォルトのような効果が見られるかもしれない，といったように。

しかし，これらの知見を用いて我々がすべきことは選別するフィルターを手に入れることであろう。経済政策の分析には限りがある。経済政策の分析とは，たとえば市場の機能不全のような経済政策によって修正できる問題を特定するものであり，そうでないものは放置される。我々が探求すべき経済政策のための行動学的アプローチにおいて，心理学からの知見は，問題を解くための新しいツールを我々に提供してくれるだけではなく，我々が解こうとしている根本問題についての考え方を変えるだろうか。時間的に一貫しない行動に関する知見を，ついつい増えてしまいがちな行為（まるで喫煙のように）を抑制するための補正的課税を設計する際の足掛かりとして使うべきだろうか。あるいは，それらが何ら外部性を作り出さない限り，そのような人々の選択に介入しないという従来の経済学の姿勢を維持すべきであろうか。

27.1.1　選択肢の設計，ナッジ（nudges）と非対称的なパターナリズム

行動学的な経済政策における既存の仕事の多くは，選択肢の設計，ナッジ（nudges），自由主義的パターナリズム，非対称的パターナリズムといった，さまざまな名前のもとで進められている相互に関係し合った一連のアプローチの融合である。はっきり異なっている点もいくつかあるが，2つの主要な次元において共通の特徴が多く見られる。その次元の1つは，解決すべき政策上の問題を判断する際に我々が用いるフィルターであり，2つ目は，それらの問題の解決方法を決定する際に我々が用いるフレームワークである。

選択肢の設計とナッジ（nudges）

本書の中でThalerら（14章）は，他者の意思決定文脈を設定する役割を担う人を，**選択肢の設計者**と呼んだ。この用語は経済政策に固有のものではないが，経済政策の策定者の呼び方としてこれはまさにふさわしいものである。経済政策は選択肢を構築し，選択する人にさまざまな方法で影響を与えるのが仕事である。経済政策は選択の文脈を作り出すものである（たとえば，社会保障における早期退職と通常の退職の間の選択について規則の設定をするか否か。新しい健康保険制度改革法のもとで，個人が健康保険契約を結ぶための保険契約の取引所を設立するか否か。多くの炭素を排出する個人活動を抑制するために規制の整備をするか否かといったように）。

Thalerらが言うには，彼らの研究における主要な結論，すなわち中心的な心理学的示唆は，すべてのものが重要になるということである。この言葉でもって彼らが意味しているのは，選択の文脈のあらゆる側面は，微細な，あるいは本筋と関係ないことでさえ，いや時には，微細な，あるいは本筋と関係ないことだからこそ，個人の反応に何

らかの影響を与えうるということである。経済政策の分析では典型的に多くのことが重要でないと理解されるため，すべてが重要だというキャッチフレーズは，経済政策の目的にとって重要な言説となる。たとえば，デフォルトルールは，従来の分析においてはできるだけ中立的であるべきとされた。401kの加入申込書に記入するコストは，潜在的な利益に比べれば非常に低く，ほとんど無視できるほどである。提示する際の見せ方による効果も同様である。あるいは書いていてイライラするというコストも同様に無視される。しかし心理学者たちが知っていること，行動経済学者たちが評価していることは何かというと，実証的に見れば，これらのことこそが重要だということである。そしてここで問題となるのは，経済学が，政策を分析し設定する際にこの事実をどのように説明し，用いるかということにある。

おそらく，この点に関する独創的な研究は，ThalerとSunsteinの25章で論じられ，また彼らの本『実践 行動経済学』(2009)において拡張して展開されているように，単なる観察の範囲を超え，それまで見落とされてきたことについて将来の選択肢の設計に導きを与えることとなった。その際，彼らは，目立たずかつ強力な選択肢を再構築するために彼らがナッジ（nudges）と呼ぶ影響力を活用する方法を教えてくれている。彼らは，デフォルトの力に配慮すること，個人は過ちを犯すものと想定すること，選択を改善するためにフィードバックを与えること，幸福に至る選択を選ぶために個人が選択肢のマッピングを理解するのを手助けすること，複雑な選択肢を構造化すること，そしてインセンティブを忘れないことといった，高次元の示唆を，人をそっと突く（nudge）技術や科学へと高めてみせたのである。

このアプローチは，経済政策に限られたものではないが，経済政策において心理学が果たす役割をどう理解すればよいかを我々に示してきた。退職後のためのプランへの自動加入について我々が経験した出来事は，選択肢の設計というレンズを通すことで容易に理解することができる。そしてここでの知見は，このような処方的な方法で構造化することで，政策上の問題へ直接的に応用することを容易にする。たとえば，2010年の医療保障制度改革法で成立された医療保険市場の設定がその例である。保険プランの選択はうまく構造化されているだろうか？ 加入はデフォルトとするのか，その場合どのプランに適用するのか？ デフォルトの選択肢は，個人が他のプランの福祉的意味を理解するのに役立つものであるか？

ナッジと呼ばれるこのアプローチについて言えることは，選択肢の設計はまず何をおいても，心理学的知見を政策上の問題に応用する上でフレームワークとみなすことができる，ということである。そして，選択肢の構造はとびきり素晴らしい手引きとなる。心理学と行動経済学からの膨大な知見は，いくつかの鍵へと昇華される。これらの鍵は，人は経済学が想定しているような存在ではなく，実社会で理解したような存在（すなわち行動学的な人間観）であったとき，政策はどのように機能し，どのように機能しうるかという問いに容易に答えを差し出すことができる。ThalerとSunsteinは覚えやすいように，彼らの知見の中心部分に対してNUDGES（25章参照）という言葉を作り出している。

25章におけるアプローチでもまた，Balzがリバタリアン的パターナリズムと呼ぶ文脈において，ナッジをどう扱うべきかという問題の考え方が埋め込まれている。このリバタリアン的パターナリズムにおいて，ナッジは，選択肢に制限をかけることなく，人が自身の判断にもとづいてよりよい選択をできるよう個人に働きかけるために用いうる（Thaler & Sunstein, 2003）。この考え方は，非

対称的パターナリズムと呼ばれるバリエーションと密接な関係があり，これは，本書の21章において詳しく説明されている。

非対称的パターナリズム

Loewensteinらの21章は，心理学からの示唆をあらゆるレベルの社会問題（経済政策全体を含む）の解決の試みに取り込む上で，非常に有益な一連のアドバイスを提供している。選択肢の設計アプローチにほぼ即したものであるにもかかわらず，彼らの具体的な知見は，時には政策策定上の**課題**を解決不能にしうる行動学的な傾向（すなわち先延ばし，リスク評価におけるバイアスなど）こそが，政策策定の新しい**機会**を作り出すことにもなることを示唆した。特に印象的な例として彼らは，従来の経済分析が望ましいものではないとしてきた宝くじの魅力をうまく利用した介入が，処方された薬の服薬遵守に対する効果的なインセンティブとして利用可能であることを示した。

21章は，社会問題の解決の仕方だけではなく，この非対称的パターナリズムのアプローチを**どのような**社会問題に対して用いるかを決定するのに用いるフィルターについてもより明確にしている。ここで論じられた具体的なアプローチとは，非対称的なパターナリズムとして知られるものである(Camerer et al., 2003)。この著者たちは，非対称的なパターナリズムには2つの主要な特徴があることを記している。第一に，この非対称的なパターナリズムは，すべてが重要である世界において，パターナリズムは避けることができないという理解の上に成立している。デフォルトの設定はその古典的な例である。退職後のための貯蓄プランなど，デフォルトは必ず何らかの形で設定せざるを得ない。従来の経済学モデルにおいては，デフォルトを設定したところで，その影響は強くはないと考えられていたので，それを設定する意味もほとんどないと考えられていた。記入者が何らかの形で様式を埋めるコストはささいなことだと考えられていた。だからこそ，何らかの形でデフォルトを設定しておくことは，パターナリズム的なニュアンスをはらんではいなかったのである。しかし行動学的世界において，デフォルトは実質的な影響力を持っており，人々にはデフォルトから離れがたい傾向があることをもはや我々は知ることとなった。デフォルトの設定方法を選ぶことはいまやより大きな仕事となり，何らかの形でのパターナリズムは避けがたいものとなった。

第二に，非対称的なパターナリズムのおそらく決定的な特徴は，人々にとってよい選択を人々にさせるための援助，という政策意図を置いていることにある。行動学的傾向によってパターナリズムは避けられないことが明らかになったのであれば，これによって，選択を拘束することなく行動に影響することもできるはずである。この点を明らかにするのもやはりデフォルトである。デフォルトは，何らかの形で個人の選択に影響するが，その人がもし望むならあえてオプトインやオプトアウトを行うという選択肢も残されている。そのため，退職後のための貯蓄のような状況で，現在バイアスのような行動学的傾向のせいで自力ではほとんど貯蓄しないと考えられる場合，退職後のための貯蓄プランのデフォルトをオプトインからオプトアウトに切り替えることは，何らかの具体的な行動指針に従うよう人々を強制することなく，自分たち自身で貯蓄できるように手助けするものとなるだろう。

この例を用いて焦点を当てたのは，心理学的観点を経済政策に組み込む際にどのように応用方法を決定するかという点だけではなく，何に応用すべきかを決定するという点で，上記の例が，依存している主要な知見にどうたどり着いたかが参考になるからである。このアプローチによって，我々

はこの状況に対して選択肢を改善することができるだろう。バイアスなどの行動学的傾向があるせいで，人々は自分たちがすべきことを把握できなくなったり，自分たちの願望を十分に理解できなくなる場合がある。この点に関して政策が中立的であることはほとんどない。政策はいつも，結果的に人々が良い選択をしやすい状態になるよう事態を変化させたか，そうではないかのいずれかで終わる。我々はもちろん，人々が良い選択をしやすくなるよう努力するべきである。たとえば，政策は，被用者が雇用者の提供するプランに参加しやすくすることで，退職後のための貯蓄について被用者が長期的な観点から選択するのを手助けするものでなければならない。さらには，他にも目を向け，たとえば社会保障上，最適な退職年齢についてよい選択ができるよう選択肢を改善したり，あるいは，最善の健康保険プランや正しい車を選択するうえで，選択肢を改善することもできる（最適，最善，正しさは，常にその人自身によって判断されるものでなければならない）。

　加えて，このアプローチは本質的にはパターナリズム的な問題，すなわち，政策が選択肢に介入する場合それはどのように行うべきかという問題にもうまく対応している。政策へのアプローチとしての経済学は，選択肢が個人にとってよいとか悪いと言う際に多少なりとも居心地の悪さを感じるものである。ある人が選択したものが，単に個性的な選好や環境の結果ではなく，物事の先延ばしやエラーの結果であると誰が言えるだろうか？ 退職後のためにもっと貯蓄すべきだと言うべきなのか？ 今とは異なる健康保険プランを選ぶべきなのか？ 違う車を買うべきなのか？ この非対称的なパターナリズムのアプローチに対する答えは，人々に無理やりそうさせるというのではなく，人々をそっと突く（nudge）ということである。我々は，最終的にはその人々がより幸せになるであろう判断に彼らを導こうとして選択肢を構築するが，一部の人に対しては誤った判断をしてしまう可能性は残されており，その人が望むのであれば，他の選択ができる可能性も残しておくべきである。

ベネフィットと限界

　前述の例で用いられている一般的なアプローチとは，もし心理学からの知見を取り込むアプローチについての共通理解が経済政策にないのであれば，何らかの意味で現在優勢なものを用いるということである。このことには，それが機能するからという正当な理由がある。これ以上の賛辞はないであろう。401kプランにおけるデフォルトはプラン参加者を増加させる，宝くじは服薬遵守を改善する，といったようにである。このアプローチは，社会問題や経済政策がどのように機能するかについての従来の知識だけではなく，心理学と行動経済学の研究における確かな根拠にも基づいている。これはとりわけ実証的で科学的なものである。

　本書の24章は，NUDGESのDに当たるデフォルトに焦点を当てることで，この点を描き出している。自動車保険から臓器提供に至るさまざまな例を提供することで，領域や形が違ってもデフォルトが一貫した影響力をどのように持つのかを，そしてそれが政策策定者にとって効果的でたいてい効率的，有効な道具であることを彼らは示している。加えて彼らは，デフォルトの影響力が，いかに暗黙の承認や意思決定における損失回避といった心理学の具体的な特徴にもとづいているのかを示している。

　さらに，このアプローチによって，行動経済学が真価を発揮する問題について説明を加えるだけではなく，行動経済学が提起する，実に巧妙な幸福に関する法的問題を，解決あるいは少なくとも管理する方法についても知ることができる。その

おかげで，人々が自らにとって望ましい判断ができるように我々が援助することのできる政策的ターゲットを見つけ出すことができるのである。物事を先延ばししてしまうような行動学的傾向から，たとえば，人は退職後のためにほとんど貯蓄しない場合があるといった予測が導かれ，より貯蓄するように政策的にその人を手助けすることができる。そして，ここで生じる大きな問い，すなわちここで行われる判断に伴う問題（我々は人々に，あなたたちはもっと貯蓄しなければならないと言うのにふさわしい立場にいるのか）をこのアプローチは解決もする。この問題に対する答えは，やや間接的ではあるが，他の選択肢を排除することなく1つの選択肢を選ばせるように政策をデザインする，というものである。これは，この問題に対処する上で，洞察力ある，巧妙できわめて合理的な方法である。それ以上に，きわめて謙虚なアプローチである。

このアプローチの謙虚さは賞賛されるべきであるが，このアプローチを取ればコストがかかる。その主要なコストは，心理学をよく練られた周到な方法で経済政策の分析へと統合しているがために，それがある意味で，汎用性を欠いた，行動学的経済政策へのその事例限りのアプローチになっているということである。

この研究は，このアプローチで行動学を参照すると，我々が**何を**すべきかが分かるということを知らしめた。その意味でこれが最初の試みと見ることができる。我々が手助けをすることで人々がよい方向に進めるような問題に焦点を当てることで，経済政策における問題の多くを見逃すことになる。たとえば，二酸化炭素排出量に関係した環境外部性について，ここでの目標は全体としての排出量を下げることにある。ここでの主要な関心は，たとえば個人が自動車を購入する際によりよい選択をしやすくするといったものではない。この場合の政策の目標は，外部性のような社会問題を正す方向に個人の行動を向け，促進することである。では心理学的知見をどう使うか。たとえば，炭素税のような政策行為は，個々の消費者の生活を圧迫するかもしれない。もしナッジ（nudges）が，手数料や税といった従来の手立てに加えて，あるいはその代わりとなる効果的な手立てであれば，我々はここでそれを使いうるかもしれない。その際，ナッジが個人としての人々を助けるものでなくとも，社会的な目標を達成するためにそれを使おうとするのだろう。

人々が良い方向に進むように人々を手助けするということは，より広い社会的な目標と必ずしも矛盾することではなく，一致するものでもあると我々は考えているが，この問題を比較的狭い範囲で論じると，意図しない結果につながってしまうかもしれない。退職後のための貯蓄プランへの自動加入のような政策を，経済政策の観点から評価する場合，加入率や貯蓄額の増加だけを見るレベルから，この政策は全体としてよい政策だと結論づけることはできない。経済政策を分析するにはより俯瞰的に見る必要がある。自動加入は，退職後の保障を促進するというより大きな目標を達成したのだろうか？　たとえば，デフォルトに影響を受けたとき，貯蓄プランのために支出したお金はどこから捻出されたのか？　人はそれに応じて消費を減らしたのだろうか，それとも他の形式での貯蓄が代わりに減らされたのだろうか？　といったことも考慮されなければならない。焦点を絞りすぎてしまうと，局所的には効果的であっても，全体としてはそうではない政策を推進することにつながってしまう場合がある。

本書で提案されたアプローチは，心理学的知見を政策設計に**取り入れる方法**に関して言うと，応用がいくぶん局所的でもある。第一に，政策がどのように機能するかについて行動経済学の意味す

ることに十分疑問を持つことなしに，政策の成果の評価軸を変えることにまず焦点を当ててしまう場合がある。たとえば，心理学的知見にもとづくと，退職後のための貯蓄プランに自動加入させるという制度での利用は好ましいと考えられている。このプランへの自動加入という変化によって，個人は間違いなく確定拠出型プランを利用しやすくなり，生涯を通しての貯蓄という目標を達成しやすくする。しかし，このような知見は，この退職後の保障政策が，社会保障など他の代替手段ではなく個人年金に依拠すべきという立場を相対的に重視しているのではないかという，より大きな疑問をも提起するだろう。このように，このアプローチは，政策の性質と構造について大きな疑問を引き起こす場合がある。

第二に，政策設計の観点から見ても，このアプローチは，ナッジ（nudges）に独立して焦点を当てているので，他の経済学的影響とそれらがどのように相互に作用し合っているのかを見落とす可能性があるという意味で，いくぶん局所的だと言える。政策を考える際，出発点としてまず，ある政策の文脈においてナッジの応用先を探してしまうと，このことが経済学的文脈の他の関連する特徴とどのように相互作用するのかを見落としてしまうリスクを冒すことになる。たとえば，デフォルトは，制度参加を高めるには効果的であるが，望ましくない結果（社会制度加入への効果的な選抜を妨害するなど）に引き込む偏った情報のような経済的要因の影響を受ける可能性がある。[iii]

たしかに，行動政策学の研究者は，これらの問題にまったく気づいていないというわけではない。たとえば本書の17章は，心理学的政策の手立ての設計に対するより広い分析の一部として，この最後の点，すなわち，心理学的な手立てと経済的要因が時には直感に反した形で影響し合うという点に焦点をあてている。彼らは，たとえば，税と補助金のような金銭的なインセンティブとナッジ（nudges）が，お互いを強め合うのではなく，互いに圧迫し合うかのように機能する例を示している。経済政策に対する行動学的アプローチに関して我々が求めているのは，関連する経済的要因がどうであれ，この種の知見を一貫して機能させることができるアプローチである。

27.1.2　経済学の行動学的領域

心理学の知見を経済政策分析に取り込む上では，別のアプローチを取ることも可能であり，心理学的知見の別の側面を取り込むことによっても，先述の問題のいくつかに対処することができる。1つの見込みあるアプローチは，経済分析の政策関連領域に直接的に結びつくように心理学からの知見を形成し，選択と選好に関する従来の前提をアップデートすることで，政策上よい結果を得る方法である。マクロ経済学や公共財政学といった経済分析の領域は，経済政策分析のためにすでに成熟した枠組みを提供している。従来の領域とは異なるこうした領域は，経済政策が解決すべき問題を特定するうえで，その領域独自の方法を提供してくれることがある。それら各領域は，心理学からの知見が，政策設計でどのように利用されうるのかについて考える自然な方法をも提供するだろう。

行動学的公共財政学

行動学的なアプローチを通して，心理学的知見の政策的示唆を経済学の領域へ展開する可能性のある好例が，行動学的公共財政学である（Congdon, et al., 2011）。公共財政学は，心理学や行動経済学の知見を取り込む余地を持つうってつけの領域で

[iii]　［訳者註］たとえば本来加入すべきでない人も加入させてしまうなど。

ある。そもそも，外部性[iv]，社会保険，再分配，税政策など経済政策の多くはこの領域に位置づけられる。公共財政学は，市場の機能不全の性質について考え，その機能不全がどのようにいつ起こり，公共の福祉に対してどんな影響を及ぼすかということから，政策策定者が直面するトレードオフについての考え方や，政策的応答をどう設計するかといったことに至るまで，政策の対象となる問題を理解するためのきわめて包括的な分析的枠組みを提供している。

公共財政学が問題を構造化する1つの方法は，3段階の過程として想定することである。具体的には，市場の機能不全について診断し，政策策定者が市場の機能不全に対処する上でなすべき判断を明確にし，そして，市場の機能不全に対処する政策設計のための処方を提供することである。行動経済学は，これら3つのレベルで公共財政学に貢献する。

・診断

公共財政学は，政策における一連の問題を指し示す。市場の機能不全や社会福祉は，再分配を行うことで改善することができるかもしれない[v]。州の事業は財政次第である。公共財政学への行動学的アプローチは，個人が不完全な意思決定者であるとした場合に，市場の機能不全や社会福祉の問題のとらえ方がどのように変わるかを問うものである。鍵となるのは，選択と行動に対する通常の経済学的前提からの乖離によって，市場機能と政策の機能に波及効果がもたらされるということである。すなわち，通常とは異なる選好や選択行動は，個人に対する影響だけではなく，集団に対し

ても問題を引き起こすのである。そのため，行動学的公共財政学は，たとえば，現在バイアスのような行動学的傾向は環境の外部性の影響をどのように媒介するのか，計算能力の限界は健康保険市場において逆選択とどのように相互作用するのか，あるいは注意の限界が税に対する個人の反応にどのように影響するかといったことを検討することから始めることになるだろう。

政府がすでに問題意識を向けている問題について行動学的に検討を始めることで，個人にとって好ましい結果になるよう個人を手助けする政策を探すという狭い範囲から，より広い政策上の問題へと，問いの方向をガラリと変えることを可能にする。たとえば税制について，心理学の問題意識から政策を考え始めると，その帰結は，悪行税，すなわち，必ずしも合理的とは言えない個人がより良い選択を行い，幸福を高める手助けができるように，アルコールやたばこのような商品に税を課すことにつながっていくだろう。しかし，公共財政から政策を検討し始めると，税制に対する幅広い根源的な問いが提起されることになる。たとえば，どのようにすれば税を効率的かつ公平に取り立てられるのかといった問いが喚起されるのである。税の効率的かつ公平な取り立てという問題は，税に対する行動学的反応と密接に関係するものであり，行動経済学が直接的に対象とする政策の問題である。もし個人が税に気づかずに税の支払いを怠ったのだとしたら，税の課徴金という手段はいったいどんな意味を持つだろうか？ そしてどんな人がこの課徴金を負うことになるのだろうか？

公共財政学の中でも社会福祉に対する政策の影響について考慮することは，政策分析に対して，政策の巨視的影響と局所的な影響の対立についての系統立った考え方を提供してくれる。この枠組みで，代替となる政策を評価することは有益である。特に行動学的知見を政策に過剰に狭く適用してし

---

iv ［訳者註］一般的に言って，外部性の問題は必ずしも公共財政学の領域に位置付けられているわけではない。
v ［訳者註］市場が機能不全を起こさなくとも，所得分配の公正は保障されていないので所得再分配が通常は必要である。

まって，ある意味では改善が見られるが，その他の次元を無視することになり，結局は政策がうまく機能しないという結果を引き起こす可能性がある場合には，代替政策を検討することでそれを避けうるからである。たとえば，行動学的知見を用いることで，退職後のための貯蓄を増加させるという狭い結果だけではなく，退職後の保障や高齢者の保険に対する我々の理解を広げ，これをどのように役立てられるかを考えることが可能となる。

・判断

公共財政学は，行動学的経済政策の範囲を明らかにするだけでなく，この範囲を規定するものでもある。公共財政学は特に，心理学が提起する問い（人が本当に求めているものは何か，公共政策学が何らかの意味でより良い選択を人がするように仕向ける必要があるか，あるいはそうしなくても選択できるか）を足掛かりとして，応用行動学の成果をベースとすることができる。たとえば，人は退職後のための貯金をより貯めなければならないのか，たばこを吸うのを減らしたほうがいいのかを誰が決めることができるだろうか。

実際，公共財政学は再分配の問題を扱ってきたので，この種の価値判断を取り込むことにはすでになじみがある。これまでこの種の問題に対処する中で明らかになったのは，実際的な問題として，このような問題に対して決定的な結論を出さなくても，経済政策分析は生産的に機能しうるということである。公共財政学は，経済分析の外側にあるものとして，全員に対して適切な幸福の重みづけ（人と人とで幸福が矛盾する場合の解決）を判断するという問題を解決しないままにしている。類推するなら，この（短期的な自己と長期的な自己の間で起こる対立のような）問題も，個人内の幸福の対立の問題についてと同じアプローチで十分であろう。つまりここでも，時間が空くと選好が一貫しなくなる個人[vi]に対して，退職後の貯金をするよう促進すべきか否かといった問題を，政策策定者と社会に向けて解決しないまま残していると言えよう。この点について議論するということは，真の効用を特定しようとする過去の論争に我々を連れ戻し，従来の公共財政学のように，このような問題に対する判断に基づいた政策形成に焦点を当てさせるということである。

これらの問題は置いておくとして，ここでは立ち止まって，政策分析を前に進めるのに実行可能な方法を提供するだけではなく，公共財政学は，これらの問題をより深く見つめる枠組みも提供する，ということを述べておく必要がある。科学的な探求としての公共財政学によって，これらの問題を解決しなくても政策を進めることができたとしても，これらは依然として中心的な問題であり続ける。しかし，ここでも公共財政学は分析の開始点と枠組みを提供してくれる。今日，この根本的な問題に対するもっとも優れた取り組みは，これらの問題に挑戦し，これらの問題と結びつく問題を示したBernheimとRangel（2007, 2009）の一連の研究に見ることができる。

・処方

最後に，心理学を公共財政学に取り込むことで，我々は，行動学的傾向と経済学的影響の相互作用を反映した政策を設計するうえでの原則を引き出すことができる。行動学的公共財政学が成果を上げて最初に得た教訓は，経済学の主要な政策の手立てである価格とインセンティブは，心理学的な影響と相互作用するというものである。1つの例は経済政策におけるモラルハザードの問題におい

---

vi ［訳者註］個人については，たしかに「時間があくと選好が一貫しなくなる」ことが多いが，その理由はさまざまであり，このことをいわゆる非合理性と結びつけることには注意が必要である。

て認められたものである。失業保険の場合，モラルハザードのようなものは，この制度がもたらすインセンティブの直接的な結果ではないかもしれないが（たとえば失業期間が長引くほど失業給付金を長く受給することができるなど），これらのインセンティブに対する人々の反応（時間的に非一貫性を持った選好の効果のような）は，心理学的要素のせいで起きているのかもしれない。そして，このように心理的要素が原因で起きているということは，制度設計に多くの知見をもたらしてくれる。たとえば，仕事を見つけた際に特別給付を設定することは，インセンティブを再配置し，理論的にはモラルハザードを和らげるように機能するかもしれないが，個人が現在バイアスの渦中にいれば，効果的ではないかもしれない。

公共財政学と行動経済学の統合から得られた重要な設計上の教訓の2番目は，行動学的傾向は情報の非対称性と相互作用しやすいという点である。たとえば，従来のモデルでは，逆選択は市場の機能を危うくし，市場を失敗に導く場合があった。行動経済学は，私的情報が，従来のモデルが想定するように機能するとは限らないことを示している。たとえば，リスク評価におけるバイアスといった行動学的傾向のせいで，個人が自分の健康情報について知っておいた方が有利な情報を知覚することができない，あるいはそれに基づいて行動することができないのであれば，健康保険市場の逆選択は緩和される。同様に，従来の公共財政における多くの研究は，価格とインセンティブに依拠して効果的な方法を選んできた。しかし，行動学的な傾向のせいで，具体的なインセンティブのターゲットとなる母集団についての従来の結論は無になる，あるいは逆に作用するかもしれない。その結果，たとえば，政策は，社会的なベネフィット取得につながる取引のコストが効果的に対象者を選抜するとはもはや想定することができない。

最後に，このアプローチからもたらされた第三の設計上の知見は，心理学的要因と市場からの要因との相互作用のありように関するものである。市場は，個人が行った選択に基づいて機能するが，選択エラーや自己制御の失敗などによりこれらの選択が選好とは無関係になされてしまうとき，非効率的な結果がもたらされる場合がある。つまり，市場の競争は，政策策定者が期待あるいは意図していない次元でも機能することがある。そのため，政策が市場の要因を抑止しようとするならば，行動学的傾向の影響を考慮しなければならない。この教訓に関する最近の例は，メディケア処方箋薬給付のケースである。この給付は，民間事業者の示すメニューの中から，高齢者が望ましい給付範囲を選択するという市場を想定していた。合理的なモデルにもとづくならば，この市場の創出は効率性を高めるはずである。しかし実際のところ，個人がこの市場を十分知り尽くすのはあまりに難しい。利用者は，さまざまな次元で異なる多くのプランの中から選ばなければならない。メディケア処方箋薬給付では，結果として個人的なエラーが起きやすくなり，高い代償を払っただけでなく，目指していた市場競争による有益な結果も実現しなかったようである。

他の領域

同様の方法で，経済政策に寄与する経済分析以外の領域に対しても行動学的な知見を展開していく余地がある。行動学的公共財政学がネガティブな外部性を配慮することには限界があり，従来の想定とは異なる選好が働くことがある。行動学的公共財政学はこの限界を矯正することを通して機能するのと同様に，たとえば，行動学的なマクロ経済学は，景気の悪化やその改善の心理学的要因を考慮することも可能であろう（Akerlof & Shiner, 2009）。多くの他の経済分析の領域においても同

様であろう。

　実際，経済政策や関連する事項について触れた本書の多くの章は，経済政策を経済学的に探求する周辺領域と接合し，潜在的にこの領域に貢献すると考えられる。たとえば26章は，市場，企業と心理学的な意思決定の相互関係について検討するための枠組みを提示し，そこから規制に対する示唆を引き出している。他でも，12章では，規制政策の対象者が完全には合理的とは言えないとき，特に情報開示をどのように考えるべきかについて論じられている。これらの章はおのずと，行動学に基づいた産業組織についての研究と適合するものであり，たとえば，市場からの圧力やそれへの政策対応とその持続において，消費者のバイアスとヒューリスティックが果たす役割が検討されている（Ellison, 2006）。

　また他の章は，労働経済学への行動学的アプローチに寄与しうる知見を集約している。15章はとりわけ，最低賃金政策を含め，労働の対価調整の構造とそれに対する反応を説明する際に，行動学的要因の役割についての知見を提供している。19章は，いくつかの政策的介入のガイドラインとともに，教育場面での成績に影響する行動学的側面について検討している。これらも他の研究同様，心理学からの示唆を労働市場政策へ生かそうとする目的を掲げたプロジェクトの一例である（Babcock et al., 2010）。

27.2　適用の実施

　行動学的経済政策に対する抽象的なアプローチを発展させるうえでのポイントは，もちろん，それを最後には具体的な政策問題へと適用することにある。このような応用について，我々は，アプローチの違いが異なる観点や結論をもたらすさまに注目することができる。選択肢の構築を用いたアプローチによる応用は，心理学の知見に依拠した政策の中でもとくに具体的な変化をもたらすだろう。一方，行動学的領域のアプローチによる応用は，具体的な変化をもたらさずとも，より広い変化をもたらす可能性がある。多くの応用は，特定方法に固執することなく，さまざまなアプローチの影響を受けて，それらアプローチの一部を取り入れている。

27.2.1　退職後の保障

　今日の行動経済学の政策応用において特徴的なのは，退職後の保障に関するものである。政府は，退職後に労働者が支出できるように支援するという名目で数々の政策を提供してきた。この中には，税的インセンティブ（たとえば個人年金口座や401k），退職後のための貯蓄に対して補助金を出す制度（たとえば社会保障の老齢保険的要素）も含まれる。そして行動経済学は，潜在的にさまざまなレベルでこれらに多くの示唆を与えてきた。雇用者が用意した退職後のためのプランへの被用者の自動加入は，前述したように，退職後の保障に関する行動学的示唆においてもっともよく知られたものである。本書の14章が示したように，行動学的知見は，退職後のための貯蓄プランへの加入率を増加させただけではなく，これらのプランに対する拠出金の額や退職後の資産運用の組み合わせの多様性も増大させた。

　このような結果をもたらしたのは，選択肢の構築の典型的な応用例である。たとえば，退職後のための貯蓄への拠出額を増大させようする政策は，このプランへの拠出額の自動増額という形で実施されている。具体的には，個人の拠出額は，あらかじめ決められた日程に，あるいは昇給した際に，自動的に増額される。これらの制度は，双曲割引や惰性，損失回避といった具体的な心理学的知見

を利用し，退職後のためにより多くを貯蓄させるよう人々に促すものである。同様に，退職後のための貯蓄において，個人が選ぶことのできる投資の選択肢の一覧とその特徴は，個人が貯蓄をそれらに割り当てるときの方法に影響を及ぼしうる。個々人にとって好ましいことを行えるように援助するということが目標であれば，このアプローチはとてもうまくいっている。多くの人がこうした設計下でよりよい結果を得られるということに疑う余地はほとんどない。

しかし，これらの知見はまた，このアプローチに見られるいくつかの限界を描き出している。退職後の保障政策がそのより大きな社会的目標に合致したものかどうかは，どのくらい効果的に個人にとって好ましいことを行えるよう援助できたかということだけで評価することはできない。一歩離れてみると，自動加入や自動増額のような政策が，より大きな視野で見たとき常に有益であるとは必ずしも言えない。たとえば，401k加入がデフォルトだから加入したが，そうでなければ加入しなかったという場合，これらの個人の余剰資金はどこから来たものであろうか？ 401kに加入することで，この人たちの手取り額は減少するが，彼らはどう反応するだろうか？ 彼らは物を買わなくなるだろうか？ あるいは，それまでと同じように消費を続け，多額のクレジットカード負債を抱えることになるのだろうか？ 個人年金口座のような退職後のための他の貯蓄手段に拠出するのをやめてしまうだろうか？ 自動加入による幸福への全体としての影響を知るには，上記のような質問に答える必要がある。自動加入がよいアイデアなのかという問いは，その最初の印象よりも答えるのがはるかに難しいものとなるだろう。

このような設計の有効性に関しては，退職後のための貯蓄政策より大きな問題や，それに対する行動経済学の最適な役割についての疑問をも提起する。たとえば，自動加入に関するこの結果は，この政策の機能的な形式（すなわち401kや401k型の方法）の望ましさ（退職後の保障を促進する方法として）に関して何を示唆しているのであろうか。制度の規則におけるこのわずかな変化が加入率に劇的な効果を与えるのであれば，税制上のインセンティブは，退職後のための貯蓄の促進方法として正しいモデルと言えるであろうか。さらに，税制上のインセンティブが，加入方法の設計と比べて，本来ターゲットである人々を本当にこの制度に加入させていると言えるだろうか？ もし，退職後のための貯蓄がなされないという問題が，貯蓄を開始するのが面倒なので先延ばしするということにあるのであれば，退職時の税控除のような時間的に遠い将来で得られるインセンティブは，この問題のよい解決方法とは言えないかもしれない。これらの知見は，自分自身の退職後のための貯蓄に対するその個人にとっての魅力とコミットメントの重要さを示唆するのであろうか。そうであればこれは，他の政策（たとえば社会保障の個人加算のような）に比して，退職後のための貯蓄の望ましさについて，何を示唆するのであろうか？

27.2.2 環境の外部性

重要な行動次元に関するもう1組の経済政策の問題が，環境保護，特に二酸化炭素排出量と地球温暖化に付随した問題である。経済学はすでに，この問題をネガティブな外部性とするモデルを作ることで，過剰な二酸化炭素排出の非効率性を評価し，政策設計上の洗練された枠組みを提供している。個人では誰も，二酸化炭素排出が社会にもたらすコストを計算していないため，排出活動はひどく非効率的なものとなる傾向にある。そして上記の分析に基づいて，経済学は，この外部性を是正する政策の一覧（たとえば，炭素税の課税や排出権の取引の許可）を提示することができる。

しかし，二酸化炭素排出量は最終的には，炭素集約型製品や交通手段，エネルギー供給を必要とする消費者の心理によって左右されるので，心理学の知見は，この外部性に直面した場合にどのような影響を受けるかや，その際に取りうる矯正方法について考える材料を提示してくれる。本書の22章は，この問題に心理学的知見を適用する例をいくつか示しており，特に次の2つのことに焦点を当てている。第一は，環境リスクに対する個人の心理的対応や反応の予測を複雑にする行動学的傾向に関してであり，第二はこれらの傾向を操作するような介入が環境保護行動を推進する可能性に関してである。

　環境の外部性は，個人にとって好ましい結果に到達できるように手助けするという名目で行うことがふさわしくない政策的問題の一例である。確かに，この問題の行動学的分析から得られる中心的な知見の1つは，個人はときに，自分に利益をもたらすと思われる環境保護的な行動を実行することができない（たとえば，エネルギー効率のいい電球を購入して取りつけることができない）というものである。そして行動学的傾向が，この結果の一因になっていると考えるだけの理由がある。たとえば現在バイアスがあげられる。電球を購入するという行為の利益が表れるのが未来であるのに対して，コストが前払いであるせいで，エネルギー消費を抑える技術に人は投資したがらないのかもしれない。小型の蛍光灯電球は，将来どこかの時点では節約になるが，今日のところは白熱灯よりも割高である。

　このような電球購入による効果の時間差も政策の問題をたしかに複雑にするが，環境政策の第一の社会的目標は，より環境によい決定を個人が行うことを助けることによって個人を望ましい状態に置くことではない。ここでの目標は，地球温暖化についての外部性に歯止めをかけるために，二酸化炭素排出量を低減することである。この場面で政策は，外部性だけではなく，外部性をもたらす心理要因をも矯正しなければならない。しかし心理要因は，このように要因を複雑にするだけでなく，22章で論じられているように，外部性の影響を矯正する機会をも作り出す。その機会とは，炭素排出量を減少させるための行動学的手立て，すなわちナッジ（nudges）を政策策定者が用いることができる機会である。たとえば，社会的比較は，人々をエネルギー消費の削減に向けてナッジする見込みのある方法である。他にも，フレーミングやデフォルトの利用などといった介入が可能である。ここで重要なのは，我々の関心が，選択肢の構築が個人の理想に到達するのを手助けするか否かということにあるのではなく，全体消費を社会的に最適な方向へ向かわせるということにある，ということである。

　行動学的手立てが環境の外部性を解決するうえで非常に有効である可能性が示されているが，従来の経済学的アプローチに心理学の知見を統合した分析は，それよりさらに進んでいる可能性がある。特に，政策の選択肢とは独立した方法として行動学的手立てを用いるのではなく，税のような従来の手段にこの行動学的手立てを併用することでどのように機能するかを考えることもできる。たとえば，補正的課税がより効果的に機能するように行動学的知見を使うことができるかもしれない。補正的課税が期待したほどには行動変容を引き起こさない理由の1つは，このような税が目立たないことにある。消費者が目にする価格にこうした課税が反映されるように，税を反映した価格を表示するよう義務づける（すなわち付加税とする）[vii]ことで，個人が税に注意を向けるような政策にすることもできる。しかし同じように，こうして変

---

vii　［訳者註］日本の消費税のようなもの。

更された価格表は複雑ないし不透明だという理由から，行動を矯正する手段として税は機能しない可能性もある。行動とコストの関係を明らかにする技術革新がなされたとき，補正的課税はもっと効果を持つようになるかもしれない。そして，従来の経済学的方法と行動学的方法は相互作用し合う可能性がある。すなわち，税がナッジに影響することもあるかもしれない。たとえば，特定の商品に対する課税は，ある行動に対する社会的承認あるいは不承認の記号として人々に受け取られるかもしれない。

27.2.3 貧困の軽減

最後に，貧困の軽減に関する政策の問題について考えてみよう。貧困は，アメリカにおいていまだ深刻な問題であり，従来からある給付金や税控除，食料品や住居支援や健康保険補助を含む多様な政策の組み合わせが，貧困に関わる困難の解決のために用いられている。行動学的傾向は，貧困問題とその解決に向けた努力の成否に関わってくるため，研究者は近年，行動学のレンズを通して貧困を理解しようという試みを始めている。本書の16章は，貧困問題の諸要素についての行動学的見解を提供している。

彼らの章におけるアプローチは，政策設計に対する行動経済学の示唆を探す前に，貧困がどのように起こってどのように維持され，それが幸福にどのような影響をもたらすのかについて行動経済学の観点から理解しようと試みているところに特徴がある。この章の著者たちは，貧しい生活を送っている家庭特有の家計の不安定性と，この不安定性やその影響が悪化する背景には行動学的傾向があることを強調する。たとえば，この不安定性に対処しようとすることが，個人の計算能力を限界に至らしめ，その結果，他の問題を解決するための認知資源を減らしていると彼らは主張している。

同様に，この不安定性に対処することで摩耗し疲れ果てたとき，人々は自己制御を枯渇させるのだとこの著者らは指摘している。このことは，行動学的知見と経済学的分析が協働で問題に取り組むことが有効である可能性を示している。これら2つを組み合わせることによって，根本的な問題に対する我々の理解が変わり，それによって，政策上の問題の性質における焦点を絞ることができる可能性がある。たとえば，貧困撲滅のための努力は，収入・消費レベルにのみ向けるのではなく，家計の不安定性に対しても向けられるべきだと提案することができるだろう。

このアプローチは，反貧困政策の設計に対して示唆を与えるものである。たとえば，経済的な不安定さが貧困の中心的な問題であるならば，個人開発口座のような緩衝となる貯蓄を作り出す政策は，従来のモデルから見た場合に比べてより重要になるかもしれない。住宅補助や栄養給付のような制度・サービスに目を移すと，このアプローチは，申請や適格性検査の手続きを簡素化するという，制度をより利用しやすくするための提案を導き出している。ここには，より完全な統合的アプローチによってさらに制度を豊かなものにする可能性が見出される。たとえば給付制度の経済学は，必要な人が給付を利用できるだけではなく，だれが利用するかについても関心を向けている。給付から最大限の恩恵を受ける人が受給できるように応募者を選抜する手続きがなされるとき，これらの制度は最も効率的に機能する。行動学的傾向は，こうした選抜と相互作用しやすい。そして，加入を簡素化したりデフォルトを変更したりするなど，受給環境を改善するべく設計を変えることは，これらの行動学的行動と相互作用するだろう。その結果，給付の対象者もまた変化するはずである。

反貧困制度の行動学的分析はさらに進めていくことができる。たとえば，制度設計におけるもう

1つの主要な課題はモラルハザードを低減することにある。前述したように，インセンティブはモラルハザードを引き起こすけれども，効果的な解決策によって問題の性質をも変えてしまうため，行動学的傾向と相互作用する可能性もある。物事を先延ばししがちな人々の行動学的傾向を前提として，政策は，それに合わせたり，自分たちの家計へのインセンティブに限定されている人々の注意を引くためにそれと競合するものにならざるをえないかもしれない。

27.3 さらに前進して

近年，実に刺激的な発展が行動経済学という形を取って経済政策にもたらされてきており，本書は，そうした発展に対する多くの素晴らしい研究を集約している。心理学から得られる知見は，我々が経済政策において解決したいと願っている問題についての経済学者の理解を深めてくれるものであり，これらの知見はこうした問題に対応する政策の効率性を高めるうえできわめて有望だと思われる。その中でも代表例というべき選択肢の構築モデルは，合理的な背景がある上に，きわめて強い効果を持っている。

ナッジ（nudges）と非対称的なパターナリズムは，行動経済学にもとづく政策にとってとてつもない跳躍を象徴してきたが，このようなアプローチにも限界がないわけがない。もう1つの有望なアプローチは，行動経済学をより完全に，経済学の政策関連領域へ統合するというものである。公共財政学に対する行動学的アプローチはそうした一例であり，本書のいくつかの章は，労働経済学や産業組織のように，行動学的なレンズを通して精査する十分な準備が整った他の領域に対してさまざまなヒントを提供している。本書でもその一部が紹介されたように，多様な政策上の問題（退職後のための保障，環境の外部性や貧困の緩和）に行動経済学が及ぼす影響は，上記のようなアプローチで拡張・拡大される可能性を秘めている。

引用文献

Akerlof, G. A., and Shiner, R. J. (2009). *Animal spirits: How human psychology drives the economy, and why it matters for global capitalism*. Princeton, NJ: Princeton University Press.

Babcock, L., Congdon, W. J., Katz, L. F., and Mullainathan, S. (2010). *Notes on behavioral economics and labor market policy.* Discussion Paper, Brookings Institution.

Bernheim, B. D., and Rangel, A. (2007). Behavioral public economics: Welfare and policy analysis with nonstandard decision-makers. In P. Diamond and H. Vartianen (Eds.), *Behavioral economics and its applications* (pp. 7-77). Princeton, NJ: Princeton University Press.

Babcock, L., Congdon, W. J., Katz, L. F., and Mullainathan, S. (2009). Beyond revealed preference: Choice-theoretic foundations for behavioral welfare economics. *Quarterly Journal of Economics, 124*(1), 51-104.

Camerer, C., Issacharoff, S., Loewenstein, G., O'Donoghue, T., and Rabin, M. (2003). Regulation for conservatives: Behavioral economics and the case for "asymmetric paternalism." *University of Pennsylvania Law Review, 151*(3), 1211-1254.

Congdon, W. J., Kling, J. R, and Mullainathan, S. (2011). *Policy and choice: Public finance through the lens of behavioral economics.* Washington, DC: Brookings Institution Press.

Ellison, G. (2006). Bounded rationality in industrial organization. In R. Blundell, W. K. Newey, and T. Persson (Eds.), *Advances in economics and econometrics: Theory and applications* (Vol. 3, pp. 142-174). Cambridge: Cambridge University Press.

Iwry, J. M., Gale, W. G., and Orszag, P. IL (2006). *The potential effects of retirement security project proposals on private and national savings: Exploratory calculations.* Policy Brief 2006-02c Retirement Security Project.

Madrian, B. C., and Shea, D. F. (2001). The power of suggestion: Inertia in 401(k) participation and savings behavior. *Quarterly Journal of Economics, 116*(4), 1149-1187.

Thaler, R. H., and Sunstein, C. (2003). Libertarian paternalism. *American Economic Review, 93*(2), 175-79.

Thaler, R. H., and Sunstein, C. (2008). *Nudge: Improving decisions about health, wealth, and happiness*. New Haven, CT: Yale University Press.

28章　医療政策に応用される行動学的意思決定科学

DONALD A. REDELMEIER

　行動学的意思決定科学は勢いを増し，成長著しい分野になってきている。その成功の1つの現れは，2002年のノーベル経済学賞が，人の意思決定を駆動する心理的要因についてのダニエル・カーネマンの研究に授与されたことであった。さらに，関連する複数の本がベストセラーになったことも，この分野の成功を証明している。その中にはマルコム・グラッドウェルの『第1感──「最初の2秒」の「なんとなく」が正しい』や，スティーヴン・ダブナーとスティーヴン・レヴィットの『ヤバい経済学』といったものがある。より間接的な形でこの分野の成功に寄与したのは，おそらく，同時期に行われたヒトゲノム計画が医療に関して有用な問題解決策をもたらさなかったことであった。さらに根本的には，行動学的意思決定科学は議論の余地のない医学的基盤にもとづいている。すなわち，多くの特定の行動（たとえば喫煙）が多くの特定の病気（たとえば肺がん）の原因になっているということだ。

　生命工学の進歩が十分というには程遠いため，医療は行動学的意思決定科学を応用するには魅力的な領域である。現代の医療は，世界中の国々で今まさに苦しんでいる多くの患者を救うことができないでいる。ポリオのようにほとんど撲滅された病気もあるが，将来の公衆衛生の状況はときに，慢性疾患の有病率の上昇という悲観的な予想を示されることもある。精巣がんのように良い治療法がある病気でさえ，医療コストは社会的損失の大きな原因となりうる。さらに，消毒された外科用器具を使用するといった，患者の特定の行動を必要とa しない数少ない効果的で単純な介入であっても，医療では常に，それにどれだけの労力が必要かを誰かが判断しなければならない。

　臨床医は一般的に，患者の行動が健康のために重要な働きをすることを認めている。しかし，ほとんどの医師は行動学的意思決定科学の教育を正式に受けたことがない。その結果，患者にある行動を勧めてもその多くは実行されず，分別のある行動をするようにと患者に小言を言っているのと同じことになっている。最近でさえ，行動に関する知見が医療の現場で実践に移されるまでには時間がかかっている。その理由は，関連する資料があちこちに広く散らばっていることと，生物医学の最新情報に遅れずについていくのは，それ自体がとても難しいためである。本章の狙いは，本書に登場する鍵となる概念を抽出し，それらが健康政策とどのように関連しうるかを示すことである。可能であれば，特に妥当性や実現可能性の高い医療，あるいは従来の実践には反しているようにも見える医療への特定の応用に光を当てる。

28.1　枠組み

　行動学的意思決定科学は，特定の応用およびその基礎となる理論的原理の双方において，非常に広範囲にわたる分野である。本章のレビューは個人的な臨床現場での経験にもとづいており，4つのカテゴリー（理解，記憶の再生，評価，行動表出）によって構成される。もちろん，個々のカテ

ゴリーはかなり重なり合っており，原理同士がさまざまなレベルで相互作用するかもしれない。ここでの主題は，本書のいくつかの章は現場の医師にとって役立つという点で，もともとの研究分野の枠組みを超越したまとまりに分けられるということである。医療に対する行動学的意思決定科学の究極的な貢献は，知見を選び取り，それを関連する患者に適用するという実践的な応用にかかっている。

28.2 理解

意思決定には一般的に，意識や知性，思考といった要素が必要である。極端な場合には患者の能力が十分ではないと宣告され，そのために意思決定プロセスから排除されることがあるかもしれない。しかし精神医学や神経医学の実践においては，重度の障害がある人を除けばこのようなケースはまれである。とはいえ，健康管理についての人々の推論は完全ではなく，そのため人々の理解には，明示的というよりは意識しないうちに限界が生じがちである。全般的に見ると，本書の26章，11章，6章，4章，20章，そして10章は，医療とは別の多様な分野の研究ではあるが，人々の理解における落とし穴をよりよく把握するための広い視野をもたらしてくれる。

Barrら（26章）は，クレジットカード会社がどのように人間の弱点に付け込み，個人の貯蓄を犠牲にして自らの利益を最大化するかという事例研究を提示している。おそらく生命保険会社も同様に，ほしいままに不当な利益を得ているだろう。このような基礎的知見は，大多数の近代国家に広まっている国民皆保険制度を支持し，アメリカの一部で広まっている買主危険負担[i]の生命保険を否定するという別の議論にもつながる。また消費者が犠牲になるという観点は，医療においては個別の交渉よりも規制された料金体系に利点があることを明確にし，それゆえ医師の業務や患者の自由選択をより競争的なものにしようとする政策の提案には警告を与えるものである。実のところ，病気になった患者は不安を抱いているため，効率的に交渉できる状態ではないということを考えると，医療において個別交渉が不当利益をもたらす可能性があることはいっそう好ましくない。

ProninとSchmidt（11章）は，人は自分自身がバイアスから免れているという，自己欺瞞的な信念を抱いているという考えを提示する。このようにバイアスを否定することはおそらく，バイアスが根強く存在することの必要十分条件なのだろう。同様にバイアスに対する盲点のせいで，人々はバイアスを修正する手法を受け入れず，自分と異なる見方を疑い，どんなに合理的な対話も感情的なものにしてしまう。これらの知見は，自己高揚や素朴実在論，内観への錯覚といった人間の自然な傾向に根ざしており，根深いものに思える。医療系の雑誌で広がりつつある修正手法の1つが，利益相反があるように見える場合，論文著者はそれを宣言しなければならないというものである。というのも，「あるように見える」ことを宣言するのは，利益相反の「事実」を宣言するよりも受け入れやすいからだ。さらに厄介な影響は，内観はしばしば洞察を妨げるということであり，このことは医療の臨床実践において査読をもっと行うべきだという主張を裏付けているようにも思える。

Tyler（4章）は，医療チームが成功を収めるために必要とされる，複雑な世界での協力の重要性

---

[i] ［訳者註］契約の判断に伴うリスクを消費者が負う仕組み。

を強調する。分かりやすい例として，待機的手術[ii]を行う症例において，傷口からの感染を避けるために，多くの人が入念に手を洗わなければならないことや，SARSの大流行を防ぐために複数の防護的予防策を取る必要があることが挙げられる。いずれの場合も，協力は自発的かつ注意深いものである必要があり，軽率なインセンティブは（金銭的なものであれ強制であれ）避けねばならない。将来は医療スタッフを募集する際，これらの基本的要素にもっと注意を払うことになるかもしれない。というのも，医療組織に新たなメンバーを加えるには多くの利害関係者の賛同が必要になるからである。ただ残念なことに，協力の悪い面は，現状をいつまでも維持する仲間内のつながりに堕してしまう可能性もあるということである。

Ross（6章）は紛争解決に取り組んでいる。これは臨床医と医療機関経営者の対立に関して長年に渡って語られる重要な課題である。実際このような対立は，人気テレビ番組で印象的かつ的確に描かれる医療現場の数少ない側面の1つである。Rossの概説はまた，日常的な現象に名前を付けたり，ありふれた感情を解釈するための言葉を提供したりするのに心理学研究がどれだけ役に立つかを示している。医学士と経営学士の間でしょっちゅう論争が起きていることから，現代医療において素朴実在論の概念は特に重要であるように思われる。医学の中でもより学術的なレベルで起きている，研究者と雑誌編集者の対話の不全も，素朴実在論によっていくらか説明することができる。

Ubel（20章）は，効用分析がなぜ，過去数十年の楽観的な主張にもかかわらず，医療における意思決定に対して比較的わずかしか役立っていないのかという問題について詳細に検討している。多くの研究の概観を通じて，臨床業務の慌ただしさや利用可能な確率情報の不足，患者が何を効用ととらえるかを聞き出す際の不正確さといった実践上の障壁が浮き彫りになっている。Ubelはまた，実務的な問題が解決したとしてもなお残るであろう倫理的な難問についても的確に強調している。驚いたことに，臨床医は必ずしも倫理的な議論に説得力を感じておらず，今すぐに生じる苦痛と引き換えに得られるはずだった将来の幸福が得られない「引き渡し不履行」に関する暗黙の前提のような，隠れた影響について考えてもいない。とはいえ，それでもなお効用分析が，医療場面で重大な選択について熟考している患者に有用なデフォルト設定を与えてくれることに異論はない。

DarleyとAlter（10章）は，道徳的直観に反する法律が法制度への軽視を生むことを強調する。医療においてこれに相当するものとして，官僚が軽率な規制を臨床医に押しつけることで，規則やその制定者が軽視されるようになるということがある。このことはおそらく，医療財政制度の改革を正当化する根拠となるだろう。というのも，医療保険会社のサービスの欠陥は[iii]，臨床医にとって治療を放棄するよい口実になりえるからだ。その上，患者が用心深い生活を送っているのに（たとえばたばこを吸わない，酒を飲まない）それでも命にかかわる病気（たとえば胃がん）にかかるなどの道徳的直観からかけ離れた出来事を見聞きすることも，医師にとっては珍しくない。「スリは死刑になるとしてもスリを働く」という例は，一部の臨床倫理学者の倫理観が退廃していたり，経験豊富な外傷外科医が危険な運転で知られていたりすることとも重なる部分がある。

---

ii ［訳者註］緊急手術ではなく，病状の経過に応じて適切なタイミングを選んで行う手術。

iii ［訳者註］たとえば保険料が高いために未加入者が多く，患者が高額な治療費を支払えないことを指す。

28.3 記憶の再生

意思決定するときには一般的に，目の前の課題とは無関係であっても，決定を下すうえで必要な背景情報が求められる。たとえば，情報や選択肢，望ましい結果といったことについて何も知らないまま，医療上の意思決定に臨む患者はほとんどいない。そうではなくて，個々の患者はそれぞれの生物学的プロフィールとともに，蓄積された信念や選好，期待を携えて医療場面にやってくる。しかし医療の場では，人の記憶は完全ではないため，その再生には限界が生じがちである。全般的に言うと，本書の7章，13章，23章，3章，1章，8章，9章は，人の記憶再生に潜む問題が医療以外のさまざまな分野でどれほどよく理解されているのかについて，広い視野を与えてくれる。

Slovicら（7章）は，人道的危機の深刻さと人々の反応の大きさが釣り合わないことを，反応の全般的な不足を意味する**精神的麻痺**という用語で簡潔に表現する。小さな集団の80%を救うことは，はるかに大きな集団の20%を助けるよりも目立って見えることがある。そうだとすると，1人の命をその1人にとっては100%の割合で救うことで，医療がどれだけ抵抗しがたい力を持つものになるか想像してみるとよい。これと関連した別のゆがみで，莫大な医療費の支出につながっているものとして，臨床場面での相互作用の多くが直接の対面形式で行われていることが挙げられる。対面形式ゆえに患者の流す涙や震える手を医師は直接目にすることになる。これらすべてのことは，ときに疲れ果てるまで働くこともある臨床医の英雄的な努力がなぜ起きるのかということや，さらにはアメリカ中に無数の無保険者が存在するという問題に説明を与えてくれる。

Sunstein（13章）は誤った方向に向けられた注意や，場面にふさわしくない感情に焦点を当てる。**錯誤懸念**という用語は，悪い出来事が起きる確率を過大視する誤り（客観的リスクの過大評価）と，出来事の結果の重要性を過大視する誤り（顕著性の増大）の両方を意味する。資源は有限であるため，このような錯誤懸念は，究極的には愚かな選択や機会の逸失につながる。Sunsteinが提起した主な問題は，費用便益分析を行っても，錯誤懸念は必ずしも低減しないということである。この限界はおそらく，医療分野において顕著に現れるだろう。というのも，医療分野では厳密なデータがないことが多く，介入の結果は患者ごとに大きく異なり，そして臨床の現場は忙しいからである。Sunsteinが警告する点の1つは，メディアの役割がこれまで私的な領域であった個人の健康管理の場へと拡大しているために，将来の医療では錯誤懸念がより深刻な問題になるかもしれないということである。

Kunreutherら（23章）は，非常に大きなリスクから身を守ることにあまりコストをかけないという人々の傾向について検討している。さらに，100年単位で歴史を概観し，このような出来事は頻度も深刻度も下がっていないことを説得力をもって示している。おそらく，これと関連して考慮しなければならないことは，共同体（とりわけアメリカ）が医療に対してどれだけの費用を浪費しているかということである。この倹約と浪費という両方の行動パターンに与えられる1つの説明は，人は目に見える症状がなければ心を動かされないが，症状が個人的なレベルで顕著であれば，苦痛を和らげるために極端な行動を取ることもあるということである。その上，不確実な状況に直面した集団は模倣的な行動を取りがちになるため，小さなバイアスが増幅されてしまう。こうした問題があるために，医療分野の指導者たちはさまざまな取り組みを始めることになった。彼らは共同体の態度を変えることのできる権威であり，それは病院が「禁煙」になったり，医療施設が運動を奨励す

るために「市民マラソン」のスポンサーになったりするといった形で実現されている。

　FiskeとKrieger（3章）は，分かりにくい形での差別について，あらゆる領域にわたる厳密なフレームワークを用いて検討している。差別の範囲は非常に広く，敵対的な態度（好戦的で偏狭なもの）から統計的差別（客観的データの数量的分析に基づくもの）までさまざまなものが含まれる。この範囲の中間あたりに位置するのが役割ステレオタイプ（軽率な一般化によるもの）である。こうした多様な差別の形態は，人は一般に個人の属性と過去の経験に基づいて他者への反応を示すものであるということを示している。それに加えて，このような反応は期待に応じてカテゴリー化された知覚（たとえば，推測された他者の意図）に基づいている。こうした多様な差別を意識すると，医療におけるある種の差別がどのようにして蔓延し続けるのかがよくわかる。熟慮や信頼性，率直さ，互いの配慮といった理想的な組み合わせからは，差別は生まれないからである。

　HardinとBanaji（1章）は，分かりにくい形での差別について，潜在的社会的認知の観点から議論している。その考えの中核にあるのは，不公平な制度に関する政策は，必ずしも不正な動機や誤った情報を持つ偏狭な指導者によってもたらされるわけではないということである。そうではなくて，（被差別者の自己アイデンティティにまで影響を及ぼす）潜在的偏見によって不公正が生じることもある。このことは，医学部の入学者選抜の方針に関する問題，特に入学候補者のうち特定のサブ集団[iv]が入学許可を受けにくいといった場合に当てはまるように思われる。彼らのレビューは，このような潜在的偏見が外部からの影響に応じて変化しやすいことも強調しており，そのため将来の状況改善に向けていくらかの希望を与えるものとなっている。彼らが示唆するのは，たとえば医学部入試の選抜担当者がより多様になれば，入学者の差別的な構成も将来的に緩和されるかもしれないということである。

　SteblayとLoftus（8章）は，冤罪で有罪になり，のちに釈放された人を調査し，誤判のほとんど（75％）で根本的な原因は誤った目撃証言にあることを突き止めている。臨床現場での大半の行動は患者の申告する症状や病歴に基づいていることを考えると，彼女らの議論は医療とも非常に深く関係している。そのため，人の記憶の想起は誤ったものになりがちであることや，人は現実の出来事に対する記憶を変容させるものだということを理解しておくことは，医療従事者にとって有益だろう。記憶の誤りや変容の例として，乳癌と診断された後で胸部の外傷について偽の記憶を思い出して説明したり，外科手術による合併症が起きたとたんに，患者がリスクについて一度も説明されていないと言い張ったりといったことが挙げられる。こうした問題の存在は，医療行為を電子的に記録しておくなど，記憶以外の情報源を作ろうという意欲を後押しするかもしれない。

　EllsworthとGross（9章）は，今では陪審員が誤判の可能性を昔よりずっと強く意識していることは認めながらも，なお冤罪が発生する心理学的要因を検討している。彼女らの示唆の1つは，バイアスを軽減する手続きを取り入れたとしても，後知恵バイアスは打ち消しきれずに生じうるということである。したがって彼女らの研究は，有害事象を分析して患者の安全性を評価しようとする医療施策に関して，ある種の警告を明確に発するものとなっている。もう1つの示唆は，凶悪な犯罪ほど誰か責めを負う人を見つけて事件に決着をつけようとする圧力が強まり，バイアスが大きくなることもありうるため，問題の重要性を強調する

---

iv　［訳者註］たとえば黒人の受験者。

ことは逆効果になる場合があるということである。彼女らの研究は、誤った判断につながる別の要因についても有用なリストを提示している。たとえば確証バイアス、情報の非対称性、フィードバックの欠如といったものである。また、バイアスを修正する手法も有益であるように思われる。すなわち、医療制度を改革し、臨床医が症例についてもっと進んで再検討するようにするというものである。

28.4　評価

意思決定では一般的に複雑な思考が求められる。2つ以上の選択肢をさまざまな特徴にわたって比較し、要求を満たす選択肢はどれかを決めるのである。たとえば医療上の選択において個人が示す多様性は、人々が似たような立場に置かれても、異なる選択肢を合理的に選びうることを示している。しかし医療においては、このような選択の不一致は、選択に内在する不確実性や、結果が長期的に現れること、リスクの大きさといったものの影響を強く受けた結果であるかもしれない。全般的に、本書の18章、17章、19章、15章、22章は、人々が状況を評価する際の落とし穴が、医療以外のさまざまな分野でどのように理解されうるかという点について、広い視座をもたらしてくれる。

Wansink（18章）は無分別で不健康な食行動に焦点を当てる。これは内分泌や心臓病、その他さまざまな領域の医療に直接関わる問題である。彼の章の中核には、教育はほとんど解決策にならないという考えがある。主要な決定因は教育ではなく、食べ物の大きさや目立ちやすさ、構造、備蓄量、形といったものである。彼の基本的な主張によれば、人は食べ物の摂取量を把握することができず（なぜなら摂取したものは視界から消えるため）、その摂取量は社会規範によって歪められ（その規範は産業的に強められている）、そして人が気づかないささいな手掛かりの影響を受ける。これに対抗する手段は、行動変容のためには人の心を変えるよりも、人を取り巻く環境を変える方が簡単な場合があるという考えに基づいている。また彼の研究は、「ここにあなたにとって最良の食べ物が3つと、最悪の食べ物が3つあります」というように、個人ごとに合わせて環境を整えることの利点を強調している。究極的には、行動変容を持続させるには説明義務（たとえばフィードバックのための体重計のような）が求められるかもしれない。

MillerとPrentice（17章）は、行動を変容させるための心理的介入は他の介入法ほど強力ではないかもしれないと警告する。他の介入法とは、法律を作ったり（たとえば喫煙の禁止）、新たな技術を導入したり（たとえば自宅での糖尿病検査）、経済的なインセンティブを設定したり（たとえばガソリンへの課税）といったことである。とはいえ、人の態度は外的な影響を受けやすいものであるため、人の心を変えるという介入法も長い目で見ればうまくいくこともある。行動を変化させる力の1つは、多くの人のふるまいを参照することによってもたらされる命令的規範である。それに加えて臨床医は、規範に対する誤った知覚（たとえば大学における飲酒についての誇張された信念）を修正させるように努めるべきである。これとは対照的に、行動を禁止することは、言い逃れやその他の意図せぬ副作用につながる可能性がある。これらの手法はいずれも、特に若年層の健康的な生活を促進するのに役立つかもしれない。また、これらの手法は国ごとの（自動車）運転者の行動の大きな違いに説明を与えるだろう。

GarciaとCohen（19章）は、教育の場において、人がときにアイデンティティ脅威のせいで十分な

力を発揮できなくなる仕組みについて概説している。これはおそらく，医療には直接関係しない問題である。というのも，多くの文化や集団は同じ理想を持っている，すなわち病がなく健康な状態が理想的だと考えているからである。自分自身のことを「喫煙者」と認知している人であっても，そうしたアイデンティティが，現在の喫煙行動を強化している大きな要因であるということはきっとないだろう。ひょっとすると，患者支援団体はこのような要因を利用しているのかもしれない。たとえば「乳がんサバイバー」の中には，自分と病気を同一視し，患者コミュニティへの支援をもっと行うよう動機づけられる人もいるかもしれない。とはいえ，潜在的な修正手法の大枠は価値があるもののように思われる。たとえば，再帰属プロセスを活性化させて感情的な解釈を変化させたり，致命的な制約を取り除いたりしてくれる多元的治療などが求められるだろう。

Jolls（15章）は雇用法について検討している。医療上の意思決定で医師が雇用法を考慮することはほとんどないにせよ，このような法規制は人々の間の最も重要な関係の1つを表すものである。3つの微妙に異なる要素が特に重要であると思われる。すなわち，自己利益の限界（昇給と引き換えになまくらの斧で木を切らなければならないのであれば，昇給を断るだろう），意思力の限界（時間の双曲割引によって損失を被ることになる），合理性の限界（リスクを過小評価し，障害保険を軽視する）である。潜在連合テスト（IAT）は，労働と医療の両分野において，潜在的な差別を検証するための魅力的な手法であるように思われる。バイアス修正の初歩的な方法も実用的なものである。すなわち，医療における職場の多様性を高めることで，医療を取り巻く環境を変化させ，伝統的に存在するバイアスを軽減するのを助けるというものである。

Weber（22章）は環境保護に関する社会の偽善について，そして，どれだけ多くの無分別な行動が個人の自己利益の問題に帰着するかということについて議論している。医療に関してすぐに思い浮かぶ例として，病院では多くの場合，患者や家族は無防備で守られる権利があると感じているということがある。そのため，病院が環境保護を最優先することはほとんどないというのも驚くことではない。たとえば，冷暖房の効率化を図っている病院はめったにないし，多くの病院はスタッフ用に大きな駐車場を設けており（これは暗に，自動車通勤を容認していることになる），どの病院も莫大な量の埋め立てごみ（その中には感染性廃棄物や放射性廃棄物も含まれている）を出している。ひょっとすると，人が心配事に割ける心的な容量は有限であるために，このような無分別な行動を取っても深い恥の感覚が打ち消されてしまうのかもしれない。そのため，たいていの環境運動家たちは医療における問題を避け，娯楽やレジャー産業，食品産業における軽微な環境問題を追いかけてきた。

28.5 行動表出

意思決定は，究極的には行動を伴わなければならない。しかし，熟慮と行動の不一致は人間のあらゆる努力において見出だされる。たとえば高血圧に対する古典的な治療法でさえ，一般的に，適切な薬の処方を受ける，その薬を毎日忘れずに飲む，経過観察のために定期的に診察を受け，治療の妥当性を確認する，そして高血圧以外の問題（たとえばがん予防や交通安全）も変わらず気に掛けておくといった，患者の持続的かつ主体的な行動が求められる。しかし医療においては，意図と行動の不一致は不完全な服薬遵守や，その結果とし

て望まない心臓発作につながるのである。本書では全般的に，25章，24章，5章，12章，21章が，医療以外のさまざまな分野において，人の行動表出における落とし穴がどれだけよく理解されているかということについて，広い視座を与えてくれる。

Thalerら（25章）は，ナッジ（NUDGE）の要素に従って選択肢の構造を分類するための賢明なフレームワークを提供してくれる。ナッジの要素とは，インセンティブ（iNcentives），理解しやすい対応づけ（Understandable mappings），目的に合わせたデフォルト設定（Defaults sensible），フィードバックの提供（Give feedback），エラーの予測（Expect error）のことである。彼らの議論とは対照的に，医療においては生物学的要素に焦点が当てられ，彼らが挙げるような設計の基本要素は一般に見過ごされてきた。アメリカのメディケア・パートD[v]の申請書類が辛辣に批判されていることは，消費者にとって望ましくない制度の不備や分かりにくさを示す好例である。楽観的に解釈するならば，医療におけるこのような設計ミスは偶然生じるものであり，きちんと指導を受けた官僚によって積極的に修正されるだろう。一方，悲観的に解釈するならば，申請に伴う事務的な負担の大きさは，保険金の支出を抑えるための手の込んだ策略ということになる。どのような動機にもとづくにせよ，選択肢の構造の原理を意識しておくと，医療財政において何が起きているのか明確に知ることができるだろう。

JohnsonとGoldstein（24章）は，人々の選択を誘導するうえでデフォルト設定が持つ，大きくかつ一貫した効果について概説している。これらの効果の多くは，人が最も抵抗の小さいルートに引き寄せられるために生じる。そしてこのような傾向は，患者が具合が悪かったり疲れていたりする医療の場では，おそらく生じがちである。デフォルト設定を利用する手法のもう1つの魅力的な特徴は，教育的介入の場合には継続的にコストが発生するのと違って，非常に安価に行えることである。このような考えの応用として最近行われるようになったものの1つに，治療の手順書を事前に印刷しておいたり，コンピューターで提示したりするというものがある。これは医師が患者の治療方針を決める際に，患者にとって扱いやすくて読みやすいインターフェースをもたらすものである。患者の相談を受ける際の，より進んだ応用は，基準値（「あなたと同じ立場に置かれた人の多くが，どのような選択をするか」）を従来よりも強調して伝えることで，現実的なデフォルト設定を初期状態として与えるというものである。今後，治療法や手術の技法が大幅に増えていくと，医療における実用的なデフォルト設定の役割は大きくなることだろう。

Rogersら（5章）は人々がなぜ投票するのかを検討し，現場で得られたデータを，実験心理学者が実験室で示してきた知見と対比してみせた。その結果として得られた効果量の小ささは驚くべきものであり，投票率が6％増加したことが「相当な」変化と見なされていることからも，その小ささがよくわかる。こうした効果量の問題は，医療にも同様に当てはまる。医療に関する研究では，臨床現場の多様性や複雑さゆえに，実際の行動の変化を研究する際に効果量が2桁になることはほとんどない。この章では，うまく再現できないいくつもの研究結果や，内容よりも使いやすさの方が決定的な要因となる場合もあるという一般的主張について，詳しく列挙している。この章から分かることは，心理学は医療にとって有用な洞察をもたらすけれど，それによってすべての健康な人が献

---

[v] 高齢者・障害者向けの公的医療保険制度のうち，任意加入で処方薬に適用される保険。

血するようになったり，すべての開業医が不必要な抗生物質を処方しなくなったりするわけではないということである。

FischhoffとEggers（12章）は，感情が動機を強めることで人々の行動を促進すると同時に，感情が心理的な混乱を増幅させることで行動を抑制するというパラドックスを提示してみせる。このパラドックスを医療に直接当てはめると，伝統的な二者関係，すなわち病気で苦しむ患者（強く動機づけられている）と冷静な医師（理路整然と考えることができる）という組み合わせの正しさが認められるだろう。したがって，医師と患者の関係は強力であり，すぐに別のものに取って代わられることはないだろう。上記のパラドックスがうまく作用するもう1つの例として，共同体内に広まった感情が，公衆衛生当局の活動によって建設的な取り組みにつなげられることが挙げられる。このことはSARSの大流行のときや，より控えめな形では前立腺がんの啓発活動において，明確に証明されている。注意すべき点は，科学的説明の不足が想像で補われており，これは人々が自分のことを専門家（たとえば栄養学や運動，運転の）と見なしている場合には明らかな障害になるということである。

Loewensteinら（21章）は問題を軽減する手法，特に，相補的なバイアスによって人々のバイアスを修正する手法に焦点を当てる。これはすべて医療に関連する問題である。たとえば古典的な例として，人は基本的に，投影によって楽観主義的になる傾向があり，この傾向のおかげで損失回避傾向がある程度相殺されるというものがある。実のところ，熟練した臨床医は患者からインフォームド・コンセントを得たり，共同で意思決定する際に選択を手助けしたりするとき，このような手法をしばしば直感的に理解している。Loewensteinらの研究は特に，服薬遵守を向上させる方法として，患者に経済的インセンティブを与えることの潜在的な効果を強調している。しかし現在の医療費は高額であるため，実質的なコストの削減効果が即座に現れるのでなければ，支出者はそのような見込みのために資金を出そうとは思わないかもしれない。Loewensteinらはまた，臨床検査の結果や治療スケジュールについて，患者にもっと直接フィードバックすることを推奨している。結局のところ，このような医師と患者の間の情報伝達の手法に関する革新は，診察室で生じるボトルネックを減らすという点で，比較的魅力があるように思われる。

28.6 まとめ

行動学的意思決定科学は幅広い分野であり，本章における要約では，本書の主要な論点のうち医療における意思決定と関連するものを抽出することを試みた。研究知見の最大の空白部分は，医療分野におけるどの概念が「大きい」か，あるいは「小さい」かを判断するということである。実験室での心理学研究はもちろん洞察に富んでいるが，その結果がすぐさま患者の治療につながるわけではない。実験室での発見は，自発的な参加者から得られたものであり，彼らが直面しているのは，いくぶん不自然な従属変数を用いた仮想的な課題である。心理学や関連する分野におけるフィールド研究では，実験室より複雑な状況で検証を行い，より控えめな結果を示しているようである。したがって最優先の課題は，将来の医療政策策定のために選択的方法を探求できるよう，こうした一連の知見を広く普及させることだろう。

29章　監視者は誰が監視するのか――政策策定者自身のバイアスを取り除く

PAUL BREST

本書で議論されてきた判断と意思決定におけるバイアスについての知見は，市民，消費者，組織，そして政策策定者の行動に当てはめることができる。個人や組織のバイアスを緩和するために（例：差別的な行動を防ぐ），あるいは避けられないバイアスをコントロールし，自分たちの社会に最善の利益をもたらすべく行動するために（例：自分たちの将来に備えて適切な投資をする，環境を保護する），多くの章が上記の知見をどう用いるべきかを政策策定者に教えるものとなっている。

著者の論考はとくに政策策定者本人の行動に焦点を当てたものとなる。その目的は，彼ら自身の意思決定で生じるバイアスやその他のエラーを減らすことにある。ここでは，利己的な目的ないし汚職が原因で政策策定者が人々のバイアスを操ろうとするといった法的問題については検討しない。そうではなくここで検討するのは，公共の利益のために行動しようとしているにもかかわらず，（典型的には自覚なしに）判断を偏らせてしまう政策策定者についてである（11章）。ここから先の内容の多くは，典型的には非意識的なプロセスから生じるバイアスに焦点を当てるが，統計を用いる際のエラーなど（この問題の優れたレビューとしてLarrick, 2004を参照），単純な判断上の**エラー**にも少しばかり触れている。

29.1　偏りのない行動を構成するものは何か

バイアスとは，偏りのない判断や意思決定というある種の理想を前提とした概念である。判断と意思決定という2つの要素が示唆するように，経験に基づいて判断する（つまり過去や現在の事実を認定したり予測したりする）とき，また意思決定や選択を行うとき，人々はバイアスの影響を受けることがある。この判断バイアスの対極にある理想形は，ものごとを複雑にしすぎることなく，世界をあるがままに見つめることである。たとえ判断が確率的なものとならざるをえず，現実を映す「多数の不確実な指標」に基づくものであったとしても（Hammond, 2000）。

意思決定ないし選択においてバイアスのない判断を下すという理想形は，これよりはやや複雑である。政策策定者のことを取り上げる前に，（私的な立場で行動する）個人についてのモデルを検討し，個人のバイアスを取り除く助言者の役割を概観しておくことは有益だろう。

29.1.1　個人

判断と意思決定および行動経済学に関する研究の多くが，主観的期待効用の最大化をバイアスのない意思決定とみなすモデルを展開している。**主観的**という修飾語が意味しているのは，好みは人によって異なる（食べ物から宗教，曖昧さやリスクへの耐性にわたって）ということであり，主観的期待効用理論そのものはこうした好みに価値判

断を下さないということである。

バイアスは，当人にとっての効用という点では最善とは言えない判断を一貫して個人に行わせる認知的・動機的な現象である。個人の意思決定を理解するために主観的期待効用を必要視することは実証的，そして概念的な問題をはらんではいるものの（Keys & Schwartz, 2007），これを別のモデルに置き換えて成功した試みを著者は知らない。

29.1.2 助言者

個人はたびたび，弁護士や医師，株式仲買人などに助言を求める。助言者の本質的な役割は，法的，道徳的な制約下で，その依頼人である個人の主観的期待効用を高めることにある[1]。

依頼人の意図的な決定がバイアスに導かれたものであり，そのため当人の主観的期待効用を損なうものだと助言者が確信しているとき，彼らは何をなすべきだろうか。KorobinとGuthrie（1997）は，「認知的エラーに焦点化した助言アプローチ」の好例を挙げて，依頼人の選好そのものは尊重しつつも，当人が自身の認知バイアスに気づき，これを無効にするのをなお支援するよう求めている。KorobinとGuthrieの考え方が暗に前提としているのは，依頼人には持ちえない視点を助言者は持っているということである（11章）。これは助言者が意思決定についての専門知識を有しているため，あるいは公平な立場にあるためだろう。

29.1.3 政策策定者

政策策定者に含まれるのは，国会議員，事実を突き止めたり意思決定したりする行政官，裁判官（自分たちは政策策定しないとアメリカ連邦裁判所の判事候補者は根拠もなく主張しているが）である。政策策定者は自らが持つ権限の範囲内で「公益」のために尽くす。公益という言葉は多義的であるが，要するに，政策策定者は（自分自身のために行動する）個人とは異なり，自分自身ではなく他者にとっての効用に関心を持つ，という事実をこの言葉は表している。政策策定者は，（依頼人のために行動する）助言者とも異なる存在である。つまり，政策策定者は複数の利害関係者（一般的には異なった競合する利益を有している）に対して責任を負っているのである。

政策策定では，（味覚，リスク志向，基本的な価値において異なる効用を持つ）個々人のさまざまな利益を調整したり，選択したりすることが求められる。政策策定者は，国民の利益を集約ないし平均化することによって意思決定することはできない。その代わりに，他者を犠牲にして一部の人々の福祉に利するような分配を判断しなければならない[2]。事実，古典的な問題というのは，福祉の総計の最大化という目標と，不平等の縮小という目標とのトレードオフから生じている（Rawls, 1971）。

さまざまな立場にある国民を代表する政策策定者の任務は，つまるところ個々の意思決定者が行っている，自己の中での複数の利益を調整するという作業の拡張にすぎない，と指摘する人がいるかもしれない。結局のところ個人は，自分自身にとっての諸利益や諸価値，現在と未来，さらに（不動産の計画に関わるときなど）まだ実現していない生活との間で生じる対立に対処しなければならない。しかし，概念的に類似していようとしていまいと，主観的期待効用を政治的に決定するという実際的な任務はそれよりはるかに複雑なものである。

主観的効用理論は，政策策定者のバイアスがどれくらいかを推し量る上で妥当な基準点を示してはくれない。しかし費用便益分析ならば，リスクや将来的な恩恵についての割引率を踏まえて，ある規制（例：職場での安全基準）から誰がどのくらい恩恵を受けるのか，誰がコストを負担するのかを特定するための手続きを提供してくれる（13

章）。

いずれにしても，（個人にとっての効用を減らしうる）合理的な意思決定からの逸脱は，その政策策定が最善ではないことを伝えるものと言えるだろう。助言者が，各依頼人は自身の主観的期待効用を損なっていないか評価するために問う一般的な質問は，同様に政策策定者も用いることができる（Bres & Krieger, 2010, p. 386）。

1. その決定は，誤ったデータ，ないし誤ったデータ分析にもとづいていないか
2. その決定は，利害関係についての不十分な考慮にもとづいていないか
3. その決定は，期待効用における原則のどれか（例：推移性ないし手続き的な不変性）[3]に違反していないか
4. その決定は，主題へのフレーミングに依存していないか。その決定は，捉え方がとても変わりやすい，あるいは操作しやすい文脈でなされていないか
5. その決定は，感情に依存していないか。その決定は，感情がとても変わりやすい，あるいは操作しやすい，ないし決定とは無関係な要因に影響されるような文脈でなされていないか
6. 意思決定者は，不当な社会的影響にさらされていないか

ここから先は，**手続き的合理性**からのこうした逸脱を，偏った意思決定の基準点として用いることとする[4]。

29.2　政策策定手続きの範疇

以下では，政策策定における3つの機能に付随するバイアスについて検討する。その機能とは具体的には，裁定のための事実認定（特定の出来事に関わる事実について），立法のための事実認定（政策の根拠をなす事実について），そして選択ないし意思決定である。これら3つの機能はすべて，多少なりとも公的な手続きを通して形成される。そのうちのいくつかの手続きは，判断や意思決定上のバイアスが関わる余地を減らすものである。

裁判は，この範疇におけるもっとも公的な手続きと言える。事実を決定するにあたり，独立した裁判官はすべての紛争当事者から証言を聞く。その手続きは，証拠能力を欠く証拠が排除されるよう（さらに不公正な予断をもたらしうる証拠が排除されるよう）設計された証拠法に従い，そして証言は反対尋問にさらされる。裁判官は通常，判決書の中で事実に関する決定と法に関する決定について説明する。彼らの決定は，（多数意見，同意，反対意見を書く）多数のメンバーから構成される最高裁判所の審査を受ける。つまり，裁判手続きは議論によって特徴づけられるのである。

多くの行政機関の手続きは裁判のそれとよく似ている（裁判に比べるとずっと非公的ではあるが）。2001年のアメリカ同時多発テロ事件，ないし2010年のメキシコ湾原油流出事故で設置されたときのように，委員会では通常，尋問手続きが採用される。これは，アメリカの裁判に特徴的な対審主義ではなく，委員会のメンバーが証人を尋問するというものである。裁判所と同じく，委員会は書面で決定の正当性について説明する。

立法機関は，この範疇ではもっとも非公式の手続きと位置づけられる。個々の国会議員は（委員会のメンバーとしても，議会全体としても）間接的には立法のための事実認定に，直接的には意思決定に従事する。しかし，彼らは証拠法にも，また発言要件にさえ縛られることなく，ましてその決定を正当だと説明する必要もない。ジョーンズ下院議員は気候変動法案に賛成票を投じるかもし

れないし，スミス下院議員は反対票を投じるかもしれない。2人の投票は，（その根底にある）科学に対する異なった暗黙の信念にもとづいており，彼らが公然と述べるのをためらうような理由にもとづいている場合さえある。

こうした手続きの違いは，バイアスやその他のエラーに対する政策策定者の脆弱性に影響を及ぼしうる。とくに，相対的に公的な手続きには以下のような特徴がある。

> 証拠法はいくつかの潜在的なバイアスに注目を集める。そして少なくとも潜在的なバイアスに対する事実認定者の注意を喚起するし，場合によってはそれを回避させることもある。

> 当事者やその他利害関係者の代理人が存在することによって，意思決定者は関連するすべての事実や利益を考慮するようになる（代理人の存在は，対立する当事者に対して，損益を確定させるための別のシナリオや基準点を作り出そうとするインセンティブを与えることで，バイアスに対抗するのにも役立つ）。

> 書面によって決定の正当性を説明するという慣行は，直感や偏見を，政策策定者本人や他者による分析的な吟味にある程度さらすということを意味している（著者がアメリカ連邦最高裁判所のジョン・M・ハーラン判事の書記をしていた頃，いくつかの案件で彼は意見書を書こうと試みたが，「説得力のある書き方になっていない」と結論を下して自らの投票を変えたことがあった）。

> 複数メンバーが意思決定する機関は通常，コンセンサスに到達することを目標としている。コンセンサスに達するためには，他のメンバーの視点を考慮し，彼らを自分の立場につくよう説得しようと試みることが必要となる。したがって，コンセンサスに達するという目標は，バイアスのない結果を生み出す可能性を秘めているものの，意思決定が他のメンバーからの社会的影響を受けやすくなってしまうことにもつながりうる（Sunstein et al., 2006）。

連邦裁判所や一部の州の裁判所の判事は解任されない仕組みになっている。このため，よかれあしかれ（多くはよい方へ向かうが）判事たちは，自分がどれくらい説明責任を負うかについての予測とは無関係に決定を下しやすくなる（Lerner & Tetlock, 1999; Siegel-Jacobs & Yates, 1996）。

29.3 政策策定者が影響を受けやすいのはどんなバイアスか？取り除くことは可能か？

訴訟当事者の代理人を務める弁護士，職業ロビイスト，市民団体など，特定の政策の結果に関心を持つすべての人は，（結果責任を負う）政策策定者に影響力を及ぼすことにも関心を抱いており，彼らの多くはそれに長けてもいる。そして政策策定者は，他者からの影響によって，あるいは自身の知覚や経験がもたらすバイアスによってバイアスの影響を受ける（ないしそのように見える）のを避けることに関心がある。この場合，「バイアスの盲点」（11章）が難点となる。つまり，ほとんどの場合私たちは自分のバイアスに気づかない（一般に，私たちがバイアスを認識し，これに対して働きかけていれば，それをバイアスとは考えないものである）。

具体的なバイアスとそれらを緩和するための方

略を検討する前に，本書の多くの章で言及されている二重プロセス，つまり2系統の認知モデルについて概観し，バイアス対策のための2つの異なる方略を検討することは有益である。システム1は直感的で非意識的，自動的かつすばやい。システム2は，分析的で意識的であり，認知的な努力を要し，よりゆっくり進行する（Kahneman & Frederick, 2002）。システム1は判断や意思決定において本質的な役割を果たすが，ここでの大ざっぱな情報処理や問題解決に頼ることはエラー（株式や取引に関する判断と意思決定研究のテーマである）を引き起こす。

システム1に由来するバイアスに対処するには，本質的に異なった2つの方略がある。まず**バイアスの除去**は，システム2の合理性を絶え間なく適用することであり，Cass Sunsteinが提案した費用便益分析はその典型例である（13章）。次に**バイアスへの対抗**は，システム1で起こる現象を別のもので相殺することである。Barrら（26章），Thalerら（25章），そしてLoewensteinら（21章）による行動経済学的な試みはこの方略の典型例といえる。彼らの任務は，「デフォルト・バイアス，損失回避，現在に偏った選好，そして非線形の確率重みづけなど，一般にエラーとみなされる一連の決定行為を，人々の目標達成を支援するための介入を検討する際に活用する」方法を示してみせることである（21章）（バイアスを除去する方略についての議論はMilkman et al., 2009を参照）。

バイアス除去とバイアスへの対抗は必ずしも明確に区別されない。たとえば，地球温暖化がもたらす将来的な害といった抽象性・不確実性に対して，人々に恐怖心を植えつけることで対抗するのはシステム1の方略であるが，将来的な害をより具体的に示すのは，システム2の認知的なプロセスを強めることでもある（22章参照）。

合理的な分析に基づくバイアスの除去は見えやすく，そして論争と議論を招く。しかしそうはせず，システム1の起動に対して別のシステム1の起動で対抗することは，場合によってはバイアスに抵抗する唯一の効果的な方法であり，意思決定者にとっても見えやすいものとなりうる。たとえば国会議員は，自分の中にあるネガティブなステレオタイプを緩和し，（提案された方針によって悪影響を受ける）人々に共感しようとして，異なる人種，民族または階層の人々との接触を呼びかけるHardinとBanajiの方略に，意識的・意図的に従うかもしれない（1章）。

この先は，政策策定者が影響を受けやすい特定のバイアスと，それを防ぐ，あるいは低減する可能性に目を向ける。裁定のための事実認定，立法のための事実認定，そして意思決定の各活動はときに重複し，また複数の同じバイアスによる影響を受けやすいが，活動の重心はそれぞれ異なるため，別々に検討することが有益である。

29.3.1 裁定のための事実認定

裁定のための事実認定は，過去の出来事を究明するとともに，場合によってはそれらの責任の所在を明らかにすることを目的としている。被告人が被害者を殺害したのかどうかについての裁判官または陪審の決定は，裁定のための事実認定の典型例と言える。裁判所だけではなく，州，地方，連邦の行政機関もまた裁定のための事実認定を行う（たとえば，ある土地の使用が土地利用規制条例に違反しているかどうか，あるいは製造工場が規定以上の汚染物質を排出しているかどうかを判断する）。また諜報機関のアナリストは裁定のための事実認定にも携わっており，さまざまなデータを組み合わせて，たとえば北朝鮮における政治情勢の変化や，イラクは大量破壊兵器を保持しているかどうかなどについて判断する。

証人

事実が争われている場合には，それを知覚した証人（関連する出来事を観察した人物）の証言が拠りどころになることが多い。こうした証人の知覚，ないし知覚したことについての証人の記憶は，さまざまな理由から以下のようにバイアスの影響を受ける可能性がある。

知覚エラー　エラーの可能性は，証人が出来事を知覚したときから生じる（本書9章のEllsworth & Gross）。目にした人や物に対する単純な知覚エラーは，スキーマ上の期待によって影響を受けている。期待はさらに，党派性（特定のフットボールチームを応援するなど，Hastorf & Cantril, 1954），あるいは異なる人種・性別の人々に対する非意識的なステレオタイプ（本書1章，3章）に影響されることがある。

記憶と検索の歪み　証人が知覚した瞬間から公的な手続きでの証言に至る間には，多くの内部思考プロセスと外部刺激が介入することになる（Loftus, 1996; Schachter, 2001）。警察による誘導質問や厳密さに欠ける被疑者のラインナップ[i]は，警察におけるエラーを誘発する手続きの一般的な例である（本書8章）。

取調べや被疑者の識別手法において，エラーを減らすための設計には相当の努力が注がれてきた（8章）。スキーマ的な情報処理をもたらす潜在的な偏見を低減させることは，これよりもはるかに困難な作業である。そのためには人々の態度を変える必要があり，これはもっとも楽観的に見ても実現までに長い時間を要する方略である。

審判手続き

公平な裁定手続きは，出来事を知覚した証人のバイアスの一部を白日の下にさらし，その力を弱める機会を提供してくれる。反対尋問は，証人の知覚と記憶を検証する重要な方法である（証人を申請した弁護士による対審構造を意識した「準備」が，説得力を持つが真実ではない証言をもたらすことがあるとはいえ）（9章）。

専門家の証言は，ある特定の被疑者識別手法がバイアスに影響されやすいことを指摘することができる。さらに，Daubert v. Merrell Dow Pharmaceuticals[ii]の判決（1993）は，「論拠の不十分な科学」に基づいて決定が下されることを防いでいる。ベンデクティン[iii]が先天異常の原因であったとの主張がなされたこの裁判において，最高裁判所は，関連する科学コミュニティが主張の前提となっている研究を受け入れていない限り，連邦裁判所は専門家の証言に基づいて原告に有利な判決を下すことはできないと判断した。

しかし，裁定には固有のバイアスが存在する。

・後知恵バイアス

後知恵バイアスは，損害その他の不利益をもたらす出来事が発生したあと，当事者がその発生を予防するために合理的な措置を講じていたかどうかを，裁判官ないし陪審が推定しなければならないときにしばしば発生する問題である。この現象は，事実認定者がひとたび結果を知ってしまうと，バイアスを取り除くのは非常に難しいことがよく知られているが（Fischhoff, 1975），いくつかの裁判規則ではこの後知恵バイアスへの対策が行われている。たとえば，転倒事故の原告には，被告がその後，所有物をより安全なものとするために修

---

i　［訳者註］証人が目撃した犯人を特定するための作業。

ii　［訳者註］ジェイソン・ダウバートが製薬会社を相手取って起こした薬害訴訟。
iii　［訳者註］妊娠中のつわり防止薬。

理したという証拠を示すことが認められていない（Kamin & Rachlinski, 1995）。

・係留と不十分な調整

　苦痛や被害に対する民事訴訟など，とくに数字が関わってくる場合，両当事者は損害賠償金に錨を与えることによって事実認定者に影響を及ぼす可能性がある（Guthrie et al., 2001; Korobkin & Guthrie, 1994; Malouff & Schutte, 1989）。たとえ法外な錨（法外に高い請求）であったとしても，簡単にはバイアス除去できない効果を持つことがある。

・確証バイアス

　往々にして，事実認定のプロセスは結論に対する仮説からスタートする。事実認定者はその後，この仮説を支持する証拠を一貫して好む可能性がある（9章）。この現象が生じるのは裁判紛争に限らない。確証バイアスは，サダム・フセインが大量破壊兵器を保持しているという，諜報機関による誤った結論にも加担してきた可能性がある。おそらくもっとも強力なバイアス除去の方略は，もう一方の当事者に対し，自らの結論の正当性を口頭ないし（より望ましいのは）文書で説明することであり，このようにして証拠を説明するよう両当事者側に求めることである。審判手続きの中にはこれを求めているものもあるが，陪審の評決を含めて，それ以外では論拠を説明することを求めていない（陪審員は陪審室でそれぞれの意見の正当性を互いに説明する傾向があったとしても）。

・単一の情報源による証拠を，まるで複数の
　独立した情報源に基づくもののように扱うこと

　事実認定者は複数の証拠を，それらが共通の情報源からもたらされたのかどうかを調べることなく，結論を裏づけるものとして扱うかもしれない。諜報機関の分析はとくにこの種のエラーに脆弱であり，再三取り上げてきたイラクが大量破壊兵器をいるという結論に対しても，このエラーが加担してきた可能性がある。利用可能性カスケード（Sunstein & Kuran, 1999）もまたこのエラーを引き起こす。たとえば，繰り返し情報にさらされることで，それを信じている人だけでなく疑っているような人でさえ，ある地域の住民が有毒廃棄物のせいで罹患しているのだと主張することがある。公的な証拠法は，法廷でこの種のエラーを防ぐのに有用である（たとえば，国民の要望に応えているとアピールしたい公務員を規制することになる）。裁判以外の事実認定者は，このようなエラーを防ぐ方法を見出ださなければならない。

・予測の難しさ

　専門家でさえ，複雑なシステムにおける介入の結果を予測することは不得手である。なぜなら，そうしたシステムはしばしば，非線形で無秩序な動き方をするからである。「バタフライ効果」が，インドネシアの蝶の羽ばたきの震えがフロリダにハリケーンをもたらすことを示唆しているならば，著者は，アフガニスタン侵攻や大規模な規制の導入などによる予測不可能な影響を説明するために「象効果」という新しいフレーズを作ろう[iv]。この見解についてEdmund Burkeは『フランス革命の省察』の中で繰り返し言及しており，Phillip TetlockはExpert Political Judgment（2005）の中で基本的に支持している。このことがバーク主義（保守主義）[v]の推奨につながろうとつながるまいと（結局のところ，何もしないこともまた1つの決定なのだ），決

---

iv　［訳者註］小さな出来事が予想外に大きな効果をもたらすバタフライ効果に対して，大きな出来事が大きな効果をもたらす現象を指している。
v　［訳者註］Edmund Burkeは，時間をかけて確立されてきた慣習や制度には一定の合理性があるのに対し，限界ある理性に基づいて社会を変革することは，予期せぬ結果につながる可能性があるとしてフランス革命を批判した。保守主義の始祖とされる。

定がもたらす意図しない結果を予測するために最善を尽くすことを求めているのである。「赤」チームや「青」チームを使用するなどの「対審的」な決定プロセスは，そのような試みの助けとなる場合がある。あまりにも迅速なコンセンサスを求めるグループ・ダイナミクスは，まさにその反対のことをしているわけである。

これよりずっとローカルな規模で，政策策定者は計画錯誤に関与することが知られている。Flyvbjergら（2003）は，蔓延しているコスト超過や大規模な交通・輸送インフラその他の建設プロジェクトの遅れに言及している。その原因は主としてシステム1にあるものの，解決策はシステム2のプロセスに見出だされるかもしれない。具体的には，ガントチャート[vi]，フォルトツリー[vii]，そして各段階で失敗する可能性のあるすべての原因を特定しようとする「死亡前死因」分析[viii]（Klein, 2007）を通した慎重な検討などが挙げられるだろう。

統計上の予測よりも臨床上の予測に依存すること

ある種の公務員は，個人の行動を予測することがしばしば求められる。たとえば，仮釈放委員会は，早期釈放を求めている囚人の再犯可能性を予測することが求められる。数多の研究が示唆しているのは，どうしても予測が不正確になりがちな状況では，意思決定者はより正確で単純な線形回帰モデルではなく，自身の直感に大きく依存するということである（Dawes et al., 1982）。

いずれにしても，予測の正確さは，以前の予測が正確であったかどうかについての明快かつタイムリーなフィードバックを得られるかどうかにかかっている。気象予報士は，その仕事が焦点的かつ反復的な性質を持っており，明確でタイムリーなフィードバックを利用できるおかげで，かなり正確な予測を行っている。これとは対照的に多くの政策策定者は，毎回まったく違うというわけではないにしろ非反復的な決定に直面しており，得られるフィードバックは乏しいため，彼らの予測はかなり貧弱なものとなる（Tetlock, 2005）。これはまさに野生的な段階と言えるかもしれない。

29.3.2 立法のための事実認定

裁判の事実認定は通常，特定の出来事に焦点を当てるが，立法のための事実認定は，法令やその他立法措置の基礎となる物理的または社会的事実を決定するものである。立法上の事実はふつう，提案された政策が意図した通りに機能するかどうかを予測するために参照される。たとえば，気候変動に対処するための政策は，温室効果ガスの排出と地球温暖化の関係，降水量と海水位に及ぼす地球温暖化の影響，特定の規制計画が環境と経済へ及ぼす影響についての事実にもとづく決定から情報を得ている（得るべきである）。立法のための事実認定は，健康と安全のための規制から消費者保護法制にわたる多くの政策の根底にある。最高裁判所もまた，立法のための事実認定に従事している。たとえば，人種の隔離がアフリカ系アメリカ人に精神的な害を与えたという決定（Brown v. Board of Education, 1954）や，死刑は人種差別的な方法で適用されないという決定（McCleskey v. Kemp, 1987）がこれに該当する。

立法と裁定のための事実認定は重複することがある。たとえば前掲したダウバート訴訟の争点は，損害を受けた側が訴えた不法行為ではなく，医薬品類の規制に対するアメリカ食品医薬品局（FDA）の決定という文脈で生じていてもおかしくなっ

---

vi ［訳者註］プロジェクトの工程管理のために用いられる表の一種で，スケジュールの上に置かれた横棒によって進捗状態を確認することができる。
vii ［訳者註］製品故障などの原因を分析するための手法。
viii ［訳者註］特定の決定についてよく知る人たちを集め，一年後を想像してもらい，その決定に基づく計画が失敗に終わったと仮定した上で，どのようにして失敗に至ったのか，その経過を「報告」してもらうやり方。

ただろう。立法のための事実認定は，他の事実認定と同じ多くのエラーに影響されやすい。

確実性，統計，および実証的方法論の不備

立法上の事実の基礎となる証拠のほとんどが確率的な性質を持っている。医薬，自然科学，社会科学におけるほとんどの研究は，実験ないし計量経済分析にもとづいている。そこでは結果は統計的な有意性の観点からのみ記述され，結論の妥当性は，複雑でときに議論の争点となる方法論に依存している。裁判官がこれらの問題について専門家に証言を求めても，相反する見解を解消することはしばしば困難である。そして，多くの政策策定者はこうした専門性を持ってはいない。

有名な事例として，カリフォルニア州裁判所が，強盗罪で男と女に有罪判決を下したことが挙げられる。この判決は，ロサンゼルスに住んでいるあるカップルが特定の個人的特徴を有している可能性を判断する際，条件つき確率 P (A/B) と P (B/A) とを混同したことに基づくものであった（People v. Collins, 1968）。スペースシャトル・チャレンジャー号を打ち上げるというアメリカ航空宇宙局（NASA）の悲惨な結果をもたらした判断は，データ表示の誤りや，技術者たちが，Oリングという部品が機能不全となる温度のみを考慮し，機能不全とは**ならない**温度を度外視するという統計の誤りに起因するものであった（Vaughan, 1997）。

統計の訓練は判断ミスをいくらか減らすものであり（Lehman et al., 1988），裁判官に統計学を学ばせる試みも行われている（Federal Judicial Center, 2000）。しかし政策策定者（裁判官から行政官，国会議員まで）は通常，これらの問題についてほとんど教育を受けていない。実際，「嘘，大嘘，そして統計（という3種の嘘がある）」（Twain, 1906-1907）という Mark Twain の見解は，世の中でそれほど共有されていないのかもしれない。

利用可能性と関連するバイアス

確率の無視が，Sunstein によって13章で説明されている利用可能性バイアスと，より広義の「錯誤懸念」という現象の一因となっていることには疑いがない。しかし，統計学の教育を受けた人であっても，テロリストによる爆撃やサメの攻撃など鮮明な出来事に直面すると，歪んだリスク認知を持ってしまう傾向がある。利用可能性ヒューリスティックに対する政策策定者自身の脆弱性は，必然的に国民の知覚によって強められることになる（サメの襲撃よりも落ちてきたテレビによって命を落とす人の方がずっと多い。あるジャーナリストが指摘した通り，「テレビで『ジョーズ』を視聴することは太平洋で泳ぐよりよっぽど危険である」(New York Times, 2001)。しかし，ニュースで取り上げられるのはサメの攻撃であり，政策策定者が対応する必要性を感じるのもサメの攻撃なのである）。

人々はまた，他のリスク関連のエラーにも陥りがちである。人々にとって，非常に低い確率が持つ意味や政策への含意，さまざまな確率の表し方を理解することは難しい。たとえば，100万分の1と0.000001は，同一の状況でも違った感情反応をもたらすことがある（Blumenthal, 2007; Kunreuther et al., 2001）。より一般的には，人々は確率無視，低い確率で生じるリスクを完全に無視するという誤謬に陥りやすく，リスクにおけるさまざまな面に対して鈍感な一方で，警報にたやすく影響され，そのせいでたいしたことのないリスクの危険性を過大評価してしまう。リスクへの反応はまた，リスクはその性質上やむをえないものなのか，それとも人為的なものなのかなど必ずしも合理的な意思決定とは関連しない要因によって影響される。バイアス除去に関しては（13章の）Sunstein が，実際のリスクについて事実認定者は，本質的には費用便益分析に携わるシステム2の手続きを用いて，システム1の直感に頼る場合よりはるかに正確に

考慮することを説得力をもって議論している。

感情ヒューリスティック

　私たちのリスク判断はしばしば，冷静な分析よりも直感に基づいており（Slovic et al., 2002），有益だと判断された行動は，そうではない行動よりリスクが少ないとみなす傾向がある（Alhakami & Slovic, 1994）。バイアス除去技術の典型例は費用便益分析であるが，費用便益分析によるリスクの扱い方は，直感を生み出すさまざまな文化・世界観にはほとんど通用しないとの批判がある（Kahan et al., 2006）。

精神的麻痺

　Slovicら（7章）は，私たちの道徳理論がすべての生命を等しく価値があると捉えているにもかかわらず，私たちの道徳的直感は（戦争時の残虐行為であっても自然が原因であっても）大規模な死に反応することができないと述べている。こうした精神的麻痺という現象，または思いやりの減衰はジョセフ・スターリンによると，「1人の死は悲劇だが，百万人の死は統計上の数字に過ぎない」ということであり，このことは組織的な集団虐殺に対する人々の不適切な反応にも見て取ることができる。皮肉なことに，システム2の分析の一部である統計データ資料それ自体が，システム1の思いやりある直感を損なっているのである。Slovicらはバイアス除去のため，（システム1が応答する）感情喚起的なイメージを活性化するか，またはシステム2の熟慮をたえまなく促すアプローチを提案している。

過信，動機づけられた懐疑主義，そして再び確証バイアス

　政策策定者は実際の結論に対して，保証されているよりも小さい信頼区間を割り当てることがある。裁定のための事実認定における過信は，裁判官，陪審員，行政機関に対して両当事者の言い分を聞くよう求める手続きによって軽減することができる。この手続きには，過信をもっとも効果的に除去する方法が暗黙のうちに組み込まれている。「あなたの推測が間違っているかもしれないその理由を考えなさい」と求めるものだからである（「合理的な疑いを超えて」あるいは「明白かつ説得力のある証拠」といった証明責任は，過信をとくに制限してくれる）。

　立法のための事実認定において過信は，動機づけられた懐疑主義，確証バイアス，そして事前の関与が持つ重力と結びついて，（気候変動から銃を携帯する権利にわたる）主要な政策論点をめぐり，政策策定者が自身とは異なる見解を検討することをとくに困難なものにする。

　動機づけられた懐疑主義とは，好ましくない結果よりも好みの結果を支持する事実や議論に対し，人々が批判的でなくなる傾向を指している（Ditto & Lopez, 1992）。

　確証バイアスについては，29.3.1「裁定のための事実認定」ですでに触れている。立法のための事実認定ではとくに，素朴な現実主義の歪みや，バイアスがかかった同化という現象，つまり自分と意見の異なる人物の動機に疑いをさしはさむ（6章）ことが生じやすい。ある懲罰に関する実験では，死刑の抑止効果に関する参加者の事前の態度が，これと矛盾するような証拠を聞くことで強化された。実験はこうした鮮明な例を示すとともに，バイアス除去のために反対意見を考慮させることの限界を示唆するものと言える（Lord et al., 1979）。

　国会議員が，準備された互いのスピーチになん

ら注意を払っていないとすれば，立法上の最良の「議論」でも（当然のことながら）同じことが起きているはずである。実際のやりとりは議会の外で行われるが，超党派による非公式の議論の機会はほとんど存在しない。Lee Rossの章（6章）は，主に国際紛争における仲介者の役割に焦点を当てているが，この章は国内政策に対しても改善可能性を示してくれる。すなわち，仲介者は機会さえあれば，Rossの言うところの「素朴な現実主義とその帰属の結果がもたらす有害性を解毒してくれるもの，つまり，視点や枠組みのオープンで持続的な，思いやりある共有」を当事者が抱けるよう支援することができる。これは，「当事者が自分の立場を守るのではなく，事実に基づいた前提や価値の複雑さについて語る対話」を通して実現される。この時期，障壁はこれまで以上に大きく見えるけれども，議員に現実問題の教育を施しているアスペン研究所の議会プログラム，ウィルソン・センター（研究者のためのウッドロー・ウィルソン国際センター）や，James Fishkinが提唱した審議方式世論調査[ix]は上記の可能性を示唆するものと言える（Fishkin, 2009）。

社会的知覚におけるバイアス：ステレオタイプ

一般的に，政策策定者の社会的ステレオタイプには，社会のほかのメンバーが持つステレオタイプが反映されている。このことがもっとも歴然とするのは，人種，民族性，ジェンダー，性的志向その他個人的な特性を理由に人を差別するような法律の制定，または廃止においてである。社会的ステレオタイプ化はまた，表面的には中立であっても，ネガティブにステレオタイプ化された集団に不均衡な影響をもたらすような法律という形で立ち現れることもある。たとえば，固形コカインが絡む犯罪に対し，粉末コカイン絡みの事件よりも重い刑罰を科すことは，国会議員が固形コカインを黒人の低層の生活様式と結びつけ，粉末コカインを相対的に脅威の少ない白人の生活様式と結び付けていることを反映している可能性がある。

バイアス除去に必要なのは，非意識的なバイアスに対処しようと動機づけられ，実際にバイアスを認識し対抗するために努力することであるが（Wilson et al., 2002），これらはかなりの難題である。

代理人による事実の歪曲

司法機関における弁護は，公的な手続きによって強い制約を受けている。公的な手続きは，物事を自分の好きなように歪めようとする当事者の試みを低減しうるからである。各種利益団体はしばしば，直接的なロビー活動ないしメディアを通した国民へのアピールを通じて，国会議員に影響力を及ぼそうと働きかけ，自分たちの主張を印象づけるためにマーケティングで知られているあらゆるテクニックを活用する（鮮明な画像や短いフレーズとは対照的に，統計データは面白みがなく，感情に訴えかける力を持っていない。この効果を事実認定者が認識していないこともあって，こうしたバイアスに対抗することは明らかに困難である）。

トレードオフ選好は事実認定に影響する

原理的に，事実認定は選択やトレードオフに先行するはずである。しかし実際には，トレードオフへの期待や特定の結果を迎えることに対する嫌悪感は，事実認定プロセスを汚染する可能性がある。温室効果ガスの排出規制が失業をもたらすと考えている国会議員は，地球温暖化による被害についての証拠を過小評価するかもしれない。この種のバイアスを断固として除去する手続きとは，意

[ix] ［訳者註］世論調査の一種。無作為に抽出した協力者を1カ所に集め，小集団での討論や，専門家との質疑応答を通して調査内容についての情報を与え，熟慮してもらった上で意見を求める。

思決定者と事実認定者（立法上の決定をしない）を切り離すというものだろう。

29.3.3 意思決定

手元にある立法上の事実やその不確実性を理解した上で、政策策定者は、問題にどのように対処することが最良なのかを考慮する必要がある。たとえば二酸化炭素の排出量を削減することが目標であれば、政策策定者は炭素排出量に課税し、太陽光、風力、原子力発電に助成したり、課税と助成の組み合わせを用いたりすべきなのだろうか。これは典型的な立法機関の任務である。この任務では、代替策がさまざまな利害関係者にどう影響するのかを考慮する必要があり、利害関係者の利益間でのトレードオフが求められる。このプロセスは、さまざまなバイアスや、健全な意思決定を阻害する要因からの影響を受けやすい。

問題の定義と解決策の検討

意思決定にあるいくつかの共通する欠陥は、認知の限界と想像力の限界との組み合わせからもたらされる。それはつまり、重要な利益や価値のすべては考慮せず、問題をあまりに狭く理解し、利害関係者の利益をよりよく満たしうる他の解決策を考慮せず、魅力的に見えるただ1つの解決策に突き進むことである。主たる要因は、不注意、焦り、時間の制約、そして創造性を妨げる環境である。これらの障壁は、関係する利益、価値、解決策、そして創造性をはぐくむ文化を一貫して探求するプロセスを作ることで克服可能である。

合理性ないし価値に基づく意思決定

合理性に基づく決定プロセスとは、その名前が示唆している通り、提案された結果に賛成ないし反対する根拠も併せて示すというものである。これは、法廷、行政機関、学界、個人生活のどこでも議論の核心となる部分である。しかし、Shafirが実証してみせたように、合理性に基づく決定方略はフレーミングに対して脆弱である。たとえば親権争いをテーマとする古典的な実験の中で、参加者は、自分の任務が親権を「与える」ことにあるのか、それとも「拒否する」ことにあるのかによって異なる選択を行った。参加者は主題のフレーミング方法によって、親のポジティブないしネガティブな特性にそれぞれ焦点を当てるようになったのである（Shafir, 1993）。

価値に基づく決定プロセスとは、争点となる利益を同定し、それぞれに価値を（ときに重みづけして）割り当て、さまざまな価値を最適化するような結果を優先するというものである。価値に基づく意思決定には多くの正式な方法があるが、その多くが多属性効用理論（MAUT）に分類される。行政の政策策定者は、たとえば発電所を置く場所や放射性廃棄物を輸送するルートの決定など、価値に基づく決定手続きを用いることがある（Keeney, 1996）。これらの方法には、すべての利益を体系立てて明らかにする、非常に分かりやすいといった利点がある。しかしすべての決定がこのプロセスのみに従って行われるわけではない。

選択の順次考慮

価値に基づく決定プロセスは、他の多くの妥当な選択肢も検討することを保証し、意思決定者がそれらの間でトレードオフを行うよう圧力をかけるものである。多くの政策決定は実際、代替案と比較されないまま賛成されたり反対されたりするなど、非常に制約の多い選択肢の検討にもとづいて行われている。ほとんどの立法は（とくに政治的極性化がはなはだしいときには）、一般的に最善とは言えない判断をもたらしうるこうした特徴をもっている（Milkman et al., 2009）。

選択の過重負担

あまりにも多くの選択肢に直面すると、人は、選択肢を体系立てて検討することを避け、最善ではない決定を下す（Iyengar & Lepper, 2000）。政策策定者がこの現象から免れていると考える根拠はない。しかし、個人が1回限りの決定を下すのとは対照的に、同種の選択に繰り返し直面する政策策定者は、たとえば多属性効用理論の考え方に従って体系的な選択プロセスを開発することができる。

文脈依存

政策策定者が選択肢を選ぶ際には、消費者と同じく、魅力的な選択肢の存在に多少なりとも影響される可能性がある（Kelman et al., 1996）。たとえば、極端さ回避という現象を考えてみよう。市営公園のために3つの（価格も異なる）地所から1つを購入するという選択に直面した公務員は、中程度の値段の土地を選ぶ傾向にある。その理由は、もし選択が失敗だったと判明したとき、「中庸」な妥協点を選んだのだと人々に説明しやすそうだからである（Guthrie, 2003a）。

政策策定者の感情による影響

決定の内容は、決定時の意思決定者の感情による影響を（感情がその内容と関連しているかどうかにかかわらず）受ける可能性がある（Loewenstein & Lerner, 2003）。個人生活で生じる怒りや上機嫌は、国内外の主要な政策決定に影響を及ぼしうる（Forgas, 1995）。Lernerらはこうした「偶発的」な感情と「肝要」な感情を区別した。後者は、今まさに問題になっている事象から生じるものであり、ある決定の利点について貴重な情報を提供してくれることがある（Barlow, 1998「不安は知性の反映」; Zimmerman & Lerner, 2010）。Lernerらは、偶発的な感情による影響を減らすために自分でできるバイアス除去方略を提唱している。すなわち、自身の感情を診断し、他者の視点を受け入れ、状況の独自性を理解することである。彼女らはまた、決定プロセスを説明することが外部チェックを取り入れることにつながると示唆している（Lerner & Shonk, 2010）。

難しいトレードオフを回避する

政策策定者は、とくに結果責任を負う場合、難しいトレードオフを判断したがらない。強制されると、彼らは「責任転嫁、問題の先送り、そして難読化」に取りかかる傾向にある（Tetlock, 2000, p. 240）。決定責任が避けられないとき彼らは、「好ましいものであってはならない選択肢の価値を弱め、選ばれるべき選択肢の価値を強める」傾向にある（Tetlock, 2000, p. 245; Tetlock & Boettger, 1994）。こうした傾向に対処するには、結果に対する説明責任を、健全な手続きに従ったことへの説明責任に置き換える以外にないだろう（Lerner & Tetlock, 1999; Siegel-Jacobs & Yates, 1996）。手続きの正しさをもって結果も正しいとみなすことは、ほとんどの国民にとって納得しがたいだろうけれども。

損失回避、リスク下での行動、そして行為バイアスと非行為バイアス

人々は損失を嫌う。つまり、所有していない権利に比べて、いま所有している権利などを人々は高く評価する傾向にある。人々はまた、決定が獲得の観点からフレーミングされたときはリスクを嫌い、損失の観点からフレーミングされたときにはリスクを求める。政策策定者も間違いなくこうした態度を示す。KahnemanとTverskyが示した有名な仮説は結局、政策においても問題となるのである（Tversky & Kahneman, 1984）[5]。

社会政策に基づくほぼすべての介入は、意図せぬ結果に対するバーク主義的な不確実性を引き起

こす。何もしないことより何かして後悔する一般的な傾向と一致して（Miller & Taylor, 1995），政策策定者は現状維持に固執する傾向がある。つまり，たとえ国民の危機にあっても，「そこに立っているだけでなく**何か**する」ことへの圧力を感じて彼らは行動バイアスを示すかもしれない（エンロン社やその他の企業のスキャンダルを受けて，サーベンス・オクスリー法[x]が制定されたことはその一例だろう）。政策策定者はまた，自分たちが責任を負っている目標が達成できそうにないとき，過度にリスクをとりにいく傾向にある（Guthrie, 2003b; Rachlinsld, 1996）。O リングが機能しないと分かっていた気温の中で，アメリカ航空宇宙局がスペースシャトル・チャレンジャー号発射の決定を下したことはその痛ましい一例と言える（Vaughan, 1997）。

これら（主にプロスペクト理論によって説明される）はよく見られる現象であるが，バイアスを無効化するには適した手段でもある。たとえば，壊滅的な被害に備えて一部保険（本来の価値より低い保険金額を設定すること）をかける傾向を議論する中で，Weber は「生じうる損失やその結果の重大性に注意を向けることで，すべてのより小さい損失（保険料を含む）が新たな参照点の右側へ移動し，このことが決定を（失われる）利益に向かわせ，その文脈で人々はリスク回避的になることが知られており，保険に加入するという確実な選択肢を選ぶことが予測される」と述べている（22 章）。このバイアスはまた，獲得や損失，リスクの主観的な知覚を客観的な数字に置き換える費用便益分析によって軽減することができる（13 章）。

---

[x] ［訳者註］頻発する不正会計を受けて2002年にアメリカで制定された企業改革法。企業による書類の改ざんや破棄に対する罰則が強化された。

認知的な近視眼と将来利得の過剰な割引

明日の教育，健康，環境を改善するために今日コストを負担するのかどうかなど，社会的あるいは環境的な投資について検討する場合，ただちに発生するコストは，将来の恩恵，ないしいま何もしなければ将来発生するコストよりはるかに具体的に見える。個人と同じように政策策定者も，将来の恩恵に莫大な割引率を適用して強い現在バイアスを示す（Ainslie & Haslam, 1992; Giddens, 2008）。同様のバイアスを示す国民に説明責任を果たすことは，そうした傾向をただ増幅させるだけである。このバイアスに対抗するためには，将来をより鮮明なものとするか（システム1），政策策定者が暗黙のうちに用いている割引率を，銀行の利子と比較する（システム2）よう彼らに求めることが必要である。

同じような疑問は，伝染病（AIDS）ないし災害（洪水）による目前の被害者を援助することと，将来的な害を予防・低減することとの間に公的資源を割り当てる際に生じる。Kunreuther が述べているように，立法機関は極端に多く前者に資源を割き，後者を不当に扱う傾向がある（23章）。政治的圧力は大きな役割を果たすものの，国会議員と国民は同様に認知的な近視眼に苦しむのであり，（これとよく似た）同定可能な被害者効果（Jenni & Loewenstein, 1997）によって悪化する。

費用便益分析は潜在的に効率性の高いバイアス除去の方略である。なぜならこれは，システム1のバイアスを招くゲシュタルトの枠組みではなく，コスト，利益，リスクを詳細に検討することを求めているからである。実際，Sunstein は，「不当な恐怖によって規制への一般的な要求が歪められる可能性があるならば，リスクが実在するのかどうかを判断する上でよりよい立場にある，独立した公務員に主たる役割を与えるべきである」と述べている（Sunstein, 2005, p. 126; Kahan et al., 2006 も

参照)。

29.3.3 社会的影響

前の議論では認知的エラーとバイアスに焦点を当ててきた。しかし、政策策定者は社会的影響から生じるバイアスによっても左右される。

社会的証明や遵守

ある組織の新参者がそこでの規範を学ぶ主な方法は、仲間の行動を観察することである。高い道徳基準をもつ公的機関に参加する人は、政治的腐敗が蔓延している機関に参加する人より正直に行動する傾向がある。一部の立法機関には特定選挙区向けの公共事業を盛り込むという伝統がみられるが、これは他の立法機関では受け入れられない。不審な慣習に引き込まれないようにする最良の策は内部の強力な倫理基準であり、これは組織外の信頼できる顧問や助言者によって補完される。

互恵性

私たちは自分に便宜を図ってくれた人の頼みを受け入れやすい。たとえ、それが望まないささいな便宜であり、その後なされる頼みごとがそれなりに大変なものであったとしても (Cialdini, 2008)。政府機関の中には、コーヒー1杯をご馳走になることすらメンバーに禁じる予防的規則を通して、この問題に対処しているところがある。その対極にあるのは、なれ合い、抜け目のない取引、そして立法機関ではよくみられるロビイストたちとの密接な関係である。国会議員にとってこうした慣習は常套手段なので、一般の人々に比べれば非意識的な影響を受けにくい可能性がある (著者はそうは思わないが)。

コミットメントの深化

ひとたび私たちがある立場に立てば、たとえその後の行動が自分や社会の利益にならない場合であっても、立場と一致した行動を取りがちである。こうした一貫性は、自他の中にエラーを認めることの先送りを意味している (たとえ最終的には回避できないとしても)。これは「考えをコロコロ変える人」とみなされるのを避けることでもある。政策策定者が時折、サンク・コスト[xi]を引き受けて、失敗した事業にさらに資金を投じるのは驚くべきことではない。たとえばアメリカ連邦議会の議員の中には、アメリカ航空宇宙局のスペースシャトル計画ですでに費やされた資金や失われた生命を、まさにその計画を続ける理由として取り上げた者がいた (*Economist*, 2003)。一部の国際紛争では、「現状維持」の根底にサンク・コスト現象があるのではないかと疑う人もいるかもしれない。

ここでの最良のバイアス除去方略は、過去に発生したコストを無視し、焦点を執拗に将来に当てるという経済学者や投資家の視点を採用することである。疑いなく、言うのはたやすく実行するのは難しい。

グループ・ダイナミクス

Irving Janis の**集団思考**に関する古典的な研究 (1972) は、日本による真珠湾攻撃やベトナム戦争の激化、ピッグス湾侵攻を予測できなかったこと、ウォーターゲート事件の隠蔽などの政治的な惨事に基づいている。Janis によれば集団思考は、適切な分析がされないまま、行動方針をめぐって集団が時期尚早な意見の合致に至る点を特徴としている。この現象はきわめて凝集性の高い集団に見られる病理であり、イデオロギー的な同質性、権威主義的なリーダーシップ、そして外部からの影響の遮断によって増幅すると彼は指摘した。グループ・ダイナミクスに関する他の研究では、**共有知**

---

xi ［訳者註］支出済みで回収の可能性がないコスト。

識効果（Gigone & Hastie, 1993）というものが特定されている。これは，1人の参加者しか知らない事実は集団全体に共有されにくいというものである。そして**集団極性化**（Schkade et al., 2000）は，異質なメンバーから成る集団でも，1つの極端な決定に収束することを指す。再掲になるが，スペースシャトル・チャレンジャー号は集団による意思決定の病理を明らかにするものと言える（Vaughan, 1997）。

これらのさまざまな病理は，ある特定の解決策に収束する前に焦点となっている利益や問題を明確にし，当事者の利益，コスト，リスクという観点からさまざまな解決策を検討するという段階的なプロセスを採用することによって軽減することができる。集団は意識して権威主義的なリーダーシップを避けなければならない。新たに出現したコンセンサスに反論するために「悪魔の代弁者」を置いたり，またメンバー独自の知識を引き出したり独立した視点を獲得するためにも，集団のメンバーそれぞれから聞き取りをすることは有益である。こうしたプロセスの改善はよりよい結果をもたらすという証拠が少なくともいくつか存在する（Schafer & Crichlow, 2002）。

29.4　おわりに：行動への影響要因に対する政策策定者の無知

政府の規制に対する懐疑論者は，政策策定者が，規制当局による介入の影響や，この問題について政策策定者本人が何も知らないことについていずれも無知であると（無根拠にではなく）主張してきた（Tasic, 2010）。どのような一般的なケースでも多くの政策策定者は，市民や消費者の行動に影響を及ぼす諸要因や，政策による介入の中でこうした要因を活用する方法を認識していない。願わくは彼らが本書やThalerとSunsteinの『実践 行動経済学』やCongdonらの *Policy and Choice: Public Finance Through the Lens of Behavioral Economics*（2011）から知識を得てくれることを。

29.5　結び

本書で描かれたような認知バイアスのいくつかは絶望的なほど取り除くのが難しく，Weber（22章）が示唆したように，システム1がもたらす現象にはシステム2で対抗する方略でしか対処できないことが明らかになった。しかしバイアスに対抗するこうした方略は，本章タイトルに対して無限回帰の疑問を投げかける可能性がある。つまり，守衛を守るのは誰なのか，という問いである。

著者自身の好みは，システム2の分析をもってシステム1の直感を修正するという真のバイアス除去にある。上記のようなバイアス除去方略のうち，幅広い決定に影響する可能性があるものは：

・バイアスの自覚
・確率，統計学，実証的手法に関する知識
・反対意見を検討し，結論を正当化することを求める公的な手続き

実のところ，これらの研究は，一般的なバイアス除去に関する大変な楽観論（Fischhoff, 1975）を正当化するものではなく，まして国会議員にとってはとくにそうである。彼らは民主主義の最も基本的な政策策定者であるが，その非公式な意思決定手続きのせいで認知的エラーにひどく影響されやすく，結果に対する彼らの説明責任は国民のバイアスを増幅させるだけである。

短期的には，著者はプリンストン大学ウッドロー・ウィルソン・スクールの「政策心理学」のような講座に期待を寄せている。この講座は修士

課程の学生の必修科目であり，ケネディ・スクールにおけるジェニファー・ラーナーの「リーダーシップの意思決定」のような政策策定者のためのエグゼクティブ教育プログラムが実施されている。長期的には，市民に批判的思考や問題解決の態度とスキルを教え込むK-16カリキュラム[xii]に著者は希望をかけている。

原註

Iris Brest, Baruch Fischhoff, Lynne Henderson, Jennifer Lerner, Deborah Rhode, そして Lee Rossから本稿に寄せられたコメントに深く感謝申し上げる。本稿の多くはBrestとKrieger（2010）に依拠している。

1. 組織のCEOやその代理人，助言者が最大化するべき効用に関わる法と政治理論という興味深い問いには著者は取り組んでいない。
2. このことは，国会議員を国民の選好を代弁する役割を担う代理人とみなそうが，受託者，つまり追及するべき最良の行動についての国民の理解に従う受託者とみなそうが変わらない。代議制度についてはスタンフォード哲学百科事典を参照のこと（http://plato.stanford.edu/entries/political-representation/）。
3. たとえば，あなたが赤い車を青い車より，そして青い車を緑の車より好むならば，あなたは赤い車を緑の車より好むはずだというのが推移性の必然的結果である。手続き的な不変性は，車の色に対するあなたの好みが，セールスマンがあなたに車を見せる順序には左右され得ないことを意味している。
4. Gerd Gigerenzerらは，「迅速かつ倹約的なヒューリスティック」は，より優れているとはいえないにせよ，事実について妥当な判断をもたらすという点では合理的な手続きに匹敵すると主張している（Todd & the ABC Research Group, 1999など）。この大きな問いに立ち入ることはしないが，本章は一般的に合理的な手続きの価値を支持している（Kelman, 2011）。
5. 実験参加者は，600人を死に至らせることが予想されるウィルスの発生に備えているところを想像するよう求められた。あるグループでは，200人を救う対策Aを採用するか，3分の1の確率で600人を救うが，3分の2の確率で1人も助からない対策Bを採用するかを尋ねられた。もう1つのグループでは，400人が死ぬ対策Cか，3分の1の確率で誰も死なないが3分の2の確率で600人が死ぬ対策Dを採用するか尋ねられた。対策Aは対策Cと，対策Bは対策Dと同じ内容を意味していたが，参加者は対策AやDの方を選ぶ傾向があった。この結果は，問題が獲得の観点からフレーミングされたときにはリスク回避が，損失の観点からフレーミングされたときにはリスク志向が取られることを明らかにしている。

引用文献

Ainslie G., and Haslam, N. (1992). Hyperbolic discounting. In G. Loewenstein and J. Elster (Eds.), *Choice over time* (pp. 57-92). New York: Russell Sage Foundation.

Alhakami, A. S., and Slovic, P. (1994). A psychological study of the inverse relationship between perceived risk and perceived benefit. *Risk Analysis, 14*(6), 1085-1096.

Barlow, D. H. (1988). *Anxiety and its disorders: The nature and treatment of anxiety and panic.* New York: Guilford Press.

Blumenthal, J. A. (2007). Emotional paternalism. *Florida State University Law Review, 35*, 1-72.

Brest, P., and Krieger, L. H. (2010). *Problem solving, decision making, and professional judgment: A guide for lawyers and policy makers.* New York: Oxford University Press.

Brown v. Board of Education, 347 U.S. 483 (1954).

Burke, E. (1790). *Reflections on the revolution in France.*

---

xii ［訳者註］幼稚園から大学までの一貫した教育課程。

Cialdini, R. B. (2008). *Influence: Science and practice* (5th ed.). Upper Saddle River, NJ: Prentice Hall.

Congdon, W. J., Kling, J., and Mullainathan, S. (2011). *Policy and choice: Public finance through the lens of behavioral economics.* Washington, DC: Brookings.

Daubert v. Merrell Dow Pharmaceuticals, 509 U.S. 579 (1993).

Dawes, R. M., Faust, D., and Medd, P. E. (1982). Clinical versus actuarial judgment. In D. Kahneman, P. Slovic, and A. Tversky (Eels.), *Judgment under uncertainty: Heuristics and biases* (pp. 306-334), New York: Cambridge University Press.

Ditto, P. H., and Lopez, D. F. (1992). Motivated skepticism: Use of differential decision criteria for preferred and nonpreferred conclusions. *Journal of Personality and Social Psychology, 63*, 568-584.

Economist. (2003, August 28). The space shuttle: Old, unsafe, and costly. *Economist,* p. 77.

Federal Judicial Center. (2000). *Reference manual on scientific evidence* (2nd ed.). Washington, DC: Federal Judicial Center.

Fischhoff, B. (1975). Hindsight is not equal to foresight: The effect of outcome knowledge on judgment under uncertainty. *Journal of Experimental Psychology: Human Perception and Performance, 1*, 288-299.

Fishkin, J. S. (2009). *When the people speak: deliberative democracy and public consultation.* New York: Oxford University Press.

Flyvbjerg, B., Bruzelius, N., and Rothergatter, W. (2003). *Megaprojects and risk: An anatomy of ambition.* Cambridge: Cambridge University Press.

Forgas, J. P. (1995). Mood and judgment: The affect infusion model (AIM). *Psychological Bulletin, 117*, 39-66.

Giddens, A. (2008, January 2). This time it's personal. *Guardian.* Retrieved from http://www.guardian.co.uk/commentisfree/2008/jan/02/thistimeitspersonal

Gigone, D., and Hastie, R. (1993). The common knowledge effect Information sharing and group judgment. *Journal of Personality and Social Psychology, 65*, 59-74.

Guthrie, C. (2003a). Panacea or Pandora's box? The costs of options in negotiation. *Iowa Law Review, 88*, 607-638.

Guthrie, C. (2003b). Prospect theory, risk preference and the law. *Northwestern University Law Review, 97*, 1115-1163.

Guthrie, C., Rachlinski, J. J., and Wistrich, A. J. (2001). Inside the judicial mind. *Cornell Law Review, 86*, 777-830.

Hammond, K. R. (2000). *Human judgment and social policy: Irreducible uncertainty, inevitable error, unavoidable injustice.* New York: Oxford University Press.

Hastorf, A. H., and Cantril, H. (1954). They saw a game: A case study. *Journal of Abnormal and Social Psychology, 49*, 129-134.

Iyengar, S. S., and Lepper, M. (2000). When choice is demotivating: Can one desire too much of a good thing? *Journal of Personality and Social Psychology, 79*, 995-1006.

Janis, I. (1972). *Victims of groupthink: A psychological study of foreign policy decisions and fiascos.* Boston: Houghton Mifflin.

Jenni, K. E., and Loewenstein, G. F. (1997). Explaining the "identifiable victim effect." *Journal of Risk and Uncertainty, 14*, 235-257.

Kahan, D. M., Slovic, P., Braman, D., and Gastil J. (2006). Fear of democracy: A cultural evaluation of Sunstein on risk. *Harvard Law Review, 119*, 1071-1109.

Kahneman, D., and Frederick, S. (2002). Representativeness revisited: Attribute substitution in intuitive judgment. In T. Gilovich, D. Griffin, and D. Kahneman (Eds.), *Heuristics and biases* (pp. 49-81). Cambridge: Cambridge University Press.

Kamin, K. A., and Rachlinski, J. J. (1995). Expost ≠ ex ante: Determining liability in hindsight. *Law and Human Behavior, 19*, 89-104.

Keeney, R. L (1996). *Value focused thinking: A path to creative decision making.* Cambridge, MA.: Harvard University Press.

Kelman, M. G. (2011). *The heuristics debate: Its nature and its implications for law and policy.* New York: Oxford University Press.

Kelman, M., Rottenstreich, Y., and Tversky, A. (1996). Context-dependence in legal decision making. *Journal of Legal Studies, 25*, 287-318.

Keys, D. J., and Schwartz, B. (2007). "Leaky" rationality: How research on behavioral decision making challenges normative standards of rationality. *Perspectives on Psychological Science, 2*, 162-180.

Klein, G. (2007, September). Performing a project premortem. *Harvard Business Review*, pp. 18-19.

Korobkin, R., and Guthrie, C. (1994). Opening offers and out-of-court settlements: A little moderation may not go a long way. *Ohio State Journal on Dispute Resolution, 10*, 1-22.

Korobkin, R., and Guthrie, C. (1997). Psychology, economics, and settlement: A new look at the role of the lawyer. *Texas Law Review, 76*, 77-141.

Kunreuther, H., Novemslky, N., and Kahneman, D. (2001). Making low probabilities useful. *Journal of Risk and Uncertainty, 23*,103-120.

Larrick, R. P. (2004). Debiasing. In D. Koehler and N. Harvey (Eds.), *Handbook of judgment and decision making* (pp. 316-338). Malden, MA: Blackwell.

Lehman, D. R., Lempert, R. O., and Nisbett, R. E. (1988). The effects of graduate training on reasoning. *American Psychologist, 43*, 431-443.

Lerner, J. (2012). *Leadership decision making.* Harvard Kennedy School, Cambridge, MA. Retrieved from http://ksgexecprogram.harvard.edu/Programs/ldm/overview.aspx

Lerner, J., and Shonk, K. (2010, September 1). How anger poisons decision making. *Harvard Business Review*, p. 606.

Lerner, J., and Tedock, P. E. (1999). Accounting for the effects of accountability. *Psychological Bulletin, 125*, 255-275.

Loewenstein, G., and Lerner, J. (2003). The role of affect in decision making. In R. J. Dawson, K. R. Scherer, and H. H. Goldsmith (Eds.), *Handbook of affective science* (pp. 619-642). Oxford: Oxford University Press.

Loftus, E. F. (1996). *Eyewitness testimony.* Cambridge, MA: Harvard University Press.

Lord, C. G., Ross, L, and Lepper, M. R. (1979). Biased assimilation and attitude polarization: The effects of prior theories on subsequently considered evidence. *Journal of Personality and Social Psychology, 37*, 2098-2109.

Malouff, J., and Schutte, N. S. (1989). Shaping juror attitudes: Effects of requesting different damage amounts in personal injury trials. *Journal of Social Psychology, 129*, 491-497.

McCloskey v. Kemp, 481 U.S. 279 (1987).

Milkman, K. M., Chugh, D., and Bauman, M. H. (2009). How can decision making be improved? *Perspectives on Psychological Science, 4*, 379-383.

Miller, D. T., and Taylor, B. R. (1995). Counterfactual thought, regret, and superstition: How to avoid kicking yourself. In N. J. Reese and J. M. Olson (Eds.), *What might have been: The social psychology of counterfactual thinking* (pp. 305-331). Hillsdale, NJ: Erlbaum.

New York Times. (2001, September 6). The statistical shark. Retrieved

from http://www.nytimes.com/2001/09/06/opinion/the-statistical-shark.html
People v. Collins, 68 Cal.2d 319, 66 Cal. Rptr. 497, 438 P.2d 33 (1968).
Rachlinski, J. J. (1996). Gains, losses, and the psychology of litigation. *Southern California Law Review, 70*, 113-185.
Rawls, J. (1971). *A theory of justice*. Cambridge, MA: Harvard University Press.
Schacter, D. L. (2001). *The seven sins of memory: How the mind forgets and remembers*. New York: Houghton Mifflin.
Schafer, M., and Crichlow, S. (2002). The process-outcome connection in foreign policy decision making: A quantitative study building on groupthink. *International Studies Quarterly, 46*, 45-68.
Schkade, D., Sunstein C., and Kahneman, D., (2000). Deliberating about dollars: The severity shift. *Columbia Law Review, 100*, 1139-1175.
Shafir, E. (1993). Choosing versus rejecting: Why some options are both better and worse. *Memory and Cognition, 21*, 546-556.
Siegel-Jacobs, K., and Yates, J. F. (1996). Effects of procedural and outcome accountability on judgment quality. *Organizational Behavior and Human Decision Processes, 65*, 1-17.
Slovic, P., Finucane, M., Peters, E., and MacGregor, D. (2002). The affect heuristic. In T. Gilovich, D. Griffin, and D. Kahneman (Eds.), *Heuristics and biases: The psychology of intuitive judgment* (pp. 397-420). New York: Cambridge University Press.
Sunstein, C. R. (2005). *Laws of fear: Beyond the precautionary principle*. New York: Cambridge University Press.
Sunstein, C. R., and Kuran, T. (1999). Availability cascades and risk regulation. *Stanford Law Review, 51*, 683-768.
Sunstein, C. R., Schkade, D., Ellman, L. M., and Sawicki, A. (2006). *Are judges political? An empirical analysis of the federal judiciary*. Washington, DC: Brookings.
Tasic, S. (2010). *Are regulators rational?* Paper presented at the 7th Mises Seminar. Istituto Bruno Leoni, Sestri Levante, Italy. Retrieved from http://brunoleonimedia.servingfreedom.net/Miscs2010/Papers/IBL_Mises 2010_Tasic.pdf
Tetlock, P. E. (2000). Coping with trade-offs: Psychological constraints and political implications. In S. Lupia, M. McCubbins, and S. Popkin (Eds.), *Political reasoning and choice*. Berkeley, CA: University of California Press.
Tetlock, P. E. (2005). *Expert political judgment: How good is it? How can we know?* Princeton, NJ: Princeton University Press.
Tetlock, P. E., and Boettger, R. (1994). Accountability amplifies the status quo effect when change creates victims. *Journal of Behavioral Decision Making, 7*, 1-23.
Thaler, R., and Sunstein, C. (2008). *Nudge: Improving decisions about health, wealth, and happiness*. New Haven, CT: Yale University Press.
Todd, P. M., and the ABC Research Group. (1999). *Simple heuristics that make us smart*. New York: Oxford University Press.
Tversky, A., and Kahneman, D. (1981). The framing of decisions and the psychology of choice. *Science, 211*, 453-458.
Twain, M. (1906-1907). *Chapters from my autobiography*. Project Gutenberg. Retrieved from http://www.gutenberg.org/files/19987/19987.txt
Vaughan, D. (1997). *The Challenger launch decision: Risky technology, culture, and deviance at NASA*. Chicago: University of Chicago Press.
Wilson, T. D., Centerbar, D. B., and Brekke, N. (2002). Mental contamination and the debiasing problem. In T. Gilovich, D. Griffin, and D. Kahneman (Eds.), *Heuristics and biases: The psychology of intuitive judgment*. Cambridge: Cambridge University Press.
Zimmerman, P., and Lerner, J. (2010, September 29). Decisions, decisions. *Government Executive*. Retrieved from http://www.govexec.com/dailyfed/0910/092910mm.htm

30章　パターナリズム，操作，自由，そして善

JUDITH LICHTENBERG

　ホモ・エコノミクスとして知られるようになった存在は，生きて息をしている人間とは2つの意味で異なっている。第一に，ホモ・エコノミクスは完全に合理的であり，常に，自分の目標を最大限達成する方法を用い，自分にとって最善の利益になることを行う[1]。人間は，認知的なエラーやバイアス，情動的反応，意思の弱さゆえに，しばしば合理的ではない行動をとり，自己の最善の利益が得られるようふるまうことに失敗する。本書やほかの場所で行動経済学者と心理学者は，いかに人間がこれらの欠点を有しているのか，そして自分の目標をよりよく達成するために何ができるのかについての知識を急速に蓄積してきた（たとえば26章，20章，18章）。

　人間は，目指す目標においてもホモ・エコノミクスとは異なっている。経済学者らはしばしば，人々の目的を狭い自己利益，特に当人の自己利益という観点で解釈してきた。しかし，そう言わざるをえない場面に限られはするが，注意深い思想家が記しているように，ある人の目標や選好の内容について明らかにした経済学理論は存在しない。想像しうる限り利他的な行為者，たとえば一番の望みは，世界から被害や疾病がなくなることであるような行為者がいたと想定してみよう。行為者の思考の誤りは，私の選好の主体（私）と私の選好の客体（たいてい私であるが，時に他者）の混乱に起因する自己中心的なものにちがいない（Lichtenberg 2008, 2010a）[2]。本書の複数の執筆者が，「社会的動機づけ」と呼ばれる，このような混乱による他者考慮，すなわち利他的選好について認めている（本書4章，22章）。この著者たちは，このような動機づけを活かし，あるいはそれが行動に与えるその影響を拡大するよう努力すべきだと提案している。

　そのため，行動経済学者と心理学者は，従来のホモ・エコノミクスという前提，すなわち，人は自身の目標に対して最善の方法を採る合理的な存在であり，自身の幸福だけに関心を払う自分本位な存在であるという2つの前提を疑問視してきた。しかし，この2つの前提に対する挑戦は逆の方向に向かうものである。もし人間がホモ・エコノミクスほど合理的でないのなら，そう指摘している人々もまた合理的ではないということになる。こうした人間の性質は，（もし事態をより悪くするような別の問題を引き起こさずにそうできるのであれば）対処し中和すべき欠陥であるということができるが[3]，もし人間が常に自分本位ではないのであれば，それはそれでよいことである。そのため，著者は，ホモ・エコノミクスは，人間に比べてある意味では悪いが，別の意味ではよい存在だと考えている。

30.1　合理性と善

　人々のふるまいが時に非合理的であると言われるのはなぜか？　この主張を理解する1つの方法は，人が自身にとって最善の選択や，自分たち自身の善の実現をし損ねることに目を向けることである。たとえば人は，退職後に備えて適切な貯蓄

ができなかったり，食べ過ぎたり，不健康なものを食べたり，飲むべき薬を飲まなかったりする。しかし，「人々にとっての最大の利益」といった瞬間，即座にある疑問が呼び起こされる。誰から見た最大の利益なのか？　自由主義社会においては，この疑問は行為者本人の願望あるいは選好の観点から説明されるのが自然である。公式的に言えば，ある人にとって最大の利益とは，その人が完全な情報を持っており，認知的，情動的，意思的な欠陥もなくバイアスもない状態で，その人が願うことである。このような定義は，ある人にとって最大の利益は何かという先ほどの問いに対して，常に決定的と言える答えではないかもしれないが，少なくともある程度の場面に対しては答えていると考えることができる。

　人々が理想より劣るものを求めたり，状況を理解しなかった**としても**，それはむろんその人たちが**望んだ**ことではない。これも問題の一部と言えるだろう。しかし，人々は時に多様な願望を抱き，矛盾するものを好むということを認識すれば，誤解は少なくなるかもしれない。彼らは快適な隠居生活を欲すると同時に，今使えるお金が増えることも欲する。彼らは体型をスリムに保ち，健康体でいたいと望む一方でアイスクリームが大好きでもある。このようなコンフリクトは，短期的選好と長期的選好の間のギャップとして理解することができる。これを私たちは，選好のレベル，すなわち優先順位によっても分けることができる。喫煙者にとって，一番の願望は喫煙することであり，2番目の願望は喫煙しないこと，すなわち吸いたいと願わないことを望むのである。人々が時には非合理的にふるまうということが言及される際，そのことは常に，その人たちの願望が，他者から見ての客観的視点だけではなく，その人自身から見た好ましさで順序づけられているということを示している。

　しかし，人々が**本当に**求めているものは何かということについて話すことはほとんど役に立たない。その人があるものを求めているかのように振る舞っていたとしても，実際その人は他の物を求めているということがある。人々の願望は，多重的であり，矛盾している。人々の欲望や願望あるいは選好とは一貫しないものである，という結論から逃れるよい方法はなく，これらの非一貫性を一見消滅させる言語的な罠にはかからないようにすべきである。

30.2　ハードなパターナリズムと　　　ソフトなパターナリズム

　法やその他の形式の規制によって人々の最大の利益になることを人々に強いることは，従来，**パターナリズム**と呼ばれてきた。しかし，数年前，SunsteinとThalerは，リバタリアン的パターナリズムという概念，すなわち，何かをするように強いたり，何かをできないように制限をかけたりするのではなく，「選択者がより良い選択ができるように，バイアスを持っている当事者の選択に影響しようと試みる」という考えを導入した。(Sunstein & Thaler, 2003, p. 1162)。そのため，ここでは，我々は，従来のパターナリズムとリバタリアン的パターナリズム，すなわちハードなパターナリズムとソフトなパターナリズムを区別する。

　おそらく，強いることなしに人々にとって好ましい結果をもたらす行動へと人々を変化させることができるなら，それは，法の支配によってコントロールするよりもその人たちにとっていいだろう，と考えるのは当然のことのように思えるかもしれない。しかし，自由主義社会のほとんどの人はパターナリズムを退けることを好むにもかかわらず，パターナリズムに対する許容度をめぐる人々の耐性

には，おそらく大きな個人差がある。政治的自由主義者は，パターナリズムの代償は常に高すぎると考える。おそらく主義としてパターナリズムに反対している，というのが誤解の少ない言い方であろう。政治的自由主義者でない人は，代償が高すぎるとは思わないだろう。彼らはパターナリズムの利益は時にそのコストを上回ると考える。

ほとんどの人は今なお，人々にとって良い方向に人々を導くために強制するのは最小限にとどめるべきだ，という意見におおむね同意するであろう。自由に選んだ場合にその人たちにとってベストであるものを自分たちで選び取れるのであれば，何ら心配する必要はない。だが悲しいかな，情報は十分ではないことが分かっている（20章）。そこで問題になるのは，彼らにとって最善のものへと彼らを，強制することなく誘導することが我々にできるのか，またどの程度できるのかということである。

ソフトなパターナリズムは，少なくとも2つの前提に依拠している。第一に，ある人にとって一貫して最大の利益になると思われる物事をある程度指し示すことができ，（彼らの長期的，あるいはより高次の選好に満足を与えるという点で）彼らにとって善であり，その善に到達した方が，しないよりも，（他の要因が同じであれば）好ましいという点である。これはいくつかの事例で説明することができればよくて，個々の人にとっての最大の利益が何であるかをすべて説明する必要はない。

もう1つの前提は，ThalerとSunsteinがおくように，ニュートラルなデザインというものが存在しないということである。たとえば，まさに環境とは，他ではなく，ある方向に人々をナッジし，YでもZでもなく，Xをする確率を高めるような特徴を持っている（「選択肢の構築」）。この点を別の形で表現したのが，人間行動は「きわめて文脈に依存する」（26章）というものである。心理学の専門書では，行動を決定するうえで個人特性以上に状況要因の力が大きいことを**状況論**という。カフェテリアの献立のディスプレイの並べ方にはいろいろなものがあるが，何らかの順番で並べなければならないし，その順序は人々の食品の選択と健康に大きな影響を与えるかもしれない（Thaler & Sunstein, 2008; 25章）。料理を提供する者は，その料理をいずれかの大きさの器に盛らなければならないし，その皿の大きさは人々の食べる量に影響する（18章）。医師は，治療の選択肢を患者に伝える際，いずれかの順番，言葉で伝えなければならないし，それぞれの場合の予後に関する確率を，いくつかある表現の仕方のうちどれかで伝えなければならない（McNeil et al., 1982; 20章）。退職者への給付金や保険，臓器移植などについての政策に関わる雇用者，政府などは，オプトインあるいはオプトアウトのデフォルトを提供することができる（Johnson & Goldstein, 2003, 24章）。これらの決定は，人々の選択，ひいては幸福に大きな効果を持つだろう。

30.3　パターナリズムと操作

ハードな（伝統的な）パターナリズムと，ソフトな（リバタリアン的な）パターナリズムを区別する上では，いくつか注意しておきたいことがある。第一に，ThalerとSunsteinが認めているように（2008），法的な強制力を持つ規則でさえこれを破って罰を受けるリスクを取る（捕まらない可能性も高い）という選択をすることができるのであるから，両パターナリズムの区別はそこまで明確なものではない。法的な強制力を持つ規則による影響と，他の形式による影響の区別は取るに足らないものではないが，影響は程度の問題であり，自由と強制の間はグラデーションであることに注意す

べきである。

いまでも，ある行為を行うように（あるいは行わないように）人々に強制するよりはしない方が好ましく，ある選択をした場合には悪い影響があると予測される場合でさえ，選択肢をより多く確保しておく方が好ましいと考えるのは，自然なことである。しかし，ある意味で強制することは，好ましいことと言えるかもしれない。強制は顕在的で明示的だからである。市民は，ヘルメットなしでバイクに乗ると罰せられるというとき，ある状態がコントロールされようとしていることを理解する。しかし，カフェテリアでのメニューの配列が大きな影響力を持つことや，それが自身の行動にまで影響することに気づくことはまれであろう。退職後のためのプランなどの政策におけるデフォルトの選択肢も同様である。誰かが，気づかないうちに，あるいは同意なしにある選択肢に影響しようとするという考えは恐ろしいものであり，少なくとも，明示的な強制と同じくらい私たちの自由を侵す方法だと感じられるかもしれない。私たちは，この種の影響の仕方を**操作**と呼ぶことがあり，これは否定的な意味を持っている。

このような議論に対してこう思う人はいるかもしれない。これは，選択をさせるには何らかの選択環境を**作らなければならない**とする考え（たとえば，選択肢は何らかの形で並べなければならない）や，中立的な選択環境というものは存在しないという考えを無視するものであると。この節と次の節では，このような考え方をそれぞれ別の面から検討する。

非中立性が完全には避けられないとしても，政策策定者が個人の決定にどのように影響しようとしているのかを明確にした場合には，このような操作性は減少し，行為者は，選択時に自分が受ける影響に対してもっと抵抗しやすくなるかもしれない。もちろん，気づいていたり，知っていたりすればそれで十分というわけではないということを，私たちは行動経済学者や心理学者からの知識によって知っている。Barrら（26章）が主張するように，（知識によって構築された）意図（地獄への舗装された道である）[i] 通りに実際に行為することの困難さはきわめて大きい場合がある[4]。

少なくともデフォルトの設計者は，デフォルト以外の選択をすることがどれくらい容易あるいは困難であるかをコントロールできる場合がある。たとえば，住宅ローンの規則は，「標準商品を借り手が選びやすいように」，そして借り手自身が理解していない商品や支払うことのできない商品を選びにくいように，オプトアウト・デフォルトを構築することができる（26章）。しかし，多くの文脈においては，透明性（選択設計者の意図を明示すること）は非現実的であり，これを実現することは不可能である。カフェテリアの経営者は，献立をなぜそのように並べたのか，なぜその大きさの皿を選んだのかについて説明しなければならないのだろうか？　運転免許局は，なぜ臓器提供をオプトイン・デフォルトではなく，オプトアウト・デフォルトにしたのか説明しなければならないだろうか？　透明性は，一部の文脈では有用であるが，すべてでそうであるわけではない。

30.4 デフォルト

中立的なデザインなど存在しないという主張に対する第二の反応は，その前提自体に対する疑問である。デフォルトに中立性がないことを示すと思われる例を考えてみよう。JohnsonとGoldstein（2003，本書24章）は，臓器提供などの制度におい

---

i ［訳者註］「地獄への道は善意で舗装されている」という慣用句から。善意があっても必ずしも良い方向に向かうとは限らないという意味を指す。

てデフォルトが大きな効果をもたらすことを示してきた。臓器提供は、パターナリズムの問題ではなく、他の考え得る選択肢（以下で述べるようなもの）の問題であるが、そのメカニズムはパターナリズム的な介入と同じである。

アメリカやイギリスを含む一部の国では、（免許証を取得・更新するときに）臓器提供者になるかどうかを選ぶことが求められる。このときのデフォルトは提供者になることではない。ヨーロッパの多くの国ではこれとは逆の政策が採られており、原則的に臓器の提供に同意していると推定され、提供を断るためには、明示的にオプトアウトしなければならない。オーストリア、ハンガリー、ポーランドやポルトガルでは、すべてオプトアウト政策を採っており、実効同意率は99％を超える。一方、オプトイン政策を採る国では、同意率はきわめて低く、デンマークの4.25％からオランダの27.5％までに収まっている[5]。

しかし、強制あるいは義務的な選択を用いて、デフォルトを設定しないという政策を採ることもまた可能である。あるオンライン調査で、JohnsonとGoldstein（2003）は、回答を義務づけた場合、オプトアウト・デフォルトにした場合の82％とおおよそ等しい79％の参加者が臓器提供を選択すること（オプトイン・デフォルトの場合はたった42％しか臓器提供に同意しなかったこと）を報告した。

選択を義務づけた場合の上記の例は、中立的なデザインが不可能だという主張に対する反証になるだろうか？　この問いに完全に答えるには、中立性とは何かを深く考える必要があり、その後でさえ、我々は価値ある反論の余地のない答えには行き着かないかもしれない。確かだと思われるのは、選択の義務づけがオプトインあるいはオプトアウトのデフォルトよりもよりニュートラルだということである。

しかし、この問題はそれで終わりではない。なぜなら、ニュートラル性だけが素晴らしいというわけではなく、常に最も重要なものというわけでもないからである。Thalerら（25章）は、複雑で難しい選択が求められる場面において、人々は「良い」あるいは「実用的な」デフォルトを好み、選択肢が二択以上であったり、イエス—ノーでないときには、選択を義務づけることがふさわしくないかもしれないと主張している。

良いデフォルトとはどんなものだろうか？　おそらくは、完全な情報と十分な時間とそれを処理するだけの十分な資源があるならば人々が選んでいたであろう選択がデフォルトになっていることが良いデフォルトであろう。人々の価値観や好みは異なるため、すべての人にとって必然的に最善となるのはデフォルトがないことである。臓器を提供したい人もいれば、宗教的理由でこれを拒否する人もいる。他方、良いデフォルトとは、ほとんどの人が好むものとも言える。JohnsonとGoldsteinのオンライン実験の結果は、デフォルトが提供されなかったときの人々の選好にかなり一致しているがために、オプトアウト政策は好ましいことを示している。しかし選択肢が多数ある場面についても、現在デフォルトが一般的に設定されている状況や、それを設定することが望ましい状況において、人々は事前に選好を持っているのだと考えることには無理がある（Thaler & Sunstein, 2003, pp. 1173-1174）。たとえば、完全な情報と十分な資源があっても、ソフトウェアのインストールの細かい設定に関して、著者は何の選好も持たないかもしれない。ここで問題なのは、私たちの選好が部分的には私たちが置かれた選択状況によって構築されるものであるのに、選択状況を自分の手で構造化するために自らの選好を使うことができないということである。

この議論からどのような結論を導くことができるだろうか？　第一に、中立的な選択肢の設計は

存在しないということには同意するとしても，ある種の選択肢の設計は他の設計よりも中立的であると言えるかもしれない。しかし，第二に，中立性は，他のすべての価値に常に勝るというわけでもない。特に，その目的が人々の最善の利益や個人の選好を（より深く？　より重要な点で？　より長続きする？）満たすための行為であった場合，私たちは，ほうっておくと人々が選ぶ（望ましくない）選択肢を選びにくいように環境を構造化したいと思うだろう。

30.5　政治，影響力，そして自由

　ThalerとSunsteinの研究目的の中心の1つは，このような粗雑なテクニックを必要としないパターナリズム的な立法を通して，行政が個人に影響力をもたらすのを憂慮する人々を安心させることにあるようだ。しかし，彼らと，行動経済学者や心理学者が指摘していることは，半分くらい満たされているグラスと言うよりも，半分くらい空のグラスがいいと言うようなもので，あまり楽観的なものとは言えない。ハードなパターナリズムに抵抗する自由を望んでいるにもかかわらず，私たちはまったく自由ではない。エラーやバイアス，無視，誘惑，執着，意思の弱さに身をゆだね，内的－外的，意図的－偶発的，自己利益的－慈善的といった相反する影響を受けているのに気づく（あるいはたいていの場合，自分がそのような立場にあることにも気づかない）。私たちは，自分に作用しているこのような力の一部をコントロールする術を学ぶことができるため，自分にとっての善をうまく実現することができるが，そのことは，それができるがゆえに私たちは自由だという修辞上のトリック以上の何物でもないのかもしれない。

　行動経済学者や心理学者による多くの指摘にもかかわらず，若干の例外を除き，彼らの仕事はとりわけ政治的な無関心さを帯びている。これは，人に道を誤らせるような認知的，情動的，意思的な欠陥は，不幸なことに自然の摂理であるという文献から示唆されるものであり，私たちは自分たちがいかに積極的に銀行や保険会社，クレジットカード会社やファストフード会社といった，人の弱さにつけこんで利益を上げている者に付け入られたり，促されたりしているかということを認めることができない。私たちの自己利益に資するように自分をナッジする（nudge）ために，この選択肢の構造を変化させることは重要である。しかし，ある種の存在に対しては，このナッジ（nudge）だけでは不十分である。個人を餌食にする企業などの活動に対しては，利用者に利益をもたらすというポジティブな要件に加えて，パターナリズム的でなく，かつ他者に配慮させる制約が必要である（重要な事例として26章参照）。これは，通常の意味での行動経済学の問題ではなく，政治と権力のリアリティの問題である。

30.6　合理性と道徳性

　最初に記したように，経済学者などの社会科学者は，人々の利他的にふるまう能力をときおり控えめに見積もる。このように控えめなのは，人というのは自己中心的だというのがある種デフォルトの信念になっているからかもしれない。これは，さらに説明する必要のない見解であり，「価値判断」という危険な領域から社会科学を切り離す研究者間で合意された見解である。しかし，行動経済学と心理学（哲学ではない）で明らかになったのは，価値判断を避けることはできないということである。選択する際の環境においてニュートラルな設計というのがないのであれば，あるいは，

ニュートラルな設計を選ぶこと自体，ニュートラルではないのであれば（デフォルトを設けないことへの反論の理由として先ほど論じたように），我々に他の選択肢はなく，いずれかの価値に基づいて選択環境を構築する必要がある。我々がすることは，人々にとって真に利益になるもの，あるいは，最も優先される選好に一致したものでなければならない。環境を，そのまま（それがどういう意味であれ）放置しておくこともまた1つの価値判断であり，人々の矛盾した願望や選好の混沌は，私たちに他ではないあるものを選ばせる。

ある人にとっての善という概念を把握することが我々には必要であると理解すれば，一般的な善の概念を理解することが必要だという結論に至るまでに大した時間はかからない。一般的な概念にはつきものの価値判断に関して言えば，個人内（私が直観的に選好するものと私にとっての自己利益となる選択）の隔たりの大きさに比べると，個人間の隔たりの大きさ（私にとっての善とあなたにとっての善）は，もはやたいしたものではない[6]。さらに他の2つの事実が，人々が自己中心的な選択をする以上に注意を払うべきことを示す。その1つは，本書で他の人々が論じているように（4章，22章），個人は社会的な動機づけを持つというものである。人々は，自分たち自身だけをケアするのではなく，他者をケアする存在である。言い換えるなら，人々はある程度利他的な存在である（もちろん一部の人は特に）。

配慮すべきもう1つのことは，他者の利益に資するように人がナッジされるのは，彼らがそのように選択するだろうという前提に基づいているだけではなくて，実際にそうする道徳的責任があるという事実に基づいている。こうした責任をめぐる最小限の主張は，いわゆるネガティブ・デューティ（他者に害をもたらさないという義務）に依拠している。私たちの行為が他者に害をもたらしたとき（あるいは経済学者がよく言うように「外部性」を作り出したとき），害を受けた人々は，私たちに対して当然何らかの権利主張をするだろう。多くのケースで，州はこのような主張をなす資格を持ち，あるいはおそらくは主張をすることが求められている。これは，政治的リバタリアンさえ認めていることである。人々が環境に対して害となる行動を起こさないように誘導する試みは，これらのネガティブ・デューティに基づいている。多少なりとも問題になるのは，私たちは，他者に害をなさないというネガティブ・デューティだけではなく，少なくとも時には，他者を手助けするというポジティブ・デューティ，すなわち博愛的義務をも持つということである。しかし，この見方は実際にどれだけ論争を生むだろうか。もし人々が虐殺などの残虐行為を見過ごさなければ，状況はよりよくなっていたであろうし，そうであれば，それぞれの人が適正に行為するような環境を作ること（7章）が重要だと説得するのに，長い議論が必要となるだろうか？[7]

原註

1. これらが同じかどうかは，以下で簡単に述べるがまだ解決されていない問題である。
2. 非自己中心的動機の実験的証拠については，たとえばBatson（1991）やFehrとFischbacher（2004）を参照。多くの場合，非自己中心的動機が存在していることはきわめて明白であるが，Batsonも認めているように，深いレベルでこの主張を検証するのは難しい。彼らの仲間は，多くの複雑な実験を通してそれを検証しようと試み，これらのすべてで利他的な動機づけの存在を確認した。しかしSoberとWilson（1998）が記しているように，これは，あらゆる自己中心主

義が存在しないことを証明したというわけではない。その後この主張は洗練され，他者を助けることは，ただのお金以上に内的報酬につながると主張するに至ったため，この実験では検出できなかったこのひそかな心理的報酬が隠れている，というのは常にありうることであろう（pp. 271-273）。この可能性は，多くの人には信じがたいものであり，自己中心主義が反証不可能なものであるという思いを確信させるが，自分たちの確信にしがみつくことは，自己中心主義に対する疑いを持つことを許容するものである。

3. おそらくホモ・エコノミクスと実際の人間とのこのような違いのすべてが欠陥であると考えるべきではないのだろう。著者はこの疑問をわきに置いておいて，少なくとも，これらのいくつかは欠陥であると想定しているにすぎない。

4. 彼らはクレジットカード会社に対して，（もし最低支払額だけを支払っていった場合に完済するまでにかかる予想時間についての情報を顧客に開示するように要求する）貸金真実法の変化について論じ，「このような開示は，この問題に対処するには十分とは言えないかもしれない。実際，借り手は，強い怠惰と，クレジットカード会社による最低額以上払わせまいとする強力なマーケティングと対決して，行動を変化させる必要がある」と指摘している。

5. Johnson と Goldstein は，デフォルトの力について3つの説明をしている（これらは重複しうる）。それは，労力，暗黙の推奨，そして損失回避である。Sunstein と Thaler（2003）は，もう1つの重要な考え方を提案している。それは，デフォルトは「多くの人がするもの，あるいは，情報を与えられた人がするもの」（p.1180）という考え方である。これは，暗黙の推奨と似ているように見える。しかし，2つの潜在的な違いがある。第一に，Johnson と Goldstein の考えは，政策策定者の承認に焦点を当てているのに対し，Sunstein と Thaler の考えでは一般の人の承認に焦点を当てている。第二に，人気のある選択肢だと信じるほうを選ぶのは，それがなんらかの価値あるものだと認められたからではなく，人が単に他者と同じように行動したいせいであって，その選択肢に固有の利点があるかどうかとは無関係である。

6. 良識的理由と道徳的理由の類似性を示したものについては，Nagel（1970）を参照。

7. ネガティブ・デューティとポジティブ・デューティとの区別（人に害をなさないという義務と助けの手を差し伸べるという義務との区別）は誇張されている，という主張については，Lichtenberg（2010b）参照。

引用文献

Batson, D. (1991). *The altruism question: Toward a social psychological answer*. Hillsdale, NJ: Lawrence Erlbaum Associates.

Fehr, E., and Fischbacher, U. (2004). Social norms and human cooperation. *Trends in Cognitive Sciences, 8*(4), 185-190.

Johnson, E. J., and Goldstein, D. G. (2003). Do defaults save lives? *Science, 302*(5649), 1338-1339.

Lichtenberg, J. (2008). About altruism. *Philosophy and Public Policy Quarterly, 28*(1-2), 2-6.

Lichtenberg, J. (2010a, October 19). Is pure altruism possible? *New York Times*. Retrieved from http://opinionator.blogs.nytimes.com/2010/10/19/is-pure-altruism-possible/

Lichtenberg, J. (2010b). Negative duties, positive duties, and the "new harms." *Ethics, 120*(3), 557-578.

McNeil, B. J., Pauker, S. G., Sox, Jr., H. C., and Tversky, A. (1982). On the elicitation of preferences for alternative therapies. *New England Journal of Medicine, 306*(1), 1259-1262.

Nagel, T. (1970). *The possibility of altruism*. New York: Oxford University Press.

Sober, E., and Wilson, D. S. (1998). *Unto others: The evolution and psychology of unselfish behavior*. Cambridge, MA: Harvard University Press.

Sunstein, C. R., and Thaler, R. H. (2003). Libertarian paternalism is not an oxymoron. *University of Chicago Law Review, 70*(4), 1159-1202.

Thaler, R, and Sunstein, C. (2008). *Nudge: Improving decisions about health, wealth and happiness*. New Haven, CT: Yale University Press.

執筆者一覧

■**Adam L. Alter**
ニューヨーク大学レナード・N・スターンスクール・准教授（マーケティング）
意思決定および社会心理学，特に人間の認知と行動に対するささいな環境手がかりの効果。

■**John P. Balz**
Draftfcb シニアプランナー
主要なグローバル企業のマーケティング戦略の開発。大学院で行動学的アイデアと出会う。テーマは，選挙運動や投票，議会のロビイングやイデオロギー的態度形成における行動学的意思決定。

■**Mahzarin R. Banaji**
ハーバード大学心理学部・教授（社会的倫理）
「私たち」と「彼ら」の区別を感じさせる社会的集団成員性についての感情と知識にもとづく自己，および他者に対する無意識的評価。

■**Michael S. Barr**
ミシガン大学法学部・教授（法学）
財政支援と低・中所得世帯についての大規模な実証研究。金融規制と法律に関する幅広い著作がある。

■**Shlomo Benartzi**
UCLA大学院アンダーソンスクールオブマネジメント・教授
行動財政学，特に個人融資と確定拠出年金への参加行動。

■**Paul Brest**
ウィリアム&フローラ・ヒューレット財団・代表，スタンフォードロースクール・名誉教授
特に近年は法文脈における問題解決，判断そして意思決定。

■**Geoffrey L. Cohen**
スタンフォード大学心理学部・教授（教育・ビジネス組織研究）
アイデンティティ維持に関するプロセスおよびそれが社会問題に与える示唆。

■**William J. Congdon**
ブルッキングス研究所経済研究プログラム・リサーチディレクター
公共政策に行動経済学を最適に応用する方法。

■**John M. Darley**
プリンストン大学心理学部・教授
道徳的意思決定，違反した他者に対する罰の判断。人々がインセンティブ・システムを通してどのように他者を管理しようとするか。

■**John F. Dovidio**
イェール大学心理学部・教授
社会的勢力と社会関係に関する問題。特に，集団成員性に基づく他者に対する人々の考え方，感じ方，行動の仕方に対する意識的・無意識的影響。

■**Sara L. Eggers**
独立研究者
環境及び公衆衛生領域における政策決定を支援するためのリスクコミュニケーション，ステークホルダーの関与，そして意思分析ツールの開発と使用。

■**Phoebe Ellsworth**
ミシガン大学・教授（法と心理学）
心理学と法学の交差領域，特に人の知覚，感情と世論，死刑と陪審の行動。

■**Baruch Fischhoff**
カーネギーメロン大学社会意思決定科学部，工学および公共政策学科・教授
リスク分析，コミュニケーションとマネジメント，未成年の意思決定，インフォームドコンセント，そして環境保護に関する問題。

■**Susan T. Fiske**
プリンストン大学心理学部・教授（心理学）
ステレオタイプや偏見，差別が，協力や競争，権力のような社会的関係によってどのように促進されたり抑制されたりするか。

■**Craig R. Fox**
UCLA心理学部・教授（心理学），マネジメントスクール・教授（政策）
行動決定理論。特にリスク，不確実性，曖昧性の高い状況下での人々の判断と意思決定の仕方。

■**Julio Garcia**
コロラド大学ボルダー校心理・神経科学学部・研究員
人種やジェンダーのギャップを減らして学業成績を向上させつつアイデンティティを維持するプロセスについての学校での検証。

■**Alan S. Gerber**
イェール大学・教授（政治科学）
選挙運動におけるコミュニケーション研究への実験的手法の適用。党員および非党員の選挙運動や政治資金パーティを実験的に評価する方法の計画と実施。

■ **Daniel G. Goldstein**
ヤフーリサーチ・主任リサーチサイエンティスト
ビジネスや政策の問題に関わるヒューリスティックと合理性の限界。特に金融市場におけるリスクと不確実性の知覚。

■ **Ryan Goodman**
ニューヨーク大学法学部・教授（法学）
国際人権法と国際関係の領域。特に人権条約の評価とより一般的な国際法の評価。

■ **Sam Gross**
ミシガン大学法学部・教授（法学）
死刑，誤判，人種プロファイリング，目撃証言による犯人識別，専門家証人の利用，公判前手続きと評決の関係。

■ **Curtis D. Hardin**
ニューヨーク市立大学ブルックリン校心理学部・教授
自己概念，社会的アイデンティティ，偏見，イデオロギーを含む社会的認知の対人的基盤。

■ **Derek Jinks**
テキサス大学オースティン校法学部・教授（法学）
国際公法，国際人道法，人権法，刑法の研究と教育。

■ **Christine Jolls**
イェール大学ロースクール・教授（法と組織）
雇用法，プライバシー法，行動法学と行動経済学，行政。

■ **Leslie John**
ハーバード大学ビジネススクール・准教授（ビジネス運営）
消費者のプライバシーと幸福に関するマーケティングと公共政策の交差領域における行動学的な問いに対する実験室実験とフィールド研究。

■ **Eric J. Johnson**
コロンビア大学ビジネススクール・教授（ビジネス・マーケティング）
消費者と経営上の意思決定，および電子取引。

■ **Linda H. Krieger**
ハワイ大学マノア校法学部・教授（法学）
障碍者差別，差別是正処置，法と社会的認知，法的意思決定における判断，法と社会変化の理論。

■ **Howard Kunreuther**
ペンシルバニア大学ウォートンスクール・教授（決定科学およびビジネスと公共政策）
科学技術災害や自然災害に関する蓋然性は低いが被害が甚大な出来事に対する社会のよりよい対応方法。

■ **Judith Lichtenberg**
ジョージタウン大学・教授（哲学）
倫理と政治思想。特に正義，慈善活動，人種，エスニシティ，道徳心理学。

■ **George Loewenstein**
カーネギーメロン大学社会意思決定科学部・教授（経済と心理学）
経済学の中心的なモデルや問題への心理学的観点の導入。特に異時点における選択。

■ **Elizabeth F. Loftus**
カリフォルニア大学アーヴァイン校・特別教授（社会生態学），教授（法と認知科学）
人間の記憶の研究。事実や暗示など事後情報が人の記憶をどのように歪め得るか。

■ **Robert Meyer**
ペンシルバニア大学ウォートン校・教授（マーケティング）
消費者の意思決定分析，販売反応モデル，不確実下での意思決定。

■ **Erwann Michel-Kerjan**
ペンシルバニア大学ウォートン校業務管理部非常勤准教授，リスクマネジメントと意思決定プロセスセンターの最高責任者
大災害に関するリスク管理，資産への影響，公共政策の課題のための戦略。

■ **Dale T. Miller**
スタンフォード大学ビジネススクール・教授（組織行動）
社会的規範が行動に与える影響，および正義について考えることが個人や組織の意思決定に果たす役割など。

■ **Sendhil Mullainathan**
ハーバード大学経済学部・教授，ideas42・科学責任者および設立者
開発経済学，行動経済学，企業金融に関する研究。特に政策への行動学的観点の応用。

■ **Ehud Peleg**
ルーミ銀行企業リスク管理部門長
担当者個人，委員会，理事会レベルでの投資と資産分配の意思決定に対する行動科学の応用。

■ **Deborah A. Prentice**
プリンストン大学心理学部・教授
規範による行動の誘導と制約。人が支配的な規範から逸脱したと感じたときの反応，社会的な規範を犯した人に対する反応

■ **Emily Pronin**
プリンストン大学心理学部・准教授
自分自身と他者への知覚における非対称性，およびその背景にあるプロセスが誤解や葛藤を起こすメカニズムについての研究。

■ **Donald A. Redelmeier**
カナダリサーチチェア（医療意思決定科学），トロント大学・教授（医学），サニーブルック健康科学センター・所長（臨床疫学）
医療文脈における意思決定学の研究。特に，判断ミスとそれに対する政策あるいは対処による改善の機会の役割。

■ **Jennifer A. Richeson**
ノースウェスタン大学心理学部・教授
人種や社会経済的地位，ジェンダーといった社会集団の成員性が偏見，ステレオタイプ化，集団間関係に影響するプロセス。

■ **Todd Rogers**
ハーバードケネディスクール・准教授（公共政策）
社会的に重大な結果をもたらす問題の理解と研究のために行動科学のツールと示唆を利用。

■ **Lee Ross**
スタンフォード大学心理学部・教授
お互いの行動に対する誤解を引き起こすバイアス。それを防いで紛争解決と平和合意を実現するための体系化した方法の開発。

■ **Kathleen Schmidt**
ヴァージニア大学心理学専攻・大学院生
社会的認知。特に共感，人種バイアス，そして社会的・環境的フィードバックが自己知覚にどのように影響しうるか。

■ **Eldar Shafir**
プリンストン大学・教授（心理学と公共問題），ideas42・科学責任者および設立者
判断と意思決定，そして行動経済学に関する問題。特に貧困と行動学的研究の政策への応用。

■ **J. Nicole Shelton**
プリンストン大学心理学部・教授
差別を受ける側から見た偏見と差別。

■ **Paul Slovic**
オレゴン大学心理学部・教授，ディシジョンリサーチグループ代表
リスク知覚と感情が社会的リスク管理に関する意思決定に与える影響。特に大量虐殺に対する無関心に関わる心理学的要因。

■ **Nancy K. Steblay**
アウグスブルク大学心理学部・教授
法と心理学。特に，目撃証言の正確性，公判前報道，不採用証拠とそれを無視するようにという説示。

■ **Cass R. Sunstein**
ハーバード大学ロースクール教授（法学），ホワイトハウス情報と規制問題局管理官
法と人間行動の関係，特に憲法，行政法，環境法，そして法と行動経済学。

■ **Richard H. Thaler**
シカゴ大学ブーススクールオブビジネス特別教授（行動科学と経済）
行動経済学，行動財政学，経済学と心理学の融合に影響するものとしての意思決定の心理学。

■ **Tom Tyler**
ニューヨーク大学心理学部・教授
集団，組織，社会のなかの権威のダイナミクス。特に，集団状況で他者と折り合いを付ける際に人々の動機を形成する要因。

■ **Peter Ubel**
デューク大学公共政策学部・教授，ビジネス学部・教授（マーケティング）
インフォームドコンセント，協働意思決定，医療資源の配分などといったヘルスケアに関する意思決定における価値と選好の役割。

■ **Kevin G. Volpp**
ペンシルバニア大学ウォートン校・教授（医学と健康ケアマネジメント）
患者の健康関連行動を改善し，医療者の効果に影響する創発的な行動経済学の応用の開発と効果検証。

■ **Brian Wansink**
コーネル大学・教授（マーケティングと栄養学）
食に関する消費者行動。特に，「無自覚な食事」，ささいな環境上の手がかりが人の食行動の何にどのように影響するか。

■ **Elke U. Weber**
コロンビア大学・教授（国際ビジネス），教授（心理学），地球研究所教授
不確実下での意思決定，リスクテイクと割引の個人差。特に，リスクの高い資産や環境に関する意思決定。

■ **Andrew K. Woods**
ハーバード大学ロースクール・フェロー，講師（法学）
国際人権，刑法。特に法と政策の学融的アプローチ。

■ **David Zionts**
アメリカ国務省特別相談役
国際法，人権，アメリカの外交関係，国家安全保障法。

索引

■アルファベット

IAT　　71-72, 83, 369, 650　→「潜在連合テスト」も参照

NIMBY　　155, 413-414

Nudge（書名）　　vii　→『実践 行動経済学』も参照

NUDGES　　590, 631, 633, 651

nudge　→ナッジ

S

SMarT　→「明日はもっと貯蓄しよう」

■かな

あ

アイデンティティ　　ix, 4-6, 60, 81-82, 102-103, 105, 107, 111, 114, 119, 121, 123, 130-133, 135-136, 191, 382-383, 405, 407-409, 415, 446, 448, 450-453, 455, 521

アイデンティティ脅威　　11, 451, 453, 459, 462, 649

アジア系アメリカ人　　23-24, 29, 47, 56, 448

「明日はもっと貯蓄しよう」　　vii, 329, 333, 349, 360, 491, 492, 502, 561

後知恵バイアス　　260, 287, 648, 658

アフリカ系アメリカ人　　54

い

医師　　53

意思決定　　9-10, 184, 302, 326, 334, 386, 514, 639, 650, 668

意思力の限界　　9, 353, 355, 357, 359-361, 374, 650

インセンティブ　　1, 5, 10, 12-13, 65, 84, 100-101, 104-105, 107, 109-112, 114, 260-262, 267, 274, 277, 288, 357, 359, 361, 363, 391, 404, 409-410, 412, 415-416, 429, 436, 492-494, 496-497, 499, 525, 547, 551-553, 571, 575, 588-590, 592, 598-606, 608-613, 616-617, 619, 621, 631-632, 635, 637-640, 643, 646, 649, 651-652

う

運動　　404, 441, 496-497, 590, 647

か

開示　　5, 8, 80, 85-87, 89-90, 179-180, 234, 259, 267, 271-276, 287, 289, 298, 578, 586, 599, 601, 603-607, 609-617, 679

解釈　　149, 191

確証バイアス　　225-226, 232, 649, 659, 662

カスケード　　547

感情ヒューリスティック　　662

き

気候変動　　316, 512-513, 527, 660

規制　　1, 8-9, 13, 65, 80, 85-86, 88, 90, 98, 104-105, 111-112, 148-149, 177, 184, 267, 287, 292, 294, 298, 308-317, 319, 322, 358, 362, 367, 369-370, 384, 399, 429, 484, 547, 549-550, 585-586, 592-593, 596, 599-608, 610, 612, 614, 616, 620-621, 639, 650, 654, 659-660, 666

既知バイアス　　287

規範カスケード　　89

逆評価　　159

給与管理協会　　385, 597

協力　　113

虚偽　　190, 217

近視眼　　316, 388, 390, 393, 488, 510, 514, 527, 535, 550, 619, 666

け

決定解析　　176

現状維持　　11, 667

現状維持バイアス　　vii, 332, 355, 486, 490, 492, 526

原子力　　289, 310, 318, 314

こ

公衆衛生　　294, 300, 302, 440, 644, 652

683

行動変容　10, 404, 405-407, 416, 435, 441, 641, 649
効用分析　546, 646
合理性　viii, 141, 162, 176, 316-319, 322, 378, 503-504, 510, 519, 523, 536, 594, 606-607, 655, 664, 672, 677
合理性の限界　368, 650
合理的行為者　65, 118
合理的行動　509
合理的行動の限界　355
合理的行為者モデル　vi-viii, 6, 598, 620
合理的なモデル　118
合理的判断の限界　9
心の会計　332, 350, 353-355, 357, 359, 368, 374, 380, 381, 386, 390, 392, 500, 510, 519, 522, 538, 591
個人的利益　261
雇用者－被用者　9, 353, 360, 362, 375
雇用法　354, 360, 361, 369, 372, 374
根本的な帰属の誤り　74, 263

さ

差別　ix, 4-5, 9, 17, 32, 39, 41-42, 44, 48, 53, 55, 58-59, 65-68, 75-82, 84-89, 181, 265-269, 280, 368, 369, 371, 398, 411, 449, 648, 663

し

ジェンダー差別　65, 67
ジェンダー・バイアス　5, 23, 65-69, 76, 79, 83, 87, 89-90, 268, 280
自我枯渇　433
時間割引　252, 385, 492, 521
自己利益　vi, 6, 81, 98-99, 101-102, 112, 145-149, 153-154, 158, 176, 258-262, 264-267, 271, 273, 277, 282, 308, 362, 486-487, 503-504, 650, 672, 677-678
自己利益の限界　9, 353, 354, 362, 374, 650
システム1　167-169, 171, 176-177, 179, 181, 183, 309, 318, 369, 576, 657, 660-662, 666, 668
システム1思考　182
システム2　167-169, 176-177, 181, 183, 309, 369, 576, 657, 660-662, 666, 668
自然災害　11-12, 519, 534, 535, 536, 541, 544, 549, 553
『実践 行動経済学』　vii-ix, 582, 590, 631, 668
社会的アイデンティティ　27, 102-103, 128, 131-132, 136, 449, 450, 453, 457, 462, 521
社会的アイデンティティ脅威　454, 457
社会的動機づけ　5, 101-105, 106-108, 110-112, 114-115, 672, 678
社会保障制度　142, 353, 360
集団アイデンティティ　32, 146, 49-50, 132, 146, 449, 521
消費　357, 360, 374, 381, 384, 386-387, 390, 396-398, 406, 415, 418, 481, 491-492, 509, 515-516, 521, 526-528, 584, 598, 616, 642
情報カスケード　8, 311, 546
情報・評判カスケード　513
食行動　397, 431, 649
食習慣　441
食生活　418, 484, 489
処方箋薬剤給付　570
人種　5, 81, 202, 445, 454-455, 461
人種間バイアス　39
人種差別　5, 16, 18-19, 30, 41-42, 44, 47, 55, 60, 76, 260, 262, 267-268, 445, 660
人種バイアス　5, 26, 39-42, 44, 46-47, 51-52, 54, 56, 60, 72-73, 76, 369
信用　54, 106, 133, 604

す

スマートデフォルト　610

せ

正義　4, 8, 21, 101, 150, 152, 207, 240-241, 308, 322
政策　5, 22, 29, 113, 182, 184, 190-191, 198, 229, 234, 262, 290, 293, 303, 320, 337, 367, 381, 404, 438-439, 459, 499, 501, 525, 619, 634, 636, 668
性差別　23, 30, 65, 67, 70, 75, 79, 82, 87-90, 258, 267-268
精神的麻痺　6, 166, 175, 177-181, 183, 185, 647, 662
精神物理学的麻痺　170-172
摂食行動　418
潜在的偏見　17-18, 20-23, 25-30, 32, 33, 648
潜在連合テスト　20, 42, 71, 83, 369, 650
選択肢の設計　574, 581, 585, 587, 590, 630
選択肢の設計者　575, 579, 588

そ

臓器提供　12, 384, 529, 558-561, 568, 571-572, 579, 596, 601, 675

双曲割引　vii, 252, 329-333, 336, 356, 487, 515, 539, 541, 543, 551, 639, 650

そっと突く　13, 577, 633

素朴実在論　6, 141, 144, 146-149, 151-152, 264-265, 276, 487, 645-646

損失回避　vii, 9, 11, 153-155, 314, 323, 334, 381, 391, 395, 485-486, 488, 490, 510, 513-515, 519-520, 566-567, 633, 639, 652, 657, 665

た

多文化訓練　59, 60

多様性訓練　54, 58-59

つ

突き動かす　441

て

デフォルト　337, 381-382, 608, 611, 615, 620

デフォルトバイアス　11

と

投影バイアス　489-490, 542-543

動機づけ　21, 29, 41-42, 54, 72-74, 76-77, 80-85, 98-110, 112, 114-115, 129-131, 141, 261, 265, 275, 289, 404, 406-409, 414, 416, 441, 451, 456-457, 464, 494, 496, 499, 503, 512-513, 529, 672

動機づけられた推論　8

取引コスト　341, 372, 386, 522, 564, 598

な

内集団アイデンティティ　44, 46, 49, 54, 58, 81, 146

ナッジ　ix-x, 577, 590, 630-631, 634-635, 641-643, 651, 674, 677-678

に

二酸化炭素排出量　509-510, 522, 664

二重盲検法　192, 195, 196, 197, 198, 200, 204, 207, 209, 281

認知バイアス　75, 154, 263, 314

ね

年金保護法　327-330, 332, 336-337, 349, 628

粘着性のデフォルト　602-603

粘着性のオプトアウト住宅ローンシステム　608

は

バイアス　8

パターナリズム　vii-viii, 13, 150, 378, 380, 434-485, 630-633, 643, 672-674, 676-677

反射的逆評価　141, 154-156, 159, 161

判断補助　11, 470-474, 476-481

判断ミス　vi, 11, 221, 368, 483-486, 488, 491, 495-496, 499-500, 502-504, 661

ひ

ピーナッツ効果　488-490, 492, 494, 502, 505

ヒューリスティック　33, 99, 241, 310-312, 318, 322, 349, 368-369, 537-538, 544, 553, 565, 639, 661, 669

評判カスケード　8

費用便益分析　8-9, 184, 196, 308-309, 310, 312-317, 319-320, 322, 513-514, 647, 654, 657, 661-662, 666

貧困　ix, 9-10, 321, 378-379, 382-396, 398-399, 597-598, 619, 642-643

ふ

プロスペクト理論　153, 170, 487, 500, 514-515, 517-520

紛争　147, 151-152, 158, 161-162, 178, 181, 266, 269, 276-278, 280, 410, 503

紛争解決　6, 141, 151, 154, 156, 160, 162, 458, 646

ほ

保有効果　354, 375, 566

ま

麻痺　181

め

名目的損失回避　9, 329-331, 333-337

メディケア　　50, 349, 395, 570, 638, 651
メディケア処方箋薬剤給付　　349

り

リスク　　8, 12, 45, 78, 81, 104, 109, 111, 115, 145, 155, 158, 169, 176, 179-181, 183, 190, 196, 207, 213, 221, 244, 247, 266, 281, 288, 289, 290, 293, 295, 297-302, 304-305, 308-319, 321-323, 328, 337, 341, 344, 346, 383, 385, 388, 398, 405, 441, 470, 472-480, 486, 505, 510-514, 516-517, 519-521, 526-527, 534-537, 539, 541-542, 547, 549-550, 552-553, 558, 584, 597, 608, 615, 620, 632, 635, 638, 647, 649, 653-654, 661-662, 665-666, 668-669

リスク回避　　486, 488, 514-515, 517, 666, 669

リスクテイキング　　328, 535

リスクテイク　　12, 327, 344, 346-347, 518

利用可能性カスケード　　315, 659

利用可能性ヒューリスティック　　513

わ

割引　　9, 11, 272, 330, 355-356, 381, 394, 510, 514-516, 526, 540, 551, 666

訳者一覧

訳者	担当章	所属
田戸岡 好香	1章	高崎経済大学地域政策学部
伊藤 健彦	2章	東洋大学情報連携学部
滑田 明暢	3章	静岡大学大学教育センター
菅原 郁夫	4章	早稲田大学大学院法務研究科
齋藤 真由	5章	東京大学大学院人文社会系研究科修士課程*
橋本 剛明	6, 13章	東京大学大学院人文社会系研究科
塚本 早織	7章	愛知学院大学教養部
松尾 加代	8章	慶應義塾大学先導研究センター
福島 由衣	9, 24, 25章	日本大学文理学部人文科学研究所
綿村 英一郎	10章	大阪大学大学院人間科学研究科
白岩 祐子	11, 29章	東京大学大学院人文社会系研究科
荒川 歩	12, 14, 15, 26, 27, 30章	武蔵野美術大学造形構想学部
新堂 精士	16章	東京理科大学理学部第一部教養学科
櫻井 良祐	17, 18章	北海道教育大学大学戦略本部IR室 東京大学大学院人文社会系研究科博士課程
尾関 美喜	19章	岡山大学大学院社会文化科学研究科
谷辺 哲史	20, 21, 28章	東京大学大学院人文社会系研究科博士課程
笠原 伊織	22章	名古屋大学大学院情報学研究科博士後期課程
小林 麻衣子	23章	明治学院大学心理学部

*2018年3月末現在
※15, 22, 23, 27章の経済学に関する記述については,新堂が校閲を担当した。

profile

【編著者】
エルダー・シャフィール（Eldar Shafir）
プリンストン大学教授（行動科学と公共政策：心理学と社会問題）。「アイデアズ42」の共同創立者で共同代表。アメリカ芸術科学アカデミー会員。日本で翻訳された本として『いつも「時間がない」あなたに —— 欠乏の行動経済学』（早川書房，2015年）がある。

【監訳者】
白岩祐子（しらいわ・ゆうこ）
東京大学大学院人文社会系研究科専任講師。東京大学大学院人文社会系研究科博士課程修了。
おもな著書に『「理性」への希求 —— 裁判員としての市民の実像』（ナカニシヤ出版，2019年），訳書に『社会的認知研究 —— 脳から文化まで』（共訳，北大路書房，2013年）ほか。

荒川 歩（あらかわ・あゆむ）
武蔵野美術大学造形構想学部教授。同志社大学大学院文学研究科博士課程修了。
おもな著書に『「裁判員」の形成、その心理学的解明』（ratik，2014年），訳書に『虚偽検出 —— 嘘を見抜く心理学の最前線』（共監訳，北大路書房，2017年），『その証言、正確ですか？ —— 刑事司法手続きの心理学』（共編訳，勁草書房，2019年）ほか。

行動政策学ハンドブック
応用行動科学による公共政策のデザイン

2019年9月1日　初版第1刷発行

編著者　エルダー・シャフィール
監訳者　白岩祐子，荒川 歩
発行者　宮下基幸
発行所　福村出版株式会社
　　　　〒113-0034　東京都文京区湯島2-14-11
　　　　電話　03-5812-9702／ファクス　03-5812-9705
　　　　https://www.fukumura.co.jp
印刷・製本　中央精版印刷株式会社

©2019 Yuko Shiraiwa, Ayumu Arakawa
Printed in Japan
ISBN978-4-571-41063-5

定価はカバーに表示してあります。
落丁本・乱丁本はお取り替えいたします。
本書の無断複製・転載・引用等を禁じます。

福村出版◆好評図書

新・発達心理学ハンドブック
田島信元・岩立志津夫・長崎 勤 編集
◎30,000円　ISBN978-4-571-23054-7　C3511
1992年旧版刊行から20余年の間に展開された研究動向をふまえて、新章や改変を加えた最新情報・知見の刷新版。

新・青年心理学ハンドブック
日本青年心理学会 企画／後藤宗理・二宮克美・高木秀明・大野 久・白井利明・平石賢二・佐藤有耕・若松養亮 編集
◎25,000円　ISBN978-4-571-23051-6　C3511
青年を取り巻く状況の変化を俯瞰しながら、研究の動向や課題を今日的なトピックを交えて論説。研究者必備。

パーソナリティ心理学ハンドブック
日本パーソナリティ心理学会 企画／二宮克美・浮谷秀一・堀毛一也・安藤寿康・藤田主一・小塩真司・渡邊芳之 編集
◎26,000円　ISBN978-4-571-24049-2　C3511
歴史や諸理論など総論から生涯の各時期の諸問題、障害、健康、社会と文化、測定法など多岐にわたる項目を網羅。

発達ロボティクスハンドブック
●ロボットで探る認知発達の仕組み
A. カンジェロシ・M. シュレシンジャー 著／岡田浩之・谷口忠大 監訳
◎11,000円　ISBN978-4-571-23059-2　C3511
ロボットを用いて人の認知発達過程をシミュレーションする学際分野「発達ロボティクス」の概要を紹介する。

人間関係ハンドブック
小山 望・早坂三郎 監修／一般社団法人日本人間関係学会 編
◎3,500円　ISBN978-4-571-20084-7　C3011
人間関係に関する様々な研究を紹介、人間関係学の全貌を1冊で概観。「人間関係士」資格取得の参考書としても最適。

未来をデザインする政策構想の政治学
中道寿一 著
◎2,500円　ISBN978-4-571-40030-8　C3031
政治とは何かを、M・ウェーバー等著名学者の論を追い、歴史的に概説。政治参加と新たな市民政治を模索する。

自己調整学習の多様な展開
●バリー・ジマーマンへのオマージュ
H. ベンベヌティ・T. J. クリアリィ・A. キトサンタス 編／中谷素之 監訳
◎9,000円　ISBN978-4-571-22058-6　C3011
バリー・J・ジマーマンによる自己調整学習理論のさまざまな領域における展開と今後の可能性について検証する。

嘘と欺瞞の心理学
●対人関係から犯罪捜査まで 虚偽検出に関する真実
A. ヴレイ 著／太幡直也・佐藤 拓・菊地史倫 監訳
◎9,000円　ISBN978-4-571-25046-0　C3011
心理学の知見に基づく嘘や欺瞞のメカニズムと、主に犯罪捜査で使われる様々な虚偽検出ツールを詳しく紹介。

キャリア開発と統合的ライフ・プランニング
●不確実な今を生きる6つの重要課題
S. S. ハンセン 著／平木典子・今野能志・平 和俊・横山哲夫 監訳／乙須敏紀 訳
◎5,000円　ISBN978-4-571-24050-8　C3011
グローバルな変化のなかで、人生というキャリアを追求しているキャリア支援の専門家、実践者、研究者に贈る。

◎価格は本体価格です。